中研院歷史語言研究所集刊論文類編

歷史編·明清卷

一

中華書局

圖書在版編目(CIP)數據

中研院歷史語言研究所集刊論文類編.歷史編.明清卷/
中華書局編輯部編.—北京:中華書局,2009.4
ISBN 978-7-101-06263-2

I.中… II.中… III.①社會科學-文集②中國-
古代史-明清時代-文集 IV.C53 K248.07-53

中國版本圖書館 CIP 數據核字(2008)第 119640 號

責任編輯:王傳龍

中研院歷史語言研究所集刊論文類編
歷史編·明清卷
(全五冊)
中華書局編輯部 編

*

中 華 書 局 出 版 發 行
(北京市豐臺區太平橋西里 38 號 100073)
http://www.zhbc.com.cn
E-mail:zhbc@zhbc.com.cn
北京市白帆印務有限公司印刷

*

787×1092 毫米 1/16·315 印張·8 插頁
2009 年 4 月第 1 版 2009 年 4 月北京第 1 次印刷
印數 1—700 冊 定價:1980.00 元
ISBN 978-7-101-06263-2

圖一①　傅斯年函稿

圖一-② 傅斯年函稿

圖二 蔡元培《集刊發刊辭》稿

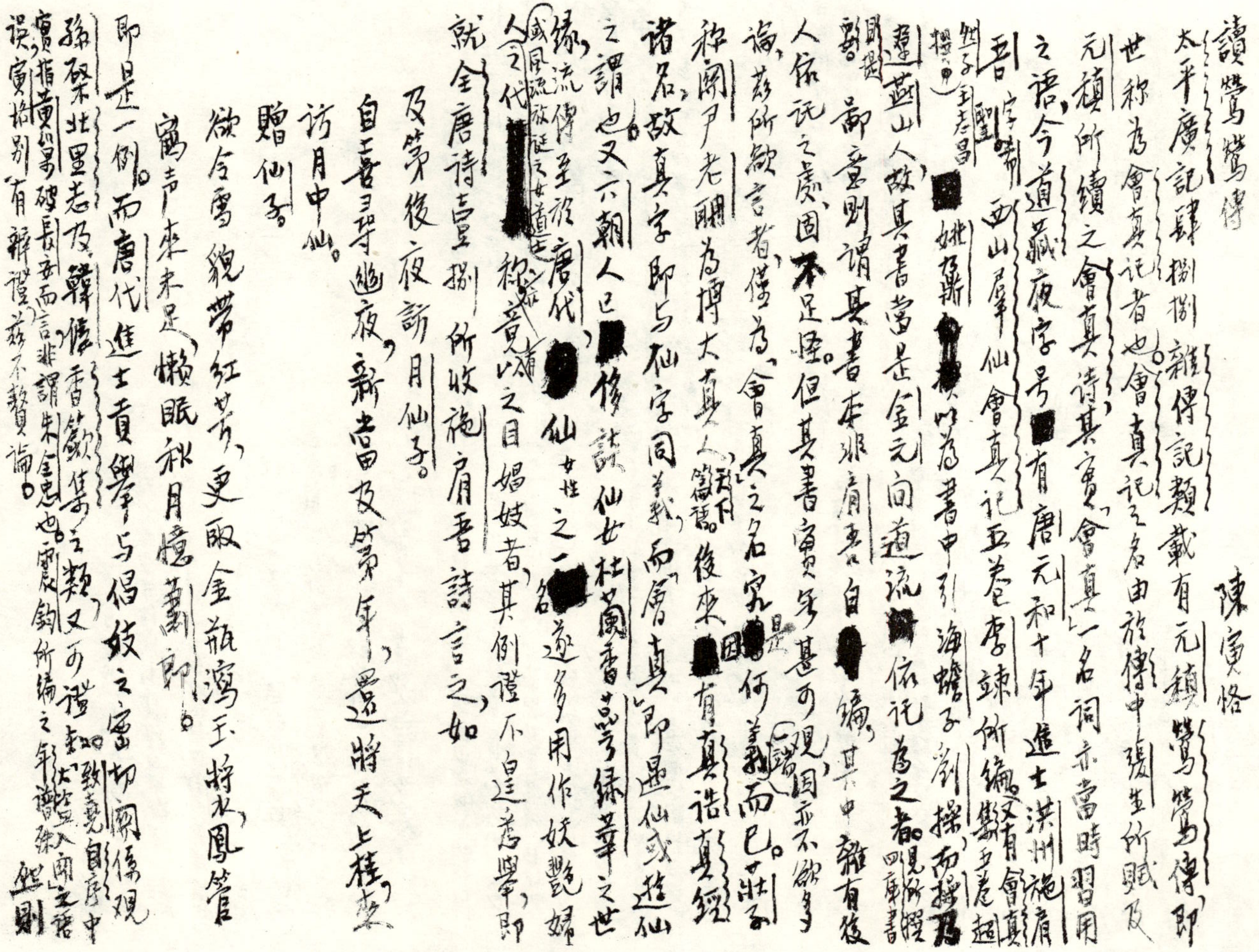

圖三① 陳寅恪《讀鶯鶯傳》稿

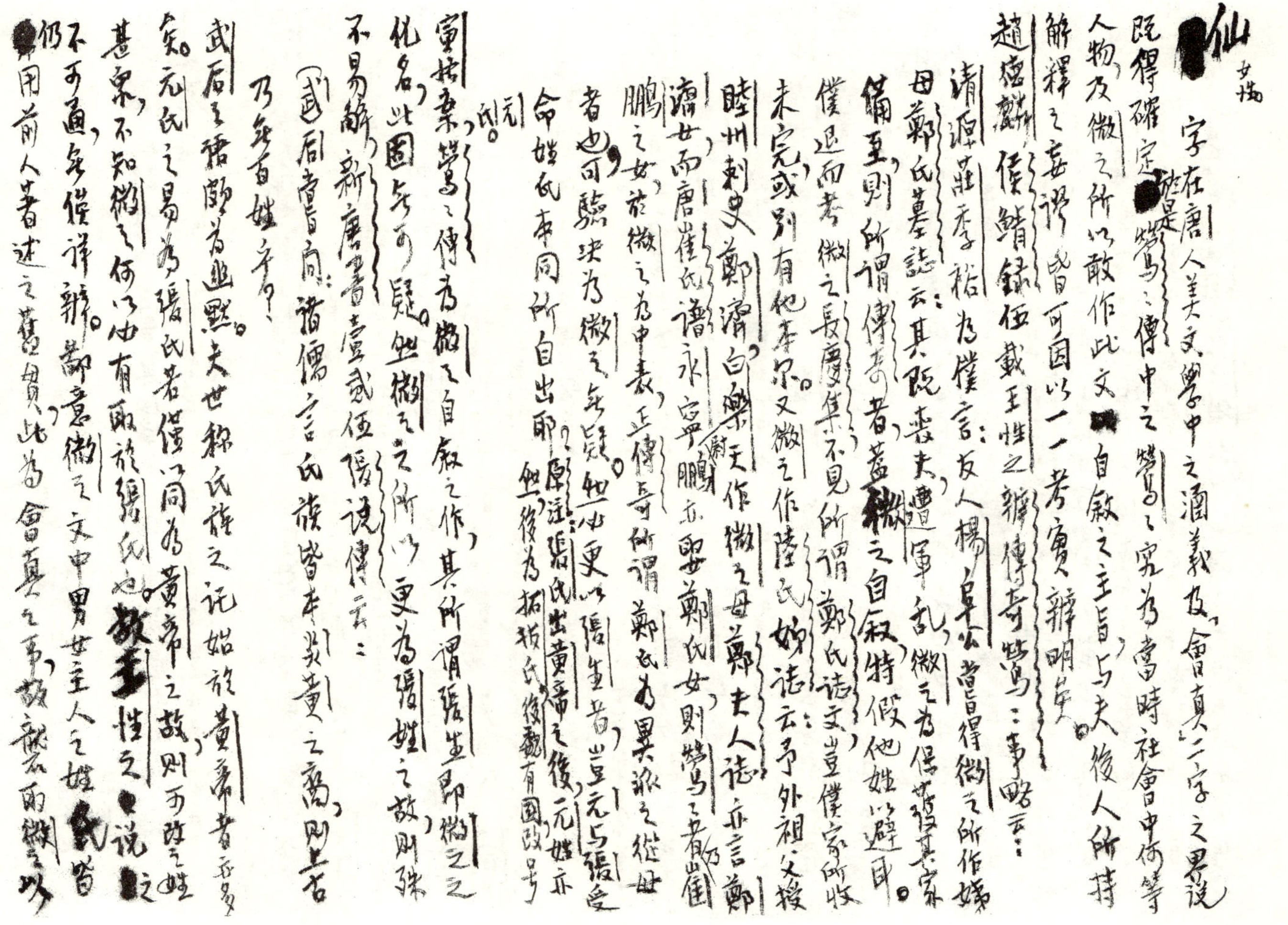

圖三② 陳寅恪《讀鶯鶯傳》稿

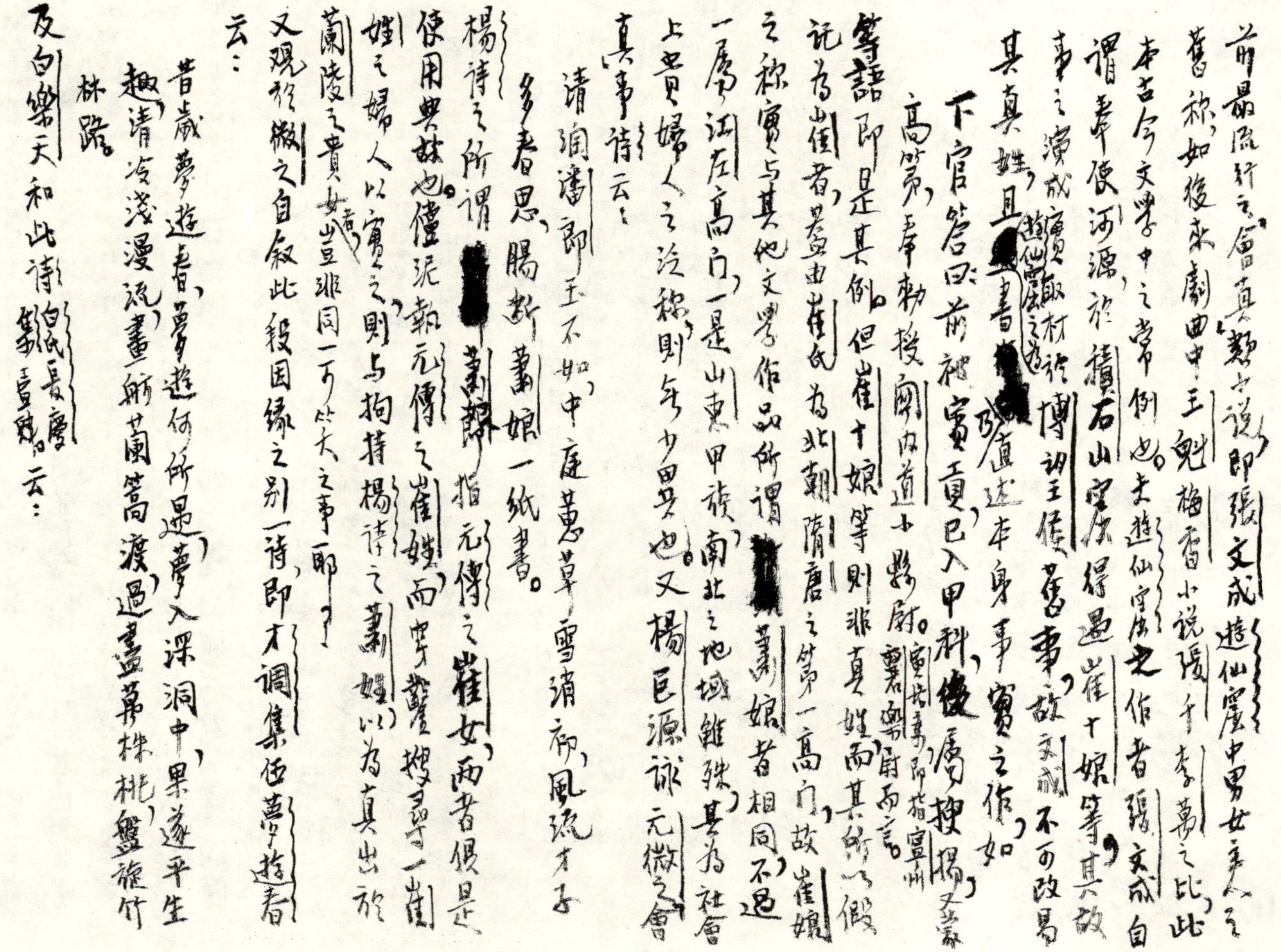

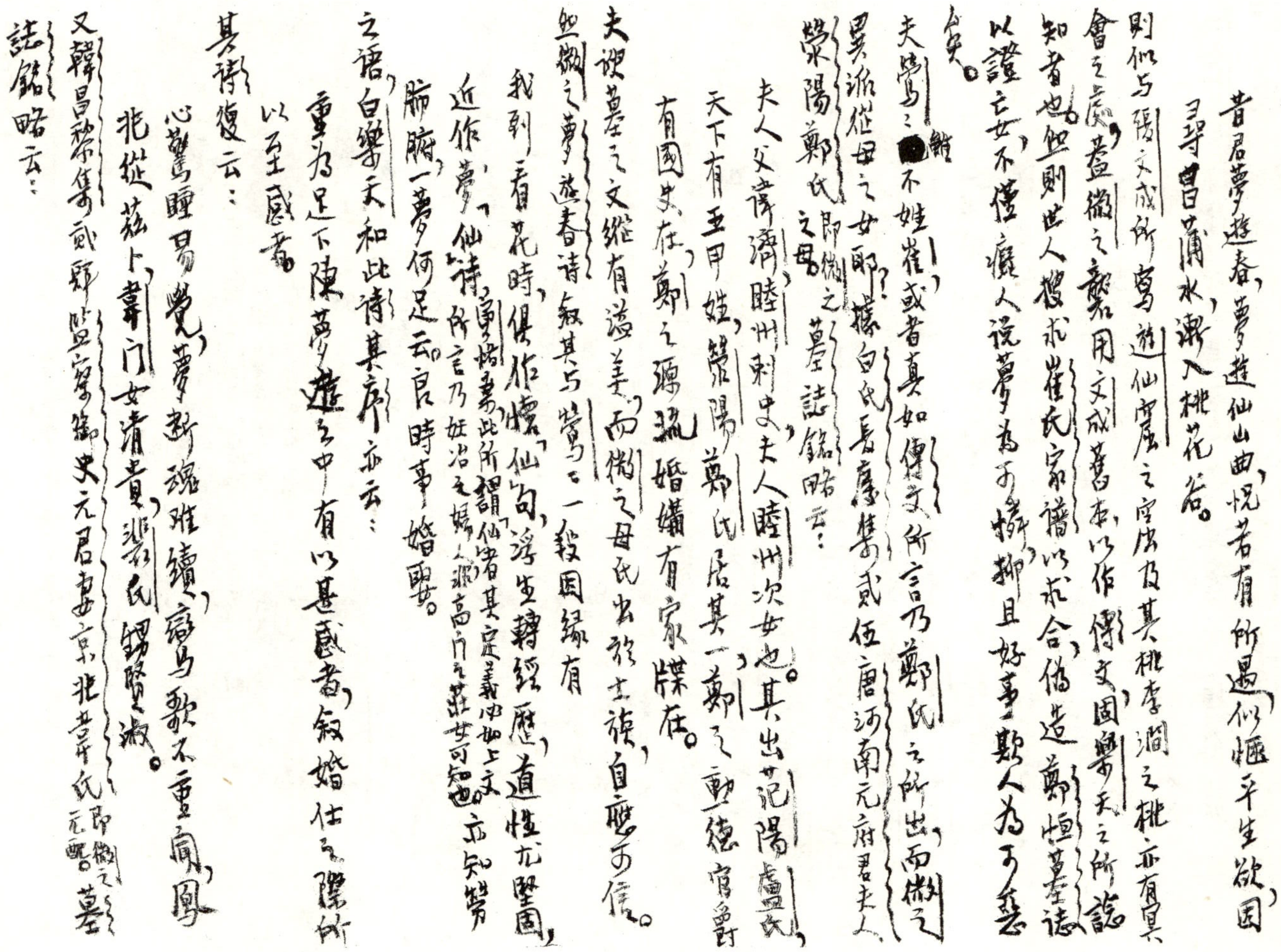
昔君夢遊春，夢遊仙山曲。恍若有所遇，似愜平生欲。因尋菖蒲水，漸入桃花谷。

則似與張文成所寫遊仙窟之宿處及其桃李澗之桃亦有冥會之處，蓋微之熟用文成舊本，以作傳文，固樂天之所能知者也。然則世人艷稱崔氏家譜以求合，僞造鄭恒墓誌以證之，不僅癡人說夢，為可憐憫，且好事欺人，為可惡矣。

夫鶯鶯之不姓崔，或者真如傳文所言乃鄭氏之所出，而微之異派從母之女耶？據白氏長慶集貳伍唐河南元府君夫人滎陽鄭氏（即微之之母）墓誌銘略云：

夫人父諱濟，睦州刺史。夫人睦州次女也。其出先記陽盧氏。天下有五甲姓，滎陽鄭氏居其一。鄭之勳德官爵有國史在，鄭之源流婚媾有家牒在。

夫諛墓之文縱有溢美，而微之母氏出於士族，自應可信。然微之夢遊春詩敘其與鶯鶯之一段因緣有

我到看花時，但作懷仙句。浮生轉經歷，道性尤堅固。

近作夢仙詩（「夢仙詩」即此所謂「仙」者，其定義如上文所言乃妖冶之婦人，非高門之莊女可知也。），亦知勞肺腑。一夢何足云，良時事婚娶。

之語，白樂天和此詩其序亦云：

重為足下陳夢遊之中有以甚感者，敘婚仕之際所以至感者。

其詩復云：

心驚睡易覺，夢斷魂難續。鸞歌不重聞，鳳兆從茲卜。韋門女清貴，裴氏甥賢淑。

又韓昌黎集貳肆監察御史元君妻京兆韋氏（即微之元配）墓誌銘略云：

圖三④ 陳寅恪《讀鶯鶯傳》稿

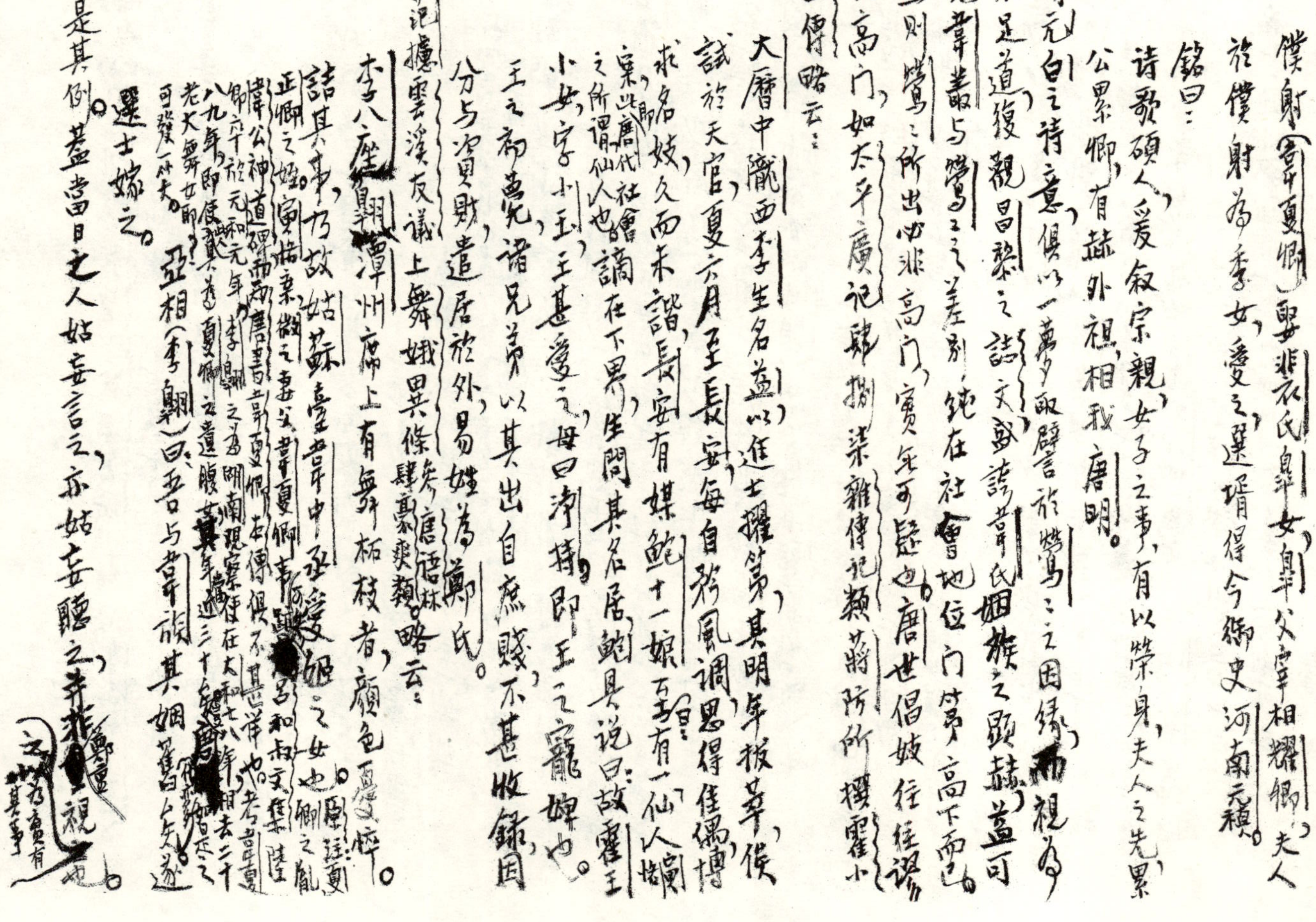

圖三⑤　陳寅恪《讀鶯鶯傳》稿

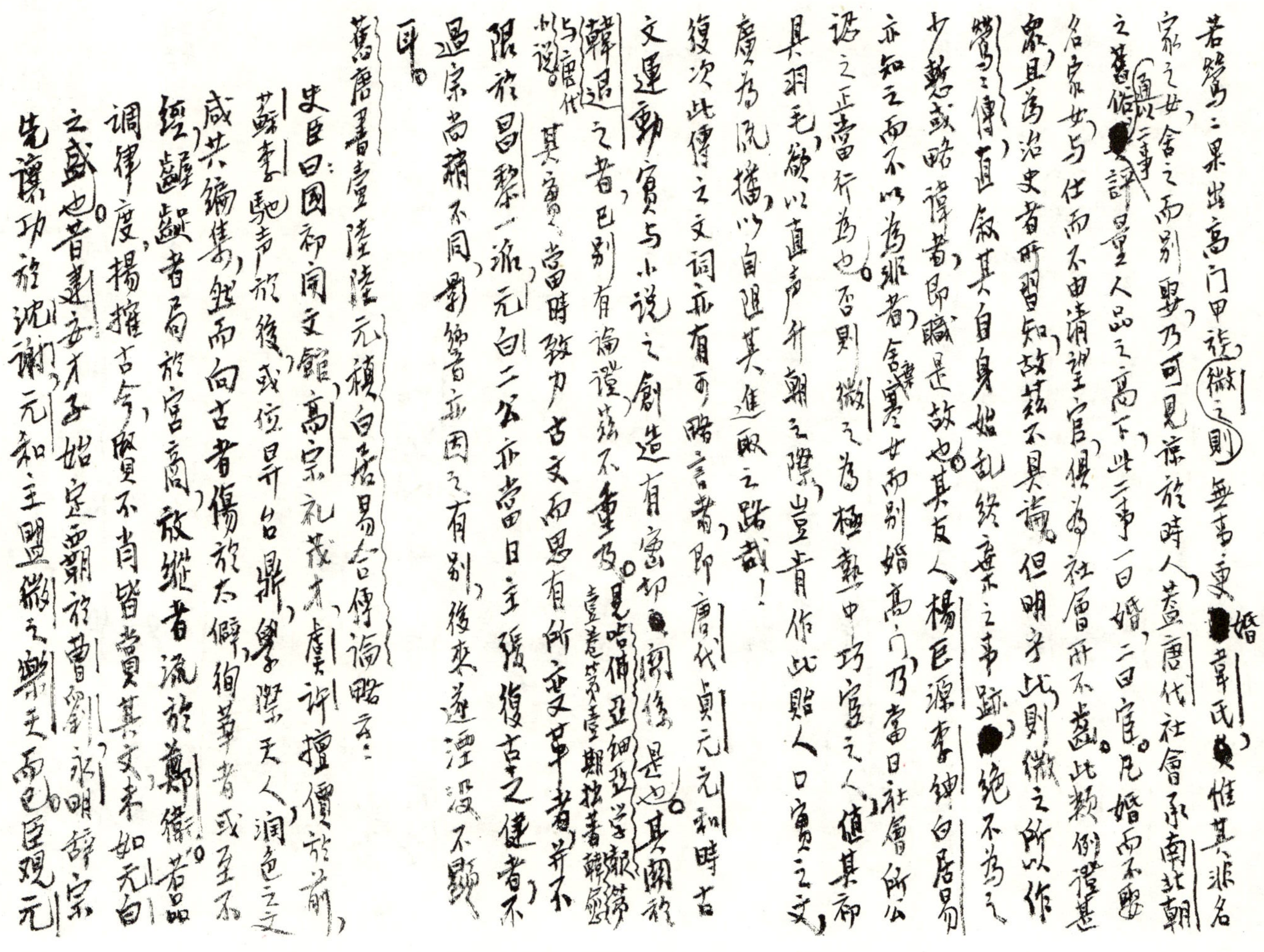

圖三⑥　陳寅恪《讀鶯鶯傳》稿

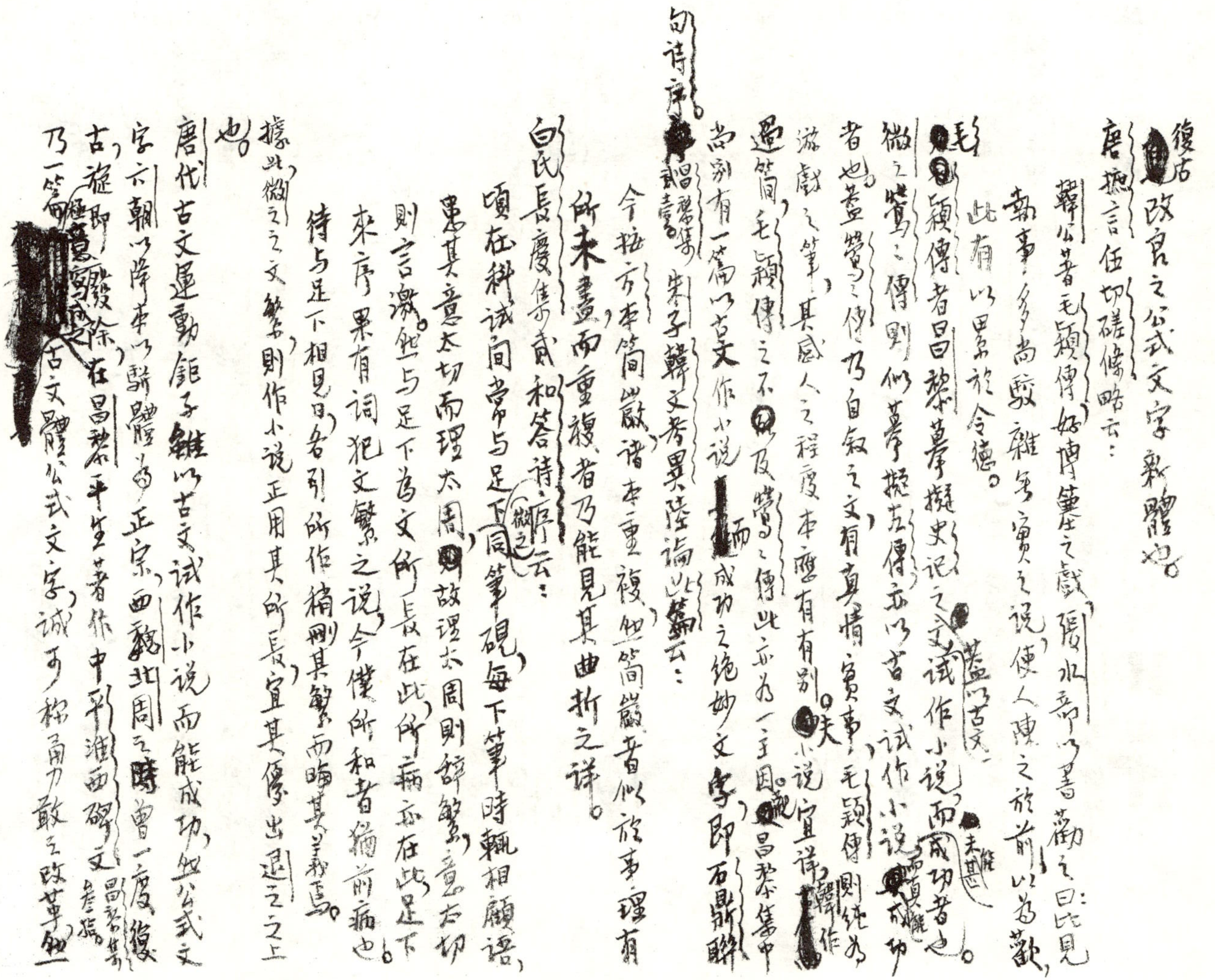

圖三⑧　陳寅恪《讀鶯鶯傳》稿

圖三⑨ 陳寅恪《讀鶯鶯傳》稿

序

　　中央研究院歷史語言研究所創始於一九二八年，到二〇〇八年就是八十週年了。史語所創所伊始，即有《中央研究院歷史語言研究所集刊》，在《集刊》的第一本第一分中，傅斯年所長發表了《歷史語言研究所工作之旨趣》，提出新材料、新方法、新工具、新問題等主張，這些主張不但影響了《集刊》文章的風格，對近代史學界也產生了極大的影響。

　　目前爲止，《集刊》已持續出刊近八十年，在近代中國，大部份學術刊物倏起倏滅，能持續到八十年的學刊，確實不多。從這一點來說，我們不能不珍惜這一個得來不易的成果。

　　除《集刊》外，史語所還出版專刊、單刊、田野工作報告、資料叢刊、目錄索引叢刊等，近二十年來，更有《新史學》(與台灣史學界同仁合辦)、《古今論衡》及在世界漢學界素有聲譽的 Asia Major 等刊物。

　　史語所從創所開始一直到今天，都是一個多學科、跨領域的研究所，所包含的學門基本上有歷史、語言、考古、人類學、文字、文籍考訂等，所以《集刊》所收文章的門類也就相當多樣。過去一二十年來，中國大陸出版界迭有要求，希望重印《集刊》，作爲學術研究的參考。但是《集刊》卷帙浩繁，不易查索，究竟以何種方式呈現比較方便讀者，確實頗費思量。北京中華書局是卓負盛譽的出版單位，他們在獲得史語所授權之後，提出以類相從的辦法，出版《中研院歷史語言研究所集刊論文類編》。這種出版方式可以同時方便個人及機構，使得《集刊》文章能到達更多需要參考的人手中。

　　文章分類特別困難，在編輯的過程中，協助檢核分類者，依各卷順序爲：語言所何大安先生、史語所陳昭容女士、邢義田先生、劉增貴先生、劉淑芬女士、柳立言先生、劉錚雲先生、李永迪先生、陳鴻森先生、王明珂先生等，另有張秀芬女士、陳靜芬女士協助整理，附此致謝。

中研院歷史語言研究所所長

王汎森　謹誌

凡　例

一、《中研院歷史語言研究所集刊論文類編》(以下簡稱《類編》)所收論文,取自《中研院歷史語言研究所集刊》(以下簡稱《集刊》)1928 年第 1 本第 1 分至 2000 年第 71 本第 4 分。《集刊》2000 年以後所刊載論文,待日後再行續編。

二、本次類編,根據《集刊》所刊載論文涉及的研究領域,分爲六編,其中《語言文字編》、《歷史編》下設卷,具體編、卷名目如下:

語言文字編(音韵卷、語法卷、方言卷、文字卷)

歷史編(先秦卷、秦漢卷、魏晋隋唐五代卷、宋遼金元卷、明清卷)

考古編

文獻考訂編

思想與文化編

民族與社會編

其中,《思想與文化編》中"文化"爲廣義的文化概念;《民族與社會編》涵蓋民族、生活禮俗、科技、醫療、工藝等方面;涉及跨斷代内容的論文,以最早斷代爲收録原則;論文具有多重性質者,以"研究者使用需要"及"論文重點"爲歸屬各編(卷)的標準。

三、爲體現《集刊》的辦刊宗旨,現將蔡元培先生撰寫的《發刊辭》、傅斯年先生撰寫的《歷史語言研究所工作之旨趣》置於《語言文字編》、《歷史編》、《考古編》、《文獻考訂編》、《思想與文化編》、《民族與社會編》所收論文前;《語言文字編》另增置傅斯年先生提議之《本所對語言學工作之範圍及旨趣》一文。

四、《類編》各編(卷)所收論文,均按刊期排列。爲便於閱讀、查檢,各編(卷)目録置於書前,《集刊》(1928—2000)《類編》總目置於書後;頁眉處標示本編(卷)通碼;頁腳處保留原刊頁碼;各篇論文文末附注原刊刊期,以"出自第某本第某

分"予以表示，括注公曆出版年月。

　　五、《類編》所收論文中，基本保留了原版面貌，個別表述與現行規範不相符合之處，做了適當的技術處理，敬請讀者鑑之。

　　六、因轉載著作權等原因，以下五篇論文未予以收錄：

　　　陳槃《"戰國的統治機構與治術"劄記跋》（原刊《集刊》第 37 本下）

　　　陳槃《"論貨幣單位鍰"劄記跋》（原刊《集刊》第 39 本上）

　　　宋光宇《清境與吉洋——兩個安置從滇緬邊區撤回義民聚落的調查報告》（原刊《集刊》第 53 本第 4 分）

　　　Aelence, Transitivity, Focus, Case and the Auxiliary Verb Systems in Yami（原刊《集刊》第 62 本第 1 分）

　　　高去尋《李峪出土銅器及其相關之問題》（原刊《集刊》第 70 本第 4 分）

目　録

集 刊 發 刊 辭

同是動物，爲什麼止有人類能不斷的進步，能創造文化？因爲人類有歷史，而別的動物沒有。因爲他們沒有歷史，不能把過去的經驗傳說下去，作爲一層層積累上去的基礎，所以不容易進步。例如蜂蟻的社會組織，不能不說是達到高等的程度；然而到了這個程度，不見得永遠向上變化，這豈不是沒有歷史的緣故？

同是動物，爲什麼止有人類能創造歷史，而別的動物沒有？因爲人類有變化無窮的語言，而後來又有記錄語言的工具。動物的鳴聲本可以算是他們的語言；古人說介葛盧識牛鳴，公冶長通鳥語，雖然不是近代確切的觀念；然而狗可以練習得聞人言而動，人可以因經驗了解狼的發聲之用意，這是現代的事實；但是他們的鳴聲既沒有可以記錄的工具，且又斷不是和人的語言有同等複雜的根基的，所以不能爲無窮的變化，不能作爲記錄無限經驗的工具，所以不能產生歷史。人類當沒有文字的時候，已有十口相傳的故事與史歌，已不類他種動物鳴聲的簡單而會有歷史的作用。發明文字以後，傳抄印刷，語言日加複雜，可以助記憶力，而歷史始能成立。

人類有這種特殊的語言，而因以產生歷史，這也是人類在動物中特別進步的要點，而語言學與歷史學，便是和我們最有密切關係的科學。

語言學的研究，或偏於聲音，或偏於語式，或爲一區域，一種族，一時期間的考證，或注重於各區域，各種族，各時期間相互的關係；固不必皆屬於歷史，但一涉參互錯綜的痕迹，就與歷史上事實相關。歷史的研究，範圍更爲廣大；不但有史以來，人類食衣住行的習慣，疾疫戰爭的變異，政教實業的嬗變，文哲科學藝術的進行，都是研

究的對象；而且有史以前的古物與遺蹟·地質學上的化石·生物學上進化的成例·也不能不研究；固然不都是與語言學有關·而語言學的材料·與歷史學關係的很多；所以我們把這兩種科學·合設研究所·覺得是很便利的。

我們研究的旨趣·與方法·與計畫·已經有專篇說明了。幾個月來·我們少數同志·按著預定的計畫·分途工作·已經有開頭的一點小小材料·我們希望有多數同志加入·把工作的範圍擴大起來·不能不隨時把我們已有的工作作報告·聽同志們的評判·這就是我們開始印行這集刊的緣故。

　　　　　　　　　　　蔡元培　中華民國十七年八月　南京

歷史語言研究所工作之旨趣

　　歷史學和語言學在歐洲都是很近才發達的。歷史學不是著史：著史每多多少少帶點古世中世的意味，且每取倫理家的手段，作文章家的本事。近代的歷史學只是史料學，利用自然科學供給我們的一切工具，整理一切可逢着的史料，所以近代史學所達到的範域，自地質學以至目下新聞紙，而史學外的達爾文論正是歷史方法之大成。歐洲近代的語言學在梵文的發見影響了兩種古典語學以後纔降生，正當十八十九世紀之交。經幾個大家的手，印度日耳曼系的語言學巳經成了近代學問最光榮的成就之一個，別個如賽米的系，芬匈系，也都有相當的成就，即在印度支那語系也有有意味的揣測。十九世紀下半的人們又注意到些個和歐洲語言全不相同的語言，如黑人的話等等，「審音之功」更大進步，成就了甚細密的實驗語音學，而一語裏面方言研究之發達，更使學者知道語言流變的因緣，所以以前比較言語學尚不過是和動物植物分類學或比較解剖學在一列的，最近一世語言學所達到的地步，已經是生物發生學，環境學，生理學了。無論綜比的系族語學，如印度日耳曼族語學，等等，或各種的專語學，如日耳曼語學，芬蘭語學，伊斯蘭語學，等等，在現在都成大國。本來語言即是思想，一個民族的語言即是這一個民族精神上的富有，所以語言學總是一個大題目，而直到現在的語言學的成就也很能副這一個大題目。在歷史學和語言學發達甚後的歐洲是如此，難道在這些學問發達甚早的中國，必須看着他荒廢，我們不能製造別人的原料，便是自己的原料也讓別人製造嗎？

　　論到語言學和歷史學在中國的發達是很引人尋思的。西歷紀元前兩世紀的司馬遷，能那樣子傳信存疑以別史料，能作八書，能排比列國的紀年，能有若干觀念比十九世紀的大名家還近代些。北宋的歐陽修一面修五代史，純粹不是客觀的史學，一面却作集古錄，下手研究直接材料，是近代史學的眞工夫。北南宋的人雖然有歐陽修的五代史，朱熹的綱目，是代表中世古世的思想的，但如司馬光作通鑑，「編閱舊史，旁探小說，」他和劉攽劉恕范祖禹諸人都能利用無限的史料，茲定舊記，凡通鑑和所謂正史不同的地方每多是詳細考定的結果，可惜長篇不存在，我們不得詳細看他們的方法

，然尙有通鑑考異說明史料的異同。宋朝晚年一切史料的利用，及考定辯疑的精審，有些很使人更驚異的。照這樣進化到明朝，應可以有當代歐洲的局面了，不幸胡元之亂，明朝人之浮誇，不特不進步，或者退步了。明淸之交，浙東的史學派又發了一個好端涯，但康熙以後漸漸的熄滅，無論官書和私箸，都未見得開新趨向，這乃由於外族政府最忌眞史學發達之故。語言學中，中國雖然沒有普日尼，但中國語本不使中國出普日尼，而中國文字也出了說文解字，這書雖然現在看來只是一部沒有時代觀念，不自知說何文解何字的系統哲學，但當年總是金聲玉振的書，何況還有認識方言的輶軒使者？古代的故事且少論，論近代：顧炎武搜求直接的史料訂史文，以因時因地的音變觀念爲語學，閻若璩以實在地理訂古記載，以一切比核辯證僞孔，不注經而提出經的題目，並解決了他，不箸史而成就了可以永遠爲法式的辯史料法。亭林百詩這樣對付歷史學和語言學，是最近代的：這樣立點便是不朽的遺訓。不幸三百年前雖然已經成就了這樣近代的一個遺訓，一百多年前更有了循這遺訓的形跡而出的好成就，而到了現在，除零零星星幾個例外以外，不特不因和西洋人接觸，能夠借用新工具，擴張新材料，反要坐看修元史修淸史的做那樣官樣形式文章，又坐看章炳麟君一流人尸學問上的大權威。章氏在文字學以外是個文人，在文字學以內做了一部文始，一步倒退過孫詒讓，再步倒退過吳大澂，三步倒退過阮元，不特自己不能用新材料，卽是別人已經開頭用了的新材料，他還抹殺着，至於那部新方言，東西南北的猜去，何嘗尋楊雄就一字因地變異作觀察？這麼竟倒退過二千多年了。

　　推繹說去，爲甚麼在中國的歷史學和語言學開了一個好的端緒以後，不能隨時發展，到了現在這樣落後呢？這原故本來顯然，我們可以把一句很平實的話作一個很該括的標準。（一）凡能直接研究材料，便進步，凡間接的研究前人所研究或前人所創造之系統，而不繁豐細密的參照所包含的事實，便退步。上項正是所謂科學的研究，下項正是所謂書院學究的研究，在自然科學是這樣，在語言學和歷史學亦何嘗不然？舉例說，以說文爲本體，爲究竟，去作研究的文字學，是書院學究的作爲，僅以說文爲材料之一種，能充量的辯別着去用一切材料，如金文，甲骨文等，因而成就的文字學，乃是科學的研究。照着司馬子長的舊公式，去寫紀表書傳，是化石的史學，能利用各地各時的直接材料，大如地方志書，小如私人的日記，遠如石器時代的發掘，近如某

個洋行的貿易册，去把史事無論鉅者或細者，單者或綜合者，條理出來，是科學的本事。科學研究中的題目是事實之匯集，因事實之研究而更產生別個題目。所以有些從前世傳來的題目經過若干時期，不是被解決了，乃是被解散了，因爲新的事實證明了舊來問題不成題問，這樣的問題不管他困了多少年的學者，一經爲後來發見的事實所不許之後，自然失了他的成爲問題之地位。破壞了遺傳的問題，解決了事實逼出來的問題，這學問自然進步。譬如兩部皇清經解，其中的問題是很多的，如果我們這些以外不再成題目，這些以內不肯捐棄任何題目，自然這學問是靜止的，是不進步的。一種學問中的題目能夠新陳代謝，則所得結果可以層層堆積上去，卽使年代久遠，堆積衆多，究竟不覺得累贅，還可以到處出來新路，例如很發達的天文物理化學生物等科目；如果永遠盤桓於傳留的問題，舊題不下世，新題不出生，則結果直是旋風舞而已，例如中國的所謂經學中甚多題目，如西洋的哲學。所以中國各地零零碎碎致力於歷史或語言學範圍內事的人也本不少，還有些所謂整理國故的工作，不過每每因爲所持住的一些題目不在關鍵中，換言之，無後世的題目，或者是自縛的題目，遂至於這些學問不見奔馳的發展，只表昏黃的殘缺。(二)凡一種學問能擴張他所研究的材料便進步，不能的便退步。西洋人研究中國或牽連中國的事物，本來沒有很多的成績，因爲他們讀中國書不能親切，認中國事實不能嚴辯，所以關於一切文字審求，文籍考訂，史事辯別，等等，在他們永遠一籌莫展，但他們却有些地方比我們範圍來得寬些。我們中國人多是不會解決史籍上的四裔問題的，丁謙君的諸史外國傳考證遠不如沙萬君之譯外國傳，玉連之解大唐西域記，高幾耶之注馬哥博羅遊記，米勒之發讀囘紇文書，這都不是中國人現在已經辦到的。凡中國人所忽略，如匈奴，鮮卑，突厥，囘紇，契丹，女眞，蒙古，滿洲等問題，在歐洲人卻施格外的注意。說句笑話，假如中國學是漢學，爲此學者是漢學家，則西洋人治這些匈奴以來的問題豈不是虜學，治這學者豈不是虜學家嗎？然而也許漢學之發達有些地方正借重虜學呢！又如最有趣的一些材料，如神祇崇拜，歌謠，民俗，各地各時雕刻文式之差別，中國人把他們忽略了千百年，還是歐洲人開頭爲有規模的注意。零星注意中國向來有的。西洋人作學問不是去讀書，是動手動脚到處尋找新材料，隨時擴大舊範圍，所以這學問才有四方的發展，向上的增高。中國文字學之進步，正因爲說文之研究消滅了汗簡，阮吳諸人金文之研

究識破了說文，近年孫詒讓王國維等之殷文研究更能繼續金文之研究。材料愈擴充，學問愈進步，利用了擋案，然後可以訂史，利用了別國的記載，然後可以考四裔史事。在中國史學的盛時，材料用得還是廣的，地方上求材料，刻文上抄材料，擋庫中出材料，傳說中辨材料，到了現在，不特不能去擴張材料，去學曹操設「發塚校尉」，求出一部古史於地下遺物，就是「自然」送給我們的出土的物事，以及燉煌石藏，內閣擋案，還由他燉壞了好多，剩下的流傳海外，京師圖書館所存摩尼經典等等艮藉，還復任其擱置，一面則談整理國故者人多如卿，這樣焉能進步？(三)凡一種學問能擴充他作研究時應用的工具的，則進步，不能的，退步。實驗學家之相競如鬥寶一般，不得其器，不成其事，語言學和歷史學亦復如此。中國歷來的音韻學者審不了音，所以把一部切韻始終弄不甚明白，一切古音研究僅僅以統計的方法分類，因爲幾個字的牽連，使得分類上各家不同，即令這些分類有的對了，也不過能舉其數，不能舉其實，知其然不知其所以然，如錢大昕論輕唇舌上古來無之，乃自重唇舌頭出，此言全是，然何以重唇分出一類爲輕唇，舌頭分出一類爲舌上，竟不是全部的變遷，這層道理非現在審音的人不能明白，錢君固說不出。若把一個熟習語音學的人和這樣一個無工具的研究者比長短，是沒法子競爭的。又如解釋隋唐音，西洋人之知道梵音的，自然按照譯名容易下手，在中國人本沒有這個工具，又沒有法子。又如西藏，緬甸，遏羅等語，實在和漢語出於一語族，將來以比較言語學的方法來建設中國古代言語學，取資於這些語言中的印證處至多，沒有這些工具不能成這些學問。又如現代的歷史學研究已經成了一個各種科學的方法之匯集。地質，地理，考古，生物，氣象，天文等學，無一不供給研究歷史問題者之工具。顧亭林研究歷史事跡時自己觀察地形，這意思雖然至好，但如果他能有我們現在可以向西洋人借來的一切自然科學的工具，成績豈不更卓越呢？若干歷史學的問題非有自然科學之資助無從下手，無從解決。譬如春秋經是不是終於獲麟，左氏經後一段是不是劉歆所造補，我們正可以算算哀公十四年之日食是不是對的，如不對，自然是僞作，如對了，自然是和獲麟前春秋文同出史所記。又譬如我們要掘地去，沒有科學資助的人一鏟子下去，損壞了無數古事物，且正不知掘準了沒有，如果先有幾種必要科學的訓練，可以一層一層的自然發現，不特得寶，並且得知當年入土之踪跡，這每每比所得物更是重大的智識。所以古史學在現在之需用

測量本領及地質氣象常識，並不少於航海家。中國史學者先沒有這些工具，那能使得史學進步，無非靠天幫忙，這裏那裏現些出土物，又靠西洋人的腿，然而却又不一定是他們的腦袋，找到些新材料而已。整理自己的物事的工具尚不夠，更說不上整理別人的物事，如希拉藝術如何影響中國佛教藝術，中央亞細亞的文化成分如何影響到中國的物事，中國文化成分如何由安西西去，等等，西洋的東方學者之拿手好戲，日本近年也有竟敢去幹的，中國人目前只好拱手謝之而已。

由上列的三項看來，除幾個例外算，近幾世中中國語言學和歷史學實不大進步，其所以如此自是必然的事實。在中國的語言學和歷史學當年之有光榮的歷史，正因為能開拓的用材料，後來之衰歇，正因為題目固定了，材料不大擴充了，工具不添新的了。不過在中國境內語言學和歷史學的材料是最多的，歐洲人求之尚難得，我們却坐看他毀壞亡失。我們着實不滿這個狀態，着實不服氣就是物質的原料以外，即便學問的原料，也被歐洲人搬了去乃至偷了去。我們很想借幾個不陳的工具，處治些新獲見的材料，所以才有這歷史語言研究所之設置。

我們宗旨第一條是保持亭林百詩的遺訓。這不是因為我們震懾於大權威，也不是因為我們發什麼「懷古之幽情」，正因為我們覺得亭林百詩在很早的時代已經使用最近代的手段，他們的歷史學和語言學都是照着材料的分量出貨物的。他們搜尋金石刻文以考證史事，親看地勢以察古地名。亭林於語言按照時和地變遷的這一個觀念看得頗清楚，百詩於文籍考訂上成那末一個偉大的模範著作，都是能利用舊的新的材料，客觀的處理實在問題，因解決之問題更生新問題，因問題之解決更要求多項的材料。這種精神在語言學和歷史學裏是必要的，也是充足的。本這精神，因行動擴充材料，因時代擴充工具，便是唯一的正當路徑。

宗旨第二條是擴張研究的材料

第三條是擴張研究的工具　這兩層的理由上文中已敍說，不再重復了。這三件實在是一句話，沒有客觀的處理史學或語言學的題目之精神，即所謂亭林百詩的遺訓者，是不感覺着擴充材料之必要，且正也擴充不了，若不擴張工具，也不能實現這精神，處置這材料。

關於我們宗旨的負面還有幾句話，要說。

　　(一)我們反對「國故」一個觀念。如果我們所去研究的材料多半是在中國的，這並不是由於我們專要研究「國」的東西，乃是因為在中國的材料到我們的手中方便些，因為我們前前後後對於這些材料或已經有了些研究，以後堆積上研究去方便些，好比在中國的地質或地理研究所所致力的，總多是些中國地質地理問題，在中國的生物研究所所致力的，總多是些中國生物問題，在中國的氣象研究所所致力的，總是些中國各地氣象觀察。世界上無論那一種歷史學或那一種語言學，要想做科學的研究，只得用同一的方法，所以這學問斷不以國別成邏輯的分別，不過是因地域的方便成分工。國故本來即是國粹，不過說來客氣一點兒，而所謂國學院也恐怕是一個改良的存古學堂。原來「國學」「中國學」等等名詞，說來都甚不祥，西洋人造了支那學「新諾邏輯」一個名詞，本是和埃及脫邏輯亞西里亞邏輯同等看的，難道我們自己也要如此看嗎？果然中國還有將來，為什麼算學天文物理化學等等不都成了國學，為什麼國學之下都僅僅是些言語歷史民俗等等題目？且這名詞還不通達，取所謂國學的大題目在語言學或歷史學的範圍中的而論，因為求這些題目之解決與推進，如我們上文所敘的，擴充材料，擴充工具，勢必至於弄到不國了，或不故了，或且不國不故了。這層並不是名詞的爭執，實在是精神的差異之表顯。(二)我們反對疏通，我們只是要把材料整理好，則事實自然顯明了。一分材料出一分貨，十分材料出十分貨，沒有材料便不出貨。兩件事實之間，隔着一大段，把他們聯絡起來的一切涉想，自然有些也是多多少少可以容許的，但推論是危險的事，以假設可能為當然是不誠信的事。所以我們存而不補，這是我們對於材料的態度；我們證而不疏，這是我們處置材料的手段。材料之內使他發見無遺，材料之外我們一點也不越過去說。果然我們同人中也有些在別處發揮歷史哲學或語言泛想，這些都僅可以當作私人的事，不是研究所的工作。(三)我們不做或者反對，所謂普及那一行中的工作。近百年中，拉丁文和希臘文在歐洲一般教育中之退步，和他們在學問上之進步，恰恰成正比例，我們希望在中國也是如此。現在中國希望製造一個新將來，取用材料自然最重要的是歐美的物質文明，即物質以外的東西也應該取精神於未衰敗的外國。歷史學和語言學之發達自然於教育上也有相當的關係，但這都不見得即是什麼經國之大業不朽之盛事，只要有十幾個書院的學究肯把他們的一生消耗到這些不生利的事物上，也就足以點綴國家之崇尚學術了——這一行的學術

。這個反正沒有一般的用處，自然用不着去引誘別人也好這個，如果一旦引了，不特有時免不了致人於無用，且愛好的主觀過於我們的人進來時，帶進了些烏煙瘴氣，又怎麼辦？

這個歷史語言研究所本是大學院院長蔡先生委託在廣州的三人籌備的，現在正計畫和接洽應舉的事，已有些條隨着人的所在小小動手，却還沒有把研究所的大體設定。稍過些時，北伐定功，破虜收京之後，這研究所的所在或者一部分在廣州一部分在北京，位置的方便供給我們許多工作進行的方便。我們最要注意的是求新材料，第一步想沿京漢路，安陽至易州，安陽殷墟以前盜出之物並非澈底發掘，易州邯鄲又是燕趙故都，這一帶又是衛邶故域。這些地方我們旣頗知其富有，又容易達到的，現在已着手調查及布置，河南軍事少靜止，便結隊前去。第二步是洛陽一帶，將來一步一步的西去，到中央亞細亞各地，就脫了純中國材料之範圍了。爲這一些工作及隨時搜集之方便，我們想在洛陽或西安燉煌或吐魯蕃疏勒，設幾個工作站，「有志者事竟成」！因爲廣州的地理位置，我們將要設置的研究所要有一半在廣州，在廣州的四方是最富於語言學和人類學的材料的，漢語將來之大成全靠各種方言之研究，廣東省內及鄰省有很多種的方言，可以每種每種的細細研究，並製定表式，用語音學幫助，作比較的調查。至於人類學的材料，則漢族以外還有幾個小民族，漢族以內，有幾個不同的式和部居，這些最可寶貴的材料怕要漸漸以開化和交通的緣故而消滅，我們想趕緊着手探集。我們又希望數年以後能在廣州發達南洋學：南洋之富於地質生物的材料，是早已箸明的了。南洋之富於人類學材料，現在已漸漸爲人公認。南洋學應該是中國人的學問，因爲南洋在一切意義上是「漢廣」。總而言之，我們不是讀書的人，我們只是上窮碧落下黃泉，動手動脚找東西！

現因我們研究所之要求及同人之祈向，想次第在兩年以內設立下列各組；各組之旨趣及計畫，以後分別刊印。

一，文籍考訂；

二，史料徵集；

三，考古；

四，人類及民物；

五，比較藝術；

　以上歷史範圍；

六，漢語；

七，西南語；

八，中央亞細亞語；

九，語言學：

　以上語言範圍；

歷史學和語言學發展到現在，已經不容易由個人作孤立的研究了，他旣靠圖書館或學會供給他材料，靠團體爲他尋材料，並且須得在一個研究的環境中，才能大家互相補其所不能，互相引會，互相訂正，於是乎孤立的製作漸漸的難，漸漸的無意謂，集衆的工作漸漸的成一切工作的樣式了。這集衆的工作中有的不過是幾個人就一題目之合作，有的可就是有規模的系統研究。無論範圍大小，只要其中步步都是做研究工夫的，便不會流成「官書」的無聊。所有這些集衆工作的題目及附帶的計劃，後來隨時布白。希望社會上欣賞這些問題，並同情這樣工作的人多多加以助力！果然我們動手動脚得有結果，因而更改了「讀書就是學問」的風氣，雖然比不得自然科學上的貢獻較爲有益於民生國計，也或者可以免於妄自生事之譏誚罷？我們高呼：

一，把些傳統的或自造的「仁義禮智」和其他主觀，同歷史學和語言學混在一氣的人，絕對不是我們的同志！

二，要把歷史學語言學建設得和生物學地質學等同樣，乃是我們的同志！

三，我們要科學的東方學之正統在中國！

中央研究院歷史語言研究所籌備處

中華民國十七年五月　廣州

出自第一本第一分（一九二八年八月）

建文遜國傳說的演變

跋崇禎本遜國逸書殘本

胡　　適

　　張菊生先生借給我一部崇禎刻本遜國逸書，原書有崇禎甲申秋八月魏塘錢士升的序，中說：

> 逸書凡四種，致身錄乃焦弱侯先生得之茅山道藏中，從亡拊膝二書則余得之江右徐若谷司定者。又祝允明野記有黃陳冤報錄，事極穢褻，而暴揚陳瑛中蕡之醜，亦足示戒，并付之梓，俟修國史者采焉。

編書時，北京已破，故序中有『甲申距建文壬午凡二百四十二年，而滄桑之變，言之可痛。』這書大概是國變之際南方書買的一種投機牟利的事業。

　　原書四種，今僅存三種，第三種有目錄而無書：

　　致身錄 ^{十八條}　　　　東吳史仲彬自敍

　　從亡隨筆　　　　　朝邑程濟著

　　拊膝錄目　　　　　玉海子

　　致身錄從洪武三十一年戊寅史仲彬除翰林院侍書起，至洪熙元年仲彬往雲南省視建文帝，明年聞洪熙帝死爲止。隨筆從建文壬午南京城破起，至正統庚申建文帝迎入大內供養時止。

　　兩書同紀建文帝出亡事，而致身錄先出，隨筆後出，故後者詳於前者，其實皆僞書也。試舉一段，略表二書的性質：

　　（1）致身錄：

> 帝知金川失守，長吁東西走，欲自殺。翰林院編修程濟曰，『不如出亡。』少監王鉞跪進曰，『昔高皇帝升遐時，有遺篋，曰，「臨大難當發」。 謹收藏奉先殿之左。』羣臣齊言，『急出之。』俄而舁一紅篋至，四圍俱固以鐵，二鎖亦灌鐵。帝見而大慟，急命舉火焚內。程濟碎篋，得度牒三張，一名應文，一名應賢，一名應能。袈裟，帽鞋，剃刀，俱備；白金十錠。朱書篋內：『應文從

鬼門出，餘從水關御溝而行。薄暮，會於神樂觀之西房。』帝曰，『數也』，程
濟即爲上祝髮。……九人從帝至鬼門，牛景先以鐵棒啟之，若不用力而即瓦解
者。出鬼門而一舟艤岸以待。十人乘舟，舟人頓首。帝問，『汝何人，何爲至
此』？對曰，『臣乃神樂觀道士，即前皇上賜名王昇。昨夢太祖高皇帝……曰，
『明日午時，可於後湖艤大舟至鬼門外伺候。汝周旋弗洩，後福未期。不然，
難逃陰殛』。

這完全是小說口吻，全無史料價值；故欲出之從亡隨筆把此中最荒誕的神話都刪去了：

（2）從亡隨筆：

上知金川門失，徘徊欲自殺。翰林編修程濟進曰，『臣逆知有今日也。爲今之
計，莫若出亡』。……太監王鉞曰，『即出，亦懼人認得。奉先殿有太祖遺一諭
，臨大難發之』。 羣臣齊言，『速取來』！須臾昇一紅匣至，四圍固以鐵，閉以
二鎖，鎖以錫鐵灌，堅不得啟。羣臣無計，濟以足碎匣底，視之，皆髡緇之具
，得度牒三紙，袈裟剃刀俱備，白金十錠。上曰，『數也』。因大慟。……程濟
因爲上祝髮。〔上〕命取筆來，顧濟曰，『朕仍以文爲名』。乃書牒名應文。吳王
教授楊應能，御史楊希賢皆曰，『臣願落髮以從』。因書牒，能曰應能，賢曰應
賢。……因與程濟梁良用潛出西華門。時燕兵巷戰金川，遊兵攻朝陽門，以故
，上得從西華門出也。

上不能行，濟曰，『事急矣』。乃扶上沿河而走。見一舫橫岸，濟曰，『有舟無
人駕，奈何』？ 中書梁良用曰，『臣可』。乃翊上登舟，鼓楫順流而去。申刻抵
南門，濟曰，『此去是三山門，有兵不可去』。 乃舍舟而塗。……至聚寶門，
門軍止上。濟曰，『等吾異鄉僧道，恐死亂軍耳。』乃得出。會日暮，無可棲。
濟曰，『此東去，乃郊壇，有神樂觀。道士王昇與臣有舊，盍往投。』上曰，
『恐洩』。濟曰，『此人素忠義，皇上曾錫名者』。緩步乘月而行，更盡達觀，王
昇出迎。……是夕不寐。十四日晨，楊應能，葉希賢金焦吳或學……牛景先……
……（共二十一人）……亦至，環坐，咸暗泣。

此可見從亡隨筆是根據前出的小說而作的， 因要冒充史料， 故刪去過甚的神話，如
（1）太祖已定三人牒名，（2）篋中朱書的預言，（3）鬼門之一擊即開，（4）王昇因太

祖托夢，駕船來迎。但此書終免不了大漏洞。神樂觀既非預定期會之所，建文皇帝勉強到此，何以次晨楊莱等二十餘人都知道來此集會呢？

致身錄記文和尚（所謂建文帝）的行踪如下：

壬午（1402）在吳江史仲彬家。八月走雲南。

癸未（1403）在雲南之永嘉寺。

甲申（1404）八月九日到吳江史家。遊兩浙。將冬，返雲南。

丁亥（1407）從重慶之大竹善慶里遷到白龍山。

庚子（1420）在大理浪穹山中。

甲辰（1424）十一月到吳江史家。重遊浙中。

又仲彬兒子史晟跋說宣德九年甲寅（1434），建文又到吳江史家。——以上的行踪便是從亡隨筆的間架。隨筆全依此綱要，略加細節目而已。此又可見此書後出，實根據史錄，僞造成書。

明史卷百四十三於牛景先傳下有附記云：

燕兵之入，一夕朝臣縋城去者四十餘人，其姓名爵里莫可得而考。然世相傳有程濟及河西傭補鍋匠之屬。

程濟，朝邑人，有道術。洪武末，官岳池教諭。惠帝卽位，濟上書言，某月日北方兵起。帝謂非所宜言，逮至，將殺之。濟大呼曰，『陛下幸囚臣。臣言不驗，死未晚。』乃下之獄。已而燕兵起，釋之。改官編修，參北征軍。淮上敗，召還。

或曰，『徐州之捷，諸將樹碑紀功。濟一夜往祭，人莫測。後燕王過徐，見碑大怒，趣左右椎之。再椎，遽曰，「止！爲我錄文來！」已按碑行誅，無得免者。而濟名適在椎脫處。』——然考其實，徐州未嘗有捷也！

金川門啓，濟亡去。或曰，帝亦爲僧，出亡，濟從之，莫知所終。………（此下記河西傭，補鍋匠，馮翁，（馬二子）會稽二隱者，玉山樵，（雪菴和尚）其後數十年，松陽王詔游治平寺，於轉輪藏上得書一卷，載建文亡臣二十餘人事蹟，楮墨斷爛，可識者僅九人：梁田玉，梁良玉，梁良用，梁中節，皆定海人，同

族，同仕於朝。田玉官郎中，京師破，去爲僧。良玉官中書舍人，變姓名走海南，鬻書以老。良用爲舟師，死於水。中節好老子太玄經，爲道士。何申，宋和，郭節，俱不知何許人，同官中書。申使蜀，至峽口閱變，嘔血，疽發背死。和及節挾卜筮書走異域，客死。郭良官籍俱無考，與梁中節相約棄官爲道士。餘十一人，並失其姓名。緝雲鄭僖紀其事爲忠賢奇祕錄，傳於世。

及萬曆時，江南又有致身錄，云得之芳山道書中，建文時侍書吳江史仲彬所述，紀帝出亡之後事甚具。仲彬程濟葉希賢牛景先皆從亡之臣。又有廖平金焦諸姓名。而雪菴和尚補鍋匠等，具有姓名官爵。一時士大夫皆信之。給事中歐陽調律上其書於朝，欲爲請諡立祠。然考仲彬實未嘗爲侍書。錄蓋晚出，附會不足信。

明史此論最有斷制，使我們可考見這個從亡故事演變的痕跡。凡故事傳說的演變，如滾雪球，越滾越大，其實禁不起日光的烘照，史家的考證。此意我曾于於水滸西遊諸考證及井田辨，古史辨中詳說過了。今試取此故事爲添一例：

（1）建文自焚後，民間傳說紛起。

（2）『其後數十年』（約十五世紀中葉），松陽王詔發見（？）治平寺的殘卷，中有建文亡臣二十餘人，九人的記載可讀。然細看明史轉載九人的事蹟，只說他們是『亡臣』，並不曾說他們是『從建文出亡』之臣。緝雲鄭僖因作忠賢奇祕錄，傳於世。

（3）民間又起了一種程濟神話，有許多怪誕的話，又有補鍋匠等傳說，略如明史所說。

（4）萬曆時（十七世紀之初。遜國逸書序云，『至萬曆之末稍稍彰炳』，可見是在十七世紀）。乃有致身錄出現，全探了王詔鄭僖記的九人，又加上程濟等十三人，合成二十二人。又把傳說中的『補鍋』，『雪和尚』，等等都一一坐實了。建文的行踪也說的『像煞有個事』了。

（5）崇禎末年（十七世紀近中葉），又有程濟的從亡隨筆出現，盡探以前的種種傳說，添上吳成學黃直二人，刪去王良一人。錢士升眉批云：

致身錄有王良，此不載。攷王良爲浙按察使，焚印而死。（此事見明史一四三本傳）則致身錄之誤無疑。

此批大可注意。第一可證致身錄添出的十餘人只是東拉西扯來的，僞造的人並不曾細考，竟把一位外省按察使拉進來了！第二可證從亡隨筆大概卽是錢士升僞造的，他曾用過一番工夫，故能改正致身錄的錯處。

還有一个脚色，也可注意。致身錄根據王詔鄭僖的名單，故有一个梁良用。錢士升僞造隨筆時，見鄭僖舊說有『良用爲舟師，死於水中』的話，他正要改造那王昇艤舟的神話，遂把梁良用捉來代替王昇駕船，船到了南門，

> 良用哭曰，『臣從此別矣』！赴水死。

於是又少了一个梁良用，連王良共少二人，於是又添上吳成學，黃直二人。仍湊足二十二人之數！

致身錄還有一个大錯誤，就是說程濟是績溪人（頁九）這是僞造的人把程濟認作程通了。程通是績溪人，明史（一四三）本傳說他。

> 授遼府紀善。燕師起，從王（遼王）泛海歸京師，上封事數千言，陳禦備策，進左長史。永樂初，從王徙荆州。有言其上封事多指斥者，械至，死於獄。家屬戍邊。

遼人也同王良一例，不能硬作從亡諸臣之一。所以錢士升也改正爲朝邑人。大概程濟的神話完全起于民間，着無歷史的根據，略如濟顛和尚一類。績溪人之既固出于錯認程通，朝邑人之說亦未必有何根據。李伯元作官場現形記，開卷便大書陝西同州府朝邑縣；程濟之朝邑籍貫，大概與絕典史同是杜撰罷？

十七，三，四夜記。

出自第一本第一分（一九二八年八月）

明季桐城中江社考

朱　倓

明季結社，其數盈百，而勢力之偉大，無如復社；而與復社隱然相抗與之敵對者，其惟中江社。

中江社之首領，為桐城阮大鋮，明季社黨之爭，都置國事於不顧，內憂外患，熟視無覩，大鋮始與東林黨為難，而北都以亡，終與復社為難，而南都以亡，中江社之設，殆與東林黨暗爭以後，又與小東林黨之復社暗爭者也。此社記載寥寥，殆以阮大鋮為明季奸臣，清初貳臣，入其社者，人皆諱之。惟桐城錢秉鐙初入其社，其後以方以智之勸戒，始脫離其社，秉鐙少子播祿撰先公田間府君年譜云：

> 壬申（崇禎五年），二十一歲，是年，邑人舉中江大社，六皖知名士皆在，府君與三伯與焉，首事潘次魯方聖羽也。次魯為閹黨汝楨子，聖羽則皖髯門人，皖髯陰為之主，以薦達名流餌諸士，由是一社皆在其門，皖髯與余家世戚，門內人素不以為嫌，府君鄉居，不習朝事，漫從之入社。（國粹學報第七十五期據桐城蕭穆抄校本）

案皖髯即阮大鋮，錢秉鐙藏山閣文存有皖髯事實一篇，首云：「皖人阮大鋮」，末云：「並為髯絕篇一首，大鋮髯而無嗣，故以髯絕名篇。」播祿所撰年譜，稱大鋮為皖髯，本此。

欲明阮大鋮主持中江社之陰謀，非先明大鋮之歷史不可，大鋮之歷史，可分為三時期：一為崇禎以前與東林暗爭時期；二為崇禎時列名逆案結中江等社以與復社暗爭時期；三為弘光時誅鋤復社及降清時期。茲分為三篇，每篇即以大鋮事蹟穿插其中，藉以明中江社之緣起與組織及其結果焉。

上篇

中江社之成立，在崇禎五年，上距復社之成立僅三年，（崇禎二年，復社有國表初集，列名七百餘人，見復社紀事，其後增至數千人，見復社姓氏錄。）距魏忠賢矯旨頒示東林黨人榜僅七年，（天啓五年十二月乙亥朔，頒示東林黨人榜三百零九人，榜見酌中志餘。）又距欽定逆案大鍼列名案中亦僅三年。復社中多東林黨人之子弟，忌者多以小東林目之，大鍼本亦爲東林黨人，後與東林黨相仇，列名逆案，故見復社之盛，心頗畏忌，乃別立中江社，網羅六皖名士，以爲己羽翼，一以標榜聲名，思爲復職之地，一以樹立黨援，冀爲政爭之具，中江社成立之原因，蓋不出乎此。

阮大鍼之與東林黨爲讐敵，並遷怒於其子孫，非明其初期之歷史，必有不甚憭然者。茲將錢秉鐙皖髯事實，錄其事之在崇禎二年以前者如左，並以溫睿臨南疆逸史阮大鍼傳及他書補其缺：

　　皖人阮大鍼，少有才譽，萬歷丙辰通籍，授行人，考選給事中，清流自命，同鄉左公光斗在臺中有重望，引爲同心，其人器量褊淺，幾微得失，見於顏面，急權勢，善矜伐，悻悻然小丈夫也。天啓四年冬，將行考察，會吏掌科缺，以次應補者，江西劉弘化在籍有丁憂信，後資無踰大鍼，大鍼亦方假回，左時已轉僉院，急招入京，大鍼旣至，而當事諸公意屬魏大中，以察典重大，大鍼淺躁，語易泄，不足與共事也，左意遂中變，語大鍼曰，「某公艱信已確，但撫按疏久未至，奈何！現有工科缺出，且宜暫補，俟其疏至，再行改題可乎？」大鍼業心知其故，謬曰「可」，於是具疏題補工科都給事中，凡再題而命不下，諸公怪之，而外議喧傳吏科缺出已久，不得已乃更以吏科請，疏朝上而命夕下，蓋大鍼於此時始走捷徑，叛東林也。大鍼到任未數日，卽請終養歸，以缺讓魏公大中，與楊左諸公同掌察典，歸語所親曰，「我便善歸，看左某如何歸耳，」楊左禍機伏於此時矣。次年春，難作，毒遍海內，（南疆逸史阮大鍼傳云：「未幾，汪文言獄起，連殺漣光斗六人，又明年，逮攀龍等七人。」）大鍼方居里，雖對客不言，而眉間栩栩有伯仁由我之意，其實非大鍼所能爲也。大鍼與同志相呼應者，馮銓霍維華楊維垣等數人耳，而爲以通閣者，倪文煥也。（明史馬士英傳云：「大鍼自是附魏忠賢，與霍維華楊維垣倪文煥爲死友，造百官圖，因文煥達諸忠賢。」）丙寅冬，召起太常寺少卿，數月卽回，心知魏閹不可久恃，凡有書幣往候，隨卽

購其名刺出，故籍閣時無片字可據，但加以「陰行贊導」而已。先帝卽位之初，舉朝皆閹餘黨，東林虛無人，於是楊維垣乘虛倡議，以東林崔魏並提而論，蓋兩非之；不意倪公元璐於詞林中毅然抗疏，極詆其謬，分別邪正，引繩批根，維垣爲之理屈詞窮。而大鋮在籍，旣聞閣敗，急作二疏，遣賫入京，其一疏特參崔魏，一疏爲七年合算，以熹宗在位凡七年，四年以後亂政者魏忠賢，而爲之羽翼者，崔呈秀輩也；四年以前亂政者則爲王安，而羽翼安者，東林也，論役特示維垣，若局面全翻，則上前疏，脫猶未定，卽上合算之疏。是時維垣方與倪公相持，得大鋮疏，大喜，卽上之，從此東林諸公切齒大鋮，倍於諸閣黨矣。崇禎元年，奉優旨起陞光祿卿，旋被劾罷回，已爲魏公大中子學濂血疏稱：「大鋮實殺其父，」用是削奪配贖，列名欽定逆案，十七年不能吐氣矣。

　案明史馬士英傳及南疆逸史阮大鋮傳，記大鋮第一期事蹟，皆本皖髥事實，而不及其詳；惟逸史言「大鋮字圓海桐城人，」而明史馬士英傳則云：「萬歷四十四年，與懷寧阮大鋮同中會試，」民國四年懷寧縣志選舉表云：「萬歷丙辰進士阮大鋮，桐城阮鶚之曾孫，鶚爲嘉靖甲辰進士，官至巡撫，見明史，大鋮爲桐城人，太學題名碑可考，明史誤以大鋮爲懷寧人，附識於此以正之。」尋懷寧縣志文苑傳「大鋮從祖阮自華，始遷懷寧，與吳應鍾劉鍾嶽等結海門社，」乾隆江南通志文苑傳「阮自華懷寧籍桐城人，」則大鋮當爲桐城人無疑。

　朱彝尊云「大鋮名在點將錄，號沒遮攔，而閩人周之夔，亦注名復社第一集；阮露刃以殺東林，周反戈以攻復社。」（見靜志居詩話）案酌中志餘所載東林點將錄，沒遮攔爲禮科給事中劉宏化，錄中亦別無阮大鋮之名，殆爲後人所竄易，朱氏所見，必係初本。中江社之首事潘次魯方聖羽，初亦列名復社。（見復社紀事及復社姓氏錄）潘次魯名映婁，方聖羽名啓曾，復社國表第一集卽列其名。大鋮餌潘方二氏以爲中江社首領，殆亦使效己智，而爲反戈之意乎？

中篇

　南疆逸史阮大鋮傳云：「大鋮起爲光祿卿，御史毛羽健卽劾之，以其頌美贊導，列名逆案之四等，論贖徒爲民，終莊烈帝世廢斥，鬱鬱不得志，然未嘗一日忘仕宦

也，賂遺朝貴，求所以澌刷者，終無其術，帝明督，人有以逆案荐者，輒得罪，大鋮無可奈何。」當是時，大鋮發憤爲詩，抒其才藻，以博人之稱譽，今南京盋山精舍所刻詠懷堂詩十卷，大都皆爲其罷官里居時所作。葉燦序稱其「一與時忤，便留神著述；家世簪纓，多藏書，徧發讀之，又性敏捷，目數行下，一過不忘，無論經史子集，神仙佛道，諸鴻章鉅簡；卽瑣談稗誌，方言小說，詞曲傳奇，無不薈蕞而掇拾之。聰明之所溢發，筆墨之所點染，無不各極其妙，學士家傳戶誦；而全副精力，尤注射於五七字之間，其詩有莊麗者，有澹雅者，有曠逸者，有香艷者，至其窮微極渺，靈心慧舌，或古人所已到，或古人所未有，忽然出之，手與筆化，卽公亦不知其所以至而至焉。」葉之稱譽，其過情與否，余未敢言；要其所謂學士家傳戶誦，必非虛譽，視大鋮之結中江社，六皖知名士皆在，則其詩文之能傾動一時可知。其時復社之聲譽已隆，大鋮能使名列復社之潘映婁方啟曾來入其社，雖云以薦達名流爲餌，要亦其文藝足以服人有以致之；卽錢秉鐔（錢撝祿田間年譜所稱爲三伯者）秉鐙兄弟，亦名重江左，亦傾倒其才而入其社，他可知也。茲將潘方二錢事蹟，考之如左；

（一）潘映婁

康熙安慶府志云：「潘映婁字次魯，明少司馬汝楨仲子也，美丰姿，饒機畧，隨父歷官，行止多取決焉。比入成均，才名藉甚，授台州推官，著聲明允。入國朝，以投誠有功，擢杭州鹽法道，旋註誤，下吏議，復白之，陞福寧道，政務寬慈，士民猶有頌聲。」

桐城徐璈桐舊集云：「潘映婁號復齋，崇禎丙子（九年），己卯（十二年）副榜。」

案潘映婁當時亦有才名，桐舊集載其酬何司空太瀛詩云：

大雅將誰託，斯文宛在茲。曹南多風誼，水部最能詩。月俸存官米，風塵伴放葵。琅玕頻贈我，慚不似潘尼。

案阮大鋮詠懷堂詩爲潘次魯而作者有七篇，（黃鵠篇爲潘次魯南征賦，卷二之二 鳩嶺遲潘次魯不至，卷二之十 山中五日懷次魯客江上，卷二之十七 招潘次魯等飲假園，卷二之二十四 山夜有懷潘次魯居廬，卷三之二 冬日同潘次魯等坐天界綠夢居，卷三之七 酌次魯十寶閣，卷三之三十四 ）茲擇其更關切者，錄四篇如左：

鳩嶺遲潘次魯不至，

　　山雲靜吐輝，流英照中野。持情復何向，偃曬秋扉下。穫餘禾秫繁，可以膽
鑰鑇。開逕歉親益，漁樵亦來社。獨有同心人，煙霜格車馬。啁雀定不喧，菊香
澹盈把。使我對寒月，孤琴爲君寫。

山中五日懷次魯客江上，

　　與子靜相見，閒雲及芳草。兼此松際月，時向潭中杲。想子江上心，應懷薇
蕨好。楚些激靈波，離思更難稿。雨止山青開，泉聲喧一道。煙駕念當來，巖花
落恆掃。蘭芳彌話言，靈谿澹何討。

山夜有懷潘次魯居廬，錄第二首，

　　世事寧庸問，其如高枕何？儘容恬寤寐，無可寄悲歌。山靜烟雲秀，林深鳥
雀和。秋籬能就菊，爲爾撤門羅。

酌次魯十霙閣，

　　草閣晴香裏，花繁君適來。有懷何契闊，於此且徘徊。舊柳青難忍，江峯碧
盡開。好將寒靜意，閱世向深杯。

(二)方敢曾

　　桐舊集云：「方敢曾字聖羽，號僑伻，順治間貢生，官江陰訓導，有振雅堂
集。」

　　康熙安慶府志耆耋表：「方啓曾，壽九十歲，江都訓導。」

象方啓曾亦工詩，阮大鋮詠懷堂詩爲方聖羽而作者，有十四篇。（九日霽後同方聖羽
等集李玄素通侯松筠閣，^{卷二之四}同聖羽等集園觴詠，^{卷二十三}讀陶詩偶舉大意似聖羽等，
^{卷二十三}送方聖羽等失解歸皖，^{卷三之六}春望蛟臺有懷聖羽廬居，^{卷三十二}春陰同聖羽等集園
中，^{卷三十四}五日喜聖羽等至山，^{卷三十五}仲春七日同方聖羽等集劉慧玉宅，^{卷四之二}江上逢
聖羽來啁感賦，^{丙子詩上十七}靈谷月下聖羽至，^{戊寅詩下之一}聖羽避亂至山盡談樅川被賊之狀，^{戊寅詩下之二十七}方聖羽四十初度，^{外集乙部十}秋雨同方聖羽夜酌兼閱其舍山館中近撰，^{外集乙部十四}同方聖羽等集城西樓，^{辛巳詩上之二}）茲擇其尤關切者，錄三首如左：

靈谷月下聖羽至，

　　山月滿庭樹，樹靜山更涼。良友坐此間，幽意殊相當。瀟然共茗粥，清論浮

蘭香。起或步松徑，倦即休竹房。世人如蓼蟲，習苦不自傷。漫游呬禽向，降夢
儔羲皇。非君秉素心，定復嗤予狂。

　　秋雨同方聖羽夜酌，兼閱其舍山館中近撰，

　　　　秋雨鬱暄申，朋來更此晨。永言遊古處，遺跡長農臣。載露兼霞厚，開香橘
柚新。滄浪審何在，不敢漫垂綸。

　　　　禮樂憶君東，山泉發幾蒙。高文矜曙色，清思壓松風。偶影秋燈下，深談夜
雨中。閒琴雜涼吹，於此意無窮。

(三)錢秉鐔

　　桐舊集云：『錢秉鐔字幼安，崇禎間諸生，注引潘蜀藻曰　，「先生少與弟
飲光齊名，貢成均時，值國變，遂棄去，憂憤䏌志以歿，」又引省志云「秉鐔兄弟
五人，與季弟秉鐙名重江左，有二錢之稱，及秉鐙遭黨禍，秉鐔撫循門內終身。』』

　　錢撝祿田間年譜：『萬歷丙辰年，三伯父幼安。蕭穆注云，「幼安名秉鐔，
少與先生齊名，滿歲臨貢，值世變棄去，族人有譏其年強不仕爲不孝者，賦詩謝
之，有侍中死聲猶羞父，諸葛匡吳亦負兄之句。」』

案秉鐔有途別家兄舍弟之震澤詩，蓋在易世後之作，其詩云：

　　　　逢人何必問滄桑，越國傷心越水長。客路夢隨今夜月，官橋跡印向來霜。老
年兄弟難爲別，亂日詩文不易狂。早晚柴門人獨望，迴思嶺外淚千行。

據此詩及阮大鋮錢爾卓先生偕令嗣幼安幼光飲集園詩，詠懷堂集卷一之三　則秉鐔卽撝祿田間年
譜所稱三伯者是也；蓋爾卓先生五子，三與五最有名，故爲阮氏所羅致歟！

(四)錢秉鐙

　　桐舊集云：「錢秉鐙字幼光，號田間，更名澄之，字飲光，崇禎時諸生，有
藏山閣稿，飲光詩文集。」

案錢秉鐙事蹟，諸家記載，皆詳於清而略於明，而於南明事皆不載一字：如方苞所撰
墓表，阮元國史儒林傳，鄭方坤國朝詩人小傳，唐鑑學案小識，錢林文獻徵存錄，皆
不足以窺其全，馬其昶桐城耆舊傳雖間載南明事，然亦語焉不詳。蓋秉鐙始與阮大鋮
同社，後與復社幾社人相結，且與陳子龍夏允彝輩結雲龍社，阮氏與之爲仇，故弘光
朝秉鐙不得志，而幾罹黨禍。隆武時，以黃道周之薦，授吉安府推官，尋改延平府。

永曆時，擢禮部主事，後特試，始入翰林爲史官，著有所知錄。南明亡，始歸鄉里，終身不仕，方苞所謂「杜足田間，治經課耕」是也。年八十二終，著有田間易學十二卷，田間詩學十二卷，莊屈合詁八卷，及田間詩文集五十八卷，行世。民國十六年冬，家大人購得舊鈔本藏山閣詩集十四卷，文集六卷，其詩起於崇禎十一年，訖於永曆五年（清順治八年），文起於崇禎十二年，迄於永曆四五年，其中雜文，皆記南明時事，皖髮事實即其一也，此書清代在禁燬之列，故鈔流傳，光緒中，桐城蕭穆得一抄本，排印行世，近亦稀見。秉鐙生平事蹟，以其子攄祿所撰田間年譜爲最詳，亦爲蕭穆抄校本，載在國粹學報七十五期，至七十九期，人所易見，故其事不詳列於篇。

錢攄祿田間年譜云：「皖髮與余家世戚。」又云：「辛未（崇禎四年）府君至皖，見阮霧靈翁，（蕭穆注云：「阮霧靈翁名自華，字堅之，號澹宇又號霧靈山人，萬曆戊辰進士，著有霧靈集。」）而阮大鋮詠懷堂詩有壽爾卓先生六十詩一首，集部甲之十三外（田間年譜云，「萬曆四十年，府君生，祖父年四十六，」蕭穆注云：「先生父諱志立，字爾卓，號鏡水，萬曆間諸生，著有輔仁遺編菰蘆遯噫鸞里春音集，白門缶音集」）又有錢爾卓先生偕令嗣幼安幼光飲集園詩云：

悠悠時序，既露以霜。森標朝竦，素烟夕翔。離憂中來，云胡不長。琴瑟在御，寫此幽獨。翩其谷音，沛我弗遫。薄陳莞簟，以話疇夙。寒山靜好，高樹鷄鳴。嘉魚旨酒，欥我平生。豈無他士，古處維朋，臨觴不樂，日月彌晏。停雲崇阿，播芳南澗。龍蟄匪存，鳳衰何諫。願整羽翮，相從敖遊。攀霞懸圃，摘月松舟。任運之之，盡舍盡求。

案此詩蓋在初結中江社所賦，其時正與錢氏父子昆弟相善也。其後秉鐙以方以智之勸戒，漸與離異，茲將田間年譜中關於此事者，錄之如左：

壬申（崇禎五年），方密之（名以智）吳遊回，與府君言曰：「吳下事與朝局表裏，先辨氣類，凡閹黨皆在所擯，吾輩奈何奉爲盟主？曷早自異諸！」因私結數子課文；其中江社期，謝不至，諸公既知有異心矣。其冬，府彙試，生童俱集，大鋮治酒，大會社友，獨不招君，（當作府君）既試畢，府君往謁其封君桂麓翁，翁語曰；「子爲誰薦？」府君曰：「未有。」翁曰：「小兒云方仁植（蕭穆注云即方孔炤，）已薦子矣！」府君曰：「不知。」揖而出，仁植者，密之父

也，已發案，府君第一，大鋮居爲己功。

癸酉（崇禎六年），劉用酒爲婺源令，祖父受業門人也，遣迎祖父到任，過皖，大鋮急語之曰：「今年婺源令必入闈，諸昆仲必應中一人，以報師恩，宜儘尺頭長者，且才美不愧。」蓋指府君也。因密傳用關節法。祖父辭曰：「此子年幼，正宜用功，吾生不作僥倖一事，寧敢以誤此子，並累使君也。」其秋，用酒又迎，且曰：「某將入闈，署中須師炤管。」祖父力辭不去。已劉公果入闈，府君兄弟皆不中，人爭惜之；祖父獨喜曰：「幸甚，不墮縠中，即使徑中，不由關節，亦終爲某口實，得箝制之矣。」

乙亥（崇禎八年），過婁東謁張西銘先生。（名溥，復社首領，秉鐙入復社，蓋在此時。）

丙子（崇禎九年，）讀書龍眠山中，左碩人（名國柱）爲主，子直（名國棟）子忠（名國林）子厚（名國材，四左皆光斗子，）共事。大鋮聞之，謂祖父曰：「聞公家有人與左氏共筆硯，必非公子也，左氏固吾世仇，吾兩家世戚，寧有此乎！」祖父曰：「有之，即吾少子也，彼少年，寧知前事，意氣相孚，自爲投契，吾輩亦焉能禁之！」大鋮從此銜恨於府君矣。

戊寅（崇禎十一年），會方仁植以中丞撫楚，密之自楚回，邀府君至白門共事，善府君文，欲捐資授梓。聞里中賊警，遽歸，復移家避舞鸞鄉，度歲。密之往楚，留都出防亂公揭以逐大鋮，大鋮謂密之主謀，而府君適與同事，恨益甚。（案留都防亂公揭錢秉鐙未列名。）

庚辰（崇禎十三年），正月，入城，留龍眠山中，與三左（三左，即子直子忠子厚也。）共事，祖父病，（卒）阮大鋮遣祭，其文專以詆府君，府君亦同諸位往謝，三左亦承密之旨，刻桐山彙業以別氣類，吾邑社事之判，自此始。

壬子，（崇禎十五年），何文端公沒，（名如寵）復社公祭，屬府君爲文，其中署序朝局，以及閹黨至今爲害等語，何氏懸堂之正中，大鋮陪弔客，於此堂更衣，客必覽此數語，大鋮知爲府君筆，益恨。

甲申（崇禎十七年），大鋮出山，大興同文之獄，而府君竟掛名於宗室朱統鐏之章，以擁戴疏藩謀危社稷爲罪，緹騎四出，家人無處可匿，仲伯乃遷之東

來，府君變姓名，逃吳市。

綜觀上列數則，知中江社之方以智以故，名流漸多脫離，惜乎此社始末，未能詳知，所謂六皖知名士，究不知有幾，余讀書少，不能詳考，僅此四人，或與阮相終始，或與阮相反戾，可以知其大畧。而大鍼在此期之歷史，亦惟秉鐙知之最詳，故仍以皖髯事實之在崇禎時代者，摘錄如左：

大鍼雖里居，凡巡方使者出都，必有為之先容，到皖，即式其廬，地方利弊，或相諮訪，大鍼隨以誇張於眾，門庭氣燄，依然薰灼。最後有溫御史應奇者，江西寧都人，出都時，語大鍼所知，極陳向往之私。大鍼聞之，逢人輒述新直指語，迨直指莅皖，視事畢，當謁客，大鍼灑掃門巷，勒庖廚音樂以候，謂出必先過我，即留飲也；而直指往返再經其門，竟不投一刺，乃大恨，無以對僕御及里人矣。（案詠懷堂詩外集有溫直指澄虛不見枉以書代訊賦答二首，則溫御史不見大鍼信矣；然雖不投刺，而以書代訊，且又有巖居答溫直指再訊一首，亦見外集，則其懷恨當不如錢氏所說之甚也。）已御史被論降調，大鍼即以下石自居，實不然也。會流寇逼皖，大鍼避居白門，旣素好延攬，見四方多事，益談兵，招納游俠，希以邊才起用，惟時白門流寓諸生，多復社知名士，聞而惡之，公出留都防亂揭以逐大鍼，大鍼懼，乃閉戶謝客，客亦無造其門者。貴州馬士英固與同譜，譴戍，寓白門，同時失志，兩人者終日往還，互相慰勞耳。宜興相公周延儒，為髫年暱友，旣回籍，大鍼過其家，延儒與約曰，倘得再出，必起君。崇禎十四年，延儒再召，大鍼遣使往候，以金杯為壽，曰「息壤在彼。」延儒召其使前，舉杯釂者三，仍令持歸，語使曰，「飲此，如與爾主面談矣，舊約不忘，但今茲之出，實由東林先與我約法三章，第一義即爾主也，歸語爾主，倘意中有所為一人交者，當用為督撫，俟其以邊才轉薦，我相機圖之，必有以報耳。」使歸，大鍼以為無如馬士英者，遂以士英請。延儒入，即拔士英為鳳督。甲申國變，士英擅擁戴聖安之功，實由大鍼致之也。

案流寇逼皖，大鍼避居白門（南京），蓋在崇禎十年丁丑，錢撝祿田間年譜云：「丁丑春，賊大至，合家渡江，避烏落洲，五月，復至，再往。」大鍼當亦在此時避居南京。其時復在南京集羣社，（詠懷堂詩有羣社初集，共用羣字一首，^{外集甲部之二} 赤烏

飛一首，序云：「羣社期於追古，故各擬古一章，余拈適得朱鷺，因憶鐃歌之義，俞徵君安期辨考之殊詳而愜，易朱鷺以赤烏飛者誠是也，余曾載之詩印，故賦赤烏飛以首簡。」^{卷二之三}至於羣社人數及名氏，更不可考矣。）錢秉鐙所謂素好延攬，故復社之人，聞而惡之，崇禎十一年，遂出留都防亂公揭以逐之，蓋其時中江社之人，業已避亂分散，其在南京者，亦必仍入羣社，自防亂揭出，大鋮懼而謝客，客亦無造其門者，惟馬士英失志，終日往還，互相慰勞，遂造成弘光朝之政局，而與復社遂不共戴天矣。

中江社有明文可考者，僅阮大鋮及上列四人，所謂六皖知名士及六皖以外之人，必尚多，詠懷堂戊寅詩卷下，爲同社豹叔錢文蔚校，詩中稱豹叔者亦多，其爲中江社，抑爲羣社，不可知矣。阮之門人入社者，方啟曾外，必亦有之，如詠懷堂辛巳詩爲門人齊惟藩价人錢二若次倩校；辛巳詩，序爲夏口門人張禰乾撰；其時南海鄺露亦爲其門人，詠懷堂詩首四卷，爲其所校，且有序，而大鋮亦有鄺公露從嶺南相訪感賦一首，^{詠懷堂詩卷二之十七}中有句云：「樂是阪隅謠，避此蟪蛄地。萬里就盧中，吟觴藉相媚。」則鄺露殆亦爲中江社中人乎？

下篇

中江社既以阮大鋮爲主，故本文亦以阮大鋮爲主，大鋮之事跡，在崇禎以前及崇禎時代，既在上中二篇分述之矣。其在弘光時代，當於本篇述之，仍以錢秉鐙所撰皖髯事實之關於弘光朝及其降清事，錄於左，而以南疆逸史阮大鋮傳及他書補其缺：

皖髯事實云：『聖安以福王踐位，從前東林所爭者，具有成案，固大鋮可以借此發難報復之秋矣，又守備太監韓贊周，素與交好，京師陷，諸閹南奔，大鋮一一招致之，深相結納，與言東林當日所以危福王狀，諸閹入內，皆悉陳於上前，又極稱大鋮才，聖安意中，固早有阮大鋮矣。士英特疏薦起，以報前德，亦所不容己者，而諸公攻之已甚，激使併力同仇，乃大鋮竟由中旨起用，此又出於士英意外也。當時若早有知幾計者，與士英謀，出山之時，畀之節鉞，以遂其飛揚馳騁之思，則十七年鬱結之憤，可以少抒；及業已佐樞，而給事熊霖乃言「宜置之有用之地，」固已遲矣！攻之愈急，則其機愈深，鬱之愈久，則其發愈毒，

譬如四猛虎於阱中，環而攻擊之者，不遺餘力，一旦跳躍而出，有不遭其博噬者幾人哉！』

　　南疆逸史阮大鋮傳云：『周延儒再召，大鋮輦金要之維揚，頓首泣涕曰，「大鋮已以身自託於公，公奈何熟視大鋮之困阨而不一援手？」延儒曰：「嘻！難也。」久之，曰：「知交中誰與子最密者？」大鋮以士英對，延儒曰：「然則吾起士英，令士英轉荐子，庶有濟。」延儒入閣，即起士英總督鳳陽，（董含三岡識略云：「周延儒之初相也，璫案諸人，皆厚賂之，欲令轉移上意，阮大鋮亦饋二萬金，延儒畏上英斷，不敢發，性貪鄙，又不能還金，諸人惆悵而已，獨大鋮怒詈之。大鋮既負逆名，衆皆不齒，馬士英黜官居金陵，好聲色，與大鋮爲狹斜交，相得甚懽，士大夫因並薄士英，二人之交愈固。延儒再相，大鋮候之京口，曰：「公起，天下拭目望太平矣，某願爲太平之民，一身功名，非所冀也。」延儒始慮其責報，聞之甚喜，然計大鋮之爲人，終不可負，欲有以取償，曰：「公知人才誰可用者？願得致力，」大鋮舉士英，遂從起廢擢鳳督。及弘光立，士英相，大鋮用，而國由以亡！嗟乎！以三百年之宗社，東南千萬里之江山，一旦舉而捐之，捐之者，僅此二萬金也！）大鋮又與守備大監韓贊周甚暱，京師亂，中貴人南奔者，大鋮因贊周遍給之，大鋮既陰與士英謀立福王，而恐王不知也，則令羣閹交譽大鋮才，以其所演詞曲諸劇進宮中，（家大人曰：「焦循劇說言，阮大鋮所著傳奇共八種，雙金榜，牟尼合，春燈謎，燕子箋，忠孝環，桃花笑，井中盟，獅子賺。王士禛帶經堂集秦淮雜詩云；新歌細字寫冰紈，小部君王帶笑看。千載秦淮嗚咽水，不應仍恨孔都官。自注，弘光時，阮司馬以吳綾作朱絲闌，書燕子箋諸劇，進宮中。」）上固喜優樂，已心識大鋮名，而士英方柄國，乃以邊才荐，且言諸臣定策之謀，大鋮啓焉；其附璫也，亦無實跡。遂命大鋮冠帶陛見。大鋮上守江策，陳三要兩合十四隙疏，並自白孤忠被陷，皆由東林。於是舉朝大譁，大學士姜曰廣高弘圖持其章乞下九卿科道集議，侍郎呂大器太僕少卿萬元吉府丞郭維經大理丞詹兆恆給事中羅萬象陳子龍御史陳良弼王孫蕃米壽圖周元泰左光郎中尹民與懷遠侯常延齡等，並言先帝欽定逆案，不可擅改，大鋮逆案巨魁，必不可召。士英爲大鋮奏辨，而歷詆曰廣等。居月餘，竟以中旨，起

大鋮兵部，添註右侍郎。左都御史劉宗周言「魏璫之毒，大鋮其主使也，即才果足用，臣慮黨邪害正之才，終病世道，大鋮進退，實係江左興亡，乞寢成命，」不聽。尋命巡閱江防，明年二月，進本部尚書。大鋮既得志，端務報復，盡召逆案楊維垣虞廷陞郭如闇周昌晉虞大復徐復陽陳以瑞吳孔嘉布列要路，爲之羽翼，而以所善張孫振袁宏勳劉光斗等置言路，爲爪牙，橫制朝政；乃斥曰廣宗周以下諸正人，劾周鑣雷縯祚殺之，（明史馬士英傳云：『初，舉朝以逆案攻大鋮，大鋮慽甚，及見北都從逆諸臣有附會清流者，因倡言曰；「彼改逆案，吾作順案與之對，」以李自成僞國號曰順也，乃劾周鑣雷縯祚殺之。』案南疆逸史周鑣傳謂：「士英亦自劾周鍾之從逆，牽連及鑣，」鍾爲鑣從弟，有聲復社。）朝端側目，惟所欲爲矣。會有狂僧大悲，妄稱王，捕得下詔獄，大鋮與孫振謀曰：「假此誅清流，一網可盡也，」令大悲稱引史可法等數十人，指以將擁戴潞王，書諸臣姓名內大悲袖中，至讞時而出之，因造十八羅漢五十三參之目，海內人望，無不備列，錢謙益先已入其黨，上疏頌士英功德，且爲大鋮訟冤修好矣，大鋮慽不釋，亦列焉。獄詞詭秘，朝士皆自危，而上不欲興大獄，士英亦難之，乃第誅大悲而止。大鋮雖以知兵荐，顧問以軍事，茫如也，一切邊警，悉寢不奏，而時時撓六部權，任劉應賓爲文選，濁亂銓政，以賄爲遲速高下，清卿要秩，皆有定價，再舉考選，所擇給事御史，悉其私人，嘗欲罷撫按糾荐，令輸金於官，糾者免，荐者予，其謬誕如此。江西副將陳麟鄧林奇以功當爲總兵，大鋮徵其賄萬二千金，始給勅印；諸白丁隸役輸重賂，立躋大帥；都人有「職方賤如狗，都督漏街走」之謠。初，士英本德大鋮，故排羣議起之，所言無不從；及大鋮勢盛，則結內奄，徑取中旨，勢且陵其上，吏部尚書缺，士英欲用張國維，而大鋮先以授張捷，士英愕眙良久，浸畏大鋮矣。或曰：「今海宇崩離，瞻烏未定，公何苦乃爾！」大鋮曰：「古人不云乎？吾日暮途遠，吾故倒行而逆施之。」左兵內犯，黃得功率師入援，大鋮與劉孔昭等羅拜之，得功曰；「拒寇吾職也，諸君何爲者此乎！」得功再敗左兵，大鋮以爲指使功，再賜銀幣，與朱大典俱加太子太保。越日，而上幸太平，大鋮入見舟中，上思幸浙，命朱大典先行治兵，大鋮因隨之入金華，大典留與治軍事，士民知者，復檄逐之，乃遶方國安軍，士英已

先在，頗悔用大鋮以敗國，而己亦流離無所容也，與相齟齬，大鋮乃陰通歀於大軍。』

皖髯事實云：『聖安蒙塵後，大鋮由太平逃奔浙東，投金華朱大典，大典固與同官交好，方舉義婺州，聞其至甚喜，留之與共治軍，大鋮即身任其事，是時金華軍容頗盛，義餉大饒，大典將悉以付之，義軍譁，紳士公檄聲其罪，逐之出境，大典遣人護送至江東，入方國安營。馬士英與國安同里，先在其營，大鋮善論談，至則掀髯抵掌，國安爲之傾動，與士英論多不合，士英亦以南渡之壞，半由大鋮，而己居其惡，意固不平，由是漸相矛盾。有方端士者，懷寧人，與國安聯宗，爲其記室，至是以僉事銜管江頭提塘事，台州推官潘某，某子也，固爲大鋮氣類，在台激變，奔杭，值北師至，投誠，補杭州同知，其家留台，悉匿端士所，杭越書信，往來不絕，大鋮因是潛通降表於北，且以江東虛實啟聞北帥，在江頭爲間諜者幾一年，而越人不知也，故後錄用降官，有「阮大鋮投誠獨早」之旨。丙戌六月，貝勒渡江，馬士英與方國安等走台州，大鋮獨至江頭迎降，蓋馮銓已薦爲軍前內院矣，既見貝勒，於衣領中出一紙條授之，有字數行，馮銓手書也。自是大鋮以軍前內院從征，急招士英國安出降，自請於貝勒，願爲前軀，破金華以報國恩。初，大鋮在金華，與大典閱城，至西關，大典語曰：「此門新築，土未堅，有事備禦宜嚴。」及是，大鋮專用大砲攻西門，門塌，城遂陷，焚戮甚慘，以報討檄之恨。（案錢秉鐙所知錄卷六，阮大鋮本末小紀與皖髯事實所載略同，「以報討檄之恨」句下注云，「以上得諸同鄉人流寓江東者之口，」此股注語。）有金華府同知耿獻忠被縶至帳前，大鋮遙望見之，即呼曰：「耿父母也！」耿舊爲巢縣令，故稱父母，因向諸內院稱某素有吏才，可大用，親解其縛，留之帳下，自是獻忠朝夕不離大鋮。是時北兵所過，野無青草，諸內院及從征官無從得食，大鋮所至，必羅列肥鮮，邀諸公大暢其口腹，爭訝曰；「此於何處得來，」則應曰：小小運籌耳，吾之用兵不可測度，蓋不翅此矣。」其中有黑內院者，滿人，喜文墨，大鋮教以聲偶，令作詩，纔得押韻協律，即附掌擊節，贊賞其佳，黑大悅，情好日篤，諸公固聞其春燈謎燕子箋諸劇本，問能自度曲否？即起執板，頓足高唱，以侑諸公酒，諸公北人，不省吳音，乃改唱弋陽腔，

始點頭稱善，皆歎曰；「阮公真才子也！」每夜坐諸公帳內劇談，聽者倦，既寢有鼾聲，乃出，遍歷諸帳，皆如是，詰朝，天未明，又已入坐帳中，聆而與之語，或誦其枕上詩，諸公勞頓之餘，不堪其擾，皆勸曰；「公精神異人，盍少睡，一休息？」大鋮曰：「吾生平不知倦欲休，六十年猶一日也，」及諸公起，鼎烹悉陳，復人人歷飲，蓋豫飭廚人以夜備矣。一日，忽面腫，諸內院愛之，語獻忠曰；「阮公面腫，恐有病，不勝鞍馬之勞，老漢不宜面腫，君可相謂令暫駐衢州，俟我輩入關取建寧後，遣人相迓，何如？」獻忠以語大鋮，大鋮驚曰：「我何病！我雖年六十，能騎生馬，挽強弓，鐵錚錚漢子也，幸語諸公，我仇人多，此必有東林復社諸奸徒，潛在此間，我願諸公勿聽，」又曰：「福建巡撫已在我掌握中，諸公為此言，得毋有意去耶！」獻忠復諸內院，內院曰：「此老亦太多心，我甚知東林復社與渠有仇，因見渠面腫，勸其在此少休息耳，既如此疑，卽請同進關可耳。」於是與大鋮同行，既抵關下，皆騎。按轡緩行上嶺，大鋮獨下馬，徒步而前，諸公呼曰：「嶺路長，且騎，俟到險峻處，乃下。」大鋮左牽馬，右指騎者曰：「何怯也！汝看我筋力百倍於汝後生！」蓋示壯以信其無病也，言訖，鼓勇先登，不復望見，久之，諸公始至五通嶺，為仙霞最高處，見大鋮馬拋路口，身踞石坐，喘息始定，呼之騎，不應，馬上以鞭掣其辮，亦不動，視之，死矣！諸公乃下馬，聚哭極哀，急命置薪舉火焚其屍，家僮固請全屍歸葬先塋，諸公不能久待，畀以十二金，命為殮具，僕下嶺求棺，數十里外無居人，三日後，乃得門扉一扇，募土人往移之下，則已潰爛蟲出矣。（「原注：以上投降後事，得之耿君口述，」案明史馬士英傳云：「野乘載士英遁至台州寺，為僧，為我兵搜獲，大鋮國安先後降，尋唐王走順昌，我大兵至，搜龍扛，得士英大鋮國安父子請王出關為內應疏，遂駢斬士英國安於延平城下，大鋮方遊山，自觸石死，仍戮屍云。」此所云野乘，不知何書，錄此以存異說。）耿君字伯良，粵東反正，擢陞司空，戊子冬，在端州劉侍郎舟中敍其事甚詳，袁總憲在坐，屬余紀之，幷為髥絕篇一首，大鋮髥而無嗣，故以髥絕名篇也。』

阮大鋮之降清，皖髥事實謂由於台州推官潘某，考此潘某，卽中江社之首事潘映婁字次魯者也。所知錄卷六，阮大鋮本末小紀云：『有方端士者，懷寧人，與國安聯

宗，爲其記室，至是以僉事銜，管江頭提塘事，台州推官潘映婁，奄黨潘汝楨子也，在台激變，奔杭請兵除亂，值北師至，遂投誠，補杭州同知，其家屬留台者，悉匿端士所，杭越書訊，往來不絕，大鋮於映婁氣類也，因是酒通降表於北，且以江東虛實啓聞北師，在江頭爲北間諜者幾一年，而越人不知也，故後錄用降官，有「阮大鋮投誠獨早」之旨。丙戌六月，貝勒渡江，馬士英方國安等走台州，大鋮獨至江頭迎降，益知馮銓已薦爲軍前內院矣，貝勒問軍中誰識阮大鋮者，大鋮言杭州同知潘映婁，係臣同鄉，召來識認可也，乃檄映婁到越，初，映婁以己卯副榜，考授通判銜，弘光時，冒推官謁選，大鋮不知，上疏引映婁爲證，猶稱其通判原銜，映婁恚，及是渡江，趑趄不肯進，大鋮哀懇至再，乃許之，曰：「我見貝勒，惟曰臣識其面，未識其心，」大鋮窘，與誓諸神，約得志日，必以兩司相酬，映婁乃入見，於是貝勒召大鋮至」此節皖髯事實中已刪去，蓋所知錄爲史類，故從實書；皖髯事實列於文集，鋑與潘曾同列中江社，故爲隱諱乎？由此觀之，中江社之結果，得潘映婁而阮大鋮乃降淸而喪身；得錢秉鐙而阮大鋮之奸蹟乃因同鄉同社而傳播於天壤。余故於阮大鋮生平事蹟，特采錢秉鐙所記皖髯事實入之於篇者，以中江社員而記中江社主之歷史，尤爲親切而有味焉。

計六奇明季北畧周延儒續記條云：「宜興（延儒，宜興人）再召，通內而贄幣帛者，馮涿州也，（名銓）奔走而爲線索者，太倉張溥嘉興吳昌時也，擘畫兩年，綸綍始下。」然則周延儒之再相，由於復社首領張溥之推轂，（此事他書亦有記載）阮大鋮賂周延儒，而馬士英乃督鳳陽，乃立福王，而大鋮乃得獨握朝綱，誅鋤復社，爲一網打盡之計，以報列名逆案，及留都防亂揭之恥，復社後人撰明史，置周延儒於奸臣傳，而不一溯用周延儒之張溥，實非公允。張溥爲復社首領，而用周延儒，因之復社瀕於滅，南都因以亡；正猶阮大鋮爲中江社首領，而用潘映婁，爲後來降淸之介，因之身死，猶其小事，乃招方國安降，敗朱大典軍，導淸軍入仙霞嶺，而覷京又因以亡，故阮大鋮者，可謂三次亡明者也！而其始乃皆由社黨之爭，余故於明季社事始末，樂爲之詳細推繹，以爲黨而不國者戒，特於中江社考爲之發其凡焉。

民國十八年六月十六日。

出自第一本第二分（一九三〇年六月）

吳三桂周王紀元釋疑

朱 希 祖

　　吳三桂以周王紀元，或謂「周王係明室子孫」，或謂「周王係三桂自稱」，衆皆疑之，而莫能明也。　清代官書，如國史逆臣傳則謂：

> ·康熙十二年十一月，三桂自稱「天下都招討兵馬大元帥」。　十三年正月，三桂僭稱周王元年，十七年，三桂僭稱帝，僞號「昭武」。　（逆臣傳內吳三桂傳。　案東華錄「康熙十二年十二月丁巳，四川湖廣總督蔡毓榮奏吳三桂反，僞稱天下都招討兵馬大元帥，以明年甲寅爲周王元年」，逆臣傳蓋本此。　孫旭平吳錄謂僭號在十七年三月初三日）

據此，則三桂以周王紀年，自康熙十三年正月起，至康熙十七年三月止，共四年零二月。

　　謂周王爲明室子孫者，則有日本稻葉君山清朝全史，彼謂日本延寶中，自福州船傳來有吳三桂檄文，其文云：

> 原鎮守山海關總兵官，今奉旨總理天下水陸大元帥興明討虜大將軍吳，檄天下文武官吏軍民人等知悉。　本鎮深叨大明世爵，統鎮山海關，維時李逆倡亂，聚賊百萬，橫行天下，旋寇京師，痛哉毅皇烈后之賓天！慘矣東宮定藩之顛躋！　普天之下，竟無仗義興師勤王討賊者，傷哉國運。夫復何言。　本鎮獨居關外，矢盡兵窮，淚乾有血，心痛無聲，不得已歃血訂盟，許虜藩封，暫借夷兵十萬，身爲前驅，乃斬將入關，則李賊已遁；夫君父之仇，不共戴天，必親擒賊帥，獻首太廟，始足以對先帝之靈。　方幸賊之巨魁，已經授首，正欲擇立嗣君，繼承大位，封藩割地，以謝滿酋，不意狡虜逆天背盟，乘我內虛，雄據燕都，竊我先朝神器，變我中國冠裳，方知拒虎

進狠之非，莫挽抱薪救火之誤。　　本鎮刺心嘔血，追悔靡及，將欲反戈北
伐，掃蕩腥羶，適遇先皇之三太子，年甫三歲，刺股爲記，寄命託孤，宗社
是賴，姑飮血隱忍，未敢輕舉，故避居窮壤，養晦待時，選將練兵，密圖恢
復，迄於今日，蓋三十年矣！　　茲者虜酋無道，奸邪高張，道義之儒，悉處
下僚，斗筲之輩，咸居顯職，山慘水愁，婦號子泣，以致彗星流隕，天怒於
上，山崩土裂，地怨於下，本鎮仰觀俯察，是誠伐暴救民順天應人之日，爰
卜甲寅之年，正月元旦，恭奉太子·祭告天地，敬登大寶，建元周咨。

　　　（但燾譯清朝全史第三十章，三藩之平定）

稻葉君山之清朝全史，頗流行於吾國，其徵引書籍，頗稱廣博，故文人學士，多尊信
之，卽此檄文，亦多信爲眞確，資爲談助者；然考其實，則可疑之處甚多，如：稱
「原鎮守山海關總兵官」，案三桂爲總兵官，鎮守甯遠，非鎮守山海關，崇禎十七年
三月五日，賊氛逼，封三桂平西伯，詔徙甯遠之衆，入援京師，（莊士敏滇事總錄卷
上）旣原封爲伯，何以不稱，此可疑者一也；又稱「今奉旨總理天下水陸大元帥興明
討虜大將軍」，而清代官書如國史逆臣傳，則謂「自稱天下都招討兵馬大元帥」，私
家記載如劉健庭聞錄，則謂「三桂鑄印，其文爲天下都招討兵馬大元帥，鑄工清軍廳
吏畢某之子也，先中憲公知之，密白中丞朱公」。　　孫旭平吳錄與劉說同。　　劉健之
父崑，官雲南府同知，吳三桂舉兵，脅降不屈，戍之瘴地，著有吳三桂傳及滇變記兩
種，亂中遺失；健著此書，皆得諸其父，故曰「庭聞」。　　孫旭招降三桂將韓大任，議
敘道員。　　則二人所記，自較確實，絕不聞所謂「今奉旨總理天下水陸大元帥興明討
虜大將軍」等名號，可疑二也。　　又謂「將欲反戈北伐，掃蕩腥羶，適遇先皇之三太
子，三太子年甫三歲，刺股爲記，寄命託孤，宗社是賴，避居窮壤，養晦待時，迄於
今日，蓋三十年矣」。　　案莊士敏滇事總錄謂「李自成西奔，五月朔，京師爲大行發
喪，都下喧傳，三桂已得太子，將入卽位，延頸以待；而三桂至楡河，睿王檄其追
賊，請入都，不許，乃從蘆溝橋逐賊而西」。（總錄卷上）　　此太子係毅宗之長子，三
子則定王也。　　明史諸王傳云：「莊烈帝七子」，案崇禎十七年三月，惟太子慈烺及
定王永王存，餘皆殤，又云“定王慈炯，莊烈帝第三子，崇禎十四年六月，諭禮臣，
朕第三子年已十齡，敬邊祖制，宜加王號，九月封爲定王，十七年，京師陷，不知所

終」；「永王慈炤，莊烈帝第四子，崇禎十五年三月，封永王，賊陷京師，不知所終」。 明代諸王，十歲受封，崇禎十七年，定王十三歲，永王十二歲，此云「遇先皇帝三太子，年甫三歲」，又云「慘矣東宮定藩之顛踣」，則此所謂三太子者，似指永王，而當時永王何止三歲，可疑三也。 又謂「爰卜甲寅之年正月元旦，恭奉太子，祭告天地，敬登大寶，建元周咨」。 案三桂舉兵，在癸丑十一月二十一日，既稱甲寅元旦，將登大寶，何不豫定年號，而待周咨於衆然後定耶，抑卽以周咨二字爲所建之元耶，可疑四也。 是此篇檄文，出於僞作，無疑義矣！ 清史稿吳三桂傳，不采此說，尚爲有識。

日本稻葉君山所以信此檄文爲眞者，尚有一明確之佐證，清朝全史云：

靖寇大將軍貝勒尚善，答此檄曰：「蓋聞殿下以勝國爲口實，果爾，則亦人臣之所當然，不能忘忠於舊君者；惟果欲納忠於勝國舊君，則殿下不宜受我清朝之爵土，不宜倒永曆之干戈；既已使舊君無噍類，而自求利達，臣僕於我朝，疊承恩寵，今復囘心轉慮，納忠舊君，果何心哉！」 蓋冷嘲其與明二字，實不過一片口實也。 （但燾譯清朝全史三十章三藩之平定）

案尚善移書三桂，其全文載於國史逆臣傳，未言答此檄文，亦無以上所引辭句，惟云「王藉言興復明室，則曩者大兵入關，奚不聞請立明裔，且天下大定，猶爲我計除後患，翦滅明宗，安在其爲故主効忠哉」？ 然則三桂對清，似曾昌言興復明室，此則不無可疑者也。

謂周王爲三桂自稱者，則有劉健庭聞錄，云：

十三年正月，三桂自稱周王。（庭聞錄卷四）

又蒼弁山樵吳逆取亡錄亦云：

自稱都招討大元帥，以明年爲周王元年。

莊士敏滇事總錄，亦云：

十三年正月，三桂自稱周王。（總錄卷下）

以上三書，均謂三桂自稱周王，且尚有言其不立明後之原因者，如劉健庭聞錄云：

三桂集謀士議舉兵之名，劉茂遐謂「明亡未久，人心思舊，宜立明後，奉以

東征，老臣宿將無不願爲前驅矣」。　　方光琛曰「出關乞師，力不足也，此猶可自解，至明永曆，已竄蠻夷中，必擒而殺之，此不可解矣。　今以王兵力，恢復明土甚易，但不知功成之後，果能從赤松子遊乎？　事勢所迫，萬一不能終守臣節，篦子坡之事，（案篦子坡三桂弒永曆帝處）可一行之，又再行之乎」？　三桂聽之悚然，遂不用茂遐策。（庭聞錄卷四）

蒼弁山樵吳逆取亡錄莊士敏滇事總錄皆與劉說同，蓋卽本劉說。　錢名世四藩本末吳三桂傳亦云：

三桂舉兵反，有欲求先朝後人以繫人望者，三桂拒勿從。

明季稗史彙編吳耿尚孔四王合傳，卽四藩本末之變名，故其說與之同。　蓋錢氏約說，劉氏詳說，其言不立明後之原因相同也。

三桂旣自稱周王，或有上書諫者，或有遠引去者，或有舉兵討者，其影響亦不小。　劉健庭聞錄云：

三桂自稱周王，有某生者上書極諫，大略謂「宜奉明朔，稱前平西伯，縞素待罪，以告天下，則忠臣義士孰不傾心。　今義旗甫舉，便以開國爲名，是解天下體也，自此人窺王志，無復望其景從矣」。（庭聞錄卷四）

此所謂上書諫者也。　孫旭平吳錄云：

改國號曰周元年，鑄僞印天下都招討兵馬大元帥，乃自率兵二十萬至湖廣，聘故明少卿李長祥，延以賓禮，問方略，長祥曰「亟改大明名號，以收拾人心，立懷宗後裔，以鼓舞忠義」。　桂以其言問方獻廷（獻廷，國琛字）胡國柱，二人曰，「昔項羽立義帝，後又弒之，反動天下之兵，今天下在王掌握，他日又置懷宗後裔於何地？」長祥知桂意，遂謝去。

此所謂遠引去者也。　平吳錄又云：

鄭錦兵攻漳泉，時福建可由廣東徑達湖南，耿精忠畏錦兵，謀之於桂，桂遣禮曹錢點至福建，爲鄭耿解和，錦將劉國軒曰，「吾家在海外數十年，稱奉明號，今吳號周，耿稱甲寅，是以來攻，爾兩家若歸正朔，吾不難進鎭江上南京，否則爾兩家皆吾敵國也」。　點不能和而歸。

此所謂舉兵討者也。　由上列諸證觀之，謀臣策士之建議旣如彼，忠臣義士之抗議又

如此，則三桂之自稱周王，並以建元，自明確可據。 其後康熙十七年三月，進王爲帝，國號大周，建元昭武，在吳氏不聞有廢篡之舉，在遺民亦不聞有討逆之聲，以周之建國已久，聞之已熟，改王爲帝，直五十步之與百步比耳，則三桂之自稱周王，似亦信而有徵矣。

余數年以來，對於以上兩說，以爲皆有根據，懷疑而不能決者久矣。 蓋尙善既言「王藉言興復明室」，則三桂之對清廷，必藉口「興復明室」決不建國曰周，自稱周王，而出於名不正言不順也。 日本所存檄文，雖不足信，然周王元年，三桂自雲南至常德時，曾具疏付哲爾肯傳達禮還奏，當時諭旨，有「覽吳三桂奏章，詞語乖戾，妄行乞請」等語，（見東華錄及國史逆臣傳）而三桂之子應熊等，因此被殺於北京，此疏文中必有「興復明室」等語，惜乎不得見其原疏，無以證此說之然否也。 繼讀瑞安黃體芳所作醉鄉瑣志，（雲在山房叢書本）言內閣藏有吳三桂上康熙皇帝書，文曰：

皇明罪臣吳三桂，致書康熙皇帝陛下，人言三桂反，三桂實非反也。 先帝殉社稷，三桂效申包胥痛哭秦庭之義，請援貴國，那九顏王子惟恐桂心不誠，宰烏牛，殺白馬，立誓歃水神前，誓曰「殲賊之後，凡中國所有，悉歸貴國」，那九顏王子猶慮桂心未盡，又令薙髮胡服，然後發兵十萬，令桂居前，清兵居殿，進兵百里，卽遇降賊逆臣唐通，桂奮勇一戰，殺賊殆盡，李賊捲資疾趨，桂念君父之仇，不共戴天，奮戰逐北，直至潼關地方，李賊破膽而遁。 桂因神京無主，返兵西向，那九顏王子頓背前盟，將順治皇帝懷抱擁立，斯時卽欲理論曲直，惟恐貴國之師扼其前，李賊之兵躡其後，是功未成而身先喪，知者不爲也，錫以王爵，封以通侯，豈得已而受命乎！ 厥後嗣王不道，政歸權臣，四鎭鴟張，六師紛沓，與三桂無與也，那九顏王子貪心無厭，驅兵南入，以致滅我社稷，使十七葉神聖天子，斬宗絕嗣，言之痛心，一統之勢既成，版圖悉歸清有，那九顏王子恃功跋扈，毒流宮闈，章皇帝赫然震怒，粉骨搗灰，在皇帝之待九王子太薄，而九王子背盟受禍，不爲過矣。 桂三十年來臥薪嘗膽，求太祖之後無其人，血淚幾枯，嘔心欲死，不意天復眷明，去年二月間，於夔州太平縣界，得太祖十四代孫周王，

聰明神睿，漢光武宋高宗不足比擬其萬一，眞屬中興之令主，因未告廟，先稱周王元年，統兵百萬，直抵燕京，三十年之積聚，任皇帝移歸建州，以娛終身，三桂之待貴國，不爲薄矣！　卽皇帝之祖宗，亦屬內附，普天赤子，有何嫌疑，其中國人民社稷，留待新主拊循，非皇帝之所得預聞也。　桂前不顧父，以殉舊主，今不顧子，以扶新主，心事可知，遑問其他，望皇帝勿歸罪，請撤去藩臣，幸甚幸甚！

　　黃氏學問淹雅，其言宜可徵信。　其門人楊壽枏跋醉鄉瑣志云：「先生晚年耽翫緗緗，隨筆纂輯，中多標舉雅故，陶寫性情，其時朝野清晏，士大夫吐納風流，衣帽蘊藉，禁近簪毫，多窺秘笈，燕談揮麈，悉屬珍聞，敦立却塘之編，京叔歸潛之志，此其例也。　先生以光緒辛卯乞休，乙未返里，旋歸道山」。　據此，則黃氏此書之不苟可知。　其著此書，必在光緒初年，所謂「禁近簪毫，多窺秘笈」，則所載內閣吳書，必非嚮壁虛造可知也。

　　案吳三桂上康熙皇帝書若果眞確，則其稱周王元年之隱衷，可得而知矣。　蓋周王二字，有兩方面之作用：　其對北方，則指周王爲太祖十四代孫，興復明室，則措辭較爲名正言順；其對南方，則周王係其自稱，以示不奉明朔，免蹈項羽之覆轍。於是前列兩說之相矛盾者，皆可迎刃而解矣！

　　或謂吳三桂上康熙皇帝書有可疑者三事：東華錄康熙十三年四月內申，鎮南將軍尼雅翰奏，「奉使雲南禮部侍郎折爾肯翰林學士傅達禮還至武昌，攜有吳三桂奏章」。　清國史館逆臣吳三桂傳亦言，「三桂自雲南至常德，具疏付哲爾肯傅達禮還奏，上諭部臣曰，覽吳三桂奏章，詞語乖戾，妄行乞請」云云，因殺其子孫之在京者。　三桂既有上康熙皇帝書，君臣義絕，何必再有奏章，可疑一也。　書言「那九顏王子貪心無厭，驅兵南入，以致滅我社稷，使十七葉神聖天子斬宗絕嗣，言之痛心」，案三桂在雲南，躬弒昭宗（永曆帝）及其太子，斬宗絕嗣之言，宜不能出諸三桂之口，可疑二也。　明史諸王世表太祖子周定王橚，凡傳十一代，至王恭枵而絕。又周定王橚傳，「崇禎十五年，李自成再圍汴，決河灌城，恭枵寄居彰德，久之　王薨，贈諡未行，國亡，其孫南走，死於廣州」。　案恭枵之係爲太祖第十四世孫，東華錄「順治四年三月乙未，具勒博洛奏總督佟養甲提督李成棟帥師進勦，斬朱聿鐭及僞

周王肅㲿益王思炎遼王術雅等」，則所謂太祖十四世孫周王者，早於隆武二年（清順治三年）薨矣，可疑三也。

　　余謂三桂上疏，在其子應熊未殺之前；其上書則在其子應熊已殺之後，尚善移書責三桂之前。　三桂書言「前不顧父，以殉舊主，今不頭子，以扶新主」，尚善移書三桂，似卽針對此書而言，故云「王藉言興復明室，則曩者大兵入關，奚不聞王請立明裔，且天下大定，猶爲我計除後患，翦滅明宗，安在其爲故主効忠哉？」　此則對其扶立新主言也。　又云「將爲子孫謀創大業，則公主額駙，脅偕至滇，其時何不遘萌反側，至遣子入侍，乃復背叛，以陷子於刑戮，可謂慈乎？」　此則對其今不顧子言也。　吾故曰三桂之上書在其子應熊已殺之後，尚善移書之前，此無可疑者一也。至云「驅兵南入，以致滅我社稷，使十七葉神聖天子，斬宗絕嗣」者，乃指其害安宗（弘光帝）紹宗（隆武帝）昭宗（永曆帝）三帝而言，三桂雖自弑昭宗，然猶可言奉清廷之命，不得不然，蓋清廷對於前朝帝主，較之金之於徽欽二宗，元之於帝㬎，實較殘毒，故三桂之居心雖有慚德，其措辭亦屬理直，此無可疑者二也。　三桂軍中眞有周王與否，雖不可知，然旣形諸簡牘，則必實有其人，考明史周王檔傳「王恭枵之孫南走，死於廣州」，與東華錄博洛之奏所稱周王肅㲿，實非一人。　明史諸王世表東會王肅㲿，周定王橚十四子胙城王九世孫，於周王恭枵爲伯叔行，蓋明代諸王，以木火土金水排行，周而復始，恭枵从木，肅㲿从水，故非其伯父，卽其叔父也。　明史周王檔傳言恭枵之孫南走死廣州，恐誤以肅㲿爲恭枵之孫，實則恭枵之孫應襲周王者，蓋未死也。　此無可疑者三也。

　　去年在友人處，得見江安傅氏所藏舊鈔本張蒼水詩文集，末附平西伯吳三桂上康熙皇帝書及平西伯吳三桂再上康熙皇帝書。　其第一書題下注云：「此二書傳說係公（公指張煌言）代作，未知是否，姑錄之以附」。　上別有人箋云：「公被執於康熙三年，吳三桂反於康熙十二年冬，此二篇登出公手」。　篆張蒼水詩文集鈔本，觀其中避諱字及所附嘉慶刊本張公神道碑，可斷定爲嘉道間鈔本，所附吳三桂第一書，與黃氏在內閣中所見吳書，大略相同，惟文句爲妄人增潤，且改竄致誤而有不可通者。如逆臣唐通，誤作張唐銓，夔州太平縣，誤作蔡州太平縣，且改那九顏王子爲九王子，於「化骨揚灰」上增「誅九王子於市」一句，與事實全不相符，然當時必有原稿本

與內閣所藏吳書相同無疑，足證內閣吳書，必非僞造，不然，何以時地不同，而內外相合若符節也。

至其第二書，題目實係錯誤，蓋文係奏體，內實稱臣，末有「今因使臣北還之便，謹叩肖泣血具奏」之語，可斷定此疏卽爲三桂自雲南至常德時付哲爾肯傳達禮還奏之疏，其時吳應熊尚未殺，故詞尙委婉而溫和；其上康熙皇帝書，則在應熊已殺之後，詞更激烈而決絕。　故此一疏一書，皆爲當時極可寶貴之史料，而爲世人所不易見者。　惜疏與書，皆爲妄人增減，書與內閣所存，尚可對照，而疏則無可對照，不知其改至若何程度；然大意必相去不遠也。　茲將鈔本奏疏錄附於後，足以覘三桂與清決裂之步驟。　疏言：

大明罪臣平西伯吳爲華夷各有限界，久假宜歸，日月幸見重光，燼火宜熄，謹明反正之理，順逆之義，以應天命順人心事。　臣前拜上章奏，披肝露膽，明無異心，今在廷臣，誣臣以反，誣臣以逆，是何異於醉漢罵坐，病者却狂，昧於大義者也。　今之天下，大明之天下，闖賊犯順，帝后遐升，皇路傾危，普天同憤，臣泣血求援，以靖寇難，以雪君父不共戴天之仇，理正義順。　逆賊旣殱，清人乘危竊踞，且變順而爲逆，反正而爲亂，春秋之義，不在清而在臣也；是亦明運中替，清曆方新，夷狄有君，天縱聖智，瓞業如章皇帝，不能攀躋於萬一，吳越一家，民安物阜，實由天使，洵非人謀。　今者星變地震，水旱頻仍，君有堯舜之心，臣行桀紂之政，賣官鬻爵，民怨日深，稽之圖讖，年數適符，清曆將終，重光日月，中國聖人，出濟離隱，臣應命從龍，義旅甫建，海內傾心，滇黔之父老歡騰，全蜀之士民歸附，南楚已慰來蘇之望，四方尙騰我后之嗟，兩月之內，已復三分之一，（案魏源聖武記云：「數月而六省皆陷，三桂以疏付哲爾肯傳達禮還奏，而親赴常澧督戰」，可證此疏卽此時所繕）非由人力，寔天使然。　今因江廣，稻禾時登，恐民失望，暫令住兵，聽民收穫，比聞北來清兵，到處擾民，奸淫擄掠，靡所不爲，廬里絕煙，人民逃逭；　臣心惶懼，方兵次夷陵，天文生劉應瑞乃誠意伯之後，言有水患，宜退上流，北兵探臣兵退，淹殺百姓獻功，未幾需雨變作，九龍飛升，淹沒無算，浮尸滿江。　又平陽關守將統衆

來歸，京師驅兵盡屠其民，并以報捷，皇上任倚心腹，諸臣報之如此，則國事可知矣！ 嗚呼！ 屠毒幾萬生靈，冒功罔上，蹂躪亂矣，尚可謂臣踢蹦百姓乎！ 臣起兵以來，所至秋毫無犯，諸將存心王事，咸有武宵之風，非比北將之殘忍。 今將順流而下，直抵南都，謁陵告廟，分兵各路，以收秦晉青齊之地，按接各路之兵，然後會兵燕都，合天休命。 以皇上神明之姿，或效金之守緒，或效元之順宗，（案金哀宗名守緒，宋與蒙古滅金，守緒自經而死。 明滅元，元順帝逃歸蒙古，此云順宗者，宗乃帝之誤）二者之中，諒取其一。 臣憶章皇帝有言，「鄭逆如果向明，朕何難逼去，然逆投誠復叛，是亦明之反賊耳」，載之實錄可考，若繼志述事，應天順人，變逆為順，反亂為正，返駕迎主，復還明鼎，各循內外之分，永作吾明藩臣，萬世千秋，史册記美。 臣萬感殊恩，微功作報，俟天子踐祚，奏將三韓之地，以與皇上，此又補兩朝待臣之私，昔漢關公身降曹瞞，心存漢室，臣竊效焉。 天下既定，然後痛哭先帝之陵，自殺以贖降清之罪，皇天后土，實鑒臣心，勿謂臣反逆可耳。 今因使臣北還之便，謹叩首泣血具奏。

疏中言「各循內外之分，永作吾明藩臣」，又言「俟天子踐祚，奏將三韓之地，以與皇上」，已明言恢復明祚，其後上康熙皇帝書，則示君臣之義已絕，而又明言以太祖之裔周王繼明統緒，足以證明三桂對清，皆以恢復明室為口實，前後一貫，未嘗變詞。 其所以如此者，一則師出有名，二則可使降虜之明臣，得以自拔來歸，及其勢成，則改國號為周，自為皇帝，人亦無如之何已！ 嗚呼！ 此三桂用心之狡也。

或謂三桂初起兵時，實先立周王，故自稱「天下都招討兵馬大元帥」，無所謂對南對北之不同也。 余謂不然，三桂一疏一書，藉口興復明室，專對北廷，皆未發表，南方之人，均未之見，所謂周王周帝，均係三桂自稱，故南方遺臣，皆請立明後，甚則責以不奉明正朔。 如南方遺臣知立太祖之裔周王，則三桂將自稱帝時，何以無人請周王正位，或為周王聲討三桂耶！ 以是知三桂之稱周王，對於南方，實未嘗稱興復明室，其狡詐實無倫比；然其失敗，則亦根於是，不然，三桂若真立明之周王，則鄭經劉國軒不致以不奉明朔為敵，而耿精忠亦不致以兩面受敵而降清，當日之中國，尚不知屬明屬清也。 中華民國二十年三月二十四日作

明成祖生母記疑

傅斯年

民國十八年冬，北平一不相熟之書肆攜一抄本求售，凡二三十葉，而索價奇昂。其中所記皆雜抄明代筆記之類，不能自成一書。詢朱逷先先生此書何如，朱先生謂其皆是零抄他處者，仍應以原書爲準，遂還一價，而余赴京。兩月歸來，此書已爲原主取回，今日思之，殊覺可惜。其中有一節，亦抄自明人筆記者，記明成祖生母事甚詳。大致謂作者與周王府中人相熟，府中傳說，成祖與周王同母，皆非高后產也。故齊黃削藩時，周王受責最重，而燕王自感不安者愈深。及燕王戰勝入京，與周王相持痛哭。其後周王驕侈，終爲保全，而恩澤所及最重。又記時人侈言成祖實元順帝之高麗妃所遺之子，並記當時民間歌語，七言成句。末語謂三十五年，仍是胡人之天下，云云。蓋靖難舉行革除之後，用洪武三十五年之謬也。以上是此時尚可追想者，其他不及記憶矣。

近讀廣陽雜記等，重見此事，以爲甚可注意，再向書肆求此册，則以事隔一年有半，並忘其爲何肆送來，費兩日力，苦無頭緒可尋。原抄錄自何書，當時匆匆南行，亦未記下。自己抄寫不勤，史料輕輕放過，實不可自恕，記之以志吾過耳。

承陳寅恪先生示以此事復見于明詩綜陶庵夢憶等書，更集抄此時所可尋到關于此事之記載如下。

一、記載原於南京太常寺志及親見南京奉先殿之嚮序者。

明詩綜四十四，沈玄華敬禮南都奉先殿紀事十四韻云：

高皇擘太廟，松桷連穹霓。尊祖有孝孫，典禮遜升躋。一從遷都後，遺制終未睽。有司列俎豆，上公祼瓚圭。豈意歲甲午，烈火驟榱題。譆譆出出音，其兆先端倪。盈庭議移祀，中廢成町畦。猶餘奉先殿，薦新及韮虀。微臣承祀事，入廟歌鳧鷖。高后配在天，御幄神所棲。衆妃位東序，一妃獨在西。成祖重所生，嬪

德莫敢齊。一見異千聞，實錄安可稽？作詩述典故，不以後人迷。<small>沈歷官南京太常寺卿，轉大理寺卿。</small>

所附詩話云：

明南都太廟，嘉靖中爲雷火所焚。　尚書湛若水請重建，而夏言阿世宗意，請罷。　有旨，幷入奉先殿。　按：長陵每自稱曰：「朕高皇后第四子也。」　然奉先廟制，高后南向，諸妃盡東列，西序惟碩妃一人：具載南京太常寺志。　蓋高后從未懷妊；豈惟長陵，卽懿文太子亦非后生也。　世疑此事不實，誦沈大理詩，斯明徵矣。…………是詩獲於高工部寓公家。

張岱陶菴夢憶卷一「鍾山」一節下云：

陵□　　　外羡，人不及知。　所見者，門三，饗殿一，寢殿一，後山蒼莽而已　　　十月，朱兆宣簿太常，中元祭期，偕觀之。　饗殿深穩，暖閣去殿三尺，□帷幔幔之。　列二交椅，褥以黃錦孔雀翎織，正面龍甚華重。　席地以氈，走其上必去鳥輕趾。　稍咳，內侍輒叱曰，「莫驚駕」。　近閣下一座稍前爲碩妃，是成祖生母。　成祖生，孝慈皇后姙爲己子，事甚秘。　再下東西列四十六席，或坐或否。　祭品極簡陋，硃紅木簋，木壺，木酒罇，甚廱樸。　簋中肉止三片，粉一鋏，黍數粒，東瓜湯一甌而已。　暖閣上一几，陳銅爐一，小筋瓶二，栢檜二。　下一大几，陳太牢一少牢一而已。　他祭或不同，偕所見如是。

談遷國榷建文四年卷云：

成祖啓天弘道高明肇運聖武神功純仁至孝文皇帝御諱<small>棣</small>太祖高皇帝第四子也。　母碩妃。　玉牒云，高皇后第四子，蓋史臣因帝自稱嫡，沿之耳。　今南京太常寺志載孝陵祔碩妃穆位第一，可據也。　洪武□年，封燕王。　晚奉命屢出塞擊胡，深入有功。　狀貌奇偉，美髭髯。　英武寬仁，豪傑樂用。　其善武事，老將皆謂不及也。

談遷棗林雜俎義集（卽第四卷）彤管篇「孝慈高皇后無子」一目下云：

孝陵享殿，太祖高皇帝高皇后南向。　左淑妃李氏，生懿文皇太子，秦愍王，晉恭王；次皇□妃□氏，生楚王，魯王，代王，郢王，齊王，谷王，唐王，伊王，潭王；又次皇貴妃□氏，生相王，肅王，韓王，瀋王；又次皇貴人□氏，生遼王；又次皇美人□氏，生寧王，安王：俱東列。　碩妃生成祖文皇帝，獨西列。

見南京太常寺志。　孝陵閹人俱云，孝慈高皇后無子，具如志中。　而王弇洲先生最博核，其別集同姓諸王表，自懿文成祖外，秦愍王_樉晉恭王_棡周定王_橚俱母高皇后，楚昭王_楨母昭敬太充妃胡氏，齊庶人_榑母定妃達氏，潭王_梓俱達氏出，趙王_杞母口氏，魯荒王_檀母寧妃郭氏，蜀獻王_椿代簡王_桂谷庶人_橞俱母惠妃郭氏，湘獻王_柏母順妃胡氏，肅莊王_楧母口妃邱氏，遼簡王_植母口妃韓氏，慶靖王_栴母口妃余氏，寧獻王_權母口妃楊氏，岷莊王_楩母口妃周氏，韓憲王_松母口妃周氏，潘簡王_楧母貴妃趙氏，安惠王_楹母口妃口氏，唐定王_桱母賢妃李氏，郢靖王_棟母惠妃劉氏，伊厲王_彝母麗妃葛氏。　吾學編諸書俱同，抑未考南太常志耶？　享殿配位出自宸斷，相傳必有確據，故志之不少諱，而微與玉牒牴牾，誠不知其解。　或曰，宋史，杜太后生邠王光濟，太祖，太宗，秦王廷美，夔王光贊，而廷美傳云，母陳國夫人耿氏，非杜太后也。　鳲鳩之德，均愛七子，可以知高皇后矣。　而高皇后無子何諱？　他王母以諸書及太常寺之志較之，多不合。　楚魯代郢齊谷唐伊潭九王同母，亦奇。

　　二、記載原于民間傳說者。

劉獻廷廣陽襍記卷二云：

明成祖非馬后子也。　其母甕氏，蒙古人。　以其爲元順帝之妃，故隱其事。宮中別有廟，藏神主，世世祀之，不關宗伯。　有司禮太監爲彭恭庵言之。　余少每聞燕之故老爲此說，今始信焉。

上文所舉吾所見抄本所轉錄之筆記，亦屬此類，惜佚其名。

　　三、記載出自敵國者

蒙古源流卷八

先是蒙古托袞特穆爾烏哈噶圖汗_{案、即元順帝、}歲次戊申，漢人朱葛諾延年二十五歲，襲取大部城，卽汗位，稱爲大明朱洪武汗。　其烏哈噶圖汗之第三福晉係洪吉喇特托克托太師之女，名格哷勒德哈屯，懷孕七月，洪武汗納之。　越三月，是歲戊申，生一男。　朱洪武降旨曰：從前我汗曾有大恩於我，此乃伊子也，其恩應報，可爲我子，爾等勿以爲非，遂養爲己子，與漢福晉所生之子朱代共二子。朱洪武在位三十年，歲次戊寅，五十五歲，卒。　大小官員商議，以爲蒙古福晉

之子雖爲兄，係他人之子，長成不免與漢人爲仇。　漢福晉之子雖爲弟，乃嫡子，應奉以爲汗。　朱代庚戌年生，歲次戊寅，年二十九歲，卽位。在位四越月十八日卽卒。　於是年無子。　其蒙古福晉所生子，於己卯年三十二歲，卽位。於是卽請噶爾瑪巴之特衮齊楞伊哷克森囉勒貝多爾濟薩斯嘉之大乘丹簪綽爾濟黃教之大慈札木禪綽爾濟等三人，闡揚法教，俾大國普衆安享太平。　在位二十二年，歲次庚子，年五十歲，卒。

尋繹上所抄錄成祖生母爲誰之傳說中，實含有兩個不同之問題，不可混爲一談者。　一，成祖是否爲孝慈高皇后馬氏所生？如其不然，其生母爲誰何？　二，成祖是否因其母曾爲元庚申帝之妃而爲庚申帝之子？　兹依序辨之。

　　　　一、成祖是否爲高后子

成祖爲高后所生一說，明實錄及明史皆然，此固成祖屢屢自謂者，明代掌故大家王弇洲鄭窰甫所撰述之作皆無異議。　然反此說之記載大致皆原于明南京太常寺志，此書今在北平尙不可得，而北京大學所藏之明太常寺志是新抄本，來歷不詳，所記多北都太常所司，當與南京太常寺志無涉也。　南京太常寺志雖不可得見，然引之者如許多，康熙字典碩字下亦引之云，「明祖妃碩氏，」而棗林雜俎作者及沈玄華等，又謂親見奉先殿之饗次。　太常志當爲官書性質，似此記錄當無誕妄，此與傳說不同也。按，成祖屢言朕高皇帝第四子，朕高皇后第四子，等等，齊黃削藩中，亦不聞斥燕周諸王之子以母賤，此猶可曰成祖引高后以自重，齊黃等當時文字本不能傳。　然明史所本卽明玉牒，必隱藏其生母而後子以母貴乎？　在此等互相矛盾而兩面皆有有力之史料爲之後盾之時，只有一解可以通者，卽成祖生于碩氏，養于高后，碩氏爲賤妾，故不彰也。　明史雖爲清代官書，而其底稿實出萬季野諸公。　諸公皆易代之後不忘漢統者，其從明國史之直書，略官府之別錄，刊民間之野言，固爲其自身立場必由之徑，亦是當時修史唯一之途。　若不然者，以明代人之好說掌故，喜爲遊談，如盡拾撫奇聞，明史必成晉書矣。　過而謹嚴，此其例也。　然吾人今日猶見如許多之記載，而官書之太常寺志猶如此說，則成祖母本爲碩妃，理無疑也。　明史在他處亦露燕王不與懿文太子同母而獨與周王同母之意。　黃子澄傳云，「子澄曰，……今欲問罪，宜先周。　周王燕之母弟，削周是剪燕手足也。」　此明言燕周同母，更可推知

與懿文太子非同母矣。　談遷云，「或曰，宋史，杜太后生邕王光濟，太祖，太宗，秦王廷美，夔王光贊，而廷美傳云，母陳國夫人耿氏，非杜太后也」。　正其例也。

至于碩妃事跡如何，則明代官書旣無記載，私家亦鮮述說，據上文，有廣陽雜記之蒙古人妃與本文所記佚名抄本之高麗人二說。　按：碩非漢姓，此爲事實，至其或爲蒙古人，或爲高麗人，更或爲色目人，皆有可能，而皆無證。　太祖子秦王樉，實聘元河南王王保保（擴廓帖木兒）之妹爲正妃，是太祖不以婚于異族爲嫌。　婚猶如此，何況取妾？　太祖席郭氏之業，轉戰江淮，攻城略土，所夷剪元代之官吏必多，則虜其妻女以爲姬妾，本起兵草澤者必有之事。　據太祖實錄及國榷諸書，成祖生于元至正二十年(一三六〇)庚子(宋龍鳳六年)四月癸酉，其年陳友諒弑其主徐壽輝而與吳決戰于鄱陽，兵敗身死。　此時太祖從郭氏起兵已八年，江淮重鎮，略取已多，北淮南浙，建都應天，正元世河南江南兩省菁華之區，其有略取元朝大官妻孥之機會，更不待言焉。　或者碩妃竟爲高麗人。　葢蒙古人爲妾，殊無特長，而色目諸族，來自西方，亦未必適於爲漢人之妾。　獨高麗人，久染中土之文華，復爲海東之鄰土。庚申外史記元順帝時風尙云：

祁宮庚申帝次后祁氏、高麗人。亦多蓄高麗美人。　大臣有權者，輒以此女送之。　京師達官貴人，必得高麗女，然後爲名家。　高麗婉媚，善事人，至則多奪寵。　自至正以來，宮中給事使令大半爲高麗女，以故四方衣服靴帽器物皆依高麗樣子。　此關係一時風氣，豈偶然哉！

此風至明成祖時，宮中猶然。　棗林雜俎義集彤管篇云：

永樂中賢妃權氏，順妃任氏，昭儀李氏，婕妤呂氏，美人崔氏，俱朝鮮國王李芳遠所進。　權妃穠粹，善吹玉簫，見幸。　永樂八年，從征還，至臨城薨，諡恭獻。　芳遠驛送妃父永均至，食光祿大夫祿，尋道歸。　正德中卒，白金米布，賻賜有嘉。　權氏薨時，後司綵王氏作宮詞。「瓊花移入大明宮，**旖旎**濃香韻晚風。贏得君王留步輦，玉簫嘹曉月明中。」葢指權妃也。

抑由成祖之母爲高麗人，故成祖亦特愛高麗姬與？

　　二、碩妃是否曾爲庚申帝妃，因而成祖爲庚申帝子。

此一傳說雖傳于明代之民間，遠及敵國，然其爲無稽之談無疑。　以明太祖之於

猜忌浪，如燕王所出來歷不明，獨肯封于最大之藩，最重之都，勝國之舊京，假以重兵乎？一也。　成祖妻徐氏，中山女也。　中山爲明祖第一勳臣，其女所配，宜不及于螟蛉賤種，二也。　終洪武之世，北邊未靖，故北邊諸藩皆節制軍權。　洪武末年，燕王所膺尤重，及帝不豫時，猶以燕谷遼寧諸護衞歸燕王節制，三也。　且明人傳說，高皇帝嘗以燕王善戰似己，欲廢皇太孫而立之，卒以人心歸附太孫，而罷。此言縱不實，然終洪武之世，不聞太祖與燕王間有破綻，且屢命之出塞討虜，繼徐達以鎮北平，宿將如傅友德等，皆歸其節制，四也。　充此類而列之，正不勝舉。　然猶可曰此是常識之判斷，史事以證據爲先：則請言其確證。

　　明將虜元室子孥事，一在洪武二年（卽一三六九年）六七月間。　明史常遇春傳云，「詔遇春還備，以平章李文忠副之。……遂拔開平，元帝北走追奔數百里。　獲其宗王慶生，及平章鼎住等，將士萬人，車萬輛，馬三千匹，牛五萬頭，子女寶貨稱是。」一在洪武三年（一三七〇）五月。　李文忠傳云：「次開平，降平章上都罕等。　時元帝已崩，太子愛猷識里達臘新立。　文忠諜知之，兼程趨應昌，元嗣君北走，獲其嫡子買的立八剌曁后妃宮人諸王將相官屬數百人，及宋元玉璽金寶十五，玉冊二，鎮圭大圭玉帶玉斧各一。」前此洪武元年秋，徐達等北伐。　閏七月，丙寅，克通州，元帝帥后妃太子奔上都。　八月，庚午，徐達入元都。　庚申外史亦與明史同，其文云，「後七月二十七日，大軍至通州。　帝得報，大懼，卽日委淮王帖木兒不花，丞相慶童，留守大都。　二十八夜，帝卽捲其子女玉帛出居庸關，遁入上都。八月三日，大軍至齊化門外，一鼓而克全城。」然則洪武元年，元庚申帝棄大都時，並未棄其妃妾。　前此則元帝家室不在大都之外，河北又遠非朱氏初年用兵所及，沙關雖曾一度陷上都而東行。大都門外復爲字羅擴廓之戰場，至正二十四年，祁后雖曾一度屛居後載門外，然庚申帝並無喪其室家之事，而明祖尤不能得之于三千里外。縱退一步言之，元帝妃之入明在洪武元年，次年卽生子，不必爲洪武二年或三年，然洪武元年之次年上距國榷等所載燕王以至正二十年生相去巳十年，此之差誤太大。若曰改實錄以滅跡，又焉能盡改懿文太子秦晉周楚等初封十子之生年？　且燕王之封與秦晉諸王皆在洪武三年，治兵鳳陽之命皆在洪武九年，燕王之國在洪武十三年，燕王節制傅友德兵征元孽在二十三年，從此專征一方。　封藩固可行之于襁褓，而治

兵不能在七八歲時，之國遠方尤不能在十一二歲時，此事實皎然者。　至于吾學編所記，「吳元年，上念七子漸長，宜習勞，令內侍製麻屨行滕。　凡出城稍遠，馬行十七，步十三。」　則從廣陽雜記等說，事反在成祖生前。　其他類此之傳說，按實錄等考之，皆與年歲不合。　從此可斷然知元順帝子——說之妄也。

雖然，成祖蒙此不潔之名，亦自有故。　高帝自洪武中年以後，肆行殺戮，世人所望，惟在太孫。　高帝春秋已高，太孫浸潤儒術，天下歸心。　其後卒以謀之不善，亡于燕王，而燕王更肆行屠殺，對遜國遺臣倒行逆施無所不至。　于是終明之世，士大夫心中固以建文爲正，以永樂爲篡，于是遜國遺聞，憑空生如許之多。　如儒林外史所說杜慎卿之評語，以成祖爲是者，誠易代後之公言，在明人心中，永樂非他，絕懿文之系，滅方孝孺之十族者也。　偏偏其生母非漢姓，而洪武元年直接至正，庚申帝爲瀛國公子之說依然甚囂于人心，^{詳附記一}則士人憑感慨之驅率，畫依樣之葫蘆，於是磽妃爲庚申帝妃，成祖爲庚申帝子矣。　年代之不合，不問也。　此說傳至外國，遂有蒙古源流上所記之說，此書直以成祖爲格埒德德哈屯（卽弘吉刺）所生，則弘吉刺死于至正二十五年，元史記其諡號及祁后讖語。　此等史料，不辯自破。

大凡官書失之諱，私記失之誣。　明國史略成祖之生母，諱也。　明野史謂成祖爲元孼，誣也。　成祖愈諱言其生母，私家愈侈言其眞父。　此猶官報與謠言，各有所缺。　後之學者，馳騁于官私記載之中，卽求斷於諱誣二者之間。史料不可一概論，然而此義是一大端矣。

附記一。　宋德祐帝爲元庚申帝眞父之一傳說，在元末明初流傳甚盛。　此等宮闈秘史，眞僞皆難證明。　惟有一點較明白者，卽此事在當時已成一大案是也。　元史虞集傳云，「初，文宗在上都，將立其子阿剌忒納答剌爲皇太子，乃以妥歡帖穆爾太子乳母夫言，明宗在日，素謂太子非其子，黜之江南驛。召翰林學士承旨阿鄰帖木兒奎章閣大學士忽都魯篤彌實書其事于脫卜赤顏，又詔集使書詔播告中外。」　庚申外史亦云：

　　尚書高保哥奏言：「昔文宗制治天下，有曰，『我明宗在北之時，謂陛下素非其子。』」　帝聞之，大怒，立命撤去文宗神主於大廟，并問當時草詔

者爲何人。　　遂欲殺虞伯生，馬雍古祖常二人呈上文宗御批，且曰，「臣
受勑記載，實不獲已」。　　脫脫在傍，因曰，「彼皆負天下重名，後世只謂
陛下殺此秀才」，故捨之而不問。

此只言元廷謂妥歡帖木兒非明宗之子，未嘗言其爲宋後也。　　然庚申外史又
云：

國初，宋江南歸附時，瀛國公，幼君也。　　入都，自願爲僧白塔寺中。
已而奉詔居甘州山寺，有趙王者，因嬉遊至其寺，憐國公年老且孤，留一
回回女子與之。　　延祐七年，女子有娠，四月十六日夜，生一男子。　　明
宗適自北方來，早行，見其寺上有龍文五采氣。　　卽物色得之，乃瀛國
公所居室也。　　因問「子之所居，得無有重寶乎」？　　瀛國公曰，「無有。」
固問之，則曰，「今早五更後，舍下生一男子耳。」　　明宗大喜，因求爲
子，幷其母載以歸。

此則直以順帝爲宋後。　　佛祖歷代統載三十　　載癸亥至治三年，「四月，賜
瀛公合尊死于河西」。　　又談遷曰：（國榷元至正　五年）

宋帝瀛降元，封瀛國公，俾尚公主。　　後因侍宴有奇怪之徵，忌之，遣學
佛法於帝師，遂居漠北。　　其後明宗逃居沙漠行帳　　與瀛國公相近，締
好甚密。　　一夕，明宗方寢，聞瀛國公帳中有笙鏞聲，問其故，乃嬰兒始
生而啼也。　　知其非常人，遂乞歸，養爲子，妥懽帖睦爾是也。　　閩人余
應有詩紀之，見何喬新鄭曉所載。　　又瀛國薙髮號合尊大師，後嫌死。
舅氏吳溍夢來告曰，「吾得請於帝，行報矣」。

此所謂嫌者，不知是何嫌。　　然至治二年，禁漢人執兵器，出獵，及習武
藝。^{南人之禁
當更在先}是彼時蒙古朝廷防異族更嚴，瀛國公死，或由于此。　　必謂瀛
國公以爲庚申帝父而見殺，亦無讒也。　　此事元末必爲世間所侈談，故袁忠徹
符臺外集亦有之。^{見明史袁
忠徹傳}相傳余應詩云，（見菽園雜記）「是時明宗在沙漠，
締交合尊情頗濃。　　合尊之妻夜生子，明宗隔帳聞笙鏞。　　乞歸行宮養爲嗣，
皇考崩時年甫童。」　　然以元末諸王之好亂，順帝入主，竟無執異稱兵者，而
劉青田走馬引責之曰，「魯莊何以爲人爲。」　　蓋謂順帝旣爲明宗子，何以不報

父讐，但去文宗在太廟之位，而詔以將立其子爲言而已。^{此說本之朱彝尊畢沅等。}　據此可知庚申帝爲宋後之說，民間盛傳，而合尊之死，尤足以張此疑慮，然而終不可爲確證也。

　　宋之剪滅于黑韃，色目番僧，荼毒億兆，人心思漢，故韓山童以宋爲號，強豪依附，郭氏明祖其一。　此可見當時人心，而大明之統，固接韓宋者也。永樂所出之野語，固是同一心理所表現，而前之榜樣，正爲後之胡盧。　不有庚申帝之疑聞，亦無順帝子之妄語也。

附記二。　此文所據最重要材料，竟但憑記憶，且妄其名稱，實不當卽以付印。　然舊抄雜記不知後來尙可遇之否？　與其久而盡忘，何若記之以待後之補苴？　故匆匆寫此文，適以誌隨便將史料放手之過。　若承博聞者示以同類材料，以資修改，至爲感幸！

　　此文所引材料，如裘林雜俎陶菴夢憶等，皆由陳寅恪先生告我所在，謹志感謝。

出自第二本第四分（一九三一年）

清史稿中建州衞考辨

——內函清興祖考——

孟　森

　　清代官書，自名其發祥之地爲滿洲，並自稱爲滿洲國；建州衞三字，爲清一代所諱。　顧自清史開館，禁書已日出，清之先爲建州衞，國人無不知之。　清史稿本以清代官書爲根據，不欲採及清室所禁之文辭，但於建州衞之名，又不能諉爲不知，以貽缺漏之誚，於是下筆之法，頗費斟酌。

　　檢清史稿全書，於太祖本紀一見建州衞，卽在全書發端之處，其文云；『太祖承天廣運聖德神功肇紀立極仁孝睿武端毅欽安弘文定業高皇帝，姓愛新覺羅氏，諱努爾哈齊。　其先蓋金遺部。　始祖布庫里雍順，母曰佛庫倫，相傳感朱果而孕。　稍長定三姓之亂，衆奉爲貝勒，居長白山東，俄漠惠之野，俄朶里城，號其部族曰滿洲，滿洲自此始。　元於其地置軍民萬戶府，明初置建州衞。』　此爲本紀中一種下筆之法。　自『滿洲自此始』之句以上，皆本清代官書，其後乃插入兩句，留建州衞之名，以下則又悉用清之官書，與此兩句更不相照矣。

　　列傳則爲明之建州三衞特立一傳。　夫明史應立女眞傳，而以建州爲女眞三種之一。　清修明史，旣以諱而去之。　清史中若認爲清之先，則應將建州源流冠於本紀之首。　本紀詳清之嫡系建州左衞諸祖，其建州衞及建州右衞，則列傳於諸王之首，方合義例；若不認爲清之先，則明之夷族耳，不應列入清史也。　清史稿則介乎認不認之間，列諸王傳之後，諸臣傳之前，似當前史開國羣雄之位置。　其紐合清室之語，於傳首第一人阿哈出傳插入一語，意與本紀插入之法一貫。　其文云：『阿哈出，遼東邊外女眞頭人。　太祖以建州衞起兵。　建州設衞，始永樂元年十月辛丑，初爲指揮使者，阿哈出也。』　此又爲一種下筆之法，謂太祖以此衞起兵，似爲居其地而用其人，並非世受衞職，於明有君臣之分云爾。

　　此傳之末，附一傳論，爲世言清卽建州衞者，築一疑障。　其文云：『建州之爲

衛，始自阿哈出。　枝幹互生，左右析置。　自永樂至嘉靖一百五十餘年，而阿哈出
之世絕。　王杲乘之起，父子弄兵，十餘年乃滅。　其在於清，猶爽鳩季蒯之於齊，
所謂因國是也。　或謂猛哥帖木兒，名近肇祖諱，子若孫亦相同。　然清先代遭亂，
幼子范察得脫，數傳至肇祖，始克復仇。　而猛哥帖木兒乃被戕於野人，安所謂復
仇？若以范察當凡察，凡察又親猛哥帖木兒弟也，不得爲數傳之祖。　清自述其宗
系，而明乃得之於簡書，春秋之義，名從主人，非得當時紀載，如元秘史者，固未可
以臆斷也。　隆慶萬曆間，建州諸部長，未有名近與祖諱者。　太祖兵起，明人所論
述，但及景顯二祖。　亦未有謂爲董山裔者。　信以傳信，疑以傳疑，今取太祖未起
兵前，建州三衛事可考見者，著於篇。　以阿哈出王杲爲之綱，而其子弟及同時並起
者附焉。』　自有此論，而太祖之不爲猛哥帖木兒裔，祗爲孟特穆裔；猛哥帖木兒爲
爽鳩氏，孟特穆爲季蒯，或以前受職於明之建州衛指揮使，皆爽鳩季蒯之倫；肇祖則
齊之太公也；明之簡書，不如清之自述也，名從主人，當託於春秋之義也；非得如元
秘史之紀載，終不得爲主人者之自述也；此清史稿所設之疑障也。

　　清一代遺留之史料，求如所謂元秘史者，不一而足。　以清史館事任之專，歲月
之久，從事者之衆，何求不得。　乃必待好古求信之私家向學之士，從故紙中抉剔出
之，此不能爲清史館諸公解也！　夫清之實錄，清室之嗣君爲其先君傳信之紀載，不
得不爲清室主人之自述矣；何以太宗天聰年所修之太祖實錄，一一與明之簡書相合，
歷代愈改而愈離，史館乃必就最後改定之實錄，指爲主人之自述？　自述本必有矯
誣，雖天聰年間之自述，亦已矯誣居其大半，而簡書則當時有司接受之原文；安知建
州衛爲後來代興之敵國，而敘其世系至祖若孫三世同名，以供後人之疑以傳疑乎？

　　國榷：『萬曆四十八年五月丙戌，朝鮮國王李琿奏：建虜通臣書，臣令邊臣隨意
答之。　彼國號後金，而答云建虜；彼自稱可汗，而答云馬法；仍待以番禮，開陳禍
福，省諭逆順。　彼見恨欲卽攻我。　上敕慰之。』　國榷所書如此。　萬曆四十八
年，爲清太祖之天命五年，覈之天聰年所修太祖武皇帝實錄，則原書具在。

　　清太祖武皇帝實錄：『天命四年三月二十一日，令朝鮮降將張應京，及官三員，
通事一人，書七大恨之事，遺書一封，遣二使者與之俱往。　書曰：先朝大金帝，蒙
古帝，併三四國，總歸于一。　雖如此，亦未得悠久于世，吾亦知之。　今動干戈，

非吾愚昧，因大明欺凌無奈，故與此兵，吾自來若有意與大國結怨，穹蒼鑒之！今天之眷顧我者，豈私我而薄大明耶？亦不過是者是，非者非，以直斷之，故祐我而罪大明。　爾兵來助大明，吾料其非本心也。　乃因爾國有倭難時，大明曾救之，故報答前情，不得不然耳。　昔先金大定帝時，有朝鮮官趙惟忠，以四十餘城叛附。　帝曰：吾征徽欽二帝時，爾朝鮮王不助宋，亦不助金，是中立國也。　遂不納。　由此觀之，吾二國原無仇隙，今陣擒爾官十員，特念爾王，故留之。　繼此以往，結局惟在王矣。　且天地間國不一也，豈有使大國獨存令小國皆殁耶？吾意明朝大國，必奉行天道，今違天背理，欺侮外國，橫逆極矣，王豈不知？又聞大明欲令子姪主吾二國，辱人太甚！今王之意，以爲吾二國原無靈隙，同仇大明耶？抑以爲餓助大明，不忍背之耶？願聞其詳！』

『五月二十八日，朝鮮遣官一員，從者十三人，倂前使者，齎書至。　其書曰：朝鮮國平安道觀察使朴化。　致書于建州衞馬法足下：吾二國土地相連，大明爲君，吾二國爲臣，經二百餘載，毫無怨惡。　今貴國與大明爲仇，因而征戰，生民塗炭，不特鄰邦，卽四方皆動干戈矣！　亦非貴國之善事也。　大明與我國猶如父子，父之言，子豈敢拒，蓋大義也。　吾亦不願此擧，其如不從何？　事屬已往，今不必言。若等情由，聞張應京等四人來言方知，然鄰國亦自有交道也。　來書云：「吾有心與大國之君結怨，穹蒼鑒之！」卽此一念，便可長享天眷，受福無疆。　以後果行合天道，明朝聞之必喜，善言不久而下矣。　吾二國各守邊疆，復乎前好，乃爲善也。』

以上二書，一往一復，明載太祖武皇帝實錄。　太祖之自附金後，後來亦爲清代所諱，天聰修實錄時尙不諱也。　朝鮮國王尙不肯親與建州通書，用平安道觀察使朴化之名作復，首稱建州衞馬法足下。　馬法據通滿語者言，長老之意。　然據朝鮮王奏，『彼自稱可汗，而答云馬法，』則建州衞馬法，與金國汗爲對文，長老卽可云頭人，蓋卽以建州衞頭目或酋長相稱也。　書中言『大明爲君，吾二國爲臣，經二百餘載，』則明爲太祖之先世，自明初以來，世受衞職，與朝鮮李氏之開國，年代略相當也。　朝鮮王上奏明廷，非見之太祖實錄，或疑其對明爲此言，對建州或不如是之嚴正；今自見之清實錄，則知朝鮮奏辭之絲毫非僞。　且清實錄並非不加文飾之書，其叙滿洲源流，卽純係僞託。　並附注云：『南朝誤稱建州，』在明受女眞頭目之來降，

授以職名，名爲建州衛指揮。　其文字由朝廷隨意選定，何所謂誤稱？　其選定建州之名，正以其地爲渤海之建州，又何所謂誤稱？滿州名其國，自在太宗天聰時，卽與修太祖武皇帝實錄時爲相接，故知修實錄正所以造作根據，不盡傳信。　所載與朝鮮王往復之書，在當時以爲未稱意者，必已任情刪潤矣，而所留之文句尚如此；卽其所聲明之滿洲，爲南朝所誤稱之建州，亦可知彼自名滿州，在明則謂之建州。　凡明實錄二百餘年之待遇建州，皆滿洲之所承受，以視後來抹搬建州，自始不認滿洲蒙此羞稱者，亦有殊矣。　以太宗親修之太祖實錄，未知足與元代所有之秘史相等視否？

傳論所云：『自永樂至嘉靖一百五十餘年而阿哈出之世絕。　王杲乘之起，父子弄兵，十餘年乃滅。』　其說亦屬武斷。　王杲父子弄兵，何以見其必乘阿哈出之世絕？建州都督之見於萬歷實錄者不一，何以知其必非阿哈出之後？史館所見之實錄，卽今北平圖書館之實錄，武宗朝殘缺尤甚，嘉靖實錄亦有缺，其間安知無建州女直都督朝命襲替之文，何以見嘉靖以後之建州都督必非阿哈出之裔？永樂間始授職之酋長，傳世以後能爲邊患者，惟成化初之三衛犯順，皆爲傳世之掌衛都督等，後來伏當加之擾，考之實錄，伏當加乃建州左衛都指揮保能之弟，以不得爲都督而寇遼東，事在成化十六年。　汪直朱永等將兵出塞擊之。　意亦將與成化之討平建州比烈，然實未捕獲此酋，直至弘治七年三月壬寅，實錄尚書：伏當加於成化間嘗率衆犯邊，朝廷命將征之，則遠遁山谷；遣官撫之，則佯爲面從：如是者數次。　至是又強取保能原領勅書，冒名入貢，且求陞都督不得，因以起釁，爲同類發其事。　上命三法司會官譯審於朝，具得本末，命仍下錦衣衛，監候處治。　則伏當加之無賴。亦與王杲相類。　左衛有此悍酋，而脫羅方襲職未久，不能謂左衛有伏當加，卽孟哥帖木兒之世絕；則何以謂建州有王杲，而可認定阿哈出之世絕乎？

孟特穆數傳以前之祖爲范察，猛哥帖木兒有弟名凡察，以此證其非一人，此尤不然。　祖名范察，弟不得名凡察，猶之李賀父名晉肅。　賀不得舉進士；周人以諱事神，在華夏亦自周以來始有此限制。　凡察爲名之人，建州部內，不知凡幾。　就明實錄舉之：景泰二年十二月乙酉，建州衛女直佟凡察等，來朝，貢馬及方物，賜宴幷表裏等物有差。　此佟凡察，非猛哥之弟凡察，猛哥弟兄姓佟，此凡察亦姓佟，猛哥弟凡察，於是時早已身故，是年四月丁酉，命建州右衛故都督同知凡察孫納郎哈襲

職，此則猛哥弟凡察也。　天順八年正月戊辰，命建州右等衞指揮僉事歹都勿里哈為指揮同知，故指揮僉事童凡察子木答木，撒里赤答子索顏革，襲職。　此為又一凡察，或卽景泰二年之佟凡察，則未可必。　成化八年正月丁卯，建州等衞都指揮僉事李斤山子斤昇，及指揮同知等官凡察子逞家奴等，三十二人，乞襲代父職。　兵部臣言，凡察等嘗從故都督董山等謀逆，以罪拘死遼東，其子襲代者例降一級，上命如例。　此為又一凡察。　水經注：林邑王楊邁死，其子咄代立，改名楊邁。　昭穆二世，父子同名，酈善長謂為林邑將亡之兆。　此亦習於周禮者之言。　歐洲聞人，一名可以傳無數世，至以第二三四及若干數而未巳，如路易喬治愛德華之類，古今不知有幾。　則范察凡察之疑，不足證孟特穆之非猛哥帖木兒也。

　　傳論又云：『隆慶萬曆間。　建州諸部長，未有名近興祖諱者。』　以此證興祖之非建州衞後裔。　今以清紀載正之，欲尋建州苗裔，以證清統，先不當索之於隆萬間。　興祖六子，景祖行四；景祖五子，顯祖又行四。　顯祖之生太祖，在嘉靖三十八年。　其時興祖能否健在，卽尚在亦已老耄，欲求其事蹟，當在正嘉之間。不留心於興祖可以在世之日，而用心於其既歿之年，烏能有得？興祖更非建州部長，武皇帝實錄稱：『興祖六子，分居六處，景祖適住祖居黑禿阿喇地方。　六處各立城池，距黑禿阿喇遠者不過二十里，近者不過五六里，稱為六王，乃六祖也。』　云云，六王聚居於二十里之內，所謂城池，乃後來侈言之，其實各為一屯。　以今關東荒地居民之狀言之，墾戶領地聯耕，在一二十里之內，比於內地之望衡對宇者，猶為較密切矣。　六王生活如此，其受之先世者，豈為有土有民之酋長。　所云六王，自亦後來侈言之，或彼中一屯各有一王稱，如今浙江紹興，凡設肆之賈，皆稱肆主為店王，未聞有以為僭者。　然乾隆間改定實錄，猶自知其不類，而改為六貝勒。　且考興祖之家計，尚不及六貝勒時之興盛。　武皇帝實錄：『六祖豹石，次子阿哈納，至沙革達部。　欲聘部長巴斯漢把士魯妹為妻。　巴斯漢曰：爾雖六王子孫，家貧，吾妹必不妻汝！』云云。　然則鄰部之數清先世門業者，以六王子孫為較可標舉之名，不曰汝雖都督福滿子孫，故知興祖時門祚甚微，決無所謂建州可以數之之部長。然則何以述其名為都督，又何以追尊時必戴為興祖？　此則有說。　景祖兄弟，小有家業，稱以六王。　興祖可無稱，然其父石報奇，考之明實錄，則曾襲都指揮。　興

祖爲石報奇子，石報奇且祗此一子，則襲否未可知，要爲應襲之人。　明中葉以後，夷官名號，僭濫無別，所領敕書，皆輾轉掠奪販買而得，聲勢或淵源似可膺某職，卽以某職自名，甚且朝廷以此名之。　如王杲在明實錄始終未見受有官職，始見於嘉靖四十一年稱之曰遼東邊外熟夷王杲，其後或稱建州酋，或稱建州逆杲，如此而已。然明史張學顏傳：『隆慶五年，進右僉都御史，巡撫遼東。　明年秋，建州都督王杲，以索降人不得，入掠撫順，』則隆慶六年，張學顏傳以杲爲建州都督矣。　又李成梁傳：『萬曆元年，建州都指揮王杲，故與撫順通馬市，及是誘殺備禦裴承祖，成梁謀討之。』　則萬曆元年。　李成梁傳又以杲爲建州都指揮矣。　先一年稱都督，後一年又稱都指揮，皆得之明臣奏報，其混稱無稽考如此。　與祖身爲都指揮之獨子，又何不可以都督稱之？至淸室追尊，事在崇德元年爲始。　當時改國號爲淸，用中國帝王之禮，天子立五廟，四親廟合太祖之廟而五，以孟特穆當禮經之太祖，以高曾祖考四親爲四廟，與祖自爲高祖，下及太祖奴兒哈赤爲太宗之考，故追尊不得不以與祖爲四親廟之首，上不得至親盡之石報奇，下不得起自景祖，此定理矣。

　　石報奇在乾隆重修太祖實錄，改爲錫寶齊篇古，見武皇帝實錄原文，知篇古二字之譯音可省，故從石報奇之對音。　尋建州衞之宗系，差得其相當之人，可以證與祖之父。　爲建州左衞酋目。　成化二十年三月戊子朔，實錄書：『建州衞都督完者禿等，累上書言；建州左衞都督董重羊，忠順效勞，實無反叛情罪，謫戍福建，乞宥之還。　兵部言：成化十一年春，重羊之妻伯吉嘗入關，願乞其夫同居內地；及建州頭目人等，累以爲請，情辭懇至。　但一時招誘，發遣者七十餘衆，非止重羊一人，纍纍有旨不允。　今完者禿復以爲言，取旨裁處。　詔不允取回。』　此所謂建州左衞都督董重羊，自是董山之親，爲董山所牽染，故與七十餘衆，同時謫戍，事在成化三四年間。　其妻入關乞請，在成化十一年，已距遣戍時七八年，至此又距近十年，署其官爲都督，則未遣戍前，在建州左衞中爲甚尊重。　旣於董山爲甚親，又與董山名位相埒，必卽董山之兄弟行。　董山之兄弟中，一爲童倉，一爲綽顏。　重羊爲倉之合音，又爲綽顏之對音，未敢定其孰是，然決其必爲此二人中之一。　近有人謂童倉卽董山，因明人紀載不同而互異。　此說蓋未考諸實錄。　猛哥帖木兒爲七姓野人所殺，事在宣德八年。　九年二月，建州左衞都指揮僉事凡察，陞都督僉事，乃

掌衞事。　自此左衞已屬於凡察，然未予以襲職之命，則固以掌衞事與襲替分爲兩事。　猛哥之衞職，猶懸以待其子之成立也。　實錄：『正統二年十一月戊戌，建州左衞都督猛哥帖木兒子童倉奏：臣父爲七姓野人所殺，臣與叔都督凡察，及百戶高旱花等，五百餘家，潛住朝鮮地，欲與俱出遼東居住，恐被朝鮮國拘留，乞賜矜憫。上勅朝鮮國王李祹，俾將凡察等家送至毛憐衞，復勅毛憐衞都指揮同知郞卜兒罕，令人護送出境，毋致侵害。』　此爲實錄中始見童倉。　童倉奏中言叔都督凡察，則固已認凡察爲都督，而已實依權以自存，絕非董山與叔爭襲，爭持累年之行徑。　是月甲寅，又書：『命故掌建州左衞事務都督猛哥帖木兒子董山，襲爲本衞指揮使。』此距書童倉之奏，不過十六日，同時書二人之名，可見其非一人。　明年正統三年，正月癸丑，『勅建州左衞都督凡察，及故都督猛哥帖木兒子指揮董山曰：往聞猛哥帖木兒，爲七姓野人戕害，掠去原降印信，宣德年間，又復頒降，令凡察掌之。前董山來朝，云：舊印已獲，近凡察來朝，又奏欲留新印。　一衞二印，於法非宜！勅至，爾等卽協同署事，仍將舊印遣人送繳，庶幾事體歸一，部屬信從。』　據此，則董山先已來朝，當卽以其來朝之時，奏已得印，故使襲指揮之職。　是時童倉方爲凡察所挾，未離朝鮮。　若赴京上奏獲印，以啓爭端，豈得爲凡察所許？又明年正統四年，四月丁亥，又書云：『初建州等衞都指揮李滿住等奏；都督凡察，指揮童倉等，聽朝鮮招引叛去，有詔追索。　朝鮮國王李祹，上奏自明，幷陳述累朝安邊詔敕。　上賜敕諭之曰：得奏，李滿住等虛担奏情，及曾有敕諭，聽令童倉凡察等，仍在鏡城地面居住，等因，具悉。　朕惟王之祖父，世守禮法，永篤忠貞，童倉凡察等，旣在彼安生樂業，不必般移。　王更宜戒飭其安分守法，勿作非爲，以累王之令德。』　云云，盖是時童倉自依凡察在朝鮮，董山自挾舊印居建州，且由李滿住誣凡察童倉以叛去，未始非由董山嗾令爲此，以絕凡察歸向朝廷之路。　至五年九月庚子朔，勅諭朝鮮國王李祹曰『比者爾奏，凡察誘姪童倉，逃往建州，慮其與李滿住同謀生釁，侵擾本國。　朕遣勅諭凡察等，仍還鏡城，守父境土。　如其回還，王宜解釋舊怨，寬以撫之。　仍勅守邊軍民，無使侵擾。　朕又慮其疑懼不還，已勅李滿住等，嚴加戒飭，不許纖毫有犯。　若其不順天道，不遵朝命，自生釁端，天災人禍，必不免矣！王爲朝廷東藩，宜體朕至懷。』　云云，以此見童倉之行止，皆爲

凡察所主持，故朝鮮於其逃往建州，尚稱爲凡察所誘。　而明廷勒彼復還鏡城，守父境土，又以童倉爲主名，以建州衛爲童倉之父之遺業，凡察特其保輔之人耳。又據前李滿住奏，稱都督凡察，指揮童倉，則童倉先亦已有職名，後亦以指揮授董山。　明諸家紀載，皆以童倉爲兄，董山爲弟，一一與實錄相合。　(葉向高女直考，正統初，建州左衛都督猛可帖木兒。　爲七姓野人所殺，弟凡察，子童倉，逃居朝鮮。　童倉弟董山，嗣爲建州衛指揮。　亡何，凡察童倉歸建州。　據此則董山先歸建州故地，攜舊印來朝，而明始授以指揮也。　何喬遠名山藏王享記，黃道周博物典彙建夷考，皆同葉氏，以董山爲童倉之弟。)　童倉自隨凡察歸建州以後，明雖敕還朝鮮，其實朝鮮亦本不願。　故以威脅凡察等，使不得安居而遁。事蹟具見實錄中。　於是叔姪爭印，純爲凡察董山之事，童倉無與焉，故遂不復見童倉之名。　要之叔姪相爭之歸結，明廷爲分左右二衛，則凡察自爲右衛之始祖，而童倉則原爲左衛之指揮，與董山相等，但掌衛事則由董山，事理之所必然者也。　董山後陞至都督，童倉當亦累陞。　故至成化三年董山被誅連坐時，遂以建州左衛都督之職名，爲董山親屬之緣坐。　以童倉之馴善，自凡察挾以謀襲時，早可共信。　故於讒成以後，在明廷亦曲諒而得從輕比。　(成化三年十二月丁酉，磔毛憐衛女直指揮同知苦女等三人於市，以其屢犯邊地。　此亦附從董山，緣討伐建州而行法。　董重羊親爲建州左衛都督，與董山極親，反得戍邊，故知輕比。)　諸夷尚爭爲乞宥，保任其忠順而見誅，似亦非若童倉者不能得此矣。　正德元年四月庚申，特許建州左衛夷黑答撒，失保，主成，襲陞其叔父及從兄之職，爲都指揮僉事。　以三人懇其父附順效勞，而死於邊故也。　實錄所載如此。　此三人爲建州左衛，又其父爲附順效勞而死於邊，自必卽爲累稱忠順緣坐戍邊之董重羊。　其中失保，正可當石報奇，所襲爲叔父及從兄之職，當卽綽顏及脫羅之職。　脫羅已爲都督僉事，子脫原保襲，亦在是月癸亥，距此不過後三日。　同係建州左衛人物，當是同時由建州左衛來請，而奉命略有先後。　癸亥准襲職者，尚有都指揮使保能姪章成等。　保能亦建州左衛，卽伏常加之兄。　後章成亦爲建州左衛都督，見實錄。　脫羅嫡嗣已襲其正秩，當時夷官請求，往往以本秩已尊不便再陞，許其餘子弟更得一職，失保等所襲卽其例。　失保非董山子，清實錄以爲董山幼子，或實係董山子，承襲時不便言董山餘子，反用戍死之董重羊爲名。　故清之先世，與祖雖不能覓得於明實錄，與祖之父則可得之。　是卽已得與祖之傳統，上爲失

保，而下爲教場，皆明實錄中所載矣。　更有一證，明人紀錄，太祖先世，原爲都指揮，有敕三十道。　則知非董山脫羅之嗣，而爲建州左衞中別一爲都指揮者之嗣。失保正爲都指揮，其家世自合。　太祖武皇帝實錄：『尼康外郎唆使大明兵，倂殺覺常剛父子。（尼康外郎後改尼堪外蘭，其實外郎是用華言。　武皇帝紀中名詞多用華言，如夫人倘未改福晉或福金，六貝勒碣六王，扎爾固齊稱都堂，皆是也。　覺常剛後改覺昌安，即景祖名，明人紀載作叫場。）後太祖奏大明曰：祖父無罪，何故殺之？詔下，言汝祖父實是誤殺，遂還其屍，仍與敕書三十道，馬三十匹。』　日本稻葉岩吉清朝全史第八節丙，『太祖與明之交涉，自二祖被害之日始，清紀錄未可盡信。　明人紀錄，但言李成梁以當時所得他失之屍首，（他失卽顯祖名，武皇帝實錄作塔石，後改塔克世，明人紀載皆作他失。）使其部夷名伯掉者持返，又取所得於其寨內之敕書及馬匹，仍與奴兒哈赤。』（此紀錄未舉書名，中有屬夷伯掉之名，爲他紀錄所未見，必有所據，俟更檢。）此與清實錄所言，『仍與敕書三十道，』仍字正相合。　盖寨中原有敕書三十道，明軍已鈔取而仍還之，此敕書卽都指揮所得之敕書。　皇明從信錄，萬曆二十三年末，敘云：『奴兒哈赤佟姓，故建州枝部也。其祖叫場，父塔失，並及於阿台之難。　乃走自雄東方，漸北侵張海色失諸酋，蠶食之。　會色失爲擊姪肞臭仇殺，往投奴酋，搜戮無子遺。　張海等因奔海西南關都督歹商。　是時泒西北關遺擊卜寨，那林孛羅，方連西虜以兒鄧等，攻歹商急。　奴兒哈赤以歹商匿仇，并連那卜二酋圖歹商。　朝議諭歹商歸海。　約婚奴酋，罷兵。是後奴兒哈赤亦時時於撫順諸堡，送所掠人口，自結於漢。　居頃之，有住牧木扎河部夷克五十等，掠柴河堡，射追騎，殺指揮劉斧，走建州。　宣諭奴酋，卽斬克五十以獻，乞陞賞。　又因貢夷馬三非，述祖父與圖王杲阿台，有殉國忠，今復身率三十二酋保塞，且鈐束建州毛憐等衞，駸馬起貢，請得陞職長東夷。　時開原參政成遜，遼海參政栗在庭，會查，本夷原領敕三十道，係都指揮。　伊祖父爲鄉導剿王杲，後並死兵火，良然。　今奴兒哈赤屢還漢人口，且斬克五十有功，得陞都督，制束夷，便。　總督侍郎張國彥以聞，報可，是時萬曆十七年九月也。』　此文足證三十道之敕書，爲都指揮敕書。　又明言奴兒哈赤爲建州枝部，則非建州三衞中世傳長衞之正系，以失保始得都指揮僉事。　明代官文書，於指某官之佐貳，不論同知僉事，省言之皆可卽稱某官，略去同僉之號。　故知景顯二祖寨中，原有之都指揮敕書三十

道，即失保所受之敕書也。　　失保信爲石報奇，卽與祖之傳統已明，可以無疑於淸與建州之世及，卽不必附會齊太公之於爽鳩季薊矣。

傳論又言：淸實錄肇祖曾復先世之仇，而明記載猛哥乃被戕於野人，安所謂復仇？以此謂猛哥帖木兒之非孟特穆。　　此說更不可解。　　肇祖以能復仇而起家，自是少年之事；洪武間已爲斡朵憐萬戶，早在復仇以後；其被戕在宣德八年，相去數十年：何以見能復仇之人，數十年後必不被戕於他族耶？

此外太祖武皇帝實錄中，表明其起兵以來，漸成建州首領，始修建州衞馴伏中朝儀節，時時可指而出之。　　絕非乾隆重修高皇帝實錄面目。　（太祖原諡武，康熙元年始改諡高，康熙間改定高皇帝實錄，今尚有殘稿存在，與乾隆間定本尚不同，如武皇帝實錄中敘太祖身後，后爲諸王強逼令殉，康熙改本尚存此事，但后之稱已改爲大福金，至乾隆本則全去此事，其涉及此后，又稱爲大妃矣。）一，戊子年，時萬曆十六年，太祖起兵後五年，敘云：『太祖遂招徠各部，環滿洲而居者，皆爲削平，國勢日盛，與大明通好，遣人朝貢，執五百道勅書，領年例賞物。本地所產，有明珠，人參，黑狐，玄狐，紅狐，貂鼠，猞狸猻，虎豹，海獺，水獺，靑鼠，黃鼠等皮，以備國用。　撫順淸河寬奠靉陽四處關口，互市交易，照例取賞。　因此滿洲民殷國富。』　此爲太祖控制建州全部之始，作一結敘，勢力未及海西，其界畫極明。　所謂五百道勅書，乃建州諸衞所分執，由撫順關驗放入貢者也。　（太祖之高祖石報奇爲都指揮，領有勅書，至景顯二祖被害時，原有勅書三十道。　夫一都指揮，止應有都指揮之勅，其得至三十道，都指揮之下，可有若干下級之官，若指揮使指揮同知指揮僉事，又指揮使之下，可有千戶十員，百戶百員，每一員皆有一勅，此就都指揮官制，見於明史職官志者言之。　石報奇之爲都指揮，原非有一定之分土分民，不過順遠夷之情，允寧啓之請，酌給勅數，俾邀貢市之賞，故給以勅三十道。　其時尚在正德初元，至萬曆間建州所得勅書，總額爲五百道，海西則爲千道。　顧養謙輩平亭海西夷爭執時，千道勅中抽去一道，使南關哈達執五百道，北關葉赫執四百九十九道。　女眞領賞之額，歲有規定，按照千五百道勅書頒給，此蓋明廷苦於夷使來者之無窮，賞金待給之無蟜，又於諸夷之兼幷，逐漸無力制止，明知原設之百八十四衞，存者無多，乃就見在強有力之酋，配以若干額定勅數。　蓋於此時，明以南北關及建州。爲三分鼎足之勢，各得勅書五百道，爲國庫制定取夷之賞賚費云爾。　此事原委，另立專篇述之。太祖於萬曆十六年，則已盡執建州勅數。）一曰『執五百道勅書，領年例賞物，』此則朝貢之賞，歲一受取；二曰『互市交易，照例取賞，』此則市易之賞，婪索無時：要

皆承接建州衞夷邀恩於明之故事。　特明之威令已替，貢市皆爲餌夷之用，冀其有所利得而就我覊縻，無輸誠効順之可言矣。　夷之効順，在中朝能扶弱抑强，夷中自有委曲，卽奔愬於中朝，中朝就其曲直以平判之，則所謂朝覲訟獄謳歌，皆歸共主。若明中葉以前之撫字諸夷是也。　萬曆間不足語此。　然太祖之確爲建州衞，受職於明，非清史稿自設疑障所能淆亂事實：此其一矣。

　　二，己未天命四年，大明萬曆四十七年正月二十二日，令大明使者李繼學及通使，賚書回。　其書曰：『皇上若聲遼人之罪，撤出邊之兵，（是時太祖征夜黑，卽葉赫，夜黑遣使往開原德兵馬林處告急，林遂領兵來助，故云然。　遼人卽遼水流域之葉赫，若建州則在遼東之東，後來統稱東事爲遼事，太祖書中。　則自認固在遼人之外也。　出邊之兵，卽馬林出助葉赫之兵。）以我爲是，解其七恨，加以王封，豈有不罷兵之理。　再將我原賞，及撫順所原有勅書五百道，幷開原所有勅書千道，皆賜吾兵將；我與大臣，外加段三千匹，金三百兩，銀三千兩。』（小本武皇帝實錄，太祖書詞，至此而止。　乾隆重印之繪圖武皇帝實錄，下多兵乃罷三字。　小本原多錯誤，但此書上有「豈有不罷兵之理」一句，此處亦可不再贅。　或是乾隆間所添，姑待校諸庫中原本。）此書口吻，旣稱賞，稱賜，稱勅書，又不稱臣而稱我，當已非無所改竄。但就其原文觀之，已見建州對明，自有故事。　至重修之高皇帝實錄，則改爲『皇帝若能正遼人之罪，撤出邊之兵，悉直吾言，釋吾七恨，崇以王位，兵乃罷。　其撫順所有原勅書五百道，開原所原有勅書千道，仍給我軍士；再以紵幣三千，黃金三百，白金三千，爲吾大臣等輸焉。』　已更有改易。　乃至東華錄所據之實錄，則但云：『丙午，遣明使李繼學賚書還。』　書詞一字不載，幷事實悉去之矣：此類於元秘史者，又其一也。

　　凡清代實錄，後經改削，卽未改削者皆成秘史；亦惟以改削之本對觀之，益見初稿之尚近眞相。　卽前記之萬曆四十七年朝鮮國復書，載之高皇帝實錄者，文亦大異，今錄以見事之曲折。　高皇帝實錄云：『五月癸未朔，庚戌，朝鮮遣使者一人，從十三人，隨我國使臣，賚書至。　其辭曰：朝鮮國平安道觀察使朴燁，頓首致書滿洲國主。　吾二國接壤而居，明與我二國，歷二百餘載，毫無怨惡。』　書中最要者此數語，觀所改痕跡，竟將建州衞爲臣於明，掩蔽淨盡。　其餘竄改甚多，不必遍舉，可以知其概矣。　是時已爲太祖天命四年，五月有此與朝鮮往復之書，其正月卽

致明廷書，要求增賞。　彼書中尚求加以王封，則所謂天命年之建號改元，亦不過境內自娛，並無保持之成見。　千五百勅書之貢賞，則堅不肯舍，猶以臣服於明為自利之道。　至是年三月，即敗明楊鎬四路之師，由此輕視中朝，克瀋克遼，遂為大衙門所在，(女眞在明代得受衛職，謂之開設衙門。直至太祖太宗，於建都營宮殿，旣成則猶謂之大衙門，在關外固未有朝堂之目。)不復以朝貢為取盈之計矣。　實錄於萬曆二十五年以後，累書建州夷速兒哈赤等，及奴兒哈赤等，赴京朝貢，賜宴如例。　則太祖弟兄尚有身自入朝納貢之事。　惟明實錄對清太祖所部，不復有建州左衛之稱。　蓋太祖之見明實錄，始於萬曆十六年，時已獨占建州勅書全額，與南北關相等。　南關本塔山前衛，北關本塔魯木衛，俱不稱其舊名。　太祖之建州，蓋亦非稱其衛分，實渾舉其部族耳。

朝鮮國王李琿奏邊將與建州衛通書事，再考之明實錄，乃書於萬曆四十八年五月戊戌，非丙戌，較後十二日，且叙事甚詳，較國榷為更可考見當時事實。　補錄其文如下：

萬曆四十八年五月戊戌，朝鮮國王李琿，以遼鎮塘報，稱其與奴酋講和，奴遣中軍迎接高麗宰相。　又聞天朝之為東事計者，或以鮮與奴陽衡陰順，或將宣諭，或要監護等因。　差陪臣齎本奏辨。　其略曰：自奴賊匪茹，小邦奉勅命，悉賦從征，天不助順，全軍覆沒。　賊旣結蒙古西寇，猶恐小邦議其後，乃差胡通書，獰獷悖說。　非不知焚書聲罪，斬使馳奏，而相機制權，兵家勝算；闔闢弛張，待夷常道：故仍許邊臣，徑自打發。　蓋自國中不為報答者，義不可也；使邊臣隨意答之者，斥之不與也。　伊以後金為號，而邊臣書中，却謂建州云者，本其受命於天朝之部名也；伊以汗自稱，而邊臣書中，却為馬法云者，待之以番頭也。　至於陳說禍福，省諭逆順，終之以天朝寵綏之典，不日誕降為言者，欲其革面改圖，懷我好音也。奴酋見答書，尤益嗔狠。　此果小邦欲通和，而反有此挑怨之說？邊臣差小校一名往報，要探彼中情形，有何官職，而指為宰相，指為差官。　小校旣回，賊復差胡送書，以要盟作惡為說，無倫不道，所不忍言。　奴婿好好里等，對於我國降將，恨朝鮮不從講和。　且奴酋父子，謂北關及宰賽，俱已被滅，惟朝鮮尚存，不可置朝鮮於後，而先犯遼東。　又聞設兵於牛尾寨，萬遮嶺，又要搶寬奠鎮江等處，覘售其塞斷內外剗截腰脊之謀。　賊恣睢暴蔑之狀，萬分叵測。　此果欲行和於小邦，反有此寇刼

之計？往倭賊蹂躙小邦，國勢已窮，基命無所，而終守臣節，不爲兇賊所啗。　奴賊雖極猖獗，比於桑酋，固已不侔。　嚮有一見兇書，遽爾惬怯，約成和好，交酬幣賄，背君父，辱祖先，蠣宗社，自取罔測之禍哉？　臣仍念所謂諭者，諭其迷惑，諭其利害，提撕戒飭之意也；監者，監其事狀，察其情形，詳諒審諦之謂也。　小邦今日，既無可諭之端，亦無可監之機，乃欲置之於虞疑之地，至煩外服之建置乎？　臣誠竊寃之。　漢時渠犂之屯田，車師之破降，或遺領護，或設都護。　及焉耆龜茲通於匈奴，相繼叛亂，復置都護。　今設官命名之義，殆髣髴于故事，異時國史書之，海內傳之，將以小邦擬於古者降漢降胡之國，則二百年來血誠事大，生死一節之心迹，遂無以暴列，而終作夷虜之歸矣！此尤臣之所大懼也！伏望將臣所奏亟下該部，商榷辯析，以擴保綏之深仁，以終昭雪之大德。　章下兵部，覆議言該國世篤忠貞，祇以胡使往來，書詞酬應，該國自信其心，聞者遂泥其迹，陰順陽衡之語，未必不階於此。讀該國疏揭，君臣剖心自明，蓋不欲焚書斬使，挑怨速禍之隱衷，憤惋難言，而今且不得不言，其情良苦。　宜給敕書一道，俾經略頒示該國，以彰天朝字小之仁，以寢狡夷搆誣之計。　禮部覆議，亦以不得執道路之流言，疑忠順之屬國。　宜降敕曉諭，令其陪臣李廷龜齎回本國，庶我恤小之道不失，而彼向化之念彌堅。　上俱是其議，敕著陪臣齎去。』　以上爲實錄所書，其與國榷不同日，或是兵部禮部兩議覆日不同。　國榷所據，不出實錄，或是起居注之類。　奴婿好好里。即額駙何和哩也。

附　案

董山與童倉，據明實錄及諸家紀載，皆爲二人。　而日本人據朝鮮李朝實錄，斷爲一人；時賢亦以朝鮮於女眞接近，其所述清之先世，家庭事實，聞見必較眞，與其信明實錄，不如信朝鮮實錄：是誠然矣。　然就日人所據之朝鮮實錄，仍未足證童倉之卽爲董山，則仍與明實錄不相背也。

朝鮮錄：『世宗(李祹)二十年(正統三年)七月，傳旨咸吉道都節使金宗瑞，今聞凡察非猛哥帖木兒同父弟，而童倉幼弱之時，猶領管下，以爲一部酋長。　今童倉年滿二十，體貌狀大，一部人心，咸歸童倉而輕凡察。　卿久在邊境，又熟知形勢，斡朵里一部之心果如予所聞歟？　備細啓達。　宗瑞回啓：凡察之母，僉伊(官名)甫哥之女

也吾巨。　先嫁豆萬(官名)揮厚，生猛哥帖木兒。　揮厚死，後嫁揮厚異母弟容紹(官名)包奇，生於虛里，於沙哥，凡察。　包奇本妻之子吾沙哥，加時波，要知。　則凡察與猛哥帖木兒，非同父弟明矣。　然猛哥帖木兒生時，如有興兵之事，則必使凡察領左軍，權豆領右軍，自將中軍，或分兵與凡察。　故一部之人，素不賤惡。　猛哥帖木兒死後，童倉與權豆妻皆被擄未還。　凡察乘其隙，亟歸京師，受都督僉事之職，又受印信而還。　斡朶里一部人心稍附之。　及權豆妻與童倉生還，且得遺腹之子，一部人心，皆歸於權豆之子與童倉。　其後權豆之妻輕薄善罵，暠童倉愚弱，一部稍稍失望。　其赴京也，朝廷薄童倉而厚凡察。　賜凡察以玉帶，且命凡察曰：汝生時管一部，死後並印信與童倉。　以此一部之人，不得已附於凡察，然其心則或附童倉，或附權豆之子，時未有定。』云云。　據此似童倉與凡察，已有爭襲之勢，故斷定即為董山。　然實與後來爭印之糾葛，絲毫無涉。　童倉固亦被擄而還，但至正統三年為年滿二十。　又言其幼弱之時，已領管下，為一部酋長，則可知其生還之甚早。　孟哥死在宣德八年，童倉之年，由正統三年年滿二十而上數之，其父死時為十五歲。　其還也必距被擄時不遠，故猶為幼弱。　且其還也，即還凡察所居朝鮮之鏡城。　而凡察之受命於明，則由明給以印信，即所謂舊印已失而給以新印也。又受命生時管一部，死後並印信與童倉，則可知童倉並無舊印。　特土官最重傳統。雖幼弱而亦長一部。　明廷雖厚凡察而薄童倉仍命凡察之領一部，亦但以生時為限，死後則將所管一部，並印信皆與童倉。　是何嘗如爭襲之事實，以挾有舊印為最堅之根據耶？董山惟挾舊印，故自始即不為凡察下。　且歸建州而不歸朝鮮，徑自入朝，呈明舊印尚在，時在正統二年。　自此以後，遂生一衛二印之爭執。　當正統三年七月，朝鮮之審查凡察童倉關係，乃朝鮮自欲處分斡朶里部，初未知又有孟哥之子，已挾印而受職於明。　當正統二年，童倉為十九歲，董山已卓然自見，不倚賴凡察而直詣闕廷自明，其年齡當不止十九。　則明代官私紀載，皆謂董山為童倉之兄，更自可信。　鮮錄雖查凡察童倉之實情，乃止查部下之向背，初未言童倉之敢言爭襲，絕與董山行徑不同。　則因有鮮錄之發見，益足證童倉與董山之為弟兄二人，混為一人者非也。

出自第三本第三分（一九三二年十月）

清始祖布庫里雍順之考訂

孟 森

　　清太祖武皇帝實錄叙滿洲源流云：『滿洲原起于長白山之東北布庫里山下一泊，名布兒湖里。　初天降三仙女浴於泊，長名恩古倫，次名正古倫，三名佛古倫。　浴畢上岸，有神鵲銜一朱果，置佛古倫衣上，色甚鮮妍。　佛古倫愛之，不忍釋手，遂啣口中。　甫著衣，其果入腹中，即感而成孕。　告二姊曰：吾覺腹重，不能同昇，奈何？二姊曰：吾等曾服丹藥，諒無死理，此乃天意，俟爾身輕，上昇未晚。　遂別去。　佛古倫後生一男，生而能言，俟爾長成。　母告子曰：天生汝，實令汝爲夷國主，可往彼處，將所生緣由一一詳說。　乃與一舟，順水去，即其地也。　言訖忽不見。　其子乘舟順流而下，至於人居之處登岸，折柳條爲坐具，似椅形，獨踞其上。　彼時長白山東南。　鰲莫惠(地名)鰲朶里(城名)內，有三姓夷酋爭長，終日互相殺傷。　適一人來取水，見其子，舉止奇異，相貌非常，回至爭鬥之處，告衆曰：汝等無爭，我於取水處遇一奇男子，非凡人也。　想天不虛生此人，盍往觀之！三酋長聞言罷戰，同往往觀。　及見，果非常人，異而詰之，答曰：我乃天女佛古倫所生，姓愛新(華言金也)覺羅(姓也)，名布庫里英雄，天降我，定汝之亂，因將母所囑之言詳告之。　衆皆驚異曰：此人不可使之徒行，遂相插手爲輿，擁捧而回。　三酋長爭共奉布庫里英雄爲主，以百里女妻之。　其國定號滿洲，乃其始祖也。(原注：南初誤名建州)歷數世後，其子孫暴虐，部屬遂叛。　於六月間，將鰲朶里攻破，盡殺其闔族子孫，內有一幼兒名范嗏，脫身走至曠野。　後兵追至，會有一神鵲棲兒頭上，追兵謂人首無棲鵲之理，疑爲枯木椿，遂回。　於是范嗏得出，遂隱其身以終焉。　滿洲後世子孫俱以鵲爲祖，故不加害。』

　　以上爲淸世自述其初得姓初有部屬之祖，其託之神話，情節已定，爲後來歷次修改之所本。　然武皇帝實錄爲最初之本。　其中如云『爲夷國主，』及『三姓夷酋，』『三酋長』等文字，俱爲後來諱改。　又滿洲之名，亦造端於此實錄，而託之

彼時所已定。　　然自加注云『南朝誤名建州，』則猶示人以彼之所謂滿洲，即明之所謂建州。　　後來則建州之名亦爲所諱矣。　　布庫里英雄，當時實爲意譯之文，布庫里既爲誕生之地山名，英雄則言其地之豪耳。　　後來改爲布庫里雍順，以抹殺其意義，使成一不可解之夷語。　　又稱以鵲爲祖，蓋亦往時關外原義，後來改作以鵲爲神，則寖非舊俗矣。　　清世祭祖，殿前必有高杆，置祭肉等品於杆頭，以供烏鵲之食，正其認鵲爲祖之遺意。　　始而鵲銜朱果，以成天女之胎；既而鵲棲兒首，以救范嗏之禍；累世賴鵲，而有此一帝系之產生，附會之傳說如此，不足深究。

　　布庫里英雄之爲夷國主也，在大朝版圖之內，不稟朝命，豈能攝服部屬，其所居之地爲鰲莫惠之鰲朵里城。　　鰲莫惠後改俄漠惠，一作鄂謨輝；鰲朵里後改俄朵里，一作鄂多理。　　其方位則在長白山之東南。　　實錄又言肇祖後居赫圖阿拉，在鰲朵里城西千五百餘里。　　東華錄『西』字訛作『四』字，道里悠謬，益不可究詰。　　清代帝王欲追溯其祖宗之王迹，乃於遼東邊外松花江流域，妄指地名爲俄漠惠俄朵里以實之。　　又以三姓之說，牽合松花江上之三姓地，附會愈多而愈不合。　　其實最初傳說，筆之實錄而歷修未改者，俄漠惠地之俄朵里城，確在長白山之東南，後來不過去一南字，猶在長白之東，則實在後來之高麗境內，並非松花江流域也。　　日本人考得朝鮮鏡城之斡木河，實當清實錄之俄莫惠，其說最確。　　惟以朝鮮記載，清肇祖於朝鮮李朝太宗李芳遠時，由遼東邊外入居其地，因謂居斡木河者爲孟哥帖木兒，其先別無所謂布庫里雍順；清之始祖，即爲肇祖，其上衍數世之說，皆清世悠謬之說：此則未免爲日人之武斷。　　不知高麗西部之地，在元代實爲版圖以內合蘭府水達達路之地。　　元初設斡朵憐萬戶府，即設長白山之東，清爲斡朵里部族，實始於此。　　證以元史及明實錄，地望乃定。　　今分述之如下：

　　元史地理志：『遼陽等處行中書省，所屬合蘭府水達達等路，既土地曠闊，人民散居。　　元初設軍民萬戶府五，鎮撫北邊：一曰桃溫，距上都四千里；一曰胡里改，距上都四千二百里，大都三千八百里；（有胡里改江并混同江，又有合蘭河，流入於海。）一曰斡朵憐；一曰脫斡憐；一曰孛苦江：各有司存，分領混同江南北之地。』　此所謂混同江南北之地，該括甚廣，北則黑龍江全境野人女眞部落，南則奉吉二省之女直所在，其至鴨綠江左右，皆合蘭府水達達等路地也。　　何以證之？　明實錄：『太祖洪

武二十年十二月壬申，命戶部咨高麗王，以鐵嶺北東西之地，舊屬開元，其土著軍民女直韃靼高麗人等，遼東統之；鐵嶺之南，舊屬高麗人民，悉聽本國管屬。　疆界既正，各安其守，不得復有所侵越。』所云舊屬開元，謂元時屬開元路。元開元路極廣，與水達達等路，皆屬遼陽行省。　鐵嶺亦朝鮮境內地。　開元非後來之開原，鐵嶺亦非後來之鐵嶺也。　又『二十一年三月辛丑，置鐵嶺衛指揮使司。　先是元將拔金完哥，率其部屬金千吉等來附。　至是遣指揮僉事李文、顧鎮撫杜錫，置衛於奉集縣，以撫安其衆。』　鐵嶺之元將來附，設衛以撫安其衆，衛署雖在奉集，奉集明置堡。在瀋陽東南。）而衛以鐵嶺為名，所撫安者鐵嶺之衆，則固以鐵嶺為轄境也。　是日又書：『徙置三萬衛于開元。　（本年正月壬午。賜遼東三萬衛指揮僉史家奴白金二百兩。文綺帛各六匹，鈔五十錠。）先是詔指揮僉事劉顯等，至鐵嶺立站，招撫鴨綠江以東夷民。　會指揮僉事侯史家奴，領步騎二千，抵斡朵里立衛，以糧餉難繼，奏請退師，還至開元。野人劉憐哈等，集衆屯於溪塔子口。　邀擊官軍。　顯等督軍奮殺百餘人，敗之，撫安其餘衆，遂置衛於開元。』　據此，則三萬衛原立於鴨綠江東之斡朵里，由鐵嶺設站，以通接濟，其經營皆在後來朝鮮境內。　至是以糧餉難繼，退至開元。　此則明之開元，即今之開原，所謂金之黃龍府也。　四月壬戌又書：『時高麗王顥表言：文高和定等州，本為高麗舊壤，鐵嶺之地，實其世守，乞仍以為統屬。　上諭禮部尚書李原名曰：數州之地，如高麗所言，似合隸之。　以理勢言之，舊既為元所統，今當屬於遼；況今鐵嶺已置衛，自屯兵為守，其民各有統屬，高麗之言，未足為信。　其高麗地壤，應以鴨綠江為界，從古自為聲教。　然數被中國累朝征伐者，為其自生釁端也。　今復以鐵嶺為辭，是欲生釁矣。　遠邦小夷，固宜不與之較，但其詐偽之情，不可不察。　禮部宜以朕所言，咨其國王，俾各安分，毋生釁端。』　蓋三萬衛雖已撤退，而鐵嶺轄境，仍在高麗境內，高麗抗議，而太祖未遽允，尋太祖諭部臣之言，高麗地壤，歷代原以鴨綠為界，至元代，乃有女直軍民萬戶府斡朵憐萬戶置於朝鮮俄朵里。　至洪武間，尚有元將拔金完哥等守之。　太祖既收降元將，遂欲仍元之舊而設衛置兵，觀其後洪武二十四年，建瀋王府於瀋陽，建韓王府於開元；二十五年，建遼王府於廣寧；分封諸子，皆在邊衛，正欲襲元故事，使子孫各自發展，以擴境土。　後永樂六年，遷瀋王於山西潞州；二十二年，遷韓王於陝西平涼；遼王則於建

文中改封湖廣荊州府：於是經營東北之志衰矣。　當三萬衛初立之日，尚立於朝鮮境內之斡朶里地方，未幾退至開元，越數年，擬封三王於瀋陽開元廣寧，主持邊事，則前之姑退，以糧運不繼，安知非封藩以後，再擬全力營運道，而終收元之故地爲疆域耶？惜乎後嗣以猜忌之私，不欲復以强兵要地與親貴爲資，削弱宗親，亦即沮抑邊計，後來大禍即起於東北，孰知爲爬弗搔，其源正在骨肉猜防間也！

　　再考元女直軍民萬戶府五，皆屬合蘭府水達達路。　然斡朶里地，則在開元路。元志於五萬戶中，桃溫及胡里改兩萬戶府能言其距京師之里至，至斡朶憐以下三萬戶府則不然。　蓋明修元史時，並不能悉詳五萬戶府之所在，而以可詳者在合蘭府水達達等路，遂連類而書之。　其實女眞部族，占合蘭府及開元路兩處。　元志於開元路下云：『古肅愼之地，（肅愼卽女眞之音轉。）隋唐曰黑水靺鞨。　唐初，渠長阿固郎始來朝，後乃臣服，以其地爲燕州，置黑水府。　其後渤海盛，靺鞨皆役屬之。　又其後渤海浸弱，爲契丹所攻，黑水復擅其地。　東瀕海，南界高麗，西北與契丹接壤，即金鼻祖之部落也。　初號女眞，後避遼興宗諱，改曰女直。　太祖烏古打（原作阿骨打）旣滅遼，即上京設都，海陵遷都於燕，改爲會寧府。　（會寧府，海陵以前爲上京，即黃龍府，今開原縣地）金末，其將蒲鮮萬奴據遼東。　元初癸巳歲，出師伐之。　生禽萬奴，師至開元恤品。　（恤品卽遼之率賓府在寧古塔東南，卽朝鮮遼東之界。）　開元之名，始見於此。　乙未歲，立開元南京二萬戶府，治黃龍府。　至元四年，更遼東路總管府。二十三年，改爲開元路，領咸平府，後割咸平爲散府，俱隷遼東道宣慰司。』
（咸平卽全在朝鮮境，明初欲復元故壃，故設衛鮮境。）元志又云：『咸平府，古朝鮮地，箕子所封，漢屬樂浪郡，後高麗侵有其地。　唐滅高麗，置安東都護以統之。　繼爲渤海大氏所據。　遼平渤海，以其多險隘，建城以居流民，號咸州安東軍，領縣曰咸平，金升咸平府，領平郭安東新興慶雲淸安歸仁六縣，兵亂皆廢。　元初因之，隷開元路，後復割出，隷遼東宣慰司。』　以此知朝鮮之咸鏡道，元時皆屬中國，鏡城則爲中國所轄女眞斡朶憐部，金時爲上京路所屬之恤品路地，其爲高麗所侵占，實在明初。金元時，女眞皆入郡縣之列，由今之吉林南入斡朶憐，並無阻隔，明代女眞未爲內地，設三萬衛於斡朶里，遂覺運輸難繼，鞭長不及，退入開原，而鏡城遂入朝鮮。朝鮮王李蕑所以謂爲太祖賜復之地也。　其實咸鏡之屬高麗，遠在唐初，後入渤海，

則已淪異域，遼金元乃收其地，明則得之於元而又棄之於朝鮮：此斡朶里之確定地點也。

　　朝鮮李朝開國之太祖李成桂，據彼國之龍飛御天歌（日本稻葉岩吉清朝全史所引。）卷七第五章注云：『東北一道，本肇基之地也，（此言高麗之東北境。）授威德久矣。　野人酋長，遠至移蘭豆漫，皆來服事。　常佩弓劍，入衛潛邸，晝侍左右，東征西伐，靡不從焉。　如女眞則斡朶里豆漫夾溫猛哥帖木兒，火兒阿豆漫古論阿哈出，託溫豆漫高卜兒閼。』　又云：『移蘭豆漫爲三萬戶，古論與夾溫，皆其姓也。』　然則阿哈出本爲火兒阿豆漫，即元史之胡里改萬戶；猛哥帖木兒本爲斡朶里豆漫，即元史之斡朶憐萬戶；高卜兒閼爲託溫豆漫，即元史之桃溫萬戶。　據龍飛御天歌所謂入侍之女眞，止有三萬戶，然與元史之女眞萬戶府名一一相合，其爲五萬戶已止存其三，抑尚有未暇就李成桂之兩萬戶在，未可知也。　永樂間，阿哈出與猛哥帖木兒入明，托溫部亦屢有入明者，但不見高卜兒閼之名。　如永樂二年四月庚辰，托溫江女直野人頭目甫魯胡等來朝，授以兀者衛百戶等官，仍加賜賚；十月癸未，托溫女直野人頭目喚弟等來朝。　設兀者托溫千戶所，以喚弟等爲千百戶等官，賜誥印冠帶襲衣鈔幣有差：皆是也。　今爲清之祖先，詳其發祥之始。　清實錄謂始祖布庫里雍順居俄朶里，飛龍御天歌謂孟歌帖木兒爲俄朶里萬戶，萬戶乃世職，非孟哥所新授，必其先世已受此職而承襲之。　元設女眞五萬府，在滅金之後，其始授斡朶里萬戶職者，必即所謂布庫里雍順其人。　何以明之？元百官志：『諸路萬戶府，其官皆世襲。』又兵志：『國初典兵之官，視兵數多寡，爲爵秩崇卑，長萬夫者爲萬戶，千夫者爲千戶，百夫者爲百戶。　世祖時頗修官制，萬戶千戶死陣者，子孫襲爵，死病則降一等，總把百戶老死，萬戶遷他官，皆不得襲。　是法尋廢，後無大小皆世其官，獨以罪去者則否。』　又於軍士則言：『遼東兀軍。　契丹軍，女直軍，高麗軍，雲南之寸白軍，福建之畬軍，則皆出戍於他方者，蓋鄉兵也。』　據此知元萬戶府，本皆世襲，女直軍尤爲鄉兵，不出戍他所，無遷官不得襲之理，亦無死陣死病之別。　明初尚存元初各萬戶之原名，即其受自元初，得之世襲無疑。　斡朶里自有始受萬戶職之人，即孟哥自有所承襲之先祖。　日本人以孟哥於永樂初年曾入居朝鮮鏡城之斡木河地，正合長白山東之方向，又合俄漠惠之對音，遂謂清之始祖實止孟哥一人，認分

爲兩，而生出布庫里雍順之名。　豈知斡朶里部族，本在長白山東，朝鮮鏡城之斡木河，實係女眞故地，並非因孟哥入居，而留女眞之踪跡。　不有明實錄中：洪武二十年設三萬衛於朝鮮之斡朶里爲證，不復知斡朶里之原在朝鮮。　清代康雍乾三世，追維王跡，發揚先緒，極欲考尋俄漠惠及俄朶里所在，止知向明代之女眞地域內搜求；不知元代之女眞實有朝鮮西北境鏡城之地，自指發祥地在寧古塔附近，以今敦化縣爲鄂多理，而於其左近覓一俄漠惠音近之地以實之。　此所覓得之俄漠惠，僅從康熙內府輿圖中，按其字音摸索而得。　而在康熙敕撰之皇輿表卷二言：『俄朶里城在輿京東北一千五百里，四至莫考』云云，當時並未確指俄朶里之境，又安有俄漠惠地？且其地在長白山北，非長白山東，故日本人雖言敦化附近之俄漠惠爲乾隆以來所附會，而俄朶里則係建州部族之稱，非必實有是城。　因斡木河與俄漠惠音近，恰在長白山東，乃斷定其爲實錄所言雍順發祥之地；又以斡木河地無俄朶里城可指，則斷定爲建州原有之部族名；又以入斡木河者，明初爲肇祖，則斷定雍順之事實即肇祖之事實，並非別有其人。　其以斡木河爲俄漠惠，正在長白山東，所見甚合。　斡木河據朝鮮王疏，爲太祖賜復之地，即太祖設三萬衛於俄朶里而旋撤退之事。　可知斡木河自有俄朶里，今雖無城，元初設萬戶府時，安知不築有土圍，謂之俄朶里城，豈得以六百年後無城而疑之。　以元史及明實錄互證，乃知清初實錄並不悠謬，轉因乾隆間鑿求其地而致誤。　康熙皇輿表謂俄朶里在輿京東北千五百里，不過襲太祖實錄之文；又云：「四至莫考」即並未實指其所在。　其實所云相距千五百里，乃天聰時按朝鮮西北境遠長白山而至其麓之赫圖阿拉，可有千五百里之程，非謂直線之長，有此里數。　蓋清太祖實錄之言肇祖以前有始祖，始祖居長白山東之俄漠惠地俄朶里城，一一不妄。　日本人所考，僅得其半耳。　又武皇帝實錄：『壬子年（萬曆四十年）十二月，太祖責兀喇貝勒布占太，有云：天生愛新覺羅人，曾被誰責辱，汝試言之！百世以前，汝或不知，十世以來，汝豈不知！』所云天生之愛新覺羅，即自詡其傳述之天女誕生始祖，其質諸鄰敵之聞見，自言不過十世以來，今以太祖而上溯之，一世顯祖，二世景祖，三世興祖，四世石報奇，與妥羅爲同輩，五世董山兄弟，六世肇祖。　實錄肇祖爲范察之孫，則范察爲八世，再上溯至十世，即爲范察之祖，以雍順爲范察之祖，正合十世以來之數；所謂雍順之子孫，虐待部屬而被戕，幼兒范察得

免，一切可以相合。　於清實錄之紀載始祖布庫里雍順，可以無疑義矣。

清代當未入關前，尚明其本族女眞與朝鮮之分地歷史。　故於始祖之居俄朶里，確知其在長白山以東。　入關後，歷順治至康熙朝，關外故老無存，考訂文字輿地又多出漢人之手。　其眼光爲明代之朝鮮封域所限，咸鏡一道，信其爲朝鮮地，自忘其祖居所在，而轉誤求之長白山西，以興京爲根柢，約略指定，遂謂俄漠惠在今敦化縣境。　不知清之始祖所受俄朶里萬戶職，自在元代。　元史地理志，高麗（元時尙未名朝鮮。）之咸鏡道地，自屬瀋陽行省，與其國王之管轄無關。　至高麗全國雖亦曾設行省，然別爲征東行省，不混入瀋陽省也。　女直部落，皆在遼陽省內，征東等處行中書省，領府二：一瀋陽等路高麗軍民總管府；二耽羅軍民總管府。（耽羅在高麗南境，舊爲高麗屬國。　元世祖至元十年平耽羅，於其地立招討司，後改軍民總管府。　三十一年以高麗之請，乞仍爲所屬。　世祖以爲小事，允之，耽羅遂併隸高麗。）高麗國王仍爲行省中之左丞相。大德五年，幷爲罷行省官。　雖名爲征東行省左丞相，實仍高麗國王矣。　明萬曆間清太祖與李成梁相結。　成梁欲倚太祖，取高麗以自封殖，故於太祖求官請地，無不曲徇其意。　清業之藉以坐大，皆成梁致之。　成梁晚年，屢爲言官所論。　沒後，其子如柏如楨亦以通奴爲一時指摘。　如柏之妾，爲太祖弟舒爾哈赤女。　李氏本朝鮮人，占籍鐵嶺，又方與清太祖共圖朝鮮，必共研朝鮮故事。　朝鮮境內，原有女眞故地，太祖自應知之。　太祖實錄始成於太宗天聰九年，所述始祖事跡，後來皆以爲據。　蓋其口耳相傳，尙可取信。　康熙時已茫昧，乾隆間更附會而失眞，所謂數典而忘其祖。　今爲考定俄漠惠俄朶里之疆索，舉淸室所不能自知者，於今日使世人共知之。　日本人所考訂，亦不無導源之益云。　（元志，征東行省所屬五道，設勸課使五。　慶尙州道，東界交州道，全羅州道，忠淸州道，西海道。）

又案，日人之謂布庫里雍順並無是人，今更求其爲此主張之故。　一則曰孟哥之爲萬戶。　據朝鮮世宗實錄正統五年七月辛丑條云：鏡城係是洪武二十一年間，太祖高皇帝准請公嶮鎭迤南之地。　其童猛哥帖木兒，與伊父童揮護，（厚），伊弟凡察等，仍居本地。　臣先祖臣康獻王某授猛哥帖木兒鏡城等處萬戶職事，臣父先臣恭定王某陞授上將軍三品職事，付籍當差。　云云。　以此謂猛哥未受朝鮮萬戶之先，並無先世傳襲之職，即無在先之始祖。　然朝鮮所授之萬戶，自爲鏡城等處萬戶，並

非龍飛御天歌注中之斡朶里豆漫。　　且若謂萬戶之職，由猛哥始受於朝鮮，則其父童揮厚之豆漫之官何來？猛哥自承襲先世之斡朶里豆漫，是爲元代所授之斡朶里萬戶，此豆漫亦不由揮厚始，揮厚又有所受之，則始受豆漫之人，必有一布庫里英雄在也。揮厚之爲豆萬（卽豆漫）見朝鮮世宗二十年七月實錄，稱凡察之女，先嫁豆萬（官名）揮厚。　　此以鮮錄證鮮錄，知猛哥所受乃朝鮮之鏡城等處萬戶，與斡朶里萬戶無涉也。二則曰，布庫里雍順在淸代最初所修武皇帝實錄原作布庫里英雄，英雄卽滿語巴圖魯，布庫里爲山名，卽天女誕生之神話所稱誕生之地之山。　　則渾言之爲布庫里英雄，或布庫里巴圖魯，猶今人言某地之豪，非實有是人之名，此亦未免武斷。　　吾中國製名字，乃用單音字之習慣，或不用某地之豪之累贅語爲名，　若中國文字以外，皆用複音字，安見不可用布庫里英雄或布庫里巴圖魯爲人名耶？且卽用單音字，如名稱國傑，其意卽中國之豪傑，將謂國傑非人名耶？又如國藩之名，亦能語中國之屛藩，乃用語而非人名耶？凡名字必有涵義，一譯其義，卽謂是語言而非名字，則人固可以成名字者無幾矣！豈其然耶？

再附案

　　前兩文脫稿時，尚未見朝鮮實錄原本，今已獲見此八百餘之朝鮮實錄，其關涉淸先世之事，浩如煙海，今方摘錄旁午，未能歸納，至歸納以後，當更有不少訂正。古云：『臟腑而能語，醫師面如土；土地而能語，葬師食無所。』考古之支，若爲古人所見，必大笑其臆造爲多，今多出一新發見之淸代事確證，未經加入互考，安敢自信其斷案爲不誤，糾摘有待，書以俟之。　　二十二年六月十一日，森又記。

再述內閣大庫檔案之由來及其整理

徐 中 舒

國立中央研究院歷史語言研究所（以下省稱史言所）所藏明清殘餘檔案，原為清代內閣大庫物。 民國十七年，史言所剛成立時， 就很想利用我們可逢著的直接史料，做一點研究的工作；於是就將這一批檔案買下。

我們從民國十八年八月，將這一批檔案買過來以後，立卽開始整理。 同時並組織一個明清史料編刊委員會，將整理出來的材料，擇要刊布。 因為我們的興趣，偏於歷史方面，所以我們選擇刊布，也僅限於這一方面的材料。 我們鑒於向來史蹟保存的不易，例如冶金剔石，總算可以垂諸久遠了；然而這一類史蹟，正跟著逝去的時代，一天一天的摧毀，猶如巨浪淘沙，著實可驚！ 以彼例此，只有使我們惶惑，使我們懷疑這些檔案，究竟能保存幾時？ 我們對於檔案的刊布，固然是供給一般不易接近此等史料的學者，使我們的同志多增加幾個；在別一方面講，也未始不想借此流傳廣遠，以為一種保存的方法。

我們因為興趣的關係，有許多貴重材料，為我們注意不到的，我們總想如何使別方面的學者來參加這個工作；使這些被忽略的材料，也得有一批一批的刊布出來的機會。

社會調查所在兩年前，就注意到清代檔案裏關於經濟的材料。 他們曾經用簡要的表格，將故宮博物院文獻館（以下省稱文獻館）與北京大學研究院（以下省稱北京大學）所藏檔案中關於這一類的材料，陸續抄出。 他們預備將這一類材料，做一次總結算。 他們因為參加這一部分檔案的整理工作，他們很想先出一本關於檔案的專號。 他們想在這本專號裏，把各機關所藏的檔案的內容，調查一個明白。

史言所所藏檔案的內容，我曾經寫了一篇內閣檔案之由來及其整理載在明清史料首本中。 現在他們要我再寫一篇介紹的文章。 我很高興有這樣一個機會，把我從前所未說到的，加以補充，或依後來發見的新材料，改正從前的錯誤。 我們更希望

因此引起各方面學者的注意，使這裏面各方面的材料，都有一個流傳的機會。　我打算把從前已說過的，在這裏都省略了不說，讓出一些篇幅，說從前所沒有說的。　不過以我的淺學，來叙說這廣泛的內容，　總不免有畸重畸輕的毛病，　還望讀者加以原諒！

讓我謝謝我們的同事方甦先生，和李光濤先生，他們替我在檔案中，尋出了許多重要的材料！　謝謝文獻館沈兼士先生，他允許我參考他們還未印行的清內閣庫貯舊檔輯刊的叙錄的原稿！

一　大庫未移動以前的庫儲

清內閣在故宮東南隅，文華殿之南，今屬文獻館。　有大庫二。　史言所及北京大學所藏內閣檔案，都是從這裏面移出來的。

大庫的建築，當在十五六世紀以前，其一疑即明代文淵閣之遺（說詳後）。　兩庫建築的形制全同。　其中所藏，在清代分掌於內閣典籍廳，及滿本房（後來又稱滿本堂）兩處，王正功中書典故彙記說：

> 大庫在內閣後門外之東，文華殿之南。　其北面有圍牆一帶，開門二。　其西爲典籍廳請送關防，及查取紅本出入之門。　其東爲滿本堂請送實錄出入之門。　庫坐南向北，共二十間，開門四。　每間深四丈，重之以樓。　北面有窗，窗中用鐵柱，柱內有柧椳，外有鐵版窗，　窗開而不闔。　西二門共庫十間，可通往來，樓上下皆貯紅本，典籍關防，亦貯其中。　東二門內庫各五間，一爲滿本堂存貯實錄史書錄疏起居注及前代帝王功臣畫像等物；一爲存貯書籍，及三節表文，表匣，及外藩表文之所。　近因西二庫紅本已貯滿，乾隆十三年以後紅本，亦貯於此。

王氏自雍正十三年以乙科應內閣中書試，自中書轉典籍，先後幾二十年。　其所述雖爲雍乾時事，然與現今庫中情形，仍可相互印證。　方甦內閣大庫書檔舊目叙錄說：

> 內閣大庫是兩座庫房的總名。　日下舊聞考卷六十二說：「內閣後門東爲紅本庫，又東爲尊藏實錄庫，及書籍表章庫，俱北向；」紅本庫即俗所謂西庫，實錄庫即俗所謂東庫，都是上下各十楹的大樓。　兩庫合起來，　名爲內閣大

　　　　庫。

據此知現今大庫建築仍保存雍乾之舊，所不同者，卽東庫儲藏情形，略有改變。

　　　東庫原分實錄庫及書籍表章庫。　王氏所說「西二門共庫十間，可通往來……，東二門內庫各五間」；其意似謂東庫內二庫，中間當有阻隔，不通往來。　書檔舊目目十一，注明庫儲情形如左：

　　　　東庫樓下第一間（又注「東庫樓下東第一間」當指此）

　　　　東庫樓下第二間（又注「東庫西第四間」疑卽指此）

　　　　東庫正中間

　　　　東庫樓下（疑脫「西首第一間」）

　　　　東庫樓下西首第二間

　　　　東庫樓第一間

　　　　東庫樓上第二間

　　　　東庫樓上第三間

　　　　東庫樓上（疑脫「西首第一間」）

　　　　東庫樓上西首第二間

此所謂東庫樓上下十間當指東庫之書籍表章庫言，而東庫之實錄庫，則稱西庫。　書檔舊目目十五注明：

　　　　西庫靠西第二櫃存儲

　　　　西庫靠西第三櫃存儲

此時實錄庫亦雜儲書籍（方氏叙錄謂此西庫卽紅本庫，誤）。　據此知當時東庫中之東西兩庫，界劃釐然。　但此種界劃，到文獻館清理時，已不復存在。　民國二十年文獻館一覽內閣大庫檔案項下說：

　　　　實錄庫樓上貯實錄聖訓，樓下貯起居注，及書籍，表章，檔册之屬。

此所謂實錄庫，乃通指全座東庫言。　蓋此時東庫內已無實錄庫及書籍表章庫之分。此兩庫之合併，當肇端於嘉慶十一年。　文獻館藏，順康雍乾庫貯史書檔，載有堂諭一則說：

　　　　嘉慶十一年奉各位中堂諭，清查大庫，勻出空所，以備尊藏實錄。

自此以後，東庫儲藏情形必有多少變更。　書檔舊目目十六，卽嘉慶年間清查大庫所編之目。　其中載有清查東大庫及覆查東大庫人名。　又文獻館藏有光緒二年清查東大庫檔，都直稱此庫爲東大庫，而不復有實錄庫及書籍表章庫之別。　此時東庫儲藏情形，可依文獻館清理時陳列的次第，爲推定的標準。　玉簡齋叢書本大庫檔册，文獻館發見有同樣的，應是同光間物。　其中分禮樂射御書數六庫，編號次第，與書檔舊目中目十一至然不同。　我們如果不曉得後來東庫陳列狀況，則這六庫的所在，眞不易解決。　據書檔舊目敘錄說：

> 當故宮文獻館開始整理此項檔案時……樓上除實錄聖訓外，尙有以元亨利貞編號而已經凌亂的四櫃書籍檔案，樓下西偏四間，排著收貯起居注的紅箱，及一部分六科史書，東偏六間則有滿箱的揭帖，　滿櫃的遠年來文，　南北廳的檔案，凌亂的大記事，日記檔，清漢字黃册，鄉會試錄，及光緒寫本大清會典的正副本等。　後來經過整理，在這六間庫的架旁櫃後，又發見許多元明以來的殘零書籍，而大庫檔册射字庫龍字師字兩箱的瑞穀草，也在這裏發見；且從東數起第三間庫的明柱上，一層薄的紅油漆，籠照著 ⌐口字庫⌐ 三字，第一字已不可辨，⌐字庫⌐ 兩字則甚分明。　凡此種種，都可證明此六間庫就是書籍表章庫，也就是內閣大庫檔册的禮樂射御書數六庫。

據此同光間編大庫檔册時，已將書籍表章庫，樓上五間，併入樓下六間內，而將樓上讓出，以爲收藏實錄聖訓之所。　我們看東庫所藏的實錄聖訓起居注以及大庫檔册所載的許多根本史料，許多外間失傳的祕本書籍，不但我們這些愛好歷史的人，要加意愛護，就在從前，保存得也比較還好。　像這樣遷移，大致還不至有多大的損失。

　　紅本庫卽西庫，爲典籍廳所掌。　每年歲終六科繳回紅本處的紅本，　都收儲於此。　其內容比較起來，也沒有東庫那樣複雜。　光緒會典卷二注：

> 通本部本批寫清漢文後，卽交紅本處，每日六科給事中赴閣領出，歲終仍由六科交回紅本處收儲。

史言所檔案中存有六科繳送紅本册，一千五百五十五本，自順治以迄光緒各朝，存佚不一。　每科或每年爲册，或半年爲册，或按月分册，很不一致。　內容係記載每日下科本章件數，及簡單事由，這大概就等於紅本目錄。　史言所檔案中又有清查紅本

數目檔一冊，計康熙十九年分，共本一萬五千八百零二件，康熙二十年分，共本一萬四千三百八十五件。　　據此，每年繳回紅本之數，多至一萬四五千件。　　清代自入關以後，二百七十餘年，則紅本件數，當在三四百萬以上。　　此種案件，日積月累，方無已時；　而大庫儲存之地位有限，且其中多屬例行案件，　不關軍國大典，欲其保存妥善，傳之久遠，實不可能。　　歷代以來，此種遠年案卷，總不出焚燬之一途。文獻館藏有北廳清查光緒年紅本檔一冊，　光緒二十五年三月編定，　其中首載奏片一件：

> 再者庫內恭存硃批紅本，歷年存積，木格已滿，⋯⋯謹擬通盤詳查，將所有經過多年潮濕霉爛之副本檢出，派員運往空間之處，置爐焚化，以清庫貯，⋯⋯於光緒二十五年二月初六日具奏，奉旨〔知道了〕；欽此。

又載三月二十五日堂諭一則：

> 前因修理紅本庫，奏明將雨浸蟲蝕者檢出焚化，⋯⋯除自光緒元年起至二十四年止，正副各本，無論已未霉爛，概行分別存貯，用備將來查攷外：其遠年新舊各本，及新舊記事檔簿，仍著原派各員等水（將）實在殘缺，暨雨淋蟲蝕者，一併運出焚化，以免堆積，而便開工。

此次焚燬的標準，是以實在殘缺，暨雨淋蟲蝕為主，其內容如何，則置之不問，其處置之草率如此。　現在這一類的檔案，還得分存於文獻館史言所北京大學各處，實在是僥倖萬分了。

　　以上大庫儲藏情形既明，則關於稽查局贋之事，亦當連帶敘及。　據中書典故彙記所載：〔大庫⋯⋯北面有圍牆一帶，開門二。　其西為典籍廳送請關防，及查取紅本出入之門；　其東為滿本堂請送實錄出入之門〕；　似以滿本房與典籍廳分掌東西二庫。　但其實際情形，亦不盡如此。　如東庫中之書籍表章庫則例由典籍廳掌管編目，與滿本房無關；而六科史書原自紅本中錄出，以備脩史之用者，又歸滿本房保管編目。　其他也還有許多例外的事，如實錄蒙文本，雖由滿本房保管，而編目則歸蒙古房去辦，書籍表章庫雖由典籍廳清查編目，有時也由滿本房覆查，而東庫樓上的元亨利貞四櫃的書籍物件，性質似應屬於典籍廳，實際則由滿本房保管編目。　似此之類，其權限既難劃分，而儲存之地，或同在一庫中．所以有些書檔，就不免因此而淆

亂，而後來檔案移出時的凌雜破損，這也未始不是其中一個最大的原因。

二　由大庫移出的史言所檔案

清宣統元年大庫屋壞，因修理庫屋之故，這兩座庫內的貯藏，就大大的移動了。

東庫樓上的實錄聖訓，原爲滿本房所掌。　據宣統二年八月所編的列朝實錄聖訓函數檔，計紅綾實錄函數檔滿漢蒙文各一册，黃綾各一册，紅綾聖訓函數檔滿漢各一册，黃綾各一册，共十册。　每册首面都有同樣記事一條：

> 本閣實錄紅本大庫，因年久失修，坍塌滲漏，奏請興修；謹將列聖實錄聖訓，恭請至內銀庫暫行尊藏。　至宣統二年六月，庫房修齊，是年八月，仍將紅黃實錄聖訓，移回本庫，敬謹尊藏。　並將各函本數存失數目，登檔註明。特記。

據此知滿本房所掌東庫之實錄聖訓，後來仍移回原處，所有各項實錄，今均爲文獻館所有。

滿本房除收貯實錄聖訓外，據文獻館藏滿本房所編雜項目錄五種：（一）爲雜項事件檔，嘉慶十一年編，（二）爲元亨利貞四櫃書籍物件庫貯檔，不著編定年月，內容大致與雜項事件檔同，（三）爲元亨利貞四櫃庫貯總檔，爲道光二十八年鈔錄舊檔之本，（四）爲內閣大庫尊藏一切細檔，同治六年編，內有實錄聖訓總目，及元亨利貞四櫃貯藏之目，（五）爲滿本房各項存貯檔，道光四年編，所載爲東庫樓上東頭第一間，後簷記注箱上，存貯紀傳誌譜之屬，及雜項書檔九箱。　從這五種目錄裏，我們可以推知滿本房所掌檔案情形。　當修理大庫時，這些檔案，如何處置，現在已無從推考。　不過元亨利貞四櫃檔件，後來文獻館清理時，仍存東庫樓上，而紀傳誌譜之屬及雜項書檔，在凌亂的檔案中，也發見了不少。

起居注史書也屬於滿本房所掌，當文獻館清理東庫時，樓下西偏四間，排列著貯有起居注的紅箱，及一部分六科史書，似乎與未修理大庫以前的地位全同。　據以前內閣的工人說，當時東庫坍塌滲漏要比西庫好些，當時屬於滿本房的都在東庫，除實錄聖訓曾經遷出仍遷回外，其餘或竟未曾搬動，亦未可知。

現在我們試以留存於文獻館的庫物，與當時移出的庫物，即史言所北京大學歷史

博物館籌備處各處所藏，比照看來，可以使我們知道這次移出的庫物，原則上全是典籍廳典藏之物，滿本房典藏的，不在移出之列。

　　大庫之屬於典籍廳掌管者有二，一爲東庫的書籍表章庫，一爲紅本庫。　這兩庫所藏，尤以書籍表章庫的遺物，爲最可珍貴。　這裏面有許多宋元版珍貴書籍，及外間不易得，或已佚之地志，及其他稿本等。　此外還有明代啓禎年間的題行稿，有清代開國期及雍乾以前的重要檔案，有歷朝詔敕，試卷，金榜等。　當時學部圖書館接收庫中書籍時，大概卽由庫中捆載而去，　並未詳細點查；不但這裏面許多珍貴的檔案，未曾取去，還有許多殘本殘葉的宋元本書籍，也雜在這些凌亂的檔案裏，而被遺下。　這些被遺下的檔案，與殘本殘葉的書籍，當時都是預備焚燬的。　同時紅本庫的檔案，也經過一次檢查。　凡遠年淫爛的紅本，也揀出來了，預備一同焚燬。　文獻館有擬焚紅本各件總數檔，宣統元年八月編製，所載爲宣統元年八月初一至二十九日，逐日檢出之紅本捆數；計乾隆至同治五朝，約萬餘捆，其末尚有九月初一檢出紅本一目，未塡捆數。　知擬焚之數，尚不止此。　後來因張之洞的奏請，罷免焚燬之舉。　及民國二年，設歷史博物館於午門，這些檔案，就通同移歸歷史博物館了，是卽現在史言所北京大學及歷史博物館籌備處各處所藏的檔案。

三　史言所檔案整理之經過

　　史言所所藏內閣檔案，原爲民國十年歷史博物館所售出者。　此項檔案，自售出後，數經災厄，最後仍爲公家所有；　其中雖不免遭遇種種的損失，但在近代學術史上，畢竟是一件差可欣慰的事。

　　史言所動議購買此項檔案，在民國十七年十二月。　其時史言所尚在廣州。　及十八年五月，全所移平，八月始將此項檔案移運至午門西翼樓上，開始整理。　其工作較之北京大學及文獻館整理工作，繁重數倍。　大概北京大學的檔案，都是比較整齊的案件，文獻館紅本庫所存，不但捆札整齊，且年月次第都沒有紊亂；而此項檔案，當初由歷史博物館售出時。　就是破碎的居多，及展轉遷移之後，就更加零亂不堪了。　我們最初整理這些檔時，必經過下列許多程序：

　　(一)去灰　此項檔案，積存的年代旣久，又數經遷移，其每次遷移之後，其

貯存的地方，都不甚適宜，故積塵甚厚。　整理之先，必須去灰。　當時雇有工人十九人，爲此項工作，均戴避風用之眼鏡罩，與口罩。

（二）鋪平　史言所檔案，大半與字紙簍中字紙無異。　初整理時，每件必須逐一鋪平，此與去灰係連續之工作，費時最多。

（三）分類　此爲整理時最重要之工作。　初爲外形的分類。　蓋此項檔案，如明題行稿，清紅本揭帖移會謄黃賀表各項簿冊雜稿及殘本書葉等，其外形各各不同。　在稍有經驗之工人，一見卽可識別，按其形色，分別處置。　同時有書記六七人，同熟練之工人，選檔案中最多之紅本，揭帖，按其內容，作簡單的分類。　其手續先將紅本中關於刑科之部本，通本，卽三法司案卷，與體工戶吏兵各科繳進部本，及各省通本，分別處置，然後再與揭帖等，各按時代分類，卽順治，康熙，雍正，乾隆，嘉慶以下至光緒朝，各爲一類。

（四）捆扎　各項檔案分類之後，再用麻繩捆扎，分別處置。

（五）剩餘碎檔之處置　此爲整理時最困難的問題。　因此次檔案，自歷史博物館售出後，經過數次改裝遷運，其中碎爛的約占全量檔案三分之一强，其比較整齊而前後缺失的，尚未計入。　這些碎爛的檔案，片紙隻字，全無連貫，整理不能，除非有很充分的經費，與時間，（較之現在的工作，恐要增加數倍）旣爲我們的財力所不許，而隨意棄置，又大不可。　凡是這一類的檔案，我們只得仍舊裝入麻袋中，留待他日環境允許時，再爲整理。　當我們做這工作時，我們總是很小心，總極力要把這裝入麻袋的分量減少，凡是稍微整齊一點的，我們都檢出來，捆扎上架。

（六）裱褙　此項檔案旣破碎居多，有些重要的，或破爛過甚的，必須隨時裝裱。　因此我們就在午門樓下，預備了一間裱褙處，使與整理工作得有聯絡。凡已經整理出來的史料，無論如何碎爛，我們決不能使其毀在我們手中。　有些斷卷殘件裏，很有不少重要的史料，往往因拼接裱褙的結果，而復成一完整之件。　我們的同事李光濤先生對於這件事貢獻尤大，他在許多碎片當中，按紙質，紙色，及紙的裂紋，先行接合，再選取碎片中字體相同，辭意連屬者，參以經驗，依次拼上，如明稿及謄黃之類，往往有連綴數十碎片而成一整件

者。　這樣工作，在史言所檔案中，實在是必要的。　我們曉得，我們如果稍一疏忽，就有許多重要的史料，將被永遠埋沒。　這樣拼接的，在史言所檔案中確是不少，其中有許多明稿及瀋陽舊檔，都是很可重視的文件。

　　(七)鈔錄副本　擇重要檔件，鈔錄副本，以便編纂付印。

此項工作，自十八年九月起，至十九年九月止，前後一年之間，纔粗告一段落。　同時我們也組織一個明清史料編刊委員會，那時計審定編印之史料叢書一種，（清代官書記明臺灣鄭氏亡事）明清史料四本。

　　此種最艱難的初步整理工作，羅振玉在史料叢刊初編的序裏寫他整理的經驗說：

　　　　檢理之事，以近數月為比例，十夫之力，約十年當可竟。

現在我們以僅倍於十夫之力的人力，而居然在一年以內完成了，這真是我們最高興的事。　不過這樣初步工作，僅略事分類，仍不便於編號上架，而欲其可以供給史家的利用，實不能不再作一次更精密的更詳細的分類。　不幸我們此時以人力與財力的關係，不能夠放手做去。　我們此時工作的人，幾乎減少了一大半。　我們這時的工作，完全集中在分類方面，即繼續從前工作程序中第三項工作。　凡從前已分朝代的揭帖與紅本，現在更重行按年排列，捆扎上架。　從前未分朝代的，如三法司案卷，移會，謄黃，賀表，各項簿冊等，現在再一一按朝代分年排列，捆扎上架。　此項工作，較之初步整理，費時更多。　每一檔件常須經過兩次以上的手續。　即先將朝代分別之後，又須分年排列。　其殘損之件，年代缺佚，或紅本中僅存滿文之件，（每一紅本漢文之外，必附一滿文摘要，）又須分別提出，另行庋置。　因此至二十年年度終了時，此項工作雖未全行整理完畢，然大致均已就緒。　同時前項工作程序中的六七兩項，在此次整理時，仍繼續進行。　明清史料編刊委員會又審定編印史料叢書一種，（內閣大庫書檔舊目）明清史料六本。

　　當二十一年年度開始時，分類整理的工作，未完者僅十之一二。　前此參加工作的人，現在乃減至三人，俾得結束此未完之工作。　當二十一年年終時，所有已整理的檔案，全已上架，雖未編號登記，然重要檔件，已有簡明目錄可查。　至是此項檔案已可按年索求，供研究之用。　此時我們乃計劃開始為檔案研究的工作。　一方面設明清史參考室將史言所所藏關於明清史的書籍，全行移置其中，並將檔案中重要文

件，或錄副陳列架上，以供編纂之用。　一方面擬向文獻館借鈔清太宗世祖聖祖三朝實錄，連已印行的太祖實錄，編成清初四朝紀年長編，及四朝紀事本末兩種底稿，以為研究清初史的骨幹，凡檔案中與此中史事有關係的，皆附綴每年每事之末，以為比勘之用。　同時並中止明清史料之刊行，擬待所有檔案編號編目以後，再分類編輯出版。　此項計劃決定後，我們僅將明清史參考室草草布置就緒，而熱河卽告陷沒，且寇兩次攻入長城，進逼平津，因此史言所乃決定將所有歷年購置的圖書，歷次發掘的古物，及剛已整理就緒的檔案，全部裝箱南運。　於是我們所有的計劃，乃不得不歸於停頓。　及塘沽協定以後，華北粗安，史言所因長江流域雨量較多，於檔案的貯存，殊不適宜，且關係材料的搜集，南方又遠不及北平之易，於是又決定將所有檔案，仍行遷回。　因整理的方便，我們將這些從南方遷回的檔案，全行貯存於北海蠶壇內，還有些殘缺的三法司案卷，及僅存滿文的紅本，與裝在麻袋裏的碎爛檔案，從前旣沒有南運・現在仍堆存於午門西翼樓上。

四　檔案之分類

史言所所藏檔案，在現在各處的藏檔案中，要算是最破爛最不整齊的檔案了。這些檔案，當初移出時，原是預備焚燬的，所以自離開大庫以後，就弄得非常雜亂，其後又經過過分的摧殘，其破損淫爛的程度，要超過完整的數倍以上。　如以數字計算，史言所接收這些檔案時，大約合計得十二萬斤。　經整理之後，其破爛最甚而裝入麻袋的，占三分之一強，約五萬斤。　其整理上架之件，據未曾南運以前的情形說，共一百架，每架四格，每格約可容紅本二百斤，卽每架可容八百斤，其他雜件因紙質及大小不等，容量均較此少，以九十架平均計算，可得七萬餘斤。　其中首尾完整之件，共不及二十架，計一萬五千斤，約當已上架檔案五分之一・卽全量檔案八分之一。　我們僅據數字看，其損失之重大已如此。

現在我們對於這些檔案，僅就已上架的檔案分別說明，而不論其首尾完整與否。這因為完整的檔案實在太少，而有些檔案，雖經破損殘缺，然其大部分仍可供我們的參考，其歷史上的價值，有時或在完整的檔案之上，我們決不能棄置不論。　不過因有五分之四的大部分不完整的檔案在內，我們欲就此為精密的統計，或詳盡的叙述，

在目前仍不可能。

在內閣檔案之由來及其整理文中，曾將這些檔案內容分析說明，現在為叙述的方便，仍就原擬項目，略加增改，分類如次：

　　甲　內閣收存的各項檔案

　　　（1）制詔誥敕等

　　　（2）題奏表箋啓本副本揭帖史書錄書塘報等

　　　（3）黃册及其他隨本進呈及繳存之件

　　　（4）朝貢諸國表章

　　乙　內閣本身的各項檔案

　　丙　修書各館檔案

　　丁　試題試卷及其相關的檔案

　　戊　瀋陽舊檔

以下當就此各項分述之。

五　內閣收存的各項檔案

（1）　制詔誥敕等

　　清代內閣號稱為國家一切行政的中樞，據光緒會典卷二說：「內閣大學士……掌議天下之政，宣布絲綸，釐治憲典，總鈞衡之任，以贊上理庶務」；從這些記載來看，內閣職掌，似乎是很重要了。但是我們曉得，自軍機處成立以後，內閣僅存軀殼，其最大任務，也不過是幫助皇帝舉行一切典禮的儀節，承宣意旨，保存例行的檔案而已。

　　內閣所保存的檔案，以詔誥之類最為典重。彭蘊章漢票簽中書舍人題名序說：「內閣文章之大，以詔誥為先；」詔誥就是皇帝頒發的命令，也就是光緒會典所說的「絲綸」。據同書下文說：「凡綸音之下達者，曰制，曰詔，曰誥，曰敕；」這四種的分別，據光緒會典事例卷十五說：

　　　　凡大典禮宣示百寮，則有制辭。大政事，布告臣民，垂示彝憲，則有詔，
　　有誥。覃恩封贈，五品以上官，及世爵承襲罔替者，曰誥命。敕封外藩，

覃恩封贈六品以下官，及世爵有襲次者，曰敕命。　諭誥外藩，及外任官坐名
敕・傳敕，曰敕諭。

現存殿試金榜，試題，册命，誥命等，其發端有匚奉天承運，皇帝制曰，冂語，當卽
制辭之類。　雖所施不必限於一事，但均爲宣示百寮之用，而不下逮於庶民。　詔與
誥，在乾隆會典裏說：匚布告天下曰詔，昭垂訓則曰誥；冂這樣分別，實際上並不如
此。　史言所所存詔的名目很多，有各帝登極詔，大赦詔，加上徽號尊諡詔，同光親
政詔，遺詔，哀詔，等，誥則僅見昭聖太皇太后遺誥，仁壽皇太后遺誥數件。　又史
言所所存清查東大庫分類目錄中，有太上皇遺誥一目，蓋出於皇帝者曰詔，出於太上
皇，太皇太后，皇太后者，曰誥。　其名雖異，其爲布告臣民者則同。

誥命，敕命，爲封贈榮典。　光緒會典事例卷十五說：

　　頒賜中外文武官誥命敕命，由翰林院撰擬文式，大學士奏定，於內閣侍讀學
　　士侍讀內，簡委一二人，專司檢稽，按品頒給。……‥　承襲蒙古——王，貝
　　勒，等爵，及民——公，侯，伯，以下世爵，以原領誥敕送內閣，並將該部揭
　　帖察覈無訛，發中書科塡註承襲人名年月，用寶後，傳該衙門官至內閣書押領
　　發。

此項誥敕，非因事追奪，或絕嗣繳還，則不入內閣，故內閣中此類檔案很少。

誥命敕命之外，凡恭上尊諡廟號，及册立皇后，皇貴妃，貴妃，　妃，嬪，有玉
册，金册，絹册，紙册等，大槪這些册書，向來都藏於內廷・無緣繳入內閣。　又宗
室親王，郡主，公主，福晉等，封爵之册誥，則宗人府所掌，不在內閣職掌之內，故
內閣檔案中亦無此項遺物。

敕諭爲委署官吏及特諭事件之用，其種類形製，多不同。　光緒會典事例卷十五
誥敕之式項下說：

　　恭上皇太后尊號徽號，頒禮部敕諭，用香箋墨書。　頒發各部院敕諭，用黃
　　紙朱書。　各省及外藩詔敕，用黃紙墨書。……　頒達賴喇嘛敕書，由軍機處
　　或由內閣繕寫，交該衙門轉發。　頒給督撫學政織造提督總兵官等坐名敕書，
　　及布按二司守巡各道，副將參將遊擊等官傳敕，由典籍及該科給發。　巡鹽御
　　史敕書，學士於午門外給發。　離任之後，皆赴內閣恭繳。

敕諭有繳銷之例，所以現存的檔案中比較還不少。　　惟外藩敕諭，　現在還沒有發現過，大約這是不在繳銷之列的。

制詔誥敕之類，除誥命敕命用絹軸，形製不同．其餘如詔誥敕諭，與殿試金榜，都用黃紙墨書，稱爲謄黃，或稱詔黃。　（其用黃紙朱書者，則稱硃諭）。　其用刻板刷印者，清初有頒發朝覲官員敕諭，則名爲搨黃。　又詔誥經禮部刻板刷印頒發者，又稱禮部謄黃。　以上各項檔案，據史言所所藏，以謄黃爲最多，合歷史博物館籌備處移來的計共佔一木架，誥命敕命僅存數件，搨黃，禮部謄黃，亦僅存數件。

　　　　　　　　（2）題奏表箋及啓本副本揭帖史書錄書塘報等

臣工進呈皇帝的本章，有題奏表箋之分。　清初沿襲明制，凡各衙門一應公事用題本，其雖係公事而循例奏報奏賀，若乞恩認罪繳敕謝恩，並軍民人等陳情建言伸訴等事，俱用奏本。　雍正三年對於題奏的形式，並有明文規定，　令行各督撫將軍提鎮，嗣後錢糧刑名兵丁馬匹地方民務所關大小公事，皆用題本，　用印具題，　本身私事，俱用奏本，雖有印之官，不准用印。　此項規定，未久又行廢止。　乾隆十三年上諭說：「著將向來用奏本之處，概用題本，以示行簡之意」。　這次上諭廢止的，乃是例行奏本。　至於摺奏，原與奏本有別。　清初各省督撫大臣，於本章之外，有具摺言事之例。　摺奏的性質，據王本東華錄所載雍正八年七月上諭說：

　　天下之患，莫大於耳目錮蔽，民情物理，不能上聞，則雖有圖治之心，而措置未必合宜。　是以各省督撫大臣，有具摺之例。　又以督撫一人之耳目有限，於是又有准提鎮藩臬具摺奏事之旨，卽道員武弁等，亦間有之。　此無非公聽並觀，欲周知民間之情形耳，並非以摺奏代本章，所奏之事卽屬可行也。是以奏摺進呈時，朕見其確然可行者，卽批發該部施行。……　凡爲督撫者，奉到硃批後，若欲見諸施行，自應另行具本，或咨部定奪。　爲藩臬者，則應詳明督撫，俟督撫具題或咨部之後，而後見諸施行。　若但以曾經摺奏，遂藉口已經得旨，而毅然行之；則凡督撫皆得侵六部之權，藩臬皆得掣督撫之肘，爲害甚鉅，不可不防其漸。……

又嘉慶會典事例載乾隆六十年上諭說：

　　國家創立奏摺，原爲關係民瘼，並一切緊要事宜而設。

據此可見摺奏的重要，遠在題本之上。　軍機處有稽察欽奉上諭事件處，即爲稽察各
部院八旗奉到上諭及摺奏事件而設。　摺奏不經票擬，光緒會典事例卷十五載：

　　　　內外陳奏事件有摺奏，有題本，摺奏或奉硃筆，或由軍機處擬寫隨旨。

摺奏奉硃筆者，由皇帝親筆批答，雍正初著呈繳之令，後遂爲定例。　康雍時摺奏大
概都繳入宮中，乾隆以下則繳入內閣者亦不少。　史言所檔案中有乾隆時硃批福康安
摺奏數件。　文獻館所存乾隆時摺奏最多，嘉道以下，各朝都有。　就乾隆朝言，文
獻館所存自元年到六十年，按月分包，每包約二三百件，總計不下十數萬件。

　　　題本有部本通本之分，因爲都須經過票擬，批紅，又通稱紅本。　據前述，每年
由六科繳進紅本之數，約一萬四五千本。　其數量既鉅，而每一紅本，部本例附滿
文，通本則由內閣繙譯，不需又將其數量增多--倍。　現存此類檔案，就史言所論，
關於刑科繳進的紅本，即三法司案卷，整本共佔五架半，殘本共佔六架，關於其他各
科繳進紅本，整本共佔七架，殘本共佔二十二架，其脫去漢文而僅存滿文之紅本，又
共佔十八架，總計以上各項紅本，共佔五十九架半，約佔已整理的檔案百分之六十以
上。　此項紅本，大致爲雍乾以後之物。　順康紅本所存尚不及一架。　據吳昌綬所
編龔定盦年譜，嘉慶二十五年下載：

　　　　嘉慶二十一年，治河方略館借內閣所庋順治朝及康熙初紅本，悉燬於火。

又咸同以降，各省文書，多改題爲奏。　朱壽朋東華續錄載光緒二十七年八月劉坤一
張之洞條陳，有└五十年來，各省已多改題爲奏之案，┐語，是年九月，遂廢題本。
當時上諭說：

　　　　內外各衙門，一切題本，多屬繁複。　現在整理庶政，諸事務去浮文，嗣後
　　　　除賀本仍照常恭進外，所有缺分題本，及向來專係具題之件，均著改題爲奏。
　　　　其餘各項本章，即一律刪除，以歸簡易。

據此咸同以後，紅本已漸次減少，今史言所檔案中所存亦不多。　至光緒朝紅本，當
內閣庫物移出時，因年近檔案須備查考之故，仍留存庫中。　今史言所所存光宣間檔
案數捆，乃檔案存李氏時，李氏由外間收買所得·，原非大庫所有。　總計史言所所
存紅本，以乾隆朝爲最多，嘉道次之。　這些紅本，記載當時社會種種形相，我們固
然不能不認爲是社會史上貴重的史料，但其中重複之件，如滿文原爲漢文譯本，通本

例有部本覆奏，其他種種瑣細敘述，不關軍國大典，除非費極大勞力，作大量統計以外，實不能有所收獲。 所以這些檔案雖不失爲一種貴重史料，但是我們現在還不能夠充分的利用它。

內閣檔案，題本之外又有啓本，乃順治初年王大臣巡撫等進呈攝政王者，但未久卽行停止。 王本東華錄順治三年四月條載：

> 攝政王諭內三院：「嗣後諸王大臣差遣在外，凡有啓奏，具本御前，予處啓本，著永行停止」。

此項啓本，也有批紅，其性質實與題本無異。 惟通行時間旣暫， 故檔案中存者亦少，史言所所存約一束，計百餘件。 史言所又存有康熙時平定三藩，所在用兵各省文武官員進呈領兵王貝勒啓本，及各衙門咨文，各百餘件。皆方略館纂修平定三逆方略時徵集之物。

副本揭帖，同爲題本的複製。 副本隨題本進呈， 由內閣用墨筆照紅本批錄旨意，另存皇史宬。 因爲不存大庫，故史言所檔案中，無副本，間存一兩件，亦恐當時誤入之物。 揭帖之入內閣，據光緒會典事例卷十四載，係爲起居注館記注之用。我們曉得當時大庫所藏紅本，有時且因爲無處存儲而遭焚燬，這些複製的揭帖，當然更不容易保存了。 史言所所存揭帖， 順治朝計佔木架兩格，（據書檔舊目目十所載，此項揭帖均存於東大庫樓下書籍表章庫內），雍乾兩朝整殘本，共佔一架半，其餘各朝則存者寥寥。

史書錄書，也是紅本的複本。 光緒會典卷六十九，凡鈔本皆副以史書錄書注：

> 紅本發鈔後，由（六）科別錄二通：供史官記注者曰史書，儲以備編纂者，曰錄書，皆校對鈐印。 史書送內閣，錄書存科。

史書明代稱六曹章奏，錄書又稱錄疏， 此兩書內容全同， 皆節錄紅本及所奉諭旨而成，實卽紅本一種詳細目錄。 史書爲滿本房收貯之物，不在移出檔案之內。 錄書存科，不在內閣檔案之內。 今史言所所存，惟順治元二年，吏戶禮工刑各曹章奏，錄書錄疏各數本，其名稱仍沿用明代之舊。 文獻館藏順康雍乾貯庫史書檔，有一段記載說：「自順治元年至順治九年，六科史書全無，順治十年起」據此知順治十年以前，當內閣規制未定時，此項史書錄書卽各曹章奏錄疏等，均爲典籍所掌。 據書

檔舊目目十所載，有工科兵科錄疏各一本，知此項檔案，當時皆存書籍表章庫內，故今史言所檔案中有其物。

塘報為呈報緊急軍情之用，原非內閣收貯文件。　史言所檔案中僅有順治及康熙朝塘報數件，或後來修書館徵集之物。

表箋之制，據乾隆會典卷二所載，凡每歲元旦冬至及帝后誕日，臣工行慶賀禮進皇帝及太后者曰表，皇后曰箋，其文式例由翰林院撰擬，大學士奏定，頒中外遵行，登極大典賀表，則由內閣撰擬，奏定頒行；是此項表箋，僅為一種儀節，其內容全屬一律，並無可觀。　所有應具表之官員，據史言所所存康熙時殘冊載：

> 表文事關大典，應自五十六年萬壽聖誕為始，文官按察使以上，武官副將以上，准其進上，其進上表文，仍照例該督撫彙齊，由驛遞交送禮部，轉送內閣。

據此知每節應進表文，亦有一定數目。　據史言所所存康熙五十九年禮部儀制吏司彙進元旦令節表文，共二百十九通（內有朝鮮表文）是每年三節，應進表文當在七百本左右，而皇帝進太上皇或皇太后表文，及登極謝恩表文，猶不在內。　其數量既已不少，而每一賀表，又具正副兩本。　據乾隆會典卷二十八所載，進呈表箋，均備正副二分。　正表卷而不摺，副本則摺疊如本章式，函以表匣，裹以黃絹。　表箋進呈，陳於表案，行禮後送內閣收貯。　是每年應送表箋，合正副本計之，當在一千四百以上。　其數量亦不為不多。　今史言所所存除朝鮮賀表以外，計賀本三千三百餘件，佔木架一格，賀摺及副表七十五捆，佔木架兩格，黃綾面殘碎表箋，共五麻袋。

（3）黃冊及其他隨本進呈及繳存之件

內閣於收存題奏表箋各項本章以外，其隨本隨呈的黃冊，也由內閣收貯。　王正功中書典故彙紀說：

> 凡各部院各督撫等隨本進呈黃冊，交典籍廳收存大庫。

此項黃冊，種類至為複雜。　光緒會典卷二注：

> 河工報銷，及各項營建工程，例應繪圖繕冊，隨本進呈。　各處錢糧報銷，又朝審秋審，本皆繕冊。　其鄉試會試題名錄，欽天監時憲書式，及隨本奏摺如之。

此處所述各項圖册，鄉會試題名錄，欽天監時憲書式，凡屬進呈的檔册，因為統用黃綾為封面，皆得稱為黃册。　別有青册，係用青紙或青綾為封面。　其青册名稱，或寫為清册，乃各省於進呈的黃册之外，　送致各主管衙門的册籍，　也可視為黃册的副本。　王本東華錄順治八年六月條：

　　給事中魏象樞奏：「國家錢糧，部臣掌出，藩臣掌入。　入數不清，故出數不明。　請自八年為始，各省布政使司，於每歲中會計通省錢糧，分別欵項，造册呈送該督撫按查覈，恭繕黃册一卷，撫臣會奏總數，隨本進呈御覽。　仍造清册咨送在京各該衙門，互相查攷。　既可杜藩臣之欺隱，又可覈部臣之參差。」

清册繳送各部，不在內閣收貯之列。　內閣大庫所存，惟鄉會試題名錄，闈墨，等，多用青綾面。　其青紙面報銷册，僅見數件，或由移會中移來，為數很少，這裏可以不論。

　　黃册中各處錢糧報銷册，關係國家財政出納。　凡報銷必備列舊管，　新收，開除，實在，四柱，以備稽核。　關於歲入方面，有地丁雜賦之徵。　據光緒會典卷十八戶部典說：

　　凡賦有地賦，存丁賦：役有均絲，有支驛：隨地丁徵焉。　不隨地丁徵者，曰雜賦。　雜賦有課，有租，有稅，有貰。

清代田賦，承明萬曆之後，行一條鞭法。　地丁兩賦，原各分徵。　地賦有夏稅，有秋糧，有軍資庫鈔，有雜徵；或徵本色，或徵折色，或徵銀。　丁賦自康熙五十二年恩詔，以康熙五十年編審册為率，嗣後編審丁數增多者，　為盛世滋生人口，　永不加賦，各省遂有常額。　後漸攤入地糧幷徵。　地丁奏銷由藩司造册，呈巡撫轉送。雜賦則以鹽課為大宗，由鹽政奏銷；其他或附地丁奏銷。　歲出方面，據光緒會典卷十九戶部典說：

　　凡歲出之欵十有五，一曰陵寢供應之欵，二曰交進之欵，三曰祭祀之欵，四曰儀憲之欵，五曰俸食之欵，六曰科場之欵，七曰餉乾之欵，八曰驛站之欵，九曰廩膳之欵，十曰賞恤之欵，十有一曰修繕之欵，十有二曰採辦之欵，十有三曰織造之欵，十有四曰公廉之欵，十有五曰雜支之欵。

以上動用各欵，在各省則併入歲入方面報銷，在京各部院衙門則專案報銷。

報銷册之種類，據光緒會典卷六十九都察院典，注：

　　　　在京部院衙門支領戶部銀物月册，各省……奏銷錢糧册，錢糧交盤册……漕

　　運交兌册，各倉收放米豆册，坐糧應歲報抵通漕白册，鹽課奏銷册，各戶關一

　　年彙報册，皆由戶科察覈。　官兵餉俸册，朋樁奏銷册，驛站奏銷册，由兵科

　　察覈。　贓贖銀穀册，由刑科察核。　工程奏銷册，工關一年彙報册，由工科

　　察覈。

關於此項黃册，其編造察覈之例，備載於光緒會典事例卷一千十五及十六兩卷，都察

院六科項下。　又史言所檔案中存有乾隆十年各處奏銷黃册收貯大庫目錄，所載二百

餘目，均與此合。

報銷册之外，還有些事册文册，如吏部有三年考成的京察册，大計册，兵部有郵

符，（即勘合）火牌奏銷册，及五年考察的軍政册，禮部有壇廟祀册，刑部有各省招

册，彙奏命盜案册題駁咨駁事件册，給事中有條奏事件册，各部院衙門及各省有已未

完結已未逾限册等，名稱繁多，不能備舉。

以上各項黃册，大抵以每年編造一册者爲常例。　惟在京各部院衙門，支領戶部

銀物，則每月造册，京察大計册，則三年一次，軍政册則五年一次，兵馬奏銷，康熙

以前，每季造報，後以煩瑣難稽，也改爲歲報，漕白二糧，向例有隔年奏銷者，後來

也改爲當年奏銷，　此外各直省藩司或鹽政交代，　則於交代時或交代後三個月以內造

册。　凡此各項黃册之編造，時間旣不一致，而各省事務又繁簡又不同，故每年應進

黃册迄無一定數字。　據乾隆十年各處奏銷黃册收貯大庫目錄所載，僅二百餘目，後

附有諭敕及十一十二兩年續收者，當然不是完全的目錄。　史言所存康熙時酌量停減

兵馬册籍殘册說：

　　　　再查浙閩總督册開，送各部科衙門册，共計七百餘本。

又據檔案中殘册說：

　　　　凡官兵一切銀糧歲終奏銷，總督應繕兵馬册三本，巡撫應繕册三本，一本徑

　　送戶部，一本送兵部備查，一本兵部覈明，轉咨戶部。　康熙年間，將兵部覈

　　明轉達戶部之册，停止造送。

據此浙閩總督實送各部科衙門冊七百餘本，或卽康熙年間未曾將兵部覈明轉達戶部之
冊停止造送以前之數，每種冊除去重複卽每年僅浙閩總督進呈兵馬黃冊，已有二百餘
本。　有些黃冊，後來雖經停減，但合其他各省應進各項黃冊計之，每年至少當在二
千以上，其數量恐怕也不在紅本之下。　內閣收貯紅本，已經散佚得很多，而這一類
的黃冊，旣不似紅本可備修史之用，所以貯存上更爲草率。　史言所所存典籍廳殘稿
說：

　　　　歷年進呈黃冊，向來存貯草率，職等議按年清查，歸紅本庫內，另架存貯。
據此知黃冊在大庫情形，向來就不如紅本。　現存黃冊，以北京大學所存爲最多，約
得六千八百餘冊。　文獻館次之，約三四千冊。　史言所所存約二千餘冊，其中又以
殘碎破爛者居多。　總合各處所存，恐怕已不及十分之一二了。

　　黃冊除錢糧報銷冊事冊文冊之外，其河工工程圖，鄉會試題名錄，試錄，闈墨，
欽天監時憲書式等，雖同爲進呈之物，而其性質實與前者不同。　河工工程圖，當時
僅爲備考之用。　據光緒會典事例卷一千十六都察院六科項下，內外工程條載：

　　　　康熙四年議准，凡河工錢糧，每年限八月內奏銷，屆期備造清冊，送科察
　　　覈，並送河道圖式備考。
此項圖冊，今故宮宮中檔案內有之，在內閣檔案中，尚未發見。　依我們的猜想，或
許當時奏銷冊發科察覈後，圖冊因爲非察覈所需，故得爲留中之件。　又鄉會試題名
錄試錄等，內閣檔案中僅存靑綾面者，因此乃內閣本身之物，其進呈用黃綾面者，當
時或竟留中，亦未可知。　又欽天監進時憲書式，乃照例題請之事。　光緒會典卷七
十七說：

　　　　仲春之朔，以來歲時憲書式進於上，得旨乃製書，預頒式於各省。　孟冬之
　　　朔，乃進時憲書於皇帝，皇太后，皇后，遂頒朔。　若月五星相距時憲書，中
　　　星更錄，則各按時以進。
此時憲書式，似仍發下欽天監以備製書頒式於各省，其餘各種時憲書，爲宮中需用之
物，皆不在內閣收貯之列。　其大庫中所存之時憲書，當爲內閣本身之物。

　　此外隨本進呈之件，有名單，缺單，履歷單，祭祀點單之類，現在存者多少不
等，這些檔案，實在太零碎了，所以這裏也不再多說了。

（4）朝貢諸國表章

清代之管理外藩，與四裔朝貢諸國不同。　外藩隸理藩院，如蒙古新疆青海西藏雖自有政敎首長，清廷或因其盟長封之王公貝勒，比於八旗，或置辦事大臣，使一切均須稟命中國。　至四裔朝貢諸國，則自王其國如故，惟朝貢時禮部司其儀節，輶靡而已。　清一統志於後者稱朝貢諸國，於前者或稱藩部，或比內地，分別至當。　惟檔案或會典中，有通稱爲外藩者，似當加以改正爲是。　外藩表章，史言所檔案中存有土魯番進貢禮單，清查東大庫分類目錄，外藩表章類，有西番達賴刺嘛表文一目，此乃藩部朝貢，實與中國臣工所進表章無異。　現在此項表章所存旣不多，故不復論。

朝貢諸國，據光緒會典卷三十九禮部典所載，有朝鮮，琉球，越南，南掌，暹羅，蘇祿，緬甸，七國。　關於這七國朝貢表文或記事，在史言所檔案中，也都發見過，所存多寡不等。

朝鮮安南在漢代都曾隸中國版圖之內，被中國文化最深。　琉球自明初入貢，屢次遣送其陪臣子弟入國學肄業。　故屬國中，惟此三國用漢字。　而朝鮮事中國尤爲恭謹，其朝貢慶賀的次數，也比較他國多。　據清史稿屬國傳載：「凡萬壽聖節，元旦，冬至，朝鮮皆遣陪臣表賀，貢方物，歲以爲常。　雍正七年十月諭禮臣，朝鮮國距京三千餘里，貢使往來勞費，嗣後凡謝恩章疏，與聖壽冬至元旦三大節表，同時齎奏，不必特遣使臣，著爲令」。　據此雍正七年以後，朝鮮各項章表，雖改爲同時齎奏，但其表文數目，仍未減少。　故現存朝貢各國表章，仍以朝鮮爲最多。　史言所計存百餘件，皆高麗紙，表裏數層，繕寫工整。

琉球舊分山南山北中山三國，後爲中山所倂，稱中山王。　自明以來，世修職貢。　順治十一年來朝，定二年一貢。　其表文也很工整。　史言所存者約十餘件。朝鮮安南而外，屬國表章，存者以此爲最多。

安南古交趾地，嘉慶七年阮光纘失國，阮福映遣使齎表進貢，詔改其國號爲越南。　貢表向例備正副兩本，齎進禮部，由禮部另繕滿漢文合璧一分進呈。　光緒會典卷二注：

　　　外藩朝貢，呈進金葉蒲葉表文，及各處表箋方物狀，另繕清漢文合璧一分，

與表文一併呈遞。　發下後，將原表文交典籍廳存貯。

蒲葉表文檔案中尚未見過。　光緒會典事例卷五百三禮部典朝貢下載雍正八年南掌國奉銷金緬字蒲編表文一道，或即此物。　金葉表文據檔案及他書記載，安南暹羅緬甸廓爾喀都曾進過。　史言所存內閣典籍廳鈔軍機處原奏底說：

> 查從前安南等國，所進金葉表文，自乾隆十八年起，至五十一年止，暹羅國
> 共七次，安南國共六次，所進金葉表文，俱交造辦處鎔化。

又乾隆五十五年二月初二日滿票簽傳抄一件說：

> 本日奉旨，暹羅緬甸所進金葉表文，存貯內閣庫內。　即將內存金葉表文，
> 仍交內務府。　嗣後挨次遞換，永以為例。

據此乾隆時存庫金葉表文，僅三國各一分，以備新陳遞換之用。　又魏源聖武記卷五說：

> 廓爾喀本巴勒布國。　舊分葉楞部布顏部庫木部，於雍正九年各奏金葉表
> 文，貢方物。　後三部吞併為一，遂與後藏鄰。

廓爾喀三部，雍正時所進金葉表文，到乾隆時業已不見。　內閣庫藏金葉表文，故宮博物院後來在宮內發見兩件。　安南貢期，據雍正二年正月安南國王黎維祹奏本說：「臣國貢期，康熙二年定為三年一次，康熙七年改為六年一來，兩貢並進」：嘉慶時詔改安南為越南，貢期並經改定，據光緒會典卷三十九禮部典注；「二年一貢，四年遣使來朝一次，合兩貢並進」。　史言所所存安南越南表文約五十餘件，乾隆時內閣移會中，關於安南的文件也不少。

南掌舊稱老撾，本緬甸別部，明於其地置老撾軍民宣慰使司。　雍正八年二月，遣使入貢，並請貢期。　命五年一貢。　乾隆八年，以南掌道遠，改十年一次。　南掌緬甸俱用緬字。　史言所今存譯進南掌表文三件。

暹羅古分暹與羅斛二國。　後羅斛強，併有暹地，遂為暹羅國。　明洪武三年國王遣使奉金葉表文朝貢，自後朝貢不絕。　康熙四年定貢期，三年一貢，表文用暹字。　今史言所存暹羅國自譯黃紙表文底一件，表文禮單五件。

蘇祿在呂宋羣島西南，接連三小島，島俱渺小。　其人本巫來由種（即馬來）明永樂十五年始來，進金鏤表文。　清雍正四年，國王遣使奉表，貢方物，五年其貢使

至京，定貢期，五年一次。　史言所存有乾隆二十七年蘇祿國奏疏一件，其王稱蘇老
丹，蘇老丹為回教國王之稱。　疏中有「與呂宋爭戰，道阻不通」；及「呂宋强悍，
去年索取多物，不敢不與」；等語。　彼時呂宋屬西班牙，徐繼畬瀛寰志略說：「呂
宋欲以蘇祿為屬國，蘇祿不從，西人以兵攻之，反為所敗」；或卽此時事。　蘇祿貢
使，自此年後，遂不復至。

　緬甸古稱朱波國，其會居阿瓦城。　明洪武時，入貢方物，置緬中宣慰使。　乾
隆十六年遣使納貢。　尋其國內亂。　五十五年封孟隕為阿瓦緬甸國王，　定十年一
貢。　史言所存譯進表文，僅一件。

　以上諸國，當清代盛時，都次第服屬，奉表稱臣。　今其入貢表文，或禮單，猶
存於這些殘餘檔案中。　這些歷史上的陳蹟，使我們看了眞是不勝今昔之感。　此外
還有廓爾喀一國，　光緒會典卷六十七理藩院典，　列廓爾喀於西藏之下，直以藩部待
之。　原文說：

　　　凡西藏之貢，以期至，各優其賚予而遣焉。　廓爾喀亦如之。

又原文下注：

　　　廓爾喀額爾德尼王，五年遣使入貢一次。　所貢象，馬，孔雀，　屬幣，象
　　　牙，犀角，孔雀尾，無定物。　賜廓爾喀額爾德尼王及來使人等事，　隸內務
　　　部。

據此廓爾喀來使賞賜，不屬禮部而隸內務部，是清廷之待廓爾喀，實與其他朝貢國不
同。　據清史稿載，光緒末，廓爾喀猶入貢中國。　如以廓爾喀為朝貢國，是朝貢諸
國中，最後離開中國的，就要算廓爾喀了。　廓爾喀表文，　軍機處檔案中發見過數
件。史言所所存僅乾隆時廓爾喀入貢移會三件。

　西洋葡萄牙西班牙荷蘭諸國，當十六世紀之初，次第東來。　因為欲得通商的便
利，遂不能不與中國政府發生關係。　惟在閉關以前，中國政府對於外夷使節，決不
以平等禮節待之。　乾嘉以前荷蘭葡萄牙意大利羅馬教皇使臣之來，在清代記載，及
當時表文譯本，都視為屬國朝貢之事。　彼時正當中國全盛之時，彼西洋人欲獲貿易
之利，舍此以外實無他途。　乾隆五十八年英國使臣嗎戛嘣呢前來北京，欲與中國訂
立正常使節關係，嘉慶重修統一志卷五百五十六嘆咕唎篇載當時譯出表文及諭旨說：

譯出表文內，有懇請派人留京照管買賣一節。　又使臣稟請大臣轉奏，該國貨船或到浙江，以及天津廣東地方，收泊交易。　又該國夷商，懇求在京城另立一行，收貯貨物。　又求相近珠山地方小海島一處，夷商在此停歇。　及撥給附近廣東省小地方一處，居住夷商。　或准令澳門居住之人，出入自便。又該國夷商自廣東下澳門，由內河行走，貨物或不上稅，或少上稅。　又該國所奉之天主教，欲任聽夷人傳教。　高宗純皇帝以所請皆係更張定制，命大臣向使臣嚴加駁斥，復將所駁各條，敕諭該國王，永遠遵奉。　並令邊臣鈔錄敕諭二道，入於交代，以便遵照妥辦。

在這樣態度之下，欲中國接受西洋友好態度，實不可能。　自鴉片戰爭以後，英人所得於中國者，遠過於此。　自是以後，中國與世界各國，始漸次樹立正常使節關係。史言所檔案中存有順治年間譯進荷蘭國表文，及致平南靖南兩王文各一件，乾隆時禮部為西洋波爾都噶爾亞國王，遣使獻表奏本一件，波爾都噶爾亞，即葡萄牙之異譯。這些外交史蹟，就是我們近代史的開端的一幕。　從前我們政府顢頇到這樣地步，真是可笑！

六　內閣本身的各項檔案

內閣因為職掌的關係，除收存國家行政上各項檔案以外，其本身積存的檔案，也很複雜。　自軍機處設置以後，內閣職權雖分，而閣內一切組織，仍如故。　據光緒會典卷二載內閣大學士之下，共設十二處：

　　（1）典籍廳　　　（2）滿本房　　　（3）漢本房　　　（4）蒙古房
　　（5）滿票簽處　　（6）漢票簽處　　（7）誥敕房　　　（8）稽察房
　　（9）收發紅本處　（10）飯銀庫　　　（11）副本庫　　（12）批本處

以上十二處，每處都自成一小衙門，　各存檔案多少不等。　其中典籍廳滿漢蒙古三房，滿漢票簽，收發紅本處，稽察房等處，因為職掌上事務較多，所以積存的檔案也比較豐富些。

典籍原分南北二廳，現存檔案，凡屬典籍廳者，其封面皆分標南北廳字樣，惟當時與各衙門往來文移，則通稱為典籍廳。　光緒會典卷二載：「典籍廳……掌章奏文

移，治其吏役，收圖籍之藏，」也是併合兩廳職掌來說的。　史言所存有北廳會典事宜清冊，詳載北廳職掌。　原文較長，不備錄。　清通典說∟凡上徽號進冊寶冊印，俱由內閣選擬文篆，至皇子，皇孫，及王公，公主，名號，俱承旨擬奏；」清會典卷二所載大學士職掌中的擬上制詔誥敕之式，進呈慶賀表箋，請用御寶，擬上謚法封號等，及典籍廳所掌的收圖籍之藏，皆在北廳職掌之內。　關於以上各項檔冊，今文獻館所存最多，計有北廳日記檔，收發文件檔，收文檔，知會檔，知照檔，行移檔，堂行檔，檔案號簿，轉鈔上諭檔，大行皇帝事宜收文檔，康慈皇太后崩逝事宜檔，閣學輪流接寶檔，調查紅本史書送館檔，清查紅本檔等。　史言所所存有冊封慶貴妃等事宜檔，門片領付檔，日記檔，行移檔等。

　　南廳職掌，現存檔案中，雖沒有詳細的記載。　但是我們從典籍廳職掌內，除去北廳應行事宜，其餘的當然都屬於南廳了。　光緒會典卷二載典籍廳所掌章奏，屬於北廳，而文移則屬南廳。　原文注：

　　　　內閣行文各衙門，皆鈐用典籍廳關防，其稽查欽奉上諭事件處，及內廷修書
　　　　各館，文移稿案，亦移付本廳，借用關防。

內閣僅有典籍廳關防一顆，由南廳掌管。　因此凡內閣與各衙門往來文移，其不關於內部各處者，皆南廳職掌之事。　史言所檔案中有詠內閣絕句一首，有∟北廳箋奏南廳案」之語，是凡關於皇帝之事，屬於北廳，凡關於各衙門之事，屬於南廳。　又光緒會典載典籍廳職掌中的治其吏役，及清通典說，內閣參與考試之事，亦屬南廳。關於南廳檔案，也是文獻館藏得最多。　　計有南廳日記檔，　交文檔，領照檔，銷照檔，行移檔，堂行檔，用印檔，　實錄館用印檔，　上諭處用印簿（按即鈐用典籍廳關防），印領檔，（按即各衙門用印向內閣領物）侍讀典籍中書詳細履歷檔，京察履歷檔，差卓檔，招考供事檔，供事補缺檔，考試中書收文檔·殿試行移檔，殿試堂行稿等。　史言所所存有南廳收文檔，日記檔，移會檔，用印檔，行移檔，及各處咨文，咨呈，移會，移付等。

　　滿漢蒙古三房，滿漢票簽，共五處，都以掌管本章，為其主要職務。　據光緒會典卷二載，滿本房侍讀學士等，掌校閱清本，中書等，　掌繕清本；　漢本房侍讀學士等，掌收發通本，定緩急之限，發與中書等繕為清文；蒙古房侍讀學士等，掌繙譯外

藩各部文字，中書等，掌習竹筆以供譯寫；滿票籤處侍讀等掌校閱清文本章，擬寫清票籤之式，中書等，掌繕票籤，與其清文檔案；漢票籤處侍讀等，掌校閱漢文本章，擬寫漢票籤之式，中書等，掌繕票籤，與其漢文檔案。　以上五處，除掌管本章之外，滿本房又與典籍廳分司大庫，及皇史歲稽查扃鐍之事。　凡列朝實錄記注之收藏，經略大將軍，將軍印，與圖籍紅本之驗收，皆滿本房掌管。　又滿票籤巡幸則發本報，諭旨及摺奏下閣後，則傳知各衙門鈔錄遵行，題本則發科，由六科傳鈔。　漢票籤有撰文中書，掌撰擬進御文字。　以上各項檔案，今存文獻館者，滿本房有堂稿簿，來文簿，隨手日記檔，公閱原奏檔，大日記檔，行移檔，堂行檔；表本檔，領本檔，分本檔，收發本檔，急本檔，皇史歲尊藏總檔，將軍印譜檔，進實錄邦檔，收記注簿，封條檔，祝版檔，神牌式樣檔，寶譜檔，香冊香寶檔，領寫玉寶玉冊文檔，辦理皇冊行移檔，考勤簿等；漢本房有收文檔，發寫檔，到本檔，放津貼檔，通本略節檔，各省大計檔，考勤簿等；蒙古房有日記檔，行文檔，實錄（蒙文）檔，實錄收發檔，發繕俄羅斯事件檔，抖晾實錄檔，實錄（蒙文）編號簿，皇史歲聖訓蒙文編號簿，考勤簿等；滿票籤有通本檔，部本檔，收發檔，隨手檔，發鈔檔，交片檔，交事檔，發報檔，上諭檔，清摺檔，清旨檔，領紅本檔，出科紅本檔，賀本檔等；漢票籤有諡號簿，撰文官員檔，票本檔，總覆通本檔，總覆部本檔，軍機檔，繳回諭旨數目檔。以上各項檔冊，缺佚的當然很多，不過我們從各方面的職掌，與各項檔冊對照著看，關於這些檔冊的內容，也可明瞭一個大概。　史言所關於這一類檔案存得很少，這里只好從略了。

　　收發紅本處在內閣檔案中又省稱收本房。　上述通本部本批寫清漢文後，卽交收本房。　每日六科給事中赴閣領出，歲終仍由六科交回收本房轉交滿本房驗明收貯。　揭帖也由收本房轉交滿本房收貯。　現存收本房檔冊，文獻館有收文檔，交本檔，交漢本堂收本簿，揭帖簿，行移檔，移付檔，發批檔，考勤簿，奏底簿，收飯銀檔，放欵檔，收各省飯銀檔等。

　　稽察房的設置，由大學士於滿漢侍讀中書內派，本爲稽察各部院事件。　據光緒會典事例卷十五內閣職掌項下載：

　　　　凡各部院遵旨議覆事件，由票籤處傳鈔後，稽察房按日記檔，俟各部院移會

　　到時，逐一覈對，繕寫清漢字合璧奏摺，與稽察事件月摺，一併彙奏。

稽察房檔册，現存史言所者較多，有各部院移會，合典籍廳及其他各處移會，共佔兩架半（內中乾隆時各部院致稽察房移會最多）此外又存有收文檔，發鈔檔，發鈔清册，流水檔，各部院投文檔，不入事件檔，應入事件檔，已完事件檔，未完事件檔，註銷清册等。　文獻館所存較少，有諭旨檔，收到各衙門來文檔等。

　　內閣中除上述八處外，誥敕房隸漢本房，　副本庫不在大庫之內，　批本處在乾清門，飯銀庫僅掌收支內閣飯銀，所以現存檔案中，關於這四處的檔案，都很少，或竟沒有。　文獻館所存有誥敕房考勤簿，飯銀庫存檔，收銀簿，飯銀檔等。　史言所存有批本處折本檔等。

　　以上各項檔案，大部分僅可視為內閣檔案的目錄，有時也可備檢尋稽查之用。惟漢票簽檔中，間存有詔敕表箋稿底，如清查東大庫分類目中載有敕諭稿底，詔底，册文草底，封郡王字樣草底，恭請皇帝萬壽盛典表底等。　稽察房所存各部院移會，為當時重要文件的底本，或副本，有些正本亡失之後，也許在這裏可以發見。　所以這一部分檔案，其重要實與前述各項檔案無異。

　　內閣檔案向來就沒有保存好，所有的正本，後來都不免要遭遇散佚焚燬之患，這一批檔案，僅備當時稽核之用，紙質粗劣，繕寫草率，雖然還能夠保留到現在，但較之其他檔案，實在是已經更加零落得不堪了。

七　修書各館的檔案

　　有清一代，設館修書，最為盛行。　據陶湘故宮殿本書庫現存目清內府撰纂校刊書籍總數表內所載，除去御製校刊兩類書籍，其為官修或欽定之書，不下四百餘種。又光緒會典卷七十翰林院職掌敕撰書史下注，翰林院參加修撰之書，也有一百六十餘種。　我們曉得，上述數目，並不能把所有官修諸書，與翰林院參加修撰諸書，盡行叙入。　其中漏列的，當然還有的。　這許多書籍的修纂，有些都各立專館，如明史館實錄館國史館方略館等，　即為纂修明史實錄國史及各種方略而設。　不過這些專館，有時也可以纂修他書。　或此館業已裁廢，而所修之書，須重加修改者，也可交他館編訂。　據滿洲源流考卷首奏疏說：

此項書籍（指滿洲源流考）擬在方略館就近辦理。…… 惟查該館現在趕辦平定兩金川方略，并大清一統志西域圖志熱河志，及元遼史明紀綱目明史本紀等書，各有卯限。

是方略館於纂修方略之外，同時可以纂修滿洲源流考西域圖志熱河志元遼史諸書。而一統志館明史綱目館明史館既經裁廢之後，其續纂改訂之任，也可由方略館代行。因此修書各館的設立，也就不至於漫無限制了。 據光緒會典事例卷一千四十九至五十一翰林院職掌所記，以及見於內閣檔案中修書各館的名稱文件等，關於修書各館，可別爲三類。 一曰例開之館，如實錄館，玉牒館。 二曰長開之館，如內廷三館，卽武英殿國史館方略館。 三曰特開之館，如會典館一統志館明史館明紀綱目館三通館三禮館奏疏館文穎館四庫全書館八旗志書館。 以上修書各館，有些雖不屬於內閣，如玉牒館屬宗人府，方略館屬軍機處，武英殿屬內務府；然各書修纂，內閣大學士例得派充監修總裁官。 其餘的有些完全是內閣的附屬機關， 如我們在內閣檔案中，往往看見內閣實錄館內閣三禮館內閣三通館內閣一統志館內閣明紀綱目館內閣八旗滿洲氏族通譜館等稱，這都是明白屬於內閣的， 還有些修書館， 雖未注明屬於內閣，如起居注館國史館也都與內閣有關。

內閣修書各館往往因修書而徵集書檔，及纂修完竣之後，除正本進呈外，又例將所有的書檔稿簿，移交內閣收貯。 所以內閣大庫中，除收貯修書館陸續徵集的書籍以外，還存有修書館的各項檔案。 這一類的檔案，可別爲兩種，（一）修書館本身的檔案：（二）修書館徵集的檔案。

修書館本身的檔案，現存者已不多。 據書檔舊目所載，目一至四，爲明史館纂修明史時徵集之書檔目錄；目五，目十五爲明史館書目；目六，目七，目八，爲三禮館徵集的書目；目九，爲奏議館收貯各省督撫送來奏議文集碑文志書等項目錄；目十八，三朝書單，爲國史館編纂目錄；目十九館內所貯書籍簿，也是國史館物；目二十爲實錄館物；以上各項，俱詳書檔舊目叙錄。 此外修書各館，因徵集書檔；或領用紙張飯銀，每借用典籍廳關防行文各處，所有這一類的文移稿簿，在史言所檔案中，也還存有一捆。 又各書纂修之後，除正本進呈外，其草稿或隨其餘檔案一併移入內閣，如會典稿一統志稿現在史言所還存有殘碎零本一兩捆。 實錄稿因纂修之後例須

焚燬，文獻館舊存奏摺檔載道光四年一月摺奏說：

> 所有清字漢字蒙古字恭閱本各項稿本，及紅綾黃綾廢頁，應遵照成案，在蕉園敬謹焚化。　臣等行文內務府掃除蕉園地面，並行知欽天監，擇吉於本月二十日午時，令提調官等，用綵亭昇送蕉園。　臣等俱朝服前往行禮，恭看焚化。

這雖是沿襲明代的舊例，但清代實錄稿則未必全燬。　文獻館所藏清史館檔案，尚有稿本數種，或於文中分注出處，或有塗改增刪之跡，皆屬實錄館物，可見實錄稿本並非全數焚燬。　又康熙以前的三朝實錄及聖訓，因年代較遠，及屢次修改之故，其屢次改稿及零星散葉，在史言所檔案中也還發見了十多本。

修書館徵集的檔案，在內閣檔案中，總以明檔為最重要。　明檔的徵集，雖肇始於順治五年，而實際則一無效果。　內閣之有明檔當在康熙四年以後，王本東華錄載康熙四年八月上諭禮部說：

> 前於順治五年九月內有旨，纂修明史，因缺少天啓甲子丁卯兩年實錄，及戊辰年以後事蹟，令內外衙門速查開送。　至今未行查送。　爾部即行內外各衙門，將彼時所行事蹟，及奏疏，諭旨，舊案，俱著查送。　在內部院，委滿漢官員詳查。　在外，委該地方能幹官員詳查。　如委之書吏下役，仍前因循了事，不行詳查，被旁人出首，定行治罪。　其官民之家，如有開載明季時事之書，亦著送來，雖有忌諱之語，亦不治罪。　爾部即作速傳諭行。

內閣之有明檔，實賴此諭嚴屬執行。　北京大學有各衙門交收天啓崇禎事實清單末署大學士學士侍讀典籍等姓，據朱希祖跋，斷為康熙三年至五年之物。　北京大學後來又發見禮部移送明朝事蹟文書挂號簿一册，其中有康熙四年十一月十一日禮部送進之件，其種類數量，與此清單所開禮部項下檔案全同。　其時恰在前諭頒行之後，可見前諭，關係非小。　此項明檔，多為啓禎間各衙門題行稿件。　其中以兵部題行稿為最多，有關於遼事，邊情，及流寇諸端。　在正本亡佚之後，其重要當然也不在其他珍貴檔案之下。　又此項明檔，因為紙張脆薄，書寫草率，當初歷史博物館檢查內閣檔案時多雜在碎爛檔案中售出，故今史言所所存最多，約四千餘件，計佔木架一格。

因修書而徵集檔案，在當時似為例行之事。　史言所所存實錄館行文檔載乾隆元

年致刑部咨文說：

　　　　本館恭纂世宗憲皇帝實錄，業經行請貴部，造送清册，續又屢次行催在案。
　　今准貴部來文內稱，山西等十司，於雍正十年十一月被火焚燒，江蘇等四司，
　　於雍正六，九，十一等年，被水淹沒，雨濕霉爛，自康熙六十一年至雍正十一
　　年止，一切具奏檔案事件，無憑稽查，應行該撫，查明造册，　以便轉送，　等
　　因，前來。　查貴部經回祿水淹以後，已經通行各該處抄送檔案，以備存貯，
　　今本館編輯實錄，專候貴部事件……為此煩請彙齊各處所抄送檔案，造具滿漢
　　清册，移送本館。……

據此我們曉得內閣檔案的來源，這也是其中的一種。　不過這些檔案，混入其他檔案
之後，除去特殊案卷，如明檔外其餘的現在大半已無從為之分別了。

八　試題試卷及其相關之檔案

　　清代考試，有正科恩科制科之分。　正科每三年一次，以子午卯酉年舉行。　其
非正科年分，由特旨舉行者，為恩科。　清代二百七十年間，據國子監進士題名碑所
記，正科恩科約共二百次。　制科非常例，奉詔乃舉，有清一代計舉博學鴻詞兩次，
經學一次。　（光緒時舉行經濟特科，與此無關，故不論。）

　　清代對於考試制度，非常重視。　　向例內閣大學士會試充考試官，　殿試充讀卷
官。　殿試試題，由皇帝欽定。　光緒會典卷三十三禮部典殿試試以制策注：

　　　　殿試前一日，讀卷官密擬策問進呈，欽定後，讀卷官恭領至內閣，扃門，刊
　　板，楊黃。

鄉會試試題，或覆試試題，也要奏請欽命。　同書禮部典鄉試會試各分三場注：

　　　　順天鄉試及會試第一場四書詩題，均欽命。……　順天鄉試，直省鄉試之各
　　覆試，與會試後之覆試，均由部奏請欽命，四書題一，詩題一。

以上各項試題，名雖出於欽命，實由內閣代擬，並刊板頒發。　所以內閣檔案中，有
殿試，會試，順天鄉試，及各省鄉試，覆試，等試題的印本，或刊板的底本。

　　考試既畢，順天鄉試榜存府尹庫，各省鄉試，榜存布政司庫，會試榜存禮部庫，
惟殿試榜，繳存內閣。　同書禮部典傳臚則張金榜注：

奉榜官奉黃榜……御仗前導，引榜筆帖式十人，至東長安門外張挂。……

榜張三日後，恭繳內閣。

因此內閣檔案中，有殿試金榜，因而進呈之小金榜，三傳摺，　狀元謝恩摺，　殿試試
卷，也同爲內閣收貯之物。　即鄉試會試題名錄，試錄，也在內閣收貯之列。　同書
禮部典注：

榜發日進呈題名錄……進呈試錄，考官於闈中掄選，每題一篇，正考官撰前
序，副考官撰後序，出闈後交提調刊刻，……咨送禮部，交內閣收存。

殿試金榜題名錄，也由內閣收存。　同書禮部典注：

金榜題名錄，由內閣進呈後，交部刊刻，　與會試題名錄，　一併題交內閣收
存。

以上所述，皆文試之事。　武試事隸兵部，有內外場之分。　光緒會典卷五十三兵部
典說：

凡學政三歲一試武，外場會武職而蒞焉。　武生各取以其額。　及鄉試以總
督若巡撫主考，會提鎮以視外場。　順天外內場考官，則題請簡派。　會試亦
如之。　皆定其試期，限其中額，刊試錄以進呈。　及殿試，皇帝御紫光閣，
騎射技勇，分日而試之，親第其高下，乃御殿傳臚，賞賚賜燕以例。　凡武試
曰馬射，曰步射，曰技勇，皆試於外場。　曰武經，則於內場試焉。　凡外場
不中試者，不得與內場。

武試制度，除外場外大致都模倣文試，惟儀式較簡。　現存內閣檔案中，也有武殿試
試卷，大小金榜，三傳摺，狀元謝恩表，鄉試會試殿試題名錄，試錄等。

文武試之外，又有繙譯鄉會試，此清廷爲宗室，八旗，蒙古漢軍而設。　據光緒
會典卷三十三禮部典載，繙譯鄉會試，各於鄉會試之年舉行，惟會試中進士後，不再
殿試，試錄亦不發刊。　清查東大庫分類目錄考試類，有考試繙譯試卷六十一卷一包
一項，此項試卷，在現存檔案中已不多見。

清查東大庫分類目錄考試類，又有考試中書試卷一項，此項試卷係在文試會試落
卷內所錄取者，據光緒會典事例卷十一內閣建置項說：

（乾隆）五十五年諭，前經禮部奏內閣中書一項，　據吏部咨稱，　現在候補

者僅有七員，自本年至下屆癸丑科，三年之內，恐不敷用，請照例於會試落卷內錄取三十名等語；向例錄取中書，係於會試揭曉後，將未經中試墨卷送入內簾，交主考閱取，朕思……向來定例本未周密，……著將落卷內錄取中書及學正學錄之例，卽行停止。

此項試卷，旣於乾隆五十五年停止錄送，所以現存檔案中，亦不多見。

文殿試傳臚後，又有朝考。　光緒會典卷七十翰林院典萃禮部之進士以朝考注：

　　每科於殿試傳臚後，禮部以進士名册送院，掌院學士，奏請御試於保和殿，曰朝考。

朝考後以文學優者及善書者爲庶吉士，庶吉士於庶常館學習，三年散館，惟特開恩科，卽於會試之年散館。　散館又須考試一次。　同書注：

　　庶吉士敎習，三年期滿，由敎習庶吉士奏請御試，曰散館。

朝考及散館考試以外，翰林院又有大考。　同書翰林院典注：

　　大考無定期，逾數年則特旨考試。……　詹事府自少詹事以下，與翰林院侍讀學士以下，一體與試。

以上關於翰林院各項考試，僅散館試卷，在內閣檔案中，還有一點。　清查東大庫分類目錄也有散館類一項，其中備載關於散館的試題，及各種檔案。　現在大概都已散佚了。

制科之博學鴻詞，清代共舉行兩次。　光緒會典卷三十三，禮部典，凡制科曰博學鴻詞注：

　　康熙十七年聖祖仁皇帝詔舉博學鴻詞，凡有學行兼優文詞卓越之人，不論已仕未仕，令在京三品以上及科道官員，在外督撫藩臬，各舉所知赴部候試。………十八年御試博學鴻詞一百四十三人於體仁閣。……　雍正十一年，世宗憲皇帝特詔，內外大臣薦舉博學鴻詞，召試授職。……　至乾隆元年高宗純皇帝御試博學鴻詞一百七十六人於保和殿，………　二年復試，被薦續到者於體仁閣。……

清查東大庫分類目錄考試類，有乾隆元年保舉博學鴻詞並奏摺，各處來文，共三十件一包。　此項檔案，今存佚已不可知。　關於博學鴻詞試卷，歷史博物館籌備處尙

存有數本。　又制科之經學，僅於乾隆十四年特諭舉行一次。　當時詔書有「務取名實相符者，確舉以聞，如果衆所共信，即可不必考試」等語；是此次並無考試之事，故檔案中亦無此類試卷。

以上各項考試，皆關國家大典。　此外內閣檔案中，還有些理藩院四譯館及俄羅斯館試卷，光緒會典事例卷十五載：內閣蒙古房掌繙譯外藩各部落文字說：

　　　內扎薩克及喀爾喀四部落，阿拉善額濟納青海蒙古用蒙古字科布多伊犁杜爾
　　　伯特土爾扈特和碩特用托忒字，回部用回子字，西藏用唐古特字，俄羅斯用俄
　　　羅斯字，緬甸南掌用緬字，西洋諸國，用拉體諾字，遇有陳奏事件及表文，皆
　　　由蒙古房譯出具奏。　其頒發誥敕及敕賜碑文扁額，武英殿蒙古字長方書籤，
　　　並各體印文，皆繙出繕寫。　蒙古字以竹筆，托忒字回子字，唐古特字俄羅斯
　　　字，緬字，各傳該館人至蒙古房譯寫。　拉體諾字，傳西洋堂人譯寫。

蒙古房因爲須傳四譯館俄羅斯館譯字生繙譯，或繕寫各種文字。　所以四譯館或俄羅斯館譯字生，考試也就由蒙古房舉行。　光緒會典事例卷十五，載內閣稽察俄羅斯館課程說：

　　　俄羅斯館，專司繙譯俄羅斯文字。　選八旗官學生二十四人入館肄業，五年
　　　後考試一次，七年又考，……以蒙古侍讀學士，或侍讀一人，充提調官，專司
　　　稽察課程。　再由理藩院委派郎中或員外郎一人兼轄。

因此關係，四譯館與俄羅斯館試卷，也就成爲內閣大庫中貯藏物了。

以上各項考試試卷，合計起來實在不少。　當宣統元年內閣檔案初移出時，檔案與試卷分置兩處。　檔案之類置於國子監南學，試卷之類置於學部大堂後樓，其數量之鉅，亦可想見。　此項試卷歷來散佚很多，現存歷史博物館籌備處者，約三十餘箱，共一萬餘件。　史言所僅存數捆，而破爛者尚居多數。

九　瀋陽舊檔

清代內閣，原由瀋陽文館，內三院沿襲而來。　光緒會典事例卷十一內三院沿革說：

　　　天聰三年設文館於盛京，十年改文館爲內三院。……　順治二年以翰林院官

分隸內三院，稱內翰林國史院，內翰林祕書院，內翰林宏文院。　十五年改內三院爲內閣，大學士俱改內閣銜。　十八年復改內閣爲內國史院，內祕書院，內宏文院，裁翰林院。　康熙九年仍改內閣，另設翰林院，如舊制。

內閣檔案中瀋陽舊檔，大概就是隨內三院入關時，一併移入。　現存瀋陽舊檔數量固屬不多，但其中大部分都是重要的史料，而且大部分都已印行了。

滿文老檔爲開國期惟一的官撰記錄。　崇謨閣漢文舊檔中，有天聰六年楊方興條陳時事疏說：

> 我金國雖有榜什在書房中，日記皆係金字而無漢字。　皇上卽（旣）爲金漢主，豈所行之事，止可令金人知，不可令漢人知耶。

清初文館原稱書房，崇謨閣奏疏稿有書房相公書房秀才等稱，此疏說：「榜什在書房中」；蓋書房爲原名，文館乃後來的改定。　後來淸內廷有南書房，大概卽沿襲於此。　金字卽無圈點滿文，又稱老滿文。　當時稱滿文老檔爲日記，似與後來的起居注相當。　王本東華錄天聰五年十二月載：

> 上（太宗）幸文館，入庫爾纏直房，問所修何書？　對曰：「記注上所行事」。　上曰：「如此，朕不宜觀」。

據此可見滿文老檔，出於當時記載，所以還能保存最質實的記錄。　同時開國期史事，除此以外，又沒有別人載筆，所以滿文老檔實爲開國期的根本史料。

滿文老檔有無圈點滿文，卽老滿文，與有圈點滿文，卽新滿文兩種。　史言所檔案中，有乾隆四十年三月二十日大學士舒赫德等趕辦老檔奏本說：

> 本年二月十二日，奏明將內閣大庫恭藏無圈點老檔三十七本，交國史館纂修等官，加增圈點，照緊趕辦，陸續進呈。……　查老檔原頁共計三千餘篇，今分頁繕錄，並另行音出一分；篇頁浩繁，未免稽延時日。　雖老檔卷頁，前經裱托；究屬年久糟舊，恐日久摸擦，所關甚鉅。　必須迅速趕辦，敬謹寫藏，以昭愼重。

關於滿文老檔的原本，及乾隆時增加圈點，及另行繕錄各本，現在都已陸續發見。　據日本內藤虎調查，瀋陽故宮崇謨閣共藏有老滿文本新滿文本各一部，每部皆二十六套，一百七十九本。（按文獻館發見的重鈔本老檔，每部二十六套，一百八十本，內

藤說似有誤。）　文獻館近來清理東大庫檔案，也發見了同樣的寫本。　方甦在讀了
內閣檔案之由來及其整理以後，（見大公報文學副刊一百八十三期），文內說：

　　滿文老檔，……我們在內閣東大庫裏發見了兩部。　一部是紙皮紙套，草寫
本，式略小；一部是黃綾皮黃綾套，正寫本，式略大。　黃綾大本的，為無圈
點滿文，及加圈點滿文各一份，每份二十六套，計天命十套，天聰十套，崇德
六套。　紙套小本的，也是無圈點滿文，及加圈點滿文各一份，不過每份只有
天命十套，天聰十套，　尚缺崇德的一部份。　（原注現在東大庫尚未清查完
竣，將來也許要找全）。

據此現存滿文老檔，合老滿文新滿文兩種本子計算，已有七種之多，當時對於這種史
料的重視，也可以想見了。　原本老檔三十七本，後來文獻館又在東大庫裏發現了，
都是裱托過的，與乾隆時所見無異。

　　滿文老檔之外，漢文太祖實錄圖，又稱滿洲實錄，成於天聰九年八月，太祖武皇
帝實錄（太祖，崇德元年諡為武皇帝，後於康熙元年，改諡為高皇帝）成於崇德元年
十一月。　這兩部實錄，都成於瀋陽朝廷，其質實的程度，當與滿文老檔，相去不
遠。　太祖實錄圖原本，存佚已不可考，乾隆時重繪兩部，現在一存文獻館，一存崇
謨閣。　太祖武皇帝實錄，現在存文獻館。

　　崇謨閣又存有漢文舊檔，據內藤氏調查共有寫本六冊，其中重一冊，實止五冊。
其內容可分為三種：

　　（1）各項稿簿一冊　蒐錄天聰二年九月至五年十二月各項往來文書。
　　（2）朝鮮國來書簿三冊　第一冊起自天聰元年至八年十二月，第二冊起自天聰
　　　　九年至崇德四年十二月，第三冊僅崇德五年六月分。
　　（3）奏疏一冊　自天聰六年正月至九年三月諸臣奏疏。

此項舊檔，似為當時文館，或內三院輯錄進呈之件。　或因當時存貯瀋陽宮中之故，
遂未能與其他舊檔一同移入內閣。　因此這些漢文舊檔，反得保存於今。　其中有些
為實錄所未採，有些雖為實錄所採，而經過一番修飾之後，也與原來面目不同。

　　瀋陽舊檔除以上各項檔案以外，據書檔舊目目十二，目十六，及內閣大庫檔冊所
載開國期的檔案，我們曉得其中還有許多天聰崇德間的文書稿簿等。　史言所所藏檔

案，原是多次選擇以後殘餘的碎爛檔案；而這些文書稿簿，因爲形式的不整齊，及年代過久的緣故，所以大部分都雜入這些碎爛檔案之內。　我們現在整理所得，有些可以與上面所舉的目錄，及崇謨閣漢文舊檔中一二兩項相互印證，有些還在這些目錄，與漢文舊檔之外。　這些檔案，多屬當時文書的正本，如天命年老滿文誥命，天聰崇德間的奏疏表箋，天聰時致大明皇帝書，致明列公書，袁崇煥來書，毛文龍來書等，都是歷史上最重要的文件。　內藤氏據光緒二年淸查東大庫底檔，推知內閣大庫中關於開國期史料，可以與老檔相匹敵，或竟在老檔之上；我們現在可以證實他的話是不錯的。

以上各種檔案，崇謨閣滿洲實錄由遼寧通志館影印，太祖武皇帝實錄，由文獻館印行，滿文老檔，淸史館曾譯爲漢文，由金梁擇要輯錄爲滿洲老檔祕錄印行，崇謨閣漢文舊檔中各項稿簿，由日本史苑雜誌，陸續印行，天聰朝奏疏，由羅振玉刊入史料叢刊初編中，史言所所存各項檔案，大部分已刊入明淸史料第一本，及第七本中。這些重要的史料，現在大部分都已刊行，關於這一類的檔案，大概已可全部供給學者利用了。

十　內閣所藏書籍及其與文淵閣的關係

史言所在整理檔案時，得宋元本書殘篇一千餘葉，及明淸以來省府縣志殘本殘稿多種，其他殘編賸簡，不可勝計。　凡此皆出自內閣大庫書籍表章庫，而爲學部圖書館接收時，所遺之物。

從前我們認爲內閣藏書，卽明代文淵閣所遺。　我們論內閣藏書，總以文淵閣書目內閣書目玉簡齋叢書本大庫檔册，　及內閣大庫書檔舊目內關於書籍之目，　相互比勘。　這實在是一個錯誤的觀念。

明代文淵閣的所在，在淸初箸述中，已不能質言其地。　乾隆時阮葵生箸茶餘客話說：

　　文淵閣無其地，編質之先輩博雅諸公，皆無以答。　王白齋司馬，申笏山光祿，皆以爲在大內，亦是臆度之詞，予意今之內閣大庫，彷彿近之。

阮氏疑內閣大庫卽明代文淵閣，其說至當。　中書典故彙紀引可齋筆記說：

　　文淵閣在午門之內迤東，文華殿南。　磚城凡十間，皆覆以黃瓦。　西五間
中揭文淵閣牌，牌下置紅櫃，藏實錄副本，儘前楹設櫈，東西坐。　餘五間皆
後列書櫃，隔前楹，爲退休之所。

此爲明人舊說。　後來孫承澤春明夢餘錄所記情形，又略有不同。　孫氏說：

　　大學士直舍，所謂內閣也，在午門內東南隅。……　閣制初甚隘，嘉靖十六
年命工相度，以文淵閣中一間奉孔子暨四配像，旁四間各相間隔，開戶於南，
以爲閣臣辦事之所。　閣東誥敕房裝爲小樓，以貯書籍。　閣西制敕房，南面
隙地添造捲蓬三間，以處各官書辦，而閣制始備。　（中書典故彙記引瑣綴錄
說，選能書者處以閣之西小房，謂之西制敕房，諸學士則居閣之東五楹，專管
誥敕具稿；據此知西制敕房係一小房，仍當在西五間內。）

孫氏崇禎進士，後仕於清，所記當不誤。　合此數條觀之，疑內閣大庫之東庫，當卽
明代之文淵閣。　可齋筆記所稱磚城十間，正與今東庫同。　其時東庫東西五間，均
未裝樓。　西五間卽文淵閣所在，兼藏實錄副本，後來實錄庫卽肇端於此。　東五間
列書櫃，至明末孫氏所見則更裝爲小樓，以貯書籍，當卽後來之書籍表章庫。　文獻
館藏有三禮館收到書目檔，爲乾隆元年到四年收到各方面的書籍目錄，其中有一條
說：

　　乾隆三年正月取到文淵閣三禮編釋九本不全，唐六典四本不全，禮書十八本
不全。

那時還沒有庋藏四庫全書的文淵閣，此所取到各書，當卽書籍表章庫中物，是乾隆初
年還遝稱東庫爲文淵閣，其淵源明白如此。　至文淵閣名稱湮沒，要亦有故。　順治
二年以翰林官分隸內三院，稱內翰林國史院，內翰林祕書院，內翰林宏文院，其時內
三院衙署，或卽設於翰林院內。　及順治八年正月始移紫禁城內。　中書典故彙記引
曹習菴宰輔拜罷小志云：「順治八年正月，移內三院衙署於紫禁城內」　據此知清
初閣臣已不居明文淵閣舊地，以故易世之後，遂至不能質言其地之所在。

　　內閣大庫雖上承明文淵閣之舊，然閣中所藏，在明末時已移置內廷中。　中書典
故彙記載梁維樞內閣藏書目錄題詞說：

　　崇禎十一年，上命盡取閣中書籍，置乾清宮御覽。　因命維樞校理纂釋，照

經史子集分部外，復加十四部，倣讀書志作題解，以便御覽。　乃錄此目，幷錄舊書目題冀冠其首。　進呈後，拜疏請詔搜求四方書籍，奉旨允行。　維樞就除禮部，竟不果行。　簡策未興，璧奎無色，請求無力，　樞竊追悔溺其職焉。

據此知明末內閣藏書曾移置乾清宮內，乾清宮後爲李闖所燬，文淵閣書籍的散佚，這大概是最重要的原因。　據趙萬里先生說，所見明文淵閣遺書，前有文淵閣朱印，後有萬曆三十三年孫能傳校訖朱闌直行楷書印，今北平圖書館所藏學部圖書館接收內閣之書，均無此兩印，知已非明文淵閣物。　此說證以天祿琳琅題記有文淵閣朱印語，知爲可信。　然或者因此疑明末文淵閣已燬於火，則又非是。　錢謙益有學集黃氏千頃堂藏書記說：

> 自宋迄今五百餘載，館閣祕書存亡聚散之跡，可按而數也。……　大將軍中山王之北伐也，盡收奎章內府圖籍，徙而之南。　北平之鼎旣定，則又輦而之北。　以二祖之聖學，仁宣之右文，訪求遺書，申命史館，歲積代累，二百有餘載。　一旦突如焚如，消沈於闖賊之一炬。　內閣之書盡矣，而內府祕殿之藏如故也。

錢氏雖當鼎革之際，但其所居遠在江南，所言得之傳聞，遠不如梁氏題詞，自述其承命校理之可信。　當時「內閣書盡」，當卽移藏大內之故。　錢氏所說，適得其反。乾隆時欽定的日下舊聞考卷六十二案語說：「舊文淵閣……明時已燬於火」，其談似本於錢氏。

據春明夢餘錄說，文淵閣在嘉靖中曾罹火一次：

> 文淵閣係中祕藏書之所，……嘉靖中閣災，書移通籍庫及皇史宬。

此次火災損失，當不甚重，故萬曆三十三年孫能傳等尚能就閣中所藏，重編爲內閣書目。　至明末文淵閣藏書，雖入大內，疑亦不能盡行取去。　其殘編零簡，留於閣中，亦意中事。　此如學部圖書館接收內閣書籍時，其事正復相似。　王士禎古夫于亭雜錄說：

> 國初曹貞吉爲內閣典籍，文淵閣書散失殆盡。　貞吉檢閱，見宋槧歐陽修居士集八部，無一完者。

王氏與錢氏年輩相接，所聞已不同如此。　據以上諸證斷之，王氏所說，當得其眞。

　　內閣藏書雖以明文淵閣殘餘書籍做底子，但此類殘餘，恐已無幾。　內閣大庫舊檔書目目六目七著錄之書　六千餘册，多爲內閣書目所無。　故內閣藏書，大部分都爲後來脩書各館徵集之物。　據前所述淸代修書各館隸內閣的很多，凡此修書各館於纂脩竣事之後，例將所有書籍檔案，移交內閣收貯。　如書檔舊目目九爲奏議館收貯各省督撫送來奏議文集碑文志書等項目錄，目十八三朝書單，目十九館中所貯書簿，爲淸初國史館的檔案，目十一有餘字號櫃三禮館書籍，國史館交來亂書，會典館交來書籍等目，文獻館在內閣檔案中，也曾發見許多寶錄館會典館及三禮館的檔案。　凡此種種，皆內閣書籍陸續增加的重要原因。　此外也有內廷發來的書籍，內閣也有自行採辦的書籍。　如書檔舊目目八，有內發出書目一項，目十三釋道書籍總檔，署檢查紅本處辦，並分列初辦第一次，續辦第二次，第三次，第四次，第五次諸目，又目十四有續辦第七次部册俱全書目，續辦第八次書諸目，據書檔舊目叙錄說，也是檢查紅本庫物，檢查紅本處官書中無記載，當屬內閣。　凡此各項書籍之入內閣，在內閣檔案中都有明白的記載。

十一　整理檔案的意義及將來的計劃

　　史料來源，當然不限於檔案，而檔案卻是一切史料當中，最重要的史料。

　　一切檔案，都可當史料看待。　尤其是過去的史家，他們於正史紀傳之外，備載禮樂，律歷，五行，災異，經籍，藝文，天文，地理，百官，食貨，諸志。　像這一類的史料，無一不可在檔案裏搜尋出來。　所以過去的史家，對於檔案，到也是很注意的。　例如淸代國史編纂，大部分都以檔案爲依據。　光緒會典事例卷一千十四，六科項下載：

　　　　（順治）六年奏准，臣民章奏，天語批答，應分曹編輯，以垂法戒，備章
　　　程，爲纂修國史之用，令六科每月錄送史館，付翰林官到任編纂。

此項編纂條例，大概都有所沿襲。　據春明夢餘錢引明張居正疏說：

　　　　………宜令講官日輪一員專記起居，錄聖諭，詔敕，册文，及內閣題移。　其
　　　朝廷政事，見諸司章奏者，另選年深，文學素優，史官六員，編纂。……　其

諸司章奏，該科奉旨發部，即全鈔送閣，轉發史館。…… 每月終史官編草稿
爲七册，一起居，六册六曹，於册面記年月，記史官姓名，送閣驗訖，即投小
櫃，用文淵閣印封鎖。 歲終內閣同各史官開取各月草稿，收入大櫃，印封如
前，永不開視。

據此知舊史纂修，已經是不能離開檔案了。

雖然舊史所錄檔案，經過選擇删節或改竄之後，當然不及原本的可信。 現在我
們重行整理這些檔案，也就是利用原本史料，將舊史重行校對一番。 我們曉得清初
實錄，曾經數次塗改，同時又大興文字之獄， 屢申禁書之令， 凡與實錄相抵觸的史
料，無不摧毁殆盡。 易世之後，往日違碍禁書，稍稍間出， 然存者不過千百之十
一。 而此數百載嚴扃之大庫祕藏， 其中有未經塗改的實錄， 有兩次塗改的實錄殘
稿，有瀋陽移來的開國期舊檔。 我們不但藉此可以看到實錄的底本；我們還可以利
用瀋陽舊檔，來校對這個底本。

因爲歷史觀念的變遷，我們選擇史料的標準，也跟著改變了不少。 我們現在所
需要的史料，乃關於社會全體的多方面的記錄。 我們不但把歷史的範圍重行規規定
了，我們記述的體裁也更爲嚴密了。 我們如果叙寫一事件，我們決不以這一事件的
本身自爲起訖。 我們要探其發生原因，與其影響所及。 我們以爲凡是歷史，都是
具有連續性的，歷史上往往以此事件之果，爲彼事件之因，因果互嬗，無有已時。
我們現在非於舊史料之外，多集史料，參互比觀，則不能明其因果互嬗的關係。 這
些史料，往往存於舊史所刊落的史料當中。 我們如其求史料於舊史，我們毋甯求之
於舊史所依據的史料；如檔案之類，我們決不能任其輕易的逸去。

我們整理檔案的意見如此。 這總不算是侈想罷。 雖然，就我們的實際工作成
績來講，這又未嘗不是一種侈想。 當我們走進檔案儲存的地方，我們對於這些檔案
的龐大的體積，我們總不免有點惶惑。 我們總覺得我們的力量太不夠了。 我們雖
然把我們的範圍儘量的收小，對於那些與歷史關係較少的三法司案卷，或報銷册等，
暫且都置之不問。 其剩餘的一部分檔案，我們在短期內，也還不能就整理就緒。
我們這幾年的工作，僅僅把這些檔案粗略的按年分置，而最重要的編號編目的工作，
我們一直到現在還沒有做。 這樣的檔案，仍然是不便檢查， 不能供史家充分利用

的。

　　我們對於檔案一方面雖覺得材料太多，不易整理，同時又覺得像這同樣的材料，現在分置三四處地方，材料不能集中，研究起來又要感覺材料的不夠。　因而我們很懷疑這些檔案，決不是一個機關，或一小部分人所能辦得了的。　依我的愚見，我很期望這幾個收藏檔案的機關，把這些檔案集中一處，並集中各機關的人力財力，共同整理一番。　同時更希望其他方面的學者，也來參加這個工作。　我們覺得這樣鉅量的檔案，全部保存，實在不是一件容易的事。　而且有許多檔案，實在也無須保存的。　如果因為要全部保存，使重要檔案與不重要檔案，一同保存於不完備的設備之下，而任其逐漸淘汰，自然毀滅，不如經過多數學者鑑定一番，選其重要的，存儲於完備的庫藏中，其較次之複本，或無須保存之件，也不妨分贈於各省縣地方圖書館，博物館，以供各地方學者的參考。　我這個提議，雖然陳義不高，但實行起來困難實多，或竟是做不通的一件事。　這裏我要鄭重聲明，這僅是我個人的意見，並不代表任何方面，希望讀者不要誤會。

　　現在就我們目前的計劃講，我們最近第一步工作，就是要將已經整理上架的整齊的檔案，編號編目，同時選擇其中重要的，分類編印為明清史料乙編。　其餘破碎的，及首尾殘缺的檔案，以我們現在的有限的人力財力，當然不能同時舉行，這些檔案的整理，只好留待以後再說了。

出自第三本第四分（一九三三年）

花月痕的作者魏秀仁傳

容　肇　祖

引　言

　　花月痕，舊傳爲江南名士作，謂“著者爲江南名士，游鼎秦中，主人某太守，擁宦囊極豐，又耽於聲色，慕名士詩才，延之幕中，命侍姬及女公子輩，從之學詩。　然每月祇授課一二小時，且亦有數日不至書室者，故名士從容唸歎，顔有餘閒，星晚露初，客懷寂寞，則往往譔小說以自遣，命名曰花月痕。　書成及半，太守偶至書房，無意中翻檢得之，讀而狂喜，促名士速竣其事，謂成書一卷，立贈五十金，幷盛筵一席，蓋知名士性落拓，不如是，恐半途而廢，永無殺青時也。　名士勉從所請，不半年而書成，有人攜之南中，不及鏤版，卽以鉛字印行。”（需顧隨筆，引見蔣瑞藻小說考證卷八。）　這說不可信者，可證明的有兩點，一作者魏秀仁爲福建侯官人，却非江南名士，花月痕中的主角韋癡珠亦說係東越人（見第二回）；一作者所依爲陝西巡撫王慶雲，却不是太守。　需顧要證明江南名士爲何人，引謝枚如題魏子安所著書後五絕三首，一爲石經考，一爲陝甘出館詩話，一卽花月痕小說，謂“謝枚如名章鋌，福建長樂人，光緒丁丑進士，官內閣中書，著有賭棋山莊詩集若干卷，魏君旣與同時，或亦係同光朝人云。”（需顧隨筆，見同上。）　不知魏子安是福建人，非江南名士；雖長謝章鋌一歲，而却卒于同治之末，未到光緒時。花月痕作者自序作于咸豐戊午暮春，書常卽成于這年。　小奢摩館脞錄說道，“花月痕一書，相傳爲湘人某作，非也。　蓋實出於閩縣魏子安晚年手筆。子安早歲負文名，長而游四方，所交多一時名士。　喜爲狹邪遊，所作詩詞駢儷，尤富麗瑰縟。　中年以後，乃折節學道，治程朱學最邃，言行不苟，鄕里以長者稱。　一時言程朱者宗之。　晚歲則事事爲身後誌墓計，學行益高，唯時念及早歲所爲詩詞，不忍割棄，乃託名眠鶴主人，成花月痕說部十六卷，以

前所作詩詞，盡行填入，流傳世間，即今所傳本也。　子安與謝枚如章鋌同時，故卷首有枚如題詞。　友人林浚南爲枚如所最稱賞，親侍謦欬，曾爲余言及此。"（引見小說考證卷八。　這說亦有不盡然的。　證以謝章鋌賭棋山莊文集卷五魏子安墓誌銘，便知這裏所說的話，根本可疑的有兩點，一則云"治程朱學最邃，……一時言程朱者宗之，"何以墓誌銘裏絕不提及？　一則云"晚歲爲身後誌墓計……念及早歲所爲詩詞，不忍割棄，……成花月痕說部十六卷，"以墓誌銘所記，考定魏秀仁之年歲，以花月痕的自序所紀的歲月證知這書著作的年月，那時魏秀仁不過四十歲，他共活着五十六歲，不能說爲晚年？　此外花月痕前有棲梧花史小傳，紀歌妓劉栩鳳事，花月痕裏所寫的劉梧仙字枚痕，即是這人，書末的一段戲曲，總括大意，也是爲這人寫的。　全書便是從棲梧花史小傳演出，雖然內裏的詩詞堆塞太多，有衒賣文彩之譏，然而根本幷不是爲着保存早歲詩詞而作，是很顯然的。　雷瑨蓮筆又說，"書中韋癡珠或言影李次青，然事跡殊不合。　韓荷生，或謂即左宗棠，雖有相似處，亦未能畢肖。　要之小說結構，大都眞僞雜糅，虛實互用，興之所之，自爾成文，固不必膠柱鼓瑟以求也。　影李次青與左宗棠之事，由確知作者魏秀仁的生平，可以證明絕沒有這囘事。　魯迅中國小說史略說道："卷首有太原歌妓劉栩鳳傳，謂'傾心于逋客，欲委身焉'，以索值昂中止，將抑鬱憔悴死矣，則秋痕蓋即此人影子，而逋客實魏。　韋韓，又逋客之影子也。　設窮達兩途，各擬想其所能至，窮或類韋，達當如韓，故雖寓一己，亦遂離而二之矣。"　我以爲這話雖然說的很象，但是作者所處的時代，正在洪楊割據的時期。　作者所依倚者爲王慶雲，爲人醇謹，由順天府尹而授陝西巡撫，歷山西巡撫，四川總督，僚幕相隨多年，曾未得一官半職。　而曾國藩及他人等的僚幕，飛揚騰達者正多，其得意正如所說的韓荷生。　謝章鋌魏子安墓誌銘所謂"其抑鬱之氣無所發舒，因逌爲稗官小說，託於兒女子之私"，是也。　然則韋以自喻，韓喻別人，魯迅所說設窮達兩途以寓一己，未必然也？　魯迅中國小說史略又說道，"子安名未詳，福建閩縣人"然而子安名秀仁，籍侯官而非閩縣。　至今相去不過百年，而姓名籍貫已難詳如此，故詳考魏秀仁的生平而

為之傳。　　民國二十二年二月肇祖記。

魏秀仁，字子安，一字子敦，福建侯官人。

以上據謝章鋌魏子安墓誌銘（賭棋山莊文集卷五。　以下簡稱"墓誌銘"。）

嘉慶二十四年己卯（公曆1819），秀仁生。

肇祖案墓誌銘說，"年二十八，始補弟子員，即連舉丙午鄉試。"　丙午爲道光二十六年（1846），以是年年二十八推之，即生於嘉慶二十四年。

父本唐，號又瓶，以這年中鄉試己卯科第一名解元。　而秀仁實爲其長子。

墓誌銘說，"父本唐，歷官教職，有重名，世所稱爲魏解元者，君其長子。"　同治修本福建通志卷百六十四選舉，嘉慶二十四年己卯魏本唐榜，福州府魏本唐下注云，"第一名。　直隸知縣，改任臺灣訓導，永安，上杭教諭。"
謝章鋌賭棋山莊文集卷二有"魏又瓶先生愛卓齋集序"，說道，"先生舉鄉試第一，謁選得縣令，不就，歸爲學官，持師道自重，尤勤於讀書，九經三史，點注屢徧。　發之於文，博而不見其雜也，容而不見其靡也。　氣勁而言有物有則，於劉董爲近。　彼貌襲者烏足以知之。"

道光元年辛巳（1821），秀仁年三歲。

道光十六年丙申（1836），秀仁年十八歲。　父官於外，任永安縣訓導，上杭縣教諭。秀仁盡傳家學，而獨不利於童試。

福建通志卷百十二職官永安縣訓導"魏本唐"下注云，"道光十六年任。"
福建通志卷百十五職官上杭縣教諭"魏本唐"下注云，"道光十六年任。"
墓誌銘說，"盡傳其家學，而獨權奇有氣，少不利童試。"

道光二十年庚子（1840），秀仁年二十二。　父改任臺灣縣訓導。

福建通志卷百十七臺灣縣訓導"魏本唐"下注云，"道光二十年任。"
又卷百十二永安縣訓導魏本唐下有劉岱封，注云"二十一年任。"　卷百十五上杭縣教諭魏本唐上有何鄉武，注云"二十一年任。"　可證魏本唐兼任永安縣訓導，上杭縣教諭兩職，至道光二十年，五年任滿，故兩職皆易人繼任。　而魏本唐則遷任臺灣縣訓導也。

道光二十五年乙巳（1845），秀仁年二十七。　父任臺灣縣訓導五年，至這年任滿。
謝章鋌墓誌銘所謂"當是時，敎諭君官於外，失人持家務，諸婦佐饔飧，兄弟抱書，
互相師友，家門方隆盛。"　卽指這時。

　　福建通志卷百十七臺灣縣訓導魏本唐下有陳景蕃，注云"二十五年任。"　則魏
　　本唐以這年任滿可知。

道光二十六年丙午（1846），秀仁年二十八，始進縣學，卽連中丙午科鄉試舉人。

　　墓誌銘說道，"年二十八，始補弟子員，卽連舉丙午鄉試。……家門方隆盛，
　　君復才名四溢，傾其儕輩，當路能言之士，多折節下交，而君獨居深念，忽高
　　視遠矚，若有不得於其意者。"

道光二十七年丁未（1847），秀仁年二十九。　是年舉行丁未科會試。

道光三十年庚戌（1850），秀仁年三十二。　這年正月，清宣宗崩。　舉行庚戌科會
試。　洪秀全舉兵起義，亦在這年。　王慶雲以曾國藩保薦，由通政副使擢詹事，署
順天府尹。

咸豐元年辛亥（1851），秀仁年三十三。　洪秀全稱太平天國天王在這年。　王慶雲授
戶部侍郎，仍署府尹。

咸豐二年壬子（1852），秀仁年三十四。　是年舉行壬子恩科會試。

咸豐三年癸丑（1853），秀仁年三十五。　是年舉行癸丑科會試。　洪秀全據金陵。
十一月，王慶雲爲陝西巡撫。

　　肇祖案墓誌銘說，"旣累應春官不第，乃遊晉，遊秦，遊蜀。　故鄉先達與一
　　時能爲禍福之人，莫不愛君重君，而卒不能爲君大力。"　疑道光丁未，庚
　　戌，咸豐壬子，癸丑各科，秀仁皆參與會試，不第。

　　文壇百話說道，"閩縣王文勤慶雲撫晉，子安客幕中，花月痕卽其時所作。"
　　（見范烟橋中國小說史引。）　肇祖案福建通志卷百六十四，載王慶雲爲嘉慶二
　　十四年魏本唐榜舉人。　魏秀仁會試入都，想當以同鄉及父親同年的關係往見
　　王慶雲？　王慶雲爲順天府尹時，疑秀仁或在其幕府中？　此後慶雲爲陝西巡
　　撫，爲山西巡撫，爲四川總督，疑秀仁皆在其幕中？　謝章鋌墓誌銘所謂"乃
　　遊晉，遊秦，遊蜀，"疑遊秦在遊晉之先，語略倒轉。　謝章鋌賭棋山莊詩集

卷十二哭子安詩第二首自注云，"子安客川陝十數年"，實在是先陝後川，語亦先後倒轉。　所云川陝十數年，縱使不是在王慶雲作順天府尹時爲幕客，想亦是這年隨王客陝西。　由這年到咸豐十一年囘閩，不過九年，所云十數年，疑舉大數言之？　或者自道光二十七年或三十年會試不第後，旅京未返閩，作客十數年，謝章鋌舉其旅居最久之川陝爲目，而略去燕晉兩地？　實則幷燕陝晉川四處作客，緫可計得十數年也。

咸豐四年甲寅(1854)，秀仁年三十六歲。　十一月，王慶雲遷任山西巡撫，秀仁客其幕中。

文壇百話說，"閩縣王文勤慶雲撫晉，子安客幕中"，語頗可信。　故據以列入。

咸豐七年丁巳(1857)，秀仁年三十九歲。　六月，王慶雲擢任四川總督，秀仁隨幕入四川。

肇祖案上述王慶雲任職年月，皆據清史稿卷二百一十本傳，及疆臣年表所載。秀仁旣客王入晉幕，則入四川爲隨王作幕可知。　文壇百話說花月痕爲秀仁客晉幕時所作，語似有據。　案花月痕卷首有棲梧花史小傳，所叙劉栩鳳流轉太原爲歌妓，如果是事實，則是他在山西幕府時所聞；或者逭客是影寫自己時，則又是在這時期的親身經歷。　花月痕一書，疑由這年寫起，入蜀後次年方完成。　眠鶴山人自序題爲"咸豐戊午暮春之望"，棲梧花史小傳亦題"戊午暮春望前一日定香主人撰"，皆在秀仁離山西後的一年，可證他在山西幕時，或者眞的是多情善感之時也？

咸豐八年戊午(1858)，秀仁年四十。　主講成都之芙蓉書院。　三月，花月痕小說成，自爲之序，並爲棲梧花史小傳。

墓誌銘說，"君見時事多可危，手無尺寸，言不見異，而亢髒抑鬱之氣無所發舒，因循爲稗官小說，託於兒女子之私，名其書曰花月痕。　其言絕沈痛，閱者訝之，而君初不以自明，益與爲惆悅諂譀，而人終莫之測。　最後主講成都之芙蓉書院，於是君年四十矣。"

咸豐九年己未(1859)，秀仁年四十一。　是年王慶雲兼署成都將軍。　四月，王慶雲

遷兩廣總督，行次漢陽，以病乞罷·得免職。

咸豐十年庚申（1860），秀仁年四十二。　英法聯軍破天津，入北京，清帝避難熱河。疑秀仁這幾年的境遇頗不好。

　　墓誌銘說，"劇賊起粵西，蹂躪湖南北，盤踞金陵，浙閩皆警。　閉問累月不通，君懸目萬里，生死皆疑。　既而弟殉難，既而父棄養，欲歸無路，仰天椎胸，不自存濟。　而蜀寇蠢動，焚掠慘酷，資裝俱盡。　挾其殘書稚妾，寄命一舟，偵東伺西，與賊上下。"

咸豐十一年辛酉（1861），秀仁年四十三。　是年歸至閩。　始授徒自給。

　　謝章鋌墓誌銘說道，"咸豐中，予歸自永安，羸病幾死。　稍間，或言曰，'魏子安至自蜀矣。'　予躍然，乃就君而謁焉。　君時困甚，授徒不足以自給，而意氣自若。　一見如舊，踪跡日益親。"　又案謝章鋌賭棋山莊文集卷二與炯甫書說道，"今年四十有三矣，……舊年寄跡永安大嶺，其地四山環抱，甓居穴處，瘴氣塞戶牖，不及百日，一病幾死。"　謝章鋌生於嘉慶二十五年，少秀仁一歲。　謝四十三歲時為同治元年（1862），所云舊年，則咸豐十一年也。　上云咸豐中，即指這年，可從謝章鋌之病在永安證之，由此可證秀仁歸至閩之年為咸豐十一年。

同治元年壬戌（1862），秀仁年四十四。

　　謝章鋌賭棋山莊文集卷二有與魏子安書，列在與炯甫書之後，與炯甫書作於這年，疑與魏子安書亦作於這年。　又與魏子安書論及秀仁之父的文集，與炯甫書前有魏又瓶先生愛卓齋集序，即序其父的文集也，疑都作於這年。　序末有云，"子安與余皆窮約不得志，果何術以張先生之業，因相與太息而不能已也。"　則魏本唐的愛卓齋集在當時是沒有能力去刻印的。

　　謝章鋌賭棋山莊詩集卷七有贈魏子安（秀仁）詩，說道，"一代才名魏子安，奇書百輩快傳觀。　如何長向風塵下，不遣文章付寫官？"

又同卷七夕寄子安云，"杼柚何因唱大東，蕭疏星月暗寒空。　天孫自抱支機石，不管人間雨又風。　沈車何意見滂沱，孤負秋雲薄似羅。　借問九張機畔錦，折枝花樣近如何？"　這些詩，疑在這兩年中作。

同治二年癸亥（1863），秀仁年四十五。　　謝章鋌有留別魏子安詩。

　　賭棋山莊詩集卷八留別魏子安詩說道，"張劉俱盡後，破涕忽逢君。　茅屋十年月，琴臺一片雲。（原註：子安前年自蜀歸。）　得歸同養拙，此去忍離羣。寸管猶餘熱，登堂憶論文。　所恨非年少，平生缺憾多。　何方堪負米，近日少狂歌，試問他山石，誰迴滄海波，　冰心貯熱血，噴勃待如何？"

同治八年己巳（1869），秀仁年五十一。　　就館建甯之小湖？

　　賭棋山莊詩集卷十一有寄子安詩，序云，"時君就館建甯之小湖。　君昔游秦，其故舊若陳梅莊刺史，王葭生司馬，今皆作古人矣。　君書來，感慨及之。"　詩云，"關門紫氣告崢嶸，十載憐君叱馭行。　累次干戈銷往蹟，無多故舊識高名。　何由倒屣迎王粲，且去當壚澗馬卿。　太息小湖煙水闊，迢迢離夢話平生。"案這詩後第二首題爲"己巳五十初度"，疑秀仁以這年就館建甯之小湖。

同治十三年甲戌（1874），秀仁年五十六歲。　　挈家之延平，卒于延平。

　　墓誌銘說道，"今年春，予之漳州，君挈家之延平。　予與君約，予幸得早歸，當買舟西上，作十日歡。　乃君解裝不及旬而竟長往矣。　悲夫！"

　　又說道，"君既歸，益寂寞無所向，米鹽瑣碎，百憂勞心，叩門請乞，苟求一飽。　又以其間修治所著書，晨抄暝寫，汲汲顧影若不及。　一年數病，頭童齒豁，而忽遭母夫人之變，形神益復支離，卒年五十六。"

　　賭棋山莊詩集卷十二哭子安詩說道："蓋棺長已矣，八口命孤懸。　莫恃文章貴，長祈子弟賢。　勞生原不樂，相見更何年。　同作皋比客，龍蛇夢獨先。　憂樂兼家國，千夫氣不如。　亂離垂死地，功罪敢言書。　將母情初盡，還山願竟虛。　幽光終待發，試看百年餘，（原注：子安客川陝十數年，身經喪亂。　其咄咄錄，詩話，等書，皆草創於是時。　君歿時尚在母喪。）"

秀仁"性疏直，不齷齪，既數與世齟齬，乃摧方爲圓，見俗客亦謬爲恭敬周旋，惟恐不當。　顧其人方出戶，君或譏誚隨之。　家無隔宿糧，得錢輒沽酒歡會，窮交數輩，抵掌高論，君目光如電，聲如洪鐘，嬉笑諧謔，千人皆廢。遇素所心折者，則出其書相質證。　或能指瑕蹈隙，君敬聽唯唯，退卽籌燈點竄，不如意，則盡棄其舊。

蓋其知人善下，精進不吝，有如此者。"（墓誌銘。）

秀仁著書頗多，除花月痕小說外，謝章鋌魏子安墓誌銘記其所作，有三十三種，茲列
于下：──

　　　　陔南石經考四卷

　　　　熹平石經遺文考一卷

　　　　正始石經遺文考一卷

　　　　開成石經校文十二卷

　　　　石經訂顧錄二卷

　　　　西蜀石經殘本一卷

　　　　北宋石經殘本一卷

　　　　南宋石經殘本一卷

　　　　洛陽漢魏石經考一卷

　　　　西安開成石經考一卷

　　　　益都石經考一卷

　　　　開封石經考一卷

　　　　臨安石經考一卷　　・

　　　　陔南山館詩話十卷

　　　　咄咄錄四卷

　　　　蹇蹇錄二卷

　　　　彤史拾遺四卷

　　　　三朝讜論四卷

　　　　故我論詩錄二卷

　　　　論詩瑣錄二卷

　　　　丹鉛雜識四卷

　　　　榕陰雜掇二卷

　　　　蠶桑瑣錄一卷

　　　　湖壖閒話一卷

懲惡錄一卷

幕錄一卷

巴山曉音錄一卷

春明撫錄四卷

銅仙殘淚一卷

陔南山館文錄四卷

陔南山館駢體文鈔一卷

陔南山館詩集二卷

碧花凝唾集一卷

關於上述的著作，謝章鋌所說及的，茲更彙記于下：——

咄咄錄：墓誌銘說，"君憤廉恥之不立，刑賞之不平，吏治之壞，而兵食戰守之無可恃也，乃出其聞見，指陳利弊，慎擇而謹發之，爲咄咄錄。"

陔南山館詩話：墓誌銘說，"復依準邸報，博考名臣章奏，通人詩文集，爲詩話，相輔而行。"　又賭棋山莊詩集卷八題子安所著書後云："詩史一筆兼，孤憤固無兩。　扁舟養羈魂，亂離憶疇曩。　匪惟大事記，變風此其響。"

石經考：題子安所著書後云："夥哉石經考，煌煌美而備。　排比羅千年，刮摩極一字。　亭林雖大儒，奪席不敢異。"

花月痕小說：題子安所著書後云："有淚無地灑，都付管城子。　醇酒與婦人，末路仍如此。　獨抱一片心，不生亦不死。"　又題詞云："二十年來想見之，每聞淪落感鬚眉。　備書屢短才人氣，稗史空傳幼婦詞。　天下傷心能幾輩，此生噩夢已如斯。　聞階積葉蟲聲急，昂首秋風獨立時。"（案這詩賭棋山莊詩集中未錄，衹見于通行本花月痕前。　花月痕前又有梁鳴謙及符兆綸題詞，梁與秀仁爲同科舉人，閩縣人。　符亦與謝章鋌以詩相贈答者。　並記於此。）

陔南山館詩文集：賭棋山莊詩集卷十二爲子安商定詩文集即題其後云，"天地居然闢小湖，市門溷跡養眞吾。　風雲即逐三升意，富貴由來一字無。　始曉彼蒼培碩果，肯因濁俗泣窮途。　參苓珍重相如病，長遣靈光上畫圖。

熱腸冷手苦鬚眉，況復牢騷滿肚皮。　　誰使馬遷成謗史，非關宋玉有微詞。

雞蟲得失何須料，蠻蠻相憐各自知。　　太息卅年供笑罵，古愁拉雜一肩持。"

出自第四本第二分（一九三三年）

讀姚大榮馬閣老洗寃錄駁議

容肇祖

〔馬閣老洗寃錄一本，內分上下二卷，安順姚大榮（字儷桓）著。 民國二十三年三月出版。 自序題 "癸酉冬至"， 即民國二十二年。 所云"馬閣老"，指 "馬士英"， 從貴陽鄉人之稱。 所云 "洗寃錄"， 欲以洗刷明史等書之目爲"姦臣"也。 此書上卷，題爲 "明史以馬士英列姦臣傳誣罔不公駁議。"

其駁議之意旨，原題如下：——

論明史馬士英傳係根據孔尙任桃花扇傳奇爲底本；

論孔尙任斥馬士英爲姦臣係受左良玉家族指嗾；

論馬阮合傳須分析研究；

論目士英爲姦臣始自叛臣黄澍，左良玉，而孔尙任桃花扇遵依之，傳入內廷，王鴻緒等不便立異，史案遂成；

論士英之起用與大鋮之起用各自殊途，其表見各異，不應相提並論；

論士英擁立福王，持正效忠，觀於處置大悲一獄，即見梗概；

論士英知兵見於江北歷年戰功，驅流寇，復郡邑，禽叛將，絕非庸瑣，史紀其事，仍作昧心之談；

論士英絕無挾持宏光之迹，觀於太監王坤仍得優遊內廷，即知其不因私怨而干公議；

論童氏及王之明兩案非士英職責所能主持， 左逆稱兵， 特借清君側爲名，意在君位而不在君側也；

論士英晚節忠孝備具，不應與乞降獻媚之阮大鋮合傳。

下卷分題如下：——

瑤草遺珍（瑤草，即馬士英字。）

瑤草有令子

瑤草有佳壻

瑤草謗書

馬公士英應諡‘忠武’議

此書卷末有馬公士英應諡忠武議，在中華民國治下，而尙欲加諡號，使之比跡諸葛亮與岳飛，作者之於“馬閣老”，可謂推崇備至矣。　書成於民國二十二年，作者年七十四，自謂“髮白轉黃”，“不如詢茲黃髮”。　然證據不充而意氣之辭多，未足以推翻明史舊案也。　此篇駁議，專駁書中涉及於孔尙任者，亦“舉爾所知”云爾。〕

我所作孔尙任年譜旣印出，（載嶺南學報三卷二期），始得讀姚大榮先生馬閣老洗寃錄，覺姚先生爲其鄉先達洗刷惡名，煞費苦心而未得其辭，于是不惜以千載是非之評，爲盡出于孔尙任桃花扇傳奇之故，然後誣蔑尙任，打倒桃花扇，以爲尙任受左氏家族之指嗾，由此而爲千秋史籍之推翻。　不思一寃未洗，一寃卽鳴，來者難誣，事實具在。　謾罵無實之辭，無益于證史也。　有以吾爲孔尙任鳴寃爲不當乎？　願質高明，佇候來敎。

姚先生馬閣老洗寃錄有“論孔尙任斥馬士英爲奸臣，係受左良玉家族指嗾”，云：“尙任弄筆舞文，意在結歡巨室，故必曲加贊頌，度其入京以後，與良玉家族往來，鄉情所動。　曲阜距臨清約四百里，或以私意致託，巧構雅俗共賞之文字，代爲宣傳，不吝報酬。　雅俗共賞之文字，莫過於傳奇，而桃花扇雜劇傾動舞臺矣。”　今舉數證，以證姚先生之說之非，分列于下：──

一，孔尙任桃花扇爲尙任十餘年所經營之著作，非同受私意致託，以求報酬者。

桃花扇後尙任自記本末云：“予未仕時，每擬作此傳奇，恐聞見未廣，有乖信史，寡歌之餘，僅畫其輪廓，實未飾其藻采也。　然獨好誇于密友曰，吾有桃花扇傳奇，尙祕之枕中。　及索米長安，與僚輩飮讌，亦往往及之。　又十餘年，與已闊矣，少司農田綸霞先生（雯）來京，每見，必握手索覽。　予不得已，乃挑燈塡詞以塞其求，凡三易其而書成。”　尙任之出仕，在康熙二十四年（公元1685）正月，桃花扇書成，在康熙三十八年（公元1699）六月。　依尙任所說，則桃花扇之輪廓，當

構成于康熙二十四年以前，或爲試一齣先聲下所記"康熙甲子八月"，即二十三年（公元1684）八月也？　由康熙二十三年，至康熙三十八年，計有十五年。　經營十五年而後成之著作，當非意在結歡巨室，又非爲受他人私意致託，欲得報酬者。　然而儻任桃花扇後本末所說，難者猶可謂其爲急卒受託，而故爲玄虛之詞。　但觀儻任之詩，有可確證儻任桃花扇之結構及命名，遠在桃花扇書成之前十餘年者。　湖海集卷二爲儻任丁卯存稿，即作于康熙二十六年（公元1687），有"元夕前一日宗定九，黃仙裳，交三，閔義行，王漢卓，秦孟岷，柳長在，集予署中，踏月觀劇，口號，"詩云：

簫管吹開月倍明，　燈橋踏遍漏三更。　今宵又見"桃花扇"，　引起揚州杜牧情。

觀劇而云"又見桃花扇"，　古無此劇，而儻任作之，所謂"獨好誇于密友曰，吾有桃花扇傳奇"，　此詩所云，亦其一也。　宗定九（元鼎），黃仙裳（雲）等，皆儻任至交。　由康熙二十六年至三十八年，亦有十二年，　由此可證儻任所記本末，確而可信，非後來之故弄玄虛矣。

二，孔儻任桃花扇有詆罵左夢庚之處，可證爲非受左氏家族之指嗾。

桃花扇卷下，第三十四齣，截磯，有云：——

俺左良玉領兵東下，只爲翦除奸臣，救取太子，叵耐兒子左夢庚，借此題目，便要攻打城池，妄思進取，俺已嚴責再三，只怕亂兵引誘，將來做出事來，且待度過坂磯，慢慢勸他。

又云：

〔雜扮報卒急上〕"報元帥，　九江城内，一片火起，袁老爺本標人馬，自破城池了。"

〔小生怒介〕"豈有此理，　不用猜疑，這是我兒左夢庚做出此事，陷我爲反叛之臣。　罷了罷了，有何面目，再向江東？"　〔拔劍欲自刎介。〕　〔末抱住介。〕　〔小生握外手注目介。〕"臨侯，臨侯，我負你了。"　〔作嘔血倒椅上介。〕

〔淨喚介〕"元帥甦醒，元帥甦醒。"

〔外〕“竟叫不應，這怎麼處？”

〔末〕“想是中惡，快取辰砂灌下，”

〔淨取碗灌介〕“牙關閉緊，灌不進了。”〔衆哭介。〕

（案這裏小生扮左良玉，末扮黃澍，外扮袁繼咸，淨扮蘇崑生。）

看上所說，可知尚任秉筆，本實事求是之心，原諒左良玉而不滿于左夢庚，以爲氣死乃父。　此可證爲非出於左氏家族之嗾指。　安有受人家族之嗾指，恭維其祖而痛詆其父者。　又案夢庚卒于順治十一年（公元1654），在桃花扇成書之前四十五年，姚先生所謂“左良玉家族”，當必爲夢庚之子或孫。　繼位襲爵，倩人罵其祖或父而維護在前朝之祖或曾祖，亦不近人情。　又案桃花扇卷末，附有考據，由此考據，可得尚任這書的根據。　如考據中列有尤展成（侗）明史樂府注四條，一爲寧南恨，檢尤侗擬明史樂府寧南恨一首自注云：——

北都信至，良玉率三軍縞素，且夕臨。　諸將有勸其引兵東下者。　良玉拊膺號哭，盡出先帝所賜金銀綵物凡二三萬，散諸將，誓死報國。　會弘光立，馬阮方鈎黨，以良玉爲侯恂所薦，築版磯西防。　左疑之，令御史入朝面奏，觸柄臣怒，遣金吾逮治，隙遂開。　諸將日以清君側爲請，一軍皆譁。　左不得已，從之。　自漢口達蘄州，火光接天。　至九江，袁繼咸相見舟中，坐未定，岸上火起，報城破。　左右云，“袁兵燒營自破其城。”　左罵曰，“此我兵耳。”　大悔恨，槌胸嘆曰，“我負臨侯！”　臨侯，袁字也。　嘔血數升，病遂革。　召諸將屬以後事，欷歔泣下。

看此，則知尚任述左良玉事之所本。　尤侗泛言諸將而未指夢庚，尚任明指夢庚，以爲良玉由之氣死。　然則姚先生以爲尚任受左良玉家族之指嗾而作桃花扇者，不免武斷臆說矣。　案尤侗擬明史樂府作于康熙二十年（公元1681），序云：“予承乏纂修明史，討論之暇，閒採其遺事可備鑑戒者，斷爲韻語，亦擬樂府若干，雖未敢竊比西涯，庶幾存詠史之一體。　其中別白是非，揮寫哀樂，不過寄吾意之所在，而聲與調固所不嫺，覽者幸無譏焉。”　尤侗又有明史擬藁六卷，序云，“康熙十八年，詔徵博學鴻儒，纂修明史，與選者五十人，分爲五班，……凡本紀列傳，總裁與諸君子酌定閫派，雖有名卿鉅儒，心所慕好者，不敢越俎而問焉。　故所傳者寥寥而已。”

序作于康熙三十年（公元1691），即由史館告歸後九年。　明史擬藁卷三黃道周傳云，“福王立，至南京，見馬阮用事，遂去。”　馬阮並稱，這時尤侗雖未關派得馬阮二傳，而證以所著擬明史樂府，於左良玉有恕辭，於馬阮當不至恭維也。　姚先生必謂明史馬阮合傳列于姦臣，爲受尚任桃花扇之影響。　頗牽強無據。　案計六奇明季南略自序云：“當時北都傾覆，海內震驚，即薪膽彌厲，未知終始，乃馬阮之徒，猶賄賂公行，處堂自喜，不踰載而金甌盡缺，罪勝誅哉？”　序作于康熙十年（公元1671），遠在桃花扇之前。　總之，桃花扇之材料，多有根據，而著明史者則又有其相當之根據。　謂尚任爲受左氏家族所唆指，固無理由，而謂著明史者定案由于傳奇，更不當也。

　　三，孔尚任桃花扇之傾動一時，上達禁近，由其著作本身之價值，此亦有先例可證，無需左氏承襲人之推挽，說左氏推挽亦絕無證據。

　　姚先生云：“尚任旣非顯宦，又非科第出身，即令知音識曲，亦非偶然興到，按譜倚聲，便能號召伶工，舞榭歌筵，傾倒四座。　誰爲主幹，誰爲延譽，固非有大力倡導於先，推之挽之繼續於後，不能傾動輦轂之下也。　試問當日欣賞尚任者雖亦有人，而能爲之聯絡當路，上達禁近，則必爲正黃旗漢軍都統一等子爵左夢庚繼起承襲之人無疑矣。　以左氏之力，聯絡貴近，綽有餘裕，故桃花扇一出，洛陽紙貴，南都人物月旦評之中心力，移轉于斯指顧閒事矣。”　案尚任于著桃花扇前，曾與顧彩合著有小忽雷傳奇，偶然興到，按譜倚聲，便能號召伶工。　顧彩（即梁溪夢鶴居士）桃花扇序云，“猶記歲在甲戌（康熙三十三年，即公元1694），先生指署齋所懸唐朝樂器小忽雷，令余譜之，一時刻燭分箋，疊鼓競吹，覺浩浩落落，如午夜之聯詩，而性情加豳，翌日而歌兒持板待歌，又翌日而旗亭已樹赤幟矣。”　尚任燕臺雜興詩，自注云：“予小忽雷填詞成，長安傳看，欲付梨園，竟無解音者。　後得景雲部，始演之。”　藝術自有眞價眞評，不能說非顯宦，非科第，即不能號召伶工也。　（姚生是科第出身，有此語不算出奇。）　又以戲曲而上達禁近，在尚任桃花扇之前者，則康熙二十八年（公元1689），有洪昇之長生殿傳奇，（洪亦非顯宦，非科第出身。）　誰爲主幹，誰爲延譽，又誰爲聯絡貴近乎？　藝術自有眞賞，非可由于一等子爵承襲人之力，即可傾動一時。　南洪北孔之目，皆可證其藝術之工，非盲目之稱

謂也。　姚先生抹殺孔尚任文學自身之價值，而強云"聯絡當路，上達禁近，必爲正黃旗漢軍都統一等子爵左夢庚繼起承襲之人無疑矣。"　說"必"，說"無疑"，而無參驗，韓非子所謂愚且誣者，吾不知姚先生何以爲如此大胆之武斷也？

四，周亮工，王士禛，黃虞稷諸人比馬士英于奸臣，非由于桃花扇。

周亮工讀畫錄："馬瑤草士英，貴陽人，罷鳳督後，僑寓白門，肆力爲畫，學董北苑，而能變以己意。　王貽上（士禛）曰，'蔡京書與蘇黃抗行，瑤草胸中乃亦有邱壑。'黃俞邰（虞稷）題一絕，'半閒堂上草離離，尚有游蹤寄墨池，猶勝當年林甫輩，弄獐貽笑誤書時。'又題云：'秦淮往事已如斯，斷素流傳自阿誰？　比似南朝諸狎客，何如江令擘牋時。'"　姚先生謂諸家"叩以宏光時事，彼等諒不能言，即言亦十九隔膜，其所銘之於心者，僅左逆檄文及孔尚任桃花扇而已。"　語太失考。案周亮工卒于康熙十一年（公元1672），讀畫錄必這年以前所記。　又黃虞稷卒于康熙三十年（公元1691），桃花扇書成于康熙三十八年（公元1699），如何諸人銘桃花扇于心也？　由此以觀，諸名人所說，出無成心，而當時月旦之評，可以概見。　明史與桃花扇之孰爲先後，雖未證明，委明史之馬阮合傳爲"務求與夙昔排演之曲本適合，"視當日編修明史等于兒戲者，不亦可以廢然知返乎？

民國二十三年五月卅日，在廣州。

明懿文太子生母考

李 晉 華

一　敘言

前歲讀傅孟眞先生明成祖生母記疑，大意根據南京太常寺志及棗林雜俎靜志居詩話陶庵夢憶等書，推論成祖生于碩妃，養于高后，事屬可信。　朱逷先生不信此說，根據明史高后傳及興宗孝康皇帝傳之文，爲明成祖生母記疑辨。　然明史爲易代後所修之書，據其材料，旣不足以證成祖爲嫡出，尤不足反證成祖之非庶生，而碩妃生成祖之說猶有力焉。　予涉獵無多，然于此問題之討論，甚感興趣。　因旁搜關于此類材料，爲明成祖生母問題彙證，而斷定成祖果爲碩妃生，而碩妃卽太祖實錄所載祔葬孝陵之汪妃，毛奇齡肜史拾遺記所記之江妃（汪字誤文），劉獻廷廣陽雜記所記之甕妃也。　此說雖無甚發明，然自信不致于附會，而記載及傳說之變遷，其迹可求也。

近在清華學報見吳晗君亦有明成祖生母考，其論成祖生母仍主以碩妃爲近。　但其中有乚高皇后無子丁一段，引證諸說，辨懿文太子非高后出，秦晉二王與懿文同母，亦必非高后出，高后無子之說可以成立，不瞀可爲成祖亦非嫡出之證佐。　予以

—45—

為成祖非嫡出，有力之史料甚多，　可以證明。　　至謂懿文秦晉亦非高后生，高后無出，其說雖本於南京太常寺志，談遷潘檉章朱彝尊諸人又從而申論之，似若可信，然亦未易言也。　　據予所知之史料證之，高后生懿文為無可疑之事實，秦晉二王之生母是否同屬高后，則尚待考證，不敢率爾斷定。　　茲以懿文太子生母問題論證之。

二　吳晗「高皇后無子」說節要

高皇后無子之說，　始于南京太常寺志所記孝陵享殿配位，　談遷棗林雜俎彤管篇云：『孝陵閹人俱云：孝慈高皇后無子，　具如志中』。　　迨朱彝尊撰南京太常寺志跋，從而書之曰：『曩海寧談孺木館于膠州高閬老弘圖邸舍，閬老導之借故冊府書縱觀，因成國榷一部，掇其遺為棗林雜俎，中述孝慈高皇后無子，不特長陵為高麗碩妃所出，而懿文太子及秦晉二王，皆李淑妃產也。』　潘檉章國史考異亦云：『聞嘗質之中官故老，皆言孝慈高皇后無嫡子，初養南昌王文正，岐陽王文忠，厥後諸妃有子則自子之，恩同己出，故中外無間言。　若然，則螽斯麟趾，遠配文母矣，南京太常寺志所載非無徵也』。　　以上三說觀之，談遷潘檉章所云，雖得之孝陵閹人之傳聞，然亦所以申明南京太常寺志之說，　而太常寺志所載享殿配位，　則本成祖之意而排列者，殊不足憑。　　（成祖之意：在實錄玉牒則載懿文秦晉燕周同為嫡出，以明真則俱真；在孝陵享殿則以懿文秦晉為李淑妃出，已則為碩妃出，以明為則俱偽。　——見拙著明成祖生母問題彙證）然則懿文秦晉均非高后出，高后無出，誠未易言也。　　吳晗君引證諸說，辨懿文太子非高后出，秦晉二王與懿文同母，亦必非高后出，由此可證高皇后實無子。　　茲舉其說之大要如下：

1.　太祖實錄載：『乙未九月乙亥皇長子生，孝慈高皇后出也』。　　明史興宗孝康皇帝傳云：『母，高皇后，　元至正十五年生于太平陳迪家』。　　高皇后傳則云：『太祖既克太平，后率將士妻妾渡江』。　　但據太祖本紀：太祖自乙未五月定計渡江，六月克太平以後，太平即被元兵包圍。　　俞本記事錄亦載：九月元義兵陳也先領兵攻太平府。　　可知高后渡江當在陳埜先被擒，阿魯灰引去之後。　　如元兵在九月中仍未引去，則高后及所率將士妻妾必不能突過元人舟師之堵截，而入四面包圍情形下之太平也。

2. 明史常遇春傳云：『取太平，授總管府先鋒，進總管都督，時將士妻子輜重皆在和州』。　康茂才傳云：『太祖既渡江，將士家屬留和州，時茂才移戍采石，扼江渡』。　宋濂開平王神道碑亦云：『丙申春二月，元中丞蠻子海牙以兵屯采石，南北不通，上慮將士雖渡江，而其父母妻孥尚留淮西，勢莫可致，命王統兵攻之』。　高后傳明說后率將士妻妾渡江，但碑銘明說丙申二月將士雖渡江而其父母妻孥尚留淮西，則高后率將士妻妾渡江，由和州至太平，當在十六年二月蠻子海牙失敗之後。

3. 宋濂蘄國公神道碑云：『乙未六月上率師渡江，將士家屬尚留于和州，上慮公扼采石之衝，弗獲渡，時出兵挑戰。……　明年二月，上命諸將以襄陽大砲攻其寨，公奔行台』。　可知常遇春破元水師在六月後數月，元兵雖敗，仍扼長江，到十六年二月第二次大敗，方全師撤退。　是則太祖入太平後，南北始終隔絕，將士家屬雖在僅隔一水之和陽的和州，始終不能飛渡。

據上論證，則高后絕不能于九月丁亥前渡江至太平，高后既不能在太平，則懿文太子自非高后所生。　懿文與秦晉二王同母，懿文既非高后生，則秦晉亦必非高后生。　高后既已考定無子，則南京太常寺志所記李淑妃生懿文皇太子秦愍王晉恭王，碽妃生成祖，事屬可信。

　　按：明史本紀列傳，及宋濂所撰開平王神道碑蘄國公神道碑，敘太祖征伐事蹟，無月日可稽，不足推論事實。　太祖實錄雖經三修，然失實者僅與｜靖難｜有關之事，其記當日戰勝攻取之蹟，本于當時之行軍日記，詳爲記載，正所以昭統一之功，既無所用其忌諱，則其事當可憑信。　查太祖實錄記克太平，及陳埜先降附，阿魯灰引去，蠻子海牙退屯峪溪口，同屬乙未六月上旬之事。　至蠻子海牙第二次以舟師扼采石則在乙未十二月，故有丙申二月常遇春再敗其師之事。　自乙未六月下旬至十一月終，在此數月中，長江風恬浪靜，而和州至太平（今之當塗），僅一水之隔，相距僅三十里，（見明一統志）不半日可達，則在六月下旬至九月丁亥（五日）以前，安能斷言高后絕不能渡江。　在兩月餘之時期中，高后無時不可以渡江，高后既可於九月丁亥前渡江，則其他問題可迎刃以解，不待詞費矣。

三　乙未以前太祖無納妾可能

太祖自壬辰（元至正十二年）閏三月入濠城投郭子興，後數月子興以所養馬公女妻之，然至乙未正月太祖與徐達等克和陽以前，子興尚在，凡事均受節制，地位寒微，在癸巳甲午兩年之間，當無納妾可能。　茲以事實證之。　太祖實錄云：

『壬辰閏三月甲戌朔旦，上抵濠城，入門，門者疑以爲諜，執之欲加害，人以告子興，子興遣人追至，見上狀貌奇偉異常人，因問所以來，具告之故，子興喜，遂留置左右』。

又云：

『尋命長九夫，嘗召與謀事，久之甚見親愛。……　時上未有室，子興與妻張氏謀，欲以所養馬公女妻之，張氏曰：吾意亦如此，子興意遂決，乃以女妻上，卽孝慈高皇后』。

按：太祖出身微賤，投子興時幾不免被害，隨子興稍久，乃命爲九夫之長，又些時乃以養女妻之。　曰∟尋〕，曰∟久之〕，至少亦歷半年之久矣。　然則高后之歸太祖，至早亦當在壬辰之多。

實錄又云：

『乙未春正月，上率鎮撫徐達，參謀李善長取和陽，既克其城，遣人報子興，子興遂命上總守和陽。……　有讒上于子興者，子興怒，卽自滁州欲督過，上亟往見子興，子興怒，不言者久之，已而曰：汝爲誰？　上稱名以對，子興曰：汝罪何逃』！

按：太祖隨子興左右稍久，始命爲九夫長，至癸巳六月擢爲鎮撫，乙未正月命與鎮撫徐達等規取和陽，旋下和陽，命太祖鎮守，諸將猶不肯率從。　當和陽未下時，徐達雖隸太祖麾下，其實同屬子興部曲，同受鎮撫之命，太祖非能位諸將上也。　及受命總兵和陽，子興遂以讒言疑之，則二三年間，子興與太祖之間，無恩誼可知。

皇明通紀曾載子興二子置酒謀毒太祖事。　剪勝野聞又載太祖微時爲郭氏五男所惡，嘗以事幽之于空室中。　所謂二子五男，雖不甚合，然觀子興信讒言而怒太祖，其事未必無因。　彤史拾遺記載子興三子與太祖不相能，數數構太祖，間以他事幽太

—48—

祖別室，絕口食，后竊懷鑰底飼之，值蒸饅饊熱，后乘熱竊其一懷之，薄乳房，乳爲之糜，幸張氏憐后意，皇急隱解之。　實錄高皇后傳（洪武十五年八月）『上謂侍臣曰：昔漢光武勞馮異曰⌐倉卒蕪蔞亭豆粥，滹沱河麥飯，厚意久不報。⌐　君臣之間，始終保全。　朕念皇后起布衣，同甘苦，嘗從朕在軍，倉卒自忍饑餓，懷糗餌食朕，比之豆粥麥飯，其困尤甚。　昔唐太宗長孫皇后當隱太子構隙之際，內能謹孝，諸妃消釋嫌猜。　朕數爲郭氏所疑，朕徑形不恤，將士或以服用爲獻，后先獻郭氏，慰悅其意，及欲危朕，后輒爲彌縫，卒免於患，殆又難于長孫皇后者。』　諸書類此記載甚多，太祖居孤臣孽子之地位，無日不在憂患之中，又可知也。　二三年間，地位本極寒微，而又讒疑交集，苟不善處，則全身非易，雖欲肆其無賴之行，遍于環境，其何能爲？　且子興妻以養女，爲時僅二年耳，于子興義則翁婿，于高后則有患難相扶持之誼，入贅未幾，豈敢見色貪淫，擄人婦女爲妾，而壞其軍紀耶？　納妾之心難保其必無，奈處境所限，力有未逮也。

天潢玉牒云：

『乙未，太祖轉戰和陽，會滁陽王卒，遂併其兵，納其次室之女』。

按：子興雖卒于乙未三月，然尙有張天祐郭天叙在，太祖不能獨併其兵，觀于是時韓林兒命天叙爲都元帥，天祐爲左副元帥，太祖爲右副元帥，太祖之名地尙在天祐天叙之下。　至攻建康，天祐天叙均戰死，太祖始得併子興所遺之衆而有之。　子興次室之女卽郭惠妃，太祖旣併其兵，並奪其女爲妾，其事亦當在天叙戰沒之後。　然則太祖納妾當在克建康後強奪郭惠妃始，前此無納妾可能也。　至孫貴妃乃青軍元帥單居仁所養常州孫府判之女，太祖之招降單居仁，更在克建康之後，然則孫貴妃爲太祖妾，更後于郭惠妃也。　太祖妃嬪雖多，然以事實考之，蓋無有先于郭惠妃者。

四　高皇后生懿文太子于太平陳迪家

太祖實錄載：乙未九月丁亥，皇長子生，孝慈皇后出也。　王世貞弇山堂別集東宮紀云：懿文皇太子標，高皇帝之長子也，母孝慈高皇后馬氏，以元至正十五年乙未生于太平陳迪家。　懿文太子生于太平，旣不聞有否認之者，所成爲問題者，卽懿文是否爲高后生，高后曾否于乙未九月前至太平，茲依次據事實考之。

　　1.　**太祖克太平前後之軍事情況**　太祖得巢湖水師俞通海李普勝等來附，因于乙未五月壬寅敗蠻子海牙于峪溪口，六月乙卯朔率徐達常遇春湯和鄧愈李善長馮國用等攻采石，拔之，乘勝趨太平，入其城，戒戢軍士剽掠，城中肅然，富民陳迪獻金帛，卽以分給將士。　辛酉（七日）元右丞阿魯灰，副樞絆住馬，中丞蠻子海牙等，以巨舟截采石江，閉姑孰口。　方山寨民兵元帥陳埜先以衆數萬來攻太平，太祖遣徐達湯和鄧愈等引兵出姑孰東迎戰，復命別將潛師由間道繞出其後夾擊之，埜先腹背受敵，大敗，被擒，阿魯灰蠻子海牙等見埜先兵敗，不敢復進，率兵還駐峪溪口。　甲子（十日）徐達克溧水。　七月壬辰（九日）發兵攻集慶，不克而還。　八月庚申（七日）復議遣兵攻集慶，師未行，克溧陽縣。　丁丑（二十四日）克蕪湖。　九月戊戌（十六日）攻集慶，元帥張天祐郭天叙俱戰死。　十二月元中丞蠻子海牙復率舟師進扼采石江，以阻隔南北，欲伺間攻太平。　丙申二月丙子（二十四日）上率常遇春等擊蠻子海牙于采石，大敗之，蠻子海牙以餘衆走集慶。　三月庚寅（十日）太祖率諸軍取集慶，克之，行台御史福壽等死于兵，蠻子海牙走投張士誠，水寨元帥康茂才等降附。　（以上節錄太祖實錄）根據上文，太祖克太平爲六月一日，蠻子海牙等第一次扼采石，及陳埜先攻太平，同爲六月七日，旋以埜先被擒，蠻子海牙等退駐峪溪口，亦屬同日之事。　自七月至九月，采石舟師已敗退，長江無事，太祖方銳意謀攻集慶，相繼克溧陽溧水蕪湖等地，拓地日廣，蓋以長江南北旣不隔絕，無後顧之憂也。　至十二月蠻子海牙復率舟師進扼采石（由峪溪口進采石），長江南北遂不免阻隔矣。　腹背受敵，兵家之忌，太祖乃放棄攻集慶之擧，率常遇春等先破蠻子海牙之水師，然後再攻集慶，當日之軍事情形至顯明也。

　　2.　**高皇后宜于乙未九月前渡江至太平**　明一統志云：太平府郡名姑孰（古名），又名當塗（晉名），西至和州界三十里。　前已述自乙未六月下旬至十二月蠻子海牙復以舟師進扼采石前，長江南北未嘗隔絕，太平與和州僅一水之隔，爲程僅三十里，朝發而午可至，在數月之中，高后無時不可渡江，何以知其絕不能于九月前渡江耶？藉曰：宋濂撰蘄國公神道碑有：『乙未六月，上帥師渡江，將士家屬倘留淮西』，開平王神道碑有：『丙申春二月，元中丞蠻子海牙復以兵屯采石，南北不通，上慮將士雖渡江，而其父母妻孥倘留淮西，勢莫可致』等語，似可證丙申二月前高后亦與將士

妻孥同留淮西。　其實不然，姑無論碑文所云爲將士妻孥，與高后無涉，卽據明史高后傳『太祖旣克太平，后率將士妻妾渡江』，亦不得據以反證高后在九月前未渡江。蓋太祖起自淮右布衣，軍旅相從，多屬鄉里子弟，一旦渡江拓地，將士妻孥當不能久留淮西，然因將士旣衆，妻孥自多，其渡江必有先後久暫之不同，有一二日內便隨之渡江者，有半年一年而仍未渡江者，此中情形可以預測，徵之今日軍官眷屬隨營之情形亦復如是。　然則與高后先渡江至太平者爲將士妻妾之一部分，至丙申春仍留淮西者，當亦不在少數，安能以將士妻孥有至丙申春未渡江者，而遂斷定高后亦絕不能先渡江耶？　雖然，此猶理論也，茲再舉事實證之。

實錄高皇后傳（洪武十五年八月）

　　『后聰明出人意表，尤好詩書，上每有識記書札輒命后藏之，倉卒取視，后卽于囊中出而進，未嘗脫誤。……　上帥師渡江，后亦率諸將士妻妾繼至太平』。

潘檉章史稿高皇后傳

　　『后聰明有智鑑，好書史，太祖在軍有箚記輒命后掌之，倉卒未嘗遺失。……太祖克太平，后率將士家屬渡江』。

毛奇齡彤史拾遺記高皇后傳

　　『后善承人意，而知書，精女紅。　太祖每出軍一切軍狀皆屬后，簿籍井井，雖異時詢之不少遺。……　太祖渡江，后多智，恐元兵躡其後，必相隔，不俟太祖命，急率諸校妻過太平，止繁昌陳迪家，而元兵果扼渡如后慮，后遂于迪家生皇長子焉』。

　　按：以上所舉三說觀之，高后曾至太平已不容否認。　所以急欲渡江至太平者，蓋恐元兵躡太祖後，已至太平，乃有十二月蠻子海牙，再扼江渡之事，彤史拾遺記所載至明也。　且后聰明多智，太祖軍中書札一委之掌理，諸書所記無不符，是則高后者乃主將之夫人，而又太祖軍中之記室也，縱行陣間有頃刻之相離，亦必無久別，可以推知。　以伉儷相成之切，尙不得已留淮西以有待，豈得攜妾至太平，而于戎馬倥傯之中，謀新婚之燕爾乎？　縱此時太祖有妾，亦不能先妾而後高后，何況在乙未以前太祖無納妾可能，前已詳論乎？　且謂高后在丙申二月前未至太平，則二月中太祖方率諸將與蠻子海牙等大戰采石之時，長江波浪滔天，南北誠隔絕矣，迨蠻子海牙已

敗，太祖乘勝克集慶，此後高后渡江必直抵金陵，終無至太平之機會，豈不與實錄所記『高后繼至太平』之語相悖謬乎？

以上已證高后曾至太平，懿文太子則必爲高后生，已無問題矣。　再考「靖難」師之起也，燕王上書建文，或詔告天下，（見長陵詔敕及燕王令旨）凡所以責難建文，詆毀建文者，無所不至，獨不敢攻懿文之非嫡子，建文之非嫡孫，誠以懿文本嫡長，天下共知，不容否認也。（拙著明成祖生母問題彙證曾詳論）　使懿文非高后生，成祖將藉祖訓以攻懿文父子，何必舍本逐末，而掇拾無謂之理由哉？　此又可證懿文實高后生也。

五　李淑妃不生懿文太子

潘檉章國史攷異云：『史載洪武十七年十月册李氏爲淑妃，攝宮中事，則淑妃之爲孝康母疑有之』。　李清三垣筆記附誌亦云：『李碩之言有以也』。　南京太常寺志所載李淑妃生懿文皇太子之說，潘李二氏亦從而信之矣，似無可否認者。　此蓋以志言碩妃生成祖已屬事實，懿文是否爲淑妃出，求其說而不得，亦惟有因疑置信也。考李淑妃薨于太祖崩後，天潢玉牒云：

『洪武三十一年閏五月十日太祖崩，十六日葬孝陵，淑妃李氏殉葬』。

太祖崩後，皇太孫受遺詔即帝位，明年二月追尊懿文太子爲興宗孝康皇帝，妣常氏爲孝康皇后，若懿文爲李淑妃生，不論淑妃爲妃爲嬪，而母以子貴，嗣天子念樹欲靜而風不寧，不能以天下養其考妣，方有昊天罔極之痛，而太母康強，正娛其桑楡晚景之不暇，嗣天子必尊之爲太皇太后無疑也，烏有嗣天子之太皇太后而可從妃嬪殉葬耶？

孝宗之生母孝穆紀太后，廣西賀縣人，本蠻土官之女，成化初征蠻俘入掖庭者也。　后雖慧敏有文，然以萬貴妃專寵，無由見幸，惟命之守內藏而已。　後以生子爲皇子，見忌于萬妃，后遂暴薨。　至孝宗立，追諡淑妃爲孝穆慈慧恭恪莊僖崇天承聖純皇后，遷葬茂陵，屢遣官于原籍訪求其親族。　生不得位，沒有殊榮，天子之追尊其所生，理有然也。

光宗之生母孝靖王太后，慈聖皇太后慈寧宮之宮人也。　神宗過慈寧宮私幸之，

而生皇子，神宗以王氏微賤，諱其事，慈聖皇太后年老，弄孫方切，屢諭神宗立王氏子為皇太子，神宗曰：『彼都人之子也』。 慈聖曰：『母以子貴，寧分差等耶』？王后以皇子遷延不得立，又逼于鄭貴妃， 遂早薨。 光宗立，念昔在青宮，莫親溫凊，今居禁闥，徒痛栖梧，方欲準孝宗追尊紀太后故事，而帝遽崩。 至熹宗即位，即上尊諡曰孝靖溫懿敬讓貞慈參天允聖皇太后，遷葬定陵。 此又可以見天子之追尊其所生，理有然也。

明代諸帝，除仁宗宣宗外，多非嫡出，妃嬪之子孫為帝，必追尊其所生為皇太后或太皇太后，其例不可勝舉，此蓋祖訓如是也，亦事實如是也。 然則李淑妃縱以太祖之崩，義不欲生，從而殉之， 他日建文追尊其考妣時， 亦必追尊李淑妃無疑也，何史不一見其文哉？ 李淑妃既不免殉葬矣，吾知其必不生懿文太子也。

綜上文觀之，可得結論如下：（一）乙未以前，太祖無納妾可能。 （二）乙未六月下旬至九月前，長江南北未隔絕，高后可隨時渡江至太平。 （三）高后於乙未九月丁亥生懿文太子于太平陳迪家。 （實錄載「太祖克太平，富民陳迪獻金帛」。太祖感其殷勤，當太平初下時，部署未定，寄妻孥于其家，遂于其家生懿文太子，事可徵信）。 （四）李淑妃于太祖崩後，殉葬孝陵，可證其不生懿文太子。 據此結論，則懿文太子為高后嫡生無疑也。 秦晉二王是否同母高后， 不敢武斷，當別考之。

傅孟真先生跋云：『尊論甚佩！ 弟意太祖于懿文太子卒後，必立長孫者，非必受儒家之影響，立孫不立子（義見檀弓），蓋懿文與秦晉燕周之間本有嫡庶之不同也。 太宗敕制屢屢並舉高帝高后，而曰「高后之嫡子」明其欲辨與懿文間有嫡庶之別也，以為何如』？ 至服高見！ 謹附記于此，並誌謝意。

明成祖生母問題彙證

李晉華

上　篇

上　篇

一　記太祖諸子生母異同諸說

太祖實錄：

乙未（元至正十五年）九月丁亥，皇長子（標）生，孝慈皇后出也。

丙申十一月丁亥，皇第二子（樉）生，孝慈皇后出也。

戊戌十一月壬子，皇第三子（棡）生，孝慈皇后出也。

庚子四月癸酉，皇第四子（棣）生，卽今上，孝慈皇后出也。

辛丑七月丁巳，皇第五子（橚）生，孝慈皇后出也。

皇第六子楚王楨以下從略。

皇明玉牒（解縉等修，國朝典故本）：

太祖皇子二十四人：長懿文太子，第二子秦愍王，第三子晉恭王，第四子今上，第五子周王，高后所生也。

等六子楚王，第七子齊王，第八子除名潭王，第九子魯荒王，第十子蜀王，第十二子代王，　第十八子谷王，　第二十二子唐王，第二十三子郢王，第二十四子伊王，皇妃所生也。

第十一子湘獻王，第十三子肅王，第十九子韓王，第二十一子瀋王，皇貴嬪所生也。

第十四子遼王，第十五子慶王，第十七子岷王，皇貴人所生也。

第十六子寧王，第二十一子安王，皇美人所生也。

按：趙王杞爲太祖第九子，因封藩未之國而殤，無可紀載，故玉牒除名，而以第十子魯荒王進爲第九子，（以下類推）。　又因第二十六子楠生未逾月而殤，亦不入玉牒，故云皇子二十四人。

郞瑛七修類藁國事類：

太祖二十四子，（與天潢玉牒同）右天潢玉牒之數人，予得于顧尙書（當是顧璘）者。　今魯府所刻玉牒，又以高后止生成祖與周王，因其不同，故錄出之。

王世貞弇山堂別集東宮紀：

懿文皇太子標，高皇帝之長子，母孝慈高皇后馬氏。

又帝統：

成祖文皇帝諱棣，太祖第四子，母曰高皇后馬氏。

又同姓諸王表：

秦愍王樉，太祖第二子，母高皇后。

晉恭王棡，太祖第三子，母高皇后。

周定王橚，太祖第五子，母高皇后。

楚昭王楨，太祖第六子，母昭敬太充妃胡氏。

齊庶人榑，太祖第七子，母定妃達氏。

潭王梓，太祖第八子，母定妃達氏。

趙王杞，太祖第九子，母某氏。

魯荒王檀，太祖第十子，母寧妃郭氏。

蜀獻王椿，太祖第十一子，母惠妃郭氏。

湘獻王柏，太祖第十二子，母順妃胡氏。

代簡王桂，太祖第十三子，母惠妃郭氏。

肅莊王楧，太祖第十四子，母妃邸（應作郜）氏。

遼簡王植，太祖第十五子，母妃韓氏。

慶靖王㮵，太祖第十六子，母妃余氏。

寧獻王權，太祖第十七子，母妃楊氏。

岷莊王楩，太祖第十八子，母妃周氏。

谷庶人橞，太祖第十九子，母惠妃郭氏。

韓憲王松，太祖第二十子，母妃周氏。

瀋簡王模，太祖第二十一子，母貴妃趙氏。

安惠王楹，太祖第二十二子，母妃□氏。

唐定王桱，太祖第二十三子，母賢妃李氏。

郢靖王棟，太祖第二十四子，母惠妃劉氏。

伊厲王㰘，太祖第二十五子，母麗妃葛氏。

又史乘考誤：

　　皇明世系謂太宗周王爲高后所生，而懿文秦晉爲諸妃子，（此與魯府玉牒同）非

　　也；革除遺事則謂懿文秦晉周王爲高后生，而太宗爲達妃子，（革除遺事原十六

　　卷，刪存六卷，無此說）亦非也；太宗與懿文秦晉周俱嫡出，史與玉牒甚明。

何喬遠名山藏：

　　成祖文皇帝御諱棣，太祖第四子也。　臣于南京見太常寺志云帝爲碩妃所生，而

　　玉牒則爲高后第四子，玉牒出當日史臣所纂，既無可疑，南太常職掌相沿，又未

知其據，臣謹備載之，以俟後人博考。

李清三垣筆記附誌：

予閱南京太常寺志載懿文皇太子及秦晉二王均李妃生，成祖則磧妃生，訝之，時
錢宗伯謙益有博物稱，亦不能決。　後于弘光元旦謁孝陵，予與謙益曰：此事與
玉牒實錄左，何徵？　但本志所載東側列妃嬪二十餘，而西則止磧妃，然否？
曷不啓寢殿驗之？　及入視，果然，乃知李磧之言有以也。

談遷棗林雜俎彤管篇：

孝陵享殿：太祖高皇帝高皇后南向；左淑妃李氏，生懿文皇太子秦愍王晉恭王；
次皇□妃□氏，生楚王魯王代王郢王齊王谷王唐王伊王潭王；又次皇貴妃□氏，
生湘王肅王韓王瀋王；　又次皇貴人□氏，　生遼王；又次皇美人□氏，生寧王安
王，俱東列；磧妃生成祖文皇帝，獨西列；見南京太常寺志。　孝陵閹人俱云，
孝慈高皇后無子，具如志中。　而王弇洲先生最博核，其別集同姓諸王表自懿文
成祖外，秦愍王樉，……（見上）吾學編諸書俱同，抑未考南太常志耶？　享殿
配位，出自宸斷，相傳必有確據，故志不少諱，而徵與玉牒牴牾，誠不知其解。
或曰：宋史杜太后生邕王光濟，太祖，太宗，秦王廷美，夔王光贊，而廷美傳云
母陳國夫人耿氏，非杜太后也。　鳲鳩之德，均愛七子，可以知高皇后矣。　而
高后無子何諱？　他王母，以諸書及太常寺志較之多不合，楚魯代郢齊谷唐伊潭
九王同母，亦奇。

張岱陶菴夢憶：

壬午（崇禎十五年）七月，朱兆宣簿太常，中元祭期，岱觀之，享殿深穆，暖閣
去殿三尺，黃龍幔幔之，列二交椅，褥以黃錦，孔雀翎織正面龍，甚華重，席地
以氈，走其上必去鳥輕趾，稍咳，內侍輒叱曰：『莫驚駕』。　近閣下一座稍前
為磧妃，是成祖生母。　成祖生，孝慈皇后妊為己子，事甚秘。　再下東西列四
十六席，或坐或否。

沈玄華敬禮南都奉先殿紀事詩（明詩綜卷四十四）

高皇肇太廟，松栝連穹霓。　尊祖有孝孫，典禮逼升躋。　一從遷都後，遺制終
未暌。　有司列俎登，上公視瓚圭。　豈意歲甲午，烈火驟椓題。　謹謹出出

音，其兆先端倪。　盈庭議移祀，中廢成町畦。　猶餘奉先殿，薦新及蒸嘗。
微臣承祀事，入廟歌鳬鷖。　高后配在天，御幄神所棲。　衆妃位東序，一妃獨
在西。　成祖重所生，嬪德莫敢齊。　一見異千聞，實錄安可稽？　作詩述典
故，不以後人迷。

朱彝尊南京太常寺志跋（附沈玄華詩後）

曩海寧談孺木館于膠州高閣老弘圖邸舍，閣老導之借故册府書縱觀，因成國榷一
部。　掇其遺爲棗林雜俎，中述孝慈高皇后無子，不特長陵爲高麗碩妃所出，而
懿文太子及秦晉二王皆李淑妃產也，聞者爭以爲駭。　史館初設，彝尊嘗以此質
諸總裁前輩，總裁謂宜仍實錄之舊。　今觀天啓三年南京太常寺志，大書孝陵殿
宇中設高皇帝后主，左列生子妃五人，右祗碩妃一人，事足徵信。　然則實錄出
于史臣之曲筆，不足信也。

又靜志居詩話：

明南都太廟，嘉靖中爲雷火所焚，尙書湛若水請重建，而夏言阿世宗意請罷，有
旨并入奉先殿。　按：長陵每自稱曰：『朕高皇后第四子也』，然奉先廟制，高
后南向，諸妃盡東列，西序惟碩妃一人，　具載南京太常寺志。　蓋高后從未懷
妊，豈惟長陵，卽懿文太子亦非后生也。　世疑此事不實，誦沈大理詩（上舉沈
玄華詩），斯明徵矣。

潘檉章國史考異卷四：

余考南京太常寺志所載，孝陵神位，　左一位淑妃李氏，　生懿文太子秦愍王晉恭
王；右一位碩妃，生成祖文皇帝；是皆享于陵殿，掌于祠官，三百年來未之有改
者，而實錄顧闕不載何耶？　惠宗固嘗曰：『此孝康皇帝同產弟也』，（此語出
奉天靖難記不可信）豈不知成祖爲碩妃子而爲是言耶？　史載洪武十七年十月册
李氏爲淑妃，攝宮中事，則淑妃之爲孝康母疑有之，而碩妃則他無所考。　閒嘗
質之中官故老，皆言孝慈皇后無嫡子，初養南昌王文正，歧陽王文忠等爲子，厥
後諸妃有子則自子，恩同己出，故中外無間言。　若然，則螽斯麟趾，遠配文母
矣，而南京太常寺志所載非無徵也。……　雖然，成祖果爲碩妃子，則國史玉牒
何以諱言之？　吾知成祖于此有大不得已者存焉。　方靖難師起，飢巳自名嫡子

傳檄中外矣，及入繼大統，何敢復顧私恩以忘高皇后均養之德，與孝康一體之情，故于奉先殿則闕之，于陵殿則祀之，此亦恩義之不相掩者也。嗚呼，其與光武不考南頓君之意何以異哉？

饒智元明宮雜詠碩妃

遠自辰韓國，承恩入後宮。寫金成赤鳳，結佩感蒼龍。堯母誰題牓，宸妃尚飾終。文皇諱側室，不錫薄昭封。

劉獻廷廣陽雜記卷二：

明成祖非馬后子也，其母甕氏，蒙古人，以其為元順帝之妃，故隱其事。宮中別有廟，藏神主，世世祀之，不關宗伯，有司禮太監為彭恭菴言之。余少每聞燕之故老為此說，今始信焉。

蒙古源流卷八：

先是蒙古托袞特穆爾烏哈噶圖汗歲次戊申，漢人朱葛諾延年二十五歲，襲取大都城，即汗位，稱為大明朱洪武汗。其烏哈噶圖汗之第三福晉係洪吉喇特托克托太師之女，名格呼勒德哈屯，懷孕七月，洪武汗納之，越三月，是歲戊申生一男，朱洪武降旨曰：『從前我汗曾有大恩于我，此乃伊子也，其恩應報，可為我子，爾等勿以為非，』遂養為己子，與漢福晉所生之子朱代共二子。朱洪武在位三十年，歲次戊寅五十五歲卒，大小官員商議，以為蒙古福晉之子雖為兄，係他人之子，長成不免與漢人為讐；漢福晉之子雖為弟，乃嫡子，應奉以為汗。

朱代庚戌年生，歲次戊寅年二十九歲即位，在位四越月十八日即卒，於是年無子，其蒙古福晉所生子於己卯年三十二歲即位，於是即請噶爾瑪巴之特袞齊楞伊呼克森囉勒貝多爾濟薩斯嘉之大乘丹簪綽爾濟，黃教之大慈札木禪綽爾濟等三人，闡揚法教，俾大國普衆安享太平，在位二十二年，歲次庚子年五十歲卒。

綜上所舉諸書，成祖生母共有五說：生母為高皇后者實錄玉牒弇山堂別集帝統篇，魯府玉牒皇明世系諸書同此說也；何喬遠李清談遷張岱沈玄華朱彝尊潘檉章諸人則言成祖為碩妃生也；革除遺事以成祖為達妃子；廣陽雜記以成祖為甕妃子；蒙古源流又以為洪吉喇氏；後三說皆孤立無證，而蒙古源流尤譌謬不足憑，其成為問題者，則成祖是否出于高后，抑出于碩妃也。

二　傅孟眞先生明成祖生母記疑提要

傅先生原文載于歷史語言研究所集刊二本四分，撮其要如下：

甲　記載分析

記載原于南京太常寺志及親見南京奉先殿之罍序者：

一　據沈玄華敬禮南都奉先殿紀事詩，沈氏曾親見南京奉先殿罍序，碩妃生成祖
獨西列。

二　據張岱陶菴夢憶，張氏曾親見孝陵陵寢，近閣下一座稍前爲碩妃，是成祖生
母。

三　據談遷國榷云，成祖文皇帝，太祖高皇帝第四子也，母碩妃。

四　據談遷棗林雜俎彤管篇，孝陵享殿，碩妃生成祖文皇帝獨西列。

上四說俱云成祖生母爲碩妃。

記載原于民間傳說者：

一　據劉獻廷廣陽雜記云，成祖生母甕氏，蒙古人，元順帝妃也。

此一說云成祖生母爲甕妃。

記載出自敵國者：

一　據蒙古源流云，成祖爲烏哈噶圖汗（元順帝）之第三福晉——洪吉喇特托克
托太師之女——名格埒勒德哈屯所生。

此一說云成祖生母爲元順帝妃洪吉喇氏。

乙　論證

一成祖是否爲高后子？

成祖爲高后所生一說，明實錄及明史皆然，此固成祖屢屢自謂者，明代掌故大家
王弇洲鄭室甫所撰述之作皆無異議。　然反此說之記載，大致皆原于明南京太常
寺志，其書雖不可見，然引之者如許之多，太常志當爲官書性質，似此記錄當無
誕妄，此與傳說不同也。　在此互相矛盾，而兩面皆有有力之史料爲之後盾時，
只有一解可以通者，卽成祖生于碩氏，養于高后，碩氏爲賤妾，故不彰也。

二碩妃是否曾爲庚申帝妃，因而成祖爲庚申帝子。

此一傳說雖傳于明代民間，遠及敵國，然其爲無稽之談無疑。　以明太祖雄猜陰
很，如燕王來歷不明，必不肯封于大藩，假以重兵，一也；中山王爲明祖第一勳
臣，其女不宜配螟蛉賤種，二也；洪武之世，北邊諸藩俱節制軍權，洪武之末，
燕王所膺尤重，三也；終洪武之世，不聞太祖與燕王間有破綻，且屢命出塞，諸
宿將皆歸其節制，四也。　且燕王生于至正二十年，徐達克元都在洪武元年八
月，庚申帝棄大都時，又未聞喪其家室；縱此時元帝妃有入明者，其生子亦當在
洪武二年或三年，上距成祖之生已十年，差誤太大，若曰改實錄以滅跡，又焉能
盡改懿文秦晉周楚等初封十子之生年？　從此已可證成祖爲元順帝子之說爲妄。
然成祖所以蒙此不潔之名者，因篡奪得國，肆行屠殺，人心思念建文，故憑空生
許多遜國遺聞，又以其母非漢姓，而洪武元年直接至正，庚申帝爲瀛國公子依然
甚囂于人心，則士人憑感情之驅率，畫依樣之葫蘆，於是碩妃爲庚申帝妃，成祖
爲庚申帝子矣，年代之不合不問也。　此說傳至外國，　遂有蒙古源流上所記之
說。……　大凡官書失之諱，私記失之誣，明國史略成祖之生母諱也，明野史謂
成祖爲元孽誣也，成祖愈諱言其生母，私家愈侈言其眞父，此猶官報與謠言各有
所缺。　後之學者，馳騁于官私記載之中，卽求斷于諱誣二者之間，史料不可一
概論，然而此義是一大端矣。

按：孟眞先生以實錄玉牒及南京太常寺志同爲官書，然互相矛盾，求其一解，卽
成祖生于碩妃，養于高后，以碩妃爲賤妾，故名不彰，此論至當。　潘檉章謂『成祖
果爲碩妃生，而又不敢忘高后均養之德』，亦此義也。　至謂碩妃爲庚申帝妃，成祖
爲庚申帝子，乃士人感情之驅率，以瀛國公事再演爲傳說，又以成祖諱言其生母，私
家侈言其眞父，故官書所載多失之諱，私家所記多失之誣，凡此皆揆情度理之論，足
以解衆惑而定一是者也。

三　朱希祖先生明成祖生母記疑辯提要

朱先生原文載于中山大學文史月刊二卷一期，撮其要如下：

一　明太祖二十六子，南京太常寺志僅知有二十子，而周蜀慶岷趙五王，及皇子楠，
　　皆不載其生母，一可疑也。

按：趙王杞，皇子楠，均夭殤，玉牒已除名矣。　周王與成祖同母，蜀王與代谷二王同母，成祖生母碩妃，代谷二王之母郭惠妃，同載于志矣，何以謂周蜀二王之生母不載也？　會典云『諸妃俱陪葬，惟二妃別葬于陵之東西』，然則慶王母妃余氏，當係別葬，故志不載。

二　自楚王以下十六子不知其母姓氏，二可疑也。

按：由懿文秦晉至成祖四子，于嫡庶問題，倫序問題均有關，故不敢略。　由第六子楚王楨以下，解縉在永樂朝修明初玉牒，已統稱其生母爲皇妃，皇貴嬪，皇貴人，皇美人矣，南太常志亦相沿稱之耳，不足怪。

三　有位號之妃，僅載李淑妃，其他以皇妃，皇貴妃，皇貴人，皇美人爲次；明史后妃傳云『諸妃位號，取賢淑莊敬惠順康寧爲稱』，生子之妃除李淑妃外，豈一概無位號耶？三可疑也。

按：此亦據玉牒而書者也，無足怪。

四　馬皇后無子，取他妃子以爲子，故南京太常寺志存其眞，取懿文皇太子及秦晉二王屬之李淑妃生，成祖文皇帝屬之碩妃生，一矯實錄及玉牒之誣，然其他十六王，玉牒所載其生母豈皆誣耶？　何太常寺志皆不與之相同？　四可疑也。

按：志與玉牒所不同者惟懿文秦晉成祖四子，及漏去周蜀慶岷四王，趙王杞與皇子楠原無，其他諸王生母志與玉牒所載完全相合，何謂不同？

五　棗林雜俎彤管篇，朱彝尊靜志居詩話，及張岱陶菴夢憶所云云，皆出孝陵閽人傳閒，而不見于他書記載。　明史諸王傳公主傳，高后生五子二女，若高后從未懷妊，而以他人子僞妊爲己子，則僞妊一二子足矣，何不憚煩而至六七？　僞妊男子足矣，何不憚煩而僞妊女子至一而再？　── 疑高皇后無子之說不足信。

按：談遷潘檉章所記據南太常志，沈玄華李清張岱則親見孝陵享殿者，不可謂皆出閽人傳閒。　實錄載高后生五子二女，均各有故，然五子二女親生問題，誰眞誰僞，須逐一考證，不宜以其不憚煩而謂無問題也。

六　李清據實錄言孫貴妃爲周王養母，其說可信。　明史后妃傳謂孝慈錄∟庶子爲生母服三年，自孫貴妃始┐，其說實非。　明史黃子澄傳云∟周王燕之母弟┐，語出敵人口，可徵信。　成祖既與周王同母，則成祖獨爲碩妃子，周王又爲孫妃

子，二說均不足信。

按：成祖生于碩妃，養于高后，周王生于碩妃，養于孫貴妃，于事實爲近，于燕
周同母，及周王爲孫貴妃服三年喪，均可通也。

七　碩妃之說，本于南京奉先殿配位，南京太常寺志所載亦本此，然配位之次序，及
所生之皇子，與明代官私典籍記載完全不同，而碩妃之來歷更無根據，此殆出于
閹人之傳聞。　疑南京所祀之碩妃，即北京所祀之甕妃，皆憑閹人口耳傳聞，而
不關于太常正式之典禮。　此等傳聞完全出于蒙古人，世傳元順帝三皇后弘吉剌
氏後爲明太祖妃，生成祖，又混三皇后爲第三皇后奇氏，遂又誤以爲高麗人，此
碩妃爲高麗人之說所由來也。　若碩妃生成祖，李淑妃生懿文秦晉二王，則國史
玉牒不諱載李淑妃，何以明代官書除南京太常寺志外，從未記載碩妃？　含山公
主母高麗妃韓氏，尚有記載，碩氏生男且爲天子，何以反無記載？　太祖妃韓
氏，成祖權妃任順妃李昭儀呂婕妤崔美人，宣宗吳皇后皆高麗人，能詳其家世，
獨碩妃高麗及朝鮮史均無紀載。

按：南太常志載諸王生母本于玉牒（見本篇第四節），非閹人所得擅易其位次。
碩妃甕妃即實錄之汪妃（見本文下篇），音讀轉變致誤耳。　明代官書所以從未
見碩妃之名，爲成祖諱也。　然實錄已有汪妃矣，其人仍在也。　至南太常志書
爲碩妃，則依碩妃本來之姓氏而書者也。

八　嘉靖時汪宗元撰南京太常寺志恐尚未有碩妃記載，碩妃之事作始于天啓時沈若霖
之南京太常寺志，棗林雜俎所記爲天啓時之配位，陶菴夢憶所記爲崇禎十五年之
配位，兩不相同，與李清所記又異，可證配位次序及數目全由閹人隨意排列，且
時有變更，不拘典禮。　沈若霖僅據一時所見，不考之于典禮，竟載之于太常寺
志，垂爲定制。　若此事記載始于沈氏，可謂非誣即疑也。

按：孝陵享殿配位，據棗林雜俎所記與陶菴夢憶所記者不甚同，因其不甚同而疑
爲閹人任意排列，陵寢尊嚴，豈應如此。　且沈氏所記亦必有所本，斷不能輕信
閹人之傳聞，筆之于書，遂垂爲定制。　據余所考何喬遠所見之南京太常寺志，
亦當在沈志之前。　又沈玄華詩當作于嘉靖之末，其詩已載碩妃事矣。（見本文
下篇）

下　篇

一　太祖早年納妃之多（其時期約在乙未之後洪武戊申之前）

當元統失馭，羣雄並起，太祖本濠梁一無賴，皇覺寺之僧徒，乘時竊發，原無得天下之心，其放蕩不羈，恣意酒色，初未嘗異于人。　即其遺事可考者如下：

劉辰國初事蹟云：

> 靑軍馬元帥過房得常州孫府判女爲女，太祖納之，有寵爲妃。　後訪得妃兄孫伯瑛在衢州，差貴赤老張起取到京，太祖大悅，賜以金銀緞疋，令龍灣把關，不久除斷事官，陞河南行省參政，任太僕寺卿，妃卒，太祖令守妃坟，以事累死。

> 按：孫貴妃實錄有傳。

又云：

> 太祖選用宮人，訪知熊宣使有妹年少，員外郎張來碩諫曰：『熊氏已許參議楊希聖，若取之于理未當』。　太祖曰：『諫君不當如是』。　令壯士以刀碎其肉。後參議李欽冰與希聖弄權不法，丞相李善長核實奏之，太祖將二人黜，而云奸狡百端，詭譎萬狀，宜此刑，割欽冰之乳卽死，劓希聖之鼻，淮安安置。　後希聖兄楊憲任江西參政來朝，太祖謂憲曰：『汝弟弄權，我已黜之，仍給熊氏與他』。　憲叩頭曰：『臣弟犯法當萬死，焉敢納之』，太祖曰：『與之』。　熊氏遂往。

> 按：太祖欲納熊氏，經張來碩諫後，不知仍納之否？　觀其親命給熊氏與希聖，似出之內庭者然。

王文祿龍興慈記云：

> 聖祖偶戰失利，夜行宿妓館，明發諱姓名題詩于壁曰：乚二之十，古之一，左七右七橫山倒出得了一，是爲之土之一ㄱ，皆不能解。　後生子聞登極，錄壁間詩攜子奏聞，卽命工部造府，封子爲王，其婦不召見。　詩蓋言王吉婦生子爲王。又聞母氏云：起兵時徵行御女，與記後生子合年月，認之多封王，亦名養子，有封侯者。　嘻，棊建親王，垂萬世無疆之休。

代王之母，邠人也。　先是太祖嘗戰敗而奔投王母家，王母曰：『汝朱某耶？人言汝當爲天子也』。　因留之宿，及旦辭去，王母曰：『吾後有娠何如』？帝乃貽斂梳爲質，王母亦以匣中裝贈行，自是果娠。　及太祖卽位，子且長矣，王母携其子及質物謁上，帝令工部草創木宇居之，不令入宮，及代府旣成，遂分封焉，故王卒得終養其母蹟于常制。

王弇洲史乘考誤引王文恪言：

高帝克陳友諒，俘其妻孥，曰：『我自起兵以來，未嘗納人子女，今友諒三犯我金陵，四犯我太平，我甚恨之，其妻闍氏可沒入掖庭』。　未幾生子，友諒遺腹也，封潭王，國于長沙。　將之國，闍氏語之曰：『汝乃漢王陳友諒子，汝父被殺，吾爲汝忍死于此，他日當爲父復此仇也』。　故事：諸王來朝者皆止于宮中，潭王來覲入止宮，不以禮自檢，歸國發兵反，高皇遣太傅徐達之子討之，潭王堅閉城門，抱其幼兒繞城上行，取銅牌書其上云乚寧見閻王，不見賊王丁，因擲于城外。　遂舉火闍宮盡焚，携其子投隍塹而死。　高皇大怒，因假妖星亂宮爲辭，盡戮宮人，皇后脫簪珥待罪僅免，餘悉殲焉。

何喬遠名山藏卷三十六云：

潭王梓，母達定妃，洪武三年封，十八年之國，二十一年妃與民家生事，上召王，王驚，闍宮焚死。　亦聞曰，達定妃故陳友諒姬，上妃之，妃居常爲語所以爲妃，故王不勝忿，閉城反，竟自焚。

沈德符野獲編云：

僞漢違命最久，上心恨之，曾納其妾，旋卽遣去，深以爲悔。　野史訛傳，曾生潭王梓，後叛誅。　不知潭王與齊王榑同爲達定妃所生，自坐犯家事自焚，初不叛亦不受誅也。

　按：上所舉國初事蹟載太祖曾納孫貴妃事可證實。　熊氏雖不果納，然所述楊憲事則有之，足證辰說不誣。　龍興慈記述乚王吉婦得子爲王丁，所封何王雖不明，但其事爲文祿外祖授其母者，其外祖陸源，明初人，所言或不致無所據。　惟代王與蜀谷二王同母惠妃郭氏，且代王生于洪武七年，太祖卽位已八載，當不應有戰敗投奔王

母家之事，纛勝野聞不足信甚明。　若潭王與齊王同母達定妃，潭王生于洪武二年，距友諒之亡將十載，而云遺腹；高后崩于洪武十五年，距潭王自焚且七載，而云后脫簪珥待罪僅免；王之焚以妃家坐罪不自安，帝遣使慰諭之，召入朝疑懼，與妃自焚，而云發兵反，皆不合事實，以王文恪（鏊）久典國史，不應孟浪乃爾，弇洲已詳辨之矣。　然余以對此問題只須考定太祖曾否納陳友諒妃，如已納其妃，則妃爲闍氏，或爲達氏，均無關。　女人之姓原不甚可徵，且乚闍乛與乚達乛爲雙聲，易混爲一，則闍妃達妃本一人也。　達妃既奪入宮，則于洪武二年生潭王本屬常事，後之人以妃與潭王自焚死，故甚其辭，謂潭王爲友諒遺腹，不勝恚而叛，此則傳聞失眞也。　以其失眞而否認一切事實不可也。

鄭曉今言云『孝陵祭旁列四十六案，或座或否，大抵皆爲妃嬪』，今考實錄及南京太常寺志所載太祖妃嬪有顯名者亦達十餘人，其有出身不正者，或未生皇子女者，國史不能盡書，其湮沒無聞者遂多矣。　此數十妃嬪之身世不能盡知，然其中有出自元宮者，有出自元之貴族者，有奪自敵國（如漢陳友諒）者，可斷言也。　要知太祖當年亦一恣意酒色之輩，當羣雄角逐之秋，更無所忌憚。　觀其渡江克太平時，儒士陶安來見，太祖殷勤請教，安首言曰：『方今羣雄並起，不過子女玉帛，將軍若能反羣雄之志，不殺人，不擄掠，不燒房屋，首取金陵以圖王業，願以身許之』。　（國初事蹟）所謂不擄掠者，不擄掠子女玉帛也，其有所爲而發可知矣。

要之，太祖早年所納妃嬪既多，諸妃嬪之姓氏國族自亦多不可盡詳者也。

二　太祖曾納庚申帝妃

庚申帝者，元順帝也。　當順帝亡國之後，明朝未加謚之前，元之遺民不敢稱故主，明朝臣庶不欲稱勝國之君，乃以庚申帝稱之。　今欲知太祖是否曾納庚申帝妃，必先考定庚申帝之稱是否成立。　茲依次考之如下：

權衡庚申外史云：

國初宋江南歸附時，瀛國公幼君也，入都自願爲僧白塔寺中，已而奉詔居甘州山寺，有趙王者嬉遊至其寺，憐國公年老且孤，留一回回女子與之，延祐七年（庚申歲）女子有娠，四月十六夜生一男子，明宗適自北方來，早行見其寺上有龍文

五彩氣，即物色得之，乃瀛國公所居室也，因問子之所居得無有重寶乎？　瀛國
公曰：『無有』，固問之，　則曰：『今早五更後，　舍下生一男子耳』，明宗大
喜，因求爲子，并其母載以歸。

黃溥閒中今古錄云：

宋太祖建隆庚申受禪，後聞陳希夷匚只怕五更頭冖之言，命宮中轉六更方鼓嚴鳴
鐘，太祖之意，恐有不軌之徒竊發于五更之時，故終宋之世，六更轉于宮中然後
鳴鐘，殊不省更庚同音也。　至理宗景定元年歷五庚申，越十七年末宋亡，而希
夷五更頭之數信矣。　到元朝延祐七年庚申，而至正帝生，乃宋少帝趙㬎子，我
大明兵入燕都遁去，當時人只呼庚申帝，觀劉尚寶集庚申帝大事記是也。　後方
號順帝云。　由此觀之，則宋太祖命轉六更之言，益信數之不爽。

又云：

宋太祖與陳希夷論國祚五更六更之事，予述之篇首矣，而六更之說未竟，茲畢其
說。　嘗聞先大父南山先生曰：永樂間，一日謁尚寶袁公（忠徹），公曰，昨日
同太監二人侍上位，看歷代帝王像，看到宋太祖，上曰，果然面方耳大；又曰眞
宗而下諸像清楚，如今時太醫樣一般。　看到元世祖，上曰，北人南像。　看順
帝像，又曰，此又如太醫樣，何也？　不能對而退。　大父答曰，公尚不曉此
也。　昔宋幼主㬎之妻有娠，元明宗見貌美悅之，乃生順帝也。　尚寶因嘆不得
以此對爲恨，乃備述于符臺外集，而不明大父所云。　近觀葉文莊（盛）水東日
記載一詩云：皇宋第十六飛龍，元朝降封瀛國公；元君召公尚公主，時承賜宴明
光宮；酒酣伸手扒金柱，化爲龍爪驚天容；元君含笑語羣臣，鳳雛寧與凡禽同；
侍臣獻謀將見除，公主泣淚沾酥胸；幸脫虎口走方外，易名合尊沙漠中；是時明
宗在沙漠，緒交合尊情頗濃；合尊之妻夜生子，明帝隔帳聞笙鏞；乞歸行宮養爲
嗣，皇考崩時元甫童；元君降詔移南海，　五年乃歸居九重；憶昔宋主受周禪，
仁義綽有三代風；　至今兒孫主沙漠，　吁嗟趙氏何其隆！　但此詩不知何人作，
（或云余廙所作）則順帝實幼主所生，其生之年，大德七年庚申歲也。　由此言
之，則太祖六更之言旣不爽，而容貌之類又不誣，天道元默，歷數莫逭，有若此
夫！

太祖實錄洪武九年五月壬午：

上謂侍臣曰：『朕觀元世祖在位，躬行儉樸，遂成一統之業，至庚申帝驕淫奢侈，飫粱肉于犬豕，致怨怒于神人，逸豫未終，敗亡隨至，此近代之事，可爲明鑒』。

按：庚申外史及閒中今古錄所載庚申帝事，至爲詳盡，已足證庚申帝之稱有所由來。　太祖實錄（同見下文）亦不諱言，則知庚申帝之稱相沿已久，無所致疑矣。　庚申帝之稱既不誣，太祖納其妃亦有據否？

太祖實錄洪武十三年五月丙辰，勅諭遼東都指揮使司曰：

五月二十五日得奏，知高麗周誼至遼東，朕觀其來咨，知東夷之詐，將以構大禍也，此來豈誠心哉！　爾等鎮戍邊方，不能制人，將爲人所制矣。　且高麗朝貢，前已違約，朕嘗拘其使詰責之，後縱其歸，令當如約，則事大之心其庶幾乎。　使既還，未聞有敬畏之心，乃復懷詐令誼作行人，假稱計事，此非有謀而何？　前元庚申君嘗索女子于其國，誼有女入于元宮，庚申君出奔，朕之內臣得此女以歸，今高麗數以誼來使，殊有意焉。　卿等不可不備，毋使入窺中國也。勅至，當遣誼至京，別有以處之。

沈德符野獲編卷三云：

洪武三（應作十三）年，高麗衍貢，上賜詔詰責之，既而彼國遣使周誼來計事，上勅遼東都指揮使司曰：『高麗朝貢違約，朕拘其使，復縱之歸，乃復懷詐，令誼作行人，非有謀而何？　前元庚申君曾納誼女于宮中，庚申君出奔，內臣得此女以歸，今高麗數遣誼來使，殊有意焉，卿不可不備。　勅至，當遣誼來京，別有以處之』。　及誼至京，署本國銜爲禮曹判書，上賜以襲衣，遣通使先歸，留誼于京師，仍命邊將自今入境者皆止于邊，不許入見，雖有貢賦亦不許入獻。

蓋終以女在宮爲疑，聖祖之嚴防女戎如此，又安得褒女驪姬之禍乎！

王韋逐鹿記云：

元宮人至京師，將釋之以給令，後宮有一人不屈，上言汝卽守節，何不死于元亡時？　此女對曰：『願明一言而死，以爲有名鬼耳』。　上令左右以紙筆與之，女寫云＜君王慧性被奸迷，妾曾三諫觸閹墀，不能死守身先遁，致令鑾移社稷

墟⌈，擲筆投地而死，**上爲之改容**。

按：據陶宗儀掇庭佟政云：⌊順帝宮嬪進御無紀，佩夫人印者不下百數，如淑妃龍瑞嬌，程一寧，戈小娥；麗嬪張阿玄，支祁氏；才人英英，凝香兒尤見寵愛，所好成之，所惡除之，位在皇后下，而權則重于禁闥，宮中稱之爲七貴⌈。　可知皇后之外有七貴，七貴之外佩夫人印者又不下百數，然則不佩夫人印而充後宮者又不知凡幾，此等妃嬪當順帝出宮時，與之偕逃者幾人，籍入明宮者又幾人，已無可考。　然太祖納高麗周誼之女見于實錄，沈氏野獲編所載若合符節，其事甚確。　今考岷王楩生于洪武十二年三月，韓王松生于十三年五月，均爲周妃出，周妃無諡無號，疑卽元宮籍入之周誼女也。

至王禕所記元宮人殉節事，亦甚可注意。　以一宮人殉節，事至平常，何勞太祖下問？　及其死又爲之改容，豈非以其不拜新恩，寶逼處此乎？　所云⌊將釋之以給令⌈，而不言太祖將納之，蓋欲文其過耳。　王禕爲太祖輔弼之臣，所言當不致無據，此亦太祖納庚申帝妃之一證也。

可知太祖納庚申帝妃事誠有之，但不必成祖生母亦爲庚申帝妃也。

三　燕周同母說之由來及其影響

成祖與周王本一母所生，故休戚相關，非他王可比。　觀建文初，齊黃削藩之議必先周王，旣竄雲南，再錮京師，使成祖簒國不成，周王必無生理可知也。　及成祖正位，封爵最崇，受祿最厚，據會典所載⌊周王祿米二萬石，襲封萬二千石，⌈秦晉牟之，岷肅二王僅二十之一耳，所以然者，蓋以同母弟與非同母諸王恩誼有等差也。永樂末，周王謀爲不軌，成祖察知之，僅召至京戒諭，遂不復問，卒獲保全。　以視齊谷二王之囚繫而終，罪同而恩遇有異，又可知其待同母弟與非同母諸昆季恩有別也。　雖然，成祖與周王同母有據乎？　試舉如下：

洪武三十一年，齊泰黃子澄議削藩云：

子澄曰：然則所發何先？　齊泰曰・燕王英武，威聞海內，而志廣氣剛，氣剛者易挫，加以不軌之事，孰信其誣？　去其大，則小者易憚。　子澄曰：不然，燕王素孝謹，國人戴之，天下知其賢，誣以不軌，將誰信之？　周齊岷代在先帝時

尚多不法之事，何況今日？　而于今作過，周王必先，周王易取耳。　周，燕之母弟，取周卽剪燕之手足，今只俟周有罪，卽令議處治，彼必來救，救則可以連坐。（太宗實錄前編）

建文三年五月，燕王上書云：

夫天下者神器也，得之甚難，而失之甚易，伏望戒謹于所易失，而持守于所難得，體上帝好生之德，全骨肉親親之義。　我弟周王久覊絕徼癘厲之地，恐一旦憂鬱成疾，脫有不諱，則上拂父皇母后鍾愛之心，下負殘殺父兄之名，貽笑于萬載矣。（奉天靖難記）

太宗實錄，宣德初所修，奉天靖難記則出燕邸臣僚之筆，（千頃堂書目謂不知何人所撰，蓋未考也）。　其中成祖嘗自稱爲高后嫡子，則周王亦同母高后矣，然其心尚不敢否認懿文秦晉非同母高后也。　惟燕周同母之語出，後有知燕周與懿文秦晉實非同母者，今燕周旣同母高后，則懿文秦晉非同母高后矣，是以魯府玉牒載高后止生成祖與周王，（七修類藁卷十）皇明世系亦謂太宗周王爲高后生，而懿文秦晉爲諸妃子，（史乘考誤）同受燕周同母說之影響也。　王弇洲最博洽，又熟本朝典故，其言「太宗與懿文秦晉周俱嫡出，史與玉牒甚明」，（史乘考誤）旣篤信國史玉牒不敢有異辭矣，他日見會典所載諸王祿米之數，惟周王特多，莫明其故，附誌云：「周王本色二萬石，或係太宗母弟之故，至其子孫尚存高二千，則秦晉二王獨非太宗之兄乎」？（諸王祿賜考）　是則秦晉燕周是否同母，弇洲亦疑之矣，第不知燕周同母之說爲眞，（但非同母高后）國史玉牒載懿文秦晉燕周同母高后，則不可盡憑也。

四　碩妃生成祖與碩妃汪妃甕妃之異同

據國史玉牒則成祖爲高后所生，據蒙古源流及廣陽雜記則成祖爲甕妃生，或庚申帝妃生，然考南京太常寺志則唯碩妃乃成祖生母也。　三說中有一說爲眞，則其餘二說均僞。　茲依次考之：

燕周同母，及燕周不與懿文秦晉同母，前已言之矣，如懿文秦晉爲高后嫡出，則燕周不出于高后。　但如孝陵闍人云，高后無出，（國史考異引）懿文秦晉且非嫡出，何論燕周。　太祖實錄三修後，成祖諭纂修官曰：『庶幾少慰朕心』，是史官能

本成祖之意，列懿文秦晉燕周同爲嫡出。　懿文秦晉諸兄旣先後薨，周王則親弟，以倫序言之，惟己能繼大位，篡奪之迹可少掩矣。　是則國史云云，乃史官曲筆，不能昭信，玉牒則據國史而修者，其不足信一也。　至于鄭端簡王弇洲之爲諸王表，又據國史玉牒而書者，先後一轍，受史官曲筆之欺不少，愈附和愈見其不足憑矣。

成祖旣非高后出，　則庚申帝妃生成祖亦可信乎？　蒙古源流謂太祖納順帝第三妃，生子繼統二十二年而卒；廣陽雜記則謂成祖生母甕氏，蒙古人，以其爲元順帝妃，故隱其事，二說均謬。　成祖者，太祖之第四子也，何以言蒙古福晉之子爲兄，漢福晉之子爲弟？　成祖卽位于壬午年，四十二，崩于甲辰，年六十五，何以云己卯三十二歲卽位，歲次庚子，年五十歲卒？　此其大謬者，其訛謬處尚不止此（參看前引蒙古源流）。　至謂成祖生母甕氏亦無據，而云元順帝妃則與蒙古源流同悖謬。蓋順帝出奔在洪武元年七月，至八月庚午徐達始入元都，妃嬪有未逃未死者，籍入明宮亦當在元都旣破之後，此時距成祖之生已九載，其說之謬立見。　且籍入明宮之高麗妃周氏，實錄不諱言，若爲格埒勒德哈屯或甕氏，旣生成祖，縱國史諱言，何以他書亦不一見？　此又庚申帝妃生成祖之說，難以置信者也。

成祖生母旣非高后，亦非庚申帝妃矣，則其生母宜爲碩妃。　雖然，亦有說乎？碩妃生成祖，其說出于南京太常寺志，自何喬遠以下如李清錢謙益談遷潘檉章張岱沈玄華朱彝尊諸人，或親見孝陵享殿，或親閱南京太常寺志，非依訛傳訛者比，已屬可信。　據朱彝尊南京太常寺志跋，知其所見之志爲天啓三年嘉善沈若霖所編，然則諸人所據之志均天啓後改修者乎？　天啓以前之志或無此說乎？　亦不盡然也。　錢謙益之序名山藏也，稱其└發憤盡氣，編摩數十年，遂告成事┐，又云└一再登庸，官至卿貳，藏弄篋衍，不敢繕寫進御，辟史職也┐，又云└天啓中余承乏右坊，公與祥符王損仲皆官光祿，時時過從，商略史事，損仲告公曰，古之爲史者，記則記，書則書，史則史，公之稱斯名（名山藏）也何居？　公蹴然起謝曰，喬遠固陋，守其樸學，藏諸鏡山之下，傳諸家塾僬矣，敢冒國史之名，詁本朝三百年史局之羞乎┐？　今查謙益之序撰于崇禎十一年，時喬遠已卒，其子九說請謙益爲之者也。　喬遠萬歷中爲禮部儀制司郎中，因疏朝鮮倭事，坐謫廣西布政使，後以事歸田，光宗立召爲光祿少卿，天啓二年進左通政，至崇禎二年擢爲工部侍郎。　所云└一再登庸，不敢以其書

繕進，冂是其書已早成也。　又天啓中王損仲詢以名其書爲名山藏之故，則其書成于天啓前又可知也。　且云編摩數十年，尤可見非天啓後所作。　其書旣成于天啓前，則其所引南京太常寺志非天啓三年沈若霖所編之書矣。　喬遠所見之南京太常寺志爲天啓前之書，則其書又不知修于何年，而碩妃生成祖之說已由來久矣。　沈若霖重編南京太常寺志時，所載碩妃生成祖之說，蓋有所本也。

又考沈玄華嘉靖壬戌（四十一年）進士，除禮部主事，歷官南京太常寺卿，轉大理寺卿（見明詩綜卷四十四）。　明史無沈玄華傳，浙江通志嘉興府文苑傳有名，但不詳其生卒及莅官年月，然其敬禮南都奉先殿紀事詩云：乚豈意歲甲午，烈火颺榱題，冂與實錄所載乚嘉靖十三年六月，南京太廟災，列祖神主亦被延燬冂之文相合。沈玄華官南京太常，得承祀奉先殿，雖不必在嘉靖之末，然官太常不久，卽轉大理，最晚亦當在萬歷以前，則奉先殿神位乚衆妃位東序，一妃（碩妃）獨在西，冂萬歷以前已然矣。　且當太廟被火之後，尚書湛若水疏請重建，世宗不以爲然，下禮部等衙門詳議，尚書夏言等以乚國有二廟自漢惠殆，神有二主自齊桓始，周之三都三廟，乃遷都立廟，去國載主，非二廟二主冂之說進，便降旨罷建，併太廟神主于奉先殿共享之。　由此推之，南京奉先殿神主之重新排列，當在嘉靖十三年之後，嘉靖中南京奉先殿卽有碩妃位矣，非沈若霖撰南京太常寺志後，始見碩妃之名，至顯明也。

雖然，成祖旣爲碩妃生，則碩妃亦爲高麗妃乎？　考元宮蓄高麗女，多在元統以後，元世祖家法，本賤高麗女子，不以入宮，自元統後，高麗女祁氏入宮大寵幸，家法由此壞。

庚申外史云：

祁宮亦多蓄高麗美人，大臣有權者輒以此女送之。　京師達官貴人必得高麗女然後爲名家。　高麗婉媚善事人，至則多奪寵。　自至正以來，宮中給事使令，大半爲高麗女，以故四方衣服鞋帽器物皆依高麗樣子，此關係一時風氣，豈偶然哉。

當時達官貴人多蓄高麗女，旣成風氣，江南諸省掌政治握兵權者多爲元之貴族，則高麗女之隨元貴族而來江南者其多可知。　太祖自至正十二年起兵，轉戰江淮，數年間破元兵中丞蠻子海牙，右丞完者都，及萬戶納哈出伯顏不花等，當彼輩敗亡之

際，太祖乘其餘威，虜其妻孥，自是常事。　由此可知太祖得高麗女之機會甚多，被虜高麗女中有爲碩氏者，殊不足異也，何必出于元宮爲庚申帝妃乎？

今考太祖實錄無碩妃，而乃有汪妃；毛奇齡又曾引江妃事；劉獻廷則云甕妃生成祖，其故何如？

太祖實錄洪武十五年九月己巳，遣官祭鍾山之神曰：

兹以今月庚午，安葬孝慈皇后于鍾山之陽，以成穆貴妃永貴妃汪貴妃祔，尙祈神祐，永保安寧。

又十五年十一月乙丑：

孝慈皇后喪百日，上輟朝以牲醴致祭于几筵殿，……仍以成穆貴妃永貴妃汪貴妃配享。

毛奇齡彤史拾遺記云：

周王之國，遣慈母江貴妃從，（高后）賜以已所御紕衣一，杖一，曰王有過則披衣杖之，卽遣馳以聞。

又云：

十五年九月，孝慈皇后葬孝陵，以成穆孫貴妃永貴妃江貴妃祔。

彤氏拾遺記載與周王之國之江貴妃，　及祔葬孝陵之江貴妃，　卽實錄之汪貴妃無疑，蓋乚江ㄱ爲乚汪ㄱ之誤文也。　由此推之，　則劉獻廷所云甕妃疑亦卽汪妃，因乚甕ㄱ又乚汪ㄱ之誤音也，謂甕妃爲蒙古人，則展轉傳說之誤也。　前已言碩妃生成祖，則碩妃汪妃甕妃無有異乎？　査碩與汪爲旁紐雙聲，汪與甕爲正紐雙聲，碩與甕又爲疊韻字，　然則汪甕碩三字原易混爲一，　當日成祖改修太祖實錄時必以碩爲外國姓，故易汪字以掩之，字雖異而仍爲一人可知也。（此段曾就正本所治音韻學同事丁務滋先生，敬誌謝意）。

成祖旣爲碩妃生，證以燕周同母之言，周王亦當爲碩妃生，其有不同此說者須有以辨明之。

李淸三垣筆記附誌云：

周王不載所生，（據南京太常寺志）觀太祖命服養母孫妃三年，疑卽孫出。

潘檉章國史考異云：

余友吳君炎又爲余言，　周王亦非高后生也。　考之國史洪武七年九月貴妃孫氏薨，命吳王橚（後改封周王）服慈母服，斬衰三年，以主喪事，勅皇太子及諸王皆服期，有司營葬厝于朝陽門外。　以李淑妃碽妃之事觀之，則孫貴妃疑卽周王母也。　孝慈錄序第言子爲父母，庶子爲其母，皆斬衰三年，而其序敘服篇則並及慈母，注謂母卒父命他妾養己者，與周王之爲孫貴妃服似不合。　竊謂是時高后尚在，故不欲明言生母以傷其心，而等慈母之服于生母，則名實兩全矣。　且慈母之服重，則嫡母之恩禮愈重，此聖祖之微權也。

王達椒房舊事云：

　　成穆貴妃姓孫氏，參政孫英之妹，嘗與上登香雲閣，觀後苑刈稻，上命宮人取酒來爲賞豐飲，令妃誦詩侑酒，妃爲歌李紳憫農詩，上大悅，賜予有加。

竊勝野聞云：

　　貴妃某氏薨，太祖詔太子服齊衰杖期，太子曰：『禮惟士爲庶母服緦，大夫以上爲庶母則無服；又公子爲其母練冠麻衣縓緣，卽葬除之；蓋諸侯絕期喪，諸侯之庶子雖爲其母，亦壓于父不得伸其私，然則諸侯之庶子不爲庶母服，而況于天子之嗣乎』？　帝大怒，以劍擊之，太子走且曰：『大杖則走』，翰林正字桂彥良諫太子曰：『禮可緩，君父之命不可違也，嫌隙由是生矣』，太子感悟，遂齊衰見帝謝罪，帝怒始釋。

　　觀李清與潘檉章之言，孫貴妃爲周王生母似有可能，然據椒房舊事及竊勝野聞知太祖之寵幸孫貴妃有非他妃所可比者，如其已生周王，不應實錄諱載，孝陵享殿亦不列位。　且周王爲孫貴妃出，則與成祖不同母矣，成祖何以必欲言周王爲親弟？　懿文仁柔，雖非孫氏親生，然于父皇愛妃，又念周王關係，當不忍抗命服期，是則孫貴妃實僅養周王，而非生周王，其理至明也。　彤史拾遺記載周王之國遣慈母汪貴妃從，高后又賜以己所御紕衣，命有過則杖之，此云慈母卽生母也，周王爲汪貴妃生又可知也。

　　成祖與周王同爲汪妃生，周王旣爲孫貴妃服慈母服，則成祖亦當同服，何以不聞太祖命之服？　此蓋因成祖與周王之生相距僅十五月，高后旣撫育成祖，則不能再撫育周王，故命孫貴妃代之；因孫貴妃曾撫養周王，故命周王爲服慈母服；成祖旣不爲

孫貴妃撫養，則不同服，理有然也。

五　國史玉牒與南太常志乖反及南太常志不言周王所出之原因

懿文秦晉燕周同爲高后出，實錄玉牒所載也，懿文爲高后出，本是事實，今觀長陵詔勅，與燕王令旨，燕王上書建文，或詔告天下，凡所以責難建文，詆毀建文者，無微不至，獨不敢攻懿文之非嫡子，建文之非嫡孫，誠以懿文本嫡長天下共知不容否認也。（余別有懿文太子生母考）　秦晉二王是否同出高后，尙待考證，然當洪武之末，二王相繼薨，卽同爲高后嫡出，于成祖奪國亦無妨礙，引爲同母嫡兄，更爲成祖所樂道。　然成祖與周王同爲磧妃（亦卽汪妃）生，何以强附于懿文秦晉之列？　此蓋以靖難師之有慚德，不能不以嫡子名義相號召，故其傳檄天下云：

顧余匪才，乃父皇太祖高皇帝親子，母后孝慈高皇后親生，皇太子親弟，忝居衆王之長。燕王令旨

洪武三十五年七月卽位詔告天下云：

朕爲高皇帝嫡子，祖有明訓，朝無正臣，內有奸惡，王得興兵討之。……　諸王大臣謂朕太祖之嫡，順天應人，天位不可以久虛，神器不可以無主，上章勸進。

太宗實錄

永樂元年二月詔諭韃靼可汗鬼力赤云：

朕太祖皇帝嫡子，奉藩于燕，恭承天眷，入繼大統，嘉與萬邦，同臻安樂。　見全上

四月申諭文武羣臣云：

朕太祖高皇帝嫡子，奉藩于燕，荷天地宗社之靈，肅清奸宄，遂正大統。　見全上

其所以必欲冒稱嫡子之意，若曰懿文秦晉諸兄爲嫡子，我亦嫡子也，諸兄已先後薨，以倫序言之，則我入繼大統，固分所宜也。　成祖旣言必稱嫡子矣，他日史臣修實錄玉牒從而書之曰，懿文秦晉燕周同爲高后出也，蓋本成祖之意以明五人嫡出，眞則俱眞也。　所以書成之日，成祖曰「庶幾少慰朕心」，觀其言可恍然矣。　朱彝尊曰：漢之文帝自言「朕高皇帝側室之子」，于義何傷？　而奉天靖難記每載長陵上闕

下書，及宣諭臣民曰「朕<u>太祖高皇帝孝慈高皇后嫡子</u>」，考妣必並舉，壺漿欲掩，而迹反露矣。（<small>南京太常寺志歟</small>）　此則<u>成祖</u>所不及料也。

雖然，誦<u>閟宮</u>之詩，而思<u>姜嫄</u>之聖德，　詠<u>凱風</u>之什，　而念<u>母氏</u>之劬勞，<u>成祖</u>何人，能無感動？　是以<u>孝陵</u>享殿獨置<u>碩妃</u>神主于西列，<u>南太常志</u>明載<u>成祖</u>爲<u>碩妃</u>生；<u>國史</u>傳之萬世，不得不稍掩其篡奪之跡，陵寢家廟乃展孝思之所，豈敢忘其所生而自欺其子若孫乎？　是以<u>國史</u>則諱之，陵廟則存之，此<u>成祖</u>之微權也。

<u>孝陵</u>享殿及<u>南太常志</u>已不能不追尊其生母<u>碩妃</u>矣，惟<u>懿文秦晉</u>則繫之<u>高后</u>生，前日冒稱嫡子事實乃彰明顯著，何以自解？　于是乃以<u>懿文秦晉</u>繫之<u>李淑妃</u>生，而<u>高后</u>則無出，以示嫡出問題僞則俱僞也，此又<u>成祖</u>之苦心也。

然<u>燕周</u>同母，<u>孝陵</u>享殿及<u>南太常志</u>何以獨見<u>碩妃</u>生<u>成祖</u>，而<u>周王</u>反不明所出？夫天下已屬<u>成祖</u>矣，　其子若孫追尊其所生，　而示正統之所在，豈能讓<u>周王</u>與<u>成祖</u>並列？　且蘭殿鍾祥，天潢衍緒，<u>成祖</u>可藉同父母弟而奪<u>建文</u>之天下，則安知<u>周王</u>之後無藉同父母之子孫而奪<u>成祖</u>所遺之天下？　螗蠃類我，無貽隱憂，明乎此，則知<u>周王</u>之所以不明所出，蓋有由也。

出自第六本第一分（一九三六年三月）

跋「明成祖生母問題彙證」

并答朱希祖先生

傅 斯 年

民國二十二年冬，余久病之後，自南京返北平休息，本所第一組同事李晉華先生（庸華）以其所作匚明成祖生母續考冖見示，所搜集之材料頗出于余作匚明成祖生母記疑冖一文時所獲者，而結論則大體相同，即以成祖之生母為碽妃，非高后也。 余思跋之，而病後無氣力，置之案頭以待健瘳。 越數月，見朱希祖先生（逖先）文，未敢苟同，更思早寫一答，附李君文而刊之，力不勝，未果也。 厥後公私百事，紛至沓集，庸華君文竟為余置之不知之所，屢檢不得，深恨以李君如此佳文余為失之，非特無以對李君，亦此一知識之損失也。 越一年餘，時在二十四年五月，無意中獲之于紙堆中，闕其末二葉，反之李君， 請其補完。 三星期後李君以其改正之文示余，今所刊者是也。 余受而重讀之，知其更勝于初稿，匚其事則增于前，其文則省于舊，冖信乎彬彬之作矣。 聊誌欣悅，並記吾過焉。

因成祖生母之疑，影響及他問題，至今論之者已衆。 約而言之，成祖生母實為碽妃，不為高后，此事之已證明者也。 碽妃為高麗女否，有其可能，而不必果然。然按其姓終當為外國人也。 高后曾生子否，事待論定，宜別據堅實之記載以決之者也。 成祖為庚申帝子一說，乃妄人之談，敵國之語，不足道者也。

　　數年前，余以此一舊作請教于孟森先生（心史），孟先生來書云，夏嗛父已言之，特援證未如此豐實耳。　余急檢明通鑑，則夏嗛父詳論此事于其乚義例冖中，夏氏不特以爲成祖非高后親生，並于此處見成祖將太祖實錄一改再改之用意，尤爲特識。　其所根據之最重要資料卽明史黃子澄傳一節，余所據爲質信者也。　作此一題，並明通鑑亦不檢查，殊爲不妥。　雖夏嗛父書成于近代，非直接史料，亦非當年記錄，然如此謹嚴有法度之書，非清代官書或明鑑之比，固不容忽之也。　此余之疏也。

　　朱希祖先生不信此說，著乚明成祖生母記疑辯，冖載乚國立中山大學文史學研究所月刊冖第二卷第一期。　余深佩其持論之從正，尤感其教誨之義，然反覆讀之，仍未能棄吾前說。　正緣朱先生所揭示者，近于辯論，鮮涉證據，旣未充輩事實以破吾所疑，則吾惟有存舊說以待新證耳。　朱先生在若干小點上與鄙見全同，如蒙古源流之不可據，燕周異母之不可信，等，如此類者皆不須復說，今說明者兩事。

　　一，朱先生深信明史，深信明實錄，此自爲史學家持正之立場。　然私書不盡失之誣，官書不盡免于諱，果非官書不取，涑水無須採小說撰考異矣。　官樣文章，英語中所謂 official Vession 者，其可盡信否，試一看當代史事可矣。　且成祖與周王同母，直記于明史；其與懿文異母，則暗示于明史。　一見于黃子澄傳：『子澄曰：今欲問罪，宜先周，周王燕之母弟，削周是翦燕手足也。』　二見于周王傳：『建文初，以橚燕王母弟，頗疑憚之，橚亦時有異謀。』　試問，果燕周之共母卽爲建文之祖母，此語在建文朝成何言乎？　據此可知明史表面上雖從實錄及玉牒，猶暗記燕非嫡出一事于傳中也。　撰明史者，如萬季野諸公，皆心繫勝國者，自不願多改前朝之官書。　揭先皇之醜事于異類之前，揚故國之秘史于虜運之代，豈所望于萬君乎？然明史固猶未盡泯此一史實，僅不明白言之耳。

　　二，朱先生所據各事或與論旨不甚相涉，例如以蕭彥萬曆太帝紀證孝陵有太監奉守。　其實何止孝陵，卽京師之太廟，昌平之長陵以下，皆由宦官洒掃。　太監奉守爲一事，太常典禮爲又一事，必謂乚陵寢布置則閹人擅之矣，冖則北都太廟世宗亦可派閹人任意爲之，不必與明倫之大獄矣。　又如朱先生詳論蒙古源流之誣，此之爲誣，余原文已說之，然不能將蒙古源流之誣移在談遷張岱沈玄華李清朱彝尊身上，因

└成祖爲庚申帝子┐與└成祖爲碩妃所生，┐完全爲二事也。　諸如此類，皆可不辨。　此外猶有兩事涉及事實，敢貢其愚：其一，朱先生以爲崇禎時孝陵享殿左右序之情況，與南京太常寺志所載不同，而疑其爲└闍人隨意排列，┐然孝陵享殿座次非同十字路頭茶肆中客座，可以任意移易，其神龕祭棹自亦笨重之甚，且當爲附着在建築上者，看亡遺太廟寢殿情形可知。　闍人雖欲顛倒，亦非與木漆之工不可，此又事理之絕無者也。　且李清三垣筆記云：

『予閱南太常寺誌載：懿文皇太子及秦晉二王均李妃生，成祖則碩妃生，訝之，時錢宗伯謙益有博物稱，亦不能決。　後以弘光元旦謁孝陵，予與謙益曰：此事與實錄玉牒左，何徵？　但本誌所載東側列妃嬪二十餘，而西側止碩妃，然否？　曷不敢寢殿驗之？　及入視，果然，乃知李碩之言有以也。』

按：弘光元年猶在崇禎十五年之後，彼時親見孝陵奉先殿中位次之李清，以爲南京太常寺志所載└驗之果然，┐而朱先生反曰不同，何也？　其二，朱先生云：『何以南京太常寺志所載明太祖諸子之生母無一與傳表相同，』又曰：『其他十六王，玉牒所載其生母豈皆誣耶？』　明史傳表據實錄，實錄爲成祖一改再改，正爲亂其庶出之跡，夏嗛父言之詳矣，今不具論。　至于玉牒所載，吾細比核之，然後知其與談遷所引南太常志之記載幾全相合。　天潢玉牒之原文云：

『皇子二十四人。　長懿文太子，第二子秦愍王，第三子晉恭王，第四子今上，第五子周王，高后所生也。　諸母所生者：第六子楚王，第七子齊王，第八子除名潭王，第九子魯荒王，第十子蜀王，第十二子代王，第十八子谷王，第二十二子唐王，第二十三子郢王，第二十四子伊王，皇妃所生也；第十一子湘獻王，第十三子肅王，第十九子韓王，第二十子瀋王，皇貴嬪所生也；第十四子遼王，第十五子慶王，第十七子岷王，皇貴人所生也；第十六子寧王，第二十一子安王，皇美人所生也。』

今將朱先生所立表，取其一半，卽談遷引南京太常寺志所載，去其一半，卽明史諸王列傳所載，而易之以玉牒所載，如下：

棗林雜俎引南京太常寺志(注一)				皇　明　玉　牒		
右：碩妃	生成祖	(4)(注二)	(2)(注三)	長懿文太子	⎫	
左一：李淑妃	生懿文皇太子	(1)	(3)	第二子秦愍王	⎪	
	秦愍王	(2)	(4)	第三子晉恭王	⎬ 高后所生也	
	晉恭王	(3)	(1)	第四子今上	⎪	
				第五子周王	⎭	
左二：皇□妃□氏	生楚王	(6)	(5)	第六子楚王	⎫	
	魯王	(9)	(9)	第七子齊王	⎪	
	代王	(11)	(13)	第八子除名潭王	⎪	
	郢王	(14)	(6)	第九子魯荒王	⎪	
	齊王	(7)		第十子蜀王	⎪	
	谷王	(12)	(7)	第十二子代王	⎬ 皇妃所生也	
	唐王	(13)	(10)	第十八子谷王	⎪	
	伊王	(15)	(11)	第二十子唐王	⎪	
	潭王	(8)	(8)	第二十三子郢王	⎪	
			(12)	第二十四子伊王	⎭	
左三：皇貴妃□氏	生湘王	(16)	(14)	第十一子湘獻王	⎫	
	肅王	(17)	(15)	第十三子肅王	⎬ 皇貴嬪所生也	
	韓王	(18)	(16)	第十九子韓王	⎪	
	瀋王	(19)	(17)	第二十子瀋王	⎭	

（注一）　吾人今日並未能見南京太常寺志，此處所錄者僅為談遷木棗林雜俎所引。　談木所引無誤否，今不可知，故應以棗林雜俎引南京太常寺志為題。

（注二）　此一行數字皆指皇明玉牒上記錄諸子所生之次序。

（注三）　此一行數字皆指棗林雜俎引南京太常寺志記錄諸子所生之次序。以上兩行數字交互記入者，所以便核對兩者大致相合否。

左四：皇貴人□氏	生遼王	(20)	(18)	第十四子遼王	皇貴人所生也
				第十五子慶王	
				第十七子岷王	
左五：皇美人	生寧王	(23)	(19)	第十六子寧王	皇美人所生也
	安王	(24)	(20)	第二十一子安王	
闕者	周王	(5)			
	蜀王	(10)			
	慶王	(21)			
	岷王	(22)			
	趙王				
	皇子楠				

　　將上表一細核之，便知談孺木所引南京太常寺志除稍有遺漏外，全與皇明玉牒爲同一系統。　　談所引∟皇□妃□氏┒者生九王，實非一人所生，乃皇妃（除碩李二妃）所生之總數也。　　其下∟皇貴妃□氏┒者，妃爲嬪之誤字，與玉牒所記數目與次叙全同，亦一總數，非一人也。　　據此可知孝陵奉先殿左列妃嬪之生子者凡有五級：李淑妃爲第一級，其他諸皇妃爲第二級，諸皇貴嬪爲第三級，諸皇貴人爲第四級，諸皇美人爲第五級，此系統全與玉牒同。　　各級之界畫，即諸王生母之階級，在玉牒，在談引，並無二致。　　談引雖略有遺漏，然其故可推。　　兩序陪祀者，乃諸妃嬪，非諸王，只要生子之母有着，諸子之名如有遺漏無甚關係也。　　周王爲碩妃生，碩妃獨在西序，故東列妃嬪所生諸王中無之。　　趙王皇子楠皆夭殤，玉牒未嘗以之列入諸王中；蜀王母郭惠妃，代谷二王亦然，代谷之母既有着，蜀王雖脫，妃數不因之以缺；岷王母周妃，韓王亦母周妃，韓既列入，自亦未遺周妃；所不可考者僅慶王一人耳。至于同一級中，所生諸王之次序，除皇妃一級外，亦復相同。　　據此可知南京太常寺志所記與天潢玉牒實出一源，朱先生以爲不相涉，容未細審之故耳。

　　　今所見天潢玉牒在國朝典故，紀錄彙編，金聲玉振集中者，題解縉撰，有說無譜，當是天潢玉牒之引語。　　解縉正爲永樂初再修太祖實錄時受命當官之人，故今所

見天潢玉牒當與再修太祖實錄同。　今明史所載諸王生母與王弇洲同，皆從三修太祖實錄之記載，彼時解縉已獲罪，成祖因其修實錄事，斥爲「心術不正」之人矣。　顧亭林曰：

『聞之前輩老先生曰：太祖實錄凡三修，一修于建文之時，則其書已焚，不存于世矣。　再修于永樂之初，則昔時大梁宗正西亭曾有其書，而汴水滔天之後，遂不可問。　今史宬所存，及士大夫家諱實錄之名而改爲聖政記者，皆三修之本也。　然而再修三修所不同者，大抵爲靖難一事，如棄大寧而並建立之制及一切邊事書之甚略是也。』答湯荆峴書

再修實錄在明末僅存于周府，經洪水而湮沒，今可據他書鈎稽出其一端來，亦快事也。

計論至此，吾人可將孝陵奉先殿之位序等事設想畫爲一圖，並說明之。

李淑妃	諸皇妃	諸皇貴嬪	諸皇貴人	諸皇美人

太祖與高后

斷定

一，高帝高后之座居中，諸家無異說，亦不當有異制。

二，碩妃獨在西序，沈玄華李清張岱均無異說，張岱並謂「稍前。」

三，尋兩序諸妃嬪次序，有一基本原則在，卽「母以子貴」是也，兩序配享者，乃諸妃嬪非諸王，今乃遍記諸王之名，（棗林雜俎乃只能記諸王，不能記諸妃之名，）可見生子爲貴，子之尤貴者其母更尊。　碩妃獨尊者以成祖之故，次於碩妃而獨擄前列者爲李淑妃，亦以其生懿文故。　其下諸皇妃爲一類，又其下諸貴嬪爲一類，又其下諸貴人爲一類，又其下諸美人爲一類，蓋生子皆爲諸王，然後以其自身之名分定上下牀之別耳。

　　四，張岱所謂﹁或坐或否﹁者，當卽設交椅與否之謂，碩妃李淑妃位前必設交椅，諸妃前當亦然，諸貴嬪前設否不可知，諸皇貴人及皇美人位前必不設耳。　正中暖閣前設二交椅之制，可於今尙可見之亡淸太廟寢殿中見其形式，兩序設座情狀，可據文廟四配十二哲之式推想得之。

　　五，張岱云：﹁再下東西列四十六席，或坐或否。﹁　李淸云：﹁東側列妃嬪二十餘。﹁　二人皆爲目見，說不合，朱先生注意及于此點，是也。　然朱先生以爲時有改變，其實李淸驗視此異，本由見南京太常寺志而起，目覩之後以爲﹁果然﹁，是自撰南京太常寺志至弘光間未甞有異。　沈玄華亦目見者，時在萬曆中，其詩曰：﹁衆妃皆東序，一妃獨在西，﹁　此又與李淸在弘光元年所見者同。　萬曆弘光時旣同，則所謂崇禎十五年有異者，必張岱之誤記也。　四字當爲二之誤字，西字當衍。夢憶一書，原是小品文字，用詞每不切實，未可盡據也。

　　六，孝陵奉先殿之位制，目睹作記者有沈玄華張岱李淸三人，而三人所注意者僅在碩妃一事，其他語焉不詳。　南京太常寺志爲李淸朱彝尊潘檉章等所見，惜未詳引，棗林雜俎引之差詳，然有頗可疑之一點焉。　夫殿中兩序，妃嬪之所位也，非諸王之陪享，記某王爲某妃嬪所生者，或但存于奉祀官司之册籍中，或于神牌之上附注生某王某王，此亦可能者，然終不能以諸王爲主體。　今談孺木所記諸王舉其名者二十人，縱使有遺漏，實亦不過一人，校之于玉牒，生母之品位不誤。　然于諸妃之姓氏與名號，除李淑妃碩妃二人外，皆不能舉，且李妃碩妃之外若僅有一妃者然，皇貴嬪皇貴人皇美人亦若各類僅有一人者然，此糊塗之甚也。　李淸朱彝尊亦皆見南京太常寺志者，所注意者僅在碩妃，以竹垞之博聞善辯，設若東序李妃之外僅有一妃，皇貴嬪皇貴人皇美人亦各一人，當不忽略過去，而李淸亦不得云﹁二十餘人﹁矣。　潘力田國史考異云：『余考南京太常寺志所載孝陵神位，左一位淑妃李氏，生懿文太子秦愍王晉恭王，右一位碩妃，生成祖文皇帝，』亦不及以下者，蓋以下無甚可注意者矣。　談遷一記之，轉致糊塗，意者談遷見此書時，隨手記其諸王所生之叙，未詳錄諸妃嬪美人之姓氏名號。　談本寒士，無書自隨，其讀書在膠州高閣老家，後來自已遺忘，乃並不能舉諸妃嬪之姓氏，且云﹁九王同母亦奇﹁矣。　此談孺木記錄疏簡之誤，不關南京太常寺志之確實與否也。

南京太常寺志，王鴻緒已不及覩，今若可見，此等細節上之疑問可以一掃而定。今此等疑問雖在，却與碩妃生成祖一事並不相涉，關于此事，諸家引此書無異也。余本不欲與朱先生辯難，然亞里士多德有云：『吾愛柏拉圖甚于餘物，吾愛眞理甚于吾師。』　想朱先生不以爲非也。

二十四年七月八日

出自第六本第一分（一九三六年三月）

內閣大庫殘餘檔案內洪承疇報銷冊序

李 光 濤

內閣大庫殘餘檔案內發現了順治十六年洪承疇報銷冊一本，傅孟眞先生認爲有值得出版之價值，將付印，囑我做一篇序。　因爲我對於檔案比較熟悉一點，關於洪氏的事迹，在檔案裏也見了不少，有許多都非外間所能看得到的，現在很可借此機會一談。

*　　　　*　　　　*

此册僅有一些數目字，看來似與洪氏事業沒有多大關係；但清初應付南明，軍力的分配，糧餉的接濟，其實際狀況，在這裏都可看出一些痕迹來。　洪氏經略南疆，前後共歷八年之久。　他們對於南明，差不多是出全力來制勝的。

洪氏自順治十年五月，受命經略湖廣廣東廣西雲南貴州五省。　他受命之始，對於兵力之選擇，就很愼重。　據他的揭帖說：

> 臣奉新命，爲五省觀望，故必於在邊在腹各督撫提鎭標內，察係山陝宣大關遼堪戰將兵，選擇調取。　數不求多，惟求其精。　旣可新遠近之耳目，又可運軍中之臂指。　臣有此把柄，方可調度如意，剿撫中機。……　通計選調將兵共一萬一千有零。　分調之數不覺其多；但必實實挑選，有一兵得一兵之用，免致冒餉無益。　至於各標，各鎭，各省，各營，有五百，有三百，數似零星；而本標與本鎭可以相合，本省內有各營可以相合，臨時各統以大將，偏裨馬步，各成營伍，分合團練，乃可成臂指相使之勢。　臣閱歷邊疆，頗悉關兵事宜，不敢不詳加條列，請旨裁定。

又洪氏六月十三日揭云：

> 挑選內司親丁，皆用山陝關遼堪戰官兵，其山東浙江弱兵，不得混入。

他所直轄的兵力，除此外，又加入後來沿途各省召募的，以及湖廣各營派撥的。　據

此册所載，一共成立四標，五營：曰左標右標二提督，曰前標後標二總兵曰左右二蝦營，曰標中標前標後三副將營。　又册內旗兵一項，據順治十年閏六月初四日洪氏揭云：

　　察得各旗下有自順治二三年至七八年各處投誠官丁，多有向日在職部下，戰陣久經，又從賊營投出，賊中情形皆已熟知，蒙恩豢養，顧隨出兵者，計八旗下官大約有數十員，披甲及壯丁大約有數百名。　已咨兵部會八固山，聽其轉行各章京，察果無干礙，職方可計定員名數目，隨帶前行。

又册內的水兵，則係成立在後。　據順治十三年九月十四日洪氏揭云：

　　今日第一急著，必添設戰船水師，爲目前勦禦及將來進取根基。……　職左標後標額兵已足，應各增給戰船四十隻，共添頭舵水手一千七百六十名，各設遊擊中軍等官分管。　其頭舵水手，必照馬步戰兵事例給餉，以速應募。　明清史料甲編三六四頁

以上都是經略直接統轄的。　這只佔當時對南用兵的一小部分。

清制各省都有經制兵，據順治十七年三月貴州巡撫卞三元揭云：

　　今以全省計算，通共止有九千七百之兵。　職查別省經制官兵，多則五六萬，少則四五萬。　今雲南除駐防滿洲大兵外，尙有平西王與綠旗各官兵，已定經制七萬之多，布置極爲周密。……　前經略輔臣具題，貴州應設官兵一疏，總行計算，大約在二萬以外，尙恐不足。　總爲經標官兵分派已盡，又慮兵少難支，故疏稱俟有兵再議添設一語。　今雲南已定經制官兵七萬，職思貴州一省卽可減去一半，亦必須設立三萬五千，方足分防之用。　明清史料甲編四九四頁

此經制兵的規定，雖在雲貴已平之後，當其進取雲貴之際，這些兵自然都通同在內。

湖廣經制兵，據順治四年七月湖廣總督羅繡錦揭云：

　　以我兵計之，除岳州以南不開外，武漢荆黃安陸等處，共兵一萬七千名，此實在之數也。

此一萬七千，爲岳州以北之經制兵。　至岳州以南，據順治八年，正月十五日續順公沈永忠揭帖載其兵數云：

　　三鎭(卽中左右三路)兵馬未集，營制亟須更定。　查部議總兵許天寵管中路，

張國柱郝效忠仍管左右二路，俱經題奉欽依，無庸再議。　惟是兵分三路，照依裁定一萬五千之數，每路應派兵五千。

合前條計之，湖廣之經制兵，當有三萬二千。

廣西經制兵，據順治十年十一月二十八日洪氏揭云：

職細譯廣西提督總兵官線國安右翼總兵官全節塘報，名爲恢復桂林省城，其實止有附郭臨桂一縣。……　右翼總兵馬雄止守梧州一府城。……　合三鎮官兵，大約計之，九千有餘，分駐兩郡城。　明清史料甲編五三八頁

此九千之外，後來又有新增之兵，據順治十四年四月二十九日洪氏揭云：

廣西新增兵一萬二千，除廣東江西江南河南山東各省抽調兵八千，尙缺四千。議將先調江西江南充補廣東缺兵二千，移之西省，尙少二千。　因廣西苗多民少，無人應募。　但計官兵隨帶家口甚多，中有精壯餘丁皆堪挑選補伍。

合舊有三鎮兵計之，廣西之經制兵當有二萬一千。

此外關於廣東省初本勅歸經略管轄，嗣於十年八月內上傳云：

廣東去湖南遼遠，應專任兩王及該督撫料理。　江西切近湖南，一應用官調兵事宜，時有關涉。袁州吉安一帶餘賊未靖，應撫輯勦禦，著經略輔臣洪承疇兼理。

廣東後來雖劃於經略所轄之外，但與經略仍有許多關涉之處。　王本東華錄順治十三年二月載：

移廣東總督駐梧州　從洪承疇請也。

又順治十三年三月十九日洪氏揭云：

湖南發赴廣西官兵，如遇常德寶慶緊急，必然調撥自顧，而提督伯及蝦，卽應統兵以固省城。　計必於廣東見在八萬官兵內，先酌量調撥移赴粵西，預備駐箚。

是廣東經制兵八萬，仍與此次用兵有關。　至於江西在當時只須撫輯，已非用兵區域，其經制兵姑不計。

據以上所述各省經制兵，計雲南七萬，貴州數亦近萬，湖廣三萬二千，廣西二萬一千，廣東八萬，共計得二十一萬三千之數。　此外尙有許多特派的大兵，不在此數

之內，如順治，十一年四月初八日洪氏揭云：

> 固山額眞季什哈，統領滿洲蒙古烏眞超哈官兵，四月初六日俱到長沙。　仰遵
> 聖諭，與職共張聲勢。……　寧南靖寇大將軍陳泰親統官兵，三月十二日駐荊
> 州，與職常密會機宜，其精神無不專注湖南。　（按季什哈王本東華錄作濟席
> 哈，又烏眞超哈卽漢軍）

又王本東華錄順治十二年八月癸亥條云：

> 命固山額眞阿爾津爲寧南靖寇大將軍，同固山額眞卓羅等，駐防荊州，　固山
> 額眞祖澤潤分防長沙。

又王本東華錄順治十四年十二月條云：

> 命固山額眞趙布泰爲征南將軍，統前去官兵並提督線國安標兵，及湖南調發官
> 兵，由廣西往貴州相機進取。　凡事與提督線國安梅勒章京富喀莽吉圖等，會
> 議而行。

又王本東華錄順治十五年正月丙午條云：

> 命信郡王多尼爲安遠靖寇大將軍，同平郡王羅可鐸貝勒尙書善杜蘭固山額眞伊
> 爾德阿爾津巴思漢卓羅等，率師征雲南。

以上各路大兵雖無確實數字可計，然依他種記載，亦可約略推定。　順治十七年三月
八日洪氏揭稱，信郡王十六年份俸餉共一百九十四萬八百餘兩，是年有閏月，按十三
個月計，每月應有十四萬九千三百餘兩。　又順治十六年九月二十一日洪氏揭稱，
⌐蒙信郡王令諭，馬場青草已盡，馬已漸漸瘦斃，必須速備料草餵養等因，……職詢
問見在馬數，大約有四萬匹。⌐　以此冊內所載馬戰兵大月盡支銀二兩，米三斗，馬
匹料草等，計之，卽信郡王所部已有馬戰兵四萬以上。

以此例之，此各路大兵，亦當在十萬以上。　是清初對南明用兵，直接間接當在
四十萬左右。　其所需餉銀，據清史稿吳三桂傳載：

> 順治十七年戶部疏言，雲南俸餉，歲九百餘萬。

此爲雲貴初底定時事，姑以此爲當時對南明用兵餉銀之總數。　至清初財政情況，據
順治九年九月十五日戶部疏云：

> 切照錢糧每歲入數一千四百八十五萬九千餘兩，出數一千五百七十三萬四千餘

兩，見在不敷銀，八十七萬五千餘兩。　其中各省兵餉一年該銀一千三百餘
萬，各項經費不過二百餘萬。　是國家財賦大半盡於用兵。　卽使天時無警，
正供不匱，而軍士嗷嗷待哺，民力已竭矣。

此時歲入錢糧，幾括其全數充了兵費。　這種狀況，在雲貴未下以前，大率沒有多大
的變動。

據此，清廷當時對南明的用兵，實在是已經竭盡其全力了。

＊　　　　　＊　　　　　＊

以當時西南之凋弊，而洪氏所動員之軍隊，多至如此。　其制勝的關鍵，實係於
後方的接濟，而戰爭已在其次。　洪氏看清此點，故他的經略之事，也就始終措注於
糧餉的取給。　我們看他就任之始，他對於有關糧餉之官，他都要自己愼加選擇，順
治十四年四月十九日洪氏揭云：

職於江西各道，如吉安臨江切近湖南，故有時擇才題補。　若省城等處各道，
自應聽吏部程才授任，原不敢爲越俎。　惟江西糧道，關職軍前及粵西兵食甚
切，職不得不合江西督撫臣，愼加選擇，乃敢就近會疏奏請。

他所經手的餉銀，據他順治十六年八月二十八日揭云：

職經略官兵錢糧，五年以來，皆職經手收支奏銷。　其荆州長沙駐箚滿洲大
兵，及湖廣漢兵，皆湖廣督撫臣收放。　惟廣西兵馬錢糧，全靠部撥各省銀
兩，及江西粮米，以爲協濟，勢必經由長沙，奉旨令職催解轉運。　數年以
來，凡解過廣西銀兩數目，職已造冊題明，奉旨在案。　其在廣西支銷細數，
皆聽廣西督撫徑自奏銷。　十五年寧南靖寇大將軍大兵進取貴州，職督漢兵隨
同前進，部臣將滿漢大兵錢糧，俱派湖廣督撫催辦解職收支。　又廣西一路大
兵糧餉，亦皆職經手。　又王師進取滇雲，需用俸餉，一切俱在職軍前按數取
給。　又十六年大兵已經收服滇雲，需餉甚急，亦皆職轉催接濟，仍親赴雲南
料理措備。　是十六年雲貴滿漢兵馬錢糧，又皆微職經手。

此揭所謂官兵錢糧五年以來皆職經手，據下文應自順治十五年起，上溯至順治十一
年，卽洪氏任職之次年。　又順治十六年收服滇雲，兵馬錢糧，仍係洪氏料理，是清
初對西南用兵，所有餉項，大概都經洪氏之手。　這些餉銀的來源，除部撥協濟之

外，還有捐輸一途，順治十六年二月湖廣巡撫張長庚揭云：

> 今大兵進取滇黔，所需糧餉甚多。　請勒下各該督撫通行曉諭，如有情願捐輸
> 者，該督撫查明照數收貯，以充兵餉之用；仍按季將捐過官員人等，開列職名
> 具題，以憑照例議叙。　俟大定之日，即行停止。　明清史料甲編四五一頁

我們曉得以當時的交通，及社會的組織，轉輸這許多糧餉，並不是一件容易的事。
這些糧餉雖經指撥的款，但到期並不一定能够解到，順治十六年九月二十一日洪氏揭
云：

> 雲貴餉銀，原經部撥寬裕。　詎意止兩淮鹽運司及河南江西二處，通行解完。
> 其江南浙江兩省，多未起解。　湖廣布政司詳稱已解六十一萬，止欠十四萬，
> 職隨通盤打算，該司只照解數款項扣算，實不知兩省滿漢大兵雲集，需用餉
> 銀，頭緒最多。　尚有廣西出征提督線國安官兵，十六年先撥餉銀二十三萬五
> 千兩，部撥江浙餉銀全欠。　又職經略各標營十六年先撥餉銀三十三萬七千三
> 百六十兩，內止江西解完銀八萬七千三百餘兩，其原派江南協濟銀共二十五萬
> 兩，並未起解。　又原派湖廣漕南二米，協濟中路王師，及湖廣出征官兵，並
> 職經略標兵月米，本年四月內，據湖廣督糧道查算，共折解雲貴米二十萬石，
> 每石連脚價折銀四十八萬兩，止解銀四萬，餘全未解。　明清史料甲編四五九頁

像這一類的事，都賴洪氏臨時策劃抵補。　至於糧米的運輸，在檔案裏也還存有一點
材料。　順治十四年四月二十九日洪氏揭云：

> 協濟粵西糧米，職已將官造扒桿船隻，與衡永兩府添雇民船，並行接運。　又
> 辰州大兵暫回，有常德新造辰河運船，職借調至長沙，委官裝米一萬石，運赴
> 衡州永州接運。　俟七月以後，辰船仍回常德，以備大兵糧運。

關於糧米，除直接輸運外，也有發銀買運的。　順治十六年九月二十一日洪氏揭云：

> 湖廣出征雲貴官兵，與職經略官兵，並廣西提督官兵，在貴州雲南應支月米，
> 自正二月至今八九月，俱係發銀買運，所費甚多。

以上關於清軍的情形。　雖然他的餉項來源很多，但也顯然的很竭蹶了。

＊　　　　　　＊　　　　　　＊

至於南明方面，他們在流離顛沛中，艱難擠柱，那更是不容易了。　他們的兵

力，據順治八年五月偏沅巡撫金廷獻揭云：

> 邊隅之地，在在告警。　羣賊竊犯，沅州又失。　諸逆見在，合賊十餘家，約
> 有八十萬衆。

此係南明兵民，以及張獻忠餘黨合計之數。　獻忠敗亡，其餘黨十餘家，大部分皆降
於南明。　據顧山貞客滇述所載，卽孫可望一家，已有十六萬。　故此八十萬衆，其
數決不算多。　以這樣多的人衆，而所據的雲貴，又那樣的貧瘠，據順治十五年二月
二日洪氏揭云：

> 貴州從來最貧瘠之地，苗蠻甚多，而漢民絕少。　一省錢糧，不及江浙一中
> 縣。　　明清史料甲編五八六頁

又順治十六年閏三月二十九日洪氏揭云：

> 見今省城糧米，照湖南新官倉斗，每斗增價至一兩三錢有餘，每石價至一十三
> 兩有餘。　若照雲南舊用大斗，一石約有新倉斗二石，價至二十六七兩，猶無
> 處尋買。　軍民饑餓，死無虛日。　　明清史料甲編五九五頁

當時雲貴的物資缺乏如此。　我們如果再進一步求一確實數字，如順治十二年正月戶
部總計雲南田地人口之數云：

> 滇省戶口人丁共二十三萬七千四百丁，共編銀四萬六千四兩零，田地共七萬一
> 百六十四頃零，共科夏稅秋糧銀七萬四千六百八十三兩零，此外鹽課銀四萬五
> 千二百二十二兩，礦課商稅魚課牛稅共銀四千二百六兩，正雜二項共十六萬一
> 百兩有奇，僅足供本省兵餉官役傔食科場祭祀驛站等項之用，並無分毫起運。
> 止有買金二千五百兩解京。　又屯田一萬一千一百七十一頃五十四畝零，科糧
> 三十八萬九千九百九十二石零。　　明清史料甲編四四一頁

此項統計，不啻卽爲永曆朝歲入的報告。　在這樣情形下，關於餉糈的接濟，和兵力
的補充，都是沒有方法解決的。

＊　　　　　＊　　　　　＊

　南明所賴以抵禦清軍的，就是利用地形的險要，以及窒隙蹈瑕，避實擊虛的戰
略。　因此使洪氏不能不趨重堅守之一策，順治十二年十二月初三日洪氏揭云：

> 見在官兵甚爲單薄，顧東遺西，顧南遺北。　戰守尙難分布，開拓未有根基。

卽恢府復縣，可以取必；而進寸無兵，駐守無糧，旋得旋失。　數年往事，可
爲明鑒。……　若以滇黔一隅，而致騷動邊腹，賊未滅而我先受困。　雖爲一
勞永逸之舉，終非萬全制勝之道。　爲今日計，必得議增官兵，俱行齊集，營
伍成立，士馬養銳，至來歲秋冬之交，方可議興進剿。　倘若彼時事機未能湊
合，職亦不敢輕舉妄動以成不了之局。　此非職敢爲推託愼重，以致曠日持
久。　蓋親見兵力賊情，山川地理，不得不如此深計遠慮。　時下尤懇勑下平
西王等，彼中兵力時地，果能湊合，亦必先期奏請，約定進取，同張撻伐。

次年八月洪氏又一揭云：

職以目前時勢，揆之職上年冬間具疏時，其情形實覺相同。　而以目前兵力，
度之職去冬具疏時，其兵力增添尚自有限。　正職原疏內稱，倘若到彼時候，
兵未能齊，糧未能足，或時事機會，未能湊合，職亦不敢輕舉妄動以成不了之
局。　今秋已過半，而楚粵官兵尙未齊集，進取事機，尙未湊合，此十三年秋
冬之交，計算酌量，未可輕舉。　職原奉勑諭內，事會可乘，卽督兵進勦，機
緣有待，則愼固封疆。　此時兵旣未厚，糧亦未足，戰守不能兼顧，正機緣有
待之時。　目前職未敢先會滿洲大兵，酌量分合，徒費躊躇。　其四川陝西
職亦不敢先移平西王固山額眞侯及陝川督撫臣知會，　恐致先期遙度，難以確
議。

洪氏一再退嬰，不敢輕言進取，這正是他所以致勝的原因。　不過這樣以守爲戰，必
須曠日持久，因此就不免引起了當時廷臣的憤慨。　順治十二年失名殘奏云：

今徵兵轉餉，騷動數省，大爲民生困弊者，莫莫於滇黔之賊。　蓋自張逆西充
授首之後，餘黨敗遯，鼠竄滇南，猖獗於楚，蔓延於粵，狡啓於川，雖屢經大
創，而根株未剪。　皇上赫然震怒，始命輔臣視師，專辦此寇。　滿漢大兵雲
集湖南，以至兩廣三巴，非兵之不強，餉之不足也。　兵強餉足，而封疆之
臣，畏難避苦，利鈍功罪之念，先入於中……且孫賊敗潰於湖南，李賊敗潰於
廣東，其勢漸成瓦解。　臣聞非動不足以致靜，非勞不足以求逸。　今湖南兩
廣俱有重兵，平西王固山額眞侯墨勒根蝦之兵，現屯漢中，蓄銳甚久。　誠能
早決廟算，定期合勦，約會師期，分道並進，首尾夾擊，賊力有幾，豈能四面

支持？　誠一勞永逸之計也。　明清史料甲編三六六頁

像這樣的奏章，檔案裏是常常可以遇到的。　不過洪氏主張，早經得了清帝的同意，如王本東華錄順治十年六月丙申條載：

經略洪承疇奏，臣年逾六十，理宜退休，乃蒙特畀經略之任。　伏讀聖諭，信臣任臣，懇至周詳。　臣當盡心竭力，以期勦撫中機。　伏願皇上勿忘今日信任初心，時諭吏戶兵三部，仰承天語遵依條款，毫無改易，俾臣得以竭蹶展布，庶可報隆恩於萬一。　得旨，卿練達民情，曉暢兵事，特假便宜，往靖南服。　一應調度事機，悉以委託。　凡有奏請，朕靡不曲體。　內外諸臣，須同心共濟。　著照傳諭遵行。

洪氏以守為戰，終使李定國和孫可望發生內變。　順治十四年十二月初六日洪氏揭云：

投誠偽秦王孫可望自稱……自順治十年岔路口一戰，殺傷滇黔兵衆甚多，十二年出犯常德，又折兵萬餘，兼以數年之內，湖南廣西以守為戰，無隙可乘，遂致雲貴內變，而決計奔投。　明清史料甲編五八三頁

此時洪氏業已准請解任回京，但自孫可望來降之後，他又忽然的積極起來。　順治十四年十一月十一日洪氏揭云：

察孫可望投誠，果否真實，雖未可定。　惟既有此情由，即係重大機宜，時刻難以遲誤。　職不敢以奉旨解任回京調理，致誤軍機。　即時面同固山額真諸臣察議，以職親率軍前各官兵……直抵寶慶，既可相機料理，又可面布誠信。

又順治十四年十二月五日上諭云：

經略輔臣洪承疇　前准解任回京調理，……近聞病已痊愈，仍著留原任管事，親統所屬官兵，相機收取貴州。　明清史料甲編五八四頁

洪氏既已留任，因而進取雲貴的計劃，也跟着一致的緊張了。　我們看順治十五年二月初二日洪氏揭云：

今新封義王臣孫可望雖慕義來歸，而李定國等大勢猶在，必然據險扼守。　在我必布兵計糧，運用如法，乃能殲渠散脅，底定西南。　職廣詢細訪，求所以克襄大計，密會義王臣孫可望，繪圖講究，有同聚米為山，明如指掌。　明清

史料甲編五八六頁

又順治十五年二月初九日洪氏揭云：

> 職會義王臣孫可望，於投誠各官內，查有熟諳湖南廣西四川雲貴地利官一十九員，俱堪携帶同行。　職慮大將軍臣時常查詢地理，有煩傳調，且赴廣西固山大兵，必須鄉導有人。　職於內分撥四員，先赴常德候大將軍羅託到，卽可送用。　又分撥五員，卽於長沙送固山額眞臣趙布太携帶前行。　其餘十員，皆職隨帶軍前，不時應用。

洪氏利用這些漢奸，實在是中國民族的最大的污點！　松山之戰，洪氏失節降清，我們還可以原諒他，力屈所致。　獨是後來爲保存他的祿位，不惜竭盡智能，反噬宗國，此猶不足，還要援引這些漢奸共同幹這賣國的勾當，這眞是他不可澌洗的恥辱！自九一八事件發生以來，我們眼見有許多洪承疇之拚命活動。　我們看了歷史上這些往迹，眞要不寒而慄了！　洪氏得了這些漢奸之後，乃預計以三路大兵進取貴州，（參看明清史料甲編五八六頁）而信郡王楊羅堡會議入滇之計，（參看清史稿洪承疇列傳）所有一切經畫調度，也悉決於洪氏一人。　我們看王本東華錄順治十五年八月丙子條云：

> 遣章京魏黑傅達禮等，齎勅往諭信郡王多尼固山額眞宗室羅託……爾等三路進兵，必須度量程途，約期並進，毋有參差，致有疏失。　其一切進取機宜，凡事悉與經略洪承疇商酌。

這裏所謂商酌，拆穿了說，卽是叫他們都要聽洪氏的調度。　我們曉得以南明的物資，來抵抗清軍多方面的接濟，勝負之數，早已決定；何況還有這些漢奸在裏面作祟呢！　永曆帝敗遁之後，洪氏還以未滅爲慮。　順治十六年閏三月二十九日洪氏揭云：

> 僞永曆及李定國等，當三路大兵進取之時，卽逃遁於迤西地方，以致各路大兵，同行追剿，直過永昌騰越及南甸土司地方。　而三路追賊大兵，皆以雲南迤西無糧，不能久駐。　今於閏三月二十四等日，先後回兵至雲南省城。　中間剿撫機宜，諸王大臣，自有會疏上聞，不待微職贅言。　惟是僞永曆及李定國等一日未滅，則雲南一日未得平定。　近報逆賊餘黨，擾害於騰越州地方，

肆行搶掠。　是雲南迤西一帶，名雖收服，其實尚未據守。　永昌又殘毀更甚，無有米糧。　此三路大兵追剿初回地方，非職所敢擅議。　明清史料甲編五九五頁

這眞是全無心肝之言。　清史稿洪承疇傳內又有一條說：

十六年八月承疇疏言，兵部密咨令速攻緬甸。　臣受任經略，目擊民生凋敝，及土司降卒，尚懷觀望，以爲須先安內，乃可勦外。　李定國等竄伏孟浪諸處，山川險阻，兼瘴毒爲害，必待霜降始消，明年二月，青草將生，瘴即復起，其間可以用師，不過四月，慮未能窮追。……　臣審度時勢，權其輕重，謂今歲秋冬，宜暫停進兵。　俾雲南迤西殘黎，稍藉秋收，以延餘喘。　明年盡力春耕，漸圖生聚。　我軍亦得養銳蓄威，居中制外。　俾定國等不能窺動靜以潛逃，諸土司不能伺間際以思逞。　絕殘兵之勾結，斷降卒之反測。　則飢飽勞逸，皆在於我。　定國等潛藏邊界，無居無食，瘴癘相侵，內變易生，機有可乘。　是時芻粮輓備，苗蠻輯服，調發將卒，次第齊集，然後進兵，庶爲一勞永逸，安內勦外長計。

洪氏此時暫請停進之說，亦是爲清軍著想，並非有愛於南明。　此時如進兵緬甸，不但瘴毒爲害，而且兵食亦甚可慮。　至云土司降卒，觀望伺隙，揆之當時事勢，亦是實情。　至吳三桂當日發爲三患二難之說，冒險進兵，檄緬甸，獻永曆帝，戮李定國，降白文選，則全係爲自己打算，以便其割據開藩之計。　他們的用心雖然不同，而喪心病狂，反噬宗國，實在都沒有什麼分別。

*　　　　　*　　　　　*

自雲貴爲清廷底定以後，鄭成功方以舟師下崇明，入京口，陷瓜洲，破鎮江，儀眞，六合，江浦，直逼江寧，其鋒甚銳。　並分略上江各州郡，所至皆下，東南震動。明之遺民，方以恢復相期。　不幸當江寧圍急之時，鄭氏既爲蘇松總兵梁化鳳所乘，而此西南凱旋之大兵，又適以是時東下，乘勢合擊，尤爲鄭氏致命之傷。　此後清廷因得移其兵力充實東南海防，致使鄭氏江寧一敗之後，退據島上，不能再圖恢復。是鄭氏此一線恢復之機，亦由洪氏斷送。　我們現在綜論此期史事，實在不能爲洪氏恕。　這樣的漢奸，在清廷自然是功高望重了。　我們看康熙十八年九月雲貴總督周

順治九年因楚粵滇黔諸省猶未全開，乃以閣臣洪承疇爲五省經略，卒至內外一統，彝土咸服。　承疇本是漢人，世祖信之獨眞，任之獨專，用之獨久，是以數年之內，混一區宇。　承疇實不負先帝，亦承疇實不負經略矣。

以洪氏這樣的功勞，而清廷酬庸之典，僅給了一個三等阿達哈哈番的世職，（漢譯輕車都尉）其爵位遠在吳三桂孫可望那些功狗之下。　清廷對於洪氏實在有些寡恩。我們再看乾隆四十三年三月一日兵部移會載內閣抄奉上諭云：

國初明季歸附諸臣，大節有虧，與范文程諸人，自當區別。　因命國史館另立貳臣傳。　惟事蹟各異，淄澠必分。　如洪承疇力屈俘降，律以有死無貳之義，不能爲諱。　然其雖不克終于勝國，實能效忠于本朝。　着國史館于洪承疇及應入貳臣傳諸人，詳加考覈，分爲甲乙二編；俾優者瑕瑜不掩，劣者斧鉞凜然。

洪氏這樣效忠清廷，結果還要說他大節有虧。　漢奸畢竟是一件不能澌洗的恥辱呵！

出自第六本第一分（一九三六年三月）

說　彈　詞

李　家　瑞

一、彈詞的起原

彈詞的起原，不可確考，但因現在存在的彈詞，以楊升庵的二十一史彈詞爲較早，所以許多人就認爲彈詞起原於楊升庵。　嘉慶重刻雙金錠序說：

> 明楊升庵當謫謫無聊時，作廿一史彈詞，其今彈詞之作俑乎。

還是彈詞本行中人說的話，但文人也有這樣說的，娛萱草彈詞題辭五古詩有云：

> 昔有楊狀元，正史稽廿二。　丹鉛纂錄餘，聊以文爲戲。　彈詞此濫觴，俗流紛擬議。

這種說法，在以前是信的人很多，但是我們知道楊氏的二十一史彈詞，是文人仿作的彈詞。　自來文人仿作俗曲，一定是在那種俗曲已經流行之後，所以彈詞在楊升庵作書以前已經流行，反可以借二十一史彈詞爲證。　稍後則田汝成的西湖遊覽志記錢塘觀潮，百戲中有彈詞，咸晉叔負苞堂文選裏有彈詞小序，孔德學校藏有明刊本彈詞數種，這都是明時彈詞已很流行的痕迹。

更有人很籠統的說：

> 古之人作詩以寫意，今人作詞以賞心，詩更詞，詞變曲，曲化彈詞。　（文明秋鳳六美圖等序）

> 孔子刪詩之後，詞變爲五言七言，又變爲詞曲，令人娛心悅目。　辭淺易達，然而若里巷，若閨幃，終難會其情，解其理，所以更著彈詞唱本。　（劉成美全傳序）

這種說法，也講的人很多（見彈詞開篇選粹），但終究是影響之談，不足爲據。

我們從彈詞的音樂和文體方面合看，那在古時有極相似的東西，毛西河詞話說：

金章宗朝董解元，不知何人，實作西廂搊彈詞，則有白有曲，專以一人搊彈并念唱之。

彈詞的歌唱，即以一人搊彈絲絃，說唱間作，其坐位排場，必無一不相似也。　但董西廂在音樂方面稱爲諸宮調，那彈詞即從諸宮調演變而來罷。

諸宮調是一種帶說帶唱的俗曲，在宋代很流行，其文體說白則純是敘事，歌唱則純是代言，說白和歌唱的文字，分行排寫，不標白唱等字。　彈詞也有分敘事代言兩體，說白連寫，歌唱斷句，亦分行排寫，兩種俗曲體例的相似，大略如是。

鄭西諦先生以爲彈詞源出變文，因爲變文也是連說帶唱，但變文是不是一人搊彈念唱，無從得知，似乎不如歌唱情形也相同的諸宮調爲近。

二、彈詞體裁的演變

我們在上面說過，彈詞的體裁，有敘事代言兩種，但這不是同時並起的，是先有敘事彈詞，然後漸漸的變出代言彈詞一種。　我們看楊升庵仿作的二十一史彈詞，通體都是敘事，每段之前，先有一首曲調，繼後有一段說白，又後方是唱詞，詞都是十字句，分三，三，四讀，也有韻脚，在彈詞中稱爲『攢（或作讚）十字』。　清初洪昉思作長生殿，記着彈詞，也還是記敘體的彈詞，以至於雍正乾隆時作的梅花夢陶朱富，也還是用作書人的口氣，講述一段故事，所以當時人說彈詞的體裁，是『以記敘行文，用聲詩作曲』（見梅花夢第一回）。　繼後出的十玉人傳珍珠塔等，纔合敘事代言雜用，及至嘉慶時代，雲琴閣文明秋鳳等出，始有純粹代言體的彈詞。　本所藏有一百四十餘種彈詞，其體裁的時代變遷，不外如此。

彈詞何以要從敘事變爲代言呢？　因爲彈詞原是一種說唱評話，說唱的人，要摹擬書中人的口氣，形容他的神情，不知不覺就作書中人的舉動言談，驚歎應對，寫在書上，就成代言體的文字。　我們但看代言體的彈詞，多半是業彈詞者的底本，而文人仿作的彈詞，則盡是敘事體，因爲文人的彈詞，不一定要上口說唱的。

在二十一史彈詞內，唱詞都是攢十字（錢塘的百花彈詞亦然），後來纔變成每回開始唱一段攢十字，而書中另有唱詞。　因爲攢十字都在開始歌唱，所以又名爲開

篇，有作七字句者，則又名爲唐詩開篇。　在別的地方，稱彈詞爲南詞，則又稱此種開篇爲南詞小引。　蔣士銓詩有『三絃掩抑平湖調，先唱攤頭與提要』，即指此種開篇言也。　海上冶游備覽也說：

開篇者，編成七言字句，于所說正書以前，先唱一篇，不知傳自何人，永奉爲例，往往一座數先生，先令雛鬟唱開篇，亦有兩雛鬟唱雙開篇者，俟開篇唱畢，乃唱正書焉。

彈詞大半都是整部長編，有分段的，有分回的，有分卷的，性質都是一樣。　歌唱彈詞的人，唱到一定的地方，必須停頓息歇，所謂『略略稍停整整絃，□□□□下卷言』，或『我且暫停□□事，下一回另整絲絃再琢磨，』者是也。

三、彈詞的內容

中國小說戲劇的材料，要算佳人才子之事爲最多，彈詞的取材，尤其是這樣。近人所作彈詞開篇選粹序說：

彈詞得七言詩之遺意，襯字似詞曲，而無詞曲按填之繁。　所傳之事，都爲長編，情節則不外才子佳人之遇合，忠臣義士之窮通，離合悲歡，盡屬理想；嬉笑怒罵，悉係文章。

娛萱草彈詞也說：

自從小說演虞初，瞎女盲人徧唱歌。　七字雷同千首共，情詞依樣畫葫蘆。
大凡及第探花客，多出江湖落魄徒。　他若慧心靈性女，花園解佩結絲蘿。
或因文筆多平淡，好事偏教故折磨。　淑質每遭權貴辱，或逢宮掖選嬪娥。
後來團敘榮歸樂，一部全書已看過。

道光刻拱璧緣序也說：

近日文詞小說，類皆踰墻遞簡，男女相慕悅之辭，雷同遍海內矣。

彈詞的內容，可以說十之八九都是這樣。　甚至於口裏痛罵佳人才子的事迹，如何的壞，如何的濫，然而他自己的彈詞，仍舊是以男女恩愛之事爲主。　如九美圖序云：

近時傳奇小說，幾至汗牛充棟，嘗覽其書，不過才子佳人，私奔密約，號爲風

　　　流綺麗而巳。　　寡廉鮮恥，莫此爲甚。

但是他這九美圖的內容，即完全以才子佳人，風流綺麗爲主幹。　又如萬花樓序說：

　　　自古俚詞巷語，到處有之，往往設立一旨，作爲忠孝節義之事，悲歡離合之
　　　情，非丈夫困守，即有女仳離，其間或置一卑汚之士，作爲患難之人，書束隨
　　　在皆然也。

可是他這萬花樓，正以探蘭贈芍，離合悲歡爲本義。　可知這種彈詞的風氣，已經成
爲不可超越的束縛。　有人想用忠孝節義之事，來代替這種佳人才子的情節，然而終
究忠孝的部分，敵不過情愛的部分。　他們的彈詞，仍舊以才子佳人爲主脚，以風情
悅慕爲關鍵。　描金鳳序說：

　　　近來彈詞，名作如林，……然總不外乎旖旎風情，表出一段溫柔佳話，曾無忠
　　　孝節義中流傳音律，以鼓人情與志者也。

雙金鐲序也說：

　　　自來彈詞，多作佳人才子相悅慕，蓋濫觴乎傳奇，然亦當發乎情止乎禮義，乃
　　　爲不詭乎正。

這兩書雖然都這麼說，但是他書裏的本事，一概建築在男女歡悅上面，不但不能改換
彈詞的面目，簡直是變本加厲的描寫男女之情，他們在序裏說的話，可算是白說了。

蘇州快覽說：

　　　說書分二種……一爲彈詞，即說三笑姻緣，描金鳳，珍珠塔，雙珠鳳等，皆爲
　　　兒女情愛事，故少年男女，愛聽彈詞。

這種彈詞，大概都是彈詞人所用的本子。　至於文人仿作的彈詞，則以敘述歷代君王
將相故事爲多，但在彈詞中實非主要部分。

　　滿清末年，事事講改良，改良的風氣，傳到彈詞上，大家都在做改良彈詞，傳到
現在的有庚子國變彈詞女界文明燈彈詞等，自然都不是上口歌唱的彈詞了。

四、所謂南詞

　　刻本彈詞的首頁，往往標着『雅調南詞』字樣，不知者以爲南詞即是彈詞，如文
明秋鳳序說：

彈詞始於南而盛行於南，是爲南詞，授盲者歌之則爲盲詞。

其實不然，南詞只是彈詞之一種。　鄭西諦先生說：

> 十年間陸續所見彈詞，不嘗三百數十部，大抵就其所用語體文之種類分之，有
> 吳音官音的二大別。

他所說官音的彈詞，卽是名爲南詞，嘗流行於吳音不通的地方。　杭俗遺風說：

> 南詞者，說唱古今書籍，編七字句，坐中開口彈絃子，打橫者助以洋琴，每本
> 四五回，稱爲唱書先生。

可知南詞也不是北方人稱彈詞的名稱，在南方仍然稱南詞，其涵意實等於官音的彈
詞。

在北平流行的彈詞，自然以官音彈詞爲限，所以在北平只有南詞的名稱。　白雪
遺音選的固如是，與隆齋在北平出租的南詞，亦無不如是。　蔣士銓的京師樂府詞有
唱南詞一首云：

> 三絃掩抑平湖調，先唱攤頭與提要。　高談慷慨氣麤豪，細語纏綿發忠孝。
> 洗刷巫雲峽雨詞，宣揚却月批風貌。　冠纓索絕共歡譁，玉筋交頤極傷悼。
> 蜜意惑人最慘悽，談言微中眞神妙！　君不見杭州士女垂垂手，聽詞心動鸞皇
> 偶。　父母之命禮經傳，婚姻私定南詞有。

可見南詞的內容，與夫歌唱情形。完全和彈詞一樣，只是在文字方面，不懂吳語的人
也聽得懂罷了。

以前北平賣餑餑的舖子，都帶着租賃唱本。　有施家胡同東口與隆齋一家，出租
的唱本，很多是南詞本子，也就是北方刻的官音彈詞。　可知官音彈詞，在北平曾一
度流行。　但此種溫柔細膩的俗曲，終究和北方人的性情不相近，因此不久也就絕跡
了。

五、彈詞與鼓詞的分別

彈詞和鼓詞，不知道的人往往把牠混爲一談，因爲這兩樣都是帶說帶唱的東西，
都是開始唱一首西江月，或一首七言詩，粗粗看去，有些不能分別。　臧晉叔彈詞小
序說：

> 若有彈詞，多瞽者以小鼓拍板說唱於九衢三市，亦有婦女以被絃索，蓋變之最
> 下者也。

用小鼓拍板的說唱，必是鼓詞無疑，但婦女們用絲索說唱，那又是彈詞了。　這是彈
詞和鼓詞在音樂上最主要的分別，但明朝人已經就不能分清楚了。　後來的人，一見
有說有唱的東西，即稱之為彈詞，其實有很多是說唱鼓詞。

彈詞及鼓詞，在歌唱的時候分別牠，比較還覺容易，若在話本上來鑒定牠，那就
困難多了。　因為彈詞裏敘事體的話本，和鼓詞差不多一樣的，剋這兩種詞的人，也
都是用一樣的形式，說白都是連寫，唱詞都是斷句，甚至於每段首尾附加的詩詞，也
是極其相近。　那末，彈詞和鼓詞就不能分別了麼？　非然，彈詞裏有一種代言體的
話本，其形式與劇本相似，不至於和鼓詞相混，即敘事體的彈詞，也可以看牠的韻
脚，斷定牠不是鼓詞。　彈詞所用的韻，即是普通的詩韻，而鼓詞則用十三道轍，這
是絕不相通的，細看即可以明白。

彈詞和鼓詞，在文辭方面也可以分別，大概彈詞的文辭，以溫柔細膩為主，蔣士
銓所謂『細語纏綿』者是也，鼓詞的文辭，則以雄壯豪爽為多。　彈詞喜歡描寫風花
雪月，兒女私情；鼓詞喜歡敘述英雄豪俠，神怪故事。　這仍然是由於中國南北民性
的不同，彈詞行於南而鼓詞行於北也。

六、彈詞彈唱的情形

杭俗遺風記彈詞彈唱的情形，是用兩個人，一人坐中彈絃子，一人打橫打洋琴，
惟中坐者開口說唱，這就是內行家所謂『雙擋』。　但是也有不止雙擋的，如清稗類
鈔三十七卷說：

> 彈詞家普通所用樂器，為琵琶與三絃二事，間有用洋琴者，則以年齒尙稚而發
> 音淸脆也。

絃子洋琴以外，再加琵琶，則已是三人了。

近來普通的彈詞，只是一個人坐在桌子背後，自彈自唱，說白的時候，放着絃子
不彈；歌唱的時候，纔彈起絃子來。　要是唱的是代言體的彈詞，那唱的人要自作
問答。　若彼此有男有女，唱的人也要分作男女聲音說唱，所以彈詞的人，欲能兼

生，旦，淨，丑的聲調。

　　彈詞的技能，有所謂說，噱，彈，唱，四方面，　說重淸楚，噱重詼諧，彈重純熟，唱重響亮。　而口齒淸晰，咬字準確，尤爲基本的需要。　若彈唱旣久，功夫較深的人，則出神入化，不拘定格也。

　❀ 有只唱開篇不唱正書者，通常稱爲『插邊花』，自較唱全書者爲易，故業彈詞者，初學上臺，往往只是插邊花，由此亦可見唱易學而說難工。　但開篇的文辭，往往高於正文，淸稗類鈔三十七卷說：

　　　彈詞爲盲詞之別支，其聲調惟起落處轉折略多，餘則平波往復，至易領會，故婦孺咸樂聽之。開場道白後，例唱開篇一折，其手筆多出文人，有淸詞麗句，可作律詩讀者。　至科白中之唱篇，半由彈詞家自行編唱，品斯下矣。

有名澹園者，論說書四大忌，六不可少，實指彈詞而言（彈詞稱『說小書』見蘇州快覽）。　且看他的說法：

　　　一大忌，座客廣招敍與環；二大忌，鄉親漫講粟和籤；三大忌，瞎漢何曾上腔板；四大忌，主人未必懂絲絃。　不可少石砌磚鋪的乾淨地，不可少夏凉冬暖的爽晴天，不可少止渴生津的大茶碗，不可少吃烟點火的小香盤，不可少童子旋將桌子擺，不可少丁兒先把橙兒安。　隨手兒彈得聲聲是雪亮，字眼兒吐來個個比珠圓。

我們看他的這段話，彈詞場中的一些設備，大概可以明白了。

　　彈詞的好壞，　全係乎彈唱的人，同是一本彈詞，甲的彈唱起來，能使人興高釆烈，乙的彈唱起來，能使人昏昏欲睡，可見彈唱的技能，是最有關係的。　李伯元的庚子國變彈詞序說：

　　　彈詞小說，由於演技人之高妙，其感人力量深遠。

中國的俗戲俗曲，大概都是這樣，有好的技藝人，則此種戲曲即興起，沒有好的技藝人，則雖係良好的戲曲，也不受人歡迎，人的問題，有這麼重要的關係。

　　彈詞以描寫細膩爲尙，往往說唱一件小事，說上三五天，也還未完。　淸稗類鈔說：

　　　昔人謂善評話者，於水滸之武松打店，一脚閣短垣，至月餘始放下，語雖近

證，然彈詞家能如是，亦豈易耶？

鄭西諦先生也說：

> 有人說過一個笑話，他說聽人說唱彈詞，敘述一個婦人鞋帶散了，俯下身體去扣上，說了一夜兩夜，這婦人鞋帶還沒有扣好。

這都是譏笑彈詞的話，但彈詞的細膩委婉，也於此可見。　清稗類鈔說：

> 彈詞之插科，彼業謂之『候頭』，候頭之佳者，其先必迂迴停頓，爲主要語作勢，一經脫口，便戛然而止。　科白之能解人頤，非簡練揣摩不可，其妙處在以冷雋語出之，令人尋味無窮。　然亦有過於刻畫，尙未啓齒，而已先局局者，下乘也。

可見做作太多，不自然的東西，也不容易見長，所以翻復刻畫，反成了彈詞的毛病。

七、彈詞界的規矩

彈詞界的規矩很多，而且很嚴，要學彈詞的人，先拜一人爲師，納銀六七十元，女彈詞則三十元，要是不經過此種手續，任你技藝高明，也不能設場彈唱。　彈詞雖然各有寫定的本子，但是傳習彈詞，仍是口耳相授。　因爲彈唱彈詞的人，很少是照着書本上背誦的，卽兩人同唱一書，亦不必一一相同。

彈詞界中也有很多行話，如初入書場與場主先訂定銀若干，謂之『帶擋』，應聘外埠，謂之『出馬頭』，兩人合唱，謂之『合擋』，一唱正書，謂之上手；一作答白，謂之下手，　初學只能唱一開篇者謂之『插邊花』。

彈詞的人，不怕高人貴客的批評，最怕聽站書的轎役馬夫之流，因爲此種人一聽得彈唱不對，卽羣起鬨鬧，俗謂之『倒面湯』。　所以彈詞的人，必設法得到此等客人的歡心。

彈詞界中每年都有一個會書，是彈詞人合聚而較量技藝的會社，海陬冶遊錄說：

> 小東門外聚美軒，每逢七月，凡說書者，無論男女，咸會於此，各奏一藝，苟不赴會，則不得入書場。　又向例先至先奏，奏過之曲，毋得重唱。

清稗類鈔卷三十六也說：

> 書寓衆多，於是，有每歲會書一次之例。　會書者，會於書場獻技，各說傳奇

一段，不能與不往者，自是皆不得稱『先生』，不得坐場。

海上竹枝詞所云：

一曲琵琶手自如，改良開片信非虛，先生唱法誰優劣，且待年終聽會書。

即指此種較量技藝的會書而言。

八、彈　詞　名　家

提到彈詞名家的時候，沒有一個不從柳敬亭說起的，但據孔尚任的桃花扇裏記柳敬亭的說書，純是一種鼓詞，和彈詞絕不相干。　我們姑從清代初年說起，那時的彈詞，大半都是盲詞。　張泓的滇南憶舊錄說：

金陵趙瞽以彈詞名，豪室爭致之，偶炫藝京江，頗爲八旗諸官家所重：

楊光輔的淞南樂府註云：

彈詞盲女，近更學勾欄小調，濃妝坐茶肆賣唱，少年賭贈纏頭。

清稗類鈔卷三十六說：

女郎王青翰，乾隆時人、幼以目眚失視，而明慧過人，工彈詞，清吭諧婉，間爲激昂悲壯語，令人色動神飛，然不輕發也。　曾見賞於杭董浦王夢樓，賦詩投贈，聲價益高。

此即所謂王三姑也，杭臨江袁隨園皆有詩存集中，吳大鏞亦有盲女王三姑小傳云。

"王三姑字香隱，蓬門中清慧女也，失明後，遂遊彈詞鄧學禮之門，授其音旨，黎花妙舌，娓娓入情"。　嘉慶時代有所謂四大名家者，纔是明目的人。　有號僻軓山人者著韻鶴軒筆談，其聽說書詩有云：

蘇州彈詞誰最精？　陳俞姚陸皆有名，場中高座稱先生。

清稗類鈔音樂類也說：

其（指柳敬亭）後以彈詞名者四家，曰陳姚俞陸，俞則俞秀山也。　四家中俞調獨傳，或訛爲虞調，謂出自虞山，非也。　厥後又有馬調，馬名如飛。

我們看道光時刻的彈詞，很多是假託陳士奇俞秀山姚豫章陸士珍四人校訂或評定，或作諸人原稿，或作諸人題序，由此可知陳俞姚陸，即此諸人也。

道光時刻的芙蓉洞雙金錠義妖傳都標着『陳遇乾先生原稿』，我們據『陸士珍先

生原稿』『俞秀山先生原稿』之例，知道陳遇乾也是當時的彈詞名家。

　　與俞秀山齊名而爲時稍後者，有馬如飛，當咸豐同治時也。　黃協塤的淞南夢影錄說：

　　　　彈詞有俞調馬調之分，俞調係嘉道間俞秀山所刱也，宛轉抑揚，如小兒女綠窗私語，唲唲可聽。　馬調則率直無餘韻，咸同間馬如飛所刱也。

清稗類鈔也說：

　　　　彈詞亦有派別，今卽俞調馬調比較言之。　俞調音節宛轉，善歌之者如春鶯百囀，竭抑揚頓挫之妙，其調便於少女。　如飛出，一變凡響。　以科舉時代之八股例之，俞調猶管轂山，而馬調則周慟山，亦彈詞家之革命功臣也。

光緒初年人作海上冶游備覽也說：

　　　　虞調之外，又有馬調，此則十年前男說書馬如飛所創也。　其調仿佛如虞，惟唱到末一字之前，故緩其腔，而將末一字另吐於後，有若蜻蜓點水光景，最動人聽。　此調前有袁雲仙，最擅塲焉。

這時已將俞調誤爲虞調，已不知有俞秀山其人也。

　　和馬如飛同時而又齊名者，亦有三人，合稱馬姚趙王，清稗類鈔說：

　　　　同治初年，吳門彈詞家之著名者，爲馬姚趙王，馬卽如飛，姚字似璋，趙字湘舟，王字石泉。　姚所演講者爲水滸，餘三人所擅長之說部，馬爲珍珠塔，姚爲玉蜻龍，而王則南樓傳也。　他如顧雅庭之唱白，田敬山之詼諧，亦俱負一時盛名。　雅庭之唱篇，多出自蘇人江聽山之手，所說爲三笑，插科道白，非他書比，要須出以文士口吻，得江綯定，聲價十倍，江之深於此道可知。

原編彈詞的人，都不肯以眞姓名示人，只題一個外號，這江聽山也恐怕只是重編的人，因爲三笑姻緣早已行世，而以彈唱三笑著名者，亦早有其人。　三笑姻緣彈詞題詞鷓鴣天云：

　　　　何許先生吳毓昌，近來不做獼猴王。　吹竽聲曼訊千古，彈鋏歌慚走四方。

　　　　翻舊譜，按新腔，權將嘻笑當文章。　齊諧荒誕供噴飯，才撥冰絃閧一堂。

又凌菊人三笑七古題詞亦云：

　　　　毓昌老人泉石友，獨擅詞場無敵手。　十指冷冷風乍生，三條絃索珠盤走。

大絃輕抹小絃挑，鶯聲歷歷鐘聲吼。　　形容畫出桂亭香，佳士風流配佳偶。

歌喉宛轉換人聲，泛泛池塘蓮出藕。　　咀嚼當時一片神，密語深情細分剖。

風月無邊誰主持？　雅者伊人韻者歸。　有時錯落曰五星，有時一一貫魚柳。

巷語街談一掃之，彈詞寧落龜乍移（字疑有誤）。　靐靐諸話忽復來，引得奚

童笑遮口。　夜凉月上拂神辭，時令盤桓飲以酒。　團扇爲謂一首詩，歸去商

之賢太守。

題三笑姻緣彈詞的詩，而全是贊揚吳毓昌，可知吳毓昌卽以彈唱此書著名也。

　　業彈詞的人，往往成爲一種世業，如馬如飛之子一飛，王石泉之子綬卿，田敬山

之子少山，均以彈詞著名。　清光緒時蘇州吳氏兩昆弟，長曰西庚，次曰陞泉，最擅

盛名，其後吳陞泉之子曰九甌，曰品泉，皆繼其父業以爲衣食。

九、 女 彈 詞

　　彈詞是一種最溫柔細膩的俗曲，所以最宜於女子歌唱。　從來以彈詞爲職業者，

亦以女子爲最多。　明朝時就已有這風氣，三風十愆記記常熟丐戶中有草頭娘者，

『喜吹簫鼓琴，工博戲，能誦詩，更熟二十一史，精彈詞』。　草頭娘一淫婦耳，

安能熟二十一史？　蓋熟楊升庵二十一史彈詞也。　可知升庵書在明時已有彈唱牠的

人了。　清初崑曲中有女彈詞一齣，敘述彈詞女郎故事，是必先有女子彈詞流行，然

後產生此種故事也。

　　乾隆以前，彈詞女子多爲盲女，我們在上面已經說過。　嘉慶年間，雲間女子

朱素仙，常招太倉項金姊，彈唱諸家傳說，語人曰，『聽其音則有薴過行雲之妙，

……』後自作玉連環授項歌之。　道光時人作有烟盒記傳奇，記當時有彈詞女子楊玉

珍者，善唱玉蜻蜓彈詞，後與秀才張姓者有私，用烟盒定情，以至涉訟遣戍，事多貿

寶，清人筆記多記其事，蓋實事也。　又盛稱其色藝雙絕，爲當時女彈詞之最著者。

直至咸豐時代，女彈詞還是個人獨立，隨地彈唱的彈詞。　清稗類鈔說：

　　咸豐時有陸秀卿者，吳人也，避亂至滬，貌爲絕色，藝爲絕技，人爭招致之，

　　一曲八金，姍姍來遲，飄飄去速，名重一時。

海阪冶遊錄說：

徐月娥汪雪卿善說評話，玉貌珠喉，么絃脆管，翼箇令人消魂。　日午宵初，常於土地堂羅神殿演唱，聽者聯坐接肱。　每發一語，輒爲解頤。　富室子弟，爭交歡之，皆慮不當意。　月娥後歸徐辛彝，受專房寵，同時之以平話擅名者，如曹春江馬如飛，皆鬚眉中之矯矯傑出者也。

同治以後，才有聚族而居的女彈詞，名其居曰『書寓』，卽最初之清吟小班也。　其創始者，亦爲一彈詞女子。　淞濱瑣話說：

滬上書寓之開，創自朱素蘭，久之而此風乃大著。　同治初年，最爲盛行。　素蘭年五十許，易性沈，猶時作筵間承應。　繼素蘭而起者爲周瑞仙嚴麗貞，瑞仙以說三笑姻緣得名，然僅能說半部，麗貞則能全演。　惜蘭摧玉折，遽赴夜臺。　瑞仙年逾大衍，猶養雛姬博買笑貲。

海上冶遊備覽說：

說書而易男爲女，亦取其易招人聽之故，女而肄業說書，亦取其引人入勝之意。　業此者常熟人爲多。　所說之書，爲三笑白蛇玉蜻蜓倭袍傳等類，亦不過十數部而已，目下愈來愈多，北市一帶，各里聚集，竟有三十餘戶焉。

清稗類鈔也說，『彈詞女皆居上海之城北』，曼陀羅館詞客戲編滬北詞史金釵冊，卽取上海城北彈詞女郎爲之也。

女彈詞以常熟人爲最多，清稗類鈔也記着：

女彈詞以常熟人爲最，其音淒惋，令人神移魄蕩，曲中人百計仿之，終不能並。　其所說傳奇，大抵爲三笑緣雙珠鳳白蛇傳落金扇倭袍傳玉蜻蜓諸書。

招各書寓之彈詞女郎，另闢一地爲罵技之所，名曰『書館』，或曰『書塲』，清稗類鈔說，『上海稱女彈詞曰「先生」，奏技於書場曰「坐場」，又曰「場唱」』。

袁翔甫望江南詞有云：

申江好！書館姓名標，屛却蛾眉重巾幗，只談絃索不笙簫，暮暮又朝朝。

有號雲間逸士者，撰洋場竹枝詞，其唱書館一首云：

一曲琵琶動客心，無非說古與談今。　著名雙麗何從覓？　試向香街鬧處尋。

同光間上海文人的書裏，記這種書館的文字，多到不可記數，現在我們取其最完備的一段，以明此中情況：

有專開設書場者，葺屋一大間，延請一二女先生，或三四人，中設高臺小几，下列聽客之座，多至百餘座，茗盌手巾俱備，每客收錢四十餘文，至七十文不等，視先生人數爲多少焉，門外懸牌，大書『某日夜幾點鐘請某某女先生彈唱古今全傳』。 屆時先生乘輿而至，登台高坐，台下之客，環坐而聽，所唱開篇之後，繼以正書一段，少停，再歌小曲一齣，戞然而止，亦卽閴然而散矣。

（海上冶游備覽）

這種書場，自同治初年與起，直至光緒末年衰落下來，其間著名彈詞女郎，無慮數百人，我們看王韜的淞濱瑣話及海陬冶遊錄諸書，可以得其大概， 不過以女子而彈詞，聽的人往往重其色而略其技，與狎妓之意無有異也。 海陬冶遊附錄說：

吳淞江上洗耳人集申江彈詞女子二十八人，加以品評，一時傳遍北里。

繼此以後，又有免癡道人之二十四女花品圖，畫眉樓主的續花品，公之放之丁丑上海書仙花榜，也列女彈詞二十八人，此時女彈詞已變成妓女化了。 王韜的滬上詞場竹枝詞序說：『書寓之初，禁例綦嚴，但能侑酒主觴政爲都知錄事，從不肯示以色身，今則濫矣』。 又說：『近日曲中書寓，規模酬應，一例相同，不復區別』。 到光緒末年，賣唱賣淫，更是不分了。

彈詞不但以女子歌唱爲最多，卽女子著作的彈詞書籍，也是汗牛充棟的多。 鄭西諦先生說：

在彈詞中有一部分可稱爲『婦女的文學』，如天雨花筆生花玉釧緣之類，皆是一面出於女作家之手，一面亦爲婦女所最喜讀， 眞是 By the women, for the women 及 of the women 之書。

中國舊式女子讀書，古詩詞且在禁止之列，惟於彈詞則不甚禁之，故婦女讀彈詞作彈詞的機會較多。 娛萱草彈詞序說：

世傳來生福集芳園筆生花諸作，麗句清辭，使人易入，故好之者終弗棄也。攷其作者，出於閨秀居多。 昔鄭澹若夫人撰夢影緣，華縟相尙，造語獨工，彈詞之體爲之一變。 逮吾嫂蕙風氏演述宋岳忠武事，撰精忠傳，盡洗穠豔之習，直抒其忠肝義膽，雖亦彈詞，而體又一變也。

梁溪陶貞懷在順治時緝天雨花，雲間朱素仙在嘉慶時緝玉連環傳，吳門侯香葉夫人在

道光時訂再造天等四種彈詞。　　同時歸安女子沈清華著醒愁編，鄭澹若夫人著夢影緣，咸豐時淮陰邱心如女史著筆生花，同治時鈕德英著金魚緣，光緒間毘陵女子程蕙英著鳳雙飛。　　其他鴛湖王素芬著吟餘編，映清女士著玉鏡臺，均不知爲何時。　　這都是女著彈詞中比較流行的著作。　　女著彈詞的風氣，幾乎同有清一代相終始，講清代婦女文學的人，還能忽略了這一大部分的事嗎？

十、彈詞中之小唱

　　彈詞的人，每在開場白之前，奏彈一曲梅花三弄，俗謂之爲『三六』，以其每節拍子皆爲三十六拍也。　　這是一種有聲無詞的調子，用以試定絃索或靜壓書場喧嘩而已。　　開唱通常都是一段開篇，但是間或也有唱一個曲調做開場的，如玉連環之開始爲一剪梅，文明秋鳳爲西江月，眞金扇爲浣紗溪，玉蜻龍爲鷓鴣天，三笑姻緣爲憶秦娥，都是彈詞裏可以容納其他曲調的明證。

　　彈詞不但在起首處可以唱曲子，即在本文中小丑妓女之類，往往也唱些小調。因爲彈詞是一種單純的調子，唱得久了，容易使人生厭，彈詞人因而在相當地方，穿插入一些小唱，藉以新人耳目，因此各時代的小曲，存留在彈詞中的爲數不少。南方的小曲，趨新避熟，所以各時代的曲文，很少長久的保存着，因此彈詞的書裏所保存的小曲，大是可貴，我們略舉幾個在下面：

　　嘉慶年間人作的雙玉盃，第二十一回有小丑，花旦，付末，對唱小曲，其寄生草云：

　　　　奇怪奇怪眞奇怪，兩個寃家一繹來，好叫奴打發誰人留誰在。　　一個兒家財萬貫多豪富，一個兒風流俊俏我心中愛。　　沒奈何，一齊將他相留待。　　說明了，輪流交替休芥蒂；說明了，輪流交替休芥蒂。

又翦翦花云：

　　　　姐在吓房中照菱花，外邊走進俏寃家，拍拍姐肩架，噯呀！叫一聲『好姐姐』。姑娘一見微含笑，『你多時就擱在那一家？　害我望得眼昏花，噯呀！茶飯也不思他』。　　才郎聽說忙相告，『你莫怪卑人待你差，乃是兩蓍媽，噯呀！不許我玩耍。　今日爹娘完願去，我是偷得餘閒到你家，來看看你美嬌娃，

曖呀！叙叙舊琵琶』。

此外還有京曲山歌，都是現在已經不流行的東西，若要將牠統統輯起來，也可以成白雪遺音霓裳續譜之類的書。

彈詞書裏同樣的遺留下許多南方的山歌，上之可以與馮夢龍童痴二弄相對校，下之可以與吳歌甲乙集相對看，也可以得到一點南方山歌變遷的情形，現在也舉一首在下面：

青紗帳子沒亮攸子个攸，郎勒姐妮困一頭，青絲个細髮沒披勒朵郎肩浪，好像雙林人勒朵買包頭。

十一、彈詞本子的刊刻

彈詞本子的刊刻，都是書賈投機來做的，所以非常的凌亂。　有同是一篇序，而冠在幾部不同的彈詞上的，如同治癸酉重刊落金扇有吹竽先生一序，移置於光緒元年刊的還金鐲之前，只將『落扇』二字，改成『還鐲』二字。　雙金鐲序又完全與安邦定國志序相同，惟雙金鐲序者稱春波池上釣者，係嘉慶庚辰作；安邦志序者稱江湖散人，係道光己酉作。　而安邦志第三序又同於十二卷本九美圖序。　同治癸亥刻的雙珠鳳序，又是改嘉慶癸酉刻的雙金錠序爲之。　六美圖序改文明秋風序爲之。　誰眞誰僞，殊難斷定；孰先孰後，亦無從知曉。

乾隆五十一年刻的吉慶圖，是雲龍閣板子，而序大金錢傳的瓣蓮生也卽是雲龍閣。　麒麟豹作序的人號廢閑主人，十五貫作序的人也是廢閑主人，這都是書賈弄的事。　他所作的序文，沒有一篇具體的叙述，都是很籠統的幾句話，可以置之於此，亦可以置之於彼。

刻彈詞的書舖，乾隆時有蘇州的起秀堂雲龍閣，嘉慶時有上海的恆德堂經苑堂，蘇州的醉墨軒仁德堂，道光時有杭州的友于堂雲秀軒，蘇州的雲彩軒亦芸書屋，咸豐時有南京的汲古齋，同治時有蘇州的香葉閣。杭州的務本堂，有蓮溪書屋淨雅書屋，光緒時有浙江的喜雨山房輔仁堂，安徽的玉壺堂，蘇州的玉積山房吾馨軒等。

光緒年間上海世界繁華報館以及申報館翻印的彈詞，或將報上新作彈詞，單行留傳，最後各書舖用石印所印的彈詞，爲數更是不少。

十二、現存的彈詞

海上冶遊備覽說，彈詞『所說之書爲三笑白蛇玉蜻蜒倭袍傳等類，亦不過十數部而已，目下愈來愈多』。　這是指光緒初年上海一地實地彈唱的彈詞而言，各地存在的彈詞書籍，自然不止此數。　咸豐時陳同勛序筆生花彈詞云，『彈詞，世之傳者不下數十百種』。　然而彈詞流傳，以同治光緒時爲最多，所以後來增加的，實較陳氏所說的多幾倍。　鄭西諦先生說，『十年間陸續所見彈詞，不啻三百數十部』。　鄭先生又把他自己所藏的彈詞，編爲『西諦所藏彈詞目錄』一篇，錄新舊彈詞共一百十七種（見中國文學論集）。　歷史語言研究所遷到南方後，也先後收得一百四十幾種，現在我們把鄭先生收的，和我們所有的，作一個比較：

西諦藏彈詞爲史語所所無者：

廿五史彈詞輯註	七夢緣	玉姻緣前後傳	珍珠鳳
醒世全傳	節義緣	珍珠旗	轆龍鐙
一文錢	燕子箋彈詞	雙冠誥	錦香亭
英雄奇緣	劉海台	盜金刀	鳳凰釵天緣珮
北史遺文	雙魚傳	九品連台記	天寶圖
繪眞記彈詞	潘必正尋姑	回龍傳	玉堂春
探金桃	意中情	想當然	四美圖傳
聊齋志異彈詞	玉鏡臺	哀梨記	孝女蔡蕙
明月珠	藕絲緣	同心梔	

史語所藏彈詞爲西諦氏所無者：

琴瑟和合	天貴圖	八仙緣	明末彈詞
龍鳳報	玉如意	詩髮緣	續紅鞋
百花彈詞	白猿傳	梅花夢	鍾情傳
醒愁編	玉尺樓	桃柳爭春	雲琴閣
映陝樓	一箭緣後傳	失落黃金印	玉蜻蜒後傳
子虛記	雙仙緣	赤玉蓮花	折桂香

雙金鐲	桃花庵	何必西廂	吉慶圖
躍鯉記	紅羅寶帳	大金錢傳	繡香囊共七集
九絲縧	狐狸緣	犀釵記	絲竹韻傳
吟餘編	十玉人傳	錦堂歡	彈詞開篇選粹
金魚緣	天賜福	蜃樓傳	挊璧緣
牙痕記	羅成賣絨線	七美圖共六集	八美圖三種

　　東吳大學凌景埏先生也藏有彈詞近百種，北平孔德學校也藏有數十種。　凌先生會編過一篇彈詞目錄，載在東吳學報三卷三期。　這目錄裏卽包含他自己藏的和鄭西諦及孔德學校藏的彈詞。　現在我們把這目錄裏凌先生和孔德學校所特有的，也抄錄在下面，其中與西諦氏及史語所所同者仍從略。

金屋夢	梅柳配	金鎖記	平湖秋月
夜來香	天香恨	幽閨記	三美圖緣
瓊花觀	章臺記	白燕樓	昇平樂
香雪海	神女夢	永遇樂	花箋記
神劍記	雙喜配	玉魚記	青萍記
*十粒金丹	五色雲	奈何天	魚腸劍
烟花風月	巧連環	珠玉緣	高唐夢
四時春	無量佛	御爐香	背解紅羅
玉鏡臺	瀟湘影	落花夢	風流罪人

（以上凌景埏藏）

百花圖	醉芙蓉	登雲豹	麒麟閣
飛虎槍	猩猩圖	七俠圖	碧玉塔
碧玉獅	番合釧	金閨傑	小金錢
九龍傳	玉如意	乾隆鏡	巧奇冤
玉樓春	燈月傳	雙蝴蝶傳	青龍傳
英雄會	如意寶册	*二虎嶺藏豹山	*五女興唐傳
五毒傳	（以上孔德學校藏）	（加*號者恐係鼓詞）	

聽說丁在君先生也藏有彈詞一批，可惜這書在北平，我還沒有得讀。　將來材料集中一點，想仿黃文暘曲海總目之例，作彈詞提要一書，替中國彈詞記一筆細賬。

出自第六本第一分（一九三六年三月）

明初建州女眞居地遷徙攷

——兼論元代開元路治之所在——

徐 中 舒

一 舊建州之所在與建州衛名稱之由來

清代之先出於建州。 建州之名，肇自渤海。 新唐書地理志云・「率賓府領華
益建三州」；其地當去今綏芬河流域不遠。 率賓之名或出於詩「率土之濱」之義。
其後由女眞語轉譯，則有恤品速頻蘇濱速平諸稱，今則通稱爲綏芬。 此率賓府之建
州，歷遼金元一再遷置，或在凌河南北。 而元一統志於松花江迤東之地，仍存舊建
州之稱。 據明一統志及遼東志所引元志云：

> 混同江俗呼松阿哩江，源出長白山，北流經舊建州西五十里，會諸水東北
> 流，經故上京，下達五國頭城北，又東北注於海。

> 海蘭河在瀋陽路，經舊建州東南一千里，入於海。

> 上京之南曰建州。

據此數地推之，所謂舊建州或建州當在今松花江之東，阿勒楚喀城（金之上京）之
南，而海蘭河之西北，約在今吉林省會迤東之地。 蓋此時之舊建州，已由綏芬河流
域而遷於松花江東岸矣。 靖難師興，建州女直人有參加戰役者，明人記載皆稱建州
松花江人。 如：

> 王彥建州松花江人，國初從征靖難，駢承寵錫，鎮遼三十餘年。 ——遼東
> 志官師志鎮守內官條

> 後軍都督同知王麒卒。 麒舊名麻子帖木兒，建州松花江人。 父貴，故元
> 開元路達魯花赤。 洪武中，以麒歸，事上於藩邸。 貴卒，麒以壯勇善
> 射，選充御馬坊勇士，從上平定內難。 ——明實錄永樂二十年閏十二月

條

此與元志所稱舊建州之地位，適相符合。　又元史世祖紀至元二十五年下載：

> 復立咸平至建州四驛。　六月
>
> 床哥合引兵犯建州，殺三百餘人，咸平大震。　十一月

咸平卽今之開原。　由咸平至建州僅置四驛，而同書至元二十六年又載，立咸平至磊延驛十五所。　磊延在吉林長白山附近，今三音諾音額赫諾音之諾音，卽磊延之聲轉。　以此例之，建州之去咸平僅得磊延四程之一，其地必去咸平甚近。　故床哥合犯建州，而咸平卽爲之大震。　又同書塔出傳云：

> 塔出遂棄妻子，與麾下十二騎直抵建州，距咸平千五百里……至元二十八
> 年，領軍討哈丹于女直，還攻建州，逐阿海投江死。

此云建州距咸平千五百里，當就其最遠之壤境而言。　下文云乚還攻建州逐阿海投江死冂，其地仍當於松花江流域求之。　日人池內宏謂建州部族初居於吉林省會之東，其後乃遷於三姓之地，其說雖與此合，而實誤甚，不可不辨也。

　考元代舊建州，雖已遷於松花江流域，但明初設衞之地，則仍在今朝鮮之東北境，及綏芬河流域一帶。　明實錄載建州衞之設，在永樂元年十一月，而明廷爲設建州衞之故，其招諭朝鮮境內女直之勅諭，則以同年之六月到達。　朝鮮實錄太宗三年（永樂元年）六月辛未條云：

> 三府會議女眞事。　皇帝勅諭，女眞吾都里，兀良哈，兀狄哈等，招撫之，
> 使貢獻。　女眞本屬於我，故三府會議。　其勅諭用女眞書，字不可解。
> 使女眞說其意，譯之而議。

明廷此舉原爲設置建州衞之準備。　次年乃遣遼東千戶王可仁等於朝鮮，招諭參散禿魯兀一十一處人民，以及豆萬江（卽圖們江）一帶女眞，蓋欲舉此諸地以爲建州衞境。　朝鮮實錄太宗四年四月丁酉條云：

> 命領春秋館事河崙，知春秋館事權近，開史庫，考前朝睿宗實錄，侍中尹瓘
> 擊東女眞，立碑于境上。　帝遣王可仁於女眞，欲設建州衞，故欲據此以對
> 之也。

此時明廷使臣之至建州衞者，皆由朝鮮境內前往。　朝鮮實錄太宗四年下載：

六月己卯，遼東千戶三萬衞千戶等，賫勅諭及賞賜，與楊內史偕來，隨後而入，蓋以向建州衞也。

甲申，遼東千戶等至闕（即朝鮮王廷）告辭，以向建州衞也。

此時建州衞最大首領為阿哈出及猛哥帖木兒二人。　明廷賜此二人勅諭撫賞等，亦由朝鮮境內前往。　朝鮮實錄載：

以上護軍朴齡為東北面宣慰使。　議政府啓：乚遣人於東北面，使猛哥帖木兒波乙所等，不得生變於使臣丁。　上曰：乚其道安撫使盡心教誘，使不生變於使臣為上策。　若不從，則威之以法。　且言曰前者王可仁所布勅書之意，非將汝等卷土以歸，但使各安生業，打圍牧放而已。　故今使臣之來也，我國使汝等敬迎勅書，毋生釁隙，上不得罪於朝廷，下欲使汝等安業耳。　今汝等不從此意，則我國因汝等而得罪上國乎？　又不從，則以軍馬把直，使不得生變，令使臣無事回還。　其遣善言者速通於安撫使，齡乃行。　——太宗四年七月癸丑條

遼東總旗張孛羅小旗王羅哈等至，上就見於太平館。　孛羅等奉帝勅諭，授叅政於盧出於建州衞者也。　——太宗四年十二月庚午條

朝廷使臣高時羅等奉聖旨到吾都里地面，吉州安撫使報云：乚使臣高時羅等欲開讀聖旨，吾都里童猛哥帖木兒不迎命，曰：乚汎稱吾都里衞，不錄萬戶之名，何以迎命丁？　使臣詰之曰：乚由朝鮮來使臣二人於吾音會彼北阿伊兒朱乙臣何大等處，會道伊兀良哈三衞，好羅乎兀狄哈二衞，沙何領兀狄哈一衞，建州衞等處七衞，待之。　又皇帝遣都司牽眾兵賫燒酒百瓶，朝鮮馬三十匹，來與七衞磨金同盟，賜馬三十匹於於盧出叅政，今爾萬戶不順可乎丁？　——太宗五年正月庚子條

此時明廷對於女眞頗欲借朝鮮威力，以覊持之。　此明廷所立七衞，僅建州衞名稱記載明白。兀狄哈三衞，或有兀者衞在內。　其餘蓋不可考。　近境。　不然，明廷招諭之使，必不迂迴朝鮮境內前往也。

朝鮮實錄之於盧出即明實錄之阿哈出，此明廷所立七衞，僅建州衞名稱記載明白。兀良哈三衞或有毛憐衞在內。　兀所可知者，此諸衞必在朝鮮東北之

以建州言，據東國輿地勝覽卷四十九會寧都護府古蹟條，公嶮鎮下注云：

> 自高嶺鎭渡豆滿江，踰古羅耳，歷吾童站，英哥站，至蘇下江濱，有公嶮鎭基，南隣具州探州　北接堅州。

案公嶮鎭原在朝鮮咸鏡道端州吉州間。　元末合蘭府及圖們江迤南一帶，沒於高麗。明繼元後，統一中國，對此東北舊疆，不能置而不問。　故朝鮮遂遥指圖們江外蘇下江邊之古基，爲公嶮鎭舊址，以爲對明交涉地步。　蘇下江(朝鮮實錄又作所何江)，卽綏芬河之異名。　東國輿地勝覽卷四十九會寧都護府山川條愁濱江下注云：「源出白頭山，北流爲蘇下江　一作速平江」；速平卽綏芬也。　此公嶮鎭在綏芬河濱，而堅州又在其北，堅建平去聲同，是此堅州明卽渤海時率賓府所領之建州也。　又案朝鮮實錄載明廷初設建州衞時，給猛哥帖木兒勅諭，稱其所居爲東開原毛憐等處地面，遼東志卷九那丹府東北陸路條第六站爲舊開原，第七站爲毛憐，舊開原卽東開原，其地疑卽今俄屬東海濱省之雙城子，毛憐更在其南皆綏芬河流域之地。　明廷於此設建州衞，而東國輿地勝覽謂之堅州，明是一地。　蓋東北地名每隨部族遷移，而故地名稱，仍可沿用不廢。　此建州衞之設，必爲沿用渤海之舊稱也。

二　元代建州部族之居地

明初之建州衞，原爲繼承三萬衞而設。　三萬衞乃由三萬戶得名。　據朝鮮記載阿哈出原爲火兒阿萬戶，猛哥帖木兒原爲斡朶里萬戶，與托溫酋長卜兒閼並稱三萬戶。　朝鮮李朝肇興於咸鏡北道，當創業之時，此三萬戶皆來歸附。　據龍飛御天歌第五十三章云：

> 東北一道，本肇基之地，畏威懷德久矣。　野人酋長遠至移闌豆漫，皆來服事，常佩弓劍，入衞潛邸，昵侍左右，東征西伐，靡不從焉。　如女眞則斡朶里豆漫夾溫猛哥帖木兒，火兒阿豆漫阿哈出，托溫豆漫高卜兒閼。

龍飛御天歌歌頌其開國史蹟，撰於朝鮮太宗朝(朝鮮實錄太祖四年十二月癸卯條所載卽本於此)。　同書注：

> 斡朶里火兒阿托溫三城，其俗謂之移闌豆漫，猶言三萬戶也。　蓋以萬戶三人，分領其地，故名。　自慶源府西北行，一月而至。
>
> 斡朶里地名，在海西江之東，火兒阿江之西。　火兒阿亦地名，在二江合流

之東，蓋因江爲名也。　托溫亦地名，在二江合流之下。　二江皆自西北流，三城相次沿江。　夾溫姓也，猛哥帖木兒名也。　古論姓也，阿哈出名也。　高姓也，卜兒閼名也。

據其所述，可以考見建州部族設衛以前之住地。　海西江卽松花江。　洪武十六年元海西右丞阿魯灰來降，明廷謂其地L東有野人之險，南有高麗之險，北接曠漠，惟西抵元營「；是凡松花江所經之地皆在海西境內，故松花江又名海西江。　火兒阿江卽胡里改江今謂之呼爾哈河。　據日人箭內亙之意見：火兒阿在二江合流之東，卽今吉林之依蘭，（卽三姓之地）。　斡朵里在松花江東，呼爾哈河西，卽三姓對岸地。托溫在松花江呼爾哈河合流之下，卽今黑龍江屯河之地（見滿洲地理歷史元代滿洲之疆域第四節斡朵憐等五萬戶府）。　其說僅據朝鮮記載後來追敘之辭，其中不無可以商榷之處。　俟後再詳論之。

　　L斡朵里火兒阿托溫三城，其俗謂之移闌豆漫「。　女眞語移闌爲三，豆漫爲萬，卽三萬戶之意。　此三萬戶之職，爲其俗相沿舊稱，必有所受。　元史地理志二云：

　　　　合蘭府水達達等路，土地曠闊，人民散居。　元初設軍民萬戶府五，鎮撫北
　　　　邊。　一曰桃溫，距上都四千里。　一曰胡里改，距上都四千二百里，大都
　　　　三千八百里（原注有胡里改江井混同江，又有合蘭河流入于海）。　一曰斡
　　　　朵憐。　一曰脫斡憐。　一曰孛苦江。　各有司存，分領混同江南北之地。
　　　　其居民皆水達達女直之人。

此五萬戶中之斡朵憐卽斡朵里，胡里改卽火兒阿，桃溫卽托溫，僅音譯微異。　知前述之三萬戶，卽元代軍民萬戶府之遺。　明實錄遼東志記此諸地之所在，與龍飛御天歌注，亦有可以互相參證之處。　明實錄洪武十五年二月壬戌條云：

　　　　故元鯨海千戶速哥帖木兒，答哈千戶完者帖木兒，牙蘭千戶皂化，自女眞來
　　　　歸，言遼陽至佛出渾之地三千四百里，自佛出渾至斡朵憐一千里，斡朵憐至
　　　　託溫萬戶府，一百八十里，託溫至佛思木隘口一百八十里，佛思木至胡里改
　　　　一百九十里，胡里改至樂浪古隘一百七十里，樂浪古隘口至乞列憐一百九十
　　　　里，自佛出渾至乞列憐，皆舊所部之地，願往諭其民使之來歸。

弗出渾，遼東志卷九作弗出，爲開原東陸路至朝鮮後門之第五站，在費兒忽與南京之間。　費兒忽當在敦化之西，費納和河畔（費納和河見內府輿圖，水道提綱作非衣河）。　南京之所在，據東國輿地勝覽卷五十鍾城古蹟條云：「自潼關堡渡豆滿江，經春浦，渡舍春川，有古城，號南京」；其地距朝鮮鍾城潼關堡近，當在今吉林延吉附近。　以此兩地定弗出之所在，疑卽今布爾哈圖河畔之地。　檢遼東志開原控帶外夷山川圖，於費兒忽與南京之間，有地名夫愁。　夫愁當卽弗出之異譯，緩言之則與布爾哈圖聲近。　又朝鮮實錄世宗十七年四月條，載內官張信前往白頭山公幹，至乃顏安下大營，差士軍頭目石脫里等管領旗軍五百名前去弗朱江分春江上下山場採捕。　此弗朱江之弗朱與弗出聲近，當卽布爾哈圖河。　分春江卽琿春江。　其地皆在白頭山之北。　乃顏爲清初長白山訥殷部地。　弗朱江在乃顏之東，而與琿春江近，以道里地位言之，擬以布爾哈圖河，實最允當。　弗出渾之地既定，斡朵憐在三萬戶中最距弗出渾近，而遼東志卷九海西東水陸城站條，第十五站爲斡朵里，第十七站爲托溫城，第二十一站爲弗思木城，第二十四站爲弗踢奚城，第三十六站爲考郎古城，第二十八站爲乞列迷城，此諸站中之弗踢奚卽胡里改（明實錄永樂七年五月改忽兒海衛爲弗提衛，忽兒海卽胡里改，弗提卽弗踢奚）考郎古城卽樂浪古隍（考郎與樂浪聲近）其道里遠近，皆與實錄所記相合。　又據遼東志載斡朵里城之方位云：

　　忽兒海河，城（開原）東北一千里，源出潭州城東諸山，北流谷州城東，經斡朵里城，北流入松花江。　——卷一開原山川條

　　理河，城（開原）東北一千二百里，源出斡朵里城南諸山，北流入松花江。——同上

　　古州，北接斡朵里。　——卷九那丹府東北陸路條注

此忽兒海河卽呼爾哈河，理河卽拉林河，古州卽谷州。　元一統志謂谷州在舊開原之正西，疑卽渤海舊都今吉林之東京城。　據此所載斡朵里城在東京城北，呼爾哈河西岸，而拉林河發源於其城南諸山，疑今吉林甯安，卽甯古塔城北之薩爾湖城卽其地。

胡里改萬戶以胡里改江得名，據明實錄所記道里，胡里改距斡朵憐五百五十里，箭內以今依蘭之地擬之，其說可信。

托溫城在斡朵憐與胡里改之間，當於呼爾哈河流域求之。　檢遼東志開原控帶外

夷山川圖，托溫江在松花江北岸，伯顏迷站之西，托溫城在松花江南岸，一半山站之東，滿赤奚站之西。 據同書卷九海西東水陸城站條，由伯顏迷站至托溫城，計有六站。 以此知元代之托溫城，與托溫江不在一處，而遼東志之托溫江亦遠在今屯河之西。

以上斡朶里胡里改托溫諸地，與龍飛御天歌注中三萬戶之所在，詳略雖有不同，然均不越呼爾哈河流域。 蓋此三萬戶部族，依後來之記載，其生活皆已漢化甚深，而呼爾哈河流域在元代居臨驛道要衝，輸入漢人財物較易，其擇居於此，亦似非偶然也。

三 明初建州部族之居地

斡朶里等三萬戶部族以居臨驛道世受元代官職之故， 其日用所需如布帛鹽米之類，無不仰給於漢人。 故此等女眞，其居處必常在遼東與朝鮮之間。 蓋已不能離開漢族文明，而獨自生存矣。 朝鮮實錄載建州女眞由朝鮮境內逃出後，互相問答之辭曰：

> 「汝等無乃歸蒲州乎（蒲州卽婆猪，後來爲建州李滿住等所住）」？ 答曰：「蒲州則無鹽醬可以資生，何有入歸之理乎」？ ——成宗十四年九月戊戌條

又載其因鹽鐵搆釁，及居中兩投之狀云：

> 初野人至慶源塞下市鹽鐵牛馬，及大明立建州衞，以於虛出爲指揮，招諭野人，慶源絕不爲市。 野人憤怨，建州人又激之，乃入慶源界抄掠。 ——太宗六年二月己卯條
>
> 野人李豆里來言，建州衞居人等剽掠中原，故不得貿鹽於遼東地面。 今春必將來求貴鎭（按指滿浦鎭）請備鹽送之。 ——世祖十三年正月戊寅條
>
> 婆猪江野人沈阿郎哈到於軍中，相戰時，本國人全義對本人（指沈阿郎哈）稱說：「你每常時來往，米糧鹽醬，取索食用，你們如何結黨作賊」？ 阿郎哈勒馬避去。 ——世宗十五年四月乙酉條

當元之末造，遼東騷亂，其最先受影響者，必爲驛道。 蓋亂事旣起，則驛道卽隨之

閉塞，物資來源斷絕。　此漢化女眞生活之窘迫，自不待言。　其勢不得不沿呼爾哈河流域而南遷於高麗近境圖們江外諸地，仰賴高麗而居。

　　據朝鮮實錄載當紅軍侵入遼東高麗之時，圖們江流域，已有三豆萬之稱：

　　　　禮部啓：乚投化人金山生等，江界府別下里，隨母移居于甲山之地，又移於

　　　　三豆萬之地，被擄紅軍，入歸遼東居之丁。　——世宗十六年四月癸亥條

紅軍自至正十八年侵入遼東，二十一年渡鴨綠江，陷高麗王都，旋大爲高麗援軍所敗，次年正月其餘黨一十餘萬，仍由鴨綠江遁入遼東。　金山生之被擄卽此時事，其先由江界移居甲山，亦嘗與紅軍有關。　江界之地在鴨綠東岸，爲由遼東入高麗要道。　甲山在江界之北，當鴨綠圖們兩江之上源，必爲紅軍旁掠所及。　朝鮮實錄載紅軍渡鴨綠江後，又闌入西北鄙，甲山卽高麗西北鄙地。　以此推之，三豆萬之地當更在甲山之北，卽圖們江流域求之。

　　洪武二十一年明廷設三萬衛於斡朶里，三萬衛卽沿襲三豆萬之舊稱。　女眞語謂萬爲豆萬，豆漫豆滿土門圖們，並其異譯也。　三萬衛設於斡朶里，斡朶里之所在，據東國輿地勝覽卷五十慶源山川條云：乚訓春江源出女眞之地，至東林城入于豆滿江，斡朶里野人所居丁；訓春江卽琿春江其地在圖們江迤北，當元明之際，斡朶里部族實居於此。　同時胡里改托溫兩部族，居址亦相近，故其地有三豆萬之稱。　明廷設三萬衛於此，卽沿用其俗之舊稱也。

　　胡里改卽火兒阿部族，當設衛以前，其居地亦在圖們江外。　朝鮮實錄載：

　　　　建州衛指揮芬哥不花奏：乚洪武十九年間，有本處楊哈剌，蒙除三萬衛百戶

　　　　職事，洪武二十一年間，根指揮侯史家奴於斡朶里開設衛門。　後因三萬衛

　　　　復回開原立衛，起發人民之時，有百戶楊哈剌將帶家小於土門地面一向居

　　　　住。　洪武三十三年間，有朝鮮國萬戶鎭突咬納等，前來起取本官，連家小

　　　　三十戶，在本國阿漢地面住坐。　——太宗七年三月己巳條

　　　　崔咬納供狀：乚原係玄城付籍人氏。　洪武五年，兀狄哈達乙麻赤到來玄城

　　　　地面，刦掠殺害。　當有管下楊哈剌等，被兀狄哈擄掠前去。　咬納將引原

　　　　管人戶二十戶，前來本國吉州阿罕地面住坐，小心謹愼，防倭有功，欽奉國

　　　　王委付鏡城等處萬戶職事。　後於洪武二（？）十三年親往兀狄哈地面，尋

　　　覓得楊哈剌九戶，到來阿罕同住當差。　　——同上四月癸卯條

楊哈剌爲崔（又作饒矣）咬納管下，原係玄城附籍人氏。　玄城即舊開原城之省稱。

據崔咬納供狀，洪武五年楊哈剌爲兀狄哈所攜，直至洪武三十三年，仍在兀狄哈地面

尋得，此與莽哥不花奏稱洪武十九年赴京之楊哈剌曰乚本處楊哈剌冂，又稱楊哈剌自

洪武二十一年後一向寄住土門，可以互相參證。　蓋楊哈剌被攜之後，即爲猛哥不

花部屬，其一向寄住之土門，據龍飛御天歌注云：乚在豆漫江之北，南距慶源六十

里冂。　地名土門亦由萬戶得名，或即三豆萬之省稱。　龍飛御天歌第五十三章，稱

八兒速爲土門括兒牙，八兒速即明實錄毛憐衞酋長把兒遜，土門爲其居地。　朝鮮實

錄稱毛憐衞與建州阿哈出部族，同爲兀良哈。　把兒遜被殺後，阿哈出之子李顯忠即

奏請以其弟猛哥不花管毛憐衞事。　是此兩衞，其先當同屬一部，故其居地皆在土

門，即琿春江迤西之地，與斡朶里猛哥帖木兒所居切近，故明廷給猛哥勅諭，稱其所

居曰東開原毛憐等處地面也。

　　　托溫部族，明初以屬兀者衞，明實錄永樂二年四月庚辰條云：

　　　托溫江女直野人頭目甫魯胡來朝，授以兀者衞百戶等官，仍加賜賚。

此甫魯胡即龍飛御天歌中托溫萬戶卜兒關。　此部族其後仍自行歸附於建州，明實錄

永樂十年六月辛酉條云：

　　　遼東建州衞指揮僉事李顯忠奏：乚塔溫新附人民缺食，乞賑貸之冂。

此塔溫即托溫之異譯。　據此可見托溫部族。與建州關係之切。　當建州部族居於琿

春江流域，此托溫部族之居地，亦當相去不遠。　此觀於斡朶里部族遷居會寧阿木河

時，托溫部族亦居於阿木河附近之穩城，可以知之。　東國輿地勝覽卷五十穩城府建

置沿革條云：（穩城）乚本高句麗舊地，女眞乘虛入居，號多溫平冂；又山川條云：

乚多溫洞在府北七里冂；此多溫亦即托溫，平朝鮮語村也。　多溫因女眞入居得名，

當即托溫部族曾居之地。

　　　以上所述斡朶里等三萬戶之居地，均在圖們江流域，此雖係明初情形，但金山生

之供狀，已稱此一帶爲三豆萬之地。　案金山生投化於朝鮮世宗十六年，即宣德九

年，上距紅軍侵入高麗，已七十三年。　其舊三萬衞之地，於永樂元年設建州衞，迄

宣德之世，亦已三十二年，此三萬戶名稱當已不復存在，知金山生之供狀，所稱三豆

萬，必爲元末已有之名稱，卽此三萬戶部族，至遲已於元至正二十一年以前卽紅軍侵入高麗之時，已由呼爾哈河流域移居於此。

此遷徙事，不僅以上述諸證爲依據。　朝鮮實錄又載後來圖們江一帶居住之女眞，仍有舊居處可考。　茲將有關各條錄之如次：

吉州疊入殷實，管下千戶者安等十四戶男女，幷一百餘人，節晚失農，每戶一二人，欲往舊居處捕魚資生。　以巨陽千戶高時羅古及殷實一族，建州衞千戶時家等，欲招安者安及仇老甫要骨看兀狄哈，與建州衞千戶談波老出來待候，故未得入歸捕魚。　——太宗五年九月甲寅條

建州衞指揮使阿哈出奏：乚有奚官萬戶府所屬察罕等一十三戶人民，朝鮮國將木答兀連妻子四口送回來了，有十二家不曾回還丁。　具奏間，得本衞指揮莽哥不花等說稱：乚奚官萬戶府有人戶百十餘家，東寧衞指揮高塔海帖木兒招到數內頭目失加，赴京除授副千戶，察罕等十二戶俱係失加同寨管的，因是失加除授回還，有朝鮮國王，差把關兵馬，將失加家小，同察罕一十二戶，搬裹去訖，後有失加家小，永樂五年八月內到於建州，有察罕十二戶，不曾來，委係失加所管人數丁。　——八年六月壬辰條

問得故察罕媳婦那難等供稱：乚洪武五年壬子，因那哈出到來，女眞地面閑亂，根同萬殷實向圖出來，於慶源定州咸州等處，附籍安業當差。　——九年四月甲子條

分解以上各條，殷實卽萬殷實，時家卽失加。　殷實與時家同族，卽同爲奚官萬戶府所屬。　奚官龍飛御天歌作奚關，注云：乚奚關城東距訓春江七里，西距豆滿江五里，其居地正在圖們江外。　洪武五年，殷實率其部族附籍於慶源定州咸州等處。定州咸州在吉州之南，慶源在吉州之北，其遷徙似非一次，故曰吉州疊入。　當高時羅古等欲招安殷實管下者安等時，者安之居，當仍在奚關。　惟彼等於奚關之外，尚有舊居處。　此女眞之舊居處，極可注意。　吾人藉此可以證明數事：（1）圖們江外之女眞部族，係由他處遷來。　（2）舊居處以捕魚資生，似卽呼爾哈河松花江合流之地，或其附近一帶。　蓋此地素以產魚著稱，又距圖們江外不遠也。　（3）由洪武五年至此又三十餘年矣，其舊居處不但尚可入歸，卽其生產技能，如捕魚之事，

亦不因遷居以後而喪失。　則其遷徙之年代，距洪武初時，亦不能過遠。　以上三項，均可爲前述三萬戶遷徙事，作一有力之旁證。

四　舊開原之所在

明初承元人之後，經營遼東邊徼之地，一以收復前代之疆土，一以遮斷蒙古之左臂。　其足跡所經，在洪武朝曾遠至今朝鮮迤北濱海之地。　顧以當時輿圖之學未精，以故涉筆之士，不能詳其道里遠近。　綜述舊聞，動輒舛誤。　其關鍵所在，實由不能分別新舊開原名稱所致。

日人討論舊開原者，遠在今二十餘年以前，顧迄今仍無確當之見解。　其初箭內亙在滿州地理歷史第二卷元代滿州之疆域一章中，謂元代開元，自創置以來久治於黃龍府，即今吉林之農安縣，至世祖至元年間，乃移治於今遼寧之開原。　其後池內宏作元代地名開元之沿革一文，載於東洋學報第二卷第三號，謂開元創置之初，即治於今三姓附近，及至元末，乃移治於今之開原。　此文既出，箭內亙又作元代地名開元之沿革一文答之，載於東洋學報第十三卷第一號，仍墨守其說。　其與論此一地有關者，復有池內宏之三萬衞考，載於史學雜誌二六卷五號，和甲淸之元代開元路，載於東洋學報十七卷三號。　箭內池內所據之材料，大致相同，而說各不同。　箭內謂開元設治農安，其說固謨；池內謂開元初治三姓，和田之文復重伸其說，亦不足據。頃來國人治明淸間之女真史事者，以孟心史敎授爲最勤。　既撮錄明及朝鮮實錄中有關女真之文獻，爲明淸通紀一書，又摭其中有關建州遷徙事蹟，爲建州衞地址變遷考一文，載於北京大學國學季刊四卷三號，以爲元代開元路治在瀕海恤品路，即今吉林琿春以東之地。　其所據之史料，確實豐富，最爲可信。　顧尚未能質言其地之所在，不無微憾！　所幸先路既啓，補苴易於爲功。　今茲所得，亦有可述者。　案明代所謂開原皆指元史地理志之咸平府治而言，即今之開原。　其舊開原則在今俄屬東海濱省之雙城子，俄人謂之尼古里司克，朝鮮實錄稱爲東開原，其地理志及東國輿地勝覽則稱爲巨陽城，或開陽城，以巨與開，陽與原，鮮人聲讀相同也。　以上所述，當於下文次第證明之。

開原一名，當緣開元路治而來。　元史地理志載咸平府初隷開元路，後復割出爲

散府。　　咸平旣經割出，卽不隸開元路，則是終元之世，開元路治，必不設於咸平府，此可知也。　　據此言之，欲考元代之開元，必當於開元路轄境以內求之。　　元代開元路境，據元史地理志云：

> 開元路古肅愼之地。　　……東瀕海，南界高麗，西北與契丹接壤，卽金鼻祖之部落也。　　初號女眞，後避遼與宗諱，改曰女直。　　太祖烏骨打旣滅遼，卽上京設都。　　海陵遷都於燕，改爲會寧府。　　金末，其將蒲鮮萬奴據遼東。　　元初癸巳歲，出師伐之，生禽萬奴。　　師至開元恤品，東土悉平。開元之名，始見於此。　　乙未歲立開元南京二萬戶府，治黃龍府。　　至元四年。更遼東路總管府。　　二十三年改爲開元路，領咸平府。　　後割咸平爲散府，俱隸遼東宣慰司。

又元一統志云：（見滿洲源流考卷十三疆域門引）

> 開元路南鎮長白之山，北侵鯨州之海，三京故國，五國舊城，亦東北一都會也。

據此開元路之疆域，東瀕海，西北界契丹，南界高麗，凡長白山三京（上京會寧府，及東京，南京）五國城，皆在境內，其轄境至爲寥遠。　　元史地理志於開元路外，又有合蘭府水達達等路名稱，並以胡里改五軍民萬戶府系於此路之下。　　今案此合蘭府及五軍民萬戶府，亦開元路所轄。　　元代開元路南界高麗者，其初本以鐵嶺爲界。明實錄洪武二十年十二月條：

> 命戶部咨高麗王，以鐵嶺北東西之地，舊屬開元。　　其土著軍民，如女直韃靼高麗人等，遼東統之。　　鐵嶺之南，舊屬高麗人民，悉聽本國管屬。　　疆境改正，各安其守，不復有所侵越。

鐵嶺在今朝鮮咸鏡道之南端，元代本以此與高麗爲界。　　及元末，高麗以奇氏之亂，乘機攘奪鐵嶺迤北文高和定諸州，而以咸興府與元爲界。　　咸興府卽元之合蘭府也。是合蘭府原在開元路內，而元史又屢稱開元路胡里改萬戶府。　　元史文宗紀至順元年下載：

> 開元路胡里改萬戶府軍士饑，給糧賑之。　　正月
>
> 開元路胡里改萬戶府……軍士饑，各賑糧二月。　　五月

以此例之，則元志所謂胡里改五軍民萬戶府，亦當隸開元路。　又合蘭乃府名，水達達乃種族之稱，並不得以爲路名。　如元史世祖紀至元二十八年十月條云：

> 從遼陽行省言，以乃顏合丹相繼叛，詔給蒙古人內附者，及開元南京水達達等三萬人牛畜田器。

此所謂開元南京水達達等，當指舊開元城，及南京附近之水達達等而言。　同例，合蘭府水達達等，亦指合蘭府之水達達等而言。　修元史者，不諳此義，乃於此下誤增路字，又以胡里改等軍民萬戶府，係爲治理水達達而設，遂並系於其下。　據此可知元代之開元路，乃包括元史地理志之開元路合蘭府水達達等路而言。　其轄境之寥遠，可以概見。

案元代開元路轄境雖遠，但其西境仍不越遼河流域。　元史世祖紀中統三年六月條云：「割遼河以東隸開元路」；此可見遼河流域，原不屬開元路。　元史地理志謂開元南京二萬戶府，治黃龍府者，金之黃龍府舊爲隆州，即今吉林之農安縣。其地尚在遼河迤西。　蓋明人每以今瀋陽北之開原爲即開元路治，而又誤以開原爲黃龍府之所在，故有此誤。　籥內之說原本於此，不足深辨。

又案蒲鮮萬奴被禽之處據元史石抹也先傳爲遼東之南京。　繼是之後，師至開元恤品，東土悉平，此所謂東土者：南京在今吉林延吉之附近，恤品在綏芬河流域，皆在東土。　以此兩地定開元之所在，當亦相去不遠，絕不能遠治遼河迤西之黃龍府也。

開元路治之所在，據遼東志地理志古蹟條注云：

> 開元城在開原城西門外。　元志（此引元一統志之文，明一統志所引同）開元城西南曰寧遠縣，又西南曰南京，又南曰合蘭府，又南曰雙城，直抵高麗王都。　正西曰谷州。　西北曰上京，即金之會寧府。　……城背渤海，遼金所建。　元廢，城址猶存。　（原文會寧府下有京之南一段，所記各地，乃以上京爲中心者，與此無關。）

此「開元城在開原城西門外」一語，驟見之頗費解；故籥內以此爲遼東志中不待辯之誤。　此當於後文詳之，茲先述元志所記開元城之方位。　寧遠縣所在不詳。　南京合蘭府已見上。　雙城即今朝鮮之咸興府。　高麗王都即今朝鮮之開州。　谷州遼東

志又作古州，朝鮮記載作具州，其地當在今吉林甯古塔附近之東京城。　上京卽今阿什河畔之阿勒楚喀城。　據此諸地之方位言之，開元城當在吉林延吉之東北，朝鮮咸興府之北，吉林東京城之正西，阿勒楚喀城之東南。　如以今俄屬東海濱省之雙城子擬其地，其方位蓋無不合。　日人鳥居龍藏東北亞洲搜訪記對於此城，曾有較詳細之調查，茲節錄如次：

> 尼古里司克之位置，爲綏芬河沿岸之一漥地。　其地形實所罕見。　羣山峙於周圍，其間成一帶平野，綏芬河流於其間。　丘陵一方有口，綏芬河卽從此口流入海中。　……中國人自古稱此地曰雙城子。　……綏芬河邊，東西相對，有二土城遺蹟。　在東者曰南城，在西者曰西城，均以土壘圍之。　……此間土城，疑始於渤海時代。　至女眞時，殆復加修築。　……今觀尼古里司克土城，其規模之大，與其爲附近土城之中心，以及地形之雄偉，占交通之要衝，文化遺物，較諸其他土城，種類旣多，而技術亦進。　由此諸點思之，此關之土城，決非蕞爾可比。　……更據希鬱陶氏之言，謂綏芬河對岸丘陵之上，有利用天然地形築有山城式之遺跡。　此與前述之西城南城相合，非雙城而爲三城。　……希氏謂此土城之中，亦出有開元通寶，崇甯通寶等古錢，約有五種。　據氏研究之結果，此城之時代，去金不甚相遠，元朝亦似加以補葺而利用之。

據此，遼東志所謂「開元城在開原城西門外者」，並非難解之語。　其上一開元城，當爲今雙城子之西城，其下一開原城，當爲今之南城。　此於明代記載，亦有可徵。明史地理志云：

> 三萬衞（原注元開元路）洪武初廢，二十年十二月，置三萬衞於故城西，並置兀者野人乞例迷女直軍民府。　二十一年府罷，徙衞於開元城。

洪武時置衞於故城西，故城者必爲開元路治所在，以三萬衞元屬開元路也。　此與遼東志開元城在開原城西門外一語所指當爲一事。　三萬衞之徙置，據明實錄洪武二十一年三月辛丑條云：

> 徙置三萬衞於開原。　先是詔指揮僉事劉顯等，至鐵嶺立站，招撫鴨綠江以東遺民。　會指揮僉事侯史家奴領步騎二千，抵斡朶里立衞。　以粮餉難

繼，奏請退師。　還至開原，野人劉憐哈等，集衆屯溪塔子口，邀擊官軍。
顯等督軍奮殺百餘人，敗之，撫安其衆。　逐置衞于開元。

此三萬衞所在之斡朵里，據朝鮮記載，明初斡朵里部族，已居於訓春江流域，去舊開
原至近，而三萬衞部衆且有附籍玄城者，玄城卽舊開原城。　參互推之，此斡朵里之
三萬衞常在雙城子之西城。　其後退置於開元者，卽退置於南城，亦卽開元路治之開
元也。　遼東志卷二建置志：ㄴ三萬衞洪武二十三年，指揮劉顯創建。　是今開原之
三萬衞，其創建尙在此後二年。　蓋由斡朵里退師，其第一站必爲開元路治之開元，
決不能驟至今開原之地，且今開原，去斡朵里絕遠，亦不能撫安其衆也。　再以明初
之記載證之，陳鶴明紀卷六，洪武二十七年九月條云：

　寰宇通衢書成，凡天下道里之數，東距遼東都司，東北至三萬衞。

此三萬衞當指開元路治而言。　其時明廷尙未經營奴兒干城，故以此爲東北之絕徼。
如今之開原，乃在遼東都司正北，不得云東北。　又明實錄洪武二十八年春正月甲子
條云：

　勅今上（成祖）發北平二都指揮使司，幷遼東都指揮屬衞精銳，騎兵七千，
　步兵一萬，命都指揮使周興爲總兵官，同右軍都督僉事宋晟劉眞，往三萬衞
　等處，剿補野人，其屬衞指揮莊德景保安盧震等，悉令從征。

此時明廷出師至三萬衞等處剿捕野人，必非今開原之三萬衞，此又可知也。　又明實
錄永樂二年八月庚辰條云：

　遣使賚勅諭潭州漫散人民曰：ㄴ昔太祖皇帝設三萬衞，所以安養軍民，欲令
　老少各得其所。　建文時，差役困苦，爾等乃流寓潭州。　朕卽位以來，一
　切寬恤，天下軍民，皆以安生，惟爾等尙未復業。　特遣千戶高塔海帖木
　兒，賚勅往諭。　爾等卽同父母妻子，復回本處，仍舊居住。　毋久栖栖在
　外，徒自苦也。

潭州朝鮮記載或作探州。　遼東志卷九納丹府東北陸路第四站爲潭州，距舊開原中間
僅隔古州一站，而東國輿地勝覽謂綏芬河濱之公嶮鎭，南隣具州探州，是其地必去舊
開元不遠。　故由舊開原之三萬衞，卽流寓於此。　此時招諭復回本處居住者，據朝
鮮實錄太宗八年六月壬辰條，載高塔海帖木兒招到數內，有建州衞副千戶失加。　此

時之建州衞，正在東開原毛憐一帶，東開原卽舊開原，蓋就其方位言，正在今開原之
東，就其年代言·則爲元代之舊治也。　毛憐，女眞語馬也。　元代高麗之馬，皆由
此道輸入，故又有毛憐之稱，今吉林之東境，有穆稜縣，卽其異譯也。　據朝鮮實錄
世宗六年八月戊申條云：

> 司僕提調啓：乚前此咸吉道，良馬多產者，乃因開原路相通，與韃靼馬孳
> 息。　今與開原不通，已五十年矣，韃靼馬絕種。　且濟州雖產馬之地，體
> 大性馴者不產，將來可慮。　願令慶源鏡城居人，於童猛哥帖木兒等處，以
> 其所求之物，交易體大雌雄種馬，孳息便宜冂。

此咸吉道卽今咸鏡北道地。　其與開原相通者，必指舊開原而言。　開元之道雖絕今
仍欲求之於斡朶里猛哥帖木兒者，此時之斡朶里部族，雖已由訓春江乘虛入居會寧，
但仍與舊開原相近。　朝鮮實錄太宗十一年正月辛巳條云：

> 趙英茂李天祐上言曰：乚今猛哥帖木兒雖令招撫，今將移徙於開元路。　恐
> 與種類以間道直向吉州，則鏡城如囊中之物。　又牧馬南下，則端直之地騷
> 然矣冂。

此開元路由間道可直向吉州以及端靑，朝鮮之吉州端州靑州，皆在會寧之東南濱海之
地，故此所指之開元路，亦當在會寧之東，卽開元路治之所在。　據此數端言之，明
初三萬衞退置於開元者，必爲舊開原矣。　其今開原之三萬衞，當視爲經營三萬衞之
初站，猶之奴兒干都司旣設之後，仍於松花江船廠之地，設兵駐守也。

朝鮮記載又稱開原爲開陽，或巨陽。　據朝鮮實錄世宗五年所載：

> 開陽恆居女眞楊木荅兀，因自中國之亂，未得安住，牽婦人小兒共三百餘
> 名，欲居于古慶源。　四月
> 楊木荅兀亦率管下五百餘戶來屯豆滿江外，此人擄掠中國開陽城而來矣。
> 六月
> 遼東開陽衞女直千戶楊木荅兀，連家小軍丁男婦共五百餘名，亦於本年六月
> 十九日前來，與猛哥帖木兒一處住坐。　七月

此稱中國開陽城·遼東開陽衞，皆指今之開原而言。　楊木荅兀與猛哥擄掠開原人
民，畏中國討伐，故遠竄於其舊居處古慶源之地。　其稱開原爲開陽者，蓋陽與原，

俱影母字，鮮人發音相同也。　又朝鮮實錄太宗十四年二月庚戌條云：

> 永吉道都安撫使李從茂報：『自鏡城二十五日程羅毛羅住兀良哈指揮阿老管
> 下千戶毛下也進言曰：乚女直都事也羅介率中原數多軍人，於前年正月，云
> 屯隱出來。　自正月至四月，造大船及汲水小船，各二百三十艘。　載軍人
> 泛自松渴江歷愁下江向愁濱江，將築巨陽城，慶源薰春城，實之以吾都里兀
> 良哈』。　上曰：乚此人等每以如此事來告。　上國之兵雖來　豈以船過鐵
> 嶺乎？　此必虛語也。　抑或中原邊將，造船於此地耳冂。

此愁濱江卽綏芬河，薰春卽琿春，朝鮮記載又作訓春。　巨陽城在愁濱江畔，又見東
國輿地勝覽卷五十，會寧都護府山川條愁濱江下注：

> 源出白頭山，北流爲蘇下江，一作速平江，歷公嶮鎭，至巨陽，東流一百二
> 十里，至阿敏，入于海。

此巨陽城在綏芬河畔，當卽舊開原城。　舊開原訓春皆建州人之舊居，故實錄有實之
以吾都里兀良哈之言。　又東國輿地勝覽卷五十慶源都護府古蹟條巨陽城下注：

> 巨一作開。　縣城（自鎭北堡渡會叱家川。大野中有土城。名曰縣城。　城
> 內有六井。　按龍飛御天歌矣闢城東距訓春江七里。西距豆滿江五里。疑卽
> 此）。　北九十里，山上有古石城，名曰於羅孫站。　其北三十里，有虛乙
> 孫站。　其北六十里，有留善站。　其東北七十里，有古城基，卽巨陽
> 城。

此巨陽亦指舊開原言。　巨一作開者，巨開皆溪紐字，故鮮人聲讀同也。　據此所載
道里，此巨陽城亦當爲俄屬東海濱省之雙城子也。

五　建州部族之遷徙

明初建州阿哈出猛哥帖木兒兩部族，尚居於朝鮮東北近境圖們江外諸地，說已見
上。　及建州衞旣設之後，阿哈出部族旋卽遷居於遼東開原近境之鳳州。　此事雖不
見於明及朝鮮兩方之記載，然就其前後記事推之，亦不難得一梗概。

鳳州之所在，據遼史地理志上京道云：

> 鳳州，棄離（高麗）國故地，渤海之安寧郡境，南王府五帳分地，在韓州北

二百里，西北至上京九百里。

案遼東志卷九開原北陸路第四站爲韓州，卽今遼寧之八面城。　又遼之上京爲臨潢府，卽今西拉木倫河之巴林，其地適在八面城之西。　鳳州如在韓州北二百里，則上京乃在鳳州之西南，與此所記西北至上京，道里方位皆不合。　疑遼史在韓州北二百里之北，當爲東之誤字。　遼東志開原控帶外夷山川圖建州房州（又作坊州）兩地，皆在韓州之東。　房坊與鳳聲近，譯寫偶異，可據以訂遼史之誤。　又據朝鮮實錄載：

> 建州衞指揮玉古只千戶童觀音老等男婦共二十六名，持牛馬於江界滿浦口子江北皇城平來屯，言曰：「原居回波江方州等處，爲因韃靼兀狄哈侵耗，前年受聖旨，搬來婆猪江等處，爲飢餓覓糧而來」。　——世宗六年七月乙亥條

> 上又問曰：「婆猪江人等前在何處」？　眞曰：『前在忽剌溫地面方州，太宗皇帝北征時，時家老猛哥不花等到時波豆站奏曰：「我等之居，境連達達地面，數來侵伐，願移於婆猪江」，皇帝許之』。　——世宗十五年八月壬戌條

> 向者逃來人言：「滿住已移居鳳州，距忽剌溫地面二三日程」。　滿住果移居鳳州則姑勿窮討，只討婆猪江等處散接賊黨。　——世宗十九年七月丙午條

> 勅凡察曰：「……今爾等又奏要搬回鳳州放猪地面居住」。　——世宗二十一年九月辛亥條

此方州與遼東志之房州坊州並爲鳳州之異譯。　放猪亦鳳州之音轉。　時家奴乃阿哈出之子，明廷賜名李顯忠。　滿住爲顯忠之子，猛哥不花爲顯忠之弟。　自阿哈出徒居鳳州之後，至其孫李滿住又遷於婆猪江卽今遼寧之佟家江也。　回波江卽輝發江。忽剌溫（清人謂之扈倫）以忽剌溫江得名，明人謂嫩江爲忽剌溫江。　凡黑龍江等處女眞，沿嫩江海西江南下，明人總稱之曰忽剌溫，或曰海西女眞。　此云忽剌溫地面方州，又云鳳州距忽剌溫地面二三日程者，蓋忽剌溫地面。隨部族遷移，原無確定地址。　當永樂末年韃靼阿魯台勢盛之時，聯合海西女眞南侵，則此時之輝發江卽爲忽剌溫境（如清初扈倫四部之輝發卽以居輝發江得名）。　及正統之初，承阿魯台敗亡

之後，海西女眞又退居吉林以北，於是忽剌溫之地又距輝發江二三日程。　故此鳳州與方州絕非兩地也。　又據遼東志載：

> 建州東瀕松花江，風土稍類開原。　有河曰穩禿。　深山多松木。　國朝征奴兒干，於此造船，流至海西，裝載賞賚，浮江而下，直抵其地，有敕令兀者衞都指揮瑣勝哥督守。　——卷九外志

> 穩禿河（開原）城東北五百里，源出房州北山，北流入松花江。　——卷一地理志開原山川條

> （由開原）東到坊州三百里。　——開原地理圖注

> 開原東陸路至朝鮮後門，第一站卽坊州城。　——卷九外志

> 建州虜營，昔居房州，去邊月餘程。　永樂間虜酋李滿住，欵塞，求近邊種牧，乃卽蘇子河與之。　——卷七藝文志經略門

穩禿河吉林通志作溫特亨河，源出輝發江之北，北流至吉林省會而入松花江。　遼東志謂穩禿河源出房州，是房州必在輝發江之北岸，與朝鮮實錄稱回波江方州地位適合。　又坊州爲由開原東陸路至朝鮮後門第一站，與開原相距僅三百里。　其第三站納丹府城，卽那丹佛勒城，在輝發河之南岸。　是此坊州亦當於輝發河畔求之。　日人稻葉岩吉以輝發河北岸之胖色城擬其地，或近是。　至遼東志謂房州去邊月餘程者，語蓋出韓斌傳，所謂邊者。似指撫順迤東之邊牆而言。　當成化時韓斌爲副總兵，以建州屢次寇邊，其時建州乃在蘇子河畔，故經營撫順以東邊牆營堡以防禦之。其地去房州已遠，故有此語。　若自開原言，則不過四五日程也。

阿哈出遷居鳳州，據朝鮮實錄載：

> 今月十七日，小甫里口子對望越邊兀良哈沈指揮，率軍人十二名，將牛馬幷十三頭來說：「吾等在前於建州衞奉州古城內居住，二十餘年」。　——世宗六年四月辛未條

> 平安道都節制使李蕆上言：「……臣更招童豆里不花反覆詰問之，其言曰：「……予則李滿住之切隣也……予本生鳳州，移於建州（案此指婆猪江言）居十二年而投化」。　——世宗十九年六月戊子條

據此童豆里不花本生鳳州，由朝鮮世宗十九年，除投化之年不算，上溯十二年爲世宗

六年，適爲李滿住遷徙之年，則此奉州鳳州當卽一地。　奉鳳同音字，故得相通。
又朝鮮世宗六年，卽永樂二十二年，由永樂二十二年上溯二十餘年，當爲永樂三年以
前。　建州設衞在永樂元年十一月，至次年十二月及三年正月，明廷使臣奉帝勅諭及
馬，賜阿哈出者，仍由朝鮮東北面前往。　則是阿哈出之西遷，或卽受賜以後之事。
其遷徙之故，亦可約略推得。　蓋明廷設建州衞招撫諸種野人，深爲朝鮮所疑忌。
如猛哥之入明，其間實經過多少周折。　其繼猛哥之後來朝者，朝鮮則直使兵馬阻
當，或擄掠其妻子。　觀朝鮮實錄所載：

> 使臣云：乚吾都里兀良哈兼進兀狄哈等頭頭人皆順命，唯仇老甫也等不順。
> 以招諭以歸事，奉聖旨而來，仇老甫也等云：乚雖順命，妻子百姓等，必
> 爲朝鮮所虜，慶源兵馬使，阻當，則不得率行¬。　——太宗五年九月壬戌
> 條

不但如此。　朝鮮慶源且因此斷絕其互市。　朝鮮實錄載：

> 初野人至慶源塞下，市鹽鐵牛馬，及大明立建州衞，以於虛出爲指揮，招諭
> 野人，慶源絕不爲市。　野人憤怨，建州人又激之，乃入慶源界抄掠。
> ——太宗六年二月己卯條

此時野人對於朝鮮聲威，猶有所畏。　阿哈出以首先服屬之人，負招撫諸種野人之
責，對於朝鮮。疑畏尤甚。　加以其生活所資之鹽鐵牛馬，一旦斷絕，勢亦不得不遠
徙遼東近境之鳳州，仰賴明廷以居也。

　自阿哈出部族遷居鳳州以後，建州女眞之居於圖們江外者，益爲單弱。　而斡朶
里部族又素與兀狄哈互相仇殺。　至是遂不得不移居於朝鮮圖們江內會寧之地。　據
東國輿地勝覽所載猛哥帖木兒入居會寧，實爲朝鮮太宗朝事。　朝鮮實錄載猛哥之移
居，皆後來追述之辭，與此可以相互證明。　茲彙錄如次：

> 猛哥帖木兒等云：乚我等順事朝鮮二十餘年矣¬——太宗五年四月乙丑條
> 猛哥帖木兒回稱：乚當初我與兀狄哈相鬥，挈家流移，到來本國，今若赴京，
> 慮其兀狄哈等乘間擄掠家小，以快其讎，又濱大海，倭寇來往，以此憂移未
> 決¬。　聽此，狀啓申達。　得此，照得猛哥帖木兒等，始緣兀狄哈侵擾，
> 避地到來本國東北鏡城地面，居住當差，後因防倭有功，就委鏡城等處萬戶

職事經今有年。　——太宗五年五月庚戌

猛哥帖木兒曾受國家印信，安住我境阿木河之地，二十餘年。　——世宗五
年四月丁亥條

猛哥帖木兒移慶源府關曰：ㄴ……且子無職，少時蒙太祖招安，支給農牛農
器糧料衣服‧許於阿木河居住。　——世宗五年六月癸酉條

童猛哥帖木兒與伊父童揮護伊弟凡察等，仍居本國公嶮鎮迤南鏡城阿木河地
面。　臣祖先臣康獻王某時，前項猛哥帖木兒被亐狄哈侵奪家財等物，其部
屬人民逃散，不能自存。　臣祖憐憫，授本人鏡城等處萬戶職事，造給公
廨，以至面前牢子等，使喚人口，鞍馬衣服，並給撫綏。　臣父時陞授上將
軍三品職事‧附籍當差。　其後蒙授朝廷職事，仍與本國軍民相參住坐。
——世宗二十年三月甲寅條

據此，猛哥帖木兒順事朝鮮，與許於阿木河居住，原係兩事。　當分別論之。　猛哥
順事朝鮮之年，由朝鮮太宗五年，即永樂三年，上溯二十餘年，爲洪武十八年以前。
按朝鮮（太祖）實錄辛禑九年（洪武十六年）載：『太祖因獻安邊之策曰：ㄴ北界女
眞達達遼瀋之境相連，實爲國家要害之地。　雖於無事之時，必當儲糧養兵，以備不
虞。　今其居民，每與彼俗互市，日相親狎，至結婚姻。　而其族屬在彼，誘引而
去，又爲鄉導，入寇不已。　脣亡齒寒，非止東北一面之憂也ㄱ』。　此當是高麗經
營女眞之始。　猛哥之順事，或即此時之事。　高麗史恭讓王世家載，三年（洪武二
十四年）七月招諭東女眞諸部落，八月兀良哈來朝，九月遣使宣慰斡都里兀良哈，翌
年二月兀良哈斡都里來朝爭館舍，王聞爭，故使謂之曰：ㄴ凡來向化者，先服爲長ㄱ，
兀良哈遂推斡都里爲長，又牓諭諸部落曰：ㄴ洪武二十四年七月，差李必等賣牓文前
去女眞地面豆萬等處，招諭當年斡朶里兀良哈萬戶千戶頭目等，即使歸附，已行賞賜
名分，俱各復業ㄱ。　曰ㄴ先服ㄱ，曰ㄴ當年ㄱ，曰ㄴ復業ㄱ，均可證明猛哥之順事
朝鮮，必在此時以前。　其時猛哥所居，乃在女眞地面豆萬等處。　豆萬即土門，其
地乃在圖們江北六十里，即訓春江流域之地。　龍飛御天歌第五十三章注又云：ㄴ自
孔州至於甲山，設邑置鎮……延袤千里，皆入版籍，以豆滿江爲界。　江外殊俗，至
於具州聞聲慕義，或親來朝……後上幸東北面，謁山陵，江外野人，爭先來見ㄱ。

可證此時女真野人仍居圖們江外。　　其圖們江內延袤千里皆入版籍，雖野人亦附籍當差矣。　　又此具州卽古州，其地北接斡朶里，言具州則亦兼及斡朶里矣。　　此時斡朶里部族，或仍在古州之北，或已遷居於東開原及訓春江一帶，雖不可考，但其所居在圖們江外，則無可疑也。　　據上引諸條，大都皆認猛哥入居會寧之年，爲太祖時事。但據世宗五年四月丁亥條，由此上溯二十餘年，當爲朝鮮太宗之四年以前，又據太宗五年五月庚戌條，謂猛哥到來鏡城地面，卽會寧，居住當差，已經今有年，而同年九月乙未條，又載太宗謂猛哥帖木兒服我未久，曰「有年」，曰「未久」，解爲太宗五年上溯至元年數年間事，似無不可。　　東國輿地勝覽謂猛哥入居會寧，爲太宗朝事，當必有所本也。

　　猛哥入居會寧之後，至太宗十一年，以與朝鮮搆釁，又繼阿哈出之後而遷往鳳州。　　朝鮮實錄載：

　　東北面監司上言：「野人來言，猛哥帖木兒將徙于深處，恐其乘時侵掠，益兵以禦如何」？　……趙英茂李天祐進言曰：「今猛哥帖木兒雖令招撫，今將移徙於開元路，恐與種類以間道直向吉州，則鏡城如囊中之物，又牧馬南下，則端靑騷然矣」。　——太宗十一年正月辛巳條

　　東北面吾音會重猛哥帖木兒徙於開元路。　吾音會兀良哈地名也。　猛哥帖木兒嘗侵慶源，畏其見伐，徙于鳳州。　鳳州卽開元，金於虛出所居。
　　——太宗十一年四月丙辰條

鳳州在今開原迤東三百里，元代亦屬開元路。　猛哥初時或欲徙居深處之舊開原，故鮮人恐其直向吉州，或南下騷及端靑也。　若移居遼東近境之鳳州，旣不得云深處，卽鮮人亦無此懼矣。　又案猛哥此次遷於鳳州，其同族之留居故地者，稱猛哥所居之鳳州則曰「中國」，曰「中原」，朝鮮實錄載：

　　東北面都巡問使申報，猛哥帖木兒之弟沙介來云：……又云：「猛哥往中國，則吾當來附。　——太宗十一年二月丙申條

　　給吾都里指揮李好心波糧米。　東北都巡問使報，李好心波等十七人告狀，他人等皆入中原，予等十家獨留，生理甚難故也。　——太宗十三年十二月丙寅條

曰匚中國冂，曰匚中原冂，知與遼東甚近。　其非深處之舊開原，尤爲明白無疑也。

六　毛憐及其他附於建州之部族

明初毛憐衞之居地，在朝鮮古慶源斡木河之間，與猛哥帖木兒壤地相接。　朝鮮實錄世宗十三年八月己亥條云：

> 上謂安崇善曰：匚毛憐衞在何處冂？　對曰：匚臣未知之冂。　上曰：匚其問於投化人以啓冂。　卽召崔於夫介崔毛多好等問之。　答云：匚毛憐衞在古慶源斡木河之間。　前此波乙所爲其衞主。　波乙所子阿里，阿里子都乙好襲職爲指揮。　其地離新慶源三日程也。　（上）……又謂左右曰：匚毛憐衞在何處冂？　許稠對曰：匚臣不知的在何處，然近於斡木河冂。

此波乙所明實錄作把兒遜。　其居地旣與猛哥帖木兒所居斡木河相近，而把兒遜見殺於朝鮮之次年，明廷卽以阿哈出之次子猛哥不花；繼把兒遜之後爲毛憐衞指揮使。明實錄永樂九年九月辛酉條云：

> 命建州衞指揮僉事猛哥不花等十八人，爲毛憐等衞指揮使千百戶等官，賜之鈔幣，蓋從建州衞都指揮李顯忠所舉也。

據此，可見建州毛憐關係之切。　此毛憐衞部族，至次年並有遷至鳳州與李顯忠同居者。　明實錄永樂十年十一月己酉條云：

> 遼東都指揮同知巫凱等奏：匚建州都指揮李顯忠，指揮孛速，趙百都，劉卜顏等，悉挈家就建州衞居住，歲乏食冂，上命發倉粟賑之。

此時李顯忠所居在鳳州，建州衞卽指鳳州言。　劉卜顏朝鮮實錄又作劉甫乙看原爲兀良哈之酋首。　朝鮮實錄世宗九年二月戊子條云：

> 禮曹啓，兀良哈指揮劉甫乙看言曰：匚斡朶里酋首權豆也，兀狄哈酋首古乙同哈也，予則兀良哈酋首；伏望賞賜依權豆例冂。

此兀良哈酋首朝於朝鮮而與斡朶里兀狄哈相擬，當是毛憐衞之兀良哈。　朝鮮實錄世宗十八年十一月丁巳條云：

> 斡朶里童者音波言：匚凡察及兀良哈卜兒看都兒溫等，與忽刺溫結好。

凡察此時仍居朝鮮會寧之斡朶里，與舊毛憐衛地相接。　此卜兒看卽劉甫乙看，都兒溫卽毛憐衛酋長把兒遜之孫。阿里之子，都乙好。　卜兒看與都兒溫並稱兀良哈，其為毛憐衛之兀良哈，實可無疑。　據此，毛憐衛部族在永樂時，曾一度歸附於建州。明實錄永樂十四年正月癸丑條云：

> 建州衛都指揮僉事李顯忠及毛憐衛指揮使猛哥不花，率其部屬郎卜兒罕扎不哈等，來朝，命郎卜兒罕扎不花等，為指揮千戶等官。

此郎卜兒罕亦卽劉甫乙看，其時毛憐衛正歸附建州之時，故猛哥不花得率以朝見。明實錄正統二年十一月戊戌條又云：

> 建州左衛都督猛哥帖木兒子童倉奏：ㄴ臣父為七姓野人所殺。　臣與叔都督凡察，及百戶高早化等，五百餘家，潛住朝鮮地。　欲與俱出遼東居住；恐被朝鮮國拘留。　乞賜矜憫ㄱ。　上勅朝鮮國王李祹，俾將凡察等家送至毛憐衛，復勅毛憐衛都指揮同知郎卜兒罕，令人護送出境，毋致侵害。

此時郎卜兒罕必已還居於舊毛憐衛地。　其後為朝鮮都萬戶（朝鮮實錄又作浪卜兒罕）父子均為朝鮮所戮。　此時童倉凡察等，新遭七姓野人之禍，不能自存。　所云潛住朝鮮地者，當仍在斡木河之近地，故明廷欲毛憐衛為之護送出境也。　明實錄正統三年六月戊辰條又云：

> 建州衛掌衛事都指揮李滿住……又奏：ㄴ故叔猛哥不花任都督同知，曾掌毛憐衛事，其衛印被指揮阿里占藏不與。　今猛哥不花男撒滿答失里襲職，仍掌衛事，乞給與印信，以便朝貢奏事。　阿里印信，不許行用ㄱ。　事下行在禮部兵部議，……阿里見住毛憐衛，部下人衆，宜與印信。　撒滿答失里住建州衛，與毛憐衛隔遠，又無部下，難與印信；其朝貢奏事，宜令李滿住給與印信文書為便。　從之。

此時之建州衛已住於婆猪江故與毛憐衛隔遠。撒滿答失里居此，又無部下，則是其父時所率之郎卜兒罕，必已遠離建州而復還其舊居之毛憐矣。　參互推之，關於建州與毛憐之關係，亦不難明其梗概矣。

喜樂溫河衛（或喜剌烏衛）亦在朝鮮近境圖們江外，與建州毛憐相去甚近。　高麗史恭讓王世家四年二月條云：

洪武二十四年七月，差李必等齎勝文前去女真地面豆萬等處，招諭當年斡都
里兀良哈萬戶千戶頭目等，卽使歸附。　已行賞賜名分，俱各復業。　所
有速頻失的覓蒙骨改賜寶憐八憐安頓押蘭喜剌兀兀里因古里罕魯別兀的改地
面，原係本國公嶮鎮境內。　旣已曾經招諭，至今未見歸附，於理不順。
為此再差李必等，齎勝文前去招諭。

據此，速頻諸地，皆在朝鮮近境公嶮鎮迤南。　此公嶮鎮當指在綏芬江濱之公嶮鎮
言。　明廷所設喜樂溫河衛（或喜剌烏衛）卽此喜剌兀也。　其地當在朝鮮近境之海
邊。　朝鮮實錄太宗十年四月壬寅條：

本年三月二十二日，有大明公差小旗張五十六羅仁保等五人，連名狀稱：
└去戊子年三月十四日，皇帝遣總旗楊失里吉，及我等六人，齎勅諭招安朝
鮮近境海邊兀里因接骨看兀狄哈彼劉明可河，毛憐接于末應巨等。　十一月
到希拉溫衛，逢見兀狄哈指揮豆稱介。

此希拉溫衛指揮豆稱介，卽明實錄喜樂溫河衛指揮土成哈也。　明實錄永樂五年正月
戊辰條：

女直野人頭目土成哈等來朝，置喜樂溫河木賜河哈蘭城可令河兀的阿古河撒
只剌河依木河亦文山木蘭河阿資河甫里河十二衛，得的奧石二千戶所。　命
土成哈等二百五十二人，為各衛所指揮千百戶等官。

據此，知喜樂溫河衛指揮當卽土成哈。　土成哈為兀狄哈，與建州毛憐之為兀良哈
者，族類雖異，但以居址相接之故，其後亦有歸附於建州者。　明實錄永樂十五年十
二月戊申條：

建州指揮李顯忠奏：└顏春地面月兒速哥，願率家屬歸附，居建州┐；從
之。

此顏春卽前引高麗史之安頓，朝鮮實錄又作眼春，原為土城哈之居地。　朝鮮實錄太
祖四年十二月癸卯條，載歸順朝鮮之女真有，└闊兒看兀狄哈則眼春括兒牙禿成改┐
語，此禿成改卽前引之土稱介明實錄之土成哈。　闊兒看兀狄哈朝鮮實錄又作骨看兀
狄哈，卽水兀狄哈也。　據此，此歸順建州之月兒速哥，當卽喜樂溫河衛部人。
成化三年之役。明廷討伐建州，李滿住等父子駢首受戮，明廷於其地獲喜樂溫河衛

印。　參互推之，此喜樂溫河衞之兀狄哈部族，亦不能與建州無關也。

　　托溫酋長，永樂初以屬兀者衞（說詳上）。　則亦爲兀狄哈部族。　朝鮮穩城之
多溫平以女眞乘虛入居得名，當卽此部族曾居之地。　穩城與斡朶里所居之會寧相
近。　永樂九年四月斡朶里部族遷於鳳州，至次年，此部族亦隨之前往。　明實錄永
樂十年六月辛酉條云：

> 遼東建州衞指揮僉事李顯忠奏：「塔溫新附人民缺食，乞賑貸之」。　上謂
> 戶部曰：「薄海內外，皆吾赤子。　遠人歸化，尤宜存恤。　其卽遣人發粟
> 賑之，毋令失所」。

據此，知兀狄哈部族之歸附建州者，喜樂溫河衞之外。托溫部族，亦其一也。

　　此外建州衞地址之可考者，據明實錄載：

> 木楞古野人頭目佟鎭魯阿等四十八人來朝，命爲建州衞指揮千百戶等官，賜以
> 冠帶及鈔幣有差。——　永樂四年十一月乙丑條
> 忽的河法胡河卓兒河海剌河等處女直野人頭目哈剌等來朝，遂幷其地入建州
> 衞。　指揮千百戶，賜冠帶襲衣及鈔幣有差。——　永樂六年三月辛酉條
> 鎭眞河等處女直野人兀令哥等來朝，　命兀令哥爲建州衞副千戶木郎哈爲百
> 戶。——　永樂十八年正月乙巳條
> 毛憐衞都督撒滿答失里及建州衞指揮李滿住等遣使奏：「忽剌溫境內野人那
> 列禿等，率衆至那顏寨，刼掠人畜財物」。　——宣德十年二月戊申條

考以上諸地，木楞古遼東志作木郎古，卽朝鮮之鏡城。　朝鮮實錄太宗七年正月辛巳
條云：「建州衞女眞萬戶佟鎭魯阿告，搬取本國金線地面住坐家小六十四口，給發建
州衞完住事」；金線卽鏡城，與此互見。　其次，忽的河諸河，當在綏芬河與海蘭河
之間求之。　忽的河疑卽嘔哈里支流和集河，法胡河疑卽布爾哈圖河，卓兒河疑卽其
支流達兒花川，海剌河則海蘭河也。　再次，鎭眞河疑卽琿春河。　再次，那顏寨朝
鮮記載或作乃顏羅延訥查，清實錄謂之訥殷部。　其地向來卽屬建州。　案明實錄永
樂十五年正月己亥條：

> 設建州衞僧綱司，命本土僧搭馬兒班爲都綱。

此建州僧綱司之設，與朝鮮實錄有可相互印證者。　朝鮮實錄太宗十七年載：

都巡問使姜淮仲啟本揭曰：「月初六日，百姓麼生進告云，以田獵事到甘音洞，見東寧衞百戶金用貴小旗到案等六名于路中。　用貴等曰，內官張童兒陳指揮奉聖旨，牽軍馬一千名，以白頭山寺丹靑事，去正月十九日，遼東離發彼土，所何江邊來到，造木寨，營倉庫十二間，輸入軍餉。　先送軍馬五百于山間，其餘軍馬，則留待雪消四月望時入來。　因此過夏，驅及農牛草地放牧事。　言之，授我木牌而還。　今將木牌上送。　四月

通事崔雲回自北京，啟曰：「臣等到北京……會同館裏見千戶金聲告予曰，白頭山下陳景張內史修造寺社，捉貂皮土豹松骨鷹，進去說了」。　七月

童不花等自中言說，自遼東至南羅耳道路極險。　粮料擔持軍一萬八千名，往返甚艱。　乃使軍人二百伐木開路，然後出來。　羅延農事只要牛餇。

來年二月間，寺社畢造，乃還。……　造寺後，以遠方僧人，及近處有善心僧人看直。　八月

朝鮮太宗十七年，卽永樂十五年。　據此，明初於白頭山，所何江，南羅耳羅延諸地造作寺社，以處其地遠近僧人者，與設僧綱司，實爲一事。　是此諸地，明初卽以屬建州衞，又可知也。　又淸太祖武皇帝實錄辛卯年下載：

滿洲長白山所屬朱舍里內陰二衞，同引夜黑兵，將滿洲東界葉臣所居洞寨刦去。　太祖正坐樓上，諸將聞而告之。　太祖曰：「任伊刦去，豈有水能透山，火能踰河之理？　朱舍里內陰是我同國，乃敢遠附異國之夜黑，刦掠我寨！　蓋水必下流，朱舍里內陰二部，終爲我有矣」。

此滿洲原卽指建州言。　同國者，淸太祖曾稱建州國汗，亦謂建州也。　內陰乾隆時譯爲訥殷。　是其地至淸太祖時，仍屬建州之證。

綜而言之，建州毛憐部族，實以兀良哈爲主體，而雜有少數之兀狄哈在內。　故乾鮮實錄太宗十年三月乙亥條云：「兀狄哈兀良哈吾都里女眞，男女相婚，並是族類」。　此爲朝鮮討伐毛憐衞把兒遜時計議之辭。　參以本文所述，知是實錄。　至建州毛憐之疆域，本文所述，皆其未遷婆猪江流域以前之事。　實東自濱海圖們綏芬兩河流域，迤西至於輝發江之鳳州，中間長白山訥殷諸地，及布爾哈圖海蘭諸河，皆在境內。　此皆元代開元路境。　卽遼東志外志所載，開原東陸路至朝鮮後門，及納

丹府東北陸路所經之地。　　此在元代視與遼東內地無異。　　明承其後，並於其地造作寺社，而其衛外部族之來歸，及地址之併合，皆須請命於明廷，其非唐之羈縻州郡可比，又可知也。

七　建州部族及其初居地之臆測

明代記載每區分女真為三種：其居海西者曰海西女真，居建州毛憐諸處者，曰建州女真，極東最遠者，曰野人女真。　　曰海西，曰建州，皆就其居處言，曰野人，則就其文化言。　　凡此皆明代中葉以後，就政治上之便利，漫為區分之辭。　　既非女真自有之名稱，明初亦無此等分別也。

朝鮮實錄稱建州阿哈出部族及毛憐衛部族，並曰兀良哈；而稱建州猛哥帖木兒部族，則曰斡朵里。　　斡朵里之得名，據朝鮮實錄世宗二十二年八月丁丑條云：

> 吾都里亦是女真之種，只以居吾都里城，故因以為號耳。

此吾都里即斡朵里之轉音。　　此部族既以居住於斡朵里城得名，故朝鮮實錄有時亦稱之曰斡朵里兀良哈。　　如世宗十五年三月庚申條云：

> 斡木河住指揮凡察家人言，斡朵里兀良哈等云。

此云斡朵里兀良哈者，所以別於其他兀良哈。　　猶之建州毛憐部族，其後居於婆猪江者，朝鮮實錄亦稱曰婆猪江兀良哈也。　　孟心史先生明清通紀於此條下著案語云：

> 據此一段文，朝鮮稱建州女真皆為兀良哈，惟分建州毛憐等衛為婆猪江兀良哈，建州左衛為斡朵里兀良哈。　　他處往往建州毛憐等為兀良哈，而建州左衛則俱稱斡朵里；此乃文字之省略，取足達意而止耳。　　當以本段文為正。

案斡朵里兀良哈之稱，朝鮮實錄中雖不數見；但此部族與建州毛憐等居止相近，族姻相連，視為兀良哈之別支，當無大誤。　　又案斡朵里部族遷居婆猪江後，其留居於朝鮮近境者。清初統謂之東海瓦兒喀部。　　瓦兒喀又兀良哈之轉音也。

建州毛憐以外之女真，朝鮮實錄皆以兀狄哈稱之，或分別言之，曰骨看兀狄哈，嫌進兀狄哈，忽剌溫兀狄哈。　　女真語凡林木叢茂處謂之兀狄，哈，人也，即林中人之意。　　兀狄即漢魏之沃沮，六朝之勿吉，唐之黑水靺鞨，元之烏者吾者，明之兀者，清之渥集烏稽窩集，皆一語之異譯。　　由是言之，此部族之居東北　其所從來遠矣。

兀良哈明代以稱大寧迤北之三衞。　其部族似爲契丹之遺，或雜有一部分之女眞而以蒙古人爲其首長。　契丹蒙古與女眞，在種族上有何等區分，雖爲未決之問題；但在生活上，則截然有別。　卽前者爲游牧民族，而後者則爲打牲城郭，而兼有農業之民族也。　據華夷譯語兀良哈亦爲林中人之意，淸人謂之烏梁海。　王本東華錄載康熙三十九年聖祖諭云：「尼布楚等處，原係布拉特烏梁海諸部落之地，彼皆林居，以捕貂爲業，稱爲樹中人」。　據此，兀良哈與兀狄哈，在生活上並無若何區別，特以其居地，與蒙古相近，如明代所謂兀良哈三衞，乃在遼河迤西今熱河遼寧一帶，而外蒙古之西北，有唐努烏梁海者，當以居於唐努山得名，卽康熙時之尼布楚仍爲烏梁海部族居地；凡此皆在蒙古境內，或其接壤之地。　疑兀良當爲蒙古語，此部族以與蒙古接近，故蒙古人稱之曰兀良哈也。

據此言之，兀良哈部族之居地，當在遼東之西北，元代建州部族之居於呼爾哈河流域者，似仍非其原住地。　檢遼東志開原控帶外夷山川圖西金山之北有兀良河，東金山之北有阿木河站，其東又有斡莫河。　同書地理志開原山川條：

> 兀良河，城西北三千三百餘里，源出沙漠，南流河州，與洮兒河腦溫河合，流入混同江。

> 斡莫河，城東北九百餘里，源出黃龍府北山，北流入松花江。

此兀良河疑卽洮兒河上源之歸流河，斡莫河疑卽一迷河之異譯，或指其下流入松花江處言。　阿木河站爲遼東志卷九海西東水陸城站之第二站，與金人故居倚京城，中間僅隔海胡站一站。　倚京卽上京今阿勒楚喀城。　由此而西，爲今之雙城，再西南越松花江，卽伊通河一迷河入松花江處，疑卽阿木河站之所在。　凡此皆明代兀良哈三衞地。　淸太祖武皇帝實錄稱其祖先發祥之地在長白山東南鰲莫惠（原注地名）鰲朶里（原注城名），此當指朝鮮之會寧言。　東國輿地勝覽卷五十，會寧建置沿革條云：

> （會寧）本高句麗舊地，俗稱吾音會，胡言阿木河，本朝太宗朝斡朶里童猛哥帖木兒乘虛入居之。

此吾音會阿木河與鰲莫惠並一音之轉。　朝鮮稱其爲「俗稱」，爲「胡言」，知爲斡朶里部族徙來後之名稱。　長白山縣互千里，會寧正在其東南。　觀斡朶里部族屢次

遷徙，均以斡朶里名其新遷之地，則此阿木河吾音會之稱，疑亦由他處徙來。　更以兀良哈部族分布之地論之，疑兀良哈三衛地之斡莫河及阿木河站，卽斡朶里部族之初住地，亦未可知。　蓋當遼及元代盛時，此部族或爲契丹蒙古所驅迫，而漸次東徙於呼爾哈河流域，其故地遂爲契丹蒙古所據，明初因於其地置兀良哈三衛也。

　　　　　　　　　　　　　　　　廿四，九，二四，在北平。

出自第六本第二分（一九三六年七月）

八旗制度考實

孟　森

清一代自認爲滿洲國，而滿洲人又自別爲旗人，蓋卽以滿爲清之本國，滿人無不在旗，則國之中容一八旗，卽中國之中涵一滿洲國，未嘗一日與混合也。　然自清入中國二百六十七年有餘，中國之人無有能言八旗眞相者。　旣易代後，又可以無所顧忌，一研八旗之所由來，卽論史學亦是重大知識。　然而至今尙無有也，蓋今始創爲之。

淺之乎視八旗者，以爲是清之一種兵制，如清史稿以八旗入兵志是也。　夫八旗與兵事之相關，乃滿洲之有軍國民制度，不得舍其國而獨認其爲軍也。　至食貨志亦有八旗丁口附戶口之內，稍知八旗與戶籍相關矣；然言之不詳，仍是膜外之見，於八旗之本體，究爲何物，茫然不辨。　則以其蛻化之跡已爲清歷代帝王所隱蔽，不溯其源，無從測其委，以其昏昏而欲使人昭昭，宜其難也。

八旗者，太祖所定之國體也。　一國盡隸於八旗，以八和碩貝勒爲旗主，旗下人謂之屬人；屬人對旗主有君臣之分。　八貝勒分治其國，無一定君主，由八家公推一人爲首長，如八家意有不合，卽可易之：此太祖之口定憲法。　其國體假借名之，可曰聯邦制，實則聯旗制耳。　太宗以來，苦心變革，漸抑制旗主之權，且逐次變革各旗之主，使不能據一旗以有主之名，使各旗屬人不能於皇帝之外復認本人之有主。蓋至世宗朝而法禁大備，純以漢族傳統之治體爲治體，而尤以儒家五倫之說壓倒祖訓，非戴孔孟以爲道有常尊，不能折服各旗主之稟承於太祖也。　世宗製朋黨論，其時所謂「朋黨」，實是各旗主屬之名分。　太祖所制爲綱常，世宗乃破之爲朋黨，而卒無異言者，得力於尊孔爲多也。　夫太祖之訓亦實是用夷法以爲治，無意於中夏之

時有此意造之制度，在後人亦可謂之亂命。　但各旗主有所受之，則憑藉固甚有力，用儒道以易之，不能不謂大有造於淸一代也。　夫儒家名分之說在中國有極深之根柢，至今尚暗資束縛者不少，而國人或自以爲已別有信仰，脫離崇儒之範圍，此亦不自量之談耳！

凡昔人所紀之八旗，若明末，若朝鮮之與淸太祖太宗同時所聞，皆非身入其中，語不足信；而淸代官書則又抹搬實狀，私家更無述滿洲國本事者：故求八旗之眞相，頗難措手。　但言淸事，非從淸官書中求之不足徵信，於官書中旁見側出，凡其所不經意而流露者，一一鈎剔而出之，庶乎成八旗之信史矣。

八旗之始，起於牛录額眞；牛录額眞之始，起於十人之總領。　十人各出箭一枝，牛录卽大箭，而額眞乃主也。　此爲太祖最初之部勒法。　萬曆十一年癸未，太祖以父遺甲十三副起事，自後卽有牛录額眞之部伍，吞併漸廣，糾合漸多。　至萬曆二十九年辛丑，乃擴一牛录爲三百人，而牛录額眞遂爲官名，蓋成率領三百人之將官。　當時有四牛录，分黃紅藍白四色爲旗，蓋有訓練之兵千二百人矣。

征服更廣，招納更多，一牛录三百人之制不變，而牛录之數則與日俱增。　自二十九年辛丑至四十三年乙卯，所增不止女眞部族，除夜黑外皆已統一，且蒙古漢人亦多有降附，蓋十四年之間增至四百牛录，則爲百倍其初矣。　於是始設八旗。　蒙漢雖自爲牛录，猶屬於一個八旗之內，而八旗之體制則定於是。　後來蒙漢各設八旗，不過歸附之加多，於八旗建國之國體毫無影響。　此會典及八旗通志等官書所能詳，無庸反覆鈎考矣。

　　武皇帝實錄：辛丑年，是年，太祖將所聚之衆每三百人立一牛祿厄眞管屬，前此凡遇行師出獵，不論人之多寡，照依族寨而行。　滿洲人出獵開圍之際，各出箭一枝，十人中立一總領，屬九人而行各照方向，不許錯亂。　此總領呼爲牛祿（華言大箭）。厄眞。（厄眞華言主也）。　於是以牛祿厄眞爲官名。

　　又乙卯年，太祖削平各處，于是每三百人立一牛祿厄眞，五牛录立一扎攔厄眞，五扎攔立一固山厄眞，固山厄眞左右立美凌厄眞。　原旗有黃白藍紅四色，將此四色鑲之爲八色，成八固山。

實錄文本朗瞭，不明則附注，頗詳原始。　其後改修高皇帝實錄，屢修而屢益不明！

八旗通志：太祖高皇帝初設四旗，先是癸未年，以顯祖宣皇帝遺甲十三副征尼堪外蘭敗之。　又得兵百人，甲三十副。　後以次削平：諸部，歸附日衆。初，出兵校獵，不論人數多寡，各隨族長屯寨行。　每人取矢一，每十人設一牛彔額眞領之。　至辛丑年，設黃白紅藍四旗，旗皆純色，每旗三百人，爲一牛彔，以牛彔額眞領之。　（原案云：└謹案是年爲編牛彔之始，嗣後設固山額眞，梅勒章京，甲喇章京等官。　（梅勒章京等名，自天聰八年四月辛酉始定，惟固山額眞存。）　雍正二年，以八旗都統印信額眞二字作主字解，非臣下所得用，改爲固山諧班。　茲謹按年月，於改定以後書新名，改定以前仍舊稱，以昭初制┐）。　甲寅年，（實錄作乙卯）始定八旗之制，以初設四旗爲正黃正白正紅正藍，增設鑲黃鑲白鑲紅鑲藍四旗，爲八旗。　（原注：「黃白藍均鑲以紅，紅鑲以白┐）。　每三百人設牛彔額眞一，五牛彔設甲喇額眞一，五甲喇設固山額眞一，每固山設左右梅勒額眞各一，以轄滿洲蒙古漢軍之衆。　時滿洲蒙古牛彔三百有八，蒙古牛彔七十六。　漢軍牛彔十六。

以上三百有八牛彔中，有滿洲蒙古牛彔，當是滿蒙混合之牛彔。　七十六蒙古牛彔，則爲純粹之收編蒙古牛彔。　當設四旗時，牛彔額眞以上無統轄之上級官，知其初卽以一牛彔爲一旗。　後來牛彔之數滋多，甲喇固山，層累而上，亦必不俟乙卯而始有上級之統轄，特至乙卯始勒定制度耳。

八旗各有旗主，各置官屬，各有人民，爲並立各不相下之體制。　終太祖之世，堅定此制，不可改移。　太宗不以爲便，逐漸廢置，使稍失其原狀，而後定於一尊，有爲君之樂。　己身本在八大貝勒之列，漸致超乎八貝勒之上，而仍存八貝勒之名。既塗飾太祖之定法，又轉移八家之實權，其間內併諸藩，所費周折與外取鄰敵之國相等，然其遺跡未能盡泯。　至世宗朝而後郭然盡去其障礙，蓋以前於太祖設定之八家，能以其所親子弟漸取而代之；至世宗則幷所親之子弟亦不願沿襲祖制，樹權於一尊之外：此又其更費周章者也。

終清之世，宗室之待遇，有所謂└八分┐，分字去聲。　恩禮所被，以八分爲最

優。　故封爵至公，卽有入八分不入八分之別。　此所謂八分，亦祗存太祖時建立八

家之跡象。　八分爲舊懸之格，無固定之八家。　故宗室盡可以入八家或不入八家

也。

宗人府事例封爵：九不入八分鎭國公，十不入八分輔國公。　案語云：「謹

案，天命年間，立八和碩貝勒，共事議政，各置官屬。　凡朝會燕饗，皆異

其禮，賜賚必均及，是爲八分。　天聰以後，宗室內有特恩封公，及親王餘子

授封公者，皆不入八分。　其有功加至貝子，准入八分。　如有過降至公，仍

不入八分。

八和碩貝勒，世無能盡舉其名者，實則其名本不全定。　且和碩貝勒亦本無此爵名，

而卽沿以和碩貝勒爲稱，亦竟無八人之多。　蓋許爲旗主，卽稱爲和碩貝勒，卽未必

許爲旗主，對外亦常以八和碩貝勒爲名號。　此皆由太祖定爲國體，不得不然。　入

關以後，乃不復虛稱八和碩貝勒，但旗主之實猶存，至雍正朝乃去之耳。

東華錄太宗錄首：丙辰年，太祖建元天命，　以上及長子代善，　第五子莽古爾

泰，弟貝勒舒爾哈齊之子阿敏，並爲和碩貝勒。　國中稱代善大貝勒，阿敏二

貝勒，莽古爾泰三貝勒，上四貝勒。　（國史舊代善傳，載此事盡同。）

據此，八和碩貝勒中，有明文授此爵者爲四人，　而太宗居其一，　且以齒爲序而居最

後。　今考之太祖實錄，則並無此明文。　而天命元年未建號以前之勸進，已稱由此

四大貝勒爲領袖，則以爲建元時授此爵者，亦不成文之賞典也。　東華錄所據之實錄

云然，仍以東華錄證之：

東華錄太祖錄：天命元年丙辰，（明萬曆四十四年）春正月壬申朔，大貝勒代

善，二貝勒阿敏，三貝勒莽古爾泰，四貝勒貼黃，及八旗貝勒大臣，牽羣臣集

殿前，分八旗序立。　上升殿，登御座。　貝勒大臣牽羣臣跪，八大臣出班跪

進表章。　侍衞阿敦，巴克什額爾德尼，接表。　額爾德尼前跪，宣讀表文，

尊上爲覆育列國英明皇帝。　於是上乃降御座，焚香告天，牽貝勒諸臣行三跪

九叩首禮。　上復升御座，貝勒大臣各牽本旗，行慶賀禮。　建元天命，以是

年爲天命元年。　時上年五十有八。

錄載此時已序大二三四貝勒，則以四人爲和碩貝勒，應早在其前。　又以此四貝勒冠

八旗貝勒之上，似四大貝勒之分，高出八旗。　此皆昧乎太祖時八旗八和碩貝勒之事實。

乾隆四年修定之太祖高皇帝實錄，大致與東華錄同，而所敍四大貝勒，則更含混至不可通。　錄云：「丙辰正月壬申朔，四大貝勒代善阿敏莽古爾泰，及八旗貝勒大臣」。……　此以四大貝勒四字當太宗，若不知太宗與諸兄合稱四大貝勒者，愈改愈不合！

武皇帝實錄最近真相。　錄云：「丙辰歲正月朔甲申，（日誤，應從後改本作壬申。）八固山諸王率衆臣，聚于殿前排班。　太祖陞殿，諸王臣皆跪。　八臣出班進御前，跪呈表章。　太祖侍臣阿東蝦。（蝦爲滿語侍衞）　厄兒得溺榜式。　（榜式卽巴克什，皆由漢文博士之音譯，後來作筆帖式，亦此音變。）接表。　厄兒得溺立于太祖左，宣表，頌爲列國沾恩英明皇帝。　建元天命。于是離坐當天焚香，率諸王臣三叩首，轉陞殿。　諸王臣各率固山叩賀正旦。時帝年五十八矣。

統稱八固山諸王，固山卽旗，當時自表尊大，對漢稱王，對夷稱貝勒，原無差異，但係隨意自尊，無所謂爵命。　于太祖則尊之曰皇帝，八旗旗主亦皆稱王，皆隨意爲之之事。　所叩賀者原係正旦，亦更不知有登極之說。　自此以下，更不言於諸王有所封拜，而代善以下四人，則於後此二年，時已當天命三年，直犯明邊，襲破撫順清河時，稱之曰大王，二王，三王，四王，從此常以此爲稱。　則當天命初年，實於八固山中尤重視此四子，則確矣。

清一代封爵制定，原無和碩貝勒--爵。　蓋自崇德改元，始有模倣帝制之意，而封爵有親王之名，卽倣明制。　後更斟酌明宗室封爵，定爲十四等，等級較明爲多，而待遇實較明爲薄。　明皇子必封親王，且有國可就；親王諸子又必封郡王。　清皇子封王，除開國八王外，例不世襲。　迄光緒中葉以前，破例止一次，卽世宗所特異之怡賢親王也。　封王無國，雖其降襲多貝勒貝子兩等，然皇子受封，或僅封公，而併不得貝子。　雖亦旋有晉等，乃以示功過賞罰之權，無子孫必貴之例，此亦見清開國以後，能以明宗祿之病國爲戒，　自爲長治久安之慮。　而天聰以前之所謂和碩貝勒，實卽後來之親王，且卽與國君並尊。　此非詳考不能見也。

清宗人府封爵之等十有四：一和碩親王，二世子，三多羅郡王，四長子，五多羅貝勒，六固山貝子，七奉恩鎮國公，八奉恩輔國公，九不入八分鎮國公，十不入八分輔國公，十一鎮國將軍，十二輔國將軍，十三奉國將軍，十四奉恩將軍。　皇子之封，降至輔國公世襲。　親王以下餘子之封必考授，且降至奉恩將軍乃世襲。

明諸王傳首：明制，皇子封親王，親王嫡長子年及十歲，立爲王世子，長孫立爲世孫。　諸子年十歲，封爲郡王，嫡長子爲郡王世子，嫡長孫則授長孫。

諸子授鎮國將軍，孫輔國將軍，曾孫奉國將軍，四世孫鎮國中尉，五世孫輔國中尉，六世以下皆奉國中尉。　皇子皆世襲親王，親王諸子皆世襲郡王，郡王諸子乃降至奉國中尉世襲。

觀清代所定宗室封爵，和碩之號，止冠於親王，貝勒所冠之號止有多羅字樣，與郡王同。　又崇德以前，清不封親王，崇德改元，倣明制而封親王，并稍定親王以下之宗室封爵。　順治九年，始倣明制設宗人府，卽於此時斟酌明宗人府所掌封爵之制，而行清一代之制。　其先清之大政皆出八和碩貝勒所議行，宗人府所掌其一也。

清史稿職官志宗人府：初制，列署篤恭殿前，置八和碩貝勒共議國政，各置官屬。　順治九年，設宗人府。

此所紋宗人府之原始，乃天聰以前事。　篤恭殿爲天聰以前原名，篤恭殿前之列署乃天聰以前之舊制。　太祖都瀋陽後，以迄天聰，所營宮闕無外朝與內廷之別，篤恭殿卽正寢，亦卽正朝。　所謂列署，卽殿前東西各五楹之屋。　崇德二年，始建外朝，以宮前已臨大道，無地可拓，乃於宮之東別建一殿，謂之大政殿。　左右列署十。而篤恭殿亦改名崇政殿，左右屋但名朝房，不爲列署。　凡此因陋就簡，皆見清創業時，實亦能撙節以養戰士，無致美乎宮室之意。

清一統志盛京宮殿：大政殿，在大內宮闕之東，崇德二年建。　國初視朝之大殿也。　殿制八隅，左右列署十，爲諸王大臣議政之所。　又大內宮闕，在大政殿之西，南北袤八十五丈三尺，東西廣三十二丈二尺，正門曰大清門。（崇德元年始改國號曰清，則此門名亦太宗時所定。）太祖時於門砌旁設諫木二，以達民隱。　朝房東西楹各五，舊制，正殿曰崇政殿，原名篤恭殿。

當清代未有宗人府未定封爵制之前，并崇德未改元，未知模倣帝制之前，所謂貝勒，乃沿女眞舊有尊稱；所謂和碩，據滿洲語譯漢爲方正之方字，初以此爲美名而取之，其後則貝勒之上旣累親王郡王兩級，仍以和碩冠親王，明乎親王卽以前之貝勒也。後來之貝勒止冠多羅，與郡王同號，多羅在滿語譯漢乃理字，以此冠貝勒上，明乎後來之貝勒非以前之貝勒也。

四大貝勒稱和碩貝勒，原非若後來有封册之典。　考國史清初宗室濟爾哈朗傳。「幼育於太祖宮中，封和碩貝勒。　天命十年十一月，同台吉阿巴泰等援科爾沁有功」。　敍封和碩貝勒在天命十年前，則濟爾哈朗乃太祖時和碩貝勒，見有明文者。自餘太祖之子姪，除四大貝勒外，皆稱台吉。　惟太祖長子以誅死之褚英，其長子都督（後改杜度）以天命九年封貝勒，代善一子岳託，二子碩託，三子薩哈廉，太祖七子阿巴泰，十子德格類，十二子阿濟格，俱云天命十一年封貝勒；十四子多爾袞，十五子多鐸，俱云初封貝勒，不書年：當俱是天命十一年太祖崩後。　蓋其時多爾袞年方十五，多鐸方十三，其母被太宗逼從太祖死時，猶以此二子託於諸王，則其先固未有分府置官屬之機會，而於太宗之嗣位，已以貝勒之名義在誓告天地之列。　又太宗長子豪格，初封貝勒，天聰六年晉和碩貝勒。　豪格之封貝勒，亦當是太祖崩時，傳言其以從征蒙古功。　不過敍所以封之之故。　豪格亦與於太宗嗣位誓告諸貝勒之列，蓋皆一時事。　凡預於誓告者亦盡於以上數人。　其杜度之貝勒，傳稱封於天命九年，是年二月十五日與科爾沁盟時，杜度尚稱台吉，或封貝勒在其後。　濟爾哈朗之封和碩貝勒，傳敍在天命十年前，然十一年四月初九領兵收喀爾喀人民，尚稱濟爾哈朗爲台吉，則傳文亦未必盡確；卽使確矣，太祖諸子姪中，亦惟濟爾哈朗一人爲天命年間四大貝勒以外之和碩貝勒。　合之天聰間豪格爲和碩貝勒，清一代爲和碩貝勒者不過六人，豪格尚不在天命間，則所云天命間之八和碩貝勒，皆爲口語隨意所命，無明文可據，凡爲八固山之主，卽是和碩貝勒。　故求八旗之緣起，但當考其旗主，不當拘和碩貝勒之爵以求其人也。

天命間旣以八和碩貝勒爲後來永遠隆重之八分，至天聰間，四貝勒已爲君矣。然東華錄：「天聰八年正月戊子朔，上御殿，命孔有德耿仲明與八和碩貝勒同列於第一班行禮」。　此時第一班仍爲八和碩貝勒，尤可見八和碩貝勒爲八分之通名，旣非

天命間原有之人，當時四大貝勒原人。　惟大貝勒在列，二貝勒四年幽禁，三貝勒六年死，四貝勒正位爲君；至八固山之貝勒，則兩黃正藍又歸太宗自將：所云八和碩貝勒，其爲永存之空名可知矣。

八旗通志蒙古佐領緣起云：L天聰八年六月，以和碩貝勒德格類，公吳訥格，所獲察哈爾國千餘戶，分給八旗⌐。　德格類本傳。　不言其爲和碩貝勒，而八旗通志中有此文。　又東華錄於德格類死時，亦書其銜爲和碩貝勒。　恐皆口語所命。　而德格類之未嘗獨主一旗，但入其同母兄莽古爾泰之正藍旗爲貝勒，則自有證據詳後。今且先詳旗主。

八旗亦稱八固山，此淸代一定之制。　然太祖實錄中，一見十固山執政王之語，此非八旗之制。　曾有改移也，所敍爲與蒙古喀爾喀五部誓詞中稱滿洲國主併十固山執政王等，蓋對外應具名者有十人，而此十人皆爲旗主，知當時必有一旗不止一主之旗分。　此應拈出，以徵旗主之或有岐異：

武皇帝實錄：己未天命四年十一月初一日，帝令厄革腥格，藉胡里，鴉希諂，庫里纏，希禰，五臣，齋誓書，與胯兒胯（後改喀爾喀）部五衞王等，共謀連和。　同來使至岡干色得里黑孤樹處，遇五衞之王，宰白馬烏牛，設酒肉血骨土各一碗，對天地誓曰：蒙皇天后土祐我二國同心，故滿洲國主併十固山執政王等，今與胯兒胯部五衞王等會盟，征仇國大明，務同心合謀。　倘與之和，亦同商議。　若毀盟而不通五衞王知，輒與之和，或大明欲散我二國之好，密遣人離間而不告，則皇天不祐，奪吾滿洲國十固山執政王之算，卽如此血出土埋暴骨而死。　若大明欲與五衞王和，密遣人離間，而五衞王不告滿洲者，胯兒胯部主政王都稜洪把土魯奧巴歹靑，厄參八拜阿酥都衞蟒古兒代，厄布格特哄，台吉兀把什都稜，孤里布什代，大里汗蟒古兒代歹靑弼東兔葉兒登褚革胡里，大里漢把土魯恩革得里，桑阿里寨布打七都稜桑阿力寨巴丫里兔朵里吉內七漢位徵偶兒宰兔布兒亥都厄滕厄兒吉格等王，皇天不祐，奪其紀算，血出土埋暴骨亦如之。　吾二國若踐此盟，天地祐之。　飮此酒，食此肉，壽得延長，子孫百世昌盛，二國始終如一，永享太平。

武錄此誓詞，後經修改，刪除太不雅馴之文，俱不足論。　其十固山執政王，乾隆修

高皇帝實錄，改作十旗執政貝勒， 尚存原義。 東華錄於第一見處改作八旗執政貝勒，第二見處刪去，則竄改無跡。 若由王氏以意所改，則太謬妄矣！

後復有帝與諸王焚香祝天，昆弟勿相傷害事。 其所謂諸王，恰得八人，其四卽四大貝勒，似此八人卽所謂八和碩貝勒。 但亦是一時之事，終太祖之世，所定八固山之貝勒，非此八人也。 惟此祝詞於清父子兄弟中。 大有關係。 錄如下：

> 武皇帝實錄：辛酉，天命六年正月十二日，帝與帶善、阿敏、蒙古兒泰、皇太極、得格壘、跡兒哈朗、阿吉格、姚托、諸王等，對天焚香祝曰：蒙天地父母垂祐，吾與強敵爭衡，將輝發、兀喇、哈達、夜黑、同一語音者，俱爲我有。征仇國大明，得其撫順清河開原鐵嶺等城。 又破其四路大兵，皆天地之默助也。 今禱上下神祇，吾子孫中縱有不善者，天可滅之，勿刑傷，以開殺戮之端。 如有殘忍之人，不待天誅，遽與操戈之念，天地豈不知之？ 若此者，亦當奪其算。 昆弟中若有作亂者，明知之而不加害，俱懷理義之心，以化導其愚頑，似此者天地祐之。 俾子孫百世延長，所禱者此也。 自此之後，伏願神祇不咎旣往，惟鑒將來。

此祝詞以名告天者，自是國之主要人物。 其人則四大貝勒之外，有德格類、濟爾哈朗、阿濟格、岳託、四人之名，正合八固山之數。 此後有大事具名者，又不定是此八人。 且太祖遺囑中之各主一旗者，若多爾袞，若多鐸，皆不在內。 則八和碩貝勒隨時更定，今尚非確定也。 惟其告天之詞謂：子孫有不善者，待天自滅之，勿自開殺戮。 一念操戈，卽天奪其算。 又請神祇不咎旣往，惟鑒將來。 據此云云，乃懺其旣往操戈之悔也。 後來改本，漸隱約其詞，無此顯露。 至東華錄則全無此文。 要其子弟中，先有推刃之禍，則可信矣。 今以明紀載證之，太祖一弟一子。皆爲太祖所殺，而清實錄諱之：

> 從信錄：萬曆四十年十一月，奴兒哈赤殺其弟速兒哈赤，幷其兵，復侵兀喇諸部。 通紀輯要文同。

> 黃道周建夷考：初酋一兄一弟，皆以驍勇雄部落中。 兄弟始登壠而議，旣則建臺，策定而下，無一人聞者。 兄死，弟私三都督。 酋疑弟二心，佯營壯第一區，落成置酒，招弟飲會。 入於寢室，錦鐺之。 注鐵鍵其戶，僅容二

穴，通飲食，出便溺。　弟有二名神，以勇聞。　酋恨其佐弟，假弟令召入宅，腰斬之。　長子數諫酋勿殺弟，且勿負中國，奴亦困之。　其兒逆乃天性也。

從信錄：萬曆四十一年末引建夷考，有云：御史翟鳳翀新入遼，疏稱奴酋……長子洪巴兔兒一語罷兵，隨奪其兵柄，囚之獄。

速兒哈赤，武皇帝實錄作黍兒哈奇，後改舒爾哈齊。　太祖殺之而幷其兵，復侵兀喇諸部。　蓋速兒哈赤有私於兀喇，故殺之也。　石齋謂奴酋有一兄一弟，此屬傳聞不確。　太祖有四弟，同母者二。　其母弟雅兒哈齊先卒無嗣，或以此誤傳爲太祖之兄。　至舒爾哈赤之不得於太祖，則清實錄自有可徵。　石齋謂私三都督，三都督殆謂兀喇酋布占泰。　太祖圖兀喇，舒爾哈赤輒保持之。　太祖兄弟之後母爲兀喇女，太祖不得於後母，或舒爾哈赤不然。　至布占太爲兀喇酋，以其妹配舒爾哈赤。　又舒爾哈赤兩女，先後嫁布占太。　太祖志滅兀喇，舒爾哈赤屢覆其計。　以清實錄證之：

武皇帝實錄：丙申年，（萬曆二十四）十二月，布占太感太祖二次再生，恩猶父子，將妹滹奈送太祖弟黍爾哈奇貝勒爲妻，即日設宴成配。　又戊戌年，（萬曆二十六）十二月，布占太不忘其恩，帶從者三百來謁。　太祖以弟黍爾哈奇貝勒女厄石太妻之。　盔甲五十副，勑書十道，以禮往送。

己亥年，（萬曆二十七）速爾哈赤已有被太祖怒喝之事，見實錄，尚係征哈達而非征兀喇。　意速爾哈赤於幷吞建州近族之外，對海西用兵，已不踴躍。　其祖兀喇而得罪者則如下：

武皇帝實錄：丁未年，（萬曆三十五）東海斡兒哈部蜚敖城主策穆德黑，謁太祖曰：Ｌ吾地與汗相距路遙，故順兀喇國主布占太貝勒。　彼甚苦虐吾輩，望往接吾等眷屬，以便來歸冂。　太祖令弟黍兒哈奇與長子烘把土魯貝勒，次子帶善貝勒，與大將非英凍，虎兒憨（後改扈爾漢）等，率兵三千，往蜚敖城搬接。　是夜陰晦，忽見旗有白光一耀。　衆王大臣盡皆驚異，以手摩之，竟無所有，堅之復然。　黍兒哈奇王曰：Ｌ吾自幼隨征，無處不到，從未見此奇怪之事，想必凶兆也冂。　欲班師。　烘把土魯帶善二王曰：Ｌ或吉或凶，兆已

見矣。　果何據而遂欲回兵？　此兵一回，吾父以後勿復用爾我矣冂。　昌

飮，率兵彊進。　至蜚敖城，收四周屯寨約五百戶。　先令非英凍虎兒憨領兵

三百護送。　不意兀喇國布占太發兵一萬截於路。　虎兒憨見之，將五百戶眷

屬，扎營於山嶺，以兵百名看守，一面馳報衆貝勒，一面整兵二百，　占山相

持。　兀喇來戰，殺其兵七人，我兵止傷一人。　是日未時，三王兵齊至。

烘把土魯帶善二王各領兵五百，登山直衝入營。　兀喇兵遂敗。　時追殺敗兵

之際，黍兒哈奇貝勒原率五百兵，　落後立於山下，　至是方驅兵前進，繞山而

來，未得掩殺大敵。　　及班師，太祖賜弟黍兒哈奇名爲打喇漢把土魯，出燕

（即烘把土魯之名，後改豬英。）　名爲阿兒哈兔土門，帶善名爲古英把土

魯。　常書納奇布二將。　負太祖所托，不隨兩貝勒進戰破敵，領兵百名，與

打喇漢貝勒立於一處，因定以死罪。　打喇漢把土魯懇曰：乚若殺二將，卽殺

我也冂！　太祖乃宥其死，罰常書銀百兩，奪納奇布所屬人民。

速兒哈赤之不欲與烏喇戰，太祖之欲殺二將以示懲，　皆爲明紀載殺速兒哈赤，并其

兵，復侵兀喇之佐證。　常書納奇布二將，殆卽石齋所謂二名裨。　此時不死，或後

終不免。

武皇帝實錄：辛亥年，（萬曆三十九）八月十九日，太祖同胞弟打喇漢把土魯

薨，年四十八。

實錄不書殺，然於太宗朝實錄書太祖坐舒爾哈齊父子罪。　太宗實錄尙未見，錄東華

錄：

天聰四年（崇禎五年）。　議舒爾哈齊子貝勒阿敏罪狀十六款。　第一款云：

乚貝勒阿敏，怙惡不悛，由來久矣。　阿敏之父，乃叔父行。　當太祖在時，

兄弟和好。　阿敏嗾其父，欲離太祖，移居黑扯木。　太祖聞之，坐其父子

罪，旣而宥之。　及其父旣終，太祖愛養阿敏，與己子毫無分別，並名爲四和

碩大貝勒。　及太祖升遐，上嗣大位，仰體皇考遺愛，　仍以三大貝勒之禮待

之。　此其一也。

據此，則太祖確曾罪舒爾哈齊父子。　所云移居黑扯木事，太祖實錄未見，至天聰間

議阿敏罪時始涉及，可知爲當時不欲宣布之事。　四大貝勒之名，　在天聰間成三貝

勒，太宗不欲復居舊名矣。

　　至烘把土魯之爲誅死，武皇帝實錄但於戊申年（萬曆三十六）三月，書阿兒哈兔土門及姪阿敏台吉剋兀喇部異憨山城後，遂不復見。　後來修高皇帝實錄，乃於乙卯年，（萬曆四十三）閏八月乙巳朔，增書皇長子洪巴圖魯阿爾哈圖土門貝勒豬英薨，年三十六。　似亦非凶死也者。　然宗室王公傳豬英本傳，則云：乚乙卯閏八月，以罪伏誅，爵除冂。　則淸國史中原未盡諱，特實錄諱之耳。　淸室世世以豬英之後爲有仇視列帝，欲爲乃祖報讎之意，又深明太祖父子之不相容，明代之說益信：

　　東華錄：順治五年三月辛丑，幽繫肅親王豪格。　諸王貝勒貝子大臣會議豪格應擬死。　得旨：乚如此處分，誠爲不忍，不准行。　諸王內大臣復屢奏言，太祖長子，亦曾似此悖亂，置於國法。　乃從衆議，免肅親王死冂，幽繫之，奪其所屬人員。

　　又：康熙四十七年九月，廢皇太子允礽，累日諭旨。　其中庚寅諭有云：乚昔我太祖高皇帝時，因諸貝勒大臣訐告一案，置阿爾哈圖土門貝勒豬燕於法冂。丙午諭又云：乚蘇努自其祖相繼以來，即爲不忠。　其祖阿爾哈圖土門貝勒豬燕，在太祖皇帝時，曾得大罪，置之於法。　伊欲爲其祖報仇，故如此結黨，敗壞國事冂！

　　雍正朝上諭八旗：四年二月初五日，允祉允祺允祐奏，將所奉皇考諭旨，恭錄繕奏。　從前拘禁二阿哥時，皇考召衆阿哥入乾淸宮諭，有曰：乚八阿哥酒結黨與，蘇努馬齊等俱入其黨冂。　觀此可知蘇努馬齊自其祖父相繼以來，即爲不忠。　蘇努之祖，即阿爾哈圖土門貝勒也。　在太祖時，因獲大罪被誅。馬齊之祖，原在藍旗貝勒屬下，因藍旗貝勒獲罪，移置於上三旗。　伊等俱欲爲祖報仇，故如此結黨，敗壞國事。

以上因八貝勒告天祝詞，考及太祖之推刃子弟，是爲天命六年之八貝勒。　於四大貝勒外所具名者，爲得格壘、跡兒哈朗、阿吉格、姚託、四人。　及七年三月初三日，更由太祖明示八固山共治國政之國體：

　　武皇帝實錄：壬戌，天命七年，（天啓二年）三月初三日，八固山王等問曰：乚上天所予之規模，何以底定？　所賜之福祉，何以永承冂？　（近重譯滿洲

老檔。　亦有此段，其首數語直云：﹁皇子八人進見問曰；我等何人可嗣父皇，以登天賜之大位，俾永天祿﹂）？　帝曰：﹁繼我而爲君者，毋令強勢之人爲之。　此等人一爲國君，恐倚強恃勢，獲罪於天也。　且一人之識見能及衆人之智慮耶？　爾八人可爲八固山之王，如是同心幹國，可無失矣。　八固山王，爾等中，有才德能受諫者，可繼我之位。　若不納諫，不遵道，可更擇有德者立之。　儻易位之時，如不心悅誠服而有難色者，似此不善之人難任彼意也。　至于八王理國政時，或一王有得於心，所言有益於國家者，七王當會其意而發明之。　如己無能，又不能贊他人之能，但默默無言，當選子弟中賢者易之。　更置時如有難色，亦不可任彼意也。　八王或有故而他適，當告知於衆，不可私往。　若面君時，當聚衆共議國政，商國事，舉賢良，退讒佞，不可一二人至君前﹂。

此段文字爲太祖制定國體之大訓，非太宗所心願，故後來悉逐漸變革之。　然於修實錄時，猶不能不多存幾分原意，因當時諸王之親受命者尚多也。　要其字句中或已有所抑揚損益，以就己意，而所載猶如此。　近譯滿洲老檔，於不關要旨之文。　多出若干，其緊要眼目。　轉不清出，蓋譯者之不解事也。　實錄亦從滿文繹出，且爲天聰年間原繙，其文乃較後繙者爲更無諱飾，則竟讀實錄，無庸重錄老檔譯文矣。　今詳其意：太祖謂嗣我爲君，恐挾國君之勢而獲罪于天，且一人不及衆智，惟八人爲八固山王，可以無失。　此則明詔以八旗旗主聯合爲治，無庸立君矣。　下更言卽以才德能受諫者，可推爲領袖，但一不合衆意，卽可更易。　尤不能任其不願易位，而容其戀棧。　更言八王在本固山中，有循默無能者，亦於本旗子弟中。　選人更代，亦不容其戀棧不讓。　末言八人公議，不得一二人挾領袖之意專斷。　據此知八旗共治，可以無領袖。　卽賢能爲衆所推。　而作領袖。　要爲衆議更易，卽須更易，不許戀棧。　是推選之制，且去留之權，仍操自八旗之公決，則絕非太宗後來之自卽尊位法也。　太宗旣改父政，箝以強權，人不敢言，此正太祖之所諄諄不許者。　宜後來多爾袞攝政時，有太宗卽位原係奪立之語也。

東華錄：順治八年二月己亥，追論睿王多爾袞罪狀，有云：﹁擅自誑稱太宗文皇帝之卽位，原係奪立，以挾制中外﹂。

康熙間修太祖聖訓，大約皆粗淺之修齊治平語；又多引中國史事，連篇累牘，數典過於儒生：此必爲後來增飾之文。　乾隆修高皇帝實錄，多據以增入，武皇帝實錄所未有也。　太祖之八固山訓典，至天命十一年六月下旬，尚有一最切要之諭。　實錄且言其口語既畢，又書其詞與諸王。　然則此爲成文訓典，八固山所均受。　太宗修實錄時，未能擯棄。　卽乾隆更修高皇帝實錄，亦尚不過稍潤其文。　至東華錄乃大刪節。　未知王氏以意爲之，抑另據他本？　夫天命十一年六月之末，實爲太祖末命。武皇帝實錄雖亦於七月二十三日始書帝不豫，然七月二十三之上並無書事，直接此末命訓詞。　乾隆修高實錄，乃於其間夾入七月乙亥（初三日）兩長諭。　其詞皆老生常談，必係後來以意添補，隔斷其緊迫之跡。　考明人紀載，於是年二月。　袁崇煥寧遠之捷，奴酋受創而回，憤懣疽發背卒。　朝鮮人紀載，且謂太祖攻寧遠受傷逐卒。　清實錄，太祖亦自言一生未遇之敗，大懷忿恨。　則明與朝鮮所紀，當非盡誣。　其間尙有用兵蒙古獲勝一事，乃太宗射死巴林祁酋長之子囊奴，蒙古畏服來歸。　喀爾喀五部遂內屬，爲蒙古分旗之嚆矢。　此皆表揚太宗之武力，於太祖逝後所以能壓服諸兄弟之故，實非太祖於寧遠歸後，尙能力征經營也。　至六月二十四日，有此筆舌兼用之訓詞，雖不自言將死，亦已示倦勤，不能不信爲最後之遺囑矣。

武皇帝實錄：丙寅天命十一年（天啓六年），六月二十四日，帝訓諸王曰：

└昔我祖六人，及東郭、王佳、哈達、夜黑、兀喇、輝發、蒙古，俱貪財貨，尙私曲，不尙公直。　昆弟中自相爭奪殺害，乃至於敗亡。　不待我言，汝等豈無耳目，亦嘗見聞之矣。　吾以彼爲前鑒，預定八家但得一物，八家均分公用，毋得分外私取。　若聘民間美女，及用良馬，須破格償之。　凡軍中所獲之物，毋隱匿而不明分於衆，當重義輕財可也。　此言每常曾訓誡，愼毋遺忘，而行貪曲之事！　諸王昆弟中有過，不可不竭力進諫而存姑息心，若能力諫其過，誠爲同心共事人也。　（以下先言己之訓言，成就汝等，愛之而非以屬之。　再言己從艱苦得來，後人勿以安逸償事。　不關八固山國本制度。　節之。）　昔金大定帝，自汴京幸故都會寧府，（原注在白山之東。）　謂太子曰：『汝勿憂也，國家當以賞示信，以罰示威，商賈積貨，農夫積粟』。　爾

八固山，（原注四大王四小王。）　繼我之後亦如是，嚴法度以致信賞必罰。

使我不與國事，得坐觀爾等作爲，以舒其懷可也ㄱ。　言畢，書訓詞與諸王。此訓詞中，首舉已吞併之各部，自近及遠，自先及後，自親及疏。　最疏遠後及者爲蒙古，次則海西四部，先舉者則爲建州，　建州中又以毛憐及岐州爲較疏，　其序亦較後。　最先言我祖六人，此ㄴ我祖六人ㄱ四字，後改作ㄴ寧古塔貝勒ㄱ，則謂興祖六子，景祖之兄弟六人矣。　以建州事實言之，恐出附會。　太祖本意，當謂建州三衞，寧古塔貝勒乃左衞中一枝部，不得該括三衞也。　竊意三衞後來，內部各有分立，如朝鮮實錄在正嘉以前，已云建州右衞有甫下土、羅下、兩酋長。　隆萬以來，明實錄中，建州衞來朝之都督，其名頗多，縱未必一衞定分爲二，或三衞已有六酋。太祖所云我祖六人，乃言我祖衞六酋，而由滿譯漢（書示諸王時係滿文。）　時，語稍含混，乾隆時遂作寧古塔貝勒。　蓋其時於建州原狀，亦已不瞭，　修辭時易生誤會，非必有意誣揑也。　且景祖兄弟，據實錄亦尚利害相共。　至太祖崛起，氣吞祖衞。　六王之後，恐其及禍，有謀弭其強暴，欲圖太祖者。　不得以昆弟自相殺害，盡誣六王，幷誣及景祖也。　此可以事理辨正者也。

太祖言以己所已吞之各部爲鑒，是以定八家均分之制。　所命於後人者，乃八家分權，深戒一家集權。　勉以重義輕財，同心共事。　由後言之，此實不可久持之幻想。　幸而太宗力能改革，形驅勢禁，取分裂者而統合之，種種費手，俟下再詳。至訓詞末段，鄭重呼爾八固山，下注四大王，四小王。　乾隆改修本作爾大貝勒四，小貝勒四，直貫作正文，不作小注，惟刪八固山三字，使人不注意其卽爲八旗旗主。至東華錄竟改作爾諸貝勒四字，　未知出王氏之意，抑另據一本？　故近代讀清世官書，不易了解其八旗初制之奇特，實緣無書可證也。　惟東華錄太宗錄首，載太宗卽位之非由父命，則甚明顯。　錄以爲證：

東華錄太宗錄首云：太祖初未嘗有必成帝業之心，亦未嘗定建儲繼立之議。

上隨侍征討，運籌帷幄，奮武戎行，所向奏功，諸貝勒皆不能及。　又善撫億衆，體恤將士，無論疏戚，一皆開誠布公以待之。　自國中曁藩服，　莫不欽仰。　遇勁敵輒躬冒矢石。　太祖每諭令勿前。　諸貝勒大臣咸謂聖心默注，愛護獨深。　天命七年三月，諭分主八旗貝勒曰：ㄴ爾八人同心謀國，或一人

所言有益於國，七人共贊成之，庶幾無失。　當擇一有才德能受諫者，嗣朕登大位」。　十一年八月庚戌，太祖高皇帝賓天，大貝勒代善長子岳託，第三子薩哈廉，告代善曰：乚國不可一日無君，宜早定大計。　四貝勒才德冠世，深契先帝聖心，衆皆悅服，當速繼大位」。　代善曰：乚此吾素志也。　天人允協，其誰不從」。　次日，代善書其議，以示諸貝勒。　皆曰：乚善」。　遂合詞請上即位。　上辭曰：乚皇考無立我爲君之命，若舍兄而嗣立，既懼弗克善承先志，又懼不能上契天心。　且統率羣臣，撫綏萬姓，其事綦難」。　辭至再三，自卯至申，衆堅請不已，然後從之。

此段文尤明顯。　太宗嗣立，非太祖之命，而太宗在八貝勒中，尤有戰績，尤冒險圖功，爲衆所不及，此當是事實。　所敍天命七年三月之諭，即上文已載之諭，而云諭分主八旗貝勒，旗各有主，語亦分明。　惟於擇一人嗣登大位之下，節去隨時可以更易之語，則是後來竄裁訓詞，以順太宗固定大位之意。　當時論實力，太宗手握兩黃旗，已倍於他貝勒。　又四小王皆幼稚，易受代善指揮；惟餘有兩大貝勒：阿敏非太祖所生，自不在爭位之列；莽古爾泰以嫡庶相衡，亦難與代善太宗相抗。　故有代善力任擁戴，事勢極順。　而代善之所以盡力，由兩子之慈恩。　觀於清開國八王，世所謂鐵帽子王，其中太祖子三人，太宗子二人，太祖所幼育宮中之胞姪一人，其餘二人乃皆代善之後，以始封者非皇子，故以郡王世襲。　而此兩郡王，一爲克勤郡王，即岳託，一爲順承郡王，即薩哈廉之子勒克德渾。　清之所以報酬者如此，蓋代善實爲清之吳泰伯，從中成就者乃此二子。　世或訛鐵帽子王內爲有英王，此實不然。英王誅死，僅復宗籍，久之乃襲一鎮國公，王爵不終其身，何鐵帽之足云也。

　鐵帽王必湊成八數，中間若太宗子承澤親王，後改號莊王世襲者，功積聲望遠在諸王之下。　其必湊一世襲罔替之數，正由太祖以來，八固山，八和碩貝勒，八家八分等舊號，傳爲定說。　於英王既必不願其復爵，姑以莊王充數。　睿王之復爵，終在意中，而睿王未復前，世宗已用怡王入世襲罔替之列，至睿王復時而得九鐵帽矣。至孝欽垂簾之獄，鄭王後得端華。　并其弟肅順兩罪魁，不廢鄭王爵。　怡王後得載垣，亦始奪而旋復。　莊王後卜勛，拳匪時爲罪魁，爵亦不奪，此皆示法祖之意。惟光緒間恭醇兩王，一則中興有功，一則有子入承大統，皆得世襲罔替，猶爲有說。

至宣統卽位，慶王亦世襲罔替，此則國無綱紀，見攝政載灃之無能，雖孝欽亦未必為此矣！

太祖遺訓中之四大王，自并太宗在內。其四小王究為何人，以前天命六年之告天祝文。偶具八人之名。至九年正月，與胯兒胯部、巴玉特衞、筌兒漢巴十魯貝勒之子恩格得兒台吉誓文，則曰：「皇天垂祐，使恩格得里捨其己父而以我為父，捨其己之弟兄，以妻之兄弟為弟兄，（恩格得里先已娶舒爾哈亦女。）棄其故土，而以我國為依歸。若不厚養之，則穹蒼不祐，殃及吾身。于天作合之婿子而恩養無間，則天自保祐。俾吾子孫大王二王三王四王，阿布太台吉、得格壘台吉、戒桑孤台吉、跡兒哈朗台吉，阿吉格台吉，都督台吉，姚托台吉，芍托台吉，沙哈量台吉，及恩格得里台吉等，命得延長，永享榮昌」。據此，則八固山諸王台吉所可以對外及對天起誓者，四大貝勒外，又有九人之多，則為十三人矣。故知前所云十固山執政王，亦是此同等文法，謂十箇在固山中執政之王，非謂固山有十也。是年二月，又與廓兒沁部盟。先由太祖自與設誓，復命大王二王三王四王阿布太台吉，得格壘台吉，戒桑孤台吉，跡兒哈朗台吉，阿吉格台吉，都督台吉，姚托台吉，芍托台吉，沙哈量台吉等，亦宰白馬烏牛，對來使同前立誓書而焚之。其預於誓文之王台吉，同前。則是年之固山執政王為十三人，亦非八旗各一旗主之謂。乾隆修改實錄，本年前一誓，於四王用代善阿敏莽古爾泰之名，遂刪去太宗之名。於後一誓則又稱大貝勒二貝勒三貝勒四貝勒。東華錄則盡去之。開國時草昧之跡，士大夫往往欲代為隱諱，初不虞其失實也。

旗主中四大貝勒為定名，四小貝勒則求其確定，於宗室王公傳中檢得一據。蓋太祖最後遺命以阿濟格（卽武實錄之阿吉格）多爾袞多鐸各主一旗，合之四大貝勒，已得七旗，其餘一旗，別有考訂。今先錄阿巴泰傳，以明阿濟格多爾袞多鐸各主一旗之事實：

國史宗室王公多羅饒餘郡王阿巴泰傳：天命十一年九月，太宗文皇帝卽位，封阿巴泰貝勒。阿巴泰語額駙揚古利達爾漢曰：「戰則我擐甲胄行，獵則我佩弓矢出，何不得為和碩貝勒」？揚吉利等以奏。上命勸其勿怨望。天聰元年五月，上欲征明錦州，同貝勒杜度居守。十二月，察哈爾昂坤杜稜來

歸，設宴。　　阿巴泰語納穆泰曰：∟我與小貝勒列坐，蒙古貝勒明安巴克俱坐

我上，實恥之﹁！　　納穆泰入奏。　　上宣示諸貝勒。　　於是大貝勒代善率諸貝

勒訓責之曰：∟德格類、濟爾哈朗、杜度、（即舊作都督之改譯。）　　岳託、

（舊作姚托）碩托（舊作夸托）早隨五大臣議政，　爾不預！　　阿濟格、多爾

袞、多鐸。　　皆先帝分給全旗之子，諸貝勒又先爾入八分列。　　爾今爲貝勒，

心猶不足，欲與和碩貝勒抗，將紊紀綱耶﹁！　　阿巴泰引罪願罰。　　於是罰甲

冑雕鞍馬各四，素鞍馬八。（阿巴泰舊作阿布大，太祖第七子。）

據代善所責阿巴泰語，八固山之主，四和碩貝勒外，惟阿濟格多爾袞多鐸三人，各主

一全旗，是爲七旗已各有主。　　其餘諸貝勒，但稱其或早隨五大臣議政，或先入八分

列，未有謂其主一旗者。　　則太祖所擬定四大王四小王，尙有一小王未命，而八旗只

有七旗爲明命所定之主也。　　其多一旗何在？　　則尙爲太宗所兼領。　　未知太祖之

意，究擬屬之何人？　　但當殁時，尙未指派。　　在太宗以奮勇之功，多將一旗，亦所

應得。　　但觀遺訓，累以八王共治爲言，並以恃強倚勢爲戒，終不欲使一子有兼人之

武力。　　其令太宗得挾有兩旗者，乃臨終倉卒，　未及處分，　亦意中無有一定可與之

人，以故遲遲有待耳。　　今更舉太宗於太祖崩時，挾有兩旗之證：

東華錄：太宗崇德四年，八月辛亥，召諸王貝勒貝子公等及羣臣集崇政殿，議

疏脫逃人罪畢。　　又召傅爾丹至前曰：∟此人於朕前欺慢非止一二，朕欲使爾

等共聞之，是以明數其罪。……　太祖皇帝晏駕哭臨時，鑲藍旗貝勒阿敏遣傅

爾丹謂朕曰：『我與諸貝勒議，立爾爲主，爾卽位後，使我出居外藩可也』。

朕召饒餘貝勒，與超品公揚吉利額駙，達爾漢額駙，冷格里，納穆濟，索尼，

等至，諭以『阿敏有與諸貝勒議，立爾爲主，當使我出居外藩之語。　　若令其

出居外藩，則兩紅兩白正藍等旗，亦宜出藩於外。　　朕已無國，將誰爲主乎？

若從此言，是自壞其國也。　　皇考所遺基業、不圖恢廓，而反壞之，不祥莫大

焉。　　爾等勿得妄言』。　　復召鄭親王問曰：『爾兄遣人來與朕言者，爾知之

乎』？　　鄭親王對曰：『彼曾以此言告我，我謂必無是理，力勸止之；彼反責

我懦弱，我用是不復與聞』。　　傅爾丹乃對其朋輩讒朕曰：『我主迫於無奈，

乃召鄭親王來誘之以言耳』﹁。

據此則知太祖崩時，太宗挾有兩黃旗，故謂各旗若效鑲藍旗出外、則兩紅兩白正藍皆
可出外，不數兩黃旗也。　又知阿敏所主爲鑲藍旗，則八旗中三旗爲有主名矣。　今
再考正紅旗主，實爲大貝勒代善：

> 東華錄：太宗天聰九年九月壬申，上御內殿，諭諸貝勒大臣曰：乚朕欲諸人知
> 朕心事，故召集於此，如朕言虛謬無當，爾諸貝勒大臣卽宜答以非是，勿面
> 從。　夫各國人民呼籲來歸，分給爾貝勒等恩養之，果能愛養天賜人民，勤圖
> 治理，庶邀上天眷佑；若不留心撫育，致彼不能聊生，窮困呼天，咎不歸朕而
> 歸誰耶？　今汝等所行如此，朕將何以爲治乎？　大凡國中有強力而爲君者，
> 君也；有幼冲而爲君者，亦君也；有爲衆所擁戴而爲君者，亦君也。　旣已爲
> 君，豈有輕重之分？　今正紅旗固山貝勒等，輕蔑朕處甚多。　大貝勒昔從征
> 北京時，違衆欲返；及征察哈爾時，又堅執欲回。　朕方銳志前進，而彼輒欲
> 退歸。　所俘人民，令彼加意恩養，彼旣不從，反以爲怨。　夫勇略不進，不
> 肖者不黜，誰復肯向前盡力乎？　今正紅旗貝勒，於賞功罰罪時，輒偏護本
> 旗。　朕所愛者彼惡之，朕所惡者彼愛之，豈非有意離間乎？　朕今歲託言出
> 遊，欲探諸貝勒出師音耗，方以勝敗爲憂，而大貝勒乃借名捕蟬，大肆漁獵，
> 以致戰馬俱疲。　及遣兵助額爾克楚爾虎貝勒時，正紅旗馬匹，以出獵之故，
> 瘦弱不堪。　儻出師諸貝勒一有緩急，我輩不往接應，竟晏然而已乎？　誠心
> 爲國者固如是乎？……乛

以上爲數代善之罪，而俱指其爲正紅旗貝勒者。　大貝勒與正紅旗貝勒互稱，今取其
足證大貝勒卽正紅旗貝勒而止。　又其後有一款云：

> 乚往時阿濟格部下大臣車爾格有女，揚古利額駙欲爲其子行聘。　大貝勒脅
> 之，且唆正藍旗莽古爾泰貝勒曰：『爾子邁達禮先欲聘之矣！　爾若不言，
> 我則爲我子馬瞻娶之』。　夫阿濟格乃朕之弟，豈可欺弟而脅其臣乎乛？

此段又可證阿濟格之自主一旗，其下有大臣。　太宗又言不可欺弟而脅其臣，則其旗
下所屬，太宗是時亦認其爲阿濟格之臣也。　又見正藍旗莽古爾泰貝勒，則正藍旗貝
勒亦有主名矣。　代善爲讓位與太宗而擁立之者，發端先言種種爲君之來歷不同，旣
已爲君，卽不能有所重輕。　是因代善不免挾擁立之故，對太宗不甚嚴畏。　經此挫

抑，後不敢復然，乃得以恩禮終始。　此亦見太宗之自命爲君，絕不認太祖遺訓爲有效。　然其對代善猶止挫抑而已，未嘗欲奪其所主之旗。　至正藍旗之待遇則不同。是猶未忘代善擁立之惠也。

正藍旗旗主爲莽古兒泰，既見上矣；至此旗爲太宗所吞併，即在本年，正可與正紅旗之待遇相較。　蓋代善之罪，經諸貝勒大臣，八固山額眞，六部承政，審擬畢，議請應革大貝勒名號，削和碩貝勒，奪十牛彔屬人，罰雕鞍馬十，甲胄十，銀萬兩，仍罰九馬與九貝勒。（斯時除代善父子外，可知執政之貝勒盡右九人。）　薩哈廉貝勒應罰雕鞍馬五，空馬五，銀二千兩，奪二牛彔屬人。　奏入，上免之。　罰代善薩哈廉銀馬甲胄。　然則聊以示威而已。　至藍旗貝勒之獄，則在是年十二月，相距不過三月耳。　惟在莽古爾泰死後，幷在其同母弟德格類死後，未嘗及身受戮。　此亦太祖所訓寧待天誅，勿兄弟間自相推刃之影響也。　但固山則爲太宗所併，是爲後世天子自將三旗之由來。　然自將三旗，後世乃以兩黃及正白爲上三旗，倘非此正藍旗，此則順治間之轉換，別詳於後。　今先詳正藍旗之歸結：

東華錄：天聰六年十二月乙丑，和碩貝勒莽古爾泰薨，年四十六。　上臨哭之，摘纓服喪服，居殿側門內。　丙寅，送靈輿至寢園，始還宮。

又：天聰九年十月己卯，管理戶部事和碩貝勒德格類薨，年四十。　上臨其喪哭之慟，漏盡三鼓方還。　於樓前設幄而居，撤饌三日，哀甚。　諸貝勒大臣勸至再三，上乃還宮。

又：十二月辛巳，先是，貝勒莽古爾泰與其女弟莽古濟格格，格格之夫敖漢部瑣諾木杜棱，於貝勒德格類、屯布祿、愛布禮、冷僧機、等前，對佛跪焚誓詞云：L我已結怨皇上，爾等助我，事濟之後，如視爾等不如我身者，天其鑒之」！　瑣諾木及其妻誓云：L我等陽事皇上，而陰助爾，如不踐言，天其鑒之」！　未幾，莽古爾泰中暴疾，不能言而死。　德格類亦如其兄病死。　冷僧機首於刑部貝勒濟爾哈朗，瑣諾木亦首於達雅齊國舅阿什達爾漢。　（阿什達爾漢爲葉赫金台什族弟，故爲太宗諸舅，稱之曰達雅齊國舅。）　隨奏聞於上。　諸貝勒大臣等會審得實，莽古濟格格，並其夫瑣諾木，及莽古爾泰德格類之妻子，同謀屯布祿、愛巴禮，闔門皆論死。　冷僧機免坐，亦無功。　二

貝勒屬人財產，議歸皇上。　上以冷僧機宜敍功，財產七旗均分。　命集文館諸儒臣再議。　尋議莽古濟格格謀逆，不可逭誅。　兩貝勒妻子應處斬。　若上欲寬宥，亦當幽禁。　冷僧機宜敍功。　瑣諾木昔伴醉痛哭，言上何故惟兄弟是信。　上在，則我蒙古得逐其生，否則我蒙古不知作何狀矣。　（此事亦見前議紅旗貝勒罪時，涉及哈達莽古濟格格，情節宜互詳。）　上亦微驗其意，彼時上待莽古爾泰、德格類、莽古濟、正在寵眷之際，瑣諾木雖欲直言，豈容輕出諸口。　今瑣諾木先行舉首，應否免罪，伏候上裁。　至屯布祿愛巴禮，罪應族誅。　兩貝勒族人戶口，應全歸上。　古人云：乚勿使都邑大於邦國，國寡都衆，亂之本也冂。　如上與諸貝勒一例分取，則上下無所辨別矣。於是諸貝勒大臣覆奏，誅莽古濟，免瑣諾木罪。　先是，莽古爾泰子額必倫，曾言：乚我父在大凌河露刃時，（事在天聰五年八月。）　我若在彼，必刃加皇上，我亦與我父同死矣冂。　其兄光衮首告，上隱其事。　至是罪發，乃誅額必倫。　莽古濟長女爲岳託貝勒妻，次女爲豪格貝勒妻。　豪格曰：乚格格既欲謀害吾父，吾豈可與謀害我父之女同處乎冂？　逐殺其妻。　岳託亦請殺其妻。　上止之。　昂阿喇以知情處死。　（昂阿喇爲莽古爾泰母先適人所生子，蓋其同母異父兄也。）　屯布祿、愛巴禮、及其親支兄弟子姪，磔於市。　授冷僧機世襲三等梅勒章京。　以愛巴禮屯布祿家產給之，免其徭役，賜以敕書。　莽古爾泰六子：邁達禮、光衮、阿喀達舒、孫噶納海，德格類子鄧什庫等，俱黜爲庶人。　二貝勒屬人財產俱歸上。　賜豪格八牛彔屬人，阿巴泰三牛彔屬人，其餘莊田財物量給衆人。　以正藍旗入上旗，分編爲二旗，以譚泰爲正黃旗固山額眞，宗室拜尹圖爲鑲黃旗固山額眞。　後籍莽古爾泰家，獲所造木牌印十六，文曰：乚金國皇帝之印冂，於是携至大廷，召貝勒臣民，以叛逆實狀曉諭於中外。

正藍旗於是爲歸太宗，併入兩黃旗，別設兩固山額眞，則是兩黃旗有四旗，而其實則正藍一旗分爲兩也。　此與後來自將上三旗之方式不同，直是消滅一正藍旗，而由兩黃旗分轄其衆，又不逕入兩黃旗，乃成原設兩黃旗，後又分正藍旗爲新兩黃旗，皆歸自將，幾乎破八旗之定制矣。　要爲八固山少一强宗，始爲太祖遺訓痛革其理想之流

弊。

　　莽古爾泰之積釁，據實錄之已見東華錄者，所載亦夥。　其應否消滅此一固山，却與莽古爾泰之罪狀無涉。　推太祖之意，將永存八固山之制，則以其屬人更立一固山貝勒可也。　乃諸貝勒等議以歸上，太宗不能泰然承受，而曰財產七旗均分。　又命文館儒臣再議。　夫分財產非分其人眾也，結果莊田財物量給眾人，卽七旗均分之謂矣。　太宗之意，非利其財產，而特欲併其人眾，以去一偪，故不更由諸貝勒議，而由儒臣議。　儒臣乃以大都耦國亂之本也之古訓，明示八固山平列之制當除，於是有此改革。　若藍旗貝勒之罪狀，則轉爲藉端焉耳。　茲併撮其釁之所由生，爲太宗兄弟間明其變態：

　　蔣氏東華錄：太祖元妃佟甲氏，諱哈哈納札青，生子二：長褚英，次代善，繼妃富察氏名袞代，生子二：長莽古爾泰，次德格類。　此皆在孝慈高皇后來歸之前。

　　唐邦治淸皇室四譜：繼妃富察氏，名袞代，爲莽塞杜諸祜女，初適人，生子昂阿拉。　（原注：昂阿拉，天聰九年十二月，坐知莽古濟格格逆謀並處死。）後復歸太祖。　明萬歷十五年，生皇五子原封貝勒莽古爾泰。　踰數年，生削籍皇三女莽古濟格格。　二十四年，生皇子原封貝勒德格類。　天命五年，以竊藏金帛，迫令大歸。　尋莽古爾泰弒之。

　　滿洲老檔秘錄：大福晉獲罪大歸，（天命五年三月）皇妃泰察又告上（先已告宮婢納札私通達海）曰：∟大福晉以酒食與大貝勒者二，大貝勒皆受而食之；以與四貝勒者一，四貝勒受而未食。　且大福晉日必二三次遣人詣大貝勒家，而大福晉深夜私自出宮，亦已二三次矣，似此跡近非禮，宜察之。⅂　上聞此言，遂命達爾漢侍衛扈爾漢，巴克什額爾德尼，雅孫，蒙噶圖，等四人，澈底查究。　知泰察所告非虛誣。　大福晉因上曾言，俟千秋萬歲之後，以大福晉及眾貝勒悉託諸大貝勒，故傾心於大貝勒，日必二三次遣人詣大貝勒家。　每値賜宴會議之際，必豔妝往來大貝勒之側。　眾貝勒大臣雖微有所知，亦不過私自腹非，決不敢質直上聞，以觸大福晉大貝勒之忌也。　上聞言，不欲以曖昧事加罪大貝勒，乃假大福晉竊藏金帛爲詞，遣使查抄。　查抄之使至界凡，

大福晉急以金帛三包，送至達爾漢侍衞所居山上，還宮後遣人往取。　爲達爾
漢侍衞所覺，卽與查抄之使同見上曰：╚福晉私藏財物於臣家，臣豈有容受之
理！　今福晉私藏一事，臣實未知覺。　卽遣人來取，上亦未知，顯係臣家奴
婢所爲，請予澈究╛。　上聞奏，立遣人往達爾漢所居山上查察，果係屬實，
卽殺容受財物之奴婢。　蒙古福晉告查抄之使言：╚小阿哥家藏有大福晉寄存
之彩帛三百端╛。　使者聞言，往小阿哥家，果獲彩帛三百端。　又在大福晉
母家抄出銀錢盈篋。　大福晉告使者言：╚蒙古福晉處，亦存有珍珠一串╛。
使者以問蒙古福晉，蒙古福晉認爲大福晉所寄藏。　使者遂取其珠。　又聞總
兵巴都里之二妻，曾獻大福晉以精美倭段若干端；又大福晉曾以朝服私給參將
蒙噶圖之妻；以財物私給村民，祕不上聞。　使者查抄旣畢，遂將前情復奏。
上歷問村民，皆認爲大福晉所賜，且舉所得財物悉數送還。　上乃大怒，遂以
大福晉罪狀告衆曰：╚大福晉私藏金帛，擅自授受，實屬罪無可逭。　惟念所
出三子一女，遽失所恃，不免中心悲痛！　姑寬其死，遣令大歸╛。　遂取大
福晉遺留宮中之衣物，發而觀之，所有私置庋藏之物，已無多矣。　因命葉赫
之納納寬鳥珠、阿巴該、二福晉來觀，且告以大福晉之罪狀。　遂以大福晉所
製蟒緞被褥各二，衣飾若干，賜葉赫之二福晉，其餘衣物悉賜大福晉所出之公
主。　又以皇妃泰察。　不避嫌怨，首先舉發，遂命侍殮。

以上爲莽古爾泰兄弟之母。　據實錄，癸巳年九國來侵，太祖安寢，滾代皇后推醒。
問是昏昧，抑是畏懼？　則天聰間尙以皇后稱之。　至乾隆修本則改作妃富察氏。
此大歸事，實錄不載，而老檔詳之。　莽古爾泰之弒母，亦見太宗實錄，東華錄所
錄。　太宗謂皇考於莽古爾泰一無所與，故倚朕爲生。　後弒母邀功，乃令附養於德
格類貝勒家，云云，語殊矛盾。　壬子年已見莽古爾泰與太宗同擊兀喇貝勒布占太，
則固早從征伐。　後於天命元年，同爲和碩貝勒，稱三貝勒，亦稱三王，卽自有一固
山之屬人及財產。　何至倚其弟爲生，乃至天命五年以後，藉弒母邀功，始令附養於
其同母弟家耶？　語不近情，則知太宗之罪狀莽古爾泰，不必符於事實，不過欲殺兄
以殖己之勢耳。　錄如下：

東華錄：天聰五年八月甲寅，大淩河岸一臺降，攻城東一臺克之。　上出營坐

城西山岡，莽古爾泰奏曰：「昨日之戰，我旗將領被傷者多，我旗擺牙喇兵，有隨阿山出哨者，有隨達爾漢額駙營者，可取還乎」？　上曰：「朕聞爾所部兵，凡有差遣，每致違誤」。　莽古爾泰曰：「我部衆凡有差遣，每倍於人，何嘗違誤」。　上曰：「果爾，是告者誣矣。　待朕與爾追究之。　若告者誣，則置告者於法；告者實，則不聽差遣者亦置於法」。　言畢，面赤含怒，將乘馬，莽古爾泰曰：「皇上宜從公開諭，奈何獨與我爲難？　我正以皇上之故，一切承順，乃意猶未釋，而欲殺我耶」？　言畢，舉佩刀柄前向，頻摩視之。　其同母弟德格類曰：「爾此舉動大悖」！　遂以拳毆之。　莽古爾泰怒罵曰：「蠢物何得毆我」！　遂抽刀出鞘五寸許。　德格類推其兄而出。　代善見之患甚曰：「如此悖亂，殆不如死」。　上默然復坐，區處事務畢，還營，憤語衆曰：「莽古爾泰貝勒幼時，　皇考曾與朕一體撫育乎？　因一無所與，故朕推其餘以衣食之，遂倚朕爲生。　後欲希寵於皇考，弒其生母，邀功於皇考，皇考因令附養於德格類貝勒家。　爾等豈不知耶？　今莽古爾泰何得犯朕？　朕思人君雖甚英勇，無自誇詡之理，朕惟留心治道，撫綏百姓，如乘駑馬，謹身自持，何期輕視朕至此」。　怒責衆侍衞曰：「朕恩養爾等何用，彼露刃欲犯朕，爾等奈何不拔刀趨立朕前耶」？　又曰：「爾等念及皇考升遐時，以爲眼中若見此鬼，必當殺之之言乎？　乃今目覩犯朕，何竟默然旁觀，朕恩養爾輩無益矣」！　薄暮，莽古爾泰率四人，止於營外里許，遣人奏曰：「臣以椀腹飲酒四巵，對上狂言，竟不自知，今叩首請罪於上」。　上遣揚古利達爾漢傳諭曰：「爾拔刀欲犯朕，復來何爲」？　時有寨勒昂阿喇者，與俱來，並責之曰：「爾輩以爾貝勒來，必欲朕兄弟相仇害耶？　爾等如強來，朕即手刃之矣」。　拒不納。（昂阿喇即莽古爾泰異父兄。）

又：十月癸亥，大貝勒代善及諸貝勒擬莽古爾泰御前持刃罪，議革去大貝勒，降居諸貝勒之列，奪五牛彔屬員，罰馱盍甲雕鞍馬十匹進上，馱盍甲雕鞍馬一匹與代善，素鞍馬各一匹與諸貝勒，仍罰銀一萬兩入官。

以上爲莽古爾泰得罪太宗之事實，及身後所被屬人出首，則皆隱昧未逢之犯。　至其女弟莽古濟與太宗相怨之起因，乃由女嫁豪格之故。　茲并詳其始末：

武皇帝實錄：己亥年，太祖征哈達，生擒孟革卜鹵，（明作猛骨孛羅）哈達遂亡。　後太祖欲以女莽姑姬與孟革卜鹵爲妻，放還其國。　適孟革卜鹵私通嬪御，又與剛蓋通謀欲篡位，事洩誅孟革卜鹵，剛蓋，與通姦女俱伏誅。　辛丑年正月，太祖將莽姑姬公主與孟革卜鹵子吳兒戶代爲妻。　萬曆皇帝責令復吳兒戶代之國。　太祖迫於不得已，令吳兒戶代帶其人民而還。　哈達國饑，向大明開原城祈糧不與。　太祖見此流離，仍復收回。

清皇室四譜：吳爾古代夫婦復來，婦依太祖，人稱皇女爲哈達公主，亦稱哈達格格。　天命末夫亡，天聰元年十二月，復嫁瑣諾木。

清史稿公主表：有嫁瑣諾木之莽古濟公主，又稱太祖有女嫁吳爾古代，不知所自出，列爲兩人，蓋未考也。　莽姑姬之名，後修實錄刪去，故列表時失照，其實太祖之女，舊實錄省載其名，名下皆有姐字，此亦係蒙古姐耳。　至其得罪太宗，則在天聰九年：

東華錄：天聰九年九月丁巳，諸貝勒議奏，貝勒豪格，娶察哈爾汗伯奇福金，阿巴泰娶察哈爾汗俄爾哲圖福金，上俞其請。　時上姊莽古濟公主聞之曰：丄吾女尚在，何得又與豪格貝勒一妻也了。　遂怨上。　辛未，上還宮，是日移營將還。　大貝勒代善以子尼堪祜塞病，遂牽本旗人員各自行獵，遠駐營。時哈達公主怨上，欲先歸，經代善營前，代善命其福金等往邀，復親迎入帳大宴之，贈以財帛。　上聞之大怒，遣人詣代善及其子薩哈廉所，詰之曰：丄爾自牽本旗人另行另止，邀怨朕之哈達公主至營，設宴饋物，以馬送歸；爾薩哈廉，身任禮部，爾父妄行，何竟無一言耶了？

明日壬申，議大貝勒罪，幷議哈達公主罪，上皆免之。　於大貝勒罰銀馬甲冑，哈達公主亦僅禁其與親戚往來。　至十二月遂成大獄，而正藍旗爲太宗所幷。　又其先有處分鑲藍旗事：

鑲藍旗主爲二貝勒阿敏，太宗亦先於天聰四年六月乙卯，宣諭阿敏罪狀十六款。蓋以阿敏等棄永平四城而歸，因幷及他罪，免死幽禁。　奪所屬人口奴僕財物牲畜，及其子洪可泰人口奴僕牲畜，俱給濟爾哈朗。　鑲藍旗旗主遂由阿敏轉爲濟爾哈朗。其未能奪之者，濟爾哈朗原爲天命年間和碩貝勒，未能主一固山，在太祖遺屬中有四

大王四小王爲八固山之訓，後止有阿濟格多爾袞多鐸爲三小王，若增足四小王，本應無越於濟爾哈朗之上者，而鑲藍旗逐爲濟爾哈朗所專有。　至世祖入關，濟爾哈朗被貝子屯齊等訐告：當上遷都燕京時，將其所率本旗原定在後之鑲藍旗同上前行，近上立營；又將原定在後之正藍旗。　令在鑲白旗前行。　革去親王爵，降爲郡王，罰銀五千兩，奪所屬三牛彔。　此由世祖卽位時，濟爾哈朗原與睿王同爲攝政，至睿王獨定中原，功高專政，不平相軋，逐爲睿王所傾，有此微譴。　未幾復爵，及睿王薨，且極擠睿王，定其罪案，報復甚力。　此不具論。　但可證濟爾哈朗之保有鑲藍旗，又可證正藍旗併入兩黃旗，旗色未變，特於兩黃旗添設固山額眞以轄之耳。

　　兩黃兩藍正紅共五旗，旣皆考得旗主，餘兩白及鑲紅三旗，自必卽爲阿濟格多爾袞多鐸所主。　三人皆一母所生，阿濟格固用事在天命間，而多爾袞多鐸於太祖崩時，一年止十五，一止十三，乃先諸兄而均主全旗，自緣母寵子愛。　英雄末年，獨睿少子，太宗乃挾諸貝勒逼三人之母身殉，此亦倫理之一變，爲淸室後來所諱言。惟武皇帝實錄詳載之，改修實錄旣定，一代無知此事者。　今錄舊實錄文如下：

　　武皇帝實錄：天命十一年八月十一日庚戌未時崩，在位十一年，壽六十八。爲國事子孫，早有明訓，臨終逐不言。　及羣臣輪班以肩帝柩，夜初更至瀋陽。　（帝不豫詣淸河溫泉沐養，大漸囘京，崩于靉雞堡，離瀋陽四十里。）入宮中，諸王臣幷官民哀聲不絕。　帝后原係夜黑國主楊機奴貝勒女，崩後復立兀喇國滿泰貝勒女爲后，饒丰姿，然心懷嫉妬，每致帝不悅。　雖有機變，終爲帝之明所制，留之恐後爲國亂，預遺言於諸王曰：乚俟吾終必令殉之冂！諸王以帝遺言告后，后支吾不從。　諸王曰：乚先帝有命，雖欲不從，不可得也冂！　后逐服禮衣，盡以珠寶飾之，哀謂諸王曰：乚吾自十二歲事先帝，豐衣美食已二十六年：吾不忍離，故相從于地下！　吾二幼子多兒哄、多鐸，當恩養之冂！　諸王泣而對曰：乚二幼弟，吾等若不恩養，是忘父也！　豈有不恩養之理冂？　于是后於十二日辛亥辰時，自盡，壽三十七。　乃與帝同柩，巳時出宮，安厝於瀋陽城內西北角，又有二妃阿跡根，代因扎，亦殉之。

錄言爲國事子孫，早有明訓，臨終逐不言，明乎六月二十四日之遺囑，旣口語，又書示，乃太祖末命之最要根據也。　本錄此論後逐接七月二十三日之帝不豫，以至八月

十一之崩，更無一語，所謂臨終遂不言也。　後修實錄，於不豫前竄入閒冗之論文數則，詞意不貫，其敍殉葬事則云：

> 先是孝慈皇后崩後，立烏喇國貝勒滿太女爲大妃。　辛亥辰刻，大妃以身殉焉，年三十有七。　遂同時而殮。　巳刻恭奉龍輿出宮，奉安梓宮於瀋陽城中西北隅。　又有二庶妃亦殉焉。

今以太祖立國之計言之，以八固山平列，阿濟格等同母兄弟得三固山，倘以一母聯綴於其上，勢最雄厚，五固山均覺畏之，去其總挈之人，可使分析，乘多爾袞多鐸尙無成人能力時，一阿濟格不能抗，特矯遺命以壓迫之，可推見也。　太祖特因寵其母而厚其子，不思其所終極而適以害之。　以八分立國，根本涉於理想，子孫世世能矯正之，於親屬爲寡恩，於數典爲忘祖，然爲國家長久計，亦有不得已者，此亦貽謀之不善耳！　兹更舉兩白旗屬睿豫二王之證：

> 東華錄：順治八年正月甲寅，議和碩英親王阿濟格罪。　先是攝政王薨之夕，英王阿濟格赴喪次，旋卽歸帳。　是夕，諸王五次哭臨，王獨不至。　翌日，諸王勸請方至，英王於途遇攝政王馬羣厮卒，鞭令引避，而使己之馬羣厮卒前行。　第三日，遣星訥、都沙問吳拜、蘇拜、博爾惠、羅什，曰：Ｌ勞親王（英王子名勞親）係我等阿哥，當以何時來ㄱ？　衆對曰：Ｌ意者與諸王偕來，或卽來卽返，或隔一宿之程來迎，自彼至此，路途甚遠，年幼之人，何事先來ㄱ！　蓋因其來問之辭不當，故漫應以遣之。　吳拜蘇拜博爾惠羅什等私相謂曰：Ｌ彼稱勞親王爲我等阿格，是以勞親王屬於我等，欲令附彼。　彼旣得我輩，必思奪政ㄱ。　於是覺其狀，增兵固守。　又英王遣穆哈達召阿爾津僧格，（二人豫王屬下人。）阿爾津以自本王薨後，三年不詣英王所矣，今不可遽往，應與攝政王下諸大臣商之。　於是令穆哈達回。　遂往告公額克親，及吳拜、蘇拜、博爾惠、羅什。　額克親謂阿爾津曰：Ｌ爾勿怒且往，我等試觀其意何如？ㄱ　英王復趣召，阿爾津僧格乃往。　英王問曰：Ｌ不令多尼阿格詣我家，（豫王子名多尼）攝政王曾有定議否ㄱ？　阿爾津等對曰：Ｌ有之，將阿格所屬人員置之一所，恐反生嫌，故分隸兩旗，正欲令相和協也。　攝政王在時旣不令之來，今我輩可私來乎？　此來亦曾告之諸大臣者ㄱ。

英王問曰：乚諸大臣爲誰ㄱ？　　阿爾津僧格對曰：乚我等之上有兩固山額眞，兩議政大臣，兩護軍統領，一切事務或啓攝政王裁決，或卽與伊等議行ㄱ。

英王曰：乚前者無端謂我憎多尼多爾博，（二人皆豫王子，多尼襲豫王爵，多爾博嗣睿王。）　我何爲憎之？　我曾拔劍自誓，爾時吳拜蘇拜博爾惠羅什等遂往告之，自此動輒恨我，　不知有何過誤ㄱ？　　旣又曰：乚退讓者乃克保其業，被欺者反能守其家ㄱ。　（此二語蓋謂豫睿二王皆死，而已獨存。）　又言：乚曩征喀爾喀時，（順治六年十月，睿王征喀爾喀。）兩日風大作；每祭禑金，（順治六年十二月，睿王元妃薨。）　皆遇惡風。　（蓋謂睿王多遭天譴。）　且將勞親取去，見居正白旗，（睿王之旗爲正白）爾等何爲不來，意欲離間我父子耶ㄱ？　阿爾津僧格對曰：乚似此大言，何爲向我等言之！　王雖以大言抑勒，我等豈肯罔顧殺戮，而故違攝政王定議乎？ㄱ　英王曰：乚何人殺爾ㄱ？　　阿爾津僧格曰：乚倘違攝政王定議，　諸大臣白之諸王，能無殺乎ㄱ？　於是英王大怒，呼公傅勒赫屬下明安圖曰：乚兩旗之人，戈旗森列，爾王在後何爲？　（兩旗謂睿豫二王之兩白旗，爾王謂多尼，時兩旗惟一王。）可速來一戰而死ㄱ？　　阿爾津僧格起欲行，英王復令坐曰：乚不意爾如此，爾等係議政大臣，可識之！　異日我有言，欲令爾等作證ㄱ。　　阿爾津僧格對曰：乚我等有何異說，兩旗大臣如何議論，我等卽如其議ㄱ。　（睿王嗣子卽豫王子，時兩白旗爲一。）　語畢還，具告額克親、吳拜、蘇拜、博爾惠、羅什。　於是額克親、吳拜、蘇拜、博爾惠、羅什、阿爾津、議曰：乚彼得多尼王，卽欲得我兩旗；旣得我兩旗，必强勒諸王從彼；諸王旣從，必思奪政：諸王得毋誤謂我等以英王爲攝政王親兄，因而嚮彼耶？　夫攝政王擁立之君，今固在也。　我等當抱王幼子，依皇上以爲生ㄱ。　遂急以此意告之諸王，鄭親王及親王滿達海曰：乚爾兩旗向屬英王，（向下當有不字）英王豈非誤國之人！　爾等係定國輔主之大臣，豈可嚮彼！　今我等旣覺其如此情形，卽當固結謹密而行。　彼旣居心若此，且又將生事變矣ㄱ。　迨薄暮設奠時，吳拜蘇拜博爾惠羅什欲共議攝政王祭奠事。　英王以多尼王不至，隨於攝政王帳前繫馬處，乘馬策鞭而去。　端重王獨留，卽以此事白之端重王。　端重王曰：

└爾等防之，回家後再議。┐　　又攝政王薨之次日，英王曾謂鄭親王曰：└前征喀爾喀時，狂風兩日，軍士及厮養逃者甚多；福金薨逝時，每祭必遇惡風，守皇城柵欄門役，竟不著下衣。┐　　又言攝政王曾向伊言：撫養，多爾博，予甚悔之。　　且取勞親入正白旗，王知之乎┐？　　鄭親王答曰：└不知┐。　　又言：└兩旗大臣甚稱勞親之賢┐。　　此言乃鄭親王告之額克親吳拜蘇拜博爾惠羅什者。　　又謂端重王曰：└原令爾等三人理事，今何不議一攝政之人┐？又遣穆哈達至端重王處言：└曾遣人至親王滿達海所，王已從我言，今爾應爲國政，可速議之┐。　　此言乃端重王告之吳拜蘇拜博爾惠羅什者。　　至石門之日，鄭親王見英王佩有小刀，謂吳拜蘇拜博爾惠羅什等曰：└英王有佩刀，上來迎喪，似此舉動叵測，不可不防┐。　　是日，勞親王率人役約四百名將至，英王在後見之，重張旗纛，分爲兩隊，前並喪車而行。　　及攝政王喪車旣停，勞親王居右坐，英王居左坐，其舉動甚悖亂。　　於是額克親吳拜蘇拜博爾惠羅什阿爾津集四旗大臣盡發其事。　（四旗當是兩白兩藍，說見下。）諸王遂撥派兵役，監英王至京。　　又於初八日，英王知攝政王病劇，乃於初九日早，遣人往取茝丹之女。　　以上情罪，諸王固山額眞議政大臣會鞫俱實，議英王阿濟格應幽禁，籍原屬十三牛彔歸上。　　其前所取叔王七牛彔撥屬親王多尼，（叔王卽豫王，所取七牛彔，卽前所云阿格所屬分隸兩旗者也。）　　投充漢人出爲民，其家役量給使用，餘人及牲畜俱入官。　　勞親王先欲迎喪，令阿思哈白於敬謹王順承王，二王勿許。　　後英王欲謀亂，密遣人召勞親王多率兵來，令勿白諸王。　　勞親王遂不白諸王，擅率兵前往，應革王爵，降爲貝子，奪攝政王所給四牛彔。　（挾有四牛彔，是以能率兵來應，所率約四百人，其調發之權力可知。）

兩白旗爲睿豫二王所有，尚待下詳，此已明正白之爲睿王旗矣。　　細尋其跡，每旗或每牛彔，旣屬某王，卽調發由己，　不關朝廷，　可見太祖所定八固山並立之制難與立國。　　時經太宗力圖改革，祖訓不易全翻，其象如此。

阿濟格與多爾袞相較，明昧之相距太遠。　　清初以多爾袞入關，卽是天祐。　至天下稍定，八固山之不能集權中央，又不無因攝政之故。　　沖主與強藩，形成離立，

若英王亦有睿王意識，當睿王之喪，奔赴急難，扶植兩白旗，爲兩旗之人所倚賴，則席攝政之威，挾三旗之力，（兩白正藍三旗一，其說詳下。）中立之兩紅旗不致立異，懷忿之鑲藍旗不敢尋仇，世祖雖欲收權，尚恐大費周折。乃又英王自効驅除，鄭王乘機報復，先散四旗之互助，再挾天子以臨之。英王旣除，睿豫二王僅有貌孤，登時得禍，一舉而空四旗，大權悉歸公室，此所謂天相之矣。

正藍旗亦屬睿豫二王旗下之經過，更當細考。此旗本係三貝勒莽古爾泰所主，天聰六年，已歸太宗自將，至順治八年，當攝政睿王故後，漸發露睿王之罪，及正藍旗爲睿王所有：

東華錄：順治八年二月癸未，初羅什、博爾惠、額克親、吳拜、蘇拜、等五人出獵歸，越數日，謂兩黃旗大臣曰：∟攝政王原有復理事端重王敬謹王親王之意⌐。時兩黃旗大臣卽察見其言動不順。又端重王謂兩黃旗大臣云：∟羅什敬我，過於往日，彼曾召隋孫言：攝政王有復以端重王爲親王之意。（順治六年三月，二王由郡王進親王，七年二月命理事，八月以事復降郡王。）已告知兩黃旗大臣矣⌐。又穆爾泰往視博爾惠病時，博爾惠言：∟攝政王原有復理事兩王爲親王之意，我等曾告於兩黃旗大臣，今兩王已爲親王否⌐？於是穆爾泰歸語額爾德赫。額爾德赫云：∟此言關係甚大，爾旣聞之，可告之王⌐。穆爾泰懼，未以告，而額爾德赫告於敬謹王。王因遇有頒詔事，黎明至朝會處，遂以告端重王，旣入朝房，又以告鄭親王。其時端重王同兩黃旗相會云：∟此爲我輩造釁耳，可訴之鄭親王⌐。敬謹王云：∟博爾惠所語穆爾泰之言，予先曾告知端重王，入朝房後，又以告知鄭親王矣⌐。於是二王及兩黃旗大臣跪訴於鄭親王。兩黃旗大臣言：∟羅什、博爾惠、額克親、吳拜、蘇拜、等，皆有是言，來告我等。旣又私謂二王，皆我等兩黃旗大臣，遲延其事耳。夫二王乃理事王也，若非二王發伊等之奸，豈不令二王與我等爲仇，而伊等得以市其諂媚乎⌐？又前撥正藍旗隸皇上時，業已以和洛會爲滿洲固山額眞，侍衞顧納代爲護軍統領，阿喇善爲蒙古固山額眞。攝政王言：『予旣攝政，側目於予者甚多，兩黃旗大臣侍衞等，人皆信實，予出外欲賴其力，以爲予衞，俟歸政然後隸於上』。其時曾致一書於貝勒拜尹

圖，一書於譚泰。　此諸王及朝中大臣所共知也。　又將無用之巴爾達齊撥於黃旗，而不與正藍旗，此豈羅什博爾惠等所不知乎？　（言知睿王約正藍旗俟歸政後仍隸於上。）　羅什自恃御前大臣，陰行蠱惑，爲欺罔唆搆之行，以多尼王歸正藍旗，給多爾博阿格兩旗，而分爲三旗，其意將奈誰何？　（當謂其意誰奈之何）今照此分給，是皇上止有一旗，而多爾博反有兩旗矣丁。　於是鄭親王以下，尚書以上，公鞫之。　以羅什博爾惠動謂搖國事，蠱惑人心，欺罔唆搆，罪狀俱實，應論死，籍其家。

據此錄，當時攝政王已薨，其旗下用事之人。　猶以故見傳王意，卽欲指揮天子之大臣，自成罪狀。　天子之大臣。　亦僅稱兩黃旗大臣，則以八固山平列，幾乎復太祖所定故事矣。　端重敬謹兩王，本媚事睿王而得理事及親王之爵，旣降而復，當亦求之於睿王，而得其生前之允許者。　至是睿王屬人爲傳睿王意，有惠於兩王，而兩王見朝局將變，反爲舉發之人，分其財物。　至十六年乃議其諂媚睿王，王死飾爲素有嫌怨，分取人口財物之罪。　時二王亦已前卒矣。

　其中敍睿王取正藍旗於天子自將之日，其立說爲兩黃旗人多信實，足恃爲禁衞之用，已則出外需加衞兵，調取歸己，俟歸政同時還返。　王旣死，而羅什輩以多尼入正藍旗，多尼原有之旗。　併歸其弟嗣睿王之多爾博，是此時正藍旗爲多尼所主矣。至云照此分給，皇上止有一旗，多爾博反有兩旗，蓋謂將無用之巴爾達齊由睿王當時撥於黃旗，已將黃旗分隸無用之人，　雖有兩黃旗而實止一旗，　多爾博則獨擅兩白旗也。　多尼之調正藍旗事在七年十二月乙巳，睿王已死後十七日。

　東華錄：順治七年十二月乙巳，議政大臣會議英親王罪。　（議罪事詳書於後十日，明年正月甲寅，此時蓋未定議。）　旣集，上命譚泰吳拜羅什傳諭議政王大臣等曰：「國家政務，悉以奏朕。　朕年尚幼，未能周知人之賢否。　吏刑工三部尚書缺員，正藍旗一旗緣事，固山額眞未補，可會推賢能之人來奏。諸王議政大臣遇緊要重大事情，可卽奏朕。　其諸細務，令理政三王理之丁。諸王大臣議奏：吏刑戶三部。　事務重大，應各設尚書二員，吏部擬公韓岱，譚泰，刑部擬濟席哈、陳泰，戶部擬巴哈納、噶達渾，工部擬藍拜。　調王多尼於正藍旗，以公韓岱爲固山額眞，阿爾津爲護軍統領。

是時世祖未親政，親政禮行於明年正月庚申，今之稱上命會議，所議皆睿王意指；傳
諭之譚泰吳拜羅什皆睿王用事之人；所傳之諭，當亦是名義如此：其實皆攝政餘威
也。　多尼之調正藍旗，即在會議中決之。　至明年二月，則以爲羅什等之罪狀矣。
其前正月十九日，尚追尊睿王爲成宗義皇帝，妃爲義皇后，同祔太廟。　王氏東華錄
已削之，蔣錄具在。　今原詔書亦存，是爲親政後八日。　二月癸未爲初五日，旣議
羅什等罪，再逾十日癸巳，則有蘇克薩哈等首告睿王而追論其罪。　蔣錄所載，亦較
王錄敍睿王罪狀多出自稱皇父攝政王，又親到皇宮內院等語。　又有批票本章，槪用
皇父攝政王之旨，不用皇上之旨，又悖理入生母於太廟等語。　其處分之詞，王錄則
云：し將伊母子並妻所得封典，悉行追奪ㄱ，蔣錄則云：し將伊母子倂妻，罷追封，
撤廟亨，停其恩赦ㄱ。　一則尋常處分人臣之語，一則曾經祔廟肆赦，尊以帝號後之
追削也。　昭示罪狀詔書，首言皇上沖年，將朝政付伊與鄭親王共理，多爾袞獨專威
權，不令鄭親王預政，是則怨毒之所在，猶是鄭睿二王之反覆，故自瞭然。　世祖之
不慊於攝政，在詔書內，以威偪肅王，使不得其死，遂納其妃，爲最重大。　則肅王
固世祖長兄，其欲爲報怨宜也。

　　睿王之功罪，後來自有高宗之平反，不足置論。　惟其爲兩黃兩白旗分之爭，則
據東華錄尚有顯然可據者：

　　　東華錄：順治八年四月辛亥，駐防河間牛彔章京碩爾對，以戶部諸臣給餉不
　　　均，於駐防滄州兩白旗兵丁，則給餉不絕，於駐防河間兩黃旗兵丁，則屢請不
　　　發，訐告尙書覺羅巴哈納等。　部議巴哈納阿附睿王，曾撥令隨侍皇上，乃依
　　　戀不去，又將庫內金銀珠帛等物私送睿王府中，又私厚兩白旗兵丁，給餉不
　　　絕，有意刻待兩黃旗兵丁，竟不予餉。

以此益證明睿王所主者兩白旗，本係正白而又兼領豫王故後之鑲白旗也。　正藍則取
之朝廷，睿王遂有三旗。　至英王則本不理於攝政時，未能一致爲用，但其旗分，則
其他七旗皆有確實主名，惟餘鑲紅一旗應爲英王所主，但無可據，尚不如謂克勤郡王
所主。　其說見下。

　　清一代所紀八旗，分上三旗爲天子自將，下五旗爲諸王貝勒貝子公分封之地。
上三旗爲兩黃正白。　夫兩黃之屬天子，太宗嗣位時早如此，已見前矣。　正白則攝

政時確屬睿王，其歸入上三旗，必在籍沒睿王家產之日。　英睿二王皆為罪人，當時朝廷力能處分者，蓋有兩白正藍鑲紅四旗。　其鑲白旗，以豫王已前歿，此時難理其罪。　世祖既取睿王之正白旗，仍放正藍鑲紅兩旗。　為任便封殖宗藩之用。　但非八貝勒原來之舊勢力，則固已不足挾太祖遺訓，與天子抗衡。　而正紅之禮王代善，鑲藍之鄭王濟爾哈朗。　各挾舊日之固山，亦已孤弱。　今檢順治以後，下五旗之設定包衣佐領，則知皇子以下就封，由朝廷任指某旗，入為之主，亦一旗非復一主。從前一旗中有爵者亦不止一人，但多係本旗主之親子弟，若德格類之亦稱藍旗貝勒，則固莽古爾泰之同母弟也。　其他類推。

> 東華錄：康熙四十八年正月甲午，諭滿漢諸臣，中有云：∟馬齊佟國維與允禩為黨，倡言欲立允禩為皇太子，殊屬可恨「！　又云：∟馬齊原係藍旗貝勒德格類屬下之人，陷害本旗貝勒，投入上三旗，問其族中有一人身歷戎行而陣亡者乎「？

據聖祖之言，藍旗貝勒為德格類。　在天聰六年。　治藍旗貝勒莽古爾泰之罪，牽及德格類。　今觀此諭，則德格類亦在藍旗中稱貝勒，亦自有屬人，亦似與其兄各分所轄者。　當時一旗容一旗之子弟，如濟爾哈朗未得阿敏之遺業時，亦必在阿敏之鑲藍旗中，自有分得之所屬。　太祖於八固山。　本以八家為言，指其所愛或所重，為八固山之主，而其餘子弟，固皆待八固山收卹之。　特由各固山自優其所親，非其所親，則屬旗下為屬人而已。　太祖之制，本不得為通法，太宗以來，刻刻改革，至睿王而固山之畛域又加强固。　英王內訌，仇敵得間，乃一舉而奉之朝廷，此八固山制之一大變革也。　今檢嘉慶初所成之重修八旗通志，於其下五旗設立之包衣佐領，可見各旗之入而為主之王公，皆時君隨意指封，略無太祖八固山之遺意矣。

考包衣之名，∟包「者，滿洲語家也。　房屋亦謂之包，蒙古氊帳，謂之∟蒙古包「，世以其為氊帳而始名包，其實不然，即謂蒙古人之家耳，雖不氊帳亦當謂之包也。　∟衣「者，虛字，猶漢文之字。　∟包衣牛彔額眞「即∟家之佐領「。　旗制以固山額眞後改名都統者，為一旗之長官。　在八貝勒尊貴時，都統乃本旗旗主之臣，君臣之分甚嚴。　然八旗之臣，合之亦皆當為國家効力。　佐都統者每旗兩梅勒額眞，額眞既改章京，又改漢名為副都統。　下分五甲喇，始稱甲喇額眞，繼改甲喇

章京，又改漢名爲參領。　　一參領轄五牛彔，始稱牛彔額眞，繼改牛彔章京，又改漢名爲佐領。　　此皆以固山之臣，應効國家之用。　　別設包衣參領佐領，則專爲家之輿臺奴僕，卽有時亦隨主馳驅，乃家丁分外之奮勇，家主例外之報効，立功後或由家主之賞拔，可以擢入本旗。　　此下五旗包衣之制也。

上三旗則由天子自將，其初八旗本無別，皆以固山奉職於國，包衣（二字原不成名詞，後則作爲職名。）　奉職於家。　　其後上三旗體制高貴，奉天子之家事，卽謂之內廷差使，是爲內務府衙門。　　內務府大臣原名包衣昂邦，昂邦者總管之謂。　　凡各省駐防，必設昂邦章京，後卽改名總管。　　其源起於世祖入關，於盛京設昂邦章京，卽漢文中之留守。　　後推之各省駐防，又改名爲將軍，其下轄副都統。　　所以不稱都統者，都統專理旗務，留守及駐防對一省有政治之關係，非止理本旗之務也，是以謂之總管。　　而包衣昂邦。　　實爲家之總管，當其稱此名時，猶無特別尊嚴之意，至稱內務府大臣，在漢文中表示爲天子瞀御之長，其名義亦化家爲國矣。

清代宮禁，制御奄官，較明代爲清肅，此亦得力於內務府之有大臣。　　縱爲旗下人所任之官，究非刑餘私暱，若明之司禮秉筆等太監比也。　　清代因其家事，原在部落時代，爲兵法所部勒，故較漢人認婦人女子爲家者有別。　　清之內務府。　　可比於各君主國之宮內省，不至如明代宮閣之黑闇，此由其故習而來。　　世祖雖設十三衙門，復明之宦官，非固山耳目所習，故世祖崩而又復包衣之舊。　　夫上三旗已化家爲國，不復爲宗藩私擅之資，可以別論。　　欲考見八固山遷流之跡，亦能化家爲國，一固山非復一家獨擅之武力。　　雖裁之以法制，倚待世宗之朝，而順康以來，以漸蛻化，直至乾隆末爲止，見之八旗通志者，輯而錄之，可見其絕非太祖制定之八固山，亦非順治初諸王分占之八旗矣。

八旗通志　上三旗 鑲黃　正黃　正白 包衣佐領不著編立所由。

　下五旗

　一正紅　包衣參領五　第一參領下佐領一分管二

　　　　　　　　　　　　第二參領下佐領二管領二

　　　　　　　　　　　　第三參領下佐領一分管二

　　　　　　　　　　　　第四參領下佐領一分管二

第五參領下佐領一分管三

第一參領第一滿洲佐領　謹按此佐領係國初隨禮烈親王編立，原係世管，乾隆十六年。　因本族無現任五品以上應襲之員，經本旗奏改爲公中佐領。　又乾隆十八年，將第三參領所屬第二分管繳回，所有人丁，併入本佐領內。　（禮烈親王卽大貝勒代善。　清初分屬時，此旗原爲代善所主，故溯其由來，猶有遺跡。）

第一參領第一滿洲分管　謹按此公中分管，係國初隨謙襄郡王編立。　（謙襄郡王卽代善子瓦克達。）

第一參領第二滿洲分管　謹按（同上）

第二參領第一滿洲佐領係於第一參領內撥出。

　　　　第二滿洲佐領係於第三參領內撥出。

　　　　第一管領亦係於第三參領內撥出。

　　　　第二管領係於第四參領內撥出。

第三參領第一滿洲佐領　謹按此佐領係國初隨禮烈親王編立，原係世管，乾隆七年，因本族無五品以上現任應襲之員，經本旗奏改公中佐領。　又乾隆十八年，將本參領所屬第二分管繳回，所有人丁併入本佐領。

第三參領第一旗鼓分管　謹按此分管係國初隨禮烈親王編立，乾隆十八年。　本參領第二分管繳回時所有人丁併入本分管。

第三參領原第二分管　謹按此分管係雍正年間康修親王之子永恩。　賜封貝勒時編立，乾隆十八年，貝勒襲封王爵，將此分管繳回，分併在王分各佐領分管下。

（永恩，代善玄孫，卽作嘯亭雜綠昭槤之父。）

第四參領第一滿洲佐領　謹按此佐領係順治年間隨恭惠郡王編立。　（恭惠郡王亦代善孫，卽順承郡王勒克德渾。）

第四參領第一旗鼓分管　謹按此分管係順治年間隨恭惠郡王編立。

　　　　第二旗鼓分管　謹按（同上）

第五參領第一滿洲佐領　謹按此佐領係順治年間隨貝勒杜蘭編立。　（杜蘭亦代善孫，父顏親王薩哈廉，勒克德渾爲薩哈廉第二子，杜蘭爲薩哈廉第三子。）

第一旗鼓分管　　謹按此分管（同上）

第二旗鼓分管　　謹按（同上）

第三旗鼓分管　　謹按（同上）

　　皆公中

由此可見正紅旗為代善世有，久而不變。　　惟勒克德渾之後亦為鐵帽王，其受封之旗
分，亦在正紅，則此旗旗主已分屬兩世襲罔替之王，其餘暫分之王具勒不論。

二鑲白　包衣參領五　第一參領下佐領三管領四

　　　　　　　　　　第二參領下佐領一新增佐領二管領四新增管領一分管一

　　　　　　　　　　第三參領下佐領一管領四

　　　　　　　　　　第四參領下佐領一管領四

　　　　　　　　　　第五參領下佐領一管領三分管二

第一參領第一滿洲佐領係國初編立。

　　　　第二滿洲佐領亦係國初編立。

　　　　第三滿洲佐領係順治元年編立。

　　　　第一管領係康熙四十八年自第一佐領內分出。

　　　　第二管領亦（同上）

　　　　第三管領亦（同上）

　　　　第四管領亦（同上）

第二參領第一滿洲佐領係雍正十三年增立。

　　　　第一管領亦（同上）

　　　　新增第二佐領乾隆四十四年多羅儀郡王（高宗第八子永璇）分封時增立。

　　　　原第二管領亦係雍正十三年增立。

　　　　新增第一管領乾隆四十四年多羅儀郡王分封增立。　　謹按第一第二管領於
　　　　　　乾隆二十八年和碩履親王（聖祖十二子允祹）薨後，封多羅履郡王時裁
　　　　　　汰。　（履郡王永瑆，高宗第四子，嗣履親王後。）

　　　　原第三管領亦係雍正十三年增立。

　　　　原第四管領亦（同上）　　謹按第三第四管領，並於乾隆四十二年，多羅履

郡王薨後，封貝勒綿懿時裁汰。

第一分管係雍正九年編立。

第三參領第一滿洲佐領

原第一管領係康熙六年自內務府分出。　謹按此管領於乾隆五十一年，和碩裕親王薨後，多羅裕郡王襲封時裁汰。　（和碩裕親王，爲世祖第二子福全所受爵，乾隆五十一年之裕親王，乃福全孫廣祿，襲郡王乃廣祿子亮煥。

第二管領亦（同上）

第三管領亦（同上）

第四管領亦（同上）

第四參領第一滿洲佐領係康熙三十九年分立。

第一管領亦（同上）

第二管領係康熙四十八年編立。

原第三管領亦（同上）　謹按此管領於乾隆四十年和碩恒親王薨後多羅恒郡王襲封時裁汰。　（恒親王爲聖祖五子允祺爵，乾隆四十年薨者允祺子弘晊。　襲郡王者弘晊子永皓。

第四管領亦（同上）　謹按此管領於乾隆五十四年郡王降襲貝勒時裁汰。

第五參領第一滿洲佐領初係包衣昂邦（漢文稱總管內務府大臣）瑚彌塞管理　謹按此佐領係康熙十四年封純親王時由鑲黃旗包衣分出。　（純親王爲世祖第七子隆禧，康熙十三年封。）

第一管領係康熙十四年分立。

第二管領亦（同上）　謹按此管領多羅淳郡王薨後乾隆四十二年永鋆襲封貝勒時裁汰。　（聖祖七子允祐，封淳親王，子弘暻，襲郡王。）

原第三管領亦（同上）

下脫二分管。

此旗原屬豫王多鐸，順治八年，睿王獲罪，豫王牽及，此旗中已無豫王遺跡，爲世祖以下諸帝之子，陸續分封。

　　三鑲紅　　包衣參領五　　第一參領下佐領二旗鼓一管領四

　　　　　　　　　　　　　　第二參領下佐領二分管二管領三

　　　　　　　　　　　　　　第三參領下佐領一分管六

　　　　　　　　　　　　　　第四參領下佐領一管領一分管五

　　　　　　　　　　　　　　第五參領下佐領一管領一分管五

　第一參領第一佐領係國初編立。

　　　　第二佐領亦（同上）

　　　　第一旗鼓佐領係雍正年間隨莊親王分封時立，王府派員兼管。　　（雍正元

　　　年，以弟聖祖十六子允祿嗣太宗孫博果鐸之莊親王，博果鐸之父為太宗

　　　七子承澤親王碩塞。）

　　　　第一佐領下第一管領係雍正七年增立。

　　　　第二管領係（同上）

　　　　第三管領亦（同上）

　　　　第四管領亦（同上）　　謹案此管領裁汰。

　第二參領第一佐領亦係國初編立。　　謹案此參領下佐領管領俱隨克勤郡王分封時

　　　　立。　　（崇德間，追封代善第一子岳託，為克勤郡王，子羅洛渾改衍禮

　　　郡王，孫改平郡王，至玄孫訥爾蘇，當康熙四十年起，至雍正四年，正

　　　為平郡王，子福彭，孫慶明，皆襲號平郡王，乾隆十五年，從弟慶恆襲，

　　　四十三年，復克勤號。）

　　　　第二佐領亦（同上）

　　　　第一佐領下第一分管亦係雍正七年增立。

　　　　　　第二分管亦（同上）

　　　　第二佐領下第一管領亦（同上）

　　　　　　第二管領亦（同上）

　　　　　　第三管領亦（同上）

　第三參領第一佐領亦係國初編立　　謹案此佐領隨貝勒褚英分封時立。　　（褚英太祖

　　　長子誅。）

新增第一佐領係乾隆五十一年隨貝勒綿懿分封時立。

　　　下第一管領係（同上）

　　　第二管領係（同上）　綿懿父高宗第三子永璋，封循郡王，
　　其本生父卽成親王永瑆，清代親王以能書名。）

　　　第一分管原隸第一參領內，初爲管領，康熙五十年改爲分
　　管，雍正七年由第一參領撥隸。　謹案此分管隨奉恩輔
　　國公絕克塔分封時立。　　（絕克塔遍檢未得，其分封時
　　立此分管。　　如卽爲改分管時，則在康熙五十年，如併
　　在初爲管領時，則當更早。　　若以輔國公之爵名，及絕
　　克塔之對音字當之，則阿敏之曾孫齊克塔。　　於康熙二
　　十五年封輔國公，或是。）

　　　第一分管係雍正七年增立。

　　　第二分管（同上）

　　　第三分管（同上）

　　　第四分管（同上）

　　　第五分管（同上）　　謹案此五分管，俱隨貝勒褚英設立。

　　　（上本參領下第一佐領，言係國初編立，而案語又言係
　　隨褚英分封時立，則褚英非雍正七年始封也。　　此云雍
　　正七年增立，又云隨褚設立，殆褚英時已立而廢，雍正
　　七年乃復立，逢以後立爲增立耶？）

第四參領第一佐領亦係國初編立　謹案此佐領係隨貝勒喀爾初琿分封時立。　　（喀
　爾初琿，岳託二子。　　皇子表作喀爾楚渾。　　順治六年，由鎮國公晋貝勒，蓋亦
　克勤郡王之支裔，知此旗爲褚英誅後，轉入代善子克勤王屬。）

　　　新增第二佐領係乾隆四十六年隨貝勒綿億分封時立。　　（綿億爲高宗第五
　　子永琪之第五子。）

　　　　　下第一管領係（同上）

　　　　　第二管領係（同上）

原第三佐領下第二管領係雍正七年由第一參領撥隸 。　　謹案管領久經裁

汰。　　（佐領亦不見管理人，其併裁耶？　　抑卽第一參領下之原第三佐

領，案語亦謂裁汰者耶？）

第四佐領下第一分管係雍正七年增立。

　　　　第二分管係（同上）

　　　　第三分管係（同上）

　　　　第四分管係（同上）　　謹案此四分管俱係隨貝勒巴思漢設立。

　　　　　　（岳託第二子，順治六年，由鎮國將軍晉，皇子表作巴思哈，

　　　　　　亦順承王系。）

第五佐領下第五分管係雍正七年由第三參領撥隸。　　謹案此分管係隨貝勒

褚英設立。

第五參領第一佐領亦係國初編立。

　　　　下第一分管係康熙十七年分立。

原第二佐領下第一管領係雍正七年由第一參領撥隸。

第三佐領下第二分管係雍正七年由第三參領撥隸。

　　　　第三分管係（同上）

　　　　第四分管係（同上）

　　　　第五分管係（同上）

以上下五旗包衣參領所屬佐領管領分管等，例隨各王公封爵增減，鑲紅旗包衣

參領，舊轄佐領九員，管領十一員，分管十九員，彙管二員，乾隆元年。　　撥

去佐領一員，管領三員，新增佐領二員，管領四員。

此旗祗有克勤王遺跡，及褚英亦有遺跡，至莊王則在雍正時封入，可不論。　夫褚英

被罪時，八旗尚未分定，未必有分封故事，或封其子杜度，卽以爲名耶？　克勤王在

此旗所分包衣甚多，自是此旗旗主。　　康熙四十五年，曹寅摺，聖祖指令以鑲紅旗王

子爲其壻。　當時以克勤王後之平郡王。　爲鑲紅旗主。

　四正藍　包衣參領五　第一參領下佐領三管領一分管四

　　　　　　　　　　　第二參領下佐領五管領一分管四

第三參領下佐領三分管九

第四參領下佐領三管領五

第五參領下佐領五管領一分管五

第一參領新增第一佐領係乾隆二十五年增立。

　　新增第二佐領係乾隆二年和親王分府時設立。　（世宗第五子弘晝，雍正

　　十一年封和親王。）

　　新增第三佐領係（同上）

　　新增第一管領係（同上）

　　第一分管係雍正四年編立。

　　第二分管

　　第三分管

　　第四分管

第二參領新增第一佐領係乾隆二十五年增立。

　　新增第二佐領係乾隆二年誠親王分府時設立。　（聖祖第二十四子允祕，

　　雍正十一年封誠親王。）

　　新增第三佐領係（同上）

　　第四佐領　謹按此佐領係國初饒親王分封時設立。　（饒親王當即饒餘親

　　王，太祖七子阿巴泰，崇德元年。　由貝勒加封號饒餘，順治元年。

　　晉饒餘郡王，三年薨，康熙元年追封親王，當是順元郡王封。

　　第五佐領

　　新增第一管領係乾隆二年誠親王分府時設立。

　　第一分管

　　第二分管係順治九年編立。

　　第三分管亦（同上）

　　新增第四分管係乾隆三十九年。　弘旿封貝子設立。　（弘旿，誠親王第

　　二子。）

第三參領第一佐領　謹按此佐領係康熙十四年恭親王分封時設立。　（世祖第五子

常頸，康熙十年封恭親王。）

第二佐領　謹按（同上）

第三佐領　謹按此佐領原設第五叅領所屬第一佐領，乾隆四十三年分封睿親王，將此佐領移入。

第一分管　謹按此分管係康熙十四年恭親王分封時設立。

第二分管　謹按此分管係國初設立。

第三分管係國初設立。

第四分管

第五分管

第六分管　謹按此旗鼓分管，係公慶怡分內，國初設立。　　（公慶怡不詳。）

第七分管　謹按此分管原係第五叅領所屬第三分管，乾隆四十三年復封睿親王，將此移入。

第八分管係乾隆四十三年復封睿親王時增立。

第九分管係（同上）

第四叅領第一佐領

第二佐領　謹按第一第二佐領，俱係雍正元年，分封怡賢親王時設立。

（聖祖第十三子允祥，封怡親王。）

第三佐領　謹按此佐領係雍正九年分封甯良郡王時設立。　　（怡王第四子弘晈，分封甯郡王。）

第一管領

第二管領

第三管領

第四管領　謹按第一第二第三第四管領係雍正元年分封怡賢親王時設立。

第五管領　謹按此管領係雍正九年分封甯良郡王時設立。

新增第一佐領係乾隆二十五年增立。

第二佐領

第三佐領　謹按第一第二佐領係國初設立豫親王屬下。 （據東華錄當是

嗣豫王時。 由攝政王所付與多尼者。 此第一第二即第二第三乃未有

新增以前事。）

新增第四佐領係乾隆四十四年分封定郡王時設立。 （高宗一子永璜封定

親王，永璜一子綿德襲，後降郡王，降後又革，改由二子綿恩襲郡王，

五十八年仍晉親王。）

新增第五佐領係（同上）

新增第一管領係（同上）

第一分管

原第二分管　謹按此原係貝勒弘昌屬下，乾隆五年，弘昌獲罪，將此分管

存公。 乾隆四十一年， 本旗奏將分管內官員兵丁，分與近派王公門

上，其分管之缺裁汰。 （弘昌爲怡王第一子。）

新增第三分管係乾隆四十二年公綿德分封時， 將前項人丁撤回設立。

（綿德四十一年革郡王爵，四十二年封鎮國公。）

第四分管　謹按此分管係國初設立。

第五分管　謹按此分管原設在第一叅領所屬第五分管，後移於第五叅領所

屬第四分管。 （然則由第四五分。）

此旗原係莽古爾泰所主，爲太宗所自取，順治初又歸睿王，後又暫屬豫王子多尼，睿

王得罪後，遂爲諸王任便分封之旗分。

五鑲藍　包衣叅領五　第一叅領下佐領四

第二叅領下佐領四

第三叅領下佐領四

第四叅領下佐領三管領一

第五叅領下佐領四管領二

第一叅領第一佐領　謹按此佐領係順治年間鄭親王分封時編立。

第二旗鼓佐領　謹按此旗鼓佐領亦（同上）

第三佐領　謹按此係管領亦係（同上）

第四佐領係康熙三十九年自花色佐領內分出。　謹按此佐領亦改管領。

　　　　（第四參領第二滿洲佐領順治間鄭王分封時編立，其第五任管理名花
　　　　善。）

第二參領第一佐領　謹按此佐領亦改管領。

　　　第二滿洲佐領　謹按此佐領係順治年間鄭親王分封時編立。

　　　第三滿洲佐領　謹按（同上）

　　　第四滿洲佐領　謹按此佐領係雍正元年隨理郡王（允礽二子弘晳）分封時
　　　　編立，原志失載，今增入。（雍正六年晉弘晳理親王，乾隆四年革爵。）

第三參領第一滿洲佐領係康熙三十七年分立　謹按此佐領改爲管領。

　　　第二滿洲佐領係雍正元年分立。

　　　第三佐領係雍正九年分立。　謹按此佐領改爲管領。

　　　第四佐領係雍正六年分立。

第四參領第一佐領　謹按此佐領係順治年間鄭親王分封時編立。

　　　第二滿洲佐領　謹按（同上）

　　　第三佐領　謹按此佐領後改管領。

　　　第四管領　謹按續增第四管領係乾隆元年隨奉恩輔國公永璷分府時編立。

　　　　（允礽二子弘晉之三子。）

第五參領第一佐領　謹按此佐領係順治年間貝勒商山分封時編立。　（商山。　皇
　子表作尙善，舒爾哈齊八子費揚武之二子，順治六年。　由貝子封貝勒，十六年降
　貝子，康熙十一年復。）

　　　第二佐領係康熙四十七年自三探佐領內分出。　謹按此佐領後改爲第二管
　　　領。　（第二參領第二滿洲佐領，順治間，鄭親王分封時編立，初係三
　　　探管理，三探年老辭退，以七品典儀官姜汝亮管理。）

　　　第三佐領係雍正十三年編立。　謹按此佐領後亦改爲第三管領。

　　　第四佐領係康熙三十九年自翁阿代佐領內分出。　謹按此佐領亦改爲管
　　　領，後因公弘朓（允礽七子雍正十二年封，乾隆三十四年革。）獲罪，
　　　將包衣人等分給各王公門上，乾隆四十一年將此管領裁汰。　（第一參

領第三佐領保管領，順治間鄭王分封時編立，第二任管理名翁郭代。

新增第三佐領乾隆五十九年十七阿哥分封多羅貝勒時編立。　（高宗十七

子永璘五十四年封貝勒，嘉慶四年晉慶郡王，二十五年晉慶親王，謚僖。

奕劻即其孫。）

第六管領亦（同上）

此旗原係阿敏所主，後歸鄭王濟爾哈朗，故多有鄭王遺跡。　順治年間，已將貝勒商山封入，雍正以後，多任意分封。

由以上所考得，八固山惟正紅尚保存代善之系統，　次則鑲藍旗。　亦留濟爾哈朗遺跡，其餘皆盡屬後起之王公。　蓋自順治八年後，已盡破太祖八固山分立之制。　上三旗既永爲自將，下五旗亦故主罕存。　強宗各擁所屬之弊，已掃除矣。　然王公分封之旗，既入而爲之主，體統尚尊。　旗下臣於旗主，其戴朝廷。　爲間接之臣僕。旗員惟旗主之命是邊，故雍正諸王心存不服，尚能各樹黨羽，以抗朝廷，非諸王之能要結，在祖訓家法有所稟承，旗員自視此爲天經地義，不可違也。　再通考其遷流如下：

東華錄太宗錄首：天命十一年九月庚午朔，上既即位，欲諸貝勒共循禮義，行正道，交相儆戒。　辛未，率貝勒代善、阿敏、莽古爾泰、阿巴泰、德格類、濟爾哈朗、阿濟格、多爾袞、多鐸、杜度、岳託、碩託、薩哈廉、豪格。　誓告天地曰：﹁皇天后土，既佑相我皇考，肇立丕基，　恢宏大業。　今皇考上賓，我諸兄及諸弟姪，以家國人民之重，推我爲君。　惟當敬紹皇考之業，欽承皇考之心。　我若不敬兄長，　不愛弟姪，不行正道，明知非義之事而故爲之，或因弟姪等微有過愆，遂削奪皇考所予戶口，天地鑒譴！　若敬兄長，愛子弟，行正道，天地睿佑﹂！　諸貝勒誓曰：﹁我等兄弟子姪，詢謀僉同，奉上嗣登大位，宗社式憑，臣民倚賴。　如有心懷媟妬，將不利於上者，當身被顯戮！　我代善阿敏莽古爾泰三人，善待子弟，而子弟不聽父兄之訓，有違善道者，天地譴責！　如能守盟誓，盡忠良，天地保佑！　我阿巴泰、德格類、濟爾哈朗、阿濟格、多爾袞、多鐸、杜度、岳託、碩託、薩哈廉、豪格等，若背父兄之訓，而弗矢忠藎，天地譴責！　若一心爲國，不懷偏邪，天地睿佑﹂！

誓畢，上率諸貝勒。　　向代善、阿敏、莽古爾泰三拜，不以臣禮待之。　　各賜雕鞍馬匹。

此段誓文，猶見滿洲國俗，以各貝勒相誓為正名定分之道。　　豪格太宗子也，而亦與此誓，居奉上嗣位之功，又可作不利於上身被顯戮之約，此在帝制定後，必為極失體之夷風，而在當時則父子兄弟互相角立，為根本當然之舉，猶是八大貝勒之制，不過欲使親生之子。　　亦於諸強宗內分割一席，在太宗為得計，羣雄對立之勢逼，父慈子孝之說微，此猶謹守八固山共治之訓時也。　　有太宗與諸貝勒之合誓，又有諸貝勒合誓，然後有三大貝勒與十一貝勒之相對設誓，終之以三大貝勒受太宗率諸貝勒之拜，依然前此四大貝勒與小貝勒之體栻。　　自此直至天聰五年末，猶守太祖八家並立但分大王小王之意。　　未幾，阿敏獲罪幽繫，三大貝勒又止存其二，對立之勢愈弱。　　又未幾而二大貝勒復屈就臣列。　　此為太宗改更父訓之一勝利。

東華錄：天聰五年十二月丙申，先是上即位，凡朝會行禮代善莽古爾泰並隨上南面坐受，諸貝勒率大臣朝見，不論旗分，惟以年齒為序。　　禮部參政李伯龍奏：L朝賀時，每有踰越班次，不辨官職大小，隨意排列者，請酌定儀制⅂。諸貝勒因言：L莽古爾泰不當與上並坐⅂。　　上曰：L曏與並坐，今不與坐，恐他國聞之，不知彼過，反疑前後互異⅂。　　以可否仍令並坐，及李伯龍所奏，命代善與衆共議。　　代善曰：L我等奉上居大位，又與上並列而坐，甚非此心所安。　　自今以後，上南面居中坐，我與莽古爾泰侍坐於側，外國蒙古諸貝勒。　　坐於我等之下，方為允協⅂。　　衆皆曰善，並議定行禮。　　奏入，上是之。　　至是諭曰：L元旦朝賀，首八旗諸貝勒行禮，次察哈爾喀爾喀諸貝勒行禮，次滿洲蒙古漢官。　　率各旗官員行禮。　　官員行禮時，先總兵官固山額眞，次副將，次參將遊擊，擺牙喇纛額眞侍衞，又次備禦，各分班序行禮。

此為太宗改定朝儀，不與從前平列之大貝勒仍講均禮之始。　　先由漢人發端，而諸貝勒乃以本年莽古爾泰有御前持刃議罪事，以莽古爾泰不當並坐，迎合太宗之意。　　豈知太宗志在改革，轉命代善議，而代善不得不并己之並坐議改。　　奏入，上乃是之，於是君臣之分定，八固山共治之法除矣。

太宗時革共治制為君主制，然於諸旗主之各臣其所屬，猶立法保障之：

八旗通志典禮志，王府慶賀儀：**崇德元年，定親王生辰及元旦日，該旗都統以下佐領以上官員齊集稱賀，行二跪六叩頭禮。** **郡王生辰及元旦日，本府屬員齊集稱賀，行二跪六叩頭禮。** **貝勒生辰及元旦日，本府屬員齊集稱賀，行一跪三叩頭禮。** **若該屬官員無事不至府行慶賀者，治罪。**

據此，崇德元年之親王皆爲旗主，故皆有所謂該旗都統以下佐領以上官員，郡王卽無之。　因此可爲太宗時之旗主加一考證。　凡崇德元年封和碩親王者，卽是旗主，亦卽是天命間之和碩貝勒。　自此以後，貝勒祗有多羅之號，尤可見和碩親王之卽爲和碩貝勒所蛻化也。　考崇德元年封和碩親王者凡六人，追封者一人：代善爲和碩禮親王，多爾袞爲和碩睿親王，多鐸爲和碩豫親王，濟爾哈朗爲和碩鄭親王，豪格爲和碩肅親王，薩哈廉於是年正月死，不及封而追封爲和碩穎親王，以其子阿達禮襲爲多羅穎郡王，岳託爲和碩成親王，至阿濟格則爲多羅武英郡王，直至順治元年始封和碩英親王。　則於太宗時阿濟格雖有太祖遺命，命爲全旗之主，迄未實行，至籍沒時僅有十三牛彔，卽係他旗中分受之少數，蓋當在睿王之正白旗內分給，而豫王又分以七牛彔，仍非全旗之主也。　阿濟格之爲人，狂悖無理，不足重任，雖有遺命，斬之亦無能爲。　而太祖所云四小王，濟爾哈朗、多爾袞、多鐸、三人自無疑義，又其一必爲代善長子岳託，豪格乃太宗親子，固不應逕取阿濟格所受遺命而代之，其同封和碩親王，不過示將來可以代與之意，卽欲使主一旗，亦當在太宗自領旗分內給之。　岳託封和碩親王，必爲旗主。　阿濟格於是年封郡王，卽非旗主。　再證以鑲紅旗之包衣，祗見克勤郡王之遺跡。　克勤郡王乃岳託由親王降封，子孫遂以此世襲，列爲八鐵帽之一。　薩哈廉之後，雖亦以順承郡王世襲，然非太宗時旗主，故包衣遺跡，順承王之包衣盡在正紅旗內。　兩黃正藍爲太宗自領，餘五旗歸一大王四小王。　至此而主名定矣。

旗主及近親子弟之有郡王貝勒爵者，屬人於生辰及元旦不詣慶賀，卽須治罪。此其本旗主臣之分，有國法爲之保障。　特旗主則并旗內大臣亦爲其臣，旗主之近親則以府內官屬爲限。　卽包衣內旗員爲純粹之家臣，本旗旗員兼爲國之臣，對本旗惟盡臣禮於旗主，不必盡於旗主之子弟也。

本旗旗員之盡臣道於其主，生辰元旦如此，昏喪等事可知。　而八旗通志於昏喪

禮惟詳乾隆時之見行制，不及初制。　惟於雍正朝上諭八旗，得有反證：

上諭八旗，雍正四年六月二十三日，奉上諭，嗣後貝勒貝子公等，如遇家有喪事，將該屬之文武大臣，著吏兵二部開列具奏，再令成服。　其官員內有在緊要處行走者，着各該管大臣指名具奏，令其照常辦事。　特諭。

此所云該屬之文武大臣，需吏兵二部開列者，及旗下人見爲文武大臣，非旗內之大臣。　旗內大臣惟有都統副都統，無所謂文武，亦無庸吏兵二部分開。　至其他官員則并非大臣之列者，世宗皆不許旗主家任意令其成服。　則旗下屬人之不容專盡臣道，且有明諭。　至本非屬人，由朝命任爲本旗之都統以下等官，更不待言。　雖對貝勒貝子而言，親王郡王或臨於屬人加尊，其不能臣朝廷之臣，不能與崇德元年之規定相合，亦可理推也。

　昔年京朝士大夫傳言，松文清筠旣爲相，一日召對不至，詢之乃主家有喪事，文清方著白衣冠，在主家門前執打鼓之役。　帝乃令擡入上三旗，免爲主家所壓抑。此說固不確，文清乃蒙古，非滿洲，其生在嘉道間，爲相在嘉慶十八年以後，已在雍正諭禁之後。　此或雍正間之事，因有此事而有此諭，要皆爲世宗革除八旗舊制之一端也。

　太宗雖兼并他固山，乃求强而非以求富，八固山之負擔，仍以八家爲均分之準，則兩黃旗未嘗不作兩家負擔計也。　滿洲新興之國，地廣人稀，得人力卽可墾地，聚人先資養贍。　八家負擔養贍之費，在天聰八年，正藍尙未取得，而兩黃久歸自將，初不因自將之故而與六固山有殊，亦不因一人兼將兩固山而不負兩家之費也。

東華錄：天聰八年正月癸卯，衆漢官赴戶部貝勒德格類前，訴稱：乚我等蒙聖恩，每備禦幫丁八名，止免官糧，其餘雜差，與各牛彔下堡民三百五十丁，一例應付。　我等一身，照官例贍養新人，較民例更重。　所幫八丁，旣與民例一體當差，本身又任部務，所有差徭，從何措辦？　徭役似覺重科，况生員外郎尙有幫丁！　望上垂憐，將所幫八丁准照官例當差，餘丁與民同例冂。　德格類以聞。　上遣龍什希福察訊差役重科之由，所訴皆虛，因前買婦女，配給新人，未曾發價，故云。　詔戶部卽以價償各備禦，又諭禮部貝勒薩哈廉曰：乚此輩皆忘却遼東時所受苦累，爲此誑言耳。　若不申諭使之豁然，則將些少

之費，動爲口實矣┐。　　於是薩哈廉奉上命傳集衆官諭曰：└爾衆漢官所訴差徭繁重，可謂直言無隱，若非實不得已，豈肯前來陳訴。　　然朕意亦不可隱而不言，當從公論之。　朕意以爲爾等苦累，較前亦稍休息矣。　何以言之？先是，爾等俱歸併滿洲大臣，所有馬匹，爾等不得乘，而滿洲官乘之；所有牲畜，爾等不得用，滿洲官強與價而買之；凡官員病故，其妻子皆給貝勒家爲奴；旣爲滿官所屬，雖有腴田，不得耕種，終歲勤劬，米穀仍不足食，每至鬻僕典衣以自給；是以爾等潛通明國，書信往來，幾蹈赤族之禍。　自楊文朋（八旗通志作楊文明）被訐事覺以來，朕始宥爾等之罪，將爾等拔出滿洲大臣之家，另編爲固山。　從此爾等得乘所有之馬，得用所畜之牲，妻子得免爲奴，擇腴地而耕之，當不似從前典衣鬻僕矣。

此段見建州始之待漢人，實視爲奴虜。　漢人中本爲明之官吏，則招徠之輒妻以女，稱爲額駙。　若李永芳佟養性之類皆是。　由是漢奸亦相率歸附，凡自天命至天聰初，來附者頗見於貳臣傳中。　然所挾以俱降之士兵，或無所挾之漢人，陷於建州者，困苦如此，此清代官書之自述供狀也。　漢人因此思歸，通書反正，太宗發覺其事，不惟不用威虐，反以此自反其過，改善待遇，此見建州之有大志，迥非羣夷所能爲。　惟漢人另編固山，據淸代官書，在前則太祖初設八旗，事在萬曆甲寅乙卯年間。　其時有漢軍牛彔十六，在八旗之內，此卽所謂歸併滿洲大臣時也。　其另編固山，不詳何時。　惟於崇德二年七月乙未，言分烏眞超哈一旗爲二旗，則其先必有編爲一旗之時，是卽另編時矣。　今於八年正月有此諭文，則另編必在其前。　考淸貳臣馬光遠傳：└明建昌參將，本朝天聰四年，大兵克永平，光遠率所部投誠，授副都統，隸漢軍鑲黃旗，賜冠服鞍馬。　五年，上親征明，圍大凌河，光遠從，招降城南守臺百總一，男婦五十餘人，卽令光遠撫之。　七年，詔於八旗滿洲佐領分出漢人千五百八十戶，每十丁授綿甲一。　以光遠統轄，授一等子爵┐。　據此，則另編漢軍爲一固山，卽七年事。　東華錄，└七年七月辛卯朔，命滿洲各戶漢人有十丁者，授棉甲一，共千五百八十人。　命舊漢兵額眞馬光遠等統之，分補舊甲喇缺額者┐。此文亦敍此事，然敍述不明，蓋其誤。　在傳錄時已自不瞭，故語不可解，當以光遠傳改正之。　而光遠傳文亦有誤，如云投誠授副都統，隸漢軍鑲黃旗，當天聰四年

漢軍倘未分旗，卽至崇德初，所分一旗兩旗，亦止由整旗而分左右翼，兩翼旗猶純用玄靑，並無鑲黃之名，況在天聰四年乎？　以意度之，當云隸鑲黃旗漢軍，蓋隸於滿洲鑲黃旗內之漢軍牛彔耳。　漢人於旗制隔膜，淸中葉以前，史館諸臣已不瞭如是，宜及今不可不加以研究也。

　　∟爾等以小事來訴，無不聽理，所控雖虛，亦不重處，是皆朕格外加恩，甚於滿洲者也。　困苦之事，間或有之，然試取滿洲之功，與爾等較之，執難執易？　滿洲竭力爲國，有經百戰者，有經四五十戰者，爾等曾經幾戰乎？　朕遇爾等稍有微勞，卽因而擢用，加恩過於滿洲，若與滿洲一例較傷論功，以爲升遷，爾今之爲總兵者，未知當居何職？　爾漢官皆謂：滿洲官員雖嫻攻戰，貪得苟安，不知憂國急公，我等戰功雖不及滿洲，憂國急公則過之。　及覽爾等章奏，較前言有異矣。　爾等另編固山之時，咸云：拯我等於陷溺之中，不受滿洲大臣欺凌，雖肝腦塗地，不能仰答上恩於萬一。　今覽爾等所訴之詞，前言頓忘！　爾等訴稱苦累甚於滿洲，盍向熟諳差役者問之？　若以滿洲相較，輕則有之，甚則未也！　古聖人有云：『以家之財養賢，則取國而國可得，以國之財養賢，則取天下而天下可得』。　此言皆爾等素所知也。　國小民稀，朕及貝勒之家，各量所有均出之，以養上天畀我之民，此卽古聖人所謂∟家財國財┐之義也。　旣知此例，所輸大淩河數人贍養之資，遂出怨言，爾等何其言行不相顧耶？　朕謂爾等博知典故，雖非聖賢，必有通達事理者。自朕以及貝勒，倘散財無吝，使爾等果能達於事理，豈以隨衆輸納爲苦耶？他國之主皆斂民間財賦，以供一己之用，有餘方以養人，我國賦稅，朕與諸貝勒曾有所私乎？　我國民力，朕與諸貝勒曾有所私役乎？　取國賦靡用於家，役民力以修治宮室，不以國事爲念，止圖一己便安，爾等當諫之！　朕爲國家朝夕憂勤，荷天眷佑，殊方君長頭目接踵來歸，猶恐不能招致賢才，解衣衣之，推食食之。　凡賞賚歸附之人，皆八家均出，何曾多取一物於爾等乎？禮部亦有漢官，試往問之，八家每年出羊若干，貂裘野獸酒米筵宴若干，明告於爾。　當國中年歲荒歉，八家均出米粟，賑濟貧民，朕與諸貝勒又散給各固山滿洲蒙古漢人贍養之，爾等豈不知乎：　朕與八固山貝勒，於新附之蒙古、

漢人、瓦爾喀、虎爾哈、卦爾察，以及舊滿洲漢人蒙古等，凡貧窮者，給與妻室奴僕，莊田牛馬，衣食贍養，何可勝數：此皆爾等所明知者。　爾等果憂國急公，其間縱有愚昧無知，自言其苦者，爾等猶當勸諭，乃反因此些小之費，遂出怨言，所謂急公過於滿洲者，徒虛語也！

此段見其自矜無私費，無私役，皆以朕躬與諸貝勒並提，雖以君主自居，未能不以諸貝勒爲有共治之分，是太祖遺意之未遽泯滅者。　八家並稱，仍以八固山爲出治之主名，君主雖臨於上，不能獨居其功，其自將之固山仍與他固山平列，惟己以一人超乎其上，此是太宗時八旗制蛻化眞相。

└爾等會奏云：『一切當照官職功次而行之』，　我國若從明國之例，按官給俸，則有不能。　至所獲財物，原照官職功次。　加以賞賚；所獲土地，亦照官職功次，給以壯丁。　先是，分撥遼東人民時，滿漢一等功臣占丁百名，其餘俱照功以次給散。　如爾等照官職功次之言果出於誠心，　則滿漢官員之奴僕，俱宜多寡相均。　爾漢官或有千丁者，或有八九百丁者，餘亦不下百丁，滿官會有千丁者乎？　果爾計功，論理滿洲一品大臣。　應得千丁，自分撥人丁以來，八九年間，爾漢官人丁多有溢額者。　若謂新生幼稚耶？　何其長養之速；若謂他國所獲耶？　爾漢官又未嘗另行出征：此如許人丁，不知從何處增添也！　爾等之過，朕知而不究，其貝勒滿洲大臣，以爾等私隱人丁，孰不懷怨。　若不任爾等多得，而有較滿洲更加苦累之心，豈不將滿洲漢官戶下人丁，和盤計算，照官職功次再爲分撥乎？　倘如此分撥，爾千丁者，不識應得幾人也。　爾乘官在明國時，家下人丁若干，今有若干，何不深思之！　滿漢官民雖有新舊，皆我臣庶，豈有厚薄之分？　今旣如此，爾等亦同滿洲，三丁抽一爲兵，凡出征行獵，一切差徭，俱一例分毫不缺，爾等以爲何如乎？　試取朕言，與爾等所言，從公忖量，有欲言者，不必疑慮，切直言之可也。　且滿洲之偏苦於漢人者，不但三丁抽一也；如每年牛彔出守臺人八名，淘鐵人三名，鐵匠六名，銀匠五名，牧馬人四名，固山下聽事役二名，凡每牛彔下當差者十有四家，又每年耕種以給新附之人；每牛彔又出婦人三口；又耀州燒鹽，畋獵取肉，供應朝鮮使臣驛馬，修築邊境四城，巡視邊牆，守貝勒門；又每牛

彔派兵一名，防守句驪河；（通志作巨流河，注即句驪河。）　每牛彔設哨馬二匹，遇有倒斃，則均攤買補；征瓦爾喀時，每牛彔各喂馬二三匹從征；又派擺牙喇兵十名，兵丁二三名，往來馳使，差回又令喂養所乘馬匹；遇有各國投誠人來，撥給滿洲見住屯堡房屋，令滿洲展界移居；又分給糧穀，令其舂米納酒，每年獵取獸肉，分給新附之人；發帑金於朝鮮，貿易布匹，仍令滿洲負載，運送邊城；又有窖氷之役，每年迎接新附之虎爾哈，於教場看守貂兒猞猁猻等皮，彙運送新米；朝鮮蒙古使至瀋陽，擺牙喇章京各出人一名，逐日運給水草；夏月至，更有運給水草之役；又每年探葠，負往朝鮮貨賣；（此當即是皮島通商）每固山以一戶駐英格地方，巡緝盜蹤，又以一戶駐瀋陽渡口，看守船隻：此皆滿洲偏苦之處，若不向爾等詳切言之，爾等亦未必深信也」。

此段見滿洲開國，此草昧之部落，而內政外交，有條不紊，尚無錢幣之制，純恃實物為交易，所恃者土地開曠，山林產珍貴之物。　當天下未定，滿洲人居然任其勞費，而處外族以優逸，用廣招徠。　生事簡單，然使有久計。　文字無多，細繹之，民生國計，盡心經理之法，皆見於此。　尤不易者，投誠人來，授以滿人見住之屯堡房屋，而原住之滿人展界移居以讓之。　此非滿洲上下真能一心，何以得此。　國無大小，實心為政，虛心待人，事必有濟。　自太祖初興至此，傳經兩代，時踰五十年，銳意圖強，有進無止，而中國以萬曆天啓之朝局應之。　思宗有志救亡，而用聚斂之臣以奪民生，信刑餘之賤以斥士類，好鉤刻瑣細之才以拒純正遠大之議論，對敵情固茫然，對民情尤漠然，為淵毆魚，為叢毆爵，非兩兩對照，不易瞭也！　其宣諭漢官之詞，和平誠懇，有以服其心，絕不壓以威力；較之思宗，明知民力不任，猶曰暫累吾民一年，一年之後，更不提暫字：興亡之判，非偶然矣！　論畢復有末尾一段，併錄以盡其曲折：

總兵官石廷柱、馬光遠、王世選。　及副將參將遊擊，皆曰：「控訴之事，我等不知，皆衆備禦所為」。　遂將為首八人執之。　薩哈廉問曰：「爾等既云不知，當戶部貝勒遣布丹往問時，何云知之？　又何為將苦累之事，備呈於部耶」？　對曰：「各備禦向我等不曾言差役重科，但言欲訴幫丁八人之事，故布丹來訊我等，答云知之。　至具呈之事，乃龍什、希福令我等將所有差徭。

備細開寫，我等無知，故爾開送奏聞。 「上曰：」諸臣旣云不知，可將備禦
八人並釋之；倘治其罪，後有苦累，亦更無敢言者。 各官及備禦， 勿令謝
恩；若謝恩，則是欲罪而復赦之也」。

委曲周至，眞能買漢奸之心。 統觀全文，猥陋僅能達意，自是關外原來記載，非經
中國文人以瞻天頌聖之格調。 爲之潤色，且出兩造口語，非盧担之宣傳文也。 下
各官惶恐語略之。

太宗時雖收各固山之權，而處分之法，仍視八固山爲八家私物，以奪此予彼爲懲
勸。 夫牛彔而可隨時予奪，必非太祖八固山並立之本意。 太宗能立予奪之法，是
卽改革八家之專擅。 然自將之三固山，亦在予奪處分之內，則並立之遺跡尙存也。
崇德改元時，正藍已歸太宗，故云三固山爲自將。

八旗通志兵制志軍令：崇德三年諭，凡和碩親王，多羅郡王，多羅貝勒，固山
貝子，臨陣交鋒，若七旗王貝勒貝子却走，一旗王貝勒貝子拒戰，七旗獲全，
卽將七旗佐領下人丁給拒戰之一旗；若七旗拒戰，一旗却走，卽將却走人丁，
分與七旗。 若一旗內拒戰者半，却走者半，卽以却走人丁。 分給本旗拒戰
者。 有因屯劄他所，未拒戰而無罪者，免革人丁。 其拒戰之王貝勒貝子，
別行給賞。 若七旗未及整伍，一旗王貝勒貝子拒戰得功者，按功次大小俘獲
多寡賞之。 野戰時，本旗大臣率本旗軍下馬立，王貝勒貝子等。 率護軍乘
馬立於後。 若與敵對仗，王貝勒貝子大臣不按隊伍輕進，或見敵寡妄自衝突
者，奪所乘馬匹及俘獲人口。

觀此軍令，八旗於戰時，皆以王貝勒等爲主將， 大臣卽都統以下， 其責任乃主將負
之，大臣可以進退，旗主之事也。 旗主則以旗下人丁爲賭勝之具，焉得而不以所屬
人爲旗主之臣，使號令得行也。

自此經睿王攝政之局，天子與親王，各挾固山之武力，與政權爲消長。 世祖親
政初一大改革，睿王之正白旗尤爲充實，而收爲自將之上三旗，遂成一定之制。 餘
分屬諸王貝勒之五旗，謂之下五旗， 已絕不足言平立之舊矣。 以天命間之四大王
論，一王化帝，一王剝奪，（莽古爾泰之正藍旗。） 一王遞嬗，（阿敏之鑲藍旗，
移轉於弟濟爾哈朗。） 其爲原主者，僅一代善之正紅旗。 以天命末遺屬所定之四

小王論，其三可知者乃阿濟格多爾袞多鐸，太祖有此殊寵之三子之母，遂遭諸王所公
媒，而迫使殉；又奪阿濟格之一小王，以益代善之子。　又太宗自擅兩旗，無可分給
而暫缺其一，迫取之阿敏以予濟爾哈朗，始具四小王之數。　實則入諸王手者已止有
五旗，所謂下五旗，其中已無原來旗主，供朝廷隨意分封者兩旗，（鑲白正藍）有原
來旗主者三旗。　又分天命間原屬大王之旗，止有一旗。（正紅）　子孫衆多，逐漸
分封，世襲罔替之王。　乃居其二，（禮親王，克勤郡王。）餘郡王貝勒隨世遞降者
不計，倘亦漢衆建諸侯而小其力之意。　天命後原屬小王之旗。　則有二旗：一由原
主獲罪，遞嬗而來；（鑲藍之濟爾哈朗）一由不遵太祖遺囑，別授充數；（鑲紅之岳
託）其權源本不强固，故皆有隨時封入之王貝勒，而鑲紅爲尤甚。　蓋旗主之武力。
已減削無餘，各旗自有固山額眞。　爲天子任命之旗主，非宗藩世及之旗主。　宗藩
受封於旗，乃養尊處優之地，旗之行政，天子之吏掌之，則不啻有庫之封也。　親貴
雖或典兵，所指揮者非有自主之本旗，特假天潢之重，以臨禁旅之上，而鎮攝後來歸
順之雜軍。　所謂八旗，皆朝廷之所運用，天子特於六卿兵部之外，自爲一積世之軍
閥，而親貴則皆不得分焉。　此清代特殊之養威居重之地也。　旗主消散而禁旅歸
公，威稜所由極盛，旗人墮落而異軍特起，種族所以漸形，此一代興亡之大數也。

　　順康間，八旗之武力，已爲國家所統一，而親王之體制，乃因從前八和碩貝勒之
平行，對國家猶存各臣所屬之舊，此已無礙於立國之大計，故聖祖臨御甚久，尙無革
除之意。　至世宗因嗣統不無取巧，諸王間不盡誠服，而諸王各有臣屬，視各忠其主
爲祖宗定制，此本八固山以來，太祖設定特殊之綱紀，旗員中有視爲天經地義者。
世宗於諸王，束縛馳驟，呵譴誅戮，諸王所飲恨，所屬亦間與同抱不平。　此爲高宗
以來絕無之事。　蓋經世宗朝之刲削芟夷，乃始全一人威福之柄，諸王之帖服，與朝
士至無交往之自由。　八固山對抗朝廷之習，可謂無餘。　而宗室與士大夫間，隔絕
氣類，積數十年，衣帛食粟，養尊處優，盡爲尸居餘氣，種族益不可溝通，行能益無
從比較，是爲滿人亡種之漸。

　　康熙間，諸王皆通賓客，或羅致文學之士，助其編纂書籍，以務聲名。　最著最
大者，如圖書集成。　律歷淵源。　二書皆世宗兄誠親王允祉招致文學士陳夢雷楊文
言等所作。　世宗卽位後，以此爲大罪，誠王幽禁而死，禍及子嗣，陳楊則坐以敗類

惡名，譴逐擯斥。　此事可詳述別爲專冊。　至如校勘家何焯，詞臣秦道然，皆以王府賓禮，而獲重罪。　清通禮，朝士與王貝勒等，但有途遇避道之禮，並無詣府通謁之禮。　清一代，帝室近親，絕少宮庭燕閒之樂，天子之尊嚴，諸王之豰觫，較之歷代史書，親屬間君臣之希闊特甚。　此亦一代之特色。

清代皇子不一定封王，是制度之善者。　然旗下俗稱，遂以封爵與王號分離。雍正間有明諭禁止。　又對諸王不敢稱名，亦有明禁。　此於政體，未嘗非不私其親，要亦世宗防閑宗室之作用。

雍正上諭八旗：元年十月十六日，奉上諭：親王郡王等俱有封號。　所以賜與封號者，蓋爲稱呼設也，如無封號之王貝勒，卽應直呼其名耳。　至九貝子十四王之稱，國家並無此例。　嗣後凡無封號諸王貝勒等，卽呼其名，若再如前稱呼，斷然不可。　將此曉諭八旗，併各部院衙門。　至各省督撫等，如奏章內不書其名，仍有寫九貝子十四王者，該部卽行奏聞。　再小人等並將閒散宗室。　亦稱爲王，又有貝勒王，貝子王，公王、之稱。　嗣後若有如此稱呼者，決不寬恕。　著該部嚴行禁止。　特諭。

至旗人主屬之分，太祖所遺之跡，及世宗而盡破除之。　八旗之軍政，先已移歸都統。　其戶婚田土之事，都統雖亦理之尚不足盡掣諸王之肘，亦并不欲旗人旗產，盡隸於本旗都統。　於是逐事諭禁之，設御史稽察之，令各旗交互代管之。　於是一旗自爲主屬之界限盡去。

雍正上諭八旗：康熙六十一年十一月十七日，奉上諭：下五旗諸王屬下人內，京官自學士侍郎以上，外官自州牧縣令以上，該王輒將子弟，挑爲包衣佐領下官，及哈哈珠子執事人，（王子之隨從人，曰哈哈珠子。）　挫折使令者甚衆，嗣後著停止挑選。　其現在行走人內，係伊父兄未任以前挑選者，令其照常行走；若係伊父兄旣任以後挑選者，俱著查明撤回。　或有過犯，該王特欲挑選之人，著該王將情由奏明，再行挑選。　特諭。

此爲加高旗員身分，以抑旗主之聲之始。

又雍正元年正月二十九日，奉上諭：從前皇考之時，凡上三旗大臣侍衞官員人等，俱不許在諸王門下行走，卽諸王屬下人，非該屬處亦不許私相往來。　著

領侍衞內大臣。　及旗下大臣等，各將該管侍衞官員等，嚴行稽察，嗣後如有私相行走之人，一經查出，即行參劾。　如不糾參，經朕查出，或被旁人首告，定將該管大臣。　一併從重治罪。　將此詳悉再行曉示。　特諭。

此先斷各旗屬下互尊他旗旗主之路。

又，雍正元年三月十八日，奉上諭：下五旗旗下官員兵丁，原不在諸王阿哥門下看守行走，朕與大阿哥曾經奏請，始令看守，其餘並未具奏，亦盡皆倣傚，今不得復行如此。　且旗下官員亦不敷用，著撥回旗下當差。　行走三阿哥門上者，亦著撥回。　若即行撤去或有不便之處，亦未可知。　著都統詳議，令諸王具奏。　特諭。

此亦縮小諸王役使旗丁之範圍，凡世宗在藩邸時自蹈之弊，此時皆禁斷。　如此者亦多，若結交外廷，需索帑項，皆有自犯於先自禁於後之事。　可見聖祖時待諸王本寬，世宗特加嚴峻，要亦本非惡事。　不具錄。

又，雍正元年六月二十九日，奉上諭：凡旗員為外吏者，每為該旗都統參領等官所制。　自司以至州縣，於將選之時，必勒索重賄，方肯出給咨部。　及得缺後，復遣人往其任所，或稱平日受恩，勒令酬報；或稱家有喜喪等事，緩急求助；或以舊日私事要挾。　至五旗諸王，不體邸門下人等，分外勒取，或縱門下管事人員肆意貪求，種種勒索，不可枚舉。　以致該員竭蹶饋送，不能潔己自好，凡虧空公帑罹罪罷黜者，多由於此。　嗣後如有仍蹈前轍，恣意需索等弊，許本官密詳督撫轉奏，督撫即據詳密奏。　倘督撫瞻顧容隱，即許本官封章密揭都察院，轉為密奏。　倘又不為奏聞，即各御史亦得據揭密奏。　務期通達下情，以除積弊。　外任旗員，勿得隱忍畏懼，朕不治以干犯舉首之罪。　將此著內閣通行八旗，直省督撫，徧諭內外旗員知悉。　特諭。

凡世宗所力破旗下痼疾，皆自太祖以來使旗各自主所釀成。　清代若不經此裁制，主權安得而尊，國本安得而定。　世宗之得位或有慚德，逆取順守，或亦不讓唐宗也。

又，雍正元年七月十六日，奉上諭：滿洲御史事務無多，八旗各派御史二員，亦照稽察部院衙門之例，一應事務令其稽察。　如旗下有應密奏及應題參事件，俱著密行具奏。　再五旗諸王。　有不按定例使令旗人，及濫行治罪者，

　　　　亦著查參。　這所派監察御史，著調旗分派。　特諭。

自是八旗爲政府以下之八衙門，非各自爲政之八國，痛改祖制，然列祖必深贊許之。

　　　八旗都統。　舊爲八旗臣屬，已見前矣。　雍正間，每以親王郡王任各旗都統，皆系不能臣屬他王貝勒者。　先是康熙末年，屢以皇子辦理旗務，卽不欲假手於本旗王貝勒，而特命皇子出爲代辦。　其辦旗務，正居都統地位，非該旗王貝勒地位，但不能臣屬於該旗王貝勒，則無可疑。　惟尙非竟任爲都統，至雍正間乃明任爲都統矣。　都統爲八旗之行政官，不爲臣屬。　於是旗之行政。　盡屬都統，該旗王貝勒祗受其分得之包衣，受俸餉於旗內。　於是旗主不但無稱國之嫌，并不預旗之內政矣。

　　　清史稿聖祖諸子傳：淳度親王允祐，康熙五十七年十月，正藍旗滿洲都統延信征西陲，命允祐管正藍三旗事務。　輔國公允禑傳：康熙五十七年，命辦理正藍滿洲蒙古漢軍三旗事。　履懿親王允祹傳：五十七年，辦理正白旗滿洲蒙古漢軍三旗事。

此在康熙間，已用各旗王貝勒所不能臣屬之親貴，分別干與各旗之始。　其每一旗色合滿蒙漢三旗者，京師八旗宿衛駐地，以旗色分區，而以滿蒙漢按色相次也。　今再考其所以派皇子辦事之故：

　　　八旗通志勅諭：康熙五十七年十月三十日，諭議政大臣內大臣等曰：乚每旗都統副都統，或有起家微賤，專意徇庇，一應補放官員并佐領等事，恆有遲至數年或十年不奏者。　或一官病故已久，數年尙仍給俸者。　一切事件漫不稽查，甚是曠廢。　近聞都統石文英，不出門戶，亦不見人；有事來奏，每不待事畢，祗圖早歸，亦不瞻仰朕容：甚屬不堪！　正藍旗都統顏信，前往出兵，其滿洲蒙古漢軍三旗之事，着七阿哥辦理。　正黃旗都統巴賽。　署理將軍事務，其滿洲蒙古漢軍三旗之事，着十阿哥辦理。　正白旗滿洲都統何禮，差往雲南，其滿洲蒙古漢軍三旗之事，着十二阿哥辦理。　如此辦理，別旗各相效法，自必發憤勤事也。

觀此諭，康熙間旗務掌於都統，而王貝勒不之問，其間正黃正白本屬上三旗，由天子自將，卽派皇子辦旗務，亦無權限之分別。　而正藍則爲下五旗，旗務廢弛，不令該

旗王貝勒整頓，乃另派皇子，固已視本旗王貝勒爲享有包衣祗候之地，無過問旗務之
權矣。

　　雍正間，則直以親王爲都統，自後更爲常制，不必復言。　今舉雍正時之親郡王
爲都統者：

　　禮親王後改號康親王時，崇安雍正間官都統，掌宗人府。

　　克勒郡王後改號平郡王時，雍正四年。　訥爾蘇削爵，子福彭襲，授右宗正，
署都統。

　　順承郡王錫保，雍正四年諭，錫保才具優長，乃國家實心效力之賢王，可給與
親王俸，授都統。

　　果郡王允禮，雍正上諭八旗：三年九月初八日，有諭鑲紅旗都統多羅果郡王允
禮。

此皆見清史稿本傳及諭旨　蓋雍正間始創此例，以後則諸王之歷官都統爲常事，不足
復道。　惟康熙末之都統，似以同色旗中滿洲都統。　有干預蒙漢二旗之權。　當亦
是雍正以後始各自爲政，其滿蒙漢各旗之都統副都統。　本不分界限，　滿人可作蒙
漢旗都統副都統，蒙漢旗人亦可作滿洲都統副都統。　參領以下，則各自用本族之
人。

　　上諭八旗：雍正元年正月初十日，奉上諭：將八旗滿洲蒙古人員。　屢放漢軍
　　參領，則該旗缺出，反致乏人。　漢軍旗下，亦還得人，嗣後漢軍參領缺出，
　　卽將漢軍旗下人員。　引見具奏。　特諭。

雍正初革除各旗旗主之權，復有專諭。　當上三旗下五旗旣分之後，所需革除者亦祗
有五旗，較太宗時本易爲力。　太宗雖始終握定兩黃旗，究亦非太祖遺囑所許，對諸
王較難操切。

　　又，雍正元年七月十六日，奉上諭：看來下五旗諸王，將所屬旗分佐領下人。
　　挑取一切差役，遇有過失，輒行鎖禁，籍沒家產，任意擾累，殊屬違例。　太
　　祖太宗時，將旗分佐領。　分與諸王，非包衣佐領可比，欲其撫循之，非令其
　　擾累之也。　從前朕之伯叔。　爲諸王時，雖漸失初意，尚未過甚。　至朕兄
　　弟輩，所分包衣佐領之人旣少，而差役復多，因而不論旗分佐領，包衣佐領，

一概令其當差。　其餘諸王。　遂亦從而效之，或有不肯王等，因漁色之故，多斃人命，人所共知。　且護衞等。　倘無不奏而擅行革退之例。　如此日流而下，則五旗之人，竟有二主，何以聊生，所關甚大。　嗣後仍照舊例，旗分人員。　止許用爲護衞，散騎郎，典儀，親軍校，親軍。　或諸王挑取隨侍之人，或欲令所屬人內在部院衙門及旗下行走者兼管家務，或需用多人。　以供差役，或補用王府官職，或令隨侍子姪，著列名請旨。　將奉旨之處，知會該旗都統等，令都統等覆奏。　其旗分人員。　不許擅行治罪，必奏聞交部。如不請旨，斷不可也。　倘仍有將旗分人員。　妄行擾累，令其多供差役，兼管散職，著該旗都統等奏聞。　若都統等隱匿瞻徇，一經御史參劾，卽將該都統等治罪。　特諭。

世宗拑制諸王至此，較之太祖分付八固山之意，判若天淵。　然後來帝所欲拑制之諸王，旗分中人。　倘有不願天威，而效忠本主者，則祖制之約束甚久，旗人固視爲綱常大義也。　天無二日，民無二王，以儒家名分之說壓之，始無閒言。　可知儒教之入人深，過於開國之祖訓也。

又，雍正元年十二月初一日奉上諭：老安郡王（太祖八子饒餘郡王阿巴泰子岳樂）居心甚屬不善，諂附輔政大臣等，又恃伊輩長，種種觸忤皇考之處，不可悉述。　皇考寬仁，加以容宥。　以如此之深恩，而安郡王之諸子。　全然不知感戴竭誠，效力行走，馬爾渾、京喜、吳爾占等兄弟之中，互相傾軋，恣行鑽營；塞恆圖又生妄想，冀得王爵，殘害骨肉，以致皇考鬱悶等事，係衆所共知者。　安郡王諸子之中，馬爾渾尚屬安分，其子華啓。　亦無惡處。　上天不佑，將應襲封王爵之人令其絕嗣，　因此皇考稍加躊躇審度，　而安郡王之子孫。　卽怨及皇考。　以至吳爾占塞恆圖等，屢次形於辭色之間。　夫國家恩施，豈可倚恃而强邀乎？　今廉親王以不襲封安郡王之故，鑽營讒害，離間宗室，搖勸該王屬下人等之心。　以累世仰受太祖太宗世祖聖祖恩施之舊人，豈肯倚附此輩，以遂其擾亂國家之意？　今强欲令襲封安郡王，則朕從容施恩之本意俱不可行矣。　將襲封安郡王之本發回，不准承襲。　其屬下佐領，朕俱撤出，另賜他人。　將由安郡王之屬下撤出給與廉親王怡親王之佐領下人等傳

集，宣旨諭云：爾等俱係朕之臣下，國家惟有一主，朕將爾王不准承襲者，其
故如此。　　爾等若知爾王之罪，當卽仰遵朕所辦理，中心悅服，竭誠爲國效力
行走。　　倘仍顧念舊日屬王，違背大義，沽取小忠之名，而蠱惑致怨於朕，爾
等卽將爾王屈抑之處，表白聲明具奏。　　若所陳得理，朕卽襲封爾王，並將爾
等給回舊屬；如謂王本無功，其罪案是實，略無遊移，則更有何言？　　不於奉
旨賜給之王處，效力行走，仍顧戀舊主，　以廉親王爲爾王屬下之婿，　鑽營行
走，朕必誅之。　　再將賜給廉親王之安郡王屬下佐領，俱撤出給與怡親王。

並降旨與怡親王：此所給人內，如有爲其舊日屬主，致怨於朕，及不肯奉爾爲
主，一心效力行走者，以至形於顏色之間，或有仍瞻顧鑽營於其間者，王卽奏
聞，朕必將伊置之於法。　　特諭。

諭中亦以旗下屬人顧戀舊主爲效忠，不敢遽以違守祖訓爲罪，故有此反覆開諭之文。
惟其取咎之故，實在廉親王之欲助安郡王。　　廉親王卽後來之阿其那，乃安郡王之外
孫婿，安郡王功在國史，此忽謂其無功，則挾帝王之勢以臨之，人亦無敢反駁。　　要
之雍正諭旨，皆支離詞費，半由對兄弟有慚德，半由所革除者爲祖制，不能不煩瑣言
之，冀達其意也。

　　又，雍正三年五月二十日奉上諭：旗下所存之官房，若令各該旗管理，參領等
或有作弊之處，亦未可定，相應調旗管理爲善。　　鑲黃旗之房。　　着正白旗管
理，正白旗之房。　　着鑲黃旗管理，鑲白旗之房。　　着正藍旗管理，正藍旗之
房。　　着鑲白旗管理，正黃旗之房。　　着正紅旗管理，正紅旗之房。　　着正黃
旗管理，鑲紅旗之房。　　着鑲藍旗管理，鑲藍旗之房。　　着鑲紅旗管理。　　特
諭。

雖一房產之微，亦不能由各旗自爲窟穴，太祖所命八固山各自爲主之制，可云摧滅無
餘矣。　　是時乃始開屠戮兄弟之隙，知其助之者寡。　　然世宗猶刻刻防舊屬之戴主，
有決無其事而故爲周內者。　　若雍正四年二月初五日，允祉允祺允祐奏述康熙年間。
面奉皇考罪狀允禩之旨，中有云：乚蘇努馬齊自其祖父相繼以來，卽爲不忠。　　蘇努
之祖。　　卽阿爾哈圖土門貝勒也。　　在太祖時。　　因獲大罪被誅。　　馬齊之祖，原在
藍旗貝勒屬下，因藍旗貝勒獲罪，移置於上三旗。　　伊等俱欲爲祖報仇，故如此結

黨，敗壞國家﹂。　夫蘇努可云爲祖報仇，馬齊特先世爲藍旗貝勒屬人，亦云爲祖報仇，乃爲其祖代報故主之仇矣。　考馬齊以鑲黃旗著籍，姓富察氏，父米斯翰，登朝已在康熙年，祖哈什屯，乃曾隸正藍旗者，天聰時改隸鑲黃旗，即由太宗治兄莽古爾泰弟德格類之罪，而奪其正藍旗。　世之相距遠矣，其說已不足信。　且按之聖祖原諭，今載東華錄者，與允祉等所述正相反。　今錄以互證如下：

東華錄：康熙四十八年正月，甲午，諭有曰：﹁馬齊原係藍旗貝勒德格類屬下之人，陷害本旗貝勒，投入上三旗，　問其族中。　有一人身歷戎行而陣亡者乎？　乃不念朕恩，擅作威勢。　朕爲人主，豈能容此。　馬齊之弟李榮保，妄自尊大，虛張氣焰，朕屢加警戒而怙惡不悛，亦當治罪。　馬齊等着諸王大臣會集，速審擬奏﹂。　是日，康親王椿泰等遵旨審鞫馬齊等，覆奏：﹁馬齊係正藍旗貝勒德格類屬下，陷害本旗貝勒，投入上三旗。　其族中並無一人行間效死者。　今馬齊圖謀專擅，　欲立允禩爲皇太子。　且馬齊於御前拂袖而出，殊爲可惡，不可留於斯世者也。　李榮保妄自尊大，　虛張氣燄，　亦甚可惡，俱應立斬。　馬武與馬齊李榮保。　係親兄弟，亦應立絞。　馬齊馬武李榮保及馬齊之兄馬思喀等之子孫，有職者革職，槪行枷責。　其妻子並發黑龍江。　馬齊之族護軍參領肚圖等，有職者革職，其護軍披甲及閒散人。　俱鞭一百﹂。　奏入，諭曰：﹁馬齊原不諳事，　此數年中起自微賤，　歷升至大學士。　其處心設慮，無恥無情，但務貪得，朕知之已久，早欲斥之。　乃潛窺朕意，而蓄是心，殊爲可惡，理應立斬，以爲衆戒。　朕因任用年久，不忍即誅，著即交允禩嚴行拘禁。　李榮保著免死，照例枷責，亦聽允禩差使。　馬武著革職，其族中職官。　及在部院人員。　俱革退，世襲之職。　亦著除去，不准承襲﹂。　又諭：﹁馬思喀在日。　曾有效力之處，著將伊子佐領三等侍衛衲爾泰。　從寬釋放﹂。

以上康熙間議馬齊罪原文，迭諭及康親王等審鞫覆奏，反覆成一讞牘，必非虛假。所云馬齊之祖。　乃屬於德格類，而陷主以歸太宗，得收入太宗親將之鑲黃旗者，豈但不爲藍旗貝勒報仇，如果有忠於藍旗之人。　且當甘心於馬齊，以爲藍旗貝勒報仇耳。　允祉等記憶聖祖諭旨之說，誠亦世宗所授之辭，非其本意；但此矛盾之說，實

為世宗惟恐諸王具勒舊屬之為主報仇，且覺諸兄弟之尚有心腹忠黨，故有此蛇影杯弓之見解。　　總之諸王有黨，原於舊有主屬之分；主屬之必應效忠，原於太祖之遺訓：明乎此，而世宗朝文煩意曲之處分諸王諭旨，　皆有物焉為之梗，　不能不曲折以達之者。　其梗何在？　即太祖八固山之制是已。　至馬齊之罪案，根本為無意識，亦非聖祖之所深罪。　其後李榮保之裔大盛，女為高宗孝賢皇后，子為忠勇公傅恆，孫為文襄王福康安等，固與康雍間偶被之譴責。　無影響也。

又，雍正四年五月十四日，諭有云：當時伊等見二阿哥廢黜，以為伊等奸計之所致，邪黨愈加堅固，公然欲仗邪黨之力，以東宮之位。　為可唾手而得，慢無忌憚，竟有敢與皇考相抗之意。　此實朝廷之大患，國家之深憂。　是以朕即位以來，百凡經理，費盡苦心。　乃三年之久，頑邪尚未盡化，風俗尚未丕變。　爾等滿洲大臣，急宜醒悟。　當日世祖章皇帝御極，正在沖齡。　睿親王輔政，大權在握。　一日以黃色衣示在廷大臣，問可否衣著，而比時大臣尚力爭以為不可。　凡滿洲者舊內，此等行事，不可枚舉，剛方正直之風，權勢所不能奪者，歷歷可考。　當時上三旗風俗，只知有君上，後因下五旗之人。與上三旗之人並用，遂染下五旗卑微之習。　然從前下五旗之人。　雖各有該管之主，而其心亦只知有君上，不知有管主也。　何以至於今日，　遂苟且卑陋，一至於此。　如昨日都統五格。　在朕前奏對，尚將獲罪削籍之允禩。稱之為主。　五格乃一無知武夫，此則風俗頹壞，大義不明之故也。　孟子云：⌐遵先王之法而過者，未之有也⌐。　朕事事效法祖宗，願爾等亦效法爾之祖宗，忠誠自矢，一念不移。　古人云：⌐天無二日，民無二王。⌐　臣子之於君上乃天經地義，苟懷二心。　而存游移瞻顧之念，即為亂臣賊子，天理國法。　豈能容乎？　如阿靈阿鄂倫岱等之奸惡，不明大義，其存心行事，爾等當以為戒。　當日滿洲風俗醇樸，尊君親上之心。　最為肫篤，雖遇天潢宗室，未嘗不加禮敬，而君臣之大義必明，金石之心腸不渝。　朕今日之諄諄訓誠不憚反覆周詳者，無非欲正人心，化風俗，使國家永享升平之福耳。

世宗於改革旗制，明明不法祖宗，而偏以法祖為言。　又言旗人之祖。　如何尊君不尊主，其實乃兩黃旗之尊主，其主即君耳。　又以世祖初之上三旗為言，世祖之初。

何嘗定爲上三旗？　　世宗亦含混言之，欺彼旗員。　　亦不甚明暸八十年前故事。　　至以孔孟之說相壓，其時教化無有二義，無人敢於非聖，遂將太祖達理之制淘汰。　　中國歷代草昧時之陋態，經儒家以六經爲標幟，以孔子所舉之堯舜爲歸極，乃漸入於國家之正軌，此所以爲萬世師也。　　今特以科學爲不及人，以爲受儒家之毒。　　古之儒者，六藝兼賅，若欲令人於學問中。　　通一二科學以應事，自是多能鄙事之一。　　若孟子言：└天之高也，星辰之遠也，苟求其故，千歲之日至。　　可坐而致也┐。　　則何嘗不知推步之術，　然豈肯與疇人子弟爭一日之短長哉？　　若以藝術傲聖賢，孔子謝之曰：└吾不如老農，　吾不如老圃┐。　　孟子亦可謝人曰：吾不如殿几里得而已矣。

至八旗之效用，在清代實亦有得力之處。　　能將軍閥鎔化於其中，無立時裁兵之棘手，而使智闢之兵，積悍之將；安插能滿其意。　　用封建之法，而勢力甚微，享用卻甚可恃。　　且部曲不必盡散，包容於旗制之中，其世襲皆以佐領爲單位，得一部人卽編一佐領。　　其始於女眞各部，其後推之蒙古漢人。　　至其不足成旗而但能設佐領者，若俄羅斯佐領，若高麗佐領，皆以安其俘獲投順之人。　　苟非其遺丁自就衰微，清廷實能長守封建之信，故人亦安之。

蒙古之編爲八旗也，其大宗爲兩次征服。　　所得之衆：一爲喀爾喀部，二爲察哈爾部。　　此皆兵力所取。　　其不勞兵力而來附者，則與爲盟好，謂之藩部，不收編其人，不設官治其土地也。　　蒙旗人亦較少，滿漢軍旗每旗五參領，蒙旗每旗止左右二參領。　　此其大概也。

漢軍編在招徠漢人之時，　至入主漢土則舊兵還爲地方之兵，　別其旗色於八旗之外，謂之綠旗，其兵卽曰綠營。　　而明季宿將之有選鋒者，鉅寇之有死黨者，不可使之散在各地爲患，則以八旗之制編之，使分得滿洲豢養之利：此清初偃武修文之根本法也。　　聖武記謂：漢軍舊名烏眞超哈，乃滿洲八旗附屬之漢人。　　自佟耿孔攜來大軍，乃編爲天祐天助二軍，遂附益之而成漢軍八旗。　　清史稿兵志亦因此說。　　其實不盡合事實。　　當其爲天祐天助等軍名，卽是未能變更其組織，而消化其界限。　　至三藩既平，而後就其力屈受編者，編爲漢軍。　　惟吳三桂所部，除散其裹脅外，悉發邊遠充軍，不編佐領，則以罪人待之。　　昔在黑龍江，聞台站之軍役。　　皆吳三桂舊

部之子孫，當可信也。　蓋觀漢軍各佐領中，尚耿孔三家皆有，獨無吳後，知必另有安插矣。

漢人在滿洲軍中自成爲牛录者，名烏眞超哈。　天聰七年，始編爲一旗，前已據貳臣馬光遠傳考定之矣。　至八旗通志。　敍漢軍緣起，特從崇德二年始，各官書亦從此始。　此特由一旗分爲二旗之始。　既曰一旗，則在滿洲八旗中分出爲旗，不可不明其始也。　而各書不能言之，幸有馬光遠傳可據。　其自崇德二年以後之演變，及清初軍事大定以後之措置，清之所以能收拾全國，使數十年縱橫之兵匪。　得告安諡，於漢軍之編制。　實有關係。　惟編制八旗，分設佐領，自賴有滿洲八旗爲之根柢。　組成漢軍八旗以後，又賴有滿洲八旗鎮壓而率領之，故能追隨於宿衞之列，聽調於駐防之令，前有蹴取官祿之階，後有長養子孫之計，武夫悍卒。　不散爲游手無業之徒，非擾亂無謀生之地，此八旗制之大成就也。　三藩以後賴此而定，中葉用兵，不甚添募，不覺安插之苦。　至咸同軍興，舊兵不可用，清所恃爲武力中堅之八旗，盡不可用，於是兵盡召募。　事平以後，無舊安插法可用，裁者爲會黨，覓食於游手之中；存者亦爲駢枝，糜餉於舊額之外。　故有兵事時，兵尙得將而可用，無兵事以後，兵乃被裁而無可消納，終致一決而不可收拾也。　明之開國，納兵於衞所；清之開國，納兵於八旗；今後已見擁兵之多，未定納兵之計，論者欲納之於地利實業，是誠然矣。　國土日蹙而地利微，民生日凋而實業盡，旋乾轉坤，在當國者。刻苦以持己，爲國民塞已漏之卮，誠懇於便民，爲國民扶僅存之力，無不可救之危局，危局挽而消兵之策行其中，此鑒往以知來之事也。　終之以漢軍佐領考略，爲清代盡其八旗之作用，此治清史之實有借鑑者矣。

漢軍佐領考略

崇德二年七月，分烏眞超哈（漢文稱漢軍）一旗爲兩旗，以昂邦章京（漢文稱總管）石廷柱爲左翼一旗固山額眞；以昂邦章京馬光遠爲右翼一旗固山額眞。

四年六月，分烏眞超哈二固山官屬兵丁爲四固山，每固山設牛录十八員，固山額眞一員，梅勒章京二員，甲喇章京四員。　正黃鑲黃兩旗。　以馬光遠爲固山額眞，馬光輝張大猷爲梅勒章京，戴都崔應泰楊名遠張承德爲甲喇章京；正白鑲白兩旗。　以石廷柱爲固山額眞，達爾漢、金維城、爲梅勒章京，金玉和、佟國蔭、佟代、爲甲喇章

京；正紅鑲紅兩旗。　　以王世選爲固山額眞，吳守進孟喬芳爲梅勒章京，金礪、郎紹貞、王國光、臧國祚、爲甲喇章京；正藍鑲藍兩旗。　　以巴顏爲固山額眞，李國翰土賴爲梅勒章京，張良弼曹光弼劉仲錦李明時爲甲喇章京。　　初兩固山纛色皆用玄靑，至是改馬光遠纛以玄靑鑲黃，石廷柱纛以玄靑鑲白，王世選纛以玄靑鑲紅，巴顏纛純用玄靑。　（兩白旗缺一甲喇章京，原文各書同。）

七年六月，初，烏眞超哈止設四旗，至是編爲八旗，以祖澤潤、劉之源、吳守進、金礪、佟圖賴、石廷柱、巴顏、墨爾根轄李國翰，八人。　　爲固山額眞，祖可法、張大猷、馬光輝、祖澤洪、王國光、郭朝忠、孟喬芳、郎紹貞、裴國珍、佟代、何濟吉爾、金維城、祖澤遠、劉仲錦、張存仁、曹光弼、爲梅勒章京。

是年七月，以錦州松山杏山新降官屬兵丁。　　分給八旗之缺額者，其餘男子婦女幼穉共二千有奇，編發蓋州爲民。　　又蒙古男女幼穉共四百二十有奇，又漢人八名，分賜恭順王孔有德。　　男子十名，婦女幼穉十六口；懷順王耿仲明。　　男子十名，婦女幼穉十二口；智順王尙可喜。　　男子十名，漢人一名，婦女幼穉十二口；續順公沈智祥。　　男子五名，婦女十六口；察罕喇嘛。　　男子三名，婦女幼穉三口：其餘分賜公以下梅勒章京以上養之。

順治二年十一月，以和碩德豫親王多鐸等。　　招降公侯伯總兵副將參遊等官三百七十四員。　　撥入八旗。　　三年四月，分隸投誠官於八旗，編爲牛彔。

十八年十月，戶部請將新投誠官員。　　分旗安置，現到僞漢陽王馬進忠之子都督僉事馬自德，准入正黃旗；僞國公沐天波之子沐忠顯，准入正白旗。　　未到僞延安王艾能奇之子，原鎭國將軍，今左都督艾承業，准入鑲黃旗。

康熙元年三月。　　允義王孫徵淳所請，令屬下投誠各官。　　均撥三旗。

二十年九月，兵部題准耿昭忠等呈稱：家口甚多，難以養贍，照漢軍例披甲食糧，旣可當差效力，又可均贍老幼家口。　　編爲五佐領，令在京佐領管轄，每佐領下設驍騎校一員，小撥什庫（漢文稱領催）各四名，馬甲各五十四名，步軍撥什庫兵各十三名。　　此五佐領。　　俱係耿昭忠耿聚忠等屬下，不便分晰，應將伊等本身。　　一倂俱歸入正黃旗漢軍旗下。

二十一年十二月，戶部議准建義將軍林興珠。　　旣歸倂鑲黃旗漢軍，令該都統歸興缺

少壯丁，其佐領下應給地畝籽粒口糧。　　照例支給，俟支俸後裁去。　　所居房屋，工部給發。

二十二年十二月，命尚之孝尚之隆等家下所有壯丁。　　分爲五佐領，隸鑲黃旗漢軍旗下。

乾隆五十五年五月，安南黎維祁及屬下人等，奉恩旨令其來京，歸入漢軍旗，分編一佐領。

摘錄尚孔耿軍收編，以明其非在稱天祐天助軍時，沈志祥附。

鑲黃旗漢軍：第一參領第四佐領，原係定南王孔有德所屬佐領，康熙二十二年進京，撥隸本旗。　　（孔有德早亡，而其所屬亦至三藩平後乃進京。　原有佐領名色而不隸八旗。）

第二參領第二佐領，原係隨續順公沈志祥駐防廣東之佐領，初以蔣有功管理，康熙二十二年進京，撥隸本旗。

貳臣孔有德傳：八年，（天聰）三月，詔定有德軍營纛旗之制，以白鑲皂，別於滿洲及舊漢軍，號天祐兵。

又尚可喜傳：四月，（天聰八年）詔至盛京，賜敕印，授總兵。　　軍營纛旗，以皂鑲白，號天助兵。

又耿仲明傳：是年，（天聰八年）秋，從征明，由大同入邊至代州，屢敗敵兵。仲明每奉命出征，輒與有德偕，其軍營纛旗，亦以白鑲皂，號天祐兵。

第二參領第七佐領，原係駐防福建人丁，康熙二十二年進京，　始編佐領，　分隸本旗。

第三參領第三佐領，原係定南王孔有德所屬人丁，康熙二十二年進京，始編佐領，分隸本旗。　孔軍亦不盡有佐領名色。

第三參領第八佐領，原隨續順公沈志祥駐防廣東人丁，康熙二十四年進京，始編佐領，分隸本旗。

貳臣沈志祥傳：崇德六年，率所部隨大軍圍錦縣。　　七年，凱旋，賜貂裘及降戶。志祥請全部衆隸八旗漢軍，於是隸正白旗。　　按雖有此文，殊未能符事實，見下各文。

第四參領第八佐領，原係隨平南王尚可喜駐防廣東人丁，康熙二十二年進京，編爲佐領，分隸本旗。

第五參領第七佐領，原係定南王孔有德所屬佐領，初以劉進孝管理，康熙二十二年進京，始隸本旗。

E黃旗漢軍：第一參領第一佐領，係康熙十八年。　將定南王孔有德所屬官兵，編爲佐領。　孔部亦有先於平三藩而編佐領者。　（第二參領第一佐領同。）

又第五佐領，係康熙二十年編設。　通志案，此佐領係耿昭忠耿聚忠。　因所屬家口人衆，分編爲五佐領。　雍正十一年。　作爲世管佐領，乾隆三年。　奏定爲勳舊佐領。　又乾隆三年七月二十九日，　正黃旗漢軍都統奏：臣旗耿姓三個公中佐領，奉旨改爲世管佐領，其佐領下人等。　應作爲屬下，或作爲另戶，恭請欽定。　奉旨，此佐領照前所降諭旨。　仍作爲世管，其佐領下人等。　俱實係另戶。　著曉諭伊等知之。

第三參領第八佐領，係康熙二十二年編設，初隸鑲紅旗。……　三十七年，此佐領撥隸本旗。　通志案，此佐領原係耿精忠屬下，隨將軍馬九玉征雲南兵丁一千，於康熙二十一年進京，編爲五佐領之一，屬蘇彥卓克托公。

第四參領第一佐領，係康熙二十四年。　將隨續順公沈熊昭駐防廣東之壯丁一百四十八名。　編爲佐領。　沈氏家兵，至易世後猶待編旗。

又第七佐領，係康熙二十年編設。　通志案，此佐領原係和碩額駙耿昭忠等。　因隨伊祖投誠人多，不能養贍，部議編爲五佐領之一。　陳都策（第五任）革退後，因盧世英呈控，經王大臣議，請將五佐領內航海舊人，關東舊人公主媵人七百餘名編爲公中佐領三。　其福建等省隨來壯丁，及耿姓各戶下家人三百餘名，編爲耿姓世管佐領二。　此卽三公中佐領之一也。　乾隆三年，又因耿化祚呈控，復奏請將三公中二世管，俱照鑲藍旗尚維邦佐領例，一體作爲福珠里佐領。　奉旨，兩世管佐領作爲福珠里佐領，三公中佐領作爲世管佐領。　乾隆十五年，奉旨仍爲公中佐領。　〔福珠里〕華言勳舊。

第五參領第二佐領，康熙二十年編設。　通志案，此佐領亦係以耿昭忠等隨來壯丁編立。　雍正十一年，另編爲公中佐領，以金通保管理。　（金通保本參領，承耿

化胙綠事革退後。）乾隆三年，作爲世管佐領。　　乾隆十五年，　奉旨仍爲公中佐領。

又第五佐領，係康熙十八年，將隨定南王孔有德駐防廣西之官兵編爲牛彔。

正白旗漢軍：第二參領第三佐領，原係定南王孔有德所屬佐領，初以王守仁管理，康熙二十一年進京。

第四參領第四佐領，係康熙十八年，將定南王孔有德所屬官兵編爲佐領。

又第八佐領，係康熙二十二年，將平南王尙可喜所屬官兵編爲佐領。

第五參領第二佐領，係康熙二十四年，將續順公沈熊昭進京之兵丁編爲佐領。　其第一佐領內，亦有續順公沈鐸續順公沈廣文兩次管理。

又第八佐領，係康熙二十六年，將廣東進京之兵丁編爲佐領。

正紅旗　第一參領第一佐領，係順治元年，將定南王孔有德所屬人丁。　編爲牛彔。初隸正黃旗，雍正四年始撥隸本旗。

第三參領第三佐領，係駐防福建佐領，康熙二十二年進京，分隸鑲藍旗。　四十六年，撥隸正黃旗，雍正四年始撥隸本旗。

又第五佐領，係康熙二十二年，將駐防廣東兵丁。　編爲佐領。　初隸正黃旗，雍正四年。　始撥隸本旗。

第四參領第四佐領，係康熙二十二年。　將駐防廣東兵丁。　編爲佐領。　初隸正黃旗，雍正六年始撥隸本旗。

第五參領第五佐領，原係定南王孔有德所屬佐領，初以陳述林管理。　康熙二十二年進京，分隸正黃旗，雍正四年。　始撥隸本旗。

鑲白旗　第三參領第五佐領，係康熙二十二年。　將廣西駐防兵丁。　編爲佐領。初隸正白旗，雍正四年撥隸本旗。

又第六佐領，係康熙二十二年。　將廣東駐防兵丁。　編爲佐領。　初隸正白旗，雍正四年撥隸本旗。

第四參領第五佐領，係康熙二十二年編設。　初隸正白旗，以三品官線緘管理。線緘故，以其弟線緒管理。　線緒故，以阿恩哈尼哈番石顯爵管理。　石顯爵故，雍正四年。　此佐領撥隸本旗。　（以後乃均不由線姓。）　按線國安於康熙十三

年。　從吳三桂叛，十五年病死，子成仁復歸順，原係孔部。

又第六佐領，係康熙二十二年。　將廣東駐防兵丁。　編爲佐領。　初隸鑲黃旗，雍正九年，撥隸本旗。

正藍旗　第四參領第六佐領，係康熙十八年。　將定南王孔有德所屬官兵。　編設佐領。

第五參領第六佐領，原係定南王孔有德所屬佐領，　康熙二十二年進京，　分隸正白旗，雍正九年撥隸本旗。

鑲藍旗　第二參領第三佐領，係康熙二十二年。　將福建駐防兵丁。　編爲佐領。

第五參領第五佐領，係康熙二十三年編設。　通志案，此係康熙年間，賞給尙之隆五佐領之一，於乾隆三十九年，因佐領出缺，奏請調取擬正人員。　奉旨，此佐領雖係尙之隆親子孫，分定三佐領內之一，但旣經管理兩個，若仍令伊支派管理，未免過優。　着將此一佐領。　作爲伊合族內公中佐領。　按尙之隆五佐領，皆在本旗內，其孰爲之隆親子孫管理之兩箇佐領，志未明載，其佐領數如下：

第一參領第六佐領，係康熙二十三年編設。　初以王國瑞管理，王國瑞因病辭退，以尙崇垣管理。（以下皆歸尙氏世管。）

第二參領第五佐領，係康熙二十三年編立。　初以田毓英管理，田毓英故，以曉騎校劉思義管理，劉思義故，以尙崇寰管理。（以下歸尙氏世管。）

第三參領第五佐領，係康熙二十二年編設。　初以尙崇志管理。（以下皆尙氏世管）。

第四參領第六佐領，係康熙二十三年編設。　初以李芳臣管理，李芳臣緣事革退，以拜唐阿尙之縉管理。（以下歸尙氏世管。）

兵制志二：

雍正八年上諭：前漢軍懇請出兵効力，　朕諭該都統等，　漢軍騎射生疎，平時不肯演習，而務出征効力之虛名，于事無益，　可于每旗操演兵丁千名備用。　昨據都統等奏，鑲黃正黃正白三旗，除常行當差兵外，現在輪流操演，可得千人。　正紅鑲白鑲紅正藍鑲藍五旗，除當差外，不敷千人之數。　我朝定鼎，漢軍從龍入關，技勇皆可用。　今承平日久，耽于安逸，是以武藝遠不如前。　目今官至提鎭副參者，寥寥無幾，而在內簡用都統副都統時，　亦難其人。　朕思漢軍生齒日繁，當籌所以教養之

道。　而額設之兵。　爲數又少，似應酌量加增，於國家營伍，旗人生計，均有裨益。　且如在外駐防漢軍，子弟日漸繁衍，卽本身錢糧。　各有定數，難以養贍，應令餘丁回京當差。　又如外任官子弟，往往以隨任爲名，游蕩荒廢，前曾有旨嚴禁，悉令回京當差，學習弓馬。　又如候缺微員，一時難以銓選者，若情願入伍當差，到選班時，仍許輪流補用。　又如內府人丁亦衆，于充役當差外，其閑散人丁撥入八旗充驍騎亦可。　再五旗諸王之漢軍佐領，仍屬本王外，其貝勒貝子公等之漢軍佐領。實無所用，應撤歸旗下公中當差，且可免掣肘之虞。　其如何增設漢軍佐領。　永遠可行，著詳議具奏。　嗣議定：漢軍鑲黃旗。　四十三佐領有半，正黃正白二旗。皆四十二佐領，正紅旗二十七佐領有半，鑲白旗二十八佐領，鑲紅旗二十七佐領，正藍鑲藍各二十八佐領。　通計領催，槍手，礮手，棉甲兵，教養兵，銅鐵匠，弓匠，聽差，護城，守門，守礮，守火藥局，守教場，以及步軍，門軍、共萬七千五百二十八人。　今應于原有之二百六十五佐領及兩半分佐領外，增設三佐領，並增兩半分爲兩整分。　上三旗每旗定爲四十佐領，下五旗每旗補足三十佐領，共二百七十佐領。其新設佐領下，應增領催十五名，步軍領催三名，步軍四十八名。　每佐領增足槍手四十名，棉甲兵八十名。　上三旗每旗補足教養兵一百八十八名，下五旗補足教養兵一百四十九名。　共增兵二千四百七十二名，以足二萬之數。　至所增各項兵丁，應于在京閑散壯丁，及外省駐防漢軍餘丁，外官隨任子弟願充驍騎者，並候選未得之微員內，選補。　再下五旗漢軍佐領，除王等仍舊分設外，貝勒貝子等佐領。　悉歸各旗，作爲公中佐領。

按漢軍佐領，皆天下初定時，招納之叛降驍悍。　清旣爲之編制，始終未嘗歧視。　歷世旣久，尙悉心理其傳襲之糾紛，使之所得，倚恃朝廷，爲世世豢養之計。此亦清之取信於降人，不使生心。　觀封爵表，貳臣所封之爵。　多傳至辛亥失國乃止。　此亦見清初之消兵誠意。

其所謂諸王貝勒下之漢軍，則包衣內之佐領，非漢軍八旗之佐領。　包衣內漢人投入願爲奴隸者，尙不得與漢軍旗比。　漢軍旗尙以殘餘武力受編，在國家爲息事寧人之計，包衣乃自願受役而投旗者。　又清初漢官過犯免死者，往往令入漢軍旗。乾隆時則以漢軍生齒繁多，又准其自願呈請出旗矣。

—412—

明太祖遣僧使日本考

黎 光 明

（一） 緒 論

明太祖洪武元年十二月， 遣使臣以卽位詔諭安南， **倭國**，**爪哇**，**西洋**，**占城**等國； 二年二月， 遣吳用，顏宗魯，楊載等使占城，爪哇，日本等國，賜日本國王璽書；（以上係依實錄分作兩次記載，其實或是一次的事情。） 三年三月，又遣萊州府同知趙秩持詔諭日本國王良懷：凡這幾次所遣的使臣， 都不是僧徒。 其用僧徒爲使臣，是四年中才有的事情。 明太祖實錄說：

『洪武四年十月癸巳，日本國王良懷遣其臣僧祖來進表箋貢馬及方物，并僧九人隨趙秩來朝，又送至明州台州被擄男女七十餘口。 詔賜祖來等文綺帛及僧衣。 比辭，遣僧祖闡克勤等八人護送還國，仍賜良懷大統曆及文綺紗羅（卷六十八）。』

我們推測他用僧徒的意思，或如明史日本傳所說：『念其俗信佛， 可以西方教誘之也』。 況彼以僧來，則此以僧去，亦是容易連類及的事情，故不遣行人爲使臣，而

乃以緇流為行人了。　當時高麗國王王顓因『專好釋氏』，遂廢置國事不理，太祖曾以書諭之，說『務釋氏而能保其國者，未之見矣！』　（實錄卷四十六）是太祖本是不贊成國王奉佛教的。　日本本來就是個佛教國，現還要派人去作宣傳，難道說希望日本亡國麼？　這大概是誤以沿海倭寇為其國王所遣，故欲其深摯的信仰『誡律』，收斂着野心，再不致為患於我們中國罷？　錢牧齋先生說：

『日本之崇佛，自唐已然　臨濟一宗，流傳最盛。　聖祖遣僧化導，有微權焉。　萬曆初，虜王求僧及經，江陵命宜大巡撫勿拒。　且云：L經必有高皇御製序文，方可與之冂。　嗚呼，知聖祖之微權者，江陵也！』　（初學集卷一〇三太祖實錄辨證）。

這所謂『微權』者，或者就是我上面所說的意思？　（其實江陵的用意，似還有要用太祖的威名作鎮壓罷？）　明室分封子弟以後，也還揀選高僧到各王處去輔導開化，而僧道衍却反而教唆燕王與兵靖難，這又非始料所及的了。

最近我從奉使金鑑上找着一篇明太祖建瓦官寺寄天台僧書，乃是無逸和尚寫給他的朋友的，述說他們奉使的原因極詳，今為具錄如左：

『天界白庵禪師，以吾宗耆宿，而數召對，經論稱旨，迺奏復瓦官為天台教師，衆卽推某主之。　蓋前兩年，皇帝凡三命使於日本，關西親王皆自納之。於時以祖來入朝稱賀，帝召天甯禪寺住持祖闡，瓦官教寺住持某，命曰：L朕三遣使於日本者，意在見其持明天皇。　今關西之來，非朕本意，以其關禁，非僧不通，故欲命汝二人密以朕意往告之曰：中國更主，建號大明，改元洪武，卿以詔來，故悉阻於關西，今密以通之，與之循唐宋故事，修和好如初。冂　又命曰：L朕聞其君臣上下，咸知奉僧敬僧，非汝僧不足以取信。彼有闡教僧欲訪道中國，悉使之來無禁。　惟汝二人往哉，無忽！冂　卽賜之三衣與十八淨物之切於用者。……　某謂通國使命，佛所戒也；使無補於佛之教而欲犯佛之戒，某雖死弗為也。　今皇帝旣以我為可信而遣之，則是我持不妄戒也；勸人禁寇不盜戒也；修兩國之好，使商賈交通，民安其生，兵不加境，不殺戒也。　持佛之戒而為帝者使，則是為佛之使也。　故承命之日，以此而不辭。』

這篇文章，我還不曉得呂海寰先生是從什麼書上抄集來的。 假使可信的話，則明太祖已曉得關西親王外，尚有個持明天皇而欲逐之，與日本國志上的話亦相合，但何以遲至洪武十九年實錄上還有日本國王良懷遣僧入貢的記載？ 這豈是中國史官太不注意外國事情之所致嗎？

另外居頂有一篇送右闡教鷲峯禪師奉使日本頌序，敘述他們出使的原因，出發時的情形，和人們對他們的感想說：

『皇帝即位改元永泰之初，天地清宵雨暘時若，凡四方薄海內外諸侯，莫不遣使朝賀，貢獻水土之物。 於是皇上推恩柔遠，一視同仁，分遣使者，賫詔往諭，嘉答其意。 載念日本邈乎鯨濤，數萬里外，而其國雅尚佛乘，是宜參用各德沙門，密贊聖化。 乃選僧錄司右闡教兼天界闡寺主持臣某偕朝之。 眃臣等往使彼國，導揚德意。 （見後引用）及是命宗門莫不以朝廷出使得人為賀，僚寀諸友，咸為詩頌以贈，而屬某序諸首簡。 惟日本距中國雖甚遠，然自漢唐以來，遣使朝貢恒不絕。 其國素尊佛教，知慕中國宗傳之盛，前代遣僧涉海具來遊學焉。 今皇上誕膺天命，寵綏四海，聲教所被，靡不稽首臣順而爭先賓貢者宜矣。 禪師持節以往，竊意天威所加，海若山君效職驅使，而祥風送颿，神物迎棹，雖數萬里跬步也，滔天鉅浸平陸也，何足計慮哉！ 而禪師德望之重，師法之尊，宗傳之懿，才辯之瞻，皆足以化服彼方遠人，遠人具之，吾知胥為悅從矣。 而師也，震之以法雷，潤之以法雨，襲之以慈風，煦之以慧日，將俾窒者通，晦者明，咸獲充其所願焉，一時拜伏西疇，稱謝吾君吾佛之大賜矣。 然則禪師是行也，其於朝命榮幸何如哉！ 其於宗教增重何如哉！ 余因作序， 姑言其概，至若宏化遠績，尚俟他日還朝，執筆繼書焉。 （奉使金鑑引）

（此篇中有『改元永泰之初』的一句話，另外送松巖上人的一篇中又有一句『永泰元年秋』，這是說洪武四年曾一度的改元復廢嗎？ 抑或並非年號而是另外一種意思？ ——待考。）

此外殊域周咨錄及日本國略亦記載着這件事情，說：

『洪武五年，倭復寇邊， 海上不寧。 （日本國略無『邊』字及『不寧』兩

字）上謂劉基曰：乚東夷固非北胡心腹之患，猶蚊蝱警寤，自覺不寧，議其俗尙禪教，（日本圖略無『議』字）宜選高僧說其歸順。乛　遂命明州天寧寺僧祖闡，南京瓦罐僧無逸往諭。』（鄞縣志亦載得有，吾畢爲說得更簡單些）。兩書的文詞大同小異，或是取材一處的原故。　但有三點似乎是不大妥當的：（一）遣僧爲使乃四年中事，而乃說爲五年，這除非是四年奉命而五年成行，纔說得逾；（二）遣使日本的主要動機之一，乃因其進表入貢，今置此不言，只單說個倭寇海上，實有遺大之嫌；（三）按劉誠意伯行狀說是四年正月便賜歸老鄉里，二月卽已至家，則能否同太祖當面談話，尙須要有別的證明才能使人相信。　而且這段談話，在誠意伯和當時的文集史籍中，都找不出記載來，只嘉靖後的書中方說得有，似乎有點可疑。　我以爲遣僧使日本的這個故事，在嘉靖時曾被人別有用心的大肆鼓吹過，這段話怕也是那時傳說出來的。　詳情如何，且待下文再說。

（二）　奉使命時

奉使命時的情形，宋文憲的恭跋御製詩後說得最爲詳細：

『天寧禪師祖闡仲猷以高行僧召至南京，會朝廷將遣使日本，詔祖闡與克勤俱。　祖闡不憚鯨波之險，毅然請行。　上壯之，賜以法器禪衣之屬。　令太官進饌，饗於武樓下。　且諭其國敬浮屠，宜以善道行化。　時天界禪師宗泐嘗賦詩餞之，其詩上徹御覽，遂俯賜和答詩，凡一十八韻。　首言王化無遠邇，一視同仁；次言宜誘以善道，庶契西來祖意，次言經沙海洋雖甚艱險，君臣大義毋忘；次言以平等法行之，無有彼此之異；末言使畢言旋，方盡始終之義：其丁寧反覆之意，不亦至哉！』（宋學士翰苑續集卷八）

這所謂『嘗賦詩餞之』的宗泐詩，宋學士究竟見過與否，尙還不得而知。　其所謂『首言』『次言』的語句，自是統括御製詩而言的，而籌海圖編以爲是指宗泐詩的大意，這便錯了。　今四庫全書中有宗泐的全室外集九卷及續集一卷，但都沒有這一首詩，甚且完全沒有與仲猷無逸相關的文字，只殊域周咨錄及日本國略上有之，幷記載其事云：

『命明州天寧寺僧祖闡，南京瓦罐僧（原注有『瓦官寺名』四字）無逸往諭。

將行 ， 天界住持四明（ 按江寧府志及浙江通志引名山藏均謂泐係臨海人，此誤；四庫提要作臨安人，亦誤。 ） 宗泐賦詩餞別，持獻於朝。 上覽，俯賜和之。 泐詩曰：

帝德廣如天，	聖化無遠邇；
重驛海外國，	貢獻日贄委。
維彼日本王，	獨遣沙門至，
寶刀與名馬，	用效臣服意（ 國略『 服 』作『 伏 』 ）。
天子鑒其衷，	復命重乃事，
由彼尚佛乘，	亦以僧為使。
仲猷知心宗（ 原注『 闕名 』二字誤 ），	無逸寫經義，
二師當此任，	才力有餘地。
朝辭閶闔門，	夕宿蛟川涘，
鉅艦揚獨帆，	長風天萬里，
鯢鯨不敢驕，	媽夷效驅使。
滄茫熊野山，	一髮青雲際，
王臣聞招徠，	郊迎大欣喜。
時則揚帝命，	次乃談佛理，
中國師法尊，	遠人所崇禮。
祝茲將命行，	孰有重於此！
海天渺無涯，	相念情何已！
去去善自持，	願言慎終始。

我不敢說當時沒有宗泐以詩餞別的這一回事，但這首詩是否宗泐作的，確實是不大相信得過。 朱侶賢先生說：『 泐公識地高邁， 調趣清古，風度悠揚：昂然若霜晨老鶴，聲聞九臯；澹乎若清廟朱弦， 曲終三歎 』（ 明詩綜 ）。 四庫提要亦稱贊他為『 元明之季，方外之秀出者 』。 現在這首詩則淺陋生硬，與他集子中的作品相較，風格大不相同。 我很疑心這是因為宋學士說過那一句話，故卽有人反依太祖詩韻而僞作之。 我還勉強指得出一個作這僞詩的人，這留待餘論中再說。

　　皇明馭倭錄說：『近年南京禮部新刻高皇帝御製文集末附詩百餘首，有廣僧錫杖歌而無廣宗泐詩』，不曉得是因爲什麼原故？　今四庫全書太祖文集中亦不收此詩，或因爲牠有『蠻夷』的字句而且是贊揚『外道』的罷？　但抄本的明太祖御製集，殊域周咨錄，日本國略及籌海圖編等書中則都載得有這一首詩。　御製集中題作送祖闡詩而沒有題爲『和宗泐』詩。　今具錄如下，而以他書參校之：

嘗聞古帝王（圖編作『常』），　　　　　　同仁無遐邇，

蠻貊盡來賓。　　　　　　　　　　　　　我今使臣委，

仲猷通洪玄，　　　　　　　　　　　　　倭夷當往至。（圖編作『誓』）。

以善導凶人（『以』圖編作『于』周　　　　不負西來意。
　　　　咨錄作『諭』『導』則作
　　　　『化』），

爾僧使遠方（『爾』周咨錄作『遐』　　　毋得多生事！
　　　　『使』圖編作『遊』），

入爲佛家子（『家』周咨錄及圖編均　　　出爲我朝使；
　　　　作『弟』），

珍重淵泉經（『淵』周咨錄及圖編均　　　勿失君臣義！
　　　　作『浦』，『經』周咨錄
　　　　作『徑』），

此行非瀚海（『非』『瀚』周咨錄作　　　一去萬里地。
　　　　『飛』『澣』），

飽辭釋迦門，　　　　　　　　　　　　　日日宿海涘（上『日』字周咨錄作
　　　　　　　　　　　　　　　　　　　　　『白』）。

艫艟掛飛帆（『帆』圖編作『颿』），　　天風駕百里（『百』周咨錄及圖編
　　　　　　　　　　　　　　　　　　　　　作『萬』），

平心勿憂驚，　　　　　　　　　　　　　自然天之使。

休問海茫茫，　　　　　　　　　　　　　直是尋根際。

詣彼佛放光（『詣』周咨錄作『諸』　　　倭民大欣喜（『欣』圖略作『歡』）。
　　　圖略作『請』），

行止必端方，　　　　　　　毋失經文理（『文』周杳錄及圖編

均作『之』）。

入國有齋時，　　　　　　　齋必還施禮（『必』周杳錄及圖編

均作『畢』）。

是法皆平等，　　　　　　　語言休彼此。

盡善凶頑心（『凶』圖編作『化』），　　　了畢纔方已。

歸來與拂塵（『與』周杳錄及圖編均　　　見終又見始（『又』圖編作『必』）。

作『爲』），

　讀完這一首詩，有一點很足使我們奇怪的是：宗泐的詩中以仲猷與無逸並列，此詩則何以單題仲猷之名？　至於詩文的淺俗，那到是太祖集中的常事，就此還可打出一個『真正陸稿薦』的老招牌！

　　又奉使金鑑中還載得有明太祖和絕海韻七言絕句一首，並附着原詩云：

　　熊野峯前徐福祠，　　　　滿山藥草雨餘肥；

　　只今海上波濤穩，　　　　萬里好風須早歸。

只不曉得這首詩是何人作的？　詩中提及熊野峯，而前宗泐詩中也說到，難道這還是一人所作麼？　至于太祖的和詩云：

　　熊野峯高血食祠，　　　　松根琥珀也應肥；

　　昔年徐福求仙藥，　　　　直到如今竟不歸！

記得這樣的一首詩，似乎是太祖集中所沒有的。　而且照樣的提及熊野峯，怕還同是一批假貨罷？

　　另外七修類藁天地類的日本略條下，更載有僧仁一送祖闡無逸之詩兩首。　其一云：

　　大明建國如虞唐，　　　　萬方玉帛朝明堂；

　　五百僧中選僧使，　　　　奉詔直往東扶桑。

另一云：

　　飄飄瓶錫辭九重，　　　　大颭四川開南風，

　　游龍雙迎浪花白，　　　　天雞一叫東方紅！

這所謂『大颿四月開南風』者，怕是說他們是四年十月中受命，而五年四月中才開航的吧？　那嗎，別書中說他們是五年中奉使往日本者，最低限度也是把起行之期，誤認爲受命之日了。

　　本來中國遣和尙到日本去作使臣，這還不算是『破題兒的第一遭』，就是元朝便有補陀僧如智和王積翁一路去的故事。　不過這在佛門中究屬稀有，而況當開國興隆之際，自會引爲盛典的做詩相賀。　以上我們已經引了一些，以後還要引幾段來另外作證。

　　護送日使歸國的，函史下編的戎狄志，東西洋考的外紀考都只說是『二僧』；吾學編的四夷攷，殊域周咨錄及日本國略等也只提出祖闡無逸兩個人的名字；實錄及明史雖說是『命僧祖闡克勤等八人送還』，但後來移書責其國王時又只單言『二僧』。只實錄記載他們回來的時候，有『從行僧』的一句話，使我們想到同路而去的那六個人也是和尙。　我們從上面引過的無逸寄天台僧書中還可找得出兩個人的名來。　那信上說：

　　　　又恐至彼言語不通，選關東禪僧之在中國者，得東山長老椿庭壽公，中竺藏主
　　　　權中巽公，以其叅方有行，命式以行。

這是留在中國的日本和尙，自然適合扵擔任翻譯的任務。　另外有一個人是祖闡的徒弟，這個我們可從居頂送松岩上人侍師奉使日本國序中看出：

　　　　金陵松岩住上人，師事右闡教天界雪軒翁有年矣。　致力幹蠱，刻志向學，兢
　　　　兢業業惟日不足也。　永泰元年秋，　雪軒翁應選往使日本，其國邈於扶桑出
　　　　日，去吾華夏絕遠，鯨濤際天，魚龍颶風之變不測，往者靡不目眩股栗。　惟
　　　　松岩出衆投誠，願充侍行之列。　有司以聞，上許之，亦蒙錫賚。　（奉使金
　　　　陵引 ）

其餘還有三個人，現在還沒有辦法可以把他們的名字找着。

　　宋學士敍述他們的行程說：

　　　　了上召見端門，與闡同受法衣軍持錫杖諸物之賜，翌日啓行。　（送無逸勤公
　　　　出使還鄉省覲序 ）

　　　　『祖闡受命而行，自翁洲（按卽舟山島，在今浙江定海縣）啓櫂，五日至其國

境。　（恭跋御製詩後）

以後我們就要說他們到日本後的情形了。

(三)　　到 日 本 後

明史日本傳敍述當時日本的情形說：

『時國王良懷年少，有持明者與之爭立，國內亂』。

一共是十八個字，但可找得出四個謬誤出來：

(1) 這裏所說的『良懷』，　日本史書上則寫作懷良。　那時日本分爲南北兩朝，而這裏所說的『國王良懷』者，旣不是北朝的後光嚴帝，亦不是南朝的長慶帝，乃南朝所封的一個親王，是後醍醐天皇的一個皇子，與護良親王等是兄弟行。

(2) 懷良親王是延元三年（元順帝至元四年）封爲征西大將軍掌九州節度，鎭撫筑紫，至洪武五年，算來已經有三十五年了，何得說是『年少』？

(3) 就是所謂『持明』者，亦不是人名，乃是日本北朝皇室統系之持明院系，凡後深草天皇之胤嗣皆屬之，與南朝的龜山天皇系之大覺寺統是對稱的。

(4) 良懷旣不是國王，持明亦不是敵對的人名，怎麽會『爭立』起來？

故要說當時日本『國內亂』的話，應該是指南北兩朝的將官，正相爭戰於九州一帶的地方。　日本史上說：

『建德二年，（洪武四年）春二月，肥後守菊池武光奉征西大將軍懷良親王起兵，謀復筑紫，與今川貞世戰於鎭西』。　（日本源流考卷十四引）

這是洪武四年的戰爭。　洪武五年又有一場大戰：

『文中元年春二月，足利氏筑紫彈代今川貞世與大內義弘合兵，攻肥後守菊池武政——武政，武光子也』。　（日本政記卷十三）

他們戰爭的主要原因，自然是爲南北兩個系統的不能同時並立，但與明朝的通使，也有一些關係。　日本外史說：

『征西將軍懷良猶依菊池氏保守一隅。　——先是，明主朱元璋使使來，征西府以其書辭無禮，郤不納。　明主更貽書於北朝，北朝納之。　以征西府梗其

往來，遣今川貞世充探題來攻，菊池武政與其子武朝相繼拒戰，屢克之。　已

而懷良與武政武朝前後皆病卒，西南無復官軍矣』。　　（五櫨氏附北畠氏）

這所謂『北朝納之』的貼書，恐怕是指祖闡寄給延厤寺座主的那一封信，這待後引日

本國志時再說。　總之：祖闡等沒有到的時候，日本已經是內戰不息；到了過後，戰

事與他們也生了關係。　他們在關西太宰府的失了自由，已是想像得到的事情，就是

明實錄上也不諱言：

　　『洪武七年六月乙未朔，上勅中書省曰：『向者國王良懷奉表來貢，朕以爲日

　本正君，所以遣使往答其意。　豈意使者至彼，拘留二載。　今年五月去舟纔

　還，備言本國事體，以人事言，彼君臣之禍有不可逃者。……　今日本蔑棄禮

　法，慢我使臣，亂自內作，其能久乎！』　（卷九十）

　　『洪武十四年七月戊戌，　上命禮部遣書責日本征夷將軍曰：　往者我朝初復中

　土，日本之人至者，云使則加禮，遇商則聽其去來，斯我至尊所以嘉惠日本，

　故遣克勤仲猷二僧行。　及其至也，加以無禮，今又幾年矣。』　（卷一百三

　十八）

明史上亦說『王則傲慢無禮，拘之二年』。　而日本國志說得更要詳細一點：

　　『建德二年，懷良親王遣僧祖來等九人奉表箋稱臣貢馬及方物，且送還明台二

　郡被掠人七十餘口。　十月抵京，太祖嘉之，宴賚使者。　念其俗信佛，亦遣

　僧祖闡克勤等八人送使僧還，齎大統曆及文綺紗羅賜懷良。　懷良拘而不遣，

　遂居筑紫。　祖闡在筑紫二年，作書寄延厤寺座主某，略曰：└我皇帝凡數命

　使於日本，關西親王皆自納之，然意在見其天皇。　今密遣吾二僧來，上宣諭

　曰：『王國之民，寇我邊疆，商賈不通，宜剿賊修好，以循唐宋故事』。　吾

　持佛戒而爲帝者使，即爲佛使，幸遵我佛不妄不盜之戒，爲通此意。┐　（此

　段可與前引無逸寄天台僧書參證）——時日本南北兩帝，明使之來，皆止太宰

　府，不得達命，書中故云。　或曰：當時蓋以懷良爲日本王，祖闡居年餘始知

　其非，臨時制詞，本非太祖所命。』　（卷五郊交志）

這是說他們到日本後被懷良親王所拘留的。　另外宋學士翰苑續集中又有一種說法：

　　『先是，日本王統州六十有六，良懷以其近屬，竊據其九都于太宰府。　至

是，被其王所逐，大與兵爭。　及無逸等至，良懷已出奔，新設守土臣疑祖來

乞師中國，欲拘辱之，無逸力爭得免。　然終疑勿釋。』（送無逸勤公序）

這是說他們是被新設的守土臣所拘留着的。　到底那一種說法是對的，讓精通日本史

的人去作答覆。　據我的推測是：明太祖對于日本京都的帝室（即北朝所在地）或者

是微有所聞，欲使祖闡等順道往通，免入貢事爲征西府所攏斷。　但懷良是南朝的親

王，怕他們通了北朝以後，於己不利，故才把他們拘留起來。　及至北朝的將官將筑

紫取得後，又疑心他們是與懷良親王有關係的，故也不令自由。　錢牧齋說：

　　　『祖來爲良懷所遣，良懷方以竊據被逐，日本疑祖來，因疑護送祖來歸國者，

　　　此其情也。』（太祖寶錄辯證）

也就是這種意思。　即至祖闡寄書延麻寺僧，守臣又上告其事，　他們才能夠到京都

去。

　　　『守臣白其事于王。　王居洛陽，　欲延闡住持天龍寺，　無逸獨先還。　（錢

　　　云：『日本旣以祖來疑中國，其請住持，雖曰延之，寶則拘留年。』　這話說

　　　得不對，現在實無再拘之心，否則何必無逸先還而不一併留住？）　無逸奉揚

　　　天子威德，諭以禍福，必期與闡俱。　王聞其志不可奪，命與馬來迎。　經涉

　　　北海，時近六月，大山高插霄漢，積雪如爛銀。　行一月始至，館于洛陽西山

　　　向陽精舍。　執國政者猶申天龍之請。　無逸曰：╵我使臣爾，非奉帝命不敢

　　　從。　王如欲闡宣大法，宜同往請於朝，否則有死而已！╷　君臣聞之，皆大

　　　顉服』。　（送無逸勤公序）

但是祖闡雖沒有留在那裏當住持，佛法却是敷演遍的，這也是宋學士說的：

　　　『踰月始入王都，館於洛陽西山精舍。　一遵聖訓，　敷演正法，無非約之於

　　　善。　聽者聳愕，以爲中華之禪伯，亟白于王，請主天龍禪寺──寺乃夢窻國

　　　師道場，實名刹也。　祖闡以無上命，力辭之；且申布威德，罔間內外，所以

　　　遣使者來之意。　王悅，命總州太守聞溪宣同僧淨業等奉方物稱臣來貢』。

　　（恭跋御製詩後）

日本國志上也說得有：

　　　『文中二年，將軍足利義滿召祖闡入都，聚徒演法，人頗敬信。　久之，日本

僧海壽等隨往明』。　　（卷五鄰交志）

這因爲祖闡等拘久心虛，就受了大衆歡迎，也不願再住下去，故借同着日本使臣回國來了。　　後來中國和日本的國交，也沒有因此『愈臻親密』，倭寇也還是照常爲患，簡直可說是∟勞而無功┐！　　而殊域周咨錄却稱譽得個了不得，說：

『祖闡無逸宣化海外，能格戎心，可見異端之中，亦有乘槎應星之彥。　秉節懷遠，不辱君命，勝于元朝水犀十萬多矣』！

這似乎有點過當。

（四）　歸國情形

祖闡等旣不願留居日本，日本也就設法送他們回來。　宋學士記他們的情形說：

『謹遣總州太守氏宣及淨業喜春二僧從南海下太宰府，備方物來貢。　所虜中國及高句驪民無慮百五十人，無逸化以善道，悉令具大舶遣歸。　無逸等自太宰府登舟，五晝夜卽達昌國州。　巳而赴南京，仍見上端門。　無逸備陳其故。　闡亦附奏曰：∟島夷不知禮義，微勤，臣不能再瞻龍顏矣！┐　上悅，召對者非一，或賜食禁中。　自時厥後，各賫白金百兩，文綺二，皆有副』。

（送無逸勤公序）

他在恭跋御製詩後上邊加了一句好話，說：

『祖闡旣入覲，天顏怡悅。　賜白金一百兩，文綺二縑』。

而所謂『天顏怡悅』者，或只喜與見他們的面，未必高與聽他們說被拘留的事情。

他們『入覲』的日子，實錄上記得有的：

『洪武七年五月甲午，僧祖闡克勤等還自日本，詔賜祖闡克勤白金人百兩，文綺帛各二匹。　從行僧白金綺帛有差。　祖闡等奏日本贐馬，命受之』。

（卷八十九）

這日本贐馬的使臣，也許是日本國志上所說的『僧海壽等』，而不是宋學士所說的闓溪宣等一起人，因爲他們是翌日朝見，而且遭了白眼。　實錄上說：

『六月乙未朔，日本國遣僧宣聞溪淨業喜春等來朝貢馬及方物，詔却之。

——時日本國持明與良懷爭立，宣聞溪等齎其國臣之書達中書省而無表文，上

命却其貢，仍賜宣聞溪等文綺紗羅各二匹，從官錢帛有差，遣還』。　（卷九十）

這宣聞溪當即是總州太守的圓宣（又即是閣溪宣）。　他們入貢的時日與祖闡等的入覲僅差一天，因而宋學士遂混作同路來的嗎？　不然，就是沒有表文，祖闡等也可作證，何致遭了白眼？　再不然，他們就是關西所遣的，到被祖闡等所點穿，故說『齎其國臣之書』，因而遂『却其貢』？　或者這所謂『國臣』乃是指足利義滿而言，爲報復他們的拘留使臣，故不願收其貢物嗎？　總之：祖闡等備述了到日本後的情形，太祖似乎很不高興，故勅中書省說：『日本蔑棄禮法，慢我使臣，亂自內作，其能久乎』！　（實錄卷九十）也就在宣聞溪他們進貢的這一天。

惟『持明與良懷爭立』的一句話，大昧乎日本的國情，假使記載在祖闡等歸國以前，這很不足爲奇，但今在他們歸國以後，還有這宗樣的說法，而且以後仍然稱什麼『日本國王良懷』，直至洪武十九年尚然如是，難道他們在日本住了二年，還連這點清晰的印象都不曾給與史臣麼：　抑或拘留得極端的不自由，故無法探明一切的情形呢？——　我們無從斷定得。

（五）　祖闡事蹟考

祖闡字仲猷，號雪軒翁，人稱鷲峰禪師，晚年又被稱爲歸庵禪師。　烏斯道春草齋集上說：

……『吾方外友闡上人，郡之名家子也（郡縣志說是『慈谿陳氏子。』）　少慕浮屠氏，受經於慈谿之龍山寺（寶波府志說是『受經永樂寺』）。　寺逼近官道，迎送賓客無虛日，卽杖錫江湖間，冥心兀坐，恨山不深，林不密，所見甚超詣。　久之，典法藏於金陵之蔣山，道益隆而名益著。　及四海弗靖，無逃遁之地，復歸山，獨處一室，泊如也（寶波府志說『嘗主金陵之蔣山。　會四方兵起，復還永樂。　已主香山』，或即取材此篇）。　今受知於司徒榮祿方公，公命住持同里之香山寺。　上人力辭不許，乃勉就命。　於其行，吾黨相知者，莫不爲上人喜。……　里中諸公嘗與上人遊者，相率爲餞，命余述其事，不得辭。　（卷八送闡上人住香山序）

這可見出他是甚得人望的。　　兩浙名賢錄說他『機鋒峭拔，迥出流輩』。　　他是寂照和尚元叟端公的入室弟子。　　端公示寂於金華後，他與同門的清泰子楩，金山惠明共同將其師的四會語錄重刊出來，並請宋文憲為作題辭。　（見翰苑續集卷九）他主持過香山後，又主持寧波的天寧寺。　　宋學士贊美他說：『其主天寧寺也，設化一方，黑白咸皈仰云』。　（見四會語錄題辭）

天寧寺在鄞縣治西的惠政橋北，是唐朝大中五年建的（府志）。　　元朝武宗至大二年，倭夷以土物來互市，吏卒都很欺負他們，他們氣不過了，就拿出硫黃火藥來，把城中的官府民居都燒個乾淨！（鄞縣志）　　這廟子也在被燒之列，到英宗至治元年才重修好（府志）。　　而甯波又是倭夷往來必經的地方，廟中的和尚對于日本的情形自然較別處瞭解些，祖闡的奉使日本，這或者也是原因之一。　　祖闡由日本回來後，依然到這廟裏來住着，到了洪武二十年的重建佛殿時，他恐怕尚還沒有死吧？

洪武四年，詔收天下的高僧，祖闡也是被詔的一個（府志）。　　封他為右闡教，兼領天界住持，居頂稱譽他說：

　　『禪師嘗受知於太祖皇帝，被選入朝，為僧錄掌教。　又蒙宸褒美，兼領天界住持。—— 天界實天下之大刹也，自禪師居之，中外信嚮，龍象駢集，動盈數千指，自非道契佛祖，行服幽顯者，曷能臻此哉』！　（送驚峰禪師奉使日本序）

但是不久他就奉使到日本去了，故各書中仍多說是『天寧寺僧』。　　他歸國時的情形，據宋學士說：

　　『臨行，御製詩以賜之。　及歸國後，以謂遭逢盛際，躬承光寵，不可無以示後裔，乃粉黃金為泥，書上賜和詩成卷，勒其副名山，並囑宋濂識其事云』。

　（恭跋御製詩後）

甯波府志說：『闡能詩，善鼓琴，嘗作猗蘭佩蘭操，因扁其齋曰『二蘭』。　　今烏斯道春草齋集中有二蘭齋記云：

　　『邑西去六十里，有龍山永樂寺，寺有歸庵禪師，受經其間。　禪師善鼓琴，梵唄餘暇，猗蘭佩蘭之曲，清壯邈悠，變化恍惚，深有得于徽軫之外，因扁其齋曰『二蘭』。　余謂聖賢之處衰世，豈自為哉？　殆將以變諸俗也。　荀君

不信其道，民不被其澤，則憂見乎詞。　孔子轍環諸國　莫能容仕父母之邦，
且有沮其政者，終無所聘，慘焉自傷，故猗蘭之操作焉。　後人取其意，度而
爲曲，其音悲，其思深，而孔子之意，未姑不顯明也。　屈原憂楚之失道，以
同姓，恐屋其社，抗言曲諫，反以被讒見疎，終退而自潔，著離騷經，故佩蘭
之詞見焉。　後人取其意，度而爲曲，其音怨，其憂遠，而屈原之意，亦未始
不昭晰也。　禪師自薙落，郎孤坐究曹洞宗旨，閒山行木處，訪耆碩以質所
見，雖三據象筵，考鐘伐鼓，以發聾聵，而所處無一日不雲石俱也。　今天子
聞而嘉之，詔使日本，宣布聖意，日本人首搶地從化，上大悅。　其往也，御
製餞章；其返也，親賜內饌。　及對所問，又略不敢恃寵異言朝政而歸老焉。
其迹也，其心也，其世也，俱非孔子屈原之比，何『二蘭』之托歟？　余意大
雄氏之心，顧天地衆生皆作佛，其見溺苦海踣冥途也，必懷愴惻怛。　若禪師
者，豈無大雄氏之心哉！　有大雄氏之心，得不與孔屈同一軌乎？　奚特『二
蘭』之曲，取以自適而已！　禪師韙余言，俾記之，於是乎書。

從這篇記中，可以瞭解他的人格。　烏斯道是精於琴的人，甯波府志說他是淵源於闊
的。

關于祖闊死亡的事情，甯波府志上說：

　　『一日，同郡僧恕中訪之。　及別，闊笑曰：乚可遲一日送我冂。　明日，果
　　合掌而逝。』

這自己曉得無疾而終的故事，快把他由人的地位說到神仙界中去了。

（六）　克勤事蹟考

克勤字無逸，姓華氏，紹興蕭山人。　少學浮屠（寶綠卷一百六），通儒釋書，
湛堂法師諸孫也。　爲瓦官教僧（送無逸勤公序）。　洪武四年，選至京，奉使日
本。　七年五月還京，奏對稱旨，贈白金百兩（寶綠卷一百六）。　因爲他有功而
歸，故『上忽顧侍臣曰：勤一沙門爾，乃能不辱君命如此！　學孔子者，未能或之先
也』。　親賜手詔諭其父華毅，使其加寇巾出仕。　無逸亦念去國三年，將還鄉行省
覲之禮。　中朝大夫士幸無逸遭逢盛際，競賦詩餞之，宋濂幷爲序以送之』（送無逸

勤公序）。——　這是宋學士敘說他回國後的話。

　　克勤涖朝受官的日子雖不能定，但序文中有『春向和，無逸將戴笠而來，予則具壺觴俟於龍江之上矣』的話，故可說他是八年春間轉來的。

　　洪武八年八月七日，太祖親御翰墨，賦『賜醉贊善大夫宋濂歌』一章，命侍臣們都作賦醉學士歌（宋學士集行狀）。　克勤那時也做了一首，題作應制賦醉學士歌，署的官銜是『考功丞』，這必是他那時所做的官。

那詩上說：

內廚官酒葡萄綠，　　　　　黃怕擊來氣芬郁，

詞林老臣被寵光，　　　　　拜捧瑤巵形局縮。

況當天威咫尺間，　　　　　春紅頓覺生酡顏，

醉來不知烏帽側，　　　　　猶解披腹呈琅玕。

近來應制成文軸，　　　　　對揚字字皆珠玉，

雖然白髮披兩肩，　　　　　蠅頭細字還能讀。

聖皇卹老恩最優，　　　　　幾回錫燕瑤池秋，

從容共樂有如此，　　　　　未讓十八學士登瀛州！

李白當年飲一斗，　　　　　下筆玉堂皆袖手，

才華何必分先後，　　　　　竹帛垂名同不朽（宋學士集附錄）。

　　九年六月壬子（二十九日），克勤陞任爲考功監令。（實錄卷一百六，原作『考功監丞』誤）　七月，太祖因爲宋濂艱於行步，特詔皇太子選良馬來賜給他，親作黃馬歌，又詔羣臣亦做詩助與（行狀）。　克勤又作應制賦賜宋承旨黃馬歌』云：

黃馬大宛種，　　　　　　　身小骨不凡，

天子愛其駿，　　　　　　　養在十二閑。

敕賜詞林老承旨，　　　　　太僕牽來玉墀裏，

霜蹄蹴踏風鬃翻，　　　　　錦鞍新翦千花麗。

老臣有子兼有孫，　　　　　同時出入黃金門，

白頭趨朝戴星起，　　　　　子孫扶持來謝恩。

聖朝行賞不濫施，　　　　　勳臣乃賜龍媒騎，

儒冠一人獨如此，　　　　　　稽古桓榦功在茲！　（宋學士集附錄）

那年九月壬戌（十一日），太祖卽改任考功監令華克勤爲山西布政使（實錄卷一百八）陞遷得這樣快，可知他是太祖所寵幸的。

山西通志說：『華克勤洪武間左布政使（按『左』字衍文），有政聲，屢蒙勅獎諭』。　現在的明太祖御製文集中有諭山西布政使華克勤詔二首：有一個說：

『朕每觀前代名臣傳記，人各設施，皆以律身保命爲務，然後孝于親而忠于君者矣。　吁，志哉！　所以名於世者爲斯！……　洪武十年夏五月，山西布政司奏云：簿書之徒，無端之狀。　朕勅中書以考其人，人皆累犯不悛。　前過之徒，已入屯所。　朕憐一才一藝，特脫彼艱難，使革心臨事，而又爲非勝常。　當月持以勅往，令刑之。　其符到，山西布政司卽如朕命而刑之。　此可謂除奸去僞者歟？　公私咸邃清寧者歟？　其布政司官當方面，承朕命，宣教化，布威德，若肯除奸去僞，豈慮孝親忠君之道不至哉！　豈不如前代名世者乎！

另外一個說：

『嘗聞歷代爲官署政者，多被姦吏所侮，亦能作弊，互相陷害忠良，有乖國事。　朕每聽之，切齒忿恨！　近於六月十四日，山西布政司實封到來，內云奸吏無狀。　今就令布政司官明白省會緣由，於市曹中典刑，毋得猶豫不決，勅到施行。　合殺者徐瑗；其唐禮，吳鼎，任瑀，袁文禮四名，若可殺就便典刑。』

是這兩次的上諭，都是關于刑事的。　此外則克勤在山西布政司任內，實錄上尚說得有一件事情：

『十二年三月壬申，山西布政使華克勤言：『大同蔚朔諸州，歲造軍士戰襖，俱令民間縫製，散給軍士，長短不稱，往往又令改製，徒費工力。　乞令每衣一件，定所用布縷等物若干，給軍士自製爲便』。　上是其言，仍命陝西北平遼東諸邊衞通行之』（實錄卷一百二十三）。

這可說是他的一個德政。

十四年二月己卯，更設各處承宣布政使司左右布政使各一人，以山西布政使趙新

爲右布政使（實錄卷一百三十五），則克勤或被任爲左布政使，或竟改任他職，那就無從知道了。

　　浙江通志及康熙紹興府志均說『華克勤以孝弟力田科應聘，仕終山西布政使』。康熙蕭山縣志更誤定爲十九年中的事情。　大概是以僧徒而致高官，固非人的意料所及，故妄斷爲應聘出仕。　豈知太祖既以和尙而做皇帝，且常論拔儒僧以入仕途，（太祖文集中有拔儒僧入仕論，宜釋論，賜宗泐免官說及拔儒僧文。　並有『若果悅而仕，則虛名泯而實名彰，其丈夫之志，豈不竟成哉！』的語句）則克勤的做官，實屬無足怪者。　何況除他以外，還有吳印等人，也是丟了僧帽而戴紗帽的呀！

（七）　餘　論

　　我還疑心這遣僧爲使的故事，在嘉靖時，曾經過一度擴大的宣傳作用，這或者所謂瓦官寺的『點僧』之所做的，蓋欲藉無逸之名以售其欺騙的手段。

　　焦弱侯的筆乘中有一段話說：

　　　『晉哀帝興甯二年，詔移陶官於淮水北，遂以南岸窰地，施僧慧力造寺，因以瓦官名之，今驍騎衞倉是其遺址。　南唐爲昇元寺。　登閣江山滿目，最爲佳勝處。　太白詩：『白浪高於瓦官閣』，正與今倉基所見同。　近詔毀私創庵院，集慶庵一點僧輒妄以瓦官名其處，因得幸免，然於古跡毫無干涉也』。

　　（續集卷七）

這與江甯府志上說的『嘉靖中，集慶庵僧掘地得昇元石像，云此即瓦官寺故址，故遂改爲古瓦官寺』的話，正相一致。　而且假使宗泐詩是僞作的，我也要疑心是這『點僧』做的事情。

　　另外還有一首送勤無逸使日本詩，署名爲王守仁，但因有『故人自是吾宗傑』句，可知也是當時的一個和尙。　首絕及第八絕與前引七修類稿中的僧仁一詩相同，故可斷定他是一人所作。　今爲附錄如下：

送勤無逸使日本	王守仁
大明建國如唐虞，	萬方玉帛朝明堂，
五百僧中選僧使，	奉詔直往東扶桑。

扶桑東去渺煙水，　百萬樓台海中起，

珊瑚珠樹赤松西，　玉嶂金峯碧雲裏。

重城堅壁鐵不如，　衣冠禮樂傳中都，

樓船譁說嬴氏使，　劫灰不動蒼姬書。

白河關高王繩下，　天上靈梅移北野，

八埏神師解縶龍，　十歲小兒知智馬。

自從旦姓開封疆，　履地不敢稱天王，

一君四相替吁咈，　本支百世同蕃昌。

讀書不貴論王霸，　上下惟知尊佛化，

尚想兵殘五季餘，　全奉台書復中夏。

故人自是吾宗傑，　北峯印燈垂六葉，

此行豈誇專對才，　要播元風翊王業。

飄飄瓶錫辭九重，　大颶四月開南風，

游龍雙迎浪花白，　天雞一叫東方紅！

我謂白雲天萬里，　人生生爲當若是。

瓦官閣上望秋濤，　待汝歸來報天子。

這也是奉使金鑑上所引用的。

編　輯　者　記

此黎君數年前之舊稿。　寫成後交余，而黎君返四川。　余初意待黎君重來北平後補訂之，遂置之篋中，久失所在。　去年檢出，詢之黎君，則謂無新見之史料可補。　故今將黎君原稿付刊，並志其經過如此。

　　　　　　　　　　　　　　　　　　傅斯年。

出自第七本第二分（一九三六年十二月）

明史德王府世系表訂誤

李晉華遺稿

一　引言

明英宗有子九人，嫡長見深，繼統爲憲宗；庶三子見湜，未封而殤；其得封者七王。庶二子見潾，于天順元年封德王，成化三年就藩濟南府，至正德十二年薨，凡傳七世而明亡。其本府世系及承襲諸王，明史諸王世表及列傳均詳載之，未聞有訛謬也。近于本所明檔中獲見崇禎十一年德府所纂進玉牒一册，此册不特于承襲諸王名位世次甚明，卽郡王郡主及鎮輔國將軍亦詳載及。查明代累朝修玉牒，皆預詔各王府造具其本府玉牒，上之于朝，合帝系而總纂之，曰天潢玉牒，或大明玉牒，付宗人府掌之。是各府所纂進之玉牒，乃玉牒之底本，宜最翔實可據也。偶檢德府玉牒底本，覈之明史德王世表及德王傳，竟發見錯誤處甚多。想當日明史館臣纂諸王世表及列傳時，未獲見此玉牒底本也。僅此一表一傳，已錯誤甚多，其他謬誤處，可由此推知，其有待辨正無疑矣。茲爲訂正德王府表傳。

附德府長史司啓修玉牒文如下：

德府長史司□□□□□□□□□□□□□□□□□□□啓爲纂修事案照嘉靖四□□

□□□□□□□□□□□□□巡按山東監察御史韓君□案驗□□□□□□□□九千

七百五十號勘劄前□備行本司□□□□□起至始封查照宗派逐□□□□□□

□□□□□□□三月遠者限六月以裏差□□□□□□□□□□□奏繳貳本送部

轉送類造等□□□□□□□□□萬曆三十四年五月內又奉□□□□□□□

□□□□玉牒冊式以便簡閱以利□□□□□□□□□□□天潢事議得各王府造
冊先書□□□□□□□□□□□列各宗室位次如鎮國□□□□□□□□□□
□□職爲序輔奉如之中尉□□□□□□□□□□□混于金將軍不混于中尉鎮
國不混于輔□□□□□一覽便明一查便見等因奉此□□□□□□□□□內奉
山東布政使司割付□□□□□□□□□□玉牒冊式以便查覈事本年□□□□
□□□□□□□查得各王府解到玉牒文冊惟周府逐項分填開造得體其□□□
雜朦朧不堪查覈除今歲玉牒俱已投部姑免駁回另造外相應行文各王府照依周府冊
式親王一位郡王幾位鎮軍幾位輔軍幾位□□□□□□□□□幾位奉中幾位五十
石庶宗幾位十二石庶宗□□幾封幾位共見錄若干位未祿若干位□□□□□□□于
先行開寫簡明總數火速申文俱限本年終報部以憑稽查其下年玉冊則必臚列等第照
依前式造冊永爲遵守等因奉此已經關行周府長史司查玉牒冊式去後萬曆四十四年
二月內准周府長史司關查冊式到司准此除啓請知會遵依外行濬寧洧等郡王府教授
（映）典膳韓時貞等各申將崇禎十一年分例該報臣等會同本府代理承奉司事典寶正
賀章等查照自始封親郡王並鎮輔奉國將軍各所生子女奏報請名請封各年月日期及
奉到勘合號數薨卒等項生母貫址進府來歷並郡縣主君造配儀賓姓名除查明遵依新
行造報外擬合開造爲將（將下脫字不明）今將前□□緣理合開坐謹具啓聞
（玉牒原文從略）

右謹啓聞

　　　　　　　　　　　　左長史缺

崇禎十一年八月　　　日

　　　　　　　　　　　右長史缺

　　　　　署印工正　匠嚴麟啓

　　　　　　監造官典簿臣梅章

　　　　　　對同書辦官臣郁芳

二 訂誤

明史德王世表及德府玉牒異文表

王及郡王	世表	玉牒
恭王載墱	懷庶二子	嫡二子
由樞	常灁庶一子初封廣宗王萬曆四十三年改封世子未襲卒	常灁庶六子萬曆三十六年七月封廣宗王四十三年六月進封德世子崇禎八年六月襲封德王
由樞	常灁庶二子初封郡王崇禎中進封十二年正月大清兵克濟南見執（傳同）	無
泰安郡王厚熿	恭簡庶一子	庶五子
臨朐郡王翊鈝	翊鈝嫡一子	嫡二子
臨朐郡王常澆	無諡	諡康順
臨清郡王常瀝	僖順嫡一子	嫡三子
寧海郡王翊鐸	恭和嫡一子無諡	嫡五子諡昭敬
清平昭裕郡王	常濊	常薉
利津郡王翊鑠	翊鑠	翊鑠
紀城郡王由棌	由棌	由休
清平郡王由枭	昭裕庶一子	庶二字

　　觀上列表，世表錯誤凡十二處，其有最大關係者，則世表所載「由樞端王常灁庶一子，初封廣宗王，萬曆四十三年改封世子，未襲卒」一條。查玉牒由樞于萬曆三十六年七月封廣宗王，四十三年六月進封德世子，崇禎八年六月襲封德王，至十一年八月德府修造玉牒時，王尚在，而云「未襲卒」，一誤也。玉牒由樞爲端王常灁庶第六子，世表云「庶二子」，二誤也。又世表載「由樞端王常灁庶二子，初封郡王，崇禎中進封，十二年正月大清兵克濟南，見執」；明史莊烈帝本紀亦云「十二年正月庚申，大清兵入濟南，德王由樞被執」；復查橫雲史稿莊烈帝本紀「十二年春正月庚申，大清兵入濟南，德王由樞被執，左布政使張秉文，督糧副使鄧謙，濟南道副使周之

訓，鹽運使唐世熊，濟南知府苟好善，同知陳虞胤，通判熊烈獻，歷城知縣韓承宣，臨邑知縣宋希堯，武城知縣李承芳，博平知縣張列宿，茌平知縣黃建極，俱死之。」（明史僅云布政使張秉文等死之）三處所記雖有詳略，其事則同。但查玉牒，端王常潔生九子，至崇禎初，存者惟由楫與由椅，無所謂由樞者而德府「常」字排行諸郡王以下，亦無所謂由樞者，然則謂「清兵入濟南，德王由樞見執」云云，亦誤也。

　　玉牒載崇禎八年六月，德王由楫生一子，已奏報，依皇明祖訓燕王位下二十字名次，「常」「由」之後爲「慈」「和」，則由楫子應名慈口，（與莊烈帝之太子慈烺爲同輩）至十一年八月德府修造玉牒時，未聞夭殤，惟未賜名耳。縱使德王由楫于十一年八月之後，十二年正月之前薨，亦應以其子襲封德王，何來由樞，旋襲而旋爲清兵所執？此又事理之必無者也。

　　查玉牒清平昭裕郡王常鑣庶二子名由槑，世表所載同，「槑」亦作「楄」，豈由樞卽由楄之誤耶？但由楄爲郡王子，雖在萬曆四十二年已襲封，仍爲郡王，豈清兵克濟南時，清平郡王由楄見執，塘報誤載爲德王由樞，明史館臣未見德府玉牒，遂據當時塘報邸抄，相沿致誤耶？

　　此稿寫成，再遍查本所明檔，檢得崇禎時兵部舊檔有德王由楫奏稿一葉，（原本不傳）細閱之而知此奏稿卽關于清兵圍濟南城時，請朝廷迅速發兵之事也。茲錄其原稿如下：

德王臣由楫謹奏，爲虜寇壓城，勢甚岌危，乞早發勁兵大將，以救燃眉事：本月二十三日有虜賊自西前奔省城，分南北兩路而來，夾城東行，勢甚猖獗。本城並無勁兵大將戍堵，止有登兵一千，上城防守，幷地方牌甲百姓守把垜口，城門盡閉，內外不通。賊在城外，四面圍繞，到處焚劫，勢甚緊急。若不早發勁兵，自外剿逐，倘賊覷城空虛，兵馬單弱，逼兵城池，百姓驚惶，倚何救援。省城爲畿輔重地，若有疏虞，關國家安危非小。伏乞皇上勅下該部，速發將兵，早行勦滅，庶重地得以無虞，生民早出水火矣。

崇禎十二年正月十三日奉聖旨：齎奏來遲，是何緣故？著查明，該部知道。

清兵圍濟南城在十一年十二月二十三日，德王由楫處圍城之中，守兵單弱，恐有疏虞，當卽具本奏報，並請速發大兵，勦滅虜賊；但因齎奏遲緩，至十二年正月十三

日奏到，清兵已于正月二日（庚申）克濟南城，不及發兵救援，故聖旨有「齎奏來遲，是何緣故？著查明，該部知道」，之語也。然當日具本奏報者爲德王由樞，則濟南城破，被執者亦必爲由樞，得此鐵證，明史本紀世表及橫雲史稿本紀所云「清兵克濟南，德王由樞見執」，皆誤也。如此大事，明史館臣多勝朝遺老，雖未目擊，亦必耳聞，而乃謬誤至此，甚矣信史之難期也。

三　重編德府世系表（依崇禎十一年八月德府造進玉牒）

（一）　德府本支

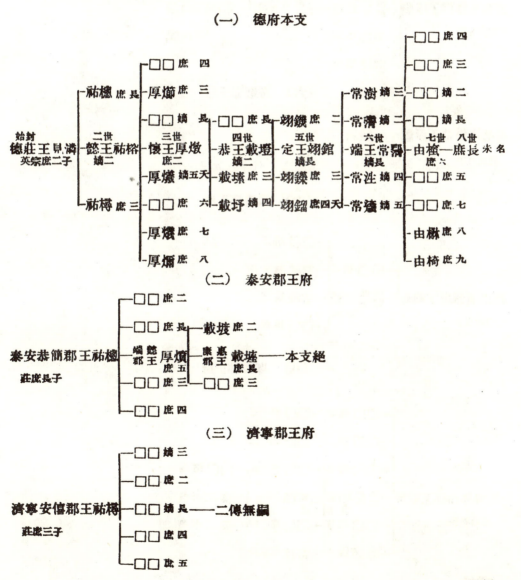

（二）　泰安郡王府

（三）　濟寧郡王府

（四）　歷城郡王府

歷城榮和郡王厚燿——無嗣

懿庶三子

（五）　臨朐郡王府

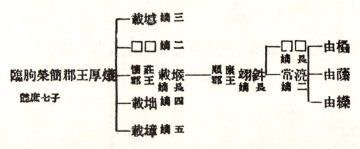

（六）　高唐郡王府

高唐悼僖郡王厚爛——無嗣

懿庶八子

（七）　臨淸郡王府

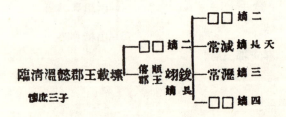

（八）　寧海郡王府

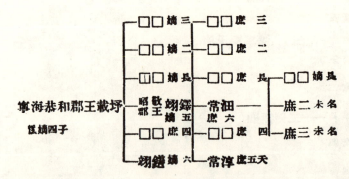

（九）　堂邑郡王府

堂邑端順郡王翊鑲────無嗣

　　　恭庶二子

（十）　利津郡王府

　　　　　　　　┌─常瀗 嫡二
利津安和郡王翊鏕─┴─常瀗 嫡長
　　　恭庶三子

（十一）　安陵郡王府

安陵康僖郡王常瀗────無嗣

　　　定嫡二子

（十二）　紀城郡王府

　　　　　　　　　　　　┌─慈賞 庶三
　　　　　　　　□□ 嫡二─┴─□□ 庶長
紀城溫裕郡王常泅─由佟─┬─慈頫 庶二
　　　　　　　　嫡長　└─慈炆 庶四
　　　定嫡三子

（十三）　嘉祥郡王府

　　　　　　　　　┌─□□ 嫡長
嘉祥端莊郡王常淮─┴─由橄 嫡二
　　　定嫡四子

（十四）　清平郡王府

　　　　　　　　　┌─□□ 庶三
　　　　　　　　├─□□ 庶長
清平昭裕郡王常瀫─┼─由㷊───□□ 嫡長
　　　　　　　　│　庶二
　　　定嫡五子　├─由檻 庶四
　　　　　　　　└─□□ 庶五

（十五）　永年郡王府

永年溫順郡王山楸┄┄無嗣
　端庶八子

（十六）　寧陽郡王府

寧陽郡王山枔┬─□□　嫡二
　端庶九子　└─慈炤　嫡長

出自第八本第二分（一九三九年）

明初之用兵與寨堡

王 崇 武

（一）

元末主闇臣庸，紀綱不振；朝廷則賄賂公行，守吏則誅求無度，而民間騷亂，遂不堪問。至正八年（一三四八），方國珍首揭義幟於黃巖，十一年（一三五一），賈魯募民治河，大事騷擾，衆吏乘機思動；自是狂飆驟雨，旋捲而來。如潁州劉福通，蕭縣李二，羅田徐壽輝，定遠郭子興等，並以憤元暴政，起義發難； 大江南北，徐海皖鄂間，遂無寧土矣。諸雄中欲割據稱兵，逐胡元以北爭天下者，固不乏人；而不移跬步，僅求自衞以幸免於兵燹者，則爲數尤夥，此卽吾所述之寨堡組織也。

元末地方官吏之貪汚固無論矣，其起義羣雄之騷擾，則爲害尤巨。明史（卷一二二）韓林兒傳云：「林兒本起盜賊，又聽命（劉）福通，徒擁虛名。諸將在外者，率不遵約束，所過焚劫，甚至啖老弱爲糧。」傅維鱗明書（卷八九韓林兒記）稱其黨臣劉六好殺，每陷一城，剖人爲食。實則擄婦女，劫金帛。以擄奪燒殺爲能事者，初不僅林兒一軍，時陶安語明祖：「海內鼎沸，豪傑並爭；然其意在子女玉帛，非有撥亂救民安天下心」。（明史卷一三六陶安傳）則當時一般起事軍隊均如此也。

至政府救亂之兵，不特不能保護人民， 反行同盜寇。史載郭子興孫德崖等據濠州，元將徹里不花不敢攻，日惟俘良民以邀賞（明史太祖本紀至正十二年二月條）而駐豫大吏擴廓帖木兒與李思齊張良弼等構怨相攻， 隔岸觀火， 各擁重兵，趑趄不進。民衆際此，受各方之壓迫，遭種種之勒索，水深火熱之情，可想見已。

寨堡組織卽緣是誕生。其制爲聚集里閈共同利害之人，舉碩德望重者爲之長，結

寨築堡，以固防衞。一方以禦暴兵，一方以捍流寇，目的則在求免於亂世兵燹焉。吾華以農立國，農民自不能遠離田地。以是大半民性，喜安處故居，憚遠徙異地，蓋非萬不獲已，絕不願輕探竄擾流亡一途。寨堡自衞，實爲最適應此種要求之組織。故歷代戰亂，皆有類此之組織，特明初爲尤顯耳。

　　茲略舉寨堡組織之例，以見一斑。壬寅（至正二十二年，一三六二）正月明太祖實錄：

> 初、壬辰（至正十二年，一三五二）春三月，徐壽輝兵破寧州，（陳）龍集衆結堡於州之泰鄉，號人和寨。旬月間，州境響應，衆至萬餘。

洪武十一年（一三七八）十月實錄：

> 李貞（卽李文忠父）世居泗州盱眙縣，後徙臨淮之東鄉。……元季中原鼎沸，貞見里人有廣其田宅，厚自封殖者，輒嘆曰：「此何時也，乃欲爲富家翁耶？」遂捐家貲，椎牛豕，具酒食，會鄉里，約守望相助。

十六年（一三八三）十月實錄：

> 吳復……廬州合肥人。少負勇略；元季四方兵起，復因集里中子弟，謂曰：「今世亂兵起，所在皆被寇掠，我等豈能安處？當與衆團結立寨，庶可保障鄉里。」衆皆諾。於是團鄉兵，編部伍，復爲千戶，結寨以自固。（按明史卷一三〇本傳記此事不詳。）

宋濂宋學士文集（卷三）于光墓誌銘：

> （于光南康都昌人。）元政大亂，天下兵動，江東西化爲盜區。徐壽輝建僞號曰宋，都九江，使其將張福夏彰據湖口；元將三旦八駐師鄱陽。都昌適當其衝要，交互殺掠，民悵悵不知所從。君召父老子弟謂曰：「吾等皆良民，順寇兵，官軍以爲叛；從官軍，則寇兵又將屠，我行見無噍類矣！其計安出？」父老子弟咸叩頭曰：「微君不能生我。」君乃集少年趫健者，列爲隊伍，朝暮教以擊刺之法，旬月間整整可用，乃握劍坐庭中，下令曰：賊兵有入吾境，共擊之，不用命者斬，衆皆股栗，賊聞不敢犯。（明史卷一三三濮英傳附有于光事未及此。）

朱升楓林集（卷四）葉宗茂哀詩序：

> 新安葉宗茂……葉濂翁之子也。生栗，移家於鏊……淮兵起，宗茂避地歸鄉，兵旋

至，蹂郡邑，<u>宗茂</u>從鄉兵奮禦，稱能。

<u>解縉春雨先生文集</u>（卷八）周宗祥墓表：

> 君諱監……<u>吉水瀘市人</u>……<u>元</u>季之亂，一市人皆求請君爲保障，君與子<u>吾文</u>誓衆爲義兵，不蹈非禮。皆挈家引却東山下，以伺賊釁。賊果焚<u>瀘市</u>縱掠，君之子率衆逐，人人皆奮，以一當百，賊大敗走。……時<u>吉安</u>守臣<u>梁克中</u>治水軍於<u>大州</u>，大喜，賚以白金綵幣，俄以功陞<u>吉水州</u>判官。

諸人既以禦亂止暴爲志職，故<u>元</u>政府每假其武力平羣雄。以是寨中多有爲<u>元</u>收買，受命稱臣，即所謂義兵者。如前所舉之<u>吳復</u>，曾任千戶，<u>周監</u>之曾任判官，即此例也。而尤足以解釋說明之者，爲<u>明史</u>（卷一三三）<u>胡深</u>傳，文云：

> <u>胡深</u>字<u>仲淵</u>，<u>處州龍泉</u>人。……<u>元</u>末兵亂……乃集里中子弟自保。<u>石抹宜孫</u>以萬戶鎮<u>處州</u>，辟爲參事。募兵數千，收捕諸山寇。<u>溫州韓虎</u>等殺主將叛，<u>深</u>往諭之，軍民感泣，殺<u>虎</u>以城降。已偕<u>章溢</u>討<u>龍泉</u>之亂，旁縣盜以次平之。

<u>明史</u>（卷九一）兵志所稱習短兵，長走山之「<u>毛葫蘆寨</u>」，亦即嘗爲<u>元</u>朝利用之民兵。<u>洪武</u>元年（一三六八）五月實錄：

> <u>毛葫蘆</u>者，初<u>南陽鄧州</u>等處義兵萬戶府募士人爲兵，因其自相團結，故號曰<u>毛葫蘆</u>。

當時歸附政府之寨堡甚多，惜<u>元</u>末弊政，有增無已，不求根本之圖，惟事敷衍之策，終使歸附團寨，又翛然叛去，轉投於保民愛士之<u>明祖</u>，是不得不深嘆<u>元</u>末君臣之無此巨識也。<u>明史</u>（卷一二四）<u>陳友定</u>傳：「<u>元</u>末所在盜起，民間起義兵，保障鄉里，稱元帥者，不可勝數，<u>元</u>輒因而官之，其後或去爲盜，或事<u>元</u>不終」，求其獨秉忠貞，始終不渝，如<u>閩中陳友定</u>父子者，蓋吉光片羽焉。

（二）

方<u>太祖</u>初起兵時，其所擁戴之<u>郭子興</u>殆亦勢同流寇，與其他羣雄等。<u>明史紀事本末</u>（卷一<u>太祖起兵</u>）及<u>明史</u>（卷一二二）<u>郭子興</u>傳載其所部諸將均掠劫有所獻，<u>太祖</u>獨否，<u>子興</u>殊不悅，幸<u>馬皇后</u>悉所有，賄<u>子興</u>妻<u>小張夫人</u>，疑釁始釋。<u>太祖</u>本紀更載與<u>子興</u>共事之<u>彭大趙</u>均用等，所部暴橫焚掠，尤爲蠱民，<u>太祖</u>度不足共大事，乃以兵

屬他將，獨與徐達等略定遠，是其高瞻遠矚，不事擾掠，以蘇民困，以結屯長，已遠
築於發難之初，殆非短見之其他羣雄所能望其項背矣。

　　自此以後，太祖定和州，取太平，下集慶；西挫陳友諒於九江，東敗張士誠於吳
門，與王繼霸之業，於斯底定。然後轉向中原，北取上都，逐胡元於朔漠，敗山陝之
殘軍。凡行兵所至，莫不以不殺人，不取民間一草一木戒部屬；口諭詔旨甚多，不遑
一一枚舉。以是博羣衆歡心，得寨堡協助；而其成功所以如是之速，聲勢所以如是之
廣，亦以此也。太祖本紀至正十八年（一三五八）正月條：

　　　初、(劉)福通遣將分道四出，破山東，寇秦晉，掠幽薊 ， 其鋒甚銳 ， 然所至屠
　　　戮；太祖乘福通北驚，次第略定江表，所過不殺，收召才雋，由是人心日附。
殘暴與愛民之對照也正如此。卽太祖晚年自道所以成功，亦以得道多助。本紀三十一
年（一三九八）條載：

　　　（太祖）嘗與諸臣論取天下之略曰：「朕遭時喪亂，初起鄕土，本圖自全。及渡
　　　江以來，觀羣雄所爲，徒爲生民患。而張士誠陳友諒尤爲巨蠹，士誠恃富，友諒
　　　特強，朕獨無所恃，惟不嗜殺人。布仁義，行節儉，與卿等同心共濟。」

（三）

　　明初寨堡對太祖用兵果何如乎？考滁陽初起 ， 原藉定遠張家堡驢牌寨三千人之
力，及降秦把頭，併繆大亨，聲勢始廣。嗣後渡江南下，實均基此寨堡兵力。茲臚舉
實例，以證明之。明史（卷一三四）繆大亨傳：

　　　大亨⋯⋯定遠人。初以義兵爲元攻濠，弗克，元兵潰，大亨獨率其衆二萬人與張
　　　知院屯橫澗山，固守一月餘。⋯⋯太祖命其叔貞諭降之。
康茂才傳（明史卷一三〇）：

　　　茂才⋯⋯蘄人⋯⋯元末，寇亂陷蘄，結義兵保鄕里，立功，自長官累遷淮西宣慰
　　　司都元帥。太祖渡江⋯⋯乃率所部兵降。
郭雲傳（明史卷一三四）：

　　　雲南陽人。⋯⋯元末聚義兵保裕州白水寨。（爲元官，後降太祖。）
洪武元年（一三六八）四月實錄：

征南將軍廖永忠至廣州之東莞縣，何眞率官屬迎見。眞東莞人，嘗爲淡水場管勾。元末兵亂，嶺南盜蠭起，眞遂退而家居。及亂兵據惠州，眞率衆復之。以功授惠州路通判，陞同知，進宣慰使司，都元帥府元帥。時南海寇邵忠愚陷廣州，眞率衆擊走之。元立江西分省於廣東，以眞爲參政。又陞左丞，遂據有廣東諸州郡，至是始降。（明史卷一三〇本傳所記同。本傳邵宗愚作趙宗愚。）

十三年（一三八〇）九月實錄：

朱亮祖……廬之六安人。元季聚鄉兵捍州里，元授以義兵元帥。（後降太祖。）

宋學士文集（卷三九）鳳陽單氏先塋碑：

（單安仁臨濠人）至正辛卯（一三五一），江淮兵起，剽敓相屠……公奮然曰：「大丈夫當出奇翦寇，可坐視父母之邦淪覆耶」？遂椎牛釃酒，率健少年與飲。螯部伍，嚴器械，教以坐作擊刺之法，不一月間，從之者數萬人。新建壁壘橫亙三十里，寇至輒曳旗鳴鼓，大呼追殺，俾無留乃止。退則閉柵自守，老弱襁負依爲保障者，累千餘家。……丙申冬，……乃率所部而歸之。（按明史卷一三八單安仁傳所記不詳。）

並前所引之吳復胡深章溢（明史卷一二六有溢傳）等，皆附元寨帥，轉降明祖者也。

洪武三年（一三七〇）正月實錄：

翁顯建昌之新城人。自少有胆略，喜讀兵書。徐壽輝僭號，攻陷江右，顯告其父吉輔曰：「賊勢日張，郡邑將不免禍，若能預集義兵，保障鄉閭，可以全家族。」吉輔然之。顯乃募鄉兵，屢與賊戰，敗走之。……陳友諒以王溥爲宣慰元帥，進攻建昌，顯遂歸之。……王師取江右，顯從溥俱來降。

至正二十四年（一三六四）八月，明祖既定武昌，敗陳友諒，然以荆湖等處，尚有山寨遺孽，憑恃險阻，爲陳氏守不下，因命徐達招徠之（見甲辰八月實錄）。凡此皆降附其他羣雄之寨帥，又轉歸明祖者也。

乙未（至正十五年，一三五五）八月太祖實錄：

己酉，陳埜先襲我軍於溧陽，經萬仙鄉。鄉寨民兵百戶盧德茂惡埜先反覆，謀殺之。遣壯士五十人，衣青衣出迎，埜先不虞其圖己，與十餘騎先行，青衣兵自後擊中之，仆地，攢槊刺之，埜先死。

辛丑（至正二十一年，一三六一）八月實錄：

池州東流縣鄉兵頭目許仙降。山自壬辰（一三五二）兵起，聚衆二萬餘人，以捍
鄉里，至是，聞大軍西討，遂來降。

洪武五年（一三七二）六月實錄：

曹良臣壽州安豐人，幼有大志。……元季羣雄競起，良臣聚鄉里子弟，訓練爲
兵，立堡八，禦外侮，約束嚴明，無敢違其令者。歲壬寅（至正二十二年），率
所部來附，（按明史卷一三三本傳記載甚略。）

洪武十年（一三七七）十一月實錄：

鄧愈……泗州虹縣人。姿貌魁偉，有大志，勇力過人。元季之亂，愈父順興亦起
兵於鄉，戍臨濠，與元兵戰死。愈兄友隆代領其衆，友隆病卒，衆遂推愈領兵
事。每出戰，挺身破敵，軍中咸服其勇。歲乙未（至正十五年），上駐師滁陽，
愈自前臨率衆來附。（按明史卷一二六本傳無愈父「起兵於鄉」句，其意遂不顯
豁。）

十一年（一三七八）三月實錄：

韓政……睢州人。元季集兵守捍鄉里，後以所部來歸，數從征伐有功。……洪武
二年（一三六九），破廣平諸山寨，招降武安等縣白土等三十六寨。復招降蟻尖
寨民八百九十八戶，三千五百二十人，俾復業，放其士卒一萬一千六百人爲民。

洪武十五年（一三八二）八月實錄：

楊璟廬州合肥人。……元季兵起，璟聚里中少壯保鄉曲。歲乙未（至正十五年）。
率衆渡江，歸上於太平，授管軍萬戶。（按明史卷一二九本傳所記不顯豁。）

宋學士文集（卷三）巢國公神道碑：

公諱高姓華氏。……和陽則其所居之郡也。……至正中，天下大亂，所在寇盜，
乘時爲患害，屠劉其黔黎，蕩析其室廬，剽敚其玉帛。公慮蹙迫州境，卽於所居
黃墩結集水砦，召募強丁，淬礪刀劍，晝夜爲禦侮計，練閱有法，暗合古之
將略，邇邇聞者多荷戈相從。于時帝初起兵臨濠，……公遂率衆來隸於麾下。
（按明史卷一三○本傳不及此。）

明史（卷一三三）俞通海傳：

父廷玉徙巢，子三人：**通海**，**通源**，**通淵**。元末盜起汝潁，廷玉父子與趙普勝廖

永安等結寨巢湖，有水軍千艘，數爲廬州左君弼所窘，遣通海間道歸太祖。

馮勝傳（明史卷一二九）：

勝定遠人。……與兄國用俱喜讀書，通兵法，元末結寨自保。太祖略地至妙山，

國用偕勝來歸。

王弼傳（明史卷一三二）：

弼其先定遠人，徙臨淮。善用雙刀，號雙刀王。初結鄉里依三台山，樹柵自保。

踰年，率所部來歸。

汪叡傳（明史卷一三七附劉三吾傳）

叡字仲舉，婺源人。元末與弟同集衆保鄉邑，助復饒州，授浮梁同知，不就。胡

大海克休寧，叡兄弟來附。

凡此皆民寨歸降，直接間接有助於明初軍事者也。

不特此，卽開國勳臣中，如濠州湯和，史稱於郭子興起兵時，率壯士千餘人往

助（見明史卷一二六本傳）；定遠華雲龍，史稱其聚衆居韭山，後始率部歸附（見明

史卷一三〇本傳）；青田劉基遁歸鄉里時，凡避方國珍亂者多往依之，基略爲部署，

寇不敢犯（見明史一二八本傳）；並疑爲當地寨帥。其餘如廬州趙庸（明史卷一二九廖

永忠傳附有庸傳），定遠丁德興（明史卷一三〇本傳），巢縣金朝興（明史卷一三一本

傳）臨淮張赫王志（見明史卷一三〇，一三一各本傳）及臨川熊鼎（明史卷二八九忠

義傳）夏邑梅思祖（明史卷一三一本傳）無爲桑世傑（戊戌正月太祖實錄「壬辰兵起

世傑集少年保鄉里。」）等，並以寨堡英雄，歸附明主。則當時團寨地域之廣可見，

而明之假手其勢以巆成大業者亦可知。試讀明史胡深章溢諸傳，猶可遐然想見民兵之

毅勇；一旅倡義，鄉邦率服，明初所以克東抗張吳，南規八閩者，處州寨堡軍隊，實

助成之。

明初羣雄亦有以寨堡起家及知利用寨堡組織者，如隨州明玉珍以徐壽輝倡亂，因

集鄉兵結屯青山寨（見丙午二月太祖實錄及明史卷一二三本傳）。張士誠初起，擁鹽

徒萬餘結寨德勝湖；其部莫天祐，亦以寨勇知名（見明史卷一二三張士誠傳）。而陳

友諒敗後，荊湘諸寨，倘爲固守，是均得助於屯堡者。惜友諒志驕，士誠器小，玉

珍敗後，子昇更無遠圖，子民愛士之誠，均遠遜明祖，故附之者不夥也。

又太祖初平元都，曾召天下團聚寨堡，各還本業，其有負固抗拒者，罪在不原（見洪武元年十月實錄）。人民重慶昇平，各安生業，或負戈投順，或解甲歸農；中原數千里，不聞激戰，而海內底定者亦以此。

明史（卷一三八）單安仁傳：

……遷浙江副使。悍帥橫斂民，名曰寨糧，安仁寘於法。

庚子（至正二十二年，一三六〇）五月太祖實錄：

命罷各郡縣寨糧。初、招安郡縣，將士皆徵糧於民，名曰寨糧，民甚病焉。至是僉院胡大海以聞，上命罷之。（明史卷一三三胡大海傳同，以未及罷免寨糧歲月，故取實錄。又劉辰國初事蹟謂諫罷寨糧者爲常遇春，與實錄異，亦不取、）

國初事蹟：

太祖於國初以地狹糧少……出征軍士不支糧。總兵官給榜，聽於敵境遠近鄉村山寨，招安百姓，送納糧草供給。

是寨糧者，乃太祖初起事時對於鄉村寨堡一種額外勒索，蓋軍興乏穀，士兵糧秣，惟有仰給於劫掠與徵誅耳。考宋濂所撰鳳陽單氏先塋碑銘，謂安仁以至正十六年（一三五六）來歸，十七年（一三五七）移戍鎮江，居歲餘而擢浙東副使。安仁傳所記罷免寨糧事，約在至正十八年（一三五八）。至二十年（一三六〇），復令各縣並罷之。太祖以至正十五年（一三五五）渡江，至此甫四五年，據地不過一隅，得衆不過數旅，乃毅然除此苦民虐政，則其邀好於寨堡可知；而其他之免賦、戒殺等善政，更不遑論，無怪寨帥迎降者簞食壺漿，惟恐或后也。

民國二十七年五月二十八日脫稿，時旅居昆明拓東路。

清人入關前求款之始末

兼論袁崇煥陳新甲之死

李 光 濤

（一）寧遠之捷

魏源聖武記引明史袁崇煥傳曰：『明朝自有遼事以來，無敢議戰守，議戰守者，自
袁崇煥始。』然據崇煥則曰：『守爲正着，戰爲奇着，款爲旁着。』又曰：『自古
未有不戰而可款可守者。』所以袁崇煥自寧遠之捷，知奴未可卒滅，於是對症發
藥，而有議款之舉。欲明斯義，不得不先言寧遠之捷。據明史袁崇煥傳云：

> 天啓五年十月，經略孫承宗罷，高第來代。第素恇怯，謂關外必不可守，令
> 盡撤錦右諸城守具，移其將士於關內。袁崇煥力爭不可，言兵法有進無退，
> 三城已復，安可輕撤，錦右動搖，則寧前震驚，關門亦失保障，今但擇良
> 將守之，必無他慮。第意堅，且欲幷撤寧前二城。崇煥曰：我寧前道也，官
> 此當死此，我必不去。第無以難，乃撤錦州、右屯、大小凌河，及松山、杏
> 山、塔山守具，盡驅屯兵入關。委棄米粟十餘萬，而死亡載途，哭聲震野，
> 民怨而軍益不振。

此時奴兒哈赤卽利用孫承宗之去，高第之怯，傾師犯邊。據天啓六年正月初六日明
實錄記載：有奴賊希覬右屯糧食，約於正月十五前後渡河之報。旣而，又有本月十
八日奴已過河，二十二日巳時賊至首山，離寧遠十里，並云：虜酋束不的糾聚精兵
達子二萬，要在二月初一日起兵犯搶，東西交訌等情之報。凡此情形，據清太祖武
皇帝實錄云：

> 天命十一年正月十四日，帝率諸王統大軍征大明。十六日次于東昌堡，十七
> 日渡遼河，于曠野布兵，南至海岸，北越廣寧大路，前後如流，首尾不見，

旌旗劍戟如林。有前鋒至西平堡捉哨探問之，告曰：大明兵右屯衞一千，大
凌河五百，錦州三千以外，人民隨處而居。大兵將至右屯衞，守城參將周守
廉率軍已遁。帝令八官領布兵四萬，將海岸糧俱運貯右屯衞。大兵前進，錦
州遊擊蕭聖、中軍張賢、都司呂忠、松山參將左輔、中軍毛鳳翼，幷大凌
河、小凌河、杏山、連山、塔山七城軍民，大懼，焚房穀而走。

此次各城之陷，皆緣聞風披靡，幷未有一戰。按松山距寧遠僅一百二十里之遙，寧
遠距關門僅二百里之遙，寧遠失，則關門危，關門危，則胡騎之扣關直入，更是意
中事。所以此時明帝曾有『朕輕念邊事，寢食不遑，自圍寧遠報後，杳無信息，卽
使寧遠路絕，經略本鎮，豈宜安坐以待』之旨。又兵部曰：『寧遠報絕，則關門之
哨卒不前也。楊麒先遣李卑率二千出關，何曹莊二百夷騎，無敢加一矢者，遂棄寧
遠乎？』據此，可見當時明廷對於寧遠之情景，固已意其遂不可守也。此時胡騎
之圍寧遠者，衆至十三萬，詐稱二十萬。（王氏東華錄作三十萬）武皇帝實錄又
曰：

二十三日，大兵至寧遠，越城五里，橫截山海大路安營。放捉獲漢人入寧
遠，往告吾以二十萬兵攻此城，破之必矣，爾衆官若降，卽封以高爵。寧遠
道袁崇煥答曰：汗何故遽加兵耶？寧錦二城，乃汗所棄之地，吾恢復之，義
當死守，豈有降理，乃謂來兵二十萬，虛也，吾已知十三萬，豈其以爾爲寡
乎？帝卽令軍中備攻具，于二十四日以戰車覆城下，進攻時，天寒土凍，鑿
城，破壞而不墮，軍士奮力攻打。寧遠道袁崇煥、總兵滿桂、參將祖大壽、
嬰城固守，鎗砲藥罐雷石齊下，死戰不退，滿洲兵不能進，少却，次日復攻
之，又不能尅，乃收兵。二日攻城，共折游擊二員，備禦二員，兵五百。二
十六日，聞大明關外軍所需糧草，俱屯於覺華島，（離寧遠南六十里）遂命
兀內革率八固山蒙古又益兵八百往取之。見大明守糧參將姚撫民胡一寧金冠
游擊季善張國青吳遊擊（此處王錄有「統兵四萬」四字）於冰上安營。鑿
冰十五里，以戰車爲衞，我兵尋未鑿處，殺入，遂敗其兵，盡殺之。又見二
營兵立於島山之上，遂衝入，亦盡殺之焚其船二千餘，及糧草千餘堆，復
回大營。二十七日，帝回至右屯衞，將糧草盡焚之。二月初九日，至瀋陽。

帝自二十五歲征伐以來，戰無不勝，攻無不尅，惟寧遠一城不下，遂大懷忿恨而回。

此止爲清實錄一面之記載。吾人再將明實錄中所記寧遠挫奴各條，亦照抄於後，以見當日袁崇煥戰績之眞相。據實錄載天啓六年正月庚午遼東經略高第塘報曰：

本月二十三日，大營達子俱到寧遠，劄營一日。至二十四日寅時，攻打西南城角，城上用大砲打死無數。賊復攻南角，推板車遮盖，用斧鑿城數處，被道臣袁崇煥縛柴燒油幷撥火藥用鐵繩繫下，燒之，至二更方退。又選健丁五十名，縋下，用棉花火藥等物，將達賊戰車盡行燒燬。今奴賊現在西南上，離城五里龍官寺一帶劄營，約有五萬餘騎。其龍官寺收貯糧囤好米，俱運至覺華島，遺下爛米俱行燒燬訖。近島海岸，冰俱鑿開，達賊不能過海。袁參政于賊退後，差景松與馬有功從城上繫下，前來報信等情。

又二月甲戌朔兵部尙書王永光奏云：

據山海關主事陳祖苞塘報：二十四五兩日，虜衆五六萬人，力攻寧遠，城中用紅夷大砲及一應火器諸物，奮勇焚擊，前後傷虜數千，內有頭目數人，酋子一人，遺棄車械鈎梯無數，已於二十六日拔營，從興水縣、白塔峪、灰山等處遯去三十里外紮營。李卑援兵尙在中後，李平胡援兵，不滿六七百人，已退在中前站，幷無進援。虜退未遠，尙宜戒嚴，逗遛諸將，亟當正法。

又乙亥條內有一節曰：

遼左發難，各城望風奔潰，八年來賊始一挫，乃知中國有人矣。蓋緣道臣袁崇煥平日之恩威，有以懾之維之也。不然，何寧遠獨無奪門之叛民，內應之姦細乎？本官智勇兼全，宜優其職級，一切關外事權，悉以委之，而該道員缺，則聽崇煥自擇以代。

此次寧遠固守却奴，只因袁崇煥早有準備，且有官此當死此之志，故人人效力，得奏膚功。據實錄二月丙子兵科給事中羅尙志疏曰：

虜衆五六萬人，攻圍寧遠，關門援兵，並無一至，豈畫地分守，不須被纓，抑兵將驕橫，勿聽節制。據小塘報云：關內道臣劉詔、鎮臣楊麒、要共統兵二千出關應援，未幾經略將道臣發出兵馬撤回矣。其固守寧城者，門以東則

滿桂，西則左輔，門以南則祖大壽，北則朱梅，均當與道臣袁崇煥幷行申獎。寧城之功，以不救而愈彰，關門將領之罪，以催救不救，而滋甚矣。

自有此一捷，此城更爲明朝關外之保障。迄崇禎十七年四月吳三桂降淸之後，而寧遠城始沒于淸。由此更可知當時寧城之功，其于明淸之得失，關係實甚重大。且奴兒哈赤卽死於此役。據武皇帝實錄曰。

七月二十三日，帝不豫，詣淸河溫泉沐養。十三日大漸，欲還京，遂乘舟順代子河而下，遣人誦后迎之，于渾河相遇，至靉雞堡離瀋陽四十里，八月十一日庚戌未時崩，壽六十八。

按天啓實錄二月丙子（初三）經略高第報：

奴賊攻寧遠，砲斃一大頭目，用紅布包裹，衆賊擡去，放聲大哭。

又四月辛丑，登萊巡撫李嵩疏言：

天啓六年四月十五日，准平遼總兵官毛文龍揭，回鄉張有庫等口稱：新年老汗於二十四日，在寧遠等處攻城，不料著傷，隨紮幾箇大營，歇息人馬，一面星飛往東調兵，就要來報讐。

又都察院實錄二月五日，御史周應秋疏曰：

（原空一字）酋大擧過河，攻寧遠，幾震京師，幸仗皇上之威靈，袁崇煥之方略，將士奮擊，賊負重傷遁去。

據此，可見哈赤之死，實因負傷回巢後，創發不治而死。至于所云「砲斃一大頭目」，當卽「賊負重傷」之誤傳。考之當時在寧遠城中之朝鮮使者之記錄，頗足證明賊負重傷之說爲不誤。如記錄曰：

我國譯官韓瑗，隨使命入朝，適見袁崇煥，崇煥悅之，請其入鎭。崇煥戰事節制，雖不可知，而軍中甚靜，崇煥與三數幕僚閒談。及報賊至，崇煥乘轎至戰樓，又與瑗等談古論文，略無憂色，俄頃放一砲，聲動天地，瑗懼不能仰視。崇煥笑曰：賊至矣，乃開窗見賊兵蔽野而進，城中了無人聲，是夜賊入外城。蓋崇煥預空外城，爲誘入之地也。賊併力攻城，又放大砲，城上一時擧火，明燭天地，矢石俱下，及戰方酣，從每堞間推出甚大且長之木櫃，半在堞內，半出城外，櫃中伏甲士俯下矢石，如是數次：又從城上投枯

草油物及棉花無數，須臾地砲大發，土石飛揚，火光之中，見胡人與胡馬無數，騰空亂墮，賊大挫而退。翌朝，見賊隊擁聚於大野之一邊，狀如一葉。崇煥遣一使備物謝曰：老將久橫行天下，今日敗于小子，豈非數耶？奴兒哈赤先已負重傷，及是供禮物及名馬回謝，而約再戰之期。因瀣恚而斃。

（清朝全史）

又明實錄載當時袁崇煥亦有一報曰：

奴酋恥寧遠之敗，遂蓄慍忿疽，死於八月初十日。夫奴屢詐死懈我，今或仍詐，亦不可知？

此時寧遠之戰，已越八月，雖云患疽，亦當是創傷所致。自此役後，清人對於明之兵力，始不敢輕視。繼此遂有講款之事。

（二）諸子爭繼與袁崇煥之議款

奴爾哈赤既死，於是有諸子之爭繼，因諸子之爭繼，於是有袁崇煥之議款。吾人試先言諸子之爭繼，當爭繼之開始，即有逼殺後母之慘劇。據清太祖武皇帝實錄曰：

帝后原係夜黑國主楊機奴貝勒女，崩後，復立兀喇國滿泰貝勒女為后，饒丰姿，然心嫉妒，每致帝不悅，雖有機變，終為帝之明所制，留之恐後為國亂，預遺言於諸王曰：俟吾終，必令殉之。諸王以帝遺言告后，后支吾不從。諸王曰：先帝有命，雖欲不從，不可得也。后遂服禮衣，盡以珠寶飾之。哀謂諸王曰：吾自十二歲事先帝，豐衣美食巳二十六年，吾不忍離，故相從於地下。吾二幼子多爾哄多躲，當恩養之。諸王泣而對曰：二幼弟，吾等若不恩養，是忘父也，豈有不恩養之理。于是后於十二日辛亥辰時自盡，壽三十七。

按清朝全史引朝鮮之記載曰：『太祖臨死時，謂貴永介曰：九王當立而年幼，汝攝位後，可傳九王也。貴永介以嫌疑，遂讓洪太氏。貴永介即長子代善，洪太即四貝勒太宗是也，九王即睿親王多爾袞是。』又按明清史料丙編三〇葉『……（多爾袞）自稱皇父攝政王。……以為太宗文皇帝之位，原係奪立。』凡此情節，皆足證明皇

太極當日奪位之史事。又按奴之遺命，必欲以九王爲繼者，則因其母之故。至是，
九王旣因年幼不得立，則九王之母，寧肯甘心？且其人又多機變，諸子能因此自安
乎？於是乃假奴之遺言，迫令自盡，以絕後患，此固彰明較著而不可掩也。及後來
順治初年，多爾袞攝政時，實錄所載此事，曾一度抹去。據順治八年東華錄閏二月
乙亥條曰：

> 以擅改國史一案，訊剛林。據供：睿王取閱太祖實錄，令削伊母事。遂與范
> 文程祁克格同抹去。

案皇太極奪位之事，以年近旣不可掩，卽當日詔語中，亦且不以爲諱。故惟於諸子
逼殺後母一事，不得不仍附會其父遺言，以見兀喇氏之死，恐其後爲國亂，原與爭
位無關，但遵遺言行之而已。多爾袞之命抹去，正以實錄之厚誣其母，其抹去似非
無故。

　皇太極之奪位，旣如上述。至於其時與皇太極地位相埒者，尙有代善、阿敏、
莽古爾泰三人。當奴爾哈赤在日，此四人同稱四大貝勒。如東華錄天聰五年十二月
丙申條曰：

> 先是上卽位，凡朝會行禮，代善莽古爾泰並隨上南面坐，受諸貝勒率大臣朝
> 見。……諸貝勒因言：莽古爾泰不當與皇上並坐。上曰：曩與並坐，今不與
> 坐，恐他國聞之，不知彼過，反疑前後互異。

此所云南面並坐者，卽謂同坐聽政也，當時稱此爲三尊佛。不數阿敏者，天聰二
年，阿敏以永平之役，先遭圈禁也。代善爲人，畏懦無能。如清朝全史所引朝鮮世
子手記崇德八年多爾袞扶立幼帝時之情景云：

> 俊王（禮親王之孫卽達禮）與小退（禮親王長子）密言於大王曰：今立稚
> 兒，國事可知，不可不速爲處置。大王曰：旣誓天而立，何出此言耶？幸勿
> 更生他意。

此手記內所云之大王，及小注內之禮王均謂代善也。又如記內「幸勿更生他意」一
言，揆其情形，蓋恐因此發言召禍也。凡此，皆可見其人之畏懦無能。至於莽古爾
泰，則極爲皇太極所忌，如東華錄天聰九年十二月辛巳條曰：『籍莽古爾泰家，獲
所造木牌印十六，文曰：金國皇帝之印。』莽古爾泰旣爲三尊佛之一，故有金國皇

帝之印，而史家誣以為謀叛之證，此亦可見官書顚倒事實之不足信矣。蓋莽古爾泰之於皇太極，地位相埒，當日彼此，各不相下。如天聰五年在大凌河時，所有莽古爾泰對金國汗露刃之一事，據王氏東華錄之記載，其時金國汗亦實無如之何，及天聰六年，莽古爾泰因中暴疾而死，於是金國汗卽大治其黨，而此莽古爾泰之一族，及其弟德格類之一族，並其女弟莽古濟之一族，遂均爲所滅。吾人由此諸事，可以想像當時諸子爭繼之劇烈。所以當時袁崇煥之議款，其動機卽有見於此。據天啓實錄載：袁崇煥有『奴酋哈赤死於瀋陽，四子與長子爭繼未定』之報。旣而更有一疏曰：

> ……若臣正懼奴之死也。蓋老奴殘暴，失人心，多疑不輕發。其諸子則兒性橫溢，不當豺狼，拒一虎易於拒八狼也。無已，乘其位置未定，並大耦覺之時，圖爲之間，八犬同牢，投之骨必噬，臣正與經督及內臣謀其能往者。萬一此道有濟，賢於十萬甲兵，且乘是以覘彼中虛實。臣勅內原許便宜行事，嗣有的音，方與在事諸臣會奏。

此疏乃天啓六年九月戊戌日所上，同時袁崇煥因奉有「關外機宜，悉聽便宜行事」之旨，於是袁崇煥卽以弔喪燒紙爲名，遣喇嘛僧鎮南等，入奴偵探情形。據丙寅年（天命十一年）清實錄稿曰：

> 十月十七日，大明國差李喇嘛，及都司二員・傅有爵田成，守備二員，王廷臣王名世，共三十四人，備弔喪禮，倂上卽位賀禮來，潛窺我國情形。

袁崇煥之遣使弔喪，據當時廷臣之章奏，曾有「設策大奇」之說。至於弔喪之使，而又必差喇嘛一行者，蓋此種教義，在邊外實有廣大勢力。如天啓實錄六年閏六月乙丑，薊遼總督閻鳴泰疏言：

> 目今關門王李二喇嘛，出入虜巢，玩弄夷虜於股掌。而在夷地者，如右什喇嘛朗素喇嘛等靡不摶心內向，屢效忠謀。蓋夷狄之族，敬佛一如敬天，畏僧甚於畏法，而若輩亦聞有密咒幻術，足以攝之。虜酋一見喇嘛，必拜必親，聽其摩頂受記，則不勝喜。王李二喇嘛，雖曰番僧，猶是華種，夷狄敬服，已自如此。

按明末邊外，東起遼陽，西至臨洮，長邊萬里，大抵皆爲喇嘛教之所及。卽如萬曆

末年，奴兒哈赤亦嘗有遣王喇嘛向遼東官員請和之事　又如寄住遼陽之白喇嘛，更為奴之所重，後來天聰中之求和，則又往往利用喇嘛為使，如朗素喇嘛等。凡此種種，皆可明瞭奴與喇嘛之關係。以此袁崇煥，亦因時制宜，不得不利用李喇嘛一行。檢兩朝從信錄，袁崇煥奏請遣喇喇僧赴奴寨，探聽虛實。奏中稱為鎮南本座，久居五臺山，有禪行，彼受神宗皇帝御賜之勅書法衣，其人空明解脫，無不暢了，彼世受朝廷之恩，因思有以報皇上。遣田成等，偕往奴寨宣諭。觀其向背離合之意，以定征討撫定之計。據此，可見崇煥之遣使弔喪，亦止為一時權宜之計。至於此次出使之結果，據清實錄稿丙寅年十一月十六日著錄曰：命方吉納、溫台石、丼七人齎書，與李喇嘛往寧遠。書曰：

> 大滿洲（金字改）國皇帝致書於大明國袁老先生大人閣下。今南朝不計兩國刀兵，而差李喇嘛及四員官來弔慰慶賀，以禮相加，我國亦豈有他意哉？既以禮來，自當以禮往，故差官致謝。其兩國之事，先父皇曾在寧遠致書，未見回答。今南朝皇帝有書來，照其來書，便有回答。凡事須要實情實意，勿以虛辭，來往誤事。

此書既達寧遠，袁崇煥以其仍踵老奴故智，書面稱大金，隨將原書封還。據明實錄天啓六年十二月庚申（二十二）崇煥疏云：

> 奴遣方金納、溫台什二夷，奉書至臣，恭敬和順，三步一叩，如遼東受賞時，書封稱大人，而猶書大金字面，一踵老酋故智，臣即封還之。潛偵其意，則深悔奴之悖逆來文差誤者。竊念兵連十載，中空外竭，鬼怨神愁，乘此逆夷厭兵之時，而制其死命，俾不得再逞，以休息天下，亦帝王所不廢也。

此所云「潛偵其意，深悔奴之悖逆」等語，似為當時之實情。例如皇明從信錄載：奴之於其長子洪巴兔兒，止因一語罷兵之故，即奪其兵柄；囚之獄。又如同書內，萬曆四十年閏十一月，奴兒哈赤，殺其弟速兒哈赤，並其兵，復侵兀喇諸酋。凡此，皆足證明逆酋之弄兵，其親子親弟於其生前，且不以為然，則是此時，當新挫之後，悔禍之意，更昭然若揭。且彼中情勢，亦有所迫而然。據天聰實錄稿元年三月初二日秀才岳起鸞曰：

> 我國宜與明朝講和。若不講和，則我國人民，死散殆盡。若與講和，新得漢

人，一一速還。不然，還其官生可也。勿疑我言。

此所云不和，則「死散殆盡」，其故則後來天聰六年三月，備禦臧國祚奏本內，言之尤詳。其言曰：

> 今我國地窄人稠，衣食甚艱，近來俘獲官丁甚衆，人口漸增，則田土有限，若豐年僅足本家所吃，若遇荒歉，本家不足，安能周濟他人。必市中無糴，而貧民不免饑號之苦，非死則逃，此不可不察也。（明清史料丙編第二二頁）

是知此非死則逃之說，在金國之情形，固時時皆有之。按奴兒哈赤以建州遺孽，漸次吞併哈達、輝發、兀喇、夜黑，暨明之撫順清河開原鐵嶺等處，裏脅日衆。然其生活所資，仍多仰給於中國。至於其時結合之西夷，則因止能共利，不能分憂。據天聰二年失名奏疏云：『所會之兵，素無紀律，勝則鳥集，敗則影散，得則共其利，失不分其憂。』以如是之衆，而欲長此與明人爲敵，自非至愚，決不出此。所以袁崇煥此次之議款，當然爲彼方之所甚欲者。即如要金要銀要紬段，亦是看邊屬夷要賞之常事。特是崇煥之意，不勝當時朝廷之浮議，是以一再往還之後，即聲息寂然。茲將議款各書，錄之於後。天聰實錄稿，元年正月初八日，遣方吉納溫台石致書袁崇煥曰：

> 滿洲國汗致書於袁大人：吾二國成敵，因昔遼東廣寧官，視爾皇帝如天之遠，自視如天上人一般，蓋天生異國，各有其主，乃渺視異國之主，凌辱欺壓，實難容忍，遂告天興兵。惟天至公，不論國之大小，止論事之是非，遂以我國爲是。何以見我國之是？癸未年無故殺我二祖，一也。癸巳年，野黑、哈達、兀喇、輝法、蒙古會兵，無故侵我，故天是我而非彼，是時爾國不來助我，後哈達復來侵我，爾國又不來助。己亥年，我起兵征哈達，天佑我，遂得之，爾乃逼我復其國，盡還其人民。後野黑掠我所獲哈達人民，爾國若罔聞知。爾既爲中國，宜從公道，乃於我國不助，於哈達則助之，於野黑付之不知，似此不公二也。雖殺二祖，猶願和好，戊申年，立石碑於邊界，宰白馬烏牛，祭告天地，勒誓辭於碑云：彼此有潛越邊界者，許殺之。癸丑年，爾乃發兵出邊，守衛野黑，三也。又盟誓云：彼此有越邊者，見而不

殺，天必罪之。後爾國人出邊，擾害不已，遂遵誓詞殺之，爾廣寧巡撫，繫吾使于狐里、方吉納，勒索十人償命，四也。爾衞守野黑，將吾父巳聘之女，復令轉與蒙古，五也。遣兵驅吾世守邊界人民，焚其房，奪其熟禾，侵我疆土三十里，後復立石碑，人參貂皮，糧米木植，俱從此出，我國所賴以生活者，爾乃奪之，此其六也。甲寅年，聽野黑言，遂書不善之言，差官窘辱我，七也。此其最大者有七，其餘不悉言之，因忍耐不過，遂致興兵。如今若以我爲是，彼此和好，初和先送金十萬兩，銀百萬兩，緞百萬疋，靑藍布千萬疋。和後，兩國往來禮，我國每年送東珠十顆，貂皮一千張，人參一千斤，爾國金一萬兩，銀十萬兩，緞十萬疋，靑藍布三十萬疋。苟如是和好，盟誓於天地，各安其業，袁大人奏爾皇上，若不從此言，是爾仍願刀兵之事也。

據此，可見彼時金國汗之求款，本無奢望，所求者僅此。又按此書，較之第一次來書語氣，實已漸漸露出恭順之意。例如「大」可去，「帝」可削，皆係隨駁隨卽奉命之事，至於汗號之稱，又止自比於插酋，實已恭順之至。然袁崇煥此時則宗主國之故，嚴斥其僭位易號之非。據天啓實錄七年正月甲午袁崇煥疏曰：

夷使方金納九人，特來講話，隨詰來夷，何故起兵？彼云：前來打圍，乘便搶西達子，斷不敢擅入寧前。又投遞漢文夷稟，將向時皇帝二字改汗字，如虎酋之稱，而仍彼僞號。然旣差人求款，僞號安得猶存，因以原書還之；而留其來目，暫放一二小夷回話。令易去年號，遵奉正朔（方）與代題。

不但退其書，而且更留其使，袁崇煥之議款如此，而明帝猶以爲未足。同書載帝之旨意曰：

奴兵壓境，持之有備，奴使求款，應之有權，戰守可恃，操縱合宜，深慰朕懷。然而十年荼毒，奴罪已深，一旦輸情，聽信匪易。侵地當諭令還，叛人當諭令獻，當不止去僭號、奉正朔，一紙夷書，數字改換，便可釋恨消疑也。與其疑信異同，拒之旣題之後，無寧講釁妥當，愼之未題之先。該撫想有成算，或別有妙用，悉聽密籌，封疆事重，不厭叮嚀。鼓舞兵士，明烽遠哨，仍舊戒嚴，務保萬全，紓朕東顧。

此還地獻人兩事，即等於解除其武裝！故天聰四年金國汗勅諭內曾曰：「天啓崇禎二帝，渺我太甚。」且云「良可傷心」。以此議款，自無可結之理。當時袁崇煥即據明帝之意，答書金國汗曰：

> 遼督提督部院，致書於汗帳下：再辱書教，知汗之漸漸恭順天朝，而息兵戈以休養部落，即此一念好生之心，天自鑒之，將來所以佑汗而強大汗者，尚無量也。往事七宗，汗家抱爲長恨者，不佞寧忍聽之漠漠？但追思往事，窮究根因，我之邊境細人，與汗家之不良部落，口舌爭競，致起禍端。漢過不先，夷過必後，夷過肯後，漢過豈先。作孽之人，即逭人刑，難逃天怒，不佞不必枚舉，而汗亦所必知也。今欲一一而明白開晰，恐難問之九原，不佞非但欲我皇上忘之，且欲汗並忘之也。然汗家十年戰鬭，驅夷夏之人，肝腦塗三韓，膏澤浸草野，天愁地慘，極悲極痛之事，皆爲此七宗也，不佞可無一言？今南關北關安在？河東河西死者，寧止十人？仳離者，寧止一老女？遼瀋是界以內乎？人之不保，寧問田禾？汗之怨已雪，而意得志滿之日也，惟我天朝難消受耳。今若修好，城池地方，作何退出？官生男婦，作何送還？汗之仁明慈惠，敬天愛人矣，然天道無私，人情忌滿，是非曲直，豈若昭然，各有良心，偏私不得。不佞又願汗再思之也。一念殺機，起世上無窮叔運，一念生機，保身後多少吉祥，不佞又願汗圖之也。若書中所開諸物，以中國之大，皇上之恩養四夷，寧少此物，亦寧靳此物？然往牒不載，多取遠天，恐亦汗所當自裁也。方以一介往來，又稱兵於高麗何故？我文武兵將，遂疑汗之言不由心也。兵未回，即撤回，已回，勿再往，以明汗之盛德。息下刀兵，將前後事情，講析明白。往來書札，無取勤氣之言，恐不便奏聞，若信使往來，皇上已知之矣。我皇上明見萬里，仁育八荒，汗只顧靖心以事我皇上，宣揚聖德，料理邊情，凜簡書以綏夷夏，則有邊疆之臣，在汗勿憂美意不上聞也。交好交惡，夷夏之常，原不斷使命，汗更有以教我乎？

此書以三月五日至瀋，同時李喇嘛亦附來一書。書曰：

> 我自幼演習祕密，朝禮名山，上報四恩，風調雨順，天下太平，乃我僧

家之本願也。上年袁督都爺因老汗去世，念其存日好心，拿住杜明忠不肯壞
他，又在寧城投遞文書有禮，特差我去瀋陽上紙，多承汗及各王子好心，供
奉美饌，並禮物，銘刻五內。及回，又差人左右遠送，且差方吉納、溫台石
等同我來謝禮，我到寧遠，將汗及各王子好心俱在各上司及官軍人等說過，
都老爺甚是歡喜，因文書內字面不便，都老爺不可開拆。後改換將來，尚有
一二字未妥，第三遭換來格式，雖不盡妥貼，差已不多。袁老爺隨將文書拆
視，內有七宗惱恨。講要金銀蟒緞布疋等物，此是你該說的，只有末一句，
你仍願刀兵之事也，因此一句相礙，難以轉奏。恐朝廷見了不喜，反空費汗
一片好心。諒汗並各王子俱是有福有智，心地明白人，我佛教法門，慈悲為
體，方便為用，衆生苦樂，兵刼塗炭，觀其往因，自作自受，法界有親登
彼岸者，自覺自悟。如來有戒定慧三學，法界為心，以成正果。聖人立四
像，絕百非，因得見王子身，又有見宰官身，須要救濟衆生，以成正果。我
佛家弟子，雖身貧，道不貧，難行處能行，難忍處能忍，解度為體，勸化為
用。我佛祖留下這三個法門，只有懽喜，更無煩惱，只有慈悲生人，更無瞋
恨損物。若汗說七宗惱恨，固是往因，然天道不爽，再一說明，便可丟下。袁
都爺是活佛出世，不肯虧了夷人，有理沒理，他心下自分明。所說河東地方
人民諸事，汗當斟酌，良時好景，尚得常遇，只有善人難遇，有我與王喇嘛
二僧在此，隨緣解說，事到不差。煩汗與各王子還再好心，丟得下，丟了，
難捨的，捨將來。佛說：苦海無邊，回頭是岸，干戈早息，卽是極樂。我
種種譬喻，無非為解化修善，同歸最樂。衍我如來大乘慈悲至教。敬脩寸
楮。

此書內所云「講要金銀蟒段布疋等物，此是你該要的」等語。按萬曆三十六年，皇
明從信錄卷三九頁一五曰：『是年海建修貢，奴酋混入南關猛酋勅三百六十道，冒
領賜賞，部案驗，諭無兼併。』又同書卷三八頁四曰：『查本夷（哈赤）原領勅二十
道，係都指揮。』又按清太祖武皇帝實錄卷一頁九：『昔我父被大明誤殺，與我勅
書三十道，馬三十四，送還屍首，坐受左都督勅書，續封龍虎將軍大勅一道，每年
給銀八百兩，蟒段十五疋。』凡此，皆為彼等未叛前應得之歲賞，與同當日冒領之

情形也。又如此外海西諸部，原亦各有朝貢市賞，此時諸部，既已爲金人所併，揆之插併卜，而卜賞遂爲插得之例；（見後）則此所有海西諸部之歲賞，自亦爲金人所垂涎而不能忘者。按皇明從信錄萬曆十六年十二月著錄曰：『自永樂來，給海西屬夷勅，由都督至百戶，凡九百九十九道，按勅驗馬入貢，兩關酋領之，際強弱上下。先是，逞仰二奴，父強，則北關多，及王台強，則南關多，多至七百道，北關不能三之一。今年論強弱與之平，南關以五百，北關以四百九十九，差縮其一，存南關意。』凡此勅書，後來悉歸於金人。凡此歸金人之後，金人更保存歷二十餘年之久，卒因明朝不肯講和，知保存無用，於是於崇德四年六月辛亥日，始盡行焚去。據王氏東華錄曰：

> 先是滿洲哈達葉赫烏喇輝發蒙古各處地方，俱領明國勅書，索歲幣。至是，命大學士希福等，盡行收取，焚於篤恭殿前。

此所云歲幣，卽謂一年一度之朝貢市賞也。由此言之，則是金國汗之與崇煥書，關於書中所要諸物，固非無端要求，實止等於請討當年之舊賞，不過所稍稍不同者，只數量上尙須減折而已。又因金國汗之所欲者，實在此，所以彼一得袁崇煥「多取達天」之言，及李喇嘛講勸之書，卽隨於四月初八日，令明使者杜明忠回，齎答袁崇煥李喇嘛書各一封。其答袁崇煥書曰：

> 汗致書袁老先生大人，來書有云：七宗之事，欲忘之也。是爲止因爾先皇帝及先臣，欺害不已，惹出七宗之事，與動干戈之原，欲令聞知，以明兩國是非，待講和忘之，故差官同李喇嘛講和去矣。若欲不忘七宗，仍要攻戰，爲何差官去。又云：若修好，城池地方，作何退出？官生男婦，作何退還？上天保佑，以我爲是，賜與城池地方官生男婦，今曰退送，是不願講和，故意激惱怒耳。又云：汗之仁明慈惠，敬天愛人矣，然天道無私，人情忌滿。天道無私，罪爾南朝以祐我，天下人皆知，而人忌之，何益。果遵天道而行，應自認不是，將我書中所開諸物與來，以罷刀兵，使國家太平，正是南朝皇道帝仁明慈惠敬天愛人也。此不待我說，大人當自知之。又云：所開諸物，往牒不載。考之古典，比此亦有多者，亦有少者，我亦知之。又云：以一介往來，又稱兵於高麗何故？我文武兵將，逐疑汗之言不由心也。然非無故逐

征高麗，我兩國原來無事，至庚子年，發兵東征，收屬國而回，高麗出兵攔路，隨被我殺敗，官兵俱死，那時亦未曾與高麗計較，照常相好，後兀剌王卜占太，屢搶高麗，城池失陷，高麗差人來說：卜占太是我女壻，須我勸他。我遂勸卜占太止搶高麗，如此相好，復於己未年，與兵來侵，所來兵將，除上陣死的外，剩的官兵，俱皆留養送還，欲與和好。而高麗反自尊大，並無一句好言，又收我逃亡，更助為虐，始終不改。待之數年，不見講好，遂爾征之。天祐我是，而罪高麗。今業已和好，是天令我兩國成事已定。況從李喇嘛來後，何嘗說不征高麗，我有何言不由心而疑我也？且爾既來講和，又發撥兒到我地方，迎我逃亡，及令民漸往前來住種，修復城池，正是爾言不由心也。所以我國兵將，皆有懷疑。又云：息下刀兵，將前後事情，講析明白，此言是也。其云：往來書扎，無取動氣之言，不便奏聞。是與不是，須明白說出，則和好可固，若蓄之心中，不令說明，而欲以成事，斯亦難矣。今此欺我，與往日遼東廣寧官員欺之何異。又云：汗只顧靖心以事我皇上，宣揚聖德，料理邊情。爾皇上聖德，爾宣揚耳，我各國何知？爾料理爾邊情，我料理我邊情，我國何能為爾料理也。不說兩國成事之話，而說欺人之話，何益。大人洞察遠近，智且哲矣，何為而國家太平，何為而國家有益，其言不說，而說大言，務以下人，口豈能勝敵，口豈能下人乎？使人上下在天，人能上下之乎？因書中所言，多有欺凌，故我亦據書回之。其兩國和好，爾或懷疑，我無疑也，人可欺耳，天可欺乎？若是兩國成事，須當對天盟誓。其云：先開諸物，所當自裁，今我裁之：兩國講和之禮，金五萬兩，銀五十萬兩，紬段五十萬疋，梭布五百萬疋，送來。我國東珠十顆，黑狐皮二張，玄色狐皮十張，貂鼠皮二百張，人參一千斤，送去。以後兩國通往之禮，每年金一萬兩，銀十萬兩，紬段十萬疋，梭布三十萬疋，送來。我國東珠十顆，貂鼠五百張，人參一千斤，送去。若以我言為是，欲要講和，當速完事，方為美也。汝漸漸欺凌我，來書尊爾皇帝如天，李喇嘛書，視明朝之官反居各國汗之上，是皆爾等私心機謀所為，非義之當然也。人君即佛也，天之子也，臣者，君之子也，所為果善，一日間不覺上陞，所為果非，一日

間輒削為民。若論大義，大明皇帝比天落一字，滿洲國汗比明朝皇帝下一字，明朝官比汗下一字，你們如此欺哄，我已知之，遂罷使者。後若再寄書來，爾皇帝高一字則可，若臣等與我並頭書寫，我必不聽。

明人既靳賞不與，一面更要人要地，似此對付建夷，如何令彼服從，然此勁氣之言，致之後來求和之奏，則又曰：「不敢詳陳。」即如此番答書，所要金銀，止因袁崇煥曾有「多取逆天」一言，彼即隨時減去半數；可見金人雖在勁氣之中，仍有求款誠意。又如書中所云「稱兵高麗」一事，實由毛文龍牽連而及。據天聰元年實錄稿曰：

> 先是正月初八日，上命阿敏貝勒等領大兵往征高麗。此番原非專意高麗，因毛文龍近彼海島居住，納吾叛民，遂怒而往尋之，因以幷取高麗，此一舉兩圖之計。

按明實錄天啓七年五月戊寅曰：

> 奴兵正月初，攻高麗，其眾不下五六萬，蓋揣毛鎮孤懸海上，援師難出，遂成破竹之勢。今關津水兵漸集，毛鎮復乘間出奇，因而王京獲守，奴從昌城、滿浦，遁歸瀋陽。

又庚辰袁崇煥言：

> 奴死，諸子陸梁放肆，臣即告鮮君臣，使知臣之築寧遠者築艾州，與鐵山得為犄角。不虞鮮之君臣，智不出此，以窺器穨城，狃虜狎虜。而且與毛帥主客齮齕，人和地利，兩俱失之。一旦鮮孽構夷，以復主為名，而昌艾驚墜如掃矣。

又三月丁丑兵部言：

> 朝鮮叛臣韓潤等，領奴賊入安州，節度使南以興自焚死，餘盡遭戮，中國往援督師王三桂等俱陣亡。平壤不戰自潰，賊又攻黃州矣。

據此，可見金人之攻高麗，又因彼時有內奸韓潤等之勾引，在金人因為因利乘便之計，然在明人則竟以此為拒款之口實。故當日袁崇煥之疏則曰：『我藉鮮為牽，彼即攻鮮而空我之據。』又登萊巡撫李嵩云：『鮮本以事我殺奴，我自當擊奴拯鮮。』又兵科給事中許可徵言：『夷使來而東江已攻，東江攻，而夷使復來。』凡此皆為

當時明朝文武懷疑之原因。實則卽奴無攻高麗之事，而在明朝議款之眞意，亦絕無可言。因彼天啟帝旣有『款事萬一可成，則須連根拔除，無存些子』之旨。而同時袁崇煥更有「謗書盈篋」之奏。凡此情形，可見其時滿朝之浮議。所以此講款一事，雖爲一時之策略，結果止空費一番交涉而已。茲尙有金國汗答李喇嘛一書，亦一幷錄後。書曰：

> 汗致書李喇嘛：觀爾來書，信爲佛門弟子，是中間人所言，皆欲成兩國之事。喇嘛大通道理，明哲之人矣，我兩國是非，爾諦聽之。我有不是則說我，南朝不是則說南朝，以爾爲中間人，故以心事說知。自古以來，興亡之事，不可歷舉。如大遼天祚，無故欲殺金太祖，以動干戈，大金章宗，無故欲殺元太祖，以動干戈，大明萬曆，無故欲殺我國，偏護北關，以動干戈。及得廣寧，衆王及衆將皆欲進關，獨我皇考曰：昔日大遼大金大元不各自爲國，而入中國腹裏地方居住，竟成漢人。今日關以西爲中國，遼東爲我國，永爲各國，故回兵來，等候講和四年。南朝得包寧遠，不罷刀兵，方攻寧遠，因城凍未墮，回兵。我皇考升遐，喇嘛來弔，意謂天欲兩國成事，故差官致書講和。彼以書中所言不當，兩次阻回。今喇嘛書云：只有一句相礙，難以轉奏。我以心中話寫與南朝皇帝，南朝皇帝亦將心中話寫來與我，兩下講通，則和好可固。心中話不令人說，只欲順爾說話，講和可乎？袁都堂欺我，欲將天賜我城池地方官生男婦，令其退送，喇嘛亦遂聽之，而云難捨的，捨將來。又將袁都堂提起，而以各國之汗落下二字，是不欲成兩國之事也。袁都堂書有云：所開諸物，往牒不載，多取遼天。昔日大遼大金大宋之取與，載於史册，及大明之于也先，載在會典，此皆天賜也，何云遠天乎？又喇嘛云：良辰好景，尙得常遇，只有善人難遇。然袁都堂善心所差，喇嘛善心而來，故我亦差官去，若是惡言惡人，我豈肯差官乎？又云：苦海無邊，回頭是岸，此言是也。但對我說，亦當對南朝說，使兩國回頭則善矣。喇嘛深通佛教，又通各事，是明智人也，何爲故意欺我。往日遼東官員，大言欺人，致動刀兵，國家受禍，以爲少乎？又我書中所開諸物，袁都堂欲我自裁，今已裁減，若又不與，又說大言，致動刀兵，國家受禍，反空

費二位喇嘛欲成兩國和事好心。古云：兩下相敬，爭心自消，必欲欺人，休說新事講和，卽舊和亦必離矣。不待我說，喇嘛當自知之。更有指教，我當佇聽。

按金國汗此次所有答袁李二書，書中輒以不該將各國汗反居明朝官之下爲言。同時並怨李喇嘛亦不應如此。其實李喇嘛並非故意將彼落下二字，因李喇嘛常出入夷中，固熟知彼等當年受賞時情形，如跪投夷稟，三步一叩頭之類，書牘往還，當有舊例可循。卽彼金國汗原亦明瞭自己屬夷之地位，所以書中更親稱袁崇煥爲老大人。至於彼之稱國稱汗，此止爲夜郎自大。不但李喇嘛瞧彼不起，卽當時朝鮮國王，致書與彼，亦止用一無名帖子。如天聰元年七月二十四日金國汗致朝鮮國王書曰：

其書頭式例先後相違。卽如南朝通行書式，必有拜帖通名，副啓達意。今則非文非書，乃一無名帖子，莫非欺其不知乎？如貴國與南朝臣寮往來書文，亦如此耶？（甲七頁六○五）

此致朝鮮國王書，據其希望，則但求與南朝臣寮平等而已。此外又如天命四年五月二十八日，朝鮮國平安道觀察使朴化致書老奴，則又有「建州衞馬法足下，吾二國地土相連，大明爲君，吾二國爲臣」之言。（清太祖武皇帝實錄卷三第五葉）凡此，皆足明瞭所謂「金國汗」者，其地位不過如此。以如此地位，僅足與明朝官爭一格之上下。此當時明廷章奏中。所以有「不要理他」之言也。

據以上之所記，吾人試再一言袁崇煥議款之用意。如金國汗另又一書云：

汗致書袁老先生大人：來書之回，寫畢，將欲差官去，忽得河西二起人投來，說包塔山、大凌河、錦州，又乂哈剌差人到來，所說亦同。聽見此言，止我差官。將原寫回書，付爾差人，因爾包城，故又寫此書去。果我兩國講和，那地方爲南朝，那地方爲我國，銘立界碑，各修各地方耳。一面以溝和來往，一面前修城池，抑爲寧遠城凍，攻之未墮，故爾慣了，詐稱和好，乘間修包城池，不願太平，而願刀兵，事更難矣。爾只包固幾城耳，各虛城池，及各田禾，俱能包固耶？不罷刀兵，蒙天佑之，北京賜我，皇帝南奔，那時名聲何如？自古以來，多如爾輩文職，似婦女坐家中說天話，以致兵將

暴露，人民塗炭，社稷傾覆矣。因往日官員，立心不正，惹此大禍，以失河東河西，兵將盡死，尚以爲未足，而欲動刀兵耶？

按天啓實錄六年十二月庚申（二十二）袁崇煥曰：『遼東之壞，雖人心不固，亦緣有形之險，頹塌不堪，實無可以固人心者。虜利野戰，惟有憑堅城以用大砲一着。今山海四城鼎新，重關纍塞，又修松山等處，扼要城池，以四百里金湯，爲千萬年屛翰。』據此，可見崇煥議款之作用。又按同年八月丁巳，崇煥又有一疏，因更爲重要，特照抄於後，以備參攷。疏曰：

奴患以來，捐棄兩河，未有勝著。惟督臣王象乾經臣王在晉撫存西虜，奴窮於無所與，樞輔孫承宗與督師閻鳴泰決用遼人，奴窮于無所導，故蹲伏者三年。自去秋河上，覘我之虛實，故傾巢入犯，臣偃旗息鼓待之，奴遂失利而去。今積雨成川，我之哨馬，且不能去，彼之大衆，夫安得來，過此以往，則彼日日能來，我刻刻當備矣。彼遠來利速戰，臣只死守，令進不得戰以困之，惟困之，乃得圖之。蓋不貪功，便無由致敗，若貪一擊之利，則從前之禍立見。然奴向能爲中國患，以獨擁一方生殺予奪之自由，生聚教訓之不易，而我調四方烏合當之，彼以專，我以分，宜乎不相及。今皇上以關外關內分屬，責有專司。以遼人守遼土，兵馬錢糧，註爲定額，且守且戰，且築且屯，撫西虜以拒夷。屯種之所入，可以漸減海運。大段堅壁清野以爲體，乘間擊惰以爲用，戰則不足，守則有餘，守旣有餘，戰無不足，不必侈言恢復，而遼無不復矣。顧臣猶有進焉，凡勇猛圖敵，敵必讎，振刷立功，衆必忌。況任勞之必任怨，蒙罪始可有功，怨不深，勞不厚，罪不大，功不成，謗書盈篋，毀言日至，從來如此，惟皇上與廷臣始終之。

七年五月庚辰，又一疏曰：

奴乘屢勝之勢，而我當披靡之餘，不據險以守，無以固人心。臣四五年間，從提督撫鎮諸臣後，細心參訂，可幸無敗。去春寧遠一捷，仰徼皇上神威，孤注獲勝，遂以節鉞加臣。臣念海宇十年，疲于東役，徵調生亂，轉輸告罄。不得已而用一簡靜精密之法，如曰：守爲正著，戰爲奇著，款爲旁著。以實不以虛，以漸不以驟。前屯城包而未完者完之，寧遠被雨復圮者，補而

永固之，中後中右復屹若金湯，險設而事備，以六萬守四城，奴即百萬，何敢飛越。從此且耕且築且前，夷來我坐而勝，夷不來彼坐而困。前後四年，便可制勝。

凡上所奏，使當時明帝，苟以專任崇煥，而無聽廷臣之浮議，責以速效，則是遼東之奴，不足平也。特是彼時之天啓帝，既須一意滅奴，復須限日取勝，故于崇煥四年制勝之說，遂格不行。於是崇煥又曰：『夫奴耽耽，所藉寧障于外，關扼于內，使關寧無恙，由此生聚教訓，愈築愈前，在奴今日，奴無如我何，他日我謀奴，而奴莫我禦，臣之所能僅此。若貪功念勝，侈口漫嘗，則願束身引疾以避能者。』且書：『若臣向以偵諭用間，何嘗許一款字。』據此，可見崇煥此時，固已明明為毀言日至，帝眷已移，故乃不敢復言款字也。

當時阻款最力者，即為崇煥同事經略王之臣。因之臣嘗為「徒執和議者，此陷於宋人自愚自誤之弊」之說。故崇煥力請與彼分疆而居，於是之臣駐關內，崇煥駐關外，崇煥主款，其意實在款外，而之臣則始終以「宋人覆轍」為言。以此與崇煥水火，力破和議之非。如天啓六年實錄十二月丙辰，之臣疏云：

年來虜每求和于西虜，而虜不從。欲屈服朝鮮，而朝鮮不受。彼蓋以天朝之大，有泰山四維之勢，可恃以無恐耳。我若頓忘國賊，與之議和，彼必離心，是敺魚爵於淵叢，而益敵以自孤也。臣款款之愚，必不敢強同一時，終貽後悔，惟度我力，能戰則戰，不能則守，觀變待時，虜自瓦解。何必曲為之和，以釀無窮之釁乎？

此疏既上，隨奉旨云：『邊疆以防禦為正，款事不可輕議，這本說的是。』據此，可見之臣此疏阻撓之有力。按王之臣為閹黨，且係魏忠賢假子，（崇禎長編二年三月丁卯，御史陳必謙奏。）其人多慾好貨，天啓六年二月，明帝以經略高第擁兵觀望，於是削第職，以之臣代第為經略。至是，明帝雖有「款事不可輕議」之旨，然以王之臣既與崇煥不和，恐蹈從前河東河西覆亡之轍，故於次年正月，召回之臣，加太子太保銜，管兵部事，並云以備帷幄籌策。關寧兵馬，俱聽袁崇煥調度。是知明帝此種處置，不過仍望崇煥如寧遠之捷，再見一二。至王之臣此時既任本兵，則是款戎之事，彼之從中破壞，自更彰明較著。如明清史料丙編第一本八頁金國汗

書曰：

> 金國汗致書大明國衆臣宰：我欲罷兵，共享太平，差人講和，聞王兵部及孫
> 道不肯。若爾，誠爲國家大臣，則如古時張良、陳平、諸葛、周瑜、文武雙
> 全，出能領兵見陣，入能治國安民，所言必是矣。今則不然，明見敵來，殺
> 其兵馬，擄其人民，坐視不敢出，而於講和，又以巧言壞事。且以官軍人
> 民，死傷被難，毫無罣礙，只以大言，致惹刀兵，兵亦不易也。以我思之，
> 爾欲講和，如我不肯，只是用兵，我兵殺傷，非爾殺傷，卽我殺傷也。我欲
> 講和，如爾不肯，只是用兵，爾兵殺傷，非我殺傷，卽爾殺傷也。今我之誠
> 心欲和，及爾之驕大不肯，天亦知之，人亦聽耳。

此時明朝之臣宰，大抵皆不知彼己，放言誤國之輩，動以宋金覆轍爲題，安望款事
之有成。

（三）寧錦再捷與袁崇煥之罷歸

　　款事既因明廷浮議而止。所以天聰實錄稿有「止因欲和不成，遂至欲罷不能」
之言。事勢如此，於是迫不獲已，故又起兵來犯寧錦。據天聰元年五月實錄稿曰：

> 初六日，上聞大明復脩錦州、大凌河、小凌河等城屯田，命都督貝勒阿巴泰
> 貝勒守城，率衆貝子及大人往征之。初九日兵至廣寧舊邊，命得格壘，跡兒
> 哈朗、阿濟格、藥托、查哈量、和格六貝勒，率輕騎前行，上與三大貝勒、
> 芍托貝勒，及衆統兵官固山額眞等統衆兵行。初十日兵入白土場邊，晚至廣
> 寧城。是夜前鋒先馳，捉獲撥夜云：右屯衞兵一百，大凌河、小凌河重修未
> 完，亦有兵，錦州城修畢，馬步兵三萬。十一日順大凌一路擄掠人畜，至錦
> 州，距城一里下營。是日各臺堡歸附人民，二千餘放歸山海四百人放回錦
> 州，城中不納，遂宿於城下。次日仍歸我營，言城中不納，上復放歸。

從前所得官生男婦，則曰：上天賜與，故云：豈有天所予我之人，而復還明朝乎？
乃此行所掠二千餘人，則悉數放歸。且因山海錦州不納，復又一再縱還。此種用
意，大抵以袁崇煥講款之時，既以要人要地爲言，故此次不願再增明人口實，期於

款事庶幾有成。當日金人致錦州太監紀用劉應坤書曰：

> 向差李喇嘛講和，以明上下之禮，我已領命，將大明高題一字。又說：所欲
> 之物甚多，再減去些，我依其言，遂減之。⋯⋯兩國和好，共享太平，豈有
> 不好。然汝不能敵我，而願爲爭戰，使萬軍被陷，有何美哉？草木尚且難
> 捨，爾之人民，何不愛惜之。我本敵國，見此無辜之民，死於鋒鏑，所得二千
> 餘名，盡皆放回。爾等不爲朝廷，不愛下民，和好之禮不修，反任意強說，
> 今欲順則順。若和，二太監留一在我營，一送還京。況太監乃朝廷近臣，在
> 城又不禦敵，可出來看吾攻擊。將吾所恨之言，達之皇上，責爾邊臣，依前
> 減去諸物，復修和好，吾卽允納。倘殺兵殆盡，山海北京，天若與我，此等
> 之罪，皆汝文臣誤朝廷以害武將也。爾文臣非男子，乃婦人邪？不然，何不
> 出戰。因爾等失算，故以此書付之。

按此番說款之書，據天聰實錄稿自五月十一至十五日，遣人與紀太監往來商議至三
次，俱不容進城。至十六日，天明，總兵趙率教在城上因更有「矢石無眼，凡事憑
天，汝且回兵，賞待後再議」之言。於是金國汗又寫一書云：

> 汝借天而出大言，倘非天意，瀋陽遼陽廣寧三處，我何以得之？汝果勇猛，
> 何不出城交鋒，潛身城中，出驕傲之言，何爲？譬諸獾子入穴，初掘之不
> 得，再益鍬鑺復掘之，未有不得者也。想爾援兵將至，我豈空守此城，抑待
> 爾之兵耶？或者關裏有信來，故出此驕言，吾已早知之矣。

此以求款不得，故以惡言相加。然旋卽遜順其詞曰：「我先番致書，書中惡言苦
語，兩相欺軋者，此兵家之常道，不必提也。」由此觀之，吾人更可知金國汗求款
之切。

此役之結果，明兵雖有損傷。但此胡兵胡馬，固又確係受挫而歸。據天聰元年
五月王氏東華錄著錄曰：

> 癸巳，我兵馳至寧遠城北岡，明游擊二員，領步兵千二百餘，掘濠，以車爲
> 營，列鳥槍大砲，上令滿兵攻其步卒，不移時盡殲之。明總兵滿桂之兵，及
> 密雲兵出寧遠城東二里，列陣於南，沿城環列槍礮。上諭諸貝勒曰：此地逼
> 近城垣，若卽進攻，難以盡力縱擊，可稍退，以觀動靜。於是退軍踣山岡，

環視明兵，仍堅壘不動。上意欲進擊，阿濟格請從，三大貝勒皆以距城近，不可攻，勸阻甚力。上怒，命近御諸將侍衛等俱戴兜鍪，諭曰：昔皇考攻寧遠不克，今朕攻錦州又未克，若遇此野戰之兵，尚不能勝，其何以張我國威耶？於是上親率阿濟格與諸將侍衛等馳馬而進，敗其前隊，騎兵追擊至寧遠城下，大殲之。諸貝勒皆愧奮，不及冑亦馳而進，分擊其步卒，濟爾哈朗薩哈廉瓦克達俱被創，仍力戰，明兵大敗，委棄甲仗於路，死傷無算，我軍乃還駐雙樹鋪。是日錦州兵出城，我兵迎擊之，復驅入城中，游擊覺羅拜山備禦巴希陣亡。

六月己亥，攻錦州城南面，因城濠深闊，又值溽暑，不能進攻，乃退兵。是役士卒損傷甚多。

按是役，胡騎以六月初五日自錦州回兵，因攻錦州不克，於是毀大小凌河二城而還，明人稱寧錦大捷。如天啟七年都察院實錄六月初七日遼東巡撫袁崇煥疏為背城一戰大挫賊鋒內稱：

賴我皇上威武聖神，敵臣忠義鼓舞，故內外文武諸臣，齊心合力，大戰而挫敗之。十年來疲天下之兵力，未嘗敢與合馬交鋒，即職去年亦從而攻城下。今始一刀一槍，兩下拚搶，夷之兇狠驃悍，而職憑堞大呼，分路進止，指揮應手，即老於行伍者，皆恨此夷之勁而精，賴皇上之靈，一戰摧之。

按明史袁崇煥傳云：

五月十一日，清兵抵錦州，圍益急，崇煥以寧遠兵不可動，選精騎四千，令尤世祿祖大壽將繞出清兵後決戰，別遣水師東出相牽制，且請發薊鎮宣大兵東護關門。朝廷已命山海滿桂移前屯、三屯孫祖壽移山海、宣府黑雲龍移一片石、薊遼總督閻鳴泰移關城，又發昌平、天津、保定兵馳赴上關，檄山西河南山東守臣，整兵聽調。世祿等將行，清兵已於二十八日分兵趨寧遠，崇煥與中官劉應坤、副使畢自肅、督將士登陴守，列營濠內，用礮距擊，而桂、世祿、大壽大戰城外，士多死，桂身被數矢，清兵亦旋引去，

此次寧遠大戰，據袁崇煥疏既云：「一戰摧之。」而當時所奉之聖旨，僅止發御前銀五百兩，以資賞恤。既而魏忠賢更使其黨，論崇煥不救錦州。天啟實錄七月辛未

〈初七〉工科給事中陳維新言：

> 舊撫袁崇煥，數年拮据，去歲嬰城，臣心偉之。每有疏奏，輒高談慷慨，以
> 保封疆復全遼為己任，臣心壯之。李僧一遣，動出非常，且其言曰，此番奴
> 子必降，若不降，便可一鼓而殲。舉朝以為算定謀奇，未嘗不徐觀而厚望
> 之。不意信使馳驅，徒博其兩番僭號，一紙媟書，未幾，而蹂躪我屬國
> 矣。說者謂精騎盡東，其虛可搗，而河上之師，似僅以虛聲示弱。既而圍犯
> 錦州，人謂纓冠被髮，義不踰時。況存錦原以保寧，乃咫尺之間，何以兵逗
> 遛而不前？何以餉堅閉而不發？猶幸孤城忠憤，錦能自固，且奏膚功，萬有
> 他虞，而寧之先聲一頓，此等伎倆，謂可殲奴，實臣所未解也。

凡此論袁崇煥之疏，因當時言者，前後紛紛不已，所以此時袁崇煥，已於七月初一
日，奉有「暮氣難鼓，物議滋至，已准其引疾求去」之旨。又因崇煥既已奉旨准其
求去，故維新此疏，因稱崇煥為舊撫。據明史本傳先是中外方爭頌魏忠賢，崇煥不
得已，亦請建祠，終不為所喜。至是遂允其歸，而以王之臣代為督師兼遼東巡撫，
駐寧遠。及敘功，文武增秩賜廕者數百人，忠賢晉肅寧侯，子亦封伯，而崇煥止增
一秩，尚書霍維華不平，因疏乞讓廕。疏云：

> 撫臣袁崇煥置身危疆，六載於茲，老母妻子委為孤注，勞苦功高，應照例廕
> 錄。……茲奉明旨，督鎮諸臣俱蒙二級之陞，延世之廕，獨袁崇煥一人，止
> 予衘一級，而遺其世廕。微臣冒濫於格之外，崇煥反靳於例中，其何以示公
> 而服邊吏之心？乞皇上即以畀微臣之世廕，量加一級，以還崇煥，在朝廷未
> 嘗再多一襲衣之官，而兩臣遂各得其固然之分，亦甚便計也。又崇煥以侍郎
> 衘加服俸一級，蒙恩復加衘一級，查九例無從二之官，併乞將濫加微臣一
> 級，移加崇煥，俾得以正卿歸里。

此疏後面旨曰：

> 袁崇煥談款一節，所誤不小，朕不加譴責，尚著敘資，分明念久在危疆，姑
> 使相準耳。恩典出自朝廷，霍維華移廕市德，好生不諳事體。

按霍維華山東東光人。崇禎元年正月丁丑定逆案，列「雖未祠頌，陰行贊導削籍
者」一款。為五虎之一，崔呈秀為山頭虎，霍維華為雲中虎，有薊州當前，東光接

武之謠。由此觀之，霍維華且因袁崇煥功高賞薄，而爲之不平，則是崇煥被抑之苦，卽此可知矣。其後工科給事中顏繼祖卽以此事多維華。據崇禎長編元年五月甲子之記載：有「讓蔭高矣」之言。然考此讓蔭一事，實讓於天啓帝臨危之秋，毋亦有見幾而作者歟？

（四）袁崇煥之復出關東

天啓七年八月甲寅，（二十一）熹宗崩，崇禎帝卽位。魏忠賢伏誅，削諸冒功者，廷臣爭請召崇煥。其年十一月壬午，擢都察院右都御史管兵部添設右侍郎事。十二月己酉，兵部尙書閻鳴泰，更疏請補給崇煥廕廳。疏云：

> 寧錦之捷，袁崇煥功最大，本兵諸臣均蒙廕廳，卽以臣不肖，亦叨波予，而崇煥僅加一級，且並其廳而斬之，臣抱愧實甚，此霍維華所以推心不平，而有移廳之請也。今崇煥旣蒙起用，則前功明矣。伏祈聖慈垂念崇煥功高被抑之苦，特沛明綸，被給廕廳。下部議。（崇禎長編）

崇禎元年四月甲午，命崇煥以兵部尙書兼都察院右副都御史出鎮行邊督師薊遼登萊天津等處軍務，移駐關門。兼命該省官司，敦促上道。從兵部署部事右侍郎呂純如之請也。純如之疏云：

> 舊遼撫袁崇煥，吊孝建祠二案，卽愛崇煥者，豈能爲之諱。而臣持議必欲朝廷用崇煥者，只認定不怕死，不愛錢，與曾經打過十個字耳。強敵壓境，人方疾呼而望援兵，而崇煥乃置母妻於軍中。紙上兵人人可自命也，而實實從矢石鋒刃中，練其膽氣，而伎倆較實，此臣所以謂終可用也。（崇禎長編）

七月癸酉，崇煥入都，帝召見平臺，慰崇煥甚至。崇煥銳然以五年復遼成功自許，慷慨請兵械轉餉，凡吏部用人，兵部指揮，戶部措餉，言路持論，俱與邊臣相呼應始可成功。帝是之。命卽出關，紓遼民之望。崇煥以前此熊廷弼孫承宗，皆爲人排搆，不得竟其志。臨行，復疏言恢復之計。疏曰：

> 遼事恢復之計，不外前云：以遼人守遼土，以遼土養遼人，以守爲正着，戰爲奇着，款爲旁着，法在漸，不在驟，在實不在虛，此皆臣與在邊文武諸臣所能爲，而無煩聖慮者。至用人之人，與爲人用之人，俱於皇上司其鍵，何

以任而勿二，信而不疑，皆非用人者與爲人用者所得與。夫馭邊臣者與他
臣異，軍中可驚可疑者殊多，故當論邊臣成敗之大局，不必過求于一言一
行之微瑕。蓋着着作實，爲怨則多，凡有利于封疆者，俱不利于此身者也。
況圖敵之急，敵又從外而間之，是以爲邊臣者甚難。我皇上愛臣至，而知臣
深，何必過爲不必然之懼？但衷有所危，不敢不告。（崇禎長編）

此疏所陳，大旨卽爲前文所引天啓六年八月丁巳及七年五月庚辰兩疏內所已說過之
事。凡此說過之事，而此時復又陳之者，揣其用意，不外希望新君與以得爲之需，
使彼不至于再蹈前此爲人排搆之覆轍，則是所謂五年復遼之計，自可成功耳。然此
五年之說，攷之明史本傳則云：

給事中許譽卿叩以五年之略，崇煥言：聖心焦勞，聊以是相慰耳。譽卿曰：
上英明，安可漫對？異日按期責效，奈何？崇煥憮然自失。

按崇煥久居危遼，慷慨任事，關於戰守機括，早已灼見于中。而此乃云「憮然自
失」，似與崇煥爲人有間。且彼時金人之虛實，見於天聰實錄者如：

征伐不可久停，若踰一年不往，敵人乘機修備，欲圖再舉，恐天災莫測，有
悞大事。

今年宜卽出師，不然，國自此而窮，馬亦難得，兵亦不增。

我國之人，利于出兵，在家何益？

我兵在家久住，恐敵人漸長機謀，修理城池，器械有備，昔云：乘機遘會，
時不可失。

今若逡巡不往，彼漸修城池，內亂漸消，尤難圖矣。

凡此情形，可見金人實利於出兵。然此利於出兵之事，並非利於攻城，而實利於野
地浪戰，以用其所長。特是袁崇煥知金人之所長在騎射，故惟憑堅城大砲而使騎射
無所施，知金人之得勢在速戰，故靜以待其變，知金人之乘時在秋冬，故堅壁清野
而使無所掠。凡此，不僅可以困金人，且實可以制金人，而散其黨。蓋彼等衣食所
資，皆須掠奪，旣爲「在家無益」之言，及此一旦出外，而又未必如意，則其勢「非
死則散」，此袁崇煥之所深知。故且屯且築，且且築前，而同時又不得不以講款以
成其屯築之計。此卽金國汗所謂一面講和一面包城之意。崇煥所以敢於銳然以五年

復遼自任，與其以前所云「四年便可制勝」之說，固皆爲籌計已熟之言，何至遽憮然自失？

又按袁崇煥此次復出關東，因彼嘗言：『欲求蚤結遼局，必先撫存西虜，使奴窮於無所與』於是明帝卽因崇煥之請，起用王象乾。因象乾亦嘗曰：「守爲正着，戰爲應着，款爲權着。」與崇煥制遼之着數，彼此實相合，且嘗撫虜有功。至是，象乾年已八十三，命仍以少師兼太子太師原官總督宣大山西軍務。至京召見，帝慰勞甚至。且云：卿三朝元老，忠猷素著，見卿矍鑠，知袁崇煥薦擧不差。因咨以方略，奏言：插漢虎墩兔，與順義王卜石兔、哈剌慎、伯彥、黃台吉，俱元小王子之後，去歲卜石兔爲虎墩兔所襲，盡收其衆，勢益盛。今諸部惟永邵卜最強，衆三十餘萬，合卜石兔兵可禦插漢。帝曰：虎墩兔不受款，奈何？對曰：當漸圖之。帝曰：我不款何如？象乾造膝密奏，語不盡聞，帝命與袁崇煥計議。賜宴而出。

象乾抵陽和，卽遣使招諭虎墩兔與定約。廷議以象乾老病，令大同巡撫張宗衡暫理督府事，陽和副使宋統殷代行文書，象乾專撫，事不中制。象乾命統殷及總兵王牧民等詣殺胡堡與議款，定賞八萬一千而還。時崇禎二年二月二十三日事也。其年五月，崇煥因此又上通審邊情一本云：

臣惟夷虜之爲中國患所從來矣，然勝負強弱，原無定形，勢有必至，機有先乘，惟操之者審勢而導機，令強勝之形常在我，則夷虜雖盛，鞭箠使之矣。臣八年于兵，戰守撫款之備嘗，不獨平奴之筭，寢食究圖，而九邊情形，亦時時討論，何也一奴發難，合四海之力不能支，歷十二年之久不得結，而安奢之禍，白蓮之盜，因之而起。夫一隅有事，全力遂分，則九邊更有事，東事何由能結。故臣在東言東，義不宜越，而心之所危，不敢不以入告也。粵惟東夷，雄起一方，殘我兩河，附東之西虜，都無一足當。自兩創之後，夷知中國有人。然前何以鷔橫至此，豈盡奴能？則我之失算成之也。今西虜虎墩兔又深可憂者，虎擁衆數十萬，雖不能如奴之悍戰，而力吞諸虜，炒花五大營併矣，乃蠻拱把諸衆，收亦數萬矣，於是西攻卜永，如振蒙落稿，黃河以北，賀蘭以西，收併殆盡。自東至西，綿延且七八千里，部落牛畜已五六倍曩時。昔元之起也，滅國五十，而及於金。今虎之所收，寧止數十部落？

承平久，人不知兵，九邊何處非遼，虎之勢數十倍於奴，但戢而未發耳，意固已叵測也。今幸督臣王象乾，以夙昔威信，多方控馭，受我戎索，款費八萬金厚矣，然以天下安危視之，則八萬金小也。象乾歔歷兵戎五十年，未嘗肯少抄，（疑誤）今降其鞭駕雄心而言款，豈其本意？夫亦權於利害緩急之閒，借款以暫息天下，而修我內備。或者不察，止謂象乾僅能款，亦不知象乾者矣。然款可恃乎？從古未有不戰而可款可守者，夷欲無厭，一二年而我兵不勁，虎必求賀賞，加之不遂，必稱兵內向，不待智者而知之，則東自遼薊以及延寧甘囿諸鎮，處處風雨，在在處堂，不宜大已也。……況九邊無事，方得以全力注遼，遼局早結，又何可分力以強九邊，臣欲結遼局，安得不兢兢於虜情兵計哉？（明清史料甲編第一本第三頁）

此本自「言款豈其本意」以下一段，據表面觀之，雖係以王象乾爲題，實則裏面，乃崇煥自言制遼着數，亦不妨借款暫息奴氛，以修我內備，於以平遼滅奴，亦一穩着也。因不敢明言款奴，故乃著重王象乾，以探明帝之意耳。又按疏內所云插賞八萬金，此止係言新賞之數，新賞之外，固尚有舊額數十萬也。如張宗衡言：

茲見插賞，新者八萬一千，大同兩年二十四萬，山西兩年十萬，宣府十八萬，遼東兩年四十萬，總計共百萬矣。（崇禎長編）

以此等鉅費用之於插，據當時之議者，大都皆言款非策。即明帝亦曰：『朕思講和，不過是羈縻之術，原不是長策，如須要嚴兵固守，不然就與他戰。』御史魏光緒對曰：『插酋擁數十萬之衆，橫行數千里，迫處近塞，以戰則必非其敵，以守則必不能固，其計必出于款。』因此，明帝卒用象乾之議。後來插漢雖非奴之敵，然終虎墩兔之世，「使奴窮於無所與」，則固爲事實。

又按此款插之事，使當時移以款金人，則費更省，而效更大。因金人之所欲者，歲僅銀十萬與金萬兩而已。又況金國汗後來更云：『和好成時，得些財物，打獵放鷹，便是快樂處。』且言：『我祖宗以來，與大明看邊，忠順有年。』由此觀之，此時大明，苟不惟金人是棄，而與以歲賞，則是遼東虜禍，何至決裂而不可爲。無如啓禎二帝，款卜可，款插可，款諸夷亦可，直不欲與金人講款耳。

因明帝不欲與金人講款，所以後之崇禎，更變本加厲，特下『雪恥除兇，不准

接遞片紙』之諭。時金國汗因聞袁崇煥復出關東，故彼又特遣秀才鄭仲等，齎書奉候。又因崇煥先請絕使之故，所以書中但以從前「何因我伐朝鮮遂罷講和之事」爲言，以試探崇煥此回復出，作何表示。其尤可注意者，即書上只書己巳年而不用天聰，然其所以亦未用崇禎年號者，則因款事不可知之故。其委曲至此，可見彼之又來求款之意。然以明帝既有「不准接遞片紙」之旨，所以該書復又携回。今此書見於燬餘檔案中，其年月上所用老滿文朱印，上塗墨檔五道。原書云：

> 金國汗奉書袁老大人閣下：前差方巾納等，往返講和之際，我兵東伐朝鮮，
> 以致南朝說我何爲伐之，遂罷講和，督兵前進，我聞之去迎，於是使乃絕
> 炎。且我謂南朝大國之人，精通古今，既明且哲，我伐朝鮮，原與南朝兩不
> 相干，況非朝鮮無罪，妄舉貪利之兵也。原我兩國，無有嫌隙，至己亥年，
> 我兵東收屬國而回，朝鮮出兵截殺，一也。又己末年，出兵殺我兗兒哈失
> 路，二也。又爲全遼遁逃淵藪，三也。彼既三次殺害，我一爲報復，有何不
> 可？此不（必）予言，大人自知也。況我與朝鮮共棄前非，已當天立誓，永結
> 和好，若有違盟者，天必鑒之。自古鄰國，好則相敬，惡則相報，自然之
> 理，亦大人所知也。我欲罷兵，共享太平，意謂何因朝鮮之事，懊我兩國之
> 和。故于去年正月，差銀住執書去，不見回報。今聞大人復出關東，欲差人
> 問候，因先絕使故，不差我這邊人，乃遣秀才鄭仲幷百總任得良持書奉候，
> 乞賜回報，無吝是望。己巳年正月日。

此書所書之己巳年，乃明崇禎二年，即金天聰三年。此種書法，據彼後來勅諭曰：『逮至朕躬，實欲罷兵戈享太平，故屢屢差人講說。無奈天啓崇禎二帝，渺我益甚，逼令退地，且教削去國號，及禁用國寶。朕以爲天與土地，何敢輕與，其帝號國寶，一一遵依，易汗請印，委曲至此，仍復不允。』以此觀之，可見彼之不用僞號已兩年，因削號之事，乃天啓七年，至是則已崇禎二年也。至於書中仍用老滿文印之處，或以請印未允之故。金之人求款如此，則當時謀國者，苟能明於彼己，則何至遂成燎原之禍耶？

（五）己巳之變與明帝之誤殺袁崇煥

金人以求款不成，乃於崇禎二年十月一日由瀋陽啓行，衆數十萬，以十月二十三日由大安口毀水關而入。兵分兩路，如入無人之境，明人謂之己巳之變。先是，袁崇煥疏籌全局，謂臣身在遼，遼無足慮，惟薊門單弱，敵所窺窬，請嚴飭薊督峻防固禦。一疏不省，再三疏之，遷延不行，至是果如其言。崇煥聞，卽遣總兵趙率敎入援遵化。十一月初四日，探知賊勢甚盛，復親督副總兵張弘謨、參將張存仁、遊擊于永綬、張外嘉、曹文詔等進關。明日又調參將鄭一麟、王承胤、游擊劉應國、及總兵祖大壽接應，以十一月十四日抵薊州。三日之內，連戰皆勝。所歷撫寧、永平、遷安、豐潤、玉田諸城，皆留兵據守，並疏報入援機宜。而先遣之趙率敎，以急于救遵之故，於十五日遇賊伏戰歿。據崇禎長編袁崇煥揭帖云：

> 臣於十月二十九日，在中夜所，一聞薊警，卽發援兵。而趙率敎于臣牌未到之先，奉旨坐調卽行。臣卽以行兵方略，遣游擊王良臣馳書往諭，令其無輕視敵，孰知率敎急于救遵，三晝夜馳三百五十里，至三屯營，而總兵朱國彥不容入城，遂縱馬向遵，中途大戰，遇伏，中箭墜馬而死。良臣竟不能及，則率敎之以身報國，深可怜憫。率敎行後，卽發張弘謨一枝，朱梅又一枝，以爲率敎之翼，臣面戒其無輕敵，二將受約束，相機屯于豐潤。若精銳多在寧錦，地遠稍遲，初三日而祖大壽何可綱始相繼入關。臣召鎮協諸將共計之，有謂徑赴援遵者，有謂往擣中堅者，乃祖大壽則謂薊門兵脆，不足倚此，恐羸師綴薊，而以勁兵西趨，則宗社之安危也。此時只以京師爲重，須領精騎，先從南取道，倍程以進，步兵陸續分附各府縣，以聯血脈，而屯扎薊州，藩屏京師。京師鞏固，而後東向，此爲萬全，臣深是其議。遂于初四日早，發山海，初十日抵薊州，計程五百里，而六日馳到。入薊城歇息士馬，細偵形勢，嚴備撥哨，力爲奮截，必不令越薊西一步。初，臣虞闖藏我路，未必及薊，今及之，則宗社之靈，而我皇上如天之洪福也。微臣狗馬力，今可施矣。

越二日，崇煥復上疏引咎。俄聞遵化三屯營皆破，巡撫王元雅總兵朱國彥自盡，賊越薊州而西。崇煥懼，急引兵入護京師，營左安門外。帝立召見，深加慰勞，咨以戰守策，賜御饌及貂裘。崇煥以士馬疲敝，請入休城中。不許。出與賊兵鏖

戰，據崇禎長編：『二十日、二十七日、沙鍋左安等門，兩戰皆捷。』王氏東華
錄亦云：『戊申（二十七）聞袁崇煥、祖大壽，營于城東南隅，豎立柵木，今我兵
偪之而營。上率輕騎，往視進攻之處，諭曰：路隘且險，若傷我軍士，雖勝不足多
也，遂回兵。』據此，可見金人之回兵，實因不利而退。乃明帝遽於此時，下崇煥
於獄。據明史袁崇煥傳云：

> 時所入隘口，乃薊遼總理劉策所轄。而崇煥市聞變，即千里赴救，自謂有功
> 無罪。然都人士驟遭兵 ，怨謗紛起 ，謂崇煥縱敵擁兵，朝士因前通和議，
> 誣其引敵脅和，將爲城下之盟。帝頗聞之，不能無惑。會我大淸設間，謂崇
> 煥密有成約，令所獲宦官知之 ，陰縱使去 。其人奔告於帝，帝信之不疑。
> 十二月朔，再召對，遂縛下詔獄。大壽在旁，戰采失措，即擁兵叛歸。

當是時也，明帝急遣孫承宗往諭祖大壽。於是大壽即上一疏曰：

> 臣在錦州，哨三百里外，踪跡皆知。詎意忌臣知覺，避臣邀截，乃從老河北
> 岸，離邊六日之程，潛渡入薊。督師袁崇煥檄調，當選精兵，統領西援。十
> 一月初三日，進山海關，隨同督師星馳。途接塘報遵化三屯等處俱陷，則思
> 薊州乃京師門戶，堵守爲急。初十日統兵入薊，三日之內，連戰皆捷。又慮
> 其逼近京師，間道飛抵左安門外扎營。二十日、二十七日、沙禍左安等門，
> 兩戰皆捷，城上萬目共見，何敢言功，露宿城濠者半月，何敢言苦。豈料城
> 上之人，聲聲口口，只說遼將遼人，都是奸細，誰調你來，故意丟磚，打死
> 謝友才、李朝江、沈京玉三人，無門控訴。選鋒出城，砍死劉成、田汝洪、
> 劉友貴、孫得復、張士功、張友明六人，不敢回手。彰義門撥夜拿去，都做
> 奸細殺了。左安門拏進撥夜高興，索銀四十六兩縋放。衆兵受冤喪氣，不敢
> 聲言。比因袁崇煥被拿，宣讀聖諭，三軍放聲大哭，臣用好言慰止，且令奮
> 勇圖功，以贖督師之罪，此捧旨內臣及城上人所共聞共見者。奈訛言日熾，
> 兵心已傷。初三日夜，哨見海子外營火，發兵夜擊，本欲揀命一戰，期建奇
> 功，以釋內外之疑。不料兵忽東奔，臣同副將何可綱、張弘謨、及參遊都守
> 竭力攔阻，多方勸諭，人衆勢解，收攝不來。此時在臣不難即死自明，誠恐
> 兵丁一散，再集更難。且諭且行，沿途禁約，仍梟示生事者十數人，所過地

方毫無騷擾。行至玉田，乘機商復遵化。適閣部孫承宗、總督劉策、關院方大任、各差官亦諭臣期復遵化，在諸將莫不慨然。而衆軍齊言，京師城門口大戰堵截，人所共見，反將督師拏問。有功者不蒙升賞，陣亡者暴露無棺，帶傷者呻吟冰地，立功何用？卽復遵化，皇上那得知道我們的功勞，旣說遼人是奸細，今且回去，讓他們厮殺，擁臣東行，此差官所目擊者。及到山海關，閣部孫承宗差總兵官馬世龍齎捧聖諭，將到，傳令扎營於教軍場迎接。衆兵眼望家鄉，齊擁出關，臣卽止于關外歡喜嶺，同所統官旅人等，聽宣讀畢，皆痛苦流涕，舉手加額。臣因衆軍感泣，諭之曰：遼兵素受國恩，頗稱忠勇，今又蒙朝廷特恩寬宥，若不建功，何以生爲？衆軍聞言，又復泣下，務立奇功，仰答聖恩於萬一矣。（崇禎長編）

入援之師，而皆謂之奸細，是直歐之從賊也。所以後來迄崇禎之亡，遼人金聲遙致其五哥書曰：『天下視遼人爲眞滿洲，你縱塗肝裂腦于彼，其如疑者太多，終成何濟？弟叨軍中之長，見之極眞極確，方敢涕泣而道之。』（甲編頁四七）卽此，可見當日明帝之措置失當也。

明帝旣下袁崇煥於獄，於是拔滿桂爲總理，宣府總兵侯世祿，昌平總兵黑雲龍等皆屬焉。又起舊帥王威、尤岱、楊御蕃、孫祖壽，出罪帥馬世龍於獄，俱以原官立功。先是金國汗於十二月初一日，頓兵良鄉。至十六日，知明帝中計，崇煥下獄，於是復趨北京蘆溝橋。副將申甫率兵六千來禦，右翼五旗兵進擊，不移時殲之。進距京二十里，偵知永定門南二里許，有滿桂、黑雲龍、麻登雲、孫祖壽四總兵，領馬步兵四萬，結柵木，四面列槍礮十重。遂於三鼓進兵列陣，據王氏東華錄十七日黎明，十旗兵齊進，敗敵柵而入，敵營槍礮甚多。是役陣斬滿桂、孫祖壽，副將參遊凡三十餘人，千把總無算，生擒黑雲龍、麻登雲。二十三日，胡騎旋通州，渡河，掠而東，並隨處投彼求款之諭文於各城。諭曰：

金國汗諭官軍人等知悉：我祖宗以來，與大明看邊，忠順有年。只因南朝皇帝，高拱深宮之中，文武邊官，欺詐壅蔽，無懷柔之方略，有勢利（之）機檔。勢不使盡不休，利不括盡不已，苦苦侵凌，千態萬狀。其勢之最大最慘者，計有七件：我祖宗與南朝看邊進貢，忠順已久，忽於萬曆年（間），將

我二祖無罪加誅，其恨一也。癸巳年間，南關、北關、灰扒、兀剌、蒙古等九部，會兵攻我，南朝休戚不關，袖手坐視，仗庇皇天，大敗諸部。後我國復仇，（攻）破南關，遷入內地，贅南關吾兒忽答爲壻。南朝責我擅伐，逼令送回，我卽遵依上命，復詆故址。後北關攻南關，大肆擄掠，南朝毫不加罪。然我國與北關同是外番，事一處異，何以懷服？所謂惱恨者二也。先汗忠於大明，心若金石，恐因二祖被戮，南朝見疑，故同遼陽副將吳希漢宰馬牛，祭天地，立碑界，銘誓曰：漢人私出境外者殺，夷人私入境內者殺。後沿邊漢人私出境外，挖參採取。念山澤之利，係我過活，屢屢申稟上司，竟若罔聞，雖有寃怨，無門控（告），不得已遵循碑約，始敢動手傷毀，實欲信盟誓，杜將來，初非有意於欺背也。會值新巡撫下馬，例應叩賀，隨遣干古里方巾納行禮，時上司不究出邊招釁之非，反執送禮行賀之人，勒要十夷償命，欺壓如此，情何以堪，所謂惱恨者三也。北關與建州，同是屬夷，我兩家結構，南朝公直解分可也。緣何助兵馬、發火（器），衛彼拒我，觭輕觭重，良可傷心，所謂惱恨者四也。北關老女，係先汗禮聘之婚，後竟渝盟不與親迎。彼時是如此，猶不敢輕許他人，南朝護助，改嫁西虜，似（此）恥辱，誰能甘心，所謂惱恨者五也。我部看邊之人，二百年來，俱在近邊住種，後南朝信北關誣言，輒發兵馬，逼令我部遠退三十里，立碑占地，將房屋燒毀，（田）禾丟棄，使我部無居無食，人人待斃，所謂惱恨者六也。我國素順，並不曾稍倪不軌，忽遣備禦蕭伯芝，蟒衣玉帶，大作威福，穢言惡語，百般欺辱，文口之間，毒不堪受，所謂惱恨者七也。懷此七恨，莫可告訴，遼東上司，旣已尊若神明，萬曆皇帝，復如隔於天淵，躊躇徘徊，無計可施，於是告天興師，收（取）撫順，欲使萬曆皇帝因事詢情，得申寃懷。遂詳寫七恨，多放各省商人，顒望竚俟，不見回音。迨至七月，始尅清河。彼時南朝恃大矜衆，其勢欲直蹋平（遼）地。明年二月，四路發兵，漫山塞野，執意衆者收，而寡者勝，強者傷，而弱者全乎？嗣是而再取開鐵，以及遼瀋，旣得河東，發書廣寧，思欲講和。當道官員（若）罔聞之，竟無回復，故再舉兵，而廣寧下矣。逮至朕躬，實欲罷兵戈，享太平，故屢屢差人

講說，無奈天啓崇禎二帝，渺我益甚，逼令退地，且教削去帝（號），及禁用國寶。朕以爲天與土地何敢輕與，其帝號國寶，一一遵依，易汗請印，委曲至此，仍復不允。朕忍耐不過，故籲天哀訴，舉兵深入，渡陳倉陰平之道，定破釜沉舟之計，天皇鑒佑，勢成破竹，順者秋毫無犯，達者陣殺攻屠，席捲長驅，以至都下。朕又五次奉書，無一回音，是崇禎君臣，欺傲不悛，而褻辱更熾也，（今）且抽兵回來，打開山海，通我後路，遷都內地，作長久之計，爾等毋誤謂我歸去也。朕諸凡事宜，惟秉於公，成敗利鈍，悉委於天。今反覆告諭，不顧諄諄者，敍我起兵之由，明我奉天之意，恐天下人不知顛末，怪我狂逞，因此布告，咸宜知聞，特諭。天聰四年正月日諭。

又附諭云：

朕每戰必勝，每攻必尅。雖人事天意兩在，朕毫不敢驕縱。今仗天攻下此城，是朕好生一念，實心養活。爾等當啣我再生之恩，勿得驚惶，勿起妄念。若皇天佑朕得成大業，爾等自然安康，若朕大業不成，爾等仍是南朝臣子，朕亦毫不忌怪。爾等若不遵朕命，東逃西竄，祇自尋死亡，自失囊橐，卽在異鄉別土，亦難過活，卽行至天涯，朕果得成大業，爾等亦無所逃。推誠相告，咸宜遵依。附諭。

此件原藏內閣大庫殘餘檔案中。現藏北京大學明清史料整理會。王氏東華錄亦有此一條，作天聰三年十一月丙申。而此件則塡四年正月，文長凡一千二百三十餘字，王錄則僅三百四十九字，較之原件，固已整個失去本來面目矣。

又胡騎旣東，尋陷灤、永、遷、遵四城，留兵偕諸降人守其地而還。時崇禎二年三月也。吾人總觀已巳之變，金人以崇禎二年十月入口，至是回巢，蹂躪內地凡五閱月。其來原爲求款而來，本不甚嚴重，卽兵力亦屬有限，據崇禎長編之記載，敵於正月內，嘗以三萬七千騎，圍困昌黎縣，自初八日至十四日，凡力攻七日，卒因知縣左應選及士民乘城苦戰，得不破。如吏科給事中張承詔曰：

昌黎斗大一邑，左應選以誓死固守，敵卒不敢犯。而白（郡人布政白養粹）崔（行人崔及第）輩，倒裂冠裳，甘心媚敵，爲士卒先，又何怪蚩蚩者乎？

據此，可見敵之實力，不僅袁崇煥力能敗之，卽左應選亦力能辦賊。吾人如以昌

黎爲例，可見虜亦得志不易。然此虜變間接之結果，致明朝受不良之影響者，則四方勤王之師，中途一變而合於流賊也。如國榷崇禎二年十二月癸酉條曰：

> 山西巡撫耿如杞援兵，潰於良鄉。援兵皆沿邊勁卒，竄走剽掠秦晉間，李自成與之合，衆至萬餘，推高迎祥爲首，稱闖王，自稱爲闖將。

又流寇長編序曰：

> 耿如杞勤王之兵，部臣調遣失宜，五千壯士，一呼盡散，山西自此多賊。

又崇禎長編三年一月丁亥條曰：

> 延綏巡撫張夢鯨、總兵吳自勉、寧夏總兵尤世祿、陝西總兵楊麒、臨洮總兵王承恩、甘肅巡撫梅之煥、總兵楊嘉謨等，先後率兵萬七千人入衞。延安甘肅兵潰西去，與羣寇合，張夢鯨恚死。

明竟以此亡，亦始料所不及也。

　　袁崇煥旣死，吾人試再一言呂純如評定崇煥爲人之言曰：『臣之必欲朝廷用崇煥者，只認定不怕死，不愛錢，與曾經打過十字耳。』昔宋臣岳武穆曰：「文官不愛錢，武官不怕死。」乃崇煥於此，固兼而有之，終不免於爲羣小所陷害。明人楊士聰玉堂薈記論此次事變曰：

> 己巳之變，自嘉靖庚戌而後，僅再見焉。但士馬物力，仍足相當，袁督師初至一戰，人心始定。追後鈐制諸將，不爲無見。而袁爲人疏直，於大璫少所結好，毀言日至，竟罹極刑。厥後滿桂總督，一戰而敗，安見鈐制諸將，爲非宜哉？乃京城小民，亦羣然以爲奸臣賣國，此等事，人多不敢言之。袁旣被執，遼兵東潰數多，皆言以督師之忠，尚不能自免，我輩在此何爲？蓋袁在遼左最得將士之心，故致如此。上乃出諭：謂暫令解任聽勘。而先入言深，卒無轉圜之意。其後再踰年，而有孔有德之亂，得非傷遼人之心而然歟？封疆之事，自此不可問矣。

可見崇煥一人，實繫明之安危。最可慨者，卽明帝旣殺袁崇煥，後來乃有「能人不多槪見」之言，於是乃一再下詔求材。舉例如下，明清史料乙編第五六六葉載曰：

> 諭兵部：蕩平虜寇，須用謀勇有能之將。近日能將不多槪見，皆緣行間鼓勵無法，致恬樸者有材不能自見，清貧者有勞不卽上聞，如何得收干城腹心之

用？以後各督撫鎮，須要加意遴選，如將領中有智謀過人，技藝嫻熟者，立行簡拔，以示鼓舞。有能出奇殺賊，或用間收降，著有功績者，登時具奏，以憑破格陞敍。儻書胥作弊需索，故意沉閣，許該弁呈部參糾，或從登聞封進，拏問立斬。該部尤須廣諏博訪，如有奇謀異勇，可備專閫之選者，不時列名舉奏，或行地方官起送到京，叚明簡用。特諭。

於袁崇煥則殺之，於孫承宗則廢之，乃於此外，而欲別求能材，無論其時，好人已不肯出頭，即有頗牧衛霍之才，將安用之？

（六）金國汗之迫而乞款

金國汗之求款，吾人既已言之，茲再將其種種被迫求款之原因，總述之於下。據王氏東華錄天聰五年閏十一月庚子諭曰：

我兵圍大凌河四閱月，人相食，竟以死守。雖援兵盡敗，凌河已降，而錦州松杏猶不下。

據此，可知當時遼東力盡不屈之概。即此，可使金人氣餒。又同年八月癸卯條載云：

諭貝勒德格類……曰：爾等率兵二萬，由義州進發，朕將兵由白土場趨廣寧大道，初六日會於大凌河。丁未，西路兵俱抵大凌河，以是夜圍其城。戊申，上令曰：攻城恐士卒被傷，不若掘壕築牆以困之，彼兵若出，我則與戰，外援若至，我則追擊。……明人善射精兵，盡在此城，他處無有也。其山海以內，兵之強弱，朕所素悉。

又癸丑條曰：

上諭護軍揚善等，可立壕邊，遇敵人過壕，即接戰。圖賴等，立兩旗之間，遇敵人逐我樵採者，即殺入。明兵出城誘戰，圖賴先入……副將孟坦及士卒十人，俱陣歿。……多爾袞亦率兵攻入。上怒曰：圖賴輕進，衆軍隨入，朕弟亦衝鋒而入，儻有不測，將碎爾等食之，敵兵如狐處穴中，更將安往？朕之兵乃天所授，皇考所遺，實欲善用之，勿使勞苦耳。

又十月庚戌條云：

大凌河有王世龍越城來降，言城中絕糧，夫役商賈盡死，見存者皆食人肉，馬斃殆盡。壬子，于子章臺參將王景，攜男婦幼小五百七十八人，來降。是臺連攻三日，舉紅衣礮擊壞臺身垛口，中礮死者，五十七人，臺內力不能支，遂降。周圍百餘臺聞之，或逃或降，資其糧糗，供我一月之費，士馬得宿飽，遂克大凌河。行軍必攜紅衣大將軍礮，自此始。

按大凌河僅止爲關外八城之一，其破陷之難，且如上述。故明清史料甲編第四八葉天聰二年失名奏疏曰：『南朝雖師老財匱，然以天下之全力，畢注於一隅之間，蓋猶裕如也。』凡此，蓋爲金國汗當時乞款之最大原因。又明清史料丙編第一八葉有天聰四年二月二十二日金國汗一諭，略云：

> 寧遠錦州等處，舊住之人，亦當識天時，度事勢，從權籌畫可也。只似膠柱鼓瑟，思爾朝廷，而爾朝廷，陵京尚不能保，豈能保爾衆乎？不如歸朕，共享太平。

此所云膠柱鼓瑟，卽斯時遼民之效死勿去。使後來無如許漢奸，則金人雖百戰百勝，亦無如明人何。以此天聰二年奏疏又云：『我國處南朝之大計，惟講和與自固二策。』此明人之敵愾，已迫使金人不能不求款。至如當時金人衣食問題，則尤爲不易解決之事。如奏疏又云：

> 竊嘗見有功之人，聞升官則鎖卻眉頭，聞賞物則輒開笑口，是土苴其官爵，而珍寶其貨財也，顛倒至此，何以號召天下？……又見有等貧窮官員，餓殍其色，懸鶉其衣，路人見之，作踐凌轢，榜笞同於乞丐，彼何用此官爵爲耶？

此時金人之官員，旣同於乞丐，則其生資之缺乏可知。故當時毛文龍卽謂金人爲花子光棍。如明清史料甲一葉四三毛文龍致金國汗書有云：

> 況擥去的人，不過是我沙汰下不成才的光棍，沒形影的花子，安插北岸，就柴薪之輩，在得之者有何益，失之者有何損。況我這邊人，原是你那邊走來的，今你擄去，是你自己擄了自己的去，與我大關係有何礙窒耶？

此所謂光棍及花子，卽指金國之逃人。故云：是你自己擄了自己的去。由此可知，金國糾合之衆，大都不外光棍花子之流。以此輩集於關外，此譬之明朝則爲大家巨

室，而彼爲乞兒，若稍稍予以衣食，則自可相安無事。乃因始終閉門不理，故結果逞兇搶掠，固亦勢所必至。卽金國汗致朝鮮國王書曰：『滿州蒙古，固以搶掠爲生　』亦不自諱。（見天聰七年九月實錄稿）此書又述及當時朝鮮斷市後之情狀云：

> 貴國斷市，不過以我國無衣，因欲困我，我與貴國未市之前，豈曾赤身裸體耶？卽飛禽走獸，亦各自有羽毛。遂雖產綿，我國每仗天庇，順理行兵，常以有獲爲固然，故不以紡織介意，亦每謂外國之物，豈可擬必，遂逼令紡織，經今五年餘矣。絹布雖粗，勉強亦能織就，因有妨織布之工，是以停止。我國紡織之事，向年與麗官皆所明知者。

金人衣食所資，旣如是缺乏，故明廷惟以杜絕海外貿易，厲行封鎖以困之。其初熊廷弼，建廣寧登萊朝鮮三方牽制之師，不啻卽一大封鎖線。使此大規模之封鎖，苟能完成，則金人自當坐困；自如失名奏疏所云，「非死則逃」。雖然，此等封鎖，在近代有強力統制之國家，猶且不易完成，而彼時雄據東江之毛文龍，雖稱牽制之師，而實爲明廷權力所不及，以利之所在，彼卽專以接濟金人爲事。按明清史料丙編第一○葉毛文龍致金國汗書曰：『臺台官兵所用布帛等物，概不足慮，百事俱在不佞一口擔當耳。』及文龍被誅之後，東江之接濟巳失，金人乃轉而求於朝鮮。其初朝鮮國王尙欲據中朝有杜絕姦商私販之旨嚴詞拒之。實錄稿天聰七年十月二十四日朝鮮國王復金國汗書略云：

> 若以事勢言之，則貴國所欲貿易者，乃布段服用之需用。今者國儲已竭，島貨已絕，價雖從廉，無物充價，百爾思量，難副所欲。

然在金人之觀察，則以爲此類之答書，完全不實，於是不得不以強力求之。同年一月十五日致朝鮮國王書曰：

> 貴國言金銀段帛，非國中所產，難應其求。貴國與南朝市易不絕，予所悉知，貴國所無，而南朝豈無耶？貴國與南朝交易往來，以爲我不知耶？實無一次不知者。

此時朝鮮國王雖欲再拒，而力已不足。此外姦商私販，固仍出海如故，譬之水行地中，無孔不入。故金人有「姦細貶貨，實便我國」之言。茲據明清史料甲編第四九葉，錄之於後：

今之所所謂奸細，與古之所謂奸細者不同。古之奸細，探我陰謀，伺我機事，三軍之勝敗，實係於此。⋯⋯若今日之奸細，不過貧民營利而已。我國陰密之事，烏從而知之。況我國逃去之人，絡繹接踵，彼又何用奸細探聽爲也。⋯⋯況奸細貶貨，實便我國。胡不將計就計以爲之？塗近價廉，諸物可致，何必勞人馬，涉險阻，而遠交西夷乎？西夷以南朝物貨，抽我國膏髓，我國以有限財物，填彼無窮溪壑，未必不爲失計也。

據此知金人所需，除得之細奸外，又可以高價，貿之於蒙古。至於彼等之直接自貿，據王氏東華錄崇德三年七月壬申亦有記載曰：

遣達雅齊等，往明張家口，與鎮守口議歲幣，如先與喀喇沁貝勒數，兼議開關互市。

又四年五月庚辰曰：

敍張家口開市功，達雅齊等，俱授爲牛彔章京。

可見金國汗所云我與貴國未市之前，豈曾赤身裸體一言，亦自有故。大致未叛之前，因恃有市賞，故自誇亦各自有羽毛。既叛之後，則以搶掠爲生，與同內外奸細之接濟，並有搶去之漢人爲之耕織，以是後來亦漸漸有衣。於是勅諭將士，不必再爭取破壞衣物。如明清史料丙一頁四七勅諭諸將領稿曰：

爾諸將士臨陣，各宜奮勇前往，何必爭取衣物？縱得些破壞衣物，尚不能資一年之用。爾將士如果奮勇直前，敵人力不能支，非與我們講和，必是收與我們，那時穿吃，自然長遠。早早解盔卸甲，共享太平，豈不美哉？

據此，可知金人求款之目標，實在穿吃自然長遠一著。此破壞衣物，雖勅諭不取，但鹽糧碟碗以及針線瑣碎之類，則依然仍舊需要。如勅稿又云：

今所得之物，不像先次各搶各得，盡行入官平分。除隨身行李以外，如隱一針一線者，定以賊盜論。惟鹽糧碟碗，不在此例。

一針一線，亦須計較入官平分，其生活之困苦可知。至如糧米之缺乏，據天聰元年王氏東華錄十二月壬寅與朝鮮國王書曰：

我國糧石，如止本國食，亦已足用。但蒙古諸貝勒攜部衆來降者不絕，概加贍養，所以米粟不敷。⋯⋯當此窘乏之時，爾能助我，方見敦睦之誼。

此假題贍養來歸蒙古，所以米粟不敷，以乞朝鮮國王之接濟。此外金人更有因糧中國之事，如兵科給事中宋鳴梧題本云：

> 聞奴孽以荒飢為名，假西夷市米高臺堡，皆窖藏於猪首山……無非欲因糧中國（甲八頁七二三）

又天聰七年實錄稿九月十二日記錄曰：

> 上御殿，聚往掠山海貝勒大臣等曰：爾等此行用兵，甚不合法，何不深入境內，令士卒尋覓糧餉，息兵養馬，何為速來？

總觀以上所記金人缺衣缺食之情形，實使彼等不得不迫而乞款。同時金人坐困於關外一隅，以有限之兵力，不能再遭折損，所以金國汗亦極怕用兵。如天聰七年實錄稿十月初十日向漢啓心郎等曰：

> 爾等動輒以航海取登州攻堅固之山海為題。如俗言取他人之麵，以祭星辰。欲航海者，令其沒水，欲攻堅者，令其損兵，非耶？天予我以有數之兵，若稍虧損，何以前圖？上此疏者，是為敵人而損我兵，故以空言賺我，而望敵人喜。此疏何益。

據此，可知此時金國汗實有厭兵之意。而此厭兵之意，當時明人亦言之。據崇禎六年八月兵部題「御前發下寧錦太監高起潛題」稿云：

> 審據回鄉難官季勳細供；奴自大凌歸去，西夷極怨，說我們西達子，死了許多，又一無所得。有四酋極喜，尅了一城，又得了許多人馬。……及過了年，卽收拾兵馬往宣大處，與插酋廝殺，插酋避了。奴在邊外，連遭兩月大雨，馬死三分之二，達子亦死了許多，於八月盡間回巢。並供：四酋西回，卽有厭兵之意。（乙二頁一一〇）

又云：

> 達子所住皆高堂大廈，所衣被皆裝花繡錦，且日逐男女二班扮戲。只是布正式貴，且參貂積之無用，如天朝允款，情願休兵。

明人如果能斷絕遼東貿易，不買參貂，（後多由朝鮮轉貿）則已足制金人之死命。又按金國此際情願休兵之意，不僅有上舉種種原因，卽試察其內部，往往亦有不能一致之情形。如王氏東華錄天聰三年十月癸丑條曰：

上親統師啓行，⋯⋯向明境進發，辛未，次喀剌心之靑城，大貝勒代善三
貝勒莽古爾泰晚詣御幄，止諸貝勒大臣於外而先入，密議班師。既退，岳託
濟爾哈朗等入，上默坐，意不懌，岳託奏諸將皆集於外，待上諭旨。上慘然
曰：可會諸將各歸帳，我謀旣驗，又何待爲？因命所發軍令勿宣布。岳託濟
爾哈朗曰：何故若此？上曰：兩貝勒謂此行深入敵境，若糧匱馬疲，何以
爲歸計？縱得入邊，若明人會各路兵來圍，爲之奈何？倘從後堵截，致無歸
路，何由返國？以此爲辭，固執不從。伊等旣見如此，初使朕離國而來何爲
耶？

此時金國汗雖未因代善等之固執而回兵，然其內部當日對於進取之畏難，固爲一不
可掩之事實。且代善、莽古爾泰，此時固與金國汗並大耦坐，稱三尊佛。彼等旣固
執不從，在當時之影響實大。至於金國汗所云初使朕離國而來一言，則又爲其部下
一致之願望。天聰實錄稿六年六月初五日甯完我等奏云：

臣等環觀今日軍情，無大無小，都以漢人家爲奇貨，是勢之必欲內入也。我
兵一入，若得遇漢兵，大遇一陣，是我們造化。若退守各城，近邊村屯，地
薄民窮，不能富我軍卒，止可瘦我馬匹。旣無所獲，勢必從原路出境，是與
蒙古一同，而名利兩失矣。

奏內所云瘦我馬匹等語，按之代善等固執之理由，殆同出一轍。且此奏又有
『汗務欲深入，恐無隙可乘，壞了名聲』之言。由此可知，金國汗之動兵，顧慮之
處亦正多。加之自寧遠大挫之後，而「我國年來皆怯於攻戰」之言，更展轉傳播於
諮諭章奏之中。如和格貝勒奏云：

錦寧攻之無益，攻城之法，彼盡知之，先攻未得，若令復攻，我兵必有畏難
之意。

又王氏東華錄天聰三年十一月庚戌條記攻圍北京情形云：

時諸貝勒俱請攻城，上曰：朕仰承天眷，攻城必克。但所慮者，儻失我一二
良將，卽得百城，亦不足喜。我視兵丁若子，常聞語云：子賢，父母雖無積
蓄，終能成立，子不肖，雖有積蓄，不能守也。推善撫我兵，蓄養精銳，蒙
天眷佑，自無敵於我軍者矣。遂止弗攻。

此不外仍是先番畏難之意，而故託於愛惜良將。此觀於野地浪戰時，金國汗又激厲其士卒云：『人生有滿百歲者乎？然必天數盡而後死也。』（天聰七年實錄稿）卽此，可以證明其怯於攻城之事矣。

　　凡上所述之原因，其見於殘餘檔案以及各書之記載者，固不止此。然以過於繁瑣，不及具舉。故但就衣食二項，並所有極怕用兵之情節，略揭梗槪；以見金國此時進攻與自固，兩皆困難。所以捨去講和一策，實別無他道可圖自全。因此遂有以和事果成，於彼亦有利之說進者。如天聰六年八月二日王文奎疏云：

　　　和事果成，於我國亦有利焉。及是時也，裕我國力，拓我邊疆，養民以致賢，撫近以招遠，使彼國之人民，疲於奔命，往來承奉之不暇。而我國以逸，彼國以勞，則此遼東，孰謂非卽發跡之地哉？（實錄稿）

此所云發跡一言，不過是一種假設之期望。且此種期望，并非「（希圖大位」，但只欲封一王位而已。如同日孫應時奏曰：

　　　講和之事，決斷爲難。……若仍如先日封爲龍虎將軍，汗必不允。若封王位，汗必從之，然非人所得而知也。明朝皇帝卽肯封王位，人又豈得而知之？卽欲自爲三公九卿，抑又誰從得而知之？縱爲三公九卿，後來何以載之史册乎？

此時明帝如肯封彼王位，則金國汗之「七恨」可消，變戾成祥，僅一反掌之易。惜明帝刧於浮議，計不及此，卒致千丈之隄，決於蟻穴。可見遼東之禍，固由於明帝之自誤也。

　　雖然，明帝固可不款，以坐致金人之屈服。如孫應時之奏又云：

　　　和者兩國之大益。萬一不和，其禍未有了時也。結仇愈深，兩國勢難並立。

所謂兩國勢難並立者，卽「堂堂天朝無久弱之理」，而金人必有「非死則逃」之日也。彼金國汗卽爲此勢難並立之故，於是乃專以乞款爲務。同時更因先番之議款，如講要金銀，計較上下，皆爲敗款之原因。至是所有請願之書，乞款之奏，但云：「惟任皇帝之命而已」。不特此也，卽如彼之致書明朝參將守備等官，且不敢計較尊卑，則是其恭順之情形，可由此想像矣。如天聰六年實錄稿六月十四日致得勝堡參將守備等書曰：

講和之事，我已預告於天，汝果有愛民之心，宜速成此事，莫效遼東所爲也。若延遲時日，我縱有候代之心，其如軍中糧盡，將奈之何？所以約期十日者，爲此故耳。如爾等不力爲果斷，互相推延，是自樂戰爭，於我何尤。至書中稱謂，分之尊卑，且莫須計較，待事成之後，不能不遜讓大國。爾等合應待我於咺漢兒之上可也。此書。

凡此據實直言之書，檢本所所藏天聰實錄稿之記載，實以六七兩年爲最多。茲吾人但將其最關重要者，錄之如次。據天聰六年十月十日致寧遠當事大臣書曰：

予去人回云：爾謂宣大和好，衆原不知，彼處和好，與我何涉？彼時宣大人盟誓，曾向我說：既從此講好，切莫侵犯遼東。我以爲宣大遼東總屬一箇朝廷，伊言近理，因此殺白馬烏牛，當天說誓。今你謂不相干，殊不知宣大遼東，地雖不同，而天則同，宣大遼東，官雖各異，而君則不異。爾若託言欺罔，亦任憑爾等。你云：既欲講和，當還大凌河官一二員，不拘多寡，略退從前些須地方，假此爲名，方可轉達朝廷。若和事果成，爾止須此一二人，我亦何嘗吝與，其言及此小地方，如和事一成，普天之下，盡爲你朝廷所有，些須之地，何足道乎？爾若不忘已失之地方人民，必引爲言，我祖宗抑何蒙戮哉？雖然屈死，我願太平心切，畢竟不肯動爾朝廷邊疆寸草撮土也。只因邊官作踐太甚！致成七宗惱恨，所以動兵。今我因願享太平，所以此等惱怨，尚且不肯提起，爾既將地方提起，宜乎不宜乎？況自衂撫順以來，我兩國強弱，料亦自知。既然明知，徒強口舌，欺君誤國，膏血生民何爲也？列公果係明哲，上與朝廷釋憂，下與生靈解厄，從中果斷，速成和事，誠爲彼此，之福也。急宜通權達變，切勿執迷，以失事機，芳名穢跡，實係今日，列公豈不慮及耶？從古以來，兩國講和，此國既遣人去，彼國亦遣人來，必如此，和事庶幾可成。今我一心願和，上視于天，至誠無僞，故先使人講和。爾又不信，不遣人來。我若動兵，明明動兵，豈肯託言相誘耶？先日袁經略與我謀和時，一面講和，一面收拾城垣，我說：和事未果，何爲先修城垣？必是以計愚我。我今必於起兵，預三兩月前，寫書令與杜〔名〕敏忠，見在你處可問也。我如此願和，爾若不從，莫言已往，卽自我兩家搆兵以來，

歷年之可鑒。爾不願太平，只願刀兵，異日國家生靈，倘或受苦，更毒苦，昭昭於先日，咎將誰歸？今春追乂哈剌，見爾南朝一年之內，與乂哈剌銀百萬有餘。與其將有用金錢，費于無用之地，何如你遣好人來，果決和事，俾兩國共享太平，豈不美哉？我將心事直告不隱，切勿不信，切勿愛惜一二好人。爾衆大臣果能以身擔當講和，事成之後，不惟人民安家樂業，且全活無限性命，陰隲莫大焉。似此所造之福，終歸於主事者矣。謹告。

按乞款一事，金國汗可謂心思用盡。故于此等言語，不存絲毫動氣之言。若在往時，則不免惱怒。又如要人要地，在昔答袁崇煥書，謂其大言欺人，不願講和。而此乃云：和事一成，普天之下，盡爲你朝廷所有。至云：祖宗被戮一言，比之從前所云二祖被害之說，辭意更大不同。觀此，可知金國汗乞款之誠心，固昭然若揭。

又按宣大和好一事，關于當日盟誓經過，實錄稿中亦有其記事，茲不採，惟就明人章奏中，擇其有關證明者，試錄之于下，以冀益得明瞭當日雙方之眞相。崇禎五年九月初三日兵科抄出錦衣衞掌衞事王世盛題本云：

> 究問得犯官沈棨供稱：棨才駑下，職任巡撫，不能預整邊備，因久雨牆垣傾圮，兵馬單弱，又見虜勢猖獗，惟恐犯搶難禦，若失城堡，便是棨罪，不得已權行講賞，止求虜退，可以安寧，不合朦奏溷飾。明旨禁絕，不許接遞片字，棨愚痴見有相機字樣，妄想行間羈縻，又不合差中軍韓嗣增，通官甄祥、趙承恩、趙云鳳講款。原有夷人誓稿，內稱大明國金國，爲華夷共享太平，議講和款，因此白馬祭天，烏牛祭地，盟誓堅款，各要和好。如大明先背盟壞款，教天地鑒察，如金國先背盟壞款，亦教天地鑒察，報應以橫禍非災，國敗人亡。旣兩國倚天作證，成就和好，將此款約盟誓，遵守到底，人物受福，億兆樂業，子孫延長之福，永遠度日矣。（明清史料甲編第七三六葉）

此覆審一案，先是明帝有一旨意云：

> 逆奴罪在必殲，屢諭嚴拒，不許接□片字。沈棨明遣中軍通官往來講許，答稿設誓，至妄稱他虜。前疏密陳虜情，正是一面妄行，一面朦奏。明旨禁

絕，違背不遵，惟借相機二字，肆其溷飾，尤爲可惡。本內情詞，總屬含
隱，王世盛不行窮究，得情輒請會訊，以求諉卸，是何讞法？着再行審鞫詳
供具奏，該衙門知道。（同上）

此時明廷上下，惟以矇蔽爲事。此次沈棨之款奴，**實爲邊疆重事**，而乃佯稱不辨東
西虜酋部落，而乃諉稱爲根據兵部用間之計。據明清史料甲編第七三六葉云：

若東西虜酋部落，棨與嗣增俱係南人，實未能詳細認辨，止憑通官稟報。因
兵部咨稱：此中分合情形，邊臣倘善用間，自有機穀等語。棨答書云：適接
咨示：用間一着，便開廣大法門，棨故敢通宣遼舊賞諸夷，爲退兵之計。至
二十八日，已有成言，一二日內卽離邊矣。蓋諸部現城下與撫夷官，歡然道
故，理論之以啓其心，兼可攜虜之黨。明旨雖嚴，亦不禁邊臣之紓難乎？

又云：

又接熊尚書一書云：數日宣報，止云虎騎往來膳房塞外。其扎營通邊，不三
四千，此或眞係西虜，而以奴爲聲。奴來三月，蒙犯暑雨，不能久頓，而歸
化板升已燒絕，則屋居如奴，豈應作此？聞插亦有來信，向購插間西虜，屢
奉明綸，計足下精力行之必有緒。聖主之意，直不欲與奴講耳。

此兩段語意，大旨相同，而以不能詳細認辨東虜西虜爲詞。按誓文明以大明國金國
幷列，何至不能辨認？此等上下溷飾之言，而竟公然形之章奏，明廷紀綱之壞，於
此可見。

宣府款奴一事，沈棨旣以兵部爲言，吾人不厭求詳，卽將兵部當日之言錄之于
左。崇禎長編五年七月己酉載：

兵部尚書熊明遇，以本月初六日，同輔臣曁兵科掌印官召對平臺。聖諭宣撫
沈棨擅和一事，其誓書中數語，深爲辱國，不勝焦勞之意。因陳：此番東
兵，實有精騎五六萬，卽紅衣大砲，亦裝十餘具，隨行聲重，插部號稱四十
萬，且遠引避之。自五月二十六日，薄宣府邊，由西行，至六月初四薄大同
邊，又往歸化城，燒絕板升，至六月中旬復還大同，相持數月，至十九日，
又薄宣府，二十一日東行，二十四日大營聚山北，以數千騎薄張家口索幣，
二十六七日，宣府通官與宰生威往還講解，至二十八日講成，二十九日遂徙

幕而去。夫以五六萬伉悍之衆，插所毀避，乃臨邊一月，秋毫無犯，此非賴皇上齊天之景福，豈能及此？沈棨不過仰伏聲靈，因宣遼舊賞規模，爲退兵之計。其實此舉，原不成盟，中軍都司等官，與之頡頏講誓，以捐俸犒勞爲詞，不關朝廷裁處，於天威固無損也。

以兵部尚書而爲此彌縫之言，眞不知其責任何在？使兵部果有所見，如所云：插部號稱四十萬，且遠引避之，則宜直陳邊疆利害，因其求款而款之。使果一秉承明帝之意旨，以雪恥安邊爲事，如同條附記旨意曰：

帝謂：中樞調度各邊。至宣大等處要害，嚴加飭備，已有屢旨，如何邊臣全不遵依？遇警輒務欺擅。爾部平時旣無查核，事後又不直糾，反爲委曲請寬，何以嚴勵戰守，副朝廷雪恥安邊之意乎？

又按明清史料丙一頁三二張文衡曰：『崇禎不肯輕和，以復仇爲志。』明帝意旨，漢奸且能知之如此透澈，彼兵部安得不知？旣任其職，自當與明帝同負其責，如是則宜立正沈棨擅款之罪。今明廷於戰款兩端，旣如是依違，故金國汗並不因漢奸爲此透骨之言而灰心。且更具奏大明皇帝曰：

滿洲國汗（同本內間亦譯作金國汗）謹奏大明國皇帝：小國起兵，原非自不知足，希圖大位，而起此念也。只因邊官作踐太甚，小國懷恨，不得上達，遂致兵戈延于今日。若稱兵無已，彼此受禍何益？倘和事一成，彼此蒙福無量，此小國所以願見太平也。今春追插哈刺過宣大，卽於彼處講和，殺白馬烏牛，對天說誓。然發誓者，雖係小人，而所祝者，乃兩國大事，人之大小，何必計耶？總是皇帝國內之人也。況彼時兩家插血定盟，呼天稱誓，小國業已爲結局矣，故將我國兵丁，縛至張家口官將前梟示，所擄生畜等物，一一查回。小國若不誠心講和，何忍縛梟我人，我豈不畏天耶？自盟至今，又經數月矣，毫不敢進犯邊疆。從古以來，下情得以上達者，天下無不治，下情不得上達者，天下無不亂，兩家搆兵，蓋下情阻滯，不得上達之所致也。今欲將惱恨備悉上聞，又恐以爲小國不解舊怨，因而生疑，所以不敢詳陳也。小國下情，皇帝若欲垂聽，差一好人來，俾小國盡爲申奏。若謂業已講和，何必又提惱恨，惟任皇帝之命而已。夫小國之人，和好告成時，得

些財物，打獵放鷹，便是快樂處。謹奏。（天聰實錄稿六年十月）

此書中所云：如「謹奏」，「上達」，「不敢詳陳」等語，揆之天聰元年致袁崇煥書稿（見丙一頁六）關於「我國初來百般忠誠」一言，實同一口氣，均未失屬夷恭順本意。又同日並附一書致寧遠太監云：

> 滿洲國汗奉書寧遠老太監大人閣下：予來人云：老大人代朝廷巡狩邊疆境，國家一應疾苦，凡所見聞，必入告無隱。因此，予雖不知老太監姓氏，故用專書奉懇，凡我一切心事，俱載皇帝及眾大人書奏內，乞將去人並去書，勿令中間阻滯，吾之望也。爾若一身擔當，能將下情徑奏朝廷，倘蒙朝廷包荒，和事得成，總是老大人所造之福。我之所以一心請和者，原為兵戈不止，所傷必多，所傷過多，有乖天和，所以畏天而請和也。老大人高明籌畫之，將我心事一一奏聞。倘和事告成，中外稱讚，萬世瞻仰，又何可盡言也。謹復。

此書僅止二百字，凡三稱「老大人」，一稱「老太監大人」，一稱「老太監」，以及「專書奉懇」，並「包荒」，「造福」等言，俱極懇切遜順之至。又如天聰二年八月失名奏疏云：

> 講和之事，必待非常之人為之。文稿之中，遜順其詞，惟授其大旨，不責細節。蓋權不可預設，變不可先圖，用果得其人，自能通權達變，上和下睦，而和字成矣。

由此可見金人之求款，處心積慮，殆非一朝一夕之故。又關於求款之細，亦多徇明人之意。如天聰實錄稿：

> 十一月初八日，位征朗疏喇嘛回，述寧遠官員之言：來書封固，無旨不敢擅開，爾即回奏爾主，將書露封速來，我等閱過好奏。初十日，復差位征朗疏喇嘛將前書換套未封外，復增書一封云：

> 予一心修好，原為愛惜生靈，不忍多殘民命，故專意講和，豈意爾等多方支吾。且和好之事，在爾大國，尤宜早決者，今反堅執不果，是爾等不自愛其生靈也。予今以前日盟誓顛末，詳告于天，將盡力征討，屈自在爾，而直自在我，兩家是非，必有天鑒。此聞。

> 令喇嘛等，將此書藏之。若接前書，言語和平，不必出此。若不接前書，言
> 語不善，可出此書，令彼觀之。

此書又不得上達，於是金國汗之惱怒又作。崇禎六年八月兵部行御批寧錦太監高起
潛題稿云：

> 四酋差三次喇嘛來講賞，及見天朝不允，極忿，立意報讎。（乙二頁一一
> ○）

明人之報雖如此，然金國汗仍以講和爲念。先是天聰五年正月壬寅與朝鮮國王書
曰：『卽明與我夙爲仇敵，尙欲和好，以享太平。但中無介紹，故至此耳。』（見
王氏東華錄）至是，乃專差使臣致書朝鮮國王，請其力爲介紹。書略云：

> 貴國旣以南朝爲父母，以我爲兄弟。我國與南朝十數年來，兵連禍結，而貴
> 國介於其間，坐觀勝敗，不爲解和，口吻之間，徒有父母兄弟之名，而實有
> 幸災樂禍之意。殊不知兩國勝敗，不在國之大小，人之不謀謨，總之皆由于
> 上天而已。貴國果以南朝爲父母，以我爲兄弟，王乃一國之主，不比南朝
> 臣僚，懼彼南朝誅戮，不致擅爲擔當。王於父母兄弟之間，通情解和，力爲
> 主張，未爲不當也。誠如是，則普天之下，立見太平，不惟我兩國罷兵樂
> 業，卽貴國造福，亦自不小。又想兵乃凶器，實非人所樂爲，祇因欲和不
> 成，遂至欲罷不能耳。（實錄稿天聰七年六月初六日）

此致朝鮮國王書，直以父母兄弟之情動之，比之上面致寧遠各書，尤爲親切。至朝
鮮國王答書云：

> 貴國曾受明朝厚恩，稱藩通貢，其來久矣。不幸事有難平，轉輾激惱，遂生
> 釁端，兵連禍結，至今未已。想當年若遂本心，初不至此。今見來書，披露
> 肝膽，藹然好意，三復感嘆，良不可喻。第惟皇朝事件至嚴，非外藩所敢輕
> 請者。而貴國有此好意，亦不可無一言之助，當卽將來意，傳告西來諸將，
> 以俟其處分，在我之道，只得如斯而已。若夫繼以成之，則是在貴國矣。勉
> 之。勉之。

此云傳告西來諸將，以俟其處分等語，易言之，卽告以此路不通。然在金國汗則信
爲實心之言，於是復又去書詢問曰：

天聰汗致書朝鮮國王：知我先□□□明朝與我和好，王巳俞允，未荷回示。
□□□以我爲不達典禮，不明信義，言行不逮，而和好□誠耶？（天聰實錄
稿殘葉）

此時金國汗因受朝鮮國王「曾受明朝厚恩」一言之感勁，於是乃爲此不明信義之疑
問。卽此，頗可看出彼之悔罪眞心也。又吾人因檢實錄稿殘葉，復又查出一極爲委
曲之事，卽其時金國汗一面旣請朝鮮國王介紹，一面更授意蒙古等部落，使其轉奏
明朝，代彼說陳。凡此情節，皆因有關參考，特據殘葉錄如左：

（上缺）皇上守邊，屢受恩賜。今滿洲恃強突來，防備不暇，我無所措手，
被兵圍困。切思滿洲汗之意，或去不肯脫手，臣等受上恩難捨，是以奏知。
聞滿洲汗云：屢欲講和，南朝不允，將馬喂肥，惟有挑戰，天意永眷，亦未
可知？彼旣有此言，皇上若憫小民之苦，釋守邊人之怨，許與滿洲和好罷
兵，則民得太平，臣等守邊之人，亦蒙恩矣。如其不然，小民之苦，我等□
□，何時而免，民廢耕種，我無恩賞，恐皇上□□□□□□屬國之意。皇上
推仁，速允講和罷兵，民得□□□□□守邊疆也。口上請速裁之。

此等夷書，當時明朝邊官對之，決無接遞之理。斯時之金國汗當有「良可傷心」之
言。又因乞款之事，勢難自止，於是置書門外者有之，隨處遺書者有之，甚至懸書
樹間，以冀人見者亦有之。凡此情形，皆見之實錄稿殘葉，雖年月俱失，要之皆爲
天聰年間事。種種方法，費盡心思，究之，此種投書方法，能否達於明帝，則固爲
可疑也？又此外更有一趣味之事，卽金國汗因求和關係，至對於其先世世系，亦
有時或認或不認。如言不認之事，有王氏東華錄天聰五年八月乙卯遺祖大壽書略
云：

爾國君臣，惟以宋朝故事爲鑒，亦無一言復我。爾明主非宋之苗裔，朕亦非
金之子孫。彼一時也，此一時也，天時人心，各有不同。爾國不因時制宜，
惟欲膠柱鼓瑟可乎？

據此，考之實錄稿天聰七年九月十四日答朝鮮國王書，又與此相反。書云：

兀爾喝與我俱係女直國大金之後。………今我所索者，乃兀爾喝遺民。………若
謂兀爾喝與我不係一國，非大金之後，請擇一博古者來，予將世系，詳爲說

明。若再不相信，觀金遼元三史，而世系自明矣。

以上兩書，一則固親稱爲女眞大金之後，一又不肯承認爲金之子孫。要之，金國汗當時之用意，皆爲便利其求款之政策。旋更本其經驗所得，因明朝人旣往往以「宋金覆轍」爲言，破壞和事，故以此金國之字面，實爲乞款之障礙，於是乃改金爲清，改女眞爲滿洲。此種修改，揆之先番之削帝稱汗，皆同爲思欲就款之意也。王氏東華錄載天聰九年十月庚寅勅諭曰：

> 我國原有滿洲、哈達、烏喇、葉赫、輝發等名，無知之人，往往稱爲諸申。諸申乃席北超墨勒根之裔，與我國無涉。今後一切人等，止許稱我滿洲原名。

此條所云諸申，卽女眞之對音。清人固曾自謂女眞之後，而此乃云與我國無涉，且禁止今後一切人等之使用。凡此，無非爲避明人拒款之口實。

明帝始終以報仇雪恥爲念，不輕言款，其志固可嘉，然此，必須國內寧謐，上下並力，而後始可當此方張之寇。不知此時國內流寇滋蔓，亂象已成，大家巨室，聞敵先逃。如明清史料乙編第四四七葉載崇禎十五年十一月二十八日兵科給事中周而淳題本云：

> 臣以戊寅虜躪畿南，改調南宮，每聆於人言，各州縣之所以破者，雖由於有司平昔玩愒，鮮桑土之防，臨時倉皇，乏禦侮之略，然非盡有司之罪也。大都因大家巨室，爭先逃避，或先將婦女貲財，暗送城外，而以隻身伴官於城頭，甫聞賊逼，則墮城而走，莫可控執。且合城士民，皆其親黨，觀望追隨，勢難禁戢。以致胡騎一到，如摧枯拉朽，立見土崩，庸懦土司，卽甘以性命殉之，亦復何及。

處如是情勢，猶不知因金人之求款而款之，以致年年用兵，欲罷不能。觀金國汗『我雖欲靜，敵豈肯聽之。』與『盛暑嚴寒，朕同諸貝勒等親歷行間，豈所樂爲，亦出於不得已也。』（王氏東華錄）又實錄稿天聰七年六月二十七日和格貝勒奏云：

> 今我兵從舊境而入，遺我願和而彼不願和之書於各屯，並傳諭各城。其民以爲彼兵強盛，尙欲講和，我兵懦弱，反不肯和，日漸殘破，自怨其主，於我

何尤。如此而行，所獲益多。

則明帝處置之失當，與廷臣浮議之誤國，皆可為謀國者之烱戒也。

（七）明帝欲款之終止與新陳甲之死

因松山之敗，海內之物力已竭，更因中原流賊，日逐日熾，使明帝不得不注意於議款。此時兵部尚書陳新甲，即因明帝之意旨，於崇禎十五年（崇德七年）三月，遣職方司員外郎馬紹愉等出關，並齎明帝與彼之勅諭以往。勅諭之全文如下：

> 諭兵部尚書陳新甲，據卿部奏：遼瀋有休兵息民之意，中朝未輕信者，亦因以前督撫各官，未曾從實奏明。今卿部屢次代陳，力保其出於眞心，我國家開誠懷遠，似不難聽從，以仰體上天好生之仁，以復還我祖宗朝恩義聯絡之舊。今特諭卿，便宜行事，差官宣布，取有的確信音回奏。（丙一頁八一）

三月辛酉，（十六日）此勅達瀋陽。隨時清主亦降勅一道，諭諸王貝勒。勅曰：

> 閱爾等所奏，明之筆札，多有不實。若謂與我國之書，何云諭兵部尚書陳新甲？既謂諭陳新甲，何又用皇帝之寶？⋯⋯況札內竟無實和之語。又云：我國開誠懷遠，似亦不難聽從，以復還我祖宗恩義聯絡等語。此皆藐視我國，實無講和之眞心。⋯⋯朕初每欲和好，明國不從。今明國欲和，其眞僞雖不得而知，然和好固朕之夙願⋯⋯。若和好果成，則何必爭上下乎？但各居其國，互相贈遺，通商貿易，斯民俱得力田生理，則兩國之君臣百姓，共享太平之福矣。（丙一頁八一）

此勅大意，似尚懷疑明帝不肯眞和，故出此自問自答之辭。蓋因明朝，自有遼事以來，結怨已深，牢不可解。今忽啓媾和之議，彼固不能不無此驚訝，於是乃以諮之洪承疇，承疇為之證明曰：

> 壬申年，皇帝征察哈爾時，張家口沈巡撫六月廿八日盟誓之事，明朝皇帝亦明知之，但不勝文臣浮議，故罷巡撫之任。後來復命會議和事，又為諸文臣所沮，遂寢其事。此來請和，決非虛語。（王氏東華錄）

五月內，明使馬紹愉等再度出關，以十四日徑抵瀋陽，清主命迎於二十里外，設宴宴之。復命禮部承政滿達爾漢、參政阿哈尼堪、大學士范文程、剛林等，宴之於

館驛。（王氏東華錄）紹愉等此來之使命，攜有勅書一道云：

> 勅諭兵部尙書陳新甲，昨據卿部奏稱：前日所諭休兵息民事情，至今未有確
> 報，因未遣官至瀋，未得的音。今准該部便宜行事，差官前往，確探實情具
> 奏。特諭。（王氏東華錄）

此時之遼人叛將等，對於此事，爭以意見獻媚於淸主。據王氏東華錄崇德七年五月
丙申條曰：

> 都察院參政祖可法、張存仁等奏：明寇盜日起，各方饑饉，兵力竭而倉廩
> 虛，征調不前，勢如瓦解，守邊文武重臣，皆爲我擒，兵將散失八九。今遣
> 使乞和，計必南遷，應邀其納貢稱臣，畫地以黃河爲界。上不納。

以金人歷來求款之至願，當然不納此議。因於六月辛巳，遣明使還。臨發，並餽以
貂皮，命大臣送至五十里外，宴餞之。仍致明帝書曰：

> 向來所以搆兵者，因爾明國無故害我二祖，我皇考太祖皇帝猶固守邊疆，和
> 好如舊。乃爾明國反肆憑陵，干預境外之事。哈達國萬汗竊踞之地，我已征
> 服，爾偪令復還。又遣人於葉赫金台石、布揚古處，設兵防守，以我國已聘
> 之女，嫁於蒙古。己卯年，爾明國奪我土地，擾我耕穫，逐我居民，燒毀廬
> 舍，仍驅逐出境，所在勒石。是以我皇考太祖皇帝，收服附近諸國，烏喇布
> 占泰、輝發拜音達里、哈達萬之子蒙格布祿所有之地，俱已削平。於是昭
> 告天地，親征爾明國。又平葉赫金臺石、布揚古之地。其後每欲致書修好，
> 而貴國不從，事漸滋蔓，遂至於今，此皆貴國先朝君臣事也。事屬既往，於
> 皇帝何與？然從前曲直，亦宜辨之。今予仍欲修好者，非有所迫而然也。予
> 纘承皇考太祖皇帝之業，嗣位以來，蒙天睿佑，從東北海濱，迄西北海濱，
> 其間使犬使鹿之國，及産黑狐黑貂之地，不事耕種漁獵爲生之俗，厄魯特部
> 以至鄂諾河源，在在臣服，蒙古元裔、及朝鮮國，悉入版圖。於是擧朝諸王
> 大臣，及外藩諸王等合詞勸進，乃昭告天地，受號稱尊，國號大清，改元崇
> 德。邇來我兵，每入爾境，輒克城陷陣，乘勝長驅，若圖進取亦復何難。然
> 予仍欲和好，特爲億兆生靈計耳。蓋嗜殺者殃，好生者祥，感應之理，昭然
> 不爽。若兩國各能審度禍福，矜全億兆誠心和好，則自茲以後，宿怨盡釋，

尊卑之分，又何必較哉？古云：情通則明，情蔽則暗，若爾國使來，予令面
見，予國使往，爾亦令面見，如此，則情不壅蔽，而和事可久。若自視尊
大，俾使臣不得面見，情詞無由通達，則和事終敗，徒貽國家之憂矣。夫豈
拒使進見，遂足以示尊耶？至兩國有吉凶大事，須當遣使交相慶吊，每歲貴
國餽兼金萬兩，銀百萬兩。我國餽人葠千斤，貂皮千張。若我國滿洲、蒙
古、漢人及朝鮮人等，有逃叛至貴國者，當遣還我國。貴國人有逃叛至我國
者，亦遣還貴國。以寧遠雙樹堡中間土嶺爲貴國界，以塔山爲我國界，以連
山爲適中之地，兩國俱於此互市。自寧遠雙樹堡土嶺界，北至寧遠北臺，直
抵山海關長城一帶，若我國人有越入，及貴國人有越出者，俱加稽察，按律
處死。或兩國人有乘船捕魚，海中往來者，爾國自寧遠雙樹堡中間土嶺沿海
至黃城島以西爲界，我國以黃城島以東爲界，若兩國有越境妄行者，亦當察
出處死。儻願如書中所言，以成和好，則我兩人，或親誓天地，或各遣大臣
代誓。爾速遣使齎和書及誓書以來，予亦遣使齎和書及誓書以往。若不願和
好，再勿遣使致書。其億兆死亡之孽，於予無與也。（王氏東華錄）

當時清國之諸王貝勒等，對於此次議和之事，頗表示不滿。如崇德七年六月癸亥王
氏東華錄曰：

諸王貝勒等，咸謂：明朝時勢已衰，正宜乘此機會，攻取北京，安用和爲？
同時清主卽以此說，商詢之朝鮮國王，囑其勿得隱諱，宜陳其所見。但據朝鮮國王
之回奏，則甚爲簡單。奏云：

顧此和戰重事，有非藩臣所敢與聞。
清人所以咨詢於朝鮮者，當因回憶過去之受欺，故不得不爲此商量，或更希冀朝鮮
從中斡旋。此如崇德四年七月丁巳致明帝書，而同時復使被俘之親王（濟南德王，
己卯元旦，城陷被俘。）朱由樞，上明帝疏曰：

臣等世受聖恩，經今七世，奈臣罪惡滔天，失守封疆，百姓塗炭，臣罪何
逭。臣等自被擒以來，蒙北朝聖上，未嘗加害，皆推我皇上之情面也。臣等
翹首專望施仁慈之心，念宗派之誼，我兩國通和，或贖臣等得歸故土，臣六
世祖塋，再得奉祀，萬世頂戴。

此與彼實出一轍，且清人又嘗有明末可取之言。如：

> 固山額眞祖澤潤、梅勒章京祖可法、張存仁，請以兵直取明北京。上曰：取北京如伐大樹，從旁砍，則大樹自仆，我先克關外四城，再克山海，則北京可得。今未也。（王氏東華錄崇德七年九月壬申）

此奏所請，又係遼人叛將，從中鼓動。然張文衡有言：『堂堂天朝無久弱之理，強弱無不翻之局。』此時淸主，不納漢奸之請，當即爲此。故和議之成否，在淸國情形觀之，頗有希望早早得一結局之意。此種希望，直至順治元年多爾袞未入關之前，猶仍存在。觀之范文程啓攝政王『……彼明之君，知我規模，非復往昔，言歸于好，亦未可知』（王氏東華錄）之言，知清人求款之心，始終未渝。至於明朝之內情如何？吾人可略述於後。如明史陳新甲傳云：

> 初新甲以南北交困，遣使與清議和，私言於傅宗龍。宗龍出都日，以語大學士謝陞。陞後見疆事大壞，述宗龍之言於帝。帝召新甲詰責，新甲叩頭謝罪。陞進曰：倘肯議和，和亦可恃。帝默然。尋諭新甲密圖之，而外廷不知也。已言官謁陞，陞言上意主和，諸君幸勿多言。言官駭愕，交章劾陞，陞遂斥去。

謀款之始，卽諱莫如深，可見明廷浮議之可畏，其後新甲竟以此棄市。如明史又云：

> 帝既以和議委新甲，手詔往返者數十，皆戒以勿洩。外廷漸知之，故屢疏爭，然不得左驗。一日，所遣職方郎馬紹愉以密語報新甲，視之，置几上，其家僮誤以爲塘報也，付之抄傳，於是言路譁然，給事中方士亮首論之。帝慍甚，留疏不下。已降旨切責新甲，令自陳，新甲不引罪，反自詡其功。帝益怒。至七月，給事中馬嘉植復劾之，遂下獄。新甲從獄中上書乞宥，不許。新甲知不免，徧行金內外，給事中廖國遴、楊枝起營救於刑部侍郎徐石麒，拒不聽。大學士周延儒、陳演亦於帝前力救，且曰：國法敵兵不薄城，不殺大司馬。帝曰：他且勿論，戮辱我親藩七，不甚於薄城耶？遂棄新甲於市。

按明廷之浮議，據多爾袞入關後，馬紹愉因奉南京朝廷之命，北上議和，其致吳三

桂一書，書內首段所言，頗與此事有關。茲錄之於後，以備參攷。書曰：

> 前年不肖到瀋陽，極承大清先主之宏仁。今聞仙逝，令不肖涕泣感傷。又諸
> 王盛情，每日款禮之隆，三十里外迎送之厚，又三位老先生朝夕高雅，眞是
> 異國一家，如同兄弟。已講定和好，兩國子子孫孫，千百年太平之福。不肖
> 回奏說：大清先主不嗜殺人，奉上天好生之德，罷兵息民美意。卽欲再差
> 大臣往訂盟，爲兩衙門交章阻撓，首相周延儒不肯和好，是以後來將延儒賜
> 死，爲此故也。（丙一頁九四）

此兩衙門之交章阻撓，及首相不肯和好，皆可代表當時明廷之浮議。其後當流賊攻
陷山西之際，而明帝猶以浮議，不敢撤寧遠之兵，以遏驟來之寇。如明史吳麟徵傳
云：

> 方賊陷山西，薊遼總督王永吉，請撤寧遠吳三桂兵守關門，選士卒西行遏
> 寇，卽京師警，且夕可援。天子下其議，麟徵（太常少卿吳麟徵）深然之，
> 輔臣陳演魏藻德不可，謂無故棄地二百里，臣不敢任其咎，引漢棄涼州爲
> 證。麟徵復爲語數百言，六科不署名，獨疏昌言，弗省。及烽煙徹大內，帝
> 始悔不用麟徵言，旨下永吉。永吉馳出關，徙寧遠五十萬衆，日行數十里，
> 十六日入關，二十日抵豐潤，而京師已陷矣。

吾人總觀明清議款之事，可見洪承疇「不勝文臣浮議」之說，實中明帝痼習。前之袁
崇煥，後之陳新甲，皆因此被殺，而明亦竟以此亡。浮議之誤國，竟如是其甚也。

出自第九本（一九四七年九月）

論明太祖起兵及其政策之轉變

王　崇　武

舊史記明太祖起兵事雖詳，惟就其家世遺傳、環境薰習以及前後政策不同以立說者則較少，茲試論之。然因太祖先世已不甚可考，而明人又諱記其與紅巾之關係，故文中膠執錯誤之處必甚多，斯則有望於方聞君子之惠教矣！又論太祖政策轉變事，乃由傅孟眞先生所啓示，敬誌謝忱。

〔上〕

明太祖以平民爲天子，其先世宗派，雖有世德、皇陵等碑可資考證，而以世代爲農，無事可記，故其家世之信仰如何，自亦無從深考。惟皇明本紀記太祖幼時事云：

> 生三日，腹脹幾殆，仁祖夢抱之寺舍，欲捨之，抵寺，寺僧皆出，復抱歸家，見東房簷下有僧坐板凳面壁，聞仁祖至，回身顧曰：「將來受記！」於是夢中受記，天明病愈。自後多生疾症，仁祖益欲捨之。……及欲出家幼，太后必欲捨之，仁祖未許。至十七歲，仁祖及太后俱以疾崩，上長兄□□王亦逝，惟仲兄□□王存，上自以家計日窘，思昔父母因疾曾許爲僧，於是與仲兄謀，允託身皇覺寺。

據此，太祖以幼年多病，仁祖、太后並欲捨之寺，是其後來所以出家，雖因荒年饑窘，亦以遵奉親命。太祖之父若母本皆鄉里氓蚩，其捨子爲僧，原亦民間迷信，然不能以此而謂太祖幼年之未受佛教影響也。太祖卽位後，縱恣釋氏，提倡出家，恐均與此有關係，而在其晚年患病，猶服周顚進藥，尤與民間之信佛者類。否則太祖出家僅五十日，卽出而行乞，歸後不久，又從雄濠梁，其與僧寺之因緣實甚淺，所以拳拳佛教，至老不渝者，或爲其十七歲前（太祖以是年出家）所受之

家世遺傳，而在其幼年思想純摰之時，凡與佛教有關之民間宗教自亦使易於接受也。

復次，淮水流域爲宋元兵爭之所，元兵殺戮暴行之事應有流傳，因而於元代之壓迫政治更具反感，且由太祖之母系上推，其外祖爲南宋士兵，曾預崖山之戰，宋濂鑾坡集貳揚王神道碑銘記：

> 王姓陳氏，世爲維揚人，不知其諱，當宋之季，名隸尺籍，伍符中，從大將張世傑扈從祥興帝駐南海，至元己卯（十六年，宋祥興二年。）春，世傑與元兵戰，師大潰，士卒多溺死，王舟亦爲風所破，幸脫死達岸，與一二同行者累石支破釜煮遺糧以療饑，已而糧絕，計無所出，同行者曰：「我等自分必死，聞髑髏山有死馬，共烹食之，縱死亦得爲飽鬼，不識可乎？」王未及行，疲極，輒晝睡，夢一白衣人來，謂王曰：「汝愼勿食馬肉，今夜有舟來共載也。」王以爲偶然，未之深信，俄又夢如初，至夜將半，夢中髣髴聞櫓聲，有衣紫衣者，以杖觸王之膊曰：「舟至矣，奈何不起！」王驚寤，身忽在舟中，見舊所事統領官，時統領已降於元將，元將畏舟壓，凡有來附者，擲棄水中，統領憐王，亟藏之艎板下，日取乾餱從板隙投之，王掬以食，度王之渴，乃與王約，以足撼板，王卽張口向隙受漿，居數日，事將洩，皆彷徨不自安，忽颶風吹舟，盤旋如轉輪，久不能進，元將大恐，徧求於禜祈者不可得，統領知王能巫術，遂白而出之，王仰天叩齒，若指麾鬼神狀，風濤頓息，元將喜，因飲食之，至通州，賚王數鉅魚，送之登岸。王歸維揚，不樂爲軍伍，避去盱眙津里鎮，擇地而居，以巫術行。王無子，生二女，長適季氏，次卽皇太后，晚以季氏長子爲後，年九十九歲而薨，遂葬焉，今墓是已。

案揚王爲風雨巫師，與紅巾之燒香惑衆者臭味相近，而以家世遺傳之故，太祖之從雄起義，或與此有關歟？茲復可注意者，崖山之役爲宋元最後決戰，宋雖失敗，然君臣蹈海，悲壯動人（參看元史李恆等傳），揚王親預闘爭，當感覺沉痛，後王附船返里，雖未投擲水中，然亦飽經憂悸，時以降卒司造船事，（元史世祖紀至元十六年六月甲申，宋張世傑所部將校百五十八人詣瓊雷等州來降，敕造戰船征日本。）

向，揚王之避地盱眙，不樂軍伍者，豈並有種族意識歟？王年九十九而薨，太祖以天曆元年生，以時日推計，太祖幼年之時，揚王或尙健在，否則揚王行事亦可由淳后轉告之。濂撰碑銘原據太祖自製之文所改作，故記王之脫難始末甚詳要之，太祖生丁鳳陽，幼承母敎，應有民族思想，此與其後來參加紅軍，又有關也。

紅巾起事假白蓮敎義相號召，所謂白蓮敎者，如析其成因，實以彌勒敎、摩尼敎、道敎及民間流行之纖緯迷信為主要成分，明史壹貳貳韓林兒傳記：

> 韓林兒欒城人，或言李氏子也，其先世以白蓮會燒香惑衆，謫徙永年，元末林兒父山童鼓妖言，謂天下當大亂，彌勒佛下生，河南江淮間愚民多信之。

據此，林兒為白蓮敎世家，宜其為紅巾諸將所推奉。至所倡彌勒佛下生之義，實卽導源於佛敎之彌勒敎，故張楨上疏謂其以佛法惑衆也。（見元史本傳）紅巾以彌勒佛降生為「明王出世」，故韓林兒自稱「小明王」，明昇自稱「小明主」，永樂間階州金剛奴反，稱「漢明皇帝」，成化間辰州夷人反，稱「明王」，而太祖後來雖政策轉變，猶以「明」命國，諸人皆紅巾，疑此「明」字復有宗敎之含義，卽以代表光明與良善者，似由摩尼敎中所脫出也。元史壹捌捌董博霄傳記紅巾軍中有道士：

> 有蘄賊與饒池諸賊復犯徽州，賊中有道士能作十二里霧，博霄以兵擊之，已而妖霧開豁，諸伏兵皆起，襲賊兵後，賊大潰亂，斬首數萬級，擒千餘人，獲道士，焚其妖書而斬之，遂平徽州。

又壹捌貳許有壬傳：

> 會汝寧棒胡反，大臣有忌漢官者，取賊所造旗幟及僞宣勅班地上，問曰：「此欲何為耶？」意漢官諱言反，將以罪中之，有壬曰：「此曹建年號，稱李老君太子，部署士卒，以敵官軍，其反狀甚明，尙何言！」其語遂塞。

案犯徽州者為紅巾徐壽輝兵，棒胡供彌勒佛起事，亦為紅巾之一枝，而前者陣中有道士作法，後者冒稱老君太子，則是已滲入道敎成分矣。凡一宗敎之陳義過高，哲思邃密者，雖可博得知識階級之信奉，然不易為一般人所了解。反之，凡為一般人所趨鶩者，其敎義必膚淺，彌勒等敎皆擁有多數信徒，紅巾熔合各派，勢又過之，其雜有極濃之纖緯迷信色彩，自意中事也。

　　元朝歧視漢人，禁蓄兵器，又以政治腐敗，社會不安，故當時民衆所急切希求者二事：一爲興復漢統，一爲政治休明。而紅巾創教則正滿足此要求者。紅巾於興復漢族之具體表現爲重建宋朝，元史肆貳順帝紀至正十二年五月庚辰記：

　　　　監察御史徹徹帖木兒言：河南諸處羣盜，輒引亡宋故號，以爲口實，宜以瀛國公子和尙趙完普及親屬徒沙州安置，禁勿與人交通。從之。

案時劉福通等以宋丞相陳宜中嘗自占城歸，詭云帝昺逃入日本，而所擁立之韓林兒卽徽宗九世孫，故建國曰宋。時人以元順帝爲瀛國公（宋帝昺）子，（見權衡庚申外史等書）尙是一種報復之傳說，初無礙於蒙元之皇位，福通則直以林兒爲宋後，當更爲漢人所擁護，宜元有徙置趙氏宗親之擧也。又同書壹伍叄賈居貞傳：

　　　　宋幼主旣降，其相陳宜中等挾二王逃閩廣，所在煽惑，民爭應之，蘄州寇起，司空山屬縣民傅高亦起兵應。

蘄州寇爲徐壽輝，此文所記不明，意壽輝此時亦倡言復宋。舊史記太祖復宋事不詳，惟據祕閣元龜政要記：

　　　　劉福通遣將分略河南山東河北，大書旗聯云：「虎賁三千，直抵幽燕之地，龍飛九五，重開大宋之天。」遠邇傳聞，元都大震。

此約爲至正十六年事，太祖以十二年投軍，爲林兒臣屬，福通部下，自亦秉承此意旨，故時人譽爲「以雄傑之才，紹中興之業」。（葉子奇上孫炎書）此滿足民衆之第一要求者。元以汝潁之亂爲河南漢人反，欲盡屠之，其處置失當姑不論，而其所以出此，亦因反者倡民族主義故。時元兵腐敗，不能平亂，而以種族仇隙，亦不敢輕信漢人，葉杷輓樊執敬詩，以「主將向來推右族，漢人那得預戎機」爲深慨，實則在民族主義高潮下，元室爲爭扎統治，又豈可輕畀將權耶！

　　紅巾之另一教義爲彌勒佛下生，佛說彌勒下生經云：

　　　　時閻浮地極爲平整，如鏡淸明，擧閻浮地內穀食豐賤，人民熾盛，多諸珍寶，諸村相近落，鷄鳴相接，是時弊華果樹枯竭，穢惡亦自消滅，其餘甘美果樹，香氣殊好者，皆生於地，爾時時氣和適，四時順節，人身之中，無有百八患，貪欲瞋恚愚癡不大慇懃，人心均平，皆同一意，相見歡悅，善言相

向，言辭一類，無有差別，如彼優單越人而無有異。是時閻浮地內人民大小
皆同一向，無若干之差別也。彼時男女之類，意欲大小便時，地自然開，事
訖之後，地便還合。爾時閻浮地內自然生粳米亦無皮裹，極爲香美，食無患
苦。所謂金銀珍寶車渠馬瑙眞珠虎珀各散在地，無人省錄，是時人民手執此
寶，自相謂言：「昔者之人，由此寶故，更相傷害，繫閉在獄，受無數苦
惱，如今此寶與瓦石同流，無人守護。」

紅巾所說教義當與此相近，宜爲水深火熱之農民所歡迎，此爲其滿足民衆之第二要
求者。紅巾所以能勢力廣大，與其教旨之適合民衆心理極有關，豈盡因歲飢或河決
也耶？

　　紅巾起於汝潁，延及江淮，庚申外史記淮西在至元四年，即有起事者，文云：
　　袁州妖僧彭瑩玉徒弟周子旺以寅年寅月寅日寅時反。反者背心皆書「佛」字，
　　以爲有佛字者，刀兵不能傷，人皆惑之，從者五千人，郡兵討平之，殺其子
　　天生地生，母佛母，瑩玉遂逃於淮西民家。……民聞其風，（指預言禍福，
　　治病皆愈等事。）以故爭庇之，雖有司嚴捕，卒不能獲。

案瑩玉即後之擁立徐壽輝者，其爲紅巾絕無可疑。茲可注意者，即其敗後所亡之淮
西，正爲後來紅巾昌盛之地，此時民爭庇之，意已先染其教。而淮西則太祖故鄉之
毗鄰也。

　　由上所述：太祖生於佛教家庭，幼具民族思想，長而出家爲僧，復行乞於光固
汝潁等紅巾繁殖之地，凡三年，是其家世遺傳、與環境薰習均與紅巾有關係，故其
參加起事，非偶然也。

　　實錄至正十二年，記太祖行乞歸寺，紅巾招之：
　　有故人自亂雄中以書來招曰：「今四方兵亂，人無寧居，非田野間所能自保
　　之時也，盍從我以自全。」上覽畢即焚之。數日，復有來告曰：「前人以書
　　招公，傍有知者，欲覺其事，當奈何？」上慨然太息曰：「吾唯聽命于天
　　耳。」後三日，其人果至，與語，辭色無相害意，乃謝遣之。復旬日，又有
　　來告曰：「先欲覺者，不欲自爲，今屬他人發之，公宜審禍福，決去就。」
　　是時元將徹里不花率兵欲來復濠城，憚不敢攻，惟日掠良民爲盜以邀賞，民

皆洶洶相煽動，不自安。上以四境逼迫，訛言日甚，不獲已，乃以閏三月甲戌朔旦抵濠城。入門，門者疑以爲諜，執之欲加害，人以告子興，子興遣人追至，見上狀貌奇偉異常人，因問所以來，具告之故，子興喜，遂留置左右。

考太祖紀夢謂元兵平亂，逡巡不進，惟四掠良民，「以絳繫首，稱爲亂民」。則是此處之所謂亂雄者卽紅巾也。太祖以佛教信徒，于遊食之頃，已寖聞紅巾教義，迨重返僧寺，又有故雨邀請，舊朋報書，則其平素與紅巾中人過從之密及款洽之歡可知。郭子興本奉紅巾教，張來儀滁陽廟王碑記其起事云：

> 元末民間有造言者，王誤中其說，信之甚篤，忽不事業，而妄散家財，陰結賓客，至正壬辰（十二年），汝潁兵起，王識天下當變，乃召所結賓客子弟，拔濠梁據之。

又龠本紀事錄載：

> 至正十二年正月，定遠縣富民郭姓者（卽子興）聚衆燒香，稱亳州節制元帥。十一日，起定遠縣，二月二十六日克濠州。

是太祖之投依子興，與子興之擢置左右，尚有共同信仰之關係在，宜其釋門禁之縛而委信不疑也。

〔下〕

太祖自渡江以後，對於紅巾之態度遽變改，惟太祖以諱爲韓宋舊臣，故明人記其與紅巾之離合關係者亦多含混，不可不詳考。御製皇陵碑記至正十三年太祖組合軍隊事：

> 已而解去（指元兵圍濠城），棄戈與鎗，予脫旅隊，馭馬控韁，出遊南土，氣舒而光，倡農夫以入伍，事業是匡，不踰月而衆集，赤幟蔽野而盈岡。

案赤幟爲紅巾標識，盈岡蔽野，可見徒衆之繁，此文本自誇武功而醉露狐尾者也。又明實錄記至正十五年攻和陽：

> 滁師乏糧，諸將謀所向，上曰：「困守孤城誠非計，今欲謀所向，惟和陽可圖，然其城小而堅，可以計取，難以力勝。」子興曰：「何如？」上曰：

「向攻民寨時，得民兵號二，其文曰：『廬州路義兵』，今擬製三千，選勇
敢士椎髻左衽，衣青衣，腹背懸之，佯爲彼兵，以四囊駝載賞物，驅而行，
使人聲言廬州兵送使者入和陽賞賚將士，和陽兵見之，必納無疑，因以絳衣
兵萬人繼其後，約相距十餘里，俟青衣兵薄城，舉火爲應，絳衣兵卽鼓行而
趨，取之必矣。」

檢元史壹玖肆郭嘉傳記：嘉爲廣寧路總管，紅巾陷遼陽，嘉將衆巡邏，去城十五
里，遇青號隊伍百餘人，紿言官軍，嘉疑其詐，俄果脫青衣變紅，嘉出馬射賊，分
兵兩隊而夾攻之，生擒賊數百，死者無算。太祖之矯裝行詐，與此正同，可見太祖
此時士兵猶沿紅巾舊制，衣絳衣，與民軍之椎髻左衽衣青衣者異。劉辰國初事蹟謂
「太祖以火德王，色尚赤，將士戰襖戰裙壯帽旗幟皆用紅色。」實於其眞實情形不
甚了了也。又庚申外史記至正十五年紅軍攻城事：

香軍（紅巾以燒香聚衆故，亦稱香軍。）陷安豐，二日陷和州，三日破廬州，
宣讓棄城浮海還燕，香軍乘勝渡江，破太平建康寧國，遂據江東，旣而池州
安慶尋復皆沒。（此據寶顏堂祕笈本，學津討源本刪此段。）

案外史之撰著在元明間，時對紅巾史事尚不甚避忌，明人以此條與太祖無關，亦多
不刪除，而細考其實，則陷安豐廬州者爲劉福通部，自拔和州以迄渡江至太平集慶
寧國等地者皆太祖兵，時太祖爲子興部曲，而子興則奉事林兒，是在至正十五年
頃，時人對於此派軍隊猶以紅巾目之，亦卽太祖之宗敎色彩猶甚濃也。

唯是紅巾爲愚民集團，其政治意識實甚淺，以此不爲知識份子所親附，（參看
程敏政篁墩集先高祖阡表）而此輩則爲社會之中堅，可舉足輕重。太祖之態度因亟
變。史載至正十五年克太平，召名儒陶安參幕府，以李習爲知府。十六年下集慶，
得儒士夏煜孫炎楊憲十餘人，皆錄用之。克鎮江，徵秦從龍陳遇等，有伊呂諸葛之
喻。十八年，辟范祖幹葉儀許元等十三人講說經史。十九年，許瑗王冕來見，留置
幕府。二十年，召劉基宋濂葉琛章溢等至京，禮用之。夫太祖王霸雜用，釋道並
施，殊無專任儒術意，洪武間，士子一登仕版，斧鉞隨後，人以遯迹隱居爲幸免。
惟在其初渡江頃，固不如是，故江南浙右文人多趨就之，以此在知識階級中頗博好
感，而紅巾舊習遂漸掃除矣。

太祖文集伍與元臣禿魯書指紅巾爲妖人：

> 昔者朕被妖人逼起山野，不過匹馬單戈，那有百萬之衆。

案妖人爲時人稱紅巾之專名 。 陳棨夷白齋稿所謂之淮右妖人及攻集慶妖人皆指太祖，今太祖乃謂與紅巾異趣，是已改變其舊所宗信者矣。惟世傳太祖文集乃爲後來整理（洪武七年始有刊本），此文是否爲當時之原書不可知，且其投寄於何時亦無考，以余所知，太祖反對紅巾 ， 其確有年代可考者 ， 以龍鳳十二年（至正二十六年）五月平周榜文爲最早，其略云：

> 近覩有元之末，生居深宮，臣操威福，官以賄求 ， 罪以情免 ， 臺憲舉親而劾讐，有司差貧而優富，廟堂以爲慮，方添冗官，又改鈔法，役數十萬民潭塞黃河，死者枕籍於道途，哀苦聲聞於天下。不幸小民誤中妖術，不解其言之妄誕，酷信彌勒之眞，有冀其治世以蘇困苦，聚爲燒香之黨，根蟠汝潁，蔓延河洛，妖言旣行，兇謀逐遂，焚蕩城郭，殺戮士夫，荼毒生靈，無端萬狀，元以天下兵馬錢糧大勢而討之，略無功效，愈見猖獗，然事終不能濟世安民，是以有志之士，旁觀熟慮，乘勢而起，或假元氏爲名，或託香軍爲號，或以孤兵自立，皆欲自爲，由是天下土崩瓦解。予本濠梁之民，初列行伍，漸至提兵，灼見妖言不能成事，又度胡運難以立功，遂引兵渡江。

此文於紅巾之提倡迷信、焚掠城廓及殺戮士夫深詆之，蓋於其前此行徑已大改變。惟其最初轉變尚在以前，考紅巾之旗幟用紅色（皇陵碑「赤幟蔽野盈岡」是其證），而兪本紀事錄記：至正十八年，太祖開府金華，已改用黃旗。實錄至正二十年閏五月記：陳友諒破太平，弒主自立，將約姑蘇張士誠夾擊應天府，太祖因遣友諒故人康茂才約其速至，先破之。而預伏重兵於盧龍山左，令持幟者偃黃旗於山左，偃紅旗於山右，戒所部曰：「敵至舉紅旗，舉黃旗則伏兵起。」案有諒爲紅巾鉅子徐壽輝黨，所用爲紅旗，（元史壹肆叄余闕傳：「至正十七年十月，沔陽陳友諒自上游直搗小孤山，薄安慶東門，紅旗登城。」是其證。）所謂敵至舉紅旗者，蓋以此示歸降，至後舉黃旗，乃太祖之旗色。然則棗林雜俎謂徐勉之保越錄記紹興之役，猶稱明兵爲「紅寇」者，（今傳刊本無此詞）不過醜詆之惡稱而已。

太祖即位後，於白蓮等教禁止甚嚴，如實錄洪武三年六月甲子記：

中書省臣奏……白蓮社明尊教白雲宗巫覡扶鸞禱聖書符呪水諸術並加禁止，

庶幾左道不興，民無惑志。詔從之。

又二十七年正月戊申，命禮部榜示天下：

有稱白蓮靈寶火居及僧道不務祖風，妄為議論沮令者，皆治重罪。

蓋一變為統治階級之面孔矣。惟是紅巾仍有蠢然思動者，尤以湖廣江西四川等地為

最甚，太祖實錄記湖廣紅巾謀反事，乙巳（至正二十五年）八月辛亥：

羅田縣盜藍丑兒詐稱彭瑩玉，造妖言以惑衆，鑄印章，設官吏，剽劫傍近居

民，麻城里長袁寶率鄉人襲捕之，擒丑兒以獻。

洪武六年正月：

蘄州盜王玉二聚衆燒香，謀為亂，蘄州衞兵執而戮之。（又十二年閏五月庚

申，謂王玉兒（二）為「陳友諒遺孽」。）

同年四月丙子：

湖廣羅田縣妖人王佛兒自稱彌勒佛降生，傳寫佛號惑人，欲聚衆為亂，官軍

捕斬之。

又太宗實錄永樂四年九月丙子：

湖廣蘄州廣濟縣妖僧守座聚男女立白蓮社，毀形斷指，假神扇惑，事覺，官

捕誅之。

案湖廣為紅巾彭瑩玉等傳教之地，後徐壽輝陳友諒又各割據若干年，民間習染已

深，又為太祖之反對黨，宜乎迭起倡亂也。

太祖實錄記江西謀叛事，洪武十九年五月戊辰：

妖僧彭玉琳與新淦縣民楊文曾尚敬等謀作亂，事覺伏誅。玉琳福建將樂縣陽

門庵僧，初名全無用，行腳至新淦，自號彌勒佛祖師，燒香聚衆，作白蓮

會。縣民楊文曾尚敬等皆被誑惑，遂同謀為亂，玉琳稱晉王，偽置官屬，建

元天定，縣官率民兵掩捕之，檻玉琳並其黨七十餘人送京師，皆誅之。

二十年六月丁酉：

袁州府宜春縣民李某妄稱彌勒佛，發九十九等紙號，因聚衆謀作亂，戌辛陽

寅告於袁州衞，衞發兵捕斬之，獲其偽造木印龍鳳日月袍黃綠羅掌扇令旗劍

戟凡百餘事。

二十一年五月壬寅：

　　袁州府萍鄉縣民有稱彌勒佛教惑民者，捕至誅之。

二十四年五月戊申：

　　袁州分宜縣民以左道惑衆，捕至京，誅之。

上舉諸例，疑皆紅巾餘黨，又練子寧金川集貳致新淦葉知縣書：

　　蠡者草昧之初，聖人未出，梟頑之徒，假燒香誦佛之名，以嘯召無賴，而無
　　知之民亦紛然而從之。蓋其初也，惑於妖怪之說，而冀免於禍災，而其終
　　也，卒剽掠攻劫而爲盜賊之計，故有國之興，必草薙而禽獮之，而郡守縣令
　　尤嚴於日夜督察，以去夫生民之大害。比聞鄉落盛行於彌勒之說，而私奉其
　　名號者間有之矣，此豈非賢守令之責歟？……今爲執事之計者無他焉，亦曰
　　明朝廷之禁以徧喩夫鄉邑之民，使之曉然知禍福之所在，然後嚴其各鄉之里
　　老，使其更相檢察，以去姦邪之輩，敢有容匿者，以其罪罪之，而命巡檢諸
　　司各於所隸廉捕，苟得其實，許諸邑人得以風聞，其有邀受財賄、私相縱
　　釋，及懷挾私讐，誣執平民者，皆坐以罪，擇其兇惡之尤者一二人置諸法，
　　以明示之，則姦猾破膽而自散矣。……今竊聽於鄉邑之間，其勢亦可謂滔滔
　　而燄燄矣，執事其少加意焉。

由此可見江西紅巾之多及政府剷除之厲，此書約投於洪武十九年，時去陳漢之平已
二十年，餘黨潛伏猶如是，宜其常有聚亂事也。

　　太祖實錄記四川紅巾事，洪武十二年四月甲辰：

　　成都嘉定州眉縣賊人彭普貴誘衆作亂，劫掠居民，轉攻州縣，眉縣知縣顏師
　　勝率民兵捕之，爲賊所害，四川布政使司、都指揮使司以聞。

五月庚寅：

　　敕曹國公李文忠曰：「近四川土人以妖言惑衆，相煽而起，守禦官軍討之未
　　平，爾若還師陝西，宜分一軍，遣官率領，由棧道速撲滅之。若未至陝西，
　　亦宜預定其計，庶免賊黨蔓延，以安蜀中。」

案徐壽輝部將明玉珍父子建國蜀中凡數年，故在民間有濡染，實錄所記含混，參以

太祖文集所載李文忠敕文，知此事與明氏宮人有連結，後以丁玉兵平之，太祖集中載與玉敕云：

> 妖人彭姓者，潛妖遯迹，暗遷愚民，已有年矣。若非命爾率丁氏舊日士兵出境，其四川之禍，又非淺淺，若丁氏士兵未出境士，聞妖作亂，乘時蜂起，以四川各衛並都司官機謀調遣，甚有不足，安能止妖遏邪，今禍亂已平，國之福也。

則是此案醞釀有年，而牽涉甚廣，非等閒萑苻之比也。又憲宗實錄成化十一年四月癸未：（此條承友人梁方仲先生檢示。）

> 湖廣總兵左都督李震等奏辰州府烏羅長官夷人石金州妄稱元末明氏子孫，僭稱「明王」，糾衆於執銀一帶作亂，鄰近峒苗多聚衆應之，議調官軍剿捕，金石州已於去冬就擒，而諸苗賊敵殺官軍，攻劫未已，事下兵部，議請勅鎮守總兵巡撫等官設策撫捕之。

桉金石州僞爲明氏子孫，則是由四川紅巾傳及湖廣者，故改繫於此，可見明氏在當時潛勢力之大，且所及之廣遠也。

　　太祖渡江後，於紅巾舊習雖漸爲脫除，對民族口號猶倡導不休，如吳元年（至正二十七年）十月北伐，諭齊魯河洛燕薊秦晉之人檄：（見明實錄。此文實宋濂撰，見明文衡。）

> 自古帝王臨御天下，中國居內以制夷狄，夷狄居外以奉中國，未聞夷狄居中國治天下者也。自宋祚傾移，元以北狄入主中國，四海內外，罔不臣服，此豈人力，實乃天授。彼時君明臣良，足以綱維天下，然達人志士尚有冠履倒置之嘆。自是以後，元之臣子不遵祖訓，廢壞綱常，有如大德廢長立幼，泰定以臣弒君，天曆以弟酖兄，至於弟收兄妻，子烝父妾，上下相習，恬不爲怪，其於父子君臣夫婦長幼之倫，瀆亂甚矣。夫人君者斯民之宗主，朝廷者天下之根本，禮義者御世之大防，其所爲如彼，豈可爲訓於天下後世哉。及其後嗣沉荒，失君臣之道，又加以宰相專權，憲臺報怨，有司毒虐，於是人心離叛，天下兵起，使我中國之民，死者肝腦塗地，生者骨肉不相保，雖人

事所致，實天厭其德而棄之之時也。古云：「胡虜無百年之運，」驗之今日，信乎不謬。當此之時，天運循環，中原氣盛，億兆之中，當降生聖人，驅逐胡虜，恢復中華，立綱陳紀，救濟斯民，今一紀於茲，未聞有濟世安民者，徒使爾等戰戰兢兢處於執秦暮楚之地，誠可矜憫。方今河洛關陝，雖有數雄，忘中國祖宗之姓，反就胡虜禽獸之名，以爲美稱，假元號以濟私，恃有衆以要君，憑陵跋扈，遙制朝權，此河洛之徒也。（案此指擴廓帖木兒，擴廓沈丘人，王姓，小字保保。）阻兵據險，賄誘名爵，志在養力以俟釁，此關陝之人也。（案此指李思齊張思道等）二者其始皆以捕妖人爲名，乃得兵權，及妖人旣滅，兵權已得，志驕氣盈，無復尊主庇民之意，互相吞噬，反爲生民之巨害，皆非華夏之主也。予本淮右布衣，因天下亂，爲衆所推，率師渡江，居金陵形勢之地，得長江天塹之險，今十有三年，西抵巴蜀，東連滄海，南控閩越，湖湘漢沔，兩淮徐邳，皆入版圖，奄及南方，盡爲我有。民稍安，食稍足，兵稍精，控弦執矢，目視我中原之民久無所主，深用疚心。予恭承天命，罔敢自安，方欲遣兵北逐羣虜，拯生民於塗炭，復漢官之威儀，慮民人未知，反爲我讎，挈家北走，陷溺尤深，故先諭告，兵至，民人勿避，予號令嚴肅，無秋毫之犯，歸我者永安於中華，背我者自竄於塞外，蓋我中國之民，天必命中國之人以安之，夷狄何得而治哉。予恐中土久汙羶腥，生民擾擾，故率羣雄奮力廓清，志在逐胡虜，除暴亂，使民皆得其所，雪中國之恥，爾民其體之。

案此檄發布在平周榜後一年，文中反對元朝，純由民族與倫理之觀點作出發，而仍斥紅巾爲「妖人」，是取紅巾教義之一半，（民族思想）而遺其另一半，（彌勒佛降生等迷信思想）蓋必如是，始能博得儒者之擁護，且有以別於河洛關陝之附元自私者也。

惟迨統一天下，如仍執此狹義之民族觀念，則是與元之歧視漢人南人者同，招蒙民之忌恨，故於所謂種族界限不得不放寬。實錄載洪武元年八月己卯大赦天下詔：

蒙古色目人旣居我土，卽吾赤子，有才能者一體擢用，

三年六月丁丑，詔諭元宗室部落臣民曰：

> 朕既爲天下主，華夷無間，姓氏雖異，體字如一，爾等無或執迷，以貽後
> 悔。

先是，是月癸酉記：

> 中書省以左副將軍李文忠所奏捷音榜諭天下，上覽之，見其有侈大之辭，深
> 責宰相曰：「卿等爲宰相，當法古昔，致君於聖賢，奈何習爲小吏浮薄之
> 言，不知大體，妄加詆誚。況元雖夷狄，然君主中國且將百年，朕與卿等父
> 母，皆賴其生養，元之興亡，自是氣運，於朕何預！而以此張之四方，有識
> 之士，口雖不言，其心未必以爲是也，可卽改之。」

此則以綱常名教代族種畛域，雖爲英雄權詭之論，然亦可見其態度之先後殊異矣。

後來太祖之民族思想，實僅限於恢復漢族文化，卽改革蒙元習俗者是。元本游
牧民族，與中夏之沐習儒家禮教者殊，既主中國九十年，風行草偃，習染者多，如
王褘文忠集貳肆俞金墓表：（此文後人誤入方孝孺集）

> 元既有江南，以豪侈粗戾，變禮文之俗，未數十年，薰漬狃狎，骨化風成，
> 而宋之遺習消滅盡矣。爲士者，辮髮短衣，效其語言容飾，以附于上，冀速
> 獲仕進，否則訕笑以爲鄙怯。非確然自信者，鮮不爲之變。

方孝孺遜志齋集貳貳盧處士墓銘：

> 處士生元中世，俗淪於胡夷，天下辮髮椎髻，習其語言文字，馳馬帶劍以爲
> 常。

又宋濂洪武聖政記定民志章：

> 上謂尙書牛諒曰：「……自元氏廢棄禮教，因循百年，而中國之禮變易幾
> 盡。」

柒凡此等處爲太祖所深惡，因痛革之，實錄載洪武三年二月，以士民所服四帶巾與
皂隸伶工相類，因改製四方平頂巾，而據高麗史記，尚有反對元制之意義，高麗史
辛禑傳，十三年（洪武二十年），載史臣偰長壽朝明還，述太祖之言曰：

> 我這里當初只要依原朝（原字避太祖諱）樣帶帽子來，後頭尋思了，我既趕
> 出他去了，中國卻蹈襲他這些个樣子，久後秀才每文書裏不好看，以此改

了。

當時改革諸事，大都準此，茲就實錄中之可考者輯述之：洪武元年二月載，元以胡
俗變易中國之制，士庶咸辮髮椎髻深簷胡帽，衣服則爲袴褶窄袖及辮線腰褶，婦女
衣窄袖短衣，下服裙裳，至是悉命復衣冠如唐制。十二月，監察御史高原侃曰：
「京師人民循習元氏舊俗，凡有喪葬，設宴會親友，作樂娛尸，惟較酒殽厚薄，無
哀戚之情，乞禁止以厚風化。」太祖是其言，詔中書省令禮官定官民喪服之制。四
年十二月，以軍民行禮尚循元俗，飲宴行酒，多以跪拜爲禮，因命省臣及禮部官定
爲儀式，申禁之。六年二月，以元俗往往以先聖賢衣冠爲伶人笑侮之飾，以侑燕
樂，詔禮部嚴禁，違者罪之。明史太祖紀所載洪武五年五月改革禮儀風俗詔，館臣
以涉及民族問題，文有隱諱，如持與實錄比觀，則知皆針對元俗者。又太祖所訂之
皇明大誥皇明律令等重要書典，驟觀之，每覺其條文瑣碎，若與元末習染及社會積
弊合參之，則知在太祖恢復中國本位文化之政策下，固有其重要意義也。

後太祖得國，紅巾餘黨仍有沿用舊日種族革命心理，以恢復漢人主權相號召
者，如太宗實錄永樂七年七月戊戌：

> 妖賊王金剛奴伏誅。金剛奴陝西階州人，自洪武初聚衆作耗，稱三元師，往
> 來劫掠，而於沔縣西黑山天池平等處潛住，常以佛法惑衆。後又與沔縣賊首
> 鄧福等作耗，其黨田九成者僭號漢明皇帝，改元龍鳳，高福興稱彌勒佛，金
> 剛奴爲四天王，前後攻破屯寨，殺死官軍。會長興侯耿炳文引兵剿捕，餘黨
> 悉散，惟金剛奴與賊仇占兒等未獲，仍逃聚黑山天池平，時出劫掠。至是潛
> 還本州，爲官軍所擒，械送京師伏誅。

案，所謂「漢明皇帝」者，「明」爲摩尼等教所追求之至善，「漢」則有種族思
想，二者皆韓宋所標榜，而田九成又改元龍鳳，似爲林兒之臣屬，故嘯聚隴西，自
洪武初年卽聚衆作耗也。又英宗實錄景泰六年四月戊寅：

> 直隸霍丘縣民趙玉山自稱宋後，潛以妖術扇惑流民謀亂，總督漕運左副都御
> 史王竑擒獲以狀聞。且言鳳陽流民甚衆，多爲玉山所扇惑，今玉山既就擒，
> 恐其餘黨憂惶，致生他變，宜及時撫捕。詔令竑設法撫捕，務期盡絕，勿遺

民患。

霍丘在淮西，爲元末紅巾昌熾之地，趙玉山稱宋後，或與龍鳳亦有關。又憲宗實錄成化元年五月丁巳記：

> 妖人趙春張仲威伏誅，春寧夏中護衛軍餘，游食山東及京畿間，自來稱宋後，與景州人張仲威等倡造妖言，衆頗信之，而事覺，至是，于市梟其首示衆。

山東景州亦紅巾熾盛之所，其所倡造之妖言疑卽此，而其自稱宋後，或亦師韓宋故智者。又神宗實錄萬曆二十八年三月甲辰，鳳陽撫臣李三才奏：

> 趙古元自以宋朝後代，生有異姿，久蓄不軌之念，將發大難之端，易名而遊四方，揮金而結亡命，流寓豐碭，潛至房村，題詩見志，顯爲不道之詞，僞帖總兵濟以妖邪之術，而孟化鯨等遂欲藉此搖惑大衆，稱世道之將變，尊古元爲眞人。至王松感九泉之夢，獻女乞二官之封。古元且懸示通途，自稱國王，邂逅羣小，輒授將軍。觀其書與化鯨招兵七千，約以二月二日各處兵馬八路齊起，先取淮揚，次取徐州新河口，阻絕糧運，次取金陵燕都，大事可定，又稱有精兵十萬，夾雜糧船帮內，其反狀甚眞。

趙古元浙人，以妖術倡亂，事覺竄徐州，其勢始大。李疏有誇功之嫌（見萬曆野獲編「妖人趙古元」條），茲不論，所可注意者，徐州亦紅巾熾盛之所，而古元復託爲趙宋後人，豈亦衍韓宋之餘緒者歟？夫元以歧視漢人，故紅巾倡復宋口號，易受擁戴，若明之執政者則旣爲漢人，宋亡已久，更無復遺思，無怪諸人假此之相繼失敗也。

　　總之，歷史上，一種改革運動之造成，每爲適應客觀之需求所產生，而以社會複雜，需求時變之故，儻執行政策者，墨守舊規，一成不變，則改之於此者，未始不失之於彼。惟識時俊傑，能隨時改善，雖憑藉舊時勢，而創闢新精神，以適應新環境。明乎此，則太祖與其他羣雄雖起事相同，而成敗懸判者，不足異矣。

出自第十本（一九四八年四月）

查繼佐與敬修堂釣業

王 崇 武

敬修堂釣業不盈卷，仰視千七百二十九鶴齋叢書本，不著撰人名氏，內載奏劄十五篇，論南明史事。間有缺字，係因違礙挖去。陳去病撰敬修堂釣業序（見國粹學報第十一期）謂亦藏一本，蓋亦此同。惟陳文指爲張煌言作，則與書中所述者不類。頃歲遠難西徙，稍治明季歷史，持取此書細看，始悉出明遺民查繼佐筆也。

繼佐字伊璜，浙江海寧人，崇禎六年舉人，所居在邑審山西，因呼審山爲東山，後遂稱爲東山先生。弘光元年五月，清兵南下，金陵瓦解。閏六月，餘姚孫嘉績等迎魯王監國。時浙東西搢紳士夫不甘薙髮投降者，競舞槊起義，繼佐亦起於海寧。七月，會師西興，列布江上，繼佐以鄭遵謙薦，魯王授爲兵部職方監軍御史，駐師臨山，屢有斬獲。尋因魯王劃江自守，無進取心，而悍將驕兵復不相統屬，人心遂渙。魯監國元年（順治三年）六月，清師渡江，守兵散，魯王脫走，繼佐倉皇入湯湖，避亂經年，始返故里。此後隱居潛伏者三十年，中遭莊廷鑨史獄，僅乃獲免、著有罪惟錄等書，以事涉勝國，流布極稀，故以楊傅九徐鼒舟之博綜晚明掌故，著書皆未徵引，他可知已。輓近適園叢書刊魯春秋，嘉業堂叢書刊劉振麟等輯之東山外紀、沈起編張濤補之東山年譜，商務印書館復假嘉業堂所藏之罪惟錄及東山國語稿本景印之，查氏事蹟始大彰於世，蓋沈埋無聞者二百餘年矣。

今刺取書中所記與繼佐身世比附，知正相合，如第一篇云：

況今天下保有十三，追悼舊德者，所在而起。錢江一帶，義旗高搴，屹不可動。主上以神明之貽，天日之表，謙恭慈惠，播遷之餘，俯從推戴，監國以來，善政日出。

自序云：

前此更有血書五六百字以檄江上諸公，蓋不中聽，爲魯監國攜海泊去。

又第二篇云：

主上爲大明之身。不止魯國分封故事而已。

是所擁戴奉事之者，非唐非桂，爲魯監國，一也。

第四篇述淸兵南下事：

前二十一日所遣偵子李志祥等已往彼中，安置內應，具報各縣情形如狀：……□（當爲「虜」字，下同。）來……至老母驚投水，幸負絮不沉。臣念父棺未葬，家屬咸在，族閭聚處，墳墓相接，或恐此未渡江，彼先屠伐，幸改臣姓，從母氏氏沈，稍示疑惑。

檢黃石齋所撰沈爾翰傳（據沈氏年譜引，道光福州刻本黃集無此傳。）許良謨花溪志，知繼佐父名大宗，母實姓沈，大宗卒於崇禎十五年，年六十二，至是亡甫三年；母卒於順治五年（見年譜），此時或已衰老。棺殯未埋，蓋爲待母合葬，與此疏所述之情節合，三也。

第十一篇記其門人沈陵殉國事：

殉兩都諸公已蒙贈加，炳不可朽矣。□至武林，都有幽節，不勝收拾。臣居浙西，能詳言浙西。……臣門人生員沈陵，初不識字，工謳吟。年十五，見臣與四方從游者日講貫，曰：「吾亦欲爲制義」。頃刻成一篇示臣，則雜歌詞其半，頗有理趣。臣告之曰：「獨不得入此等語」。乃折節讀書，博洽有文名。生質孱，□至，謀奮義，臣笑曰：「汝弱，不任荷戈。」毅然答曰：「吾此中強也。」走道臣荆本澈，奉命一較，截郭店一路，勢不敵，義兵咸走，而陵獨殿不肯退，遂爲虜殺。

鮌東山外紀載：

沈陵販兒子也，年十二，不識字，頗工弈。浪走市中，嘗與王老分局，王老自號能弈，陵往往勝之。先生（謂繼佐）與同社過市，見陵下子有勢，無俗狀，異之。邀歸，令習歌，一二過，輒善。時陪月課，久之，陵私作文獻先生，則皆劇本工白，先生曰：「凡書皆可入文字，獨詞曲不宜。」教之覽時藝，陵曰：「文字止此乎？」聽講逾年，文輒工，列膠庠，歌固不廢也。申酉之際，忽以戎服見先生，請舊領諸執槊，先生不許，曰：「若質弱不勝衣，毋自及難。」陵曰：「此中固自強。」遂別去，是後竟以冒刃卒，先生

　　爲之傳。

此文與上文所記間有出入，然兩書中之沈陵明係一人，可證敬修堂釣業之作者卽爲繼佐。所謂先生爲之傳者，乃指東山國語沈陵傳，其文云：

　　乙酉六月，陵仗劍走海上，受計監軍荆本徹，得兵符反（醫）號，詫衆言：

　　「海師已復潤州，並下毘陵。」以壯諸營之膽。時所在挺起，陵統之赴北兵

　　於隘，幸勝者再，已而遇大軍於郭店，戰不勝，衆潰散，陵獨殿後，中流

　　矢，歿於陣。

所記較上疏爲詳，並可爲此書出於繼佐補一鐵證，四也。

　　繼佐少喜釣弋，所用印章，署「釣史」、「東山釣史」或「釣玉軒」，又稱「釣玉子」。（並見外紀）著書名「敬修堂釣業」者當亦因是。古書彙刊景印有繼佐所作之另一種，名釣業，其書之命名雖與此略同，而內容則絕異。蓋釣業爲繼佐早年所編著，（書末有嘉慶二十四年妙果山長跋云：「此卷俱東山在明時手鈔錄者，故書法不及次本」。）所收作品，標注年月，其最晚者，迄於崇禎十七年六月，外紀記其編纂之時代云：

　　先生治樸園，門有古樸，似蒼頭迎門，可五六百年物，嘗作古樸記。……會

　　申酉之際，先生作其中，手錄釣業，可五六十日，便釋去，避難會稽，歸而

　　園蕪不可理，尙存數楹壁立耳。

柒北都覆亡之後，南京尋立福王，繼佐性就隱逸，彼時或尙無用世之念，（甲申六月答涂廣書：「已自分鈍貨，六月之間，躬爲圃矣。是其證。」）因得於樸園董理舊稿五六十日，追淸兵南下，遂不能終業矣。

　　外紀謂釣業係不全之稿：

　　凡有所著述，初成，嬾整書，原稿輒爲人取去，今箧中所存，十之七八耳，

　　……偶記及釣業失去且半。

又云：

　　釣書十二卷，係先生甲申閩歸，手書其詩與文，行草惟意會。避難江東，以

　　石匣鋼薶地。旣而瀁跡先生故居，索地，意他物，發之。及先生歸，止購十

　　之五六。

所謂避地江東者，卽指江上起義而言，行草意會，又與彙刊本景印者合，是釣書卽

釣業也。釣業初不只彙刊本一種，嘗見民國二十五年浙江文獻展覽書目，知海寧縣立圖書館亦藏有一本，名東山釣業，中載費寅跋，稱其書較所見眞跡，篇名多異，知散佚尚夥。查濟猛復跋其後云：「硤石徐容初司馬嘗得東山先生手寫詩文稿，攜至滬上，轉示南通張季直先生，費公所見，當是此册。余又見古書流通處景印有東山釣業及粵遊雜詩兩種」（即彙刊本），經陳乃乾校定，與徐氏所得曁是本均異」云云。是釣業除彙刊本外，尚有海寧圖書館所藏及費寅所見兩異本，並爲一書之佚。（年譜所列徵引書目亦有此書，當亦非完佚。）原書十二卷，劉振麟等所見已佚其半，今彙刊本及各地藏弄者，似又爲其佚後之散稿。此釣業之流變也。

　　敬修堂釣業則爲繼佐晚年手編，所錄各疏斷自弘光元年乙酉，迄魯監國元年丙戌，東山年譜於順治十一年下記：

　　是年……卽黃泥潭（在杭州鐵冶嶺）爲敬修堂，以勤修講會故。

又外紀載：

　　卽黃泥潭爲敬修堂，同堂沈宜子爲題柱：「閉關草史，設帳談經。」復一月陞座。

據此，敬修堂爲繼佐講學論道之所，建於順治十一年，世稱繼佐爲敬修先生者當肇於是。惟敬修堂之建築，初不一定卽在是年，張補年譜記：順治八年，所著敬修堂說外刊成（案卽罪惟錄之部分）。說外向未見刊本，張說是否可信，無從取證，果書名非後來追加，則是前此三年已有敬修堂之稱矣。要之，敬修堂爲其晚年所構可以斷言，亦卽敬修堂釣業之編輯應在以後。書序云：

　　此苦口也，自乙酉九月至明年五月，約三十餘上，淪廢過半，僅存十五，在當日以爲空言，在此日以爲讕語，不知千載後當作一古話否？

爾時閩局日非，義兵零落，魯王且於順治十年自去監國號，繼佐則年躋五十，垂垂老矣，故不勝滄桑身世之感，此敬修堂釣業之成書也。

　　嘗思當日情勢，魯與唐異趣：唐以僻處八閩，敵騎威逼不至，於浙贛義兵以相去過遠，亦無力控御，故應以魯爲屏藩，教訓生聚，相機北圖，如黃道周之積極進取，驅不教之民戰者，義雖可欽，計則甚左。魯則不然，魯乘杭城新陷之餘，義旗四起之會，雖應亟飭內政，尤宜以攻爲守，深拱高居與從容講論，實非其時。繼佐

第一篇疏言：

開創之主，義不返顧，天之與否未敢必，而無不迅起疾赴，身冒矢石，備嘗茶苦，與其同事，故有布衣昆弟之心，略去形迹，不修文飾，而太阿在手，賞罰斷斷，不蓋不乘，財物婦女皆所不取。作法厖古，事事近質，寧不識字，不嫻禮，而伺功播德，收人心以基天命，所爲旦暮不能去諸懷者。中興之主固不難仗此英武，以比初造，而臣民之心，執膠虛體，絲依故例，牢不可拔。夫衣冠講讀，高居深拱，豈不威神，而內外虛冒爲功，乞請自便，養恬長傲，美聽悅觀，猶之先代，是所以失之者，乃不復更改，欲復藉是得之，亘古以來，未之有也。

又第十篇云：

米價騰沸，過常數倍，財竭則內必變，民情已洶洶可慮。又外逼日至，叔父寡兄，同室之愛，我無一恃，知不可以旦夕安矣。而舉朝泄泄，猶然飾太平之容，豈以示□鎮靜，如謝安之於秦乎？臣未能爲之解也。

又第三篇云：

國家從來誤於緩急二字，著著妙算，著著錯過，臣欲力除此病，先從此局始。（指頒帑賞兵。）幸與呵護力行之。

推繼佐之意，以爲中興之主略同開創，至憑藉之勢，則中興爲難，蓋前者革新局面易創，後者因襲錮習難除。因請祛除積弊，誓師北征，十五篇所言，最要者僅此一義。夫以浙東局促之地，驟駐重兵，竭地丁所賦六十餘萬，不足以供正兵之餉，至民兵所需，更難措辦。不亟擴地補充，終成涸轍之魚，其勢甚殆。況當時起義民兵，大都無組織，無籌策，不趁方銳之氣一鼓振新，亦將師老兵鈍，漸卽瓦解。故繼佐之力贊北征，與黃道周之出師徽贛，表迹似同，利鈍判異，此則論世方人不可不深辨者也。

出自第十本（一九四八年四月）

讀明史朝鮮傳

王　崇　武

（上）

　　近以朝鮮李氏實錄校讀明史朝鮮傳，藉知其錯迕互異之文不勝舉，蓋清代修史多襲明人紀載，明紀外國史事本已隔膜，其緣情增飾之處又勢所難免，館臣既以此等文獻爲根據，復刪汰其關係建州者〔亦有刪汰未盡處〕，是明史此傳除無心之誤不計外，已經兩重曲筆矣。　茲以牽涉太廣，非短文所能盡，本篇姑置不論。　今之所欲言者兩事：一爲明史所據材料原有局部殘闕，一爲所改史實間徇朝鮮賄請，前者所以補明史之闕，而後者則以揭修史之隱也。

　　考朝鮮傳所據史料，實以明實錄爲主，以其他史乘訂補之。　明之惠帝代宗思宗均無實錄，惟景泰間事附載於英宗實錄中，時對外交涉本無所諱飾，及參以其他史傳，又可相互印證；至崇禎朝事去修史之時甚近〔明史第一次開館在順治二年〕，文獻保存者更多，故皆無材料貧乏患。　獨建文史事則不然，奉天靖難記卷四洪武三十五年〔建文四年〕六月丁丑記成祖焚建文諸臣所上疏：

　　　　上得羣臣所上謀策，卽命焚之，有請上觀者，上曰：「一時之言不必觀。」

　　　　〔明太宗實錄作「當時受其職，食其祿，亦所當言，何必觀。」　蓋實錄纂

　　　　修在靖難記後，故意尤委婉。〕

又太宗實錄是年八月丙寅亦記：

　　　　上於宮中得建文時羣臣所上封事千餘通，披覽--有干犯者，命翰林院侍讀

　　　　解縉等偏閱，關係軍馬錢糧數目則留，餘有干犯者悉焚之。

明史卷一七一楊善傳載永樂間藏方孝孺文集者坐重罪：

〔永樂元年〕，其爲〔鴻臚寺〕序班，坐事與庶吉士章樸同繫獄，久之相
狎，時方窮治方孝孺黨，樸言家有孝孺集未及燬，善從借觀，密奏之，樸以
是誅死，而善得復官。

又同書卷一四一方孝孺傳：

永樂中，藏孝孺文者罪至死，門人王稌潛錄爲侯城集，故後得行於世。

是建文史料除軍馬錢糧而外，餘均燼燬。　方集在宣德以後始稍稍傳播，然不過搜
探散落之餘耳〔見范刻遜志齋集凡例及四庫提要〕。　奉天靖難記謂惠帝詔檄多出
孝孺之手，自爲研究靖難史事之重要文獻，而今方集全不收載，以此例彼，當時人
之記載失傳者蓋已多矣。　時官書所載，曲解史實，而野史記述又毫無根據，皆不
足以盡史事之眞相，遑論於外國事蹟又記載甚少乎！

據朝鮮實錄，其國王世系：太祖康獻王李旦〔初名成桂，後更名。〕之後，爲
定宗恭靖王曔〔初名芳果，後更名。〕，曔後爲太定恭定王芳遠。　曔爲旦第二
子，以洪武三十一年八月立爲世子，建文元年正月，旦請老，以曔權知國事，曔實
錄卷一，元年〔建文元年〕六月丙寅，載有明禮部核准之咨文：

賀登極使右政丞金士衡陳慰使政堂河崙進香使判三司事偰長壽捧禮部咨文回
自京師。　上冕服躬迎，百官具公服上箋稱賀。　咨文曰：「建文元年四月
二十五日，准朝鮮國咨，該本國王年老疾病，已令男曔權署勾當，咨請奏
聞，明降施行。　本月二十六日早朝，本部尚書陳迪等官於奉天門欽奉聖
旨：已先太祖皇帝詔諭本國儀從本俗，法守舊章，聽其自爲聲教，今後彼國
事務亦聽自爲，欽此。　擬合移咨照驗施行。」

曔立二年，遂位於弟芳遠，即旦之第五子也。　惠帝初以情節離奇，頗疑其詐，禮
部送咨朝鮮查詢之，芳遠實錄卷一，元年〔建文三年〕三月乙丑：

判三司事禹仁烈簽書義興三軍府事李文和等齎禮部咨文回自京師，咨曰：
「建文三年正月初八日，欽奉敕旨，朕惟天地之常道不過乎誠，人君之爲治
不過乎信，苟爲下者於信有所不足，人君亦豈可不信待之哉。　近爾禮部奏
朝鮮權知國事李曔欲以其弟李芳遠繼其後，及請誥印曆日，朕見其使來意懇
切，即可其請，遣使齎印誥往正其名，且許以其弟爲嗣，使者去不旬日，忽

遼東奏至，李曔又報忽得風疾，眩於視聽，已於建文二年十一月十一日令其弟代知國事，朕甚異焉。　噫！李曔之以疾讓弟果出於誠心歟，抑其父李旦寵其少子而易之位歟，無乃其弟陰爲不義歟，或者嘗試朝廷而有侮玩之意歟，豈其國中有內難而然歟？孔子不逆詐，不億信，然而以先覺者爲賢，已令追使者還，復念其佇望已久，朕雖以誠信待人，然印誥則立者未定，未可輕付，前者所遣使臣想已至其國，待其回日，更爲區處。　爾禮部可遣其使回，諭以朕意，如敕奉行，欽此。　除欽遵外，今將欽奉旨意備書前去，合行移咨知會。」

又閏三月甲辰：

參判義興三軍府事朴子安簽書義興三軍府事李詹等齎禮部咨文回自京師，咨曰：「建文三年正月十六日，准本國咨，權知國事李曔因患風疾，眩於視聽，於建文二年十一月十一日令弟李芳遠權署國事。　本月十七日早朝，本部於奉天門奏，奉聖旨，朝鮮本禮文之國，辭位襲職之事，前已敕爾禮部移文報他知道，今其使臣到，憑禮部家再回文書去，他若果無虧天理悖人倫的事，任他國中自主張。

後經朝鮮辨釋曔之患病是實，遂頒封誥，同年六月己巳：

帝遣通政寺丞章謹文淵閣待詔端木禮來錫王命，謹禮持節至，設山棚結綵，備儺禮百戲，上御紗帽團領，具儀仗鼓吹出迎於宣義門外，百官具公服以從，導至無逸殿宣誥命。　「奉天承運皇帝誥曰：古先哲王之爲治，德窮施普，覆育萬方，凡厥有邦，無間內外，罔不臣服，爰樹君長，俾乂其民人，以藩屏夷夏。　朕承大統，師古成憲，咨爾朝鮮權知國事李芳遠襲父兄之傳，鎭綏茲土，來效職貢，率禮克誠，以未受封，祈請勤至，茲庸命爾爲朝鮮國王，錫以金印，長茲東土。　嗚呼，天無常心，惟民是從，民無常戴，惟德是懷，爾其懋德，以承眷佑，孝友於家，忠順於上，仁惠於下，俾黎民受福，後昆昭式，永輔於中國，啓土建家，匪德莫宜，可不敬哉。」

案曔雖病廢，其讓位於弟，實被迫使然。　惟曔之受封與芳遠嗣立皆承惠帝詔敕，本末甚明。　李旦建國於洪武二十五年，遜位於三十一年，芳遠卽位在建文三年，

遜位於永樂十五年〔傳子禑〕，其父子之通明事蹟，中國記載雖有削刪，然大部尚
載入明太祖成祖兩朝實錄，獨是暾之立爲世子在洪武三十一年八月，太祖已先於是
年閏五月薨，請封之典自不能載入太祖實錄，其在位年限，則由建文元年至二年，
惠帝旣無實錄可徵，又無他書可證，故其事蹟全部湮沒，此明史朝鮮傳載：

> 建文初，旦表陳年老，以子芳遠襲位，許之。〔中國史籍之記李王世系者多
> 同此誤，不備舉。〕

蓋不知旦與芳遠之間尚隔一王。　皇明祖訓列朝鮮爲東北不征之國，而統觀惠帝前
後詔敕及禮部咨文，文溫誠虔，大抵遵守太祖「儀從本俗，法守舊章，聽其自爲聲
教」之成規，成祖嘗毀惠帝背棄成憲，實則此正奉行祖法之具體例證。　此一事
也。

成祖藩封北平，其蓄意興師，蓋準備已久，朝鮮地勢以與遼東毗連，互相犄
角，故頗爲所注意，芳遠實錄卷九，五年〔永樂三年〕六月辛卯平壤府院君趙浚
傳：

> 辛未〔洪武二十三年〕六月，入賀聖節，道經北平府，太宗皇帝在燕邸，傾
> 意待之，浚退語人曰：「王有大志，其造不在外藩乎？」

旦實錄卷六，三年〔洪武二十七年〕十一月乙卯：

> 我殿下〔謂李芳遠，時赴京送明朝犯人。〕　回自京師。……殿下過燕府，
> 燕王〔原注：「卽太宗皇帝」〕親見之，旁無衛士，唯一人侍立，溫言禮接
> 甚厚，因使侍立者饋酒食，極豐潔。　殿下離燕，在道上，燕王乘安輦朝京
> 師，驅馬疾行，殿下下馬見於路側，燕王停駕，亟手開簾帷，溫言良久乃
> 過。

同書卷八，四年〔洪武二十八年〕十一月丙寅：

> 節日使金立堅回自京師，曰：通事宋希靖押馬權乙松等被流遠方。　初計稟
> 使金乙祥道經燕邸，〔明實錄洪武二十三年七月甲辰，高麗遣其臣金乙祥送
> 元伯伯等到京。〕　復於上曰，燕王謂臣曰：「爾國王何不送馬於我？上信
> 故之，立堅去時，仍附鞍馬以送，燕王受之以聞，帝曰：「朝鮮王何得私

交！」乃流希靖乙松於金齒衞，再流騰衝府。

芳遠實錄卷四，二年〔建文四年〕十一月己丑〔時成祖已卽位〕：

> 上與兪士吉等曰，「我國自高皇帝時臣事朝廷，今聖上〔成祖〕在燕都，燕
> 近東方，故待我國人偏厚。」

案明制藩王出城省墓亦須奏請，二王俱不得相見〔見明史諸王傳贊〕，此爲後來限制較嚴之法，非其朔義。　惟明初藩王不得接見外國使臣，則彰彰可考。茲復揭舉芳遠實錄中一則以爲例，實錄卷十五，八年〔永樂六年〕四月庚辰，記世子李禔赴南京朝貢事：

> 世子還至北京，詣趙王宮辭，王使左長史顧晟傳旨免禮，曰：「今在衰絰，
> 不可受禮。」〔案指仁孝皇后喪，后薨於永樂五年七月。〕　賜表裏各十
> 匹，曰：「人臣無外交之義，來時禮物所不當受，然以世子之誠，受而奏
> 聞，今還告歸，無以爲禮，聊此爲贈。」

永樂初年矯建文之政，取諸藩尚寬，趙王高燧爲成祖愛子〔時幾奪儲位〕，視其他諸王尤爲寵異，然尚云「人臣無外交之義」，受物必以上聞，則揆之太祖法嚴刑峻之世更可推想，故成祖之厚遇鮮使，必非太祖所及知，其索馬上聞，容爲情勢所不得已，而其所以冒茲厲禁者，則爲聯絡朝鮮以示好感也。

　　迨靖難兵起，惠帝頗以朝鮮之態度爲疑慮，故亦力爲拉攏，採懷柔政策，芳遠實錄卷一，元年正月辛巳：

> 賜崔潤馬一匹，潤爲聖節使李至書狀官，還啓皇帝〔惠帝〕待慰甚厚，且聞
> 戊辰振旅之功莫大，使禮部主事陸顒鴻臚行人林士英齎捧詔書賞賜，已過鴨
> 綠江，上喜，有是賜。

案戊辰爲洪武二十一年，時高麗國王辛禑以大將李成桂寇遼東，成桂中叛，廢禑而立其子昌，此舉明爲成桂後來篡逆之張本，而惠帝在卽位兩年以後甫盛款鮮使，獎諭其十三年前未侵犯中國，非故示懷惠，將何以詮解乎？同書是年二月乙未，載陸顒等將詔至：

> 朝廷使臣禮部主事陸顒鴻臚行人林士英奉詔書來，設山棚結綵儺禮，上率百
> 官以朝服迎於郊，至議政府……宣詔。　「奉天承運皇帝詔曰：中國之外，

六合之內，凡有壤地之國，必有人民，有人民必有君以統之。　有土之國蓋不可以數計，然唯習詩書知禮義能慕中國之化者，然後朝貢於中國，而後世稱焉。否則雖有其國，人不之知，又或不能事大，而以不善聞於四方者亦有矣。　惟爾朝鮮習箕子之教，素以好學慕義聞於中國，自我太祖高皇帝撫臨萬邦，稱臣奉貢，罔或怠肆，曁朕祗受遺詔，肇承丕緒，卽遣使弔賀，時在涼陰，不遑省答，及茲服除，會北藩宗室不靖，軍旅未息，懷綏之道，迄今缺然。　惟爾權知國事李曔能敦事大之禮，以朕生辰，復修貢篚，心用嘉之。　今遣使賚賜建文三年大統曆一卷，文綺紗羅四十匹，以答至意。　爾尚順奉天道，恪守藩儀，毋惑於邪，毋怵於偽，益堅忠順，以永令名，俾後世謂仁賢之教久而有光，不亦休乎！故茲詔示，宜體睠懷。」

時曔已讓位，惠帝猶未及知，故此詔載入芳遠實錄。　建文三年以前，帝之所以未及懷綏朝鮮者，蓋因燕之勢力尚未強大，此時則成祖率兵深入，遼東孤懸，朝鮮可舉足重輕，詔文以「毋惑於邪，毋怵於偽」相勸勉，明係懼爲成祖所利誘。至「益堅忠順，以永令名」，似又希其積極之援助，持此與上條相印證，則惠帝之懷柔政策，更爲明顯矣。

時朝鮮不特未被成祖所收買，終且積極佐助惠帝，芳遠實錄嘗載帝遣使易馬，茲撮錄如次：

芳遠實錄卷二，元年九月丁亥朔，朝廷使臣太僕寺少卿祝孟獻禮部主事陸顒奉敕書來。　……皇帝手詔曰：敕朝鮮國王，前使者還，王以中國軍興乏馬，特貢三千匹，茲復遣人貢良馬名藥纖布諸物，禮意恭順，朕甚嘉焉。昔周盛時，內有管蔡之亂，而越裳氏萬里入貢，成王周公喜之，其事著於傳記，越裳氏之名榮華至今。　今朕德不逮古，而朝鮮爲國視越裳爲大，入貢之禮有加，今特遣太僕寺少卿祝孟獻禮部主事陸顒賜王及父兄親戚陪臣文綺絹各有差，以致嘉勞之懷，至可領也。　夫守道者福之所隨，達道者殃之所集，天之命也，朕奉天而行，樂與宇內同臻於治，尚其勖之，以綏多福。頒賜國王文綺絹各六匹，藥材木香二十斤，丁香三十斤，乳香一十斤，辰砂五斤。　前王李旦文綺絹各五匹，前權知國事李曔文綺絹各五匹。　別敕頒

賜國王親戚李和李芳毅等一十三員，每員文綺絹各四匹，陪臣趙浚李居易等
二十四員，每員文綺絹各三匹。〔案此亦懷惠之意，可與上文參證。〕

兵部咨曰：建文三年六月十二日，太僕官文武百官早朝於奉天門，欽奉聖
旨，朝鮮國多產馬匹，前日國王好意思進馬三千匹，已命遼東都司給與官軍
騎坐了，如今再用些堪戰的馬，差人逆着段匹布絹藥材，就教太僕寺少卿
祝孟獻禮部主事陸顒去易換好馬一萬匹，恁兵部行文書教國王管事的官每知
道，於官民有馬之家照依那裏時價易換，將來不要虧着他，欽此。 本部今
將聖旨事意備云前去，理合移咨知會，欽遵施行。 易馬一萬匹，運去段匹
等物，各色苧絲生綃縣布，藥材木香乳香丁香黃連丹砂澹礬川芎縮砂肉豆蔻
良姜白花蛇。

辛丑，朝廷國子監生宋鎬相安王威劉敬等四人賫馬價來，文綺絹縣布九萬餘
匹及藥材，用車一百五十輛，牛馬三百馱入京。

十月庚申，上如太平館，餞監生王威，以威領初運馬一千匹還朝也。

辛未，監生劉敬押二運馬一千匹還。

始給馬價，上等馬段子則四匹，絹則十匹，中等馬絹則八匹，縣布則十二
匹，以白花蛇木香乳香等諸般藥材並給之。

癸未，監生宋鎬押三運馬一千匹還。

十一月乙未，監生相安押四運馬一千匹還。

同書叁，二年〔建文四年〕二月壬午，監生柳榮押五運馬一千匹還。

三月丙午，監生董選押六運馬一千匹而還。

五月癸未朔，監生栗堅張緝等押七運馬而還。

總上各項共馬七千匹，未足一萬之數，即徇朝鮮之請而停止〔芳遠實錄：「二年三
月丁未，朝廷兵部咨文到，其咨文曰：本部欽奉聖旨，易馬七千匹，今已易來，朝
鮮不能充一萬之數，則不可強易，使臣可回來」。〕 然合之以前所進三千匹，則
仍足一萬匹矣。 當燕王兵起，雖於鄰近諸地如居庸懷來永平等處先後攻取，然遼
東重鎮則始終歸南朝統轄，由此擣虛西進，可以威脅北平，尋姜清祕史所載遼東兵
之西向進攻者凡六次〔劉廷鑾建文遜國之際月表所載者四次，他書所記與此亦不盡

同。〕茲擇鈔其與本文有關者三次，並參以楊榮孫嚴神道碑所載者一次，錄如下：

（一）祕史卷四，建文三年十一月總兵遼東都督楊文帥師圍永平，靖難兵還救永平。〔參看奉天靖難記叁太宗實錄建文三年十一月庚戌條及明史一五五劉榮傳。〕

（二）同書卷五，建文四年三月，遼東都指揮帥兵圍薊州，指揮李廣以城降，指揮孫通拒之，北平指揮陳賢以靖難兵來救，諸軍退，遂移師圍保定，不克。

（三）同年四月，遼東諸軍復圍保定，積四十日不克，引還。

（四）楊榮孫嚴神道碑：壬午〔建文四年〕春，南將平安督遼東兵十餘萬逼城〔通州〕，公語將佐曰：「彼眾我寡，若城守不出，是示弱也，不若及其始至而擊之，彼必滅亡。」乃率敢死士數百犯其鋒，而城上亦合勢大呼，安眾大潰，自是無復來攻。

案朝鮮於建文三年九月已貢馬三千匹，至上引各條又皆在建文三年十月庚申〔初五日〕第一批運馬之後，意者各役必有朝鮮戰馬參加，對於惠帝之幫助自甚大。至於後來遼東所以不常出兵及其失敗情形，明史各傳亦略載其原委，如卷一三〇吳良傳

子高嗣侯。……燕師起，高守遼東，與楊文數出師攻永平，燕王謀去高，曰：「高雖怯差密，文勇而無謀，去高，文無能為也。」乃遺二人書，盛譽高，極詆文，故易其函授之，二人得書並以聞，建文果疑高，削爵，徙廣西，獨文守遼東，竟敗。

又耿炳文傳：

（子）璿後軍都督僉事，與江陰侯吳高都指揮楊文帥遼東兵圍永平，不克，退保山海關，高被間徙廣西，文守遼東，璿數請攻永平以動北平，文不聽。

又卷一四二鐵鉉傳〔參看同書四恭閔帝紀建文四年五月條〕：

比燕兵漸逼，帝命遼東總兵官楊文將所部十萬與鉉合，絕燕後，文師至直沽，為燕將宋貴等所敗，無一至濟南者。

是後來所以失敗，乃因惠帝猜忌及遼帥謀慮不周之所致，非當時形勢不可為，更非

朝鮮助力之無濟於事也。

　　野史記祝孟獻等之使鮮易馬者，以余所知，以姜氏祕史爲最詳，祕史卷四，建文三年六月：

　　　　遣太僕寺少卿祝孟獻使朝鮮易馬，孟獻齎紵絲五千匹，絹四萬匹，布二萬匹，藥材一萬六千斤易馬，未及還，上出奔。

案祕史成書頗早，此言應有依據，惟孟獻雖未及還，其所易馬則早到遼東，姜記並不了了；又姜書於朝鮮之態度，貢馬之影響，亦茫昧不明，茲以芳遠實錄對照，則均可豁然矣。　　明官書於惠帝與朝鮮之關係概不記載，惟太宗實錄洪武三十五年八月己巳記：

　　　　遼東都司言，緣邊胡寇，竊發不時，騎士乏馬操備，遼東行太僕寺舊所易朝鮮馬二千六百餘匹，請以給軍士，從之。

又永樂元年五月甲申：

　　　　鎮守遼東保定侯孟善奏，太僕寺少卿祝孟獻往朝鮮市馬千匹，已至遼東，未處分，上命盡以給遼東之戍邊者。

專就本文尋索，似無深意，證以芳遠實錄，始知與伐燕有關。　　此又一事也。

　　又惠帝所遣諸使，大都儒雅風流，清不近貨，茲略舉數人以爲例，如建文三年，遣通政府丞章謹封芳遠，芳遠實錄卷一，是年六月庚午記：

　　　　上詣太平館拜節，用一拜叩頭禮，設宴，使臣却女樂，只聽唐樂，上將出，章謹謂上曰：「某等欲詣王宮以謝慰宴，但以天子之節在此，故不敢斯須離也。」　　上還宮，遣近臣饋鞍馬衣服靴帽細布等物，使却而不受。　　又使判司農寺事偰眉壽善辭以餽，謹等曰：「國王以君子待吾等歟？」固辭，竟不受。

後遣太僕寺少卿祝孟獻等貿馬，同書卷二，是年十二月庚午又記：

　　　　太僕寺少卿祝孟獻禮部主事陸顒等還，上率百官餞於西郊。　　孟獻等之將還也，以黑麻布白紵布爲贐，太上王〔李旦〕及上王〔李曔〕亦以黑麻白紵布贈之。　　孟獻曰：「衣服皆國王所賜，恩已厚矣，又何如此乎。　　遼東人知

之，謂我受贈，不公於易馬，則累及國王矣。」　顗亦不受。　監生郭瑄柳榮董遲曰：「或受或不受則不可也」，亦不受。

孟獻之始至也，上贈裝金束香帶，受而帶之，及歸還之，唯求買鑰匕鑰筯各十，銀湯罐一而歸。

建文四年，遣鴻臚寺行人潘文奎往錫國王冕服，同書卷三，是年三月載：

甲申，上贈衣一襲於潘文奎，不受，文奎但至闕陳謝而已。

丁亥，使臣潘文奎還，上餞於迎賓館，文奎溫雅風流，清不近貨，唯求詩卷。

其餘如兵部主事端木智、禮部主事陸顗等，雖偶縱情妓酒，絕無徵索陋習，天啟間姜曰廣出使，以不攜中國一物往，不取朝鮮一錢歸，至傳徧中國，譽洽東藩〔見明史本傳、輶軒紀事及朝鮮仁祖李倧實錄等。〕　上舉諸人行誼，方諸姜氏，殆無遜色，然一傳盛名於永久，一泯事蹟於來禩，〔雷禮列卿記祝孟獻傳，僅記其姓名爵里，無他事蹟。　黃淮介菴集有送端木智使朝鮮市馬詩潘文奎使朝鮮詩皆無從知其作於建文時，他書記諸人使鮮事者亦不詳，不具舉。〕　非得芳遠實錄對勘，何以發此久覆乎！又明代簡派使臣，凡關封賞之事概以內監充任〔其餘正副使臣則派廷臣之有學行者〕，　檢朝鮮實錄，永樂間所派之內監最多，騷釋亦最甚〔洪武時間亦派遣內監，然遠不如永樂時多。〕，而惠帝則於封賞詔使亦以文臣爲之，奉天靖難記以「倚信閹豎」爲惠帝罪狀之一，孰知與事實適相背！洪武間，學校與科舉並重，國學出身，可選爲州縣正官，後來漸重科舉，進士爲入仕正途，監生資格不能與比並，太祖以監生習吏事，謂之歷事監生，惠帝詔使徵馬，豈師其遺意？是又惠帝奉行祖法之另一例證，此又一事也。

基於上述種種，惠帝在鮮似遺念甚深，芳遠實錄：「四年九月己酉，召成石璘趙浚等議事，上曰：大抵人心懷於有仁，建文寬仁而亡，永樂多行刑殺而興，何也？浚對曰：徒知寬仁而紀綱不立故也。」　今案趙浚論惠帝失敗之故，頗中肯綮，惟時去南京淪陷已兩年，追論舊事，猶以「人心懷於有仁」稱道之，可見其景慕之篤。錢謙益列朝詩集閏集六載芳遠指斥建文之獻大明永樂皇帝詩：

紫鳳銜書下九霄，遐陬喜氣動民謠，久潛龍虎聲相應，未戮鯨鯢氣尚驕〔原
注「指建文君」〕，萬里江山歸正統，百年人物見清朝，天教老眼觀新化，
白髮那堪不肯饒。 〔原注：「吳人慎懋賞曰，朝鮮乃箕子之國，然世遠教
衰，三仁之風泯矣，悲夫！慎生評芳遠此詩，以其有未戮鯨鯢之句而深非之
也。芳遠父子弑王氏四君，殺忠臣而竊其國，其爲此也，吾無譏焉爾。殺父
而讐其祔他人之兄，不巳迂乎！」〕〔案此詩第三句指響應燕王者之多，第
四句則謂南京雖陷，建文之義兵仍甚熾也，錢氏以鯨鯢指建文君殊誤。〕
今以此詩與芳遠實錄對照，則知此等謠諑之言，殊違其本夷，慎錢兩氏譏評，非篤
論也。

　以上所述，明史以文獻無徵，故雙字不載，今得朝鮮實錄比勘，尚可略窺其端
緒，凡此皆所謂補其闕佚者也。

（下）

　朝鮮服事明朝，忠悃無貳， 崇禎間所以改投清朝， 乃屈於武力。 因漢化已
深，故對明人所記其先朝美惡向所注意，恆遣使辨誣，對清所記者則否，蓋仍以東
夷目之，謂無足輕重也。 惟對清修之明史則不然，康熙初，朝鮮戶曹判書吳挺緯
言．「談者或以爲事異往昔，不必辨明，此恐不深思也。元朝所成之宋史，後人不
廢看，則今日燕京所修之明史安保其不傳信於後代，而任其誣揑不爲辨白？」〔見
肅宗李焞實錄伍，二年二月辛亥條。〕 足以說明其當時之心理，此辨誣之使所以
續爲派遣歟。

　朝鮮太祖李旦原爲高麗王王顓之臣，其代王氏有國，自謂取於權臣李仁人所立
之僞辛氏，明初記載則以爲得自篡奪，後迭經朝鮮辨釋，已予更正矣。〔辨誣之文
具載朝鮮實錄明實錄及萬曆會典等書。 又弇山堂別集二六史乘考誤七「王顓之弑
固由李仁人，而昌瑤之廢與篡國實成桂也，後雖稱成桂非仁人子，考之前史實其黨
也。」〕 至天啓間仁祖李倧廢伯父光海君琿自立，朝鮮史書雖爲諱飾，中國記載
則概目爲篡逆，明熹宗實錄天啓三年四月戊子：

　天啓三年四月戊子，朝鮮國王李琿爲其姪李倧所篡，乃藉稱彼王太妃順臣民

之心，以廢昏立明，令議政府左議政朴弘耉移文總兵毛文龍乞爲轉奏。　　其
詞稱：本年三月內奉王太妃敎旨，謂光海君琿自嗣位以來，失道悖德，罔有
紀極，聽信讒言，自生猜隙，不以余爲母，戕害我父母，虐殺我孺子，幽囚
困辱，無復人理，屢起大獄，毒遍無辜，先朝耆舊，斥逐殆盡，政以賄成，
昏墨盈朝，賦役繁重，民不堪命。　　不特此也，我祖先祗事天朝，殫竭誠
悃，無敢或怠，而嗣王琿忘恩背德，罔畏天威，督府〔謂毛文龍〕東來，義
聲動人，策應不虔，未效同讎，神人之憤至此已極。　　何幸大小臣民不謀而
同，合詞舉義，咸以陵〔綾〕陽君倧仁聲夙著，天命攸歸，乃於今月十三日
討平昏亂，已正位號，以嗣先王之後，彝倫攸敍，宗社再安。　　咨爾政府備
將事意具奏天朝，一面咨會督撫衙門以憑轉奏。　　朴弘耉等亦言：琿失道悖
德，委不可君國子民，陵〔綾〕陽君倧乃昭敬王〔卽宣祖李昖〕嫡孫，自少
聰明仁孝，有非嘗〔此避光宗諱〕之表，王異之，養於宮中，屬意重於諸
孫，今者人望所歸，王太妃克順人情，俾承先緒。　　文龍揭報。　　登州巡撫
袁可立上言：「李琿襲爵外藩，已十五年於茲矣。　　倧卽係親派，則該國之
臣也。　　君臣旣有定分，冠履豈容倒置。　　卽琿果不道，亦宜聽太妃具奏，
待中國更置，奚至以臣篡君，以姪廢伯。　　李倧之心不但無琿，且無中國，
所當聲罪致討以振王綱。　　儻爲封疆多事，兵戈宜戢，亦宜遣使宣諭，播告
彼邦，明正其罪，使彼中臣民亟討篡逆之賊，復辟已廢之主。　　若果李倧迫
于妃命，臣民樂以爲君，亦當令其退避待罪，朝廷徐頒赦罪之詔，令其祗奉
國祀，如國初所以待成桂者，此又不得已之權也。」禮科都給事中成明樞亦
言：「宜敕該部速議責問之檄，不失正罪之體，仍一面敕登撫以細訊屬國之
情，一面諭樞輔以詳商討逆之舉。」　　詔付部議。

據此，則倧廢琿篡位，假王太妃意以自飾，明人知之甚審。　　惟倧旣誣琿不爲明朝
盡力，〔光海君日記極力暴揚此點，實皆誣辭。〕　　又賄毛文龍代爲請託〔見倧實
錄〕，明廷因無力制裁，不得不漫辭應之，明實錄中亦具載其原委。　　實錄旣爲纂
修明史之主要資料，此事自爲館臣所熟知。

　　又修史以前私家著述之記載此事者亦多，茲擇舉數書以爲例。　　錢謙益初學集

卷五三譚昌言墓誌銘：

　　（爲登萊監軍道），朝鮮李倧弑其故主，介島帥攜重賂以請於朝。　故事使
　　舟從登上，公斥而拒之，乃迂道繇天津。

又卷四七孫承宗行狀：

　　朝鮮李倧弑其主琿，數之以其背我通奴，戕遼人而謀毛帥也，稱權攝國事，
　　因文龍以請命。　公報首輔曰：不如因而許之，使文龍市德於鮮以自固也。

黃道周漳浦集卷十一論朝鮮不宜廢立其主檄：

　　天啓三年之四月，朝鮮李倧廢其主琿自立。　越五月尚未請命。　登萊邊帥
　　得其平章所貼牒問於政府，政府以國家典章聽其自爲聲教，然而東道未清，
　　恐有乘同，生其叵測，乃使巡撫先爲檄以諭之，其辭曰：「……爾冠帶禮義
　　之國，沐浴皇澤二百四十年於茲，而敢自反側滅所立主，自爲李蘗，爾卽鳥
　　獸荒蔽藪澤，以爲我曷聞知，然而天畏伊邇，雷霆之於藪澤何礙乎！」

李應昇落落齋遺集卷一撫時直發狂愚觸事略商補救以備聖明採擇疏：

　　矧李倧身負簒逆之罪，虛託效順之名，萬一倚信保結，明受其欺，輕遣卑
　　官，貪鄙辱國，彼坐邀其封爵，我難責其勤王，聲實無憑，義利交喪。　不
　　能自立，何以平□？〔此當爲「奴」字。　據盛刊常州先哲遺書本。〕　天
　　啓四年正月十四日。　十七日奉聖旨：……朝鮮議封，事出權宜，成命已
　　頒，不得復出異議。　該衙門知道。

畢自嚴石隱園藏稿卷五朝鮮情形疏：

　　迺若彼國易主之詳，則亦有可得而言者。　李琿原以前王李昖次子得立，素
　　稱仁柔，李倧其親姪也，馳馬試劍，謀勇著聞，眉豎耳垂，表偉異常，在李
　　琿左右用事，掌管筆札之役。　入春因見李琿有疾，遂令心腹陪臣建議將平
　　山節度使李貴教練兵馬五百人調赴王京防禦，又密約繼祖母王太妃，於三月
　　初九日在宮中舉火爲號，李倧率李貴等以救火爲名，領兵入宮，綁縛李琿投
　　烈焰中，幷其世子宮眷及左右親信之人俱行殺戮，議政府有自盡者。　……
　　李倧遂繼王位……此臣喚集差官任國輔等反覆查問而得其大概如此。

案以上所舉諸書，細節容有可商，〔如牧齋以李琿被弑，畢疏謂投於火，皆誤，琿

實善終。〕　大體並無違誤〔皆以李倧得國由於篡奪〕，凡此修史諸君未必皆完全參閱，惟畢疏所述，曾轉引於皇明從信錄、皇明十六朝廣彙記、及明紀輯略中，諸書在乾隆禁燬以前，皆通行習見之冊，館臣誼不應不知之。

　　明史於倧篡逆之迹實隱約其辭。　考修史之時，朝鮮國王曾疏請昭雪。　東華錄康熙十五年十一月己卯：

　　　　禮部衙門議覆朝鮮國王李焞奏。　頃陪臣使還，購買前明十六朝紀一書，中載本國癸亥年廢光海君李琿，立莊穆王李倧事，誣以篡逆，今聞新命纂修明史，特遣陪臣福善君李枬等陳奏始末，伏乞刪改，以昭信史。　查本朝纂修明史，是非本乎至公，該國癸亥年廢立始末，及莊穆王李倧實迹自有定論，並無旁採野史諸書以入正史，應無庸議。　………得旨………依議。

又畢際有跋其父自嚴朝鮮情形疏〔載石隱園藏稿〕：

　　　　此疏採入從信錄諸書中，流傳朝鮮。　頃朝鮮嗣王因纂修明史，具疏爲其前王力辨，且指此疏謂非事實。　然先君當日所據以入告者使臣之言，而使臣則得之國人之口也。

案焞疏具載池北偶談〔卷上「朝鮮疏」條〕，同文彙考〔卷三頁二三〕及李焞實錄〔卷五，二年八月丙辰條〕，文長不備引。　十六朝紀卽皇明十六朝廣彙記，亦卽以畢自嚴疏爲根據者。　禮部謂不採稗史入正史，當嫌其雜有虛僞，而所謂至公定論，則在據實直書，如熹宗實錄畢自嚴疏及廣彙記等所載以倧爲篡位者是。　此官書記康熙時之修史態度也。

　　清朝文獻通考載雍正間忽允爲改正：

　　　　雍正五年正月，李昑疏請更正先世臣倧誣逆事。　部議昑四代祖倧，故明天啟三年請封，明十六朝紀以篡奪書實屬冤誣，應如所請更正。　俟明史告成後，以朝鮮列傳頒示其國，從之。

又東華錄雍正五年二月壬戌：

　　　　朝鮮國王李昑遣使臣表謝改正伊祖李倧被誣史書恩，並獻方物。

又清朝文獻通考：

雍正十年三月，昑以先臣李倧被誣事業蒙令史臣改正，乞早頒發。 部議俟明史竣後刊發。 得旨：「朝鮮國王急欲表其先世之誣，陳情懇切，可將朝鮮列傳先行鈔錄頒示」。 十月，昑遣陪臣李宜顯表賀孝敬皇后册謚禮成，並謝頒朝鮮列傳稿本。

乾隆三年十一月 ，昑奏請頒朝鮮列傳刻本於其國。 部議俟明史刊竣日印給。得旨：「朝鮮列傳可先刊刷頒給」。

四年五月，昑遣使表謝頒朝鮮列傳。

案此為朝鮮傳改正經過。 雍正五年禮部擬旨辭涉閃爍，蓋如以為野史不足盡據，初無不可，然官書如實錄，當時人之記載如畢疏等既皆於倧之篡逆同然一辭，何前此以為「至公定論」駁斥之者，遽為改口撤銷乎？此官書記雍乾間改變之態度也。

嘯亭雜錄卷十「朝鮮廢君」條曾懷疑此事：

明人十六朝小紀中曾紀朝鮮王李倧篡弒其叔琿事，朝鮮嗣王力辯其誣，具載於池北偶談中。 今明史依違其辭，亦無明文。 然吾邸屬有韓氏者，其譜言：先世明璡為朝鮮武臣，為琿所任用，後李倧因淫於宮闈，據奪大位，囚琿於某島中，以石灰矇其目，韓氏盡被族誅，惟其始祖雪與弟霓星夜逃竄，幾被擒獲，凡三月始至盛京投誠，太宗義其忠於所事，因授輕車騎都尉世襲云云。 則是小紀所載未必盡誣也。

案朝鮮傳為李倧掩飾迴護之故，中國方面極少記載，故以昭槤之淹貫故實，僅知明史依違其辭，不悉其事之原委曲折。 今以朝鮮記載對照，則可通解其故矣。 李焞實錄卷五，二年〔康熙十五年〕，三月戊子：

權大運等回還，上引見。 ……上曰：「今欲送辨誣使，於卿意何如？」大運曰：「臣子聞此言何可不辨，臣不憂此事之不成也。 於彼無利無害，持貨財入去，則事必成矣。」〔頁十四〕

其後雖經清廷駁斥〔見上引是年十一月東華錄文〕，然據朝鮮使臣別單謂：

（清）貨賂公行，衙役輩言及辨誣事，曰：「非二萬金決不成云」。〔焞實錄卷五，二年十二月辛未條。〕〔頁四九〕

又卷六，三年〔康熙十六年〕，三月甲午：

> 冬至正使吳挺緯、副使金禹錫、書狀官俞夏謙還自燕。　上引見，問彼中事。　挺緯曰……臣等又言辨誣事，答云：「清人以爲前朝史記不可增減，朝鮮非不知之，而謂我勢弱，欲以此探試，決不可許，索閣老之意如此，故前亦欲拘留辨誣使而送查使云。」〔頁十九〕

索閣老卽索額圖，時適有吳三桂之亂，朝鮮欲響應之，故清人疑爲欺己勢弱，藉以試探。　綜合上擧兩條觀之，是其所以不允之故，一則因賄金過少，一則因時涉疑忌，非以史實不可更改也。

李焞實錄卷五，二年十二月辛未載朝鮮再遣辨誣使：

> 辨誣使福善君枏、副使鄭晳自燕還。　上引見大臣，備局諸臣亦同入。　枏曰：「今欲辨誣，萬無激怒之事。」　……上曰：「奏文措語何以爲之？」　許積曰：「彼以嚴禁野史而自有定論爲言，今此奏文須問定論之爲何如，而因請頒降國乘，俾得解惑。」　……仍命以宗班中秩高者差送。〔頁四九〕

同文彙考卷三載焞辨誣奏疏上於康熙十七年十月，踰年二月，復爲禮部所駁，其咨云：

> 查朝鮮國癸亥年莊穆王事蹟始末，史臣惟據實纂修，雖有誣罔之言，事屬私記訛傳者，原不記載，況朝鮮國買去十六朝紀，因係野史，不足爲憑，於康熙十六年，臣部具題，令其繳部銷燬，已經咨行朝鮮國王甚明，今該國王姓某〔李焞〕又行瀆奏，殊屬不合，應將所請，無庸再議，其爲此事進到禮物，交與來使帶回，俟命下臣部之日，移文該國王可也等因，康熙十八年二月初一日題，本月初四日奉旨依議，欽此欽遵，抄部送司，奉此，相應移咨，爲此合咨前去，煩爲查照旨內事理，欽遵施行云云。

而焞實錄卷八，五年〔康熙十八年〕三月丙辰則記：

> 賀至使福平君棩、副使閔黯等還自清國，上引見。　棩進曰：「辨誣則雖得請，史記終不得來，可欠然。　聞史記姑不修正云矣。」〔意謂明史姑不繼續纂修。〕　黯曰：「外議以爲旣不得史記，則其伸雪與否難知云，臣亦爲是之慮，謂彼曰，旣無文書，何由知之？　答曰，爾宜製送。　臣等卽以雖

有文龍誣罔，明史元不載錄等語製給，則欲依臣所製改之矣。　中間爲漢尙書所沮，〔案之下文八年四月己丑記頒朝鮮列傳事，謂『漢侍郎王炳圖』云云，炳圖爲禮部漢侍郎，此處似亦指禮部漢尙書。　時禮部漢尙書爲吳正治。〕　至於優賂白金之後始爲略改，而所製文字與臣等所製大意不背矣。」

上曰：「得其改之之諾誠幸矣。」〔頁二十〕

是朝鮮以行賄之故，已得禮臣默允，故細審移鮮咨文，與康熙十五年東華錄所載者，表迹略同，意義迥別。　蓋上次爲批駁之辭，此次旣委爲野史，無殊爲允准藉口，朝鮮使臣因謂辨誣已得請也。　至吳正治之改竄史稿，似不可信，因史事釐訂，不全以禮部之然否爲決定，證以康熙間尤侗及王鴻緒所撰朝鮮列傳稿，亦知其未改〔詳下引〕。　惟吳氏旣納賄受託，或代朝鮮剖白，其直接間接有助於雍正初年之進一步承認，則意中事也。

明史於康熙間旣未修成，此段公案亦無形擱置。　故朝鮮於雍乾時仍重申前請。　英宗李昑實錄卷九，二年〔雍正四年〕二月辛未，遣謝恩使兼陳奏正使西平君李橈等仍赴清朝辨誣，奏文大意與偶談所載者略同，〔原文見同文彙考卷三、頁五九。〕　同文彙考載有雍正四年六月初三日禮部咨：

（上略）今該國王李昑奏稱：「先臣莊穆王倧係奉太妃之命，于昭敬王諸孫中，擇賢而有德者迎立，一國臣民，莫不感服，稱揚美德，至今不衰，誣被皇明十六朝紀直以簒逆書之，今聞皇朝方修明史，伏冀皇上哀憐，明命史臣删除訛誣」等語。　臣等伏查從來稗官野乘之書，所記一時事蹟，大都得之里巷傳聞，家自爲說，言人人殊，修輯正史者皆所不取。　朝鮮癸亥廢立之事，在明天啓三年，島鎭毛文龍據朝鮮議政府移文揭報，當時朝議紛起，其說不一，登州巡撫袁可立請遣使查勘，其年冬，毛文龍呈送朝鮮國公結十二通，且言彼國自宗室至八道臣民，合辭共稱倧爲恭順，籲請統理國事，於是遂封倧爲朝鮮國王，此天啓三年十二月禮部題請疏內所載也。　今朝鮮國王李昑沐皇上綏撫之恩，申陳款曲，祈昭雪先世簒奪之污名，皇上念其情詞懇切，爰命臣等公同會議，伏思善善長者，聖王勸世之大經，闕疑存信者，史氏記載之良法，況事涉外國，疑似之際，在所闕略，朝鮮國王李倧之立，明

代諸書所載不同，而據毛文龍請封之疏，有彼國臣民稱倧為恭順之語，似亦
可證篡奪之誣，臣等請將該國王李昑奏疏宣付明史館，令纂輯諸臣于朝鮮癸
亥廢立之事，刪除雜說，確考明代方冊，著為定論，以慰該國王題請之惘
忱。　　至所請將印本宣示等語，查史書雖有嚴禁出境之條，而我國家德洋恩
溥，四海一家，朝鮮輸誠最早，效順最勤，與內地無異，應俟明史告成刊刻
完日，將朝鮮列傳內立李倧之事，頒發該國王，以示聖朝撫遠字小之弘仁，
我皇上推誠布公之至意，其陳奏禮物交與來使帶回，恭俟命下之日，行文該
國王可也等因，於雍正四年五月二十六日題，本月二十八日奉旨依議，欽此
欽遵，抄出到部，相應移咨朝鮮國王可也。　　為此合咨前去云云。

案明代官書私乘於倧篡立之事，初無異說，今乃據毛文龍偽造公意以明野史之誣，
自為禮部之遁辭，〔時禮部滿尚書賴都，漢尚書李周望。〕　然則上舉康熙十八年
咨文，余以為即禮臣允准藉口者，得此不愈為證實耶！　惟此事為禮部所主張，館
臣未必全無異議，李昑實錄卷十一，三年〔雍正五年〕閏三月庚申：

上召見冬至三使臣，問辯誣事。　副使鄭亨益對曰：「謄本比初稍勝，而猶
不無礙逼之語，臣等不善奉使之罪大矣。」　上慰諭。　蓋明史記我朝仁祖
事，語多構誣，清國方修明史，故前後使行，每請改而不許。　是行也，清
國執政常明者為之周旋，略改字句，仍示謄本，使臣受還而猶未盡改矣。

〔頁二六〕

是所改者，仍未盡饜朝鮮人意，故有待於積極之求請，同書卷二十九，七年〔雍正
九年〕四月癸巳：

謝恩使西平君橈等復命。　上召見。　教曰：「辨誣之舉善成矣，彼史未及
見刊本，而所欲改者改之云。　誠邦國之幸也。」　橈曰：「皆聖上誠孝所
致，臣等何力焉。」　仍出櫃中謄本一卷以上之，其卷扁以『敕修明史藁』。
橈曰：「留保是彼國主文之人，與常明姻好，且是總裁官張廷玉之親友也。
常明於我國素所盡心者，邀留張二人涕泣請改。　兩人感而許之。　常明言
於臣曰，國史中所欲改字句，并即拈示云。　故臣等以朱筆點『篡』字『擭』
字及『自立』等字而送之。　常明示留保答書曰：丙午年〔即雍正四年〕皇

—18—

上已特許之，可隨意改之也。　由是事得順成。　但『自立』云云，常明云是野史中語，而明史則無之，旣云無之，則何必請改。　蓋彼言旣可信，文勢亦非倉卒間搆出者。　譯官金時瑜與常明相面，則常明曰：刊本當出送於冬至使之行，當以五六千金爲謝也。　仍求善馬及明珠。　兩個胡人，雖有文學者，於財則甚吝。　獨留保不受賂遺，曰：送史册而國王有禮謝，則不當辭云矣。」　上曰：「留保儘磊落，然亦厚索意也。　史局重大，留保雖權重，獨何以私見擅改也，大臣以爲疑，然予則曰彼人性本不欺人，而筆削之權更歸別人，則豈無他慮？」　橙曰：「兩人之外，他無主史之人，且彼不受賂，何苦而誑我也。」〔頁十七〕

卷三十，同年十一月丙寅：

謝恩兼冬至正使洛昌君樍、副使趙尙絅、書狀官李日躋辭陛。　上召見之，教曰：「本朝列傳刊出先頒事，當請之否乎？」　樍等曰：「齎咨文以去，當相機以呈也。」　上可之。　又命以眞珠名馬前使之約與常明者，卽與之，毋失信於蠻貊。〔呈禮部咨文略〕。〔頁四十〕

卷三十一，八年〔雍正十年〕四月己丑：

冬至使臣洛昌君樍等在燕京馳啓，略曰：皇帝以史事特下查例議奏之旨，又下膽頒本國列傳之命。　仍以遵請釐改之皇旨先送於內閣，宣付循環簿，遍示十三省。　三月十五日，始頒本國列傳膽本於臣等。　而漢侍郎王圖炳招首譯李樞語之曰：「皇上感國王誠孝，全史刊布之前有此特頒，歸告國王可也。　史册臣等當陪往，而太祖仁祖兩朝事釐改處，膽作四紙先爲封進。而始也廷論不一，或主防奏之議，或倡駁回之議，或持從實錄之議，事之難諧十八九，而獨禮部尙書三泰力主遵請，總裁官張廷玉傍加贊決，許多異同之說一併妥帖。」〔頁十六〕

又是年五月甲子：

冬至正使洛昌君樘、副使趙尙綱、書狀官李日躋奉明史朝鮮列傳還自清國。

上御時敏堂，受冊披覽，仍下問曰：「我太祖朝事不可釐正云者是誰之議

耶？」　尙綱曰：「卽漢人汪由敦也。」　上曰：「此皆明史本文乎？」

〔意謂「此皆因襲明朝所記之文乎？」〕　尙綱曰：「因明史而清人修之

也。」　上曰：「自立之自字終不得改矣。」　尙綱曰：「明本紀亦有此二

字，自古開國之際，此是例用之語也。」　上曰：「蜀漢卽正統，而朱子特

書漢中王自立，我朝事亦類此，然予心猶未釋然矣。」　樘又奉進太祖熹宗

本紀曰：「太祖本紀載我太祖朝事，熹宗本紀載仁祖朝事，而皆略書大綱

矣。」　上曰：「諸臣以謄本謂不如印本，而予意則不然，雍正旣御門親

頒，豈非信史乎？　第必得全部刊本然後方爲成功矣。」　尙綱曰：「臣等

必欲購全部以來，而張廷玉難之。　蓋明史編摩自康熙時熊賜履、王鴻緒等

始，而只撰進列傳。　康熙問：何不先撰本紀云？　則對曰：明史文字多有

忌諱。　康熙曰：如奴字卽辱說可削，如虜字從古有之，可存。　仍成本紀

二十餘卷，列傳七十四卷，而今則張廷玉總裁續修志表云。　全部之姑未

頒，似以忌諱字之尙未盡改也。」　樘曰：「此冊未見之前，憂慮實多，今

則宗系事列聖朝事俱如意釐正，不勝萬幸，實多常明及留保之力，銀貨及善

馬眞珠等物，常明責徵，故臣使首譯彌縫答之，而不可無致謝之禮矣。」

上曰：「文王囚羑里，武王有美女玉帛之用，旣欲辨先誣，則何可避行貨之

嫌乎？　銀則名以潤筆之資而給之，珠馬則是無名之物，辭以耳目之煩可

也。」〔頁二一〕

卷四十二，十二年〔乾隆元年〕十月戊子：

上引見謝恩三使，賜貂鼠帽。　上曰：「彼人所改冊子必購全本而來」。

蓋清人所修明史載我朝仁廟事，極其謬誣，曾已請改准許故也。〔頁二五〕卷

四十七，十四年〔乾隆三年〕七月乙亥：

陳奏使金在魯等陛辭。 ⋯⋯陳奏文略曰：「雍正十年春，先皇帝誕降恩旨，頒示鈔錄本國外傳。 先祖百年之誣，一時昭晰，信史正論，鑒鑒符實，而惟是史書刊刻又未告竣，印本恩頒，隨以淹延，成書之未卽快覩，猶爲未了之案，若其被誣原委悉具於兩先朝陳奏，今於刊刻告成之際，卒蒙完帙之頒示，則豈獨小邦之幸，抑或有光於字小之澤。」〔頁三五〕

卷四十八，十五年〔乾隆四年〕二月己卯：

奏請史金在魯等至自燕。 以刊改明史朝鮮列傳來。 上命具龍亭鼓吹，使臣陪進敦禮門，上御宣政殿，在魯奉史册跪進，上跪受。〔頁十一〕〔朝鮮歷次辨誣及請求鈔發朝鮮列傳文具載同文彙考卷三，可參看。〕

雍正十年，查例議奏之時，意見紛呶，具徵廷論之水火。 據上所述，後來此案所以順利通過，係因朝鮮行賄常明留保。 朝鮮稱常明爲「胡人」，李昑實錄復謂「常明者彼國寵臣，而自謂我國被虜人之後，故我使之行，每介常明以圖。」〔見卷三十七，十年十二月丙申條。〕 或不無誇飾欺詐意，果所述是實，則係一鮮人之入旗籍者。 其名位不著，職分當甚卑，然觀朝鮮實錄，其與朝鮮使臣過從及禮部關係則甚密，殆四譯館朝鮮通事之類歟？ 張廷玉留保皆明史總裁，常明與廷玉爲「親友」，留保則其「姻好」，故以常明之介，館臣中有陰爲朝鮮左袒者。 朝鮮使臣謂於清無利無害之事，擁金以行，無不得請。 證以上舉吳正治例，此次禮部尚書三泰必亦受賄金。 故由三泰力爭，廷玉夔贊，李倧纂位記事得以完全改正。 至其删改詞句，係據朝鮮使臣點竄拈示之稿，留保等假雍正諭旨，以意更勦者。

復檢朝鮮傳歷次改正之本，亦有線索可尋。 尤侗明史朝鮮傳載：

（洪武）二十四年⋯⋯成桂復廢瑤自立。

又謂：

天啓三年，琿〔珲〕子倧廢琿自立，奉昭敬妃金氏命請封。

案侗以康熙十八年入館，至二十一年乞休，是稿之成卽在此三、四年內。　侗稿極簡，惟記「成桂廢瑤自立」及「倧廢琿自立」，則頗近情實，此康熙間第一次之草稿也。

世傳明史稿鈔本，間標萬季野著，以其不易證明，且難確定其成書之年月，姑不具引。　茲錄王鴻緒明史稿卷一九四朝鮮傳所載者。

（洪武）二十四年⋯⋯十二月，瑤遣其子奭朝賀明年正旦，奭未歸而成桂廢瑤自立。

又謂：

（天啓）三年四月，琿爲其姪倧所簒，倧稱王太妃之意廢昏立明，令議政府移文督撫轉奏，文龍爲揭報。　登州巡撫袁可立上言：「李琿襲爵已十五年，倧則其臣也。　琿果不道，宜聽太妃具奏，待中國更置，奚至以臣簒君，以姪廢伯，所當聲罪致討，以振王綱。　儻謂封疆多事，兵戈宜戢，亦宜播告彼邦，明正其罪，使彼中臣民亟討簒逆，復歸廢主，果倧迫于妃命，臣民樂以爲君，當退避待罪，俟朝廷赦罪之詔，然後襲位，如國初所以待成桂者，此又不得已之權也。」　八月，昭敬王妃金氏疏請封倧，禮部尚書林堯兪奏：「據妃疏稱，琿積爲不道，淫佚忍虐，背恩天朝，陰通敵國，倧無攘奪之夙心，迫于羣情之樂戴，其說似可爲倧解矣。　顧琿朝鮮君也，皇上朝鮮君之君也，琿誠得罪臣民社稷，夫豈不可諫正，卽不可諫正，夫豈不有普天之共主在，一介行李，告於闕庭，一廢一興，誰曰不可，而偃然易數十年之舊君，奄有三韓之土宇，則固不能爲倧解也。　內外諸臣，抒忠發憤，有謂聲罪致討者，有謂勿遽討且弗受方貢覈顛末者，或謂當責以大義察輿情之向背者，或謂此事但以通敵不通敵爲主，琿誠通敵，則倧立非簒，當令之討敵自洗者，衆論咸有可采。　其謂琿實悖德，倧討叛臣以赤心奉

朝廷者惟文龍一人耳。 臣惟亂臣賊子誅不容朝，皇上奉天討逆，扶植綱常，此正法也。 毋亦念彼素稱恭順，迥異諸裔，高皇帝之處成桂原有故事。 向者釜山之役，我且捐億萬之脂膏，分百萬之貔虎，使立國於荆榛瓦礫之間，今一旦絕之而直暴其辜，當亦聖心所不忍也。 金氏姑未足據，文龍旅寄箕封，地主寓公，或相迴護。 合無更遣貞士信臣會同文龍公集臣民，再四詢訪，如琿無悖虐之行，通敵之情，而倧不軌篡逆，則王法自在，誰得而寬。 或琿果自絕於天，親離衆叛，倧前不與篡弑之逆計，後自值推戴之公情，襲位以來，一心中國，悉索敝賦，用張我軍，饟海上新集之師，同義士敵愾之憤，則恭也，非篡也。 祇是一擅，而罪非不赦，恩有可加。勘辨既明，再請聖斷，則廢立之事庶無遁情，天吏之威不至錯貸。」 報可。 十二月，禮部復上言：「臣前會同兵部移咨登撫，并劄毛帥，遣官往勘，務使覘人情之向背，定琿倧之順逆，今據登撫毛帥呈送彼國公結十二通，自宗室八道臣民合辭共稱琿爲悖逆，倧爲恭順，人情如此，大勢了然，且彼之陪臣相率哀籲，謂敵國欲絕毛帥之牽制，先攻小邦爲同仇，當此危急之秋，必須君國之主，若名號未定，徵發難行，邊疆爲重，未可以經常例論，乞先頒敕諭，令倧統理國事，仍行發兵索賦，同文龍設伏出奇，俟恢復漸有次第，始遣重臣完此封典，庶幾字小之中不失固圉之道。」 從之。

四年四月，遂封倧爲國王。 時封疆多故，閹寺專權，故徇其意許之。倧之得封，文龍實主之也。

同書卷十七熹宗本紀：

天啓三年四月，朝鮮國王李琿爲其姪倧所篡。

案此文大都根據明實錄及上引諸書。 王氏先於康熙五十三年撰成列傳部分，即其早年所刊之列傳稿。 後又補撰本紀志表，於雍正元年進呈，即後所刊之明史稿。兩書間有出入，就朝鮮傳言，尙無大異。 王稿視尤稿爲詳，以旦之廢瑤，與倧之

篡國，亦無二致。此康雍間再訂之稿也。

追明史成書則反是，明史之纂修，原以王稿爲藍本，故以明史朝鮮傳與王稿對勘，大半相同，僅文字間略有潤色及建州史事稍有刪削而已。　惟於李旦篡立之事則改爲：

　　成桂自立，遂有其國。

刪去「廢瑤」二字，意義雖同，語氣輕重則有間矣。〔案明史太祖紀洪武二十五年九月載：「高麗李成桂幽其主瑤而自立」，是仍具「廢瑤」意，史稿本記反無之。朝鮮不爲辨明，蓋亦百密之一疏。〕　然此猶可謂係依據明世官書徇朝鮮聲辨之文所改正。　至書李倧篡位，更大加改易：

　　（天啓）三年四月，國人廢琿而立其姪綾陽君倧，以昭敬王妃之命權國事，令議政府移文督撫轉奏，文龍爲之揭報。　登州巡撫袁可立上言：「琿果不道，宜聽太妃具奏，以待中國更立。」　疏留中。　八月，王妃金氏疏請封倧，禮部尚書林堯兪言：「朝鮮廢立之事，內外諸臣抒忠發憤，有謂宜聲罪致討者，有謂勿遽討且受方貢聚顛末者，或謂當責以大義察輿情之向背者，或謂當令倧討敵自洗者，衆論咸有可采。　其謂琿實悖德，倧討叛臣以赤心奉朝廷者，惟文龍一人耳。　皇上奉天討逆，扶植綱常，此正法也。　毋亦念彼素稱恭順，迥異諸裔，則更遣貞士信臣會同文龍公集臣民，再四詢訪，勘辨旣明，再請聖斷。」　報可。　十二月，禮部復上言：「臣前同兵部移咨登撫，幷劄毛帥，遣官往勘，今據申送彼國公結十二道，自宗室至八道臣民共稱倧爲恭順，且彼之陪臣相率哀籲，謂當此危急之秋，必須君國之主，乞先頒敕諭，令倧統理國事，仍令發兵索賦，同文龍設伏出奇，俟漸有次第，始遣重臣往正封典，庶幾字小之中，不失固圉之道。」　從之。　四月，封倧爲國王。

又卷二十二熹宗紀改爲：

　　　　朝鮮廢其主李琿。

以廢琿立倧出國人公意，於王妃敎命旣假爲實情，明臣奏疏復删其原語。〔凡以倧爲簒位之意，均删去。〕　設非禮部左祖朝鮮，常明、留保、張廷玉等受託斡旋於其間，何至全部隱諱耶？　凡此皆所謂揭修史之隱者也。

　　或謂：朝鮮旣納賄請託，斤斤較量一字一義之長短，何傳中遣李曔之事不載，獨不爲辨正？　則答曰：革除史事，在明中葉以前有屬禁，朝鮮自不敢暴白與惠帝之關係，迨年世浸遠，或漸遺忘，邉論朝鮮辨誣用意僅在掩飾先王慚德，且及倧得國不正，明淸之人所深悉，故特求改正。　芳遠之襲封亦不正，中國之人所不知，故不爲聲張，亦情理之自然者也。

　　　　民國三十一年八月三十一日脫稿，時旅居南溪李莊。

—25—

清太宗求款始末提要

李 光 濤

　　民國二十六年六月，我在南京，曾經做了一篇「清太宗求款始末」，此文約計四萬多字，以印刷故，陷在某地，此後彼此從未通過信，所以關於此文的存亡，我今天也只好付之不問了。　只是這篇所引的史料的重要性，不妨憑我的記憶所及，借此一談。

　　記得我當初所採用的材料，大部份都是取之於檔案，尤其是以取之於天聰實錄稿的，比較爲最多。　此實錄稿（今在某地）的內容，有許多都非外間所能看得到的，此類的史料，不但記事上最樸實，最可信，就是在名稱上看來，也很似毫無一點文飾之辭。　舉稿中的例子來說，比如：改金國汗爲滿洲國皇帝（金國汗三字，係原文滿州國皇帝五字，係塗去金國汗三字後所改寫，下同。）　改番書爲滿洲國書，改老寨爲興京，改謹奏皇帝爲致明帝書，改皇朝爲明朝，改搶掠爲伐明，改袁老大人爲袁巡撫，改太監老大人爲太監，改河家爲回國或回朝。　像這一類的很多，都是些實實在在的記載。　由這些實實在在的記載，則是關於金國當初的本來面目，也就不難由此明瞭了。

　　因此我也很放心大胆的儘量利用此天聰實錄稿一書，因爲儘量的利用，所以才一氣的集了有四萬多字的長篇，不幸現在都遭淪陷了。　萬一或竟因此而遭遺失了，這自然很是一件甚爲可惜的事。　又，我於此，應再補充一句，就是這裏所說的可惜，並非可惜我自己的稿件，而只是可惜這些史料太珍貴，太難得。　（編者按：此類史料，當日因刊印故留某處，今尚祕藏無恙，即李君原稿亦未必失。）

　　我又記得天聰實錄稿內關於求款之書，有許多很遜順其詞的書札，這些書札，有與督撫的，有與太監的，有與守堡官的，有與朝鮮國王懇求爲彼介紹於明帝的，

有借用蒙古部落的口氣上疏明帝替他說好話的。　又有他自己（金國汗）懇懇切切地乞請明帝包荒的奏本。　像這一類的書札和奏本，實在不可屈指。　由這一些乞款的記事，我又很曉得金國汗是迫而出此。

因迫而求款，所以他們對於求款的願望，也不敢為過分的請求，據天聰六年實錄稿，依金國汗的意思，只想比照蒙古順義王俺答舊例，「請封王位」，和「得些財物，打獵放鷹，便是快樂處。」　同時他們又因為很懷疑王位不可必得，所以又說：「汗縱欲為三公九卿，將來何傳之史策乎？」　後來更說：（據羅氏史料叢刊奏上葉三十二）「惟當遵舊制，正明分，遜辭禮讓，修一表文，先述北闕兵燹之情，後謝連年用兵之過，其和之格局，聽其區處。　「在這個時期中間，我又知道金國汗還有過向明朝請印的奏本。　見北京大學藏天聰四年正月刻本諭。　尤有最值注意的，莫如金國汗更嘗有自行削去天聰年號之事，如書天聰三年，只書己巳年，而不用天聰二字。　見明清史料丙編（以下簡稱丙編、甲編、乙編）第九葉金國汗致袁老大人書。　此書的表示，極為明顯，頗有思欲遵用崇禎年號的意思。　後來所以未用的原因，自然不外因為求款未成之故。　所以他們又嘗云：「良可傷心」（見北大刻本諭）。　委曲至此，很可看出當日金國汗懇切乞款和他很想乘機效順的真相。　此等真相，與清朝全史所記「媾和非太宗真意」的話，完全相反。

除此外，我又曾討論過金國汗委曲求款的原因，此類的原因，情節很多，我只能夠將已經說過的，舉幾個例子在下面：

南朝雖師老財匱，然以天下之全力，畢注於一隅之間，蓋猶裕如也。　（甲編葉四九）

他家天下二三百年，他家疆域橫亘萬里，他家財賦不可勝計。　（羅氏史料叢刊奏中葉三五）

他家指大明。　這樣望洋興嘆的口氣，好像乞兒差不多。　乞兒之狀，據天聰二年八月失名奏本亦有云：

臣又見我國有等貧窮官員，餓莩其色，懸鶉其衣，路人見之，作踐凌轢，詈罵謗詬，同於乞丐，彼何用此官爵為耶？

貧窮至此，所以毛文龍嘗說他們是：「不成才的光棍，沒形影的花子」（甲編葉四三）。　這樣的光景，故只有「惟以搶掠為生」（天聰七年實錄稿）。　他如：「降夷不服，非散卽逃」（天聰元年實錄稿），「到手舊人，又多逃去」（羅氏史料叢刊論帖葉二十一），與同「事局未定」（甲編葉四九）等記事，都是和求款有關。　此處也不必多舉，但看上面所記的這十例子，也很足證明清太宗顯望求款効順的大概了（求款最急時期，莫過於天聰年間）。

　　像金國汗這樣的顯望求款，在那個時期的明帝，果能應付得好，允金國汗款貢之請，則遼東一隅，安定並非難事。　且如款貢的好處，我嘗以俺答為例，比如萬曆實錄十五年四月辛未云：

> 北虜款市，巳十六年，取旣款後十五年，與未款前十五年較之，通計二鎮（宣府大同）所省，歲一千一百二十八萬有零。　又城堡賴以修，邊地賴以墾，鹽法疏通，蓄積稱富，而生齒亦號蕃庶。　款市之利，不旣彰彰哉。

此俺答未款之前，衆數十萬，世為邊患，他的聲勢之大，遠非初起的建州所及。只因當時能隨機應變，不為浮議所惑，如隆慶帝斷之於上，張居正等贊之於下，有君有臣，故得太平無事。　而此俺答旣款之後，據明人云：「銳志全消」。　又云：「日與番僧溺志焚誦，邊民不知兵革者六十年，而虜遂以終。」　以此例之，則處置建州，假若效法隆慶，自然亦可如此。　不幸而遇崇禎，君暗臣奸，事本易為，而不肯為，對於金國汗之諄諄求款，動輒以宋金的覆轍為言，至下「片紙隻字，不准接遞」之旨。　用這樣不倫不類的眼光，看議時事，自然議論愈多而愈不合。　據我先前的意見，則以為：

> 明朝與宋朝不同，宋時中國弱，而金國強。　宋之於金，自稱曰任，曰臣。旣辱國體，又原是敵國。　至若明季之建州，則與此絕異，建州稱明曰大國，曰天朝，曰皇朝。　自稱曰建州衛都督臣，曰屬夷，曰外番，曰看邊，曰忠順，曰忠於大明，呈文曰奏本。　又請印請封，請用崇禎年號，且又係納款進貢，中國之體自尊。　卽准其封貢之請，或封王，或封三公九卿，均無不可，有何窒礙難行？　乃當時之朝廷，幷此亦不知，可見明朝無人。

此段的議論，雖說是我從前的一點小小意見，然於當初明清的得失關鍵實最大，同

時也可說算是本篇中最要的一點，不可不注意。 此期歷史，只有金國汗知之獨真，據王氏東華錄天聰五年八月乙卯遺祖大壽書云：

我諄諄致書，欲圖和好，爾國君臣，惟以宋朝故事爲鑒，亦無一言復我。爾明主非宋之苗裔，朕亦非金之子孫，彼一時，此一時也，天時人心，各有不同，爾國不因時制宜，惟欲膠柱鼓瑟可乎？

語云：「知己知彼，百戰百勝。」 明朝的君臣，旣不知己，又不知彼，卒至內外交訌，致遭覆國之禍。 我於此，原來有一結論，茲再引在後面，姑爲本文的結論。

遼東之事，宜款不宜戰，金國汗顯望求款効順，乃明帝持一不和之策，力主剿滅。 前之袁崇煥，後之陳新甲，均以議款見殺，於是遼事始不可爲，而明亡決矣，此崇禎帝之所以不能辭亡國之咎也。

清 入 關 前 之 眞 象

李 光 濤

　　此篇論文的題目，原擬作「清太宗對明求款的主要原因」，嗣以我已經做過一篇「清太宗求款始末」，長約四萬多字，付印中淪陷某地，最近更爲此篇做了一個提要，乃不滿三千字的短文，雖說是短文，然於清人求款的大概情形，頗可由此看得出來的，所以本篇的論文，不再以求款爲題，改作「清入關前之眞象」。　此文的內容，也不涉及求款之事，但只記些清國的弱點，其實看過了這些弱點的記事，也就很容易了解當初清太宗對明求款的主要原因之所在了。

　　關於這所說的主要原因，我曾記得在從前所寫的長篇內，只略略地舉了一點例子，當時因爲爲討論範圍所限，所以沒有多說，現在我很可以借此談一談畢竟清國的弱點是怎樣。　關於此問題，我又應該先說我從前所寫的長篇了。　我記得在那篇論文內，曾說過清國的兵，野戰是其所長，攻城乃其所短，我自爲此說之後，復又留心的注意了數年之久，據我今天注意所得的結果，我還必須再說上一句，就是說，他們所謂野戰之長，往往也很有些不盡然。　比如他們一遇勁敵，也極怕對陣，也避進城內，也死傷很多，也聞之膽寒。　像這些情形，自然都與當初清人的弱點有關。　所以在他們的記載中，無論早期或晚期，無論官書或私家著作，都是每每諱而不說的，〔有時雖偶然的記一言片語，但這種情形，正可以看出他們重大的矛盾，以致往往前後不符。　例如王氏東華錄一書，天聰九年八月內旣云：「滿洲原屬國，此不惟皇帝言之，卽予亦未嘗以爲非也。」　至雍正七年九月癸未有一上諭，則又云：「我朝之於明，則隣國也。」　皆重大矛盾之證。〕而他們所津津樂道的，都只是一些誇大的話，如「我兵之強，天下無敵。」　如「每戰必勝，每攻必克。」　如「野戰則克，攻城則取。」　如「天下稱我兵曰：立則不動搖，

進則不回顧。」 如「本朝滿洲官兵，從來精銳驍勇，所向無敵。」 如『殘明時局，如摧枯拉朽。』 俱是些聳動之辭。 看了這些聳動之辭，幾若當初「滿洲兵」，果真天下無敵。 加之其時的明人，亦往往自造一種浪說，頗能助長清人的誇大。 例如當奴兒哈赤謀倡亂之始，據萬曆實錄〔以下簡稱萬錄〕三十六年二月丁酉禮部疏引金遼二史遼人之言有云：「女真若滿萬，便不可敵。」 此真是浪說。 而此浪說的影響所及，適爲後來清人誇大的旁證。 關於此類的誇大，直到現在還常常有人引以爲言的。 不知遼金之際，旣云女真不可敵，何以後來的女真無數，又爲元人所滅呢？

即此一點，我很可以推知明季的士大夫，他們的上疏言事，大都不外擷拾書上的陳言，旣不曉得因時制宜的道理，又不曉得人情事理古今本有不同，只知道搶着說，也不知道想着說，這最是明季士大夫的通病。 而此類的通病，據後文的記事，即如史稱正人的葉向高，猶犯此毛病，則是其餘的瑣瑣庸流，也就不必多數了。

此外，我還有一點意見，也須在此先說一下，即是前面所談的滿洲兵，他旣然有很多的弱點，何以後來會得志中原？ 何以後來又更會統一了中國？ 我於此，曾撰有「記建州與流賊相因亡明」，和「洪承疇背明始末」兩文，此兩文的內容，有許多勾結的記事，這裏也不必再提，但說他們所以得中國之故，成功即在於此。並非由於滿兵的無敵，而只是由於無數的漢奸替他們出力，替他們統一了中國。這些漢奸的分類，有新人，有舊人，有遼人叛將。 而此項分類的當中，尤以遼人叛將最爲中國之害。 因爲他們和清人相處的歷史很悠久，〔如李成梁之培植奴兒哈赤，誼同父子，至養成大害，也是一例。 見萬錄三十七年九月壬午科臣宋一韓疏，及四十七年三月壬寅御史楊鶴奏，〕差不多已混爲一體。 清人對於此輩，又善於籠絡，因爲善於籠絡，所以又往往使用美人計，使之欣然悅服。 如奴兒哈赤之於李永芳佟養性等，一則曰撫順額駙，一則曰西烏里額駙。 又如後來勾結到大凌河的一大批遼人叛將，當時金國汗有「荷天之佑，俾衆將軍助我」，及「願與衆將軍共事。」 等語，都是極得意的話，所以他們又出了一大批名姝，以善待此輩。 據王氏東華錄〔以下簡稱王錄〕天聰六年正月癸丑：

凡一品官，以諸貝勒女妻之，二品官，以國中大臣女妻之。 其大臣之女，
仍出公帑，以給其需。 若諸貝勒大臣女，有欺凌其夫者，咎在父母，犯卽
治罪。

此條記事，卽遼人叛將與清人混爲一體之證，所以明清史料甲編〔以下簡稱甲編、
乙編、丙編〕葉四七有「天下視遼人如眞滿洲」一言。 由此一言，我又可以知道
遼人亦稱曰滿洲。 以此例之，然則所謂「滿兵之強」云云，自然也就是包括無數
的遼人在內了。 所以我與其說「滿洲官兵，天下無敵，」毋寧說「遼人叛將，明
兵不敵，」反比較近於事實些。 因爲女眞的本種，自來就不多，至於遼人之無
數，則在當初爲實情。 此點很重要，尙無人說過，不可不注意的。

當順治入關之初，上面的遼人叛將中，出了很多的王侯將相，又有很多的督撫
總兵固山公。 據王士禛池北偶談卷二十一，卽閭巷兒童走卒，亦大富大貴，可見
遼人之勢大。 我根據較早而又可信的記載，如甲編丙編，及奉天崇謨閣所藏的
天聰年奏疏册〔見羅氏史料叢刊。 以下簡稱羅刊。〕都可看出他們原來的罪案。
此輩當年的爲人，大都只有利祿，而無人格，故叛祖叛國，造了無數的罪惡，殺了
無數的同胞。 他們不過只爲一時的寵榮，不惜喪心至此，及時移事改，不免遺臭
千古。 他們的臭名，有的見貳臣傳，有的見滿漢名臣傳，大家都可以檢查的，不
必我多說，我應再討論清國的弱點。

此弱點的分析，情節很多，卽據羅刊一書，便有不少的記載，如「邦家未固」
〔奏上葉四〕。 如「降夷軍丁，是我國今日之內患」〔奏上葉十四〕。 如「我
國地窄人稀，貢賦極少，全靠兵馬出去搶些財物」〔奏上葉十一〕。 如「姦盜二
事，我國最重」〔奏上葉十三〕。 如「皇上雖有一汗之虛名，實無異整黃旗一貝
勒」〔奏上葉三五〕。 如「到手舊人，又多逃去」〔諭帖葉二〇〕。 以上俱天
聰年間記事，與金國的國本很有關。 據甲編葉五〇所記「事局未定」，卽指此期
時事而言。 因事局未定，所以金國的人心僅有與中國鼎立之志。 丙編葉三二天
聰九年正月二十三日張文衡奏本：

「堂堂天朝，無久弱之理，崇禎不肯輕和，以復仇爲志，無久蔽之明。 我
兵漸不如下遼東遼永時，節短勢險，人心有鼎立之志。 ……我國事久志

怠，子孫百年，未必如一日，強弱無不翻之局。

　　奏內的口氣，都是些不勝恐懼之辭。　由此恐懼之辭，我可以得到一種解釋，即明朝之所以未能平遼，只因崇禎之久蔽不明，而金國之所以能得志，亦端在於是。　據甲編葉五九金人高鴻中有一奏本，對於崇禎帝，論之尤爲刻骨，如云：「倘另立一好人爲帝，更爲不便。」　此言的內情，則應是：「堂堂天朝，倘換一好人爲帝，可以國富，可以兵強，可以復仇，可以平遼。　金國於此，自然有些不便的。」

　　又按，明朝換一好人爲帝，固不難轉弱爲強，〔弱的原因，也只在君暗臣奸，好人不敢出頭。〕　至於事局未定之金國，則因地窄人稀，搶掠爲生，又因事久志怠，鬥力漸懈，故張文衡本，中特以「我兵漸不如下遼東邊永時」爲憂，似乎金國之衆，頗有日趨日弱之勢。　此日趨日弱，據金國民情之苦，亦可爲證。　羅刊奏中葉四二天聰七年十二月二十二日巵應元奏本：

　　　兒子當差，孫子又當差，至於爺爺差事還不去，民情苦不苦？

當差卽是當兵。據朝鮮仁祖實錄〔以下簡稱仁錄〕卷四五葉二〇，卽十歲小兒，七十老翁，無不從軍。　又天聰五年圍大凌河城時，更令婦女亦從軍〔乙編葉六九。後文壬午之役，關於陣擒達婆記事，亦可以與此爲證。〕　此自爲弱點之重要原因。　又如出兵之苦，亦據羅刊舉例於後：

　　　這遭出兵，有賣牛典衣，買馬製裝，家私蕩然者。〔奏上葉一四〕

　　　今之行兵……又有一大阻撓者，逃去人皆知我國怕痘子，恐他以此用計，多
　　　尋出痘孩子，置於道路間。〔奏中葉四〇〕

出兵苦處這樣多，所以寧完我嘗曰：「似此舉動，雖勝何益。」　又曰：「千里爭戰，雖勝亦敗。」　凡此苦情，據金國汗自己的感覺，更有不得巳之苦，王錄天聰四年九月戊戌：

　　　集諸貝勒大臣諭曰……我雖欲靜，敵豈肯聽之？　且盛暑嚴寒，朕同諸貝勒
　　　等，親歷行間，豈所樂爲？　亦出於不得巳也。

因明帝力主勦滅建州。　又嘗下「須連根盡拔，方能釋憾」之旨。　故金國汗爲自己圖存計，亦有欲罷不能之勢。　明朝遼患二十餘年，愈煽愈熾，禍本卽在此。

然金國汗雖然說欲靜不能，其實亦畏忌太多，如金國的漢人，有以進取爲言的，輒遭金汗之斥責，王錄天聰七年十月己巳，召文館滿漢儒臣六部滿漢啓心郎，諭啓心郎曰：

> 爾漢啓心郎生員等，動輒以航海取山東，攻山海關爲言，天與我以有限之兵，若少虧損，何以前進？　爲此說者，是爲敵人，而損我兵，徒以空言相賺耳，此奏何益。　朕爲一國之主，豈有不知，不待爾等陳說。

此直斥進取條陳爲空言，爲無益，且更斥之曰：「是爲敵人，而損我兵。」　則是金國汗之無意於進取，極爲顯然。　此等原因，亦自有故，據丙編葉三二，則爲懾於中國的衆大。　此說之外，還有羅刊奏上葉十二，關於所記的「天以遼土限之」，也可以爲證。　曰遼土，曰限之，蓋卽自限於遼東一隅而已。　此種局勢，直至順治帝未入關之前，並沒有改變，中間清國雖然用盡了全力，破壞明朝多少次，結果都只是屠掠而行，終不能夠佔得關內的寸土。　可見甯完我所謂「千里爭戰，雖勝亦敗，」自然爲一極有經驗之言，自然也就是當初清國最大的弱點。

至於我討論此項問題的意見，起初不免很懷疑，亦不敢爲決定之辭，及讀乙編葉四四二所記明人之言有「我兵雖少，有民不患無兵，〔無兵原因，並非眞無兵，有好兵而無好朝廷，所以大部分的好兵，以爲走敵旣不可，於是只有相率而爲流賊了。　或百萬爲一股，或三四十萬爲一股，皆是。　後來與清人作戰到底之李定國等，也就是此兵。〕　奴衆雖強，能守卽不爲弱。」　因之我才爲之恍然大悟，清國之所以限於遼東一隅，其最大的原因，實受明人「能守卽不爲弱」的影響。而此影響的結果，打擊清人又最大，打擊清人不敢近甯遠一步，打擊清人不敢窺山海關，打擊清人不敢在內地勾留，倏來而倏往，可見打擊之不小。

又據我參考所得，明人不但能守，且更有時能戰，其不能對陣的，據各書記載，都是些不練之兵，所以清人亦往往遇強而遁，亦往往死傷相當。　凡此，都是清人最大的弱點。　凡此最大的弱點，據我所曉得的，不妨將他們歷次戰役的大概，略略地分述於後。

一　自薩爾滸戰爭至廣甯之役

　　奴兒哈赤第一次得志，卽爲薩爾滸之役，此役的結果，只因明朝用人不當，與應付之忽略，才致三路喪師的。　考萬曆二十八年，征播之役，尙八路出師，用兵二十萬。　乃此次援遼之師，僅僅湊合了七萬有零之兵，又雜以許多募兵和屝贏不堪的在內，以征建州十萬之衆。　且又分之四路，以勞赴逸，以客當主，以短擊長，失策如此，怎麼不敗？　又況三路之敗，並非敗於同日同時，乃敗於各個之爲敵擊破，〔此敵字，不作敵國敵字解，只爲叛賊之稱。　因奴兒哈赤除當過建州都督外，又嘗爲禁內備工，見萬錄四十七年三月戊戌。　惟其爲工人出身，所以奴兒哈赤又更號會稽龔正陸爲師傅，見朝鮮宣祖實錄卷七十葉五。〕　此各個之爲敵擊破，卽言路路之敗，都是奴兒哈赤用其數倍的兵勢併力合攻的。　因明朝各路之師，多只二萬零，少則不滿萬，加之各路的道里，又遠近不同，故到達指定地點的日期，亦各有先後之異，奴兒哈赤賴奸細傳遞消息之力，得知明兵此項的缺點，所以他就利用這一點，併力在一起，又在在設伏，先擊敗杜松的一路，次馬林，次劉綎，因而三路之師，才遭失敗的。　〔李如柏的一路，未見敵而退。〕　奴兒哈赤之僥倖致勝，得力卽在此。

　　據王錄天命四年〔萬曆四十七年〕三月，關於薩爾滸戰役的記事，其結語有曰：「是役也，明以傾國之兵，雲集遼瀋，又招合朝鮮葉赫，分路來侵，五日之間，悉被我軍誅滅，宿將猛士，暴骸骨於外，士卒死者，不啻十餘萬。　我軍以少擊衆，莫不摧堅挫銳，立奏膚功，策勳按籍，我士卒僅損二百人。」　眞誇張之至。　陳康祺燕下鄉脞錄卷十三，記薩爾滸之功，誇張更大，如云：「薩爾滸之戰，太宗以三十精騎，敗明兵四十萬，載在琅書。」　更千古未有之謊。　我因爲曾討論過此役的眞相，所以另外寫了一篇「記奴爾哈赤之倡亂及薩爾滸之戰」，此文的史料，與上首誇大的記事，截然不同。　記奴兒哈赤的獲勝，得之於僥倖，得之於偶然，得之以多擊少，以逸擊勞，以主擊客，且又係三路的埋伏，以靜制動，以突然之勢，擊杜松之不意，松烏得不敗？　因此之故，於是其餘的二路，也就先後崩潰了。

　　至於奴兒哈赤方面死亡之枕籍，出於明兵之手者外，卽如朝鮮不練的弱卒，亦殺敵甚多，因爲殺敵甚多，所以奴兒哈赤自中相謂曰：「實難極當」。　由此一

冒，可見奴兒哈赤的兵，並非「天下無敵」，只要當時的朝廷，稍須慎重一點，不要以封疆爲兒戲，付託得人，則是解決建州奴兒哈赤，最多也不過只在時間問題了。

其次，如陷遼瀋，陷廣寧，所有失陷的情節，大概都因爲與奸細的內應有關。此些奸細，嘗說「明朝惟有此時可取」，所以從敵害人，爲害最烈。我且說奴兒哈赤膽寒的記事，據朝鮮光海君日記卷一六九葉五五載滿浦僉使鄭忠信使建州，所記關於彼中自言黑山之戰云：

> 姜總兵見瀋陽圍急，棄本寨而來救，遇於黑山，膚幷攻瀋之兵以迎之，姜以川兵六七千，當膚騎十萬，雖衆寡不敵，終至於盡殲，膚之死傷者亦相當。膚至今膽寒。

黑山之戰，卽渾河橋南川兵「殺膚數千」之事。據天啓實錄〔以下簡稱啓錄〕元年三月己卯的記載略云：獨此戰殺膚數千人，至今凜凜有生氣。川浙總兵陳策禪將周敦吉石砫，士司副總兵秦邦屏及吳文傑雷安民等死之。並云：

> 當時亡歸士卒，有至遼陽以首功獻按臣張銓者，銓命照例給賞，卒痛階前，不願領賞，但願爲主將報讎。

滿兵膽寒之事，從前更多有之，如朝鮮鄭忠信記事又云：

> 膚兵進薄清河，使李永芳招降城主。城主披甲登城謂曰：你旣降彼，則無朋友之義，可速去，不然，且放箭。乃嚴兵固守，矢石如雨，膚兵八進八退，死傷極多，朝而戰，夕而見星未已者，累日。及至城陷，城主力戰而死，士卒亦無投降者。

清河之殺敵，據萬錄四十六年七月戊申條，則尙不及此記事之詳，但云：

> 奴酋攻冦清河堡，守將鄒儲賢張旆死之。

閱此，須閱朝鮮實錄，才知道鄒儲賢等之殺敵，多而且烈。鄒儲賢等之死，則係力盡而死，殺敵而死。此等之死，雖死猶生，清河陷後，據萬錄，救兵尙在數百里外，獨賀世賢自瀋陽馳赴，遇賊，剿其一柵，斬首一百五十一顆。

賀世賢之殺敵，更如探囊取物。殺敵直如此之易，可見他們平時必以殺敵爲利。奴兒哈赤只因薩爾滸一役，僥倖得志，所以清實錄動輒自誇「天下無敵」。

而此則不然，攻城亦死，野戰亦死，甚至柵內之守卒，亦不能保性命，無敵之兵，如何死亡亦若是之多？　我恐怕殺盡了奴兒哈赤十萬兵，清實錄還是要說無敵的。即如黑山的野戰，奴兒哈赤以十萬衆攻川兵的七千，雖云盡殲，亦不爲武，何況敵之死傷亦相當。　假使彼時的川兵七千爲七萬，或亦十萬衆，則奴兒哈赤的十萬鐵騎，依比例可以盡殲的。　可惜明兵的往往敗沒，不是敗於衆寡相懸，便是敗於救援不至。　例如廣寧之役，副總兵羅一貴西平堡之守，卽因援軍不至而死的。　啓祿二年正月丁巳：

> ……羅一貴將三千人守西平。　……賊先攻西平……羅一貴固守不下，殺奴數千人。　李永芳豎招降旗，陰遣人說一貴，一貴罵之曰：豈不知一貴是忠臣，肯從永芳降賊乎？　斬其使，亦於城中豎招降旗。　奴盡銳攻之，相持兩晝夜，用火器殺賊，積屍與牆齊。　會一貴流矢中目，不能戰，外援不至，火藥亦盡，一貴北向再拜曰：臣力竭矣，遂自剄。　奴盡屠西平。

西平之陷，據同書同年二月乙亥監軍巡按方震孺有疏云：「殺傷賊兵六七千，不聽李永芳之招降，罵賊自剄，則羅一貴烈矣。」　此羅一貴之烈，烈在以三千人殺敵六七千，可謂至今凜凜有生氣。　而羅一貴之罵賊，更使人不得不敬仰，因此一罵，可使婦人懦夫，亦能憤雄殺賊。　武臣不怕死，可敬卽在此，做賊的挨罵萬年，可罵亦在此。

　　看了上面許多殺敵的記事，可見明兵之勁。　又看了上面許多忠烈的事，更可以看出明兵之非不可用。　又如朝鮮鄭忠信使建州記事又云：

> 開元城中，最多節義之人，兵纔及城，人爭縊死，屋無虛樑，木無空枝，至有一家全節，五六歲小兒，亦有縊死者。

此些人之死，尤爲可貴，因爲他們都是些老百姓，與食祿殉職的，又自然有間。他們的死，並非爲名，只因不欲落於敵手，不願度敵中的生活，所以才相率全節，寧歸於盡。

　　因爲上面有了無數不怕死的人，所以當時奴兒哈赤的心理，搖動亦最大，最足使奴兒哈赤膽寒。　因爲膽寒，是以奴兒哈赤又更有些後悔不該與「天朝」結怨的意思。　據日記卷一六九葉七記載奴兒哈赤語其族子沙乙古城守守將鋤車曰：

吾與天朝結怨者，不是好玩兵也，只緣天朝種種欺害，不得已背之。

又云：

天下豈有恆勝之國哉？　我死之後，汝等必思吾言耳。

所謂「天朝種種欺害」，實際上都是邊外的爭競細故，不成理由，只因他們自祖宗以來，世受明朝豢養之恩，差不多已有二百幾十年，一旦恩將仇報，以臣叛君，以下犯上，不得不借些細故而張大之，以爲稱兵倡亂的口實。　此段情節，我在「記奴兒哈赤之倡亂及薩爾滸之戰」一文內，已經述及，此處不用再贅。　獨是所云「不得已背之」，最可明白奴兒哈赤對於自己的作亂行爲，似有悔不當初之感，故於背叛「天朝」，謂之「不得已」。　又如所稱「天下豈有恆勝之國哉」等語，尤爲奴兒哈赤剖肝瀝膽之言。　其發此感觸的原因，自然與前面「虜至今膽寒」一些記事有關。　不過奴兒哈赤的處境，正如逆水行舟，彼雖欲中流休息，而明朝亦豈能聽之？　因彼之負恩作亂，罪大惡極，縱欲悔過自新，其路亦無由，蓋明朝對於奴兒哈赤的作亂，力主勦滅，決不允許其自新的。　是以奴兒哈赤感今思昔，自發本懷，預示其後人，此種表示，殆爲期望其後人能承其志而爲之。　所以又作決定之辭曰：「我死之後，汝等必思吾言耳。」　後來其子皇太極之苦苦求款，專心效順，卽爲欲竟其父之志，與思其父之言。　此等眞情實狀，我們不可不知道的。

　最可異的，莫如明季的文臣，他們讀書的工夫，如動引古今，吐辭爲經，自然非奴兒哈赤父子，所能及的。　至於他們的討論時事，浮議滿篇，則又遠不及奴兒哈赤父子之片言決事，說幹就幹，無議論的繁文。〔如朝鮮丁卯之禍，卽突如其來之事，朝令夕行，三萬鐵騎，黑夜圍了義州城，朝鮮人還在夢裏未醒。　見仁錄。又如乙編葉一一〇載：「四酋平日亦不見練兵習馬，只是號令嚴肅，一傳每牛鹿要馬若干，卽是若干，每達子要盔甲弓箭若干，卽是若干。」　皆說幹就幹之證。〕奴兒哈赤父子，讀書雖然不多，兩世僅讀一部三國演義，然因一邊讀，一邊便能學，所以能得力。　明季的士大夫，則與之絕反，讀書雖然多，但多而不當，使之舞文弄墨則可，使之擔當國家大事則不可，因爲他們的說話，不大合實用，又很多不實在，所以曰「浮議」，所以曰「搶着說」。　比如前面許多殺敵的記事，此在當時都影響很大，又是眼前的事情，奴兒哈赤父子，且因此爲之「膽寒」，且又爲

此而決計求款，可見影響之不小。　及檢明實錄，則大不然，似乎有些長他人志氣，滅自己威風之狀。　啓錄元年十二月己卯大學士葉向高奏：

　　國家費數十萬金錢，招十餘萬士卒，未嘗損奴酋分毫。

天啓都察院實錄〔以下簡稱都錄〕三年十月二十二日南京山西道御史張錫命奏：

　　三翰（韓）敗衄以來，從未以一矢加遺。

此眞有些太說謊了。　宰相亦說謊，可見說謊之多而且廣。　當時壞了多少事體，誤了多少的蒼生，皆由於此。

二　寧遠大敗

　　我曾在前面說過奴兒哈赤薩爾滸的獲勝，是得之僥倖，是得之偶然的，惟其如此，所以奴兒哈赤一遇勁敵，也就大遭慘敗。　姑不說熊廷弼「在遼而遼存，去遼而遼亡，」但言丙寅年（天啓六年）寧遠之役。　是役，奴兒哈赤以傾巢之衆，詐稱三十萬，實只十三萬，圍關外寧遠的孤城。　當此之時，遼東經略高第，他本是太監魏忠賢一黨，又無用，又無膽，一聞敵警，縮頸而避，因此關外各城，無論官民，也都跟着逃跑一空，止有寧遠道臣袁崇煥，獨守孤城而不去。　崇煥的官職雖小，崇煥的膽子却大，又因崇煥一人有膽，所以寧遠城中，人人也都跟着有膽了。崇煥又移母妻於城中，示守此必死此的決心。　他坐在城頭，談笑若無事，鎮靜如此，可見他的目中，固無建州奴兒哈赤的。　當奴兒哈赤身臨城下之時，崇煥憑城詰之曰：「汝何遽爾加兵耶？」　隨而西洋大砲與地砲，一時俱發，殺得無數的「胡人胡馬，騰空亂墮，賊大挫而退。」　據朝鮮譯官韓瑗目擊之狀有云：「翌朝，見賊隊擁聚於大野之一邊，狀如一葉。」　且云：「奴兒哈赤先已負重傷。」又云：「因懣恚斃命」。　明人稱此戰，曰寧遠大捷。　而此奴兒哈赤之因傷斃命，只用袁崇煥一砲，便爲明朝「除兇雪恥」，可見奴兒哈赤又不堪一擊。　不識奴兒哈赤仍能自誇「天下無敵」否？

　　然此「除兇雪恥」的豐功偉烈，得之亦不易易，蓋袁崇煥之敗敵，敗敵於極窘之時，袁崇煥之敗敵，以一人敗敵十三萬，故曰不易。　既非得之僥倖，也非得之偶然，與奴兒哈赤薩爾滸的獲勝絕異。　因寧遠大捷，本袁崇煥以「不怕死，不愛

餞，眞正血戰」十字得來。　自信有必勝之心，故能一舉而摧奴兒哈赤傾國之兵。有此一戰，爲明人吐氣不少，有此一戰，可見當時中國有人。　據國榷，都下人士，聞寧遠捷音，曾空巷相慶。　可知此次戰勝，鼓勵人心實大。

三　寧遠再敗

奴兒哈赤旣死，翌年夏間，皇太極欲謀爲父報仇，故又悉衆圍寧遠，此役結果，復遭挫敗而還。　据王錄：「是役，士卒損傷甚多。」　明實錄記此次戰勝，稱寧遠再捷。　此次再捷，與上次之捷，又有不同，上次之捷，係以守爲戰，此次再捷，則係與敵合馬交鋒，一戰摧之。　可見明兵愈戰愈勁。　都錄七年六月初七日遼東巡撫袁崇煥疏：

> 十年來，疲天下之兵力，未嘗與奴合馬交鋒。　卽職去年，亦從而攻城下。
> 今始一刀一鎗，兩下搓搶，夷兒狼驃悍，而職憑堞大呼，分路進止，指揮應手，卽老於行伍者，皆恨此夷之勁而精，賴皇上威靈，一戰摧之。

曰憑堞大呼，曰指揮應手，此種精神，皆從素日鍛鍊得來。　有此精神，自然可以使三軍用命，而三軍之心，又自然以馬革裹屍爲榮的。　又按袁崇煥，守亦勝，戰亦勝，一守一戰，卒皆破敵，可見善戰善守之人，無往而非利地。　從前薩爾滸之役，所調各總兵，如杜松，如劉綎，亦皆一時之冠，只因統率非人，償轅覆轍，甚爲可矜。

因袁崇煥兩次挫敵，於是敵中的人心，亦因而發生動搖，王錄天聰三年八月戊辰：

> 先是副將阿山，率其弟噶賴，子塞赫及其弟阿達海之子查塔莫洛渾，奔明寧遠，上遣人往追，收禁阿山阿達海妻孥。　阿山等至明界，先遣人告臺軍，臺軍殺之，阿山等懼，奔回請罪，命宥阿山罪，還其妻孥家產，仍復舊職。阿山首告，雅蓀曾謀同逃，以未得便，故止，讞得實，誅雅蓀。　雅蓀出微賤，因葉赫兵臨兀扎魯城時，有大功，太祖擢爲大臣，寵任獨優，嘗以殉葬自矢，及太祖崩，不殉葬，且輕慢喪禮，至是，復欲逃，故殺之。

大臣亦謀倡逃，可見搖動之大。　最失計的莫若明朝臺軍之殺降，因爲殺降反阻降

人來歸之路。　此等臺軍，皆邊上的細人，罔知大計，但欲以斬級報功。　蓋明朝
定制，斬敵級一顆的，可兌賞銀五十兩，招來一名，只可領賞二兩或三兩五兩不
等。　所以邊上細人，往往以殺降爲利，甚至於自戮剃髮漢人，當做敵級領賞，疆
事多故，此亦很大的原因。　即如此次臺軍，假若不要殺降，或更設計招來之，優
待之，敵雖無知，人心則同，將見「仁風一播，無不覆我好音。」　此道果行，可
以不戰而屈敵之兵，可以不戰而散敵之黨，因爲彼中部落，不過都是些一時烏合之
衆。　據甲編葉四八記云：「勝則烏積〔集〕，敗則影散，得則共其利，失不分其
憂。」　此等情形，雖衆何益？　此些之衆，自然不能與共患難的。　此不能與共
患難之說，天聰元年實錄稿內言之尤爲透澈，如云：「我國之人，非散卽逃。」
卽「敗則影散」之證。　這種局勢，自然又是受了袁崇煥兩次挫敵的影響。　而袁
崇煥之制敵，可謂當時勁敵。　以此敵中又惱恨袁崇煥，如崇禎長編二年十二月甲
子太監楊春等自敵營走回所得的傳說有云：

前年袁崇煥，殺了我們些人，我們惱恨得緊。
由此惱恨之言，可以推知彼等兩番受挫，必是非常之重。　因爲受挫之重，所以自
此寧遠再捷之後，彼等再也不敢走近寧遠一步。　據乙編葉一一〇有云：「奴酋
說：遼東兵伺勁，且城上利害，不敢近城。」　實膽怯之至，像此類膽怯的話，羅
刊及王錄，亦記載很多。　此種情形，直至明朝未亡之前，而寧遠一城，也始終爲
明據守。　以此例之，可見當日明朝之制敵，無論時期的先後，只要用人得當，整
頓合法，制一建州的女眞，總是綽綽乎有餘的。　此等看法，並非戎們說，乃是他
們自中之常言，甲編葉四八天聰二年八月失名奏：

南朝雖師老財匱，然以天下之全力，畢注於一隅之間，蓋猶裕如也。
曰全力，曰裕如，皆制敵有餘之證。　由此，足以看出當時強弱勝敗之勢，又由
此，可以決定「優勝」在明，而「劣敗」在彼。　事實具在前面，不煩贅言的。
袁崇煥嘗自任「五年平遼」，當然也是實情實話，並非虛話，因彼曾云：「揣摸夷
情三十年」。　所以認敵獨眞，知敵獨切，制敵亦獨力。　崇煥的英勇孤忠，我無
詞足以形容，崇煥的「五年平遼」之說，依彼中「非散卽逃」的記事，我自然可以
相信的。　乃明史袁崇煥傳，於崇煥五年平遼之說，反謬採明人從來造作之浮言，

以誣袁崇煥，謂五年平遼一語爲「漫對」。　如云：

　　給事中許譽卿，叩以五年之略，崇煥言聖心焦勞，聊以是相慰耳。　譽卿
　　曰：上英明，安可漫對？　異日按期責效，奈何？　崇煥憮然自失。

此言之罔，不辨自明。　但試觀制敵有餘之記事，以及金國人心搖動之情形，如使明朝崇禎帝，假崇煥以便宜，予崇煥以時日，則是五年平遼之工作，不惟袁崇煥容易辦得到，卽如後來之洪承疇，亦可以成功，何至爲「漫對？」　何至「憮然自失？」考淸人之特採此說，以入明史，揆其用意，不外爲自己留餘地，不外爲證明「我兵之强天下無敵」之大言。　此等筆法，猶曰大淸之應運而興，天意人心皆歸之，卽袁崇煥之能戰能守，亦豈能如之何？　此固非傳信之筆也。

四　己巳之役

　　己巳之役，明人稱曰「己巳虜變」，卽崇禎二年的事，是爲金人第一次入犯內地。　他們因爲懾於袁崇煥的威名，不敢在關外惹事，所以才謀深入，以圖一逞的。　當他們起身之日，也非常提心吊膽的，因而說了許多心虛膽怯的話，如云：「此行深入敵境，若糧匱馬疲，何以爲歸計？」　又云：「縱得入邊，若明人會各路兵來圍，爲之奈何？」〔王錄天聰三年十月〕所以金國此次興師，可說是冒險而來。　同時又因爲深恐錦寧方面知覺，怕他們邀截，故用蒙古奸細做鄕導，偸偸的繞過錦州三百里以外地方，從老河北岸，離邊六日之程，潛渡入薊〔長編二年十二月甲戌總兵祖大壽奏疏。〕　此回之變，關外的袁崇煥，早已慮及，只因關內疎虞，〔長編二年十月戊寅旨〕金人才得從薊州的龍井大安二關口闖入，〔羅刊作十月二十七日分兩路進〕，長驅無忌。　他們這次深入的動機，據金國汗自己說：「朕忍耐不過，故籲天哀訴，舉兵深入，渡陳倉陰平之道，〔作〕破釜沉舟之計。」　〔北京大學天聰四年正月刻本諭。　以下簡稱刻本諭。〕　此諭內所說的「忍耐不過」，當然是受了前面非散卽逃的影響，以此不得不冒險深入，蓋深入一番，縱然無關於明朝的得失，但至少也總可以搶掠些財物，回去大家分用，以便維持非散卽逃的局面。　因爲他們本以「搶掠爲生」，如只安坐家中，不出外尋些財物生活，便同於「在家待死」差不多。　所以他們冒險的舉動，也只是無可奈何，

聽天由命的辦法而已。　此聽天由命的解釋，有他們親口所說的「籲天哀訴」四字，可以證明的。　此等軟弱的口氣，刻本諭上更有「良可傷心」一言，也很可以瞧得出來的。　而此所謂「傷心」的話，自然中間包含了無數的悲鳴。　以此言之，則關於古人所說的「哀兵」，自然也就是這一類的事情了。

　　至金國汗此次入口之後，據刻本諭的記載，也很有些得意之言，如曰：「皇天鑒佑，勢成破竹，順者秋毫無犯，違者陣殺攻屠，席捲長驅，以至都下。」　這也是事實。　因為關內無人，所以他們才能夠直至都下。　此種情形，從前俺答卽嘗有之，如嘉靖庚戌之變，俺答數十萬衆，直薄都城，亦與此次金人之突入無異。所不同的，俺答勢大，金人勢微，〔王錄天命五年十月辛未蒙古來書云：統四十萬衆蒙古國主巴圖魯成吉思汗，問水濱三萬人滿洲國主。〕　所以明季制建州，只要制之有人，比之制俺答，似乎還要好辦些。　例如此次金國汗，雖然說「勢成破竹，以至都下。」　然一聞袁崇煥的援兵到來，他們便有些餒氣，連遭敗陣。　長編二年十二月甲戌總兵祖大壽疏：

>督師袁崇煥檄調，當選精兵，統領西援。　十一月初三日，進山海關，隨同督師星馳。　……初十日，統兵入薊，三日之內，連戰皆捷。　又慮其逼近京師，間道飛抵左安門外札營。　二十日，二十七日，沙鍋左安等門，兩戰皆捷，〔王錄二十日作辛丑，二十七日作戊申，關於兩戰皆捷的事，只有一點痕跡可尋。〕　城上萬目共見，何敢言功。

楊士聰玉堂薈記卷上：

>己巳之變，自嘉靖庚戌而後，僅再見焉。　但士馬物力，仍足相當，袁督師初至一戰，人心始定。

曾記金人常云：「野戰必勝」，而此則又以野戰致敗。　且係連戰連敗，可見用兵之道，全視乎用兵之人而已。　考明季自有遼患以來，未嘗有此兵，當時有此一枝兵，金國汗如何睡得着？　因而他們才鬼鬼祟祟的玩了一套反間計，以害袁崇煥，蓋崇煥不除，他們不獨無路可走，且恐有滅亡的大禍，因袁崇煥曾力任五年平遼也。　反間計如下：

>先是獲明太監二人，與副將高鴻中、參將鮑承先、寧完我栫式達海監收。

至是回兵，高鴻中鮑承先遵上所授密計，坐近二太監，故作耳語云：今日撤兵，乃上計也，頃見上單騎向敵，敵有二人來見上，語良久乃去，意袁巡撫有密約，此事可立就矣。　時楊太監者，佯臥竊聽，悉記其言。　庚戌縱楊太監歸，楊太監將高鴻中鮑承先之言，詳奏明帝，遂執袁崇煥下獄。　〔王錄天聰三年十一月戊申〕

袁崇煥千里赴援，可謂有功無罪。　然都人驟遭兵，怨謗紛起，謂袁崇煥擁兵坐視，又罵遼將遼兵，都是奸細，〔祖大壽有疏云：陣亡者死而無棺，生者勞而無功，敗者陞官，勝者該死。〕　同時更有姦相溫體仁，本鄉黨之私，欲爲逆帥毛文龍報仇，誣袁崇煥密謀款敵，遂引之長驅，以脅城下之盟。　於是一羣的毛黨和閹黨，〔玉堂薈記卷上：「袁爲人疎直，於大璫少所結好，毀言日至，竟罹極刑。」按：袁崇煥雖於大璫少所結好，亦嘗有敷衍之事，因袁氏曾疏請爲魏忠賢立祠，見都錄七年四月七日條。　崇煥此疏之起意，自然非附勢之比，崇煥之起意，只爲希望努力平遼，一面又更希望魏忠賢予以便宜行事之機會而已。　崇煥之赤心可原，熊廷弼之使氣有異，袁公可謂忍辱負重矣，結果依然不容於閹黨，蓋閹黨亦明知袁公非傾心結納之行爲，不過虛與委蛇而已。〕　又一唱百和，直指袁崇煥爲賣國欺君，秦檜莫過。　不幸偏忮的崇禎帝，竟爲此輩所惑，既入楊太監的話，更深信不疑，遂逮崇煥，而投之於獄。　〔羅刊諭帖葉四記崇煥下獄之事有云：後京中人回來說，袁督師祖總兵，朝廷說他與汗兵馬一齊到京，疑他素日與汗約會了，將袁督師拿在監中，祖總兵夜間逃回關上。〕　崇煥下獄之後，狠賊溫體仁，更自引以爲功，有：「崇煥之擒，吾密疏實啓其端，此亦報國之一念也。」　見葉廷琯鷗波漁話卷四。　觀此，可知崇煥的冤案，實係由於小人的私忿，鍛成此獄的。　崇煥之死，死於寸磔，此處不忍說，見長編三年八月癸亥。　崇煥死後，又依律籍沒其家，据談遷棗林雜俎智集：「庚午十一月，籍沒袁崇煥家，妻阮氏，女三歲，六歲，從子兆晰，使女四人，蒼頭八人，婢三人，書籍財物十六簏，槍二，馬口，俱解京。」　崇煥的奇冤，据全祖望鮚埼亭集外編卷二八跋明史袁崇煥傳後有云：

南都已有爲崇煥請卹者，未得施行，桂王在粵，爭請之。　會北來者，以太宗檔子所言，雪崇煥之冤，始復官，賜諡曰襄愍。　此見吾鄉高武選字泰

集。　按鄭舍人嶠雅，巳有詩紀此事，但未及其易名耳。　其以太宗密謀
死，亦以得雪，異事也。

此云異事，實則不足爲異事，只事久是非自明而已。　至於事之最異的，莫過於太
宗之密謀圖害人命，而其孫見之，乃爲之出首，乃爲之打抱不平，此乃「其父攘羊
其子證之」之異事。　蓋後來乾隆帝，對於袁崇煥的受冤而死，曾力爲昭雪，見御
製文集。　有此昭雪，於是崇煥之冤，始大白於天下。　自此昭雪之後，清人的公
私著述，俱稱袁崇煥爲孤忠。　至狠賊溫體仁，則名列明史奸臣傳，爲崇禎時誤國
的渠魁，讀史的人，都知其罪惡。　不幸明史袁崇煥傳，反遺去溫體仁行讒的一
條，可見明史的記事，前首則不實，此處又不詳。　因略記大概，以爲讀史論此的
一助。

　又按袁崇煥之忠，玉堂薈記卷上亦言之，也可引在下面，以見當時也還有一點
公論。

　　袁既被執，遼東兵潰數多，皆言以督師之忠，尚不能自免，我輩在此何爲？
　　蓋袁在遼左，最得將士之心，故致如此。上乃出諭，謂暫令解任聽勘，而先
　　入之言深，卒無轉圜之意。　……封疆之事，自此不可問矣。

此云崇煥最得將士之心，亦係記實之言，如長編二年十二月甲戌祖大壽疏：「比因
袁崇煥被拿，宣讀聖諭，三軍放聲大哭。」　此等之哭，是淚從心出，如哭父母差
不多，最足使將士傷心。　後來遼人紛紛投敵，自然與此傷心有關。　因爲他們曾
常常說：「殘害忠良，立功何用？」　以此他們才決心爲惡，反噬宗國。　「爲叢
敺爵，爲淵敺魚，」遼事愈弄愈糟，也就職此之故。

　袁崇煥既除，可說金國的勁敵已去，於是敵騎之勢復熾，在這樣情形之下，明
兵自然要吃虧，如十二月十七日丁卯，都城永定門南一戰，總兵滿桂，〔又稱武經
略〕孫祖壽等，即死於是役。　據玉堂薈記說：滿桂等一戰而敗，只爲鈐制無人。
此類的損兵折將，當時凡有好幾處，追原禍始，崇禎君臣不能辭其咎，因彼等無端
殘害袁崇煥，舉可爲之局而敗之，才致無數的將士，橫屍遍野的。　此都是極傷心
之事，我也不要煩說了，但言剩本論內關於矛盾的話，很可在此討論一下。　矛盾
的例子如後：

　　（今）且抽兵回來，打開山海，通我後路，遷都內地，作長久之計，爾等毋誤
　　謂我歸去也。

此條末後的兩句，據殘餘檔案的證明，當時金國汗並未敢作長久之計，所謂不歸去
的話，其實金國汗在說過此話之後，只稍稍地搶掠些子女玉帛，跟着也就捲歸了。
除此之外，金國汗又更說過好多次，意思都和上面是一樣，例如王錄天聰九年十月
己卯云：「以明和議不成，將進兵。」　又云：「此番進兵，斷不似前番輕回。」
此又等於空話了。　因為金國汗番番進兵，番番都必有此類的話，結果番番都是輕
回了。又況此次所說的進兵，據王錄，壓根兒沒有這麼一回事。　由此，可見金國
汗對於出兵的躊躇，也很相當費腦筋的，中間必定會常常感覺很多的艱難，更多的
痛苦，所以才每每地雖有進兵之言，而又觀望不敢。　像這樣的情形，當然是因為
他們自覺本身的力量太不夠，同時又必聯想到歷次戰役，都有過很大的損傷，因而
他們才臨事不決，說進而又不進的。

　　由此類推，我們再說說刻本諭內關於打開山海的記事。　此類的記事，在金國
汗的心中，自然常常有此想，無如心有餘而力不足，事實做不到。　因為他們打
山海關之說，雖然也曾試了一試，但是使盡了全力，結果打不通，不免又受挫而
退。　因此之故，於是金國汗所放的大話，也就大不相侔，所以我在前面才說他是
矛盾呢。

　　關於受挫的事，就長編三年正月內，酌舉數條在下面，以見明朝的人，依然禦
敵有餘。

　　癸巳，大清兵……初八日，由永平至撫寧，連攻二日，〔祖〕可法等偽於城上
招之，云入城盡當歸附。　大清兵知其有備，於初九日，移營向山海。　初
十日，至鳳凰店，離山海關三十里，列營三處。　副將官惟賢，率參遊都守
陳維翰、王成、李居正、郝尙仁等兵二千五百餘名，設奇正二營以待。　十
三日，大清令六甲騎誘戰數回，午時從山灣突出，步前馬後，雲擁向城，惟
賢等砲矢齊發，自午至戌，合戰十餘陣，大清以昏收兵。　是晚，仍回撫
寧，縣中四將，用砲攻擊，大清撤兵西行。
　　甲午，大清兵攻石門，守將李芳揚迎禦之牛口門，砲箭並發，鏖戰良久，大

清兵乃還。　其時白草頂鄉民王家棟等數千人，憑高大呼，以助兵勢。
乙未，大清兵七千有奇，自初八日至昌黎縣城東關侯廟前，分三營困之。
內有永平生員陳鈞敏、王鈺，率數十騎，執黃旗至城下招降，知縣左應選怒
罵，擊却之。　次日寅時，北東面排梯七十餘架，環繞攻城，應選率鄉兵力
戰，始退。　初十日，排梯三十餘架，攻城東，十一日，排梯四十餘架，攻
城西面，兩日間，外攻益急，應選及士民，戰守益堅。　大清復於縣西南，
添設七營，約兵三萬有奇，十三日，排梯百架，用火砲火箭，四面並攻，自
卯至午不止，城中苦戰，得不破。　其日戌時，遣降民李應芳說降，應選誘
入殺之。　十四日，復排梯一十七處，攻城北面，傳呼索李應芳，應選率鄉
兵乘城死拒，發砲外擊，大清兵始離縣四十里西南，往柳河諸處安營。
癸卯，大清兵圍馬蘭，守將金日觀飛書求救，總理馬世龍……遣參將王世選
……赴之。　……內外夾擊，大清兵乃還。

綜觀上引各條，如撤兵西行，如大清兵乃還，如離縣四十里安營，種種字樣，俱當
時金人真正受挫的事。　而此受挫的分別，有野戰不勝，有攻城不克。　考之刻本
諭所云：「朕每戰必勝，每攻必尅。」　又完全不對。　至於我在前面引明人自
稱：「有民不患無兵，能守即不為弱。」　徵之此處的記事，則確係事實，可信而
無可疑的。　最值得說明的，莫如昌黎的城守，敵騎三萬，圍攻七日而不下，時城
內只有鄉兵士民，別無援軍，僅賴縣令左應選一人，誓死固守，遂致三萬敵騎，莫
能如之何，不知金人「攻城必克」的本領，此時如何反又不肯拿出來？　依我的看
法，左應選以一人敵三萬，可稱萬人敵。　袁崇煥被害之後，又出了一個左應選，
可謂差強人意，可見明朝依然有人。　而此三萬敵騎的威名，也就毫不足稱了。
假若明季的縣令，盡如左應選，不知金國汗又當如何「籲天哀訴」呢？

　　所以己巳之役，明人城守之功，當以昌黎縣最為出色，而金人攻城技術之劣，
亦可由此看得最清楚。　昌黎之外，還有山海關之力戰却敵，亦最可觀，因其如
此，是以清家的官書，頗限制記載此類的事情，如王錄天聰四年正月丁亥條小注
云：

　　實錄不載山海關戰事。

按清實錄一書，不載的事件，何止此山海關一事？　即如本篇的史料，至少百分之九十九，均清實錄所不載。　而實錄所載的，大都又不合我們現在參考之用，因實錄記事太粉飾，本來面目不易見。　反之，從前修實錄時，對於我們現在邏輯的史料，在他們當初的眼光視之，於實錄所定的體例，亦達礙甚多，故每每棄之而不取。　所謂清實錄的內容，眞相乃又如此而已。　其實自古以來之實錄亦皆如此而已。

又己巳之變，參加戰役的，尚有自稱西洋住澳勸義報効耶穌掌教陸若漢全管約銃師統領公沙的西勞等，也嘗禦敵立功。　據他們「再陳戰守事宜」奏本說：

> 臣等從崇禎元年九月上廣，承認獻銃修車。　從崇禎二年二月廣省河下進發……十一月二十二日至涿州，聞虜薄都城，暫留本州，製藥鑄彈。

又說：

> 時州城內士民，咸思竄逃南方，知州陸逵，舊輔馮銓，一力擔當，將大銃分布城上。　臣漢，臣公沙，親率銃師伯多祿金笂等，造藥鑄彈，修車城上，演放大銃，晝夜防禦，人心稍安。　奴虜聞知，離涿二十里，不敢南下，咸稱大銃得力。　〔熙朝崇禎正集卷二〕

此又「能守卽不爲弱」之一證。　像這些城守情形，我也不必多舉，總之，只要城上有大銃，「奴兵雖強」，也就不敢進城了。　可見當時明人的禦敵，辦法很簡單，只須決心爲城守之計，禦敵也並非難事。　又按「奴兵雖強」一語，據我看起來，亦非眞強，如前面袁崇煥之連戰連勝，並山海關的後路打不通，已足證明他們的不強。　茲再在下面，抄長編三年二月更引兩條，以見明兵之強。

> 戊午，玉田、枯樹、洪橋等處，沿途設伏。　……初八日辰刻，大清兵五千餘騎，從東北至，伏兵從洪橋突出……合戰數十陣，從辰至酉，自洪橋至曇南倉前，以日暮收兵，次日，大清歛兵東還。

> 庚申，大清兵數萬騎，薄三屯，以其半據四面山上，以其半攻城。　援守總兵楊肇基，遣守備楊繼成、史自立、于國寧等，率死士二千，營于滑山，千總鮑魁把總汪應登等，率砲手數百名，伏景忠山，又於城外四角砲城，發新兵千名，各攜火器分伏，以備堵擊。　圍旣合，肇基手執令旗，應城內外並

力苦戰，僅得不破。　次日，大清兵復遣遵城兵三哨，攻滑山兵，繼成等死守不退，大清兵乃還。

凡用兵，全在相敵。　上引兩記事，皆因奮勇死戰，卒皆不死而退敵。　至楊肇基手執令旗督戰，自然又係「合馬交鋒，眞正血戰」的事。　且數千死士，卻敵數萬，以少勝衆，尤爲不容易。　據長編三年七月丁亥，有「敍三屯大捷功」一條，可證此戰的價值，必當相當大。　而所謂金人野戰之長，我們也就不能相信了。

總觀己巳之役，据我通盤的統計，除去袁崇煥的功勞不算，姑只論左應選之力守，與楊肇基之死戰，則是關於其時的金人，果眞「無敵」與否？　也很容易分別的。　當時中國有此一班人，亦可以制敵。　最所不解的，莫如明季的君臣，他們因爲從來不知道愛惜人才，所以又往往視城池百姓爲兒戲，不是委託不得其人，便是設備全無，因之敵騎一至，每每有些城池，直如士賊抓城的一般，隨到隨破。如遵化、永平、遷安、灤縣等處的攻陷，皆此之類。　而金人所稱的「攻城必克」，也只是此類而已。

不特如此，更有大家巨室之望風投降，也是攻城必克之另一原因。　例如永平一郡七邑之附敵，或係由於郡人布政白養粹行人崔及第等之甘心事仇，才致失陷的。白崔輩，猶以獻城爲未足，且更盛飾其女以獻。　明季之養士，不想一至於此？　則蚩蚩之衆，更不足說了。

所可慰的，遵永等處，雖曾一度失陷，但旋經明人的力戰，又悉予收復，並且殺死了很多的金人，明人稱遵永大捷。　於是金國汗從辛辛苦苦爭戰中所僅有的勝利，也就被明人廓清無餘。　因而金人己巳的戰役，也就太不合算了。

雖曰不合算，然而金國汗可以從此高枕無憂，蓋己巳之行，他們對於明人的殘害袁崇煥，最爲得意。　如曰：「君暗臣奸，是我們造化。」　據此得意之言，可見他們的自幸實不小。　因之我在這裏，也要跟着他們說一句，就是說，金國汗的反間計，非關他們用計太刻毒，乃是屠戮忠良之崇禎帝，合當亡國之報。　而此亡國之報，迨至後來亡國百年之久，即清雍正九年，據朝鮮英宗實錄卷三十葉四三，六年十一月辛未，曾有一段公論，亦可以見之。

特進官李廷濟曰……崇禎皇帝若在平世，則足爲成守之主，而如袁崇煥輩，

任之不終，終以此亡也。

五　南海島之戰

　　南海島，嘗見稱於王錄，明人稱為皮島。　此南海島之戰，明人以為海外從來一大捷，又稱此捷為十年以來一戰。　此次之戰，擊敗金人步騎數萬眾，約計金人的死亡，有王子，有固山，有牛彔〔乙編葉六四〕。　可見金人此次的損失，很嚴重。　王錄天聰五年七月甲戌，記此役的結果，僅僅九個字，曰「冷格里喀克篤禮師旋。」　由此可知清實錄自然又是不肯記載的了。　此次戰役，完全為金人的挫敗，故才稱之曰大捷。　此次戰役，並有西人助戰，用西砲打死了很多的金人。當時金國汗因為自己打敗仗，以致舉動都有些失常，無端的遷怒於遼民，至欲盡洗之以洩忿。　因之遼西的士民，皆欲執梃以撻金國的堅甲利兵〔長編四年八月辛酉〕。　同時還有陷敵的諸將，亦皆人人思回〔乙編葉一一〇〕。　此種情形，都是海外大捷之所賜。　不意此海外一大捷，影響金國的人心，竟如是之大。　此在明清史上，當然為一大事，乃此一大事，清人亦一字不提。　我曾撰有「記崇禎四年南海大捷」一文，以明此戰的原委始末，現在在這裏不贅說了。

六　松錦之役

　　此松錦之役，據檔案，崇禎十四年，清人圍關外錦州，總督洪承疇出關援錦，與清人戰於松山，八鎮援兵，同日崩潰，最不幸的，總督洪承疇，亦為清人所俘，史所稱松山之敗，即指此役而言，是役為薩爾滸戰後明人最大的損失。　其致敗的原因，罪咎在明廷之催戰，〔我在洪承疇背明始末文中，曾詳記之。〕　非關洪氏之僨事。　前者薩爾滸之敗，即敗於催戰，而後者松山之敗，又敗於催戰，中間又有過一次廣寧之役，亦敗於催戰，番番催戰，番番吃虧很大。　「前車之覆，後車之鑒，」明季君臣，連這一句話亦不曉得，所以誤國，所以誤民，害死了無數的生靈，斷送了無數的戰士，此實其時中國的大不幸，才使昏君奸臣湊合在一起，出乎意外的成全了一個渺不足道的建州都督。　而此建州都督的得志，也只是因為明季無君無臣之故，並非由於同時中國之無人。　中國有人，而明廷不能用，或用

之，而又往往認人不眞，不免始信終疑，不是殺害之，便是不肯重任之。　即如洪承疇的爲人，雖然至今爲人唾罵，但此乃是將來的失節，其初亦原有可稱。　洪氏的才略〔後來則爲惡見識〕，比之從前熊廷弼袁崇煥，可以稱得起明季東事的三傑〔後來洪氏才變做豺狼〕，所以在熊袁二人被害之後，如數明季的人才，當然要算洪氏了。　因爲如此，自然洪氏的抱負，也不外「先智後智，其智一也。」　洪氏出關禦敵，志願本自不凡，洪氏制敵的辦法，主張持重，也和早先熊袁二人的見解是一樣，「以守爲戰」。　洪氏知道必如此，中國才能必勝，才能平遼。　然此以守爲戰的成功，第一個條件，必須要曠日持久的，而曠日持久的中間，又必得全賴後方的源源接濟。　第二個條件，又更需要明帝對於洪氏倚恃的決心，「信之獨眞，任之獨專，用之獨久。」　上面兩個條件，必皆澈底做到了，然後洪氏之制敵，才會有效的。　比如後來洪承疇，爲淸人招撫了江南，平定了閩浙等省，也曾經過很長的時間，淸人稱爲開淸第一功。　至順治十年，洪氏又爲淸人經略五疆〔淸人自己辦不了，所以才用洪氏的。〕　費了八年之久，在這八年的當中，淸人的浮議，如同山積，只因當時，淸廷看準了洪承疇，故能專靠洪氏到底，只責成功，不限歲月。　其命洪氏之辭，旣曰：「卿曉暢兵事，練達民情。」　又曰：「遍察廷臣，惟爾克當斯任。」　因此之故，所以浮議雖多，都不足以搖勛淸廷對於倚恃洪氏的決心，因而洪氏才能爲淸人除滅了南明，統一了中國。　後來康熙十八年九月雲貴總督周有德有一奏本論洪氏之功曰：「承疇本是漢人，世祖信之獨眞，任之獨專，用之獨久，是以數年之內，混一區宇。」　洪氏的罪惡，自然在乎是，然而惡人洪氏的惡見識，到底成了功，自然也可以由此斷得出來的。　像這樣曠日持久的情形，推之輕舉妄動的明季朝廷，莫說是八年之久，便是八個月，他們也都有些等待不及的。　當崇禎十四年三月內，錦州告急，洪氏奉命援錦，剛剛只得幾個月的光景，明廷便以師老財匱爲言，下勅催戰，欲以援遼之衆，作孤注一擲之計。　一面兵部更派了一個毫不知兵的職方司郎中張若麒，爲關外監軍，以掣洪氏之肘，以奪督師之權，於是軍中，但知有張兵部，不知有洪總督，因之洪氏不能自主，致有松山之敗〔崇禎十四年八月二十一日的事〕。　淸人全祖望於此，嘗稱洪氏平賊則有餘，守遼則不足。　據張若麒掣肘之事觀之，則全祖望之言，當然不

能謂之確論了。

　　然則洪氏守遼之功，我亦當一言。　考洪氏出關之初，其時因爲尚無催戰之事，是以軍中沒有張兵部，只知有洪總督，因而洪氏「以守爲戰」的做法，也很做得可觀。　據乙編葉三二二洪氏殘揭帖，謂四月二十五日松山東西石門之戰，七鎭有血戰斬級之功。　並云大同鎭山永東協分練鎭遼東團練鎭，各斬身穿蟒衣蟒褲領兵頭目首級各一顆。　又云虜之拖屍負傷者，亦甚多。　殘揭乃詳敍此次眞實血戰之功，原文甚長，凡數千字，故不錄。　又按戰勝之功，崇禎十五年二月二十三日失名自陳去春援遼，功績殘本亦有曰：

　　節次擒斬奴虜一千五百餘級，皆出萬死一生，心力頗爲竭盡。

此僅據殘餘檔案中的殘片，擒斬已如是之多。　除此，我再多引一些證据在下面，以彰洪氏當初制敵之功。　仁錄十九年十月庚戌：

　　九王陣於漢陣之東，直衝漢鎭，不利而退。　清人兵馬，死傷甚多。

同書同年九月庚辰：

　　九王請濟師於汗，汗使八王率騎赴之。

　　時清人與漢兵相持，自春徂夏，清國大將三人降，二人戰死。　汗聞之，憂憤嘔血，遂悉索瀋中人丁，西赴錦州。

羅刊日錄崇德六年六月乙酉：

　　明洪承疇以兵來援松山，立營松山西北，右翼濟爾哈朗，令右翼兵擊之，失利，山頂立寨，兩紅旗鑲藍旗三旗營地，爲敵所奪。　阿禮哈超哈固山額眞葉臣等，領兵至半途而止，未與敵兵對陣。　惟四旗擺牙喇兵〔鋒兵之稱〕，敖漢奈曼部下兵，察哈爾四旗兵，恭順王下兵，及內大臣伊爾登所率衆蝦，與敵交戰，伊爾登衝入敵隊，奮勇力戰，人馬中傷者甚衆。

王錄崇德七年九月辛丑：

　　定武英郡王阿濟格、豫郡王多鐸等罪。　先是，阿濟格駐高橋時，語噶布什賢〔天聰八年四月庚寅，定營陣名色，擺牙喇哨兵爲噶布什賢超哈。〕　章京等曰：與其勞苦如此，不若遁走。　又當噶布什賢兵丁更番時，語諸章京曰：吾安得借爾等潛歸乎！

看了上面許多條，毋庸我逐條的說明，總而言之，清兵的不利，總是當時的事實。最宜注意的，仁錄所記的八王，便是王錄所稱的阿濟格，此阿濟格之援兵，剛到達陣地，便欲作遁走潛歸之計，此等舉動，當然也就是遇強則遁之事了〔後面此例更多〕。　而此遇強則遁之事，不但有損他們的威名，且與其時清國的生死存亡，影響亦最大，清主聞之，如何不憂憤嘔血呢？　於是不得不盡抄藩中人丁，親自出馬，要尋洪承疇來拚個生死存亡了。

　　此出傾國之力，與人賭輸贏，是最危險的。　萬一洪承疇以守為戰的作風，能夠自由自主做到底，或者機緣一湊的時候，乘時進勦，則是清國的命運，恐怕也就有些不堪設想了。　關於機緣一湊的話，據乙編葉三六二遼撫殘件有云：

　　　　乃錦圍三月未解，蓋以二十年來，未能與逆奴，撲砍一陣，所以數月間，多
　　　　方鼓舞，先作其氣，先壯其膽，今有此幾番戰勝，軍聲已振，解圍有望，目
　　　　下惟候機緣一湊耳。

此雖出於遼撫之口，實則也就是洪氏之言，因遼撫本與洪氏共事，係受洪氏的節制，所以遼撫的意見，也就等於洪氏的意見。　而此殘件內最末了一句，尤為洪氏從來惟一不二的主張，此項主張內，裏面更話裏有話，就是說，倘若兵不齊，餉不足，或時事機會，未能湊合的時候，便不敢輕舉妄動，以成不了之局的。　可見洪氏之制敵，本已勝算在握，只在等待機會之可乘而已。　所不幸的，遼之事有可為，且又有可為之人，而卒至於不可為，皆因當時之朝廷，不許洪氏的期待。　不惟不許其期待，反又從而掣肘之，輕舉妄動，一味催戰，挫垂成之績，陷洪氏於俘虜，此實洪氏之不幸，亦卽當時中國的大大不幸。　所以我對於洪氏之力屈就俘，其情尚有可原。　所不可原，而又最痛心的，莫如洪氏以守為戰的辦法，因為不能得行其志於明朝，於是到了後來，便改變了面目，改換了心肝，反以此道，售之於清人，替清人出死力，以亡南明。　他的惡見識，到底成了功。　洪氏本身的結構，大約只有權術，而無心肝，所以無論何人利用他，只要常常加點油，他總是靈的。

　　　　　　　　七　壬午之役

　　松錦戰後，接着就是壬午之役，由此壬午之役，可見清人之破壞明朝，固亦不肯絲毫放鬆的。　此次之師，據王錄崇德七年十月辛亥：

　　　　命多羅饒餘貝勒阿巴泰爲奉命大將軍，與內大臣圖爾格，率師征明。

又崇德八年六月癸酉：

　　　　奉命大將軍多羅饒餘貝勒阿巴泰內大臣圖爾格等，凱旋。

是役，明人曰「壬午虜變」，事在崇禎十五年十一月。　崇禎中，清人入犯內地凡四次，除前面所說己巳之役外，中間又有過兩次，曰丙子，曰戊寅〔次次俱經過薊州入口〕。　此中間的兩次，現在不必說，我只講壬午之變。　因爲壬午年，可說是晚明最後之年了，東邊的清人，攻戰不休，西邊的流賊，越鬧越兇，當此之時，又適值松山兵潰之後，顧東不能顧西，禦清不能禦寇。　關於清人所說的「殘明時局，如摧枯拉朽。」　自然此際，最是其時了，最是容易了。　還有所謂「野戰必勝，攻城必克」的勁頭，也應當在此時，要多多的使出來，並且要多多地表現，才足以證明「滿兵之強」，才能夠有幾分事實，教人倘可以相信的。蓋清人自狂逞以來，首尾已三十年，以戰鬥言之，應該愈戰愈強，以經驗言之，亦應該愈久愈多，當了殘而又殘的崇禎末年，似乎也應是必然之勢了。　及考壬午之役，清人的行爲，結果竟與此相反，仍只是搶掠而歸，〔乙編葉四四九云：虜茲入犯，得志則圖，不得志則飽掠而去。〕　不能摧枯拉朽，不能所向無敵。　由此觀之，則是本文所記清國的弱點，自然也就是實情實事了。

　　因爲弱點之多，所以番番入犯，番番都不敢獨自直入，番番都有很多的遼人叛將，爲之前導。　蓋此輩深知中國虛實強弱，所以敵騎才敢長驅無忌〔乙編葉五五八〕。　遼人叛將之外，更有內地的奸細，也是當時禍害。　例如番番敵騎臨城，番番總有些城池，不是奸細內應，〔乙編葉四四八〕，就是由於大家巨室，爭先逃避，「以爲民望」〔乙編葉四四七〕。　所以敵騎一到，立見土崩。　此外，又嘗有些地方之失事，則因拒兵之故，如壬午十二月初八日，兗州報陷，便是一例。　據乙編葉四七六：援軍自德州窮三晝夜之力，疾趨五百里，不意抵城下之後，魯藩賜書拒兵，因而援軍他去，沒有幾天，敵騎一至，也就隨到隨破了。　楊士聰玉堂薈記卷下記兗州之失亦云：「兗城被圍，有何太太者，魯先王之妾也，聞事急，自捐

—153—

五千金，世子留其四千五百金，而以五百金付外。　〔扞兵也與貪客有關，因撥軍入城助守，照例必須發銀犒賞的。〕失城之禍，豈盡由天數也。」　〔戊寅，濟南失陷，情形亦同，結果慘屠百萬，德王被俘。　見玉堂薈記卷下。　又據甲編葉九二七記濟南失城云：奴賊扒城而上，城頭不見一人打賊。〕　此云「豈盡由天數」，猶云豈盡由清人之力，諸如此類甚多。　而清人所稱的如摧枯拉朽，大概也只是指此等城池而言了。

　　此些城池之失陷，等於自墮差不多，可以說與清人之力取無關，可以說與「攻城必克」的話也不是一回事。　所以這裏也就不用往下多說了，我但只記一記壬午之變，關於明人能守即不為弱的情形。　這些情形記出來，可以知道明人禦敵之長，可以知道清人之到底無用。一面又更可以明白清人攻城必克的大話，完全是說謊，完全是捏造的了。

　　禦敵之長，據乙編，先就城守之狀言之，言城守之狀，我又要多記詳記，然後比較起來，才可以信而有徵，才可以曉得從前明人真正血戰之事，多而且廣。因為這一大堆禦敵史料的當中，不惟有許多極奇的手段，且更有許多極奇的血功。例如被挫的敵兵，當時對於明人之勇敢，至有鐵頭蠻子之稱。　由此鐵頭之稱，很可以知道明人之強而且烈。　又如明人於此，則曰：「城易守，虜可殺。」　又曰：「捐餉者反有家，血戰者反有身，而慳客毀死者，兗州府城為殷鑒。」　又曰：「奴曳兵棄甲，跟踪東奔，乘勝窮追。」　此棄甲曳兵而走，正遇強則遁之事。可見明人不但能守，且又能戰。　此些情形，在壬午之役，很是普遍的。　而此類普遍之記事，雖說已見於明清史料，但是注意的讀者，恐怕就很少，即有注意的，恐怕也不肯耗費工夫去儘量利用。　這樣一來，等於埋沒了差不多。　又況歷史的價值，可當千秋金鏡，〔不正確的，害人亦不小。〕　察往才能知來，鑑古才能證今。　因為如此，所以我只要在殘餘檔案內發見過的，都一條一條的順了乙編葉數的次序，轉記在下面。　我的用意，只在表明當年的明人，有此一段愛國的歷史，看了此段的歷史，可以知道明人之英烈，同時又更可以知道禦敵的方略。　所以看的人，也應當多多注意前人的歷史。　關於城守之狀，先從館陶說起：

　　〔十五年十一月〕二十五日，先後諸賊……一股向東昌，一股向館陶。　二十

六日，攻館陶不下，斃於砲擊者無數，且殺其會長一人，擒活賊一人，賊氣甚奪。〔葉四七八〕

於東昌則云：

〔十五年閏十一月〕二十七日，□旗奴賊幷黃旗，攻東昌府。　東昌總兵馬岱，詐舉號火，引賊至城下，用火砲打折三達王右背，傷死奴賊甚多。　本日晚，復領兵三百名刧營，用西洋大砲，四面打賊，死者極多，天明，奴賊南遁。〔葉四七九〕

於張秋鎮則云：

二十八日，至張秋鎮，羣奴見城上有紅面大漢，身披金甲，手執大刀，奴賊未敢進城。〔同上〕

於冠縣則云：

又見冠縣解奴會〔賊〕首級一百二十顆，生俘者五人，內有達婆一名漢來都刺。〔同上〕

於濰縣則云：

崇禎十五年十二月三十日酉時，據濰縣申稱：自虜騎長驅南下，卑職會同鄉紳郭尚友、張爾忠、胡振奇、王瑢等，舉人郭知遜等，監生許文民等，生員張璿、張憲祖、□□翼、張□生、王之玉等，耆民張化麟、魏思恪、□□、魏應乾等，計議戰守。　□時義激士紳，捐輸不貲，職又搜括微俸，凡戰守之具，各得粗備。　至本月初九日夜，奴衆萬餘，直抵縣西北，列七營，插數百帳。　於初十日辰時，以數百騎，四面窺城，城上用砲擊死數十人，屍悉擡去，割其一級，得牛帳一頂。　至夜，職募勇士縋城，以砲擊其營，城上復用紅夷遠擊，卽移營六七里，毫無動靜。　於十二日辰時，奴騎數百，直入西關，又用大砲擊急，打傷甚多，賊計已窮，不敢仰攻明攻。　隨潛匿城東北角空房祠堂內，又借牛馬爲障蔽，大砲擊之不得，穴城六處，共成六洞，洞容數十人，晝夜穿鑿。　職與紳士計議，恐其鑿透入城，於城內鑿坑以陷之，備火藥以爐之，懸天秤懸樓以擊焚之。　乃賊計實欲挖陷石城，職於十四日，厚懸賞格，發家丁衙役等二百餘人，妻弟河南開封府生員圖衒

壘，鼓勇督率，沿牛馬牆殺死真奴數十餘人，然兵入復鑿，於十五日，職又動捐銀一千兩，又重懸賞格，得壯士三百餘人，直逼洞口，斬衣紅酋首二名，割取級四顆，收兵入城。　不意至五鼓時，城東北角忽陷數十丈，賊喊聲如雷，飛矢如蝗，豎雲梯從壞城直上，職披甲執刃，同典史王汝濟，及闔邑紳士，鼓勵兵民衛役，從容應敵，鎗棍矢石，火礶橫砲，一時俱發，賊途披靡，殺傷無算。　一時兵民，賈其餘勇，沿壞城而下，戒無貪級，殊死砍殺，奴曳兵棄甲，跟踏東奔，乘勝窮追。　其崩陷城，即督令千夫，當日修完。　至本日二更時分，前列營奴賊，拔帳向東北去訖。〔葉四八五〕

又云：

通計奴困灘七晝夜，前後擊刺焚殺，約五六百人，割級三十餘顆，奪獲盔甲七副，馬六匹，驢十頭，奪回剃頭難民二十餘名口，糧草十馱，油帳房一頂，藥布袋二十二條，奴刀三口，城上收箭一千五百餘枝，城下得弓四張，元寶一錠，上有盧溪縣十五年練餉字樣。　至殺死快手三名，百總一名，皂役二名，重傷武舉一名，家丁十名，衛兵十一名，卑職右足被大砲坐傷，今尚未能動履。

又云：

是役也，以彈丸之邑，被圍數日，竟得瓦全，異矣。　穴城已壞，眾心愈固，異矣。　一處城壞，四處雲梯齊上，聲言已破，而眾不為之動，異矣。且鼓勇爭先，既退賊於城上，復沿壞城，而敗賊於城下，又異矣。　更可異者，在城老幼男婦，竭力一心，未字閨秀，青衿內室，及瞽夫幼子，悉運磚石柴束。　又如方欲舉火，而聞城上欲以鐵作砲子，即各碎食鍋以酬急。人心至此，似千古未有，至鄉紳士民，無不破家亡身。　而原任巡撫張爾忠，以病骨支床，原夥派守信地，乃臥當矢石，凡城頭三十餘戰，無不以呻吟為吒咤。　則人思死敵，或有感而然歟？　職心力欲竭，不敢言功，惟念奴氛孔棘，愈加戒嚴，若鄉紳士民，與夫血戰兵丁，容再覈實詳列。

於淄川同云：

達賊初九日〔十五年十二月〕，到淄川，初十日黎明，攻城，未得攻開。

〔葉四〇八〕

於大名則云：

> 難民吐稱：達賊私議，大名箭砲利害，又守得嚴謹，不能攻開。〔葉五〇七〕

於魏縣則云：

> 據魏縣報稱：二月二十一日卯時，虜騎突至外城，有千餘人掘南關外廂舊傾牆脚，一擁扒上，卑職與各官，併守城人夫，蕭靜整理，令操官張志信，帶砲手王問道等，連放大砲四銃，虜不敢近關廂，緜西北而去。第見離城五里，塵霧障天，不知數目若干。本晚，卑職同鄉官王巡撫，命其家丁王發機馬宗舜等十一人，暗入虜營，用砲打中穿紅達賊頭目一人，扎傷賊馬一匹，見割馬尾帶有番字木牌一面。其打死達賊，衆夷號泣抬去，魏邑幸賴保全。〔葉五〇八〕

於肥鄉則云：

> 〔十六年〕二月二十四日，據肥鄉縣報爲退虜全城捷功事報稱：奴賊札營離縣五里景堂寺，食飯畢，於午後合力抬雲梯百十餘架，直攻西面。卑職抬庫內元寶，鼓其忠勇，諭守城夫，以勿惜爲主。却空放數砲，故誘賊至，復令增段爲馘帶領家人韓杜⋯⋯等，發預埋地雷轟天等項，及關廂內暗伏紅夷大砲，神槍矢石，齊發如雨，打死領標酋長二名，焦爛餘虜無算，賊遂拖拉屍首，向西北遁去。〔葉五〇九〕

於青州則云：

> 是役也，以數萬強虜，鏖戰終日，雖斬級無多〔不敢貪功割級〕，其殺傷砲擊，不計其數，真退虜全城血戰□□□。在陣大小將領，相應從優題敍，以鼓萬死一生守信衡藩殺虜之奇績也。〔五一五〕

又云：

> 衡藩親臨城頭，同部院與本院〔山東巡按陳昌言〕，將前後斬獲功績，逐名給賞花紅，大張鼓樂，勸勇懲怯，衆皆踴躍奮擊，人人有殺賊之志。〔玉堂薈記卷下云：青州被圍，衡王號泣，召各官，出金銀於庭，恣其所用，青州

得以無事。〕

於滄州則云：

當陣生擒東奴頭目一名克什兔，盔甲夷器馬匹俱全。 ……斬獲東奴強壯首級一十六顆， 分別首從，願陞願賞，另造呈報，奪獲達馬一十一匹，鞍轡一十一副，夷帽一十六頂，夷器具〔俱〕全，牛皮褡連一箇，內盛銀約千兩，白大旗二桿 ， 救出難民無數。……闔州軍民士庶 ， 歡聲雷動。 〔葉五二七〕

又云：

難民說稱：達子意欲往來誘哄，要攻滄州，因見兵馬勢重，嚴防周密，又屢次砍射，夜晚攻打，死傷極多，今番火砲，又打死無數。 〔同上〕

於樂陵則云：

樂陵縣於去年十二月內，虜攻數日矣，其不至於城陷者，總兵張登科救援之力也。 今於三月十五日，復來窺犯，又賴有該鎮之兵，預為援剿。 是始終保全樂陵者，張登科也。 〔葉五四二〕

於南樂則云：

據南樂縣報稱：〔十三年閏十一月〕二十八日，奴賊數萬，繞北而來，剳營七座，雲梯數百張，四面攻擊。 守兵用砲打死奴賊數百，守城人被箭砲傷者亦多，本縣亦中一箭，典史崔訓亦被砲傷死。 正萬分危急間，聞城北砲聲連天，賊纔緩攻，將關廂盡焚而去。 〔葉五五二〕

於滑縣則云：

據滑縣報稱：十二月初三日，有虜千餘騎，內執白標旗二桿，周城馳遶，屯聚西堤，祇攻西關水關二處，火器千總程鷹揚，砲手王新，用大砲打中標旗落馬，不數步而死，羣虜扶歸本營，旋往東南而退。 等情。 〔同上〕

於濬縣則云：

據濬縣報稱：初二初三等日，有賊騎數百，飛噌近城地方，用砲擊退，打死賊十數人，斬獲賊級一顆，砍死馬一匹，馬尾有小木牌一面，上書番字，義兵劉守節腰中一箭，徐守智身中三箭，魏加才腰中一箭，虜已解散。 等

情。〔同上〕

於**開州**則云：

據**開州**報稱：閏十一月二十七日，正議移守間，忽報虜至，即上城防守，見有七騎自南城而上，**土参**將領中軍**李瑛毛應龍**等，用砲打退，千總**白進寶**，生擒一虜，奪馬二匹，驟一頭。　……後又有遊騎數百，仍用砲打死甚多，中軍**李瑛毛應龍**，生員**黃士謙**，被虜射死，幸得**昌之秀**率領鄉兵三百名，誓死血戰，得保人民無恙，倉庫俱存。　等情。〔同上〕

於**昌樂**則云：

達賊假官詐城，未遂其計，城亦保全。〔葉五五八〕

於**交河**則云：

據**交河縣**申稱……閏十一月初八日，夷賊夾河南行，其河西一營，偪近縣東八里莊，尖哨直抵城下，本院又督衛兵**周俊曹光通**等，率領火攻一營，在城外劄營，用砲擊死二賊，眼看落馬，被眾賊拖去。　……至本月十二日，有攻**霸州達**賊，繇府東而來，在本縣地方富莊驛邢官屯等處劄營。　至十三日黎明，架雲梯直抵城下，城上預設縣樓木寨，及敵臺箭棚，徧布城頭，我兵有恃，矢砲齊發，使賊三面受敵，不得偪近濠邊，且各帶重傷，遂於本日巳時拔營南去。〔葉五七六〕

又云：

至本月十八、九兩日，有夷賊老營，自本府起身，直至本縣地方離城三里**西新園**等處劄營。　本縣城頭大砲齊發，賊知城中有備，遂攻范家司家等樓，本縣乘其不意，密令**曹光通**率火攻一營，直至營邊，大砲齊發，打死強賊無數。　又有鄉兵**孫應元孫尚登**等，各路堵截，奪獲戰馬二匹，活擒強賊十六名，腰刀八口，立時正法，救活范司兩樓男婦八百餘名口。　又接濟**灤州覇州**等處難民**李信**等二百餘人，皆剪其髮辮，發與印票，薄給口糧，各回家訖。

又云：

本年（十六年）三月十一日，有東股夷賊，自**吳橋**夾河北來，直衝本縣，且四

股齊行，有山搖嶽動之勢。　卑職遂調四路鄉兵二千餘名，合本縣城守各兵，共三千七百有零，密布城頭，一面設處飲食，務令人人宿飽，又多勸金錢，立懸賞格。　布置既定，遂徧告各口曰：達賊攻城，無多伎倆，不過萬努齊發，架雲梯一擁而上。城上之人，見其帀地飛來，憑虛直上，便是魂驚神悸，棄而不守。　殊不知達賊之強，全在手足，既登雲梯，勢必足踏空虛，手用扳援，此何異自縛其手足，以待割擊，我城上以全力禦之，雖弱者亦可敵強。　況雲梯之上，勢必魚貫而來，當頭只是一人，我城上以三五人禦之，是又以眾敵寡矣。　凡此，皆眼前之智，人人易曉，猶恐鄉民腳根難定，就中選其有膽有力者，每門每角，各一百人，四面擊應，而又為之多備門板，廣設箭棚，以避矢石。　至於城上所用之器，矢砲僅可禦遠，礌石亦難擊堅，今止用挽鈎磨石鑭刀木棍，每垛各三、二件，以供擊打。　又散布流言，假帶灰炭之類，稱以上司發來毒藥，徧布井中。　〔王錄天聰三年十月辛未頒諭有云：勿食明人熟食，勿酗酒，聞山海關內多有鴆毒，更宜謹慎。〕　及至十二日，即有奴賊大營，將本縣地方泊頭鎮攻開，盤據七晝夜，搶擄四十餘里。　大隊雨至城下，見城上器具全設，寂然不動，遂捉士人王言章王顯名，細問城中消息。　二人告以鄉兵不下二萬，昨方在毛家營打賊樓十一座，縣官善於用兵，鄉兵慣於打仗等語。　賊遂不敢復近城邊，於十八日巳時，起營北去。　本縣遂令典史王敏智，率固圍營兵丁，並鄉兵五百餘名，尾後追至尹家店，各兵奮勇斷尾，圍殺各賊，中傷二十餘人，當陣斬獲真夷一名，賊眾兵寡，不敢窮追，遂將首級一顆，申解院道驗訖。

於濟寧州則云：

山東兗州府濟寧州會試舉人保舉考中知州未選任民育奏……切以山東濟寧一州，誠兩京門戶，萬艘咽喉，巍然重鎮，久為逆虜垂涎，不減於臨清。　自戊寅入犯，環攻未克，臣破產助餉，鑄砲建臺，臣與署濟寧道事今任天津巡撫馮元颺守之也。　嗣後年荒人瘟，土寇蜂起，賴總河臣今任兵部尚書張國維，多方賑濟　派臣盤詰城門，分信守臺，造猛棍一千四百根，大板斧一千四百把，月牙鏟一百桿，滅虜砲二百位，神槍一千四百桿，火藥五萬斤，守

製方略，已有成規，種種器具，臣與生員陳辰法收之也。 十月十一日〔十五年〕，河臣離濟，十一月初七日，臣赴京會試，十四日至德州，接同州詞臣楊士聰手劄，知虜已入口，俾臣回家料理城守，幸天祐濟城，得新任道臣楊毓楷，至公至敏，副總兵張文昌，至勇至忠，遊擊張世臣，同心戮力，臣因效奔走於下，日犒梁夫工食，夜給城頭油燭，臣不敢辭勞。 及守城需器，臣即先捐銀二十兩，買麻買繩，又借河道銀三百八十兩，置箭簾一千五百六十四個，而器備。 守城需餉，臣先捐一百兩爲倡，其餘量力公攤，得銀萬金，〔都城城守一次，輒費二百萬，見乙編纂四三一。〕 俱臣支銷，而餉足。 十一月十二日，臨清失陷，二十九日，奴賊乘勝直抵濟城。 初一日黎明，精騎數千，架雲梯十一架，攻臣北面信地，先用砲擊死數騎，遂至城根樹立雲梯，箭如驟雨，韃賊大喊上城。 此時大砲無用，惟矢石可施，臣與道臣鎮臣兵丁，率兄弟子姪家人五十餘人，奮力死敵，滾木雷石，火礶萬人敵，紛紛交下，雲梯盡折，雖射死臣家人林貴，重傷臣家人楊守志等五人，中臣身三箭，而氣愈舊，登時打死穿青鱗甲戴銀盔頭目一名，戴金盔頭目一名，明盔明甲韃賊三、四百名，而河水盡赤。 自卯至午，賊營復送箭十餘束，爲攻城之用，而賊不敢射盡，空坑掩埋，以餂賊首。 臣又調城下鄉兵步戰，城上復點火砲神槍，一時眾賊，石擊者，箭射者，火燒者，焦頭爛額，狠搶狂奔，大敗而去。 此一陣也，城上我兵，當時中箭死者十五人，重傷一百二十五人，毫無懼色，而有歡容，賊以「鐵頭蠻子」呼之。此不惟能死守，且又能血戰矣。 初二日，破曹濮之賊，又到城下，臣又與道臣鎮臣，伏地雷數百處，埋木砲數百位，以防近城。 自出香油五百斤，灌草數千，復索棉被八十床，包裹火藥，以防空城。 又每臺各立專打雲梯壯士五十人，二十八臺，共計一千四百人，分信打梯。 此時人人思奮，並火砲亦不靠矣，設備精而更密，所以奴賊不敢近城。 初八日，兗州府失陷，相距僅六十里，十二日，合力糾眾，共計十三大營，來攻東關，城上大砲，擊死數百騎而遁。 十六日，又攻南關，城下伏砲，又打死數百騎，不敢進關，始啣恨而去，有再來雞犬不留等語。 此一陣也，關廂寸草未失，

賊死七百餘人，此不惟能守城，抑且兼能守關矣。　自奴四犯以來，未見一敗，惟濟大折狂鋒，使天下盡如濟城，虜之入也，不惟無利，抑且有害，復何敢直驅狂騁，深入而莫之或禁哉？　可嘆也。　伏乞皇上勅部覆覈，甄別示激，以防捲土重來，不然，濟將爲臨清之續也。　再懇皇上嚴諭省直地方，務以守濟成效爲法，以見捐餉者反有家，血戰者反有身，而慳吝畏死者，竟州府城爲殷鑒矣。　孰得孰失，孰利孰害，人情亦當自勸也。　至於臣自乙亥年，爲詞臣楊士聰保舉，已經吏部考中埰任知州，今間道再上公車，幸而入彀，可望大用，即不爾，亦有本等功名，儘可自效一方，無庸謬借建白，以希進用。　但惟此一段成效，泯沒不明，天下人不知城易守，虜可殺，無以勵將來，勸人情耳。　此臣冒昧直陳，原從朝廷與疆土民身家起見，非爲一己敍功地也。　〔乙編葉五八四〕

明人嘗曰：「無處非民，無處非兵，以戰不足，以守則有餘。」　〔乙編葉四四二〕參之以上城守之成效，足證有餘之說爲不謬。　最難得的，此守則有餘之外，更能常用其餘勇，以出城殺敵。　所殺之敵，殺了又非常之多，立了很多的奇功，敵當之，自然無如明人何，自然稱之曰鐵頭蠻子，自然也只有棄甲曳兵而走了。

　　由棄甲曳兵而走觀之，則殺敵之易，又不問可知。　於是其時的人民，都以爲敵可殺，至欲爭起而殺敵，因而殺敵之風，也就愈殺愈盛了。　例如館陶冠縣之役敵無數，當時曾轟傳遠近，以致同省的濰縣，也就不禁有些手癢眼熱了。　所以濰縣之退敵全城，則又完全受了館陶冠縣殺敵之鼓勵。　鼓勵的記事，據全濰記略內濰縣告示云：

　　萊州府平度州濰縣〔廣陽雜記卷五：洪武二十六年正月，升萊州府膠水縣爲平度州，以濰州爲濰縣，併昌邑縣隸之。〕　示：昨日有快手汪者誠來，帶得軍門王老爺守城告示，并守城歌一張，說得二十分明白，二十分痛快，我今抄刻與你們看。　你們想一想，難道我這一座城，不如館陶冠縣，他們守得住，我們比他還要守得住，他們殺得韃子多，我們比他還要殺得多。　大家依軍門老爺并本縣說，不但身家性命完全，也合千百世後，人人傳誦，說我縣中能守能戰。　今將告示并歌刊於後：

軍門王勸諭守城軍民人等，但凡守城，只要大家齊心，大家着力，決無不勝
之理。　本院屢屢叮嚀，爾等未必聽信，你看館陶冠縣，是座小城，只是縣
官肯拚命殺賊，軍民肯聽縣官教訓，一齊拚命殺賊，不但全了城池，館陶打
死韃子七八百，割了首級十顆，冠縣打死韃子一千多，割了首級六十顆，奪
下盔甲刀箭婦女牛羊無數，昨日解來領賞，爾等難道不知？　那攻城的韃
子，也是個人，這守城殺韃子的，也是個人，難道都不如他？　其餘如章
丘、淄川、齊河、平原、鉅野、東昌府、青州、德州、濟寧州等處，也都殺
了許多韃子。　可見韃子，原不必怕，只是人見了他，先自懼怯，站脚不
住，他就得志了。　他雖人衆，難道飛得上城？　就是豎起雲梯，等他將近
城上，一棍一個，一鎗一個，正好割他首級獻功。　況有萬人敵火礮順城砲
佛郎機三眼鎗擂木大石，他如何上得城頭？　又有滅虜大砲西洋大砲，各路
埋伏，他如何近得城下？爾等軍民，以後只聽本院號令：閉着口，站定脚，
執了棍，齊心合力，一些事也沒有，保得父母妻子性命家私，件件都全。
若是指望逃走，那敵臺上執刀的材官，立時割下頭來，本要貪生，反是速死
了，各宜愼之思之。

附歌九首：

望見賊，莫暴躁，照定苗頭纔放砲，若是一砲打不準，空費錢糧惹他笑。
賊將近，莫着忙，難道插翅飛上牆，站定脚根閉着口，各拿短棍與長鎗。
豎雲梯，不必怕，我在高頭他在下，轟雷火礮一齊燒，任他鐵梯也燒化。
賊近垛，遊兵上，一槍一棍死莫放，打死一賊五十兩，方顯男兒有志量。
勸軍民，休想走，你看材官刀在手，城頭號令不容情，但有走的先梟首。
勸軍民，仔細聽，分班休歇要通情，四更切莫辭辛苦，要緊防他在五更。
勸軍民，莫躲奸，他人勞苦你安閒，搜出男人定要斬，自家先上鬼門關。
到晚來，定計策，像營刧寨人難測，斬得虜首來獻功，賞了銀子加官職。
勸文武，莫相疑，成功都敍沒高低，赤膽忠心是豪傑，留取芳名萬古題。

又紀略內，記清兵圍城，凡三番，番番均吃虧甚大，據葉十二記三番斬獲之數云：

自朔九日被圍，至念五日圍解，其間小捷者四；朔十日，擊死數十，割級

一，獲其油頂會帳一。　十二日，擊死百餘。　十四日，斬殺數十。　十五日，斬衣紅會長二，割級四。　大捷者三：初則擊刺焚殺五六百，割級三十餘，獲其盔甲七，馬六，驢十，芻糧之馱十，火藥之囊二十二，刀三，弓四，箭一千五百，元寶一，上鏤瀘溪縣鍊餉字，截剃髮難民二十餘名口。再則焚死三十餘，擊死四十餘，獲其箭五百。　三次之殲賊也，北數百，南數百，內一會〔穿紅達王〕，西數十，所獲，北六梯，南八梯，西五梯，北千箭，南千箭，西三百箭，南則又多鉤鐮百張，神槍二杆焉，其三巨砲，鑄昌邑知縣陳啓元監造字，則虜遁時，追師所捨也。

又葉四記清兵伎倆云：

逆奴焚死大半，打死大半，聽見白旗賊向紅旗賊說：「我們要走，你們要攻，不吃這虧，還不肯走。」　城上之人，見其伎倆如此，更加力擊之，打死不知其數，賊遂棄甲而走。

又云：

聞逆賊說：若都這一個小縣，於我們如何了得？

此外，又有可異之記事，亦舉例於後，如同葉又云：

尤可異者，生員徐瑗家人之妻，抱石助陣，膊中一箭，掩淚不言，謂恐亂軍心。　又南寺僧人兆才，因火藥局在寺，運砲火礦上城，亦被箭傷，幸而不死。

此二人，堪合作一傳，以表當時灘城中，他們都能盡了匹夫匹婦的責任。　又如原任巡撫張爾忠之臥當矢石，身為民先，亦可以傳，蓋灘縣血戰之功，縣令之外，當以張氏之功為最大。　因為張氏不貪生，不怕死，同時他又是大家巨室，城頭三十餘戰，無戰不在人前，所以才「風行草偃」，所以才「人思死敵」。　讀了張爾忠臥當矢石之記事，則是前面爭先逃避之大家巨室，也就有些可殺了，也就等於奸細差不多了。　因為他們在承平時侯，惟知以門戶相高，自尊自大，又交結官府，魚肉良民，及至一旦有事，國家多難，他們的心中，只知有婦女貨財，不知道國家有興亡，「甫聞賊逼」，便先隳城而逃，所以曰可殺，所以曰等於奸細差不多。　關於只知有婦女貨財之事，據乙編葉四四七，不妨引點在下面，以見當時許多城池之

陷敵，他們都應有很大之罪。

　　各州縣之所以破者，雖由於有司平時玩愒，鮮桑土之防，臨時倉皇，乏禦侮之略，然非盡有司之罪也。　大都因大家巨室，爭先逃避，或先將婦女貲財，暗送城外，而以雙身伴官於城頭，甫聞賊逼，則墮城而走，莫可控執。且合城士民，皆其親黨，觀望追隨，勢難禁戢，以致胡騎一到，如摧枯拉朽，立見土崩。　庸懦有司，卽甘以性命殉之，亦復何及。

清兵番番深入，番番陷些城池，番番又都是飽掠而歸，大概都只是受了這些大家巨室之賜。　所以像這些大家巨室，最好也應當以濰縣爲榜樣，「但有走的先梟首」，或者教他們「自家先上鬼門關」，才是防患未然惟一的辦法。　再按，此等大家巨室，揆之前面永平之白崔輩，也可以合作一傳，因爲他們禍國的行爲雖殊，而他們禍國之實則同。

　　又按全濰紀略一書，卽濰縣文獻叢刊第一集，原稿曰：「明周亮工〔當時守城的縣令〕傳抄本」。　是書紀濰城之役，首末甚悉，凡二十葉，葉三十二行，行三十五字。　是書的價值，同於當年的檔案，惟因傳抄的關係，中間不免有些小小的錯誤。　例如本段所引明清史料關於濰縣之報捷有云：「又如方欲擧火，而聞城上欲以鐵作砲子，卽各碎食鍋以酬急。」　紀略於此，則云：「又如城上欲以鍋鐵雜砲子中聲賊，而合城中方欲擧火，卽碎食鍋以酬急。」　又如明清史料云：「原夥派守信地。」　紀略則又誤夥爲末。　此外，還有許多錯誤，雖曰都只是一些小節，究竟還以檔案爲比較正確了。

　　再說濰縣全城之功，據紀略曾云：「奴自入口以來，如此壽攻，如此死守，未易數數得也。」　其實依我現在歸類的看法看起來，比之其他各城挫敵的手段，可謂正在伯仲之間。　因爲別處之退敵，據他們當時許多的報告，考之濰縣「未易數數得也」之言，大抵又皆相類而相似。　如濟寧州有云：

　　自奴四犯以來，未見一敗，惟濟大挫狂鋒。〔見前〕

又東昌有云：

　　當陣斬獲六十四級，及活夷二名，至使逆虜棄旗而遁，空帳而逃，大挫狂鋒，復全名郡，眞入口以來奇功大捷也。〔乙編葉五三四〕

又青州有云：

　　與賊在於地名馬宣莊迎敵，自己至未，連戰數十回，兼村落埋伏步火，齊聲

　　衝擊，賊勢大潰，即拔營北奔，我兵奮勇趕殺，直復追三十餘里。〔乙編

　　葉五二九〕

再據檔案的殘片，關於殺敵之記事，則有：

　　斃虜不可勝計。

　　賊始驚魂拉屍，跟蹤望老營奔回，嚎哭一夜。

　　活擒孤山大什力。

　　解滄州之圍，斬奴百二十餘顆。

　　背水津西，合兵斬奴百二十顆。

　　與奴賊打番語，大開四門，引賊至城下，用砲打死多奴。

　　上年進擒，傷亡甚多。〔編者按：以上所引山東各地禦敵記載，除濰縣

　　外，應打一大折扣者不少，如館陶諸地，又非東虜經過之要道也。明代官

　　書記載亦多不實，報功之狀尤涉誇誕，非清人修實錄者獨得此祕訣也。〕

此些殺敵的殘片，可惜太零碎了。殘片的年月，已都不可考，實則也不待考，總

之，只要能夠證明明人能殺敵，正可以錄在上面，以見清人之被殺無數。凡此無

數之被殺，如依王氏東華錄，則又不外記之曰：「將士凱旋，無一傷者」〔多爾袞

嘗爲此言，見崇德四年三月丙寅，即戊寅之役。是役，貝勒岳託公馬瞻公和爾，

俱在山東陣亡。〕但如拖屍之記事，則又多有之，據同書天聰五年正月己亥：

「額駙顧三台，與敵交鋒，士卒有戰死者，嘗以繩繫其足曳歸。」拖屍之外，更

有燒屍之事，如乙編葉六四云：「當其大戰時，渠魁一名先死，其次小將及諸軍，

處處積屍，焚延數日，瘡痍相望，畏縮奔於八十里之外。」此類的情形，據明清

史料，實記不勝記。不想摧枯拉朽之晚明，反能殺敵如是之多，可見其時的明

人，固亦不是盡易與的。

　　關於殺敵之易，據袁枚子不語初編，亦有一則，可以爲證：

　　國初，有二巴圖魯，一溺地，地陷一尺，能自抓其髮拔起，身在空中，高尺

　　許，兩足離地，移時不下。一在關外，被敵刼營，黑暗中，已爲敵斷其首

矣，刀過處，急以右手捺住頭，左手揮刀，猶殺數十人而後死。

此條的情事，自然是無稽，不過此條之用意，似乎只爲專記淸人的奇勇。　殊未知無論如何勇，如何奇，當時的明人，卒能斷其首。　由此看起來，到底還是明人兇，到底不外還是「敵可殺」。　而此敵可殺之事，卽後來淸人入關後，亦常自以爲言：

> 前明崇禎十五年，本朝大兵入畿輔山東，次年始北歸，封疆之帥，無敢一矢加遺。　惟周將軍遇吉，時調防天津，大兵至，巡撫馮元颺令出戰，周以五百騎伏楊柳靑，大兵至，邀擊之，自辰麕戰及酉，其夜大兵徒營北去。　聞滿洲諸公，言壬癸入關之役，往來數千里，如入無人之境，惟見此一戰。
> 〔池北偶談卷七〕

此可與前面所錄背水津西的殘片作參考。　不過殘片內，曰「合兵」，又只曰「斬奴百二十顆」。　周氏之殺敵，必不止此數，殺敵之數必甚大，當時淸人必聞之膽寒，所以入關之後，才常常地舉此以告人。　至於殘片內之殺敵，當別爲一枝兵，當係乘周氏戰勝之聲勢，而又攔擊截殺的，所以曰合兵，所以殺敵之數亦不大。又按周氏之能戰，乙編葉五二二亦有云：「東股去滄去津咫尺，周遇吉曹友義等，蓄銳已久，差堪一戰。」　又周氏之堪戰，亦不僅此，當崇禎九年，丙子之變，都城被兵，氏於其時，卽嘗從尙書張鳳翼數血戰有功。　見明史稿周遇吉傳。

又按池北偶談，旣曰「無敢一矢加遺」，又曰「如入無人之境」。　然則乙編許多棄甲曳兵而走之記事，不知又該是說誰的了？　此姑置之不算。　我再說他們當時畏兵之情形，崇禎十六年二月初八日兵部行「御前發下御史吳履中題」稿云：

> 用兵之道，以知敵爲先。　……虜令不攻重壕，並畏順城破臺，則守城者，當知設備矣。　虜情畏兵懼戰，被傷棄礮，則戰勦者，可以勇往矣。　〔甲編葉九五五〕

因爲畏兵，所以又有遇強則逃之事，如同稿又云：

> 審得難民劉海口供……達子復上海州，於正月初二日破城，隨有兵來，與達

子打戰，先用礮打，後用箭射，又用刀砍，一番退了，一番又上，殺得達子避進城內。　又將達子帳房燒了，駱駝傷了，掘坑圍困。

懼戰如此，可見清兵亦畏死之至。　因而又送銀子求情了，如同稿又云：

虜被攻打不過，差五十個達子，送□□銀子與兵，衆兵收了銀子，將五十個達子，盡皆砍死，不割首級。

本爲貪生，不想反來送死，送死不算，還更送了許多買死錢，清人遇了這等兵，不知又該怎樣的膽寒？　而避入城內的敵兵，後來是否能有命歸去，也就無從曉得了。

清人陳康祺嘗云：「我朝開國之初，滿洲風尙，士不死綏，引爲大恥」〔郞潛紀聞卷四〕。又云：「本朝八旗勁兵，善以少擊衆，蓋家法也」〔燕下鄕脞錄卷十五〕。　徵之畏兵懼戰之情形，以及送銀買命之醜，則所謂大恥與家法，也就不難想像了。

又畏兵的記事，據乙編第六本，尙有若干條，也可寫在下面，庶乎可以明瞭清人之畏兵，並非是偶爾，而是普遍的畏兵。

達賊白日札營，夜間行走。〔葉五一六〕

又聞虜賊，見我官兵俱穿白號衣，今賊亦做白號衣。〔葉五○四〕

奴賊前哨精兵，俱戴綱帽，遇到地方，口稱官兵，平買食物。〔葉五一三〕

奴賊在滄州南北李家莊口過河，奴賊拿住士民，問那裏有兵馬。　士民回稱：新來兵馬甚是利害，十三省人馬俱到，沿邊設防，獨河間兵馬甚多。奴賊懼怕，不敢行走，有出龍固走宣大之意。〔葉五一九〕

又護開續筆卷四，亦有一條，記清人畏兵之狀，有「每驚傳官軍至，則齒上下擊如啄木」，及「面慘淡無人色」等語。　也照錄於左：

子友汪長源，有僕孫學爲敵所掠，見其獷黠善應對而喜之，予以二婦，命長五十人。　未幾，學伺間逃歸，云在營四十餘日，每晚旣下帳居，則各擁所掠婦女，轟飲酣睡，而以二十人披甲執弓，騎而繞帳房之前，以戒不虞。此二十人之勞，數倍於他人，而破一郡邑，凡所鹵獲，此二十人之所受，亦

數十倍於他人，皆武健自豪者樂爲之。　然亦非能一往無懼也，每驚傳官軍
至，則呼諸酣睡盡起，齒上下擊如啄木，面慘淡無人色，四馳偵探，而實無
一官軍也。　掠獲既飽，駐邊口數日，凡縱橫探各四十里，知虛無人，然後
從容飽載而去。

畏兵竟如是之甚，似乎有些太丟人了。　而以丟人的現相，若照清人誇大之言，則
又應當說是滿洲家法了。　家法之說，還有易裝買口的行爲，也與家法有關，崇禎
十六年二月二十二日兵部行「御前發下本部題山東巡按陳昌言塘報」稿：

> 本日〔二月初八日〕又據齊河縣爲塘報狡奴盤踞已久易裝買口似眞事內稱：
> 本月初四日，自安丘地方逃出難民王養吾，任丘縣人，在虜營已經兩月，口
> 稱達賊現住安丘地方，札營不動。　有難民因跟隨許久，彼此慣熟，問奴虜
> 云：我們幾時出口。　虜云：我已着人買口，報信亡子，俟吾家亡子〔有
> 時寫王子，或又寫枉子。〕　領兵接應，官軍撤去，我們便好取空回去。
> 難民又問：今如何不衝出去！　酋云：得你中朝金帛子女無數，今官兵非一
> 家人馬，難以打話，故且待接應。　等情。　〔乙編葉五〇二〕

又崇禎十六年八月初十日兵部題行「山東登州府塘報」稿：

> ……山東登州府塘報內稱：崇禎十六年二月二十八日據蓬萊縣塘報……捉獲
> 眞正奸細事呈稱：捉獲奸細一名張海鬼，卽張德桂。　……據張海鬼口稱
> ……奴賊……分付海鬼說，我已先差人馬一隊到口子上，用五十馬銀子，買
> 口子出去，若不能出，在口子裏札木城，挑深濠，與官兵打仗，候外邊達子
> 來接應，方出口。〔乙編葉五六二〕

此時的清人，似乎業已學會了使銀子了。　前則用銀子買命沒買成，這裏出口的打
算，又預備用銀子去買放，然則這回入口之時，是否亦係用銀子買進，好像也都是
個問題了。　他們的伎倆，原來也只重這一些，無怪乎在前面的記事中，又可以看
出他們更學會了許多遇強則逃之事了。　還有一點，他們用銀買放的打算，倘或又
碰見了不好打話的硬漢，一如海州的做法，收其銀，又殺其人，則是他們的結果，
也就有些不堪過問了。

此不堪過問之說，原只是我想像之辭，至於他們買口子，後來果能買得與否，

這點可以不必去研究，但將關於外邊清兵接應的情形，寫點在後面，以見他們當初之行逕，自中也很知道怕要吃虧的。　崇禎十六年三月十三日兵部行「兵科抄出兩關御史衛周胤題」稿：

又據白馬關守備許鎮夷塘報：〔三月〕初二日，孫應舉進關報稱：嗜至哈當嶺，撞見從東來達子二騎，向彼周往那裏去。　達子回說：我們往了兔嬰只營內去。　官嗜隨跟走，密問屬夷說稱：係四酋令達子二名前來，打聽口裏達子，如今在那犯搶？　或是被裏邊兵馬圍困，或是吃了虧不吃虧？　或遠或近，打聽的實，速去回話，後邊卽差達子於中協邊外，等候接濟。　等情。〔乙編葉五一三〕

明清的大勢，可在此時作一判斷。　壬午以前不必數，現在只數此條的記事，如圍困，如吃虧，再如前面之棄甲曳兵而走，此在當時，都是實情實事，而且又非常之多，由此一段情節，可見遼東一隅的清國，縱使盡其所有之力，以搖動明朝，無論搖動的手段，如何多，如何毒，只要大明有辦法，他究竟能否搖得動，也就不難知之了。　所以當「壬午虜變」之後，卽崇禎十六年八月初七日，保定巡撫徐標曾有一密本，似乎猶有些瞧透了清國不足憂，因密本起首一句，便以「虜患猶可爲」爲題。　見乙編葉五六○。　徐曰：「猶可爲」，清主亦深知搖動中國之不易，至於常比明朝爲大樹〔王錄崇德七年九月壬申〕。　由此一言，很可以察得清人之破壞中國，已然自己在那裏有些筋疲力盡了。　再看他們早幾年的眼光，對於窺探明朝之狀，更有些望洋興嘆的口氣，如云：「他家天下二三百年，他家疆域橫亙萬里，他家財賦不可計數」〔羅刊卷中葉三五〕。　他家卽大明。　而說此話的人，其情可知了。　此等情景，合之大樹之比喻，前後如出一轍。　所以無論壬午之變，無論他們從前番番的狂逞，都很足以證實滿國的弱點。　由此弱點的證實，更能分別其時強弱勝敗的大勢，所以我才在前面決定說，優勝在明，而劣敗在彼的。　假使明末無流賊，或者崇禎十七年沒有李自成之陷都，或者崇禎暫時地南遷，或者明朝更換一好人爲帝，則是關外清國的命運能否可以長久自保，恐怕都成了問題了？

除此判斷之外，還有與通篇最關重要的一點，就是大家都知道所謂壬午之敵，其中夾雜的分子，還是內地叛徒佔多數。　此等叛徒，才是當時的禍本，才是明

的大害。　多數之說，據彼等旗色的分別，可以知之，如云：「奴酋是黃旗白旗，并黃旗白邊，孔有德係紅旗，佟、巢、祖三家，係藍旗紅邊」〔乙輯葉四七九〕。叛徒竟如是之多，所以明朝才有不測之禍，所以明朝才亡於淸人之手。　此條記事之重要，最足證明我在最前面改稱「滿兵之強，天下無敵，」爲「遼人叛將，官兵無敵」的話，完全不是虛語了。

出自第十二本（一九四七年）

記奴兒哈赤之倡亂及薩爾滸之戰

李 光 濤

奴兒哈赤第一次的得志，卽爲薩爾滸之役，此役的結果，只因明朝用人不當，才致三路喪師，而奴兒哈赤之得志，也只是僥倖，也只是偶然而已。 此中理由，情節很長，須分上下兩節記之，上節先說奴兒哈赤倡亂的原因，下節再論薩爾滸的戰爭。 〔按：奴兒哈赤乃彼在明代公文中自稱之名，淸人始改奴兒爲努爾，今記明事，詞名專名皆從明代。〕

（上）

奴兒哈赤之稱兵倡亂，原以七大恨爲藉口，實則此七恨，不過都是些邊外的細故，俱不成理由。 卽如所謂「將我祖父無罪加誅」。 此被誅之祖父，在當時亦只無名之「常胡」，其致死原因，乃死於亂軍之中，後來奴兒哈赤反利用了些「常胡」之髑髏 ，以博都督之榮，〔萬曆實錄十七年九月乙卯，始命建州夷酋都指揮奴兒哈赤爲都督僉事。 萬曆實錄，以下簡稱萬錄。〕 又蒙龍虎將軍之封，同時更佩了建州左衞之印。 彼奴兒哈赤因感「大明」如此殊恩，故嘗爲自誓之辭曰：「忠於大明，心若金石」〔北京大學藏天聰四年刻本諭〕。 後來則因羽毛旣豐，所以恩將仇報，忽然背明作賊，以臣叛君，惟恐無辭於天下後世，是以不得不湊合一些雜零狗碎之事，名曰七大恨，以爲稱兵倡亂的口實。 此等舉動，自來逆臣造亂，都是如出一轍的，也不獨奴兒哈赤爲然，所以此處，也不必更加討論。 特是奴兒哈赤蓄志謀逆的原因，不可不說，彼之陰懷不測，據明實錄朝鮮實錄的記載，起意已有多年，故關于謀逆的考慮，思之也非常之熟。 因奴兒哈赤嘗備工內廷〔見後〕，其言語習慣，差不多已與內地人無異 ，所以對于明朝的內容，已無一不

知，而其時的明朝，對于邊外之建州，則反多隔閡，縱之行惡而不問。　加之在此
釀禍的期間，中國更有無數亡命（註一）之徒，都以「奴穴」〔「奴」字，乃明代對
奴兒哈赤之簡稱，下同。〕　爲逋逃淵藪，據萬錄四十二年九月壬戌，奴兒哈赤爲
之特築一城，以招納此輩，稱曰蠻子城。〔此處曰蠻子，猶之南人指北人爲達
子，皆習慣之辭，不足爲異。　南人指北人爲達子，見朝鮮宣祖實錄卷三六葉四，
南軍嘗稱遼東提督李如松爲達子條，又以蠻子稱南人，元朝原已如此。〕　據明清
史料乙編〔以下簡稱乙編、甲編、丙編〕葉四五二，投奴的叛人，大抵又全部「夷
化」，〔「夷」字，不作別解，乃邊遠人民之稱。　此種稱法，孟子一書，固亦嘗
有之，如：「舜東夷之人也，文王西夷之人也。」　皆是。〕　卽以姓名言之，亦
從彼人之稱，例如張守印番名麻喇赤，林學番名哈喇眞，趙敏德番名亦力科之類。
此都是些極平常的記事，據明稿、明實錄、朝鮮實錄，都記載很多，這裏也無須多
舉。　但只揀比較重要而又與奴兒哈赤關係最親最密的歪乃，介紹給大家，必使大
家都能夠曉得當日奴兒哈赤寨內的文書，也是漢人掌管。　朝鮮宣祖實錄〔以下簡
稱宣錄〕卷七十一葉四十二丙申，〔萬曆二十四年〕正月丁酉〔三十日〕南部主簿申忠
一書啓訪問建州奴兒哈赤的經過有云：

> 〔十二月〕二十八日未時，行抵老酋家，直到木柵內所謂客廳。　……歪乃等
> 來見……歪乃本上國人，來于奴酋處掌文書云。　而文理不通，此外之人，
> 更無解文者。

此所云「文理不通」，據我所知道的，還有天聰六年實錄稿內七月初四日所記的大
海，也有「而且不通」〔王氏東華錄作文詞敏贍。　又王氏東華錄，以下簡稱王
錄。〕　的記事。　不通的人，奴寨內竟若是之多。　而這一位大海，也是掌管文
書的，也是自「太祖」以來任事的。　實錄稿內又記大海讀書云：「九歲讀漢書」。
漢書卽指中國書，彼中既無解文之人，〔天聰五年閏十一月，始令八旗子弟讀書。
見王錄。　其實八旗子弟都以此事爲極苦，依然不願讀書。　見羅氏史料叢刊奏上
葉十二。　最不像樣的，考取狀元，則以蒙古塞責。　見同書奏中葉四三。　俱不
解文之證。　又羅氏史料叢刊，以下簡稱羅刊。〕　則此中國書，不知由何人授
之？　而此大海之求學，又不知求學在何所？　此都成問題。依我的懷疑，大海是

否亦漢人，是否幼年時被擄，是否上學回家時在途中被擄？　此皆不易辨。　然彼等之擄掠學童，則是事實，朝鮮世宗實錄卷三十六葉五：

> 漢人徐士英來言：士英原住開原城外五里之地，與從兄張顯讀書鄉學，還家時，同被童猛哥帖木兒擄掠。

所不同的，「徐士英」三字，仍漢人之名，「大海」二字則番名之稱，然如前面所記之漢人歪乃，何以亦用番人名色？　並明清史料內之張守印等，亦皆改番名，我之懷疑卽在此。　又大海在彼中，獨與劉興祚善，與祚本漢人，十二歲時被擄，在彼中多年，據實錄稿，與祚嘗偽死，謀脫歸中國，大海哭之極痛。　與祚在奴寨，又名劉愛塔，愛塔二字，亦番人名色，只未去漢姓。　與祚與大海不同，僅此一點，所以大海之來歷可疑，亦只此一點。　姑略記於此，俟考。

大海，王錄作達海，清人筆記又或作薩海。　大海嘗粗造番字〔清文〕，又嘗繙譯過三國演義，未完而卒，以此奴寨內，曾稱大海爲聖人。　康熙中，「祭酒阿里瑚請以故大學士達海從祀孔廟。」　其時有一個韓菼，以爲：「造國書一藝云爾，不可從祀。」　見梁章鉅南省公餘錄卷二所引朱竹垞作韓文懿公菼墓碑。　梁氏並云韓議，見有懷堂集中。　這都是後來的事，可以不要多說，只是大海旣嘗有聖人之稱，何以亦「而且不通」呢？

由此聖人亦「而且不通」的記事，則是奴寨內當初的人物，也就可想而知。因爲奴寨內沒有比較高明的人物，所以彼「文理不通」的漢人歪乃，也就因此而爲「入幕之賓」，替他運籌一切。　除此歪乃之外，又有個會稽龔正陸，也在建州用事。　不但用事，其在奴兒哈赤，且更有師傅之稱。　見宣錄卷七十葉五，及卷一二七葉七。

此歪乃，此龔正陸，他們在當時旣都名聞朝鮮，自然都非小可之比，自然都爲建州所重，自然都與奴兒哈赤親暱，〔師傅之稱更親暱。〕　自然大小事情，又無不相及的。　因爲此輩深悉中國內情，他們雖然「文理不通」，但如奴兒哈赤之愛讀三國演義，又愛讀水滸傳，因之他才聞見益廣，交結了無數的遼人叛將，當然是受了此輩之賜。　而奴兒哈赤之利用此輩，破壞明朝，當然又更是鐵的事實。

因奴兒哈赤愛讀三國演義，於是其子皇太極〔朝鮮仁祖實錄四年十月癸亥，作

黑還勃烈。　　羅刊論帖葉四，作金汗黃太吉。　　又仁祖實錄，以下簡稱仁錄。〕
更喜讀此小說，我因爲他們都有這樣的嗜好，所以特地裏撰了一篇「淸太宗與三國
演義」，專記奴兒哈赤父子們〔孫子順治也在內〕對于三國演義一書，因愛讀，因
喜閱的關係，所受的影響。　　由此一文，可以看出他們當初的智識。　　又由此一
文，更可以看出他們的破壞明朝，實因受了漢人的煽動。

　　因有了這麼多的關係，所以我對於「淸太宗與三國演義」一文，已說過的，自
然不用再說，至於沒有說過的，何妨在這裏舉一點例子，比如後文所記奴兒哈赤用
計誘劉綎有云：「用杜松陣亡衣甲旗幟，詭稱我兵，乘勝脅戰，綎始開營，遂爲所
敗。」　　此類的計策，本三國演義中的常套：彼乃從而學之，以敗劉綎。　　又如王
錄，他們又嘗使用美人計，出名姝，捐重糚，以悅遼人，前之撫順額駙、李永芳、
西烏里額駙、佟養性等，後之大凌河許多遼人叛將都因此之故，爲他們所惑，以致
做出了無數的喪心之事。　　此條美人計，大家當然都知道出於演義中東吳飾孫夫人
以悅劉備的故事，他們也學得很澈底。　　還又有所謂曹操五日一大宴，以厚待關公
的把戲，他們也曾依樣畫葫蘆，以厚待遼人，據王錄天聰五年十月戊戌：「上謂諸
貝勒曰：大凌河官員，可八家更番，每五日一大宴，宴與今日同。」　　此外如釋總
兵祖大壽之俘，則又學孔明之擒縱，曰：「可擒則擒，可縱則縱」〔羅刊奏上葉六及
葉十九〕。　　又檢天啓實錄六年九月戊戌遼撫袁崇煥奏，有：「奴屢詐死懈我」之
言。　　此詐死之事，在三國演義中，更多有之，例如周瑜詐死敗曹仁，皆是。　　諸
如此類甚多。　　他們的揣摸行計，直如是之巧，所以又常常爲得意之言，如云：
「我國本不知古，凡事揣摸而行。」　　所謂揣摸的話，自然也只是揣摸三國演義而
已。

　　最笑話的，莫如他們揣摸此小說，因爲揣摸太忒實，所以很有些上當的趣事，
例如關公的顯聖，以及諸葛亮的空城計，他們也都疑神疑鬼的，以爲眞有其事，以
爲諸葛復生，所以往往一見卽跑。　　據乙編葉四七九：「〔敵〕至張秋鎭，羣奴見城
上有紅面大漢，身披金甲，手執大刀，奴賊未敢進城。」又同書葉五五二，關于內
黃縣的城守，有空城待敵，敵過空城而不入一類的記事。　　像這一些的笑話，大家
都應該注意，由此笑話，則可見他們當初的知識，眞是太簡單可憐。　　至於他們知

職太簡單的原因，亦自有故，因為奴兒哈赤出身太微賤。　　萬曆四十七年三月戊戌戶科給事中官應震奏本云：

> 奴酋原係王杲家奴，在昔杲縣首藁街時，奴懷忿恚，尋卽匿名，備工禁內，窺覘多年。

曰家奴，曰備工，自然都很是極微賤的。　　因極微極賤，所以和他同類的卓古，亦差與為伍，宣錄卷一八九葉一一四：

> 忽溫酋卓古等，往在癸巳年間，相與謀曰：老可赤以無名常胡之子，崛起為酋長。　……我輩世積威名，羞與為伍。

朝鮮實錄內的老可赤、老乙可赤、老羅可赤、老酋，俱指奴兒哈赤。　此奴兒哈赤當時亦自知出身微賤，恐怕人家瞧不起，因此，他又嘗偽稱蒙古種，以欺哄朝鮮。蓋蒙古乃大元之後，比之無名常胡，則又光榮些。　宣錄卷二百八葉三丁未〔萬曆三十五年〕二月己亥北道兵使馳啓：

> 慶源府使馳報內，老乙可赤差麿胡三名說稱：我原是蒙古遺種，專仰中國。

先是萬曆二十四年二月內，奴兒哈赤嘗以「天朝」除拜都督十年，龍虎將軍三年，誇示於朝鮮〔宣錄卷七十一葉四十一〕。　至是又以「專仰中國」，明告朝鮮。用意所在，不外憑藉「天朝」的名號，欲圖見重於朝鮮，使朝鮮不得不加以注意。故宣錄卷一四二葉一八記事，亦為慰悅之辭曰：「今汝老酋，旣受天朝之職，則體面差尊，與北道之胡萬萬懸絕。」　因體面差尊，於是奴兒哈赤又憑此體面，欲求受職於朝鮮，據朝鮮的意思，則以為：「何敢以本國之職，加於天朝賜爵之人」〔見同上〕。　至於奴兒哈赤向朝鮮求職的作用，據他的恆言，則為「俺圖名不圖財。」　此所云圖名，自然是實情，不過他每每圖名的動機，總是利用明朝的名號，以成其名，比如他的聲勢能夠威行於西北諸部，也只是仰仗「天朝」的寵榮，才有很大的成就。　因為奴兒哈赤嘗自稱女真國龍虎將軍〔宣錄卷一四二葉一八〕，所以諸部聞之，莫不懾服。　而此女真國之稱，又很可以看出奴兒哈赤生平的伎倆，於朝鮮，則自曰「蒙古種」，於諸部，則又自稱「女真國」，則是關於他的根柢，似乎有些不明。　〔後來皇太極亦有此類的事情，如請朝鮮刷還兀良哈，則自

稱金國之後，與兀良哈為同種。　如向明朝求和，則又自稱非金之子孫，因明人嘗
以宋金覆轍為言。）　不但我們現在說這句話，即如當初與他比鄰的朝鮮，對於他
的來歷，也有些不明。　宣錄卷一二七葉二五：

　　老酋根脚，不能詳知。

朝鮮且云「不能詳知」。　則「老酋」的根脚，在比較稍早的時期內，必有過很多
的詭祕，此詭祕的內容，自然與他的出身微賤有關。　只是後來年久了，眞相也會
漸漸明瞭的。　朝鮮光海君日記〔以下簡稱日記〕卷七九葉二〇九甲寅〔萬曆四十
三年〕六月二十五日小注：

　　建州夷酋佟奴兒哈赤，本名東犫，我國訛稱其國為老可赤，此本酋名，非國
　　名，酋本姓佟，其後或稱金，以女眞種故也。　或稱雀者，以其母吞雀卵而
　　生酋故也。　今者國號僭稱金，中國人通謂之建州。

看了此條，雖曰眞相漸明，然猶有粉飾之辭，如云：「其母吞雀卵而生酋」。　乃
東北部族自古有之之神話，非奴兒哈赤之故事。　所以我們研究奴兒哈赤父子的歷
史，往往很是費事的，若依了淸人官家的記載，敍述起來，自然比較容易點，獨是
他們早年的許多委曲，又如何會曉得呢？

　　委曲之事，還有關於朝鮮練兵部司胡大受差官余希元因事至建州所得奴兒哈赤
面致之辭，亦可記在下面，以見彼之所謂「學好」的情形。　宣錄卷七十三葉十
五：

　　〔萬曆二十四年丙申〕二月初七日至建州……老乙可赤兄弟，卽設下馬宴，老
　　乙可赤說稱：保守天朝地界九百五十里，俺管事後十三年，不敢犯邊，非不
　　為恭順也。

又云：

　　我之學好明矣。……老爺此等事情，稟報於軍門，使之題本聖上，知我恭
　　順，則心願足矣。

旣曰恭順，旣曰學好，何以後來又不恭順，又不學好呢？　依前文記述的解釋是，
總只因奴兒哈赤後來交結了漢人太多之故。　此等漢人，在內地的時候，大概都是
些失意之徒，換言之，也就是一羣不良之人，所以才不顧一切，而「北走胡」的。

一到了彼中，他們便改換了心腸，改換了面目，甚至於連本來的姓名，也都改換了「胡人」的番名。　可見此輩漢人，真壞極了。　「跟好學好，跟壞學壞」，奴兒哈赤日與此輩在一起，自然也日與此輩討論些今古之事，他們所討論的，又不外三國演義和水滸傳一類的小說，因而才把一個奴兒哈赤教壞了，因而他才不恭順，因而他也就真正地作亂起來了。　關於此類教人學壞的記專，羅刊內，有許多的例子，也都可以為證的。

當奴兒哈赤逆謀未著之時，有識之士，卽以此酋為憂，如遼東巡撫李植，本有制奴之計，但為總兵李成梁所阻，計遂不行。　李氏父子，世握兵柄，撫鎮以下，非其親暱，無不立被斥逐的，因此李植亦罷官回籍〔萬錄二十九年十一月辛丑〕。成梁又嘗棄地予奴，延袤八百里，驅居民數萬人，概作招還的逃民，冒廮封賞〔萬錄三十七年二月辛巳遼東巡按熊廷弼疏〕。　又以貿馬之價，締結稅監高淮，以致軍馬疲殘，殊異往日。　又與老酋相親，嘗陰哄老酋，侵擾朝鮮，彼欲乘機取利，收朝鮮而郡縣之，以為一己封殖之計〔日記卷六卷十五〕。　又萬錄三十七年九月壬午有「建酋與成梁誼同父子」一條。　遼事之壞，也就是壞於成梁之手，而奴兒哈赤的勢力，也完全由李成梁之培植而成的。　更有其時的朝廷，對於邊外的地方，也不知道因時制宜，但只曉得遵守祖訓，務以寬大為懷。　萬錄三十六年二月丁酉禮部言：

> 伏讀太祖高皇帝祖訓首章有曰：四方諸夷，皆限山隔海，僻在一隅，恐後世子孫，倚中國富強，貪其疆界，無故興師，致傷人命，切記不可。

明朝的皇帝，是從來以敬天法祖為言的，因為敬天，所以才不願陵弱暴寡，致傷人命，因為法祖，所以才不倚恃中國富強，罷拓疆土。　例如宣德中關於安南的立國，也只是因為在這種寬大政策之下成就的。　以當日安南疆土之廣，比之後來不及中國內地一州縣之建州，自然安南可以謂之堂堂大國了，此堂堂大國，其時「大明」，猶聽彼自為，而付之不問，則是後來之對於建州，自然更度外置之。因「大明」於奴兒哈赤，據宣錄卷一九四葉三云：「自天朝視之，不過一〔部〕落么麼胡也。」　又據奴兒哈赤子之自言，則曰：「南朝邊臣，見我如昆蟲」〔仁錄卷十七葉五三〕。　曰么麼，曰昆蟲，俱是些渺不足道之稱，因渺不足道，所以才姑息

養之，不以為意，而奴兒哈赤的勢力，也就因此姑息之故，才得潛滋暗長的。　不想「星星之火，竟成燎原，」此實當初明朝之所不料的。

（下）

王綠天命四年三月記薩爾滸大戰的結語有曰：

> 是役也，明以傾國之兵，雲集遼瀋，又招合朝鮮葉赫，〔明人稱北關，朝鮮實錄作如許。〕　分路來侵，五日之間，悉被我軍誅滅，宿將猛士，暴骸骨於外，士卒死者，不啻十餘萬，　我軍以少擊衆，冀不摧堅挫銳，立奏膚功，策勳按籍，我士卒僅損二百人。　……庚寅〔初七〕，大軍還都城，上顧謂衆貝勒大臣曰：明以二十萬衆，號四十七萬，分四路併力來戰，今我不踰時破之，遂獲全勝。　各國聞之，若謂我分兵拒敵，則稱我兵衆，若謂我往來勦殺，則服我兵強，傳聞四方，靡不愾我軍威者矣。

天命四年，即明萬曆四十七年。　此條記事，真誇張之至，姑不必計較，但談談明朝的情形。　時萬曆皇帝以久病之軀，高臥深宮之中，只日與婦女太監們在一處，不臨朝問事巳二十多年，一切的奏章，大都留中不下，因而在內的大臣，也都遇事敷衍，不知以國事為重，在外的文武邊官，又皆欺誑壅蔽，尤其是以遼東為甚，以致內外上下，通同扯謊，事事都壞極了。　即如當時朝廷的會議，也都成為故套，朱國楨湧幢小品卷八：

> 朝廷會議，皆成故套，先一日應該衙門於各該與議官，通以手本書知，至期集於東闕，該衙門印官，首發一言，或班行中一、二人，以片語微言，略為答問，遂輪書題稿，再揖而退。　既出闕門，尚不知今日所議為何事，或明知其事不言，出門嘖嘖，道其狀以告人者。

可謂腐敗巳極，迨奴兒哈赤難作，其時非無一、二憂心國是之人，只是關於所上的條陳大計，又都置之不報，萬錄四十六年七月壬辰江西巡按張銓言：

> 奴之山川險易，諸將未必悉諳，今懸軍深入，保无抄絕？　且突騎野戰，夷之所長，而我之所短也。　以短擊長，以勞趁逸，以客當主，非計之得。

又云：

爲今之計，職以爲不必征兵各省，騷動天下，但就近召募，益以遼兵，俟經略分布，屯集要害，修復城堡，多製火器，練習行伍，且以固吾圉，而厚撫北關，以堅其敵，多行間諜，以潰其黨，然後用計乘隙，期於一創，以伸中國之威。……　不報。

以當時明朝的衆大，無論或攻或守，只要計算周到，制一奴兒哈赤，總是綽綽乎有餘的。　不過奴患起之突然，諸皆未備，倉卒興師，亦非勝算，所以就制奴的方略論之，自然張銓之言，極爲有見，卽使少寬歲月，姑置奴兒哈赤之罪不問，亦無不可，待軍事一切整頓就緒，人齊餉足，士馬精強，然後選一智略之士，如熊廷弼之流，委以平遼之任，只責成功，不限時日，則是「搗巢殲奴」，不難指顧可期的。無奈當時計不出此，旣不以張銓之言爲然，便當爲眞正作戰之圖，比如經略一官，關係何等重大，乃竟妄稱楊鎬爲文武全才，用之爲經略，不知東征時，鎬嘗經理朝鮮，輕率寡謀，偏聽李如梅等縱酒戲謔，蔚山之役，擧垂成之功而取之，（註二）爲勘科所糾。　任遼撫時，又嘗上僞功，結交李成梁父子，亦因人言去職。　至是，年近望七，霜已加鬢，復又謬起爲經略，俾征建州，遂至三路喪師辱國，幾危社稷，而奴兒哈赤的得志，也就是因此而起的。

　還有調兵一事，當時也不肯認眞辦理，只圖以少數塞責，萬錄四十七年三月遼東經略楊鎬奏：

　　蓋奴酋之兵，據陣上共見，約有十萬，宜以十二、三萬方可當之。　而昨之主客出口者，僅七萬餘，豈能知敵。

此七萬兵數內，更有很多尫羸不堪的。　見同書四十六年十二月壬戌楊鎬奏。　此些兵馬，剛到了遼陽，尚未及餵養休息，廷議便以四方援遼之兵大集，恐師老財匱，如大學士方從哲、兵部尚書黃嘉善、兵科給事中趙興邦等，發紅旗，日趣鎬進兵。　「知己知彼，百戰百勝，」他們旣不知己，又不知彼，只欲以僥倖取勝，因之楊鎬也無可奈何，不顧一切，若天氣，若地理，若士心，他都一槪不計，而便慌慌張張的出兵了。　據鎬的奏報，原擬二月十一日，大兵出邊，適十六日天降大雪，跋涉不前，復改於二十五日，分爲四路，北以開元路從靖安堡出邊，以原任總兵馬林爲主將，此攻奴之北。　從此而南，則瀋陽爲一路，從撫順關〔西北距奴

酋城二日程，見宣錄卷七十一葉四三。〕　　出邊：以山海總兵杜松爲主將，此攻奴
酋之西面。　　從此而東，以淸河〔西距奴酋城一日程，見同前。〕　　爲一路，從鴉
鶻關出邊，以遼東總兵李如柏爲主將，此攻奴酋之南面。　　從此而東南，以寬奠爲
一路，自涼馬佃出邊，以總兵劉綎爲主將，此攻奴酋之東面。　　時鎬又按萬曆二十
年征寧夏哱承恩故事，萬金懸賞，加級示酬，如有能生擒奴酋或斬首以獻的，賞銀
一萬兩，陞都指揮，次八十〔十字，疑大字之誤。〕　　總管，次十二親屬，次中軍
大頭目，次用事小頭目，均擬懸賞格有差。　　不必備錄，見萬錄四十六年十二月乙
丑楊鎬奏。

　　此出邊之兵，雖曰四路，然兵止七萬，分之四路，則兵勢更弱，且師期已洩，
致奴得爲備，萬錄四十七年五月己〔乙〕酉山西道御史馮嘉會言：

　　　　近日四路進勦，出揭發抄，略無祕密，以致逆奴預知，　……又聞奴酋狡黠
　　　　異常，不但遼左事機，盡爲窺瞰，　而長安邸報，皆用厚貲抄往，蓋奸細廣
　　　　布，則傳遞何難？

奸細之外，更有叛將，可見奴兒哈赤勾結之廣，萬錄四十七年正月癸卯：

　　　　援將佟國祚以叛逃。　　先是，陝西固原遊擊佟國祚，領兵援遼，於萬曆四十
　　　　六年九月二十八日，師次昌平，國祚聞伊父原任總兵鶴年降奴，遂萌叛志。
　　　　給各官領兵先行，至二十九日，又詭稱家人佟六漢亡，卽差牢役邵進忠等追
　　　　趕，國祚遂隻身輕騎脫逃以去。

國祚父子之相率投奴，大約亦以姓佟之故，於奴爲同姓。　　因「胡人」之俗，名曰
同姓，則甚爲親密。（註三）　　見宣錄卷一二七葉二五。　　此援將亦逃，則明朝之
事，自更無所不洩，而奴兒哈赤亦自然更無所不備的了。

　　再說楊鎬四路之師，四路之中，惟以杜松一路爲主力，雖曰主力，其實亦只二
萬有零，奴又利用奸細的報告，故悉其全力，以當杜松的一路。　　因松驍勇絕倫，
平生以身多刀瘢自誇於人，目中固無建州奴兒哈赤的，所以輕騎深入，其勢直欲踏
平奴寨。　　奴亦素憚松威名，因厚集兵力，在在設伏，以誘之入，遂爲所中。　　萬
錄四十七年三月甲申朔：

　　　　先是……經略楊鎬議……以松爲一路，軍瀋陽，從撫順關出邊，約三月初二

日，兵次二道關，合營前進。　松於初一日，〔照預定日期，提前了一天，後來楊鎬卽以此事爲攻擊杜松之藉口，其實師期已洩，無論先出後出，終歸一敗而已。〕　撫順提兵，直渡渾河，生擒活夷十四名，焚剋二柵，隨乘勝進勦。　至二道關，伏夷突起，約三萬餘騎，與我兵對敵。　松率官兵，奮戰數十餘陣，欲圖聚占山頭，以高臨下。　不意樹林復起伏兵，對壘鏖戰，天時昏暮，彼此混殺。　而車營槍砲，以渾河水勢深急，擁渡不前。　松與保定總兵王宣，原任總兵趙夢麟等，力窮援絕，遂致潰亡。

日記己未〔萬曆四十七年〕三月十五日戊戌：

　　……平壤砲手李守良等自戰所逃回……自言：〔二月〕二十九日，隨總兵〔杜松〕到一處，前有大江，水深沒肩，艱關得渡。　又過一江，卽其上流，而水又深，軍半渡，賊自東邊山谷間迎戰。　又一陣從後掩襲，首尾齊擊，漢兵收兵結陣。　賊大噪薄之，漢兵亦哈喊齊放，賊中九中馬者甚多。　方爲酣戰，賊一大陣，自山後下壓，漢兵大敗。

由此兩條，則可見奴兒哈赤之致勝，乃係得之於僥倖，得之於偶然，得之以多擊少，以逸擊勞，以主擊客，且又係三路埋伏，以靜制動，以突然之勢，擊杜松之不意，松烏得不敗。　據萬錄：「賊以備開鐵之兵，與備撫順之兵，合而攻之。」此卽傾國之證。　又記杜松之敗，有：「二萬餘官軍〔王錄作六萬〕，一時併遭陷潰。」　以此計之，則奴兒哈赤差不多以數倍的兵力，擊杜松二萬之孤軍。　又適值天雨，寒風凜烈，松之士卒皆戰慄，不及結營，又不諳地利，松之致敗，此皆重要原因。

　　至於馬林的一路，因營稗子峪〔三岔口邊外〕，夜聞奴陷杜松軍，軍中遂譁。及旦，敵至，林甚恐，遂提部下兵，避其鋒以去。　監軍潘宗顏獨留殿後，奮呼殺賊，膽氣益勵。　與遊擊竇永澄守備江萬春通判董爾礪等，及所部健丁，冲突鏖戰，賊死亡枕籍。　自辰至午，力竭不支，遂同遇害。　先是，宗顏陰知馬林不可共事，未出師前，遺書經略楊鎬，云林庸懦，不堪一面之寄，乞易別帥，當此重任，而以林遙作後應，庶其有濟，不然，不惟誤事，且恐此身實不自保。　至是果如其料。

　　此路之敗潰，據楊鎬的奏報，奴兒哈赤也是用全力來攻的，卽於擊敗杜松一路之後，乘勢轉攻馬林之師。　不幸馬林庸懦怯戰，不敢與奴爭鋒，僅潘宗顏殿後的餘軍，以當奴兒哈赤的全力，雖曰力竭而死，然賊之死亡枕籍，奴兒哈赤亦必膽寒的。　使馬林亦如潘宗顏等之奮呼殺賊，則奴兒哈赤於此路，亦未必得志，故此路之敗，楊鎬亦不能辭喪師之罪的。

　　又李如柏的一路，則因松敗之日，楊鎬檄之使還，所以如柏之師獨全。　當時言路甚憤，劾如柏與奴有香火之情，故奴未嘗一矢相加遺。　又劾此曾納奴兒哈赤弟素兒哈赤女爲妻，見生第三子，至今彼中有「奴酋女壻作鎮守，未知遼東落誰手」之謠。　又有人劾楊鎬庇護私人，敗壞封疆。　此段是非，具載薆錄，此處可以不論，我且說東路劉綎之師。

　　此路之師，據日記己未二月二十六日都元帥姜弘立啓稱兵不滿萬，〔實則萬餘人。　明史劉綎傳作綎兵四萬〕，器械齟齬，又無大砲火器。　且云劉綎自知必死。　當時弘立與劉綎有一問答之辭，最可看出楊鎬喪師誤國之罪，實不在小。如云：

> 臣問曰：然則東路兵甚孤，老爺何不請兵？　答曰：楊爺與俺自前不相好，又要致死，俺亦受國厚恩，以死自許，而二子時未食祿，故留寬日〔佃〕矣。　臣問曰：進兵何速也？　答曰：兵家勝算，唯在得天時，得地利，得人心而已。天氣尙寒，不可謂天時也。　道路泥濘，不可謂地利。　而俺不得主柄，奈何？　頗有不悅之色。

又小注云：

> 綎嘗鎮四川，有手下苗兵甚精猛，嘗以禦西羌，屢捷。　及是，綎言少需卽來，鎬不許，促進兵，故云。

記事內所云「不可謂天時」，據日記二十五日己卯，卽：「風雪大作，三軍不得開眼，山谷晦冥，咫尺不能辨。」　大雪中行軍，自然苦不可言，此於地利人心，影響都很大。　最誤事的，不但劉綎未至之兵，楊鎬不許少待，卽劉綎現在之兵，亦多雜駁不堪，此尤爲東路一大缺點。　清朝全史上一葉一〇九：「劉綎祭軍旗時，屠牛三刀始斷，其軍器之不利可知。　彼又令兵士試馬，常墮武器於池上，深歎招

募軍之無用，乃主張自練精兵二、三萬。　劉綎本爲名將，膂力又遠越時流，當時兵士第一短處，彼實洞察者也。」　劉綎之勇，王鏊亦稱之，如云：「綎於諸將中，最驍勇，大小數百戰，名震海內，所用鑌鐵刀百二十斤，天下稱爲劉大刀」〔明史劉綎傳同〕。　又後來淸人筆記中，稱述劉綎的，也常常可以見到。　例如鈕琇觚賸正編卷四：

> 劉將軍綎，勇敢善戰，每奏功，以負氣難下人，故旋起旋廢。舊健兒戰馬，雖家居，豢養如平日。　黃貞父令進賢，將軍款之，偶及技勇，命取板扉，以墨筆錯落亂點，袖箭擲之，皆中墨處。　又出戰馬數十匹，一呼俱前，麾之皆卻，噴鳴跳躍，作臨陣勢，見者稱嘆。　將軍曰：某投閒，何足惜，獨令羣馬伏櫪思戰場，爲可惜耳。　言已，欷歔，貞父亦改顏良久。

劉綎之才勇智略，（註四）旣如上述，假若當時朝廷如果有人，卽任劉綎以方面之任，使之專力剿滅奴兒哈赤，則事之敗壞或不至如薩爾滸之役。　可惜劉綎只因受制於庸人，雖然才勇超羣，雖然智略出衆，亦終埋沒無用。　又因楊鎬挾經略之威權，報私人之宿恨，縱心指揮，一味催促進兵，因而劉綎始無可爲，自知必死。我於此，發鎬之心，不過欲微倖一擲，勝則攬功於己，敗則移罪於人。　例如杜松之覆沒，鎬不但不自咎調度失策，反深咎杜松自取敗衄，致覆全軍，奏請不得優卹。　此種用心，尤爲可恨。　所以一時的名將，如松如綎，都因此斷送於庸人之手，而明季疆場之壞，自然也就是這類的原因，此在當時俱是甚爲可慨的事。

我再談劉綎之兵，他雖然自知必死，自知倉卒興師，最犯兵家之忌，然猶冒着大風甚雪，領了些極疲極弱之兵，催趲前進。　卽如有人告以步兵負重，不能趕上馬兵之意，綎慨然嘆曰：「俺亦知之，然期日已迫，不可後於他路。」　行兵之急促，此亦可見。

又劉綎自寬奠出發，中間經過了很多的險遠道路，和許多縈紆的大川，卽以二月二十七日行兵的情形說：「今朝又將過涉橫江，比鴨兒河深廣，少有雨水，渡涉極難。　鴨兒河凡四渡，深沒馬腹，水黑石大，人馬艱涉。　軍人各持行裝，未到半路，疲憊已甚，所齎之糧，亦已垂盡」〔日記〕。　這樣的飢疲不堪之狀，不說令之上陣對敵，就是單看走路之苦，他們也都有些不能勝任了。

雖然說不勝行兵之苦，總因「期日已迫，不可後於他路。」　據日記：二十八日，都督留宿牛毛寨。　並云：「所謂牛毛寨，比鐵嶺益險，樹木參天，賊新砍大木，縱橫澗谷，使人馬不得通行；　如此者三處，且斫且行。　日沒將到牛毛寨，原有三十餘胡家，已經焚燒，埋置米穀，都督軍兵，掘取爲糧。」　像這樣的情形，又走了數日，於三月初二日進駐深河地方。　深河去建州六十里，可說算是到達目的地了。

此些極疲極弱之兵，在未到達深河之前，卽是在途中行兵的時候，他們也很打過幾次戰，並且擒斬之數也很不少。　據日記，很有許多比較詳細的報告，此些報告，因爲原文太長，這裏不必引，姑就萬錄，舉其總數言之。　據四十七年三月甲午楊鎬的奏內，有：「惟寬奠劉綎，今報生擒斬獲共五百一名顆，及牛羊等物。」此奏內有一分類的細數，我應當說出，大家也應該注意。　卽是生擒的當中，還有漢人八十八名。　此些漢人，當時都自稱「眞夷」，朝鮮實錄等稱此輩爲「假㺜」，甲編葉四七則又直稱此輩爲「眞滿洲」。　可見此類的「眞滿洲」，才眞是明季的眞正大害。

我再檢日記記載劉綎敗沒的情形，據三月十二日平安監司馳啓：「天朝大兵，以初四日敗績於深河。」　其啓文又有云：

　　賊旣敗開鐵撫順兩路兵，回軍東出，設伏於山谷。　喬遊擊〔一琦〕卒遇奴伏
　　於富車地方，一軍敗沒，僅以身免〔後墮崖而死〕。　都督見前軍不利，督
　　兵進薄。　賊大兵奄至，彌滿山野，鐵騎隳突，勢莫敢敵，蹂躪廝殺，一軍
　　就盡。　都督以下將官，坐於火藥包上，放火自殺。

綎之自殺，當時中朝所得的消息，則有「綎深入奴寨，被賊沖管，存亡未卜」之報。　見萬錄四十七年三月丙申大學士方從哲奏。　後來又過了很久，至四月十五日戊辰，御史楊鶴奏，才眞相明白，奏中頗致恨於李如柏，言如柏如能偏師策應劉綎，則綎當不至死，或夾擊成功，亦未可知。　如云：

　　綎提兵深入，已破奴酋十餘寨，堅壁列營不動。　奴酋設計誘之，用杜松陣
　　亡衣甲旗幟，詭稱我兵，乘勝督戰，綎始開營，遂爲奴酋所敗。　然猶大戰
　　數十合，養子劉昭孫〔明史劉綎傳作招孫〕出入死鬪者，有萬夫莫當之勇。

若使清河聞警，李如柏少聽賀世賢之計，偏師策應，殺入重圍，劉綎當不至死，或夾擊成功，未可知也。

只因楊鎬爲人，性情險僻，〔宣錄卷八九葉三，另外參（註五）〕才有劉綎之死，因劉綎之死，才有奴兒哈赤後來之得志，此實明朝的大不幸。　所以楊鶴奏本末尾又有曰：「傷哉宿將，臣誠不忍見聞也。」　此傷心之事，不但當日目擊的楊鶴，不忍見聞，卽如我們現在討論此役的戰爭，也很有些不忍見聞的。　又按，奏本內關於「詭稱我兵」一言，亦應鄭重說明，卽此「詭稱我兵」之人，自然又必是漢人無疑的，否則言語不通，劉綎如何會開營上當呢？　不料奴寨內，不肖的漢人，竟如是之無數，明朝自然不會太平的。　奴兒哈赤敢於倡亂，也就是此輩爲虎作倀，不可不注意的。

除上面四路之師外，尚有北關和朝鮮，同時雖也有出兵之事，然據明實錄，北關的兵剛出，因知道杜松敗沒，又知道馬林一路亦潰，以此也就自行撤歸了。　至於朝鮮，雖曰出兵一萬三千，則因不鍊〔練〕之卒，多懷觀望之心，充其量言之，最多也只可爲助張聲勢之用。　朝鮮的兵勢旣如此，同時又因奴兒哈赤也不願與朝鮮啓釁，多樹敵國，所以他們也就修好了。　王錄所記朝鮮元帥姜弘立的投降，卽此之類，我不必細說。　惟是朝鮮弱卒的中間，本來也還有一部份不怕死的好漢，不可不記，因爲是些不怕死的好漢，所以他們殺敵也就非常之多。日記卷一三八葉一四九：

〔三月〕十二日平安監司馳啓……我國左營將金應河繼進，布陣於野次，設拒馬木，兵纔數千，賊乘勝薄之。　應河令火砲齊放，賊騎中丸者甚多，再進再退。　忽西北風大起，塵沙晦冥，藥飛火滅，砲無所施，賊以鐵騎蹙之，左營兵遂敗，死亡殆盡。　應河獨依大樹，以三大弓迭射，應弦穿札，死者甚衆，賊不敢逼，乃從後刺之，鐵槍洞胸，猶執弓不釋，虜人亦皆嗟惜。
相謂曰：若有如此數人，勢難極當。　稱之曰依柳將軍。

此金應河的敗亡，自然也是受了天時的影響，如「忽西北風大起，塵沙晦冥，藥飛火滅，砲無所施。」　所以日記同卷葉一二八「天時人事，皆無可恃」的話，也就是預爲此等情形而憂的。　又如啓內「勢難極當」四字，拆穿了說，卽是他們自己

承認也有些膽寒的。　　由此一言，最可證明奴兒哈赤的兵，並非「三頭六臂」，並非「天下無敵」，只要一遇勁敵，他們也是難當，也是膽寒的。　　例如後來黑山〔渾河南〕之戰，「川兵六七千，當虜騎十萬，雖衆寡不敵，終至於殲滅，虜之死傷者亦相當。　　虜至今膽寒」〔日記卷一六九葉五五〕。　　又如羅一貫西平堡之守，「殺賊與城齊」〔天啓實錄二年正月丁巳〕，俱膽寒之證。　　明清史料內，此例更多，如乙編葉六四記島師大捷，殺死達賊不可勝紀，達賊畏縮，奔於八十里之外，不敢復近海岸〔仁錄卷二四略同〕。　　又同書葉九五五更有關於達賊遇強則遁的記事。　　諸如此事情甚多。　　〔我撰有「清入關前之眞相」一文，專記此類的情節。〕

　　所以薩爾滸之戰，關於奴兒哈赤之致勝，只可說得之於僥倖，得之於偶然，而明朝之三路喪師，亦只在用人之不當，與應付之忽略。　　據萬錄二十八年征播之役，尙八路出師，用兵二十萬。　　而此次援遼之師，僅僅湊合了七萬有零之兵，又雜以許多募兵和尫羸不堪的在內，且又分之四路，以勞赴逸，以客當主，以短擊長，失策如此，怎麼不敗！　　又況三路之敗，乃敗於各個之爲奴擊破，此各個之爲奴擊破，就是說路路之敗，都是奴兒哈赤用其數倍的兵勢併力合攻的。　　因明朝三路之師，多只二萬零，少則萬餘人，加之道里遠近，三路又各有不同，故到達指定地點的日期，亦各有先後之異，奴兒哈赤賴奸細傳遞消息靈通之力，所以才得看準了此項缺點，他就利用這一點，併力在一起，因而三路之師，才各個地被他擊敗的。　　彼奴兒哈赤之僥倖致勝，得力卽在此。　　而所謂薩爾滸的大戰，破明朝傾國之師，眞相乃只如是而已。　　後來奴兒哈赤之子皇太極，追述此役的往事，猶有若干誇張之言曰：

　　　南朝恃大矜衆，其勢直欲踏平遼地，明年二月，四路發兵，漫山塞野，孰意衆者敗，而寡者勝，強者傷，而弱者全乎！

此卽所謂天聰四年正月刻本諭，藏北京大學，前面已引用之。　　此條的記錄，仍不外重申當年以少勝衆之故事，有誇大的意思。　　然如「強者傷」云云，則似口氣稍弱，尙有些須眞相可尋，與王錄只粉飾片面之辭，有些不同。　　又按「孰意」二字，則口氣尤弱，自然應作「出乎不意」的解釋，由此種的解釋，則可知他們對於薩爾滸

戰爭之獲勝，實又無異自承是得之僥倖，與得之偶然的了。

　　因爲僥倖，因爲偶然，所以他們後來的戰爭，也就常常的大遭挫敗了。　且不說楊鎬後任的熊廷弼，「在遼而遼存，去遼而遼亡，」今僅言丙寅年，奴兒哈赤寧遠的慘敗。　是役，奴兒哈赤以傾國的兵，詐稱三十萬，實只十三萬，圍關外寧遠的孤城。　其時關外的各城，俱已逃跑一空，止剩袁崇煥一人，獨守寧遠孤城而不去。　彼時只因崇煥一人有胆，於是寧遠城中才人人有胆。　崇煥又移其妻於城中，示守此必死此的決心。　崇煥的眼光，也和杜松一樣，目中也是沒有建州奴兒哈赤的。　當奴兒哈赤身至城下之時，袁崇煥登時詰之曰：「汝何故邊爾加兵耶？」隨而西洋大砲與地砲，一時俱發，殺得無數的「胡人胡馬，騰空亂墮，賊大挫而退。」　據朝鮮譯官韓瑗目覩之狀有云：「翌朝，見賊隊擁聚於大野之一邊，狀如一葉。」　且云：「奴兒哈赤先已負重。」　又云：「因懣忿斃命。」　這才是「強中自有強中手」。　而此奴兒哈赤之因傷斃命，不知當時「各國聞之」，又當作何說？然依奴兒哈赤昔日之言，則應曰：「傳聞四方，靡不懾我軍威者矣。」如依明人說，似又不如是，或應曰「爲三路之師報仇」，「爲明朝除兇雪恥」。因其時都下的人士，聞寧遠捷音，曾空巷相慶〔國榷〕。

　　然此「除兇雪恥」之功，得之亦不易，袁崇煥之敗奴，敗奴於極盛之時，袁崇煥之敗奴，以一人敗奴十三萬，故曰不易。　既非得之偶然，亦非得之僥倖，與奴兒哈赤薩爾滸之獲勝絕異。　因寧遠大捷，袁崇煥自信有必勝之心，且又以「不怕死，不愛錢，眞眞血戰」十字得之，故能一舉而摧奴兒哈赤傾國之師的。　奴兒哈赤既死，翌年夏間，其子皇太極欲謀報仇，復又悉衆圍寧遠，亦遭挫敗而退。　據王錄：「是役，士卒損傷甚多」。　明實錄記此次之戰，謂之「寧遠再捷」。　自此寧遠再捷之後，彼等再也不敢走近寧遠一步，據乙編葉——〇有云：「奴酋說，遼東兵馬尙勁，且城上利害，不敢近城。」　此不敢近城之言，羅刊及王錄亦記載很多。　此種情形，直至明朝未亡之前，而此寧遠一城，始終爲明據守的。　可見袁崇煥所予建州的打擊，實在不小。

　　又按寧遠的兩次大捷，不僅在當時爲明人吐氣不少，就是後來淸人纂修明史袁崇煥傳，亦有些記實之言。　如「我大淸舉兵，所向無不摧破，諸將罔敢議戰守，

議戰守者，自袁崇煥始。」　以此例之，很可證明當日明朝之制建州，無論時期的先後，只要用人得當，整頓得法，制一建州之奴兒哈赤父子，總是綽綽乎有餘的。此有餘之說，並非我們爲此說，乃是他們自中之言，例如甲編葉四八天聰二年八月失名奏本有云：

　　南朝雖師老財匱，然以天下之全力，畢注於一隅之間，蓋猶裕如也。

不幸而遇崇禎君暗臣奸，中了金人的反間計，誤殺袁崇煥，崇煥旣死，自是明朝的好人，才不敢出頭，而明朝之必亡，也就從此註定了。　我於此，應再補說一句，就是說，明朝君臣之殺害袁崇煥，依實際上言之，自然也就是爲金人除敵，自然也就是爲奴兒哈赤報仇了。　由此類推，則薩爾滸三路之喪師，以及楊鎬的誤國，也就大可不必多責了。

　　（註一）萬錄三十六年三月辛亥，諭兵部：建酋不思國恩，不邀貢典，招亡納叛，意欲何爲？　又三十七年二月甲寅：遼東六萬餘人，因避差徭繁重，逃在彼境，久假不歸。　又三十七年四月己巳：兵部尚書李化龍言，奴所招撫，多我華人。　又四十年五月壬寅，禮部主事高繼元言，女直夷人，半係中國強梁。　又四十二年二月己酉：遼東巡撫張濤言，奴酋啗我遼人，遼人久爲所用。　又四十二年九月壬戌：巡按山東御史翟鳳翀言，向來夷漢一家。　又云：高淮一撤，參隨司房等役，半投東夷，與近年懼罪脫逃之人，俱以奴寨爲窟穴。

　　（註二）宣錄卷九七葉五，右副承旨鄭經世啓曰：攻島山之時，吳惟忠送人於經理曰：當及今日未備之時，急攻之，則可即下也。　則經理割其來人之耳，如是至再云云。　又卷一百一葉十九，右議政李德馨曰：二十二日（萬曆二十五年十二月）克捷之後，乘勝直擣，則有如破竹之勢矣，而反自鳴金而退，軍情皆如是歸咎經理耳。　按，吳惟忠係南兵，任浙江副總兵，爲戚繼光門下，萬曆二十一年正月平壤大捷，惟忠奮勇先登，身中鐵丸而不退，功居第一，而反爲龍黜。　二十五年五月，率部下三千九百人，再至朝鮮，據宣錄卷八十八葉十九賀惟中有曰：「持身不藍，檢卒能嚴，東征諸將，實鮮其儔。」　楊鎬則以爲南人素好，因此於南北軍兵，待之不能脫彼此形跡，故南兵皆怨之。

　　（註三）親密之事，又有最先附奴兒哈赤之鎮江遊擊佟養正一支，入關之後，更與淸室世爲婚姻，如孝康章皇后，如孝懿仁皇后，如雍正所眷稱之舅舅隆科多，皆養正之後世子孫，亦卽濟實錄大書而特書之滿洲也。

　　（註四）劉綎的生平，如爲吹毛求疵之論，自然也很有些可議之處。　例如朝鮮宣祖實錄記劉綎青年時東征事蹟，是非前後極不一致。　不過朝鮮論人，往往偏於感情，初不必某某人有一種眞是非，但憑一時之感情發些議論而已。　所以其所是之者，未必全是，而非之者，也未必全非。　我以爲應當「功疑惟重，罪疑惟輕，」因爲劉綎生前旣名震全國，後來又父子捐軀，這都是轟轟烈烈的事實，可謂「大節無虧」，所以我們不應當過事吹求。　如李定國，我們只當記其盡忠明室之事，其他的一些小節目，都不必細論。　又如論洪承疇，我們只當記其背明之事，不當再說他的生平如何廉潔和如何小心謹

憒。因爲洪氏大事且糊塗，小事自然也不足論了。

（註五）宣錄卷八八葉四十，上曰：楊鎬何如人也？李恆福曰：中原人謂其性快，而無慈祥仁厚之意，故所在地方，人皆苦之云爾。又卷一百葉十七有云，經理……慮事率爾，發於意則雖千百人言之，不少撓改，是乃斯人之病痛也。

按：楊鎬之禦倭於朝鮮也，中國士大夫之論，與朝鮮廷臣所記不同（見朝鮮實錄）。晚發督師遼東，一舉而喪諸路之師，是固有罪矣。然舉當時情勢論之，兵非部曲，師由烏合，朝不識兵，而惟知督戰世昧遼事，而妄論邊略，加以宦寺當國，主昏臣庸，雖以命世之才，如熊廷弼袁崇煥者當之，猶無可爲，況楊鎬乎？故奴兒哈赤之捷，雖全出於徼倖，而成其徼倖者，責在明廷，不在楊鎬也。

老奴初志，僅欲作祟邊自由掠奪之酋耳，三世而鯨吞區夏，豈彼夢想所及？然此等事例，前史多矣，凡一部族之突起，幾皆如此，誠纔所對疊者，皆遊屍走肉也。使老奴生於明初，一裨將平之矣，生於正嘉，一大將平之矣，生於明季，而君非熹思，或臣不樹黨者，熊袁亦早平之矣，是彼之成功誠幸逢之集合也。然彼能以一人之力，集數萬之衆，對萬里一統之國，成此大事，其智勇固不世出，把握此義，則如成吉思帖木兒之崛起，其道亦不殊也。論史非者，祗衡彼此，或得其平乎？

編者傅斯年附識。

論建州與流賊相因亡明

李 光 濤

　　本篇所論，用意有四。　明末「東事」與流賊爲二大禍，「東事」者，奴兒哈赤之叛國也，流賊者，李自成張獻忠輩也。　二者並生，明廷左右支吾，卒至於亡，此讀史者所知也，然其事之詳則未有記錄也。　蓋流賊實因「東事」而蜂起，東事亦緣流賊而不救，明兵僅有可用者一股，顧左失右，援東西弊，此其所以亡也。如無建禍，卽無流賊，明卽不至於亡。　今排比「直接史料」，然後知東事爲明亡之主因，流寇特因「東事」而起者耳。　此一義也。　自淸人言之，明亡於流賊，淸滅流賊，爲明復讐。　嗚呼，將誰欺，欺天乎！　淸人不特不以滅流賊爲懷，且勾引之利用之，乘其隙，因其燼，以亡明也。　卽最後一支之孫可望，彼且封爲王爵矣。　今天聰實錄原稿中有記勾引流賊事，而順治元年又有一文件，持此文件，多爾袞玄曄復仇之說，徒見其可笑耳。　此不可不發之覆，亦治史者不可不知之事。此二義也。　淸人記錄，侈言流賊之禍，淸人官書，更謂彼能除暴安民。　然若據當時之文件看，流賊之殺人誠多矣，殺富人，殺官吏，殺不從者，更於暴怒時妄殺多人，若建州則逢人卽殺，無物不搶，蓋專以殺人爲目的，非徒以爲手段而已。卽如四川之禍，張獻忠據此前後不過四年，淸人與殘明角逐於此者十餘年，加以吳藩之亂，後先相映蓋數十年，凡不從者，凡不薙髮者，凡遁山谷不爲編戶之民者，彼皆殺之，然後赤地數千里，此又浮於張獻忠十倍二十倍不止矣。　此三義也。流賊之起，固激而使然，其妄殺，其無知，蓋其天性然也，然卒以此爲淸驅除，所爲何事，可爲後人股鑒矣。　此四義也。

　　此一論文，今爲重寫之稿，初稿在二十六年夏，成於南京北極閣，曰「順治元年正月致西據明地諸帥書稿跋」。　此文記淸人破壞明朝最大之醜史，淸人屠殺中

國之慘，遠非張獻忠李自成所及，故吾人於此文，以建州與流賊並稱也。　考建州於倡亂之日，雖曰爲明朝之外患，其實建州之淵源，等於內地之流賊，等於中原之叛徒，而此叛徒之說，據奴兒哈赤之履歷可以證之。　奴兒哈赤一爲王杲家奴，二爲禁內傭工〔萬曆實錄四十七年三月戊戌〕，三任建州都指揮，四任都督僉事〔萬曆實錄十七年九月乙卯〕，五佩建州左衛之印〔朝鮮宣祖實錄卷一二七葉二五〕，六任龍虎將軍〔中間又僭稱女眞國龍虎將軍，見宣祖實錄卷一四二葉一八〕，七自稱建州王〔朝鮮光海君日記卷一．二八葉二三一〕，八自稱後金國汗〔日記卷一六九葉四五〕，九自稱後金天命皇帝〔日記卷一三九葉二四五〕。　按奴兒哈赤稱天命皇帝期內，並遼地人民盆盎之類，亦盡挈以去。　挈卽搶走之意，盎子亦一見卽搶，此等「皇帝」，其規模可知矣，其與流賊無殊或更過之亦可知矣。　奴兒哈赤搶盆之事，見天啓實錄元年八月乙未遼東巡撫王化貞揭。　搶盆之外，據明清史料丙編葉四七更有「各搶各得」之言。　由此一言，則其爲「皇帝」之儀範更可想見。　又按奴兒哈赤最愛讀水滸傳，研究奴兒哈赤之言行，最好以水滸傳爲樣本，庶幾近之。　因奴兒哈赤一生實錄，惟可以「兩隻放火眼，一片殺人心」兩語形容之也。　及奴兒哈赤子嗣立，或稱大金國汗，或稱金國汗，年號曰天聰，有時又忽然自行削去，而只書干支，如己巳年正月致袁老大人書，卽其一例。　〔見明清史料丙編第九葉以後引明清史料各編卽簡稱甲編、乙編、丙編。〕　後又改稱滿洲國皇帝，旋又改稱大清國皇帝，年號曰崇德。　以上俱奴兒哈赤父子稱號之經過。至奴兒哈赤時期朝鮮外臣來書，不曰建州衞酋長，卽曰建州衞馬法，並云所謂馬法，似指偏裨而言。　〔宣祖實錄卷一四二葉十三，及光海君日記卷一三九葉二三九。　又，馬法之解釋，後來順治年戶部尙書車克曾有應設馬法一殘本，殘本內有云：「內官監應設馬法八名，看管庫務。」　與偏裨之說亦合。〕　又朝鮮致建州衞馬法書，並嘗有「大明爲君，吾二國爲臣」之語〔清太祖武皇帝實錄〕。　凡上所記奴兒哈赤之履歷，今不必一一爲之說明，但就起首曰家奴，曰傭工言之，足徵奴兒哈赤之出身，固極其微賤也。　微賤至於傭工內廷，則此等行徑，是否與內地亡命有關，亦不無可疑也。　考其時與奴兒哈赤誼同父子之遼東總兵李成梁生平，奴兒哈赤之根柢，更多線索可尋，因李成梁一手培植奴兒哈赤，前後數十年，至

養成大害〔萬曆實錄三十七年九月壬午〕，可見彼等關係之密。　由此關係之密，則奴兒哈赤之爲軍中無賴等於內地亡命之走邊者，自顯然矣。　惟其如是，故奴兒哈赤亦偶發出良心之言，曰「專仰中國」〔宣祖實錄卷二百八葉三〕，又更爲自誓之辭曰，「忠於大明，心若金石」〔北京大學藏天聰四年正月刻本諭〕。　後來則因羽毛旣豐，勢力已成，於是恩將仇報，背明做賊，以臣叛君，以下犯上，此等背叛行爲，據歷史往例，本爲亂臣賊子之常事，不足深論，亦不足爲建州之深罪。獨是建州之深罪，罪在忘本，罪在背其若祖若宗所事之明朝。　彼之於明朝，自當初言之，則流民也，後來則軍伍也，後來則土司也，以此資格舉兵，其非外患而爲內亂可知矣。　卽彼之冒充金後裔，後來乃孫亦不承認之。　若其所建滿州一號，有類乎建州之訛音〔李文田雜紀記盛昱有此一說〕，更託名西番之徽號，其人其衆多數爲漢人之在邊者，又渠以朝鮮之人，是其不成一民族也甚明。　然彼旣託滿洲之爲號，以爲洗濯自己罪名之用，以爲自外於中國之資，而此種標榜，馴致今日更爲日寇所利用，用以名我東北四省，是則今日寇之作孽，亦緣奴兒哈赤造作僞號爲之厲階也。　夫建州土地，亦明朝土地，建州人民，亦明朝人民，何須再用考定，卽奴兒哈赤於此，亦嘗自稱「保守天朝地界九百五十里」，又稱「我之擧好明矣」，又稱「聖上知我恭順，則心願足矣」〔見朝鮮宣祖實錄卷七三葉一五〕。凡此皆其作亂犯上，背國忘本之眞賊實據也。　明末流賊之殺人，絕不可恕矣，然此不可恕者，當以李自成張獻忠及其他不悔過以及反復如孫可望者爲限，若李定國輩，不但不得以爲罪，後人且須勿忘其孤忠，蓋亦張世傑陸秀夫之儔，鞠躬盡瘁，死而後已者也。

　　又本篇初次稿，以付印故，致淪陷戰區，存亡不可知，茲所長傅孟眞先生，囑于再補寫一篇，爰就記憶所及，並略事補充，於民國三十二年夏再寫於川南之李莊。　其初次稿內第二段，「淸之內閧及多爾袞對明作戰之原因」，今略去，當別爲文以敍之。　又初次稿以「順治元年正月致西據明地諸帥書稿跋」爲標題，見者或不明瞭其內容，故改今名。　本篇史料，以內閣大庫檔案爲主，記日確，地名詳，作者就之排比敍述，分類綜合，其義自見。　大庫殘檔，乃「直接史料」，與經淸人煊染改換者不同，因而可爲推翻淸代官樣文章之用者多矣。　是是非非，是所

望於徵信求眞之君子。

<h2>一　致書勾結之始末</h2>

王氏東華錄康熙六十一年十一月甲午條遺詔內有云：

自古得天下之正，莫如我朝，太祖太宗，初無取天下之心。……　後流賊李
自成攻破京城，崇禎自縊，臣民相率來迎，乃剪滅闖寇，入承大統，稽查典
禮，安葬崇禎。……　以此見亂臣賊子，無非爲眞主驅除也。

此詔原件，業經本所得之內閣大庫殘餘檔案中，此爲淸人〔以下關於建州之稱號，
無論其時稱金稱淸，槪以淸人書之，以歸一致。〕最得意之文章，其措詞自極冠
冕，東華錄據原文直書，一字未改，然此究非一手所能掩盡天下後世人耳目者也。
民國二十五年夏，因淸理瀾爛檔册，檢出順治元年正月致西據明地諸帥書稿一件，
幷別紙附鈔遲起龍回書稿一紙，全與詔語中「自古得天下之正莫如我朝」一言相
反，曾以編入丙編第八十九葉。　此件足證淸人所以得國者，其手段無所不用其
極，決非如康熙遺詔所說也。　故再錄之，庶幾世之治斯時史事者，不爲舊說所
蔽。　茲照抄其原文如下：

順治元年正月二十七日，寫與西據明地諸帥書一封，書口上下寫謹封，用皇
帝之寶二顆，內年月，用皇帝之寶一顆，袋正面寫諸帥書。　差正白旗石廷
柱、固山額金冤、牛彔下遲起龍，廂藍旗李國翰、固山包下封得撥什庫經尙
義，又差蒙古二名，一名係廂白旗一拜固山亦木冤牛彔下莊七，一名係正藍
旗惡木格冤固山溫都陸戶牛彔下伯顏。

書稿　大淸國皇帝致書於西據明地之諸帥。　朕與公等，山河遠隔，但聞戰
勝攻取之名，不能悉知稱號，故書中不及，幸勿以此而介意也。　茲者致
書，欲與諸公協謀同力，幷取中原，倘混一區宇，富貴共之矣。　不知尊意
何如耳？　惟速馳書使，傾懷以告，是誠至願也。　順治元年正月二十六
日。　此書交與遲起龍。　外寫一小帖，征主李時芳，軍師石璧洪。　差來
人唐通。

抄遲起龍等回書稿　抄遲起龍等回書稿，係三月二十九日到。　小的遲起

龍：趙木起、伯揚、妙上義等，跪稟老爺臺座，有小的等，於本月初三日，進楡林城，將書投遞於大都督王帥處看了，給回書一封，又將原書給回，他說書上有衆帥字，又有與他主上意思，書卽（旣）拆開，不好給與他主上，故將書給回，他卽將書上話，奏知他主上去了。　昨至屠墨地界，聞說大同等處，盡是他得，是以惱木兔大人代小的暫住一二日，聽他上本的信，卽速進城。　爲此具稟。　三月十五日稟。

此書稿內之諸帥，卽謂李自成之一股。　此時淸人，因聞自成得勢，亦欲乘機奪取中原，故遣使致書，備極勾結之醜態。　又因自成稱帝西安，故於自成之名，毫不涉及，但企圖因諸帥之介，間接而達於自成。　此種企圖，觀之遏起龍稟內所云「又有與他主上意思」一言可知。　至於書中所有「欲與諸公，協謀同力，併取中原，倘混一區宇，富貴共之」等語，　按之同年四月多爾袞答吳三桂書「予聞明主慘亡，不勝髮指，用率仁義之師，破釜沉舟，誓必滅賊，出民水火」之言，詞語全異，而用意則同，卽以不同之說說兩面，而祈求入據中原之心則一也。　順治元年卽崇禎之十七年，其年正月，自成之兵業已由陝渡河，山西府縣，望風送款。　二月內，自成又親入山西，督兵前進。　淸之使者，由瀋陽賣書，因蒙古奸細響導，以三月三日達楡林。　而此時據守楡林之諸帥，自當爲自成部下高一功李錦輩，丙編葉四六九順治二年正月十三日楡林總兵王大業揭貼云：

惟楡林守將高一功，乃闖賊舊黨，堅拒相抗。

又同年五月駔臣李可學奏疏〔丙編葉四八五〕云：

一隻虎等，乃自陝西延安逃下，卽闖逆僞封侯封伯李錦等六大頭領。

上引兩條，雖爲順治二年事，但考之李自成陷都時，高一功及李錦，并未隨自成同來，則其爲楡林據守，應無可疑。　又高一功卽自成後妻高氏之弟，錦則其從子，彼等與自成，俱休戚相關，故曰闖黨，曰六大頭領。　至於遏起龍稟中之王都督，其名不可考，按自成之官制，都督與將軍同階，秩止五品，是此王都督，似卽爲高李之裨將。　關於原書之退回，當係稟承高李之授意，因彼等不識淸室之根柢而慮中其計也，　雖王都督給與回書一封，按其情形，亦不關要領而已。　至云王都督「卽將書上話奏知他主上」一語，此時自成固已距楡林甚遠，何時得達，無可稽

考。　清之使者，於歸途中，聞說大同等處，盡是自成所得，較之來時情形，更爲有利，於王督上奏一言，又自信爲事實，是以有惱木冤暫住聽信之說。　其後此信，果能達闖賊否，雖不無可疑，然自有此一書稿，而清人所謂爲明復讐「得天下之正」一言，可斷斷明瞭其妄矣。

勾結鮮結果，既如上述，於是范文程乃啓攝政王曰

　酒者流寇，踞於西土，水陸諸寇，環於南服，兵民煽亂於北陲，我師襲伐其東鄙，四面受敵，其君若臣，安能相保，此政攝政諸王建功立業之會。　成丕業以垂休萬禩者此時，失機會而貽悔將來者亦此時。　何以言之，中原百姓，塗罹喪亂，荼苦已極，黔首無依，思擇令主，以圖樂業，雖聞有一、二嬰城負固者，不過自爲身家計，非爲君効死也。　是則明之受病種種，已不可治，河北一帶，定屬他人，其土地人民，不患不得，患得而不爲我有耳。明之勁敵，惟在我國，而流寇復踩中原，正如秦失其鹿，楚漢逐之，我國雖與明爭天下，實與流寇角也。　爲今日計，我當任賢以撫衆，使近悅遠來，蠢茲流孽，亦將進而臣屬於我。　彼明之君，知我規模，非復往昔，言歸於好，亦未可知。　倘不此之務，是徒勞我國之力，反爲流寇驅民也。　夫舉已成之局，而置之後，乃與流寇爭，非長策矣。　〔王氏東華錄順治元年四月辛酉〕。

按四月辛酉，即四月初四日，此時清人，似尚未聞崇禎之死，故啓中多作懸度之言。　至云「言歸於好，亦未可知」等語。　可見此時清人之心目中，固仍有希望求和之意也。　越九日庚午，攝政王師次遼河，以軍事諮洪承疇，承疇因上一啓曰：

　我兵之強，天下無敵，將帥同心，步兵整肅，流寇可一戰而涂，宇內可計日而定矣。　今宜先遣官宣布王令，以示此行特掃除亂逆，期於滅賊，有抗拒者，必加誅戮，不屠人民，不焚廬舍，不掠財物之意。　仍佈告各府州縣，有開門歸降者，官則加陞，軍民秋毫無犯，若抗拒不服者，城下之日，官吏誅，百姓仍予安全，有首倡內應立大功者，則破格封賞，法在必行，此要務也。　況流寇初起時，遇弱則戰，遇強則遁，今得京城，財足志驕，已無固

志，一旦聞我軍至，必焚其宮殿府庫，遁而西行，賊之羸馬，不下三十餘萬，晝夜兼程，可二、三百里，及我兵抵京，賊已遠去，財物悉空，逆惡不得除，士卒無所獲，亦大可惜也。　今宜計道里，限時日，輜重在後，精兵在前，出其不意，從薊州密雲近京處，疾行而前，賊走則疾行追勦，儻仍坐據京城以拒我，則伐之更易，如此，庶逆賊撲滅，而神人之怒可回，更收其財畜，以賞士卒，殊有益也。　初明之守邊者，兵弱馬疲，猶可輕入，今恐賊遣精銳，伏於山谷狹處，以步兵扼路，我國騎兵不能履險，宜於騎兵內選作步兵，從高處覘其埋伏，俾步兵在後，比及入邊，則步兵皆騎兵也，孰能禦之？　若沿途仍復空虛，則接踵而進，不勞餘力，抵京之日，我兵連營城外，偵探勿絕，庶可斷陝西、宣府、大同、眞、保諸路，以備來攻，則馬首所至，計日功成矣。　流寇十餘年來，用兵已久，雖不能與大軍相拒，亦未可以昔日漢兵輕視之也。〔王氏東華錄〕

承疇此疏，蓋因已得煤山之信，時吳三桂請援之審尙未至，故有取道薊密入搶之請。　承疇老於仕途，經歷邊疆，熟識賊中情形，而爲一無始終之人，其爲此言，於淸殊有利。　二日壬申，三桂書至，於是多爾袞遂不納承疇取道薊密之請，卽於四月二十二日率師直入山海關。　至此次入關之衆，朝鮮仁祖實錄二十二年卽崇禎十七年四月庚辰記之曰：

遠接使鄭太和到安州，遇淸使問答後，馳啓曰，……頃日九王，聞中國本座空虛，數日之內，急聚兵馬而行，男丁七十以下，十歲以上，無不從軍，成敗之判，在此一擧。　臣問所謂本座空虛者何事耶？　曰爲士賊所陷云，而更不明言。　所謂本座，似指中國皇帝而言矣。

十歲小兒，七十老翁，無不從軍，可謂傾國之師。　同時多爾袞，更命吳三桂爲前驅，而以「除暴救民，滅流寇，以安天下」爲號召，擊敗李自成二十餘萬衆於山海。　隨又追自成至燕京，自成西道，多爾袞遂入據燕京，並封吳三桂爲平西王，下令官民薙髮歸順，因以亡明。　而此亡明醜史，檔案中更有曲赦陝西詔稿爲證，稿凡四百餘字，如與勾結之書觀之，皆極醜極惡之言。　又此項赦詔，王氏東華錄亦載之，僅一百二十餘字，大非本來面目。詔稿日期，據王錄作順治二年四月丁卯

卽四月十五日，去多爾袞入關只一年，去順治入關只數月，時自成尚在，故稿中猶爲「計日誅滅」，及「與爾百姓克享太平之福」等語。　凡此極醜極惡之言，不可不全文錄出，俾與前面勾結之書合觀之，可以共彰其醜於天下萬世。

朕聞除殘暴者，務窮盡其根株，拯艱危者，宜速出於水火。　其或除其蟊賊，滌彼山川，哀此遺黎，加之繈褓。　所以上承天命，子惠元元，克相寵綏，端在於是。　逆賊李自成，一介亡命，草竊雀苟，值明季弛綱，武備多廢，凶鋒四出，流毒中原。　始猶略地攻城，聚爲囊橐，繼而冒天射日，直犯闕廷，弒逆窮行，殘害京邑，淫刑黷貨，日夜誅求，致使萬姓糜依，中原無主，朕因遣師聲義，殱賊楡關，自成奔竄歸秦，僅延餘息。　今朕入主中國，託於萬民之上，思三秦赤子，何罪可辜，使之受制凶威，不獲歸命，一方阻化，良用憫然。　前者特命親賢，秉鉞奮伐，而大將軍豫王，先入長安，蕩其巢穴，大將軍英王，遠涉楡塞，剪其黨羽，凡在逆我顏行，盡已築爲京觀，二、三逋寇，遠遁商藍，力竭勢窮，計日誅滅。　惟是全秦幅員廣衍，表裏河山，朕將置吏張官，列爲藩翰，勤施教養，以與爾百姓復游熙皞，克享太平之福，垂於無疆。　爾百姓爲賊所苦，離居溝析，靡有室家，假息游魂，僅存皮骨，偷生忍垢，茹苦含辛，卽有染污，多從迫脅，自非死黨，皆可情原。　茲者初出毒痛，宜深跂望，不有曲貸，曷曰來蘇。　朕既一道德以同風，順民心而出治，是用首先開諭，以示本懷，斟酌時宜，問民疾苦，渙大號而無遠弗屆，因舊俗而咸與維新。　〔詔款原略〕於戲，矢文德而洽四國，用酬孔邇之歌，勤清問而憂下民，益凜常懷之懼。　蓋爲天下所宅心，豈得一夫之失所？　曲加赦宥，以恤創痍，所在有司，務稱朕意。

詔中之言，如「逆賊李自成」，如「流毒中原」，如「殘害京邑」，如「萬姓糜依，中原無主，」又如「朕因遣師聲義，殱賊楡關。」　幾若果爲明人驅除寇亂者。　不知此「殱賊楡關」之時，距遲起龍致書於自成部下王都督，不過數月，其與流寇「流毒中原」，實相等夷。　而尚大言不慚，曰「除暴救民」，莊子云：「竊鉤者誅，竊國者侯，」豈虛語哉？豈虛語哉？

二　流賊因遼事而起

流賊因遼事而起，按其遠因，不可勝舉，但將其有直接關係者，略述於後。甲編葉三崇禎二年五月十九日兵科抄出薊遼督師袁崇煥題本：

> 一奴發難，合四海之力不能支，歷十二年之久不得結，而安奢之禍，白蓮之盜因之而起。

乙編葉八天啓二年六月初九日御史劉徽疏：

> 奴酋跳梁，我兵屢敗，凡市井無籍輩，不曰兵甲之不利，人謀之未臧，遂揑造妖言，妄引天道氣數之說，以搖惑人心。　因倡爲白蓮、龍天、皇天、無爲等敎，中選巧爲異說善講邪書者，推爲敎師，鼓動愚民，哨聚千百，假以供神修福爲名，而日會月會，各捐重貲，以供頭領爲不時之需，從來山東河南盛興之，而直隸更甚。　臣自爲子衿，以至登第時，猶見十人內約有五、六爲敎門中人，心竊爲地方憂，浸尋至今，則徧地皆傳敎之所，盡人皆受敎之人矣。　頃接四川撫臣朱燮元有白蓮奴賊助賊蜂起一疏，讀之不勝駭異。……然川中白蓮之猖獗，固有見於奢酋之作亂，而思欲附會之也。　奢酋之變，揆厥所自，實因招募徵調一節，有以激成禍亂。　至於繼奢酋而肆叛逆者，貴州之安酋也。

此所云奢酋，即四川永寧士司奢崇明，貴州之安酋，即水西士司安邦彥。　按明史朱燮元傳，天啓元年九月，因徵川兵援遼，餉不繼，崇明遂據重慶反，播州遺孽及諸亡命奸人，蠭起應之，列城多不守，崇明設丞相五府等官，僭號大梁王。　以故水西士司安邦彥，亦繼起作亂，爲崇明聲援，自稱羅甸大王。

按安酋之亂，朝鮮仁祖實錄二年即天啓四年四月甲辰奏請副使尹暄面啓國王之言亦有曰：

> 中原亦有變故，徵兵於黔中，黔中人作毋向遼東浪死歌，遂起兵作亂，衆至十餘萬，王軍門爲此賊所擒，朝廷特發四省兵擊之云。

「毋向遼東浪死歌」亦有所本，見資治通鑑卷一八二隋紀「又作無向遼東浪死歌以相感勸」條。　胡梅磵注云：「浪死，猶言徒死也。」　此種傳說，東國朝鮮

亦知之，可見其傳播之廣，而其搖動當時之人心，以及聞風爲亂者，當又不止黔中一地也。 又王軍門，卽貴州巡撫王三善，初三善連破賊，有輕敵心，謂賊不足平，駐大方，久之，會糧盡，退師，乃焚大方廬舍而東，賊躡之，副總兵秦民屛參將王建中戰歿，三善遂爲降賊陳其愚所害，於是賊勢益張。

又按明史本紀，天啓二年五月丙午，山東白蓮賊徐鴻儒反，陷鄆城等州縣。同年十月辛巳，官軍復鄒縣，擒徐鴻儒等，山東賊亂平。 按：此山東賊亂雖平，其黨之散於四方者，更所在爲亂，甲編葉七一三崇禎二年閏四月薊遼督師袁崇煥題本曰：

> 本月六日閱邸報，見陝西巡撫劉廣生題，爲擒獲蓮妖首惡，搜出造反實跡。內稱：妖黨田學孟，首告白蓮某及張萬緣等，糾衆造反，種種逆證，獲據。乃萬緣供稱華山人有道人馬繡頭者，年三百歲，舉動不凡，知未來事，於三年前已出關，今行兵無有盟主，思得此人，假以號召。

又後來張獻忠營中，有一「老神仙」，嘗自稱有異術，頗與此妖黨有關，且係河南人，揆之劉徽疏中所稱「白蓮等教從來山東河南盛興之」一言實相似。 張山來虞初新志卷二所引方亨咸邵村雜記記「老神仙」事甚詳，茲不錄。 此「老神仙」旣自稱有異術，則其爲白蓮之餘孽可知。 由此觀之，可見安奢之禍，白蓮之盜，固又爲流賊因遼事而起之一直證也。 吾人再將流賊因遼事而起之近因，卽自崇禎卽位〔天啓七年八月〕起，至流賊燎原勢成之年，卽崇禎四年止，凡此四年零四箇月內，所有因遼事所受之影響，如因缺餉，因催科，因徵調，因裁驛，因譁兵，因逃丁，以及因災不恤，因飢不賑，種種原因，據崇禎長編、國榷、明清史料等書之記載，錄其可考者都四十一條，表之如左，此雖不足爲當時此事之全部記載，然流賊因遼事而起之一義，已足證明其確無可疑矣。

紀 年	月	日	摘　　　要
天啓七	八	丁巳	陝西巡撫胡廷宴言，臨軍邊餉，缺至五、六年，靖鹵邊堡，缺二年三年不等。（長編）
	九	己丑	陝西巡撫喬應甲言：兒在各軍，庚癸呼天，援遼家屬，悲號勤地。 昨罷征調之會又下，而强壯者多思擎家亡矣。（長編）
	一〇	丙申	甘肅巡撫張三杰言：計撰節年累欠至六、七十餘萬，西安等處欠銀，自天啓元年至今，共欠八十餘萬。（長編）
崇禎元	三	乙丑	臨洮軍以餉缺鼓噪，陝撫胡廷宴以聞。（長編，案乙丑乃己丑之誤）

年紀	月	日	摘　　　　　　要
崇禎元	四	壬辰	大學士李國楷言：今日地方督撫等官，連章累牘，爲飢軍請命，良非得已。累計各邊，多則百萬，少則亦四五十萬。　（長編）
		庚申	延綏巡撫岳和聲再疏言：延軍乏餉，已越二十七月。……法不能制，情不能諭，譁而爲亂，勢所必至。　（長編）
	七	甲申	遼東遼寧兵變，執巡撫畢自肅。　先是，寧遠軍乏餉四月，自肅請之戶部。戶部未發，悍卒因大譁，露刃排慕府，縳自肅及總兵官朱梅，推官蘇涵，淳口州同知（遼東疏稿作糧州同）張世榮，厝樵樓上，搖撃交下，自肅傷殊，血被面。　兵備道郭廣新至，身翼自肅爲解，括撫賞及朋橐二萬金，不厭，蓋借商民足五萬金，始解。　自肅草奏引罪，走中左所，八月丙申，自經死。　（長編）
	八	庚寅	督師袁崇煥以寧遠兵變上聞。　已而兵部言援遼之兵，皆烏合之衆，原無急公效死之心，一有釁報，藉口缺餉，以掩奔潰之實。　（長編）
		辛卯	順天巡撫王應豸報，薊門飢軍，於七月二十日，鼓噪索餉。　（長編）
	九	壬戌	督師袁崇煥請速發關內積欠七十四萬。　（長編）
		壬午	兵部尚書王在晉言：竭海內之力，以供遼餉。　功旣無成，財復大匱，柳河之敗，止存兵五萬八千。　即如福輔疏以十二萬，此六萬二千之兵，歸於何有？　（長編。　此云歸於何有，按流寇長編，即山西原有遼東敗兵，不敢歸伍，相聚規掠。）
	一〇	己丑	以袁崇煥請餉疏示閣臣，禮部侍郎周延儒，揣帝意惜帑，獨逢曰：關門昔防邊，今且防兵，前寧遠譁即餉之，今錦州效尤又餉之，倘九邊各做樣，其何以應？　又曰：古有羅雀掘鼠，而軍心不變者，今何動軏鼓噪？　帝是之，降旨責衆臣。　（長編）
	一一	壬戌	督師袁崇煥疏陳：關內兵五萬五千三百四十五員，關外七萬八千三百四十員名，馬驢二萬二千八百四十七匹。　（長編）
		丙寅	戶部言：崇禎二年調寧歲餉，以四百八十萬爲額。　（長編）
二	三	壬午	戶部右侍郎南居益等言：延、綏、寧、固三鎭領糧，欠至三十六月。　去歲闔省荒旱，病枉思亂，大盜蜂起，狡寇逃丁，互相煽動，千百成羣，橫行於西安境內，灑州、涇陽、三原、富平、淳化、韓城、蒲城之間。　皆由飢軍鼓噪，釀成燎原之勢。　（長編）
	四	甲午	刑科右給事中劉懋材疏請減餉各驛站所夫驛馬。　得旨，故劉懋爲兵科，專管驛遞事務。　並云務合十分減六之議。　（長編。　驛站節歲監，年共六十八萬五千，見崇禎九年積欠驛租疏。）
		戊申	行人馬懋材疏陳延綏歲飢米貴民貧盜起情形，請速發帑賑濟，以遏災黎，以消禍萌。　（長編）
		辛亥	戶部尚書畢自嚴奏：昨薊鎭鼓噪，王洽疏內，多以無餉爲言，其實自有別情。　緣向日援近調來關內三萬餘人，後因遼事稍緩，恣遣散致亂，分於九標十二路，今倡亂者，多係此兵。　（長編）
		又	上謂輔臣韓爌曰：如今遼餉加派，又征舊欠，又有火耗，百姓苦累已極。　（長編）
	五	十五	督師袁崇煥題報：今各邊兵餉，歷過未給二百餘萬。　凡請餉之疏，俱未蒙溫諭，而系餉兵譁，則重處任事之臣。　一番兵譁，一番勞給，一番逮治。　譁則餉，不譁則不得餉。　去年之密遠，今年之遼化，調譁不曲餉乎？　近各鎭多以譁告矣，譁不勝譁，誅不勝誅，外防虜訌，內防兵潰，如秦之大盜，譁兵爲倡，可憂也。　（甲編頁七一一九）
	六	庚午	陝西巡撫吳煥言：秦自有寇變，獨西安漢中，受禍最酷。　而盜實發于延慶治邊一帶，漢中之賊，絕非飢民烏合，牛係邊軍結聚。　（長編）
	七	戊子	督理邊餉戶部右侍郎李成名言：遼左兵興以來，加新餉，添雜派，設督遼，設督餉，其爲遼計甚急。　中外諸臣，亦惟知遼之急而急之，視各鎭若可緩也。　而自今視之，各鎭亦何嘗不急乎？　豈乎處極危之地，當可危之時，而令其敷衍待哺，忍死荷戈者乎？　一呼鼓噪，相視效尤，左支右吾，但求徼倖，此封疆宗社之所關也。　（國榷）
	一二	癸酉	山西巡撫耿如杞援兵，潰于良鄉。　援軍皆沿邊勁卒，竄走剽掠秦晉間。　李自成輿之合，衆至萬餘，推高迎祥爲首，稱闖王，自稱爲闖將。　（國榷。　流寇長編耿如杞勤王之兵，部臣調遣失宜，五千壯丁，一呼盡散，山西自此多盜。）

紀　年	月	日	摘　　　　　　　　　　　　　　　要
崇禎三	一	丁亥	延綏巡撫張夢鯨，總兵吳自勉，寧夏總兵尤世祿，陝西總兵楊麟，臨洮總兵王承恩，甘肅巡撫梅之煥，總兵楊嘉謨等，先後率兵萬七千人入衞。 延安甘肅，兵潰西去，與寇合，張夢鯨忿死。（長編。 流寇長編：戊辰己巳間，關隴飢民而已，事可一揮而定，楊鶴爲總督，既非將才，又值五飈精銳皆東行入衞，無將無兵，不得不出于撫。）
	三	丙申	兵科給事中陶崇道言：臨洮援兵，露宿安定門外，本兵梁廷棟，指民居可宿，于是爭入民舍而闞。 詢固原總兵楊麟，愛援兵乏餉，廷棟曰：民自有糧，何得全仰戶部？ 其發言召亂，乞賜處分。 上不問。（長編）
	一〇	庚戌	陝西巡撫王順行疏奏：差催寺臣喬承詔，因平、慶、延三府遼餉，徵解無期，慙懼以死。（長編）
	一一	癸未	陝西朝紳崔爾進等公疏：請派濟延撫之奏，再留遼餉二萬兩，賑濟地方凶旱。 帝謂曰今軍興費繁，豈得更議多留？（長編）
		癸卯	兵科給事中黃紹述言，秦晉之寇，飢民與飢兵相半。（長編）
	閏	一	甲申	三邊總督楊鶴疏奏：洪承疇杜文煥招撫過一千九百人（即張獻忠一股），無一釜之餉，從何處安插？（國權）
	二	乙巳	刑科給事中吳執御奏：目謂急着，塞井徑之口，以遏晉寇東進，毋使與東兵連結，自若。（國權。 東兵即謂淸人。 按，執御此奏，恐淸乘機勾賊，故以爲言，例如叛賊孔友德等之與淸合，可以爲證。）
	三	丙申	太僕寺卿鄭宗周言……晉土自天啓初年以來，無歲不荒，而去年尤甚，重以沿黃之派，急於星火，有司但顧考成，新舊併催，斬伐四起，勢所必至。……當此公私交困，軍興浩繁，爲三晉之計，臣不敢言賑言餉與緩徵停徵，第恐瓦解勢成，議之無及。（長編）
		丁酉	禮科給事中盧兆龍言：秦晉之流寇披猖，飢民響應，近且齊豫之鄕，所在見告。 然任人以闞賊，不可不予以闞賊之資。 卽如洪承疇風勵方略，亦且以空拳奔步，況其他庸庸者乎？ 爲今之計，惟有依前給餉，倘可鼓舞軍心，以爲驅使。（長編）
	四	丙午	撫賑陝西御史吳甡言：延綏荒亂，半是塞上飢軍與失伍飢卒，飢民因而隨之，其勢與河南山東之專賑異。 以故委十萬金于延綏十九州縣，人僅得其涓滴，而賊之攻掠自若。（長編。 流寇長編：李繼楨請三十萬石之值，大賑飢民，以解散賊黨，遲至一年，發銀十萬，賑而無救。） 御史張鳳翮言：宜乘奉中父老望恩感泣之時，再將廠派一年新餉八萬七千餘兩，盡數扺留，爲賑臣撫卹之用。 帝謂急公輸助，誼在士紳，原派新餉，不得輕許扣留。（國權。 明淸史料甲編頁七〇一兵部言：新餉爲東事而加，自當爲東事而用。）
	五	丁丑	工科給事中許國榮言：祖宗之設驛站，所以籠絡强有力之人，使之屑挑背負，耗其精力，銷其歲月，使不敢爲非。 乃刻意裁削，傳一切游手游食之人，窮餓迫身，不得不驅而爲盜，流寇連妖，半是此輩。 況軍興供應不資，勢仍幫貼，窮民驛卒，交受其害，莫不痛恨。 科臣劉懋自謂作俑病民，易嘆時，猶深以此爲恨。（長編）
		戊寅	兵科給事中魏呈潤言：天下之患，自敵而開。……頃歲交兵以來，增兵增餉，日無遺策。 皇上豈不軫念及此，而遂竟允廷議，誠以彼此勢不兩立，爲恢復計，不得不出于此也。（長編）
		丁亥	撫賑陝西御史吳甡言：各堡軍士之苦，不減於民，蓋以各軍每月領餉五錢，而斗米乃至六錢七錢。 一月之餉，不足易斗粟，若止賑州縣之民，而獨遺營堡之軍，脫巾而呼，爲憂更大。 當一體散賑，必不可已也。（國權）
	六	癸卯	左府左都督朱元臣言：東兵雖强，計其數不過中國二大縣，然當茲攝難之際，每竭天下之財而不足。 民之所以不得休息，以有遼事爲之累也。（長編。 高時有「遼事平，天下寧」語。 見檔案殘片。）
		丙午	吏科給事中孟國祚言：秦中流寇雖撫，其情形不一，隱禍可虞。 卽以秦人所傳言之，原在當事者，旣主言撫，不肯驟更前局，自覺破綻，惟有日支一日，以救眉睫。 是關西一境土，終致無方可救。……關西乃天下勁兵所在，脫或敵人乘虛再動，致邊暇受患，東西莫支，計將安出？（國權。 此云脫或未實再動一言，當指崇禎二年十二月淸人有乘機突迫京城之事。）
	七	乙酉	候補禮科給事中趙東曦言：自有遼事以來，搜其閒者緩者，悉充遼餉。（長編）
	閏一一	丁卯	總督洪承疇言：延屬隆冬大雪十日，積深三尺，糴販斷絕，延安府斗米五錢，死亡枕席，市廛停罷，荒亂之狀，從來所無。 人情不固，何以保守？ 郡城如此，所屬州縣，危迫可知。（國權）
	一二	乙亥	禮部員外郞馬懋才，請再發金錢十數萬，專爲延民牛種之資。 帝謂實心撫字，自能勸善歸農，豈得專恃給頒。（國權）

　凡此因裁驛，因催科，以及因災不恤　，因飢不賑等事　，明季清初多有紀錄，而小說家言尤夥，蓋爲明末民間週知之事實也。　茲摘錄二條，以概其餘。

　玉堂薈記卷下：

　　丙子春，有歲貢生某者，忘其姓名，伏闕下書。　上命取覽，以其所言無當而罷之。　然其言亦有所見，如云驛遞裁減，而損轎等夫，去而爲賊，則復驛遞，爲平賊急著。　一時咸笑其迂，不知此實至言。　天生此食力之民，往來道路，博分文以給朝夕，一旦無所施其力，不去爲賊，將安所得食乎！後有自秦、晉、中州來者，言所擒之賊，多係驛遞夫役，其肩有痕易辨也，乃知此生之言不謬。

　聊齋志異卷十六韓方條：

　　猶憶甲戌乙亥〔崇禎七年八年〕之間，當事者使民捐穀　，疏告九重　，謂民樂輸。　於是各州縣如數取盈，甚費敲扑。　是時郡北七邑皆被水，歲大祲，催辦尤難，吾鄉唐太史，偶至利津　，見繫逮十數人　，卽當道中問其何事。　答云：官捉吾等赴城北追樂輸耳。　愚民亦不知樂輸二字作何解，遂以爲徭役敲比之名，亦可歎而可笑也。

茲再合史料以觀之。　乙編葉八九四崇禎十三年十一月初九日兵科抄出戶科外抄戶部督催新舊餉務李鑣秀奏本：

　　東省今歲異常荒歉，每有數十里□□□之地，僵屍滿溝，生者割取充食，甚至父兄食子弟，婆食生媳，隔村巷者，掩取人而食，行旅非秉以兵器自衞，莫敢棲於舍，雖有司刑禁，彼則曰：我固無生也，請死何辭。　以此情景，更何憚而不揭竿弄潢！

甲編葉二六保定山東河北等處總督楊文岳題本：

　　崇禎十三年十二月十四日　，據山東分巡東昌道王公弼呈稱：十一月二十九日，准山東總兵官楊御蕃手本……衆見賊首已亡，隨而披靡，向西南奔潰，本鎮督押各兵　，飛馬追殺，直砍至濮州西南柳家屯止。　……砍死八千有奇。　……收兵之後，本鎮隨令步兵割取首級。　不然，遠近飢民，抬去食用，日後無憑察勘。

啓禎以前，明代固非無饑饉寇盜之亂，嘉靖十年，陝西曾罹災荒，正德中，有劉六劉七之變，自畿輔迄江、淮、楚、蜀，無處不被賊，而山東尤甚，至破九十餘城。然其時財富般盛，元氣未漓，故得安定無事。　至若崇禎之初，國事原未大壞，只因一隅多事，全力逐分。　即如流賊根柢，亦去劉六劉七尚遠，證據見乙編葉一四六崇禎九年正月兵部題「宣大總督梁廷棟題」稿。　夫流賊勢盛時，猶不及劉六劉七，苟無清人，何至蔓延而不可制哉。

三　天聰實錄稿中對流賊之勾結

勾結流賊，非始於多爾袞也，天聰時即有之。　天聰實錄稿七年六月二十七日和格貝勒奏曰：

> 今率我兵及邊外蒙古，一從寧遠入，一從舊境入，夾攻山海。　得之則已，不得，可屯兵，遣人致書流賊。　不然，進攻通州，或得或不得，常駐其地。　流賊若久居舊處，仍遣人窺探。　我兵既常駐於此，則乘夜襲營之計，不可不行。　縱晚夜嚴防，不比白晝，當乘時速為。　失此機會，後悔何及！

是知天聰時即有致書流賊之奏。　既云「遣人窺探流賊居處」，可知彼等實有乘機勾結流賊之意。　又八月初一日，遣人往諭取旅順口藥托得格壘二貝勒曰：

> 汝等云：流賊果強。　聞寧錦不時選兵進發……汝等勿在彼處遷延休息，使者到日，可留兵防守，汝等速來。　特諭。

曰「流賊果強」。　當不外如張文衡所云「又是一進兵好機會」〔見後〕。　可見流賊之一進一退，固為彼等之得失所關。　因得失所關，於是更有東西相呼相應之事，如曰：

> 西邊常有流賊作亂，更加我兵騷擾關東，顧此失彼，進退兩難。

此為清人破壞明朝最得意之言，見羅氏史料叢刊天聰九年二月三月儒學生員沈佩瑞欲成大專奏本。　又按，彼等殺戮明朝之人民，既盈野盈城，惟獨對於流賊，則申戒士卒，勿與交鬨。　王氏東華錄崇德七年十月壬子敕諭多羅饒餘貝勒阿巴泰曰：

如遇流寇，宜云爾等見明政紊亂，激而成變，我國來征，亦正在此。　以言撫慰之。　申戒士卒，勿誤殺彼一、二人，致與交惡。

此外，則又有天聰九年二月二十三日□房張文衡奏本云：「賊未有托基，亦樂附我」一語，頗與勾結有關。　甲編葉五七：

仍有分外一着，我兵□入，未必驟至□□□賊據太原東南山□□□□太□□□□其□□□□□□根山□□未有托基，亦樂附我也。　□□□□□□□□併力東嚮，亦我西政□□□勢也。

此件爲原本，全文計二百八十二字，奉天崇謨閣所藏天聰年奏疏册亦錄之，只一百六十四字，比原本少一百一十八字，右引記事，悉删去，見羅氏史料叢刊奏下葉二十三。　原本因缺字太多，不能悉其全文，然吾人試取本中「併力東嚮」四字，對比首節所云「併取中原」四字，則此奏情節，自可明瞭。　清史稿張文衡傳：「文衡遼東開平衛人，明諸生，自言爲代王參謀，天聰八年閏八月，太宗自將伐明，入宣府，文衡自大同徒步來歸，上授文衡祕書院副理事官，賜田宅銀幣，以大臣雅希禪女妻焉。」　據此，可見文衡實爲清人所重。

又按丙編葉三二文衡先亦有一本，言中國惟有此時可取，當時清主對於此奏，極爲重視，至有「待朕思之」一言〔王氏東華錄〕，可見此奏之重要。　茲將原文，照抄於後：

臣張文衡謹奏，爲王事將成，時不可失，機不可錯，遠患不可忽，謹陳中國可取之情，以決意大業事。　臣自到國，不任政事，不通金口，汗廟謨遠大，非書生所能測，但處事機之會，不能無言。　臣觀去年在宣大舉動，似謂中國衆大，未易卒圖。　不知中國惟有此時可取，彼文武大小官員，俱是錢買的，文的無謀，武的無勇，管軍馬者尅軍錢，造器械者減官錢，軍馬日不聊生，器械不堪實用，兵何心用命？　每出征時，反趁勤王，一味搶掠。俗語常云：達子流賊是梳子，自家兵馬勝如箆子。　兵馬如此，雖多何益？況太監專權，好財喜諛，賞罰失人心，在事的好官，也做不的事，未任事的好人，又不肯出頭，上下裹外，通同扯謊，事事俱壞極了。　其所以能拒我者，不過大家怕殺怕搶，怕父母妻子失散，倚仗火炮，死守着城池，也只是

憑天命的計策，有何本領？　此時正好進取，兵□所謂惟智者不失事機之會。　況宣大去年受兵，飢疲不能卽振，□□川湖，又爲流賊擾亂，今起五省之兵，逐日征勦，是賊半天下，兵亦半天下，惟東南一隅無事，又困於新餉，此正東西不相顧之時，又是一進兵好機會。　兵法云：乘敝而起，智者不能善其後矣。　臣故云去年遷延多失機會。　今汗再不乘時急舉，堂堂天朝，無久弱之理。　崇禎不肯輕和，以復仇爲志，無久蔽之明。　而我兵漸不如下遼東遼永時，節短勢險，人心有鼎立之志，中國人見我不以大事爲意，殺掠萎心，各懷固守之情。　我國事久志怠，子孫百年，未必如一日，強弱無不翻之局。　遼東不得山海，差煩役重，兼下邊養人不體汗心，瀋陽無久安之勢。　豈非自失機會，反遺後患乎？望汗乘天與人歸之會，凡事俱徹底當眞做起，庶不負天生汗之心也。　謹奏。　伏乞汗裁。　天聰九年正月二十三日奏。

此輩深悉中國情形，故其爲患尤大。　乙編葉五五八崇禎十六年正月初八日山東巡按陳昌言題本云：

今次闌入之奴，內遼人叛將儘多。　蓋明知我之虛實強弱，所以長驅無忌，直走徐州。

此所謂遼人叛將者，卽張文衡等也。　由此可知當時漢奸之可畏，　又按清人於勾引一事，不僅對於流賊，大抵凡可勾結者，無不勾結之。　羅氏史料叢刊諭帖葉八天聰四年四月二十八日與皮島劉五〔劉興治〕書曰：

金國汗與劉府列位弟兄……我國與南朝爭雄之際，爾果殺其官員，率其島民歸我，此天意特使爾等助我也。

又葉十二同年九月初一日書曰：

今冬彼此俱宜整理兵器，以待明年計議行事。

又葉十三同年十月二十日書曰：

旣蒙皇天祐兩國〔此兩國一爲清主自稱，一指劉興治〕和好，我顐合天心，永此盟誓。　……近日我國，惟整飭器械，餵養馬匹，再無餘事。

又葉十五天聰五年二月初五日書曰：

自謂天成我兩家，指望我攻一處，爾攻一處，我得一處，爾得一處，是以暗喜。

又天聰實錄稿七年十一月十一日致皮島沈副將書曰：

諸凡語言，前書已悉。 將軍與諸將，速作商量，同予前行。 皇天見佑，大事垂成，功名富貴，皆可圖也。 機會一失，悔之何及，幸勿猶豫。

凡此勾結之書，考之王氏東華錄並檔案中之記載，如致毛文龍、祖大壽、吳三桂等書，其例不勝枚舉。

四　建禍視流賊為烈

天聰實錄稿曰：

我兵近邊，將近京屯堡，盡行焚毀，殺其人民，戮力攻戰，何所不成？

又曰：

邊內有城，可取則取之，難取者，則殺其人民，焚其廬舍，屠掠而行。

又曰：

徧閱邊城，乘瑕而入，殺其人，取其物，令士卒各滿所欲。

凡此殺人屠掠之語，自天聰元年至崇德八年，即天啟七年至崇禎十六年，檔案中所記載者，不勝列舉。 凡此記載，徵之後來，不僅始終一轍，且更變本加厲。 甲編葉九三九崇禎十二年六月十一日兵部行「原任工科都給事中王猷奏稿」云：

逆虜犯我郊畿，幅員三千里，惟所蹂躪。 如眞定一郡，連城三十有一，十七不守。 臣家趙州，則焚殺異甚，慘毒未有……有名籍可查者，被殺則二萬五千二百餘軀，被虜則四千八百餘名口，其他有覆其宗，屠其家，及羈客死委巷俘擄而莫之知者，又不知若干矣。

又云：

前癸酉冬，流寇犯趙，舉人李讓等死焉，臣疏請，奉旨曾徵恩卹。 況今日之變，視昔萬萬不同乎？

按乙編葉四五六載「若趙州一城，遼闊二十里，自十一年虜破之餘，城內士民，不滿三百。」 又按各書皆言李自成張獻忠，殘忍嗜殺，亘古無聞，而此乃云「虜變

觀流寇萬萬不同」。　即此可以證明建禍實比流寇爲烈矣。

又據甲編九六零葉崇禎十三年正月山東巡撫王國賓題本言山東「虜禍」之狀云：

> 據山東右布政使侯國安呈稱：東省自罹虜亂，數百萬錢糧，悉無可問。……本司於本年六月初三日，方始入境，所過地方，由黃河以抵濟南，計程數百，皆奴氛流毒，村落寥寥，途次杳茫，遙聞率多號泣之聲，不覺潸然淚下。　沿路撫綏，於六月十一日到任。　目擊全齊皆灰，臭氣遍野，血積盈衢。　所遺零星殘黎，盡髡髮壞面，損股折肱。　本司於灰燼中，整頓安插。

按崇禎中，清人凡入犯四次，曰己巳，曰丙子，曰戊寅，曰壬午，上記兩條，明人謂之「戊寅虜變」，即崇禎十一年。　此次之變，據王氏東華錄崇德四年三月丙寅亦有記錄曰：

> 左翼睿親王多爾袞奏：臣等毀明邊關入，兩翼兵馬，約會於通州河西，由北邊過京城，自涿州分兵八道，一沿山下，一沿運河，於山河中間，縱兵前進。　北京迤西千里內，六月俱已踩躪，至山西界而還。　復至臨清州，渡運糧河，攻破山東濟南府，至津南天津衞。　仗皇上威福，大兵深入，克城三四十座，降者六城，敗敵十七陣，俘獲人口二十五萬七千八百八十。　將士凱旋，無一傷者。

又右翼貝勒杜度等疏云：

> 臣等從北京西至山西界，南至山東濟南府，踩躪其地，共克十九城，降者二城。　敗敵十六陣，殺其二總督，及守備以上官，共百餘員。　生擒一親王，一郡王，一奉國將軍，俘獲人口二十萬四千四百二十有三，金四千三十九兩，銀九十七萬七千四百六兩。

以上兩疏，但報擄獲之數，而於殺戮人民之事則不及。　然據吾人參考同書崇德四年七月致明帝書，關於所云「死亡百萬，非朕殺之，實爾君臣自殺之」等語，頗可看出當日建禍痕跡。　蒲松齡聊齋志異拾遺，都四十二則，所記皆爲明末清初事，其中鬼吏一則，即與崇禎十一年「戊寅虜變」有關。　茲錄如下：

歷城二隸，奉邑宰韓承宣命，營幹他郡，歲暮方歸。　途中遇二人，服色亦
與己類，同行半日，近與話言。　二人自稱濟南郡役，隸曰·郡署各役，相
識者十有八九，二君則殊昧平生。　其人曰：實相告，吾乃城隍之鬼吏也，
今將以牒投東嶽。　隸問牒中何事，曰濟南大切，所報者，被殺之人民數
也。　驚問其數，答云，亦不甚悉，恐近百萬。　隸盆駭，因問其期，答以
正朔。　二隸相顧，計到郡，正值歲除，恐罹於難，遲之櫩貼諠讀。　鬼
曰：違限罪小，入刼禍大，宜他避，姑勿歸。　隸如言，各趨歧路而遁。
無何，兵至，扛尸近百萬，二隸得免。

又志異卷十六韓方一則內，所記明季枉死之鬼，亦與此條為一事，如曰「今日殃人
者，皆郡城中北兵所殺之鬼。」　北兵卽清人，清人屠濟南楊士聰玉堂薈記卷下亦
有云：

有韓經歷者，陝西人，為濟寧衞候缺經歷，父子寄居寺中已五六年。　戊寅
冬，夢至一府署，有多人繕寫造冊，問其所以，則城陷死籍也。　偶拈一
冊，僅見有一濟字，其人亟掩之，驚而悟。　父子相與謀曰，濟寧不可居
矣，遂求差往會城。　明年正月二日，城陷，父子俱死，而濟寧固無恙也。
徒欲避濟寧之濟字，而不疑濟南之濟字為何，則知定數所使，不可逃也。

此雖小說家言，然足以反映其時之實在情形矣。　按甲編葉九三零崇禎十二年正月
十七日兵科給事中李焴題稱：臣十四日辦事垣中，知濟南府於本月初二日寅時失
陷。　又按同書葉九六二山東巡撫李春蓁疏言：歷城知縣韓承宣，被虜拘執，不肯
屈服，澎虜之怒，被殺，女鸞姐，亦義不受屈，投井死。　由此觀之，是此拾遺一
書，因作於清初，避清所諱，故乃曲折其辭，託之鬼吏耳。　至於扛尸百萬之說，
亦係記實之言。　乙編葉二五三崇禎十三年二月十一日兵科抄出浙江巡撫熊奮渭題
本云：

據平湖縣申稱：據生員陸璘陸珝等呈稱：痛兄陸璨，以甲戌進士，除授濟南
府推官，挈帶家眷赴任。　今春二月間，璘等在家聞變，奔赴濟南，但見城
中焚殺已空，殘屍燒埋已盡，兄骨無蹤，僅得招魂。　……今蒙行查兄璨，
有無回籍。　泣思百萬慘屠，全家泯滅，果有隱情，難掩隣右耳目。　呈乞

申覆等情●

此濟南一處，即云「百萬慘屠」。　是則清人之所供，毫無可疑。　明朝遼患二十餘年，見人即殺，見財即搶，例如天聰四年五月，貝勒阿敏，無端盡屠永平歸順官民一事，當時降彼者，且有時盡屠，則不降彼者之被屠可知矣。

又清人最後之入塞，則爲崇禎十五年十一月事，即「壬午虜變」。　此回擄獲之數，據王氏東華錄崇德八年五月癸卯奉命大將軍多羅饒餘貝勒阿巴泰內大臣圖爾格等之奏報，比之戊寅一役，尤爲滿意。　奏曰：

臣等率大軍入明境，直抵兗州府，莫能抗拒。　殲魯王及樂陵、陽信、東原、安丘、滋陽五郡王，及宗室千人。　克三府十八州六十七縣，共八十八城，歸順者六城。　擊敗敵兵三十九處。　獲金萬二千二百五十兩，銀二百二十萬五千二百七十七兩，珍珠四千四百四十兩，段五萬二千二百三十四，段衣三萬三千七百二十領，皮衣一百一十領，貂狐豹等皮五百有奇，角千一百六十副。　俘獲人民三十六萬九千，駝馬騾牛驢羊共五十五萬一千三百有奇。　外有發窖所得銀兩，剖爲三分，以一分給賞將士。其衆兵私獲財物弗算。

清人之搶獲愈滿足，則中原地方之殘破亦愈甚。　乙編葉四七九崇禎十五年閏十一月十二日山東臨清之破，據天津總兵曹友義手本云：

大約臨民十分推之，有者未足一分。　其官衙民舍，盡皆焚燬，至今餘燼未滅。　兩河並衝路，屍骸如山若嶺，豈能窮數。　城垛盡皆折毀。

按甲編葉九二三太監高起潛題本有曰：「總計臨城闤闠逾三十里，而一城之中，無論南北貨財，即紳士商民，近百萬口。」　又按首本葉二零戶部主事曹璣奏本內有「清邑殺十萬戶」一言。　據此，知此翻臨清人民死亡之數，又當數十萬。　可見建禍之烈，過於流賊矣。

此年入侵，獨於山東爲最慘，不但臨城被屠，即蕞爾小邑，亦殺擄殆盡。　甲編葉三八崇禎十六年五月十五日兵部武庫清吏司吳一元揭帖云：

臣籍范縣。　去歲醜虜南下，蕞爾小邑，既無額兵，又乏救援。　於十二月初二日，虜遂由城西南角攻陷。　可憐寥寥士民，橫被屠戮。　加以土寇乘

機焚搶，禍變頻仍，豈惟死徙不免，抑且殺擄殆盡。　現今閭里誰爲炊煙，郊原惟見燐火，無民而誰起三農之色，無農而誰作萬寶之成。　新補有司，恐卽三異十奇之政，亦難驟施於丁亡戶絕之時。　於此，而輒問起運，問存留，法將誰加乎！

曰「土寇乘機」。　據乙編葉九零八崇禎十四年二月十五日戶科外抄戶部督催新舊餉務李鍾秀奏本有曰：「察得崇禎十一年間，虜薄都門，北直東省土寇，乘機竊發。」　又據乙編葉五四三崇禎十六年四月十五日兵部有一行稿，與土寇乘機有關，亦節錄於後，以見當時山東土寇，亦因淸人而起。

　　十年以來，奴已四犯。　前此蹂躪之後，山東一帶，土賊蠭攢。　今日慘傷，倍蓰於昔，則繼此而逃者，安知轉盼之全齊，不爲見前之中土乎？

此回淸人蹂躪內地，據上文所引奏報，共破八十八城，凡此八十八城之被禍，無須在此多舉，但以臨淸范縣之事爲證足矣。　然則此番建禍爲何，如可由此想像得之。　凡此屠掠，後來順治中，更酷烈無比，卽如多爾袞入關之初，據丙編葉四九七，猶有「不論一省一城，□不剃頭者，卽發兵進剿」之令。　於是前前後後之許多屠城，皆與此言爲一事。　卽如順治四年十月二十九日高明之屠，據兩廣總督佟養甲揭帖「凡係蓄髮者，盡行誅戮。」　誅盡之後，於是始「傳令封刀」，見丙編葉六三九。　凡此酷烈之禍，卽就淸初各小說觀之，亦可略窺其大槪。　鈕琇觚賸正編卷一：

　　順治元年夏五月，嘉興甪里街徐圖臣，偕同人三五，中堂暑話。　聞堂柱中膈膊三響，柱忽開裂，跳出一緇衣雛僧，長二寸許，背負黃祇包，遶地疾走。　衆皆駭愕，環而逐之。　隨手攫得，咥然有聲。　以漆盒緘覆，移時闃寂。　啓視，則化爲燕窩，殘泥零落，他無所有。　是時天下初定，王師南下，所至歸命，禾郡已改服薙髮矣，而人情搖搖，潛蓄異謀。　適遇柱僧之怪，亟召術者黃姓占之，黃顰蹙良久曰：此大不詳。　夫僧者，薙髮之象也。　負包而走者，無家可歸也。　燕泥零落者，破巢之下，無完卵也。　吾郡其有厄乎？　未幾，徽人入禾，倡亂舉兵。　王師聞變，自閩返旆攻城。　城陷，焚戮之慘，竟符前兆。

同書卷八：

順治庚寅正月，耿繼茂尚可喜兵入廣州，屠戮甚慘。　城內居民，幾無噍類，其奔出者，急不得渡，擠溺以死，復不可勝計。　浮屠氏真修，曾受紫衣之賜，號紫衣僧者，乃募役購薪，聚骴於東門隙地焚之。　累骸成阜，行人於二、三里外，望如積雪。　即於其旁，築爲大坎瘞焉，名曰共塚。　亂定後，延侶結壇，設伊蒲之祭。　番禺王孝廉有祭共塚文，顧行於世。

聊齋志異卷十三宅妖：

謝遷之變，宦第皆爲賊窟。　王學使七襄之宅，盜聚尤衆。　城破兵入，掃蕩羣醜，尸填墀，血至充門而流。　公入城，扛尸滌血而居，往往白晝見鬼，夜則牀下燐飛，墻角鬼哭。　一日，王生鼻迪，寄宿公家，聞牀底小聲，連呼鼻迪鼻迪，已而聲漸大，曰：我死得苦，因而滿庭皆哭。　公聞仗劍而入，大言曰：汝不識我主學院耶？　但聞百聲嗤嗤，笑之以鼻。　公於是設水陸道場，命釋道懺度之，夜抛鬼飯，則見燐火熒熒，隨地皆出。　先是，關人王姓者疾篤，昏不知人者數日矣，是夕，忽欠伸若醒，婦以食進。王曰：適主人不知何事，施飯於庭，我亦隨衆唅噉，食已方歸，故不飢耳。由此鬼怪遂絕。

天香閣筆記卷一：

予自江右入浙，過鄱陽湖，進舟上饒江。　所歷安仁、貴溪、弋陽、廣信、玉山諸郡縣，入其城，大都不過數十家，而江中行舟，竟日罕見，惟一徽人舟，行泊相依。　因言康鎭將者，河南人，日率健兒入村落，繫鄉民以歸，指爲山賊，屠掠殆徧。　廣信一府，縣無完村，村無完家，家無完人，人無完婦。　余以業鹽持引，穿橫卒而過，無敢呵者，入貴家大族，皆閉門團坐待死，得吾升粟撮鹽，則大喜，唯吾所欲而不較。　予聞此言也，掩耳急去，時甲午八月。

又云：

康副將移鎭袁州，其侍妾皆廣信所掠者，因謂之曰：　爾輩有親戚，欲歸省者可自言。　羣妾喜，欲歸者三十餘人，皆令治裝上轎。　發三十里，

　　　封刀授健兒，取首以驗。

謝遷之變，「血望充門而流」，此事甚多，例如丙編葉六二九順治四年十月山東巡撫張儒秀揭帖所稱「屍與門〔城門〕齊」，「用火燒死三四千」，「屍橫血流，不計其數」。　皆山東境內屠戮之證。

　　又廣信各屬之「屠掠殆遍」，據順治六年五月二十三日到南贛總兵胡有陞殘揭帖則有「斬殺數萬，火滅煙消」，「砍死遍地，不計其數」，「奔河淹死者無算」語。　又順治六年五月初十日南贛巡撫劉武元奏本云：

　　　贛南各屬地方，無一處不慘遭焚戮，流徙逃亡，誠亙古未之有也。　……南
　　　康、信豐、會昌、興國四邑，止餘瓦礫空城。

以上見丙編葉七二七及葉七六四。　又按同書葉七五九有「從賊亦死，不從賊亦死，」「攻克所至，玉石俱焚」之言，此類記載，即「降者亦殺，不降者亦殺」之另一詞也。　總之，「盡屠而已」。　盡屠記事，姑以南昌為例。　甲編葉二三八順治五年十月江南總督馬國柱塘報勦殺江西逆賊情形揭帖云：

　　　案照江西省城大兵，周圍挑濠築墻，水陸重困，已經繕疏報訖。　茲於本年
　　　十月十八日，據總統大同兵馬防勦九江副總兵楊捷稟稱：九月三十日，據抄
　　　報委官任虎報稱：本月……二十日，城內投出賊陸名，稱說……城內鄉民，
　　　餓死甚多。　譚固山將賊六名殺死。　二十一日，廣潤門投出賊兵十四名，
　　　馬二匹，譚固山分付都殺訖。　……同日，又據副總兵楊捷塘報：本年十月
　　　初六日戌時，據江西偵探把總馬明旺等報稱：九月三十日……省城各門投出
　　　百姓，有三四十名，有五七十者，有百餘者，俱出投降，拿到譚固山面前，
　　　審畢，發與眾家，男婦不留，俱殺訖。　十月初一日，省城百姓，從四門投
　　　出男婦，共有三百餘名，譚固山審問，據說：城中絕糧半月有餘，米賣銀八
　　　錢一升，糠賣銀二錢一升，老鼠一個，賣銀八錢，人喫人，不能支捱。　審
　　　畢，發出分殺訖。　……初二日……戌時，賊城內放火，燒房屋一所，賊偽
　　　王副將，乘城內火起，帶領賊兵併家眷五百餘名，剃髮披甲投出，譚固山止
　　　留十一員名，餘賊分殺訖。　初三日午時，有賊將一員，領賊兵一百二十
　　　名，擕帶大獨眼槍四桿，三眼槍四桿，鳥槍七桿，火藥三桶，投在廟紅旗

下，火藥火器留用，賊官賊兵俱殺訖。　本日未時，城內投出百姓男婦七十餘名，男人分殺，婦女分留。　初四日……午時，從各城門投出百姓男婦一百餘名，男俱殺死，婦女分留。　各等情。

南昌圍城，據天香閣筆記卷二，有「城中百萬之眾皆餓死」一條。　而此百萬之餓死，據清人，猶以爲「又全不殺之仁」。　例如披緇爲僧之趙王朱由榔，據順治四年八月二十二日兩廣總督佟養甲題本則以爲「逆種未除，終貽後患。」　於是「令趙王引環自盡。　既絕將來之患，又全不殺之仁，」　又硃批云：「知道了，該部知道。」　見丙編葉六一九。　據此，則南昌城中百萬之餓死，自然亦出於清人不殺之仁。　此眞與野獸無異。　所異者，野獸無此假仁假義之詞耳。

又清人之塗炭生靈，更巧於卸責，其塗毒山西地方，凡七八年之久，殺晉人無數。　例如遼州一帶之屠殺，則曰「殺賊無數，餘孽奔逃，悉被滿兵盡殺。」「將賊剿殺無數，間有鼠竄奔山者，亦被滿兵沿山搜殺。」　又如運城之屠，則有「自寅至午，官兵城內搜殺萬餘，屍滿街衢。」　以上均見丙編葉七三三及葉七三五，皆清人眞正屠殺之事。　及檢同書葉七六五記載，則又不然其說，如曰：

山右自姜逆倡亂，徧地伏莽，百姓殺戮過半，財物焚掠殆盡，廬舍坵墟，田園荒蕪，晉民已不堪過而問焉。

曰「百姓殺戮過半」，曰「晉民已不堪過而問焉」。　此種景象，實由於清人「沿山搜殺」，「城內搜殺」所致。　搜殺結果，於是晉民始「殺戮過半」，殆「不堪過而問焉」。　「姜逆」即大同總兵姜瓖，「倡亂」即南明恢復之師。

又按流賊之禍，試舉張獻忠言之，據清人記錄，固爲「殘忍嗜殺，亙古無聞」。然此非無異說也，即如不肯仕清之劉獻廷云：

余聞張獻忠來衡州，不戮一人。　以問婁聖功，則果然也。　〔廣陽雜記卷二〕

曰「不戮一人」。　當時之清人，無此紀錄也。　同條更記獻忠常發銀十五萬，以賑餓民。　當時之清人，又無此事也。　「敗者爲寇」，是以天下之惡皆歸獻忠，而清人之殺人無數，皆寫入獻忠賬中矣。　例如四川之殘破，豈盡獻忠之故？　考獻忠入據四川，首尾僅四年，獻忠之殺人，自然衆多，然如蜀記一書，記獻忠殺

人，合計六萬七千萬，直當今日全國戶口之一倍半，亦卽明末戶口之十餘倍也。此言之無稽，不辨自明。　至於淸人，當順治十八年未統一中國之前，卽攻殺四川境內十餘年，此十餘年內之攻殺，據殘餘檔案，「殺死不計其數」。　丙編葉七二零四川巡撫李國英揭帖：

> ……發滿漢兵丁……於……〔順治〕五年十二月二十九日寅時……星遼潼川
> ……自午攻圍潼城……我兵奮勇攻入城內……所有殺死叛賊，不計其數。

同書葉九五八順治十六年正月二十日陝川總督李國英關於揭報渝城攻殺之狀云：

> 傷死賊衆，不計其數。

及

> 殺死逆孽顚落江水者，不計其數。

曰叛賊，曰賊衆，曰逆孽，皆當時不肯剃髮之人。　據右錄兩條，依吾人分類，則應曰「四川建禍史料」。　今約計此項史料，其未編入明淸史料各編，猶待出版者，尙有殘件一大捆，因淪陷某地，猶聞其無恙，姑不多舉，但姑就李國英兩揭帖觀之，亦足爲淸初塗炭四川之例證。　後來纂修明史時，又悉以屠殺川人爲獻忠之事矣。　此實誤後人不淺。

　又按，總上所引，殺死不計其數之記載，皆順治入關後之事，凡此入關後之屠殺，據明淸史料甲編二至六，凡五本，丙編五至十，凡六本，共十一本，此十一本之史料，幾於葉葉俱殺人記事。　而此殺人之本章，所蒙之硃批，大都又皆曰：

> 知道了。　有功官丁，兵部察奏。

此十一本史料，如以當初整個順治朝之全部檔案計之，其所佔之數量，只僅僅千中之一、二而已，千中之一、二，殺人之酷烈，猶如此可畏，則是吾人之先民，當時之不絕，蓋亦僅矣。　偶檢天啟三年實錄載是歲戶口曰：「五千一百六十五萬四百五十九」，又檢順治十七年王氏東華錄載是歲戶口曰：「一千九百八十萬七千五百七十二」，二者相較，計少去人口三千一百餘萬。　此如許人口之短少，試舉例言之，如順治九年至十年，此一年間之人口，據王錄卽係由一千四百四十八萬三千零減至一千三百九十一萬六千零，相差五十六萬七千零，此數十萬衆之死亡，自然與

清人在其佔領區域內恣意屠殺之事有關。　由是觀之，於已歸順地方，猶有此屠殺，則是於未歸順地方之屠殺，其烈更可知。　及順治十七年，統一南疆，漸漸成功，於是人口亦漸漸增至一千九百八萬有零。　而此人口之增加，絕非清人愛養所致，乃係併吞南疆後新得之衆也。此不可不知。

更有言者，自明天啟初至清順治末，前後約四十年，此四十年之人口，其中所有死亡之原因，當然有死於寇亂者，有死於災荒者，有死於疾病及他故者，然如試觀本文所擧之史料，卽謂之皆死於建州之禍，亦無不可也。　蓋中原流寇，以及同時之因災不恤，因饑不賑，固無一事不因逐事而起也。　清人已致流寇之蔓延矣，猶以爲未足，又從而勾結之，以求併力塗毒中原。　惟其始終以塗毒中原爲事，故清人之殺人，比之流寇之殺人，更殘忍，更無數。　雖然，此殘忍嗜殺之結果，於彼亦不利。　丙編葉六五三戶部題本：

> 戶科抄出江西巡按董成學題前事內稱……萬安抵贛，二百餘里，沿途之廬舍，俱村灰燼，人蹤杳絕。　第見田園鞠爲茂草，郊原盡屬丘墟，視□□也，食不下咽，而况於雞犬無聞，煙火寂然□□朝食半餐以充飢，暮結露幄以禦寒。　奔馳□贛，查保甲不滿千八，稽倉庫並無錢穀，城內數宅茅房，小民難以安居。　官雖設而無民可治，地已荒而無力可耕。　夫賦從民出，無民而尚何催科之可施乎？

因無民可治，催科無可施，於是不得不議招集。　丙編葉一零零零康熙七年十一月二十九日戶部題本：

> 戶科抄出巡撫四川……張德地題前事內開：竊惟生財之大道，有人此有土，有土此有財，有財此有用，是自古不易之理也。　未有有土無人，而卽有此財用者也。　蜀省游羅慘刦之後，民無遺類，地盡抛荒，久在我皇上睿照中矣。　臣思朝廷關此殘疆，勦除巨寇，不知費盡內帑數千百萬金，方能有此荒土也。　及至開關之後，每歲俸餉驛站等項，又在外省協濟，計百萬金不止，而蜀省之所出產者，僅數萬金而已。　臣蒙簡命，任此荒土，增賦無策，跼蹐不安，夙夜圖維，舍招集流移之外，別無可爲裕國之方。

曰勦除，曰開關，皆屠殺之證。　屠殺之後，因有土無人，於是始議招集，以爲

裕國之方。　此保留殘黎眞相也。　後來雍正七年九月癸未有一諭旨，反謂「大有造於中國」。

我朝之於明，則隣國耳，〔按北京大學藏天聰四年正月刻本諭則云：我祖宗以來，與大明看邊，忠順有年。……先汗忠於大明，心若金石。……北關與建州，同是屬夷。〕　且明之天下，喪於流賊之手。　是時邊患四起，倭寇騷動，流賊之有名目者，不可勝數，而各村邑無賴之徒，乘機刼殺，其不法之將弁兵丁等，又借征勦之名，肆行擾害，殺戮良民諉功，以充獲賊之數，中國人民，死亡過半。　卽如四川之人，竟致靡有孑遺之歎，其偶有存者，則肢體不全，耳鼻殘缺，此天下人所共知。　康熙四五十年間，猶有目睹當時情形之父老垂涕泣而道之者。　且莫不慶幸我朝統一萬方，削平羣寇，出薄海內外之人於湯火之中，而登衽席之上。　是我朝之有造於中國者，大矣至矣。　〔王氏東華錄〕

此所云流賊之禍，當時父老固敢垂涕泣而道之，至於「虜變視流賊萬萬不同」之禍，則非當時父老所敢垂涕泣而道之也。　且當時父老垂涕泣而道之者，焉知不並獻忠建州爲一次浩刼之談乎？　所謂「大有造於中國者」，乃於不能盡殺之餘，不得不酌留遺黎，休養生息，以爲當差納糧之用耳。

五　建州與明亡

明末，中國有兩大患，曰建州與流寇。　而建之與寇，兩者又相因而勷，相滋而長，故當時明人章奏中，往往亦有「虜因寇釁而蹈瑕，寇因虜變而張焰」之說。又檢明淸史料各本內之明稿，其起首第一言，大抵總以「夷寇剝膚」，「彌寇防虜」，「虜寇交訌」，「滅虜蕩寇」爲題，可見當時之內憂外患，固並急也。　特是彼時之崇禎帝，因視寇若緩，而視遼若急，蓋以建州得罪三朝，結怨已深，故必以雪恥爲志。　卽當時之爲「守外而失內，擊內則失外」之說者，彼崇禎帝非不顧慮及之，惟重以雪恥復仇之故，所以寧失之寇，而不肯失之建。　只聞禦寇之兵東調禦敵，不聞東征之師西向平寇，亦緣東虜爲竊號之賊，流寇爲烏合之衆也。然其結果不但不能制建，反更無以制寇，雪恥報怨徒託夢想而已。　茲將禦建影響

所及，舉其最爲顯著者，述之於後。　明史盧象昇傳云：

九年……七月，象昇渡淅河而南，九月，追賊至鄖西。　京師戒嚴，有詔入

衞，再賜上方劍。　旣行，賊途大逞，駸駸乎不可復制矣。

按崇禎九年七月，清人自天壽山後入昌平，郤城戒嚴，明人謂之「丙子虜變」。

據楊士聰玉堂薈記卷下：

丙子之變，本兵張鳳翼，自請以身當敵。　先是，以舊本兵梁廷棟爲總督，

梁由南至，張自京出，敵至雄縣而返，徧踩畿輔，破數十城，二人但尾其

後。　敵將出，乃斫大樹白而書曰：「各官免送」，所在有之。　二人度敵

出，且罹重罪，惟日服大黃取瀉。　敵以八月十九日出口，張以九月初一日

卒，又數日，梁亦卒。　及刑部擬案，梁擬斬，張免議。　然則梁死爲宜，

張之死爲不幸也。

同書卷上：

丙子變將出，以張元佐爲侍郎，撫治昌平，三日尚未行，同時所遣提督天壽

中瑋，卽日北行。上謂閣臣曰：內臣卽日已行，而朝臣三日尚未動身，何怪

朕之用內臣耶？　閣臣默然。　此年昌平城陷，乃內臣強巡閱御史王肇坤開

門納假兵而起內應者，閣臣何不舉以爲辭？　豈其讋於天威而未敢耶？

按王氏東華錄阿濟格奏：是役，以六月二十七日入邊，八月出塞，共陷近畿州縣十

六城，獲人畜十八萬，生擒總兵巢丕昌等。

當盧象昇入援時，據甲編葉八五四崇禎九年八月二十日兵部題「總理盧象昇塘

報」行稿云：

……內稱：該本部院於七月二十八日午時，自襄陽聞命，總兵入援，卽日卽

時行。　……從河北彰衞，以馳廣、順、眞、保……此時豫楚之賊，如闖塌

天老猢猻等，皆因新頒詔救，屢次乞降，豫、楚、鄖陽各撫臣，於剿撫大

計，又皆殫心悉力，或可得一當也。

按明史莊烈帝本紀：十年正月丙午，老回回諸賊趨江北，張獻忠羅汝才自襄陽犯安

慶，南京大震。　由此，可知豫楚之賊勢復熾，卽因象昇一去之故。

象昇入援，次眞定，京師戒嚴。　九月辛酉，詔遷兵部右侍郎總督宣、大、山

西軍務。　十一年九月，清兵入牆子嶺靑口山，殺總督吳阿衡，毀正關，至營城石匣，駐於牛蘭。　召宣、大、山西三總兵楊國柱、王樸、虎大威入衞。　三賜象昇尙方劍，督天下援兵。　以議論不齊，致有賈莊之敗。　乙編葉二六七崇禎十三年七月十七日兵部尙書陳新甲察其敗沒經過之狀云：

察盧象昇，以守制而奉旨督兵，慷慨身任。　先奴在李家橋一帶，力主合戰，以議論不齊而止〔事詳明史盧象昇傳〕。　後大賊南下，見城池相繼陷沒，自知罪無可逃，而捨命摧鋒，致有賈莊之敗。　臣督宣時，以隨征多半督標之官，知之最確。　察臣於十一年十二月二十九日題爲恭報微臣入塋日期等事內云：本月初十日，師次賈莊，楊國柱方在順德調□，□□威方在鉅鹿調回，劉欽先已分發哨劘，惟李重鎭緊隨督師。　是夜已沐浴請死，至十一日，報與奴營逼近，督師躍馬前驅，有稟以後行者，卽手刃其臂，自歎受朝廷厚恩，不死何待。　各將見督師在前，敢不奮力死戰？　當陣亦有斬□，且生擒活夷一名，殺戮亦頗相當。　本夜仍回賈莊，有稟以移營者，督師云，此正死所，再移何處？　次十二日，奴四面急攻，內外撲斫一處，各鎭將矢盡而奔，而督臣身受數刀數矢死矣。　此臣□疏所謂督臣一腔忠憤，亦知衆寡不敵，惟期一死，以報朝廷，果非虛也。

盧象昇當總理豫楚等省軍務時，因其於剿事有效，故豫楚之賊，屢次乞降，所未結局者，僅一安插耳。　適値清人入犯，廷議不得已，而徵象昇入援，旣解嚴，則當反而之南，乃又移之於宣大，旋更移之以禦清人，卒因議論不齊，致沒於陣。　象昇旣歿，於是朝議又調陝西三邊總督洪承疇入衞，代象昇總督諸鎭援軍。　此時陝西之剿局，止須費一番搜捕，則寇事可竟。　然以承疇東行，善後竟成夢幻。　乙編葉八六二崇禎十一年六月初八日兵科抄出陝西三邊總督臣洪承疇題本：

闖將等賊，屢勦潰敗。　……僅領三百殘敗之衆，抱頭鼠竄，誠數年未有之機會。

此時之李自成，其勢已不能復張，總因清人馳突內地，連亡二總督，以此朝廷議調陝兵入援，並令巡撫孫傳庭，亦與承疇俱來。　關於此事，明史孫傳庭傳有云：

十月，京師戒嚴，召傳庭及承疇入衞，擢兵部右侍郎兼右僉都御史，代總督

盧象昇督諸鎭援軍，賜劍。　當是時，傳庭提兵抵近郊，與楊嗣昌不協，又與中官起潛忤，降旨切責，不得朝京師。　承疇至，郊勞，且命陛見，傳庭不能無觖望。　無何，嗣昌用承疇以爲薊督，欲盡留秦兵之入援者守薊遼。傳庭曰：秦軍不可留也，留則賊勢張，無益於邊，是代賊撤兵也。　秦軍妻子俱在秦，兵日殺賊以爲利。　久留於邊，非譁則逃，不復爲吾用，必爲賊用，是驅民使從賊也。　安危之機，不可不察也。　嗣昌不聽，傳庭爭之不能得，不勝戀戀，耳遂聾。

明人嘗言「不有邊兵之調，則流賊無自生。」　其後自成再起，卽因秦兵之勁銳，皆隨承疇東行之故。

既而自成衆至數十萬，杞縣諸生李巖爲之謀主，賊一時改變策略，每以剽掠所獲，散濟飢民，故所至歸附，其勢益盛。　十四年正月，陷河南府，殺福王。　是時羣盜輻輳，自成自稱闖王。　二月，張獻忠陷襄陽，殺襄王，發銀十五萬，以賑飢民。　三月朔，督師楊嗣昌，以連失二郡，喪兩親藩，度不能免，遂自盡。　自是中原流賊，不可復制。　以上見明史流賊傳。

同年三月己卯，清更發兵圍錦州，關外告急。　於是明廷，顧東不能顧西，禦清不能禦寇，因又大發兵出關援錦。　朝鮮仁祖實錄十九年〔崇禎十四年〕七月丙戌：

> 天將祖大壽，與其弟入守錦州城，淸人圍之。　……中朝發十萬兵，以七總兵領之，來救錦州。

明史莊烈帝本紀十四年三月丙申：

> 洪承疇會八鎭兵於寧遠。

除此史料之外，再檢檔案內，更有明稿一殘件，殘件雖失去年月，但據御批調兵之口氣觀之，似乎亦爲松錦之役而用，不妨並引於後，以見當時徵調之急。

> 奉御批：這預備調援事宜，保、津、東等處，及宣、大、山西、薊督三協各兵，俱俟臨期飛調。　宣督陽懷兩標，整秣備調，已奉有旨。　陝督及延、寧、甘、固、臨、洮該督撫鎭，俱着預選精銳，多備芻糧，刻刻整理，聞調卽行。　如各處有入援消息，再議奏來。

所謂臨期飛調者，卽急發也。　乃此發出之兵，甫越關門，而大同乞勅鎮守回兵捍禦地方之本，又似告急而至。　乙編葉三零二崇禎十四年四月兵部行「兵科抄出代王傳齋〔明史作臍〕奏」稿云：

> 自鎮守王樸，盡挑精銳兵丁東行……適有陽和夷丁潰逃之變，忽又聞澤遼等流寇，大夥成羣，擾攘北向，逼晉逼雲。　……臣之祖母與母，聞茲兵戈之擾，復又聞河南等處，俱有事變，憂思不寧，晝夜號泣，臣卽多方奉慰，終不信從，咸云須得大將遄兵，然後方得無虞。　臣思奴孽鴟伏，兵將雲屯，關寧減此一枝，無損於大，雲疆復得故吾，不啻長城。　……伏望立勅鎮守王樸，親提勁旅，回守雲疆，庶一鎮之民生舉安，而地方庶有藉賴矣。

又三月三十日聖旨云：

> 覽王奏，朕知道了。　遼警告急，該鎮正在協勦，不宜輕議旋師，致開規卸。　且初到卽撤，得毋往返騷擾，仍稍俟凱奏，使令回鎮雲疆。　該部知道。

此時明帝所急者，惟在於擊退清人，而於中原流寇，反視之若緩。　然此援遼之兵，在明廷固已竭九邊之精銳，而清人視之，反謂爲不過烏合之衆。　據崇德六年七月丁酉烏金超哈固山額眞石廷柱條奏困錦事宜疏曰：

> 祖大壽京都倚爲保障，遭此圍困至急，故南朝日發援兵。　臣思援兵，不過烏合之衆，〔後來吳三桂寧遠挫賊，亦是此兵，見乙編葉四六〇。　另外參（註一）〕，來一番，挫一番，彼必又添一番，日久自疲，恐非長策。　近值八九月間，天氣爽涼，南朝必與我併力一戰。　萬一上天垂念，錦州一破，各處援遼之局破矣。　局一破，一、二年難以再舉，我皇上無西顧之憂矣。

此所云南朝之援兵，據清太宗實錄稿錄如左：

> 崇德六年八月丁巳，上以明洪承疇等來援錦州，親統大軍往征之。　壬戌，至松山，陳師於松山杏山之間，橫截大路立營。　……上見松山城北乳峯山岡，敵兵立一營乳峯山松山城之間，又步兵掘壕立七營，其馬兵駐於松山東西北三面，約敵騎兵四萬，步兵九萬，共號十三萬。　領兵總督洪承疇，巡撫丘民仰，兵道張斗、姚恭、王之楨，兵部郎中張若麒，大同總兵王樸，宣

府總兵李輔明，密雲總兵唐通，薊州總兵白廣恩，玉田總兵曹變蛟，山海總
兵馬科，前屯總兵于廷臣，寧遠總兵吳三桂，副參遊守二百餘員。　明國諸
將，見上親率大兵，環松山而營，大懼。　一時文武各官，欲戰則力已不
支，欲守松山，則糧已匱竭，遂合謀議遁。

此十三萬大兵，僅言明朝之援兵，而錦州各城之守兵，尚未在內。　此數雖不甚重
要，然爲參考之用，自乙編葉一一七崇禎七年四月十二日兵科抄出戶科外抄督理關
外糧儲曹夢吉奏本中節錄如下：

　　前鋒征遼鎮總兵官祖大壽轄下，同寧前監軍陳新甲所屬，新奉題覆經制，設
　　立八十三營堡局站鋪，原額官兵六萬九千八百六十八員名，原額馬騾駝牛三
　　萬八千九百四十八匹頭隻。

是此關外七萬額兵，當然吳三桂馬科等兵亦在內，然吾人所欲明瞭者，則是此次除
十三萬援兵之外，固尚有一部份守兵未算。

　　自萬歷四十七年遼瀋用兵以來，第一次建州得志，即爲薩爾滸之勝，其時明
　　兵號稱四十七萬，實則不滿十萬，後來雖又有幾次大戰，然考其所調援兵，
　　實均無此次援錦之衆。　當時清人石廷柱對此，極知明朝兵力已疲，故有
　　「援遼之局一破，一、二年難以再舉」之說。（註二）

　　此際明帝，對於戰守，既無一定主意，而同時兵部尚書陳新甲，又欲以此次援
遼之衆，作孤注一擲之計。　明史陳新甲傳：

　　錦州被圍久，聲援斷絕。　有卒逸出，傳祖大壽語，請以車營逼，毋輕戰。
　　總督洪承疇，集兵數萬援之，亦未敢決戰。　帝召新甲問策，新甲遣職方郎
　　張若麒，面商於承疇。　若麒未返，新甲請分四道夾攻。　承疇以兵分力
　　弱，覺主持重以待，帝以爲然。　而新甲堅執前議，若麒索狂謀，見諸軍稍
　　有斬獲，謂圍可立解，密奏上聞。　新甲徑貽書趣洪承疇，承疇激新甲言，
　　又奉密勅，遂不敢主前議。　若麒益趣諸將進兵，諸將以八月次松山，爲清
　　兵所破，大潰，士卒死亡數萬人。　若麒自海道遁。

此次明兵之損失，據清實錄稿之記錄曰：上以出師大捷，撰爲勅諭，遣筆帖式察不
害渾達等，賫報於盛京。　其勅諭末一段有曰：

計陸地各處斬殺敵兵五萬三千七百八十三名，獲馬七千四百四十四匹，駱駝六十六隻，盔甲九千三百四十六副。　其赴海而死，及馬匹盔甲，以數萬計，自杏山南，至塔山，沿海漂蕩，屍如雁鶩。　上神謀奇略，破明兵一十三萬，至昏夜，我兵止誤傷八人，斷卒二人，餘無傷者。　是時被圍於松山者，惟總督洪承疇，巡撫丘民仰，兵道張斗、姚恭、王之楨，通判袁國棟，朱廷榭，同知張爲民、嚴繼賢，總兵王廷臣、曹變蛟，與祖大樂等，兵不過萬餘，城內糧絕，我兵復掘外壕困之。　總兵吳三桂、王樸、白廣恩、馬科、李輔明、唐通，郎中張若麒等，各路潰竄。　其餘將士，間有一、二潛遁，未有成隊而出者。

此勑原件，今已發現於殘餘檔案中，載丙編第七十六葉。　原件日期，爲崇德六年九月初三日，年月上用「制誥之寶」一顆。　原件「上神謀奇略」，作「似此勝算」，朱廷榭作朱廷槍，係宗室，張爲民作張威民，其他異同，不能悉舉。　原件因缺字太多，故不採。

援兵之敗，爲八月二十一日，此時明帝，乃又令督師竭力死守。　乙編葉三二七同年九月初二日御批兵部題覆各鎮奉令圍圉一本云：

松山蕞爾，殊憂乏糧，督師宜竭力死守，虜撫宜乘機出圍，倂城中留兵若干，糧草若干，旣已差人往察，俟有確耗，另行具奏。　其救援事宜，一面調劉應國水師八千，揚帆松杏海口，或乘夜暗渡松山，以壯聲援，一面責成吳三桂與白廣恩李輔明，收拾餘兵，聯絡杏塔，以圖再進。

據蕞爾松山，守彈丸小地，內無糧草，外無援兵，欲令竭力死守，決無可以久持之理。　翌年二月辛酉，松山卒爲淸兵攻入。　其破陷經過，茲據王氏東華錄揭其全文如左：

蕭郡王豪格等奏：松山副將夏承德，密遣人來言，爾兵可於我守禦處，乘夜豎梯登城，我在內接應，以其子夏舒爲質。　十八夜，於城南豎梯，阿山旗下班布里何洛會旗下羅洛科先登，衆繼之，我兵於城上巡邏。　次早　夏承德部卒，別聚一處，搜敵兵殺之，生擒總督洪承疇，巡撫丘民仰，總兵王廷臣、曹變蛟、祖大樂，遊擊祖大名、祖大成，總兵白廣恩之子白良弼等，殲

其兵道一，副將十，遊擊、都司、守備、紅旗、千總、把總等官百餘，兵三千六十三名。　夏承德部下男婦幼稚共一千八百六十三名。　又俘獲婦女幼稚共一千二百四十九口，甲冑弓矢撒袋共一萬五千有奇，大小紅衣砲鳥槍共三千二百七十三，並籍金珠銀兩段匹衣服皮張等細數以聞。

松山失後，錦州亦相繼告陷，據丙編第八十葉松錦記事殘件云：

三月己卯，額爾克圖等，以錦州歸降捷音至。　先是，崇德六年三月，大兵掘壕圍困錦州，至次年三月初八日，城內糧盡，人相食，戰守計窮，祖大壽率衆官出城，至和碩鄭親王、濟爾哈朗多羅睿郡王多爾袞軍前，叩首來降。

又云：

上遣內院學士額色黑筆帖式石圖祁徹白等往諭云：總兵祖大壽部下之人，盡留養之，其他悉誅之。　凡係蒙古，俱察出處斬，不可遺漏一人。

此云留養者，謂降人，被殺者，皆係不降之人。　又因蒙古兵，爲明協守錦州，故悉察出處斬，不令遺漏一人。　自是明之蒙古兵，無復存者。　見王氏東華錄致朝鮮國王諭。

洪承疇之率十三萬援兵，出關禦敵，原爲復仇之計，乃因輕輕一戰，不僅復仇未成，反使如許大兵，一旦瓦解，同歸於盡。　當時廷臣，因憤催戰失策，故頗爲不平。　乙編葉三九七崇禎十五年四月二十二日兵科抄出南京山西道御史米壽圖題請立斬致陷封疆巨賊一本云：

關外監軍光祿寺少卿張若麒，原屬刑曹，本不知兵。……督臣洪承疇，孤軍遠出，以當積強橫跳之虜，關外之存亡，神京之安危，決於一戰。　此何等事，忠臣義士，心胆墮裂，自當虛心與督臣商酌，動出萬全，相機破賊，以寧八城，以全十萬之兵，以抒聖明之慮。　何乃賊臣若麒，攘臂奮袂，挾兵曹之勢，收督臣之權，縱心指揮，致使□□，但知有張兵部，不知有□□督，而督臣始無可爲矣。　夫朝廷以十萬付督臣者，以其能統三軍之事也。……催戰之必敗，三尺童子可知，若麒卽庸頑，寧至於此？　臣發其心，不過欲徼倖一擲，勝則攬功於己，敗則移罪於人，今必曰此督臣之罪

矣，而身立是非之外，以享清卿之榮。　嗟乎，關外八城，層險重限，拱衞神京，祖宗三百年來之封疆，數十萬軍民之生命，竭天下物力，所養練僅有之精銳，而賊臣若麒，欲博功名，遂立喪之而不恤。　……若麒既坐陷封疆，得罪宗社，自當立斬，立謝天下。

催戰償事，（註三）如更進一步論之，當罪之明帝及兵部，因催戰一事，乃出自彼等之主動，此疏所言，不敢明指，故僅舉其次耳。

　　因松山之敗，於是明帝始有欲和之意，時兵部尙書陳新甲，即因明帝之意，曾兩次遣使出關議和，事已有緒，卒因明帝以不勝文臣浮議而止，同時陳新甲更因此被殺〔參明史陳新甲傳及餖聞續筆卷四周維墻條〕。　淸主以明帝旣不肯加以封號，因又興兵入犯。　王氏東華錄崇德七年十月辛亥：

　　命多羅饒餘貝勒阿巴泰爲奉命大將軍，與內大臣圖爾格，率師征明。　諭之曰……屢欲與明修好，而彼國君臣，執迷不悟，是以命爾等往征。

旣而淸人入界嶺，屯聚三河半月，據乙編葉五二二記載，謂都人士倘信爲夷丁。至十一月十五日，奴攻薊州，又隨攻隨破。（註四）　當日兵科給事中方士亮有一題本云：

　　虜之以偏師綴關外，而以銳師攻三協也，臣等慮之已熟，言之已詳，即聖明申飭，亦不啻再三矣，而一攻即入，雖虜秉兵寡，而在事文武，何以自解？……今調援則無兵，京城已不能爲邊臣計，而但聽邊臣自爲戰守，則京城亦不能恃邊臣，而亟當日爲守禦計，胡馬迅速，不可測也。〔乙編葉四三五〕

此云調援無兵等語，可見松山之潰敗，實爲明朝之致命傷。〔中原流賊不可制〕，不特此也，即偵探亦無人，玉堂薈記卷下：

　　塞外有鳥，缺後趾，其名曰沙雞，自壬申年入京，有捕得鬻於市者，每來，則邊警應之，蓋古突厥雀也。　丙子，宣邊有警，擧朝無一人知者，上從宮中傳諭，本兵始知其事。　邇來部中偵探無人，斷絕消息，有愧此雀多矣。

又淸人此次入搶，更善於乘機，乙編葉四三三崇禎十五年十一月十五日刑科給事中

光時亨題本云：

　　虜不乘秋高，其來遲而至甚突者，如我三協之虛，中原之潰也。
按中原之潰，據明史孫傳庭傳，即郟縣之敗績。　是役也，天大雨，糧不至，士卒
採青柿以食，凍且餒，故大敗，豫人所謂柿園之役也。

　　此回之變，雖云調撥無兵，然據參考所得，亦集有數萬，此援兵實力，可以下
引記事為例。　乙編集五五七崇禎十六年五月二十一日兵科抄出原任山海總兵馬科
奏本云：

　　臣有一種苦情，不得不控陳於皇上之前也。　蓋臣原無額設兵馬，止有素蓄
官丁五百餘員名，自備馬騾二百餘匹頭，因馬不足，兌騎懷標馬五十三匹，
督標馬十匹，宣標馬五十匹。　自去歲十一月勦虜，督師臣范志完，撥給山
海撫標副將喻光前，山海鎮標遊擊沈朝華，□□權，副將郝効忠，宣府撫標
遊擊丁承忠，宣府鎮標遊擊張繼官等營，併臣內司，共二千有奇。　勦虜七
踰月，身經二十六戰，斬級二百五十四顆，內有臣親斬頭目二顆。　兩軍日
日相當，官兵不無傷亡病故，馬□□無□失倒斃，至衝鋒陷陣，臣內丁馬
匹，傷亡獨多。　虜出，各營俱已回鎮，今見在止臣內司官丁三百七十九員
□，□□□備馬騾止一百零一匹頭矣。

按丙編葉一一七洪承疇曰：「明末濫觴無紀，有一將領，只管兵二、三百名，甚至
領百餘名，官則一營不下數十員，轉相混冒，不成營制。」（註五）　據此可見馬科
之兵，不但不成營制，即就其零星湊集言之，亦實為烏合之衆。　以此禦敵，非避
即潰。乙編葉四八四崇禎十六年正月十三日兵部行稿云：

　　逆賊蹂躪二東，兩月餘矣。　援兵數萬，曾未一角於郊原，即謂我弱奴驕，
　　未便堂堂一戰，然亦未有出奇埋伏，擊其惰馳，而奪其輜重者也。

最可異者，不但此援軍，不能勦清人，且須別請他兵，以勦此援軍。　乙編葉五四
五崇禎十六年五月初八日兵部行「兵科抄出真定巡按衡禎固題」稿云：

　　畿南經逆奴蹂躪，四府中孑遺無幾矣，惟廣平一府，諸邑幸告瓦全，似差強
　　別府。　而逆帥白廣恩，據其地兩月不動，淫人婦女，掠人財物，焚人房
　　屋，百姓死於寨，死於洞者，不知幾千萬人，計兩月來，荼毒廣屬無虛地，

並無虛刻。　臣欲據實入告，慮激變地方，又是劉超一不了事。　……伏乞
皇上立賜施行，或從彼勦寇之請，令屬督標，入豫勦寇，或勑行督撫，發兵
勦除，庶臣等得便宜從事。　時迫情急，刻不能待，并祈皇上勿行部察議，
臣慮察議之一刻，即百姓膏血厚野之一刻也。

是此一枝援軍，實又等於爲敵添兵。　再如當日與白廣恩同事之督師范志完，其畏
懦無能，亦與白同。　乙編葉四六九崇禎十六年二月十三日兵部行「御前發下衡王
奏」稿云：

臣於本年正月二十一日，差官齎疏，臣恐道路難行，隨借督師臣范志完塘報
人役，合伴同行。　……今有差人逃回，稱說至德平縣被百餘人將章奏奪
去，一切差官人役，勿論是非，俱被擄挐，口稱係奉武德道明文，孥住范督
師人者重賞，要解武德道。　切思該道與督師修隙要藏，猶曰修怨，臣與彼
風馬不相及，敢羈絆差官，擅拆密奏，刦去行李，意欲何爲？

道臣至敢與督師修怨，則是督師之威權可知。　按明史范志完傳：

十五年十一月己丑，遼東督師范志完入援，志完無謀略，惟怯甚，不敢一
戰，所在州縣瀘沒，惟尾而呵噪，兵所到剽掠，至德州，僉事雷縯祚劾之，
自是論列者益衆。　帝猶責志完後效，志完終不敢戰。　明年四月，清兵北
旋，志完卒觀望不進。　六月己卯，逮志完下獄。

又薊關總督趙光抃，亦因此次入援失事，與志完同日斬西市。　如明史本傳云：

十五年十一月，拜兵部右侍郎兼右僉都御史總督薊州、永平、山海、通州、
天津諸鎮，兼督諸路援軍，觀望河間，迤南皆失守，光抃不敢救，尾而南，
已聞塞上警，又驅而北。　廷臣交章劾光抃，謂列城被攻不救，退回高陽，
坐視淪覆，明年復論不已。　四月，清兵北旋，光抃、唐通、白廣恩等八鎮
兵，邀於螺山，皆敗走。　帝聞大怒，旣解嚴，與志完並獲譴，以十二月，
與志完同日斬西市。

關於范趙二人之棄市，張怡謏聞續筆卷四亦記之。　張爲當時人，甲申六月十日，
始離北京南下，後自稱逸民，故其言尤爲有據。　亦錄如下：

壬午之役，范志完以豫撫受命督師。　志完毫無知勇，直以荆溪高弟，且金

多，多奧援，故自邊道不二歲爲督臣。　旣受事，怕怯畏避，上屢趣以勦擊，志完不應，惟殺掠避難男婦爲功。　時霍公繕祚，備兵武德，城守頗固，士民亦用命，志完至，殺掠如故。　繕祚憤甚，乃上疏擊志完，云區區危城，臣百計守之，志完至，而驛騷之，煢煢士女，臣百計出輯之，志完至，而殺掠之，乞檄志完，視賊所向迎擊，毋以武德一帶付臣，如有失事，臣甘受死云云。　時延儒方用事，詔爲和解之。　復起趙光抃於田間，命爲督，當敵前。　光抃涕泣誓廟：慷慨自任，時望頗屬之。　然名曰督臣，實新設，無一兵。　全勝之局，志完敗之，而責光抃以空拳收其敵，勢自不能，復與志完俱死法，人多憫焉。

十六年四月，清人略山東，還至近畿，崇禎帝憂甚。　時首輔周延儒，不得巳，自請視師。　於是帝特降勅嘉獎，勅諭起首，即曰逆虜匪茹：

四月，勅諭少傅兼太子太傅吏部尙書建極殿大學士周延儒。　傾者逆虜匪茹，闖入內地，東西奔竄，旦夕狡鬭，各督撫鎭道等官，統兵截扼，雖捷音屢報，而大創尙稽，此時不合力勦除，異日且益滋狂逞。　卿忠猷奮發，義氣沉雄，自請視師，不避危險，朕甚嘉之。　特命卿以原官督餉關、寧、薊、密、昌、宣、通、津、保、涿等處軍務，一切督撫鎭將主客兵馬，並京營兵將等官，關係援勦事宜，悉聽節制，便宜調度。　如有逗遛抗違，失誤事機，立行參劾，重者徑以軍法從事，有功的立行陞賞。　仍着兵部給事中方士亮，兵部職方司尹民興隨行，監紀功罪，不時馳報，其各督撫鎭官塘報嗒報，俱着飛遞科司二官，以憑酌遣察奏，不得緩誤取罪。　惟卿股肱元輔，績懋勞深，朕方倚賴，不忍暫離，勉從教請，代朕親行，指日功成，星馳入閣，以慰朕側席竚望至意。　因卿登時就道，即將文淵閣印，攜帶應用，行有懋賞，用酬厥勳，卿往欽哉。〔蘀閒續筆卷四〕

又明史莊烈帝本紀云：

十六年四月丁卯，周延儒自請督師，許之。　辛卯，清兵北歸，戰於螺山，總兵張登科和應薦敗沒，八鎭兵皆潰。

按明史奸臣傳〔蘀閒續筆卷四略同〕：

延儒駐通州，不敢戰，惟與幕下客飲酒娛樂，而日騰章奏捷，帝輒賜璽書襃勵。　偵清兵去，乃言敵退，請下兵部議將吏功罪。　既歸朝，繳勅諭，帝卽令藏貯，以識勳勞。　論功加太師，廕子中書舍人，賜銀幣蟒服，延儒辭太師，許之。　居數日，掌錦衣衞駱養性及中官，盡發所刺軍中事，帝乃大怒，諭府部諸臣，責延儒蒙蔽推委，事多不忍言，令從公議。　陳演等公揭救之，延儒席藁待罪，自請戍邊，帝猶降溫旨，言卿報國盡忱，終始勿替，許馳驛歸，賜路費百金，以彰保全優禮之意。　同年十二月，以贓發，勒延儒自盡，籍其家。

合以上記述觀之，可見清人之所以坐成強大者，止因當時明朝無人。　故寧完我曾有「是我們造化」之言，見天聰六年實錄稿。　且清人亦畏死，故極怕對陣，甲編葉九五五崇禎十六年二月初八日兵部行「御前發下御史吳覆中題」稿云：

用兵之道，以知敵爲先。　……虜令不攻重壕，並毀順城礮臺，則守城者當知設備矣。　虜情畏兵懼戰，被傷棄礮，則戰勵者可以勇往矣。

又云：

審得難民劉海口供……達子復上海州，於正月初二日破城，隨有兵馬來與達子打戰，先用礮打，後用箭射，又用刀砍，一番退了，一番又上，殺得達子避進城內。　又將達子帳房燒了，駱駝傷了，掘坑圍困。　大呼難民俱來壕裏。　……其兵帶半青半紅帽，口說你們百姓被虜來，家裏父母想望，各賞錢五十文，快回去。　海問賞錢之兵是那裏的？　俱說是小袁銀。

此小袁銀之兵，如自天而下，眞出清人不意。　於是清人亦遇強而避，可見清人亦畏死之甚，因之有送銀遣使之事。　如同葉又云：

虜被攻打不過，差五十個達子，送□□銀子與兵，衆兵收了銀子，將五十個達子，盡皆砍死，不割首級。

收其銀，斬其人，眞英雄擧動，當時官軍中，無此豪傑也。　卽有之，亦被劾以去：

陳文偉，武昌人，膂力過人，嘗五更之田間，猛虎撲地而來，乃兩手縛虎肩，而足踡虎勢，虎死。　後應會試，場屋火，以右手扺牆頭，左手持同事

人履肩而出者，幾千人，火勢迫，乃揖後至者曰，吾力至此矣，遂名動天
下。　後為山東安邱令，流賊百餘人掠庫，文偉紿羣吏，第謹薄書，諸寶藏
吾無慮也。　羣賊大掠庫金，去良久，問左右曰：賊去幾何？　曰三十里
矣。　紿左右以一騎一彈來，馳赴之，問諸賊孰為首者，彈左耳中之，又彈
右耳中之，賊大駭，伏地請死。　文偉曰：好為我送庫金還。　羣賊惟命，
文偉以一騎尾其後，抵縣，羣賊請死，文偉曰：我何有諸賊奴，各杖三十遣
之。　文偉自負拓弛，意不以見功也，御史以縱賊論劾，免官罷歸。　〔劉
獻廷廣陽雜記〕

以不殺降之人為縱賊，則是殺降者，好人又不肯為之，於是好人始不敢出頭，而清
人之得志，即在於此。　然一遇利害之小袁銀，則又畏之如虎，於是「申戒士卒，
勿與流寇交惡。」　按小袁銀，又作小袁營，衆號四十萬，其兵所至，秋毫無犯，
民稱為佛兵。〔乙編四七九〕

又按，小袁銀鄉民既稱佛兵，則是官兵之害民可比較知之矣。　國榷崇禎元年五月
己丑熊明遇疏：

　　至殺路人，發塚中新死人顱，以盈功數。　甚至有修功匠，能改婦人屍作男
　　形者，而匠以修功名，可笑亦可恨也。

又王氏東華錄天聰八年八月丁丑亦有一條，言及此類欺罔之事云：

　　爾國臣僚，一味欺罔，每當我兵入境，自戮剃髮漢人，虛報斬級千百。　我
　　國若果傷折百千，兵勢豈能常振耶？

此所云自戮剃髮之漢人，即係自彼中逃回之難民。　諺曰「以自己拳，搥自己眼」。
諸如此類，不一而足。　當日明帝乃指望此輩雪恥除兇，如何可能？　乙編葉四九
九崇禎十六年正月二十八日諭兵部云：

　　屢據奏報，奴衆已入絕地，此正天亡逆虜之時。　督師薊督及該撫鎮等官，
　　亟宜殫力同心，定謀奮勇，盡殲醜類，招散難民，雪恥除兇，端在此舉。
　　通候上賞，立界有功，一切機宜，咨不中御，如或稍生逗玩，致失機時，大
　　法具在，朕豈能私？

此時明帝之聖旨，仍已無若何效果可言。　乙編葉五四六崇禎十六年五月初十日兵

部行「兵科抄出京營總督吳題」稿云：

> 據神樞一營左副將李守鏷報稱，……探得奴之前哨達子，巳於四月二十六
> 日，闖開牆子路口，見今輜重俱在口裏葫蘆峪地方，陸續往口外行走。　其
> 斷後餘賊，往來倒撥，頂截官軍。

又聖旨云：

> 奏內虜輜陸續出口，此時料巳盡完，城守各兵，應□漸撤，以省靡費。卽着
> 議奏。

是知此回清人出口，當又似往日有「百官免送」之言。　禦敵之結果如此，亦可慨
巳。　時中原流賊，更日逐日熾，楚豫盡陷，請援無兵，明帝竟至措手無策，惟對
廷臣隕涕。　明史吳甡傳：

> 十六年三月，帝以襄陽、荊州、承天連陷，召廷臣隕涕，謂甡〔禮部尙書兼
> 東閣大學士〕曰：卿向歷巖疆，可往督湖廣師。　甡具疏請得精兵三萬，帝
> 諭以所需兵猝難聚。　……大學士陳演言，督師出，則督撫皆其兵，甡言臣
> 請兵，正爲督撫無兵耳。　帝乃令兵部速議發兵。　尙書張國維，請以總兵
> 唐通馬科及京營兵共一萬畀甡。　又言此兵方北征，俟敵退，始可調，帝命
> 姑俟之。　甡屢請，帝曰，徐之，敵退兵自集，卿獨往何益？……蔣德璟謂
> 倪元璐曰：上欲吳公速行，緩言相慰者，試之耳。　……甡卒遲回不敢行。
> 部所撥唐通兵，演又請留之，關門不可無備。　甡不得巳，以五月辭朝，越
> 宿，忽下詔，責其逗遛，命輟行，至七月，敕法司議罪，十一月，遣戍金
> 齒。

據上引記事，可見此時明帝，巳無可如何。　尤可歎者，卽唐通馬科等之零星殘
兵，旣須倚之北征，復須調之南援。　由此更可知明朝此時，巳無將無兵，故倚重
此輩至此。　所以當時之清主，對於破壞明朝之成功，顯自鳴得意，度明有必亡之
兆。　王氏東華錄崇德八年三月丙申諭朝鮮國王李倧：

> 以朕度之，明有必亡之兆。　何以言之，彼流寇內訌，土賊蜂起，或百萬，
> 或三四十萬，攻城掠地，莫可止遏。　明所恃者，惟祖大壽之兵，並錦州松
> 山之兵，及洪承疇所領各省援兵耳。　今皆敗亡巳盡，卽有新兵，亦僅可充

數，安能拒戰？　明之將卒，豈但不能抵禦我師，反自行剽掠，自殘人民，行賄朝臣，詐爲己功。　朝臣專尙奸諛，蔽主耳目，私納賄賂，罰及無罪，賞及無功。　以此觀之，明之必亡昭然矣。

同書同年七月丁巳，又一諭曰：

明百姓三年饑饉，禾稼不登，人皆相食，餓死者什之九。　兼以流賊侵陵，土寇刧掠，皆離鄉井，棄田土而去，榛蕪徧野，其城堡鄉村有居民者，又爲我兵所破。　……我兵所向，力莫能支明之國勢，已如此矣。

此時淸人因知流賊之勢已大，故度明必亡。　迨崇禎十七年正月，李自成兵逼山西，崇禎帝臨朝痛哭，因從大學士李建泰之請，命爲督師。　建泰以宰輔督師，兵食並絀，所攜止五百人，甫出都，山西已盡陷，建泰逗遛不敢進，嗣更投降於李自成。

繼而自成分三路入犯，以三月十八日晡抵都下。　是夜，帝遂自經於煤山，太監王承恩從之。　據馮夢龍弘光實錄，帝臨死之時，遺一血詔，血詔第一句，卽以虜爲言，可見明帝恨淸人之入骨。　如云：

虜陷地三次，逆賊直逼京師。〔明史於此已刪去〕

此種字面，最爲明白，蓋卽曰「虜而寇，寇而復虜」之意，亦卽「虜因寇勢而蹈瑕，寇因虜變而張燄」之確證。　至明帝平日「虜寇交訌，昕夕靡寧，」以及「逆奴匪茹」等類之上諭，據檔案及各書，記載甚多，不能盡舉也。

總觀以上之事實，可見自成之陷都，實因明朝之財盡人空，而明朝之至此，實又由於淸人之爲流賊造時勢。　且淸人固嘗親語流賊曰：「爾等激而成變，我來亦正在此。」　卽此，更足證明建州與流寇相因相用之歷史矣。

又按三月十九日，卽無自成之陷都，而其時明朝之甲申「虜變」，亦必有之，因多爾袞致書自成之日，卽已統領傾國之衆，牧馬關下，似又有「虜因寇勢而蹈瑕」之勢。　據謏聞續筆卷二，謂將俟秋高深入，然據多爾袞致吳三桂書，則有「破釜沉舟誓必滅賊」等語。　所謂滅賊者，蓋卽於滅賊之後，而乘機滅明也。或者不能滅賊，卽進而勾賊，亦勢所必至。　如後來李自成丞相牛金星父子之得官與保全，便是一例。　丙編葉六一八，順治四年八月十九日吏科給事中杭齊蘇以爲

牛金星乃天下元兇，當時有一題本，至以孽黨不容漏誅，名器不宜久玷爲言。　據此，可見清人之破壞明朝固亦「昕夕靡寧」也。　及崇禎帝自殺，於是流寇又爲清人造時勢，因之清更乘機而覆明室。　建州與流寇之相因，結果如此。　後來自成等徒蒙做賊之名，而清人反掠「救民塗炭」之稱，豈得謂平？　所以當時孫可望即慨然曰：「我輩汗馬二十年，破壞天下，張李究無寸土，而清享漁人之利，甚無謂也。　我當契天下，還之明朝，一雪此恥耳。」〔小腆紀年〕孫可望且爲之慨然，李定國亦由以反正，然而晚矣。　夫流賊者，蠢蠢無知之徒，責之何益，今略識之，以見其徒爲異賊作驅除也。

（註一）石廷柱所云「烏合之衆」，固係一部份之事實，非烏合者，亦可舉例記之。　乙編頁一〇八，崇禎六年七月初六日旅順口之戰，當時達子馬步二萬餘，二戰三挫，一日之內，即被明兵殺死者四千餘名。　此一戰役，完全由於清人之勾結孔有德耿仲明等而起。　此役石廷柱亦身與其事。　甲編頁七六五，其時石氏因遭受重創，至於密傳達子將孔耿二賊圍住要殺，可見清人受挫甚大。　此事清官書並無一字之記載，只在內閣大庫檔案順治十三年三月三日刑部殘題本中，稍可以見之，因殘本內曾記所謂擦喇哈親叔克爾木出征旅順口被礮打死之狀也。　由此足徵當初清人在旅順口所受之挫敗，固係眞情實事。　而如明兵之能戰其非盡皆烏合之比者，自亦不難由此證明也。　所不幸者，總因遼人叛將之無數，加之後來愈勾愈多，即如石廷柱本爲明朝人，叛明之後，乃有石三達子之稱。　甲編頁四七所記「天下視遼人如眞滿洲」，殆即指此石三達子等而言。　凡此眞滿洲，自甘心做賊之後，於是與明朝不兩立，而明朝之亡，蓋即亡於此輩之手也。　試舉松錦一役言之，亦緣此輩爲清人前導，故擅長驅無忌，一戰而下松錦，此又清人得力於勾結叛徒之明效也。　勾結遼人叛將，大概俱令石廷柱等爲之，見王氏東華錄天聰五年五月庚子。

（註二）「難以再舉」，而只以一、二年爲冦，然則一、二年之後，又當如何？　自然不外即指明人仍可再舉。　惟其如此，故清人於大明，最怕君明臣忠，如云「倘換一好人爲帝更爲不便」。〔甲編頁五九高鴻中泰本〕蓋清人深知明朝彖大，疆域萬里，只要有君有臣，復遼亦非難事，因而彼等始爲此「更爲不便」之言。　由此不便之記事，可見清國亦自知以小敵大，即「遼土一隅之間」故「驅域萬里」，終非好事。　於是顧望求款，亦始終一毫不懈，直至崇禎帝未自殺之前一日，多爾袞固猶有求和之言。　由此足以證明其時之大勢，則優勢在明，而劣勢在清。

（註三）當明廷未有催戰行爲以前，關於洪承疇以守爲戰之策略，因可以自由自主爲之，故能展其抱負，屢摧勁人。　其時洪氏有疏云：「今有此幾番戰勝，軍摩已振，僻圉有望，目下惟欽機緣一湊耳。」　再合諸書之記載觀之，如乙編頁三二，如丁編頁六七四，如朝鮮仁祖實錄十九年九月庚辰及十月庚戌，如羅氏史料叢刊日錄崇德六年六月乙酉，如王氏東華錄崇德七年九月辛丑，皆記有清人戰敗之事。　或言搶斬殺虜一千五百餘級，或言七禩有血戰斬級之功，或言清國大將三人降二人戰死，或言人馬中傷甚多，或言清人兵馬死傷甚多，或言九王諸者師於汗，汗使八王率騎赴之，或言八王有目，與其

勞苦至此，不若遁走，或言汗憤嘔血。　以上情節甚多。　當此之時，清國之命運，可謂極為危險。不幸君暗臣奸之明廷，不許洪氏之自由主張，惟圖以僥倖取勝，盲目催戰。　一面又更以毫不知兵之輩若麒為監軍，掣洪氏之肘，奪督師之權，於是洪氏始無可為，致有松山之敗。　此實清國之大幸，而為明朝及洪氏之大大不幸也。

（註四）清人每次深入，每次陷些城池，每次俱飽掠而歸，此些情節，亦自有故。　因為清人雖曰每次深入，然每次都不敢獨自直入，每次都有很多之遼人叛將為之前導。　遼人叛將之外，更有內地之奸細，亦為當時禍害。　例如每次敵騎臨城，每次總有些城池，不是奸細內應，就是由於大家互室，爭先逃避，「以為民望」。　所以敵騎一到，立見土崩。　最可異者，莫如明季之君臣，因為彼等從來不知愛惜人才，所以又往往視城池百姓如兒戲，不是委託不得其人，便是設備全無，因之敵騎一至，每每有些城池，直如土賊訛城一般，隨到隨破。　如薊州、濟南、兗州等城之失陷，皆此之類。　至於守城之情節，據明人嘗言「有民不患無兵，能守即不為弱」。　而此能守之辦法，亦最簡單了當，只須城上有大銃，以及決心為城守之計，「奴兵雖強」，便亦不敢近城矣。　例如己巳之役，敵騎三萬圍攻昌黎七日而不下，其時昌黎城內僅有若干之鄉兵，別無其他之援軍，徒因縣令左應選一人，決心為城守之計，於是此三萬鐵騎，便不能如之何。　又如壬午之役，濰縣之圍城，敵不數萬衆，三番圍城，前後半月有餘，卒亦不能如之何，且被煨死打死之數甚多。　因而彼等自中相謂曰：「我們要走，你們要攻，不吃這虧，還不肯走。」　而此吃虧之情事，尤以壬午之役為最多最普遍。　是以此役之結果，據乙編頁四四九：「虜茲入犯，得志則逞，不得志則飽掠而去。」　至是清人貌不能得志，而只飽　而歸，則清人果強與否？　亦可由此判斷矣〔以上俱詳拙著「清入關前之眞相」〕。　總之，清人之破壞明朝，前後凡三十餘年，彼之力亦未疲矣，〔清主於此，嘗比明朝為大樹，見王氏東華錄崇德七年九月壬申〕使無甲申之變，彼之於大明除為流賊造時勢兩外，果何所得哉？

（註五）「不成營制」之將領，僅指崇初之償師而言，然亦願有一部分好兵，固又與之絕反者。　例如周遇吉之善戰，最值稱贊。　壬午之役，嘗以五百人繫敵於楊柳青，自辰鏖戰及酉，其夜清人之大兵卒徙營北去。　此一戰，可謂眞正血戰，即清人入關之後，猶常常舉此以告人，見池北偶談卷七。　又丙子之役，周氏即嘗數血戰有功，見明史稿周遇吉傳。　其實善戰之人，周氏之外，其軍正多，今不必煩舉，但言清人畏兵之狀。　據護閩繪筆卷四，有「每驚聞官軍至，則菹上下擊如啄木」，及「面慘淡無人色」等語。　畏兵如此，可見明人亦非易與，當時之清人，最畏此等兵。　因為如此，是以往往又更有許多遇強則遇之記事，乙編一至六凡六本，每本皆有之。　「不成營制」之兵，為鑑如是。

記清太宗皇太極三字稱號之由來

李　光　濤

此皇太極三字，先錄稻葉君山清朝全史上冊卷貳葉壹引清實錄所記文飾之辭如下：

> 我國向不解書籍文義，太祖初未嘗有必成帝業之心，亦未嘗定建儲繼立之議，後國運漸盛，講習文義。　及太祖稱帝，閱漢文與蒙古文書籍，乃知漢之儲君曰皇太子，蒙古之繼位者，其音亦曰皇太極。　由是以觀，其命名之暗合，蓋天已預定也。

實錄之言，實在不實。　依清朝全史著者之詮釋，則以為：

> 蒙古著名俺答汗之長子曰黃台吉，稱台吉者不止此，黃台吉長子為扯力克台吉，其兄弟十四名，皆以台吉稱之。　台吉者，太師之轉音，蒙古人愛用此名，由於習慣，其影響遂及於女真，太宗之名，太祖蓋採通行之名黃台吉以名其兒也。　吾人所知者，太祖之父祖及兒孫，用蒙古名者甚多，例如肇祖孟特穆，即猛哥帖木兒之稱，充善之子，稱錫寶赤篇古，錫寶赤，蒙古語鷹匠之意，父曰塔失，或即蒙古名太失〔原注太師〕之轉音，他如太祖外孫稱濟爾哈郎者，〔光濤按，濟爾哈朗為奴兒哈赤弟舒爾哈齊之子，貝勒阿敏之弟，此稱太祖外孫，誤。〕　不遑枚舉。　約言之，皇太極與黃台吉同一台吉，為太師之轉，其曰黃，曰青，冠以種種之色者，又古來蒙古之習俗也。

此亦只姑妄言之，姑妄聽之之類而已。　真實之言，當以朝鮮仁祖實錄卷拾肆葉叁陸記事為可信：

> 唐將徐孤臣，言賊將劉愛塔，開原之人，而早年被虜者也，使猾子李姓者持

　　諺書出送曰：奴酋死後，第四子黑還勃烈承襲。

曰「第四子」，曰「黑還勃烈」。　由是觀之，卽黃台吉之稱，亦不足據。　不惟不足據，其台吉字面之詮釋，亦推論未確，關於此點，不妨另外加以闡明。　闡明之事，必先說明台吉之意義，然後再論「皇太極」稱號之由來。　台吉之說明如下：(一)台吉，據天啓實錄六年三月癸卯遼東經略高第會同總督王之臣疏言：「夷語台吉，卽中國宗室也。」　又近人張元濟校史隨筆下册葉六二引宗室崇昱闕特勤碑記有云：「蒙古呼王之子弟皆爲台吉，台讀若太，吉讀若級。」　(二)此黃台吉名乞慶哈，〔或作恰〕於順義王俺答諸子中，年最長，功最大，故獨膺此特銜，以別於其他之台吉。　此種特銜，似出於順義王俺答專爲寵榮其愛子之意。　而此黃台吉之地位，如以中國之例推之，似乎類於明朝之王世子，因俺答卒後，關於王位之繼承人，卽此黃台吉也。〔萬曆實錄十一年閏二月甲子〕當時之明人，對於此黃台吉之稱，其初似曾誤認爲人名，故於黃台吉襲封之後，猶仍沿舊日之誤，不稱曰順義王乞慶哈，而稱曰順義王黃台吉。　其後乞慶哈爲此，曾乞要改正，許之，見實錄十一年十一月庚寅。　所以此乞慶哈在未襲封之前，亦可稱曰乞慶哈黃台吉，猶之別路蒙古之夕言黃台吉、切盡黃台吉，皆特銜之稱，亦卽王世子之意，與太師之轉音絕無關。　此外又如所謂青台吉名色，按實錄內並無此事，但只嘗見五枝台吉名色，據十三年十一月丙寅記五枝台吉云：「兀愼一枝，擺腰一枝，撦〔或作扯〕力克一枝，青把都一枝，永邵十合羅氣兄弟一枝。」　此五枝台吉，又嘗有五路台吉之稱，俱順義王下之枝派，同時亦可謂爲卽係順義王下之宗室。　五枝內之撦力克一枝，卽清朝全史所引之扯力克台吉。　其青把都一枝，實錄或稱青把都台吉，有時又嘗簡稱青酋，由此青把都青酋之稱，則清朝全史所推述之青台吉名色，是否由於青把都台吉之誤解，此可不必置辨。　但言順義王下原無青台吉之稱，此自爲當初之事實，此在萬曆全部實錄內亦不難檢查。

　　台吉之交代，旣如上述，以下再述「皇太極」稱號之由來。　依予之意見，此皇太極三字之由來，自然由於黃台吉三字之僞託。　而此僞託之藍本，亦嘗見稱於羅氏史料叢刊，如云：「金汗黃太吉」。　〔諭帖葉拾柒天聰四年八月劉興治來書〕此種稱法，仍乎爲頭銜之用，而非爲人名之稱，然此乃出吾人之推測，不可妄

斷，其實亦可不必斷。　至於吾人所不可不言，而又不妨姑爲假定者，即此「黃太吉」之稱，無論爲頭銜，無論爲人名，要之其爲「太宗」後來奪得汗位後〔奪位記事見丙編葉叄零陸〕之自稱自尊，則似確然爲事實。　此等事實，與奴兒哈赤當初之命名，好像更無關涉。　蓋奴兒哈赤嘗自稱蒙古種，又曰專仰中國，〔朝鮮宣祖實錄卷貳零捌葉叄〕此類口氣，可見奴兒哈赤對於「黃台吉」名號之意義，當然知之有素，當然知其爲一種極貴極榮之稱。　奴兒哈赤當初〔即奴兒哈赤「忠於大明，心若金石」時期，見北京大學藏天聰四年正月刻本諭。〕　既未嘗有建儲之議，何至突然採取此極貴極榮之名號以名其兒？　即使有之，亦似不至以此名號名之「太宗」，而應名之其第九子多爾袞，因「太宗」之繼承汗位，本係奪立，〔王氏東華錄有皇考無立我爲君之命〕而多爾袞乃爲奴兒哈赤心中所欲立之人也。

此推之，則是黃台吉之命名，自然與「太祖」無關，自然爲其第四子後來之僞託。此種假定，原係吾人一時推想之所及，當時是否如此，是否尙有糾葛，均可不論。總而言之，朝鮮實錄內，旣曰「第四子」，又曰「黑還勃烈」，且又繼之曰「承襲」，記載可謂極爲明白。　由此極明白之記載，可見所謂「太宗」當初眞正之本名，不待查證，即可瞭然矣。　準此觀之，則是清朝全史內關於「太宗」命名之討論，自然全爲臆斷矣。　〔臆斷之事，不止一端，如以康熙年改修之太宗實錄，斷爲最初之記錄，亦屬失實。　不知順治六年間開館纂修之太宗實錄稿，今固發見於內閣大庫殘餘檔案中也。〕

　　又按黑還勃烈之稱，其中「勃烈」二字之讀音，是否爲當時女眞之方言，抑或與後來清實錄所記「貝勒」二字爲一事，如果爲一事，則所謂「黑還勃烈」云者，自然亦可以稱之曰「黑還貝勒」。　此類貝勒之稱，其例甚多，如代善貝勒，如阿敏貝勒，如多鐸貝勒，不能盡舉。　此些貝勒，當初與「太宗」，本爲弟兄行，而其各箇原來之地位，彼此固又實相等，故「太宗」之稱爲「黑還貝勒」，似乎亦有可能。　由此可能，則又不難明瞭「太宗」之本名，當然又只「黑還」二字之稱。此種論斷，原非出於吾人之無稽臆說，不過根據寥寥之史料，依義發揮而已。　第恐學識譾陋，發揮或未盡當，是則尙有待於讀者之指正也。

出自第十二本（一九四七年）

記崇禎四年南海島大捷

李 光 濤

南海島，嘗見稱於王氏東華錄〔以下簡稱王錄〕，明人稱爲皮島。 南海島之戰，明人以爲海外從來一大捷，又稱此捷爲十年以來一戰。 此次之戰，約計金人的死亡，有王子，有孤山〔固山〕，有牛鹿。 可見金人此次的損失，必不在小。王錄天聰五年七月甲戌記此役的結果，僅僅九個字，曰「冷格里喀克篤禮師旋」。所有金國戰敗的情形，簡直連影子都沒有。 由此可知清實錄自然也是不肯記載的了。 更可怪的，還有明史一書，乃亦一字不提。 再檢崇禎長編，也是照樣地沒有。 不想清人經手所修的書，或者所編的書，關於當初眞正有價值的記事，直恁地如此抹得干干淨淨。 且又抹得非常的澈底，從頭就抹起。 他們遮掩自己的短處本來是常情，我也並不以爲異，獨是明人血戰功高，也都使之完全埋沒了，不聞不問，眞是太對不起歷史了。

講南海島之戰，必須先從金國汗勾結劉興治弟兄〔羅氏史料叢刊諭帖葉三，作皮島都司劉五。 葉十六，又稱劉五爲島主。 又羅氏史料叢刊，以下簡稱羅刊。〕的事情講起，才能曉得此戰的原委始末，由此原委始末，又更可以曉得明兵之強，有時又往往遠在金人之上。 因此次一戰，完全爲金人的挫敗，故才稱之曰大捷，不可不注意的。

關於金國汗勾結的事，羅刊天聰四年三月初八日與劉三、劉四、劉五等諭有云：

> 爾等如以朕言爲是，來歸。 若是輕身，卽依爾南朝官爵，母子妻小團圓，任從爾便。 若能帶島中人來，所帶金、漢人，不拘多少，都封與爾等，擇地住種，長享其福。 ……爾若不來，則爾母弟姪妻子，全殺不留。

此段內，關於爵祿之言，無非金國汗勾結明人的老調，也可說就是他們從來一些刻板的話。　只是金汗此次勾結劉興治，更以興治之母脅之，因興治之母，早年陷在彼中，故脅之尤有所藉。　考劉興治生平，本爲好亂之人，既有金汗的勾結，自然水乳交融，容易湊合的。　湊合的事，據羅刊天聰四年八月遲秀才齎來劉興治等來書云：

> 客國臣劉興治、劉興基、劉興梁、劉興沛、劉興邦等，致告於冥冥上帝……臣等……率衆歸服金汗黃太吉。　……對天盟誓，共圖大業。　自盟之後，彼此相信，永脩和好。　內有不軌，各蹈喪亡，天誅其身。　皇天后土，共鑒斯言。　伏仰汗威，全獲幾邦，主客享福，國脈永綿矣。　謹盟。　天聰四年七月二十三日。　同盟官員參將李登科，遊擊崔耀祖，都司馬良、李世安、郭天盛，守備王才何成功。

此些與盟的官員，如參遊都守等，在明朝視之，不足輕重。　然在金國汗，則以爲得與此輩盟誓，可望成大事，於是有暗喜之言。　羅刊天聰五年二月五日金國汗致書劉府列位云：

> 與我同心作事，我卽信實。自謂天成我兩家，指望我攻一處，爾攻一處，我得一處，爾得一處，是以暗喜。　卽當天地盟誓，毫無違背。

此書末尾，還有一句最不堪入耳之言，曰：「我只因疼你們」。　勾結叛人，至做出此等話，眞有些鄙陋不堪。　然考之金國汗平日說話的伎倆，此又應該爲一極漂亮的話，據天聰實錄稿記載此類的漂亮話，例子多得很。　蓋金國汗的意思，以爲拉攏叛人劉興治，非用此類深刻而富於肉麻的話，不足以麻醉叛人的心理，因叛人心理一經麻木了，然後才能一味地好爲彼效死立功，此實金國汗從來勾結叛人一貫的辦法。　而明朝的叛人，也只是因爲中了這種毒，所以才都甘心地爲金國効死。

不過金國汗此次勾結劉興治，雖曰疼之，其實也並非只爲疼興治一人，乃係疼各島無數的人民，欲悉收之，以爲破壞明朝之用。　如同書諭帖葉十二金國汗與劉府列位書有云：「衆位全來，單身獨馬，於我何益？」　又云：「列位率各島民，與我同心，是助我一國也。」　由此一國之稱，可以洞見金汗的肺腑，而劉興治的釀亂，如果成功，爲害亦當不小。　所幸島中的將士，不附興治做賊，同時興治的

自家，又兄弟仇殺，因而此海外的大害，也就立卽除滅：

> 登萊總兵黃龍疏報：八角口居民程宵元，以漁船載客至皮島貿易。 三月十
> 六日，劉五集各客二百餘，責以無糧欺詿，欲俱殺之。 將劉興基細打三
> 十，殺沈世魁一家，惟世魁得脫，劉耀祖吳堅忠二人，自相爭殺而死。 次
> 日，劉三、劉四、沈世魁，齊入劉五家，候至更深時，殺死劉五。 佟駙馬
> 勾引東兵三百名到鐵山，撥船接濟，亦被劉三殺散。 夫興治謀爲不測，將
> 士不附，兄弟仇殺，實又有因勢導機之妙用。 其彼此勝負，雖尚未聞，然
> 而興治死，則興基無所逃，其黨當俱盡矣。 〔崇禎長編四年四月甲寅〕

此中所稱的佟駙馬， 王錄作額駙佟養性 ，也是明朝的叛人。 此佟駙馬之引兵接
濟，自然專爲勾結劉興治而來的。 執意島變突起，興治見殺，因而此佟駙馬的
兵，也就被明人乘勢殺散了。

興治旣死，勾結失敗，當時金國汗聞報，頃刻之間，現出猙獰眞面目，毫不留
情的，將劉府所有留在彼中的家口，盡殺不留〔王錄天聰五年三月甲午〕。 此眞
未免有些太武毒了。 而金國汗前面所說許多疼興治的話，自然也完全是假，自然
也就是疼裏有刀，實在不可測。 大概金國汗對於應付明朝叛徒的手段，有可以利
用的，則曰疼之愛之，又曰恩養之。 〔雖曰恩養之，但是病故了，妻子仍不免給
貝勒家爲奴的。 見王錄天聰八年正月癸卯。〕 如在他們視爲無益的，則又不疼
不愛了，而曰養之何用？ 是以又往往盡誅之。 如劉興治之全家被屠，卽爲一個
很好的例子。

再說金國汗除一面殺了劉興治全家之外， 一面他又派出一枝兵 ， 以爲襲島之
計。

> 命總兵官冷格里額克篤禮征南海島。 諭曰：爾等率兵，當加意統理，勿得
> 懈怠，朝鮮爲交好之國，秋毫不可有犯。 至於招降島中漢人，爾等勿與其
> 事，可令副將石廷柱高鴻中，游擊佟三李思忠等往。 如不降，則向朝鮮索
> 舟攻取。 儻朝鮮不與船隻，可令阿朱戶馬福塔往諭。 〔王錄天聰五年五
> 月庚子〕

金兵旣出，翌日辛丑，更遣滿達爾漢董納密前往朝鮮，送致國王李倧一書，書凡三

百餘字，載王錄，無非是請朝鮮助墜大戰船，及接濟糗糧之事，玆不錄。　但將朝鮮的態度，記在下面。　朝鮮仁祖實錄〔以下簡稱仁錄〕九年〔崇禎四年〕六月庚戌：

> 平安兵使柳琳馳啓曰：胡差仲男阿之戶等，擁兵萬餘，持汗書出來。　嘉山以西，處處攔阻，大小邊報，不得傳致，殊極可慮云。
>
> 平安監司閔聖徽馳啓曰：胡人宣言借舡我國，入襲椵島〔皮島別名〕，別無搶掠之事云。
>
> 備局回啓……借舡之事，決不可從。
>
> 上引見大臣……問曰：今者賊情如何，領議政吳允謙曰：羣下之議，以爲似不爲我國而來，必欲借舡襲島，而舡則不可借，若不許，則恐有意外之患。
>
> 崔鳴吉曰：此賊之來，必欲恐嚇我國，求索糧餉而來，必深入腹心。

又乙卯：

> 金差仲男等，以朝廷不許借舡，遂徑出而去。　遣鄭橃諭令還來，勾管所豎上，設宴待之，更言不可借舡之意。　金差等又大怒，驅逐守門者而去。
>
> 備局請郎廳及於碌礬峴，苦留之，金差等，乃復還來。

又丁巳：

> 金差仲男滿月介等，出去。

朝鮮擁戴大明，從來最認眞的，嘗稱中國曰父母之邦，曰同胞，曰一家，自稱則曰小中華。　其於金人之稱，曰羶奴，曰別種，曰禽獸。　因爲如此，當然不會有資盜之事，所以金人的請船請糧，也就沒有結果。　此沒有結果的情節，王錄亦有一條，也可以附錄於左：

> 滿達爾漢董納密曰：我等至此已久，不令我見爾王，我等今遄歸矣，於是佩弓矢，奪門而出。　王之近侍追及，固勸之回，入見倧。　倧曰：明國猶吾父也，撫我二百餘年，今征吾父之國，豈可相助以船？　船殆不可借也。　譬如他國，有與貴國爲難者，亦有此借船之舉，貴國以爲何如？　卒不與。
>
> 滿達爾漢董納密遂還。〔天聰五年五月辛丑〕

「知己知彼，百戰百勝。」　金國汗明知朝鮮卽中國，中國卽朝鮮，乃於無聊之

中，姑爲嘗試之請，如此赴敵，安得不敗？ 敗的情節，據明清史料乙編葉六四崇禎四年八月兵部題行稿簿所載，先分段〔原文不分段，今姑分段記之，以便讀者容易檢查此戰爭的眉目。〕 照錄如下，然後再加說明。 首段云：

〔上缺〕張燾稟報：卑職奉文遏禦宣州達賊，於十九日未奉申令之前，連日奴酋攻打，賊死無數，但見□四集，沿海築牆，屢築屢攻，屢毀屢修，堅□不去。 於十七日，職令西洋統領公沙的西勞等，用遼船駕西洋神礮，衝其正面，令各官兵盡以三眼鳥槍騎駕三板唬船，四面攻打，而西人以西礮打□□□築牆，計用神器十九次，約打死賊六七百，官兵□□□□□□殺傷，至晚，鳴金收兵，當夜賊却五十里存札。

二段云：

二十三日，據坐營副總兵沈世魁參將黃蜚遊擊謝太□□□□□回鄕難民高四陳國元等供各稱： 小的原〔缺十字〕四日被達子拿在營內，與他打〔缺十字〕只聽得南山礮響，至二更時候〔缺十二字〕打死孤山一名打剌憨牙〔缺十字〕達子死過千餘，被傷達子，不知〔缺十字〕劉五亂時逃去，達子銀波羅等〔缺十字〕下再處。 等情。

三段云：

又據內丁參將襲正□□□□擊朱侚元下差往麗地水淸燒鹽逃回兵士金汝貴口供：達子在宣川，砍木造船，必要攻島。 二十一日，□□□□□死屍一個，聞說往瀋陽，是個王子。 衆達子說，□□□多達兵，我等尙好回話，打死我王子，我等怎麼回話？ 隨將原在島逃去銀波羅黑達子綁了，候憨回示如何？ 等情。

四段云：

二十六日據朝鮮兼八道都體參副使中軍林慶業呈爲馳報事：六月初四日，奴酋潛獗，放兵四騖，詰朝未明，已過宣城，一枝入於蛇浦，一枝陣於本府身彌島浦口，一枝陣於郭山宣沙浦。 一枝向於嘉定，兩邑之境，步騎數萬，憑陵衝突，遮塞沿路。 此後小的，逐日分遣伶俐軍官金得善等，潛入諸陣，探審渠形。 有張副總前初九日，與賊遇戰於身彌島時，賊將一人，中

丸卽死，別置一處而燒屍，賊皆退來，進船追擊，斃屍成績。　以後復大戰
於宣沙浦，戰艦蔽海，連日進擊，礟煙四塞，聲振天地，賊將一名，兩腮中
丸，頤頷破□，以巾裹結，載來宣川，未幾，亦死。　軍兵之死者，塡滿□
□□屍數日，其餘扶傷盈路，不可勝紀，杵鹵俱漂，草木渾腥。　有沈副總
於十二十九等日，連進蛇浦，捐生血戰，神礟諸發，虜陣披靡，死傷甚衆。
當其大戰時，渠魁一名先死，其次小將及諸軍，處處積屍，焚燒數日，瘡痍
相望，畏縮奔於八十里之外，不敢復近海岸。　但見步步移營，漸次過江，
小邦之人，不勝忭賀。　等情。

五段云：

同日，據宣川都護府節制使李浚呈爲偵探馳報事內稱：小的於此賊來時，分
遣軍官朴夢長金大福等，以偵探事回報緣綠，亦與前情相同。　各等情。

六段云：

看得奴酋，因結連劉賊之計未售，逐爾倡率大舉，揆其情勢，必欲長驅入
島，虎視登津，必不肯灰心苟退者。　幸職勒命初膺，義勇鼓奮，逐以正奇
互〔用〕，臟渠賊虜，更有宣川麻線之戰，攻擊不休，彼此合勢，然猶潰而復
合，合而復潰，如是者再四，乃勢窮力盡，始跟蹤遁去，則此捷爲十年以來
一戰，其出於麗人島人之口者，信不誣也。

七段云：

塘報到臣□□該臣於七月十八日，旣接徐樹聲賊退之稟，業行馳慰，今據鎮
臣此報，通敍始末，臣宜代聞。　查係七月初四日所發，料鎮臣久已自奏，
而揭後又無自奏字樣，臣又不敢徑置高閣，寧詳毋漏，謹此代□□□。

八段云：

次日，接兵部咨稱：遼東巡撫丘禾嘉塘報回鄉供說：東奴五月內搶島，六月
初回來，被礟打死兩牛鹿，一孤山，又偸船三百名，止回一百。　臣因念東
島，昔年假捏塘報，裝飾俘級，內廷視爲固然。　臣止圖克敵，不望居功，
故未嘗爲將士一言求敍。　前蒙聖明，許以敍賚，臣尙逡巡。　今遼東先報
攻島，復報敗回，往返日期，與所役酋首數目，不期而合。　其言偸船者，

　　當卽麻綫館也。　此海外從來一大捷，伏乞聖明勅部優敘，以鼓戰士之氣，

　　壯恢復之聲，封疆幸甚。

九段云：

　　崇禎四年八月二十一日奉聖旨：據奏奴賊窺島，將士奮銳剿擊，致茲大捷，

　　勇略可嘉，着卽查明敘賚，以示鼓勵。

首段內，所載的西洋統領公沙的西勞等，據熙朝崇正集卷二，〔此書共二卷，明閩

景教堂輯，專記明季西洋傳教士的事情。〕　他們從崇禎元年九月，同了西洋住澳

門勸義報効耶穌掌教陸若漢等往廣州承認獻銃修車。　崇禎二年二月，又從廣者河

下進發北上。　是年冬天，適值金人入搶，他們便留在涿州，禦敵立功，涿州之得

以保全，就是靠了他們大銃之力。　這次又在海外參加作戰，爲中國立了很多的功

勞，打死了很多的金人，我們所知道，已然這麼多，所不知道的，當然更不少。

他們自海外遠來中國，固爲傳教，但爲傳教之便，作許多他事，包括幫助當時的政

權禦寇，所以他們在涿州熱烈助戰，次次立功，此實當初明人唯一的西方好友，所

以我們在這裏，也不得不記。

　　二段內，打死的孤山，後面仁錄作高山，王錄則槪作固山。　又按劉五，當係

劉四之誤，劉四卽劉興基，見前面所引長編。

　　三段內，關於打死的王子，依我的推測，恐怕與下條記事有關。

　　大貝勒代善第五子巴喇瑪卒，年二十四。　……上不勝傷悼，嗚咽流涕。

　　代善勸曰：請勿過哀，我業已止慟矣，但惜其未効力於上，俾展忠孝之忱

　　耳。　人誰無死，死亦常數也。　上曰：兄言良是。　……宜念皇考威名，

　　以圖後效，逝者已矣，姑勿置懷可也。　〔王錄天聰五年六月辛酉〕

此記事內，毋須我逐句的去解釋，但看末後的幾句，也會了解的，如曰：「宜念皇

考威名，以圖後效，逝者已矣。」　此等語氣，假若巴喇瑪不是爲明人打死了，如

何與他們皇考的威名有關？如何又要說以圖後效的話？　而此以圖後效的話，自然

也就是爲安慰代善而言，因代善於巴喇瑪之死，曾說：「惜其未効力於上」。　此

句的內容，猶曰巴喇瑪雖然捐軀了，只可惜沒有立功。　此種死法，自然有損他們

的威名，所以特地說一說「宜念皇考威名」，以爲勉勵大家再圖後效的意思。　且

此類王子的陣沒，本是彼中的常事，不足爲異，如「戊寅虜變」，貝勒岳託在山東陣亡，王錄亦不記，但只記彼等接到出征將領的奏本沒有岳託之名，因而大哭〔王錄崇德三年三月丙寅〕，與此次之哭巴喇瑪，正情節相同。　所以巴喇瑪之被礮打死，也是毫無可疑的。　特是清實錄一書，因爲改了無數次，不免一塗再塗，因而將他們當初一點眞相，弄得模模糊糊的，幾乎敎人認不得。

　四段內，所稱的賊將及渠魁，參之前面和後面所說的王子固山牛鹿之類，自然也都是一事，不待贅言的。　現在我所要說的，應在「步騎數萬」一言，與後文仁錄所記的一萬二千，相差之數甚大。　我想仁錄的記事，因爲事不干己，所以往往地有些不涉本國的記錄，不是語而不詳，便是擇而不精。　按實際上說，當以林慶業之言，比較爲可靠，因林氏的報告，乃係彼當時目擊之事，目擊之事，應該是可信的。

　又按林慶業之爲人，據彼國的記載，亦有可稱，慶業忠州人，最忠於明朝，百餘年後，麗人猶稱其孤忠大義，有「先朝之所稱賞，擧國之所共頌」語。　慶業的事跡，亦當錄點於後，以表彰東國人士，當初對於中國之忠烈。

　……當南漢下城之役，〔崇禎十年，清人併鮮的時候。〕　蔂僧獨步齎奏文入送中國，崇禎皇帝下詔褒及。　椵錦之役，忠節益著，旣而，浮海入天朝，拜副總制之職，遂以掃清沙漠爲己任，而明運已訖。　及東還，爲賊臣〔仁祖時領議政金〕自點所構，死於獄中，邦人憐之，卽其所居之地，立祠以祀，奉其遺像，像卽皇朝所賜也。　〔朝鮮英宗實錄卷十一葉四十三〕

八段內，所云：「東島昔年假捏塘報，裝飾俘級，內廷視爲固然。」　始指從前東江總兵毛文龍說謊之事而言。　可見人不能說謊，只因毛文龍一向說謊，〔我撰有毛文龍東江本末一文，專記毛文龍說謊及釀亂的事情。〕　幾乎連這一次海外從來一大捷，險些也都被埋沒，不敢奏聞。　幸而有麗人益口爲證，同時所得各方面的報告，又不期而合，於是才信以爲實，爲之具本入奏。　因而此次大捷的眞相，也就傳之至今了。

　又按關於麗人爲證的事，我再據仁錄和前面同年同月的記載，更引若干在下面，無論仁錄的記事，出入有多少，但如比較看起來，總可以相信明清史材所稱的

海外大捷爲不謬。

丁卯〔二十五〕，副元帥鄭忠信馳啓曰：阿之好馬夫大等，來到安州，言俺等欲留兵，而貽弊於貴國甚多，將於二十五、六日間，撤兵而歸云。

戊辰〔二十六日〕，延平府院君李貴上劄……宜別遣近臣於都督前，賀其勝捷。 於是以金世濂爲問安官，如椵島。

庚午〔二十八日〕，虜兵撤歸。 先是椵島劉興治之母，在虜中，顧欲誘降興治，興治亦遣使約降，仍欲借兵，東搶我國。 及興治爲張燾等所殺，降彝逃入虜中曰：興治被殺，島中未定，若於此時，以一枝兵襲島，則可全利也。 汗然之，使一高山，領甲騎一萬二千餘人，由義州猝入宣定嘉鐵，而差仲男滿月介等，借舡於我。 先自旁搜海上，得十一舡，分屯身彌〔島名〕，宜沙〔島名〕，都致〔串名〕等處，將欲攻島。 會都督黃龍來鎮椵島，聞虜將襲之，使張燾往身彌島，戰少利，復督大小兵舡百餘，迎戰於蛇浦，斬獲一高山，及牛鹿二將，胡兵死者甚衆。

此外，還有一事，亦應在這裏一說，卽是前面所引的崇禎長編，雖曰沒有記載海外的大捷，然如當時關於大捷的影響，長編亦嘗微言及之。 所以究竟比起來，長編的價值，實又遠在明史和清實錄之上。 因長編一書，他們當初都視爲違礙之處甚多，以此編成之後，大都又棄而不用。 長編的好處，卽在是，好處卽違礙，違礙又卽爲眞相之稱。 茲將與海外大捷有關的眞相，錄如下：

兵情尙審熊明遇上言：昨聞東兵六萬，謀分三股來侵，尙猶豫於海上兵船，則島中新戰之餘威也。 因有盡洗在彼遼人之說。 倘有精於行間者，乘其且恨且懼之時，亦可反而用之。 又聞遼西士民甚憤，皆欲制梃以隨官兵。相應行督撫鎮，大爲鼓勸，不論何人有功，卽一體陞賞可也。 帝謂遼人旣疑憤可用，爾部卽與督師撫鎮，商確密行。 〔長編四年八月辛丑〕

金國汗只因自己打敗仗，而乃至喜怒無常，遷怒於遼民，至欲盡洗之以洩忿，這實在有些反常了。 以此例之，不但前面所說的叛將不可做，就是同時的順民，也是照樣不可爲的了。 因之遼西的士民，才欲執梃以撻金國的堅甲利兵了。其實尙不止於是，據乙編葉一一〇崇禎六年八月的記事，卽陷奴諸將，亦皆人人思回了。

此種情形，自然也是海外一捷之所賜。　不意此海外一大捷，影響全國的人心，竟如是之大。　此在明清史上，當然應爲一大事，乃此一大事，亦一字不提。　是眞不足爲信史了。

清太宗與三國演義

李 光 濤

清太宗當初之立國，與其所以得中國之故，據吾所知，其最大原因，莫如得力於三國演義一書。 此書本稗官家言，穿鑿附會，不可據爲典要，然居關外之金國則因尊崇劉、關、張故事，至於奉此一書，以爲開國方略之用。 傳之兩世，前之奴兒哈赤，後之皇太極，不曰愛讀之，卽曰喜閱之，此外猶有「深明三國志傳」之記事。 凡此，據羅氏史料叢刊所錄天聰年奏疏關於金汗讀書之記載，於金史，則云非緊要有益之書，於通鑑等書，則謂爲迂儒之談。 此種情節，據其自己之解釋，「我原是金人」，「南朝邊臣見我如昆蟲」〔朝鮮仁祖實錄卷十七葉五十三〕。其於大明，則望之如在天上〔明清史料丙編第一本第六葉〕。 卽其搶掠爲生，亦不過同於水滸傳之打刼，而其搶得財物，必須八家公分情節，又與忠義堂平分金銀之事無異。 因奴兒哈赤亦嘗愛讀水滸傳，旣曰愛之，自然亦有影響也。 水滸傳不在本文討論之內，茲故從略，但論涉及三國演義者。 考奴兒哈赤倡亂之初，其所據之建州衞，不過中國內地一州縣，而其自稱後金國汗，〔又嘗有建州王建州國汗以及後金天命皇帝種種之稱〕實際亦只如雲貴等處之土司，然而遂事卒不可平者，則當時處置之策有異也。 是以其子皇太極繼號金汗時期，於此最爲明瞭，如曰「堂堂天朝無久弱之理」。 又云「強弱無不翻之局」。 又常恐崇禎之後，「換一好人」，於彼更將不利，於是懇切乞款，至於願聽明朝區處。 卽「請封王位」一事，亦只係援蒙古俺答封王之舊例，和得些歲賞而已。 且封王之請，據天聰六年實錄稿之記載，則尙有可以降等之意，如曰：「汗縱欲爲三公九卿，將來何以傳之史册乎？」 據此，則三公九卿，彼亦可爲之，所不欲者，卽龍虎將軍之稱耳。 獨是其時之啓禎二帝，於釀亂東江之毛文龍，則遠費百萬，爵以遼東伯，

於金人，則有「片紙雙字不准接遞」之嚴旨，此俱不平之事也。　因之金國汗愈憤愈強，搶掠不已，至有「只因欲和不成，遂至欲罷不能耳」之言。　同時，又有金國之漢人，因金國汗深明三國演義一書，於是羣然以此小說之事敎之，如「漢高」，如「昭烈」，如「劉關張」，如「弟飛」，如「孔明」，如「周瑜」，諸如此類，皆金人所常好稱述，而又較爲有趣之事。　當初金人立國之規模，以及後來之所以得中國，大抵皆此小說一書，有以啓之也。　又按金人平時之行事，輒以「揣摸」爲言，如彼揣摸劉、關、張，則欲與祖大壽爲異姓之盟。　又如揣摸周瑜用計愚蔣幹，以殺曹軍蔡張二都督，於是彼亦從而學之，行間於明帝，以殺袁崇煥。　凡此，皆金汗生平最得意之事也。　及崇禎十七年，清人又嘗致書勾結李自成，「併取中原」〔明清史料丙編第一本第八十九葉〕。　未幾：因吳三桂之開關請兵，於是清人乃得長驅入關，以亡明朝矣。　而清人入關之日，乃大言不慚，曰「除暴救民」。　後來康熙遺詔猶記此期之事曰：「自古得天下之正，莫如我朝。」　然觀於勾結流賊之書，足證此言之妄。　以上所舉大槪，皆與清人開國之歷史有關，因略論焉。　清太宗與三國演義之關係，分述如下。

一　金國汗行間始末

　　明崇禎二年己巳，金國汗〔此其自稱，後稱太宗〕逼京師，金用反間計，假手崇禎帝，殺袁崇煥，據各書著錄，當時金國汗頗以行間爲得意。　即如天聰實錄稿殘葉記事曰：「汗聰明睿智，舉動暗與古合。」　又有批評明朝之言曰：「主暗臣奸，是我們造化」。　其實所謂「暗與古合者」，即指三國演義而言。　考之後文「皇上深明三國志傳」，及「且汗嘗閱三國志傳」等語，可以爲證。　故金國汗行間之事，言之亦極有趣，茲爲述之於後。　明史袁崇煥傳：

　　　都人驟遭兵，怨謗紛起，謂崇煥輕敵擁兵。　朝士因前通和議，誣其引敵脅和，將爲城下之盟。　帝聞之，不能無惑。　會我大清殺間，謂崇煥有成約，令所獲宦官知之，陰縱使去，其人奔告於帝，信之不疑，十二月朔，再召對，遂縛下詔獄。

又王氏東華錄天聰三年記太宗行間之事，比明史爲詳。

十一月辛丑，大兵偪北京，上屯南海子。 先是，獲明太監二人，付與副將高鴻中， 參將鮑承先寧完我， 榜式達海監收。 高鴻中鮑承先遵上所授密計，坐近二太監，故作耳語云：「今日撤兵，乃上計也，頃見上單騎向敵，有二人來見上，語良久，乃去，意袁巡撫有密約，此事可立就矣。」 太監佯臥竊聽，悉記其言，庚戌，縱楊太監歸，楊太監將高鴻中鮑承先之言，詳奏明帝，遂執袁崇煥下獄。

考崇禎長編二年十二月甲子條：

> 大清兵駐南海子，提督大壩馬房太監楊春王成德，爲大清兵所獲，口稱我是萬歲爺養馬的官兒，大清兵將春等帶至德勝門鮑姓等人看守。

今先一言三國演義行間記事，明弘治本演義卷九「羣英會瑜智蔣幹」，此回大概，略謂蔣幹因承曹操命，渡江至東吳， 欲說周瑜投降， 結果反爲周瑜所愚，假手曹操，殺水軍蔡張二都督，致有赤壁之敗。 故其行間之事， 比之金人行間，詳略雖有不同，然如所云；「瑜喝低聲，蔣幹竊聽」，及「蔣幹潛自出門」 等語，對照金人「 故做耳語， 太監假寐偸聽」， 並「縱太監歸」 等情節，彼此實相似也。

金國汗必欲甘心袁崇煥者，其原因不外以崇煥忠於明朝，又爲金人勁敵。 明史袁崇煥傳云；「我大清舉兵所向，無不摧破，諸將罔敢議戰守，議戰守，自崇煥始。」 其明證也。 又崇煥曾擊斃奴兒哈赤，見朝鮮譯官韓瑗留事遠記事。 以此袁崇煥最爲金國汗所忌，不幸明帝中間，竟誤殺袁崇煥，崇煥旣死，自是明朝無人，而明亡矣。

二 金國汗深明三國演義

三國演義一書，據沈濤交翠軒筆記，謂係明人所作：

> 明人作琵琶記傳奇，而陸甕翁已有「滿村都唱蔡中郎」之句。 今世所傳三國演義亦明人作，然東坡集記王彭論曹劉之澤云：涂巷小兒薄劣，爲其家所厭苦，輒與數泉，受聚坐， 聽說古話。 至說三國事，聞玄德敗，則顰蹙有出涕者，聞曹操敗，則喜躍暢快。 以是知君子小人之澤，百世不斬云

云。

此記內以玄德爲君子之說，大抵流俗輩，凡讀三國演義者，皆有此分別。　而金人更因耳濡目染之深，至以此小說之事入奏。　檢明清史料甲編葉五三許世昌奏本曰：

邇者綸音下頒，博搜卓異，誠先主三顧之心，漢高築壇之念也。（註一）

此稱玄德爲先主，後文又稱張飛爲弟飛，凡此口氣，皆極熟之稱也。　故金國汗平時討論今古之事，並往來書札之言，亦以此小說中之人物爲典故。　據天聰七年實錄稿記金國汗欲與孔有德行抱見禮，其下聞之不懌，於是金國汗卽舉張飛爲例曰：

張飛尊上而凌下，關羽傲上而愛下，以恩遇之，不亦善乎？

此所引張飛之事，三國志亦有之，不過金國汗未嘗知史籍，此又當時之事實，見後文王文奎奏本。　因此金國汗稱述古人，率皆以演義爲言，明清史料丙編第八葉載金國汗致大明國衆臣宰書之言曰：

若爾誠國家大臣，則如古時張良、陳平、諸葛、周瑜，文武雙全，出能領兵見陣，入能治國安民，所言必是矣，今則不然。

張良陳平，亦三國演義中所屢見稱述之人，故金國汗亦常常言之。　至於金國汗所最好稱述而又最爲有趣者，卽劉、關、張三人並稱，且以結盟爲言。　如明清史料丙編葉五十七載崇德三年十月初十日致祖大將軍書：

且朕之夢寐，亦時與將軍相會，未識將軍頗見與否耳？　昔劉關張三人異姓，自立盟之後，始終不渝，名垂萬禩，到今稱焉。　將軍其見斯而速答之。

案：小說中桃園結義之事，本不可訓，而金人重之乃如此。　又案：崇德三年卽金國汗自稱大清囯寬溫仁聖皇帝之三年，祖大將軍卽明朝總兵祖大壽。　時大壽駐關外中左所，明朝倚之爲長城，彼欲與大壽爲異姓之盟，用意何在，不難知之。　至稱述劉、關、張桃園故事，而云：「名垂萬禩，到今稱焉」。　則金國汗之尊崇劉、關、張，以及愛讀此小說，益爲曉然矣。　然金國汗必以此小說爲言，而不言史籍者，則因金國無書也。　無書之事，據朝鮮仁祖實錄卷十九葉六十一記金國汗

來書曰：

　　聞貴國有金元所譯書詩等經及四書，敬求一覽，惟冀慨然。

又同卷葉六十二朝鮮國王答書曰：

　　見索詩書四書等書籍，此意甚善，深嘉貴國尊信聖賢慕悅禮義之盛意。　第國中所有只是天下通行印本，而金元所譯，則曾未得見。　茲未能奉副，無任愧歉。

此爲崇禎元年十二月事，至是金國汗始知求四書等書，且又求之而未得，則金國之無書可知。　其後崇禎二年十月甲戌朝鮮國王又因金國汗之求，於是有贈書之事，據仁祖實錄卷二十葉三八：

　　金汗求書冊，以春秋、周易、禮記、通鑑、史略等書賜之。

此所賜之書，即朝鮮所云天下通行印本也。　因之金人王文奎有請講解翻寫之奏，據羅氏史料叢刊載天聰六年九月王氏奏云：

　　且汗嘗喜閱三國志傳，臣謂此一隅之見，偏而不全。　其帝王治平之道，微妙者載在四書，顯明者詳諸史籍，宜於八固山讀書之筆帖式內，選一、二伶俐通文者，更於秀才內，選一、二老成明察者，講解翻寫，日進四書兩段，通鑑一章。……　汗毋曰：此難能也，而自畏自畫。　更勿曰：迺公從馬上得之，烏用此迂儒之談，而付之一哂。

天聰六年即崇禎七年，至是始請講解翻寫通鑑等書，去崇禎二年贈書之時，又五年之久。　且於講解史籍通鑑之書，則又曰「難能」，而付之一哂。　不特此也，其最注意者，即「史籍」二字，因此二字，可以證實金國汗不知史籍之事也；　至如偏而不全之三國志傳，則又嘗喜閱之，可見金國汗對於三國演義所感之興趣，必非泛泛也。　據天聰六年九月胡貢明奏：

　　皇上深明三國志傳，臣竊一言之，漢昭烈得一孔明，則曰：「我之得孔明，猶魚之得水。」　適魏兵臨，張飛即曰：「今有兵來，何不使水？」　彼時昭烈若少惑飛言，不以軍法服之，何能首建破魏之功？　設以皇上身處其地，能不以弟飛之言自惑乎？　臣謂必不能也。　及其敗當陽，走夏口，當此顛沛流離，孔明因感昭烈三顧之典，信任之誠，死活相顧，輕身吳國，舌戰

羣儒，激孫權，說周瑜，遂成赤壁之功，以立鼎足之基。　彼時孔明兄瑾在吳，又值吳國強大，昭烈身處窮促，倘疑而不許之，如何能成此大功？　設以皇上身處其地，果能信而許之往乎？　臣謂又不能也。〔羅氏史料叢刊〕

王文奎奏本則曰「汗嘗喜閱三國志傳」。　此奏首句又曰「皇上深明三國志傳」。三國志傳卽三國演義，此言極可注意。　其時金國汗且嘗以此誇示於朝鮮，天聰實錄稿殘葉致朝鮮國王書有曰；

王勿謂我不知書，然小傳未嘗不讀。

此云不知書，據前文之賜書可知。　又據清朝全史上册卷二葉一四載：

最可笑者，前國王書中，有「灣上北民」等語，彼〔金國汗〕讀之，不能通。向朝鮮使者曰：「灣上等語指何處？」　使者曰：「本國以鴨綠江爲灣，灣上乃鎭江開市也，北民稱北道之人。」　彼始得解。　則金國當時之疏於文字，於此可見矣。

至所謂小傳，據天聰六年實錄稿嘗有三國志傳萬寶全書之記載，且命大海繙繹之。再據清朝全史上册卷一葉八二亦有曰：

太祖對於漢人情形，多自撫順市上得之，萬曆十一年，彼喪其父祖，多寄生活於此，因是而聞見益廣，交結四方之士。　幼時愛讀三國演義又愛水滸傳，此因交識漢人，而得其賜也。

太祖卽奴兒哈赤，明稿內謂之奴賊，又曰老奴。　老奴亦愛讀三國演義，又愛讀水滸傳，且云得漢人之賜，其後奴兒哈赤自稱建州王，殺害明人無數，卽因此而起，不可不知。　又按金人於小傳，旣皆如此愛讀之，因之金國有說書之人，據順治失年刑部殘題本有曰：

石漢供稱……我於太宗皇帝陛下說書六年，管匠役十二年，管毛皮二年，初定烏全起哈莊頭，又管三年，又管晒鹽六年。

此說書之事，自與學士之講書不同，而莊頭石漢，亦似非當初書房相公之比，再證以前文關於怕讀史籍等書之記事，則石漢所說之書，或卽三國志傳之類也。

三　金國章奏中之三國演義

金國汗深明三國演義之事，旣如上述，於是金國之漢人進陳取明之策者，亦多以三國演義爲言。　不過漢人所讀之書，比金國汗之僅讀小傳，則略有不同，故漢人陳言之奏，間有一、二附以正史之說，此則由於漢人行文習慣使然，不可不有分別也。　至如奏本中所舉之人，所言之事，則又不外演義中所常稱述者。　因不如此，則恐金國汗必又曰「難能」，而付之一哂也。　附以正史之說，先舉例於左：

> 漢高祖得一陳平，與黃金四萬金使用，而不問其出入，卒成間楚之功。　一得韓信，委以傾國之兵，全不御制，不五年，而卽定興劉之業。　〔羅氏史料叢刊奏疏卷上葉十二〕

此所言黃金四萬金，據史記陳平傳，作黃金四萬斤。　此條記事，三國演義卷二亦述之，卽李儒告董卓之言。　至韓信之事，又人人皆知之。　而所謂興劉者，據三國演義，卽三載亡秦，五年滅楚也。　爲此說者，用意在進取中國，如同本又云：

> 先汗果斷剛決……不十數年，而便收遼業。　第多疑過殺，不知收拾人心，而天卽以遼土限之耳。

先汗指奴兒哈赤，奴兒哈赤因多疑好殺，故爲遼土一隅所限，不能再計進取，於是忠於金國之漢人胡貢明有收拾人心之奏，此天聰六年正月二十九日也。　然考此類收拾人心之言，遠在天聰二年八月卽有失名奏疏舉晉羊祜德義爲用之例，曰：

> 昔羊祜守晉，與陸抗對壘，孚以信義，聽民往來則云：「吳民卽我民也，何禁爲之。」　及陸抗臥病，索藥於羊公，得而輒服，左右止之，陸抗笑曰：「豈有酖人之羊叔子哉？」　久後陸君告捐，而吳卒爲晉有。　由此觀之，德義之爲用妙矣哉。　實今日對症之聖藥，要非腐儒之迂談也。　〔明清史料甲編葉五〕

此條所舉羊祜之事，卽晉都督羊祜鎮襄陽拒吳鎮東將軍陸抗於江口之時。　據演義卷二十四，司馬炎乘破蜀之勢，獨排衆議，以羊祜爲都督，欲併吳以成一統。　按是時晉人國富兵強，戰守皆有餘，惟是羊祜之於吳，務欲以術取之，故以小仁小信愚陸抗，而遂其一舉滅吳之計。　金人以此陳之金國汗，又動以「德義妙用」之

言，據吾所知，當時金國汗必以德義爲不妙，且恐謂爲腐儒之迂談。　因天聰二年事局未定〔明清史料甲編葉五〕之金國，存亡且有不可保之勢，乃欲擬之晉羊祜，可云比之不倫。　不倫事實，據天聰七年實錄稿致朝鮮國王書，猶可以看出當初大概情形。　書曰：

> 貴國以禮義爲素，我國與蒙古，惟以搶掠爲生。

本文所引天聰六、七兩年實錄稿，其內容如改皇朝爲明朝，謹奏皇帝爲致明朝皇帝書，金國汗爲滿洲國皇帝，番書爲滿洲國書，以及改老寨爲興京。　諸如此類甚多，皆最樸實之言。　故於「搶掠爲生」記事，亦最爲可信。　例如實錄稿又有曰：

> 我兵近邊，將近京屯堡，盡行焚毀，殺有人民，戮力攻戰，何所不成？
> 邊內有城，可取則取之，難取者，則殺其人民，焚其廬舍，屠掠而行。
> 徧閱邊城，乘瑕而入，殺其人，取其物，令士卒各滿所欲。

凡此殺人屠掠之事，檔案中所見者，不勝枚舉。　凡此行爲，則金國汗之原無遠略，又最明瞭。　如天聰六年四月寧完我謹陳兵機奏本曰：

> 臣等已知汗無意於京師，今故略而不言。　此時急着，惟在山海，若從獨石口入，距山海不滿五六百里，若從密、雲、薊鎮而入，其道更進。　〔羅氏史料叢刊〕

此云無意於京師，似屬實情，故曰惟在山海。　觀之歷次進關，旋入旋出，皆因爭山海而不得，如崇禎二年己巳之役，兵逼京師，但搶掠而去，未敢南下，即其明證。　於是金人乃舉演義中之魏武爲言，如天聰六年正月張弘謨等乘時進取奏本曰：

> 昔魏武之破漢中，蜀人一日數驚，雖斬之而不能定，乃收兵還許，併漢中俱棄於蜀。　晉武乘破竹之勢，獨排衆議，一舉而下江南，遂成一統。　〔羅氏史料叢刊〕

奏內魏武破漢中之事，據演義卷十四，即「曹操漢中破張魯」。　漢中又稱東川，當時蜀中情形，據同卷葉十四有云：

> 西川百姓，聽知曹操已取東川，料必來取西川，一日之間，數遍驚恐，但有

風吹草動，老幼不安。

時司馬懿進言曹操曰：

　　今主公已得漢中，益州震動，可速進兵，勢必瓦解矣。……曹操嘆曰．人

　　若不知足，既得隴，復望蜀也！……遂按兵不動。

未幾，班師回許都，漢中遂爲蜀所得。　又考晉武下江南，卽司馬炎取東吳之事，

見演義卷二十四「王濬計取石頭城」。　張弘謨等之爲此奏，其意蓋欲金國汗決計

取中國也。

　　又三國演義中稱述漢高祖之事，各卷多有之，故金人奏章中引漢高之事亦最

多，如天聰六年九月二十七日胡貢明奏曰：

　　要做大事，必如漢高祖之作爲而後可。……皇上五、六年來，不能擴充先

　　汗之業，臣是律之，皇上必曰：「我原是金人，如何把漢高祖來比我！」

　　殊不知漢高祖但能如是做事，所以成了一個漢高祖，皇上誠能奮起剛毅之精

　　神，拿出果決之手段，如其用人，如其養民，如其立法，如其收拾人心，有

　　何大事之不成乎！　只要能成其事，卽今日之漢高祖也。　故要成大事，必

　　用如漢高這般做事。　〔羅氏史料叢刊〕

此奏所云「如何把漢高來比我」，卽前文寧完我奏中「臣等已知汗無意於京師」之

意。　是知金國汗初未有取明朝之念也。　其後因漢人羣嘩然以進取爲言，不遂不

止，天聰六年八月王文奎奏本冒漢高之事曰：

　　夫兵出無名，事故不成，昔董公三老說漢高祖以爲義帝發喪，而天下景從。

　　……皇上臨御以來，寬仁大度，推心置人，然未遠達也。　且出兵之際，人

　　皆智慎，俱欣然相語曰：「去搶西邊」。　漢人聞我動兵，亦曰：「來搶我

　　炙」。　夫搶之一字，豈可以爲名識！　是宜亟爲籌算，而籌之正其時也。

　　〔羅氏史料叢刊〕

此爲正名而言，實則搶之一字，猶後此數年，始改搶掠爲伐明，檢崇德元年實錄稿

可知。　又金國汗不但不敢比漢高，卽昭烈亦不敢自擬，據天聰六年九月胡貢明奏

曰：

　　況此豪傑，世固有得，然亦不可多得，漢高祖止得三傑，漢昭烈止得孔明，

　　　而已。　然要做高祖昭烈之事業，必要得三傑孔明之人才而後可，今當皇上

　　　之時，其爲三傑者誰耶？　其爲孔明者又誰耶？　臣以三傑孔明爲言，皇上

　　　必曰：「這樣好人，如何可得？　必謂臣言妄也。」　臣不患世無三傑孔明

　　　之人，惟患世無用三傑之主耳。

前面所引許世昌奏本，嘗以「先主漢高」並稱，此奏於「漢高昭烈」，則更連成一

片，凡此之類，又皆金入研究三國演義之證。　又奏內所稱三傑，卽演義中常稱述

之留侯張良、酇侯蕭何、與同登壇拜將之韓信。　至於所謂「三傑孔明，這樣好

人，如何可得？」　等語，更可看出當初金國汗，不惟不敢自比漢高，卽偏安一隅

之昭烈，亦不敢望。　此種心理，觀天聰六年十二月二十日參將寗完我「帝王將

相，本來無種」奏本，可以證明，奏曰：

　　　古語云：「帝王將相，本來無種，有志者事竟成。」　又有云：「兵貴精

　　　而不貴多，將在謀而不在勇」試考古史，沛公連敗七十餘陣，何爲而卒成

　　　帝業？　項羽橫行天下，何爲而竟限烏江？　袁紹擁河北之衆，何爲而一敗

　　　塗地？　玄德屢遭困窮，何爲而終霸一方？　此無他故，總之，能用謀與不

　　　能用謀，能乘機與不能乘機而已。

此奏「帝王將相，本來無種。」　等語，卽爲解釋前文所記「原我是金人」之意。

凡此解釋，不過欲使金國汗勿因「我原是金人」之故，自畏自靈，而不敢爲王事籌

算也。　同時又並論沛公玄德之事，此蓋專爲證明「有志者事竟成」而言，猶曰

「後來之所謂漢高與昭烈，殆卽當初之沛公與玄德耳。」　故於玄德之終霸一方，

有不勝其期望之意。　據此，則金國之局面，可由此想像。　又如羅氏史料叢刊奏

中葉三十五記事，述大明地大財富，似有望洋興嘆口氣。　如：

　　　他家天下二三百年，他家疆域橫亘萬里，他家財賦不可計數。

他家卽大明，此皆乞兒之言也。　據明清史料甲編葉四九天聰二年八月奏本記乞兒

之狀曰：

　　　臣又見我國有等貧窮官員，餓莩其色，懸鶉其衣，路人見之，作賤凌轢，詈

　　　罵榜笞，同於乞丐，彼何用此官爵爲耶？

貧窮如此？　故搶掠大明，括民財，又括民衣，　至於路人榜笞官員，同於乞丐，

則金國官爵，亦可想見矣。　又同書葉四三都將毛文龍致金國汗書，其言金國人，則曰：

> 不成才的光棍，沒形影的花子。

玄德之終霸一方，無此景象也。　而寗完我乃欲以此敎之，無論金汗不敢望，卽金汗亦無此心也。　且金國汗固嘗奏之明帝曰：

> 小國看邊，素來忠順。

其爲此言，頗有忠順不敢不勉之意，似望明帝予以自新之路。　據天聰六年實錄稿「請封王位」之奏，以及遜順其辭「請印」之書，可知忠順之言是實。　金國汗之所以如此者，實有所迫而爲之，因金國之衆，有非散卽逃之憂。　如天聰六年八月王文奎條陳時事奏：

> 降夷之衆，狼子野心，殺之不可，養之不服，臣謂不若效孔明之擒縱，反足以播恩威耳。　〔羅氏史料叢刊〕

此云降夷不服，卽指烏合之衆而言，亦卽天聰元年實錄稿內非散卽逃之夷。　且此類欲逃之事，不但降夷如此，自中本部亦有之：

> 先是副將阿山，牽其弟噶賴子塞赫，及其弟阿達海之子查塔莫洛渾，奔明寧遠。　上遣人往追，收禁阿山阿達海妻孥。　阿山等至明界，先遣人告臺軍，臺軍殺之，阿山等懼，奔回請罪，命宥阿山罪，還其妻孥家產，仍復舊職。　阿山首告雅蓀，曾謀同逃，以未得便，故止，讞得實，誅雅蓀。　雅蓀出微賤，因葉赫兵臨兀札魯城，有大功，太祖擢爲大臣，寵任獨優，嘗以殉葬自矢。　及太祖崩，不殉葬，且輕慢喪禮，至是復欲逃，故殺之。　〔王氏東華錄天聰三年八月戊辰〕

覸信大臣，亦謀倡逃，則降夷烏合之衆，自更不足恃，王文奎請效孔明之擒縱，蓋有不得不然之勢。　而金國汗之決心乞款，此尤爲最大原因。　決心乞款，亦舉例於後，羅氏史料叢刊奏疏卷七葉三十二記討論講和之事曰：

> 今欲講和……惟當遵舊制，正名分，遜詞禮讓，修一表文，先述北關兵釁之情，後謝連年用兵之過，其和之格局，……聽其區處。　夫如是，庶可收講和之效。

乞款之請，至於願聽明朝區處，懇切如此，可見金國汗之決心。　又記天聰實錄稿六年十月初十日金國汗更有一本進奏明帝曰：

小國之人，若和好果成，得些財物，打獵放鷹，便是快樂處。

此本起首，有「謹奏皇帝」四字。　即此一言，便能明瞭當初金國汗其不敢以漢高昭烈之事自比者，固係實情。　所不解者，彼喪心病狂之漢人，必欲教金國汗學漢高學昭烈，至於教之不已，不學不止，如天聰六年十月劉學成又言孔明碑文之奏曰：

臣聞得萬曆三十四年丙午年間，黃河大金金陵口，出一石碑，係諸葛孔明後驗碑，文有云：「中原華夷大金根，瑞草芝葉又逢春，癸水又遇丙丁火，寅卯年間至此河。」　臣因此占卜我國天命得在何年？　讖語斷說在子丑年間。　臣想明年到子丑還有三年，乘此時且與漢朝議和，權且罷兵，休息生民。　倘漢朝依允便好，如其不從，統兵河西，索賞、案戰、鬪將、鬪兵、不必捉拿一人，貪圖子女玉帛。　再不必千里行師，勤兵於遠，只專修德行仁，全盡天地包荒之量。　到子丑年間，仍再興兵征討。　那時天命既至，人心自歸，欲成王業，如反掌矣。

又七年七月十一日奏曰：

臣舊年爲與漢朝議和，曾奏請稍待天命至，人心自歸。　今年漢朝官兵，果然航海多歸，是人心悅，即天意得，足見我國天命將至。　意者到丙子丁丑年間，必成大業，可符應孔明碑記後驗矣。

以上兩奏本，俱見羅氏史料叢刊。　奏內所謂航海官兵者，即孔有德耿仲明等數百艘之叛徒也。　又所謂子丑年者，即崇禎九年丙子十年丁丑也。　碑文之賣，金國汗果信之否？　第吾人所知者，崇禎九年「丙子虜變」固有之。　是年五月，金國改清國，自稱崇德元年，虜變之事，王氏東華錄亦言之。

　　合以上所舉各奏本觀之，三國演義中國之書也，以三國演義教金人者，又中國之人也，於是金人乃得因此中國書中國人，以亡中國矣。（註二）　曾記天聰六年實錄稿有曰：

我國本不知古，凡事擬摸而行。

所謂揣摸者，當卽指揣摸三國演義而言。　又按此書，不僅所謂大淸開國方略，得力於此，卽至後來嘉慶時，猶有奉此三國演義一書，以爲兵法之用者：

> 羅貫中三國演義，多取材於陳壽裴松之事，不盡子虛烏有也。　太宗崇德四年，命大學士達海譯孟子六韜兼及是書，未竣。　順治四年，演義告竣，大學士范文肅公文程等，蒙賞鞍馬銀幣有差。　國初滿洲武將不識漢文者，頗多得力於此。　嘉慶間，毅公額勒登保，初以侍衞從海超勇公帳下，每戰輒陷陣，超勇曰：「爾將才可造，須略識古兵法。」　因以翻淸三國演義授之，卒爲經略，三省教匪平，論功第一。〔陳康祺燕下鄉脞錄卷十〕

海超勇公卽海蘭察，爲乾隆朝名將之冠，見魏源聖武記及陳康祺燕下鄉脞錄。　海氏目不知書，自言得力於繹本三國演義，故所向有功，動合兵法。　據此，則是此三國演義一書，固與有淸一代之開國典謨有關也。　又按，順治年間繙繹之書，更有玉匣記一種，亦可以類記之：

> 章皇帝初親大政，一日，有中涓奉二册書至政事堂，命詞臣之通國語者繙繹以進。　乃玉匣記元帝化書也。〔王晫霞舉堂集〕

玉匣記亦繙繹以進，則似不習漢書矣？　順治十二年二月初四日太僕寺主簿高桂有敬陳愚悃請習漢書漢語一疏云：

> 臣固願皇上讀漢書習漢語，愼選詞臣之有學有行者，置諸左右。　將歷代之帝王用人行政，以及學庸語孟諸漢書，無不再四開陳。　我皇上加以遜志時敏，念與終始之功，其於漢文漢字，無不豁然於心目。

硃批云：

> 滿書漢書，同爲一理，這所奏好生可惡，而且無益，著嚴飭。　該部知道。〔明淸史料丙編葉三七〕

以習漢書漢語爲無益，且曰可惡，則順治帝當時熟解漢文漢字與否，可以勿論。然如硃批內所云之滿書，就前項繙繹書册觀之，不外卽指繹本三國演義之類。　而此三國演義其時必最盛行於當世，卽如漢人輩，且爲逢迎朝廷計，至以此小說爲著書參考之用。　如江西坊本中有唐詩三百首注疏者，於杜牧詩「春風不與周郎便，銅雀春深鎖二喬」下，引三國演義諸葛祭風事，見沈濤交翠軒筆記。　又康熙中，

何妃膽作札，有生瑜生亮語，見袁枚詩話。　又仁廟升遐之日，隆科多奏本有曰：「白帝城受命之日，卽是死期已至之時。」　見梁章鉅歸田瑣記。　至雍正朝章奏中有引用三國演義者，則輒遭斥責。

　　雍正間，札少宗伯因保舉人才，引孔明不識馬謖事。　憲宗怒其不當以小說入奏，責四十，仍枷示焉。　〔姚元之竹葉亭雜記卷七〕
此因居中國百年之久，漢化已深，故數典忘祖，又以小說入奏爲鄙陋矣。

四　清人尊崇關羽

　　三國演義中之關羽，其給與清人之印象，更遠在讀演義之前，如遼東撫順關市口鑽刀說誓之野人女眞，先拜關聖像，卽確證也。　彼奴兒哈赤之愛讀三國演義，或卽因拜關聖而起。（註三）　故清人祀之敬之，比當時漢人尤甚。　又內閣大庫檔案，順治三年五月初三日太常寺題本中嘗稱關帝爲：「三界伏魔大帝神威遠震天尊關聖帝君」。　並於每年五月十三日，遣禮部堂上官恪恭行禮。　五月十三日，俗傳爲關帝生日，故是日祀之。（註四）　錢泳履園叢話卷二，關侯廟祀，始於唐貞元十八年，（註五）爲玉泉伽藍，有董侹爲記。　褚稼軒堅瓠集冊十七卷一，洪武初，立廟於南京。

　　　南京十廟將成，尅期祭告矣，高皇夢一人赭面綠衣，手持巨刀，跪謁曰：「臣漢壽亭侯關羽也。　陛下立廟，何獨遺臣？」　上曰：「卿於國無功，故不及。」　神曰：「陛下鄱陽之戰，臣舉陰兵十萬爲助，何謂無功？」　上乃頷之。　神去，明早，命工部別立一廟於旁，限三日而成。

萬曆末封帝：

　　　明初，祀關壯繆公，稱漢前將軍。　萬曆末，內出金牌，書「勅封三界伏魔大帝神威遠振天尊關聖帝君」。　於正陽門外，祠醮三日，太常祭祀，則仍舊稱。　天啓四年，部覆，得旨稱帝，見帝京景物略。　吾鄉邢信卿先生云：未出金牌之先，京師縉黃，喧傳有此封號，宦者入內言之。　上曰：此殆天意，遂有是命。　〔張爾歧蒿庵閒話卷一〕

封帝之說，朝鮮宣祖實錄卷壹壹壹葉拾肆，作萬曆十三年。　如東征遊擊許國威與

國王問答之辭有云：

　　國威曰：關王廟（註六）甚多靈異，國王須加尊敬。　　上曰：關王某時有神助之功？　某時封協天大帝乎？　國威曰：太祖朝，有陰助之力，故封武安王，（註七）萬曆十三年，封協天大帝也，

按祀典，宜仍稱漢前將軍漢壽亭侯壯繆關公。　　見萬曆實錄四十三年五月戊午。今清稱帝君，蓋遵奉明神宗加封典冊，亦以從眾望也。　　據錢牧齋有學集卷二十七載河南府孟津縣關聖帝君廟靈感記：

　　丁酉臘月，余自金陵遄歸，王學士籍茅過別，述關聖帝君靈感事而有請曰：孟津城中有帝君廟，土人號關爺莊，壬辰冬，亡兄無咎病劇，無咎徒跣諸帝，撞鐘伐鼓，泣告帝曰：「亡兄已矣，妾有娠四十日，一綫血胤，男女未可知也？　無咎未有子，而二妾皆有娠，倘徼惠於帝，無咎生二女，亡兄生一男，則亡兄不餒矣，無咎願終身無子，且捐三千金修廟，以答神貺。」壬辰臘月二十四日，長女光生，癸巳六月十四日，次女串生，閏六月三十日，亡兄子之鳳生，無咎捐金修廟，斥三楹爲七楹，崇臺綽楔，煥然改觀。乙未臘月，無咎出司浙臬，舉一子，丙申元日，別帝而禱曰：「無咎故不願有子，而亡兄之子弱，如不能兩存也？　願殤己子而長兄子。」撞鐘號咷，津人見者皆泣。　四月抵浙，六月，無咎子殤，亡兄子頭角嶄然，如有神相，今年無咎復舉一子，非所敢祈也？　請夫子爲之記，剗石廟門，以詔介眾。

據此，可見當時敬祀關帝之甚。　又據碑文作者，謂關帝爲上帝耳目，如云：

　　吾聞上帝以時月巡省閻浮提，孝友順祥者，多益天眾，則喜；否者，益修羅眾，則憂。　帝君，上帝之耳目也。

此亦當時之傳說，據蒲松齡聊齋誌異卷一考城隍一則，即與此傳說有關，因原文太長，故不錄。　順治十三年丙申廣東韶州有關壯繆現身之說。

　　袁太常密山景星言順治丙申年五月二十二日，關壯繆忽現身廣東韶州府西城上，身凭女牆，以右手捋髯，時方亭午，鬚眉面目，歷歷可視。　二十三日，二十八日，復現。　舉城官民，奔走禮拜，總督尙書李棲鳳，親詣廟祭

焉。〔王士禎池北偶談卷二十三〕

康熙二十三年甲子，士禎使粤，著皇華紀聞，追述壯繆現身事更詳。　又鈕琇觚賸
亦記壯繆一則云：

> 李道人言未來事，多奇中，甲午，從山東入京。　梁司馬清標，嘗邀之飲，
> 同會六七人，請預道今夕事。　李卽書片紙，實燈檠下。　頃之，座中共話
> 關壯繆出處。　……李因取紙出視云：客所談者，皆關公事。　……衆皆拊
> 掌大笑。

梁清標，崇禎癸未進士，仕清後，至兵部尚書，故曰梁司馬。　而此司馬座中，旣
翏然以壯繆爲共話之資，亦可見壯繆予清人印象之深。

> 大學士張文和公……公得子遲，祈夢於京師之前門關帝廟，夢帝以竹竿與
> 之，旁無枝葉，公頗不喜。　有解者賀曰：「公得二子矣」。　問何故，
> 曰：「孤竹君之二子，此傳記也。　破竹爲兩個字，此字法也。」　已而果
> 然〔袁枚子不語卷二十一〕。　京師前門關帝廟籤，夙稱奇驗，予順治己亥
> 謁選，往祈，初得籤云：「今君庚申末亨通，且向江頭作釣翁，玉兔重生應
> 發跡，萬人頭上選英雄。」　又云：「玉兔重生當得意，恰如枯木再逢春。」
> 爾時殊不解。　是年十月，得揚州推官，以明年庚子春之任，在廣陵五年，
> 以甲辰十月，內遷禮部郎，所謂庚申者，蓋合始終而言之，揚郡瀕江，故曰
> 江頭也，然終未悟後二句所指。　至庚申年八月置閏，而予以崇禎甲戌生，
> 實在閏八月，遇閏中秋，曰閏月，遂蒙聖恩，擢拜國祭酒，於是乃悟玉兔重
> 生之義。　語云：「飲啄皆前定」，詎不信夫！〔池北偶談卷二十二〕

按：前門關帝像，據阮葵生茶餘客話卷四載：

> 天啓間，宮中塑關帝像二尊，一大一小，時有日者甚神。　熹宗指二像，令
> 其推算。　日者稱：「小者福壽綿遠，香火百倍大者。」　熹宗遂以小像秉
> 置正陽門左側小廟，而供大像於宮中，增其祭品，以窮日者之言。　未幾，
> 闖賊入宮，大像焚，小者今香火日甚。　術亦奇矣。

黄天和金壺七墨亦記之，謂廟爲三檀。　梁紹壬兩般秋雨盦隨筆卷一載京師前門外
侯廟有一對云：

漢封侯，晉封王，有明封帝，聖天子非無意也！　內有姦，外有虜，中原有賊，大將軍何以處之！

梁又記此聯爲左忠毅効勐剡閣時所上，乃禱命之詞，非表章之語。　按左氏對聯，中間旣以虜爲言，則清人入關後，自必不能再用。　後來乾隆中，好事者爲製一聯云：

數定三分，扶漢室，勦魏伐吳，辛苦備嘗，未了平生事業。　志存一統，佐熙朝，伏寇降魔，威靈遠振，只完當日精忠。　〔徐錫麟熙朝新語卷十五〕

此四十二字，今各省縣村鎭關廟，猶往往見之。　又按，清人之敬祀關帝者，尤以科塲士子記事爲最多：

秦潤泉大士，乾隆壬申狀元，散館前，求籤於正陽門關帝廟，有「靜來常把此心捫」之句。　疑已有隱憂，而神微之云，然時自詮，終不解也。　及試，欽定賦題松柏有心，以題爲韻，第四段忘却心字未韻，閱卷大臣，俱未檢及。　上指出笑曰：「狀元有無心之賦，主司無有眼之人。」　始悟神巳先示之矣〔熙朝新語卷十一〕。　吾鄉王殿撰雲錦，康熙庚午舉南闈，至丙戌年，年五十歲矣，擬不與禮部試。　求籤於關帝廟，有「五十功名志巳灰，誰知富貴逼人來」之句。　乃赴京，遂捷南宮，大魁天下。　〔履園叢話卷十三〕

吾鄉有顧東田者，名與沐，曾宿關帝廟，夢一人屠狗，而去其心，又一人殺牛，而去其首，皆置東田前，醒而惡其不祥。　後中式戊午科舉人，始悟戊去心爲戊，牛去首爲午。　〔同上〕

嘉慶戊辰七月望日，蔣竹浦封翁詣關帝廟祈籤，首句「羨君兄弟好名聲」。末句「巍巍科甲兩同登」。　是科鄉試，封翁仲子琴史名慶均，與仲弟尊汀名庭芝，同榜。　閱六年，甲戌會試，琴史又與堂兄建堂名元封同榜。……又琴史公車至都，在正陽門關帝廟求籤，有「彼此懷疑不相信」之句。　果以提塘報塘錯誤，家中遲報十日。　又琴史祈籤，有「萱堂快樂未渠央」之句。　時封翁母陳太恭人尙在堂，親見兩孫聯登館閣，一時稱爲盛事。

〔熙朝新語卷十六〕

又紀曉嵐閱微草堂載果報三則：

劉少宗伯靑垣言，有中表涉元稹會眞之嫌者，女有孕，爲母所覺，飾言夜恆有巨人來，壓體甚重，而色黝黑。　母曰：是必土偶爲妖也，授以彩絲，於來時陰係其足。　女竊付所懽，繫關帝祠周將軍足上，母物色得之，撻其足幾斷。　後復密會，忽見周將軍擊其腰，男女並僵臥，不能起。　皆曰：污衊神明之報。　〔卷二〕

關帝祠中，皆塑周將軍，其名則不見於史傳。　效元魯貞漢壽亭侯劍碑，已有「乘赤兔兮從周倉」語。　則其來已久，其靈亦最著。　里媼有劉破車者，言其夫嘗醉眠關帝香案前，夢周將軍蹴之起，左股靑痕，越半月乃消。　〔卷五〕

滄州樊氏扶乩，河工某官在焉，降乩者，關帝也，忽大書曰：「某來前，汝具文懺悔，語多回護，對神尙爾，對人可知。　夫誤傷人者過也，回護則惡矣，天道宥過而癉惡，其聽汝巧辯乎！」　其人伏地惕息，揮汗如雨，自是怏怏如有失，數月病卒。竟不知所懺悔者何事也！　〔卷五〕

又子不語卷十三記荊波宛在一則云：

本朝佟相國，巡撫甘肅，按跬行，至伏羌縣，夢神呼云：「速走速走」。佟不以爲意，次晚夢如初。　且云：「欲報我恩，但記荊波宛在可耳」。佟驚起，亟走三日，而伏羌縣沉爲湖，卒不解救者爲何神！　後出巡，至建昌野渡，有關公廟，上書「荊波宛在」四字，佟入拜謁，大爲修葺，今煥然獨存。

按：佟相國卽孝懿仁皇后父佟國維，國維子隆科多，憲宗詔旨中有舅舅隆科多之稱，見雍正初奏本及王氏東華錄。　隆科多嘗以演義爲言，且妄擬諸葛，前文已記之，茲國維信奉關帝，又如斯之甚，則是彼父子是否亦得力於小說，此點似可不必煩言。　又檢子不語卷五更記有「鬼神欺人以應切數」一條，此條錄出，合前後所記觀之，可以看出淸人於關帝，固又無事不與。

本朝定鼎後，有顧姓者，欲糾常熟無錫兩邑民爲亂。　有黠者某，知其無益，而難於相禁，乃號於衆曰：「某村關帝廟甚靈，盍禱於帝，取周將軍鐵

刀重百二十斤者，投河以卜之，沉則敗，不可起兵，浮則勝，可以起兵。」
其意以爲鐵刀必沉之物，故試之，以阻衆也。先禱於神，聚衆投刀，刀浮水
面，如蕉葉一片，衆驚，卽日揭竿，起者數萬人。　俄而，王師至，剿絕無
遺。

凡此之類，書不勝書。　他如順治題本中，則嘗有顯聖平寇之奏，以及關廟志內清
果親王等關於關帝靈感之記事，實不勝舉。　迨乾隆四十一年七月二十六日，內閣
更奉有上諭一道，特尊關帝爲忠義大帝。　上諭載殿本三國志關羽傳。　文曰：

關帝在當時，力扶炎漢，志節凜然。　……從前曾奉世祖皇帝諭旨，封
爲忠義神武大帝。　……朕復於乾隆三十二年降旨，加靈佑二字，用示尊
崇。　夫以神之義烈忠誠，海內咸知敬祀。　……關帝之諡，應改爲忠義。

（註八）

上諭內，所稱世祖朝封關帝之事，據檔案順治十一年五月初九日禮部尚書胡世安題
本作：

忠義神武關聖大帝。

多「關聖」二字。　至是乾隆帝因方力倡名節，如起首卽曰「志節凜然」。　故特
拈出「忠義」二字，且又鄭重言之曰「義烈忠誠」，改尊關帝爲「忠義大帝」。
此種用意，不外爲鼓勵臣民忠義之用。

明季關神下乩壇，批某士人終身云：「官至都堂，壽止六十。」　後士人登
第，官果至中丞，國朝定鼎後，其人乞降，官不加遷，而壽已八十矣。　偶
至壇所，適關帝復降，其人自以爲必有陰德，故能延壽。　跪而請曰：「弟
子官爵驗矣，今壽乃過之，豈修壽在人，雖神明亦有所不知耶！」　關帝大
書曰：「某生平以忠孝待人，甲申之變，汝自不死，與我何與！」　屈指計
之，崇禎殉難時，正公之年六十時也。　〔子不語卷十三〕

國初有前明逸老某，欲殉難，而不肯死於刀繩水火，念樂死莫如信陵君，以醇酒婦
人自戕，倣而爲之，多娶姬妾，終日荒淫，如是數年，卒不能死。　但腎脈斷矣，
頭彎背駝，傴僂如熟蝦，匍匐而行，人戲呼之曰：「人蝦」。　如是者二十餘年，
八十四歲方死。　王子堅先生言，幼時曾見此翁。　〔子不語卷六〕

以上兩則，因與鼓勵忠義有關，故並錄之。　至鼓勵效果，則深入閨中。

　　韓郎中聖秋，姬人某氏，好臨摹晉唐法帖，獨廢鍾書。　韓詰所以，對曰：
　　季漢正統，關侯忠義，而斥以賊帥，狂悖極矣。　書雖工，抑何足取。
　　〔廣鸎玉臺書史〕

閨中女子，亦曰「關侯忠義」。　由此一言，可見「忠義大帝」四字作用，影響人
心甚大。　又尊崇忠義大帝之前，尚有避諱記事：

　　蕭松浦從四川歸云：保寧府巴川舊刺史之廳，東有張飛墓石穴，至今未閉，
　　一朱棺懸空，長九尺，叩之聲鏗鏗然。　乾隆三十年，有陳秀才某，夢金甲
　　神自稱：「我漢朝將軍張翼德也，今世俗驛遞公文，避家兄雲長之諱，而反
　　犯我之諱，何太不公道耶？」　彼此大笑而寤。　蓋近日公文，改羽遞爲飛
　　遞故也。　〔子不語卷十二〕

避諱之說，蓋卽與孔子並重之意：

　　關侯至本朝，顯靈尤盛，尊爲武廟，祀以太牢，與孔子並重，今且尊之爲帝
　　矣。　〔履園叢話卷三〕

又檢竹葉亭雜記，清人於關帝又稱關瑪法：

　　乾隆初，某侍衛，擢荆州將軍，人賀之，輒痛哭，怪問其故。　將軍曰：
　　「此地以關瑪法尚守不住，今遣老夫。」　聞者掩口。　此又熟讀演義而更
　　加憒憒者矣。　瑪法，國語呼祖之稱。

按：呼祖之稱，此實不可泛泛視之，祖者卽祖宗之祖，而彼等乃攘之，常人認他人
作父猶不可，而彼等乃祖之，以此論之，則是以滿人而爲關帝子孫矣。　所以彼中
之冒關姓者，皆此之類。　至若漢人於關帝之稱，曰「關爺」，曰「老爺」，則不
免近褻。　清人梁章鉅有言，此斷不可。

　　今吾鄉街巷，皆有關帝祠，有但呼爲老爺，皆未免近褻。　卽士大夫無不知
　　敬關帝者，而尚以當日之舊證爲稱，亦斷不可。　〔退菴隨筆卷十〕

又按：前條所引某侍衛，則嘗熟讀演義而憒憒，此憒憒者，固多有之。　然不憒憒
者，亦當擧例一言，金壺七墨卷二記參戎關仲因試行海運軼事云：

　　初議海運，督撫知公才，檄委護送。　時洋盜羣集山島間，素敬關帝，至

是，從山上望見糧艘霧旗大書關字，波浪烟霧中，似有人坐艄樓，一人侍主，持大刀，如世所繪關帝像者。　羣盜竟羅拜，不敢犯。

此又得力於三國演義也。　而淸人之假借大神，亦無所不至。　於是敬祀之禮，更加崇極：

> 咸豐中，以蜀漢漢壽亭侯關公，靈應尤著，制詔禮官，晉之中祀。　於是廟制與句龍棄孔子，侔盛比尊，牲牢舞佾，靡不登進。　崇極大神之義，蔑以加矣。　〔陳康祺郎潛紀聞卷九〕

按祀典，郊天爲上祀，故祭武廟曰中祀，與祭孔子同。　總觀以上之記事，則淸人所受三國演義影響之大，可以想見矣。

(註一)羅氏史料叢刊天聰年奏疏册，其中許世昌敬陳一得奏本，無「先主漢高」等語。　因知天聰年奏疏册，已多删創之處。

(註二)凡言三國演義之奏，淸修實錄，均不採，似失本來眞相。

(註三)據朝鮮宣祖實錄卷二百八葉三，奴兒哈赤又嘗自稱蒙古種，旣稱蒙古種，則蒙古人之拜關聖像情形，亦當併記如下：甲編葉八五七，崇禎九年十二月宣大總督盧象昇奏……本年十二月初八日戊時，據署殺胡堡守備事高鸞稟報，前有省吉木台吉煤兒木台吉，帶領夷目到邊乞款情形，已經塘報外。今本日早，有二小台吉隨帶王印並各夷目狼恰、討戶榜什、朝庫兒等，帶領散夷三四百名，到於邊底稟報，約定今日關刀說誓，我們隨携白馬一匹，黃犬一隻，前來揷血盟誓。　據此。　隨蒙本協童副將，同都司蘭應魁康鎭邦，並講事各通官，俱到牆上，先將義定邊約宣諭畢，各夷拱聽，叩頭邊守。　隨亦備黑牛一隻，烏鷄一隻，請關聖帝君神像到牆，傍立大刀二口，下立腰刀四十餘口，擺設香案祀筵，用黃表寫二台吉並各頭目年庚誓狀一通，有各夷目關刀盟誓，將血酒拋天，遍飲，願從今一意恭順天朝，出力報効。

同書葉八七〇，宣府總兵楊國柱塘報……崇禎十年閏四月初八日……據張家口堡守備劉洪獻裏稟，本月初八日午時，聚盧中府賀守道楊德兵與同本路參將許國元，同知屈必昌，携夷都司馮紹祖及卑職等，親到市口臺上，在關聖廟祭祀，焚燒香紙舉，隨將夷人頭目歹市恰、七慶榜什、不對貊得器、阿什兔等四名，先行放遞講書，每年止許春秋賣馬二次，如過限關馬，等情講明。　各夷一一遜依；當立漢番字樣合同，即於關聖神前，叩頭發誓，關刀三誓。

(註四)大明會典，生日之外，四孟歲暮，亦皆遣官致祭。

(註五)據謝肇淛五雜組事部卷拾伍則云：王自唐以前，宋之有閱，逮宋以鹽池一事，漆著靈異。又通鑑長編，太祖開寶三年，令有司品第前代功臣烈士以聞，而關羽亦在其中。

(註六)此關王廟，在朝鮮漢城南門，萬曆二十五年四月己卯東征將士所建，曰南關王廟。　其後朝鮮因東征將士之意，更於東城外建一關王廟，曰東關王廟，比南關王廟規模當大。　見朝鮮宣祖實錄卷玖玖葉叁拾及卷壹叁捌葉拾肆。

　　（註七）武安王之號，自宋已有之，宋會要禮二十上漢壽亭侯祠條：徽宗崇寧元年二月，封惠安公，大觀二年，進封武安王。

　　（註八）此曰忠義，因之又更有挖改史籍一事，如正史〔涵芬樓本〕記關羽舊諡，則曰「追諡羽曰壯繆侯」，乾隆於此，以為有隱寓譏評之意，於是殿本改之曰「追諡羽曰忠義侯」。

讀高青邱威愛論

王 崇 武

（上）

高太史鳧藻集卷一有「威愛論」，爲泛述統兵取將之文，亦反映時勢之論也。關於統兵取將之義勿庸詮釋，至反映時勢之處則讀史者尚少論及，本篇試爲之解。

威愛之義實兼對吳王張士誠及元朝之兵制而發。 惟青邱身世，後人已不甚詳，故對此具有歷史背景之論文，亦未加索解。 今首應鉤稽證明之者，爲青邱少有用世之志，且與張士誠有密切關係，再以當時之兵制利弊與文中所述者相比附，庶於此文疑滯之義可通解矣。請依次論證之。

明史二八五文苑高啓傳〔明史稿二六六本傳同〕：

> 張士誠據吳，啓依外家居吳淞江之青邱，洪武初被薦，偕同縣謝徽召修元史，授翰林院國史編修官。

案此文係總括朱竹垞所撰高啓傳稿而成。 傳稿見曝書亭集卷六十二，視此文略詳，謂「張士誠據平江，承制以淮南行省參政饒介爲諮議參軍事，介見啓詩驚異，延爲上客，啓謝去，隱於吳淞江之青邱，號青邱子。」 是以青邱未受張吳封爵，且避之惟恐不速，與明史初無二致也。 竹垞博參羣書，此事自亦有其根據，檢鳧藻集李志光所撰青邱傳：

> 張士誠有浙右時，羣彥多從仕者，啓獨挈家依外舅周仲達居吳淞江上，歌詠終日以自適焉。 陪臣饒介之丁仲容輩以詩自豪，及見啓爲嘆服。 啓尤好權略，論事聳人聽，故與饒如投左契，定交者若王彝、楊基、杜寅、張憲、張羽、周砥·王行、宋克、徐賁之徒，皆不羈膽才，爽邁有文，談辯華給，

憪然以爲天下無人，一時武勇多下之。

槎軒集載呂勉所撰傳：

> 年十六，淮南行省參知政事臨川饒介之分守吳中，雖位隆望尊，然禮賢下
> 士，聞先生名，使使召之再，先生畏避之，強而後往。

又謂：

> 元季侃擾，張士誠據浙右，時彥皆從之，先生獨弗與處，挈家依外氏，以歌
> 詠自適，故有靑邱子歌幷江館一集寓志焉。　先生尤好權略，論事稠人中，
> 言不繁而切中肯綮，人莫不聳動交聽，而厭服其心。　故饒及方鎮丁仲容締
> 交如驗左契。　所與王彝、楊基、張憲、張羽、周砥、王行、杜寅、徐賁、
> 宋克、余堯臣、釋道衍輩皆豪宕不覊，談辯精確，憪然以爲天下事可就，一
> 時武勇多下之。

自明世以迄淸初爲靑邱作傳者，以余所知不下十餘家，敍其與張吳之關係大都取材
於是，凡此皆竹垞所參考，亦卽其下筆之根據也。　李傳作於洪武八年，卽靑邱被
戮之次年，呂爲靑邱門人，或亦作於洪武之世。　兩傳撰著雖早，惟值明祖雄猜之
餘，冤獄未白，故多隱飾遁辭，不敢顯言靑邱與張吳之關係。　然兩傳字裏行間尙
依稀可辨，迨竹垞檃括成篇，意漸湮晦，明史因之，更泯其跡矣。

兩傳皆謂靑邱擅權略，一時武勇皆下之，此義徵之靑邱詩集，頗多旁證。　高
太史大全集四感舊酬宋軍咨見寄：

> 顧余雖腐儒，當年亦崢嶸。　小將說諸侯，捧盤定從盟。　大欲干萬乘，獻
> 策登蓬瀛。

又贈銅臺李壯士：

> 我豈白面郎，少年亦困窮。　起爲壯士歌，迅商薄高穹。　初飲五斗盡，再
> 飲一石空。　與君豈樂禍，西方見妖紅。　莫謂著鞭晚，艱難殊未終。

同書三贈馬冠軍：

> 我亦方薄遊，低頭向人下。　有志事竟成，古人不欺余。　留將一白羽，待
> 射魯連書。

同書八草書歌贈張宣：

嗟余少本好劍舞，學書晚方從父兄。　終焉懶惰不得就，塵滿硯田長廢耕。
覽時撫事每有感，胸次硨硪何由平。　空齋往往出怪語，吟聲相應飢腸鳴。
篇成請君爲我寫，墨瀋灑壁從奔崩。　……手隨意到不留阻，正似突騎山陰
行。　令嚴不聞戈甲響，一夜下盡名王城。　安得師行亦如此，頃刻坐見乾
坤清。　嗚呼作歌聊贈汝，愈使流淚沾衣纓。

凡此皆其少年自述或追述少年之所作。　詩人浮誇，自難盡信，然可藉以推知者，
其時青邱有用世之志，固非僅一肬贅之文人也。

張士誠於至正十六年陷平江，擴地江浙，時青邱二十一歲。　迨二十七年明祖
平張吳，青邱三十二歲，　據金壇撰年譜。青邱於至正十八年依外舅居吳淞江，是
冬出遊吳越，二十年歸青邱，二十二年遷婁江，二十五年以後居郡中。　自十六年
至二十七年皆青邱之少年，用世之心正切，與吳臣饒介以下諸人酬唱應和，均在此
時。　其出居吳淞江，歷時甚暫，且其地亦爲張吳之領域，然則李呂兩傳謂獨挈家
就外氏，弗與士誠共處者，非實錄也。

青邱集中有贈蔡參軍詩，茲具錄如下：

林旦未昇旭，巖深稍祛霏。　鳳興達仙曙，在公遑告腓。　良儔信可懷，彌
月曠容微。　偶茲解華轡，沽酒訽芳厄。　鈴騶儼衛齋，妓樂出房帷。　放
吏命決漏，留賓教闔扉。　談笑竹下塵，賭墅花間棋。　歡慶展宿好，言長
韜積思。　佳辰子所惜，高誼子攸希。　時艱膇暌阻，安此嗟爲誰。　願各
保太和，長年樂施施。　飛佩儻可接，東方候安期。〔全集四燕客次蔡參軍
韻〕

鷄鳴起趨府，事至紛善惑。　應茲苟弗推，在理寧免忒。　歸來坐深念，恆
恐有慚德。　缺政何以裨，厚責何以塞。　豈徒省厥躬，庶用匡爾國。　昔
聞獨樂叟，中夜忘寢息。　願君守勿渝，明明此遺則。〔同卷退思齋爲蔡參
軍賦〕

擊筑無人識漸離，客依孤館獨淒其。　著書未解成新語，把酒聊因覓舊知。
燕塞風多寒水急，梁園雪早凍雲癡。　年來只念江東去，下馬碑陰看色絲。
〔同書十四感懷次蔡參軍韻〕

尋繹詩意，諸首所指之蔡參軍實係一人，由此可見兩人交情之篤。　考陳基夷白齋
藁三一有退思齋記，略云：

> 會稽蔡君彥文，由諸生起憲曹，歷郡漕史，辟掾行中書，擢江浙行樞密府爲
> 都事，所至以材諝賢勞著稱，蓋三十餘寒暑矣。　今年踰五十，經儒緯律，
> 師古不少懈，敏事力行，未嘗擇利害，及退而思，則又未嘗不拊躬自訟者，
> 其自刻勤篤概如此。　嘗讀書至晉士貞子所稱荀林父之事君也，進思盡忠，
> 退思補過，因嘆曰：此春秋之賢大夫所以爲社稷之衞者乎？　吾雖無能爲
> 役，嘗受教於君子矣，乃自題其藏修遊息之處曰「退思齋」。　……至正二
> 十年五月甲子記。

與上引青邱退思齋爲蔡參軍賦詩相參證，知參軍即蔡彥文。　夷白齋藁及楊鐵崖詩
集載與彥文酬唱之詩甚多，蓋爲風雅之士。　張士誠於至正十七年降元，而彥文於
至正二十年頃爲江浙行樞密府都事，時樞密府受士誠節制，是彥文所受者實張吳官
爵，參軍雖微官，然彥文在士誠部屬之中則極有權勢，故青邱詩以「獨樂叟」即司
馬溫公相比擬也。　劉辰國初事蹟載：

> 士誠弟士信。惟務花酒，引江浙省將丞相塔失帖木兒從於嘉興，自爲丞相，
> 奪其位。　不久，令潘平章守杭州，士信回蘇州，用王敬夫、葉德新、蔡彥
> 文謀國。　三人出自小人，順從行事。　……時有市謠十七字曰：「丞相作
> 事業，專用王蔡葉，一朝西風起，乾別。」

又楊鐵崖有蔡葉行詩，序云：「刺佞倖臣蔡彥文葉德新也，張氏亡國由太弟，太弟
致此實由二佞。」〔此詩四部叢刊本及董刊本鐵崖古樂府俱不載，此據錢謙益國初
羣雄事略七所引。　錢氏列朝詩集甲集前編七載此詩作「蔡文葉德」〕。詩中於彥
文等備極諷刺，蓋因事後詠史，每以成敗論前事，所言未必可信，然可決知者，彥
文必極擅權柄，青邱適與之相厚。　此青邱與張吳之關係可考者一也。

> 全集十四有聞朱將軍戰歿詩：

> 江浦戈船赤幟稀，孤軍落日陷重圍。　鏡中蛇墮占應驗，牙上梟鳴事已非。
> 殘卒自隨新將去，老親空見舊奴歸。　聞雞此夜誰同舞，西望秋雲淚灑衣。

金壇詩注：

羣雄事略，「徐達攻湖州，張士誠遣平章朱暹及五太子率兵屯舊館，爲常遇春薛顯所敗。」 暹字秦仲，載啓詩。

案明實錄平吳錄及明史士誠傳等皆謂暹與呂珍降常遇春，並未戰歿。 是以有謂此詩係詠朱英者，〔任致遠輯吳王張士誠載記注此詩：「朱平章英子清與朱吳戰敗被獲，死之，青邱此詩蓋弔朱英」〕殊誤。 尋楊基眉菴集八有懷悼朱秦仲總制詩：

力盡戈鋌援不回，猶揮赤手搏風雷。 波濤失意蛟龍伏，肝膽如杠虎豹摧。

謾使張遼說關羽，誰將全武易秦裴。 煩君更緩須臾死，要對春風酒一杯。

是暹投降之前，已爲遇春俘擄。 暹爲士誠重將，本有必死之誼，故基悼之如此，而在其初被俘時，或有戰歿傳說，故青邱哭之如彼也。 暹雖武人，雅好文士，楊基曾受張吳封爵，〔蘇州破後，謫戍臨濠。〕 諒與往還甚多，其懷悼之深，殊不足異，青邱詩亦極沈痛，由末二句更可覘交誼之篤，然則青邱與張吳之關係，亦可推證，此其可考者二也。

全集卷八答余左司沈別駕元夕會飲城南之作：〔原注：「時在圍中。」〕

……故人念我有二子，省內郎官府中佐。 別離兩月不相逢，身佩弓刀從戍邏。 欲尋舊賞慰勞役，笑拂尊前且安坐。 老兵折簡走相呼，謂我閉門無乃懦。 黃昏遠就向城南，敢惜春衫凍泥涴。 軍中有會異尋常，牛炙羴肥酒卮大。 胡奴帳下出琵琶，復拊銀箏與相和。 燭殘未聽荒鷄號，絃斷忽驚哀雁過。 須臾顏熱起叫噪，不記亂離仍轗軻。 更聲柝柝繞旗門，劍匣槍頭容醉臥。 歸來又辱寄新詩，錦水溜腸珠落唾。 豪吟自欲繼燕歌，悲調豈將同楚些。 覽之幾度感深情，曲高和難非憜惰。……頗聞原野多殺傷，風雪呻吟苦無那。 吾儕斯樂豈易得，應愧皇天恩獨荷。 明年此夕會昇平，把酒相邀更相賀。

又兵後逢張孝廉醇：

問我胡爲亦憔悴，十月孤城陷圍內。

又次韻周誼秀才對月見寄：

去年圍中在北郭，何異孤豚落深穽。 登樓強欲攬清輝，刁斗連營不堪聽。

諸詩所述圍城皆指一事。 考徐達於至正二十六年八月伐張吳，十一月圍平江，次

年九月破之。　　所謂「十月孤城陷圍內」者當卽指此。　　答余左司馬沈別駕詩應作於二十七年元夕，時圍城已月餘，流連文酒，復多雅興，具見其與張氏部屬往還之密。　　左司馬疑卽余堯臣，新鄭人，城破，卹往金陵，全集九有答余新鄭詩：

前年吳門初解兵，君別故國當西行。　　有司臨門暮驅發，道路風雨嗁孩嬰。

倉黃不敢送出郭，執手暫立懷憂驚。　　我時雖幸脫鋒鏑，亂後生事無堪營。

時張吳官屬及流寓之人多西徙，青邱旣同困圍城，且與吳官交好，意亦在遷謫之列，然則未捆縛建康，屯田淮右者，不過偶然脫免，此青邱與張吳之關係可考者三也。

準上所述，青邱少負濟世之心，長值張氏據吳，曾否受士誠封爵雖無考，然饒介蔡彥文以迄其他吳將旣待以上賓，情好備篤，則於其興衰成敗關鍵，苟灼知癥結所在，能無一言獻替乎？　　此不待論也。

（下）

元季兵士逃亡，已無勁旅，其派赴各地平亂軍隊，多以民壯爲之。　　茲揭舉數事以爲例。　　權衡庚申外史上：

庚寅至正十年，南陽總管莊文昭來言：本郡鴉路有上馬賊，百十爲羣，突入富家，計其家貲邀求銀爲撒花，或刦州縣官庫，取輕貲約束裝載畢，乃拘妓女，置酒高會三日，乃上馬去。　　州縣初無武備，無如之何，於是始命立天下兵馬分司。

元史一四二答失八都傳：

至正十一年，特除四川行省參知政事。　　撥本部探馬赤軍三千從平章咬住討賊於荊襄。　　……十二年，進次荊門，時賊十萬，官軍止三千餘，遂用宋廷傑計，招募襄陽官吏及土豪避兵者，得義丁二萬，編排部伍，申其約束。

陶宗儀輟耕錄二九「記隆平」：

江南自兵興以來，官軍死鋒鏑，薦罹飢饉，鄉村農夫投充壯丁，生不習兵而驅之死地，以故烏合瓦解，卒無成功。

明太祖實錄洪武二年三月庚子，太祖諭諸將校曰：

朕昔下金華時，館於廉訪司。　有給掃除老兵數人，能言元時點兵事。　使者問其主持將曰：「爾兵有乎？」　曰：「有。」　使者曰：「何在？」主將舉所佩縶囊出片紙，指其名曰：「盡在此矣！」　其怠弛如此。　及天下亂，無兵可用，乃集農夫驅市民爲兵，至不能彎弓發一矢，駢首就戮，妻子爲俘，國之所以亡者，實此輩亡之也。

是此種募集之兵，大都無軍紀，無訓練，不足以禦寇止亂，而易一擊瓦解。　太祖實錄載癸巳〔至正十三年〕六月，太祖以壯士三千襲元知院老張，獲精兵二萬，諭之曰：「爾衆初非不多，一旦爲吾有，何也？　蓋將無紀律，士不素練故爾。」可謂洞鑒其故矣。

　張士誠初起事時，其兵似尙守紀律，迨據吳旣久，遂驕矜有惰氣。　明史士誠傳：

當是時，士誠所據，南抵紹興，北踰徐州，達於濟寧之金溝。　西距汝、潁、濠、泗，東薄海，二千餘里，帶甲數十萬，以士信及女夫潘元紹爲腹心，左丞徐義、李伯昇、呂珍爲爪牙，參軍黃敬夫、蔡彥文、葉德新主謀議，元學士陳基右丞饒介典文章，又好招延賓客，所贈遺與馬居室什器甚具，諸僑寓貧無籍者爭趨之。　士誠爲人，外遲重寡言，似有器量，而實無遠圖。　旣據有吳中，吳承平久，戶口殷盛，士誠漸奢縱，怠於政事。　士信元紹尤好聚斂，金銀珍寶及古法書名畫無不充牣，日夜歌舞自娛，將帥亦偃蹇不用命，每有攻戰，輒稱疾，邀官爵田宅然後起。　甫至軍，所載婢妾樂器踵相接不絕。　或大會游談之士，樗蒲蹴踘，皆不以軍務爲意。　及喪師失地還。士誠概置不問，已復用爲將。　上下嬉娛，以至於亡。

俞本皇明記事錄：

至正二十六年十一月初二日，湖州守將李司徒并禿張右丞降。　……張氏弟四丞相領精兵十萬援湖州，駐舊館，怯不敢進，乃立柵以自固，夕攜妓歌舞蹴踘爲戲，遇春領兵攻之，全軍倒戈而降，四丞相僅免遁去。

楊鐵崖蔡葉行：

君不見僞吳兄弟四六七，十年強兵富金穀。　大兄垂旒不下堂，小弟秉鈞獨

當國。　山陰蔡藥師，雲陽葉星卜，朝坐白玉堂，暮宿黃金屋。　文不談周召，武不論頗牧。　機務託腹心，邊策憑耳目。　弄臣什什引膝前，骨鯁孤孤納囚梏。　去年東臺殺普化，今年南垣殺鐵木。　鳳陵剖棺取含珠，鯨海刮商劫沈玉。　粥官隨地進妖鹽，籠貨無時滿坑谷。　西風捲地來，六郡下破竹，朽索不御六馬奔，腐木那支五樓覆。　大鈇先罪魁，餘殃盡孥戮，寄謝悠悠佞倖兒，福不盈筐禍連族，何如吳門市，賣藥賣卜，餓死心亦足。

又銅將軍詩：

刺僞相張士信，丁未六月六日，爲龍井礮擊死。

銅將軍，無目視有準，無耳聽有神，高紗紅帽鐵篙子，南來開府稱藩臣，兵強國富結四隣，上稟正朔天王尊，阿弟柱國秉國鈞。　僭逼大兄稱孤君，案前大事有妖孽，後宮春鹽千花嬪，水犀萬弩塡震澤，河丁萬鍤輸茅津，神愁鬼憤哭萬民。　銅將軍，天假手，疾雷一聲粉碎千金身。　斬妖蔓，拔禍根，烈火三日燒碧雲，鐵篙子面縛西向，爲吳賓。

又謝應芳龜巢藁四淮夷篇：

大邦瀦河西，吳郡稱第一，淮夷著柘黃，來作豺虎窟，交鄰無善道，西顧拒勍敵。　一鶚嬰網羅〔謂弟士德爲太祖所擒〕，同氣頓蕭瑟，正朔仍奉漢，天恩滿牀笫，賦粟歲倍蓰，郿塢金日積，非無舶艫風，海運不挂席。　包藏狼子心，反覆莫可測，臺閣兩重臣，忍爲梟獍食，井竈自尊大，出入復警蹕。　愛弟日寵驕〔謂士信〕，開府門列戟，提兵幾百萬，勢熱手可炙，甲第連青雲，園涸亦丹碧，瑤池長夜飲，天魔舞傾國，帷幄皆面諛，忠鯁卽擯斥，權門競豪奢，婪夫務懷璧。　淮南舊巢穴，坐視成棄擲，出師理侵疆，所向輒敗績。　鄰兵賈餘勇，一擧數州得，羣兇納降去，孤城獨堅壁，奈何圍數重，樓橹比如櫛，礮車拂雲漢，晝夜飛霹靂，寵弟飫藜粉，左右皆股栗，短兵屢相接，苗獠與戮力。　南濠百花洲，流血水盡赤，閉關甫期月，人面多菜色，蔬茹猶八珍，骸骨爨下析，衆叛已不知，豕突猶親出，前途忽投戈，回騎不數匹，一炬齊雲樓，妻子隨煙滅，縛虎送臺城，咆哮氣方息。　嗟哉爾淮夷，亡命起倉卒，橫行十五載，貴富亦已極，雕牆底滅亡，其理信弗

　　式。

　　案楊鐵崖謝應芳等詩亦作於平江既破之後，猶係以成敗論是非，自難視爲定評。

然由此可決知者，士誠待下較寬，國事盡委乃弟，而士信驕蹇，復假手於王、蔡、

葉諸人，兵敗不加誅，失地不加罰，參以明史及記事錄所述者，其事甚明，此楊鐵

崖致士誠書所謂「閣下之將帥有生之心，無死之志」者也。

　　威愛論卽係針對以上兩種情實而發。　鳧藻集或青邱手自編訂〔四庫提要說〕，

其書類分之中實以年代次先後，此論在第一卷第一篇，自爲其早年之作品。　且證

以當日時勢，尤多脗合。　文云：

　　　　近世之聚而爲兵者，非田野之惰夫，則鄉里之惡少，亡命行剽，椎埋鼓鑄之

　　　　流也。　政教不習而節制不聞，苟無威以臨之，則其桀傲狠戾，倖倖自肆

　　　　者，可勝道哉！

似對元末之募兵積弊而發。　又謂：

　　　　戰者所以驅之於死也。　好生惡死，人之至情。　非得尊君死上之人，則視

　　　　白刃之交於前，流矢之集於左，不震懾辟易，顚倒而奔走者幾希矣。　故兵

　　　　法曰：畏敵者不畏我，畏我者不畏敵。　何以使其能畏我也，殺之者而已

　　　　矣。　蓋非嗜殺而自殘也，恐其畏敵而先後，敵或乘而覆之，是舉軍而棄之

　　　　於敵，其自殘不已多乎？

則似爲張吳之兵將而發。　其濟之之法，在歸根威愛。　故又曰：

　　　　專愛則褻，褻則怠，專威則急，急則怨，怨與怠其敗一也，　故愛而恐其至

　　　　於怠也，則攝之以威而作其氣，威而恐其至於怨也，則濟之以愛而收其心，

　　　　愛非威恩不加，威非愛勢不固，威愛之道所以兼施幷行而不可偏廢者也。

惟吳之大弊在愛而不威，非威而無愛，故文中於威之重要，反覆不厭其詳，於愛之

申明，一點便卽收筆，非故可畸重畸輕，以當時之情勢然也。　末云：

　　　　豈特爲將之事哉，使國君而知此，則國可以治，天子而知此，天下可得而理

　　　　矣。

士誠降元受爵爲太尉，青邱詩中亦時以元民自任，威愛之義原針對元吳兩方，所謂

國君，實影射士誠，天子則指元室。　數句總貫全篇，用意彌顯。　不然，若其作

於入明以後，不特太祖軍紀森嚴，威愛之義無所附麗，卽國君與天子對舉，在大一統之朝，尤爲無謂。　得茲明證，則如上假定儻可成立乎？　靑邱立論之旨旣明，當時一般史事之解釋亦可由此窺其緖，蓋元之所以覆亡，吳之所以失敗，與夫明太祖之所以能平羣雄而壹中國，胥可於此推之也。

民國三十一年五月，於南溪李莊。

本文承傅孟眞先生指導修正，書誌謝忱。

出自第十二本（一九四七年）

劉 綎 征 東 考

王 崇 武

(一) 明史劉綎傳

明神宗朝鮮征倭，歷時達七年，動員數十萬，餉糈軍械之糜費以僅兆計，誠爲中鮮日三國史上一大事。惟東征有關諸將，若兵部尙書石星及經略宋應昌顧養謙孫鑛邢玠等，或操戰守機宜，或膺方面重寄，明史皆不爲之立傳，其戰功籌策雖略見於朝鮮傳，然語焉不詳也。劉綎時爲禦倭副總兵及總兵官，以其早歲平緬，晚伐建州，生平勳業燦赫，明史不容不立傳，東征戰績途亦連帶及之，然則綎傳固爲考平倭史事之重要資料矣。

明史二四七綎傳記：

（萬曆）二十年，召授五軍三營參將，會朝鮮用師，綎請率川兵五千赴援。詔以副總兵從征，至則倭已棄王京遁，綎趨尙州鳥（烏）嶺，嶺亙七十里，峭壁通一線，倭拒險，別將查大受祖承訓等間道踰槐山，出鳥嶺後，倭大懼，遂移駐釜山浦。綎及承訓等進屯大邱忠州，以全羅水兵布釜山海口，朝鮮略定。未幾，倭遣小西飛納款，遂犯咸安晉州，逼全羅，提督李如松急遣李平胡查大受屯南原，祖承訓李寧屯咸陽，綎屯陝川扼之，倭果分犯，諸將並有斬獲，倭乃從釜山移西生浦，遂王子歸朝鮮，帝令撤如松大軍還，止留綎及遊擊吳惟忠合七千六百人，分扼要口，總督顧養謙力主盡撤，綎惟忠亦先後還。……明年（二十五年）五月，朝鮮再用師，詔綎充禦倭總兵官，提督漢士兵赴討。又明年（二十六年）二月抵朝鮮，則楊鎬李如梅已敗，經略邢玠乃分軍爲三：中董一元，東麻貴，西則綎，而陳璘專將水兵，綎營水橋，倭亦分三路，西行長，據順天，據寨深固，綎欲誘執之，遣使請與朝會，倭疑王反，綎皆單騎

俟道中，行長覘知之，乃信。期以八月朔定約，至期，綎部卒洩其謀，行長大驚逸去，綎進攻失利，監軍參政王士琦怒，縛其中軍，綎懼，力戰破之，賊退不敢出。諸將三道進，綎挑戰破之，賙賊入大城，巳賊聞平秀吉死，將遁，倭夜半攻奪栗林曳橋，斬獲多。石曼子引舟師救，陳璘邀擊之海中，行長遂棄順天遁，乘小艘遁，班師，進都督同知。

據此，綎至朝鮮凡兩次：一在萬曆二十年，先既迫敵南退，後復阻其北侵，一在萬曆二十六年，綎及董一元麻貴等三路陸攻，陳璘將水兵要扼，而綎夜半攻栗林曳橋，斬獲多，故卒使倭將行長棄順天遁，其戰功自甚大也。

（二）第一次出征

綎事徵之於其他紀載與明史異，惟在其第一次出征，則頗博好詐，茲擇錄朝鮮宣祖李昖實錄所載者，類次如下，以為證明。

二十七年（萬曆二十一年）癸巳，四月戊子，（尹）根壽曰：「……綎之為人最為雅淡，秋毫不犯。」（日本景印朝鮮太白山本，卷七，葉八）

丙申，兵曹判書李恆福啓曰：……其日朝飯後，往到總兵營中，則總兵方獵于山上，介譯官通名，則卽馳來坐定，總兵卽問曰：「判書新從東邊來，倭奴聲息近來何如？」臣答曰：「漢江以南及蘆原等處，搶掠比前尤甚。」總兵曰：「乞和於天朝，而乃復如是耶？」臣答曰：「這賊初到尙州，與我國講和，及到臨津平壤，亦復如是，一邊請和，一邊進兵，其情詐紿，本來如此，大人以賊請和為實情耶？」總兵曰：「我豈不知此賊極詐，不可輕信。」臣曰：「然則大人領兵來此，今欲何為？」總兵曰：「我領此軍，萬里來到，專為你國要殺此賊，不料經略（宋應昌）勿令前進，經略旣主兵在此，又有提督（李如松），雖欲有為，不得自由。」臣曰：「小邦君臣自開和議，仰天腐心，無所告訴，而尤有所望者，大人親統強兵，朝夕渡江，幸或一見，得申衷曲耳。」總兵曰：「我自十三歲時，從父親（劉顯）領兵征戰，橫行天下，將外國向化者作為家丁，今所統率雖只五千，水陸之戰皆可用，倭賊不足畏也。且我慣與倭戰，熟知其情，四月五月則自此還歸其國，風勢似順，若過月餘，

渠雖欲歸，亦不可歸，豈可信其詐言不爲之戰乎？ 我雖欲戰， 非但遼大將之令，恐怍李提督耳。」……觀其辭語慷慨。不似武人，極爲蘊耤。臣問所領各處苗蠻名號所用技藝，則總兵卽呼逞羅都蠻等諸番向化， 擺列左右， 各執其器，次次來呈，殊形怪狀，種種不一，眩曜人目，有扁架弩撘諸葛弩皮甲雷嚲刀關刀月牙剗了槍藤牌活擎人棍擎人槌郎筅打拏天篷劉楊家槍等名號，又有四楞鞭七十斤，偃月刀袖箭等器，則總兵所自用也。終日閱視，閱畢，臣告曰：「大人身未過關，小邦君臣已聞威名，日夜佇待，至於童奴走卒亦知其聲，目相謂曰：願少須臾毋死，劉爺來活我也，今覩營陣器械，士卒勇銳，以如許威名，將如許器械，萬里程途，空來空往，不惟小邦之人無復有望於更生，其在大人豈不可惜；」總兵卽瞋目楊言曰：「誠然誠然，雁過留聲，人過留名，本欲成功，留名海外，豈可空手回去！」（原注；「史臣曰，劉副總以將家子結髮征戰，似非易言之口，而挐肘於經略提督，不得一試之於逐殺之場，甚可惜也。」）（三七‧一六）

癸卯，劉副總到肅川館，上就館接待，……進禮單，總兵曰：「國王路上屢遣陪臣相問，又送海味，今復出接遠境，深謝厚意，何敢更受禮單， 爲殿下之誠，只受弓箭腰刀耳。 」上再請，不受。 （原注「劉副總爲人精悍，禮貌閒雅，將兵法度不與他將同，軍有取民家芻草一束，卽貫耳巡視，一軍畏戢，莫敢擾害。」）（三七‧二四）

二十八年（萬曆二十二年）甲午，九月丙戌，上出餞總兵劉綎於慕華館。……上介承旨呈禮單，總兵曰：「徙來此擾害地方多矣，不以爲罪，亦云幸矣，況此餽遺，非至一再，心甚未安，決不敢受。」上曰：「贐行古有其禮，請勿却之。」總兵只受硯及弓矢獺皮。（五五‧一三）

案時值提督李如松碧蹄館新敗，經略宋應昌主和，不再進兵，故朝鮮人士深爲憂灼。綎以猛鷙聞，又不主兵柄，因可故作豪語以收人望。要其第一次駐鮮期間，軍記森嚴，取予廉潔，照實錄所載史臣註語疑係從當日國王日記（略同中國之起居注）中所採錄，頗可反映一般之輿論也。

至明史綎傳所謂迫敵南退及阻其北侵者，徵之於李昖實錄，並無其事。宋應昌

經略復國要編雖多誇功之語，然其與贊畫劉黃裳書，亦謂宜令綎等各守汛地，萬勿進浚。而賴襄日本外史載：「諸將合兵圍晉州，城兵益熾，我軍填壕，蒙竹楯仰攻，城上矢石如注，清正造龜甲車，牛革包之，載以死士，穿城足，樓櫓崩折，清正與黑田長政先登，諸將繼之，斬城將徐禮元金千鎰等，膺六萬餘人，夷城池而還。醃禮元首，獻之行宮，仍屯故地。韓王大懲，訴之明，李如松令沈（惟敬）來見行長曰：公等許和未十日，有晉州之事何也？行長怒曰：汝請和，而明兵入韓益衆何也？惟敬語塞，去至北京，請石星召還如松以下，獨留劉綎吳惟忠等萬人。」此言亦多誇飾，然亦可反映綎等進兵朝鮮，倭反藉口北侵，要之，綎此次出師，並無勳績參以中鮮日三國記載，固彰彰可考也。

（三）第二次出征

日本後來撤兵，實因豐臣秀吉之死，在綎第二次出征之先，已有撤退準備，眤實錄：

三十二年（萬曆二十六年）戊戌，八月戊午，全羅兵使李光岳馳啓曰·「義兵將林愷馳報，曳橋被擄人鄭成斤率妻子來到，言內被擄人等近欲全數出來，蓋傳聞日本有戰伐之變，至於秀吉已死，行長以事越往泗川，曳橋撤陣，當在行長還陣之後云。」（一〇三・五）

九月戊予，政院啓曰：「以近日各陣所報料之，倭賊的有撤回之形，我之乘勝進取，正在此時。」（一〇四・六）

案倭兵撤退之頃，當懼抄襲，故朝鮮政院乘機進取之議，自予以極大威脅也。眤實錄載綎進兵南原，先與倭議和：

戊戌九月巳丑，右議政李德馨馳啓曰：「劉提督已到南原，行長送書求和，要欲相見，提督覽書多有喜色，曰：俺計可得成云云。蓋觀提督之意，託以講和相見，投策乘機，欲以捕獲，提督之計，出於危道，不勝悶慮。」（一〇四・七）

戊申，右議政李德馨馳啓曰：「十一月二十日，行長欲與劉提督相會，提督以旗牌王文憲假稱提督，虞侯白韓南假稱都元帥，方欲相見之際，天兵巡先

放砲，行長大驚，走入窟穴，盤果麵肉之物狼藉於曳橋十里許，天兵一時進薄賊窟，舟師亦趁時來泊曳橋前洋，賊氣已奪，不爲出戰，天兵氣勢堂堂，勦賊似易，時方造器械打柴木，以爲攻城之計矣。」（一〇四·三七、八）·

此卽綎傳所謂僞爲講和，藉以誘執行長者，其眞僞之情形如何茲不論，惟據上述，行長之所以逸去，以綎布署不周，逗先放砲之故，非盡因部卒之預洩其謀也·

後來四路進兵，明史極炫其戰績，實則除水路以外，皆無功，茲分述之。旴實錄記東路麻貴之師：

戊戌九月壬子，麻提督接伴使李光庭馳啓曰：「島山賊勢浩盛　，　提督似有難色，二十二日夜，賊倭出來夜驚，唐兵五名被殺，一名被擄矣。溫井之倭，則天兵焚蕩，斬三十餘級，被擄人一千餘名招諭出來云。」（一〇四·四九）

十月甲寅，麻提督接伴使李光庭馳啓曰：「提督自內城退遁之後，頗有畏怯之意，方欲退陣慶州矣。」（一〇五·四）

壬戌，麻提督接伴使李光庭馳啓曰：「提督聞中路之敗，欲退守於慶州，步兵則已爲發達，不勝悶慮事。」（一〇五·一三）

壬申，慶尙道觀察使鄭經世馳啓曰：「初四日，麻提督步軍輜重器械盡數撤還慶州，只留騎兵。初六日，提督行軍自垂火村十里許新院移駐，此後之計，未知何出兵矣。」（一〇五·一七）

案時中路董一元兵敗東陽，貴畏怯退慶州，後來倭兵撤退，猶遺嫚書相辱（見旴實錄戊戌十一月乙酉，明史遺傳謂其數戰有功，趙南星贈序稱其擄獲無算，（味檗齋集七）揆諸鮮人記載；皆非實。

同書復記中路董一元之師：

戊戌九月丁未，軍門都監廳以堂上意啓曰：「董提督已於二十日進兵晉州，賦徒盡棄牛馬器械，走向昆陽泗川之路，只斬七級，被擄人四百餘名刷還，一面入守晉州，一面追擊事。」（一〇四·三六）

十月丙辰，董提督接伴使李忠元馳啓曰：「進兵泗川，賊徒四百餘名，棄城走入新寨，天兵及我軍所斬八十餘級，盧遊擊（得功）中九致死，賊屍中有著錦衣者，降倭認曰：此乃泗川陣副將倭也云矣。」（一〇五·七）

壬戌，慶尚道觀察使鄭經世馳啓曰：「董都督初二日入攻新寨之賊，打破城門，方欲入攻之際，茅遊擊陣中火藥失火若黃發救，倭賊望見，開門突出放砲，天兵追遁致死者幾千餘人，軍糧二千餘石，亦不爲衝火而退，伏屍盈野，兵糧器械狼藉於百三千里地，提督退還星州殼欲更聚，軍無寸兵，束手無策事。」（一〇五·一三）

戊辰，董提督揭帖：「昨藉威庇，得破望晉山泗川諸寨，繼攻沈安道，不期各寨餘孽盡投歸併，而水陸援機皆至，雖然四集，我兵力攻，已有成效可期結局矣，不意天不從人，我兵砲藥一齊次發，燄焰一閃，而倭卽乘烟突出，混戰良久，彼此皆有損傷，暫退息兵，以圖再聚」。（原注：「泗川之敗，提督之軍過半致死，資糧器械，盡爲賊有，提督僅以身免，今乃曰彼此皆有損傷云，則其虛張誇誕之習，至此可見。」）（一〇五·一七）

據此，董一元之進兵泗川，斬倭僅八十餘級，此是小捷，新寨之敗，則損師七、八千，軍械糧餉不計其數，是誠大敗矣，明史一元傳朝鮮傳雖亦載泗川（原誤州）失利事，然所因襲史料大半直接間接取材於一元等「虛張誇誕」之詞，其慘敗程度，非與朝鮮記載對證，固不詳悉也。（後敵退，一元入東洋倉，僅斬留倭兩級。）

吡實錄記兩路綎兵攻曳橋：

戊戌十月甲子，右議政李德馨馳啓曰：「劉提督初二日攻城時，諸軍前進城下六十步許，賦之銃丸如雨，提督終不偃旗督戰，吳副總廣兵苦待大將號令，或有入橋車而圍睡者頗多，於是潮水漸落，水兵亦退，倭奴見陸兵不卽齊進，越城直下前攻廣兵被殺二十餘人，廣兵驚退百步，各營之氣已泪。當日所爲，有同兒戲，旣不督進，又不捲回，使各兵立過半日，徒引賊之鉛丸，提督所爲，殊不可曉。初三日，水兵乘潮血戰，大銃中行長房屋，倭人驚惶，俱就東邊，若從西邊進入，則城可陷矣。金睟排門請戰，提督有怒色，終不動兵，城上有女人呼曰：此時倭賊空虛，天兵速入云云。機會如此，而紬手差過。提督行事正如奪魄之人，將卒皆輕侮，適見泗川敗報，事情已亂，決意退兵，尤爲痛泣。提督之與水兵不協，則爲因初有爭功之心，而終乃處事益錯，尤不勝

痛泣。」(一〇五·一五)

右議政李德馨馳啓曰:「提督乘夜捲退,軍兵散亂,自倭橋(曳橋亦名倭橋)至順天,白粒狼戾道上,倭橋餘糧尚有三千餘石,并令焚燒,未燒者未免資於賊手。退軍時,舟師則乘潮而進,欲爲攻城之狀,今此之舉,我兵幾一萬數千餘名,攻城諸具,觀瞻極盛,不得攻毀城一面,反爲所侮,爲賊所資,歸而不勝痛心。」(同上)

又朝鮮中興志萬曆二十六年十月:

綎與陳璘約明日夜攻,璘及期,乘潮急攻,而綎不出兵,但鼓譟相應。璘軍以爲陸兵已入城,爭先騰進,自初更戰至二更,李舜臣以潮退白璘,璘意氣方銳,督戰益急,曰:「今夜盡賊乃還。」夜潮忽落,天兵船二十餘艘,一時膠淺,賊出兵圍擊,盡焚之。是夜賊城幾陷,行長所居屋三中大砲,賊悉聚東北面,奔走聚戰,岸上兵望見水兵千砲沸海,火光中劍戟競發,莫不踴躍思奮,而被擄人又越城奔告曰:「此面空矣。」李德馨權慄馳詣綎帳,亟請投入,綎不從,軍中憤嘆!璘大怒,馳入綎營,手裂帥字旗,責以心腸不美,即具咨軍門,綎面色如土,但叩胸呼嘆,歸咎諸將而已。綎既攻城不克,又聞中路敗報,乃議退兵,李德馨力止之,綎佯許,而先令權慄撤兵遂焚營繼退,遺棄甲帳牛馬無算,失軍糧九千石。是日,舟師乘潮而進,則岸上軍已空矣。

朝鮮以銳意復讎,故力促進兵,其訴綎之遲滯迂緩,或雜感情作用,惟綎與陳璘交惡,水陸兩軍爭功忌妒,不能配合作戰,則是事實,而綎倉皇夜退,糧械資敵,貽誤尤深。同書又載:

戊辰十一月癸未,宣傳官許墺啓曰:「臣齎有旨馳往南原富有倉,得聞天兵初退時,賊疑怯不出,所棄資糧器械及各營帳目亦不輸入,過四五日後,始撤木寨,加設於窟外,且作一旗,白質赤畫,來植于順天中路,其書大概:糧器齟齬,而天朝及朝鮮遺我以軍糧,助我以器械,多謝云。……提督帶來遼陽一娼婦,而又有我國女子出自賊窟,來到吳副總營中,提督聞其美,亦致之,皆著男服,隨行麾下將士皆有憤怨之志云。(一〇六·一)

史臣曰:「……劉綎簡膺帝命,出征萬里,身率三軍之衆,而對賊一舍之地,

成敗存亡，決于呼吸，而遼陽娼婦，賊營妖姬，尚在左右，則宜乎軍情憒悗，莫有鬪志，曾未交兵，先自奔北，喪旗亂轍，莫可收拾，終乃甘言乞和，賂物質人，則其貽悔於兇賊，取譏於外藩，而負皇上委遣之命者爲何如哉！」

（仝上）

案賂物質人爲議和傳聞之訛，要之，倭在曳橋雖徼倖致勝，疑懼實深，綖以漁色旁鶩，故失戰鬪能力。

至其最後進佔倭橋，亦非由攻戰而得，昭實錄戊辰十一月壬寅：

南以信以軍門都監言啓曰，卽刻西路塘報，以紅旗馳到衙門言之曰：「本月十九日巳時，大兵進攻倭橋，賊衆上船遁去之際，水兵截殺，燒破賊船五十餘隻，沈安道亦來救援，而爲我兵所殺云云。」（一〇六・一三）

甲辰，左議政李德馨馳啓曰：「本月十九日巳時，曳橋之賊專欲撤渡，劉提督馳入其城，城中只有我國人三名，牛馬四匹矣，遙聞南海大洋砲聲震動，此必水兵接戰而不得詳矣。」（一〇六・一三）

綖入曳橋，僅餘鮮人三名，牛馬四匹，則是已成空城，自無需作戰。同書是年十二旦壬申，載綖致朝鮮國王書：「本府督押四路官兵於夜半直抵行長城下，三面攻打，至於寅時，以草包土，塡塹而上，內外夾攻，倭寇以爲從天而下，抵敵不住，俱往海邊，無船不能追，斬一百六十級，獲衣甲等物。」（一〇七・二一）　案此事本不實，惟據其自述，不過斬首百六十級，後所以轉成大捷者，同書具載其原委：

三十三年（萬曆二十七年）己亥，二月壬子，李憲國曰：「倭橋行長半夜撤遁，翌日，劉提督始爲入據云矣。」上曰：「賊退城空，雖小兒可以入據。」上曰：「昨日子聞邢軍門劉提督播會征伐時事，極可畏也。今者兩爺又爲欺罔朝廷，我國則直奏，是似摘發欺罔之狀，奏本雖不上達，彼旣見其草，事極難矣。」李國憲曰：「軍門覓草極怒云矣，劉提督若發怒，則極爲可慮。」上曰：「兩爺前日攻楊應龍，欺罔朝廷以結局，上本幷蒙褒陞，而楊也復判，科道參云：軍門前旣欺罔，今東征之事亦如此也云矣。」……李山海曰：「劉提督受命討賊而終不討賊，反與之和，無狀之甚也。賊退之後始入，

毀破城壕，若陷城然，掘屍斬頭，若獲得者然，欺罔朝廷，至於此極。」李德
馨曰：「劉將當初進圍曳橋，十五日而退兵，劉將甚悔，及賊退之後，巡審賊
城，則知其難陷矣。」上曰：〔形勢何如？〕李德馨曰：「曳橋有山陡起，兩
邊濱海，一而連陸，城築五周，雖陷外城，內城又有，決難陷矣。且賊之家
舍，自外見之，則似無一家，入內巡審，則不知其數矣。」（一〇九·五·六·七）
丙子，上幸周都司敦吉館（原注：「劉綎中軍。」），敦吉曰「劉大人血戰之
狀，中朝市政（原注：「謂王士琦」）貴國陪臣皆所目見，今聞貴國詆毀劉大
人，是何故也？……倭橋之圍，都部親犯矢石，晝夜不懈，手足胼胝，行長智
窮力竭，乘夜而遁，都部之功豈云少哉。……僕非敢爲督部鋪張，憫其勤勞如
此，而終未免毀損威名，故敢以都部之意爲國王陳之。」（一〇九·二二·三）
史臣曰：「劉綎圍盪行長，朝暮且拔，而潛通使价，陰主稱廢，使狡酋未擒，
揚揚渡海，綎何功之有！乃發新葬之屍，毀無罪之民，假成首級，其計豈不參
哉！及其情迹漸露十目難掩，則反欲歸過于我國，開陳難處之端，以爲脅制之
計，是以巧而拙矣。」（一〇九·二三）
四月庚午，李德馨曰：「唐將所爲多無理，倭橋之戰，劉綎盪攻城之狀，又成
一册，頌其功德，印結軍卒，使之廣布於中朝。」（一一一·一九）
是曳橋城險守固，絕難攻取，其所以致茲奇捷，不過發新葬之屍，毀無辜之民，
師平播攘功之故智及臨張誇誣之宣傳而已。時綎反對黨吳宗道等毀爲賂敵嬝和，
雖不可信，然綎將以曳橋收復，由血戰得來，則絕對予盧，惟以遠在異國，功罪難
詳，故中國史書每炫其勳績，明史亦謂綎攻栗林曳橋，斬獲多，殆直接間接爲此僞
造捷書所欺蔽也。
　　時遜擊敵兵，鼓勇奮戰者，似僅有水軍，明史陳璘鄧子龍朝鮮等傳雖各有記
載，然較爲隔閡，參以李昑實錄則詳盡矣，如：
戊戌十一月乙巳，軍門都監啓曰：卽者陳提督（璘）差官入來，曰：「賊船一
百隻捕捉，二百隻燒破，斬首五百級，生擒一百八十餘名，溺死者時未浮出，
故不知其數。」（一〇六·一四）
戊申，左議政政李德馨馳啓曰：「本月十九日，泗川南海固城之賊三百餘隻，

合勢來到露梁島，統制使李舜臣領舟師直進逆戰，天兵亦合勢進戰，倭賊大敗，溺水致死，不可勝計。倭船二百餘隻，敗沒死者累千餘名，倭屍及敗船木板兵器衣服蔽海而浮，水爲之不流，海水盡赤，統制李舜臣及加里浦僉使李英男樂安郡守方德龍與陽縣監高得蔣等十人中丸致死，餘賊百餘隻退遁南海，留窟之賊，見賊船大敗，棄窟遁歸倭橋，糧米移積南海江岸者，并棄而遁去，行長亦望見倭船大敗自外洋遁去事。」（一〇六・一七）

己亥二月壬子，上曰：「行長如是據險，何以退遁乎？」李德馨曰：「蓋毀水兵而退遁矣，水兵連日血戰，唐船體小，若於大洋中則不好，而其於出入小浦，放丸用劍，極其精妙，二十八日之戰，倭屍不知其數，初三日之戰，倭死亦多，小臣登高見之，則行長之家在於東邊，唐火箭落於其家，西邊之倭全數束走救火，若於此時陸兵進攻，則可得成事，臣招李億禮請於劉提督曰：「此時可以進擊云，則劉覺不從矣。」上曰：「不入之意何意也？」李德馨曰：「劉綎每言楊鎬不解用兵，多殺軍兵，俺欲不殺一人而蕩平賊突云矣，大概有必勝之勢，投怯不入云矣。」……上曰：「水兵大捷之說，恐是過重之言。」李德馨曰：「水兵大捷，則不是虛言也，小臣遣從事官鄭轂往探，則破毀船木板蔽海而流，浦口倭屍積在不知其數，以此見之，可知其壯捷也。」（一〇九・六・七）

丁巳，上幸陳都督璘館，……璘曰：「方賊圍把時，俺船懸鼓先登，鄧子龍李舜臣二將左右挾攻，二人皆爲賊所斃，而俺冒死直前，不動聲色，幸免其敗，此亦數也。」上曰：「順天之賊，其數幾何？」璘曰：「賊可二萬有餘，而生還者僅十餘隻，賊之所持者烏銃，而我以丸銃撞破其船，故兇賊不得抵當，所以敗也。適以無風，未得追擊，俺尚有餘恨。」（一〇九・一四）

案璘言或涉浮誇，惟統觀上引各條，則其戰功終不可沒，蓋華船雖小，動作便捷，故能「出入小浦」，所至有功也。

（四） 邢玠萬世德戰功考實

時領兵最高將領爲經略邢玠及經理萬世德等，明史雖不爲立傳，他書每渲染其

功，如李光元市南子六太保邢公東征奏議序：

……迄至（朝鮮），視諸軍，別海陸之長技，三分之以當倭，三帥相機戮力，所擣必獲，時國家雖一意戰，而先是異議者猶煽處其中，……公以是常幾晝夜立計，賊不滅，即不生入關。……果賴主上神聖，不搖羣議，軍聞至，輒慰勉，繇是司馬得愈益自勵，料敵設奇，應不寧息，軍騎之師窮險，樓船之卒暴海，倭故多變，至是乃數窮，積聚所在見焚，援餉來，悉爲我斷其道，三師之爲，亡於鋒鏑之間，計盡不能支，迺潛舟載輜重去，豈惟新寇，釜山百年之倭盡爰驅除，偉矣哉！

又馮琦宗伯集十二賀大司馬邢公平倭奏凱序：

公以一將軍麾清正，以水兵圍行長，石曼子率諸路倭來援，公授諸將方略，邀擊，大破之，石曼子殲焉，禽僞九州都督正成，先後斬首五千級，倭赴海死者無算，海上之倭迹如掃矣。

又光緒益都縣志三十邢玠傳

（萬曆）二十六年，倭酋石曼子率諸路兵來援，玠遣都督陳璘邀擊，大破之，前後斬首五千級，焚其舟九百，墮海死者無算，渠帥清正行長僅以身免，鑄銅柱紀功釜山，朝鮮人爲建祠繪像祀之。

似玠排衆難，任鉅艱，一意主戰，始收用兵之效者，惟揆以上擧朝鮮記事，除水師大捷，餘均無功，且此捷之所以造成，爲陳璘等督導力戰所致，玠僅雍容備位而已。眎實錄載玠冒功事：

己亥正月丙申上曰：「予以爲軍門（邢玠）寬厚長者，及見草記，無理之甚也。欺罔天朝自以爲三路征勳，軍門如此，其他武夫不足責也。」（一〇八・一四）

二月壬子，上曰：「軍門所爲，無足可觀，欺罔朝廷，無所不至。」（一〇九 五）

「草記」即玠冒功上奏之疏稿，或爲市南子等書之所從出乎？又奏凱序及縣志皆謂生擒倭將平行成，神宗實錄亦載之，知亦出自邢疏，惟此事日本史籍不載，眎實錄復記：

戊戌十二月乙丑，軍門都監啓曰：即劉軍門招譯官李海龍言曰：陳都督揭

帖，前日生擒將倭，推問則<u>正成</u>部下人，而問<u>正成</u>燒死乎？溺死乎？答曰，未也。更問他倭之時，將倭又爲輦致，則諸倭皆合手尊敬，怪而問之。「你何以尊敬此倭乎？」諸倭曰：「此乃<u>豐臣正成</u>。」當初<u>正成</u>或燒云或不死云，而今乃生擒，且其人長大，容貌不凡，似是<u>正成</u>無疑。（原注：「<u>豐臣正成</u>賊將中兇狡有勇智者也。<u>蠶梁</u>之戰，<u>正成</u>燒死溺死之言，巳是誑說，而今乃以諸倭之尊敬，容貌之不凡，而認以<u>正成</u>，謂之擒大將，自以誇大，旣奏天朝，又瞞藩邦，其好功無恥之智，至此而極矣。」）（一○七·一四）

是生擒<u>正成</u>爲<u>玠</u>方一面之詞，<u>朝鮮實錄</u>則以爲僞也。

<u>益都縣志</u>謂鮮人爲<u>玠</u>建生祠，而<u>咉實錄</u>記：

戊戌十二月壬戌，軍門都監啟曰，今日中軍介譯官<u>李海龍</u>傳言，「前日<u>宋應昌</u>出來時，你國歌謠頌德，或爲<u>李提督</u>（<u>如松</u>）設生祠堂，……今日之事大異於前日，倭賊盡去，疆域乾淨，頌德等事似當舉行，而生祠堂亦趁老爺未還之前，雖草草營立，則其于待老爺之道，不亦有光乎？」（一○七·十一·二）

是建祠出自<u>玠</u>之諷示，<u>玠</u>有戰蹟圖，紀行詩遍徵東國名士題詠，當亦此類，實則此等感恩稱頌，豈其本衷。<u>咉實錄</u>復載<u>聲盡買維鑰</u>所撰<u>釜山平倭銘</u>，當卽縣志所謂銅柱紀功者，惟文後載史臣評語曰：

古者立碑必名有可述，功有可紀，然後爲之，故世彌久而功宜，身逾遠而德邵，何者，<u>杜預</u>之碑，<u>馬援</u>之銅柱是也，攷天將等擁兵一隅，坐視倭奴揚波渡海，而虛張名譽，至欲刊石銘功，欲使萬世流名，其爲無恥至此極也。（一一八·三）

然則譸張誇功，僅足欺蔽國內，<u>鮮人</u>固知其眞實之底蘊也。

<u>茅世德</u>以勇悍聞，<u>明代</u>史家文人之稱頌贊美者不勝舉，惟<u>咉實錄</u>中多微辭，如：

戊戌十一月辛亥，經理都監啟曰：「<u>茅都爺</u>（<u>世德</u>）先聲素有勇，多大略之譽，雖<u>楊經理</u>（<u>鎬</u>）亦每稱道其雄才偉器，喜立功名之士，而自過江來，絕無謀歃興作之事，專以慈祥恬默爲主，大異於前日所聞，固不可以尋常淺見臆度大人之景，而亦可想見其大概也。」（一○六·二○）

己亥二月壬子，上曰：「經理（萬世德）何如人乎？」沈喜壽曰：「性似純善，而殊無所爲之事。」李憲國曰：「遼東有老嫗謂我國人曰：你國何以苟歸，蓋楊鎬則善於檢下，一路無弊，萬經理不能檢下之故也。」沈喜壽曰：「經理……無威風，人皆不畏矣。」上曰：「予以爲無用之人也，且禮單一不辭讓，天朝人相接之時，禮單不可廢也，但小無辭讓之心矣，楊經理則一不受之。」沈喜壽曰：「臣以文房所用之物呈之，皆受不辭矣。」（一〇九·八）

八月辛丑，經理接伴使沈喜壽啓曰：「經理性寬緩，少法度，許多門下將官無所顧忌，且以歸期不遠，人各有求請之事，形形色色，徵索百端，雖以平時物力亦所難當，況今日之事乎？例送銀子少許，討出十倍價重之物，無訊莫甚，或送帖哀懇，或對面迫脅，備諸醜態，無所不至，郞僚受辱，色吏被棍，前後相繼，有難形言。」（一一六·二四）

據此，則世德蓋一器識凡庸，貪財縱下之將，何戰功之有。予考東征諸將，以李如松楊鎬爲首功，如松平壤之捷，追敵退還王京，鎬島山之戰，使倭離去朝鮮，若萬曆二十六年之勝，不過耤島山之餘威，值秀吉之老死而已。

關於諸將冒功，中國史籍亦偶有記載者，如陳繼儒眉公集七答夏彝仲書：「劉綎六千，僥倖關內之自斃而後已」。又董其昌容臺集六箏斷：「萬曆二十七年二月十九日，吏科給事中陳維春一本。職按倭以平秀吉之死，因而惰歸，非戰之功也，丁應泰以爲邢玠等之賂倭，科臣又以爲丁應泰之黨倭，皆非篤論」。案眉公廣接當時士夫，玄宰博參故案文集，而皆謂倭自動撤退，非邢劉戰功，此類史料修明史時或亦見及，檢明史稿二一二石星宋應昌顧養謙孫鑛邢玠等傳於諸人之主和誤國，因循委蛇，記載甚詳，史稿爲纂修明史底本，是館臣於當日情實非不之知，惟史稿朝鮮傳於此等處則略加削減，明史據之，更有隱諱（如記李宗誠楊鎬事），經此兩次改寫，故以明史朝鮮傳與史稿石星等傳比，兩書之距離遂甚遠，明史爲前後一致，石星等傳不得不刪去，今以明史二二八與史稿二一二較，兩卷大半相同，因襲之痕迹亦極顯，明史所缺三千餘字，僅與東征有關諸傳而已，然則館臣刪削，實因迴護，今爲探求史事眞相，自可復案重翻，但先民之居心用意亦不可不知也。

民國三十三年七月十四日脫稿於四川南溪李莊

出自第十四本（一九四八年六月付印，一九五九年十一月重印）

李如松征東考

王 崇 武

（一）平壤之戰

萬曆二十年，日本侵據朝鮮，鮮王李昖告急於明，初、先鋒祖承訓等奉命往征，以輕敵致敗，游擊史儒等死之，此役日本之誇張記載雖不可信，然師覆將殲，軍心喪沮，故次年提督李如松平壤之捷在振作士氣上極有意義，明史貳叁捌如松傳記：

（萬曆二十年）十月，如松至軍，沈惟敬自倭歸，言倭酋行長願封，請退平壤迤西，以大同江為界。如松叱惟敬憸邪，欲斬之。參謀李應試曰：「藉惟敬給倭封，而陰襲之，奇計也。」如松以為然，乃置惟敬於營，誓師渡江。二十一年正月四日，師次肅寧館，行長以為封使將至，遣牙將二十人來迎，如松檄游擊李寧生縛之，倭猝起格鬭，僅獲三人，餘走還。行長大駭，復遣所親信小西飛來詗，如松慰遣之。六日，次平壤，行長猶以為封使也，竚風月樓以待，羣倭花衣夾道迎，如松分布諸軍，抵平壤城，諸將逡巡未入，形大露，倭悉登陴拒守。是夜，襲（李）如柏營，擊卻之。明旦，如松下令諸軍無割首級，攻圍缺東面（茅瑞徵萬曆三大征考作「東南面」。），以倭素易朝鮮軍，令副將祖承訓詭為其裝，潛伏西南，令游擊吳惟忠攻迤北牡丹峯（茅考作「令吳惟忠攻牡丹峯，取西南」。），而如松親提大軍直抵城下，攻

其東南。倭礮矢如雨，軍少卻，如松斬先退者以徇，募死士援鈎梯直上，倭方輕南面朝鮮軍，承訓等乃卸裝露明甲，倭大驚，急分兵捍拒，如松已督副將楊元等軍自小西門先登，如柏等亦從大西門入，火器並發，烟燄蔽空，惟忠中礮傷胸，猶奮呼督戰，如柏馬斃於礮，易馬馳，墮塹，躍而上，麾兵益進，將士無不一當百，遂克之，獲首功千二百有奇，倭退保風月樓，夜半，行長渡大同江，遁遝龍山，寧及參將查大受率精卒三千，潛伏東江間道，復斬級三百六十，乘勝逐北，十九日，如柏遂復開城，所失黃海平安京畿江源四道並復。

是平壤之戰至激烈，而賴襄日本外史則以爲平壤圍城，純因如松行間，行長退守牡丹臺，明兵攻者死傷數千人。其最後撤兵，不過以日本之援軍不繼而已。至明方記載，亦間對如松有微辭，後因其不再進戰，尤爲時論所不滿，故平壤克復在萬曆二十一年正月，迨次年九月始宣捷敍功，但反對之聲仍繩繼不絕（見神宗實錄），然則其真相如何，固亟待證明者。

時宋應昌爲禦倭經略，所著經略復國要編，於任內之戰功籌策，紀敍綦詳，中載平壤攻城事甚悉，茲揭舉兩則以示例，卷伍致參軍鄭文彬趙汝梅書：

> 倭奴鳥銃甚利，仰城公（李如松）并乃弟（如柏）肯以身先，一中馬腹，一中盔頂，不佞聞之，極爲嘉美，又極驚訝，蓋昆玉爲國忠心，雖艱險不避，而不佞事屬同舟，誼如骨肉，私衷不得不懸懸也。

同書柒辨楊給事疏：

> 攻城時，李如松彈中馬倒，李如柏彈中盔穿，百死一生，彼兄弟者猶能奮不顧身，鼓衆卻敵，乃誣傳者徒以妬臣之故，掩其百世之功，忍矣。

案應昌與如松交惡（詳後），李爲宋之部屬，要編之渲染戰績，固爲誇張己功，然特標李氏昆仲之冒彈攻城，足見其奮力。

又朝鮮宣祖李昖實錄記平壤戰事更詳，茲擇錄如次：

> 二十七年癸巳（萬曆二十一年）正月丙寅，初、李提督如松領兵三萬，以副總兵楊元爲中協大將，副總兵李如柏爲左翼大將，副總兵張世爵爲右翼大將，副總兵任自強祖承勳孫守廉查大受參將李如梅李如梧方時春楊紹先李芳

春駱尙志葛逢夏佟養中遊擊吳惟忠李寧梁心趙文明高徹施朝卿戚金沈惟高昇錢世禎婁大有周易王問等諸將屬焉。壬辰（萬曆二十年）十二月二十五日渡鴨綠江，癸巳（二十一年）正月初五日，駐劄于順安縣，先遣副總兵查大受約會倭將於斧山院，平壤賊將平行長令其裨將平後寬往迎之，大受擎致于提督軍中，夜，賊數名見機而逃，衆軍追殺之，仍堅鎖平後寬。初六日曉，提督進諸軍，抵平壤城下，部分諸將，圍住本城，豎白旗，審曰：「朝鮮軍民自投旗下者免死。」倭賊出一千餘兵據城北牡丹峯，建靑白旗，發喊放炮。又分軍約五千餘名，自北城至普通門，擺立城上，前植鹿角柵子，擁楯揚劍，其中大頭兒領勁兵數百餘名，立大將旗，吹螺鳴鼓，巡視城上，指麾諸賊，提督出一枝兵由牡丹峯上，佯若仰攻者，然賊乘高下放鳥銃，衆軍引卻，賊踰城出追，天兵棄鐵盾數十面而去，賊爭取之，天兵回擊之，賊入城。晡時，提督鳴金收軍還營。是夜，賊數百餘名含枚潛出，來襲右營，天兵一時撲滅旗燈，從拒馬木下齊放火箭，光明如晝，賊遁還入城。初七日己未，三營俱出，抵普通門攻城，佯退，賊開門出追，天兵還戰，斬三十餘級，逐之及門口而回。初八日早朝，提督焚香卜日，傳食三軍訖，與三營將領分統各該軍兵環城外西北面，遊擊將軍吳惟忠，原任副總兵查大受攻牡丹峯，中軍楊元、右協都督張世爵攻七星門，左協都督李如柏、參將李芳春攻普通門，副總兵祖承勳、遊擊駱尙志與本國兵使李鎰、防禦使金應瑞等攻含毬門，諸軍鱗次漸進，望見冰路馬跑，飛屑雜塵，如白霧漲空。初日下射盔鎧，銀光燦爛，眩曜萬狀，奇怪奪目。賊亦於陣上多張五色旗幟，束長槍大刀，齊刃向外，爲拒守計。提督領親兵百餘騎進薄城下，指揮將士，俄而發大炮一號，各鎭繼而齊發，響如萬雷，山嶽震撼，亂放火箭，烟焰漲數十里，咫尺不分，但聞吶喊聲雜於炮響，如蜂閧鬧。少選，西風忽起，捲炮烟直衝城裏，火烈風急，先著密德土窟，赤焰亙天，延蔓殆盡，城下賊幟，須臾風靡，提督鼓諸軍薄城，賊伏於陣中，亂用鉛丸湯水大石滾下拒之，衆軍稍卻，提督手斬怯退者一人，巡示陣前，提督挺身直前呼曰：「先登城者賞銀五千兩，吳惟忠中丸傷胸，策戰益力。駱尙志從含毬門持長戟，負麻牌，聳

身攀堞，賊投巨石，擂傷其足，佾志冒而直上，諸軍鼓噪隨之，賊不敢抵
當，浙兵先登，拔賊幟，立天兵旗麾。提督與左協都指揮張世爵等攻七星
門，賊據門樓，未易拔，提督命發大炮攻之，炮二枝著門樓，擂碎倒地，燒
盡，提督整軍而入。諸軍乘勝爭前，騎步雲集，四面研死，賊勢縮迸入諸
幕，天兵次第燒殺幾盡，臭聞十餘里。賊將行長逃入練光亭土窟，提督命運
柴草四面堆積，將爲火攻計，已而七星普通等諸窟之賊堅守不可猝下，提督
會諸軍仰攻之，賊從中放丸，天兵僵屍相續，提督所騎馬中丸，諸將請提督
少退休兵。晡時，提督以賊窟難拔，衆軍飢疲，退師還營。使張大膳諭行長
等曰：「以我兵力足以一舉殲滅，而不忍盡殺人命，姑爲退舍，開你生路，
速領諸將來詣轅門，聽我分付，不但饒命，當有厚賞。」行長等回報曰：
「俺等情願退軍，請勿攔截後面。」提督許諾。其夕，令通官分付于平安兵
使李鎰撤回中和一路我國伏兵，夜半，行長玄蘇義智調信等率餘賊乘冰渡大
同江脫去。中和黃州一路連營之賊，聞平壤炮聲，先已捲遁，黃州判官鄭曄
截行長之後，斬九十餘級，賊饑窘甚，或入人家，或投寺刹，而被斬者又三
十餘級。至鳳山之洞仙峴，賊益疲倦，而黃海直路，絕無堵截者，渠魁俱得
全還。是日天兵當陣斬獲一千二百八十五級，生擒二名，幷擒浙江張大膳。
奪馬二千九百八十五匹，救出本國被擄男婦一千二百二十五名。初九日，提
督率諸軍入城，先酹陣亡將卒，身自痛哭，慰問孤寡。翌日祭箕子廟，始遣
先鋒諸將聲言追賊，至黃州而還。是戰也，南兵輕勇敢戰，故得捷賴此輩，
而天兵死傷者亦多，呼饑流血，相繼於道。（日本景印鮮朝太白山本卷三
四，頁一三、四、五）（又請參考同書是月甲子尹根壽、柳成龍啓。）

自正月初六至初八，如松躬督力戰，迄未少衰，故能於三日酣鬪之餘，將敵擊潰，
行長哀乞無爲邀截，膽怯張皇之態可想見。後如松碧蹄館敗，日反退還王京，固因
遭值疫癘，然與此次之慘敗教訓有關係，自是清正主戰，而行長主和者，或亦因
此。要之，平壤大捷無可疑也。

（二）碧蹄館之戰

明史如松傳續記碧蹄館之戰：

官軍既連勝，有輕敵心。（正月）二十七日再進師，朝鮮人以賊棄王京告，如松信之，將輕騎趨碧蹄館，距王京三十里，猝遇倭，圍數重，如松督部下鏖戰，一金甲倭搏如松急，指揮李有聲（茅考作「昇」）殊死救，（李）如柏（李）寧等奮前夾擊，如梅射金甲倭墜馬，楊元兵亦至，斫重圍入，倭乃退，官軍喪失甚多。

案復國要編辯楊給事論疏（參考李昖實錄叁陸癸巳三月辛未李如松辯疏。）：

……接邸報，伏覩吏科給事中楊廷蘭一本，……大都謂臣平壤斬獲倭級千餘，半皆朝鮮之民，碧蹄一戰，士馬物故者過半，據臣所報特十分之一，小勝則虛報爲大，大敗則隱匿爲小，提督明知之而扶同，經略明知之而緣飾。

又日本外史拾陸據倭方史料記：

如松初以火器襲平壤，一戰得志，謂和兵不足復畏，乃輕進，不具銃礮，以短兵接戰。我軍兵銳刃利，縱橫揮擊，人馬皆倒，莫敢當其鋒，我兵呼聲動天，遂大破明軍，斬首一萬，殆獲如松，追北至臨津，擠明兵于江，江水爲之不流。

科臣糾參，敵國記載，皆以此役爲大敗，並可與明史「官軍喪失甚多」之言相印證，而細究其實不如是，昖實錄癸巳二月庚寅（是月乙未柳成龍報告，辛丑尹根壽報告，甲辰李德馨報告略同。又成龍著有懲毖錄，記此役甚詳，可參看。）：

初李提督既拔平壤，乘勝長驅，正月初十日夜，入開城府，見本府士民饑饉，發銀一百兩，米一百石，令張世爵倭散賑救，牌催劉綖兵馬以爲進兵之計。二十六日，自臨津下流涉灘以過，進次坡州。（二十）七日早朝，欲親審京城道路形勢，單騎馳向碧蹄，時京城之賊尚有數萬，提督先遣查大受祖承訓等領精騎三千，與本國防禦使高彥伯遇賊于迎曙驛前，大受與彥伯縱兵急擊，斬獲六百餘級，諸將因此益輕敵，賊將聞其前鋒爲大受所破，悉衆而來，陣於礪石峴，大受見賊騎勢大，退屯碧蹄，賊分布山野，看看漸逼，提督方行路上，見彥伯軍官，詳聞賊勢，遂馳往碧蹄，路上馬蹶墜落傷臉。時南浙炮兵俱未及到，只有手下精騎千餘，提督卽麾已到之兵進陣於野，與賊

對陣，先放神機箭，初一交戰，賊少卻而已，見天兵小（少），左右散出，冒死突出，直衝中堅，天兵全無器械甲冑，徒手博戰，提督與手下曉將數十人親自馳射，勢不能支，麾兵四退，提督殿後而退，賊三千餘人直逼提督，提督且射且退，賊遂乘銳亂斫，天兵死者數百，李備禦馬千總皆死於賊，提督下馬痛哭，本國糧餉在碧蹄者散失殆盡。先是提督以糧餉不敷，中分其一半留鎮東坡，一半渡江，至是勢急，急遣人促召後軍，纔過甕巖，前軍已罷還矣。賊追至惠任嶺，望見大軍，不敢踰嶺，奔還京城。（三五、六）

又錢世楨征東實紀：

（萬曆二十一年二月）二十七日，候令調遣，辰時而令不至，遣人探之，提督公已率其家丁赴碧蹄矣。未暗，報馬馳至云：賊於前軍交撲，酣戰已久。頃之，提督公率其屬而回。是日兩軍互有損傷，亦得首一百六十有奇。三十日復收兵回開城，相持二十餘日，忽有倭奴夷二人自烏山擺撥馬，兵士逐之，擲書而去，如是者再，兵士以書呈上，書中意求封貢，其實恐吾兵之躡其後。而經略以王京險峻不可攻，且吾師久疲於外，不若遣沈惟敬嘉輿人而有口辨（以上七字疑爲注文。）因勢導以復王京，得寸則朝鮮之寸也。四月十九日，集大軍進逼，倭奴離王京，渡漢江而南遁，及軍濟，盡焚舟以斷後。

綜貫以上所述，如松先遣查大受等擊倭於迎光曙，已斬敵六百，碧蹄館役卽日本外史所謂斬級一萬者（又日方記載如黑田家譜朝鮮征伐記征韓錄等，皆謂如松率衆十數萬人，征韓偉略作二萬人。），實則如松所率不過千人，復無南浙炮手，倭以三千壓逼，相形見絀，然酣戰之後，殺敵百六十餘人，所傷不過數百，是並非大挫。故倭兵追至惠任嶺，遙見援軍，不得不遁去。後遞書乞和，過漢江，盡焚舟楫，皆恐明兵之躡其後，則如松之餘威猶在。世楨本南將，爲如松反對黨，此役南軍雖間有快意之談，而實紀態度忠厚，尚無宣傳戰敗之語，亦一有力反證。復國要編恢復平壤開城戰功疏所載如松揭報，雖偶有隱諱開脫處（如不言未攜火器），然大體論之，與上舉史文尙相去不遠，可資比較參訂也。

（三）退兵原因

（甲）天時

　　碧蹄館之役雖未大挫，然自是以後，李如松不前進追擊，沈惟敬議和之說又熾，故明朝詆毀封貢者皆致怨如松，因並擴大其失敗之狀，蓋不如是，似無以解其撤兵之故也。

　　實則當時撤兵原有其客觀之困難：考如松於萬曆二十年十二月至軍，誓師渡江，次年正月四日，抵朝鮮肅寧館，六日至平壤，圍攻三日，始克據之，乘勝南追，十九日復開城，二十七日有碧蹄館之戰，已屆正月下旬矣。長途跋涉，復經小挫，不得不休息整頓（如松過江後，幾次欲休息整頓，以趕路不果，見呁實錄壬辰十二月庚戌及癸巳正月壬戌條。），而朝鮮以節候差早，沼澤冰融，春雨既多，泥濘載道，如松所部多北兵，在此等氣候與地形之下自不適于作戰。茲將瀋陽與朝鮮各地之氣溫、雨量列表比較，則兩國間之相互差異，可不難考見也。

氣　溫　比　較　表　(℃)

地　名	一月	二月	三月	四月	五月	六月	七月	八月	九月	十月	十一月	十二月	全年	紀錄年代
瀋　陽	—13.0	—9.2	—1.0	8.6	15.8	21.7	24.7	23.6	16.7	9.0	—1.2	—10.2	7.1	1906—1929
平　壤	—8.2	—5.0	1.3	9.4	15.2	20.5	24.0	24.3	18.7	11.8	3.1	—5.3	9.2	1908—1929
開　城	—4.6	—2.0	3.2	10.7	16.1	21.2	24.6	25.5	20.0	13.1	5.1	—2.1	10.9	1908—1929
釜　山	2.1	2.9	7.0	12.3	16.3	19.9	23.8	25.6	21.8	16.8	10.1	4.1	13.5	1905—1929

雨　量　比　較　表　(m. m.)

地名	一月	二月	三月	四月	五月	六月	七月	八月	九月	十月	十一月	十二月	全年	紀錄年代
瀋陽	5.3	7.3	18.3	26.6	58.8	87.8	162.4	151.4	77.7	38.7	23.9	9.1	667.7	1906—1929
平壤	17.4	12.1	24.6	43.6	66.0	66.9	259.4	203.3	124.8	45.2	39.0	19.6	921.9	1908—1929
開城	30.0	21.5	38.1	75.3	81.6	128.8	376.3	267.7	118.8	39.9	45.0	25.9	1248.9	1908—1929
釜山	51.9	38.7	61.5	146.3	122.2	198.2	303.6	182.2	168.7	67.9	45.2	29.1	1415.5	1905—1929

　　此表承本院氣象研究所張寶堃先生代製，謹誌謝忱。

案此表記錄年代雖非完全同時，然其大體相差必不甚遠，仍可資爲比較之用，而以

今準古，亦必相去無幾也。據此，朝鮮氣溫較我東北略暖，且愈南愈甚。（董越朝鮮賦注：「予三月十八日自其國啓行，時棠梨花落殆盡，又行數日過鴨綠江，始見有初開者，蓋其南漸近東南，地暖故也。」可與此參證。）在春秋兩季之雨量亦較我東北爲多，亦愈南愈甚，通常地理書分朝鮮爲雨晴兩期，以陽曆十月至翌年三月爲晴期，自六月至八月爲雨期，實則在晴期之末，雨季未臨，即陽曆三四月頃，其雨量已漸多。而持此觀點以衡明兵之進退，則不難豁解也。復國要編叁報薊遼郝總督書敍應急圖進取之故：

> 夫提兵異國，天道沍寒，況主客既分，勞逸自判，詎非兵家所忌，豈敢貪功冒昧如此，第明旨屢頒，嚴切特甚，不乘冬底春初一圖進取，後日何以報命。

同書伍議取王京開城疏：

> 據提督李如松稟稱，平壤奔遁幷各散去倭賊倂集王京，約有一十餘萬，乘此屯聚之時，卽當攻剿，否則春融冰解，飄忽海洋，難於分擊。

同書敍恢復平壤開城戰功疏：

> 臣慮春風漸南，朝鮮地暖，正月初旬，時若季春，江河解凍，若不乘此屯聚進剿，恐其飄忽海洋，爲患甚大。

又李昖實錄壬辰十一月癸酉：

> 上將接見遊擊將軍沈惟敬，出御龍灣館。……遊擊出，上迎至廳，……上曰：「見兵部劄付，曰有講和之意，不勝悶迫，小邦與賊有萬世必報之讎，前日堅守五十日之約以待天兵，而今反有許和之意，以堂堂天朝豈可與小醜講和乎？」遊擊曰：「俺初以五十日爲限者，非爲倭也，只以道路泥濘，難于進兵，故欲待水田盡涸，秋穀畢收，然後方始舉事故也，今始許和，使賊盡還貴國男女玉帛及二王子，然後徐待大兵之至，一舉蕩平矣。」……上曰：「……南方之賊未能耐寒，勇氣已挫，失今不討，奄及春和，則非徒盡殲小邦之民，亦必有犯遼之患也。」（三二・一七、八）

案日人朝鮮征伐記謂沈惟敬以萬曆二十年陰曆八月二十九日至倭營，許以和親割地等條款，約定以五十日爲期，蓋藉此以待援師。惟總觀上舉各條，則華兵入鮮實有

一定之時限，卽在秋收冬凍以後及春雨未臨之前，惟敬語唝五十日爲限之故，在待水涸秋收（陰德太平記云，明之求和，實欲待鴨綠江冰堅，俾便越渡，非盡實也。）而其訂約之時，在陰曆八月底，然則此進兵之適當時期，約當陽曆十一月下旬之後，及次年二月底以前。在此期內雨量較少，倭性畏寒，亦易克制。宋應昌受命經略在萬曆二十年陰曆九月底，時將入冬，籌備期間已不充分，李如松自寧夏至軍在十二月初，平壤克復已在次年正月初八日（陽曆二月八日），故不事休息，卽積極進兵，迨二十七日（陽曆二月二十七日）碧蹄館之敗，則已漸入雨季。（朝鮮宣廟中興志記碧蹄館之役，倭誘如松入泥淖，使騎兵不得展，故敗。）夫明兵入鮮不外海陸兩路，明自鄭和以還，海師久不整練，難以遠征（後雖調陳璘等水兵助戰，終爲少數。），若遵遼左陸路，則冬季祁寒，行軍已感不便，迨渡越鴨綠江，又氣溫漸暖，瞬屆雨季，此實明兵平倭之最大困難也。（此意由讀陳寅恪先生唐代政治史述論稿太宗伐高麗節所啓示。）征東實紀載：「沿途解凍，淤泥濘滑，艱難萬狀」，雨季之艱阻正如是，尚可望其長驅深入乎？又復國要編於下雨之經過記錄甚詳，兹照時代先後，擇錄數則如後。要編陸報石司馬書（萬曆二十一年陰曆二月十二日，卽陽曆三月十四日。）：

> 倭奴屢敗，其膽已喪，似宜乘此進剿，但其衆頗盛，況天雨連綿，陸路泥濘，車馬難騁，糧餉雖陸續可到，而馬草缺少，因倭奴將開城等處周圍地草燒盡，不能措處，故馬多倒死，我兵久臥冰雪中，冷疫俱興，食死馬肉，疔毒又發，兵甚疲羸，是以近日分駐開城平壤便益諸處，調養休息。

又書（同月陰曆十三日，卽陽曆三月十五日。）

> 二月初一日，天雨兩晝夜，初三日微晴，初四、五日又兩晝夜，以致江水陡漲，行潦皆盈，泥沒馬腹，旣無浮橋，又乏船隻，大兵駐劄開城，稍俟天晴地乾，當議進剿。

又報王相公書（同月陰曆十六日，卽陽曆三月十八日。）：

> 天雨連綿，軍馬夜宿，盡在淋漓中，馬毛縮慄，弓角解散，是天時不在我矣。

同書柒報石司馬書（同年陰曆三月六日，卽陽曆四月五日。）：

　　昨平壤八道等處克倭之易，以天道寒冷，地不淖泥，軍火器械俱備，大將甫
　　臨，各兵新集，勇氣百倍，故軍不留行，一鼓下之無難也。今時則不然矣，
　　八道倭奴盡歸王京，近日咸鏡一併逃入，其膽雖寒，其勢實衆。且春時海
　　潤，作雨連綿不止，以致水畦浸漬，淹過馬腹，故爾分兵休養，其糧餉雖
　　足，但食味曾無入口，屋少兵多，露宿草野：馬皆倒死，兵皆疲弱，驅之殲
　　敵，必不能前，諸將意亟欲撤兵，待時後舉。

要編譏張倭兵之盛，皆爲後來退兵作伏筆，證以朝鮮紀事多非實，惟以天雨泥淖，
無法行軍，則李昖實錄亦有記載，頗可與此相參究也。昖實錄癸巳二月辛丑（陰曆
十六日，卽陽曆三月十八日。）：

　　（楊）元曰：頃者連日下雨，道路泥淖，其深沒膝，馬不得馳突，今若直進，
　　則必多折傷，軍馬當分餵於平壤等有糧草各處，步兵則防守開城坡州等地，
　　待糧草積峙，道路亦乾，又待後頭兵馬，方可進勦。

時在陰曆二月中旬，陰霾之餘，至泥淖沒膝，繼此以往，雨量更多。此爲如松不得
不急撤之故，後倭兵促處慶尚忠清諸道，地益近南，氣溫愈暖，雨量亦愈多，故凡
較大戰役必於冬季發動者亦以此，所謂天時之限也。

（乙）地理

朝鮮世宗李裪實錄地理志記京畿土地分水田旱田兩種：

　　墾田二十萬三百四十七結，（原注：「旱田十二萬四千一百七十三結有奇，
　　水田七萬六千一百七十三結有奇。」）厥賦稻米（原注：「有粳米，白米，
　　細粳米，粘粳米，糙米。」）稷米豆……（一四八‧五）（朝鮮賦注：「盡
　　一牛之力，畊四日之地，爲一結」。）

王京一帶水田旣占三分之一強，而如松所部多北方騎兵，馳馬利於平衍，冰凍期
間，可飛騁無阻，正月初八日平壤之戰，「冰路馬跑，飛屑雜塵，如白霧漲空」。
（見前引昖實錄）知騎兵此時頗有用，但至春暖冰融，則完全失效。況以地氣不
適，因致人病馬斃者，更不能作戰矣。茲更略引史文，說明如次。復國要編陸檄李
提督：

　　訪得王京一帶地方，道旁皆係稻地，卽今天氣融和，冰解土滑，戰馬不便馳

騁。況我兵深入，糧芻未集，王京等城倭奴占據，且客兵遠道，衆寡不敵，相應酌議進止，除一面催促遼兵幷劉綎等兵馬前來協濟外，牌仰平倭提督卽同各將領選擇便宜去處，暫行屯劄，多差的當官軍哨探倭奴情形，催倂芻糧兵馬齊集，果有機會可乘，方行攻進，儻泥濘不便，不妨另作區處，愼勿草率輕進。

又報王相公書：

王京山路，田僅一二尺，平地泥淖，車馬不留馳驟，是地利不在我矣。千里追奔，累戰力疲，疫氣流行，馬死千匹，糧草運艱，且乏鹽菜。

又議乞增兵益餉進取王京疏：

據報稱王京進（近）城，四面山林叢密，平地悉皆稻畦，時多春雨連綿，泥水深陷，僅以一線小徑，不能並馬，車步官兵，不便安營。且各道倂集王京及對馬島續來倭賊共約二十餘萬……等因……今欲乘勢進攻，而彼衆我寡，彼逸我勞，山險崎嶇，春雨地濘，千里饋糧，師不宿飽，是未可以倉卒進也。

李昖實錄癸巳二月：

庚寅，時天兵遠來疲敝，又有馬疾，戰馬死者至一萬二千餘匹，及碧蹄之敗，死傷甚衆，已而清正還是咸鏡道，合陣於京城，賊勢益盛，提督因此不敢爲再舉之計。（三五·六）

乙巳，引見接伴使……平安道監司李元翼，……元翼曰：「……前於祖總兵處細問之，則騎兵只用短刀，步者以長槍觸之，賊於水澤山谷間亂走以戰，騎兵路險不能追戰，步兵隨後擊之云矣。」……德馨曰：「北兵謂朝鮮多水田，不可馳突，故欲分兵遼右，以待秋冬地凍，然後征之。」上曰：「舍騎軍而南兵可獨當耶？」元翼曰：「南兵只有三千（實不止此數），若加一萬，則可以成事，吳惟忠每言：若加二萬兵，則使國王在陣後亦無患矣。」（三五·一二八、三九）

是朝鮮地勢殊不適於北人作戰，尤以騎兵爲然，時雖有南兵，然數量較少，不亟撤退，有覆沒之虞。日本入鮮以假道犯遼爲藉口，實則倭寇侵擾中國，大都在水澤崎

嶇之鄉，即沿江沿海一帶，若移遼左平原，則地利旣殊，主客異勢，明以車營騎兵
拒戰，宜可致勝也。（李晊實錄玖陸，陳寅曰：「彼賊不足畏也……若出於平原曠
野，則以輕騎鐵馬四面衝之，烈炮利刃回薄軀之，芟之刈之，有如薙草，而無難
矣」。）神宗實錄萬曆二十一年九月壬戌山東巡按周維翰言：

> 臣奉命馳過鴨綠江，前詣平壤，諮諏軍情夷情，頗得梗概，……夫軍之所以
> 久難再羈者何也？病勢已迫而不可淹留也。……蓋軍士自撫貢之說漸起，而
> 戰鬪之心漸弛，及暑濕交侵，疫瘟大作，亡沒多人，軍中泣聲震野，一經物
> 故，屍輒燒焚，諸軍悲且怨矣。卽今途中，臣所目擊，枕籍道旁者，氣息奄
> 奄，傴僂而行者，瘭然鬼面，尚可爲行伍備乎？

維翰奉差至鮮，所述皆其目擊，此疏繫於萬曆二十一年九月，其初覆朝鮮當在是年
之春夏，時以地氣不適，軍士之瘟疫死亡竟至是矣！晊實錄是年三月戊寅（二十三
日）記：

> 上晝停于斧山院，本道觀察使李元翼迎謁。……上曰：「……天將之欲和者
> 何意耶？」元翼曰：「碧蹄一敗之後，畏縮如是。」上曰：「自古兵家勝敗
> 不可常也，豈以一跌而如是也。」元翼曰：「提督軍中一聞和議之成，莫不
> 喜悅，歡聲如雷。」上曰：「沈惟敬來後如是耶？」元翼曰：「沈未來前，
> 飛探入來，非但人人皆喜，提督亦甚喜。」（三六・四二）

自提督迄士兵皆渴望議和，蓋已全無戰鬪意志矣。

又朝鮮自遭兵燹，糧供維艱，而以山川遙阻，中國之舟運車輓亦殊不易，以是
車餉大成問題，前列史文已多具此義，茲更擇舉其尤要者，晊實錄癸巳正月壬午：

> 備邊司啟曰，臣等伏見李提督牌文，病傷軍人沿路不得口糧，勺水不得添
> 唇，死者相繼，未死者倒臥路旁云。（三四・四四）

二月壬寅：

> （李）德馨曰：「……提督到坡州，與三大將議曰，此地不合戰場，糧運不
> 繼，欲退屯東坡云。翌日，退屯東坡，人馬飢饉，且有雨徵，以此回軍于開
> 城府。事多艱窘，而提督則已知我國之蕩敗，故不以爲答。」上曰：「糧餉
> 措置幾何？」德馨曰：「千里軍糧，勢必匱乏，而朝廷不爲料理，使糧草不

繼，至於回軍，甚無謂也。」（三五・三四、五）

復國要編陸移本部咨：

> 我兵久駐外藩，日以淡飯聊生，並無蔬醬入口，人皆疲損，馬倒過半。

同書柒報三相公并石司馬書：

> 況（朝鮮）遭兵火，蕭條已甚。衆兵自渡江至今，菜肉鹽豉之類無由入口，甲冑生虱，衣履破碎，一遇天雨，渾身濕透，相抱號泣，馬倒者且有一萬六千匹，兵士可知矣。某雖發價給賞，亟行遼陽買布并牛酒犒勞，搭蓋舖舍，然所給有限，或緩不濟事，人情不安，大有可虞。

征東實紀謂圍攻平壤已有絕糧者，後續追倭兵，糧餉更缺；又以雨季卽屆，不得不急進速戰，但深入愈遠，糧運愈艱，此則道里遼闊影響於軍事之成敗者也。

（丙）人事

又更有甚於以上所述者，卽南北軍心之不和是。明自中葉以還，浙江時被倭寇，其他鄉兵本慓悍，又經戚繼光以新法訓練，（紀效新書與傳統兵書不同。）故頗習兵事。（明史玖壹兵志：「鄉兵者隨其風土所長，應募調佐軍旅緩急，其隸軍籍者曰浙兵，義烏爲最，處次之，台寧又次之，善狠笮，間以叉槊，戚繼光製鴛鴦陣以破倭。」又浙兵善戰可參籌遼碩畫肆陸陳寅題本及魏禧兵跡陸華境篇。）而北方邊鎮士卒則因占役逃亡，漸卽腐化。征東之時卽用此南北兩系之軍隊也。明史貳壹貳戚繼光傳記其在北方練兵事（汪道昆太函集捌柒額兵額餉議謂湯泉會閱南兵之技藝訓練皆較北兵佳，可參看。）：

> 繼光至浙時，見衞所軍不習戰，而金華義烏俗稱慓悍，請召募三千人，教以擊刺法，長短兵迭用，由是繼光一軍特精。又以南方多藪澤，不利馳逐，乃因地形，制陣法，審步伐便利，一切戰艦火器兵械，精求而更置之，「戚家軍」名聞天下。……隆慶初，給事中吳時來以薊門多警，請召大猷繼光專訓邊卒，部議獨用繼光，乃召爲神機營副將。會譚綸督師遼薊，乃集部兵三萬，徵浙兵三千，請專屬繼光訓練，帝可之。二年五月，命以都督同知總理薊州昌平保定三鎮練兵事，總兵官以下，悉受節制。……繼光巡行塞上，議建敵臺，略言：「……邊卒木彊，律以軍法，將不堪，請募浙人爲一軍，用

倡勇敢。」督撫上其議，許之。浙兵三千至，陳郊外，天大雨，自朝至日昃，植立
　不動，邊軍大駭，自是始知軍令。

北兵腐化無用，繼光傳疏辨甚明，至戚氏練北兵參用南法，未必完全適用（如用狼
筅等兵器），史載張鼎思劾其「不宜於北」，又謂「更歷南北，並著聲，在南方戰
功特盛，北則專主守」者，儻以此歟？然藉此可明兩事：一、南兵紀律優於北軍，
二、南軍作戰適於澤藪之地。朝鮮水道崎嶇，與我浙江同，南兵所受訓練初爲禦倭
而設，以此北兵東征時之戰鬥力殊不及南兵。

　　又所謂南北兵之分者，不必盡因地域，且有訓練方法新舊之殊，南兵雖間雜北
卒，北兵或間收南人，然無害其爲不同之兩系統。

　　明旣決定征倭，卽有募調南兵之議，惟以距離較遠，籌備匆遽，南兵開往之數
額並不多，且所謂南兵，大半爲南人北戍者。（其例可參看陳懿典文集密雲康侯去
思記）晬實錄詳載如松所部軍將，茲節錄其隸籍浙江者，癸巳正月丙寅：（三四・
一六、七）

　　　　統領浙直調兵神機營左參將都指揮使駱尙志領步兵三千名。

　　　　統領浙兵遊擊將軍都指揮使吳惟忠領步兵三千名。

　　　　統領南兵遊擊將軍王必迪領步兵一千五百名。

　　　　統領浙兵遊擊將軍葉邦榮領馬兵一千五百名。

　　　　統領山東秋班經略標下禦倭防海遊擊將軍錢世禎領馬兵一千五百名。

　　　　統領嘉湖蘇松調兵游擊將軍戚金領步兵一千名。

復國要編肆檄李提督載徵調之兵有薊保遼宣大五鎮，驟視之似皆北兵，實則有南兵
雜其內，如上舉吳惟忠駱尙志之調自薊鎮者卽是一例，所謂南兵北戍者也。如松初
抵朝鮮，所部兵士四萬三千五百名（見晬實錄），除上舉南兵萬人外，北兵實有三
萬餘人，時以原將統舊兵，南北系統釐然不混，如松世爲遼將，爲北兵之領袖，而
應昌杭人・爲南兵所歸附，應昌致如松書，以所調兵將並聽指麾，不必稍分彼此，
以二威權（要編卷肆），實則兩軍之系派不同，主帥各異，自易起摩擦也。

　　前言朝鮮水稻崎嶇，馬兵不易馳騁，而禦倭與拒虜不同，北兵尤不及南兵，李
晬實錄壬辰十二月己酉載鮮人批評李如松：

　　上曰：「大將得其人然後事可濟，此人（如松）只能禦胡而已，未諳倭寇，
而前日李好閔進去時，（如松）言：『俺嘗以八千兵勦五六萬賊，平此寇何
難云云。新成大功，輕敵如此，心竊憂之』。」（三三·二六）
　　上曰：「此人（如松）只知防胡而已，未慣與倭戰，視此賊如北虜則不可也。」
（吏曹判書李）山甫曰：「以八千衆破四萬賊虜，氣甚自得，頗以爲易，告
以不可輕敵之意可也。」（刑曹參判李）希得曰：「多率浙江炮手，豈不知
倭情乎？」（三三、二七）

如松驕矜輕敵，於碧蹄之敗自有關係，然北兵不善與倭戰，亦是一因。朝鮮國王再
三言如松只知禦胡，可謂切中肯綮。至李希得謂多率浙江炮手自知禦倭，雖未盡審
當日情實，亦可見南兵之優於北兵矣。

　　平壤克復，南軍出力最多，昤實錄謂「提督挺身直前呼曰：先登城者賞銀五千
兩，吳惟忠中傷傷胸，策戰益力。駱尙志從含毬門城持長戟負麻碑，聳身攀堞，賊
投巨石，撞傷其足，尙志冒而直上，諸軍鼓噪隨之，賊不敢抵抗，浙兵先登，拔賊
幟，立天兵旗麾。」又云：「是戰也，南兵輕勇敢戰，故得捷賴此輩。」（見上引）駱
吳皆南將，是此次戰役，南方兵將頗奮力。碧蹄館之敗，如松所率者皆北軍。昤實
錄「天兵三百餘名，與倭博戰，退北之際，擺撥急督南兵來救，若以此兵進擊，則
勢似可捷。」（癸巳二月甲辰）又謂「李德馨曰：北兵謂朝鮮多水田，不可馳突，
故欲分兵遼右，以待秋冬地凍，然後征之。上曰：舍騎軍而南兵可獨當耶？李元翼
曰：南兵只有三千，若加一萬，則可以成事，吳惟忠每言：若加二萬兵，則使國王
在陣後亦無患矣。上曰：南兵壯耶？元翼曰：臣于牡丹峯撤毀土窟時，常目見之
矣。」（見上引）據此，南兵廉悍，故平壤之克復，碧蹄之馳援，皆賴其力，但提
督如松直屬之部隊爲北人，於賞罰之際，不免偏袒，物議遂起，復國要編陸報王相
公書：

　　平壤首級大功未賞，各軍意志似不如前，是人事不在我矣。

應昌爲南軍之領袖，與如松爲對立者，此言各軍意志不如前，而不涉及地域派系，
蓋故爲隱諱，如證以李昤實錄及其他記載，則知其相互摩擦，純因南北地域所引起
也，昤實錄癸巳二月：

壬辰，都體察使豐原府君柳成龍馳啓曰：……提督攻城取勝，全用南軍，及
其論功，北軍居上，以此軍情似爲乖張。（三五・九）

乙巳，上曰：「……以公言之，（平壤之戰）南兵之功爲首耶，抑北兵爲首
耶？」（李）元翼曰：「南兵著五色衣者先爲登城闌入，其功最重。」上曰：
「登城時緣階而登耶？」元翼曰：「李如柏謂曰：旣造沙橋，又多聚空石盛
沙而積之云，則南將不答，終不用其橋，扶其城石而上之，賊越而斬之，南
兵又以手下其屍，相繼而登，斬一賊頭，軍之死者五六人，爭先闌入，無數
以登，開門之後，北兵追後，騎馬馳入，但斬死賊之頭而已。前於祖總兵處
細問之，則騎馬只用短刀，步者而長槍觸之，賊於水澤山谷間亂走以戰，騎
兵路險不能追戰，步軍隨後追之云矣」。（李）德馨曰：「提督每言南兵之
功，而李如柏張世爵等性皆不順，每毀短之，且毀王必迪之爲人，南軍以此
怨之。提督至開城，諸將遊擊以下皆跪而聽令，王必迪獨立而言曰：老爺不
智不信不仁如此，而可能用兵乎？提督怒曰：何謂也？必迪曰：平壤攻城之
日不令而戰，故軍士不及炊食，爲將者不念軍士之飢而遽使攻城，是謂不仁
也。圍城之日，俺在軍後聞之，老爺馳馬城外督戰曰：先上城者與銀三百兩
或授以都指揮僉使，今者先登者衆，而三百兩銀何在？指揮僉使又何在焉？
是謂不信也。大軍不爲前進，只率先鋒往擊，一有蹉跌，大軍挫氣而退（指
碧蹄館之戰），以是言之，非不智爲何？如此而可以攻城耶？提督聞其言，
卽出銀給南兵云。」（三五・三七、八）

此言南軍衝鋒攻城，北兵尾隨斬級（征東實紀略同），自致南人之不滿，而北將李
如柏張世爵輩反於提督之處媒糵之。王必迪爲南兵遊擊，其於如松不爲跪拜，且當
衆折辱之，可見其抗拒甚烈。又同書二十八年甲午（萬曆二十二年），正月癸巳：

上幸南別宮，接見總兵駱尙志遊擊吳惟忠王必迪胡尙忠谷燧葛逢夏六將。…
…吳惟忠厲聲曰：「……前者攻平壤時，俺之一軍皆上牡丹峯，得以獻捷，
平壤之收復，咸我績也。」葛逢夏顧語惟忠曰：「俺與君共破平壤矣。」（四
七・一一）

丁酉，兵曹判書李德馨啓曰：臣見吳遊擊，對坐款款，吐盡心曲……（惟忠）

　　仍脫衣示鐵丸所中處曰：「李提督乃謂吳某非眞中丸，必是假作而要上功，

　　天下安有此耶？」（四七・一五）

復國要編於惟忠中九事疏奏甚明，此謂如松掩其功績，可見南北軍之水火。同書癸

巳三月己未：

　　上引見接伴使李德馨……德馨曰：「天兵齊進，則事可易濟，而慽於一跌

　　（指碧蹄館之敗），不欲造戰，故南軍叱提督者必曰鬆犍子，怕他不戰云

　　矣。」……德馨曰：「駱尙志言，俺只畏皇上，其餘不足畏，若有皇上之命，

　　則我率我軍，雖死必擊。駱之爲人體甚肥大，而於平壤登城之日爲投石所

　　壓，終無大傷，眞壯勇之人也。」（三六・四五）〔又是年閏十一月壬午，

　　「上曰：前聞平安監司李元翼之言，駱尙志謂提督鬆的人，鬆字何義耶？我

　　國音聲何音耶？柳成龍曰：與松字同音，其義與牀花餅浮起狀之也。」（四

　　五・四）此「鬆犍子」意義。〕

又錢謙益初學集貳伍東征二士錄，記馮仲纓金相等述平壤之戰：

　　（萬曆二十一年）正月七日，（沈）惟敬遣其奴嘉旺報行長，質明，天使行冊

　　封禮，自南門入，行長候於風月樓，倭花衣夾道，欣欣望龍節，如松擁衆襲

　　之，弓刀擊戞，倭知有變，退保風月樓牡丹臺二壘，諸營合攻不能下，行長

　　夜半渡大同江，江冰，引還龍山，如松不知也。旦日下令進攻，良久始知倭

　　去，乃建大將旗鼓，誓師入空城，命諸將上首功，西兵南兵奉軍令不割

　　級，而遼兵出所匿鮮人首以獻，一軍噪聲如沸，爭欲殺李大巒，如松佯弗聞

　　也。

案仲纓（山陰人）及相（吳縣人）皆宋應昌黨，其詆毀如松戰功失實，不足異，惟

謂南兵遼兵而外，尙有所謂西兵，考朝鮮實錄並無西兵之目，西兵爲南人北戍者

（對遼東言，故稱西。）抑指薊保宣大之卒，皆未可定，如係前者，則仍可目爲南

軍，如係後者，則北軍之中又自分派，要之，「鬆犍子」與「李大巒」意義略同，

可相參證。至南將駱尙志謂只畏皇上，不服提督，則如松之管轄權，不過僅限於其

直屬之部伍而已。又征東實紀之選者錢世禎，嘉定人，攜有浙江家丁四十人（見要

編），所部薊鎮三屯右營兵無論隸籍南北，意必敎以南法，實卽可以南兵目之也。

書中歷敍與南將葉邦榮吳惟忠交好，與北將查大受相妒，爲宋應昌賞拔，被李如松所抑制，以迄論功不平，譏訕北軍等，並因立場不同之故，凡此皆可反映兩方之摩擦也。

　　時如松甫平寧夏，恃功凌厲，應昌致李成梁及石星書皆謂降格相待（見要編叁），後敍平壤戰功，又具揭詳陳，一似能曲容悍將，相得甚歡者，及細究其實，亦不如此，晭實錄壬辰十二月己酉：

　　（西川君鄭）崐壽曰：……大抵宋與李似不和協矣。」上曰：「宋與李何不相得耶？」（兵曹判書李）恆福曰：「新立大功，且多氣，必輕視侍郎矣。」（三三・二七）

是如松之傲物驕蹇，應昌雖表面曲容，然仍有芥蒂也。同書癸巳二月：

　　壬寅，接伴使韓應寅李德馨等馳啓曰：……提督（李如松）與趙知縣同坐，招譯官韓應輔等屏人語曰：「宋侍郎擁兵不渡，而如平壤之捷掠爲己功，我所上奏亦被壅遏，我欲與貴國王相會，各具奏本，以請添兵云。」蓋其意欲令我國速爲奏聞，暴揚其功矣。（三五・三〇）

　　乙巳，（李）元翼曰：「無據之言，故不爲狀啓矣。似聞宋侍郎卽奏于朝廷故論劾云。（指劾李如松碧蹄失事及南北軍待遇不平。）提督移咨於侍郎，其持咨之人，侍郎以棍杖打三十云。」（三五・三八）

如松詆應昌攘功，應昌杖其持咨之人，是兩方之衝突甚明顯。又是年三月：

　　壬戌，百官以進兵之意呈文于提督，則提督招康陵君洪純彥謂曰：「今日廳上你知吾言勢乎？經略南人，未知一分兵事，全惑於南軍之言，謂吾進攻平壤，於倭奴旣退三日之後，又於碧蹄輕進喪師，幾死於賊，非但汝身可惜，大將一死，皇威大損，何其輕敵如此也。及其報功之時，以吾爲第二，驗首級之時，以其親屬未越江者並分給而錄功。前在開城，吾豈欲撤兵而回，經略強我回來，故不得不來。且劉員外（黃裳）袁主事（黃）亦與經略同心，主和不主戰。大概文臣主和，武臣主戰，古之道。今亦經略招我議事曰：你到平壤，必待我到彼，然後相議發兵。使我不得展布心力，故不敢卽進兵，待經略到平壤，卽當發行，此中意思你知之乎？」（三六・一二、三）

己卯，上幸平壤，申時，上幸大同館，接見李提督。……上就提督前掩泣曰：「此賊滅人宗社，發掘先塚，若報此讐，萬死何悔！」提督曰：「已領國王意，愛惜錢糧，保全將士，亦聖旨也。且吾亦受制於人，不自爲擅，當移咨於經略云。」……提督謂洪純彥曰：「你自吾父時出入中國，你不知天朝事耶？武官受制於人而不自擅，故累請於經略，催兵進剿，而經略以爲講和則朝鮮可以無憂云，今觀國王羣臣涕泣以請，心甚感動。」（三六・四三、四）

如松碧蹄敗後，不再進兵，其故作豪語，不過藉以欺蔽朝鮮，惟謂應昌南人，論功行賞，故抑己功而黨南軍，則是事實。又同書甲午，二月辛酉：

上曰：「（宋應昌）嘗謂我國人曰，宜謀害提督（李如松）云。提督同是天朝將官，而至曰，可越牆殺害云，其兇悖無狀甚矣。」（四八・一六）

應昌擬越牆殺如松，是宋李感情極惡，則復國要編所載與如松書檄，謂提攜周全，愛護備至者，自爲虛僞之具文已。

沈惟敬劉黃裳袁黃與應昌同爲主和之黨，（沈宋同承石星旨主和，劉袁爲宋所薦，沈嘉興人，劉光州人，袁嘉善人，石東明人，凡此則以和戰分黨系，不盡因地域矣。）故亦與北軍有芥蒂，晹實錄壬辰十二月戊戌：

執義李好閔啓曰：臣十九日到提督曲折，則已爲馳啓矣。二十日黎明，臣具軍馬糧草數進去，……（提督）仍語曰：「沈惟敬欲與倭奴講和，割大同以東屬日本，然則置國王於何地耶？倭奴且言待得貢舶開洋到浙省，方可退兵云。我不勝痛悗，無以泄憤，放大火炮三渡矣。且倭奴多有悖慢語云，可一一書來，沈惟敬所賞銀幾兩，布幾匹，木花幾斤，亦可一一聚來否？欲憑查奏。」（三三・一一）

又癸巳二月乙巳：

上曰，「遊擊（沈惟敬）與提督相得乎？」（李）德馨曰：「豈有相得之理乎？」（李）元翼曰：「沈之所謀畫及賊倭之情，提督雖問不言，以是觀之，兩情似不相好。」德馨曰：遊擊乃南將也，每以筆札示臣曰：「俺爲你國敢不盡死力而爲之，而提督若此奈何？」（三五・三七）

三月己未：

> 李德馨曰：……臣曾見沈惟敬，惟敬曰：「俺之初計欲誘出平壤之賊，觀勢
> 進擊，而提督不用吾計，使大賊逃去，天兵折損，俺每以爲恨。提督今若聽
> 用我謀，則京城之賊庶可圖也。」（三六、三）

據此，沈李感情殊不融洽。夫如松最初主戰，其對惟敬不滿，猶可謂主張不同，迨
碧蹄失事，亦同意講和，然仍不相得者，恐非求之於「遊擊南將」一語不得其解
也。

又同書壬辰十二月辛亥：

> 上將郊迎李提督，出御南門外幕次，提督至。……上呈禮單，提督固辭不受
> 曰：「……明日，二贊畫（謂劉黃裳袁黃）當來到，而此與沈惟敬同意，勿
> 信其言可也。……」（三三・三〇）

時如松誓師南進與惟敬左，而謂二贊畫與惟敬同意，則袁劉之立場及其與如松之關
係，不問可知矣。又癸巳二月庚寅：

> 接待都監啓曰：當日南兵千戶吳惟珊以調兵事過去，言前月二十七日晌午，
> 天兵爲我國哨兵瞞報所誤，謂倭賊已退，京畿已空，領兵前進，倭賊曾已埋
> 伏，及被中截圍，俺斬倭僅一百二十餘，天兵死傷一千五百。提督今住臨津
> 江邊，雨雪如彼，定然屯退開城云。惟珊乃袁主事差來體探人，南兵與提督
> 有隙，雖不可信其必然，所言如此。且云將官死者十四人，姓名則未及知，
> 我軍無一人死傷云。（三五・四、五）

碧蹄本小挫，此謂死傷將官十四及兵士千五百，明係南將宣傳快意之詞，此南將爲
袁黃所差，則黃與南軍之關係，亦頗可注意。同月乙巳：

> 上曰：向義撻子，或見我國之人必斬首削髮云然耶？如此之事，提督豈能盡
> 知。（李）元翼曰：「然無人處見之，則必斬而獻之，吏民及城中男女往來之
> 人斬頭斷髮者亦多矣。」上曰：「如此之事南將亦知其由乎？」元翼曰：「北
> 軍之所斬，南軍必指而爲朝鮮人之頭也。袁主事與提督相對而言曰：老爺何
> 爲如此之事乎？提督怒曰：可惡老和尙，何處得聞此語？攘臂大叱，袁潢
> （黃）曰：此是公論。其後潢謝以所聞之誤，則北將亦叩頭謝罪云耳。潢之

> 下人曰：主事同年二百餘人布在臺閣，此言必聞之，則大事必生，且主事以
> 書遺駱尚志曰：凡論功之事，俱書而送之，皆以公等爲首功以報朝廷，公等
> 將有大功，宋侍郎亦已知之云云」。（三五・三七）

北軍紀律遠遜南軍，至殺鮮人冒級，並不如所傳之甚。惟黃與沈宋黨比，其同情南
軍（駱尚志南將）自係事實。後如松被參，或卽黃所唆使，其是非曲直茲不論，然
如松所以被參，固以黨派不同及南北兵水火爲背景。揆之天時地利，如松率兵南
進，困難已多，遑論有此繁複攻訐之人事關係，此亦其亟爲退兵之一因也。

（丁）兵器

時兩方所用兵器不同，復國要編奎橄大小將領：

> 一、議攻戰之勢，說者謂倭之鳥銃我難障蔽，倭之利刀我難架隔，然我之快
> 鎗三眼鎗及諸神器豈不能當鳥銃。倭純熟故稱利，我生熟相半故稱鈍，原非
> 火器之不相敵也。倭刀雖利能死人，我刀雖稍不如，豈不能死倭哉。……人
> 又謂鳥銃能擊二層，嘗試之矣，八十步之外能擊濕氈被二層，五十步之外能
> 擊三層四層，諸所議障蔽事宜亦當從長。其實兵貴速合，障蔽先之，弱兵繼
> 之，強兵又繼之，撲砍一處，分兵左右衝擊之，倭無所施其技矣。

此應昌故作勖勉之詞，實則倭刀銳利，華刀頑鈍，中國之快鎗三眼鎗及大將炮等之
效力殊不及鳥銃，易言之，卽明之兵器不及敵人也。同書陸與參軍鄭同知縣書記破
鳥銃法：

> 王京之倭，殲之定在刻下矣。但慮貴萬全，事當愼重，我之火器固利，而彼
> 之鳥銃亦足相當，如初角之時，當先施我火器，佯欲進兵，實且未進，誘其
> 放盡鳥銃，然後一鼓下之無難也。

又征東實紀：

> 公（宋應昌）復問禦鳥銃之法，是時獻策紛紛，楨答曰：「壯士臨陣，不死
> 則傷，不必過爲驚疑以傷士氣，鳥銃雖能殺人於百步之外，至短兵相接，不
> 足慮也。」經略公壯其言。

案鳥銃之使用，在軍器發展史上有劃時代之作用（參看戚繼光練兵紀實），此器於正
嘉間雖已傳入中國，但製造旣不精良，使用又不普遍，故此次征倭，卽精於火器之

南兵，亦未具備，應昌謂誘敵放盡，世楨謂肉搏無虞，實皆未提出解決之辦法，則此武器之威脅，固仍在也。

　　茲舉平壤之戰以爲例：晊實錄載攻城之時，「提督出枝兵由牡丹峯上，佯若仰攻者，然賊乘高下放鳥銃，衆軍引却。」「賊將行長逃入練光亭土窟，提督命運柴草，四面推積，將爲火攻計，已而七星普通等諸窟之賊堅守，不可猝下，提督會諸軍仰攻之，賊從中放丸，天兵僵死相續，提督所騎馬中丸。」（見上引）由此可見鳥銃命中效力之大，明兵唯一破敵之法爲火攻，但倭遁土窟，不易燃火，故攻者死亡相繼也。復國要編柒辨楊給事論疏：

> 其日，賊見（平壤）城守不住，棄城避入民舍，欲效去年七月用鳥機擊打祖承訓之法，屋內發鎗，戕殺我軍，不意我兵各持明火毒火等箭齊發焚薰，彼倭緩不及事，以故燒死甚衆。贊畫員外劉黃裳事定三日，隨至平壤，所居戶板有聲，起板視之，尙有餘倭潛匿在下就縛。

此文不特可以說明平壤難於攻取，且可證祖承訓之敗，以倭據民舍放銃之所致，然民舍猶可用火攻，至於土窟則更難，晊實錄癸巳正月辛巳：

> 左議政尹斗壽又馳啓曰：「臣在行在，每聞倭賊土窟未易攻拔之奇，及至平壤，歷觀賊之所築，名曰土窟，而實非掘土所爲，大同門內則石築，普通門則土築，只於平地開基，各於石築土築之上，作爲樞壁，前後塗土，其上加第或瓦，壁中穿穴擬放銃筒之地，其內所藏軍兵多少，外人不敢知其的數，望見孔穴，應若有放銃之狀，人不敢近，其爲狡點之計，不可形言。」（三四・四三）

二月乙巳：

> 上曰，「倭之土窟未知其制，意謂掘土而爲屋，如土室之類也，今聞之，則以土爲牆如塗壁云，如是而謂之土窟何也？是豈完久之計哉？」（李）元翼曰：「其制或寬或窄，寬者可容萬餘人，至爲堅實，吳惟忠之軍多死於土牆之前。」上曰：「土牆不可越亦不可毀耶？」元翼曰：「全地掘成，踰亦難，毀亦難。」上曰：「以石爲之云然耶？」元翼曰：「從石勢而築之，無攀附之處矣。」（三五・三九）

此倭土窟規制，其建築之堅，容積之大，遠踰於近世之碉堡，明兵以舊土炮冒雨攻
摧之，宜乎無能爲役矣。

復國要編拾貳直陳東征艱苦幷請罷官疏敍攻王京不下之故：

> 就沈惟敬講貢之約，而賺之以兵，是以有平壤之捷，開城之收，繼而轉戰深
> 入，將士疲勞，負戴艱難，糧食不繼，天雨淋漓，弓膠弛解，泥深陷膝，北
> 地兵馬不得馳驅，於是暫令大軍休息，而倭且懲平壤之敗，幷集王京，王京
> 固形勢之地，爲國之都，背阻岳山，面臨漢水，倭乃連珠布營，城中立寨，
> 廣樹飛樓，遍鑿土穴，鳥銃自穴中出者觸無不死，至此非特三萬之衆不能攻
> 數十萬之倭，卽使我衆倍之，亦難卒下。

此疏誇張倭兵，隱諱黨伐，皆爲自己開脫，惟謂天雨淋漓，地勢泥淖及鳥銃難破，
則是實情。應昌以力主講和，因循誤國，故明人之推原禍本者僅責其輕於撤兵，究
其所以撤退之故，如松碧蹄館敗逐爲論的，今故參稽中鮮日三國記載，以明當時並
非大敗，並就天時、地利、人事、兵器四端綜合推考，以證時有進兵之困難。又征
東七年，糜餉百萬，而戰事迄無勝算者，其故雖多，然以上四事實爲主因，茲詳論
之，俾供推證。

（四）論經略復國要編之刊刻背景及其隱諱不實

宋應昌經略復國要編爲剖白和戰經過而作，所載與閣臣王錫爵趙志皐及兵部尙
書石星書，於講和一事並不諱飾，如卷貳報石司馬書：

> 承遣沈惟敬，昨與密談，果堪大用，茲給發銀兩，隨從且厚勞之，卽日發
> 行，不令延緩，臺下在上，內有主持，不佞如不殫竭心膂，冀圖報稱，是自
> 失機遘，非失也。

同書拾貳檄王君榮：

> 一爲優處効勞人員以昭激勸事，照得倭奴遠遁西生浦等處，恭順不擾，雖出
> 天朝恩威遐布，而遊擊沈惟敬宣揚曉諭之功實不可泯。況出入倭巢，已經數
> 次，而今天氣沍寒，不辭艱險，毅然前往，曉諭倭衆，必欲令其盡數浮海，
> 具表乞封，此其忠誠任事，尤可嘉尙。………仰本官卽將惟敬幷從行員役應得

廩月糧銀，照册名數，按月查給，仍勤馬價一百兩賞惟敬，以慰寒月勞役之苦，且示本部優待之意，候事竣功成之日，從優題敍，具由繳查。

案沈惟敬使倭，明人指爲通敵辱國，幾欲食其肉而寢其皮者，此則旣稱其謀，且賞其功，以應昌之熱中要功（詳後），何至與時論違忤？是大可疑者。（要編卷肆卷伍雖有懷疑惟敬語，以適在平壤大勝前，不如是無以要功。）又同書拾壹報兵部尙書石星書：

> 凡我東征官將，難以指名，有周舍賞罰，幷以私事求爲而未遂，中懷慍憾，背多後言，甚有假公借私，暗進讒謗於政府及我翁處者，望臺下主張勿聽，庶始終成全，德擬高厚，而不佞區區報効之心，亦不孤矣。

又書：

> 念五日得詳言東征始末疏，捧誦數過，中間力排羣議，獨主册封，謂將士血戰之功，鄙人尺寸之畫，不可泯滅，極力擔當，詞情懇切，眞一字一泣，一字一感也。萬一國家日後有事，猶有人出頭肩任，臺下爲社稷久遠慮，信非淺薄可測識也。某卽行提督差人往諭行長，速令歸國，諸凡尤望臺下主持，不特某戴高厚之德，諸將士亦喞扶植之恩無極矣。

又書：

> 東征事近日言者攻之愈急，必欲泯將士勳勞，陷某叵測重罪，幸荷臺下一疏，慷慨激烈，讀之令人泣數行下，臺下之恩眞天不足高，地不足厚，某與將士當如何戴之。外賺倭之說，另具外啓，幸臺下詳察。某卽具疏懇請歸里，不復與人間事矣。

又書：

> 小疏中數語雖遭來命劃去，但人心險薄，世道傾危，未有若今日之甚者。自倭訌以來，某奉命東行之後，臺下選將調兵，廟謨神算，且不暇論，只日賜手書，積盈箇匣，精神命脈，殫竭其中，一點忠誠眞皇天厚土所共鑒者，終無一人見亮，而毀者疊出，深爲臺下扼腕也。卽某雖不才，恐負重委，蚤夜兢兢，幸仗指授，屬國恢復無遺，島倭斂重求款，似亦不爲知己羞。」

據此，應昌與星內外勾結，同主封貢，星以遣惟敬議和，論罪下獄，而應昌刻書

乃自暴其與星之關係 。 又卷拾玖有與李宗城書 ， 宗城爲册封日本正使，以棄節論罪，應昌致書亦毫不隱諱，尤爲可怪。

考東事初起，其主持內閣機務者有王錫爵趙志皐及張位諸人，王以萬曆十二年入閣，二十一年晉首輔，二十二年五月致仕，趙以二十二年五月躋首輔，二十九年卒 ， 二氏皆力主封貢 ， 反對用兵者。（ 王之主和言論可參實錄萬曆二十二年四月丙子疏及所撰宋應昌神道碑，趙與石星宋應昌比，可參明史本傳及實錄二十四年五月丁卯周孔教參本。）時主戰閣臣僅有張位，然名望較低，最初不敢別具異議，（明首輔與次輔之權，相差甚遠，見廿二史札記卷叁「明內閣首輔之權最重」條，又閣臣沈一貫亦主戰者，但沈以萬曆二十一年入閣，更不敢有所主張。 ）此政府之態度也。

平壤勝利後，倭軍退伏釜山，表示就範 。 而在閣臣主持 ， 兵部提倡，經略執行，提督贊襄之下，封貢之說驟爲盛熾。周永春絲綸錄：

> 萬曆二十一年七月十一日，戶科郭士吉一本 ， 邪臣誤國欺君 ， 擅許倭貢等事 。 奉聖旨：「這事情原無經略奏請及倭奴通貢表文 ， 如何便說他欺君誤國？大兵遠征，邊臣任事之苦，未經優敍，若又苛責混淆，使之何以措手？兵部便傳與宋應昌令其用心從宜處置，但保萬全，雖謗書盈篋，朝廷一無所問，不必疑阻。」

> 九月十八日，兵部尙書石星一本，衰病愈甚，樞務難勝等事。奉聖旨：「覽卿奏，知道了。中國之拒夷狄，來則拒，去不追，服則羈縻，乃千古不易之理。昨有旨：待倭奴盡數歸巢， 仍取有稱臣服罪永無侵犯表文 ， 許封不許貢。朕自定計，何畏多言。宋應昌勞苦運籌 ， 功已垂成 ， 朕切責其牽制議論，正欲以便宜委之，卿爲本兵，方賴從中指授機宜 ， 宣布威信 ， 何亦畏阻，稱疾求退，趙充國自薦任事，恐不如此，該部知道。」

時石宋初主封議，論者譁然，而御旨指斥如此，此間自有閣臣操持（如王錫爵趙志皐），亦可見和黨之佔壓倒優勢矣。

此書編次雖迄萬曆二十二年十月辭職止，書後所附書諭則頗有在此後者。余嘗以神宗實錄與比勘，知亦按年編排，而最後兵部一本，實錄繫於萬曆二十三年正月

十二日乙酉。（禮部題封日本國王本在是月初七日庚辰）實錄十七日庚寅，有詔優禮
小西飛，三十日癸卯，遣使册封日本，（實錄不載封詔，日人尚有藏其原件者，末
署「萬曆二十三年正月二十一日」，談遷國榷誤繫於二月丁亥，且二月甲辰朔，亦無
丁亥也。）二月初三日丙午，勅沈惟敬宣諭事宜，凡此犖犖諸端，是書皆不收載，
疑未見及。時應昌罷官家居，得悉上述消息，恐在相當時日後，（疏勅可賄書辦
鈔出，此明人習見例，不必定閱邸報也。）惟杭城交通便利，亦不應歷時過久。此
書編次雖早，而附錄可以隨時續增，然則其刻成之時，或在正二月間乎？時議和已
成，主和之黨又據津要，惟反對之人仍嘖有煩言，應昌爲誇功息謗，因刊刻此書，
故盡炫飾之能事，泯貪穢之鄙行，而於議和之旨，通結王趙石沈諸書不爲隱諱。又
旣和則必貢，沿海防守，勢所當急，卷端刊華夷沿海圖，有深意焉。

　　然則書中何以間載主戰之奏疏耶？檢神宗實錄萬曆二十一年九月壬戌記：
　　兵科都給事中張輔之言，昨接經略宋應昌兩揭兩書，總爲倭事揭陳功伐，其
　　詞詳，中間敍述始末料理，若無意於許貢也者，書吐眞愼，其詞簡，末言不
　　用前法，安能奏功，又若決意於許貢也者。………乃知公揭所以示衆，私書聊
　　以嘗臣，託言於請封，實諱言於許貢。
　　山東巡按周維翰言：臣奉命馳過鴨綠江，前詣平壤，諮諏軍情夷情。………諸
　　臣曰：「議封不議貢，請如封順義王故事。」臣折之曰：「北虜之款服，徒
　　以順義王之封乎，抑以宣大之馬市也？儻絕其馬市，止畀以封銜，虜肯款服
　　否？」經略先以請封疏稿示臣而旋自燬之，臣乃服經略之不膠於成心也。
是應昌仍主封貢，惟於示衆公揭，模棱其詞，非見其私書如張輔之，接其言對如周
維翰者固不詳知也。實錄是日載應昌疏：
　　臣之心謂，宜乘彼乞貢之際，將倭將小西飛羈置不放，緩其數月之期，使我
　　留守之兵分布已定，朝鮮之兵操練已熟，該國修設險隘，置造器械，俱已完
　　備，斯可戰可守，方無後虞，此又善後講貢消弭禍萌之說也。臣前後講貢之
　　繇，實是借貢以退倭，未嘗輕許而誤國。今倭將小西飛等見在前軍，或械繫
　　獻俘，或顯戮示武，或應否許其通貢，并臣所陳稽時日以便修守爲今日急

務，不容斯須遲誤者，但作速議覆，請旨頒發，以便遵行。

此文載要編卷拾，（上於萬曆二十一年八月二十九日，實錄繫於九月，據抵京之時也。）維翰所見疏草為請封，此言借貢退倭，蓋改後之作，若究其心迹，則仍在媾和，實錄二十二年庚戌：

> 經略宋應昌，贊畫劉黃裳各疏款倭，兵部言：事機在外，情形難執，宜令總督顧養謙斟酌，從之。

此款倭奏疏，要編不載，蓋有意隱諱（應繫於卷拾三）。夫既主封貢，而藉口退倭，已具封章，而故為刪去，然則非與他書比證，固不悉其真情實意也。

或又謂：封貢宜分別論之，要編主封矣，未嘗主貢也。案封貢本連帶相關，不容分割，日本意在通商，非有愛於明封虛銜，周維翰顧養謙疏論之詳矣。（顧疏載神宗實錄萬曆二十二年四月甲寅。）呕實錄癸巳四月乙酉記應昌告朝鮮左承旨洪進曰：

> 近者倭奴悔罪，其辭極哀，至於再三，我姑許之，且以義責之，約於四月初八日盡還王子陪臣等，渠即回巢，我當差官勒領倭衆捲還於關白處，受關白降書以回，方題本請旨，封關白為日本王，使之由寧波入貢。（三七‧一）

則其許貢寧波，又事實也。

神宗實錄萬曆二十二年三月丙申，工科右給事中張濤言：

> 東封一事，石星折於衆論，稍欲改悔，應昌苦於百口，明肆挾制，凡齎金行成，不惟欲發星私書，且形之劊子矣。石星之指授應昌，但屬厭兵而無遠猷，應昌之迫脅石星，全是惡機而貽隱禍。

是應昌之明標黨比石星，尚有迫脅諉過之意，（要編拾報石星書言議和不成，拾玖言倭欲窺犯中國，皆此意。）呕實錄甲午五月戊子載胡澤之言曰：

> 宋經略膽小，軍中之事多致依違，劫於科道之議，遷延不決，若使經略早斷，貴國之事，前年八九月必已結局矣。（五一‧八）

澤為顧養謙差官，迫脅朝鮮上本請封日本者，其同情應昌媾和，以立場一致之故，

初不足異，惟謂應昌劫於科道糾彈，致和局遷延不決，則顧可傳出其當時之心曲，要編拾肆辨明心迹疏：「臣因奉有許封明旨，兼有本部咨文，故臣屢次差官詣營宣諭，不過敷揚聖旨，傳達部文，」可爲上引張濤胡澤之言作注脚也。（要編柒報王相公書：「屢奉台旨，倭奴連日有書與沈惟敬乞封，欲姑許之，茲者復領尊教，鄙意逐決。」亦此意。）

　　要編柒報王趙張三相公書述焚龍山倉事：

　　　思得倭奴遠棲異國，所恃惟糧餉，彼龍山堆積一十三倉，某命李提督遣將士帶取明火等箭燒之。二十日往彼，舉箭燒盡無遺，倭奴雖列營分守，不敢來救。又咸鏡倭奴畏我襲擊，併歸王京。夫度其糧少，似難久持。……

黃汝亨寓林集拾柒應昌行狀：

　　　王京城南有龍山倉，朝鮮所積二百年糧食資以飽倭，則倭必不退，乃夜令死士以明火箭燒龍山倉十三座糧盡，倭大窘，乃棄王京去。

要編及行狀雖有渲染之處，但旣焚其糧，似於倭兵之退不無影響，而李昖實錄載：

　　　上曰：「（宋）應昌見其形貌，陰險人也。」（李）德馨曰：「應昌曰，王京城子險峻，未易攻拔，故使查大受焚龍山倉，倭賊無糧宵遁云。當時城中粒米狼戾，何得云無糧餉乎？此則欺天矣。」（一○一‧一九）

是京城儲米尙多，倭兵之退與此並無關係，亦卽非焚倉之所致也。

　　要編拾壹橛朝鮮陪臣尹根壽，於所送硯刀微物皆拒不收受，似爲操履方潔之人，而李昖實錄癸巳三月記：

　　　己未，上以一單子與李好閔曰：「此何樣文書耶？」好閔曰：「此馮相公（仲纓）請首級帖也。此人要見沈喜壽，欲得首級甚切，且言宋侍郎亦欲得之，喜壽答曰：是何言也？侍郎以天朝大將，豈有如是求索耶？答曰：你言一何愚也！侍郎有二子，而非文非武，欲官其子甚切，侍郎豈無其意也云矣。」（李）德馨曰：「宋侍郎在鳳凰城，而其手下多預軍功云矣。」上曰：「侍郎在鳳凰城亦爲此事耶？」德馨曰：「提督怒經略所爲如此，憤罵曰：如是而

反謂我論功不均乎？」（三六・五）（應昌行狀載夫人顧氏生二子：守一守
敬。一子封廕，殆卽冒功之結果，惟後以和局不成，又襚奪之。）

庚申，上曰：「宋侍郎所爲甚不好也，足不踐朝鮮地方，而欲參平壤之功，
受天下重寄，處事如此，未知其可也。」斗壽曰：「袁黃之爲人亦如此。」
（三六・九）

辛酉，備邊司啓曰：伏見領議政崔與源狀啓，李提督言，北道斬倭之事，皆
是劉員外袁主事管下之人，提督前不爲文報，且求見本道狀啓云。所謂本道
狀啓者，前日北道斬倭首級與生擒一倭，具由狀啓，而路遇馮仲纓等幷生倭
首級狀啓而奪之云。其狀啓終不得達，假令送之，無益有害。提督若又強
索，則今當答之曰：天將愈越險阻，呈身往還，故首級之事，我國將官只得
聞之，未有文報，不曾馳啓，以此爲辭。且仲纓等皆是袁劉最親之人，渠之
所爲，本來無理，而在我周旋，極爲難處。今日所索首級，時未送之，而渠
聞李提督卽日當到，而先爲發去，故令差備通事，周旋善辭，不爲給送。」
上曰：「依啓，恐忤李提督之意，不可不詳察而處之。奉命出征，瞻聆所係，
虛占首級以要功利，馮仲纓金相之徒雖不足數，袁黃劉黃裳則稱是文儒，而
亦不無預知之事，竊爲中朝士大夫恥之。」（三六・九、十）

賓廳大臣啓曰：馮仲纓等前在定州時懇請首級，啓稟蒙允，已爲給送，而猶
恨其少也。昨日又爲加請，臣等不復再稟，卽爲許諾，而首級則未及送，今
見下政院之教，不勝惶恐待罪。」答曰：「勿待罪，此人將以欺君，渠不足
言，如此未安之事，朝廷雖勿爲，似當如欲悅其心，多贈賂物，未爲不
可。」（三六・九、十）

丙子，李好閔曰：「沈喜壽問安于袁主事（黃），主事入帳內求首級甚懇，
且曰：非但我也，經略之意亦如此云。沈喜壽曰：大司馬以皇朝重臣，總茲
戎重，官非不高，功卽已功，豈肯爲此云。則答曰：是何迂也，大司馬豈不
欲陞職，且有不文不武兩子，豈不欲得首級乎？」上曰：「此乃馮之事，勿
乃訛傳爲袁之言耶？」李恆福曰：「袁主事亦如是矣。」上曰：「天朝人不如我
國人，天稟才智則有之，而間有義理不明處，是欺皇上也。」（三六・三八）

又同年六月庚寅：

> 海平府院君尹根壽來自安州，上引見。………上曰「………中朝必以經略所爲非
> 矣。且聞提督出書簡視人曰，經略被論云。又言經略以倭賊退出爲己功，欲
> 使奏聞天朝云。兩將不相得，奈何！」………上曰：「………經略以倭出京城爲己
> 功，欲奏天朝，其間曲折雖未詳知，………大概經略之請我奏聞不過爲邀功自
> 明兩事也，不然，則舉兵討賊，此是堂堂大義，而欲以誘出（平壤倭寇）爲
> 己功者，何也！人言經略甚爲嚴厲，意待我亦爲嚴簡，今見之則甚爲恭便，
> 但未知文節次爲何如也。」（三九・一一）

據此，馮仲纓袁黃皆爲應昌乞級是功，二氏皆其死黨，縱爲希旨，亦可見其左右無
似。至侍從之在鳳城者亦預戰功，腹心如袁（黃嘗遭彈劾，應昌致書當道爲左祖，
見要編陸與袁贊畫書。）劉（神宗實錄萬曆二十二年八月丙午載有黃裳侵染事。）
馮金（相）之徒皆強索虛冒，則書中之所高自標置者，徒爲欺飾遮蓋而已。以其行
狡性險，故足以欺世飾姦，要編之迷離撲朔，不易推明其眞相者，亦在于是，今故
比證異說，以爲讀此書者之參考焉。

又袁黃著有立命篇、祈嗣眞詮等書，以修德好善致通顯，（黃持功過格甚謹，
俗傳「立命說」戲，極炫其東征勳績。）明史有劉黃裳傳，盛稱其贊畫功績，至馮金
輩，則錢牧齋許爲異人奇士，王志堅有觀馮相所藏倭王錦袍歌，亦以其功高不賞爲
可惜，而細核其行徑竟如是，甚矣，東征史事之不易究詰也。

迨和局中變，沈惟敬被擒，石星下獄，應昌數被論劾，且於萬曆二十七年二月
寇帶閒住，前此主和之黨皆屏息蟄伏，噤不敢言，應昌於所刊之書當甚尤悔，意必
固密深藏，削毀滅迹，故黃汝亨應昌行狀（應其子宋守一之請而撰）標舉著作，獨
無要編一種，此書流布稀少，明清間人極少論及或著錄者，儻以此歟？（千頃堂書
目作六卷，蓋非完書。）

黃撰行狀在萬曆卅四年，和黨罪讞久定之後，故文中除誇張勞績攘人功勳外，
對議和一事，辨正獨多，（又王錫爵撰神道碑，沈鯉撰墓誌，與此略同，不具引。）
如：

是時倭奴以三十萬衆雄據朝鮮，我兵調集僅三萬五千，而大將軍（李如松）尙稽寧夏未至，石大司馬（星）又計且緩師，俟西事定，遣沈惟敬以封貢議往，有旨惟敬以遊擊職銜著經略軍前聽用，至是道謁公，公呼惟敬前曰：「倭求封貢，第宜卑辭向關，全軍退釜山聽命，何敢踞朝鮮要我，而計緩我，我奉命討賊，有戰而已，汝毋以身嘗法。」惟敬縮舌去。⋯⋯臘月，大將軍李始抵遼謁見公，公曰：「倭衆而悍，貌我中國，我兵糧足器精，滅此而後朝食，責在大將軍。」李將軍避席起曰：「謹受命。」相與誓師渡江。會惟敬至自倭營，執款議如初，公瞋目大怒曰：「天兵來如泰山壓卵，賊亡無日，尚敢以謾辭侮我！汝怙辱國，罪當斬。」命力士縛惟敬軍中，而議討賊益急。

據朝鮮報告，倭實數萬，應昌調兵，則確爲七萬餘，此言敵衆我寡，蓋藉以烘托戰功。惟敬爲李如松所逮，應昌則許爲才堪大用，功不可泯（見上引要編），今乃故爲顚倒之，誠以時移勢異故也。行狀又云：

公披圖熟計，謂北山高逼王京，依山頰攻，可一鼓而下。又度原調三大枝兵當應時集，我兵刻期進擊于陸，而令朝鮮以水兵截于海，倭卽百萬可隨手盡。而本兵密令惟敬議款，忌公轉戰，所調兵悉令支解，李承勛兵留山東，陳璘兵奪薊鎮，沈茂兵中途遣還浙。公拊膺嘆曰：「令我以疲卒當銳師，抑徒手殺賊耶？」公又念倭不退王京，則朝鮮必不可復，而王京城南有龍山倉，朝鮮所積二百年糧食，資以飽倭，則倭必不退，乃夜令死士以明火箭燒龍山倉十三座糧盡，倭大窘，乃棄王京去。公復計南原係朝鮮南鄙要害地，倭必從此渡兵，屬檄提督劉綎守之，至是遣兵追及晉州，與淸正夜戰，大破之，賊相顧驚曰：「天兵幾何而所至策應，何神也！」自是悉衆遯歸釜山舊巢，又復遠遯熊州西生浦，送王子陪臣及嬪宮眷百餘人還。公欲乘此時轉戰驅倭渡海，而兵力不繼，師老矣。于是咨國王選壯士萬人，衣甲悉同南兵，卽同南兵訓練守之，俟練成移南兵回。而惟敬輒乘間率倭使以封貢請。公乃具防守善後議聞上，而大司馬遂有撤兵議，公奮臂力爭，曰：「吾官可去，兵必不可撤。」因上愼留撤、酌經權疏，大意謂「臣以兵力倦而姑聽封貢，

權也。守朝鮮全慶以備倭，俾不敢生心窺我，經也。臣能逐倭於朝鮮之境內，不能逐倭于釜山之海外，倭今日以畏威遁，他日必以撤兵來，且夷心狂狡，未可據封貢爲信。」疏上不聽，而撤兵之議從部下矣。

案倭兵之退，據中國記載，由於劉綎等三路陸戰，及陳璘李舜臣（舜臣鮮將）等水兵要劫，此言應昌「度原調三大枝兵當應時集，我兵刻期進擊於陸，而令朝鮮以水兵截於海，倭卽百萬可隨手盡，」蓋後來鑑此而發者。撤兵爲應昌主張，今乃委爲石星之意，收復王京，本如松之力，今乃據爲己功，劉綎策應，不特未復寸土，倭反藉口北侵（見劉綎征東考），全與史實相違背，要爲掩飾講和而已。行狀又云：

議者猶以請封撤防爲公罪，不知公受命經略在二十年九月，而遣沈惟敬始封議入倭在二十年七月，繼定封在二十三年秋，而公歸田在二十二年春，則公於封事始終不涉。

此文所書年月多舛誤，不具辨。茲可注意者，文中於應昌之請封撤防等事力爲開脫，檢要編，應昌受事之初，卽和戰並行，後辭職歸田，亦以戰事棘手，全與所辯白者左，然則要編雖多諱飾，尚有局部之眞實性，審愼擇取，仍可據爲考史論世之資也。

　　　　　　　　　　民國三十三年九月二日脫稿，十月鈔訖。

論萬曆征東島山之戰及明清薩爾滸之戰

——讀明史楊鎬傳——

王　崇　武

明自援助朝鮮平倭，國用大匱，清因破遼三路之師，勢力漸強。島山及薩爾滸之戰，在前後兩役中，具有決定性之影響，而兩戰明方之主將皆爲楊鎬，則鎬在明清交替之際誠有重要關係矣。惟明史鎬傳記兩次戰事皆脫略不詳，於其所以失敗之故，亦不甚了了；至記薩爾滸之戰，更有誇誣之意存其間。茲因藉助朝鮮記載，證以中國舊聞，參校訂正，相互發明，庶於此關係重大而茫昧不明之史事，可重爲論定乎？

（甲）島山之戰

（一）

明史貳伍玖鎬傳記萬曆二十五、六年島山之戰：

萬曆二十五年，……擢右僉都御史，經略朝鮮軍務。……九月朔，鎬始抵王京，會副將解生等屢挫賊，朝鮮軍亦數有功，倭乃退屯蔚山。十二月，鎬會總督邢玠提督麻貴議進兵方略，分四萬人爲三協，副將高策將中軍，李如梅將左，李春芳解生將右，合攻蔚山。先以少兵嘗賊，賊出戰，大敗，悉奔據島山，結三柵城外以自固。鎬官遼東時，與李如梅深相得，及是遊擊陳寅連破賊二柵，第三柵垂拔矣，鎬以如梅未至，不欲寅功出其上，遽鳴金收軍。賊乃閉城不出，堅守以待援，官兵四面圍之，地泥淖，且時際窮冬，風雪裂膚，士無固志，賊日夜發礮，用藥煮彈，遇者輒死，官兵攻圍十日，不能下。賊知官兵懈，詭乞降以緩之。明年正月二日，行長救兵驟至，鎬大懼，狼狽先奔，諸軍繼之，賊前襲擊，死者無算，副將吳惟忠遊擊茅國器斷後，

賊乃還，輜重多喪失。是役也，謀之經年，傾海內全力，合朝鮮通國之衆，委棄於一旦，舉朝嗟恨。鎬既奔，挈貴奔趨慶州，懼賊乘襲，盡撤兵還王京，與總督玠詭以捷聞。諸營上軍籍，士卒死亡殆二萬，鎬大怒，屏不奏，止稱百餘人。鎬既遭父喪應爲母喪，詔奪情視事，御史汪先岸嘗劾其他罪，閣臣庇之，擬旨褒美，旨久不下。贊畫丁應泰聞鎬敗，詣鎬咨後計，鎬示以張位沈一貫手書，幷所擬未下旨，揚揚詡功伐。應泰憤，抗疏盡列敗狀，言鎬當罪者二十八，可羞者十，並劾位一貫扶同作奸。帝震怒，欲行法，首輔趙志皋營救，乃罷鎬，令聽勘，以天津巡撫萬世德代之。已東征事竣，給事楊應文訟鎬功，詔許復用。

案此傳多與史實左，亦有記敍模糊，僅得其局部眞相者，茲申論如次。

（二）

鎬傳記島山事，蓋直接或間接採自神宗實錄及明人所撰史籍。實錄以天啓元年下詔纂修，迨崇禎四年書成，時建州之禍方殷，明臣之推原亂本者，每以薩爾滸一役爲發軔，而遼東四路出師，鎬固主帥也。史臣積憤之餘，至對鎬在島山功績，亦鮮平情之論，如實錄萬曆二十五年十二月丁亥載：

> 先是十一月乙卯，經略邢玠曰：「經理楊鎬聞命卽倉皇夜遁，倭襲兩協，棄輜重無算」。於是贊畫主事丁應泰劾楊鎬與李如梅黨欺貪儒狀，可萬言，上遂罷鎬。是役也，陳寅乘勝登蔚城，援枹鼓之，可滅此朝食，忽鳴金而退，鎬不欲寅功在李如梅上也，故功垂成而復敗。鎬罷後二十年，奴酋難作，復起鎬爲經略，仍用李如柏爲大帥，而有三路喪師之事。蓋鎬與李氏兄弟比，以遼事首尾數十年，卒以破壞，故致恨亡遼者，以鎬爲罪魁云。

二十七年九月乙丑載：

> 命楊鎬以巡撫原官敍用，鎬輕率寡謀，東征時，偏聽李如梅等，縱酒戲謔，蔚山之役，舉垂成之功而敗之，爲勘科所糾，朝議以倭已蕩平，姑原其罪，乃後來謬起爲都帥，俾征建酋，遂致三路喪師，幾危社稷，良可恨也。

又沈德符野獲編黃景昉國史唯疑等書亦約略同此，不具錄。考島山爲蔚山別堡，實錄作蔚山者，舉其大名耳。諸書以撰在明季，作者感情受時代影響，故以後來之功

罪，度前此之是非。惟實錄雖筆誅鎬在島山失事，對其東征功績亦未嘗盡掩，如萬曆二十六年二月所載邢玠疏題及三月汪先岸論劾，溫旨留鎬，皆其顯例。鎬與張位沈一貫等同爲主戰黨 詳後，時張沈適爲宰輔，所下獎勉慰籍之詔，當有二人陰助，然亦可見島山初敗之頃，政府持論猶爲平允也。

（三）

島山塵戰眞相，證以朝鮮記載始爲明顯，朝鮮宣宗李昖實錄：

三十一年^{萬曆二五年}丁酉，十二月甲申，提督接伴使張雲翼都元帥權慄經理接伴使李德馨狀啓：「本月二十三日丑初，三協天兵，一時自慶州分三路前進。黎明，左協先鋒直搗蔚山賊窟，佯北誘引，再次大戰，斬首五百餘級，生擒倭將一名盤問，則淸正住在西生浦云云。城外賊幕盡爲焚燒，餘賊遁入城內土窟。日已向晡，南兵未及齊到，解圍休兵，將以明日早朝蕩滅，經理^{楊鎬}與提督^{麻貴}並駐賊營一馬場外，看驗首級牛馬器械，臣等亦跟隨以觀，但入窟之賊，方運卜馱於船所，慮或乘夜逃遁。」^{日本景印朝鮮太白山本卷九五・葉二五、六}

丙申，麻提督差官持捷書自蔚山至……差官曰：「二十三日巳時，天兵破淸正別營，其夜淸正自西生來入蔚山，天兵方圍島山攻打，而賊在高阜，我軍在卑處，故死傷頗多。二十三四日之戰，只麻周兩千總中丸而死，軍兵死者不滿三十人，倭賊之從水路來者爲天兵所趕，翻船溺死者數千云。」^{九五・二六}

三十二年^{萬曆二六年}戊戌，正月丁酉，十二月三十日成貼接伴使尹泂忠淸道節度使李時言馳啓：「……我國被擄男女六七人出來，問之，則城中無糧無井，賊卒乘夜下城，收拾燒米而食，城外井泉皆已塡塞，賊徒無器，以小鉢取水而飲，或以衣濕水而嚙之云。」^{九六・十}

庚子，正月初一日成貼提督接伴使張雲翼馳啓：「……去夜倭賊三十餘欲汲水出城，金應瑞與降倭設伏擒五名，斬五級，問於降倭，則曰：「城中無糧無水，而大將則金哥淸正等六將方在軍，卒則萬餘名，而皆飢羸不合戰用，精兵未滿千名云。」^{九六・一三}

案朝鮮接伴諸使及麻貴差官所述者，皆得自目擊，當可信。又茅瑞徵萬曆三大征考

及日本記載亦以倭兵困處孤城，飢疲殊甚，并可與此相印證也。

　　倭兵在圍城之頃，欲與鎬議和，昡菴錄記：

　　　戊戌正月丁酉，十二月二十七日成貼經理接伴使李德馨都元帥權慄馳啓：…

　　…倭賊數人於竹竿插書執旗下城，經理走人取看，則清正副將送於兵使者，

　　而說稱「清正在西生，小將等在此，差朝鮮一將同我往西生講好，則兩國之

　　人不至多死」云云。經理卽還送而諭之曰：「清正若來降則不當但一城之人

　　並免死，當奏除官厚賞，天朝決不負信義」云云。並與令箭送賊中，賊徒留

　　令箭答說：「清正在西生浦，少南面一路，則卽速馳去前說」云云。九六・六

　　庚子，正月初一日成貼提督接伴使張雲翼馳啓：……三十日，清正送書於經

　　理，欲爲講和，經理答以「渠若出來，面求生活，則俺當救之」云。清正又

　　答曰：「麻老爺以戰爲主，必不見我，楊老爺若求相見於中路，則當於明日

　　午出拜」云。故經理欲引出，計擒云云矣。九六・十三

使非窮困無奈，何至出此下策，賴襄日本外史謂楊鎬願和，日人拒之，馮琦賀大司

馬邢公奏凱序宗伯集拾陸謂清正求和，邢玠不受，證以朝鮮所記，皆非實。昡實錄又

載：

　　　戊戌三月乙巳，陳御史接伴使李好閔來啓曰：晉州水軍金守稱說，前年十二

　　月二十一日，擄在西生浦時，清正聞島山圍報，始爲不信，曰：「此奴以我

　　遠在西浦，欲我來住，故爲此說。」再聞實報，二十三日夜，始帶五十兵來

　　投島山內城，二十兵中途見殺，三十同入，清正獨坐其軍，計粒而食，已經

　　累日，事勢甚迫，拔小刀擬頸，軍官倭前奪其刀曰：此中有牛可烹，喫盡後

　　處之。天兵退陣之日，方喫其肉，清正見馬兵圍立城下甚盛，清正吐肉，引

　　大劍刺頸，軍官倭又奪之，幸將軍小待。俄而步兵走出，賊闞城看曰：「此

　　無奈取糧去耶。」俄而馬兵馳退，諸賊撫掌大懽曰：今以後免死，西生之賊

　　船載食物纜於島山之下，兵退卽進，窟中之賊得喫粥物，盡斃，惟清正等若

　　干人得生。清正卽還西生，杜門稱疾，不理一事，曰：「我在此處何爲，歸

　　國何顏！」日待關伯之召還而已。九八・一二

是島山雖圍攻不下，然予倭酋清正之打擊已甚大，清正本主戰者，後來自動撤兵，雖因關白之死，然與此次挫敗極有關也。

（四）

至鎬之所以撤兵，實因倭遁土窟，不易攻拔，且時值天雨，亦不便久圍，茲擇錄畩實錄所載者，以明其原委：

戊戌正月己丑，軍門都監啓曰：「提督差官處問之，言二十三、四兩日交戰之後，卽進兵道山城下。城凡四重，外城周遭於山下，土築低微，我兵得以攻開。其內三城石築固，城上列置房屋，其屋跨出城外，彼得以俯瞰制我，放丸如雨。我從其下，旣不能察見城中形勢，又不得近於銃丸之下，我兵不得已屯於丸所不到之處。經理都督屯於城北，高策屯於東，吳惟忠屯於南，李芳春屯於西，李如梅擺裘把截西生賊於江邊，祖承訓頗貴把截釜山之賊，而城固難破如此，進則恐我兵多傷，故欲圍屯累日，以待其自斃。」九六‧二

丁酉，十二月二十七日成貼提督接伴使張雲翼馳啓：「……二十六日休歇人馬，放一日糧，仍傳令於都元帥，使我國兵馬負木防牌及柴草進薄城下，欲焚賊營。都元帥權慄親自臨陣督戰，斬靈山縣監全悌及出身一人軍丁一名以徇，軍兵不敢不進，而但賊丸如雨，死傷極多，不得已退陣。且自昨日午後至今夜，雨下不止，人馬飢凍，泥濘沒膝，土窟之陷，百倍攻城，而天時如此，極爲悶慮。……且經理提督露處山頂，觸冒風雨已五日，艱苦之狀，有不可言。而監司李用淳退在慶州，不爲跟來，凡百支供柴草，不成模樣，並定官亦不定送。臣與李德馨艱苦分定於鄰近各官，經理提督盤膳僅得備進，而三協以下將官鹽醬亦絕，爭來求覓於臣，事極未安。」九六‧六

十二月二十九日成貼經理接伴使李德馨都元帥權慄馳啓：去夜爲始，西風大作，天氣甚寒，浙兵圍守江岸，其苦尤甚。平明，經理謂臣等曰：「今日風勢好，欲多備柴木，乘風縱火以燒賊幕。」遂令三協兵馬及我兵採辦柴草，……經理令天兵及我兵持挨牌及草束遮擁前進，欲薄城放火，而賊窟銃丸如雨，纔進木柵外，不得更進。昏後各兵更欲前進，而賊放火礮，諸軍退縮。

九六‧八

庚子，正月初四日成貼李副總接伴使李德悦狀啓：「本月初四日，自曉頭唐兵無禦丸器械，肉薄攻城之際，賊放丸如雨，發無不中，唐兵中丸者幾至五百，竟不得登城，辰時罷戰，經理提督相議旋師向慶州。」九六·一四

壬寅，忠清道節度使李時言慶尙左道節度使成允文馳啓曰：「……當今月初二日，西生浦等處之賊多數出來，於相望遙峯多張旗幟，而初三日，遙峯之賊，漸漸流來，或飛揚於賊壘越郊，或列立於箭灘之南山。又以精兵五六十下山底，而天兵不敢逼，一度相戰，均解而退。山頂之賊，建旗屯宿，臣等亦以都元帥分付，亦爲領兵，遮截於箭灘。其夜，天兵且欲攻城，造大炬，四圍而進，始自子夜，天明乃罷，而賊丸如雨，死傷甚衆，無一人抵城者。初四日早朝，遙峯及山內之賊各負五色之旗，添於山頂之賊，迤峯十里，接肩而立，然其衆多不過數三千，山內之賊亦不過數萬，假使衝突而相戰於平原，則蹂躙可滅，而自午後箭灘把守騎馬等稍稍流下，圍賊右協之兵，漸次解出，賊船數十，列泊於岸，或有下陸者，而亦不驅逐殆盡，解出亦無伏兵之地，令人望見，則天將所住，處處起火，皆是燒藥之氣，而疲病之留陣者，叫呼之聲動地，然後始知天將之退兵，先將步軍留出，自領騎兵殿後而退，箭灘把守浙江步兵及騎兵，亦不知其將之已退，終乃蒼黃顚倒而走，山頂之賊，魚貫而下，一時斬殺，步軍生還者無多，而騎兵之被死者亦不知其幾，或棄甲卸胄，赤身而出，我軍死傷者亦衆，堂堂大勢，頃已摧折，已死之賊，反肆兇毒，誠可痛哭。」九六·一五

案城上列置房屋，藏兵其內，以鳥銃俯擊。明挾刀劍土礮往攻，近旣不可，遠難命中，宜乎無能爲役。又朝鮮氣溫較暖，雨量甚多 尤以南部爲甚，故行兵必擇春冬乾燥之時。鎬攻蔚山在陰曆十二月，正在適時之月令，至不幸遇雨，則偶然事也。要之，鎬於圍城之後，截擊援兵，火攻土窟，布置非不周密。值天雨泥濘，野露指揮，督勵亦極勤勇。至其後來所以失敗，乃因倭兵據勢險峻，不易仰攻，而鳥銃之火力猛烈，尤不能使人接近。兵飢馬倒、寒凍疲困之餘，故值倭兵援至，不得不潰退。明史鎬傳謂行長救兵至，鎬大懼，狼狽先奔，諸軍繼之。李如梅傳謂如梅軍先奔，諸軍亦相繼潰。麻貴傳則謂諸軍皆潰，鎬始撤歸。三者記載不同，而皆咎其撤

兵，然於其所以撤兵之故，實不了了也。

（五）

明自發動東征，卽分和戰兩黨。初兵部尚書石星主和，經略宋應昌等承其旨，故有封貢之議。後雖迭經波折，此策迄未變更，而廟廊之秉國鈞、倡清議者亦爲之鼓吹支持，故主戰之黨頗消沈　參看王家屏李廷機等文集。但至李宗城楊方亨等媾和不成，主戰之黨漸擡頭，雙方之對峙逐漸尖銳化矣。

時東征部隊分南北兩系，鎬商邱人，爲北兵領袖，與南兵頗多摩擦，此事明實錄等書雖不詳記，然證以李晄實錄固不難考知也。如：

> 戊戌二月戊午，右副承旨鄭經世曰：……攻島山之時，吳惟忠送人於經理曰，當及今日未備之時急攻之，則可卽下也，則經理割其來人之耳，如是至再云云。九七·五

案吳惟忠浙人，爲南兵領袖，所獻攻敵未備之策，並無可議，而鎬至再馘來使之耳，明係預有惡感。又鎬派惟忠屯永川，晄以艱於糧運，請改忠州，鎬疑爲其請託，告之曰：

> 將令一下，不可變也，渠若厭往，則何將官肯往乎？國王豈知之乎？南人素奸，必往見國王也。九八·八（同年三月庚子）

所謂「南人素奸」，可以委曲傳出雙方之所以衝突，實雜有地域色采也。時北將中如麻貴與李如梅及鎬亦不諧，然方之南將，則有間矣。

丁應泰參劾楊鎬卽以南北軍衝突及廟堂和戰對立爲背景，神宗實錄萬曆二十六年六月丁巳記：

> 東征贊畫主事丁應泰奏，貪猾喪師，釀亂權奸，結黨欺君，蓋論遼東巡撫楊鎬總兵麻貴副將李如梅等蔚山之敗，亡失無算，隱漏不以實聞，而次輔張位三輔沈一貫與鎬密書往來，交結欺蔽也。大略論鎬曰：倭至則乘軍士而潛逃，兵敗則議屯守以掩罪，旣喪師而辱國，敢漏報而欺君。……輔臣報鎬書，位有禍福利害與君共之語，一貫有以後大疏，須先投揭而後上，以便措手語。且以御史汪先岸論鎬擬票留中之旨密以示鎬云，蓋先岸之疏，閣票稱鎬忠勇，留中不下也。又言自有東事以來，遼兵陣亡已踰二萬，皆喪於如梅

兄弟之手，前後費餉兵六七百萬。又謂鎬與如梅媚倭將清正，與之講和，以
私通清正之書進呈，因論鎬所當罪者二十八事 ， 可羞者十事 ， 如梅當斬者
六，當罪者十。又追論鎬之經理朝鮮，以賂次輔位而得之，今觀位與鎬書云
云，則人言不誣。

案此文所記殊含混不明，參以朝鮮記載，始知丁之糾彈由上述問題所引起。應泰屬
於朝廷之主和黨，與楊鎬等之主戰者異，晄實錄記：

戊戌六月辛未，經理都監啓曰：今朝黃應暘見臣說稱：「……天朝議論有兩
端：一邊以爲中國爲救援外藩，疲弊根本，非得計也，倭奴必不能犯中國，
朝鮮爲自己謀，必張倭勢以報，而中國日增兵增餉，致令內地騷動，石尙書
星 處置爲是，此則趙閣老 志臯 及救護石尙書之人所持論也。一邊以爲倭奴計
不在小，朝鮮爲要緊屬藩，必須一擧懲創，經營防守，然後後患少矣，此則
張閣老 位 所主張。」一〇一・一二

癸酉，李德馨見楊經理……經理曰：趙閣老元來主封事之人，七個月被參，
告病在家，今忽出而視事。丁應泰乃趙閣老之相厚人，今欲搆陷張閣老，又
生出一番胡說，我之被誣 ， 何足言也 。 李大諫本沈惟敬中軍，從前誤事亦
多，而今亦因軍門 邢玠 差委，不計事體，一心只欲救出惟敬。爾日軍門監軍
俱說應該敍功，而我惡其情狀，削而不錄。今於我被罪者俱倡起一種論議，
丁應泰又爲無賴輩謀主，上則欲爲趙閣老石尙書等地，下則與主和諸人朝夕
計議，南方羣不逞之人又託此人爲報怨於我，我自前取嫉於人者非一二矣。
因出趙閣老石尙書蕭按察 應宮 諸人私書示之，趙之書簡則說「沈惟敬被逮之
後，人言亦多，望臺下調和，以完一場大事。」石尙書書曰：「不肯誤國事，
老妻童穉將作瘴鄉之鬼，十歲兒子何干倭事」云云。其下又云：「臺下敍功
時，語及行長守約，按兵不動，此可見封事不爲無益，儻皇上見憐，妻子得
放田里，此爲至幸。老生年衰，不遠入地，更有何望。李大諫被邢制府 玠 之
敎，宣諭行長，行長退在倭橋，肯從其令，行長之異於清正，此亦驗也。沈
惟敬今當大罪，其間亦多可恕，宋 應昌 孫 鑛 兩經略不要多言，其意亦可知
也，幸勿過持外議以全大事，圜扉淚酒，不知所云。」……又出邢軍門手札

說稱「李大諫赤心效勞，其功合應優敍」云云。經理說道：「趙閣老有書而我不聽，石尙書哀告而我爲國事不得從，邢老爺欲敍李大諫之功而我爭之不錄，此等事人皆以爲恩乎？」一〇一・一四、五

乙亥，經理招李德馨謂曰：「……內邊議論大變，科官又上本參張閣老，本兵又上本參李如梅，羣議紛紜。趙閣老乃主封誤事之人，前日皇上長子冠昏禮時，閣臣議論又不同，乘此機而糾結姦黨腹心，必欲去張閣老，乃曰：誤東事者楊某也，錯舉楊某張某也，陰嗾其類上本，而趙閣老從中票下聖旨，張閣老已不得安於其位矣。麻貴元是石尙書門生，無一毫殺賊意思，可憐國王前後被瞞於天朝人凡幾遭哉！」一〇一・一六、七

據此，則趙志臯石星邢玠麻貴沈惟敬蕭應宮丁應泰等爲一黨，主和；張位沈一貫楊鎬等爲另一黨，主戰；明史謂趙志臯嘗救楊鎬，恐不實。兩方意見不同，所派使鮮諸臣逐亦持論各異，丁應泰之參劾楊鎬者實以此。胡應麟甲乙剩言記：「趙相國以東事憂悴，時或兼旬不起。余往訪之，適日者王生醫者李生兩人在坐，相國謂王曰：我仇忌何日出宮？謂李曰，我何日膏肓去體？余笑曰：使石尙書出京，便是仇忌出宮，沈遊擊去頭，是膏肓去體。相國爲之默然。」是志臯後來頗沮喪，蓋封事旣敗，凡劾石沈者必及志臯，參明史志臯傳 故志臯亦利石沈之速去。然在島山初敗之頃，和黨固佔壓倒之優勢也。

　南兵之戰鬪意志本優於北兵，惟在反對北將楊鎬一點上，與和黨一致，故丁應泰得執之以爲參劾根據也。昑實錄記：

戊戌六月丙子，上曰：「楊經理之被參，未知何故也？」李德馨曰：「其舉措悅忽，不可知也。大槪蔚山之役，南北兵爭功，情意乖戾，乃至於是也。……大槪經理之爲人，性稟顆乏周詳，南北軍兵待之不能脫彼此形迹，故南兵皆怨之，怨經理者皆附於丁。」……許箴曰：「經理囚陳寅中軍周陞，故陳欲奪之，幾至於發兵相攻，衙門員役皆言矣。」上曰：「是何言也，假使經理囚周陞，在陳寅之道何敢乃爾。」李恆福曰：「小臣家有一千總來寓，一日，將官輩來會飲酒，招臣出來，仍相詆訴經理，加之以無理之說，其氣象甚惡，臣言其不然，則又辱臣無所不至矣。」上曰：「以此觀之，則經理大

失人心，雖在此，必不能成功也。一丁應泰至么麼也，嫉怨經理，設謀傾
陷，渠之言奚足以眩亂朝廷之視聽哉！」一〇一・十八、九

據此，南兵以論功不平，胥怨楊鎬，陳寅南將，故其中軍被囚，幾於操戈相向。至
李恆福所述誣鎬諸將，揆以上例，蓋亦南兵。此種反對不平之黨，遂爲丁應泰說之
助長。

又明朝記載，皆以島山之敗歸咎於鎬黨李如梅鳴金收軍，致使陳寅攻城垂克不
能拔。案此事本出自丁應泰口，證以朝鮮記載不如是。曉寶錄記陳寅攻城事：

戊戌正月丁酉，十二月二十五日成貼提督接伴使張雲翼馳啓：「……昨夜二
十四日 經理提督宿於賊窟對峯，各營兵馬皆爲野營，終夜放礮，今朝 二十五日
又使南兵及我國兵進薄土窟，欲毀城踰入，而清正方在其中，土壁四面，鐵
丸如雨，人不得接足，唐兵死傷數百，我國軍人亦多死傷，陳遊擊又中鐵
丸，不得已領兵還營，經理提督不勝憤恨。」九六・六

丙午，上幸陳遊擊寅館處接見，……遊擊曰：「上年蔚山之役也，至十二月
二十三日騎兵先到，攻破蔚山外柵，翌日 二十四日，俺領步兵共破內木柵三
重，至石窟下，城堅，攻之未易下，欲以積草而焚之，人持一束，而上銃丸
如雨，近者輒倒，無敢撲城者，欲以大碗撞破，而城高勢仰，不得施技。
俺謂楊麻兩爺曰：看今日之勢，似難輕舉，徐俟大軍齊到，一舉而蹂躪
之。經理曰：當攻外城之時，汝旣先登，汝軍之勇健冠於諸軍，須急攻無
失也。俺遂唾掌奮銳，賈勇先登，賊丸中齒，而小無怖心，益勵士卒，鷹
揚鶻擊，而丸又中腿，隔於超距，遂乃退步，思之至今，不勝怭怭。」九
六・一九

鮮臣得自目擊，陳寅親述所歷，皆可徵信。是鎬在攻城之頃，不特未掣寅肘，且力
勸其急擊，寅因受敵銃威脅始撤退，初無鳴金止攻之事也。同書是年六月丙子復載
李如梅攻城事：

上曰，「大抵丁主事以陳寅爲第一功，經理則以李如梅爲首功云。二人爭功
之高下，予所難詳，何人果爲最優，右相知之乎？」李德馨曰：「陳寅農所
之戰，大獲首功，李如梅則旁觀而得之云。而二十二日之戰，李如梅爲前

鋒，引賊而出，挺身擊之，<u>擺賽楊登山夾而擊之</u>，小臣隨後望見，<u>陳寅</u>亦聞之，躍馬馳入，未及十里，已盡滅賊，斬首四百，此時則<u>陳寅</u>在後，安有第一功乎？至今遺恨。二十二日克捷之後，乘勝直搗，則有如破竹之勢矣。而反自鳴金而退，軍情皆以是歸咎於經理耳。」上曰：「以<u>島山</u>為囊中物而如是耳。」一〇一・一九

然則鳴金止攻實十二月二十二日事，在<u>陳寅</u>二十四^日攻城之前，是役<u>李如梅</u>為前鋒，<u>擺賽楊登山</u>等北將次之，<u>陳寅</u>殿後，妒功之說自不實。<u>陳李</u>二將本各有首功，豈南軍故混<u>陳寅</u>攻城與前此鳴金為一事，因以文致<u>鎬</u>罪歟？<u>昡</u>實錄載軍門都監啓：「提督差官處問之，言二十三、四兩日交戰之後，卽進兵<u>道山</u>城下，城凡四重，外城周遭<u>山</u>下，土築低微，我兵得以攻開，其內三城石築堅固，城上列置房屋，其屋跨出城外，彼得以俯瞰制我，放丸如雨，我從其下，旣不能察見城中形勢，又不得近於銃丸之下，我兵不得已屯於丸所不到之處。」_{見前}此<u>鎬</u>不得不退之故，蓋旣以<u>島山</u>為「囊中物」，自無需作過大之犧牲也。

　　總之，<u>島山</u>之敗，乃因倭據險要、火器猛烈及時值天雨。以和戰主張不同，<u>丁應泰</u>遂得掇拾南軍謗言，以為攻<u>鎬</u>之藉口，自實錄寫撰迄<u>明史</u>成書，或蔽於情感，或昧於時勢，皆無所更正，今藉<u>朝鮮</u>記載，可以昭揭其覆矣。余往撰<u>李如松</u>征東考，曾就天時地利人事火器四者分析其所以撤兵之故，今為<u>楊鎬</u>雪冤，猶斯旨也。

　　<u>應泰</u>劾<u>鎬</u>諸事，證以<u>李昡</u>實錄皆無稽，而<u>鎬</u>軍紀森嚴，不苟取予，在<u>鮮</u>實有遺念，<u>朱犖笙</u>廊偶筆載有<u>鮮</u>人所撰之<u>鎬</u>祠功德碑，對其東征功績，備極感頌，_{碑建於萬曆三十八年，時鎬離鮮已久，且早失勢，}故此文與阿諛頌德者不同。<u>明史</u>本傳謂<u>鮮</u>人怨之者亦不實。又<u>蕭應宮馮緩金相</u>等與<u>應泰</u>同黨，<u>錢牧齋</u>誤信其傳述東征事，則為所欺惑也。
_{見初學集蕭應宮墓誌及東征二士錄}

（乙）薩爾滸之戰

（一）

<u>鎬</u>傳又載<u>萬曆</u>四十六年四路出師事：

　　<u>萬曆</u>四十六年四月，我大清兵起，破<u>撫順</u>，守將<u>王命印</u>死之。<u>遼東</u>巡撫<u>李維</u>

翰趣總兵官張承允往援，與副總兵頗廷相等俱戰歿，遠近大震。廷議鎬熟諳
遼事，起兵部右侍郎往經略，既至，申明紀律，徵四方兵圖大舉，至七月，

大清兵由鴉鶻關克清河，副將鄒儲賢戰死，詔賜鎬尚方劍，得斬總兵以下
官，乃斬清河逃將陳大道高炫徇軍中。其冬，四方援兵大集，遂議進師。時
蚩尤旗長竟天，彗見東方，星隕池震，識者以爲敗徵。大學士方從哲兵部尚
書黃嘉善兵科給事中趙興邦等皆以師久餉匱，發紅旗日趣鎬進兵。明年正
月，鎬乃會總督汪可受巡撫周永春巡按陳王庭等，定議以二月十有一日誓
師，二十一日出塞，兵分四道：總兵官馬林出開原攻北，杜松出撫順攻西，
李如柏從鴉鶻關出，趨清河攻南，東南則以劉綎出寬奠，由涼馬佃搗後，而
以朝鮮兵助之。號大兵四十七萬，期三月二日會二道關並進。天大雪，兵不
前，師期洩。松欲立首功，先期渡渾河，進至二道關，伏發，軍盡覆。林統
開原兵從三岔口出，聞松敗，結營自固，大清兵乘高奮擊，林不支，遂大敗
遁去。鎬聞，急檄止如柏綎兩軍，如柏遂不進，綎已深入三百里，至深河，
大清擊之而不動，已乃張松旗幟，被其衣甲紿綎，既入營，營中大亂，綎力

戰死，惟如柏軍獲全，文武將吏前後死者三百一十餘人，軍士四萬五千八百餘人，亡失馬駝甲仗無算。

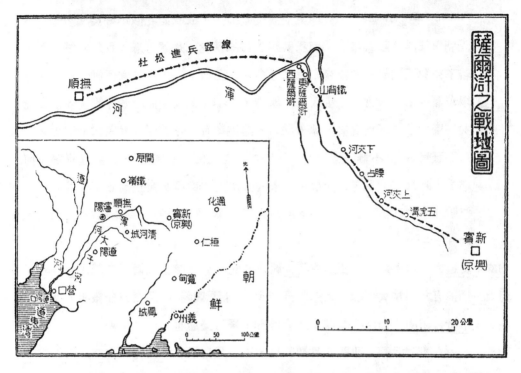

案杜松一路即清實錄中所謂薩爾滸之戰，並舉此以爲各路戰爭之統稱，鋪張誇飾，說極不實，明史後出，雖略有修正，然究不足以盡史事之眞相也。

清官書記此次戰事者，皆謂其能以寡敵衆，以弱擊強，高宗薩爾滸山之戰書事一文尤足以代表此立場，其言曰：

　　爾時草創開基，篳路藍縷，地之里未盈數千，兵之衆弗滿數萬，惟是父子君臣同心合力，師直爲壯，荷天之寵，用能破明師二十萬之衆。

清實錄載明兵號稱四十七萬，實爲二十萬，據此則是全部爲擊潰。明史不載明兵確數，然實舉文武將吏前後死者三百一十餘人，軍士四萬五千八百餘人，是亦以明兵爲大敗，而淸之以弱小敵強大意，仍隱寓於其間也。

考清太祖自萬曆中年以後，厚結遼撫，併吞諸夷，勢力已漸龐大，朝鮮光海君李琿日記載：

　　六年　萬曆四十二年　甲寅六月二十五日，王引見平安兵使李時言，王曰：「卿久

在北道，虜情如何云乎？」李時言啓曰：「小臣受命下去，首尾三年餘矣，聞虜情則老酋 即太祖努兒哈赤，朝鮮亦稱爲老乙可赤，簡稱曰老酋或老賊。 自大勝忽賊 明人謂爲忽剌溫，清作扈倫 後 ，深處胡人幾盡掠去，故我西北似不好矣。……今者天朝以征討老賊事徵兵，而我國軍丁甚不精銳，是誠可慮。且想老賊形勢，若不得犯天朝，則不無來寇我之患矣。」王曰：「天朝若爲征討，則老酋可以蕩覆乎？」時言曰：「天朝大舉措，臣不能遙度，而老賊非等閑部落之比矣。臣曾見其行軍等事，號令嚴肅，器械精利，今若深入其窟穴，則主客之形勢懸異 ，臣不無過慮矣。」王曰：「老酋何如是強盛乎？且其軍數幾何耶？」時言曰：「老酋兵數，臣未的知，而本部精兵幾至萬餘，至計其所掠忽賊騎卒，則不下數萬人矣。此賊自丁未年 萬曆三十五年 到處戰勝 ，始得熾大。」七九・二〇六、七

朝鮮平安道距建州甚近，兵使所言清太祖消息宜可靠。時去薩爾滸之戰尚有五年，而太祖已擁有本部精兵萬餘，合忽剌溫騎兵 ，不下數萬 。且復號令嚴明，器械犀利，故李時言謂明兵如深入其境，主客勢殊，極可憂慮也。同書又載：

七年 萬曆四十三年 乙卯閏八月初五日，王引見海昌君尹昉行司直李廷臣於宣政殿。……昉曰：「聞見奴酋事，則形勢甚爲強盛矣。」王曰：「老酋何以強盛也？」昉曰：「老酋年老，死則無憂，不死則必有後患於中國矣。軍卒衣繡，著水銀甲，少無困乏者，其強盛可知也。」九四・九三

此亦言太祖兵甲強盛，時尹昉等朝明歸，其經行路線，大都自瀋陽至連山關鳳城九連城，再渡江抵義州，此路距建州亦近，故所得消息亦甚正確。

此種精銳軍隊，後更繼長增強 ，王在晉三朝遼事實錄壹 ，萬曆四十六年六月條：

時奴兵日盛，每與八子登山密謀，計定猝發，疾如風雨，兼與宰煖合衆近十萬，且採木辦料，於烏龍江督匠造船，水陸告警。

時去薩爾滸役僅十月，而其勢力膨脹竟近十萬人，故明兵三路潰敗，不足異矣。

反觀明朝軍隊，即清官書所謂衆且強者果何如 ，神宗自籌備出征 ，迄三路之敗，前後不過十一月，故所調集之兵將殊不多，明實錄萬曆四十六年七月甲寅，兵

部尙書黃嘉善奏：

> 經略楊鎬咨稱，奴酋精兵約六萬餘，而遼東全鎮額兵不過六萬，除城堡驛站差撥外，實在僅二萬餘人，各有防守之責，今合薊鎮援兵僅三萬有餘，選調宣大山西延寧甘固七鎮兵馬一萬六千，薊鎮各營路兵丁數千，及遼鎮召募新兵二萬，通共未滿八萬，將來分派數路，不免氣勢單薄，今劉綎議調各土司馬步兵丁……總計征調漢土官兵共九千八百二十九名，卽以參將吳文傑等分統之，星夜兼程赴遼。

據此，調集總額不過九萬人左右，而實出兵數僅七萬餘名而已。同書四十七年三月甲午，經略楊鎬奏：

> 奴酋之兵據陣上共見約有十萬，宜以十二三萬方可當之，而昨之主客出口者僅七萬餘，豈能相敵。

時已有杜松馬林敗報，鎬疏其他部分或有掩飾遮蓋嫌，惟所述出師總額，朝廷當所預知，自不容僞造也。

又所調援兵，多未加訓練，且星馳電催之餘，已疲頓不堪，明實錄萬曆四十六年六月壬戌，江西道御史薛貞奏：

> 近者楊鎬疏中言，調到援兵皆伏地哀號，不願出關，又傳塘報帖言，鑽刺將領，見奴氛孔亟，都哭而求調。

同年八月癸亥，黃嘉善言：

> 援兵俱有限期，今屢催不至，尙可辭于逋慢之誅！且閱宣大山西咨文，各兵行糧止日給米一升五合，折銀一分五釐，長途疾走，不得一飽。

十二月壬戌，楊鎬言：

> 西來所調兵馬，僅有馬林所統係是挑選，餘皆厖贏。

是在七萬兵中，其質的方面已極壞，再以分配於四路，主客異勢，勞逸判殊，持與養精蓄銳、訓練有素之建州兵較，宜乎大敗而歸也。

　　李璉日記詳載劉綎進兵之倉卒及其所部之確數，茲擇錄數則以爲例，而其他各路情形或亦可類推乎？日記載：參響遼碩畫玖劉綎題本

　　十一年萬曆四十七年己未，二月初七日，都元帥姜弘立馳啟曰：「劉都督差人

留在昌城，而其中一人乃是嘉山人，唐名劉牛，自言甲午^{萬曆二十二年}爲都督所帶去，以內家丁長在都督眼前。上年閏四月十四日，兵部文書到江西，使都督起行。都督自念年老，但言在家享富貴，不願做官。忽聞征役之報，長吁愁嘆。羽音催文又到，諸將咸勸行，不得已登程。自門庭乘舡，直到通州。以此軍兵器械皆未整頓，只待四川兵馬之到。」一三七·八一

二十五日，姜弘立馳啓曰：「譯官崔得宗自寬田來，言劉總兵綎^{康布政鷹乾}昨發寬田，不久當至，將官劉吉龍亦領兵來到，問其軍數，則寬田一路，主客官兵二萬四千餘人。探候來言，奴酋分送二萬兵埋伏牛毛寨，以待東路之兵。」一三七·一一五

二十六日，都元帥姜弘立馳啓曰：⋯⋯臣弘立往見都督^{劉綎}，問各路兵數，答曰：「西南路大兵齊進，東路兵只有俺自己親丁數千人，且有各將所領，要不滿萬耳。」一三七·一一七（明實錄萬曆四十六年六月甲申，兵科給事中趙興邦言：劉綎、柴國柱、官秉忠等所帶家丁僅二百餘，蓋爲最初招募數。）

二十七日，都元帥姜弘立馳啓曰：「東路諸將所率軍兵，諸將則劉總兵綎^江副總^{萬化}祖參政^{天定}姚遊擊^{國輔}徐守備^{九思}周指揮^義自寬田，喬遊擊^{一琦}周都司自鎮江出兵，聲言三萬有餘，而以臣所見，不過萬餘名。」一三七·一一九

據此，綎初無用世志，被徵就道，倉皇一無準備，所部聲言三萬，實僅萬餘人，即此萬餘之中，能戰銳卒，不過數千家丁而已。此外雖有鮮兵萬人，然日記是年三月初三日載：

以祕密傳於備邊司曰：「中原東路軍兵極爲單弱，而唯恃我國之兵云。予見元帥狀啓，不覺寒心，予當初憂悶者，正是今日之憂也。中原軍兵單弱如此，則矧維我國不練羸弱之兵乎？以如此弱卒驅入於虎穴，非但敗績而已。」一三八·一二九

是鮮兵全無戰鬥力量，故綎師敗後，清可片言招服。然則清實錄等書盛飾武功，謂綎兵四萬，杜松兵六萬，馬林兵四萬皆爲所敗，一似激戰致勝者，不過誇飾之宣傳而已。

又明史等書皆咎方從哲等促鎬進兵，致使準備工作未能盡善，其實不然，考遼左冬季祁寒，夏日多雨，故用兵之適當時期應在春秋二季，籌遼碩畫拾陸鎬題本：

> 職等忠憤所激，豈不願滅此而後朝食。顧賊旣發難之後，始下募兵之令，馳調兵之檄，募兵未易完，必須團練，調兵未卽至，難遽整齊。⋯⋯圖之稍有次第，已入深冬矣。無兩三日不雪，無雪不兩三尺，寨口隘口冰堅數寸，刀刃所不能施，馬足所不能措，出哨夜役回鄉人口且多僵死於道路者，此豈進兵之時哉。故僅以各總兵畫地而守，雖欲投袂而不能。今已春暖風和，雪消冰泮，⋯⋯不於此時舉事，明旨所謂師日以老，財日以匱，賊之飭備且日堅。況春夏之交，水潦可虞，疫疾可慮，又將守株以何待！

是鎬布署就緒，已屆深冬，而至次年春夏之交，又有水潦疫癘患，故縱無紅旗催趣，鎬於二月底出師，亦極自然之事也。

（二）

復次，三路進兵經過及其地理形勢亦可得而考，讀史方輿紀要叁捌遼東都指揮使司撫順關下引輿程記：

> 從撫順路二十里至關口剝刀山，五里至土木河，十五里至新寨，二十五里至汪江木寨，十五里至毡房山城，八里至窩兒胡寨，三十里至右路寨，十五里至栅哈寨，十七里至五嶺關，三里至馬兒墩寨，十里至穩七寨，又十里至拖東寨，三十里卽建州老寨也。一路皆坦易大道，而五嶺特爲險峻。

案此卽杜松之進兵路綫，據此，五嶺關外，大致平坦，初無險阻也。籌遼碩畫拾柒直隸巡按御史王象恆題本記松作戰情形：

> 連接遼東塘報，一稱杜總兵領兵直抵五嶺關，有達子合圍，向我軍迎戰，砍殺達賊無數等因。又接報杜總兵砍殺數里，被達賊圍住，杜總兵面中一箭落馬，趙夢麟王宣二總內俱被圍，音信不通，不知存亡等因。

又山東巡按陳王庭題：

> 三月初一日，據分巡道副使張銓差夜不收艾承恩押同撥夜古雲鳳報說：本日辰時有杜總兵出境，離五嶺二十里，相遇夷撥活捉四名等語。本日又據二次撥夜高友才口報：本日三更時杜總兵至五嶺關，達賊近戰，已被杜總兵砍退

得勝，斬獲首級，不知其數等語。初二日巳時，據車營原任參將龔念遂原任
留守李希泌稟稱：車營跟隨杜總兵等，初一日前至邊外渾河約五十里，水勢
深急，過渡兵馬，沖去太多，車兵入水，空手尤難，車輛火藥，盡不能渡，
望見臨河南山一帶有虜騎行走，忽有保定車營撥夜報稱：山上達賊約有百餘
騎衙下大路，殺傷撥夜一十六名，餘剩六名，前撥已斷，仍望見虜賊一枝徑
過河北，由後山遠去。又據劉遊擊撥報相同。職等恐斷歸路，卽時安營，天
已近晚，謹飭夜防，以待天曉。又有武靖家丁沙有功身帶重傷，入營說稱：
親見兵馬半渡，達賊萬餘將杜總兵營割斷，將杜總兵圍住，砍傷尾後，損折
不知數目，見圍在山，勢似危急等情到臣。

據此，松兵先在五嶺關小捷，後在渾河岸覆師，輿程記載五嶺關距撫順一百五十
里，又謂形勢險峻 趙輔平夷賦序：「五嶺囊昌石門又咽喉之地，人不得并行，騎不得成列，有一夫當
關，萬夫難開之險。」可與此參證。則其地必位於兩山之間，而渾河兩岸大致平衍，與此
不合，故必在其逆東之山地無疑也。陳王庭疏杜松兵渡河爲建州所乘處，當卽淸實
錄中之薩爾滸，由此西距撫順約七、八十里，與輿程記載窩兒胡寨去撫順八十八里
者，道里略同，音名又合，武皇帝實錄作撒兒湖，更近。疑爲一名之異寫。果爾，五嶺關
距窩兒胡三十二里，意卽今上夾河一帶之山地乎？乾隆四十一年弘暘所進盛京標注戰蹟圖置
五凌山於鐵背山東誤惟淸實錄載松兵圍攻之處在界藩，卽今鐵背山附近，如非界藩城後
來向西北遷徙，卽由五嶺關逕鐵背山，淸初此種遷移地名事甚多。卽係明撥夜所報者有誤。鐵
背山滿名注轟木，高士奇扈從東巡日錄記其地：「崇山巨阜，峰崿橫雲，磊磊石
崖，連續不斷，渾河湯湯，一線圍繞」，然則此山亦險勝。薩爾滸在五嶺關西北，
鐵背山西，蓋淸先縱松兵深入，切爲二段，故松雖在地勢險阨處 五嶺關或鐵背山 小
捷，終無補於後路覆師也。

又考薩爾滸有二城：渾河上游原分東西兩支，皆自南向北流，其位於西支河西
者稱東薩爾滸，兩水匯合，復折向西流，其位於本流之南者稱西薩爾滸，王庭疏所
述方位含混，參以李瑍日記始明晰：

己未三月十五日，義州府尹鄭遵馳啓：「⋯⋯問安使成時憲道遇平壤礮手李
守良等自戰所逃還，因與偕來。自言正月二十三日，自昌城往經略 楊鎬 營

下，移屬杜總兵松陣中。二十九日，隨總兵到一處，前有大江，水深沒肩，艱關得渡。又過一江，即其上流，而水又深，軍半渡，賊自東邊山谷間迎戰，又一陣從後掩襲，首尾齊擊，漢兵收兵結陣，賊大噪薄之，漢兵亦哈喊齊放，賊中九中馬者甚多，方爲酣戰，賊一大陣自山後下壓，漢兵大敗。我等團聚一處，分隊迭放，漢兵爭來投入，皆視手哀乞曰：「活人活人」，充滿前後，不得藏藥，又隨而潰，爭墜絕壁。賊從山上看下矢石，我軍百餘人及漢兵數千皆死，賊四面合圍，厮殺無餘。我等潛居石穴，僅自偷活，雞鳴時，賊鳴角收軍，屯結一處，乘隙前行積屍之中，三日始達瀋陽。」原注：

「時天朝總兵杜松由西路入勦，請帶我國砲手四哨，置之先鋒，至是敗沒。」一三八‧一六四、五

時朝鮮礮手從征，見聞親切，故此段記事極重要。此云：「前有大江，水深沒肩，艱關得渡」，即由撫順東行，又折而南去，所渡之渾河本流也，西薩爾滸在河南。又云：「又過一江，即其上流，而水又深」，即渾河上源之西支也，東薩爾滸在其西。又云：「軍半渡，賊自東邊山谷間迎戰，又一陣從後掩襲，首尾齊擊之，賊大陣自山後下壓，漢兵大敗。」然則所謂薩爾滸之戰，實在東薩爾滸。王庭疏：「車營跟隨杜總兵等 三月 初一日 暉日記作二十九日，清實錄作二十九日夜，明兵執燈火出關。疑天明始出發。王庭疏不誤。 前至邊外渾河約五十里，水勢深急，過渡兵馬冲去太多，車兵入水，空手尤難，車輛火藥盡不能渡。……職等恐斷歸路，即時安營，天已近晚。」是其第一次渡河，已遺置車輛火藥於河北，清實錄「六圍山兵進攻撒爾湖山，敵兵布陣，發砲接戰」，當非實。且時已「近晚」，則暉日記所謂「又過一江」者，即第二次渡河，必在初一日之傍晚或初夜無疑也，時晚間無月，敵大噪薄之，難測虛實，又以未帶車營及充分火器，故酣戰終夜，日記「雞鳴時，賊鳴角收軍。」卒致敗潰。此路地勢，除五嶺關鐵背山外，大致平坦，薩爾滸一帶僅有丘陵式之山脈。惟因跋涉兩河，兵力已困，又因中伏之處在東薩爾滸，清自東面南面包圍，明兵北退，則有渾河之限。然則此路之敗，實與水道有關，而歷來論者每奢陳山險，非盡實。又明史杜松傳所述之地望日期及作戰情形皆有誤，並可參此訂正之也。

明史鎬傳以四路期會二道關，至關，伏發，軍盡覆。一似二道關即薩爾滸者。實則關在鐵嶺三岔兒堡東南，讀史方輿紀要遼東都指揮司鐵嶺三岔兒堡條：

衞東南七十里。志云：堡在懿路所東。……東南有二道關，山路崎嶇，舊屬海西，今爲建州境內。明萬曆中，大帥馬林由三岔出寨，敗績于二道關。

是二道關爲馬林進兵敗績之地，卽清實錄所謂尚崖潤者是。陳王庭疏記林作戰事：

> 三月初四日卯時，據分巡道副使張銓呈，照得本道奉文監督潘撫一路官兵二萬五千餘員名，預蒙經略擬定師期日時前進，又蒙按院監查嚴飭，自本年二月二十八日杜總兵同王趙二總兵等師行。初三日寅時，據鐵嶺撥夜口報，馬總兵林與開原潘僉事宗彦被達虜不知其數圍住等語。臣隨會經略督分清河李鎮守兵一枝出援本路。去後初四日，又據開原安樂州知州張文炳稟稱：初三日寅時，據潘僉事家人樊天朝執印到卑職說稱，潘僉事在營兵馬被達賊勢衆趕散，潘僉事今無蹤迹，卽馬總兵麻副將趕散丁副將鄭遊擊等多將，亦不見一人影響。……又臣差夜不收蔣興前去查探，彼本役回稱：潘僉事督兵隨營，背中一箭致傷，落馬無存……協遊擊等官麻巖……及馬總兵尚有馬兵萬餘，潰奔張家樓等到臣。

案時杜松兵敗，林已喪膽，且二道關「山路崎嶇」，又不便進退，宜致大敗也。

劉綎自亮馬佃出邊，朝鮮因出兵相助，故李琿日記載其行軍路程甚詳，茲擇錄數則，以見梗概。

> 己未二月十八日，都元帥姜弘立馳啓曰：「經略楊鎬憲牌來到，皆係軍機莫急之事，卽以牌內事意申飭副元帥金景瑞及三營將領，待天朝分付更到，使副元帥先渡下營于唰咧前岸左右營相繼過江，臣居中節制。」一三七・一〇一
>
> 二十四日，元帥兵踰涼水嶺，屯亮馬佃。一三七・一一三
>
> 二十五日，副元帥金景瑞馳啓曰：「臣自鷺兒溝行軍，風雪大作，三軍不得開眼，山谷晦冥，咫尺不能辨，日暮艱關下營，則天將劉三及江參將萬化各領兵先到，分左右排營安歇矣。天將劉總兵綎康按察應乾領兵來會我師。」一三七・一一五
>
> 二十六日，都元帥姜弘立馳啓曰：「大雪中行軍，各營兵所恃軍裝衣服盡爲霑溼，都督亦無前進之令，故臣等住劄仍留。差晚，都督與康按察俱來于亮馬佃，差人催臣等進兵，臣等卽令三營兵馬前發，去亮馬佃十五里，到轉頭

山日已暮矣。與六將並下營止宿，副元帥與劉三喬遊擊 一琦 過轉頭山十里許駐兵。」一三七‧一一七

二十七日，元帥三營兵自轉頭山渡鴨兒河，踰拜東葛嶺向牛毛嶺，行四十里下營，天朝將官劉總兵以下，東西列營，相待止宿。都元帥姜弘立馳啓曰：「東路諸將所率軍兵，諸將則劉總兵⋯⋯自鎮江出。⋯⋯大概東路進兵，道路險遠，大川縈紆。今朝又將過涉橫江，比鴨兒河深廣，少有雨水，渡涉極難，鴨兒河凡四渡，深沒馬腹，水黑石大，人馬艱涉，軍人各持行裝，未到半路，疲憊已甚。」一三七‧一一九

二十八日，元帥踰牛毛嶺，馳啓曰：「⋯⋯所謂牛毛嶺比鐵嶺益險，樹木參天，賊新斫大木，縱橫澗谷，使人馬不得通行，如此者三處，且斫且行，日暮時到牛毛寨。」一三七‧一二二

三月初一日，元帥發牛毛寨，下營于鬱郎山城。一三八‧一二五

初二日，元帥進駐深河地方。一三八‧一二七

案讀史方輿紀要寬奠堡下引輿程記，謂自東面至建州，共有二路：

寬奠一帶皆在建州東面，若從鎮江路經長奠水奠，三十里而至沙松排子，又三十里至分水嶺，三十里至八家子，二十里轉山頭 暉日記作轉頭山， 十里鴉兒河，二十里稗東葛嶺寨子 日記作拜東葛嶺，三十里牛毛嶺，二十里牛毛寨，二十里古董寨，一里爲家寨，四十里深河子，三十里大家寨子，三十里凹兒峪寨子，四十里家峪寨，三十里爲建州老寨，此皆小徑深林也。從寬奠即十五里至古洞，二十里至小佃子，三十里團團佃子，二十里八家子，趨轉山頭，其小佃團佃八家子皆伐林可通，而牛毛嶺家峪寨林深岩峭，稗東葛嶺路峽大崖，皆難行之路矣。

姜弘立喬一琦等領兵由鎮江北行，即此所謂之第一路也，劉綎等統兵由寬奠出口，即此所謂之第二路也。兩路原可在轉山頭會師，而綎以趨路先行，至牛毛嶺始得相遇。兩路徑狹崖峭，險阻難通，與琿日記所載者正可相互印證，此在給養之運輸上自甚困難也。籌遼碩畫貳肆戶科給事中李奇珍題：

使餉爲兵用，猶之可也，實則有大謬不然者，即以職鄉浙江兵言之，所計三

千六百餘名，沿途既無行糧，該鎮又無犒賞，至遼之日，已逼師期，當卽驅之深入，逮月餉至牛尾（毛）寨，而各兵已作河邊骨矣。

是綖至少一部分士兵未帶餱糧，出寬奠後，艱於得食。又鮮兵亦缺糧，琿日記載：

> 己未二月二十七日，都元帥姜弘立馳啓曰：「所齎之糧，亦已垂盡，後軍糧草時未入來，前頭之事極爲悶慮矣。」時營於牛毛嶺北四十里。（一三七‧一一九）

> 二十八日，元帥踰牛毛嶺，馳啓曰：「……日沒時到牛毛寨，原有三十餘胡家，已經焚燒，埋置米穀，都督軍兵掘取爲糧，自本寨一百五十里云。自昌城過江之日，人各持十日糧，今已罄盡，糧絕之患，迫於目前，臣以此意再三陳懇於都督，則曰：貴營兵留待糧運，俺亦留一日，明日與貴營兵一時前進云。……日已向暮，軍餉尙未入來，右營兵自昨夕絕食，喬遊擊送小米十包、馬頭二包分給，而愁迫燃眉，罔知所措矣。」原注：「朴燁尹守謙絕其糧路，弘立等大困。」一三七‧一二二

> 二十九日，元帥兵以糧運不到，留牛毛寨，劉提督亦屯兵不進，先遣喬一琦前進。原注：「時管餉使尹守謙逍遙江上，無意督運軍餉。」一三七‧一二三

> 三月初一日，元帥兵發牛毛寨，下營於鬱郞山城，馳啓曰：「卽到牛毛寨，先運糧四十餘石，來到右營，兵飢甚，先爲分給，卽隨都督府先進四十餘里，到鬱郞山底住軍。……今日又隨天朝各營兵就向前路，道里漸遠，糧餉不繼，極爲悶慮。」一三八‧一二五

> 初二日，元帥兵進駐深河地方，馳啓曰：「……軍無見糧，患迫燃眉，罔知所爲。」一三八‧一二八

案日記爲李倧纂位後所修，倧以琿不爲明盡力爲廢立藉口，所述琿臣尹守謙等逍遙江上，故絕糧運，容爲文致之詞。上擧注文皆硃書，蓋後來追添者。然因倉皇出師，糧餉未及準備，則是事實。而自鎮江迄深河，崎嶇險阻，運輸不便。此事影響明軍之失敗自甚大也。

（三）

清實錄諱張明兵死傷之衆及清兵損失之少，亦不可信，籌遼碩畫貳拾戶部山西清吏司主事吳伯與題：

且奴精兵不過五六萬，杜劉二帥雖死，所殺傷彼亦不下二萬，利害亦或相半也。我兵屬李如柏一路者未動，而杜松一路敗陣歸者尚一萬四千餘，合馬林一路，陳王庭題本謂林尚有馬兵萬餘，見前引。總收拾整頓之，可五萬餘人。

同書拾柒戶科給事中姚宗文題：

馬林尚擁餘兵，劉綎得成小捷，李如柏全師撤回，卽杜松殘兵散亂膴地者，尚可多方招集，合兵得五六萬，戰雖不足，守或可固。

案吳伯與謂殺傷清兵兩萬，雖涉浮誇，並非全假，容後辨。綜合上引兩條，明朝動員不過七萬人，而召集杜馬劉三帥殘兵及李如柏部尚可得五六萬，是所損不多。而明史鎬傳謂「文武將吏前後死者三百一十餘人，軍士四萬五千八百餘人，亡失馬駝甲仗無算」，雖較實錄核減，終非事實也。

李琯日記載劉綎攻戰事甚詳，茲擇錄如後，以供推此。

己未三月初一日，元帥馳啓曰：「卽到牛毛寨，……喬遊擊先行，時所經賊寨，斬首二十六級。及暮，虜兵三十餘騎衝犯唐營，遊擊戒嚴經夜，我師纔布營山下一二里餘，虜兵三百餘騎來屯，日暮時，稍稍散去。」一三八·一二五

初二日，元帥兵進駐深河地方，馳啓曰：「臣隨都督在中營，臣景瑞在右營，鱗次行軍，三十里許，到深河地面，去虜寨六十里，賊兵三百餘騎來屯以待，喬遊擊劉吉龍等一時齊進，賊敗北，天兵追殺者甚多，敗卒百餘騎，窮縮登山。弘立承都府分付，令中營將文希聖進擊，景瑞亦率右營精銳迫之，希聖中矢傷手，軍兵亦被傷，臣領中軍安汝訥及手下精兵進陳於山上，使希聖兵下營休兵，臣令軍官盧毅男、架梁將金洽、別隊將韓應龍等將大兵搏戰，虜發矢如雨，且戰且退，洽賈勇突入，賊退伏巖崖，出射還伏，懸崖絕壁，容足甚難，未易進勦，依木相對，雜以弓矢鳥銃亂發，中死者殆半。而唐人等爭斬首級，我兵力戰而已。日暮時，臣始鳴金退兵。」一三八·一二七、八

是綎及鮮兵最初獲勝，清太祖武皇帝實錄「當劉綎兵出寬奠時，東廓衛民皆避於山林，劉綎兵焚遺寨，殺癘醫不能移者，向前而進，牛祿厄眞托保厄里納厄黑乙三人

率守衞兵五百迎敵搏戰，被劉綎大兵圍住，厄里納厄黑乙死於陣中，折兵五十，托保領殘兵四百五十餘人逃出。」明史綎傳略同　雖爲盡量掩飾，猶露局部眞相，並可與此相參證也。

日記續載在深河清實錄作阿布達里岡　決戰：

十二日，平安監司馳啓：「天朝大兵及我三營兵以初四日敗績於深河，時遊擊喬一琦領兵前行，都督居中，我國左右營繼近，元帥領中營在後，賊旣敗開鐵撫順兩路兵，回軍東出，設伏於山谷，喬遊擊卒遇奴伏於富車地方，一軍敗沒，僅以身免。都督見前軍不利，督兵進薄，賊大兵奄至，彌滿山野，鐵騎駞突，勢莫敢敵，蹂躪斯殺，一軍就盡。都督以下將官坐於火藥包上，放火自殺，我國左營將金應河繼進，布陣於野次，設拒馬木，兵纔數千，賊乘勝薄之，應河令火礮齊放，賊騎中丸，死者甚多，再進再退，忽西北風大起，塵沙晦冥，藥飛火滅，礮無所施，賊以鐵騎蹙之，左營兵遂敗，死亡殆盡。應河獨依大樹，以三大弓迭射，應弦穿札，死者甚衆，賊不敢逼，乃從後刺之，鐵槍洞骨，猶執弓不釋，虜人亦皆嘆惜，相謂曰：若有如此數人，實難抵當，稱之依柳將軍。左營兵未及排陣，俱被殲滅。元帥將中營，登山據險，形孤勢弱，士卒不食已兩日，賊悉衆合圍，士卒知必死，憤慨欲戰，賊乃招我國胡譯河瑞國，語以通和解兵之意，金景瑞先往虜營，結約而還，又要弘立俱盟。天朝敗兵數百，屯據原阜，呼我軍中曰：漢人之在爾軍者悉出之。又呼曰：鮮人之在漢陣者皆歸之。時喬遊擊來投我軍，以爲庇身之所，見我國與奴連和，情態卽異，書小紙付其家丁，以傳其子之在遼東者，卽以弓弦繫項，我國將官救之，乃挺身墜崖而死。弘立等盡搜天兵，送於虜陣，賊縱擊盡之。」一三八・一四九、五〇

富車當卽清實錄之富察，實錄謂先破綎軍，後敗一琦，此言一琦先敗，綎後敗，未詳孰是。由此，可見明鮮兵飢餒之餘，作戰仍烈，予淸之打擊甚大。明史綎傳亦謂「大淸兵擊之而不動，已乃張杜松旗幟，被其衣甲紿綎，旣入營，營中大亂，綎力戰死。」殊可相互參比，以揭實錄之隱。至淸殺漢人雖多，然一部爲鮮兵降後所搜送，則直以戮俘爲武已。

日記復載清方之損失：

> 己未四月初八日巳時，王接見常差官於仁政殿。………差官曰：「………奴酋女
> 壻胡忽里及其第三子爲貴國金總兵 景瑞 陣人所殺，首級雖不獲，得其水銀
> 甲，已到老爺 楊鎬 衙門，老爺以是甚爲喜悅矣。」王曰：「此語今始聞知，
> 不勝喜幸！」常爲楊鎬差官

案太祖三子阿拜及壻何和禮實得善終，又所謂水銀甲者，據日記十三年 天啓元年 九
月初十日載滿浦僉使鄭忠信出使建州之報告：「其兵有八部；二十五哨爲一部，四
百人一哨，一哨之中，別抄百，長甲百，短甲百，兩重甲百。別抄者，著水銀甲，
萬軍之中，表表易認，行則在後，陣則居內，專用於決勝」，則是清兵精銳之軍服
而已，未可執此以爲服著之人卽太祖之子或壻也。惟籌遼碩畫拾玖陳王庭題本載：

> （己未）三月十三日，據督防北關委官王世忠持金台失白羊骨夷文一紙。………
> （金白二酋）再稟：有奴酋男貴英把兔中軍韋都男俱被兵馬殺死。

此與前引日記疑係同一傳說，果爾，則此消息或金台失等所報告者乎？所述縱不
實，然葉赫去建州孔邇，或清宗室及大將中有陣亡者未可知也。王庭本續載：

> 又據金酋說稱，（三月）十一至十五日，每日屢屢從建州走來部落共五十餘名，
> 供說奴酋兵馬與天朝兵馬對敵，大小頭目并部落在陣時死了許多，中傷無
> 數，到家又死了許多。奴酋合寨日夜哭聲不絕，又兼糧米缺少，個個驚惶，
> 來夷恐本寨日後難以存亡，得便來投北關等情。

吳伯與題本亦謂殺傷敵兵兩萬人，據此，清雖微倖獲勝，傷亡已多，而清實錄乃謂
「戰三路兵時，我兵約折二百人」，自不實矣。

（丙）楊鎬性格

　　兩次失敗，雖難盡咎楊鎬，惟就其性格方面分析，則亦有其致敗之缺點。此事
中國史籍不爲詳載，尋繹朝鮮實錄，尚可推證。李晬實錄載：

> 丁酉五月丁巳，上曰：「楊鎬何如人也？」李恆福曰：「中原人謂其性快而
> 無慈祥仁厚之意，故所在地方，人皆苦之云爾。」八八·四〇
> 六月辛酉，上曰：「想楊鎬爲人，必是性急險辟之人，我國不幸矣。………前

閒盧兒哈赤以爲中原待我厚矣，自楊巡撫來後薄待云，此必嚴急之人也，何
意今者乃來我邦乎！」八九・三

案時鎬初履朝鮮，銳意平倭，因恐鮮人上疏厭戰，故凡其進呈中國奏文，勒使先交
審閱，以此頗招反感，上言蓋爲此而發者，然亦可見其秉性之苛察矣。同書又載：

戊戌正月己酉，經理楊鎬接伴使吏曹判書李德馨狀啓曰：⋯⋯經理顧謂甯國
胤曰：「我今欲催各營兵再攻島山」，國胤曰：「人困馬疲，以此兵何能再
舉乎？」經理怒罵曰：「將官無一人，你亦說道如是耶！」九六・二七

時兵敗疲憊，無力反攻，甯國胤進諫之語全是事實，而鎬怒斥之，其使氣何如耶！
又同年五月丙戌：

經理接待監郎廳以右議政意啓曰：昨夕黃應暘入來，臣今朝相見，則行長所
送倭子七名拘留在任，實朱元禮獨來，已到天安，明日當到此云。應暘因
言：「老爺鎬欲處置朱元禮，殺一人無益，且浙江福建近處被擄人留在倭營
者，其數甚多，若聞此言，則必阻其出來之心，老爺性急而不深思，我心甚
悶。」一〇〇・五

朱元禮華人，爲倭所掠，明在島山敗後，倭使元禮議和，鎬既無力反攻，又欲殺之
以洩憤，眞所謂「性急而不深思」者矣。又是年：

五月丙申，經理豁達有略之人，爲國盡忠，號令必嚴，今此東征諸將之中，
可謂第一。⋯⋯而慮事率爾，發於意，則雖千百人言之，不少撓改，乃是斯
人之病痛也。一〇〇・一七

六月辛未，經理都監啓曰：今朝黃應暘見臣說稱，「⋯⋯楊都爺性快，但欲
一心幹事。⋯⋯都爺元不是難知人，元不是不好的人，第以性氣急而言語輕
快，凡有所爲，欲卽幹出，且功罪之間，任怨快斷。」一〇一・一三

丙子，上曰：「楊大人豈尋常人哉，但性急而言易矣。」一〇一・一八

據此，鎬蓋一急功好事，有勇無謀之人。其襟度固執狹隘，島山之戰，南兵曾控其
賞罰不公，前已論及。茲復述其關於薩爾滸戰役者。劉綎屬南兵系統，在東征期間
卽與楊鎬左，晊實錄載：

戊戌六月庚辰，崔瓘啓曰：昨日往劉提督綎衙門，聞之提督昨日出入時，坊

民等請留經理　楊鎬，則提督大怒，呵責曰：「經理聞喪不解職而來，罪一也。島山之戰，欺罔皇上，罪一也。」且言「他人之代爲經理者，必勝於楊，你等何苦請留耶？」大概提督文致經理之罪，不遺餘力，倡言詆斥，略無顧忌。聞本國爲經理申理，盛怒，近日嗔責之事，未必不由於此矣。　一〇一・二三

己亥 萬曆二十七年 二月壬子，李德馨曰：「劉綎每言楊鎬不解用兵，多殺軍兵，俺欲不殺一人而蕩平賊穴云矣。」一〇九・七

時鎬被控免職，朝鮮代爲申理，綎阻之，揚詞醜詆，可見兩人之間隙。迨四路出師，鎬以經略總制諸將，綎分兵既少，糧餉又缺，未必非有意陷害也。琿日記：

己未二月二十六日，都元帥姜弘立馳啓曰：臣弘立見都督綎問各路兵數，答曰：「西南路大兵齊進，東路兵只有俺自己親丁數千人，且有各將所領，要不出滿萬耳。」臣問曰：「然則東路兵甚孤，老爺何不請兵？」答曰：「楊爺與俺自前不相好，必要致死，俺亦受國厚恩，以死自許，而兩子時未食祿，故留置寬佃矣。」臣問曰：「進兵何速也？」答曰：「兵家勝算，惟在得天時、地利、順人心而已，天氣尚寒，不可謂天時也，道路泥濘，不可謂得地利，而俺不得主柄，奈何！」有不悅之色。一三七・一七七

二十七日，都元帥姜弘立馳啓曰：「東路諸將所率軍兵，聲言三萬有餘，以臣所見，不過萬餘名，都督以不待後至之兵，徑先出兵，顯有怨恨之意，發於言語，喬遊擊亦以倉卒興師爲慮。……經略催兵令箭到都督處，督令進兵矣。」一三七・一一九

是楊劉之間，芥蒂仍在，鎬此次起復，年事已高，於二十年前宿怨，猶未能釋，其箇性頑強，蓋至老不易也。

四路出師，李如柏軍獨獲保全，論者誣鎬故爲左袒，自不可靠。惟鎬素與鐵嶺諸李厚，意爲此說之所由起乎？則其優遇北軍亦可見矣。又明史貳玖壹潘忠顏傳，載忠顏致鎬書，勸勿以馬林爲主將，不然必敗，鎬不聽。林爲芳子，蔚州人，豈以爲北將，故委任不疑歟？

至鎬對待南兵，仍甚歧視，籌遼碩畫拾捌工科給事中祝耀祖題：

自鎬用事以來，威令不行，賞罰不信，昵私交而輕南將，則豪傑灰心，怯任
罪而重卹典，則英雄短氣。

此疏上於三路失事之後，容有情感意氣雜其間，要鎬之輕南人而袒北兵，固爲事實
也。

綜貫以上所述，鎬胸懷褊淺，任氣好矜。雖操履方潔，然軍旅戰陣實非所長。
故一遇兇頑狡獪之敵人及調協龐雜不齊之軍心，如島山薩爾滸兩大戰役者，則鮮不
僨事矣。

民國三十三年三月九日脫稿

出自第十七本（一九四八年四月）

明成祖朝鮮選妃考

王　崇　武

朝鮮李氏實錄記明初在東國選妃事甚悉，茲擇錄其關係永樂一朝者，類次如後，中國史籍之可資比證者並附論焉。中華民國三十三年二月六日記於四川南溪李莊。

朝鮮太宗李芳遠實錄拾伍，八年 永樂六年 四月甲午，朝廷內史黃儼田嘉禾海壽韓帖木兒尚寶司尚寶奇原等來。……宣諭聖旨云：「恁去朝鮮國和國王說，有生得好的女子選揀幾名將來！」上叩頭曰：「敢不盡心承命！」日本景印朝鮮太白山本葉十九

同書拾陸，是年十一月丙辰，黃儼等以處女還京師。上餞于慕華樓，以藝文館大提學李文和爲進獻使，齎純白厚紙陸千張赴京，附奏曰：永樂六年四月十六日，欽差太監黃儼等官到國，傳奉宣諭，恁去朝鮮國和國王李芳遠說，有生得好的女子選揀幾名將來，欽此。臣芳遠欽依於本國在城及各道府州郡縣選揀到文武幷軍民家女子與同欽差官等選揀女子五名，差陪臣李文和跟同欽差太監黃儼等官赴京外，今將各女子生年月日幷父職名籍貫一一開坐，謹具奏聞。一名嘉善大夫工曹典書權執中女，年一十八歲，辛未十月二十六日巳時生，籍貫慶尚道安東府，見住漢城府。一名通訓大夫仁寧府左司尹任添年女，一十七歲，壬申十月二十六日戌時生，籍貫忠清道懷德縣，見住漢城府。一名通德郎恭安府判官李文命女，年一十七歲，壬申十月十八日戌時生，籍貫畿內左道仁州。一名宣略將軍忠佐侍衞司中領護軍呂貴眞女，年十六歲，癸酉十一月初二日巳時生，籍貫豐海道谷城郡，見住漢城府。一名中軍副司正崔得霏女，年一十四歲，乙亥十月初八日午時生，籍貫畿內左道水原府。從者女使一十六名，火者一十二名。文和卽文命之兄也。帝嘗求十分純潔光姸好細白紙于我，已使安魯生洪恕偰眉壽節次齎進二萬一千張，至是，上不欲名（明）言奏進處女，故使文和等齎進紙劄，然文命貴眞得霏及執中之子永均皆充押物，獨

添年以疾未行。是行也，其父母親戚哭聲載路，吉昌君權近爲賦詩云：「九重思窈窕，萬里選娉婷，翟茀行迢處，緹岑漸杳冥，辭親語難決，忍淚拭還零，惆悵相離處，鰲山入夢靑。」先是有童謠，近又作詩以解之曰：「麥熟當求麥，日暾求女兒，蝶猶能有眼，來擇未開枝。」葉三八

拾柒，九年 永樂七年 四月甲申，謝恩使李良祐副使閔汝翼回自京師，良祐等言：二月初九日，帝幸北京，本國所進處女權氏被召先入，封顯仁妃，其兄永均除光祿寺卿，秩三品，賜綵段六十匹，綵絹三百匹，錦十匹，黃金二錠，白銀十錠，馬五匹，鞍二面，衣二襲，鈔三千張，餘皆封爵有差。以任添年爲鴻臚卿，李文命呂貴眞光祿少卿，秩皆四品。崔得霏鴻臚少卿，秩五品。各賜綵段六十匹，綵絹三百匹，錦十匹，黃金一錠，白銀十錠，馬四匹，鞍二面，衣二襲，鈔三千張　又賜李文和及任添年之族子金和各馬二匹，鞍一面。葉二二、三

同年閏四月乙丑，進獻使李文和及權永均等回自京師。帝待永均特厚，引入內殿，謂曰：「除汝崇班，欲令近侍，然爾妹在此，爾亦不還，老母當有不豫之情矣。命爾還國，往謹乃心，恭事國王。爾不聞古事歟？毋以忘荒，累及朕躬。」及永均朝辭，帝謂之曰：「你再來時休從海上過，只從旱路上來，你那裏來的使臣教他旱路上來！」葉三四

　　案朝鮮使臣因僞爲貢紙，故中國方面甚少人知，惟在明實錄中仍可略見其梗概：明成祖實錄永樂七年二月己卯，「册立張氏爲貴妃，權氏爲賢妃，任氏爲順妃。命王氏爲昭容，李氏爲昭儀，呂氏爲婕妤，崔氏爲美人。張氏故追封河間忠武王之女，王氏蘇州人，餘皆朝鮮人。」同月庚辰，「命賢妃父權永均爲光祿寺卿，朝鮮實錄所載仁宗賜祭權永均文亦作權妃父，實皆明方之誤，永均乃妃兄也。昭儀父李文命婕妤父呂貴眞爲少卿，順妃父任添年爲鴻臚寺卿，美人父崔得霏爲少卿。」惟諸人非眞仕處中朝，芳遠實錄貳壹，十一年永樂九年四月壬辰記：「賀正使刑曹判書林整……回自京師。……林整齎來禮部咨曰：奉聖旨，光祿寺卿權永均少卿鄭允厚呂貴眞李文命鴻臚寺卿任添年少卿崔得霏合得的俸，因路遠關不將去，著王於本國關與他，欽此。今開光祿寺卿月俸二十六石，少卿一十六石，鴻臚寺卿二十四石，少卿一十四石。」葉十五 再參以前擧成祖命永均歸

國侍母之語，則是諸人仍留居朝鮮，且由朝鮮給俸也。王世貞弇山堂別集拾捌「中國夷官互居」條，雖載諸人居朝鮮，然不知在東國支俸。

明遇諸女家屬素厚，明實錄中時有記載，茲彙錄如下：成祖實錄永樂十一年十二月癸酉，「命李茂昌爲光祿寺少卿，茂昌朝鮮國人，初、其父文命來朝，授光祿寺少卿，旣卒，茂昌承其父志來朝，故復授是職。」仁宗實錄洪熙元年三月戊子，「遣中官往朝鮮賜祭光祿寺卿權永均，賜其家白金二百兩，文幣表裏各十爲賻。永均太宗皇帝賢妃之父，至是以朝鮮國王李裪言其卒，故恤典及焉。」同年閏七月乙卯，時宣宗已卽位「故光祿寺卿朝鮮國權永均婿許晚石來朝貢馬。」癸亥，「賜鈔綵幣表裏有差。」朝鮮實錄所記者更詳，復擇錄之。芳遠實錄拾捌，九年 永樂七年 十月己未，「顯仁妃遺貞懿宮主白銀一百兩，命藏之尚衣院。」葉三七拾玖，十年 永樂八年 二月庚戌，「柳廷顯徐愈等回自京師。廷顯等至北京，聞廷顯爲顯仁妃權氏之族，使黃儼傳權氏命，別賜綵段二匹，絹十匹，鈔五百張，鞍馬。」葉十三 貳壹，十一年 永樂九年 四月壬辰，「賀正使刑曹判書林整副使漢城府尹鄭易及光祿寺少卿鄭允厚回自京師，帝寵愛允厚之女，錫爵，且錫金一錠，白銀一十錠，段子五十匹。」葉十五 貳貳，是年八月甲辰，「朝廷使臣宦官太監黃儼來，又出咨，咨曰：近准朝鮮國王咨開，光祿寺少卿呂貴眞病故，除具奏外，欽差太監黃儼賷祭文降香，備辦祭物，合行移咨轉令本官家屬知會。」葉十七 乙卯，「內史黃儼往祭呂貴眞之塋，羊一、豕一、鵝二，皆所賷來也。其祭文曰：維大明永樂九年歲次辛卯八月朔越某日，皇帝遣太監黃儼諭祭于光祿少卿呂貴眞之靈曰：爾溫厚醇實，樂善有素，貴爲內戚，愈執謙愼，以爾所履，宜膺壽考，遽殞於疾，良用傷悼，靈其有知，服斯諭祭」。葉二一 貳捌，十四年 永樂十二年 八月乙巳，「光祿卿權永均鴻臚卿任添年少卿崔得霏李茂昌赴京師，以帝北征，欽問起居也，呂幹從之。」葉九 叄貳，十六年 永樂十四年 九月丁未，「權永均等四人回自北京，帝待永均等特厚。」葉十七 叄叄，十七年 永樂十五年 六月丙申，「宴任添年李茂昌崔得霏宋希璟等於便殿，添年等以帝下輦北京，入朝起居，

上以皇親餞之也。希璟鄭允厚之婿也。賜添年等四人馬各二匹。」葉六三 世宗
李裪實錄貳陸，七年 永樂二十二年 十月己未，時成祖已死，仁宗嗣立。「傳旨禮曹，
今入朝皇親路次盤纏各費八十匹，韓確進香錢因前二十匹，加二十匹，共四十
匹費去，以其并進香於皇妃韓氏也」。時韓氏殉葬。(葉十七)貳柒，八年 洪熙元年三
月乙未，「使臣往光祿寺卿權永均第賜祭，其文曰：皇帝遣尚寶監少監金滿諭
祭于光祿寺卿權永均之靈曰，惟爾篤厚純謹，積善儲慶，用生賢女，事我皇考
太宗皇帝于宮壼，服勤致恭，終始不間，旣已早沒，方期爾之壽康，而訃音遽
至，良用嗟悼。茲特遣人賜祭，仍賻白金二百兩，幣十表裏，帛十五端，以示
親親之誼，爾靈不昧，尚克享之。」葉十九 凡此均可以考見明遇女家之厚，歷
永樂洪熙宣德三朝不衰也。

據朝鮮實錄所載成祖口旨，對於此次貢女並不完全滿意 詳後引，惟權妃以資質
穠粹，則頗承顧寵。明史本傳謂氏擅吹玉簫，檢寧獻王權宮詞有詠此事者兩
首，其一云：「忽聞天外玉簫聲，花下聽來獨自行，三十六宮秋一色，不知何
處月偏明。」其二云：「鯱魚窗冷夜迢迢，海嶠雲飛月色遙，宮漏已沈參倒影，
美人猶自學吹簫。」又王司綵宣德時女官 宮詞亦詠此事，詩云：「瓊花移入大明
宮，旖旎濃香韻晚風，贏得君王留步輦，玉簫嘹嘹月明中。」可資相互印證
也。又妃於永樂八年侍成祖北征，凱旋，薨於臨城，菲嶧縣。此事在中國紀載
初亦無可注意，而在朝鮮方面則頗有異聞，蓋成祖曾因此濫興大獄也。芳遠實
錄貳壹，十一年永樂九年三月己丑記權妃之死云：

光祿寺卿權永均回自京師，啓曰：去庚寅年十月二十四日顯仁妃權氏以病卒
于濟南路，仍殯于其地，令濟南民蠲役守護，將欲遷之合葬于老皇后也。永
均曾拜光祿職，未受誥命，至是錫之，其待遇之厚倍于前日，帝賜言之時，
含淚傷嘆，至不能言。葉十四、五

據此，帝對權妃之死極傷悼，而宮闈慘變遂利用此種心理以發生，同書貳捌，
十四年九月己丑記：

命囚呂氏之母與親族于義禁府。尹子當通事元閔生回自京師。………閔生奉傳

宣諭聖旨，皇后沒了之後，教權妃原注：「即顯仁妃」管六宮的事來，這呂家原注：「即呂美人。」和權氏對面說道，有子孫的皇后也死了，你管得幾箇月，這般無禮，我這里內官二箇，和你高麗內官金得金良，他這四箇做實弟兄，一箇銀匠家裏借砒霜與這呂家，永樂八年間回南京去時，到良鄉，把那砒霜研造末子，胡桃茶裏頭下了，與權氏喫殺了。當初我不知道這箇緣故，去年兩家奴婢肆罵時節，權妃奴婢和呂家奴婢根底說道：你的使長藥殺我的妃子，這般時纔知道了，問出來呵果然，這幾箇內官銀匠都殺了，呂家便著烙鐵烙一箇月殺了。你回到家里，這箇緣故備細說的知道，和權永均根底也說，呂家親的再後休著他來！」上即召議政府六曹議之，乃有是命。葉二五（是月辛卯，議于便殿，朝鮮國王不欲律外加刑，只拘呂母張氏，釋其親族，辯論文長，不錄。）

十二月癸酉，權永均任添年李茂昌崔得霏等回自北京，啓曰：帝諭永均曰：「呂氏不義，與內史金得謀，買砒霜和藥飲之，再下麵茶以致死了，朕盡殺呂氏宮中之人。」葉四三

辛卯，元閔生回自北京，啓曰：「臣奏巳刑呂氏之母，帝然之。」葉四五

是以權妃爲美人呂氏所毒害，故案發後，美人罹刑最慘，內官銀匠並遭逮戮，其生母在朝鮮者亦連坐入獄。後細考其實，知爲誣告，而大獄又作矣。李裪實錄貳陸，七年十月戊午具載其原委：

使臣言：時禮部郎中李琦等使鮮，頌仁宗登極詔。前後選獻韓氏等女皆殉大行皇帝。先是，賈人子呂氏入皇帝宮中，與本國呂氏以同姓欲結好，呂氏不從，賈呂蓄憾，及權妃卒，誣告呂氏點毒藥於茶進之，帝怒，誅呂氏及宮人宦官數百餘人。後賈呂與宮人魚氏私宦者，帝頗覺，然寵二人不發，二人自懼縊死。帝怒事起賈呂，鞠賈呂侍婢，皆誣服，云欲行弒逆，連坐者二千八百人，皆親臨剮之。或有面訴帝曰：「自家陽衰，故私年少寺人，何咎之有！」後帝命畫工圖賈呂與小宦相抱之狀，欲令後世見之，然思魚氏不置，令藏（葬）於壽陵之側，及仁宗卽位，掘棄之。亂之初起，本國任氏鄭氏自經而死，黃氏李氏被鞠處斬，黃氏援引他人甚多，李氏曰：「等死耳，何引他人爲？我當獨死。」終不誣一人而死。於是本國諸女皆被誅，獨崔氏曾在南京，帝召宮女

之在南京者，崔氏以病未至，及亂作，殺宮人殆盡，以後至獲免。韓氏當
亂，幽閉空室，不給飲食者累日，守門宦者哀之，或時置食於門內，故得不
死，然其從婢皆逮死。乳媼金黑亦繫獄，事定，乃特赦之。⋯⋯及帝之崩，
宮人殉葬者三十餘人，當死之日，皆餉之於庭；餉輟，俱引升堂，哭聲震殿
閣，堂上置木小床，使立其上，掛繩圍於其上，以頭納其中，遂去其床，皆
雉經而死。韓氏臨死，顧謂金黑曰：「娘吾去，娘吾去！」語未竟，旁有宦
者去床，乃與崔氏俱死。諸死者之初升堂也，仁宗親入辭訣，韓氏泣謂仁宗
曰：「吾母 金黑 年老願歸本國。」仁宗許之丁寧。及韓氏既死，仁宗欲送還
金黑，宮中諸女秀才曰：「近日魚呂之亂，曠古所無，朝鮮國大君賢，中國
亞匹也。且古書有之，初佛之排布諸國也，朝鮮幾爲中華，以一小，故不得
爲中華，又遼東以東，前世屬朝鮮，今若得之，中國不得抗衡必矣。如此之
亂，不可使知之。」仁宗召尹鳳問曰：「欲還金黑，恐洩近日事也，如何？」
鳳曰：「人各有心，奴何敢知之。」遂不送金黑，特封爲恭人。初帝寵王氏
欲立以爲后，及王氏薨，帝甚痛悼，遂病風喪心，自後處事錯謬，用刑慘
酷。魚呂之亂方般，雷震奉天華蓋謹身三殿俱燼，宮中皆喜，以爲帝必懼天
變，止誅戮。帝不以爲戒，恣行誅戮，無異平日。後尹鳳奉使而來，粗傳梗
概，金黑之還，乃得其詳。葉十五、六

是呂氏乃爲賈呂所誣，而賈呂與宮人魚氏並以私通宦者而自縊，以此頗觸成祖
怒，因窮鞫侍婢，至以弒逆服之也。朝鮮實錄不載此案發生在何年，惟謂時雷
震奉天華蓋謹身等殿燼，考明實錄三殿之燼在永樂十九年四月庚子，又李朝實
錄拾貳，三年 永樂十九年 五月戊子亦記：「通事林密回自京師，言四月初八日
夜，大雨震電，至翌日曉，奉天華蓋謹身等殿災，須臾而盡，即日大赦，至十
三日詔曰：比者上天垂戒，奉天等殿災，朕甚警懼，不遑自安，今禮部以朕初
度之辰，奏請奉賀，甚非所以敬謹天戒，而益重朕之不德焉，其止勿賀。」此
詔亦載明實錄是年四月己酉 然則時在永樂十九年四月也。成祖既以殿災禁祝壽，是
未嘗不懷於所謂天變之警，宜乎宮人皆喜，以爲或止誅戮也。帝晚年病風喪
心，用刑嚴狠 參看明史王貴妃傳，僅就魚呂一案言之，至株連達二千八百人，若

—170—

併呂氏前案合計，則所殺當在三千以上矣，不得謂非宮庭之大事也。

金黑爲韓妃乳母，其放遣歸國，英宗實錄中亦載之，實錄宣德十年三月癸酉，「放朝鮮國婦女金黑等五十三人還其國，黑等自宣德初年取來，久留京師，上憫其有鄉土父母之念，特遣中官送回，且諭其國王悉遣還家，勿使失所。」一似黑之還鄉爲英宗開釋者，而據朝鮮所記者則否，李祹實錄陸捌，十七年 宣德十年 四月丁卯記：

使臣李忠金角金福等奉敕率處女從婢九名，唱歌婢七名，執饌婢三十七名來，上迎至景福宮，受敕如儀，敕曰：婦女金黑等五十三名，久留京師，朕憫其有鄉土之思，亦有父母兄弟之望，今遣內官李忠內史金角金福送回，王可悉訪其家歸之，勿令失所。李忠等就令展省畢卽回京，故敕。」李忠永樂六年隨權氏入朝，金角玉果人，金福平壤人，幷永樂元年入朝。葉九

金黑言：韓氏卒後，日侍太皇太后，待遇甚厚，賜與無數。一日，白太皇太后曰：「年老蒙恩甚厚，但欲還鄉。」太后許諾，命還。仍請並還執饌唱歌婢，后曰：初不知來在也，仍命幷還。拜辭日，后執金黑手泣別。金黑所受誥命之辭曰：「奉天承運皇帝詔曰，朕惟帝王致孝于親者，必受恩于其所愛，若于所愛嘗有保育之勤者，亦推恩及之，仁之至，義之隆也。咨爾金氏，故康惠莊淑麗妃 韓氏封諡 之乳母也，麗妃恭事先帝，尤稱賢淑，及六御升遐，隕身以從，旣加封諡，以旌賢行，念爾昔有保育之勤，今特封爲恭人，服此光榮，欽哉無斁。」洪熙皇帝之命也。葉九

己巳，傳旨禮曹：「宮禁之事，所當祕密，今出來婢子等久居中朝，凡禁掖之事，習見詳知，脫有親舊問宮禁事，無識婢子輩不顧大體，悉以告之，則有乖謹密之意，今使婢等毋得開設，他人毋得訪問，如或漏洩見露，則聞者言者及傳說者幷置重法。」葉十

是金黑之返國，乃因太皇太后張氏 仁宗后 關照之故，英宗卽位甫九齡，后實操國柄，故黑以侍從之私得邀其送遣也。諸婢給事內庭，於宮闈之事必多密聞，惜以禮曹禁止，至少流播，然就兩呂前後公案可以揭發明宮之隱者，已不少

矣。

芳遠實錄拾柒，九年　永樂七年　五月甲戌　，太監黃儼監承海壽奉御尹鳳至　。………勅曰：「今遺太監黃儼監丞海壽奉御尹鳳特賜王及王妃禮物，至可領也。特賜國王銀一千兩，紵絲一百匹，綵絹一百匹，馬一十五匹，鞍二副，王妃紵絲線羅銀絲紗各一十匹，綵絹二十匹。」上拜賜訖。升殿，儼口宣聖旨：「去年你這裏進將去的女子每，胖的胖，麻的麻，矮的矮，都不甚好，只看你國王敬心重的上頭，封妃的封妃，封美人的封美人，封昭容的封昭容，都封了也。王如今有尋下的女子，多便兩箇，小（少）只一箇，更將來！」葉三五、六

同書拾捌，是年八月甲寅　，遺戶曹參議吳眞如京師　，奏曰：「永樂七年五月初三日，欽差太監黃儼到國，欽傳宣諭，去年你這裏進將去的女子都不甚好，只看你國王敬心重的上頭，封妃的封妃，封美人的封美人，封昭容的封昭容，都封了也。王如今有尋的好女子，多便兩箇，少只一箇，更進將來！欽此，臣某欽依，於本國在城各道州府郡縣宗戚文武兩班幷軍民之家，儘情尋覓　，選揀到女子二名，待候進獻，今先將女子生年月日及父職事姓名籍貫逐一開坐，謹具奏聞。一名前朝奉大夫知宣州事鄭允厚女子，年十八歲，壬申十月十七日亥時生，本貫東萊縣。一名修義校尉忠佐侍衞司後領副司直宋瓊女子，年十三歲，丁丑五月十四日卯時生，本貫碼山縣。」移咨禮部曰：「竊照親兄某舊患風病，卽日益加深重，用供藥餌，爲因缺乏藥材，今差吳眞將賚黑細麻布三十匹，白細苧布二十匹，幷藥單一張赴京，伏請聞奏，許令收買施行。」儼之來也，帝更求處女，故託上王之疾求買藥物，因奏鄭允厚女子等事，儼嘗言若得絕色，卽必託他事以奏故也。葉十三

貳貳，十一年永樂九年八月甲辰，朝廷使臣宦官太監黃儼來。………出禮部咨，咨曰：「近准朝鮮國王咨，差人將賚藥單，赴京收買　，本部官節該奉欽依，藥材不要他買，等有時著人送將去，除欽遵打點完備，欽差太監黃儼賚送前去，開藥材二十九味。」蓋去年鄭氏赴京時咨請故也。儼又諭之曰：「帝更求有姿容處女，其得鄭允厚女，不令朝官知，若託以答王求藥物也，今賜藥物　，實報鄭氏之赴京也。」葉十七

案芳遠以兄恭靖王嚈病廢，迫使讓位，即所謂「上王」者。故成祖令芳遠貢女，託以代兄求藥爲名。此事明實錄不爲詳載，惟於永樂九年十一月丙子記：「朝鮮國王李芳遠遣陪臣黃喜等貢方物，謝賜藥劑，命禮部賜之鈔幣」，猶可與此相參證。夫太監出使，口傳諭旨，根本不經詔敕手續，是在當時內閣不之知，而朝鮮貢女，復假求藥爲名，是在當時禮部亦不之知也，非得朝鮮紀載對勘，何以發此久覆乎！

同書叁叁，十七年永樂十五年五月甲午，選處女，命議政府六曹臺諫與知申事趙末生內官盧希鳳選揀進獻處女，以黃氏韓氏爲上等，黃氏容貌美麗，故副令河信之女，韓氏嬋娟，故知淳昌郡事永矴之女也。葉三七

壬寅，遣左軍僉總制元閔生如京師，奏曰：「永樂十五年四月初四日，通事元閔生回自京師，言本年正月二十一日，欽受賞賜，宣進表使李都芬及元閔生等入右順門內，有權婆婆太監黃儼等對閔生等說道：恁回去對國王根底說了，選一箇的當的女兒，奏本上填他姓名年紀來，聽此於在城及各道府州郡縣文武兩班幷軍民之家，儘情選揀到女兒一名，待候進獻，今先將女兒生年月日及親父職事姓名籍貫開坐，謹具奏聞。一、奉善大夫宗簿副令黃河信女子年十七歲，辛巳五月初三日亥時生，本貫尙州。葉三九

據此，朝鮮雖預選黃韓兩女，初僅開報黃氏一人，成祖實錄永樂十五年六月戊申，「朝鮮國王李芳遠遣陪臣元閔生等貢方物」，朝鮮實錄記閔生以是年五月壬寅出發，明實錄記於六月戊申抵達，兩書所言明係一事，惟明實錄諱貢淑女名單，僅謂其奉申方物而已。

是年六月丙午，奏聞使元閔生回自北京，啓曰：「皇帝問採女顏色之美，賞賜甚厚，乃使宦者黃儼海壽等來逆女。」葉六六

叁肆，是年七月丙寅，太監黃儼少監海壽等奉敕書至，設山棚結彩，上備儀仗，出迎于慕華樓，至昌德宮宣敕，頒賜國王紵絲三十四，裏絹三十四，採絹一百匹，王妃紵絲二十四，裏絹二十四。葉四

戊辰，黃儼海壽等就見黃氏於其第。葉五

己巳，宴使臣於慶會樓，幸景福宮，聚處女黃氏韓氏等十餘於勤政殿，令兩使臣擇

之，以韓氏爲第一，選訖，設宴，仍贈以鞍馬各一。_{葉五}

八月己丑，使臣黃儼海壽以韓氏黃氏還，韓氏兄副司正韓確黃氏兄夫錄事金德章根隨侍女各六人，火者各二人從之，路旁觀者莫不垂涕。_{葉九}

十二月丁亥，通事崔天老回自北京，啓曰：「帝愛重韓氏，遣內官善才齎賞賜到遼東。」_{葉三六}

辛丑，盧龜山元閔生韓確金德章回自北京，閔生啓曰：去十月初八日，黃氏韓氏自通州先入，臣等以初九日入京，十日朝見，帝見臣先笑，宣諭曰，「汝等來矣，黃氏服藥乎？」閔生對曰：「路次疾病，至極憂患。」帝曰：「難得國王至誠，送來韓氏女兒，好生聰俐，儞回還對國王根底說了。」以確爲光祿少卿，賜物甚厚，賜黃韓兩女家金銀綵帛等物。_{葉三九}

庚戌，內史奉御善財奉敕書至，……敕曰：「王恭事朝廷，恪勤不怠，良用嘉獎。今特遣奉御善財賜以銀兩綵幣等物，王其領之，故敕。」頒賜國王銀二千兩，計八十錠，紵絲一百匹，暗花二十匹，素八十匹，綵絹一百匹，銀絲素紗二十匹，線羅素二十匹，粧花絨錦十段，兜羅綿五十條，馬二十四匹。王妃紵絲二十匹，暗花五匹，素十五匹，綵絹二十匹，銀絲素紗十匹，線羅素十匹，羅裏絹十匹，粧花絨綿四段，兜羅錦二十條。蓋喜我進處女也。_{葉四二}

辛亥，使臣善財齎來櫃十書封一，輸於黃氏母家。黃氏之母以賜金二十五兩、白銀一百兩、錦一段、各色紵絲五匹、毯子一匹、織金花合包三箇、白糖--器授女婿金德章以獻，上還給金二十五兩、白銀五十兩。又以白銀五十兩、紵絲四匹、綵絹四匹、織金花合包二箇、白御羅手帕二條、白糖一器獻于中宮。仍將黃氏書封告于代言司以達于上，上覽之，還下其書，書曰：「皇妃黃氏書上母親大人坐前，冬寒，伏惟尊體康勝，納福倍常，茲遣奉御善財齎送禮物，致問安之敬，伏乞鑑納。不具。禮物：金五十兩，白銀六百兩，各色紵絲五十六匹，各色錦八段，各色絹五百十六匹，毯子四匹，白兜羅錦二十條，白御羅手帕五十條，白綿桃花手巾四條，紵絲五綵繡枕頭五副，各色織金花紵絲合包三十箇，白糖八十斤。_{葉四二}

以金德章爲仁寧府丞，賜光祿少卿韓確月俸。_{葉四二}

　　案朝鮮貢女，自權妃後，以韓氏最得寵，氏後雖從葬長陵，其妹桂蘭復於宣德

間被選入宮，至成化時始薨，<small>余別撰有「明恭順夫人韓氏事輯」文</small>故韓氏宗親入朝次

數亦較他家爲多。李朝實錄載此次貢女，曾有一段佳話，茲錄如下：貳陸，七

年十一月戊午，「初黃氏之未赴京也，兄夫金德章坐于所在房窗外，黃儼見之

大怒，責之。及其入朝，在道得腹痛之疾，醫用諸藥皆無效，思食汁葅，儼問

元閔生曰：此何物耶？閔生備言沉造之方，儼變色曰：欲食人肉，吾可割股而

進，如此草地，何得此物？黃氏腹痛不已，每夜使從婢以手磨動其腹，到一夜

小便時，陰出一物，大如茄子許，皮裏肉塊也，婢棄諸廁中，一行衆婢皆知而

喧說。又黃氏婢潛說，初出行也，德章贈一木梳，欽差皆不知之。帝以黃氏非

處女，詰之，乃云曾與姊夫金德章鄰人皂隷通焉。帝怒，將責本國，赦已成，

有宮人楊氏者方寵，知之，語韓氏其故，韓泣，乞哀于帝曰：黃氏在家私人，

豈我王之所知也。帝感悟，遂命韓氏罰之，韓氏乃批黃氏之頰，明戊戌<small>永樂十</small>

六年，欽差善才謂我太宗<small>芳遠</small>曰：黃氏性險無溫色，正類負債之女。歲癸卯<small>永樂</small>

二十一年，欽差海壽謂上曰：黃氏行路之時，腹痛至甚，吾等見，則以鄉言，言

腹痛，必慚而入內。」<small>葉十六</small>海壽朝鮮人，所謂「以鄉言」者，指朝鮮語。據

芳遠實錄，黃氏與韓氏同爲淑女上選，又謂黃容貌美麗，而入宮以後，寵幸無

聞，當與其先已失身有關，欽差善才語芳遠：「黃氏性險無溫色，正類負債之

女」，則意其因於產後未復健康，且因遭受責讉，神情沮喪，未必其原貌卽如

是。」至成祖欲責朝鮮，韓氏涕泣婉解，並批黃氏之頰以洩帝憤，則其機警明

慧，誠有成祖所獎誇者矣。

李朝實錄載韓氏母死，成祖及氏皆有文祭，錄之以見其寵倖。實錄貳伍，六年

七月丁丑，「使臣王賢具祭物賜祭韓確母金氏于其第，其祭文曰：皇帝遣內官

王賢諭祭于妃母金氏之靈曰，惟靈出自名家，配于令族，性資端淑，內助維

嘉，篤生賢女，作嬪宮闈，政宜共享安榮，茂迎壽祉，胡爲嬰疾，遽爾告終，

撫念親親，實深感悼。茲特遣人祭以牲醴，靈其不昧，尚克享之。皇妃謹遣內

官王賢致祭於母金氏之靈曰：惟我母氏，鞠育劬勞，德厚恩深，莫克酬報，女

以弱質，選嬪宮闈，仰荷皇上恩眷，享有富貴，隆加賫錫，榮及一家，方期我

母益臻眉壽，永享康寧，詎意一朝，溘然長逝，追惟存沒，豈勝哀痛，茲特遣

祭，用表微忱，靈其如在，伏惟鑑歆。」葉三

李朝實錄貳伍，六年七月辛巳，奏聞使元閔生通事朴淑陽先來啓曰：皇帝謂元閔生曰：「老王以至誠事我，至於乾魚無不進獻，今小王不以至誠事我，前日求老王所使火者，乃別求他宦以送，朕老矣，食飲無味，若蘇魚紫蝦醢文魚須將來進。權妃生時，凡進膳之物，惟意所適，死後，凡進膳造酒若澣衣等事，皆不適意。」內官海壽立于帝旁，謂閔生曰：「將兩箇好處女進獻！」帝欣然大笑曰：「幷將二十以上，三十以下，工於造膳造酒侍婢五六選來！」賜閔生銀一丁，綵段三匹。上曰：「前日火者事，余非不知皇帝之怒也，然今此言，欲得處女而發歟？」即召政府六曹共議，命禁中外婚嫁，置進獻色。葉四

　　案朝鮮置進獻色，妙選八道淑媛，未及進呈而帝崩。成祖是時年事已高（六十五歲），又常患病，而猶漁色恣慾如此，固非由國史紀載之所可考知也。

出自第十七本（一九四八年四月）

洪承疇背明始末

李 光 濤

洪承疇一生行事，可分明崇禎清順治兩時期言之。其在崇禎朝，初則勦賊秦中，數載勞苦，功亦最著。闖將李自成之敗，僅領三百殘餘之衆，抱頭鼠竄，此時

之流賊，只須稍費一番搜捕，則自成可擒，中原之寇可平，而承疇亦將書名名臣之列。不幸清兵突京畿，承疇奉旨入援，旋又率兵出關，以當強敵，於是流賊之勢復熾，中原始不可救。至遼東之事，則因其受制於素不知兵之監軍張若麒，當時軍中，但知有張兵部，不知有洪總督，以致有松山之敗。清人嘗稱承疇平賊則有餘，守遼則不足，據張若麒掣肘之事觀之，則清人之言非確論也。後來力屈被俘降敵，雖不可恕，猶未爲清人效命，及隨順治入關以後，而晚節披猖，不堪置論矣。其順治十年以前之事姑不論，但就順治十年五月受命經略之日始，至順治十八年三月二十日回北京之日止。在此時期內，承疇爲清人統一中國，除滅永曆帝，可謂大有造於「清朝」矣。然承疇被俘之初，亦嘗誓死不屈，洪氏家人，且有「家主盡節松山」之奏，於是崇禎帝特降「洪承疇節烈彌篤」之旨。又親臨致祭，以旌忠烈。乃其後竟感於清主貂裘之賜，不覺爲之屈膝，且又面諛清主曰，「眞命世之主也」。據清人記載，太宗大悅，是日卽賞賜承疇無算。於是洪承疇又爲自誓之辭曰，「雖死亦無恨」。則其忽然變節，蓋卽自貂裘始矣，今謂以承疇者而竟惑於一貂裘，當不至此，然謂「漢恩自淺胡自深」，亦不足爲貳臣解脫也。茲先將關於「家主盡節松山」殘奏本，照錄於後，以見當時誤傳洪氏殉節之情節焉。奏本曰：

　　上缺家主離秦已四年，豫楚江北，勢如鼎沸，而西秦得獲安」寧，此［安］臣
　　案底本作「安」字，兵部改「臣」，下同。家主秦中功苦，爲」皇上所」洞鑒，而中
　　外所共知者也。彼時方將乘勝，東出潼關，合勦豫寇，」以底全績。乃因逆
　　奴入犯，星馳入援，旋奉」簡命，總督薊遼。爾時何等時也？虜過之後，所
　　在丘墟，兵皆潰餘，」什無六七，軍裝器械，種種全無。［安］臣家主抽練
　　戰兵，更定營」制，招兵買馬，事事從頭整頓，薊門一帶，屹成勁旅。上年
　　奴」圍錦州，卽日單騎出關，身逼敵壘，連營接戰，有進無退，誓」不與賊
　　俱生，故將士用命，屢報捷音。遠邇咸謂自奴發難」二十餘年，未有如此戰
　　守，此［安］臣家主薊遼功苦，爲」皇上所」口鑒，而中外所共知者也。去年
　　八月，因輕戰撓潰，［安］臣家主坐困」松城，內乏糧糗，外杳救援，殺戰馬
　　以飼軍，馬盡而軍多餓」斃，軍士皆感平日恩信聯結，忍饑苦守，以死爲
　　期，毫無叛」志。乃逆將夏成德，見糧斷援絕，開門獻城，［安］臣家主被

執，義』不受辱，罵賊不屈，惟西向』庭闕叩頭，口稱』天王聖明，臣力已
竭，願爲厲鬼殺賊等語。奴恨數年戰守，經碎』體而亡，從來死節之慘，就
義之正，未有如[安]臣家主者也。至』天性清貞，一介不取，茹苦甘貧，始
終如一。通籍二十七年，』合產業房屋，未滿三千金，大小僮僕，只十數
人，身爲大臣，』而家如寒士。卽今盡節松山，[安]臣等隨任家人捌名，已
亡其』四，茲護送家主兩妾歸里，盤費不足，皆賴文武各官，憐其』清苦，
量力資助，併變賣衣物，以充資斧，行李蕭條，無異尉』丞，此猶中外所共
見聞，非[安]臣等敢有飾說也。所最苦者，七十雙親在堂，誰爲倚恃？十
歲孤子在室，誰爲撫恤，有魂可』□□屍可裹，[安]臣等空哭而歸，老親
幼子，不知當如何痛悲？』□□□□及此』□□□□□□爲之淒其，我』
下缺

殘件首尾俱缺，今僅存三十行，每行二十四字，茲於每行末加』號以別之。其年月
及人名雖不具，然亦約略可考，當是崇禎十五年二月松山陷沒之後，洪氏家人陳應
安，據道路傳聞之辭，遽以入告，而兵部遂以此上奏，此其奏草也，故就應安原
件，易安名爲臣。其後明帝設壇致祭，特頒諭旨，蓋亦本此。所以知爲陳應安者，
洪氏入關後，由閩中搬移家屬奏中，有家人陳應安也。此所敍之事，曰「秦中功
苦」，曰「奴圍錦州」，曰「輕戰撓潰」，曰「死節之慘」，凡此諸事，俱屬崇禎
朝，可爲分敍如下。

崇禎朝之洪承疇

第一章　未出關前之洪承疇——「秦中功苦」

承疇善用兵，又官秦中久，自陝西參政，歷官至陝西三邊總督，凡十餘年，於
兵情賊勢，籌之極熟，故其未出關前，惟以辦賊爲己任。明季北略卷十一記洪氏在
秦中勤勞之狀云：

每逐賊，奔馳往還數十里，每在官舍，過門不入，士卒感其義，爭爲効死。
於是當時有「洪兵」之稱，據同書卷十二，賊聞其至，輒他徙。以此制賊，則賊不
足平。明清史料乙編簡稱乙編或甲編丙編葉八六二載崇禎十一年六月初八日兵科抄出陝

西三邊總督洪承疇題本，關於李自成之敗遁，謂爲數年未有之機會云：

> 闖將等賊，屢剿潰敗，已經節次報聞。臣以闖賊拚命越渡，勢已零落，急催總兵左光先於四月初七日，自景古城起行，率領副將馬科等官兵，由北路臨洮靐昌，疾趨截殺。……左光先等統兵，初十日酉時自寧遠入山，黎明至馬場，卽各賊於本日早四五更起行，相離不過四五十里，若能緊躡闖將之尾，跟縱窮追，不過一兩日內，可以追及剿殺。乃光先已眞知闖將遠近向往，不能疾行趨利，徑謂賊已走遠，卽收兵紅川徽州，具稟請示，臣不勝駭異。夫闖將爲諸賊中元兇，僅領三百殘敗之衆，抱頭鼠竄，誠數年未有之機會。卽窮日夜之力，身先士卒，不顧性命，以擒斬此賊，亦是應得責任。無奈計算不到。追趕不緊，使元兇脫然遠逝，目前旣不能成一股完功，將來尤必費兵力殄滅，光先何所辭責。

此時秦中之李自成，止須費一番搜勦，則寇事可竣。然以承疇東行，善後便成泡影，明史孫傳庭傳：

> 十月，京師戒嚴，召傳庭及承疇入衞，擢兵部右侍郎兼右僉都御史，代總督盧象昇督諸鎮援軍，賜劍。當是時，傳庭提兵抵近郊，與楊嗣昌不協，又與中官高起潛忤，降旨切責，不得朝京師，承疇至，郊勞，且命陛見，傳庭不能無觖望。無何，嗣昌用承疇以爲薊督，欲盡留秦兵之入援者守薊遼。傳庭曰：秦軍不可留也，留則賊勢張，無益於邊，是代賊撤兵也，秦軍妻子俱在秦，兵日殺賊以爲利，久留於邊，非譁則逃，不復爲吾用，必爲賊用，是驅民使從賊也，安危之機，不可不察也。嗣昌不聽，傳庭爭之不能得，不勝鬱鬱，耳遂聾。

曰「代賊撤兵」，曰「兵日殺賊以爲利」，其後自成再起，卽因秦兵之勁銳，皆隨承疇東行之故。明史流賊傳：

> 旣而自成衆至數十萬，杞縣諸生李巖爲之謀主，賊每以剽掠所獲，散濟飢民，故所至咸歸附之，其勢益熾。十四年正月，陷河南府，殺福王，是時羣盜輻輳，自成自稱闖王。二月，張獻忠陷襄陽，殺襄王，發銀十五萬，以賑飢民。三月朔，督師大學士楊嗣昌，以違失二郡，喪兩親藩，度不能免，遂

自盡，自是中原流賊，不可復制。

曰「中原流賊，不可復制」，卽「豫楚江北勢如鼎沸，而西秦得獲安寧」也。殘件內「秦中功苦」，卽此。

第二章　出關後之洪承疇

一　「奴圍錦州」

「奴圍錦州」，據明清史料及東華錄兩書，卽松錦之役。遼人呼是役爲「洪承疇跨海東征」見明季北略十八。此役最爲明朝致命傷，當淸人蠢動之初，兵部卽於崇禎十四年三月十六日巳時接遼東巡撫丘民仰塘報曰：

> 本年三月初八日，據寧前兵備道僉事石鳳臺塘報：本月初七日酉時，據東協營中軍吳汝玠塘報：據大勝堡守堡劉夢德，接解回鄉一名劉登舉，係宣府人，審據登舉於崇禎十一年五月內，在地名楊家營被虜去，分與東夷，賣與耿貳漢下部落，在舊遼陽住。于本年二月內，趕車運米，送至義州，一時思想故土，得便脫身，本月初一日酉時，從安寧墩進境。接獲兵丁王國安，解報到職。據此，理合連人呈解。等情，轉解到道。據此，該本道審得回鄉劉登舉供稱：於二月內，隨營趕車運糧來，不知糧數，不知車數，亦不知兵數，所來馬步夷兵甚多，每歇宿有三十餘處，大營小營，更難細數。又供說：親見車載大紅夷三十位，小礮亦難細數，又隨帶鍬钁等項甚多，石總兵帶領，盡入義州城內，相隨叛將耿仲明孔有德尚可喜等衆，後邊四酋都來了。等情。

淸人每次入犯，必令孔耿等同行。又石總兵卽石廷柱，明人通稱此輩爲遼人叛將。此輩生長中國，深悉明朝情形，所以最爲可畏。塘報內，「馬步齊至，紅夷鍬钁，所帶甚多，」淸人此來，實大舉也。王氏東華錄 簡稱王錄 崇德六年三月己卯條：

> 遣鄭親王濟爾哈朗武英郡王阿濟格貝勒多鐸郡王阿達禮貝勒羅洛宏等，往代睿親王多爾袞等圍錦州。

又己亥條：

> 命朝鮮總兵柳琳等，率兵往錦州，濟鄭親王濟爾哈朗軍。

朝鮮時爲淸人所脅，故派總兵柳琳等，率兵助戰。然朝鮮之兵將，則因不忘明朝，

而以降清爲恥，雖臨陣作戰，或去丸虛放，或放礮不中。朝鮮實錄仁祖 簡稱仁錄 十九年卽崇禎十四年五月戊寅條：

> 領兵將柳琳到錦州衞，交戰時，星州軍金得平放礮不中，李士龍去丸虛放。
>
> 監胡知之，甚怒，斬士龍，杖得平云。卷四十二葉十六

錦州情形，據崇禎十四年三月二十一日失名稟：

> 奴衆此番傾巢困錦，內打柵木，外挑濠塹，水洩不通，人影斷絕。松城與
>
> 錦，相隔十八里，奴賊離錦五六里下營，卽近在松城左右，今錦城濠柵已
>
> 成，奴衆精騎，盡遶松城，勢雖困錦，實乃伺松。乙編葉二九六

未幾，守錦蒙古兵謀降清，於是外城遂不守，王錄崇德六年三月辛丑條：

> 先是，濟爾哈朗等圍錦州，每面立八營，繞營俱掘深濠，壕邊修築垜口，兩
>
> 旗中間，又掘長壕，近城設邏卒，哨探明援兵前隊，已至松山杏山。錦州城
>
> 中蒙古，向邏卒呼曰：爾等圍困何益？我城中積粟，可支二三年，縱圍之，
>
> 豈可得乎？邏卒曰：無論二三年，縱有四年之糧，至五年後，復何所食？蒙
>
> 古聞之，皆驚恐，於是貝勒諾木齊吳巴什渾津清善山津古英塔布囊楚肯博博
>
> 克泰昂阿代蘇巴達爾漢滿濟額參托濟布達習等，來降。遺二人持降書至，濟
>
> 爾哈朗等議與約誓，二十七日夜，兵必前進。至是，遣使奏聞。

又壬寅條：

> 鄭親王濟爾哈朗等，以攻克錦州外城捷音至。先是，祖大壽聞吳巴什諾木齊
>
> 等叛，遂整兵於日暮時至外城門，欲以計擒之，爲吳巴什等所覺，卽執兵器
>
> 相迎，外城蒙古等，亦爭執兵器，旣接戰，聲聞關外，濟爾哈朗阿濟格多鐸
>
> 等，相繼至城下策應。關內蒙古縋繩城下，我兵陸續援繩而上，於城上吹角
>
> 夾攻，明兵敗入內城，我兵遂皆入關，將城中蒙古男婦及一切器物，盡送義
>
> 州。奏聞，上大悅，命八門擊鼓，召衆于篤恭殿宣捷。

時明朝援兵亦大至，據仁錄十九年七月丙戌條：

> 天將祖大壽與其弟入守錦州城，清人圍之。大壽自失羅城，疑蒙古之降者，
>
> 使漢人監之，而蒙古之出城投虜者甚多。中朝發十萬兵，以七總兵領之，來
>
> 救錦州。右眞王聞援兵大至，以我國礮手四百人爲先鋒，堅守南山，分其軍

爲二隊，一以防塔山之歸路，一以遮錦州之來路，作瓦家於陣中，以示久住之計。時我軍露宿已累朔，無不傷病，死者相繼。

援兵旣至，檢洪承疇殘揭帖，乙編葉三二二 謂四月二十五日松山東西石門之戰，七鎭有血戰斬級之功。並云大同鎭山永東協分練鎭遼東圍練鎭，各斬身穿蟒衣蟒褲領兵頭目首級各一顆。又云虜之拖屍負傷者亦甚多。殘揭乃詳敍此次實實血戰之功，原文甚長，凡數千字，不錄。又戰勝之報，遼撫亦有殘件曰：

乃錦圍三月未解，蓋以二十年來，未能與逆奴撲斫一陣，所以數月間，多方鼓舞，先作其氣，先壯其膽，今有此幾番戰勝，軍聲已振，解圍有望，目下惟候機緣一湊耳。乙編葉三六二

又崇禎十五年二月二十三日失名自陳去春援遼功績殘本曰：

節次擒斬奴虜一千五百餘級，皆出萬死一生，心力頗爲竭盡。丁編葉六七四

又仁錄十九年十月庚戌條載：

柳琳還自錦州。上召見之，問曰：彼中形勢如何？琳對曰：清人圍住錦城，城方而長，周迴六十里，西北有大山，山東西大川夾流，入于海，南有烟臺，卽蒙古地方也，八王陣於其下，此乃清漢必爭之地，故天朝援兵，欲奪其山，清人知之，築城而守之，漢人連戰不利矣。援兵合十二萬，八總兵分領，連續出來，皆依松山結陣，其後自南山城外，大軍繼至，大張兵勢，掘壕築城而居。九王陣於漢陣之東，直衝漢陣，不利而退，清人兵馬，死傷甚多。

又九月庚辰條：

清人圍錦州，數與漢兵交戰，而漢兵尙強。九王請濟師於汗，汗使八王率騎赴之。清人疑我國礮手戰不力，露刃脅魯之，是役也，漢兵死亡甚多，而中礮者十居七八，漢人自此恨我國益深。汗聞援兵甚盛，自將而西，以龍骨大領三千兵先行。遂逼我世子大君同行，賓客崔惠吉輔德趙啓遠等從焉。時清人與漢兵相持，自春徂夏，清國大將三人降，二人戰死，汗聞之，憂憤嘔血，遂悉索藩中人丁，西赴錦州，走回人乘時出來者頗多。

此云大將三人降，二人戰死，其人之姓名，姑不論，然如九王請濟師於汗一言，自

是當時之事實。至云汗憂憤嘔血，其事容無可疑。於是清主親統大軍以至。據清太
宗實錄稿載：

> 崇德六年八月丁巳，上以明洪承疇等來援錦州，親統大軍往征之。壬戌，至
> 松山，陳師於松山杏山之間，橫截大路立營。………上見松山城北乳峯崗，敵
> 兵立一營乳峯山松山城之間，又步兵掘壕立七營，其馬兵駐於松山東西北三
> 面，約敵騎兵四萬，步兵九萬，共號十三萬，領兵總督洪承疇巡撫丘民仰兵
> 道張斗姚恭王之禎兵部郎中張若麒大同總兵王樸宣府總兵李輔明密雲總兵唐
> 通薊州總兵白廣恩玉田總兵曹變蛟山海總兵馬科前屯衞總兵王廷臣寧遠總兵
> 吳三桂副參遊守二百餘員。明國諸將，見上親率大兵環松山而營，大懼，一
> 時文武各官，欲戰則力已不支，欲守松山，則糧已潰端，遂合謀議遁。

清主親統大軍之事，當時寧前道石鳳臺塘報亦言之：

> 准督哨原任總兵署懷來總練事李輔明塘報：本年八月十九日，因賊奴新來四
> 酋，親統精兵，從王寶山壯鎮臺寨兒山長嶺山劉喜屯向陰屯灰窰山至南海口
> 等處下營，各處挖壕，斷絕松山要路。乙編葉三二七

塘報內，本年即崇禎十四年。此時清人並以合戰之狀，誇示於朝鮮，據仁錄十九年
九月辛卯條：

> 賓客崔惠吉馳啓曰：清人置陣於松山下，四面圍住，而蒙古兵又來陣於其
> 傍，蓋欲久圍松山，以決勝敗。而漢人礮丸，或墜於世子大君幕次近處，故
> 築土牆以避之。且清人以合戰之狀，書諸別紙以送，蓋其意欲誇示我國也。

此時朝鮮國情受制於清，明帝不察，尚有期與夾攻之勑。據仁錄十九年八月戊辰
條：

> 先是朝廷潛遣僧獨步於天朝，具奏本國勢窮力竭，受制於清國之由。獨步還
> 奉勑書而來，勑書中，有不錄前過期與夾攻之語。備局諸臣，或以爲不可
> 受，或以爲不受便，其事祕，人莫知。

又九月朔甲戌條：

> 漢舡二十餘艘，往來於椵島等處，朝廷慮有清人詰問之端，以嚴加防餉之意
> 報瀋陽。

又癸未條：

> 備局啓曰：漢兵之出沒海島，殆近一月，若至糧盡，則不無卸下沿海之處劫
> 掠倉穀之患？宜多聚軍兵，以示難近之形。又使解事譯人，備陳彼此無益之
> 意，而沈演今當下去，惟在觀勢應變之，如何？上從之。其後密令監司鄭太
> 和，給漢人糧饌。

舟師出海，明清史料亦多記載，此於當時事勢，實爲無益之擧。此際明帝，對於戰
守，旣無一定主意，而同時兵部尙書陳新甲，又欲以此次援遼之衆，作孤注一擲之
計。其後明之致命傷，即在於此。

二 催戰撓敗

明史陳新甲傳：

> 錦州被圍久，聲援斷絕，有卒逸出，傳祖大壽語，請以車營逼，毋輕戰。總
> 督洪承疇，集兵數萬援之，亦未敢決戰。帝召新甲問策，新甲遣職方郎張若
> 麒面商於承疇。若麒未返，新甲請分四道夾攻，承疇以兵分力弱，竟主持重
> 以待，帝以爲然。而新甲堅執前議，若麒素狂謀，見諸軍稍有斬獲，謂圍可
> 立解，密奏上聞。新甲徑貽書趣承疇，承疇激新甲言，又奉密勅，遂不敢主
> 前議，若麒益趣諸將進兵，諸將八月次松山，爲清兵所破，大潰，士卒死亡
> 數萬人，若麒自海道遁。

此次明兵之損失，據清實錄之記錄曰：上以出師大捷，撰爲勅諭，遣筆帖式察不害
渾達等，實報于盛京。其勅諭末一段，錄之如左：

> 計陸地各處斬殺敵兵五萬三千七百八十三名，獲馬七千四百四十四匹，駱
> 駝六十六隻，盔甲九千三百四十六副，其赴海而死及馬匹盔甲以數萬計，自
> 杏山南至塔山，沿海漂蕩，屍如雁鶩。上神謀奇略，破明兵一十三萬，至昏
> 夜，我兵止誤傷八人，斃卒二人，餘無傷者。是時被圍於松山者，惟總督洪
> 承疇巡撫邱民仰兵道張斗姚恭王之禎通判袁國棟朱廷榭同知張爲民嚴繼賢總
> 兵王廷臣曹變蛟與祖大樂等，兵不過萬餘，城內糧絕，我兵復掘外壕困之。
> 總兵吳三桂王樸白廣恩馬科李輔明唐通郎中張若麒等，各路潰竄，其餘將
> 士，間有一二潛遁，未有成隊而出者。

此勅原件，載丙編第七十六頁。原件日期，爲崇德六年九月初三日，年月上用制諧之寶一顆。原件朱廷榭作朱廷槍，係宗室，張爲民作張威民。原件因缺字太多，故不採。

　　松山之敗，其時明人之報告如下：

　　　　崇禎十四年八月二十七日巳時，據寧前道石鳳臺塘報內稱……解圍救錦，聖旨嚴切，督師自八月初二日，連連衝戰，未能奏凱，不敢撤兵。豈料狡奴計生，挖壕包裹，督師急發馬步闖圍，以圖內外夾擊之計，而賊勢厚集，迎頭截砍，黑夜潰亂，少半傷亡。眼前光景，四總鎮尙無消耗，督撫司道，復坐困松山，內無糧草，外無援兵，封疆誠岌岌矣。乙編葉三二七

又九月十四日報稱：

　　　　松山自八月二十一日闖圍之後，奴營遍布，水洩不通，督撫在松許久，音耗寂然。本道屢差探聽，無路可入，□□兵丁王亮八拜二人，透圍得出，執有督師密札，語意催戰，蓋未知當日闖圍失策，大致潰決也。松山連日被攻，賴兵將合力，軍民一心，尙能保守，然米糧有限，主客聚食，三月之後，恐不可支？乙編葉三三一

又仁錄十九年九月甲午條：

　　　　大明兵與清人戰，不利，騎兵走入松山堡，步兵乘船而走，寧遠杏塔之間，死者相屬。時祖大壽在錦州，被圍已累月，天朝大發兵出援，軍門洪承疇年少自用，不聽羣言，以致於敗。……是役也，我軍死者二十餘人，馬斃者十八九，所費糧餉三千三百餘石，火藥九百七十餘斤，鉛丸五萬三千二百餘筒。

朝鮮人不知明廷有催戰之事，故曰洪承疇年少自用，以致於敗。當時明人因憤催戰失策，故頗爲不平，如崇禎十五年四月二十二日兵科抄出南京山西道御史米壽圖題請立斬致陷封疆巨賊一本云：

　　　　關外監軍光祿寺少卿張若麒，原屬刑曹，本不知兵。……督臣洪承疇，孤軍遠出，以當積強橫跳之虜，關外之存亡，神京之安危，決于一戰，此何等事？忠臣義士，心膽墮裂，自當虛心與督臣商酌，動出萬全，相機破賊，以

寧八城，以全十萬之兵，以抒聖明之慮。何乃賊臣若麒，攘臂奮袂，挾兵曹之勢，收督臣之權，縱心指揮，致使□□但知有張兵部，不知有□□督，而督臣始無可爲矣。夫朝廷以十萬付督臣者，以其能統三軍之事也……催戰必敗，三尺童子可知，若麒一味催戰，視國事如兒戲，驅死地如恐後，臣發其心，不過欲徼倖一擲，勝則攬功于己，敗則移罪于人，今必曰此督臣之罪矣，而身立是非之外，以享清卿之榮。嗟乎，關外八城，數十萬軍民之生命，竭天下物力所養練僅有之精銳，而賊臣若麒欲博功名，遂立喪之而不恤。……若麒坐陷封疆，得罪宗社，自當立斬，以謝天下。乙編葉三九七

又崇禎十四年十一月初五日……四川道試監察御史劉之勃題稱：

長安相傳，謂整兵援錦之時，首禍實實有人，風鶴潰決之際，倡逃實實有人。果如所言，則是弄重臣於掌股，輕疆場於一擲，可激之以邀功，可賣之以逃死，並可誣之以匿罪，人情天理，滅絕極矣。

又乙編三六〇葉載：

該臣看得祖澤溥此疏，蓋痛憤于松山八月二十一日夜潰之敗，而首請大彰法紀，以振肅將來。臣謂威福出自朝廷，聖明自有衡鑒。

洪承疇之率十三萬援兵，出關禦敵，原爲復仇之計，乃因輕輕一戰，不僅復仇未成，反使如許大兵，一旦瓦解，同歸于盡。所以當時羣起痛憤，執以爲言也。

三　「家主被執」

因催戰致敗，於是明帝又令督師死守，崇禎十四年九月初二日御批兵部題覆各鎮奉令闖圍一本云：

松山蕞爾，殊憂乏糧，督師宜竭力死守，遼撫宜乘機出圍，併城中留兵若干，糧草若干，旣已差人往察，俟有確耗，另行具奏。其救援事宜，一面調劉應國水師八千，揚帆松杏海口，或乘夜暗渡松山，以壯聲援，一面責成吳三桂與白廣恩李輔明收拾餘兵，聯絡杏塔，以圖再進。乙編葉三二七

此旨之後，更有徐圖大舉之旨，乙編三六一葉載失名密奏稿：

奏爲密奏事。炤得本年八月二十一日兵潰，督撫鎮被困松山，隨該臣于八月二十八日具題，請頒密旨，付李輔明下差官魯清賫赴松山，□因。□□九

日，奉聖旨：□□固巳失策，若全城保境，徐圖大舉，亦仍爲失中之得，洪
承疇著保全松□，以守爲戰，丘民仰急回寧遠，保全七城，以戰爲守。俱依
議。該部卽速行傳飭，欽此。

曰「徐圖大舉」，曰「以守爲戰」據乙編第四本試舉數條于後：

三三八葉載崇禎十四年十月二十六日兵部爲遵旨密奏云：

以今日兵力言，吳三桂兵一萬，內有馬僅五千匹，白廣恩兵五千，內有馬僅
二千五百匹，李輔明兵五千，內有馬僅七百餘匹，此見在可以調度者。關門
馬科兵一萬，據報止六千五百，馬止二千四百，陽懷通保兵一萬，此皆未經
調到者。卽盡數調到，合計兵力，不過如此。今且自錦而松而杏，沿海偏
地，莫非虜營，兵力虜勢，兩兩相揆，衆寡強弱，差數可覩。

三三六葉載聖旨云：

圍城望救甚切，已有屢旨剿撥，乃至今未發一兵，未通一信，撫鎮道將，料
理何事？本內託名持重，以爲逗遛，殊中情弊，其急圖解圍實著，不得覬望
規卸。

三三五葉載吏科給事中沈迅題：

我皇上總攬羣策，朝上夕下，天諭無一不切中，明綸無日不森嚴。然內而有
司庶府，何以未覩森切之成，外而省直腹邊，何以未見森切之效，此無他，
未嘗行耳。所司不以力行爲盡職，而以題覆爲盡職，不論是何條奏，但一題
覆，卽爲了事，當日具文，而當日巳忘之矣。夫每一上諭，不知費皇上幾許
睿思？每一明旨，不知費皇上幾許鑒裁？乃止供內外之套塞可乎？

又云：

且如救錦一事，若取中外諸臣奇正舟車自問自答之議，彙爲一書，俾後人觀
之，雖孫吳復生，何以過之。然究竟何曾實行一事，則究竟何曾分毫濟急，
議來□□，□往文迴，止足漏洩機密，助賊之狨耳。

三二八葉載崇禎十四年九月初二日據寧前道石鳳臺密稟：

錦松杏孽奴，重重圍困，亟不能解，錢糧匱詘，智勇難施，督撫在圍，必不
能出，必不肯出，兵馬器械，消耗者約十分之七。

三三六葉載兵部爲圍城不能久待題云：

> 連日據寧遠塘報：松山每丁五日放米二碗，銀六分，每米二碗，賣錢六十文。又稱步兵闖圍，殺傷甚多而返。此二萬士卒，非餓死，則殺死。計此時錦松生靈，慘動天地，豈能待我之聚伍緩頰，發單繳單耶？

三三五葉載崇禎十四年十月十三日兵科抄出大同總兵王樸題本：

> 狡奴傾巢而來，坌壕□□，八月二十一日，督臣遣臣等殺出重圍就糧時，察得在松本色，不足供官兵二日之用，詢之道廳，自七月二十九日起，至八月十八日止，通共運過松山糧料三萬八千四十餘石。以見在松山官兵馬匹糧料計之，日費糧料三千石，官兵住松二十日，卽正數尚且不足，則松山之積儲有無，又不察可知矣。

三三七葉載崇禎十五年正月三十日兵部題稿：

> 原任寧夏總兵祖大弼標下參謀官汪鎭東奏稱：臣在遼數載，一切地勢險隘，與兵將勇怯，洞如觀火，而一腔熱血，誓不肯甘瀝松城，寧爲我皇上瀝諸封城。臣於十一月二十四日，自松而來。見奴空地爲壕，壕上有椿，椿上有繩，繩上有鈴，鈴邊有犬，其狡已極。今因雪深，奴賊防守稍疏，臣捨身冒險，晝伏夜行，二十六日，始至寧遠，將奴勢情形，已陳于撫樞諸臣，力言進兵，諸臣尚在猶豫。………目今遼東雪深數尺，奴俱退歸義州休息，有守壕者，不過數千人而已。當亟趁此時勢，設其制勝，一鼓前進，不數日，而松錦之圍可解。若延至春融，奴必傾巢而來，惟有坐以待斃矣。

又云：

> 松錦久圍，皇上發帑金以購死士，終不能通一消息。今汪鎭東乘賊疏防，透圍而出，輸告情形，以五款條進。………臣親扣鎭東圍中消息，據供：舊督撫鎭如洪承疇丘民仰曹變蛟王廷臣等，無不竭力死守，如兵士每日食米一碗，督撫鎭亦每日食米一碗，城中糧米，尚可支撐到三四月，惟望大兵速至，以救倒懸。

此外，崇禎十四年十月十五日………兵科給事中張縉彥有一題本稱：

> 臣於初八日從樞臣後至中府，聽兵部會議禦奴之策，大端以息兵爲言。臣謂

息兵與解圍，非二事也，圍解則兵自息，兵息則國用自裕，如不事解圍，而遽言息兵，將松錦淪而五城亦震，五城危而關門孤懸，即兵盡九邊，餉竭海內，豈有解甲停戈之日哉？

凡上所舉各條，足徵當時援遼之局「戰既不可，守亦不能」。所以遼撫葉廷桂曰：「逆奴狡黠無似，自我師潰後，彼將目無三城，正恐我誤彼，而彼不爲我誤，我緩彼，而彼不爲我緩。」又三三六葉有曰：「我欲息，而奴不肯息。」故清人石廷柱於此，極爲明白，其奏清主曰：援遼之局一破，我皇上無西顧之憂矣。翌年二月辛酉，松山卒爲清人攻入。其破陷經過，茲據王錄，錄其全文如左：

> 肅王豪格等奏：松山副將夏成德密遣人來言：爾兵可於我守禦處，乘夜豎梯登城，我在內接應，以其子夏舒爲質。十八日夜，於城南豎梯，阿山旗下班布里何洛會旗下羅洛科先登，衆繼之，我兵於城上巡邏。次早，夏成德部卒，別聚一處，挨敵兵殺之，生擒總督洪承疇巡撫丘民仰總兵王廷臣曹變蛟祖大樂遊擊祖大名祖大成總兵白廣恩之子白良弼等，殲其兵道一，副將十，遊擊都司守備紅旗千總把總等官百餘，兵三千六十三名，夏成德部下男婦幼稚共一千八百六十三名，又俘獲婦女幼稚共一千二百四十九口，甲冑弓矢撒袋共一萬五千有奇，大小紅衣礮鳥槍共三千二百七三，並籍金珠銀兩段匹十衣服皮張等細數以聞。

松山失後，錦州亦相繼告陷，據丙編第一本松錦記事殘件三月己卯條：

> 額爾克圖等，以錦州歸降捷音至。先是，崇德六年三月，大兵圍困錦州，至次年三月初八日，城內糧盡，人相食，戰守計窮，祖大壽率衆官出城，至和碩鄭親王濟爾哈朗多羅睿郡王多爾袞軍前，叩首來降。

同書同月癸酉，承疇等，以清主之命至盛京：

> 上遣席額查塔鍾古商吉圖等，往諭圍松山多羅郡王豪格多羅郡王阿達禮多羅貝勒多鐸等曰：松山所獲總督洪承疇總兵祖大壽之弟祖大樂，可送入盛京，巡撫丘民仰總兵王廷臣曹變蛟，可處死，祖大名祖大成，放入錦州。

承疇至盛京之初情形如下：

> 汲修主人 禮親王 談太宗襟度有曰：松山既破，擒洪文襄 承疇，洪感明帝之

—240—

遇，誓死不屈，日夜蓬頭跣足，罵言不休，太宗乃命諸文臣勸勉之，洪一語
不答。太宗乃親至洪之館，解貂裘而與之服，徐曰：先生得無冷乎？洪茫
然，視太宗良久，歎曰：眞命世之主也，因叩頭請降。太宗大悅，卽日賞賫
無算，陳百戲作賀。諸將皆不悅曰：洪承疇僅一覊囚，何待之重乎？太宗
曰：吾儕所以櫛風沐雨者，究竟欲何爲乎？衆曰：欲得中原耳。太宗笑曰：
譬之行者，君等皆瞽目，今得一引路者，吾安得不樂？衆乃服。 清朝全史上二
葉五四

此時淸人張存仁謂承疇旣倖得生，必思見用，據王錄崇德七年四月庚子朔條：

都察院參政張存仁奏：松錦旣破 ，洪承疇……已爲我擒。竊思承疇歡然倖
生，是能審天時，達時務，仰慕皇上爲有福眞主。………臣以爲承疇雖非挺身
投順，旣倖得生，必思見用，我國宜令其剃頭，在官任使。況伊身係書生，
養在我國，不過如虎羣一羊，縱之何能，禁之何用，養之不能薄者此也。

此謂養之不能薄 ，惟漢奸知之最深。 此後承疇卽爲淸人高官厚爵所麼，而甘心叛
國矣。同書載，五月癸酉日，命承疇等朝見：

上御崇政殿，洪承疇跪大淸門外請罪，奏云：臣係明國主帥，將兵十三萬來
松山，援錦州，曾經數戰，聖駕一至，衆兵敗殁，臣被困松山，城破被擒，
自分應死，蒙皇上不殺而恩養之，今令朝見，臣知罪，不敢遽入，所以先陳
罪狀，其許入否？伏候定奪。上諭曰：洪承疇所陳，誠是。但彼時與我兵交
戰，各爲其主，朕豈介意，朕所以養爾者，以殺敗十三萬明兵，與得松錦諸
城，皆天也，天道好生，養人斯合天道，朕今活爾，爾但念撫育之恩，盡心
以事朕。昔陣前獲張春，亦曾養之，彼不能爲明死節，又不能効力事朕，一
無所成而死，爾愼勿如彼之用心也 。………於是洪承疇及新降各官 ，入大淸
門，於崇政殿前朝見，禮畢。上召洪承疇……入殿內，命坐於左側，賜茶。
問承疇曰：朕觀爾明主，宗室被俘，置若罔聞，至將帥率兵死戰，或陣前被
擒，或勢窮降服，必誅其妻子，否則沒入爲奴者，何故？此舊例乎？抑新制
乎？承疇對曰：昔無此例，今因文臣衆多，各陳所見 ，以聞於上 ，遂致如
此。上曰：今日之文臣固衆，昔日之文臣亦豈少耶？特今君闇臣蔽，故多枉

—241—

殺。似此死戰被擒，勢蹙歸降之輩，豈可戮彼妻子，卽其身在敵國，可以財帛贖而得之，亦所當爲，而況坐妻子以死流之罪乎？其無辜亦甚矣。洪承疇垂涕叩首曰：皇上此諭，實至仁之言也。上命承疇等出，坐於大淸門外⋯⋯上還宮，命宴承疇等於崇政殿，宴畢，命大學士希福等諭曰：朕因關睢宮敏惠恭和元妃之喪未過期，故未服視朝衣冠，躬親賜宴，爾等愼勿介意。承疇等叩首曰：聖諭優異，臣等何以克當，雖死亦無恨矣。

張春因不肯屈降，故曰一無所成，承疇此時，則因歡然倖生，故曰雖死亦無恨矣。後來承疇任經略時，以望七老翁，病不辭，老不辭，甚至雙目失明亦不辭，必覆南明而後已，卽此聖諭優異一念誤之也。

四　如此之「死節」

松錦之役，最痛心者，卽四月初一日，洪承疇正歡然倖生於盛京，五月癸酉日，更朝見淸主，且誓以雖死亦無恨矣，當是時也，崇禎帝乃一再下旨，謂洪承疇節烈彌篤，速與優庭。此一再旨意，據乙編，錄出於左：

三九八葉載崇禎十五年四月二十七日兵部行稿云：

> 兵部爲旌卹忠烈之臣，以維大義，而鼓人心事。職方淸吏司案呈奉本部送准禮部咨稱，祠祭淸吏司案呈奉本部送禮科抄出廣西道試監察御史成友謙題前事。等因。移咨到部。送司。察得錦城失守情形，于崇禎十五年四月十一日，據遼東總兵吳三桂塘報爲接獲回鄕事內稱，據來鄕郭友庫供稱：友庫在錦州，聞得奴賊說，松山城內，有夏將官投順，二月十八日夜，引奴進城，奴將東協祖副將帶有門下二十餘人，同曹總兵王總兵帶在錦州城北無極王營盤內，將曹王二鎭幷東協帶來人役殺死，又聞丘撫院亦被殺死，但不知殺在何處？止留下東協幷洪督師，有洪督師要死，奴賊又不殺。洪督師每日朝西南叩拜，奴說不知是呪我是怎麼？亦殺無極王營盤內。洪督師臨砍時，只求速死。其松山大小官兒，俱被砍死，城中兵民，亦都殺了。

又四月十二日聖旨云：

> 錦城不守，奴氛屠慘情形，眞堪憤痛。其松城撫鎭，義殉可憫，洪承疇節烈彌篤，卽著該督鎭再一確察，速與優庭，以慰幽忠。

又四○九葉載崇禎十五年六月十一日兵部爲亟催喫緊欽件事行稿云：

案炤薊遼總督洪承疇死難一事，該本部先奉有洪承疇節烈彌篤，即著督鎮再一確察，速與優旌，以慰幽忠之旨。即行察去後。四月二十七日，又准禮部咨，爲旌卹忠烈之臣，以維大義等事。等因。移會到部。復行催去後，迄今仍未見察覆，事關喫緊欽件。再難需待，相應亟催。等因。案呈到部。擬合就行，爲此，劄吞遼督煩爲查照。 劄吳三桂遵照 先今事理，希速將洪承疇丘民仰等死難緣由，確察覆部，以便會覆吏禮二部議卹，萬勿再遲施行。

又墨批：何不催丘民仰？

喫緊欽件，只以洪承疇之死難爲重，曰「節烈彌篤」，曰「速與優旌」，皆爲洪承疇而言。其「丘民仰等」四小字，係據墨批所加入。至於家主死節之慘一殘件，以亟催喫緊欽件之情節言之，則是殘件之進奏帝前，當爲六月十一日以後之事。未幾，賜祭，建祠。又未幾，聞承疇降，乃止。

松山圍久食盡，督師范志完缺城人不能救。及陷，帝論諸逃將罪，誅王樸，鐫吳三桂三秩。時諸將多擁厚貲，賂權要，故樸以下皆獲宥。時敗書聞，或傳承疇已死，帝驚悼甚，詔設壇都城，賜承疇祭十六，民仰六。尋命建祠都城外，承疇民仰幷列，將親臨奠，已聞承疇降，乃止見通鑑輯覽卷一一五葉九。其乃止之時期，參❶ 大兵鹵承疇去，承疇愛將曹變蛟，從至凌河，謂承疇曰：可以死矣。承疇不死，變蛟乃扼吭而死。變蛟西人，文詔姪也，驍勇，能臂上過車，在關西殺賊有功，爲承疇所親愛，常與人博，以乘馬償所負，承疇爲贖還之。城中聞承疇敗，皆喪氣，大壽自刎，衆救止，某王曰：若以城下，予不若仇也。及開門，待大壽如初。明遺民李介立天香閣隨筆卷一

洪承疇福建子也，始辦賊，頗有功，繼撤以備邊，松山不守，其中軍大鎮曹

---

❶ 「乃止」時期，似最少於洪氏被俘之後，又經過年餘之久，因乙編葉五六三所載崇禎十六年四月二日兵部行「遼東巡撫黎玉田咨」稿，對於督師之存亡，猶有未敢懸擬之言。可見明帝待洪氏不薄，可見當時明朝君臣上下之於洪氏，皆嘗釋然以忠烈期之。未敢懸擬之記事有云：「但察近日來鄉，壓據口供，倘云洪督師被奴曾拘繫於別室。」又云：「雖來鄉口供互異，未足爲信？而督師存亡，本院亦未敢懸擬也？」其或終明之世，洪之存亡未爲定論，故妻子得安居耶？

變蛟，拔佩刀自刎於承疇前，旗鼓王廷臣繼之，以承疇明大節，必死義也。
洪僕走京師，上書言承疇殉難始末甚詳。先帝震悼痛哭，贈卹有加，命設壇
朝天宮前，將親祭，以示激勸。有臺臣言其家人偏詞，恐不足信？姑緩以待
確報。而孰知承疇竟不死？大負先帝意，且負曹王二公也。明遺民張怡謏聞續筆
卷二

子霖言：北都正陽門，西月城中有關壯繆廟，東月城有觀音大士廟，其觀音
廟，崇禎中勑建，以祀經略洪承疇，而配祀關壯繆者也。後知洪生降，改祠
大士焉。劉獻廷廣陽雜記卷二

曹變蛟等本君子愛人以德之義，故勸承疇死，蓋謂以堂堂中國之總督，義不可受
辱，一死，則俎豆千秋，此實人生難得之遭逢。黃道周有言：「忍一刻，即千秋矣。」
即此意也。乃洪氏竟不死，於是始遺臭至今。不意百餘年後，洪氏同鄉梁章鉅，本
鄉里之私，至為許多不經之言，謂洪氏「實有古今人不能及者，宜其自惜其身。」
謬妄之極，姑摘其末段如左：

吾閩各郡，在京皆有會館，泉漳兩會館，本是合一，鄉誼最暱。自國初洪文
襄公入相後，公以南安籍，專拜泉館同鄉，而漳館人，遂不通謁。彼時泉
館，無論京官公車，無不所求輒遂，攸往咸宜，而漳館大有集枯之感。一
日，館中五六輩相與私議曰：洪閣老雖不我顧，究竟不是別鄉人，我輩一概
不往修賀，毋亦於鄉誼有關？今泉館人皆欣欣向榮，且有慈惠我輩先施者，
姑盡吾禮可乎？衆以為然。遂於次日，率同往謁。閽人傳命曰：既係同鄉，
亟應請見，但公事實難擺脫，稍暇即當出城謝步耳。越日，即有軍官來報
曰：中堂準於明日出城，到漳館天后神座前拈香。於是五六輩者，飭館役潔
整神龕，洒掃庭院，具茶以待。屆時，又有軍官飛報曰：中堂已出前門矣。
漳館時在冰窖衚衕，距大街不遠，於是五六輩者，皆具衣冠，步出大街，肅
迎，各於輿前一揖，公在輿中一拱，而輿已飛過。人馬喧騰之際，五六輩
者，竭蹶步隨，肅入館門，見公拈香已畢，請諸位登堂敍話，則見鋪陳燦
爛，燈彩輝煌，地氍堆花，茶香撲鼻，皆耳目所未經。公數語寒暄畢，即起
登輿。五六輩者，又急出街口，肅送畢，徐步而回，則依然舊日門庭，適所

見者，全無蹤跡，惟神座前，兩行條蠟，一炷藏香而已。於是同人皆惘惘相
對曰：頃莫非一夢否？呼館役詢之，亦曰：我隨諸位，往復迎送，且茫不知
前後之何以改觀也？旣各歸房解衣，則各臥牀中，皆安設元寶庫銀一個云。
按，此龍溪李述堂太守威所述。嗚呼，公之幹略，即此可覘其槪，蓋實有古
今人所不能及者，宜其自惜其身，以不枉其才也。歸田瑣記卷四

此事頗類小說家言，本不足信。即使其說不誣，亦不過炫駭流俗而已，何足爲其幹
略之徵？揆梁氏之意，必以承疇屈身異族，使明室子孫靡有孑遺，而後始爲不枉其
才。此淸人屢代豢養下腐儒之論。彼徒知感戴新主之高厚，而忘却民族之深仇。二
千年儒家垂訓，最重氣節，春秋大義，尤嫉異族。當時錢謙益名滿天下，生平又無
大惡，只因欠一死，猶不免爲人唾罵。至若洪承疇力屈被俘，腆顏事仇，更招邀降
人假以利祿，攦分餘財舉以活人，必使亡明子遺盡屬寡廉鮮恥之徒，然後率以反噬
宗國，其罪如何可恕。

順治朝之洪承疇

第三章　家族及履歷

一　家族

當洪承疇力屈俘降之日，因淸主忽然道及：

朕觀爾明主⋯⋯勢窮降服，必誅其妻子。

此當時之虐政亦承疇所親見而熟知者，舉例言之，順治九年八月十五日陝西三
邊總督孟喬芳奏本云：

臣原籍永平府東勝衞，蒙先帝豢養之恩，破格錄用，以至今日，雖肝腦塗
地，未足以仰報皇上於萬一也。但臣之族親，因臣被累，誅殺以死者甚多，
其餘逃匿他方。

按孟喬芳嘗自稱永平新臣，蓋於崇禎二年己巳之役，投降金人。崇禎帝之誅殺其族
親，即爲此。此不過其一例，當時類此之事舉不勝書。在淸主之意，以爲承疇春屬
必爲崇禎帝誅夷殆盡，故承疇聞之至於垂涕叩首。孰知崇禎帝之於承疇特沛施其族
親之在籍者，皆安全無恙。據甲編葉五〇九載順治四年七月初十日洪氏揭：

職上年十二月內，奏爲恭報徵臣接取福建家口等事。順治四年二月內，奉聖
旨，覽卿奏，迎親侍養，朕知道了。該部知道。欽此。又今四年二月內，職
奏爲恭報徵臣原籍親屬先到江寧事。維時職弟男子姪，先到江寧驚聞父喪，
職母在家，尙未得到江寧。三月內，奉聖旨，朕知道了。欽此。職母傅氏，
今年七十有五，職深以不及早奉養爲懼。今六月二十八日，職有差人唐士傑
自福建家中回報，職母五月內，家中起行，已過蘇州，果於七月初四日，到
江寧，進職署中。職見職母，年已望八，氣血衰弱，職母見職，右目全翳，
髮白體瘦，不覺相對悲泣。已而職母子回思，此番得重相見，皆古來未有之
奇逢，自非太宗皇帝生全職身，皇上聖恩，曁皇叔父攝政王容慈，簡用職
身，職何由得到江南，與職母重相見耶？職父旣遺恨於終天，職母猶得奉迎
以侍養，職頂戴天恩，卽捐此頂踵，猶未足圖報萬一矣。職謹同職母，望闕
叩頭謝恩，謹具疏報聞。職無任瞻天仰聖激切感戴之至。

又廣陽雜記卷一，有記洪母一則：

洪經略入都後，其太夫人猶在也，自閩迎入京。太夫人見經略，大怒罵，以
杖擊之，數其不死之罪曰：汝迎我來，將使我爲旗下老婢耶？我打死汝，爲
天下除害。經略急走，得免。太夫人卽買舟南歸。

今按野史傳聞，本難遽信，然觀後文引福建巡撫揭帖，在承疇奉母入都後五年 順治
九年，其母死於福建，則此節「太夫人卽買舟南歸」一語，未必非信史矣。承疇孤
負母教，流傳人口，足徵清初之士論也。再論前條所引承疇揭帖關於「驚聞父喪」
之事，先是承疇順治四年二月二十五日另有一揭曰：

職原籍福建泉州府，有家人陳應安，隨職弟職子赴江南，二月二十日，先到
職衙內，職面問家中信息，驚聞父在家病久，於癸未年九月二十七日，卒於
正寢，職一聞，哀痛欲絕。竊念癸未年之九月，乃職受皇上豢養於盛京之
日，職父病有年，旣不能侍湯藥於左右，父沒又不能盡號哭於喪次，不可爲
子，豈可爲人？又職前往都中，後移江南，原籍福建，寸札不通，及身任江
南大事，遂不敢顧及私家，至今三年有半，乃得聞父訃音。職於私衙，朝夕
哀哭，不能爲生，方寸已亂，精神昏瞶，身服衰絰，不敢理江南重事。惟念

三年守制，實人子之至情，尤天下之通誼，伏乞皇上聖恩，皇叔父攝政王睿慈，俯准職回京守制，終喪三年，得伸哀慕之誠　，稍盡子道於萬一　，自茲職有生之日，皆頂戴皇恩之日　。北京大學洪承疇章奏文册彙輯葉五。下文引用，簡稱洪册。

癸未年九月，卽崇禎十五年之九月，清崇德八年　。是年八月　，清太宗卒，子福臨立，是爲順治帝，故承疇云，癸未年之九月，乃職受皇上豢養於盛京之日。又揭內謂「陳應安」曰「家人」，此可以首節家主死難殘件證之。殘件內，曰「家主」，曰「安等」　，又曰「護送家主兩妾歸里」　，家主卽洪承疇，歸里卽歸福建。揭帖內，則曰，「原籍福建，有家人陳應安，隨職弟職子赴江南。」以此言之，是安等自回福建之後，而此時則又方自福建來江南，故安等之卽陳應安等，其人其事，皆無可疑。又後來承疇之母死，曾奉旨祭葬，順治十二年十二月二十四日福建巡撫宜永貴揭帖奏銷順治九年分閩省應解工部錢糧內有一項開支曰：

又奉文支送內院洪原空二字母傅氏奉旨祭葬夫價銀伍百兩。

又承疇兩妾之外，又有兩妻，曰劉氏李氏　。順治二年三月　，洪承疇咨吏部文，有「妻劉氏」一言，其於李氏，則曰結髮妻。順治失年洪氏有一奏本，請搬取結髮妻李氏倂子媳林氏來京。奏曰：

竊照臣母臣胞弟臣親子，俱見在都中。惟臣結髮妻李氏，臣子婦林氏，尚在福建原籍。臣在江南，搬取二次，爲路阻未得前來，上年八月間，王師抵泉州府，臣家眷在城內，圍困已極，幸俱保全。臣之身家，蒙聖恩生全豢養，止應搬取家眷赴京，萬無將妻子仍回南住之理。臣結髮妻不可離臣，臣子又必不能離其母，亦不能離伊婦，骨肉分寄兩地，萬難爲情，臣又不敢差家人遠回原籍。上年十二月內，有福建賫本差官之便，臣已備寄家書，□取臣妻及臣子婦，定於本年四月初間，從家中起身，伍月初旬，到杭州，水路可直抵京師，計肆千餘里，途程遠而臣力薄，臣敢叩懇皇父攝政王睿慈，勅下兵

部，給臣夫馬船隻勘合壹道，給沿途防護牌壹張，臣于三月初旬，差家人齎

至杭州，等候護行，可保無虞。

硃批云：

皇父攝政王旨，是。卿妻幷子婦眷屬，卽宜搬取來京。所請勘合等項，俱准

給。兵部知道。丙編葉一三〇

洪氏之族親，理應誅殺，而不誅殺，此皆崇禎帝生全之恩。又承疇子士銘，順治十

二年二甲進士，其年十月十四日洪氏揭云：

職於順治十二年十月初八日，接九月初六日邸報，內吏部一本，爲欽奉上諭

事。八月二十一日，奉上諭，諭吏部：前選庶吉士，因烏眞超哈進士，久在

旗下，已經習學滿洲規矩，不必與選。二甲進士洪士銘，亦照此例，應選知

州，念係經略輔臣洪承疇之子，著以京官用。………察照應得職銜選授，特

諭。欽此。該臣部查得洪士銘，係二甲三十名進士……如以詞臣用，洪士銘

應授編修。………如以京職別衙門用，洪士銘應授主事。………恭候上裁。等

因。奉旨，洪士銘著以主事用。………欽此。欽遵。職捧讀未竟，不勝惶悚，

不勝感激，隨於本衙門恭設香案，望闕叩頭謝恩。甲編葉五五一

又順治十二年登科錄，北平圖書館藏有刻本一本，曩於北平親見之，新城王漁洋，

與士銘同科。

順治乙未科，子舉南宮之歲，洪士銘以經略輔臣文襄公子，世祖特旨留部，

又特旨以京堂內陞，洪以儀制郎中遷太常少卿，遷太常卿。王士禛池北偶談卷

三

士銘爲承疇獨子，士銘生奕河，亦獨子，洪氏之不絕，蓋亦僅矣。然此實又崇禎帝

之賜。吾人於承疇眷屬所以縷述如是者，以見承疇不但名節有虧，亦大有負於崇禎

帝也。

附洪氏世系表歷史博物館據洪氏家譜，見中央研究院民國二十年度總報告

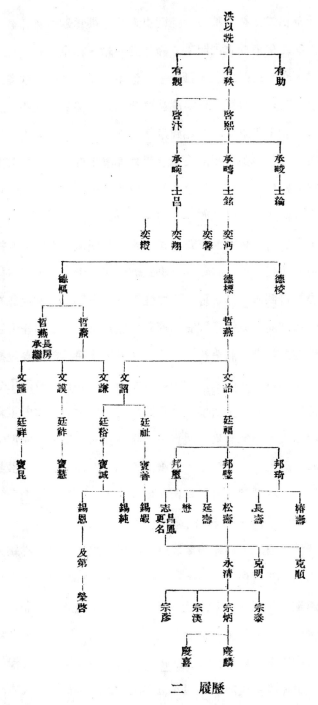

二　履歷

承疇履歷，據其自述，見於丙編者，凡兩件，悉照錄之，以供參考。其一咨吏

部曰：

內院太子太保兵部尚書兼都察院右副都御史大學士洪爲欽奉恩詔事。順治元年十月初十日，准吏部咨前事內開：登極恩詔一款，在京文官一品至九品，俱給與應得誥勅，文官三品以上，廕一子入監讀書。欽此。欽遵。備咨到院。合將本職履歷三代，并妻名氏，應襲兒男名歲，開具，備咨前去，煩爲查照，題請施行。須至咨者。本職福建泉州府南安縣人，繇進士。初任刑部江西清吏司主事。二任本部貴州清吏司署員外郎事主事。三任本部雲南清吏司署郎中事主事。四任浙江按察司僉事提督學政。五任浙江布政使司右參議兼按察司僉事巡視海道。六任江西按察司副使分巡湖西道。七任山東布政使司右參政分守東兗道。八任陝西布政使司右參政督糧道。九任陝西按察司按察使照舊督糧道。十任都察院右僉都御史巡撫延綏。十一任兵部右侍郎兼都察院右僉都御史總督陝西三邊軍務。十二任都察院右都御史兼兵部右侍郎照舊總督。十三任兵部尚書兼都察院右副都御史照舊總督。十四任太子太保兵部尚書兼都察院右副都御史照舊總督。十五任太子太保兵部尚書兼都察院右副都御史總督薊遼軍務。大清順治元年六月十四日，奉叔父攝政王令旨，奏奉聖旨，著以原官內院大學士辦事。曾祖父以詵，庠生，累贈中憲大夫，曾祖母林氏，累贈恭人。祖父有秩，選貢生，累贈資政大夫兵部尚書兼都察院右副都御史，祖母戴氏，旌表節孝，累贈夫人。父啓熙，庠生，累封資政大夫兵部尚書都察院右副都御史，母傅氏，累封夫人，見在。妻劉氏。應襲子原略。右咨吏部。順治二年三月日咨。叢一〇二

咨內初任至十五任，皆洪氏自述未俘降前之履歷，其降清以後，更有詳細之履歷，順治十三年六月二十九日洪氏揭曰：

職承疇年六十四歲，滿洲籍，福建泉州府南安縣人，由進士。順治元年六月內，奉命授內翰林祕院大學士太子太保兵部尚書兼都察院右副都御史辦事。順治二年閏陸月內，奉命以原官招撫江南各省地方總督軍務兼理糧餉。順治肆年拾貳月內，奉命准交代回京調理。伍年伍月內，奉命准復入內院辦事。順治陸年拾月內，奉恩詔加授少傅兼太子太傅。順治捌年貳月內，奉命以大學士兼管都察院右都御史事。本年肆月貳拾壹日，奉旨提問。本年伍月貳拾

叁日，奉旨免罪，仍以原官內院辦事。本年陸月內，疏請辭都察院事，奉旨准辭，仍以祕書院大學士內院辦事。本年捌月內，奉恩詔加授少師兼太子太師。本年玖月內，疏請歸入牛彔下當差，戶部覆疏，本年拾月內，奉旨准歸鑲黃旗牛彔管應祖下當差。順治九年正月初肆日，奉旨提問，本月初七日，奉旨免罪，仍以原官內院辦事。本年拾貳月內，奉旨改弘文院大學士掌印。順治拾年叁月內，疏請辭弘文院印務，本月內，奉旨准辭印務，以原官改國史院大學士。本年伍月貳拾伍日，奉命加授太保兼太子太師內翰林國史院大學士兵部尚書兼都察院右副都御史經略湖廣廣東廣西雲南貴州等處總督軍務兼理糧餉。本年閏陸月拾伍日，陛辭出京。本年捌月內，奉命經略湖廣江西廣西雲南貴州，改給勅印。本年拾壹月初拾日，武昌到任。順治拾壹年叁月拾貳日，到湖南長沙府駐劄。葉一六〇

揭內疏請歸入牛彔下當差一事，有順治八年十月初一日戶部題內院大學士洪承疇披陳下情奏本曰：

臣松錦之役，原是罪應萬死之身，蒙太宗文皇帝不殺隆恩，豢養優遇。又蒙皇上破格任用，官祿過厚，臣雖捐此頂踵，不足圖報。但臣隸在鑲黃旗下，業已捌年，俱有欽賜房屋田地壯丁，向來未知滿洲事例，未敢請命撥入牛彔下，無地可以自效。臣受皇上天恩，實同舊臣之列，乃披甲當差，尚未附舊臣之後，寢食魂夢，不敢自安。伏乞聖恩·准臣入鑲黃旗烏金綽哈固山牛彔下，使臣得照例當差，不特臣一身竭犬馬之報，臣世世子孫，皆沐皇恩於無窮矣。丙編葉一三一

由「官祿過厚」一言，更可看出承疇後來老病衰朽猶不肯退休之故，富貴功名之念老而彌篤也。再觀其「披甲當差」，未附舊臣之後，而至於寢食夢魂不自安，則其甘心爲漢奸之情，眞無所容遁矣。此時承疇尚未披甲當差，亦卽尚未能爲虎作倀也。

又廣陽雜記卷一：

洪承疇經略滇黔，兵餉之外，歲給銀五萬兩，以供其用。

此爲承疇爲虎作倀之時，更有銀五萬兩以供其用，承疇於是遂盡其殺害忠良之能事，以爲報稱矣。

第四章　洪承疇之招撫江南

　　洪氏招撫江南之役，自順治二年閏六月任事，至五年四月回京，前後凡三年，此三年中，洪氏爲清人掃除隆武帝，安定東南各省，清人於此，稱爲「開清第一功」。自是之後，清人所需之錢糧，皆係取之於江南，因而兵多餉足，征調如意，繼之永曆帝之復遭除滅，即以此故。可見招撫之役，洪氏不來，東南不亡，東南不亡，則清人後來更不暇作統一中國之夢，因順治十年，洪氏之奉命經略西南各省，關於後方之接濟，即係全資江南之錢糧也。由今論之，假若當時無洪氏，則中國何至有清朝？不幸天生一洪氏，更不幸卽生於明清之際，無端使彼成爲明朝之禍本，更無端使彼成就一個大清帝國也。

　　論洪氏招撫江南之役，必須先言豫王多鐸之師下江南，與多鐸之生平，然後始能了解清人之平定江南，舍洪氏外，實無可以勝任之人物。多鐸生平，據王錄崇德七年十月辛丑有「定武英郡王阿濟格豫郡王多鐸等罪」一條。以爲阿濟格多鐸之援師，一至陣前，阿濟格便欲作遁走之計。此一舉動，多鐸雖非首倡，但多鐸之同情阿濟格，則似爲事實，同時又以知情而不言，彼之獲罪，即以此也。

　　又北京大學所藏清太宗聖訓初次稿所記崇德元年丙子十月十五日多鐸征明錦州一則，更可以證明多鐸之庸儒無能，以及所謂「滿兵之強天下無敵」之伎倆。蓋多鐸攻城之技術，本不高明，以此多鐸之兵，每望堅城而卻步。是以錦州之役，彼惟有以勾結奸人爲事，致書錦州城內善友首領邪教匪崔應時，稱崔爲將軍 王錄作崔道人，請其獻城，共成大事，且許以富貴，當在孔友德耿仲明尚 可喜 三人之上。於是崔應時以書來約云：

　　二十二日大吉，是夜約近二更，整理大兵一枝，在城南下營，一枝在城東關下營，餘在城北門西第三礮台下營，莫動。我在內出力，你整理大兵，四面一齊吶喊，吶喊兩次，至第三次，將梯子送至城下，我在城上一齊下手，搖燈籠爲號，凡垛口都有燈籠，不可錯看。三官廟西全是蒙古，當隄防他，可令通話之人來說蒙古，「你可歸順我皇帝」。東門東關，北門南門，每門止有百人看守，餘兵可一齊前來，天佛遮護，一言難盡。我兵在城上，俱以白帶爲號，我在城上大聲說滿洲話，便可向前豎梯，我城上縋繩，著人攀繩而

上，萬萬記之在心。

凡此情節，直偸城而已。「無敵」之威名，亦不足觀矣。厥後則因城內失其約期，卽偸亦不可得。如聖訓稿又記云：

> 王覽畢，卽令三軍造梯，至二更末，從錦城北面攻擊，失其約期，遂未成事而回。城內知覺，尋捉崔應時等。

清人每云「攻城必克」，此則實相反，於錦城如此，於他城可知，大概只須城內決心爲堅守之計，則清人亦無能爲，而多鐸之爲多鐸，亦可槪見矣。然則甲申入關之後，多鐸之兵，何以所至又皆戰勝攻取，果眞無敵邪？此中原因，亦自有故。考多爾袞九王入居北京之初，原無統一中國之志，據張怡謏聞續筆一，其時有以一統之策言於九王者，九王曰：「何言一統，但得寸則寸得尺則尺耳」。又仁錄卷四五葉四五載八王阿濟格之議論，則以爲不如大戮關內人民，退保山海。是皆清入關初，毫無遠略之證也。當此之時，不幸總兵許定國，忽叛明降清，請爲清人鄉導，於是多爾袞乃決策南下，而豫王多鐸始敢以輕兵逕行千里，直抵揚州。李介立天香閣隨筆二謏聞續筆一略同：

> 豫王渡河，兵不滿萬，合許定國軍，聲大振。先是，定國殺高傑，傑妻邢氏請于史閣部，必報其讎，定國懼，乃納款□□，請兵南下，而己爲鄉導。攝政王初定北都，南下之意未決，得定國，乃決策南下，豫王以輕兵逕行千里，直抵揚州，定國一人故也。

同時南京之朝廷，又自相攻戰，寧南侯左良玉有舉兵入清君側之舉，繼而馬士英阮大鋮輩，又倡爲「寧亡於北不亡於賊 左良玉」之說，因此盡撤防北之兵以防左，結果徒爲清人造機會，清人乃得乘虛直入，一舉而陷金陵矣。自古亡人之國，未有如此之易，而多鐸之出師獲捷，亦只一時之僥倖而已。

金陵之陷，乃順治二年五月事，時南中義師，風起雲湧，洪承疇至江南之日，有「目前滿地皆寇，處處響應」之疏，見甲編葉五一〇。多鐸處此，自然不能勝任。閏六月癸巳，特命承疇以大學士總督軍務招撫江南各省。因承疇老于仕途，經歷邊疆，熟識內地情形，而又爲其時貳臣之長，惟知有新朝，不知有故國，蓋承疇於新朝，其平日之自誓，不曰「圖報太宗皇帝豢養之恩」，便曰「雖死亦無恨矣」。是以清人於承疇，

亦嘗厚許之，如曰：「雖不克終于勝國，實能效忠于本朝」。而承疇之所至著績，殆即爲效忠于新朝也。

　　至于承疇此次所負之責任，雖以招撫爲名，實則不僅爲招撫，乃剿撫兼施也。如承疇之恆言有曰：「以平賊安民爲責任，賊之脅從數多，不招撫必不能平賊」。又曰，「不眞剿必不能成眞撫」。約而言之：承疇招撫之成功，即在服則生之不服則殺之而已。承疇招撫之功，依清人之稱述，就其大者而言，可分爲三項，一曰「協同大兵殲逆」，二曰「首擒僞王」，三曰「招徠叛黨」見承疇墓碑。三者之中，應以「招徠叛黨」一項爲第一綱領，因「招徠叛黨」，質言之，即破壞義師內部之組織，使其勢分力寡，化強爲弱，然後協同大兵逐個殲除，自易爲力也。清人稱述之三項，茲分記於後。

一　招徠叛黨

　　招徠叛黨，即招徠明朝之文武大臣。此一招即來之文武大臣，大約不外俱稱承疇爲老輩，彼此氣味相投，「知信甚深」，同時又以承疇爲武臣之先進，遠近望以爲從違，因之亦多「有始無終」，易入承疇之牢籠。例如當時鼎鼎大名之兵部尚書張縉彥，即其一也。據順治二年十二月二十八日承疇有一題本「爲恭報舊樞投誠歸順事」云：

　　看得舊兵部張縉彥，先在河北時，原有投順之意，後來渡河南遷，□開封歸德間，因此疑畏，久未敢歸附。向在江南湖廣河南三省交界山中，聯絡堡寨，亦期防守以自固。臣昔任陝西，縉彥任清澗□□兩縣知縣，前後六七年，知信甚深。臣知□□疑畏在心，兩次手書，行安慶巡撫李猶龍，皇上如□□生，皇叔父攝政王寬仁厚德，一經投順，必不念既往，大清朝從來不失大信，多方開諭，俾其悔悟。茲縉彥率兩道具揭投誠，雖未報到安慶地方，而懷恩向化，歸附已的。縉彥一投，則三省接界地方四十餘寨，遠近觀感，自可漸次馴服。臣謹具疏報聞。

本內所云「縉彥一投，則三省接界地方……遠近觀感，自可漸次馴服」等語，可見洪氏一紙書，勝於十萬兵，清初有承疇，何患明朝不亡。而此招徠之功，據王錄順治二年十二月辛卯條云：

河南巡按甯承勳奏：僞兵部尚書張縉彥，遁居六安州，據險作梗，今已就撫
來歸。得旨，張縉彥既投誠歸順，准赴京朝見。

今幸內閣大庫檔案內有承疇題本爲證，否則此一招徠之功，幾爲埋沒矣。

又按，此堂堂之兵部尚書張縉彥，洪氏且可折簡而致之，則自縉彥以下之作富
貴夢者，更不足數矣。不過清官書之記載，往往湮沒眞相，使人無從稽考，實爲研
究清史者之一苦悶也。即如多鐸率師南下之日，當時承疇雖未隨軍同行，然而多鐸
軍中之方略，多少亦必與洪氏有關。因當初清太宗之留養洪氏，曾大宴作樂，其時
清國君臣間之問答，既曰「究竟欲何爲乎」？又曰「欲得中原耳」。由「欲得中原」
之期望，於是太宗更作詼諧之口氣，以得一承疇如得一鄉導，如語諸將 多爾袞亦包括
在內 曰：「譬之行者，君等皆瞽目，今得一引路者，吾安得不樂」。太宗既爲此言，
則是清初諸將程度之幼稚，可由此知之，所不顛覆者，惟賴一洪承疇爲之「引路」
耳。

清人之倚任，如是之需要，則爲洪承疇者，自當盡其「引路」之責。而此「引路」
之行爲，在未任招撫前，即多有之，吾人於此，不妨姑檢承疇舊部之就撫者言之。
當豫王多鐸之南下也，據王錄，順治二年五月乙酉記沿途來歸者，有提督李本深總
兵張天祿等馬步兵共二十三萬八千零。凡此來歸之人，其中李本深一枝，衆至十三
萬，投順之後，又所向有功 順治十五年九月二十五日浙江巡撫陳應泰揭帖，簡稱陳揭。而多鐸之
利用降人爲前驅，尤爲掃蕩南京朝廷之第一枝主力，清人之致勝即在此。考李本深
之來歷，其初亦與張縉彥同，皆承疇昔任陝西時之舊部 參甲編葉三〇七及乙編葉八六二，
甲申之後，洪氏既係一心效忠清朝，則是其於從前之舊部，自必千方百計以招徠
之。例如順治二年十一月梅勒章京屯代之招撫湖南，猶須借重承疇之文件以往 丙編
葉五一二。又如東平伯劉澤清，其在弘光朝，本爲四鎭之一，及一聞承疇入關之信，
彼即首先致書，仍沿舊日之體統，稱承疇爲「洪制軍」 丙編葉九一。澤清之降，是否
洪氏招徠之力，姑不深究，但由「洪制軍」三字之稱號推之，則可知彼此之默契，
固亦早有感觸也。還有籍隸流賊而原出於承疇之麾下者，陳揭內亦嘗列擧其人，
如定西侯唐通，如鳳翔總兵董學禮，皆是。唐通當洪氏督薊遼時，即其舊部八總兵
之一，董學禮在崇禎中，則嘗任寧夏花馬池副總兵，而承疇實爲其多年之主帥。後

來唐通等，曾相率投附於流賊，及承疇入關，彼等又棄流賊而歸降清人。此輩之行徑，言之可發一嘆，清初陝省大勢之安定，便是董學禮効命之功 丙編葉四七五。至於彼等投降之線索，當然亦與承疇有牽涉，蓋洪氏自隨清人入關之日，惟以招徠舊屬爲事，且更以一身作模範，爲清人任宣傳，如云「大清從來不失大信」，又曰，「皇上寬仁厚德，一經投順，必不念旣往」。松錦之役，清人之收降承疇，即爲不念旣往也，而其「叩頭請降」，則以督師之聲而請降也。是以承疇招降舊屬，或當引己爲例曰，「我尙且投降，何況汝輩乎」？要之，清初漢人輩破壞明朝之恢復，多出承疇之舊部，則又眞情實事也。

　　以上所述，僅舉例而已，皆順治元二年間事，因諸書不載，故特表明之，以彰洪氏勷力新朝之功，而其獲罪宗國亦不煩言而喩矣。

　　以下再記承疇專任招撫後關于招撫之辦法，洪氏之招撫，大概招一人而可平定一方者，則招之撫之，且又多方以利誘之，如上文所引張縉彥之一事，便是實例。茲再更援一例以述之，如丙編葉一〇三承疇奏，言及前朝總兵高進忠之在崇明也，有云：

　　　　高進忠擁衆負嵎，所在覬望，倚附甚衆。

由「倚附甚衆」之言觀之，則高進忠亦足以稱霸一方矣，於是承疇即設法商議招撫。此一招撫，凡得兵三千餘人，戰艦六十九艘。嗣而承疇即利用高進忠之解甲投誠，以爲收復崇明之計，如奏本又云：

　　　　進忠今已到江寧⋯⋯臣等驗係遼東鎭江人，甚稱勇壯，一旦解甲投誠，忠順可嘉，已檄行巡撫土國寶提督吳勝兆，查給錢糧，悉心照管，無令失所，用副聖明安撫江南至意。

並云：

　　　　臣俱嚴行撫鎭道將，必作速收復崇明，以靖沿海逆賊。

是知此崇明之收復，以及沿海一帶之安定，無非由於高進忠就撫之故，而其招撫之作用，亦可由此知之。他如招撫江西南昌南康九江瑞州撫州饒州臨江吉安廣信建昌袁州諸府，皆此之類，不必細表矣。

　　然如勢窮來歸無可利用者，承疇則又斷然處置，而曰「應依謀叛律斬」。據甲

編葉一八五載順治四年六月蘇松巡按盧傳關于「湖海再捷」揭帖內所云僞官張名斌
勢窮來歸應否量開一面之事云：

> 據楊舍營守備羅英，報獲水艍船一隻，投誠僞官張名斌，即張名振 隆武時曾封
> 定西侯之弟，並兵丁水手一百七名。

又云：

> 惟張名斌……勢窮來歸，原非真心投順，然面縛待命，與陣擒不同，應否量
> 開一面？總聽聖旨裁奪者也。

面縛投降之人本不必再殺之，故盧傳揭中始敢以「應否量開一面」爲請，其意以爲
可以「量開一面」也。及檢順治四年九月二十二十二承疇揭，則又不然：

> 張名斌原係海寇，應依謀叛律……斬……妻妾子女財產入官……職備咨江寧
> 撫臣周伯達蘇松按臣盧傳……查明籍沒，起解到日，職會同驗明解京。

此爲洪氏殺降之例證。降人猶殺之，則是不降者之被戮 見後城空野空記事，更不必說
矣。總之，承疇之辦法，於「脅從數多」者，則啖之以爵祿，而曰「不招撫必不能
平賊」，於「勢窮來歸」之人，則又不妨殺之以立威，而以遂其「不真剿必不能成
真撫」之功，可見其但知爲清朝而已。

<h2 style="text-align:center">二　首擒僞王</h2>

所謂首擒僞王，即首擒明朝之諸王也。大約承疇以爲明宗室，足以係人心，
「王能一日存，則人心不散」，故須「首擒」之，以絕人望，以除明人恢復之號召。
清人嘗稱承疇有「散黨」之功，即此意也。

關於首擒僞王之史料，自應以檔案爲主，檔案雖殘而又殘，不能爲一完整之編
輯，然有時可校以證明他書之錯誤。例如丙編葉五一八之貴池府原任推官朱盛濃，
王錄三年八月丁亥則誤爲「僞蜀王朱盛濃」。又如甲編葉一七〇之「僞瑞昌王朱誼
澁」，清史稿洪承疇傳及王錄均誤爲樂安王朱誼石。是「僞王」之稱號，猶如此錯
誤，則其記事之舛謬，更可知矣。

記事之舛謬，先引王錄言之，三年九月己酉：

> 招撫江南大學士洪承疇奏：僞瑞昌王朱誼汃，結連常鎭平廣逆黨，謀犯省
> 城，官兵進剿，擒誼汃，並其黨僞經略韋爾韜僞總兵楊三畏夏含章等。命斬

之。

考甲編葉一七〇載順治三年八月三十日承疇「爲江寧地方逆賊謀犯情形」揭帖，則所謂謀犯省城之瑞昌王，乃朱誼㳫，而非朱誼㳦也。揭帖凡七百餘字，因有關考證，應詳錄於後：

照得江南歸附年餘，人心尙屬未定，有僞瑞昌王朱誼㳫僞總兵朱君召，奸惡異常，到處號召，同謀叛亂。今年正月十九日，旣密圖江寧，裏應外合，職與操江陳錦等諸臣，先事發覺，合滿漢官兵，奮力擒勦，旋就底定。然大逆朱誼㳫朱君召，猶未就擒，禍本未拔，職等無日不內嚴外防。⋯⋯加以奸惡假造訛言，惑亂人心，但有召集，遂多蟻附，雖時時督責搜勦，而地方未得寧靜。今八月初間，有江寧省城四五十里花山龍潭民人，奔赴操江衙門，密稟本處羣賊，皆受僞瑞昌王號召，歃血同謀，卽省城朝陽門外滄波門孝陵衞等處，仍是土賊結聚，且聲言要暗渡江北，先圖起事，等情。操江臣卽會職與提督滿漢總兵巴山張大猷戶部侍郎厰量馬鳴珮，商議發兵。一面委江防同知范承祖，同滿漢官兵，初十日渡江北，在於六合儀眞地方，哨探扼勦，留張大猷在省城防守，操江陳錦同巴山厰量等，親統滿漢官兵，於本月十一日馳赴花山空心寺龍潭一帶，與鎭江丹陽交界，離江寧數十里，諸臣目擊村落圍集，良民與眞賊難辨，若縱兵勦殺，必至玉石不分。遂設法將村莊圍住，曉諭各鄉民，縛獻眞賊。鄉民旣得兵威，遂將本村有名眞賊獻出，亦有供報眞賊，引官兵指名擒拿，計出兵十餘日，共殺賊四百餘名，皆逐名查審，的係眞賊，並無濫殺。屢審夥賊內供稱：僞瑞昌王及朱君召等圖謀，以各處賊黨衆多，惟缺少錢糧器械，要先謀渡江北，用奸細攻取六合儀眞二縣，得了錢糧器械，便倚據山險，糾江北各處賊黨，成就大事。又審供：見今江寧城內城外，自今年正月十九日殺散之後，又有潛藏謀叛頭目，會合多人，皆聽瑞昌王號令行事，等情。操江陳錦同巴山厰量等，將花山各處賊徒擒勦破散，二十二日回到江寧，二十三日仍親統滿漢官兵，於二更時候，出朝陽太平門，於門外適中地方割營，亦圍住村莊，令各軍餘百姓，從公擧報。是日擒拿三百餘人，審明梟斬百餘名，其餘脅從者，俱卽日釋放。又自二十四日

起，將江寧各城門封閉，細搜城內逆賊，擒獲甚多，俱有瑞昌王僞旨牌劄可據。

揭內記瑞昌王朱誼𣲖謀犯江寧，一年 順治三年 之內凡兩次，一爲正月十九日，一爲八月事，前後情節，俱極明白。而淸史稿洪承疇傳，則一誤再誤，原文如下：

順治 二年⋯⋯誼石號樂安王，誼泐號瑞安王，分屯溧陽金壇興化諸縣。⋯⋯三年二月⋯⋯旣誼石誼泐合兵二萬犯江寧，承疇先事誅內應西溝池萬德華郭世彥尤居等八十餘人，誼石等攻神策門，分兵出朝陽太平二門，截誼石等後，乃啓神策門，出城兵奮擊破之，追及攝山，斬馘無算。⋯⋯八月，征南大將軍貝勒博洛克金華，獲誼石。九月，誼泐復犯江寧，承疇出禦，追獲誼泐，及所置經略韋爾韜總兵楊三畏夏含章。

此條內，關於誼石誼泐合兵犯江寧，以及誼泐之復犯江寧，然否？可以置而不論。所應注意者，莫如所云「八月⋯⋯貝勒博洛⋯⋯獲誼石」之說，誼石卽誼𣲖，誼𣲖之終於被獲，自是事實，但如特記曰「八月」，則爲不合，「八月」卽八月丁亥，丁亥乃十四日，見王錄。此一日期，徵之承疇揭帖，實大誤，因洪氏之具揭已是八月三十日，揭中仍以「大逆朱誼𣲖猶未就擒」爲言，則可見八月十四日之報獲，自然又爲王錄之錯誤。此錯誤，淸史稿更又取之以入承疇傳，其不足徵信如此。

又，承疇擒殺「僞王」之行爲，據本傳，人數亦有可議，本傳所記之「僞王」，曰高安王常淇，曰金華王由楻，曰樂安王誼石，曰瑞安王誼泐，曰蘄水王術輯，曰樊山王常㳠，凡六王。其實此六王之外，還有逐平王朱紹𩵱者，亦爲洪氏所害。而其被害之原因，檢王錄 順治三年十二月癸酉朔，則爲死於「擁衆太湖，句連海寇，謀爲不軌」之罪名。然據北京大學洪承疇奏章文冊第七葉 簡稱洪冊。關於逐平王致死之情節，其說與王錄不同，茲約而言之。大槪順治四年夏，有河南周藩朱紹𩵱，崇禎四年封受逐平郡王，後因崇禎國變，避難江南。及淸兵南下，剃髮爲民，賣布生理，旋又避亂之上海，只因自以前朝王子，恐爲淸人所害，改名程隱生。順治三年十一月二十五日，卒落洪氏之手，乃以叛藩具題，並云應行正法，卽於順治四年五月二十九日，會官梟斬，妃高氏陳氏，女大姐三姐，併使女賜鳳等，悉沒收入官。閱王錄，須閱洪冊，始能使人滿意，試觀此剃髮爲民之逐平王，且云應行正法，則

是承疇殺害前朝王子之用心，固又愈殺愈快矣。

因愈殺愈快，於是又有剿殺偽義王朱汸並子朱臬之事。而此偽義王父子被殺之詳情，見甲編葉二〇五淮揚總督楊聲遠題本。此題本，考之同書葉二〇〇曁葉二〇七所載承疇兩揭帖，以及丙編葉六三一順治四年十月鳳陽巡撫陳之龍「恭報剿撫事竣微臣回鎮料理海防事」揭帖，實爲一事。承疇兩揭帖，一係順治四年九月二十四日，一係同年十月十三日，前揭事由爲「總漕督臣塘報賊情甚急，臣謹會發滿漢官兵水陸馳赴合剿，仰祈聖鑒事」，後揭事由爲「廟灣土賊，剿撫初定，謹報旋師日期，並會留防禦官兵，仰祈聖鑒事」。按，廟灣乃鹽城濱海地方，亦卽江南省屬境，而洪氏之發兵往剿，自是剿所當剿，不過其所剿之賊，只稱曰「土賊」，不知此「土賊」之眞相，又適爲前朝之一王子也。此一王子，幸有陳之龍揭帖可資參考，足能證明廟灣之「土賊」，卽爲楊聲遠題本中被殺之偽義王父子，因陳揭曾云，「廟灣逆賊，望風先遁」，又云，「幷行淮揚十六沿海州縣，緝拿偽義王偽閣部屬豫偽元帥楊扣子等」。由此證明，則是關於偽義王之死，當然又係死於承疇之剿殺矣。而王錄順治四年十一月戊戌記載，但曰「漕運總督楊聲遠奏擒獲偽義王朱汸並其子臬，命斬之」，而於眞正出兵剿殺之承疇，則反略而不書，是誠不平之事也。

推承疇之意，只在使前朝之王子終歸於盡，後來永曆帝之敗遁緬甸，爲承疇者，亦可以已矣，然而未也，蓋承疇必以除滅爲期矣。

三　「協同大兵殲逆」

此殲逆之事，卽係殲滅明朝之忠義，亦卽承疇所稱之「眞剿」也。其情如下。

(甲)金聲之死

記金聲之死，應先記承疇之「眞剿」，「眞剿」情狀，則「暴骨如莽，城空野空」。丙編葉五一六，有順治二年十一月江寧巡按毛九華一揭帖^{簡稱毛揭}，「爲恭報池太徽寧廣德府州情形事」，曾據提督張天祿^{張天祿係降將，見前。洪氏招撫江南之役，張隨洪立功最多}等各塘報而作結語曰：

> 夫此四府一州百姓，皆我租我稅之民，止此諸逆興禍，遂使暴骨如莽，青燐夜見，以致城空野空，使非諸將勘定，撫臣運籌^{撫臣卽安徽巡撫劉應賓，屬承疇指揮}，尚不知何時結局也。

此四府一州之中，尤以徽寧池三府之真剿，關係唐王之得失，因唐王之右都御史兵部右侍郎金聲死於是役，繼之大學士黃道周倉卒出師，亦死於徽州，道周之死，即為圖謀恢復徽州不克而死，厥後唐王之崩潰，則因受此影響也。徽寧池之禍，據毛揭有云：

> 徽寧池之禍，始於徽州，恃有六嶺之險，唐宋以來不被兵，而金聲遂認以為可守而不可破，蠱惑合屬，不歸王化，而丘祖德應之於寧國 祖德成都人，崇禎中，嘗任山東巡撫，至是稱軍師，七月二十日，敗於寧國之華陽山寨，當陣被擒，祖德就擒之日，自供與金聲同行共舉，願死等語，後解至南京，不屈，磔死。尹民興應之於涇縣崇禎十五年，民興任兵部職方司郎中，朱盛濃應之於石埭，此呼彼應，一唱百和，蓋以徽為巢穴，而以涇為藩籬，涇旌寧既破，而徽之不能久抗可知矣，此諸將兵機之妙也。

此所云「諸將兵機之妙」，其實即承疇之調度也。王錄二年十月戊子：

> 招撫大學士洪承疇奏：徽州一府，夙負險阻，故明翰林金聲，甘心悖逆，陰結閩寇，受唐王偽敕，起鄉兵十餘萬，製造甲冑槍礮等項，分布山隘，以拒我師。臣奉貝勒令，會同固山額真葉臣，一面進剿，一面分發告諭，宣揚朝廷德意。茲提督張天祿總兵卜從善李仲與劉澤泳等，由旌德縣進兵，連破十餘寨，馳至績溪縣，生擒金聲，並偽官四員，斬於軍　師至徽州　，駐營城外，不令一兵入城，出示安民，市肆如故，嗣後撫輯招諭事宜，俟臣等商確奏聞。

按，績溪為徽州首縣，清人之破績溪，為九月二十日，據毛揭，其時金聲已出南門逃出，副將楊守壯追及生擒之。又按承疇之奏，據殘餘檔案中有一票簽，作「十一月初五日洪承疇首逆就擒」，票簽即內閣大學士所擬之旨意。旨云：

> 覽卿奏，徽郡已經收復，兵不入城，秋毫無擾。具見運籌制勝，紀律嚴明，朕甚嘉悅。有功鎮將，及在事文武各官，通著察明敍錄，撫輯善後及招諭事宜，俱聽卿商確便宜行。該部知道。

此旨意，曾以「秋毫無擾」為言，然則毛揭所云「城空野空」之情節，不知又將何以為解？試舉涇縣為例，則知所謂「秋毫無擾」者全是虛言。夫涇縣不過一小城，

城破之日，城內僅餘三千人，清人皆指爲賊兵，盡殺不留，見毛揭。由此類推，則金聲之十萬鄉兵，自更盡殺不留。所以毛九華始以「城空野空」之情形具揭入告，而旨內之辭，亦只爲「姑妄言之姑妄聽之」之類而已。

又，金聲之敗，係敗於承疇之間諜，張怡謏聞續筆一：

> 金正希聲初在詞林，□□之事崇禎二年己巳虜變，薦用申甫，甫敗，上疏自劾，願還山讀書十年，探討方略，爲國家收後效。甲申倡義于徽，所練士，皆拳勇便捷，可當一隊。不意有受清命爲間者，其人武健善談，公誤信之，以爲軍師，盡撤各隘口戰士，從習陣法，而以其借來壯士百餘，分守各隘，清遂從撤防處入，間與壯士內應，事敗被執。

又，徐鼒小腆紀年卷十一乙酉九月記聲等死事之狀甚詳，且及間諜事，亦照錄於後：

> 聲起兵後，拜表闕中，王命中書童赤心授聲右都御史兵部右侍郎總督南直軍務。聲刊布詔書，曰，使南中知閩地之有主也，遂拔旌德甯國諸縣。王師攻績溪，江天一登埤守禦，間出迎戰，殺傷相當，已而邱祖德尹民興等多敗死，降將張天祿以少騎牽制天一於績溪，間道從新嶺入，守嶺者先潰。是月二十日，徽故御史黃澍詐稱援兵，聲見其著故衣冠，而髮未薙也，信之，城遂破，聲被擒，呼曰：徽民之守，吾使之，第執吾去，勿殘民。揮天一去，曰：「君有老母，不可死。」天一歸拜其祖母，母，及家廟，曰：「吾首與金公舉事，義不使公獨死也。」追及之，大呼曰：我金翰林參軍江天一也，遂並執。至南京，諸大僚欽其名，欲降之，館而加禮，聲呼洪承疇字曰：「亨九，豈有受恩如亨九，而甘心降敵者。」天一復朗誦莊烈帝諭祭文。承疇咄曰：「此老火氣未除」。臨刑，復遣人與耳語，天一呼曰：「先生千秋在一刻也」。聲撼鬚仰面飲刃死。同時死者，自天一外，有姜孟卿陳繼遇吳國楨余元英。先後被執不屈死者，副將羅騰蛟閔士英都司汪以玉諸生項遠洪士魁，其可紀者也。僧海明聞聲死，市棺抱屍而斂，呵阻之，不爲動，載棺歸蕪湖。有閩人蕭倫者，賈客也，見棺惡，泫然曰：「此豈足斂公者，吾有善棺，值百數十金，此我公所安寢者也。」遂易之。孟卿諸人，亦皆改棺題

銘，不能歸柩者，買地葬之焉。事聞，贈聲禮部尙書，謚文毅，天一禮部主
事。

此條記聞諜黃澍，作「是月九月二十日，徵故御史黃澍，詐稱援兵，聲見其著故衣
冠，而髮未薙也，信之，城遂破，聲被擒」。似以黃澍之降淸，爲九月事也。再檢
明史金聲傳記黃澍之降亦如之，傳云：「九月下旬，徵故御史黃澍降於大淸，王師
間道襲破之，聲被執」。其實黃澍之投降淸人，當爲順治二年閏六月以前之事，因
丙編葉四九三有黃澍一啟本，啟本結銜作「順治二年閏六月日監察御史管九江道事
臣黃澍」。有此一條，不但可以證明「九月」之說爲不實，同時更能看出黃澍之職
銜係淸御史並非明御史，而黃澍之往徽州作間諜，以情形推之，當係奉承疇之命而
往，因九江道一官，亦歸其調度也。

（乙）黃道周之死

因金聲之敗，於是又更有黃道周之出師，金聲敗沒，爲九月二十日，而道周出
師之時期，據其弔金聲詩「球爾尙差旬日間」臺灣外紀之句，當在十月初也。道周
出師之日，其自誓之辭曰：「拚他七尺酬前恨，何必三年臥一樓」。蓋道周憤鄭芝
龍擁兵觀望，謂坐而待亡，不如身自出關也。至道周出師之狀，據臺灣外紀卷五及
小腆紀年卷十一，僅率門生中書蔡春溶蔡雍之誤賴繼謹陳駿音兵部主事趙士超通判
毛至志字之誤潔並子弟可千人以行，有擾鋤棘矜以隨其後者，名「扁擔兵」。驅如此
之兵應敵，自非良算矣，是以道周弔金聲詩又有曰：「英雄運盡無良算，身亦輕來
陷左車」。道周之陷敵，爲乙酉十二月二十五日，當時承疇有一揭帖，揭內以道周
爲逆首，有「生擒逆首，東南事從此可定」等語，其得意如此。揭帖全文凡一千八
百三十七字，見甲編葉一四五。

黃道周之戰敗被擒，小腆紀年亦詳記之，但此書所記黃道周之事，大部分原係據臺
灣外紀卷五，而小腆紀年之作者，不過於編纂之間，稍加增删而已，今不取，只據
臺灣外紀所載者錄如後：

> 隆武元年乙酉 秋九月，道周師至廣信府，聞徽州破，遣將守馬金嶺，集紳矜父
> 老，諭勸助，得萬人，乃整部署，分道進兵，遊擊黃奇壽，戰捷於牛頭嶺，
> 遂營之。其出婺源者，參將王加封失防，伏兵戰死，遊擊李忠被擒。黃奇壽

聞報，援之莫及，參將李瑛倪彪出童家坊，被馬步衝突亦潰，參將應士瑛，從間道出援，屯高假橋。道周遂馳疏請兵。……隆武覽表，無以應之。道周計窮，十二月，集門人諸將議曰：敵人雖衆，虛聲耳，若延來春，則彼弓弛馬懈，卽可破也，奈糧餉不足何。與其半途潰散，廢卻前功，不如決戰以報朝廷，相持泣下。復進兵，攻婺源，至童家坊，忽報樂平已破，信州士大夫各致書迓道周。道周以成師旣出，義不及反顧，遂鼓勵諸門人，帥師千餘人以前，次明堂里，僅三百人，馬十匹，糧三日。又移軍婺城三十里，天微曙，報提督張天祿率兵四至，道周策馬揮賴繼謹督師慶戰。參將高萬榮請於道周曰：當引兵登山，憑高可恃，周從之。正移師間，一隊騎至，從間道突出，箭如雨，軍遂亂，道周被執。輿至婺源，張天祿親至勸降，周罵不絕口。繼而門人蔡春溶賴繼謹趙士超毛至潔，亦解至。

又謏聞續筆二記黃道周之被執，謂係清帥張天祿設計誘之：

輔臣黃道周，聯絡忠義，糾合鄉勇九千餘人，從廣信出金衢……深入婺源山中。孝廉某，公門人也，清帥張天祿，繫某妻子，令某設計誘公，執于其家，幷從軍主事趙士超中書毛玄水蔡時培賴叔儒四人，俱傳送江南省城。公欲盡節，士超曰：此去南京不遠，儻得面數承疇誤國之罪，魂魄得傍孝陵，死亦未晚，公從之，遂行。……至南京，同不屈死。

道周之死，尚有記事兩則，記事稱道周爲「千古偉人」，又稱「爲聖爲佛，成忠成孝，終歸黃公」，亦摘錄於後，以見洪承疇之貪生禍國，則又應爲千古罪人矣。梁章鉅歸田瑣記卷四引榕村語錄黃忠端公一則云：

吾鄉黃石齋先生，爲千古偉人，初不知其生前如何風采，余曾得其待漏圖畫像，則恂恂道貌，藹然可親，絕無一毫凌厲氣槪。相傳石齋先生就逮時，門人多相隨，石齋一再辭之曰：我爲大臣，義宜死，諸君無爲也。猶不去，石齋乃曰：諸君踐土食毛，義亦可死，但未食祿，亦可以不死，今與諸君訣，甘殉難者止，否則各有父母妻子，毋爲冒不測也。衆乃泣別，惟七人願從，江西四人，福建三人。是時遭逢仁恕，令前代遺臣梗不服者，得請，方行刑，毋許專殺。由是石齋師徒，皆下獄以待。……及就義之晨……石齋乘小車

出，七人從，中途，石齋返顧，後車七人者，皆無人色。石齋笑曰：怖乎？「忍一刻卽千秋矣」。七人皆應曰：然。比至西華門，石齋忽墜車下。一指揮趨進掖之，且慰曰：毋恐。石齋瞋目叱之曰：是何言歟？天下豈有畏死黃道周哉？此地爲輦路所經，吾不可以乘而過，因絕食足弱，下而致仆，吾何恐哉？指揮愕然易容，因跪曰：此地萬人瞻仰，公又困憊，卽就大事可乎？石齋回顧曰：善。遂命布席，南向拜訖。一老僕請以數字貽家，而石齋躊躇曰：無可言者。固請，乃裂衣襟，囓指血書曰：「綱常萬古，節義千秋，天地知我，家人無憂。」七人者，亦血書一幅云：「師存與存，師亡與亡。」石齋故昂藏，立而受刑，又義風凜凜，行刑者手慄，刀下 ，不殊。 行刑者大怖，急跪曰：公坐。石齋頸已中刃，血淋漓，猶頷之曰 ：可。 乃坐而受刑焉。其時大帥，亦閩人也，大書碑牌云：僞閣部黃某首巡視沿江 。一兵以他首易，而匿藏之古墓中。後數年，石齋子至江寧 ，求遺骸 ，有以兵事告者，其子詣之，兵欵至浹月，乃與到古墓，取匣開視，面如生，遂以歸葬。榕村語錄所載如此。

張山來虞初新志卷六引方苞記黃石齋逸事有云：

> ……明亡，公欵於金陵，在獄日誦尙書周易，數月貌加豐。正命之前夕，有老僕持鐵練向公而泣曰：是我侍主人之終事也。公曰：吾正而斃 ，是爲考終，汝何哀。故人持酒肉與訣，飲啖如平時，酣寢達旦起，盥漱更衣，謂僕某曰：曩某以卷索書，吾旣許之，言不可曠也。和墨伸紙 ，作小楷 ，次行書，幅甚長，乃以大字竟之，加印章，始出就刑，其卷藏金陵某家。

又記崇禎年間，金陵妓顧氏，嘗語當時諸名士曰：

> 公等爲名士，賦詩飲酒，是樂而已矣，爲聖爲佛，成忠成孝，終歸黃公。

上引兩記事，關於榕村語錄所述之一則，其中有一點，應特別提出，加以說明，藉見承疇之殺人，愈殺愈毒。如記事云：「其時大帥，亦閩人也，大書牌云：僞閣部黃某首，巡視沿江」。此「大帥」，卽指洪承疇而言，不記其姓名而只書「大帥」者，蓋諱之也。曰「亦閩人也」則以洪之與黃同爲福建人之故，乃又殺之猶以爲未足，而更傳首於沿江以示威，幸而有一易首而藏之士兵，否則黃之遺骸不得歸葬故

鄉矣。由此觀之，則承疇之人格，比之一士兵，爲何如哉？

又按，黃道周之死，實死於承疇之專殺，而榕村語錄所記「毋許專殺」之言，似亦有諱之之意。考黃道周之初至金陵，承疇固欲勸之降，使黃亦效己，同爲反覆臣。而黃則以爲「百年在前萬世在後」，故「舍命不渝」，而曰「綱常萬古」。於是承疇惱羞成怒，恨之切骨，以道周爲「庸儒」，「不識時務」，又曰，「毋使彼沽名，而反累我」。遂啓諸王，出道周於曹街 見臺灣外紀。則是承疇之專殺，卽此可知，其後之傳首各地，則又爲承疇餘恨未盡之一證也。「忠奸不兩立」，古今一轍，例如前文所記與金聲同事之丘祖德，亦嘗以不屈被殺於金陵，祖德之死，且係被磔而死，尤爲慘毒。考金陵乃承疇駐節之地，同時彼又有專殺之權，則可見祖德之磔死，當卽係死於承疇盛怒之下。於不降之人，殺之已爲滿意矣，乃更臨之以殘忍而必磔殺之，則是承疇心理上之嫉恨爲何如，充其意其必使明之遺民，盡成寡廉鮮恥同流合汚之輩而後已也。

（丙）「開清第一功」

自黃道周兵敗被執，承疇便以爲「東南事從此可定」，同時明之督師張國維，則爲憤激之語曰：「誤天下者文山疊山也」。蓋國維憤道周以出師爲兒戲，致爲敵人所乘也。此一是非，今可不論，要之，道周之一身，係唐王之安危，則可由此知之也。因黃道周之出師，假若不兵敗被執，或更於婺源之戰一舉而退承疇之兵，則後來鄭芝龍之降清，當必有所顧忌而不敢爲。不幸道周敗死，彼擁兵觀望之鄭芝龍始萌貳志，於是又爲清人造機會，而承疇之「開清第一功」乃得成就矣。

洪氏之功，據臺灣外紀五，貝勒博洛因江上錢塘江之戰，不得取勝，悒悒不已。於是承疇獻策曰：

> 唐藩雖然稱帝，但兵馬餱糧，悉出鄭芝龍手，不如密書賂彼，若全舉版圖，許以王爵，則彼自棄暗投明，福建可不勞一兵，浙中諸醜俱散。

「知己知彼百戰百勝」，其言可謂深知唐王之弱點。所以同書又記貝勒大喜之言曰：

> 所論極高，計成，開清第一功也，宜速行，勿濡。一面按兵，一面令承疇修書入閩。

按，鄭芝龍本係海盜出身，不知大義，惟利是圖，故易爲承疇所愚。承疇之愚芝

龍，許以浙江福建廣東三省王爵，因而鄭芝龍遂決意投誠。其復承疇書有曰：「遇官兵撤官兵，遇水師撤水師，傾心貴朝者，非一日也。」其後仙霞之不守，以及貝勒博洛之長驅入閩，即以此也。嗣而隆武帝更爲總兵李成棟之追兵所害，死於汀州府堂，據臺灣外紀六，乃順治三年八月二十八日事也。浙閩旣定，當時貝勒博洛有一奏，見王錄三年十一月癸卯朔，奏中但敍滿兵全捷之狀，而所謂「開淸第一功」，則又一字不提矣。其奏曰：

> 征南大將軍貝勒博洛奏：旣定全浙，隨分兵由衢州廣信兩路，進師福建。固山額眞公圖賴等，擊敗僞閣部黃鳴駿等於仙霞關，遂破浦城，前鋒統領努山等，擒斬僞巡撫楊廷淸李暄，分遣署護軍統領杜爾德前鋒參領拜尹岱等，攻下建甯延平等府。聞僞唐王朱聿釗遁走汀州，遣護軍統領阿濟格尼堪杜爾德等，率兵追襲，直抵城下。我軍奮擊先登，擒斬朱聿釗及僞陽曲王朱盛渡西河王朱盛浺松滋王朱演漢西城王朱通簡，並僞官等，撫定汀州。僞總兵姜正希率兵二萬，復襲汀州，乘夜登城，我兵擊敗之，斬殺萬餘級。固山額眞宗室韓岱等，破僞總兵師福軍於分水關，入崇安縣，俘斬僞巡撫楊文忠等，撫定興化漳泉三府。署梅勒章京趙布泰等，襲克福州。前後連破賊兵二十餘陣，降其僞總兵二十員，副將四十一員，參遊七十二員，馬步兵六萬八千五百餘名，福建悉平，獲僞璽九顆，馬羸輜重無算。

得旨云：

> 博洛等，躬親調度，平定浙閩，命所司擇吉祭告天地宗廟，詔赦天下。

「詔赦天下」之詔，王錄亦記之，作順治四年正月癸未，但詔書原件，今已發現於內閣大庫檔案中，其日期乃順治四年二月十二日，載丙編葉五八三。此浙閩之平定，據臺灣外紀，承疇之外，更有招撫福建御史黃熙胤，亦嘗附名於末，而通鑑輯覽之記載，以鄭芝龍之密使通款，竟抹去承疇而不書，但只歸功黃熙胤，眞顚倒事實矣。考黃熙胤之招撫福建，亦原屬承疇管轄範圍之內，承疇之管轄福建應以承疇之言爲證，甲編葉五一。承疇揭云：「職招撫南方，凡各省俱有策應之責。」是知承疇招撫江南之頭銜，並非專指招撫江南一省，而係包括東南之各省也。按，承疇平定浙閩之實證，殘餘檔案中尙可以見之，檔案之外，則不易見矣。順治二年十月初

四日，「再報浙東情形」揭云：

> 爲再報浙東情形事。案炤職先將貝勒發兵赴杭州防剿情形，已於本年九月二
> 十九日具疏報聞。十月初三日，准浙江總督張存仁揭報：逆賊方國安馬士英
> 等，聚衆過江犯搶。該督臣督同總兵田雄等進剿，已殺賊數百，奪獲船礮、
> 燒毀木城。各賊屢經殺敗，業已喪膽，所發滿漢官兵，俱到杭州，貝勒令固
> 山額眞與職等商議。已行文總督張存仁，令官兵在杭州暫駐，喂養馬匹，相
> 機進剿。職謹再具疏上聞，伏乞聖鑒施行。甲編葉五〇一

又四年八月二十二日承疇「閩省需兵協剿」揭云：

> 本年八月十八日，職准浙閩督臣張存仁咨稱：炤得閩省地方新定，留防士
> 卒，爲數雖多，半屬士人，半屬降卒，原非堪戰兵馬，以致在在土寇，乘機
> 作亂，民人附和爲非。……今建寧府縣，相繼失守……需兵之急，不啻燃
> 眉。若候咨請樞部撥發，未免曠日持久，卽部議撥發，恐亦煩貴院部就近調
> 度。爲此移咨，煩爲注念，均關封疆，時在緊急，希卽撥發堪戰西北馬步官
> 兵二三千，刻日前來，以便調遣防剿。

又記策應云：

> 職招撫南方，凡各省俱有策應之責。急圖爲同室之救……督臣望援甚殷，職
> 何敢坐視。再四熟籌，惟福建汀州，亦隸南贛撫臣所轄，自贛達汀，由汀邵
> 至建寧，地界接連，可以就近協剿。今南贛地方漸已平定，鎮守南贛總兵柯
> 永盛，所統馬步官兵，共有五千，足稱勁旅，可於內選發官兵二千，有鎮標
> 副將楊遇明，敢勇善戰，若令之統領，自南贛兼程，繇汀邵疾趨，可計日到
> 督臣軍前，用資防剿。仍留鎮臣柯永盛，統兵三千，駐鎮贛南，如有警急，
> 則提督總兵官金聲桓兵馬，同省之內，相距不遠，可以兼顧。甲編葉五一〇

上引史料，皆承疇眞正策應之事，亦卽其「躬親調度」也。如依聖旨言，則又貝勒
博洛等之成績矣。他如承疇「運籌決勝」之情形，亦舉例如下，順治三年十月二十
六日，鎮守江寧等處駐劄江西尤總兵官柯永盛，同提督總兵官金聲桓「恭報克贛大
捷」題本有云：

> 實皆仰仗皇上皇叔父攝政王天威遠震，總督內院臣洪承疇運籌決勝，拮据綢

繆，故克奏此蕩平之捷凱也。甲編葉一七一

此類「決勝」之功，明清史料記載甚多，不必盡舉。總而言之，承疇之安定南方，自有其特長，不僅如清帝所云：「卿練達民情，曉暢兵事」。惟其如此，於金聲，則用間諜以破之，於黃道周，則設計以執之，於鄭芝龍，則又勾結之，凡此行爲，尤以勾結一事爲承疇最大之成功，後來之於孫可望，亦皆此道也。

再，承疇受命招撫之日，據王錄 順治 二年七月壬子，賜承疇敕有曰：

卿以輔弼忠貞，膺茲重寄，宜開誠布公，集思廣益，愼持大體，曲盡羣情，期於德威遐布，南服永清，朕方崇帶礪，用答膚功。

此「帶礪」之約，言之令人齒冷，「南服永清」之後，洪氏還京，而洪氏之「帶礪」，仍只係以大學士原銜回內院辦事而已。不但此也，且其回內院之後，又嘗一再「奉旨提問」丙編葉一六〇，「用則資之，不用則貶之」，清初待承疇，由來如此，蓋清帝深薄承疇惟以「懼然倖生」爲得計也。

第五章　承疇之經略南疆

昔松錦之役，承疇嘗數挫清兵，據明季北略卷一八，三戰三捷，清兵爲之退師六十里，因而清太宗臨陣嘆曰：「人言承疇善用兵，信然」。又曰：「宜我諸將憚之也」。是以清人於承疇，前旣用之於江南，茲又用之於南疆，皆此故也。

一　未任經略前之南疆

承疇任五省經略，乃順治十年五月，其未任之前，卽順治九年夏秋間，所有南疆之情形，舉例如下：

順治九年七月廣西左翼總兵馬雄裏：

竊自湖南武寶告警，王爺以大師扼守全州嚴關，不期諸賊迅至，各路喪敗，王爺聞報，於六月二十七日，自出大溶江禦敵，賊伏四起，大師潰敗，賊隨尾追至桂林，王爺於七月初二日戌時，發諭，令提塘楊正相由水路飛馳至梧。職初五日接諭，卽一面遵諭飛調各州縣兵馬文武各官赴梧，一面挑選在梧兵馬，水旱齊發，水程逆上桂林九百里，旱程山溪有一千里。不期初七日，兇信遂至。桂城已於初四日巳時失陷，王爺以身殉國，閣宮自焚，衆蝦俱遭毒害。

又云：

> 今各師集梧，文官盡撤，四邊伏莽，闐然齊出，猖狠狰獰，裹網揭竿。米糧斷絕，七八萬之眷口兵丁，食馬食人，如何支應？東粤兩王爺與撫君等各官，見賊勢緊急，非不多方接濟，東粤小舟逆挽，助炊幾何，亦難濟之事也。

又云：

> 南寧線總鎮，杳無晉信，兵馬不知何向？差接難前。柳慶金總兵，雖於七月十六日奔梧，其兵馬盡行譁散，被蔡大廳鄭副將帶往桂林投賊。是廣西九府，只存梧州一塊土，西兵二萬，止餘職兵五千人。丙編葉入一三

順治九年七月廣東巡撫李棲鳳揭帖：

> 順治九年七月初十日，准平南王咨前事稱：七月初九日申時，據□□□□翼署總兵官馬雄啓前事內稱：本月初四日戌時，捧接定南王飛諭內開：諸尊陸逼省城，勢甚猖獗，該鎮速調各路兵馬，盡赴平樂府，候調前進，不必顧慮他汛，其文官一併調赴梧州，事關□□，□刻爲歲。

又云：

> 據定藩左翼總兵官馬雄啓爲塘報緊急軍情事內稱：本月初七日，節□□報，想蒙睿覽。初八日寅時，職差官馬國用馬全於初五日越桂林水東門城下河二十里，覓得小船一隻，飛下報稱：初二日亥時，賊兵圍城，水洩不通，至初四日巳時，賊四面擁入，當聞定南王自盡，其後殿自焚，小王子不知下落。賊首內有王子，併馬進忠，又右軍都督府王姓等，俱現扎桂林，兵馬勢重。傳言四十營，□實不知多寡數目，賊撥直過平樂，現窺梧州。丙編葉入一二

定南王孔，即謂孔有德。讀閱續筆記有德之死，爲安西李定國所執，束以布，灌以脂，焚之：

> ……孔有德之據桂林也，公來復桂，將抵江滸，有德易之，遣甲百副，過江迎拒，而有德率兵營城外以待。久之，不還，益以百副往。久之，又不還，再益五十副往。亡何，跟蹤奔北而還者，纔數人。蓋有德帳下甲三百副，皆敢死士，所至跳盪，無不成功者，從未折損一人。至此，殲幾盡。有德大

驚，命其中軍曰：爾駐此，扼而擊之，予入城調兵爲援，及入城，登陴而望，則公師已徑渡，城外甲，已盡殲矣。有德驚，懼不免，坐仆於地曰：神至此乎？亟歸署，倉皇自縊，而師已蟻附登城，旋入署，執有德，束以布，灌以脂焚之。

此亦「爲天下除害」也。按有德自稱大聖之後，實毛文龍部曲，清太宗天聰七年實錄稿有「遣人致書毛四」一言，且曰「張文煥來」，其書載丙編葉二四，卽金國汗致列公書，書內亦有「張文煥來」四字，以此知列公卽爲毛四等。蓋文龍據皮島時，其部曲多取毛爲姓，有德曰「毛四」，金人習知之，因文龍在日，金人固嘗頻頻往來也。文龍誅後，有德以遊擊隸登州巡撫孫元化標下，崇禎四年，關外告急，有德奉命援凌，觀望不前，十一月二十八日，叛於吳橋，撫標遊擊耿仲明，亦與有德合。毛霦平叛記，卽爲此而作，平叛記謂崇禎六年四月十七日，孔有德耿仲明走瀋陽北去，並謂自發難至此，凡十有八月而始定。丙編葉二七天聰七年四月都元帥下東來各官數目單，通計精壯官兵及家小，共一萬二千一百五十一名，其中副參遊等，凡一百零七員，又有管紅夷大礮參將二員盧之能程緝，火藥局參將賈志祥，火器營參將潘學，火器副將吳進盛。後來金人能自造西洋大礮，卽自此時始。未幾，有德更召都司尚可喜，亦叛降於金。其後清人數數深入內地，蹂躪京畿山東殆遍，有德等每爲之前驅，塗毒之慘，愈來愈烈，尤以山東爲甚。如崇禎十一年之「戊寅虜變」，據乙編葉二五二，濟南一處，便慘屠百萬。考之王錄崇德四年七月清主致明帝書亦有「死亡百萬，非朕殺之，實爾君臣自殺之」之語。殺戮之慘，於斯可見。時有德等已封王位，清初所謂三順王，卽謂恭順王孔有德懷順王耿仲明智順王尚可喜。順治六年五月丁丑，王錄載孔有德改封定南王，尚可喜平南王，耿仲明靖南王。當時清人於彼等，又簡稱三王。有德卽於改封之日，奉命率新舊兵共二萬，剿撫廣西，並令挈家以往。七年二月二十六日，更令續順公由山東南下，屬有德總統。有德嘗有不收降之令，故所至惟以殺爲功。蓋有德自崇禎四年吳橋之叛，至是死，凡二十有二年，嗜殺亦其天性。凡此嗜殺之事，今之殘餘檔案中，可以見之也。有德旣死，子廷訓，其後亦被殺，據王錄順治十六年四月甲寅條：

定南王屬下梅勒章京總管官兵李茹春奏：定南王孔有德子廷訓，順治九年失

陷桂林時，被逆寇擄去。今入雲南訪問，已於十五年十二月十六日，遭李定
國慘害。臣隨同平西王吳三桂等赴土主廟，迎廷訓櫬於臣營，容臣扶櫬回
京。得旨：定南王子久陷滇中，尚冀大軍克取，來京有日，據奏慘遭逆害，
深可憫惻，應行恩卹，並扶櫬歸葬事宜，著速議具奏。

與孔有德同死者，尚有順治十一年七月廣西巡撫陳維新一揭云：

> 據署左布政事右布政使王鹽鼎詳覆內稱……巡按王御史於順治九年二月初二
> 日到省任事。……至七月初四日，逆賊陷城，在城內被賊拘執，印信敕書，
> 俱在身上，為賊搜奪，同一時被難司道各官，囚禁一室，後於八月初二日，
> 李逆將王御史同署布政張星光投誠偽慶國公陳邦傅父子二人，俱肘鎖押解貴
> 州獻俘去訖。昨於本年二月初五日，本司在衡州，有張星光家人陳德赴見，
> 口稱：去年八月初二日，隨家主赴貴州，至八月二十六日解到，九月初二
> 日，偽秦王傳將陳邦傅父子二人，俱押赴市曹剝皮，王按院與家主，俱行斬
> 首，屍骸無存，小的幸存犬命，潛身漏夜脫逃。甲編葉三〇一

桂林破後，孫可望更發精兵五萬，直下辰州，順治十一年十一月二十一日有兵部題
辰常總兵徐勇嗣男徐自貴為父死最慘殘本云：

> 偽西府李定國，於五月內，連破靖武二州，六月內，復下衡永寶長四府，湖
> 南一帶，僅存辰常二郡而已。賊連遣官四次來招，父據忠許國，斬使焚書。
> ……孫賊聞報，堅意攻辰，復發高王楊莫四賊，齊下辰溪，父復添兵堵殺，
> 苦戰兩月有餘。……詎孫逆於十一月初一日。自貴州親下沅州，發前鋒偽將
> 軍白文選等十數營，馬步精賊五萬有奇，於二十一日，水陸直下辰州，四面
> 困圍。父卽督將兵出城，水陸迎敵，多有斬獲，不意副將張鵬星傷破身死，
> 因收戰兵固守。二十二日逆賊遍豎雲梯，鳴號齊攻，父方帶領親丁於東北角
> 樓調度，詎逆領眾突破東門，賊兵隨眾蜂擁入城。父當聞報，飛馳截塔，奈
> 賊眾擠塞街道，父率銳甲巷戰，喊呼奮砍，緣賊眾蟻集，當被亂搠下馬，父
> 又立刃數賊，眾寡不支，徑斃亂刃之下，血屍變巒。賊見父死在地，手仍堅
> 持刀把不放，復將兩手盡剮，找級而去，慘目傷心。嫡母曹氏，庶母楊氏胡
> 氏等，幼弟祚泰等，至親男婦，遇害者三十九口，僅貴與義弟徐成名，奉差

在外，得免，親丁徐旺等，遇害者一百五十餘名，闔城文武官員，除守備李攀桂千總李鳳龍駕船得脫，其餘副參都守道府縣官，盡皆遇害無存。此父標隨征生員王介親見甚悉。甲編葉三四七

本內之孫逆，卽指孫可望。是役，可望破辰州，止兵不進，獨定國銳甚，駐師長沙半載，日俟西師孫可望師，無應者，兵遂不敢下。當是時，永曆屢甚，所餘彈丸地，人皆輕之，不虞定國之銳也，皆大驚。見天香閣筆記。又按，本內總兵徐勇，據甲編葉一一二二順治二年總督八省軍門佟殘揭有「英王招過寧南侯左良玉總兵張應祥郝效忠徐勇徐世忠，共兵馬四萬」一條。其到辰常總兵任，徐勇順治七年三月有揭云：「職於順治六年十一月二十日，當准前任鎮臣馬蛟麟移送辰常總兵官關防一顆」。又通鑑輯覽卷一一九己丑卽順治六年正月，記徐勇之事亦有曰：「大兵知騰蛟入湘潭空城，遣將徐勇引軍入，勇，騰蛟舊部將也，率其卒羅拜，勸騰蛟降，騰蛟大叱；勇遂擁之去，絕食七日，乃殺之。」騰蛟卽永曆帝督師大學士定興侯何騰蛟也。徐勇殺騰蛟，於此已三年，明人切齒於勇，故於勇之死，猶斷手找級而去。

湖南失事，其後經略洪承疇言之尤詳，茲據順治十一年四月十七日兵部題本，錄之如下：

該經略輔臣洪承疇題前事內稱……臣前暫駐武昌，詳查九年夏秋間湖南情形，見聞已悉，今身到長沙，詢之官紳士民，衆論益真。臣看議得續順公沈永忠之剿撫湖南，值地方兵燹之餘，逆寇披猖之際，時勢誠屬艱難，整頓原非容易，但其奉命督統重兵，保障西南半壁，任甚大而責甚專。……乃平日怠縱廢弛，全無先事綢繆，以致鎮將離心，官民側目，一旦逆寇狂逞，用命無人，沅靖旣破，武岡失利，永忠首先倡逃，鎮將隨後，驅官民同竄，遂去寶慶，走湘潭長沙，直奔岳州，文武官員，盡離城守，城鄉民人，避死山澤，此中外耳目所共知，有不待臣言之悉者。惟是九年五月盡間，賊離寶慶，尚有數日之程，六月初二日，永忠先離寶慶，六月初八日，賊始進入空城。又八月初六日，永忠離長沙往岳州，長沙城內，無官無民，一月有餘，湖南士民，至今曉曉嗟怨。臣今察議，如永忠自陳疏內稱：負恩負罪，雖蒙垂鑒，猶令靦顏視事，要之已蹶於前，寧堪於後。……是續順公之在今日，

衆心久失，暮氣難振，其情不得不辭，其勢亦不容不辭也。甲編葉三三三

沈永忠原駐劄山東濟南府，順治七年二月二十八日永忠有一揭帖內稱：

> 順治七年二月二十六日准兵部咨內開：覆奉皇父攝政王旨，着職官兵挈其家
> 屬移駐湖南寶慶，統轄總兵張國柱郝效忠，復總統於定南王，力辦湖賊。

當時湖廣塘報奏章內所稱「公王大兵」，卽指永忠與孔有德之兵而言。永忠於順治
七年十一月到湖南，自洪承疇謂「今之續順公不容不辭」，於是順治十一年七月內，
得旨，調永忠回旗。

湖南之崩潰如彼，因之湖北亦不可恃，順治九年十月湖廣總督祖澤遠揭帖：

其一曰民心：

> 卽以武昌一郡言之，省會素稱饒富，天府雄藩，今則兵火餘生，徒存瓦礫，
> 編蒲暫息，朝暮苟延，父母妻子，潛遁梁子湖之中，一驚風鶴，輒負擔而
> 逃，城成空谷。蓋餘虐怵心，多無固志，此民心不足恃一也。

其二曰民力：

> 楚省賦役最繁，平成之日，輸將恐後，今則兵火未息，又值奇荒，卽近如省
> 會，民旣迫於饑寒，復又憊於征斂，逃亡死徙，在在不堪，此民力之不足恃
> 一也。

弎錢糧：

> 近者楚省額賦，止八十萬兩，已不過江南一邑之多，而協濟則有浙餉，有鹽
> 課。有江南之銀，江西之米，亦可謂緩急相濟，無虞匱乏矣。然派多積欠，
> 解不如期，兵丁枵腹以荷戈，有司捉襟而露肘，額協兩餉，均不足給，此錢
> 糧之不足恃一也。

其四曰兵力：

> 楚屬額兵四萬九千七百名，月糜金錢六萬三千餘兩，養兵辦賊，藉寇固圉
> 也。楚俗向詡雄悍，然勇於私鬬，怯於公戰，見大敵至，不發一矢，輒鳥獸
> 散耳。蓋緣南方之人，習於剽掠，旣未久練師中，又未屢經大戰，其去滿洲
> 兵馬，不啻千百，沅靖之事，今可概見，此兵力不足恃又一也。　丙編葉八二二

湖北如此不足恃，當時實受湖南之影響，順治十三年正月十六日承疇有揭云：

順治九年，偏沅撫院金廷獻，與續順公同事湖南，不能固守封疆，同逃岳
州，已經部議明白，無容再議。

又云：

當黔逆肆亂湖南，文武俱奔避岳州，撫臣遲日益，猶借口遼遠，以鞭長不及
爲諉，至武昌省會，正其駐劄彈壓地方，幾至空城。洪册葉一二〇

再查順治九年九月初六日戶部左侍郎王永吉奏本，其論此期湖南湖北之事，有一結
語曰：

湖南守將，望風先靡，湖北援師，奉調卽潰。

不僅此也，時四川之川東川南，亦所在告急，通鑑輯覽卷一二〇：

劉文秀張先璧由永寧出敍府，白文選由遵義出重慶，會於嘉定，以圖成都。

同時廣東更有失地之報，順治九年十月廣東巡撫李棲鳳揭帖：

看得曹馬二賊，因廣西失陷，搖惑人心，甚爲猖獗，今臨武連山二縣俱失，
連州孤城，曹馬二賊，兩路犯界，萬分喫緊。

又云：

據副總兵都督僉事茅生蕙連州知州崔思唯爲塘報事。本月十九日，連山失
陷，縣官被擄，已於二十日具文飛報矣。……不料二十二日午未時分，馬賊
帶領廣西叛兵共數萬，又勾引連山猺官房壯猷沈大業等，誘出猺人萬餘，四
面蜂起，漫山徧野而來，共逼州城。又兼土賊彭鳴輅馮國荐等，鼓煽湟水羊
旗一帶叛黨，徧插白旗，互相擊應。丙編葉八二三

以上只舉例言之，皆爲順治九年夏秋間之事，其時南疆之情形，誠岌岌可危。於是
順治帝命敬謹親王尼堪爲定遠大將軍，兼程前進，且令廣東兩王之兵，亦盡付之大
將軍。順治九年十月初十日平靖兩王揭云：

本年九月二十四日戌時，接奉天使費到皇帝勅諭平南王尚可喜靖南王耿繼
茂。覽王奏報，知定南王孔有德爲國盡忠，捐軀殉難，朕不勝追悼。故將敬
謹親王尼堪爲定遠大將軍，挑選精銳官兵，使之統領，兼程前進，不久可抵
廣西。王切毋憤恨，倘賊犯廣東，爾等宜圖萬全爲上計，俟大兵至日，盡付
之定遠大將軍，慎毋輕舉，以失事機。特諭。丙編葉八二一

尼堪之大軍旣出，初亦連勝數陣，然旋卽遇伏敗歿：

> 我大清兵……定遠大將軍敬謹親王尼堪等，率師南征。次湘潭，馬進忠等遁
> 去，大兵逐進，去衡山縣三十里，擊退其衆。兼程趨衡州，方列陣，定國兵
> 已至，大兵奮力衝擊，定國兵敗走，斬獲無算。敬謹親王自率精騎追之，遇
> 伏，歿於陣。定國乃收兵，退屯武崗。通鑑輯覽卷一二〇葉二壬辰九年十一月

> 時定國因駐長沙久，會恭順王率大兵至長沙，而定國亦以孤軍老矣，旋而
> 南，恭順勇敢，追至衡州，定國伏兵叢薄間，恭順猛追不戒，卒中猠刃□□
> □□□□天香閣隨筆卷一

內，所謂恭順王，當係敬謹親王之誤。此敗歿之事，朝鮮孝宗實錄四年卽順治
十一月壬戌亦有曰：

> 謝恩使洪柱元……回自北京。柱元等探問燕中事情……則言皇帝兄紅旗王廟
> 南征敗死，餘軍輿尸而歸，上下憂慮，不遑他事，以此遲延云。卷一一葉四九

年二月丁亥：

> 冬至使沈之源等馳啓曰：清國敬景王出戰湖廣，大敗而死。又遣世子率兵七
> 萬出征，右眞王請勿勞師於新喪之餘，清帝不從。卷一二葉三

曰「輿尸而歸」，曰「上下憂慮」，且又曰「不遑他事，以此遲延」，凡此，又皆
朝鮮使臣當日目擊之事，而非得之傳聞者。卽此，可見其時南明之大勢。後來洪承
疇於順治十年十一月二十八日更有一揭總括此時情勢曰：

> 人皆知逆賊孫可旺等抗拒於湖南，而不知郝搖奇姚黃一隻虎等秉肆害於湖
> 北，兼以土寇附和，苗賊脅從，羣從搶攘，是湖廣腹裏，轉爲衝邊要害。臣
> 今暫駐武昌，見聞最切，如辰沅靖州，見爲孫逆等賊盤踞，水陸不時侵犯，
> 寶慶所屬之新化城步各縣，雖經歸附，而孤懸篤遠，屢報危急，交州府地界
> 西粵，猺賊出沒無常，桂東桂陽，又與江西之袁州吉安各山縣接壤，有紅頭
> 逆賊結聚，官兵見在會剿。至常德一府，前逼辰沅，後通澧州，苗蠻雜處，
> 時常蠢動，卽衡州長沙，雖已收服，而逆黨觀望，實繁有徒。此湖南之情形
> 也。以湖北論之，漢陽黃州安陸德安四府粗安，而鄖陽之房縣保康竹山竹溪
> 四縣，有郝搖奇劉體純袁宗第等諸寇，窟穴於羊角等寨，每營萬餘，虎距縣

界，殺擄肆行。鄖縣鄖西上津三縣，前此尚恃一水可隔，今賊竟擄舟渡江，兩岸蹂躪。逼鄖陽僅數十里，近又自均州槐樹關渡河者萬計。襄陽之宜城南漳均州穀城四州縣，有一隻虎養子小李馬蹶子黨守素李世威等諸賊，住於七連坪等處，將居民逼挾供糧。光化縣倚山濱江，殘廢無人。荊州府屬之歸州，及巴東興山長陽三縣，接連西蜀，雖陞補官員，從來未入版圖，無任可到；爲姚黃王二王三等諸逆老營。而夔州之界，又有賊首譚詣譚韜諸頭目數營，俱窟穴於巫山縣等處，遊搶於彝陵宜都遠安松滋枝江伍州縣地方，鄖陽治臣朱國柱，屢報賊情緊急，亟圖會剿。此湖北之情形也。洪册葉六八

二　承疇之經略

承疇之經略南疆，歷時凡八年，其致勝原因，全在於兵馬錢糧之應手，故能以守爲戰，卒亡南明，而非以戰爭取勝。中央研究院歷史語言研究所集刊第六本洪承疇內閣大庫奏銷册序，已詳言之，茲再將洪氏經略南疆之情形，記之如下：

順治十一年十一月十九日洪氏揭：

職查本年二月內，先准吏部咨，爲密題暫扣遠省銓補事，內開：接經略洪承疇密揭，報廣西眞切情形內云：細詳塘報，名爲恢復桂林省，其實止有附郭臨桂一縣，省城之外，止有靈川興安全州三州縣，餘皆逆賊盤踞，總兵馬雄止守梧州府一城。

又言湖北湖南情形曰：

辰沅靖州，見爲孫逆等賊盤踞，及荊州府屬之歸州巴東興山長陽，雖陞補官員，從來無任可到。洪册葉九七

此與十年十一月二十八日揭內所言情勢，仍無甚大異。其後雖孫可望自稱順治十二年出犯常德，又折兵萬餘，然其時辰州大勢仍在。且滿兵不能久駐常德，而欲承疇裁酌定奪，洪册順治十二年七月初六日承疇揭：

竊照辰州逆賊，於五月二十三日夜及二十四等日，敗挫之後，退扎麻衣洑，常德滿漢官兵，追剿已遠，回赴常德，幷職同固山額眞季什哈等，各統滿漢官兵，於六月初十日，自湘潭回到長沙各情形，職已於本年六月十二日塘報兵部在案。

又云：

> 五月十八日准轟章京咨會，辰州水陸賊衆，俱已遁去。大兵倘在常德久駐，
> 料豆槽刀，俱無所出，況天氣炎蒸，專候裁酌定奪。

又云：

> 繼聞貴州發下賊兵象隻，已抵白溶地方，迎遇出犯常德賊兵賊船，復下麻衣
> 洑扎營，候孫可旺僞令，再犯常德。職卽再移轟章京，仍駐常德剿蕩，逆賊
> 果於五月二十三日夜出犯，遂經轟章京督率滿漢官兵設計出奇，以少擊衆，
> 大獲奇捷，控賊前鋒，若專靠漢兵，誠有不能，於此，益見深賴滿兵之大
> 力。但逆賊大勢，全聚辰州，情形巨測，職同固山額眞季什哈等公議，卽於
> 六月初二日自衡州移赴湘潭，以備常德合勦，併就近防固長沙益陽，仍可兼
> 固寶慶等處。

此云「專靠漢兵，誠有不能。」然則清人，又何以專靠洪承疇？且前此敬謹親王之
輿屍而歸，亦爲當前之事，承疇豈遂忘之？而乃曰深賴滿兵大力。此言是否出於承
疇本心，抑或只爲獻媚之計，可以不論。然如大兵不服水土，則是實情，故曰天氣
炎蒸，專候裁酌之定奪。至於糧草俱無所出，亦爲大兵不能久駐原因之一。已而荊州
更有請兵之事，如承疇殘揭曰：

> 順治十二年八月初五日，職准兵部咨開：該荊州總兵鄭四維題爲……孫逆僞
> 張將軍崔將軍糾合夔歸等州賊渠譚詣王大年等，陷彝陵，扎黃陵廟。又多置
> 掘鍬，欲挖掘荊江。……請蚤調漢滿重兵，嚴限前來，以濟燃眉。

因之承疇遂上「逆賊猘獧已著，急請厚兵協勦，懇賜速調勁旅，蚤圖封疆要地」一
疏 甲編葉五五。由此一疏，可見其顧東不能顧西之狀。承疇於順治十二年十二月初三
日奏之清帝曰：

> 見在官兵甚爲單薄，顧東遺西，顧南遺北，戰守尙難分布，開拓未有根基。
> 卽恢府復縣，可以取必，而進寸無兵，駐守無糧，旋得旋失，數年往事，可
> 爲明鑒。

又云：

> 爲今日計，必得議增官兵，俱行齊集，營伍成立，士馬養銳，至來歲秋冬之

交,方可議與進剿。

且曰:

倘若彼時事機未能湊合,職亦不敢輕舉妄動,以成不了之局。

揭內曰「兵力單薄」,然當時與承疇同事之湖廣總督祖澤遠,則曰「湖廣一省主客數十萬」。如順治九年十月祖澤遠殘揭:

通計主客數十餘萬。若以所撥餉銀十萬,米二十萬,尚不足一二月之需。此日尚屯岳郢,將來征進湖南,時日難計,在彼旣無預儲,在此又無接濟,數十萬衆,何以言飽騰也。

又十三年閏五月殘揭:

查順治十三年分,主客官兵應支餉料,除將本省本年正雜各項錢糧抵支外,計缺額銀二百零七萬五千一百有奇。

同年九月又有一揭曰:

湖廣省十三年分,滿漢官兵俸餉等項,共該銀三百二十一萬四千八百兩零。

此湖廣一省,卽數十萬衆,歲支餉銀三百二十餘萬。更以此爲例,試言當時平西王吳三桂等駐劄秦中之大兵,如順治七年四月初一日陝西三邊總督孟喬芳殘揭:

秦中歲計兵餉與征川兵丁家口坐糧,共三百五十九萬有奇,內除秦賦熟糧倂錢息,共一百八十六萬餘兩,每歲缺額一百七十三萬有奇:

又同年三月十九日揭:

楚漕運送維艱,一有至漢者,平西王與固山墨勒根蝦下滿漢官兵,擁赴江干,登舟爭領,其不敷之糧,業發數十萬金,召買接濟。

是平西王等之兵,坐糧三百六十萬,亦當衆數十萬。而此平西王等之兵,至順治十三年仍駐劄秦中,是年八月承疇有揭云:

其四川陝西,職亦不敢先移平西王固山額眞侯及陝川督撫臣知會。

合而計之,當順治十三年間,秦中及湖廣之兵,均各數十萬衆。此項大兵,尚在承疇未任經略之前,卽爲此數。至於承疇任經略之後,其增添之兵,有八固山之大兵,有廣西新定經制兵,有承疇經略標下之四標五營,其後更有信郡王之大兵,又如廣東之八萬經制兵,承疇亦有酌量調撥之疏。凡此兵數,姑不必細算,但言順治

十二年十二月洪氏旣有「不敢輕舉妄動」之疏 ， 及十三年八月 ， 承疇復有同樣一
疏，曰「不敢輕舉妄動」。疏曰：

> 職以目前時勢，揆之職上年冬間具疏時，其情形實覺相同。而以目前兵力，
> 度之職去冬具疏時，其兵力增添尙自有限。正職原疏內稱：倘若到彼時候，
> 兵未能齊，糧未能足，或時事機會未能湊合，職亦不敢輕舉妄動，以成不了
> 之局。

一疏再疏，俱以不敢輕舉妄動具題，最後致勝，卽在於此。惟是承疇自順治十年五
月受命爲經略，至是已四年有餘，寸土未復，似有不了之局。而江南之銀，江西之
米，以及部撥各省之協濟，悉入承疇之軍中，輸兵轉餉，勞衆傷財。所以當時兵部
左侍郎王弘祚憤然曰：

> 竭天下物力，止足支應軍需。

支應不足，更催徵遼餉，以充軍需。順治十一年湖廣總督祖澤遠殘揭：

> 楚省玖釐遼餉，部開七十四萬二千四百七十六兩一錢六分三釐，乃按畝加派
> 照田地山塘等項科算之數也。

又云：

> 以上民藩田，共加玖釐遼餉，實得銀五十二萬五千一百二十兩零一錢三分八
> 釐八毫，未免與部數有差。但楚兵當兵火之餘，冊籍無存，民多窮苦，旣經
> 詳請前來，不得不據以上聞，冀皇恩于萬一也。

遼餉本天啓崇禎年間加派，原爲平遼之用，故曰遼餉。順治元年七月，攝政王多爾
袞曾有蠲免之令旨，其後乃爲虛文，催徵如故。且卽用之於南明之役，亦當初之所
不料也。

遼餉以外，凡擄獲之人，亦變價充餉，順治十六年正月廣西巡撫于時躍揭帖：

> 查得姜璉等賊屬妻妾婦女，變賣價銀一百八十五兩，係蒼梧守道變賣，於順
> 治十四年六月初八日，逕行移解布政司貯庫充餉。

此姜璉等，因不肯降淸，故曰賊屬。凡此變賣人口之事，在順治年間，亦一大宗收
入。變賣人口之外，又有查抄產業一條，順治十三年十一月二十九日河南巡撫亢得
時揭：

—280—

准戶部咨：順治十三年五月二十三日，奉旨：各省明季宗藩勳戚及叛逆產業，報數旣多隱匿，輸租又復參差，弊端不一，殊可痛恨。嚴行確察，如過限不報，爾部卽指參處治。

又順治十五年十二月十六日偏沅巡撫袁廓宇揭：

廢藩遺產，業奉部文行令變價充餉，雖一錙一銖，亦足備兵馬一漏之助。

一錙一銖，亦如此認眞，搜括之急，於此益顯。搜括不足，則又開捐助一款，順治十六年五月十八日湖廣巡撫張長庚揭：

准戶部咨：該都察院左都御史魏裔介題前事內開：捐助之賞宜懸一款。臣部查捐輸糧餉，作何優異，向無成例。查有勸□一項，凡士民捐米至五十石或銀至一百兩者，該地方官給區示旌，捐米至百石或銀至二百兩者，應給九品頂帶，再能多捐者，照捐數分別遞加虛銜，閑廢鄉紳，除大計貪酷失陷封疆外，能捐銀穀數多者，該督撫造冊題報，勑下該部酌議。至於見任文武官員捐至一千兩以上者，酌量加級，一千兩以下五百兩以上者，優敍紀錄，五百兩以下一百以上者紀錄，生員監生，捐米三百石者，應敕禮部准加貢監。在案。今大兵進取滇黔，所需糧餉甚多，憲臣所議，似應可行。合行勑下各該督撫道，通行曉諭，如有情願捐輸者，該督撫查明照數收貯，以充兵餉之用，仍按季將捐過官員人等，開列職名具題，以憑照例議敍，俟大定之日，卽行停止可也。等因。順治十五年三月二十六日，奉旨，依議行。

觀其搜括之工，可見當時軍需之急。凡此搜括之銀，又須勒定限期催解，順治十六年十二月江南巡按馬騰陞揭：

准戶部咨……內稱：竊照大兵進取滇南，所用糧餉，皆計口授食之需，刻不容緩。臣部於每年正月內，預撥十分之八，六月內，找撥十分之二，近又照經略輔臣所議，勒定限期，請敕各該督撫按鹽諸臣，速行催解，去後。誠恐各省解運延遲，復於五月內，題請嚴催。在案。

如有遲誤，則題參隨之，順治十七年三月江南巡案馬騰陞揭：

准戶部咨：奉御前發下紅本，該本部覆准戶部密咨前事。查雲南大兵十七年分需用俸餉……此係緊急軍需，合請勑下江南督撫按幷巡鹽御史鈔關監督，

於文到之日，即行解湖廣督撫轉運大兵軍前應用，如有遲誤，聽經略輔臣即將經管各官指名題參，以憑從重議處可也。順治十六年十月二十四日，奉旨：是，依議速行。

然如完解更早，則有優敍之條，順治十七年二月初一日江西巡撫張朝璘恭謝天恩揭：

> 順治十七年正月二十八日，准吏部咨……查得經略輔臣洪 原空二格 題敍江西省將奉撥協濟餉銀八萬七千三百三十兩，完解更早，應將撫臣張朝璘從優議敍。

更有言者，即餉銀催解如期，完解更早，而如買辦一事，則又苦累當時無數小民。順治十四年十一月湖廣巡按李贊元揭：

> 獨是湖北當兵燹之餘，地方凋殘，勿論城市鄉村，皆一望丘墟，其顛連困苦之狀，久在皇上洞悉中矣。然其所最賠累者，莫若運草一事。夫草爲大兵所需，而又准作正項，在官民可以不言苦，職亦何得代爲言苦，而無如大兵之所用者一，百姓之所費者不啻千百，正項之扣除有數，而額外之包賠無算。職查荊州需草，大略八百八十二萬餘束，澧州需草，六百三十八萬餘束，總派之各州縣，多者五六十萬，少亦二三十萬，近者相去二三百里，遠者至一千七百餘里，當其派買之時，或發經承，或付里甲，其中鑽營規避那移輕重之弊，所費常屬不貲，其苦一也。至拜兌銀兩，總計其數，尚不足脚價等用，官吏不敢任派費之名，只得於中先爲扣作仍照糧單收取，草束雖爲官買，實屬另徵，其苦二也。軍需所關，在上不得不飛票催提，立刻完解，官吏一時手足無措，未免百計哀求，冀緩旦夕，然其所費，又過半矣，其苦三也。及至買完起運，則鄉村人夫，擔挑背負，一人不過十束，一縣約須數萬夫，其工價盤費，將於何出？其苦四也。旣抵水次，覓船裝載，多不過五六百束，少止二三百束，價值僅四五兩，而一艜水脚，約得五七兩，其苦五也。且水泛則有風波之險，水涸則有盤撥之勞，傾家喪命之事，往往見告，其苦六也。即晏然無事，得到軍前，而各處所解，一時雲集，在放者不能盡放，則收者自不肯全收，惟恐朽爛，將問之何人賠補？不得不留原解，等候

收放，能幹者猶然在先，愚懦者終屬在後，坐守批迴，動經歲月，其苦七也。南方地多凹下，水濕所浸，鮮不朽壞，一經駁回，則從所費另是一番，每每返轉數次，不能結局，其苦八也。諸如此費，萬不可少，官既不能神輸鬼運，而一派之民間，則額外苛索之控告，紛紛而來，欲不勉強辦解，而遲誤軍需之參處，又復重至，勢處兩難，百計無由，其苦九也。況由下而上，不知經幾追呼，經幾敲朴，始得入州縣之庫，由上而下，又不知經幾剝削，經幾侵沒，始得到百姓之手，然所得亦自無幾矣，其苦十也。種種賠累，難以悉舉，當此軍興旁午，國用浩繁之際，若不急爲通變，萬一物力告匱，兵民不交受其困乎？

又失名殘揭：

該通判李勵，遵照奉旨及憲批事理，即使單騎前往各該州縣，督同各該管印官，親詣各役住所，喚集里隣，將該役所有家產器具妻子，從實估變。……卓企通即希運家屬卓秦道，未完醴泉縣草三萬四千四百五十三束半，據該役續納幷家產估變，共完草一萬四千七百三十五束三斤八兩，尚欠草一萬九千七百一十八束，家產盡絕，取具該管印官幷里隣甘結，造冊齎報。楊學孔家屬楊成名，未完咸寧縣前派草七萬五千一百二十束六斤，家產估變，已完草一萬九百一十三束五斤，家產盡絕，取具該管印官幷里隣甘結，齎報。……

此殘揭，厚約四五分，所載皆家產盡絕之人，今不能悉錄，但舉例於此，以見承疇用兵之時，固尚有無數小民，爲彼拖累而死。至若買糧運糧之困難，試觀此派草運草之事，更可以想像。於是當時之浮議，因之而起：

今徵兵轉餉，騷動數省，大爲民生困弊者，莫甚於滇黔之賊。蓋自張逆西充授首之後，餘黨敗遯，鼠竄滇南，猖獗於楚，蔓延於粵，狡啓於川，雖屢經大創，而根株未剪，皇上赫然震怒，始命輔臣視師，專辦此寇，漢滿大兵，雲集湖南，以至兩廣三巴，非兵之不強，餉之不足也。兵強餉足，而封疆之臣，畏難避苦，利鈍功罪之念，先入於中。……且孫賊敗潰於湖南，李賊敗潰於廣東，其勢漸成瓦解。臣聞非動不足以致靜，非勞不足以求逸，今湖南兩廣，俱有重兵，平西王固山額眞侯墨勒根蝦之兵，現屯漢中，蓄銳甚久，

誠能早決廟算，定期合劑，約會師期，分道並進，首尾夾擊，賊力有幾，豈

能四面支持？誠一勞永逸之計也。甲編三六六葉

然順治帝固嘗親語承疇曰：

卿練達民情，曉暢民事，特假便宜，往靖南服，一應調度事機，悉已委託，

凡有奏請，朕靡不曲體，內外諸臣，須同心共濟，著照傳諭遵行。王錄順治十

年六月丙申

卽固守一事，清帝與承疇，更彼此一致，且爲之儘力接濟，務期足用。洪冊葉九八

載順治十一年四月二十八日洪氏揭：

職欽奉聖旨：粵西糧餉不足，鎮將等官孤危，仍著經略輔臣確查所轄五省內

僻壤地方官兵，酌調防守，務使嚴疆重地，固保無虞，兵馬應用糧餉，行催

運解接濟，勿令斷絕，務期足用，以資飽騰。

曰「防守」，曰「固保」，換而言之，卽承疇所云「不敢輕舉妄動」之意。此種主

張，直至孫可望未叛之前，首尾凡六年，並無絲毫變動。雖然，清帝於承疇，固信

之任之，不至爲浮議所動，然承疇爲此，亦間有不安，於是順治十三年六月二十九

日具揭自陳不職之狀曰：

以職見年六十有四，凡內外諸大臣，未有如職年最老者。鬢髮全白，牙齒已

空，置身兵民之上，自覺形貌無色，比之告老之年，休致已爲後時。疾則右

目內障，久不能視，只一左目，晝夜兼用，精血已枯，加以風氣水土，異熱

異濕，少壯尙不能堪，衰老尤爲難耐。職受恩深重，處任衝邊，將士觀望，

雖多染病在身，實則諱不敢言。若職之任事無能，計時將及三載，一籌莫

展，寸土未恢，大兵久露於外，休息無期，民人供億於內，疲困莫支，已見

老師費財，剿撫未有頭緒，自知任久無功，罪狀有如山積。……伏乞皇上亟

賜罷斥處分，以彰黜陟大典。丙編葉一六。

此只爲照例之事，其後順治十四年六月三十日更有病勢轉加一揭云：

竊職患病情形，先於本年六月二十一日具疏奏報，計時下已達宸聽。詎意職

拜疏之後，六月二十二三日熱病大發，煩燥有加，每日自清晨起，直坐床

席，一行臥倒，痰卽上壅，必卽時飲湯一二次，方可捱過一時，復不移時，

而喉舌焦乾，氣不能出，又再飲湯，捱過一時，自辰至酉，時時皆然，竟日
米粒不能下咽，又全不思米食，一切事務，全難看視。至夜間自酉至卯，沈
重尤甚，每一合眼，則塘報本章，兵馬錢糧，俱聚胸中，魂夢思想，語言顛
倒，卽已喉舌焦乾，一更飲湯二三次，方可捱過一更，稍一停歇，則喉舌又
枯，氣竟隔斷，復如是飲湯至四更，殆五更以後，始得略息。□到次日之辰
時，仍復照前日光景，至夜間，光景又復如前，如此者已將及十日，米食全
不想下咽。且胸膈積滯，內火閉結不通，亦已及十日，鎮道臣日延醫共商方
藥，並未見效。計職自六月十一日受病日起，至今二十九日，巳一十九日，
蓋由六十有五之年，血氣久衰，精力耗盡，以致如此，此長沙駐劄固山額
眞梅勒章等親看，幷在城文武大小各官各面見通知。職自思職賦命勞苦，
碌碌一生，至於今日，特蒙皇上破格鴻恩，愈加竭蹶，矢圖報稱，惟以湖南
四載，足當加歷數年，水土大異，瘴癘交侵，今年大旱酷熱，尤不能堪，遂
致疾病一時大作。目前緊急重務，心欲辦而力不能支，目欲視而神不能及，
稍一停緩，則兩三省本章塘報，兵馬錢糧，俱不能親行料理，職心益迫，職
病益加，楚粵係何時地，經略係何責任，乃如此病勢沉重，緩急何能有濟？
在職一身，固不足惜，倘使有誤封疆大計，關係匪小。……職不敢不將職思
病危篤眞情，再自據實呼告於君父之前，謹伏枕叩頭奏聞，伏乞皇上睿鑒，
早賜裁斷施行。

此疏內容，不必爲之分析，且言承疇束裝之情形，順治十四年十月二十九日承疇
揭：

職今卽在束裝，等候北行。惟是經略標下，尚有旗下領兵蝦員，與八旗官員
甲兵，應留應撤，宜爲預計。

又云：

部咨內云，今若不設經略，將原調官兵，一併撤回。

此云經略不設，眞天與南明恢復之機。所不幸者，彼反覆無常之孫可望，乃忽於此
時，竟奔投承疇而來。可望之來，並送一揭：

秦王孫可望謹揭爲深懷皇恩願取三省上獻以大一統之盛事。竊望以關西布

衣，適丁明季喪亡之際，不自甘於轅下，遂稱藩於滇黔楚蜀之間，亦曰中原
逐鹿，人各可得，非篡奪之可比也。嗣而救奉永曆，不過念食先德，不忍視
其顛沛，虛擁以明循分，私擬尚可倣於桓文，故歷年收拾士民，訓養士卒，
不過期保所得之土地耳。孰知遭家不造，恩拔之李定國，不思矢志報稱，反
橫逆不馴，借永曆之名號，時見凌削，兼誘逆黨劉文秀馬惟興白文選等，反
攻內鬨，使望既恨用人之非，復悔識時之晚。夫以奴叛主，情理固已變常，
復以主所與立之主，挾制其主，憤懣更何自已。所以間關而來者，蓋仰慕皇
上之聖明，經略之推置，豈曰聊以圖存乎？蓋將因兵於皇上，以雪望深讎
也。倘蒙鑒此衷誠公恣，恩准發兵，而積怨獲復，則滇黔蜀地，願盡入於皇
上之版圖，兵馬將士，願咸奉皇上之軍旅，望得爲太平編氓，實所厚幸，尚
敢希冀乎？如皇上裁決不蚤，望讎無論矣，恐李逆收聚望兵，踞佔望士，則
蟄頓既妥，動搖必難，他日皇上西顧之憂，正未有艾。望決不能據險以待，
實慚大恥之未洗，將思隱忍以終年，又惜壯志之尚存，用是攜挈妻子，披瀝
肝腸，仰祈垂鑒，賜之施行，則皇上一統之業永固，微臣不世之仇獲快，事
爲兩利，機不宜遲，伏乞敕部速議，以便遵行。望於十一月十五日，已入寶
慶，中右兩路總兵，始也防望甚嚴，繼也脫望於厄，今也禮望甚周，此皆皇
上沾渥所被，益服皇上任人之賢，故因奏請而併及之，望可勝悚惕待命之
至。爲此，除具奏外，理合具揭，須至揭者　右具揭帖。順治十四年十一月
日。丙編葉一七六

同年十二月初六日，承疇以可望之言，具揭於清帝：

投誠僞秦王孫可望自稱……自順治十年岔路口一戰，殺敗滇黔兵衆甚多。十
二年出犯常德，又折兵萬餘。兼以數年之內，湖南廣西，以守爲戰，無隙可
乘，遂致雲貴內變，而決計奔投。甲編葉五八三

曰「以守爲戰」，曰「無隙可乘」，此皆承疇平日固守之功，亦即承疇數年來最得
意之作。至若孫可望自稱岔路口戰敗一言，亦係孫可望自作不靖，牽兵追李定國，
致爲清兵所乘 通鑑輯覽卷一二。葉二。因孫可望之叛，於是承疇更自言數年來招撫之功
曰：

看得僞秦王孫可望，盤踞雲貴，已經多年，屢歲勤兵，未能得獲。今慕義輸忠，率衆歸順，此皆皇上天威震疊，仁恩覆被，數年來文德綏懷，凡從前已經投誠都督總兵，及近年荊澧彝陵投誠總兵副參等官，皆蒙皇恩破格賞賚，優陞職級，風聲遠傳，窮谷週知，故使僞王信服，一旦悔罪歸心，以光朝廷大一統之盛。甲編葉五七九

孫可望本張獻忠養子，獻忠在蜀，置平東定西安撫北四將軍，以孫可望李定國劉文秀艾能奇四人爲之，又以孫可望爲前軍先鋒，流賊中，有號一堵牆者，即孫可望也，見劉獻廷廣陽雜記。及獻忠敗亡，徐鼒小腆紀年記孫可望之言曰：「我輩汗馬二十年，破壞天下，張李究無寸土，而清享漁人之利，甚無謂也。我當挈天下，還之明朝，一雪此恥耳。」於是請附永曆帝，求封爲秦王，終以賊性不改，稱兵挾制，反戈相向，及爲李定國所敗，始以窮蹙奔投洪承疇。跡其反覆無常，實爲險賊之尤者。當日洪承疇因欲利用孫可望爲收復雲貴榜樣，於是奏之清帝曰：

至於僞秦王孫可望，傾心向化，應作何賜封頒賞？恭候皇上破格優異，以爲收復雲貴榜樣。

其後洪承疇，終以此榜樣亡南明。凡此榜樣，承疇當初亦攜帶有之，即如年老多病之白廣恩，亦攜之同行，曰「白廣恩年老多病，可爲招撫榜樣」。年老多病之白廣恩，且可爲榜樣之用，則是承疇不戰而勝之原因又可知矣。再舉例如下：

順治十四年十一月初八日洪揭：

察鑲白旗下阿達哈哈悉周師忠，自順治四年原以總兵領兵湖南投誠，蒙平南大將軍恭順王委署總督雲貴管偏沅巡撫事，後有會推巡撫線縉到任，乃交代回旗，見有原給印信令牌，已經職面驗可據。凡湖南粵西賊情地理，本官皆所週知，職於十年六月內，請旨調發隨征，十一年三月內到湖南，專用以力任招撫。隨於十一年七月內，招有僞總兵胡濯龍等多人，經職具有宣布皇仁招撫官民來歸事一疏。順治十一年十二月二十五日，奉旨：據奏，招撫多人，安插得所，深慰朕綏懷至意，有功文武各官周師忠等，即與分別議敍，胡濯龍作何錄用？該部知道。欽此。已經部覆，周師忠招撫有功，應俟滿洲讌功之日，另議。奉有諭旨。續據本官又招有僞將軍李有實等，又經職具有湖北

山寨渠魁率衆向化等事一疏。部覆，周師忠設法招徠，應俟滿洲講功之日，另議。順治十二年十月十四日，奉旨，依議。

曰「專用以力任招撫」，可見其以守爲戰之時，全副精神，全在招撫，期收不戰而勝之功。最有趣者，卽此希用招撫之事，當時上下皆欲以爲功，至有假做孫可望兄弟，而曰「要做箇奇男子」者。殘餘檔案中，有此三法司一殘伴，頗可看出當日洪承疇廣求「孫可望的線索」之用心。照錄全文，以見其大概。殘伴曰：

上缺　日前赴總督馬部院案□□□□□蒙兩部院兩次面訊國柄　，　盤詰孫逆來歷。比國柄先又不合仍前朦混，希用招撫　，復思李國忠原是假認　，慮恐重究，始將前項假詐情由吐出。當蒙兩部院將國柄與李國忠李先春鎭押，幷國柄在官家人陸貴張四，差役于十二月初六日發司研審間，值太平府郝推官謁見，本司隨同該廳當堂公審，據國柄備供前情。又審李先春供稱：儀眞人，自幼習武，曾於明季做撫院標官，鼎革之後，務農爲業，向與朱巡道相知，朱巡道革職回來，路由儀眞經過，與身相會，要得投用報効，於今十一月內，聞知兩廣部院來省，朱巡道遂去投見，情願招撫，蒙李部院收用。此時有李國忠口稱也要投赴李部院効用，身遂引他見朱巡道，比朱巡道說，如今効用，要做箇奇男子的事，須得一人做孫可望的線索，方可進身，與李國忠商議。李國忠遂假做可望兄弟，朱巡道方纔收用。身原與李國忠不相識，見他是同處人，引見投用是實，並不知別情。　又審李國忠供　：　係揚州泰興縣人，向年曾在淮揚陳撫院標下康守備營中食糧，後因陳撫院衙門奉裁，身歸家務農，聞知兩廣李部院經過，身欲投効用，不意遇着李先春，說朱巡道已蒙兩廣李部院收用，他今要人　，遂于初二日　，引身投見朱巡道。因朱巡道說，要招撫孫可望，叫身認孫可望兄弟，爲線索之人　，好去投見，你若不認，我便不用你了，身因而依允假認。身係揚州人，從未到四川，並不知孫可望的事，實不是孫可望的兄弟。及復訊國柄供稱：國柄欲捐軀報効朝廷，求李部院收用之意甚熱，借此以爲進身之計，實係國柄錯誤　，並無別項非爲，可歃血天地鬼神，伏乞鑒宥。等情。

殘伴內，所云總督馬部院兩廣李部院幷朱巡道等，此可置之不論，惟「須得一人做

孫可望的線索」一言，值得吾人研究承疇之心理，更能明瞭承疇之伎倆，只可施之
於反覆無常之孫可望，故廣求線索，明目張膽以爲之。其於李定國，則絕不敢以
此嘗試，而曰「務在除滅」。因李定國志在「努力報國」，決不肯與彼等同流合汚
也。

　　李定國初與孫可望並爲賊，蜀人金公趾在軍中，爲說三國演義，每斥可望爲
董卓曹操，許定國以諸葛，定國大感曰：「孔明不敢望，關張伯約，不敢不
勉。」自是遂與可望左。及受桂王封爵，自誓努力報國，洗去賊名，百折不
回，殉身緬海，爲有明三百年忠臣之殿，則亦傳習郢書之效矣。　陳康祺燕下鄉
脞錄卷十

　　覺阿開士言．定國初在賊中，觀伶人演諸葛武侯拜表出師事，遂決計歸明。
云得之顧公雙丹午雜記未刪本。葉廷琯鷗陂漁話卷二

　　公　李定國用兵如神，有小諸葛之稱，紀律嚴明，秋毫無犯，所至人爭歸之。
軍中室家老弱，各爲一營，皆有職事，凡士伍破衣敝絮，皆送入後營級織，
爲襯甲快鞋之用，無棄遺者。乘勝破敵，直抵長沙，續順公死逃焉。有湘潭
諸生，苦兵擾，請援，公曰：「亟去，師卽至矣。」諸生尚在道，而師已抵
其境克捷矣。不意可望內叛，公回擊之，日有格鬪，可望敗，公逐之，凡可
望所署心腹據城邑者，皆背可望而歸公，可望大恨，遂投淸。使無此內釁，
大功成矣。譲聞續筆卷二

　　李定國始封秦王，秦王，孫可望所欲封者也，怒甚。入朝詰議者．使人刺殺
首相嚴，於是秦王歸可望，而定國改封安西矣。定國兵三萬，頗精練，盡心
於永曆，可望則擁三十萬衆，當雲貴之門戶，有逆意，甲午冬，永曆密勅定
國來安隆護駕，中途爲可望所獲，可望怒甚，僇大臣數十員。兵部雷振福憤
其跋扈，疏其二十四大罪上之，歸而自縊死。天香閣隨筆卷二

　　明春，予至楚，長沙人皆言定國兵律極嚴，駐師半載，居民不知有兵，入市
輸買。定國所將，半爲玀玀猓玀，雖其土官，極難鈐束，何定國馭之有法
也？予又聞癸巳，定國復攻桂林，廣南出象，古以戰，定國以之攻城，桂林
城門，爲象坐開，城中皇急，以火禦之，得不破。軍營城下，營中寂無聲，

明日，銃三聲，師盡撤矣，城中猶不知。二日，發馬往討，始知在象州歇

馬。紀律如此，可謂節制之師。故能以三萬之衆，出入兩廣，長驅千里，□

□□□□然恃其材武，連年攻戰不休，有敗道矣，此兵家所戒，而定國不

知，何歟？以古論之，定國其姜伯約之流也，天不祚漢，伯約何與焉？同上

李定國之攻戰不休，即師諸葛武侯「漢賊不兩立」之意也，彼曾如此自言之。又關

於孫可望記事，亦略附於後：

永曆之走安龍，孫可望將圖不軌，行在所，有古井，壓以巨石，上書符篆；

可望詢之士人，云井有蟄龍，昔張三丰鎮之於此，不可開也。可望恃有天

命，強發之，水忽湧上；可望驚走，水已及可望膝。士人呼曰：此龍來朝

王，王命免朝，則水退矣。可望且走且呼，連曰：免朝。免朝。而水來益

甚，且及帝居。衆又呼曰：此龍來朝萬歲，以萬歲命免朝，水其退乎？遂聞

之於帝，衆傳呼萬歲免朝，水應聲而退，復歸於井矣，遂更以石壓之。可望

自是知天命不在也，其謀始頓息。廣陽雜記卷一

貴陽城西南，有聖泉，有貴人至，輒沸起，驗之百不失一。……陸郊縣次雲

說，孫可望在黔中時，有僭逆之志，至泉卜之，水竟不至，可望怒，以礮擊

之。今泉上石欄，礮痕尚在。池北偶談卷二十二

綿州鹿頭關龐士元祠　可望重修，有石坊，大書僞柱國太師兵部尙書，凡數

百字，猶稱張可望云。池北偶談卷三

孫可望既因洪承疇之線索，叛明降淸，至是洪氏經略之功，當曰「大功即成矣」。

所以洪承疇一聞孫可望之來，不及察眞實，即飛一章具奏曰：

但察孫可望，爲雲貴首逆，僭僞十餘年，投誠果否眞實？雖未可定，惟既有

此情由，即係重大機宜，時刻難以遲誤，職不敢以奉旨解任回京調理，致誤

軍機。即時面同固山額眞……諸臣，密加細議，以職親率軍前提督總兵……

直抵寶慶，既可相機料理，又可面布誠信。

曰「果否眞實」，曰「惟既有此情由」，皆將信將疑之辭。當時承疇之精神，實因

此事之鼓勵，而忽然積極，曰：「不敢以解任回京調理，致誤軍機」。以此言之，

則承疇前日之解任調理，蓋又爲「避難」而作。其所言病勢之沈重，自然亦與此

「避難」有關。凡此情形，有順治十四年十一月二十六日承疇之言曰：

> 經略四載，寸土未恢，正當兵馬秣厲之時，陡患危篤之疾，感蒙皇上恩准職
> 解任回京調理，職捐糜頂踵，不足圖報。

又云：

> 順治十四年十二月初五日，欽奉上諭：經略輔臣洪承疇，前准解任回京調
> 理，已有旨了。近聞病已痊愈，仍著留原任管事，親統所屬官兵，同寧南靖
> 寇大將軍固山額真宗室羅託等，由湖南前進，相機收取貴州。……職卽遵照
> 兵部另咨奉有上諭詳確籌畫，相機而行。

又云：

> 以職年老病後，理宜控籲退休，而辭老避難，又是臣誼大戒。今再受上命，
> 畀茲重任，益切兢惕，惟有振勵精神，勉圖竭蹶，慎終如始，與大將軍臣
> 等，計畫萬全，實行剿撫，期無負皇上委用至意而已。甲編葉五八四

曰「辭老避難」，蓋未得孫可望線索以前之事，及旣得孫可望之後，則雖「年老病
後，理宜控籲退休」，終以除滅南明，成功在卽，故不肯退休，而曰，「振勵精
神，實行剿撫」。彼時南明，物力之凋敝，後來承疇亦言之，如曰：「迤西無糧，
不可得食」。又曰：「軍民饑餓載道，死無虛日」。又貴州巡撫趙廷臣言貴州之狀
曰：「有銀無米，採買更難」。又曰：「空蕆供殘，餓莩遍野」。凡此情形，可見
彼時李定國在雲貴，支持之不易。何況又有孫可望之叛，於是洪承疇之三路大兵，
始敢長驅無忌，卒亡南明。故曰承疇之經略南疆，乃在於兵馬錢糧之應手，以及得
力於投降榜樣，而非以戰爭取勝也。

三　「大節有虧」

「大節有虧」四字，乃乾隆帝批評洪承疇之言，此是後話，且先言洪氏三路之師。
此三路之師，當會議之初，承疇卽曰：「天戈所指，必見平定」。此時承疇對於平
定，已有絕對把握。順治十六年閏三月二十九日承疇之揭曰：

> 僞永曆及李定國等，當三路大兵進取之時，卽逃遁於迤西地方，以致信郡王
> 臣會發中路貝勒公侯伯固山各大人，統大兵追剿，並平西大將軍平西王臣吳
> 三桂征南將軍固山額真臣趙布太，各統大兵，同行追剿，直過永昌騰越及南

甸土司地方，今於閏三月二十四等日，先後回兵至雲南省城。

又云：

其在永昌一帶地方，週圍數百里，杳無人烟。甲編五九五

此杳無人烟之地，彼永曆帝如何可以立足？所以只有直走緬甸。於是洪氏又爲淸人
計算曰：

兵部密咨，令速攻緬甸。臣受任經略，目擊民生凋敝，及土司降卒，尙懷觀
望，以爲須先安內，乃可剿外。李定國等竄伏孟浪諸處，山川險阻，兼瘴毒
爲害，必待霜降始消，明年二月，靑草將生，瘴卽復起，其間可以用師，不
過四月，慮未能窮追。

又云：

臣審度時勢，權其輕重，謂今歲秋冬，宜暫停進兵，俾雲南迤西殘黎，稍藉
秋收，以延餘喘。明年盡力春耕，漸圖生聚，我軍亦得養銳蓄威，居中制
外，俾定國等不能窺動靜以潛逃，諸土司不能伺間隙以思逞。絕殘兵之勾
結，斷降卒之反側，則饑飽勞逸，皆在於我。定國等潛藏邊界，無居無食，
瘴癘相侵，內變易生，機有可竢。是時芻糧轉備，齒蠻輯服，調發將卒，次
第齊集，然後進兵，庶爲一勞永逸，安內剿外長計。清史稿洪承疇傳順治十六年八
月

兵部之密咨，仍與往日之浮議無異，而承疇之持重，揆之前日以守爲戰之意，亦前
後一轍。如曰：「內變易生，機有可竢」。殆又期待第二孫可望，以成其「除滅務
盡」之全功。所以淸帝嘗謂承疇曰：

卿曉暢兵事，練達人情。

至若疏內土司伺隙一言，則更爲當時之實情。如洪氏之疏剛上，而九月初十日信郡
王鐸尼等土司作叛之奏卽至。奏曰：

沅江土知府那嵩那燾父子主盟，勾連各土司，歃血鑽刀，眞眞作叛，若不剿
除，則地方震動。且李定國將子妻送往沅江土官爲質，將金銀財物抬送沅江
土官，叫沅江并普洱土官由臨安出兵，候大兵出邊進剿，就來搶雲南。

李定國嘗有生不入虜境，死卽埋異域之言，故與淸人不兩立。其於洪承疇，則曰

「洪酋」，尤有不兩立之勢。所以李定國但有一線恢復之機，卽不計成敗利鈍以爲之。李定國之爲人如此，於是洪承疇更不肯放鬆，順治十六年八月二十八日承疇揭：

> 職遵奉上諭，大張告示，廣布朝廷救民水火盛心，併通傳緬甸等處，俾逆賊李定國等無所逃匿。職今卽同各大臣議撰告示及書劄各項，酌量分發，用彰皇上綏懷德意。甲編五九七

書劄載故宮文獻叢編第二十四輯，錄如下：

> 劄付緬甸軍民宣慰使司稿。

欽命經略湖廣江西廣西雲南貴州等處地方總督軍務兼理糧餉太傅兼太子太師兵部尚書都察院右副督御史武英殿大學士洪　原空二字　奉』皇帝特諭。劄付緬甸軍民宣慰使司。照得』明運告終，草寇蜂起，逆賊張獻忠，流』毒楚豫粵蜀，屠戮幾無噍類，實爲禍』首。旋致闖賊李自成，同時煽亂，破壞明室。我』皇上原欲與故明講和，相安無事，惟因明祚淪亡』，生民塗炭，不忍置之膜外，乃順』天應人，殲滅羣兇，復故明之讐，雪普天之恨，不』兩年間，統一區宇，臣服中外，殊方絕俗』，罔不慕義嚮風，梯航稽首。惟獻賊遺孽』李定國，自知罪惡滔天，神人共憤，鼠竄』雲南，假借永曆僞號，蠱惑愚民。不知定國』旣已破壞明朝全盛之天下，安肯復扶』明朝疏遠之宗支，不過挾制以自專・實』圖乘釁而自立。橫肆暴虐，荼毒生靈』，漢土民人，肝腦塗地，實難堪命。我』皇上乘龍御天，已慶萬國之攸同，豈忍一方』之失所。爰整』六師，掃除寇氛，救民水火，用全中國版圖』。至於徼外邦隅・素堅事大之誠，俱在懷』柔之內，自弘綏育，決無戕害。茲惟定國』聞風先遁，暫逭天誅，如容納無人，則住足』無地，坐斃指日。有能擒縛解獻，則奇功』偉績，立奏』上聞，優加爵賞，傳之子孫。倘或不審時勢，有』昧事機，匿留中國罪人，不惟自貽虎』狼吞噬之患，我兵除惡務盡，勢必尋跡』追剿，直搗巢藪，彼時玉石難分，後悔』無及。至聞永曆隨沐天波避入緬境，想』永曆爲故明宗枝，羣逆破壞明室，義』不共天，乃爲其挾制簸弄，勢非得已。今我』皇上除李自成張獻忠李定國，爲明復不世』之讐，

永曆若知感德，及時皈命，必荷皇恩，彷古三恪，受福無窮。若永曆與天波執』迷不悟，該宣慰司歷事中朝，明達權變』，審順逆之機，早爲送出，當照擒逆之功』，不靳封賞。不然，留匿一人，累及全屬疆』土，智者必不爲也。安危利害，止爭呼吸。本』閣部欽遵』上諭，備達機宜，惟該宣慰司實輸誠悃，卽』速具報，以明歸附。須至劄付者』。順治拾陸年玖月日。

因讀此劄，乃又想及一事，卽本文第四章第一節所引洪册對於剃髮爲民之逯平王，且嘗奏云應行正法矣，以此爲例，則是洪承疇之必欲除滅永曆帝，更必然矣。如甲編葉五九五承疇揭曰：

惟是僞永曆及李定國等一日未滅，則雲南一日未得平定。

此時之洪承疇，據甲編葉五九八洪氏之言曰：

職右目久已失明，左目今全昏瞶，行路須人扶掖，文字不能看見。

字已不能見，則是承疇之失明可知。其爲此言，蓋有不得不控籲退休之勢。然猶爲清人橄緬甸，獻永曆帝。揆其用心，固以「除滅務盡」爲安。亦卽「待彼獻出，自然由我」之意。且此「自然由我」之說，前已有例，如承疇之於鄭芝龍，始誘以王浙江福建廣東三省，繼挾之北上，終又殺之於北京。故劄付之言，如何可信？其後永曆帝卒爲吳三桂所害，卽此「自然由我」之類。永曆帝旣爲吳三桂所害，未幾李定國亦卒於軍。

壬寅五月，定國走猛臘，士馬死亡日衆，乃置醮自述平生所爲，如天命已絕，願速死，毋苦衆人。未幾，永明王被殺之信，從雲南至，定國遂病，六月二十七日，卒於軍。劫灰錄

上辛編，定國方提兵鳳境，亦忠武渡瀘深入之意。而賊臣反面，以清人假漢裝，云來扈駕，上遂蒙塵，公聞之，憤懣而卒。謏聞續筆卷二

劫灰錄一書，有李香引增注云：定國臨終，謂其子嗣興及斬統武，有「任死荒徼，毋降」之語。又高峀堂於李定國之死，有「正氣留天壤」詩句。與高同時之葉廷琯，則有云：「諸葛出師同盡瘁，祝宗祈死亦成仁。難存絕域流離子，足愧中朝反覆臣。」鷗陂漁話此「反覆臣」三字，卽指洪承疇等。總之，洪承疇吳三桂孫可望等，其兇盜之行爲雖殊，而其爲兇盜之心則一也。

後來康熙十八年九月雲貴總督周有德有一啓本論承疇之功曰：

順治九年因楚粵滇黔諸省，猶未全開，乃以閣臣洪承疇爲五省經略，卒至內外統一，彝士咸服。承疇本是漢人，世祖信之獨眞，任之獨專，用之獨久，是以數年之內，混一區宇。承疇實不負先帝，亦承疇實不負經略矣。

又梁章鉅歸田瑣記卷四洪文襄公一則亦稱承疇之功云：

公自順治元年入關，爲內院大學士，次年卽出駐江南，以次削平逋寇。後再出爲楚粵滇黔諸省經略，西南底定，其功亦偉矣。

按周氏啓本內，曰「承疇本是漢人」，曰「承疇實不負先帝」，此與今日之漢奸，實不負日寇，又何別焉？

當洪承疇受命經略之日，清帝勅諭承疇曰：「功成之日，優加爵賞」。甲編葉三〇五此優加爵賞之事，有丙編葉九九二載部議洪承疇宜與世襲官職殘本曰：

今經略洪承疇請告休職，奉有洪承疇歷任嚴疆，勞積素著，効力有年，念齒已衰老，准養病，應加恩典，爾部卽察例議奏之旨。臣等備載前例，或應照會典，或應照黨崇雅呂宮優眷，臣等不敢擅定，伏候睿裁。等因。順治拾捌年伍月十七日題，貳拾壹日奉旨：洪承疇自太宗時恩養以來，江南湖廣雲貴等處，經理軍務，効力疆場有年，勞積茂著，引與黨崇雅等加保傅虛銜，未足酬勞，宜與世襲官職，應與何職？著再議具奏。欽此。欽遵。於伍月貳拾貳日，抄出到部，送司。相應議覆，案呈到部。該臣等議得經略輔臣洪承疇，効力疆場有年，因齒衰目病，告請休養，屢奉恩旨，命臣部察例議奏。臣部以特恩出自皇上，未敢擅議，故查引黨崇雅等例，仍候睿裁。等因。具題。奉旨：洪承疇自太宗時恩養以來，江南湖廣雲貴等處，經理軍務，効力疆場有年，勞積茂著，引與黨崇雅等加保傅虛銜，未足酬勞，宜與世襲官職，應與何等？著再議具奏。洪承疇經理軍務，勞積茂著，相應給與叄等阿達哈哈番，世襲四次。理合具覆，恭候命下，臣部遵奉施行。臣等未敢擅便，謹題請旨。

三等阿達哈哈番，清史稿作三等輕車都尉，比之二等遊擊，猶下一等。所謂「功成之日，優加爵賞」，卽如此。最不值者，卽此三等阿達哈哈番，還係由許多笑罵換

來：

鄭公三俊，池州建德人，南京戶部尚書，轉吏部尚書，取入北京吏部尚書，以事充江寧驛徒，公至南京，青衣小帽，至驛前，向驛四拜而去，遂歸建德。鼎革時，年九十矣，以老得不出。經略洪公，公之門人也，至池州，迎公，公怒罵，不納其使。經略大哭曰：「老師棄我矣」。終不見而去。 廣陽雜記卷一

明末，崇明有沈百五者，名廷揚，號五梅，家甚富，曾遇洪承疇於客舍，是時洪年十二三，相貌不凡，沈以爲非常人，見其窮困，延之至家，幷延其父爲西席，卽課承疇，故承疇感德，嘗呼沈爲伯父。後承疇已貴，適山東河南，流賊橫行，淮糧運輒阻，當事者咸束手，於是洪薦百五，百五乃盡散家財，不請幣藏，運米數千艘，由海道運來，思陵召見，授戶山東清吏司郎中，加光祿寺卿。不數年，承疇已歸順本朝，百五獨不肯，脫身走海，尚圖結援，爲大兵所獲。洪往諭降，百五故作不識認曰：吾眼已瞎，汝爲誰？洪曰：小姪承疇也，伯父豈忘之耶？百五大呼曰：洪公受國厚恩，殉節久矣，爾何人斯？欲陷我於不義乎？乃揪洪衣襟，大批其頰。洪笑曰：鐘鼎山林，各有天性，不可強也。遂被執，至於江寧，戮淮揚橋下，妾張氏，收其屍，盡鬻衣裝，葬之虎邱東麓，廬墓二十年而死。初百五結援時，手下有死士五百人，沈死後，哭聲震天，一時同殉，殆有慘於齊之田橫云。 錢泳履園叢話卷一

黃道周至金陵，幽于禁城，旣而改繫尚膳監。……洪承疇承貝勒命，詣尚膳監請見。道周喝曰：青天白日，何見鬼耶？松山之戰，承疇全軍覆沒，先帝曾設御食十五，痛哭遙祭，死久矣，爾輩見鬼，吾肯見鬼麼？遂閉目。 江日昇臺灣外紀卷五

貝勒諸王，見道周抗節不屈，益重之，令人再勸。承疇亦遣門生往勸，道周書一聯：「史筆流芳，未能平鹵忠可法。洪恩浩蕩，不思報國反承疇。」粘疇署前，疇見笑曰：「腐儒不識時務，毋使彼沽名，而反累我。」遂啓諸王，出道周於曹街，周從容自若，望南謝君恩，望東謝親恩，坐於舊紅氈，引頸

受刑，乃壬子日也。○同上

黃石齋先生被執，拘禁中，洪承疇往視之，先生閉目不視。洪旣出，先生舉筆疾書一聯曰：史筆流芳，雖未成名終可法。洪恩浩蕩，不能報國反成仇。蓋成仇與承疇同音也。揚于兩云。劉獻廷廣陽雜記卷一

史册流芳，雖未滅奴猶可法。洪恩浩蕩，未能報國反成仇。此江寧謠，書於烏龍潭者，跡捕甚衆。談遷棗林雜俎仁集

金正希聲初在詞林，□□之事，薦用申甫，甫敗，上疏自劾，願還山讀書十年，探討方略，爲國家收後效。甲申倡義於徽，所練士，皆拳勇便捷，可當一隊。不意有受清命爲間者，其人武健善談，公誤信之，以爲軍師，盡撤各隘口戰士，從習陣法，而以其借來壯士百餘，分守各隘，清逐從撤防處入，間與壯士爲應，事敗，被執。至南京，見承疇叱曰：爾爲誰？衆呵之曰：洪內院也。公叱曰：安得洪內院者？我洪年兄讀書明義，松山殉節，先皇帝親哭奠焉，豈有靦顏偸生，自同狗彘者？此無籍棍徒，假借名號，以欺人耳。承疇伏几掩面，不能對，公大笑而出。畢命之日，整衣趺坐而受刃，友人江天乙及四輿人，皆從死。謏聞續筆卷一

金正希先生就執……承疇遺金公一剃刀一帽，公怒擲地曰：取大刀剃吾頭頸，此帽堪溺耳。天一因取溺之。次日，同遇害。謏聞續筆卷四

後王師襲績溪，執督師御史金聲。被殺時，洪承疇監斬，旣死，屍不倒，洪入院，見聲衣冠儼然危坐，洪驚入內，恍惚不敢出者數日。朱叔梅埋憂集卷一〇

豫王北歸，承疇來代，衆謂疇陷身三載，未嘗受官，而一旦來江南，意有爲耳。疇至，竭力反面，誅戮忠良，不遺餘力。卽孝陵松柏，六朝以來，千餘年鬱葱未改，而承疇縱人樵採，不留莖草，眞可恨也。時有以不孝爲父母所訟者，疇拘至，訴曰：汝罪不容于死，汝知之乎？其人不承。曰：汝以不孝，爲父母所首，此十惡大逆，猶云無罪耶？其人叩首曰：有之，凡以恐贛失父歡，非敢不孝也，卽不孝，與今之不忠者等耳，何足罪？承疇愧恚，不敢復言，重懲之去。謏聞續筆卷一

雲南永曆朝，丁酉科舉人江彧，才望士也，洪經略入滇，彧將隨公卓北上會試，謁見洪經略，經略不許，云崇禎朝舉人，許會試，永曆朝舉人，不許會試。彧曰：若以大清龍飛之日計之，則自天命元年始，將萬曆泰昌天啓崇禎四朝舉人，皆將不許？若曰崇禎固中國之主也，永曆先帝，聖子神孫，西南半壁，固大明之江山也，奈何所取之士，有異於崇禎之朝乎？吾知之矣，崇禎先帝，曾爲公設御祭九壇，固公之恩人，其所取士，得爲舉人，許其會試，所以報也。永曆先帝，公之仇也，所取之士，亦仇也，其不許會試，宜也。公怒，命扶出。廣陽雜記卷四

某中堂者，故明相也，曾降流寇，士論非之。老歸林下，享堂落成，數人直宿其中，天明，見堂上一扁云：三朝元老。一聯云：一二三四五六七，孝弟忠信禮義廉。不知何時所懸？怪之，不解其義。或測之云：首句隱忘八，次句隱無恥也。似之。

洪經略南征凱旋，至金陵，醮薦陣亡將士。有舊門人謁見，拜已，卽呈文藝，洪久厭文事，辭以昏眊。其人云：但煩坐聽，容某誦達上聞，遂探袖出文，抗聲朗讀，乃故明思宗御製祭洪遼陽死難文也。讀畢，大哭而去。蒲松齡聊齋志異卷十三

以上所記，多不合史實，然竟如是之多者，足徵清初之公論，亦吳偉業指吳三桂爲「衝冠一怒爲紅顏」之類也。至於孝陵松柏，摧毀不遺，則其必欲除滅永曆帝，卽此亦見其肺肝焉。清廷亦知其然也，其用之也，則因欲統一中國，舉朝無勝任之人，不得不姑以極才極惡之承疇爲之，及功成之後，則極惡之承疇❶，已爲無用，而表揚勝朝忠義，反爲先務之急，如李定國等之予爵予諡，孫可望之奪爵奪諡，皆其例也。他如可望之類，均有功不貸，洪承疇不得厚賞，正清人黜惡之意，並非當初之寡恩。又況鳥盡弓藏，兔死狗烹，由來之例甚多，承疇乃得以三等阿達哈哈番

---

❶　極惡行爲，尚有陷害朝鮮一事，例如丁丑之役，朝鮮雖爲清人所屈，然因不能忘情明朝，是以暗中常常通情往來，其時洪氏方在薊遼總督任，故得悉知其原委。此等原委，洪氏於叩頭請降之後，盡傳其事於清主，以致朝鮮君臣上下，幾乎不能自保，可知當時貽禍之大，見仁錄二十年卽崇禎十五年十月己酉癸丑兩條。

榮身，亦已幸矣。然此皆承疇生前之事，承疇自知之，所不知者 ❶，乃其死後之豐碑，今仍巍然矗立於北平西直門外麥莊橋洪氏之墓地也。碑文曰：

原任經略湖廣江西廣西雲南貴州等處地方，總督軍務，兼理糧餉，太傅兼太子太師，兵部尙書，都察院右副都御史，武英殿大學士，三等阿達哈哈番，年老有病致仕，一品頂戴，諡文襄，洪承疇碑文。

稽古興朝，必有賢良之臣，生則榮以高爵，歿亦錫以豐碑，所以勸忠，蓋甚偏也。爾洪承疇，才能敏練，器宇淵宏，我朝平定錦州松山等處，破明兵十三萬時獲爾，蒙太宗皇帝寬恩撫育。逮克取京城，大兵南下，爾圖報裦養之恩，督理綠旗官兵，協同大兵殲逆，首擒僞王，發獲奸細，招徠叛黨，除黨安民，所在著績。事竣還朝，仍贊綸扉，爾能夙夜宣勞，恪供厥職。旋界爾經略五省，隨滿洲大兵，進取雲貴，招撫軍民士司，供應大兵糧餉，能濟軍需，邊疆有賴。克襄王事，屢建功勳，特授世及之榮，以示酬庸之典。忽聞長逝，甚悼朕懷，特賜諡曰文襄。勒諸貞珉，光及泉壤，國典臣忠，庶其昭垂，毋斁哉。康熙六年閏四月十八日立。

此碑碑文雖由內院撰給，而石碑則係承疇家屬自立，與當時朝廷爲公侯伯等建造石碑之定例不同。所以最後年月日，亦不敢堂堂正正書之，且又特注一「立」字，以示出於自立之意。自立石碑之例，今錄如左：

查順治九年，爲滿洲蒙古烏金超哈卹典事。內三院臣部公議具奏，奉旨欽定案內開載：圖章京梅勒章京侍郎學士，本身勤勞，阿思哈尼哈方等官病故，本家自立石碑，內院撰給碑文。順治十年五月初二日禮部題本

定例，本身所得公侯精奇尼哈番病故者，禮部具題，奉旨立石碑，碑文內院撰給，其碑工部建造。順治十二年八月初十日禮部題本

洪碑地址麥莊橋，距西直門外八里許，又名八里莊。碑文中，曰「寬恩撫育」，曰

---

❶ 不知之事，更有洪氏前後行狀合訂本，則尤爲自古至今所未有。據鈕田琇記卷四：相傳洪文襄公承疇，當明崇禎十四年松山被陷時，京時傳聞公已殉難，崇禎帝輟朝賜祭，其子在京成服受弔，撰行狀，送諸公卿矣，方祭第九壇，而公生降之信至，遂罷祭，而行狀已徧傳人間。歸本朝二十一年乃卒，其家再成服受弔，撰行狀，不復敍前朝事，但自佐命入關起。有好事者，薈得其前後兩狀，訂爲一本。

「鞠養之恩」，皆極輕薄之辭。又按「隨滿洲大兵」一言，隨字最不合史實，且最埋沒洪氏之報效之功，此應特爲說明者也。今按：

> 洪册葉八六順治十一年四月初八日揭：
>
> > 本年二月內，臣於武昌起行赴湖南，欽奉聖旨，著固山額眞季什哈分領滿洲蒙古烏金超哈官兵，前駐長沙，與經略輔臣共張聲勢。

此滿洲大兵，即前文常德作戰之兵，亦即洪氏調度之兵。此外，又有信郡王等之大兵，檢王錄順治十五年八月丙子清帝亦有命經略節制之諭。諭曰：

> > 遣章京魏黑傅達禮等，齎勅往諭信郡王多尼固山額眞宗室羅託……爾等三路進兵，必須度量程途，約期並進，毋有參差，致有疏失。其一切進取機宜，凡事悉與經略洪承疇商酌。

曰「凡事」，曰「商酌」，意思均極明白，即凡一切之事，均須受承疇之指揮而行。又前文順治九年間，清帝嘗令廣東之平南靖南兩王大兵，盡付之定遠大將軍敬謹親王調度節制，後來致有輿尸而歸之敗。獨於洪承疇，則又知人善任，特諭總統一切，可見其任之獨專，而知之獨眞矣。又讀順治十六年六月浙江總督趙國祚揭帖，則是承疇於五省之外，且又常常兼籌浙閩各省海防。揭曰：

> > 職銜門舊存順治十二年十一月二十五日准吏部咨爲敬陳閩海用兵機宜等事內開：據經略輔臣疏稱：廣信府分隸浙閩督臣節制，則兵將可以朝呼夕應，軍機無誤。其該府文武事宜各項，仍隸江南江西總督及江西巡撫專管料理。具覆，等因。奉有依議之旨。

是此時之清人，南北東西，莫不知有洪經略矣。有此洪經略，而南明亡。其後鄭成功南京之役，亦因湖廣滿洲大兵凱旋東下，使鄭氏遭受意外之夾擊，檢檔案內殘件之記載，謂：「水陸截殺，十數萬賊兵，頃刻俱登鬼錄。」且有「鄭成功存亡，亦未可知」之說。又云「此番重創，實稱異常危險。」凡此所云，可見江寧一役，爲鄭氏之致命傷。鄭氏因此一敗，遠遁海島，不能再言恢復矣❶。此又間接爲承疇之功也。所以清帝命承疇之辭曰：「遍察廷臣，惟爾克當斯任。」於是洪承疇乃爲清

---

❶　鄭氏與洪氏亦不兩立。康熙十四年乙卯二月，鄭經入泉州，毀經略洪承疇祠，祀黃道周於內，又寘承疇伍士昌士恩於雞籠淡水，見臺灣外紀卷十八。

人立此內外一統之功。功成之日，未能與於五等列，「帶礪」之語，徒託虛言；反於洪氏死後之賜碑，掩沒其事實，曰：「隨滿洲大軍，進取雲貴。」承疇在地下有知，當作何感乎？然此猶未盡也，最難堪者，厥爲乾隆帝「洪承疇大節有虧」之上諭。其文曰：

> 國初，明季歸附諸臣，大節有虧，與范文程諸人，自當區別，因命國史館另立貳臣傳。惟事跡各異，淄澠必分。如洪承疇力屈俘降，律以有死無貳之義，不能爲諱。然其雖不克終於勝國，實能效忠於本朝。着國史館於洪承疇及應入貳臣傳諸人，詳加考覈，分爲甲乙二編，俾優者瑕瑜不掩，劣者斧鉞凜然。乾隆四十三年三月初一日兵部移會

崇禎聖旨曰：「洪承疇節烈彌篤」，而此則曰：「大節有虧」；且爲之特立貳臣傳，列洪承疇爲甲等焉。報效「清朝」，以「經略五省」「進取雲貴」之大功，結果如此。則漢奸亦可爲而不可爲也。嗚呼，「忍一刻卽千秋矣」，黃石齋之言，不其諦乎。

—301—

論崇禎二年「己巳虜變」

李 光 濤

「己巳虜變」乃當時明人之稱，清（以下稱金）人則曰「己巳之役」。崇禎中，金人入犯內地凡四次，己巳之役，是爲金人之初次入塞。是役自崇禎二年十月二十七日入口，至三年五月十一日（庚寅）拔營東去，盤踞內地七閱月，其動兵目的，本爲求款而來，拙著「清人關前求款始末」已附論之，茲故從略。考崇禎一朝，「虜變」雖多，然語其關係之重大，殆未有過於己巳之役者。其中重要原因有二，其一即明帝誤殺袁崇煥，其一即四方援兵一變而合於流賊也。凡此二點，明清之興亡，皆由於是。此外，東國之朝鮮，原與明朝爲一體，朝鮮感萬曆皇帝復國之恩，嘗稱大明爲「父母之邦」，故一聞虜警，顏欲「被髮纓冠往救之」，（見後）。金人龍骨大亦深知其然，至以「觀望勝敗」四字詰問朝鮮之信使。卒因明帝自作不靖，當袁督師連戰大捷之日忽遽之下獄，使金人之勢復熾，於是東國朝鮮始不敢出一兵「往覆虜巢」，此又明帝於無形中拒絕東國一枝援軍也。總而言之，當己巳虜變時，使明帝不自用而專用袁督師，則袁督師「五年平奴」之說可伸，而流賊更無由自起，何至後來臨朝痛哭而有甲申亡國之禍哉？今考其大要分述於後。

一　漢人勸金汗進兵

己巳之師，據檔案，實始於漢人高鴻中之提議，高氏有一奏本，曾詳陳勸請進兵情節，此事不見記載，故亦無人注意之。奏本缺字太多，然因史料珍貴，姑先據明清史料丙編（簡稱丙編甲編乙編）葉四十五照錄如下，奏云：

> 臣高鴻中謹奏：若此時他來講和，查其眞僞何如，若果眞心講和，我以誠心許之，就比朝鮮事例，請封王位，從正朔，此事可講。若說彼此稱帝，他以名份爲重，定是要人要地，此和不必說。他旣無講和意，我無別策，直抵京

城，相其情形，或攻或困，再作方略。他若因其攻困之急，差人說和，是求和，非講和，我以和許之，只講彼此稱帝，以黃河爲界，容他南去，或以山海爲界也罷。他若不依，我也不肯退兵，多積糧草，定與他作到〔抵〕底。若攻困他到危處，或者朝廷南遷，他旣南去，不必追他，縱拏他一人，他家宗派甚多，倘另立一好人爲帝，反爲不便，且放他去。只取黃河迤北，凡近河府州縣，著我兵駐防，先用新官管理，妥貼後，再檢清廉才能金漢舊人爲正印，新人爲佐貳，新舊兼用，自然調停得所。彼若堅意不遷，不過作死守之計，臣想此時京城設備已久，必不□□□□□兵卒，只可東斷通州糧，西斷山中煤，京城□□□□□□□□□□□無食，內變者有之，貪圖富貴□□□□□□□□□勤王兵馬，不容進城，相機巧取，如（約缺十一字至十八字）量不費多力□□□□對□□□□□□□□□□□工商須安插得所，不可失舊業，□□□□□□□□□具招募屯民將田地一概與民□□□□□□□糧再清查各項錢糧，外庫者還是八家共用，內□□□□□□汗與衆貝勒分作家用，汗與衆貝勒俱住京城，卽數十年後天下一統，〔方〕亦不可〔議〕分住。賞官兵銀物，要查太監皇親家私充賞，所賞不過百萬足矣，太監家私，何止數百萬。蒙古還在邊外，分地與他住牧，他的台吉大人，也在裏邊，與他房田，任他隨便住。若有擾害歸順地方人民者，汗自有法度在，此其大略耳。至於治國平天下之道，得大處，不患無好人，到處要虛心訪賢，誠心待他，就是治平之理，謹奏。

奏本封面有「二月十一日到，十二日奏了」而不記年，然奏本首段所言者，皆崇禎二年「己巳虜變」以前之事，卽金國天聰三年之二月。奏本中大段節目，擇要釋之如次。其一曰：

他若眞心講和，我以誠心許之，就比朝鮮事例，請封王位，從正朔。

按，金國汗嘗投書明朝，請印請封，明帝不允，見北京大學藏天聰四年正月刻本諭（簡稱刻本諭）。繼之又更爲請從正朔之表示，此有己巳年正月金國汗致袁老大人書可證，見丙編第九葉。

其二曰：

若說彼此稱帝，他以名分爲重，定是要人要地，此和不必說。

按，要人要地之說，袁崇煥致金汗國書嘗爲此語，蓋崇煥於天啓七年以金國求款之事請於朝，於是朝廷卽下「侵地當諭令還，叛人當諭令獻」之旨。故崇煥卽本明帝之旨意以告於金國汗，其後議款之未成，原因卽在此。

其三曰：

我無別策，直抵京城，相其情形，或攻或困，再作方略。

按，所謂方略，似與用反間計以害袁崇煥之行爲有關，此反間計，高鴻中實爲主謀，見後。

其四曰：

他若攻困之急，差人說和，是求和，非講和，我以和許之，只講彼此稱帝，以黃河爲界。

按，以黃河爲界之說，據崇禎長編二年十二月甲子，自敵營逃囘之太監楊春王成德等曾面奏明帝云：大淸今要講和，要以黃河爲界。

以上所釋四條，考之「己巳」情景，實爲一事，而高鴻中之貢獻金國，意義自極重大。因此金國汗對於高之奏本，亦最重視，有「甚爲確論」之諭，如云：

勑諭副將高鴻中知道：覽卿所奏，勸朕進兵勿遲，甚爲確論。但南朝規矩，兵民爲二，民有常業，兵有常糧，我國兵民爲一，出則備戰，入則㹱農，兼以收拾兵器，故稍遲時日，俟地鋤完卽行。（丙編葉一五）

諭內所云「俟地鋤完卽行」，據王氏東華錄（簡稱王錄），卽天聰三年己巳十月初一日由瀋陽起行之事。由此勑諭，可見高鴻中奏本之有力。然金汗之所以如此聽從漢人者，則因金汗自云：「南朝事體，朕未必曲盡詳知」。今欲「曲盡詳知」，則非藉資於漢奸不可，故高氏所陳情節，自易爲金汗所採納也。

二　金國汗冒險行師

己巳之役，金汗之入關，本係冒險而來，此由其內部不能一致之情形可以知之，如王錄天聰三年十月癸丑：

上親統師啓行……向明境進發，辛未，次喀喇心之青城，大貝勒代善三貝勒

莽古爾泰晚詣御幄，止諸貝勒大臣於外而先入，密議班師。既退，岳託濟爾哈郎等入。上默坐，意不懌。岳託奏，諸將皆集於外，待上諭旨。上慘然曰：可令諸將各歸帳，我謀既墮，又何待為因命所發軍令勿宣佈。岳託濟爾哈郎曰：何故若此？上曰：兩貝勒謂此行深入敵境，若糧匱馬疲，何以為歸計？縱得入邊，若明人會各路兵來圍，為之奈何？倘從後堵截，致無歸路，何由返國？以此為辭，固執不從。伊等既見如此，初使朕離國而來何為耶？

凡此記事，不外皆心虛膽怯之言，如云：「此行深入敵境，若糧匱馬疲，何以為歸計？」又云：「縱得入邊，若明人會各路兵來圍，為之奈何？」方起身之日，即如此提心吊膽，可見己巳之役，金汗實為冒險而來。同時金國汗又因憚於袁崇煥之威名，深恐寧錦方面知覺，出兵邀截，故用蒙古奸細為鄉導，繞過錦州三百里以外之地方，從老河口北岸，離邊六日之程，潛渡入薊（見後）。此一行動，關外之袁崇煥早已慮及，只因關內疎虞（崇禎長編二年十月戊寅旨），因而金人始能從薊州之龍井大安二關口闖入（羅氏史料叢刊作十月二十七日分兩路進），長驅無忌。至於金汗此次深入之決心，據刻本諭：「朕忍耐不過，故籲天哀訴，舉兵深入，渡陳倉陰平之道，（作）破釜沉舟之計。」此所云忍耐不過，原因甚多，蓋金國自丙寅丁卯於寧遠錦州兩次挫敗之後，其時國內之人心，亦因而發生極大之搖動也。據天聰實錄稿元年三月初二日秀才岳起鸞曰：

　　我國宜與明朝講和，若不講和，則我國人民，死散殆盡。

此情形，與王錄所記大臣亦謀倡逃之事，幷足為例證，如天聰三年八月戊辰：

　　先是副將阿山，率其弟囔賴子塞赫，及其弟阿達海之子查塔莫洛渾，奔明寧遠。上遣人往追，收禁阿山阿達海妻孥。阿山等至明界，先遣人告臺軍，臺軍殺之，阿山等懼，奔回請罪。命宥阿山罪，還其妻孥家產，仍復舊職。阿山首告雅蓀，曾謀同逃，以未得便，故止。讞得實，誅雅蓀。雅蓀出微賤，因葉赫兵臨兀札魯城，有大功，太祖擢為大臣，寵任獨優，嘗以殉葬自矢。及太祖崩，不殉葬，且輕慢喪禮，至是復欲逃，故殺之。

大臣亦謀倡逃，可見搖動之大。所以其時金人之投奔明朝者，據乙編葉五十六載崇禎二年二月二十一日薊遼督師袁崇煥塘報，一日之內，降者竟前後接踵而至，如塘

報一曰：

> 二月二十一日，據前鋒總兵官祖大壽塘報內稱：十九日，據前鋒中營遊擊管
> 參將事劉天祿塘報，本日據撥夜王化先押解到投降東夷卜山等二名口到職。
> 隨審得卜山等供：係二王子下部落，因無穿食，投奔南朝，於本月初九日，
> 從瀋陽起身，繇牛莊過河，從大路進境。

又塘報二曰：

> 為接獲東來投降漢夷囬鄉事。二月二十日，據前鋒總兵官祖大壽塘報，據
> 稱：二十日巳時，據前鋒左營遊擊祖可法塘報：十九日戌時，據桑園子督哨
> 紅旗夏成德報：據杜家屯臺兵李付等接獲東來投降真夷二名，漢人六名。先
> 將東夷一名乃卜漢，漢人一名閻應魁，押解到職。審得來夷供稱：俱係三王
> 子下部落，在瀋陽居住，於本月十一日發往穆家堡關糧，脫身走出，行至紅
> 草頭過河。

此相率投降明朝之金人，據羅氏史料叢刊諭帖葉二十，即「到手舊人，又多逃去」
之事。而岳起鸞之所慮「死散殆盡」，自是事實。因而金汗乃特別提出「穿吃」二
字，鼓勵諸將士奮勇前進，如丙編葉四七載金汗勅諭諸將領曰：

> 爾將士，如果奮勇直前，敵人力不能支，非與我們講和，必是敗與我們，那
> 時穿吃自然長遠，早早解盔卸甲，共享太平，豈不美哉？

金汗既為此言，於是不得不冒險深入，以圖一逞。蓋深入一番，縱然無關於明朝之
得失，但至少可以搶掠若干財物，囬去大家分用，以便維持「死散殆盡」之局面。
此一說，亦有高鴻中之言，可以為證，如云：

> 清查各項錢糧，外庫者還是八家公用，內□□□□□□汗與眾貝勒分作家
> 用。

又云：

> 賞官兵銀物，要查太監皇親家私充賞，所賞不過百萬足矣，太監家私，何止
> 數百萬？

考明代太監皇親輩，家私動輒數百萬，此必從掊克得來，厥後卒為金人所搶掠以去
（見剖肝錄「中官勳戚有莊店邱墓在城外痛其蹂躪」語），可謂貪得者之鑒。而高

鴻中所稱「八家公用」之說，據羅氏史料叢刊，卽八家平分之事，如奏上葉十一載胡貢明奏云：

> 我國地窄人稀，貢賦稀少，全靠兵馬出去搶些財物。

又云：

> 兵馬出去若得銀八萬兩，八家每分七千兩，留三八二萬四千兩，收之官庫。若得衣八千件，八家每分七百件，留三八二千四百件，收之官庫。其八家應得的財物，卽聽各貝勒自己使用，若要擺酒，卽命禮部向官庫支辦，若要賞人，卽命戶部向官庫取給。（奏上葉十一）

又葉十八載王文奎奏曰：

> 且出兵之際，人皆習慣，俱欣然相語曰：去搶西邊。

據此，可見金國惟以搶掠爲生矣。至于金人此次搶掠之經過，據刻本論，則勢成破竹。如曰：

> 皇天鑒佑，勢成破竹，順者秋毫無犯，逆者陣殺攻屠，席捲長驅，以至都下。

此亦事實，據朝鮮仁祖實錄（簡稱仁錄）八年正月戊申：

> 左相金鎏曰：臣於赴京時見之，大同遼廣皆有重兵，關以內則更無屯兵處，且中原昇平日久，文物極盛，而戒備全疏，賊若入關，不難長驅矣。（卷二十二葉八）

又金人馬光遠有披陳愚悃一奏本，其所言者，皆崇禎二年關內戒備全疏之情形：

> 臣馬光遠謹奏爲披陳愚悃，仰助皇猷，以抒忠藎事。臣生成心直口快，毫無欺隱，在南朝時，凡就戚朋□□有疑難大事，俱與臣商議，臣順時而謀，據理而斷，件件無不妥服，以此聲名日重，陞建昌路參將。到任後，見兵馬瘦弱，錢糧不敷，邊堡空虛，戈甲朽壞，又見探報夷情緊急，彼時卽知我金兵有突犯薊門之意。隨備細通呈於督撫巡鎮衙門，滿望言聽計從，施展一番壯志。不期文官愛錢，武官忌妒，轉眼□□非，臣心遂冷，臣面無光，每日抱悶，惟仰天長嘆而已。（甲編葉五二）

據此，則關內之空虛可知。此種情形，從前在俺答時卽已如此，如嘉靖庚戌之變，

俺答數十萬衆，直薄都城，亦與此次金人之突入無異。所不同者，俺答勢大，金人勢微；（王錄天命四年十月辛未蒙古來書云：統四十萬衆蒙古國主巴圖魯成吉思汗，問水濱三萬人滿洲國主）所以明季制建州，只須制之有人，比之制俺答，似尚易爲之。此一論斷，觀下節連遭敗陣之事可知。

三　袁崇煥入援

己巳之變，其失乃在關內（所入隘口，乃薊遼總理劉策所轄），與袁崇煥無關，即明帝諭袁崇煥，亦如此言之，如云：

> 卿治兵關外，日夕拮据，而已分兵戍薊。早已周防，關內疎虞，責有分任。
>
> （長編二年十一月戊戌）

然袁崇煥因「抱心太執」，一聞敵警，即親督遼兵入援，長編二年十一月初五日丙戌：

> 大清兵至遵化縣，督師袁崇煥遣總兵趙率教入援。本日探知兵勢甚盛，即親督副總兵張弘謨參將張存仁遊擊于永綬張外嘉曹文詔等進關。明日又調參將鄭一麟王承胤遊擊劉應國及總兵祖大壽接應。

越日，崇煥復有一疏，詳言調兵之事：

> 督師袁崇煥疏言：關內鎮協將領趙率教劉恩方裕崙侯體乾陳維翰杜弘芳李居正趙率倫趙鳳鳴等，已經允（先）發外。又調張弘謨張存仁曹之（文）詔丁（于）永綬張外嘉寶濬朱梅鄭一麟王承僎劉應國周佑，及劉應邦下中軍王進忠，鍾宇下李應元，何可綱靳國臣趙國臣趙國志孫（定）遼羅景榮陳繼劉撫民祖大壽祖可法祖澤潤祖澤洪等，各統兵相繼西援，已經題知外。臣見賊衆勢重，續發關外騎兵坐營中軍都司吳襄參將祖大樂劉天祿遊擊韓大勳，祖可法下中軍李一松，孟道下中軍陳邦選，費惟正中軍李甫明，孫繼武下千總吳三奉，步兵營參遊都楊春鄒宗武謝尚政龔彰滿庫丁國用蔡佑劉鎮華等，各統所部兵丁。臣親督總兵祖大壽協將何可綱等帶領，于本月初四日早發山海關。

七日戊子，崇煥一面調兵外，一面另疏報入援機宜：

> 督師袁崇煥疏報入援機宜。得旨：卿部署兵將精騎五枝，聯絡並進，薊兵總

屬節制，分令勦擊，一禀勝算，寧鎮守禦，當有調度，相機進止，惟卿便宜。卿前在關憂薊，遣兵戍防，聞警馳援，忠藎具見，朕用嘉慰。官兵已發犒賞，還鼓勵立功，以應懋賞。

時薊兵無一可恃，如九日庚寅巡關御史方大任疏報：

薊兵無一可恃，惟有關寧可用，今督師果至，用火器已獲小捷。

初十日辛卯，袁崇煥至薊州，下令四門，人心大安，三日之內，連戰皆勝（見後）。

據長編，所歷撫寧永平遷安豐潤玉田諸城，皆留兵據守。十五日丙申，兵部有疏云：

准督師袁崇煥疏言：臣初五日行至撫寧縣，知遵化城被克，初七日至沙河驛，聞三里屯官兵徑開門自潰，于是畿東州縣，俱有聞風離散之形。至撫寧，知縣集官生軍民爲守，臣助之火器火炮及教師。至永平，則畿東重地也，道府縣鄉紳矢志前守臣劉參將楊春領步兵三千爲守。仍恐不足，次日遊擊鍾宇到，臣令協同防守。又遣遊擊滿庫領步兵二千守遷安，至豐潤縣，民多止弗去，臣留參將鄒宗武領步兵二千爲守。玉田則縣官去而復囘，庫已被刦，臣叱之，留遊擊蔡裕及襲彰三千爲守。臣又虞關門爲薊遼咽喉，須重將鎮之，即以朱梅（爲）守。建昌路爲東路最冲，亦撥遊擊劉鎮華領步兵二千爲守，臣亦提兵駐薊州藩其西。惟西協石古曹牆，亦與敵共之，但爭內外耳。方與督臣計，以固四路，而斷密雲平谷，俟酌定而後入報。

又疏言：

畿東州縣，風鶴相驚，人無固志，自督師提兵入援，分派駐防，遂屹然無恐。

得旨：

諭兵部，袁崇煥入關赴援，聞住師豐潤，與薊軍東西犄角，朕甚嘉慰。即傳諭崇煥，多方籌畫，計出萬全，速建奇功，以膺懋賞。

同時更出一諭：「各路援兵，俱令聽督師袁崇煥調度。」十一月十八日己亥，督師袁崇煥並疏陳分守方略。帝報云：

覽奏，卿統大兵駐薊，相機圖（賊），更置兵將，分布厚防，至念陵京根本，

具見周計忠謀。劉策着遼鎮調度諸將，分汛防禦。卿仍聯絡指授，着各邊方略，殫力奏功。滿桂領兵來京，及防守事宜，該部確議速奏。

按，袁崇煥之遣兵調將，無非爲「殫力奏功」之計耳。不期先遣之趙率教，以急於救遵之故，於十五日遇賊伏敗沒，據長編袁崇煥揭帖云：

臣於十月二十九日在中夜所，一聞薊警，卽發援兵。而趙率教于臣牌未到之先，奉旨坐關卽行。臣卽以行兵方略遣遊擊王良臣馳書往諭，令其無輕視敵，孰知率教急于救遵，三晝夜馳三百五十里，至三屯營，而總兵朱國彥不容入城，遂縱馬向遵，中途大戰，遇伏，中箭墜馬而死。良臣竟不能及，則率教之以身報國，深可憐憫。率教行後，卽發張弘謨一枝，朱梅又一枝，以爲率教之翼，臣面戒其無輕敵，二將受約束，相機屯于豐潤。若精銳多在寧錦，地遠稍遲，初三日而祖大壽何可綱始相繼入關。臣召鎮協諸將共計之，有謂徑赴援遵者，有謂往搗中堅者，乃祖大壽則謂薊門兵脆，不足倚此，恐羸師綴薊，而以勁兵西趨，則宗社之安危也。此時只以京師爲重，先領精騎先從南取道，倍程以進，步兵陸續分附各府縣，以聯血脈，而屯札薊州，藩屏京師。京師鞏固，而後東向，此爲萬全，臣深是其議，遂于初四日早，發山海，初十日抵薊州，計程五百里，而六日馳到。入薊城歇息士馬，細偵形勢，嚴備撥哨，力爲奮截，必不令越薊西一步。初，臣虞闖關截我路，未必及薊，今及之，乃宗社之靈，而我皇上如天之洪福也。微臣狗馬力，今可施矣。

越二日，崇煥復上疏引咎。俄聞遵化三屯營皆破，巡撫王元雅總兵朱國彥自盡，賊越薊州而西。崇煥慮都下無人，急引兵入護京師，營左安門外。帝立召見，深加慰勞，咨以戰守策，賜御饌及貂裘。崇煥以士馬疲敝，請入休城中。不許。出與敵兵鏖戰，敵連遭敗陣，長編二年十二月甲戌總兵祖大壽疏：

督師袁崇煥檄調，當選精兵，統領西援。十一月初三日，進山海關，隨同督師星馳。……初十日，統兵入薊，三日之內，連戰皆捷。又慮其逼近京師，間道飛抵左安門外紮營。二十日，二十七日，沙鍋左安等門，兩戰皆捷，城上萬目共見，何敢言功。

趙率教救遵化，以急進而取敗（註一），袁崇煥救都城，則以急進而取勝，觀此，可知崇煥之才制敵有餘。據朝鮮仁祖實錄（簡稱仁錄）卷二十二葉二十三，更稱其有保全京城之功，如云：

> （袁）軍門領諸將及一萬四千兵，……由間路馳進北京。與賊對陣於皇城齊化門，賊直到沙窩門，袁軍門祖總兵等，自午至酉，慶戰十數合，至於中箭，幸而得捷，賊退奔三十里。賊之不得攻陷京城者，蓋因兩將力戰之功也。

袁崇煥力戰挫敵至於中箭，此又諸書所不言，使當時無袁崇煥之挫敵，則都城之陷　亦意中事　據長編二年十一月十七日戊戌，兵科給事中陶崇道疏言：

> 昨工部尚書張鳳翔親至城頭，與臣等同閱火器，見城樓所積者，有其具而不知其名，有其名而不知其用，詢之將領，皆各茫然，問之士卒，百無一識，有其器而不能用，與無器同，無其器以乘城，與無城同，臣等能不爲之心寒乎？

據此，則都城之未至陷敵，以及明帝之未爲俘者，只因城外有一袁督師耳。而此袁督師之盡忠明室，保全皇城，厥功亦偉矣。

又仁錄所記金人退奔事，參王錄亦符，如云：

> 戊申（二十七），聞袁崇煥祖大壽營於城東南隅，豎立柵木，令我兵偪之而營。上率輕騎，往視進攻之處，諭曰：路隘且險，若傷我軍士，雖勝不足多也，遂囘兵。

曰「囘兵」，可見金人實因不利而退。又楊士聰玉堂薈記卷上亦曰：

> 己巳之變，自嘉靖庚戌而後，僅再見焉。但士馬物力，仍足相當，袁督師初至一戰，人心始定。

曾記金人常云：「野地浪戰，南朝萬萬不能」（甲編葉四十八），然袁崇煥不但能，且能連戰連勝，可見用兵之道，全視乎用兵之人而已。考明季自有遼事以來，未嘗有此兵，當時有此一枝兵，金國汗寢食難安（參甲編葉五十天聰二年八月「事局未定」奏本）。因而始納漢人高鴻中所陳之方略，採用反間計，以除袁崇煥。蓋崇煥

（註一）趙率敎之死，在當時可謂一大損失。寧遠兩次大捷，率敎立功最著，袁崇煥嘗疏稱：「總兵趙率敎，分數明白，紀律精詳，眞中興良將。」此次只因赴援太急，未及商承崇煥方略而致敗。

不除，則金國之滅亡，只轉眼之事，因袁崇煥曾力任「五年平遼」也。

<h2 style="text-align:center">四　金汗反間計</h2>

王錄天聰三年記太宗行間之事有云：

> 十一月辛丑，大兵偪北京，屯南海子。先是獲明太監二人，付與副將高鴻中參將鮑承先甯完我榜式達海監收。高鴻中鮑承先遵上所授密計，坐近二太監，故作耳語云：今日撤兵，乃上計也，頃見上單騎向敵，有二人來見上，語良久，乃去，意袁巡撫有密約，此事可立就矣。太監佯臥竊聽，悉記其言。庚戌，縱楊太監歸，楊太監將高鴻中鮑承先之言，詳奏明帝，遂執袁崇煥下獄。

按，王錄內雖云，副將高鴻中等遵上所授密計爲之，然如參以高氏之奏本（見前），則知所爲密計者，殆卽不外奏內所陳之「方略」也。不過清實錄之記載，隱諱之事實在太多，卽如此記事內所云：「今日撤兵，乃上計也」，考仁錄，則爲「賊退奔三十里」（見前）之事。以「退奔」爲「撤兵」，可見清實錄一書，爲善於「諱敗」矣。又記事內之二太監，據崇禎長編二年十二月甲子亦有云：

> 大清兵駐南海子，提督大壩馬房太監楊春王成德，爲大清兵所獲，口稱我是萬歲爺養馬的官兒，大清兵將春等帶至德勝門鮑姓等人看守。

按，此太監輩，據其平日自稱有「俺是內官，當行無知之事。」考金汗之所以假手太監輩以除袁崇煥者，卽爲利用太監之無知，同時又因太監輩爲明帝之心腹，「凡所見聞，必入告無隱。」此又金汗去袁之一最好機會也。凡此情形，據金汗之復言，則曰：「朕未必曲盡詳知」，其能「曲盡詳知」者，自然卽爲副將高鴻中輩，此又金汗反間計幕後之一套把戲也。又金汗反間計，清修明史袁崇煥傳時始據清實錄言之：

> 都人驟遭兵，怨謗紛起，謂崇煥輕敵擁兵。朝士因前通和議，誣其引敵脅和，將爲城下之盟。帝聞之，不能無惑。會我大清設間，謂崇煥有成約，令所獲宦官知之，陰縱使去，其人奔告於帝，信之不疑，再召對，遂縛下詔獄。

明帝因無知人之明，故易爲浮言所惑，而信之不疑。然朝鮮於此，則反能識破金人之計，如仁錄八年二月丁丑春信使朴蘭英自瀋中馳啓曰：

> 臣正月初到瀋陽……越數日，忽哈龍骨大仲男等謂臣曰：使臣來何遲也？此
> 必以我國與南朝方戰，故欲觀望勝敗而然矣。臣答以聞汗之出兵，恐無傳命
> 處，仍致稽滯之意。則骨大辟左右附耳語曰：袁經略果與我同心，而事洩被
> 逮耳。此必行間之言也。（卷二十二葉十五）

金人所以密語於朝鮮使臣者，不過欲更藉朝鮮之口通情明朝，以遂其行間之局耳。但朝鮮君臣則因明瞭袁崇煥實忠於明室，故對於金人之耳語，一笑置之，而曰，「此必行間之言也」。使明帝亦果能如此，則是明朝之「虜禍」，何至蔓延而不可救哉？

五　袁崇煥與遼人

袁崇煥十載邊臣，屢經戰守，其任遼撫時，嘗疏言恢復之計，疏中第一要領，則謂「以遼人守遼土，以遼土養遼人」。及崇禎元年七月，袁氏奉命再出關東，臨行，復申前疏之請。其重視遼人如是，故遼人亦樂爲用。乙編葉四五，袁崇煥有更定遼東三營員缺一殘件，自總兵祖大壽以下凡五十員。此五十員，用之善，則爲金國之勁敵，用之不善，則爲明朝之叛將，明清興亡，實係於此輩之手。然袁崇煥用此輩，又爲復遼之根本，如殘件云：

> 合此三營，而戰守之大局方完，自茲題定之後，他日按缺陞邊，照缺填補，
> 兵部始有此五十缺，皇上始有此五十官，臣於是乎不侵兵部之權，而永守祖
> 宗之法。……遼未全復，而全遼之法已復。夫得遼而無法以守之，遼何能
> 用，遼之紀綱法度不替，則根本精神俱在，何患形氣之稍尪。古人閉門造
> 車，出門合轍，歲前造曆，而歲□□□□□之理，不易之算，主謀先定
> 也。

此題定之五十官，據殘件又稱，則皆「萬死一生，拼身殞命，以與東夷作對」之人。按遼東軍人可用於戰陣，非自初精勇有異於各邊之人而然也；特以居近賊陣，日與交鋒，心膽已堅，故能拼身殞命，而不爲退北，此古人所以「兵以土著爲貴」

也。而所謂「徵兵滿萬不如召募得百者」誠非虛語也。袁崇煥之重用遼人卽以此，而遼人樂爲之死者亦以此。所以當袁崇煥下獄之日，遼人聞之徹夜號啼，據布衣程本直白冤疏有云：

> 獨念崇煥就執，將士驚惶，徹夜號啼，莫知所處，而城頭破石亂打，多兵罵詈之言，駭人聽聞，遂以萬餘精銳，一潰而散。（淸代通史）

此所云一潰而散，據羅氏史料叢刊諭帖葉四，卽「祖總兵夜間逃囘關上」之事。當是時也，明帝急遣大學士孫承宗往諭祖大壽，於是大壽隨上一疏曰：

> 臣在錦州，哨三百里外，踪跡皆知。詎意忌臣知覺，避臣邀截，乃從老河北岸，離邊六日之程，潛渡入薊。督師袁崇煥檄調，當選精兵統領西援，十一月初三日進山海關，隨同督師星馳。途接塘報，遵化三屯等處俱陷，則思薊州乃京師門戶，堵守爲急。初十日統兵入薊，三日之內，連戰皆捷。又慮其逼近京師，間道飛抵左安門外紮營。二十日、二十七日，沙鍋左安等門，連戰皆捷，城上萬目共見，何敢冒功，露宿城壕者半月，何敢言苦。豈料城上之人，聲聲口口，只說遼將遼人，都是奸細，誰調你來，故意丟磚，打死謝有才李朝江沈京玉三人，無門控訴。選鋒出城，砍死劉成田汝洪劉有貴孫得復張士功張友明六人，不敢囘手。彰義門撥夜拿去，都做奸細殺了。左安門擎進撥夜高與，索銀四十六兩纔放。衆兵受冤喪氣，不敢聲言。比因袁崇煥被拿，宣讀聖諭，三軍放聲大哭。臣用好言慰止，且令奮勇圖功，以贖督師之罪，此捧旨內臣及城上人所共聞共見者。奈訛言日熾，兵心已傷。初三日夜，哨見海子外營火，發兵夜擊，本欲攜命一戰期建奇功，以釋內外之疑。不料兵忽東奔，臣同副將何可綱張弘謨及叅遊都守竭力攔阻，多方勸諭，人衆勢解，收攝不來。此時在臣不難卽死自明，誠恐兵丁一散，再集更難。且諭且行，沿途禁約，仍梟示生事者十數人，所過地方毫無騷擾。行至玉田，乘機商復遵化。適閣部孫承宗總督劉策關院方大任各差官亦諭臣期復遵化，在諸將莫不慨然。而衆軍齊言，京師城門口大戰堵截，人所共見，反將督師繫問。有功者不蒙升賞，陣亡者暴露無棺，帶傷者呻吟冰地，立功何用？卽復遵化，皇上那得知道我們的功勞，旣說遼人是奸細，今且囘去，讓他們廝

殺，擁臣東行，此差官所目擊者。及到山海關，閣部孫承宗差總兵官馬世龍
齎捧聖諭，將到，傳令札營於教軍場迎接。衆兵眼望家鄉，齊擁出關，臣即
止於關外歡喜嶺，同所統官族人等，聽宣讀畢，皆痛苦流涕，舉手加額。臣
因衆軍感泣，諭之曰：遼兵素受國恩，頗稱忠勇，今又蒙朝廷特恩寬宥，若
不建功，何以生爲？衆軍聞言，又復泣下，務立奇功，仰答聖恩於萬一矣。

　　（崇禎長編二年十二月甲戌）

此連戰大捷之兵，即袁崇煥所稱「拚身殉命，以與東夷作對」之衆也。以與東夷作
對之衆而誣之爲奸細，世間寧有是耶？

　　然可恨者，又不止此也，即凡當時遼人之入援者，亦爲攔阻，如長編三年正月
辛巳朔：

　　　提督南京大教場都督同知陳洪範報，率兵入援。帝以留都根本重地，命還南
　　　防護。洪範東人也，故託（詞）而止之。

待遼人如此不平，「不平則鳴」，於是遼人乃曰，「我輩在此何爲」？楊士聰玉堂
薈記卷上：

　　　袁旣被執，遼東兵潰數多，皆言以督師之忠，尚不能自免，我輩在此何爲？
　　　蓋袁在遼左，最得將士之心，故致如此。

後來遼人之紛紛投敵，即由於此，例如乙編葉五五八記崇禎十五年「壬午虜變」云：

　　　今次闖入之奴，內遼人叛將儘多，蓋明知我之虛實強弱，所以長驅無忌，直
　　　走徐州。

及甲申崇禎亡國，遼人金聲遙致其五哥書猶以投敵原因爲言曰：

　　　天下視遼人爲眞滿洲，你縱塗肝裂腦於彼，其如疑者太多，終成何濟？弟叨
　　　軍中之長，見之極眞極確，方敢涕泣而道之。（甲編甲四七）

漢奸豈人所願爲，觀此涕泣而道之語，可見明帝處置之失當也。

六　袁崇煥下獄後之戰爭

　　袁崇煥旣下獄，明帝設文武兩經略，以兵部尚書梁廷棟（由順天巡撫遷）總兵
滿桂爲之，各路援軍皆屬焉。又起舊師王威尤岱楊御蕃孫祖壽，出罪帥馬世龍於

獄，俱以原官立功。先是金國汗自北京退奔三十里後，於十二月初一日，頓兵良鄉，似有觀望之意，至十六日，知明帝中計，崇煥下獄，其時金汗以爲「是天賜我機也，豈可棄之而去？」隨親統大軍，復趨北京蘆溝橋。據王錄：

> 沈副將率兵卒來禦。右翼五旗兵進擊，不移時殲之。進距京二十里……擒一人訊之，言永定門南二里許，有滿桂黑雲龍麻登雲孫祖壽四總兵，領馬步兵四萬，結柵木，四面列槍礮十重。遂諭諸將士以三鼓進兵列陣，丁卯（十七）黎明，十旗兵齊進，敗敵柵而入，敵營槍礮甚多。……是役，陣斬滿桂孫祖壽副將參遊凡三十餘人，千把總無算，生擒黑雲龍麻登雲。

按，王錄所云之沈副將，據崇禎長編，卽申甫也。申甫之死在二年十二月乙亥（二十五），御史金聲有一疏云：

> 十二月二十五日巳時，官役申國棟等，於蘆溝橋尋覓申甫死屍，右耳削去，左眉刀傷一處，左肐膊砍傷二處，骨斷，右胯上刀傷一處，頭顱上刀砍一處，身上更有箭傷數孔，臣卽會提督太監王希曾啓門親驗訖。臣念甫受皇上千古知遇，出師未捷，何敢比於矜卹之列，但一日傷我四五大帥，而甫受事日淺，猶直前獨當其鋒，今觀其刀傷叢身，非喋血力戰不至此，甫亦以身報皇上矣。

至滿桂等之戰死，據崇禎長編十二月乙丑（十五）條，則詞甚簡單，僅云：

> 總理滿桂，與大清兵戰，滿桂死之。

三年正月辛巳，明帝因兵部之請，予滿桂孫祖壽祭葬，並立祠祀之。又損兵折將之事，當時凡有數起，其最著者，兵部侍郎劉之綸所率之八營，亦沒于遵化之娘娘廟山，之綸且爲金人所射殺（正月二十二日壬寅）。三月甲申，之綸母陳氏，疏奏之綸祇以聲援不繼而死（總兵馬世龍在薊門，知而不援）。帝勑所司優卹之（見崇禎長編）。

　　凡上戰亡之人，據兵部梁廷棟疏，固曰：「滿桂劉之綸舍死報國，可謂不負恩遇。」然據當時之士論觀之，則又共詆「爲庸帥，爲異物。」（見崇禎長編三年二月己未）蓋因敵勢之復熾，卽由於滿桂等輕戰損威也。所以玉堂薈記有曰：

> 滿桂等一戰而敗，只爲鈐制無人。

觀此，則可見劉之綸之聲援不繼八營盡沒者，當然亦「只爲鈐制無人」而已。又檢明稿中更有「提挈無人」一殘片，頗與此言合，如云：

> 戰守之事，本以大將爲輕重，大將得人，則偏裨以下臂指相使，首動尾應，伸縮自如，不然，提挈無人，封疆坐壞，此理勢所必然也。

此伸縮自如之說，考天啓都察院實錄七年六月初七日條，只有袁崇煥「憑堞大呼指揮如意」之精神，足以當之。茲崇煥既去，則是封疆之坐壞，以及金汗所稱之「狂逞」（見刻本諭，恐天下人怪我狂逞），自皆爲理勢所必然也。至於金汗狂逞之行爲，據刻本諭，更有得意之言，如云：「朕每戰必勝，每攻必尅。」此中原因甚多。如滿桂劉之綸等之提挈無人，全軍敗沒，即金汗每戰必勝之類也。他如各城人心之不固，則又與金汗每攻必尅之說有關，據明季北略舉例如下：

> 己巳之役，大兵所向，有兵未至而城先空者，良鄉涿州香河固安張灣也。有城先空而兵不入者，霸州三屯也。有先降數日而兵始至者，玉田遷安也。有兵將先降而守臣不知者，遵化永平也。有虛張聲勢而兵不敢犯者，昌平涿州也。有受降旗兵過而不取者，順義也。有兵留而不攻迹在若守若順之間者，房山也。有兵至而順兵去而守以援兵至而免者，樂亭撫寧也。總由人心不固至此。

此人心不固之情形，據崇禎長編三年，亦有可徵者數條，如記永平之破則云：

> 正月甲申，大清兵破永平。先一日，有伏文廟承塵上者，晨出登城，守將楊春左右之。兵備副使鄭國昌覺其意，擊楊春死。須臾北城樓火發，城遂破，國昌及知府張鳳奇推官盧成功盧龍縣教諭趙允殖副總兵焦延慶中軍程應奇守備趙國忠東勝衛指揮張國翰鄉紳中書舍人廖汝欽諸生韓原洞武舉唐之俊等，皆死之。

又云：

> 大清兵入城，召原任副總兵楊文魁謂之曰：昨歲囑汝內應，今乃費我三日力乎：鞭之三百。於是郡人布政白養粹職方郎中賈維鑰戶部員外郎陳此心行人崔及第同知楊爾俊諸生宋應元及廢將孟喬芳等，俱降。

又云：

明日**大清元帥**至**東嶽廟**，故總兵**麻登雲**侍側，勞**孟喬芳**等貂裘各一，鼓吹而入。授**養粹**巡撫，維鑰**永平**兵備道副使，以**盧龍**知縣**張養初**爲**永平**知府兼縣事，同知**魏君謨**爲**灤州**知州。命**養粹**等聚郡縣倉庫，得銀二萬二千餘兩，粟六千餘石，荳三千石，芻萬束。以諸降人言之，各兵焚掠，於是城中應輸金帛，獨諸生**廖師周**所上庬惡，杖之，籍其家，**養粹**及弟俱盛飾其女爲獻。

於**遷安灤州**則云：

正月戊子，**大清**兵別一軍攻**遷安**，**遷安**破，**灤州**聞之，恟甚，知州**楊燫**自縊，城民設香案出迎。

十一月壬辰，逮前**遼東經略高第**。**第**家**灤州**，前聞警，挈家先遁，**灤**人潰，城遂不守。至是，以人言罪之。

於**房山縣**則云：

五月庚寅，先是初二日，**大清**兵千餘騎，至**房山縣**城外**東嶽廟**，隨遣一騎至城下云：**房山縣**是**金大定**年間建立守陵，縣官應開門相迎。知縣**楊某**不應。(空五字)騎遂以大斧劈城，城中男婦倉皇號泣，生員**李元勛彌愈楊曹耿**因事急，挺身出城，說以旣係陵邑，不宜加害人民，輾轉陳臂，自午至申始去。次日，前騎來言，主帥已有諭帖，不許殺人，但十一日祭祖陵，爾等當前往掃除耳。至日，果有三千餘騎過縣北，云祭品已備，毫不相犯，止呼生員數人引導。三生遂如約出城，又有本縣典史及生員**孟宗孔張養□孫繩武趙嘉胤劉光遠馬出圖董之誼陳如呂**等八人，隨往**九龍崗**，祭**章宗陵**畢，其日遂囬**良鄉**，次日起營而去。**霸州道周所**以聞。

右所引各城之情形，俱無戰守可言，而**金汗**所云之每攻必尅者，實際皆望風投降而已。卽如**永平**一郡之附敵，據**葉廷琯鷗陂漁話**卷四，專係**白養粹**等之甘心媚敵所致。又**崇禎長編**三年六月丙辰吏科給事中**張承詔**亦曰：

白崔輩，裂冠倒裳，甘心媚敵，爲士卒先，又何怪蚩蚩者乎？

白崔輩媚敵行爲，尚有「條具事例」一奏本，據**金汗**勅諭巡撫**白養粹**等稿云：

覽卿所奏，具見忠君愛國之心。

又云：

其南朝事體，小民情節，朕未必曲盡詳知，雖用言撫慰，民必半信半疑，卿
等當爲朕用心撫字，宣朕至意，上者下之倡，民惟觀卿等何如耳？（丙編葉
一四）

此又金汗利用一二叛賊「以爲民望」之意，所以其時內地奸細之爭爲內應者，皆此故
耳。如建昌路參將馬光遠之降金，據崇禎長編（三年正月戊子），卽係白養粹義子
白衍慶勸誘之力。（光遠之來，進一奏本曰：「臣舉家老幼，原慕我汗仁恩厚德而
來」見丙編葉四二）同時金汗復大張布告於永平，誕稱「大業得成」，如刻本諭末
段之附諭云：

朕每戰必勝，每攻必尅，雖人事天意兩在，朕毫不敢驕縱。今仗天攻下此
城，是朕好生之念，實心養活。爾等當喻我再生之恩，勿得驚惶，勿起妄
念。若皇天佑朕得成大業，爾等自然安康，若大業不成，爾等仍是南朝臣
子，朕亦毫不忌怪。爾等若不遵朕命，東逃西竄，祇自尋死亡，自失囊橐，
卽在異鄉別土，亦難過活，卽行至天涯，朕果得成大業，爾等亦無所逃。推
誠相告　咸宜遵依。附諭。

此卽明人所云「虜得志則圖」之舉動。其實己巳之役，金汗雖曰狂逞，然當狂逞之
中，亦多受挫之事，據崇禎長編三年正月，凡有數條，姑錄於后，以見金人之兵力
固亦有限。

癸巳，大清兵……初八日，由永平至撫寧，連攻二日，（祖）可法等僞於城
上招之，云入城盡當歸附。大清兵知其有備，於初九日，移營向山海。初十
日，至鳳凰店，離山海關三十里，列營三處。副將宦惟賢，率參遊都守陳維
翰王成李居正郝尙仁等兵二千五百餘名，設奇正二營以待。十三日，大清令
六甲騎誘戰數回，午時從山灣突出，步前馬後，雲擁向城，惟賢等礮矢齊
發，自午至戌，合戰十餘陣，大清以昏收兵。是晚，仍囘撫寧，縣中四將，
用礮攻擊，大清撤兵西行。

甲午，大清兵攻石門，守將牛芳楊迎禦之牛口門，砲箭並發，鏖戰良久，大
清兵乃還。其時白草頂鄉兵王家棟等數千人，憑高大呼，以助兵勢。

乙未，大清兵七千有奇，至初八日至昌黎縣城東關侯廟前，分三營困之。內

有<u>永平</u>生員<u>陳鈞敏王鈺</u>率數十騎，執黃旗至城下招降，知縣<u>左應選</u>怒罵，擊卻之。 次日寅時， 北東面排梯七十餘架， 環繞攻城，<u>應選</u>率鄉兵力戰，始退。初十日，排梯三十餘架，攻城東，十一日，排梯四十餘架，攻城西南，兩日間，外攻益急，<u>應選</u>及士民，戰守益堅。<u>大清</u>復於縣西南，添設七營，約兵三萬有奇，十三日，排梯百架，用火砲火箭四面並攻，自卯至午不止，城中苦戰， 得不破。 其日戌時， 遣降民<u>李應芳</u>說降，<u>應選</u>誘入殺之。十四日，復排梯一十七處，攻城北面，傳呼索<u>李應芳</u>，<u>應選</u>率鄉兵乘城死拒，發砲外擊，<u>大清</u>兵始離縣四十里西南，往<u>柳河</u>諸處安營。

癸卯，<u>大清</u>兵圍<u>馬蘭</u>， 守將<u>金日觀</u>飛書求救。 總理<u>馬世龍</u>……遣參將<u>王世選</u>……赴之。內外夾擊，<u>大清</u>兵乃還。

又二月亦有兩則：

戊午，<u>玉田枯樹洪橋</u>等處，沿途設伏。……初八日辰刻，<u>大清</u>兵五千餘騎，從東北至，伏兵從<u>洪橋</u>突出……合戰數十陣，從辰至酉，自<u>洪橋</u>至<u>雲倉</u>前，以日暮收兵，次日，<u>大清</u>欽兵東還。

庚申，<u>大清</u>兵數萬騎，薄<u>三屯</u>，以其半據四面山上，以其半攻城。援守總兵<u>楊肇基</u>，遣守備<u>楊繼成史自立于國寧</u>等，率死士二千營于<u>滑山</u>，千總<u>鮑魁</u>把總<u>汪應登</u>等，率砲手數百名伏<u>景忠山</u>，又於城外四角砲城，發新兵千名，各攜火器分伏，以備塔擊。圍既合，<u>肇基</u>手執令旗，麾城內外並力苦戰，僅得不破。次日，<u>大清</u>兵復遣逼城兵三哨，攻<u>滑山</u>兵，<u>繼成</u>等死守不退，<u>大清</u>兵乃還。

又三年三月丙午。

<u>大清</u>元帥由<u>經山口</u>入，是日進<u>永平</u>。所謂魚皮兵約有數萬，分住<u>灤遷</u>，聲稱一二日內，攻<u>開平豐潤</u>諸處， 且大書白牌， 遣人至<u>三屯</u>城下， 招總兵<u>楊肇基</u>歸附，<u>肇基</u>以破擊之疸。

按，<u>金</u>汗此次興師，其志本不在小，檢刻本諭，有「遷都內地，作長久之計」語。即<u>王錄</u>亦云「豈可棄之而去」？茲右引各條，均與此嘗絕相反，如撤兵西行，如<u>大清</u>兵乃還，如離縣四十里安營，如<u>大清</u>欽兵東還，種種舉動，考之<u>仁錄</u>所云「退奔

三十里」，當同一情形。不特此也，尤其金人之怯於攻城，亦可由此一役見之，觀
吏科給事中張承詔論昌黎城守之功曰：

　　昌黎斗大一邑，左應選以誓死固守，敵卒不敢犯。（崇禎長編三年六月丙辰）
又明季北略記昌黎固守，則稱敵兵俱傷，乃退：

　　大清兵至昌黎，將抵城時，邑令左應選初蒞任，膽略過人，聞報，登城周
　　望，諭百姓勿恐，數日當自退，即閉城治火藥，兵至，列藥于城，俟攻時，
　　始發。是藥止及百步外，亦不納砲中，臨敵燃火散下，須臾如火星飛墜，兵
　　衆俱傷，乃退。
同時更有灤縣之死守，亦可與守昌黎媲美，如北略又云：

　　巡方董遂初，見灤縣斗大空城，而縣令沈域舉動安詳。問曰：情景如此，貴
　　縣何恃而不恐？沈域從容拱手曰：以身殉之，遂初爲改容以謝，卒幸免焉。
據此，可見當時制敵并非難事。又金人之不惟怯於攻城，尚有聞風不敢近城之事，
據熙朝崇禎正集卷二記自稱西洋仕澳勸義報効耶穌掌教陸若漢仝管約銃師統領公沙
的西勞等「再陳戰守事宜」奏本云：

　　臣等從崇禎元年九月上廣，承認獻銃修車。從崇禎二年二月廣省河下進發
　　……十一月二十二日至涿州，聞虜薄都城，暫留本州，製藥鑄彈。
又云：

　　時州城內士民，咸思竄逃南方，知州陸遂舊輔馮銓一力擔當，將大銃分布城
　　上。臣漢臣公沙親率銃師伯多祿金答等，造藥鑄彈，修車城上，演放大銃，
　　晝夜防禦，人心稍安。奴虜聞知，離涿二十里，不敢南下，咸稱大銃得力。
此即北略所云「有張虛聲而兵不敢犯者」之類。由此涿州之城守，足徵當時之禦敵，
只須城上有演放大銃之聲，敵兵聞之，亦皆縮首不敢近城矣。

　　又按金人於騎射，雖嘗自稱「天下無敵」，然一遇勁敵，則反無所施，例如前
文所引三屯總兵楊肇基之手執令旗督戰，以數千死士，而能卻敵數萬之衆，可謂以
少勝衆矣（崇禎長編三年七月丁亥有「敍三屯大捷功」一條）。茲檢明季北略，則
以少勝衆之事，又常多有之，如商敬石善射一則記云：

　　大清禆將引六百騎往崛山，至河西，忽十二騎突至，欲擒之。十二騎善射，

裨將三人皆中目而死，諸軍悉前，應弦而倒殞者甚衆。大兵悉去刀發矢，十二人俱以手接，無一傷者。兵退，十二人追射，死者三百餘人，矢盡乃止。蓋十二人乃響馬賊商敬石爲首，聞大兵入，約其黨欲建功，至此忽遇耳，遂至通州鎭守營報功。守將申兵部，兵部悉隸之于麾下。時大兵大隊將至河西天津等處，聞通州十二騎殺兵四百，乃不往。

響馬賊卽流賊，流賊之善戰，檔案中亦見之，如甲編葉九五五所記流賊小袁銀與達子打戰之狀云：「先用礟打，後用箭射，又用刀砍，一番退了，一番又上。」又云：「虜被攻打不過，差五十箇達子，送□□銀子與兵。」所以金人最畏此等兵，其後乃申戒將士曰：「如遇流寇，以言撫慰之，勿誤殺彼一二人，致與交惡。」（王錄崇德七年十月壬子）而明稿殘件內所稱「虜情畏兵懼戰」，當係實情。總之，己巳之役，金人冒險之代價，殆又不外明人所云：「虜茲入犯，得志則圖，不得志則飽掠而去。」（乙編葉四四九）其間雖一度於遵永遷灤四城置兵據守，但旋經總兵祖大壽之力戰，又悉予收復，且殺死金人甚多，明人稱遵永大捷。據此，可見金人亦得志不易。然此虜變間接之結果，致明朝受不良影響者，則四方勤王之師，中途一變而合於流賊也。

山西巡撫耿如杞援兵，潰於良鄉。援兵皆沿邊勁卒，竄走剽掠秦晉間，李自成與之合，衆至萬餘，推高迎祥爲首，稱闖王，自稱爲闖將。（國榷崇禎二年十二月癸酉）

耿如杞勤王之兵，部臣調遣失宜，五千壯士，一呼盡散，山西自此多賊。（流寇長編序）

延綏巡撫張夢鯨總兵吳自勉寧夏總兵尤世祿陝西總兵楊麒臨洮總兵王承恩甘肅巡撫梅之煥總兵楊嘉謨等，先後率兵萬七千人入衞，延安甘肅兵潰而去，與羣寇合，張夢鯨忿死。（崇禎長編三年正月丁亥）

明人嘗言，「不有邊兵之調，則流賊無自生。」然如更進一步論之，仍「只爲鈐制無人」而已，蓋邊兵之潰而合於流賊，皆袁崇煥下獄後之事也。明竟以此亡，此亦明人始料所不及也。

七　袁崇煥之死

明史袁崇煥傳，記袁氏被殺主要原因，則爲專戮毛文龍一案：

> 方崇煥在朝，嘗與大學士錢龍錫語，微及欲殺毛文龍狀。及崇煥欲成和議，龍錫嘗移書止之。龍錫故主定逆案，魏忠賢遺黨王永光高捷袁弘勳史䃤輩謀興大獄，爲逆黨報讎，見崇煥下吏，遂以擅主和議專戮大帥二事爲兩人罪。捷首疏力攻，䃤弘勳繼之，必欲幷誅龍錫。法司坐崇煥謀叛，龍錫亦論死。三年八月遂磔崇煥於市，兄弟妻子流三千里，籍其家，崇煥無子，家亦無餘貲，天下冤之。

按，毛文龍之當誅，拙著「毛文龍釀亂東江本末」已詳言之(在出版中)，如私通金人，如欲爲「劉豫」，如朝鮮國王李倧曰，「文龍與禽獸無異」(仁錄卷十九葉二)，及文龍被誅，國王又曰，「爲天下除此巨害」(仁錄卷二十一葉二)，皆足證明文龍之死當厭辜。至崇煥以專戮文龍而致禍，尚有他故，如薊遼總督閻鳴泰疏有云：

> 近有一種走利如鶩之徒，視朝鮮爲奇貨，借文龍爲赤幟，以營其自便之私。

又余大成剖肝錄云：

> 舊額東江歲餉百萬，大半不出都門，皆入權宦橐中，（參朝鮮光海君日記卷一六七葉六一毛文龍以歲帑潛結宦官條）自煥斬文龍，盡失其賂。（清代通史）

權宦卽毛黨，毛黨因盡失其賂，不得營其自便之私，於是如高捷之徒，始轉恨袁氏之誅毛文龍而羣起合謀以傾害之。其實高捷輩之外，更大有人在，明史於此，則又不能詳言，玆檢葉廷琯鷗陂漁話所記自稱「崇煥之擒，吾疏實密啓其端」之溫體仁一則，足補明史之缺略。溫體仁之生平，全祖望有一定論曰：

> 溫體仁名列明史奸臣傳，爲崇禎時誤國之渠魁，讀史者皆知之。

然尚有不能盡知者，則爲溫體仁之陷害袁氏是已。袁氏之死，其在當時國家所受之影響，據明史本傳有云：

> 自崇煥死，邊事益無人，明亡徵決矣。

此則袁氏之一身，實係明朝之存亡，而溫體仁之傾害袁氏，亦卽等於傾覆明朝也。

溫體仁之傾害陰謀，尙存家書三則，葉氏恐其久而湮沒，故悉錄入鷗陂漁話中，同時又自爲小引，說明袁案實由溫賊之讒譖而成，茲照錄於後，以資博聞。其小引云：

明季督師袁崇煥之獄，當時帝意謂其通敵召兵，故加嚴譴。幸賴吾純皇御製文集中力爲昭雪，而覆盆宛案，始得因煌煌天語而明。近聞烏程張秋水廣文蠅鬚館詩話紀其所見溫體仁與弟幼眞家書三則，始知此案實由體仁逢君之惡讒譖而成。廣文謂其處處皆自寫供狀，信哉。第廣文此書，僅有鈔本，且亦未經編定，恐其久而湮沒，特錄溫書如左，爲讀史者論世之助。

又溫書一曰：

□□警逼近京師，而姦黨尙自固營壘全無爲國起念者，庸宰相任人穿鼻，倉皇失措，戒嚴半月，不過老弱營軍鵠立風霜之中日夜凍死百餘人而已。不意積弱之弊，一至於此，人情洶洶，南竄幾半，獨攜家眷者不許出城，而士紳內眷有扮男裝者，有藏箱籠中者，往往爲伺察所發覺，可歎可笑。

又溫書二曰：

十一月間，連寄三信，至沛蒼歸，而敵騎已薄都城矣，賴滿將軍一戰，人心始定，城守漸有次第，然引敵長驅欲要上以城下之盟者袁崇煥也。閣中素與袁通，倚爲長城，不意誤國至此，可恨可恨。賴臘月之朔，聖明立擒袁崇煥下詔獄，次早敵遂拔營而南云云。今眞敵無幾，皆流賊敗兵假敵以肆刼掠，日惟淫酗爲事，若得猛將率勁兵數十夜砍其營，可以立盡，恨諸將俱退縮觀望，玩敵養亂，目下雖無可虞，倘來春敵知中國虛實更圖大舉，則事不可知耳。崇煥之擒，吾密疏實啓其端，此亦報國之一念也。

又溫書三曰：

□□入犯，皆由袁崇煥以五年滅□欺皇上，而陰與華亭姦輔臨邑罪樞密謀款敵，遂引之長驅，以脅城下之盟。及敵偪潞河，華亭猶大言特逆督爲長城，奸黨交口和之，吾不得不密疏特糾以破羣欺。及逆督旣擒，奸輔胆落，復挑祖大壽引兵東行，以爲怙逆地，吾不得不再疏以堅聖斷。兩疏俱留中，故不抄傳，然次疏特發閣，票中有奸臣密諫等語，蒲州華亭見之，恨吾入骨，乘

特簡宜奧之日，卽具揭力簡桐城會稽，以阻吾晉用之路。不知此時七尺軀尚無安定處，何問功名哉？

溫體仁三書，不必爲之分析，但將葉氏所考之意見附錄於後，卽可見其用心之險陂。考云：

考體仁當日亟謀入相，所忌韓鑛錢龍錫二輔臣，卽札中所稱蒲州華亭者是，故特借崇煥以擠去二人，而思攘其位，至阻吾晉用云云：不竟眞情畢露。臨邑罪樞謂兵部尙書王洽，桐城則何如寵，會稽則錢象坤，二公則龍錫罷後入閣者也。

此考尙有未盡，更據剖肝錄引之如下：

輔臣溫體仁，毛文龍鄉人也，銜煥殺文龍，每思有以報之。適樞臣梁廷棟曾與煥共事於遼，亦有私隙，二人從中持其事，煥由是得罪。時有中官在圍城之中，思旦夕解圍，咎煥不卽戰，而中官勳戚有莊店邱墓在城外痛其蹂躪，咸謂煥玩兵養敵，流言日布，加以叛逆。會總兵滿桂，初與煥共守寧遠，丙寅之役，首主棄城，爲煥所吡，至是入援，令其部曲大掠近郊，皆僞稱袁兵，以鼓衆怨。後因敗入甕城，浸潤中官，乘機譖之，上遂不能無疑焉。……諸廷臣持煥者十之三，而心憫其冤者十之七，特以所坐甚大，且憚於體仁與棟，未敢救。……壽（祖大壽）果率所部逃出關外，報入，棟懼甚。……余大成奏曰：「壽非敢背反朝廷也，特因崇煥而懼罪耳，欲召還壽，非得崇煥手書不可。」……時闔部九卿皆往獄所道意……煥因手草蠟書，語極誠懇。至則壽去錦州一日矣。馳騎追及，卽遙道來意，壽命立馬待之，騎出書，壽下馬捧泣，一軍盡哭，然殊未有還意。壽母在軍中，時年八十餘矣，問衆何爲？壽告以故。母曰：「所以致此，爲失督師耳，今求死，何不立功爲贖，後從主上乞督師命耶？」軍中皆踴躍，卽日囘兵入關，收復永平遵化一帶地方。上初甚疑煥，及聞所復地方皆遼兵之力，復欲用煥於遼，又有守遼非蠻子不可之語，頗聞外廷。仁與棟大懼，遂借殺毛文龍市米二事爲煥資敵私通反跡，復援遼將謝尙政餌以節鉞，令揭證煥，棟再疏持之，體仁前後五疏，力請殺煥。……舊額東江歲餉百萬，大半不出都門，皆入橐宦囊中，

自煥斬文龍，盡失其賂，僉與體仁棟合謀傾煥。……周延儒成基命王永光各疏救，不報。祖大壽以官階贈廕請贖，亦不允。

按，剖肝錄作者余大成，崇禎二年任兵部職方司郎中，己巳之役，實身與其事，故其所言，俱翔實可信。卽如所記樞臣梁廷棟同謀殺害袁氏之行爲，今內閣大庫殘餘檔案中尙有兵部尙書梁廷棟之原疏可證。原疏卽兵科抄件，疏內情節，乾隆帝已斥其妄，無再考辨之必要，獨其殺害袁氏之毒計，不外依附溫體仁之意見爲逆帥毛文龍報仇而已。原疏藏北京大學，今轉錄於後，以見梁廷棟亦爲崇禎時誤國之奸臣。

太子少保兵部尙書臣梁等謹題爲大法未伸，奸謀已熾，內應不絕，外變轉生，懇乞聖明，立奮乾斷，以定封疆大計事。……概自逆奴入犯，八閱月於此矣，大創未聞，狡謀叵測，乃忽以求款嫚書，明相愚弄者，無他，以斬將主和之袁崇煥尙在繫也。崇煥身在犴狴，防範頗嚴，何以線索如神，呼吸必應，則以同謀斬將之徐敷奏張斌良方在事也。敷奏係京師小唱，夤緣崇煥之門，爲加銜神將，奉差私帶難民，爲毛文龍所參，奉旨處斬。時敷奏適在寧遠圍城中，崇煥以城守名色，抗旨宥而用之，而敷奏恨文龍入骨矣。迨夫逆酋以納款愚崇煥，而必殺文龍以取信，崇煥以礙款圖文龍，而遂引敷奏爲主謀。……又有張斌良其人者，……刧賣殺降，冒躐副將，與徐敷奏並力而圖文龍。文龍旣誅，崇煥手捧元寶彩幣，四拜謝之。……一切東江更置，悉聽敷奏。……敷奏斌良之勢愈重，而兩人之奸愈不可方物矣。斌良又奉崇煥密諭，搜皮島貂參輜重，以百萬計，細載而西，仍以修艦爲名，駕兵船由海上運津門，以轉運於家，萬目所共覩也。斌良未同，而奴騎突入，（關）門已越，城下難盟。皇上赫然震怒，敕拿崇煥，而敷奏斌良等膽碎魄奪，陰懷挺險之謀矣。斌良艤舟津岸，擺渡眼梳，若明招虜馬南下者。……其通奴奸計，路人已知之矣。……一旅舟師，揚帆徑渡，登萊旅順，在在可虞。況敷奏司關門之旗鼓，斌良作津門之嚮導，而永平剃髮叛臣張一麐等，又皆先自海外逃回，蹤跡詭祕，線索靈通，可不問而知矣。內外呼應，情狀彰彰，可不亟圖決計哉？卽今戎馬在郊，皇上或不欲輕遣緹騎，以驚關門諸將之耳目，何不密降手敕，令樞以同謀斬將，正敷奏斌良罪，立斬軍前？仍以專殺

文龍正崇煥罪，立付西市，且不必爲款爲叛，致奸人挑激有所借口，則逆奴之謀既詘，遼人之心亦安。一舉萬當，又奚惑焉？（清代通史）

袁崇煥力能平遼，溫梁諸賊以私仇而壞長城，自古未有奸臣在內而大將能立功於外者，信然。然明史記袁案，於溫賊既略而不書，其於梁賊，則反爲洗濯姦謀，而曰「不敢任」（見溫體仁傳。梁廷棟本傳，更稱廷棟「有才知兵」，亦明史曲筆，參註一，此種措辭，參袁崇煥傳所有「崇煥妄殺文龍」之謬論，皆非傳信之言也。

又按，袁督師被執之初，據明帝諭，則爲「暫令解任聽勘」而已。其時大學士孫承宗卽深信此言，以爲可以贖過，如二年十二月丙寅承宗爲總兵祖大壽等具疏代請曰：

臣謂大壽等情詞恭順，自可勉建後效，不唯身謝前愆，幷可以爲崇煥贖過之地。（崇禎長編）

孫承宗祖大壽雖欲爲崇煥贖過，然因梁廷棟輩之毀言日至，於是袁督師一案，卒無

（註一）梁廷棟生平，據崇禎長編三年，及玉堂薈記，舉例如下：

（1）二月乙未，兵科給事中陶崇道上言：梁廷棟在數月前一道臣耳，忽而巡撫，忽而督師，忽而本兵，此非皇上破格之恩哉？諭邊曰：以國士遇我，我故以國士報之。廷棟蒙國士之遇，受任以來，所報竟何如也？憶其在通州時，卽疏稱據遼永易易復，良固難破，自謂此料敵神算，今何以難者轉易，易者轉難乎？廷棟曾躬履行間，隨敵所往，自謂報主熱血，今倏然八座，熱血何遽鎖亡也？其謂飽血敵與飢敵異，似矣，亦知遼永抵集，將反客作主乎？其謂制敵之策，不專在戰，似矣，而伐謀用間，奇計安在？又云屢言進討，敵必震駭宵遁，則戰與討未有分，而虛聲竟足以退敵乎？束不的之來，情雖跳梁，口尙忠順，正可隨機駕馭，而曰無論懷我好音，但使三十六家各自搶掠，則敵勢自孤，不知所指搶掠者誰乎？

（2）三月丙申，崇道復疏曰：臨洮兵露宿安定門外，本兵梁廷棟指以民居可宿，於是爭入民舍而闐。昨固原總兵楊麒，萬目乏餉，廷棟又以民間有粮何得全仰戶部答之。身掌中樞，發言激變，乞賜處分。帝不問。

（3）六月乙未，梁廷棟嘗疏薦毛文龍子承祚，應令仍歸守島，當時奉有「聽樞輔酌量委用」之旨。及崇禎四年孔有德倡亂，賊中有所謂「五大渠」者，毛承祚卽其一也。見甲編葉七六八山東巡撫朱大典副啓。

（4）玉堂薈記卷下：丙子之變，本兵張鳳翼，自請以身當敵。先是，以舊本兵梁廷棟爲（宣大）總督，梁由南至，張自京出，敵至郲縣而返，徧蹂畿輔，破數十城，二人但尾其後。敵將出，乃研大樹白面書曰：「各官免送」，所在有之。二人度敵出，且懼重罪，惟日飲大黃取瀉。敵以八月十九日出口，張以九月初一日卒，又數日，梁亦卒。及刑部擬案，梁擬斬，張免議。然則梁死爲宜，張之死爲不幸也。

禰園之望，據崇禎長編三年（西一六三〇）八月癸丑（初六）載明帝旨曰：

> 崇煥擅殺逞私，謀款致敵，欺藐君父，失悞封疆，限刑部五日內具奏。

越十日癸亥（八月十六），是為袁督師被害之日，如長編又載云：

> 未刻，上御平臺，召輔臣幷五府六部都通大翰林院記注官四員吏科等官河南
> 等道掌印官及總協錦衣衛堂上官俱入。諭以袁崇煥付託不效，專恃欺隱，縱
> 敵長驅，頓兵不戰，援兵四集，盡行遣散，及兵薄城下，又潛携喇麻，堅請
> 入城，種種罪惡，令刑部會官磔示，依律家屬十六以上處斬，十五以下給功
> 臣家為奴，今只流其妻妾子女，及同產兄弟于二千里外，餘俱釋不問。刑部
> 侍郎涂國鼎，承旨先出。上責諸臣欺罔蒙蔽，從無一疏發奸，自今當洗心滌
> 慮，從君國起見。諸臣皆叩首引罪。

袁崇煥一腔忠義，明朝竟如此報之（註一），昔人云「崇禎帝殘忍好殺」，誠為確論
矣。袁崇煥既死，據丙編葉三十，金人致旅順明將書曰：

> 南朝主昏臣奸，陷害忠良。

此致書之金人，即袁崇煥被逮時放聲大哭之遼人，其後因自稱「在此立功何用」，
故皆「北走胡」而為金人用。此輩之是非，姑不論；惟是其致書明人，既以昏君奸
臣並提，可見明之亡國，崇禎帝亦不能辭其咎也。迨袁崇煥死後百餘年乃至二百
年，據朝鮮實錄，亦常如此論之，英宗實錄六年（雍正八年，西一七三〇）十一月
辛未：

> 特進官李廷濟曰，……崇禎皇帝若在平世，則足為守成之主，而如袁崇煥輩
> 任之不終，終以此亡也。（卷三十葉四三）

又四年二月乙巳：

> 行召對。講明紀編年，……上曰：崇禎皇帝若以秉燭獨坐時秉心，終始行
> 政，則宦官何能專政，生民何以離散，而至於亡國乎？此實鑑戒處也。（卷
> 十五葉二十三）

（註一）嘯亭雜錄卷一：自本朝攻撫順後，明人望風而潰，不敢攖其鋒，惟巡撫袁崇煥固守寧遠，攻
之六旬，未下。高皇憮然曰：何愛兒乃敢阻我兵，因罷兵而歸。故文皇深蓄大仇，必欲甘心
泯夏，莊烈帝惜此離間，乃立磔崇煥，而舉朝無以為在者，殊不知帝之中間也。

又純宗實錄二十七年（道光七年，西一八二七）三月辛丑，持平睦台錫上奏陳勉，
仍言：

> 昔皇明毅宗皇帝，……不信士流，而信內臣，馴致禍亂，爲千古烱戒，其失
> 在於不知人，而非士流之罪也。（卷二十八葉四十一）

觀右引各條，尤其第一條，關于崇禎帝任袁崇煥不終，終以此亡國之說，可見天下
是非，後世自有公論。而朝鮮所稱實爲千古烱戒者，誠篤論矣。

八　朝鮮遣使陳慰

朝鮮遣使陳慰之舉，崇禎三年十月始達北京，此是後來之事，其先朝鮮協助明
朝之情形，據丙編葉五十二載崇德二年清主致祖大壽書有曰：

> 朕國與朝鮮接壤，從來無隙，朝鮮於己未年（萬曆四十七年）協助明朝，起
> 兵害我。

又云：

> 及得遼東後，朝鮮復助明朝……協謀圖我。

考朝鮮之所以如此始終擁護明朝者，據仁錄卷三十七葉九之記載，亦有從來矣。如
曰：

> 本朝之於大明，君臣而父子也，服事二百餘年，恪謹不怠，素稱禮義之邦。
> 及遭壬辰倭亂，車駕西幸，八路丘墟，神宗皇帝動天下兵馬，發內庫金帛，
> 驅除廓清，輯而歸之，國祚之得延今日，皆帝力也。

同書更稱「我朝與皇朝，抑有萬曆前後之別。」迄天啓七年，朝鮮因「丁卯虜禍」，
國王李倧不得已，遣使與金人約和，永爲兄弟之國，然非以信相和也。要之，朝鮮
之與彼相通，仍不外欲得當以報明朝耳。彼金國汗亦深知其然，其論朝鮮之約和，
至嘗發嘆恨之言曰：「觀其情形，實非誠懇。」（丙編葉五十二）己巳之役，朝鮮
對于明朝，雖無「勤王之舉」，然若勤王之計議，亦未必無也？例如崇禎四年金人
欲向朝鮮借舡以襲椵島（皮島別名）也，朝鮮則爲拒絕之言曰：「借舡之事，決不
可從。」一面玉堂更上劄曰：

> 我朝於天朝，有君臣之義，有父子之道，今者奴賊欲攻椵島，爲我之道，當

束甲以趨，纓冠而救之，強弱非所言也，成敗非所顧也。（仁錄卷二十四葉
四十六）

以此為例，則崇禎二年之「己巳虜變」，朝鮮亦必有「當束甲以趨」之事矣，然結
果之未束甲以趨者，則因明朝君臣徒為金人造時勢，無端殘害袁崇煥，舉可為之局
而敗之耳。斯時東國上下，為此一事，不知費幾許苦悶與注意矣。此類情節，皆明
史所不記者。茲據仁錄，悉備錄於後，一以見其時朝鮮忠於大明之情形，一以資研
究此段歷史者之參考焉。此外，尚有一點，必須先為說明，即仁錄所記之「虜情」，
其來源均係得之各處之報告，有金人親自來言者，有東國使臣自瀋陽馳啟者，有問
於椵島以探消息者，有進賀陪臣自北京馳啟者，有袁軍門問安官面啟國王者，又有
該國君臣聞警焦急而為許多「痛恨」與「悶慮」之狀者。總上情形，尤以進賀使臣
之馳啟，為第一等極有價值之史料，因國王曾云：「使臣方在關內，耳聞目見，所
報必真」也（參陳慰表）。凡此史料，前文雖有引及一二者，然皆斷章取義而已，
今仍照全文錄出，以見此一記事之始末焉。

(1)金人來言：

八年（崇禎三年，下文從略）正月戊申，金人高牙夫來言：金汗領兵入國，
到處大捷，寧遠大軍，迎戰而敗，天朝拿袁軍門以去，一眇目大將，收散
卒，退住山海關云。

(2)問於椵島所得之情形：

正月戊申，備局啟曰：金人入關之說，屢出於前後金人之口，無論虛實，既
聞其說，則似不可不問於島中，宜急差解事譯官及宣傳官問於陳副總。上從
之。

二月己巳，陳副總接伴使李碩達馳啟曰：前冬虜兵入喜峯口，掠密雲，直犯
昌平，一遊擊逆戰敗績，奴兵死者亦多，祖總兵大壽，方鎮玉田，袁督師進
軍關中，登州守將，點兵將赴援，而島中尚未聞的報云。

三月乙酉，陳副總接伴使李碩達馳啟曰：漢人崔志高自登州來言于副總，以
為去年冬，皇上親臨督戰時，總兵祖大壽滿桂等功第一，劉興祚次之，督師
袁崇煥坐縱賊入關之罪，方被逮，閣老孫承宗，代領其衆。

（3）來自瀋陽之消息：

二月丁丑，春信使朴蘭英在瀋中馳啓曰：臣正月初到瀋陽，仲男來言：今日
要土虎口兩將，携劉海之弟在不遠之地，令臣往見之。臣答云：使臣傳命而
已，奚敢越一步地。仲男請遣臣軍官李馨長等二人，臣乃許之。越一日，馨
長等還，與仲男迎見要虎兩胡于六十里外，胡將所獲男女萬餘。仍問汗入關
之事，則言汗從蒙古地方入紅口山，大王子入馬來口，或襲長城門，或穿長
城而入，自前冬十月晦，所向克捷，連陷遵化永平薊州等三十餘城，與北京
兵戰於皇城外五里地，敗之，過北京西北七十里許，秣馬於梁縣（良鄉），使
蒙古守樓哥橋（蘆溝橋），進圍北京二十餘日，至今年正月，汗盡領軍馬，
退駐永平府，天朝大將多死，袁經略亦繫獄云。越數日，忽哈龍骨大仲男等
謂臣曰：使臣來何遲也？此必以我國與南朝方戰，故欲觀望勝敗而然矣。臣
答以聞汗之出兵，恐無傳命處，仍致稽滯之意。則骨大辟左右附耳語曰：袁
經略果與我同心，而事洩被逮耳。此必行間之言也。

（4）來自北京之消息：

四月癸丑，進賀兼謝恩使李忔在北京馳啓曰：臣行入寧遠，值袁軍門出巡錦
州，留待踰月，始向前路，奴賊於十一月二十七夜，自棚路潘家口毀長城而
入，克漢兒莊，進圍遵化縣，京外震驚。袁軍門領兵過關，臣令驛官問安，
仍探賊報，則曰，奴賊竊發，本來如此，不足憂也，然不可輕進，須更觀勢
發行云。軍門領諸將及一萬四千兵發向西路，而遵化已陷，總兵趙率教遇賊
戰死。軍門入薊門，賊到城外不攻，徑赴西路，軍門由間路馳進北京，與賊
對陣於皇城齊化門，賊直到沙窩門，袁軍門祖總兵等，自午至酉，鏖戰十數
合，至於中箭，幸而得捷，賊退奔三十餘里，賊之不得攻陷京城者，蓋因兩
將力戰之功也。大同總兵太子太師左都督滿桂，宣府總兵右都督侯世祿，領
兵來援，賊少退。宣召入對，遽有袁軍門革職聽勘之命，標下諸軍，號哭于
城外，乞恩不許，亦不給軍糧，軍情憤怨，遂皆潰歸。祖總兵河（何）中軍
張副總等，亦還向錦州。關內多官勸留，不從。至于馬總兵世龍，持孫閣部
題奉聖旨憲牌召還，亦無來意。孫閣部承命出鎮山海關，屢諭以招之。祖總

兵三將，始領馬步兵四萬，一時到關。閣部甚喜，皆厚遇之。祖總兵等發囘西路，至紅花店，閣部聞永平失守，還與祖總兵劄營西門外，使其弟祖可法參將劉應選黃惟正孟道等領兵五千，前往撫寧縣，奴賊圍之，知遼兵來守，乃退。自今年正月，賊專力於東路。劉興祚遇賊先鋒於永平太平路，夜擊之，斬首五六百級，歡聲雷動，未數日，又與賊猝遇，脫甲力戰，中箭而死。今聞永平之陷也，賊酋四王子來圍之，賊中有內應者，遂陷，前布政白養粹，受僞署爲兵備道，以其女嫁賊酋，兵備道鄭國昌知府張鳳奇皆自殺云。撫寧去此僅百里，四將領遼兵與地方兵把守，而賊以城小不足畏，不攻而過，祖總兵領數萬軍在外，朱總兵梅在內，晝夜戒嚴，而孫閣部逐日巡城，檢督諸將，慰撫士卒，嚴戢奸細，羣情稍定，昌黎知縣統率鄉兵固守，以火砲多中，奴賊乃退，下營於永平東，黃劉祖孟四將，自撫寧從盧峯口追賊大捷，斬首一百四十餘級。又聞滿總兵及黑麻二總兵等，遇賊於京城外，皆大敗，蔴黑被虜，滿總兵不知去處，其後馬世龍又領大兵追賊，又有總兵吳之冕楊肇基等，統兵數萬到薊州，三河玉田豐潤等處，俱有兵守，京城近處，時無賊兵云。又聞袁軍門被囚之由，或云與守城諸將爭功誣陷之致，以孫閣部城上放砲城下廝殺之言觀之，則此言似不虛也。舉朝上本請釋之，皆不從。近日則上怒稍解，聞其有疾，遣醫視之，且賜衣衾。諸將等詣閣部衙門叩賀，祖總兵還住西門外，臣將長劍油苞等物，以備軍中之用，總兵受之。後數日，送謝帖于臣曰：日者本鎮親提大兵，正欲趨守永平，西援神京，東控山海遼東，漸圖恢復遵化，盡殲虜賊，使隻輪不返，不意虜賊先攻永平，守禦失策，竟爲所據。爲今之計，惟以山海爲根本矣。連日設計邀擊，大戰屢捷，斬馘雖不多，而虜氣已奪，撫寧去山海百里，已遣前鋒四將固守，奴賊連攻，火砲亂發，失利而南向昌黎樂亭，業已發撥前往偵探，似有的報情叚，另當相機撥勦云。此近日虜情之大槩也。

四月甲寅，進賀使李忔馳啓曰：臣使譯官金後覺，齎狀啓五度發送於寧遠衞，雇得船隻，使之上京，陳達此間事情，而頃聞寧遠兵備道，覓給歸船，將載送皮島矣。近日奴賊別無起動之勢，而仍據永平府，分屯灤州遵化等

處，搬運永平物貨，絡繹於道。且聞祖總兵分送五營將劉源清祖可法等于撫
寧建昌等地。多所斬獲，遂復建昌縣，又招頭營副將王維城，斬賊百餘級，
閣部甚喜，令部道鎮驗功論賞。永平府人前布政白養粹，首倡附賊，其族人
白衍慶，被擒於五營兵，閣部臨斬之，懸之街橋。兵部差官從天津浮海而
來，傳言以祖總兵兼太子太保，發銀四萬兩，頒賞軍兵，又書「壯烈忠膽」
四大字以賜之，閣部刻諸板，送于祖總兵營。以此觀之，則朝廷已知祖之有
功，寵錫至此，而袁軍門尚未蒙恩云。奴賊差人賫書講和者三，而閣部皆斬
使焚書。奴賊自永平出住安山地，不知去向，諸將邀賊歸路，奪回人口甚眾
云。

(5)袁軍門問安官之面啓：

七月乙未……崔有海（袁軍門問安官，崇禎二年九月丁亥差出）進曰：臣往
登州時，宋戶部言于臣曰：爾今賫持袁經略處文書以來，而袁經略被罪，自
當往見孫閣部。上曰：崇煥被囚，物情何如？有海曰：中朝朋黨之弊爲痼
疾，韓鑛者，與崇煥相親，推薦而用之。錢象坤者（溫體仁之誤），則自侍
讀入閣，締結宦官，譖袁爲通奴，故袁帥被囚，而袁非行賄貪黷之類，得人
死力云矣。

(6)國王與大臣「悶慮」之情態：

正月戊申……上曰，通州距皇都幾許？（知事洪）瑞鳳曰，四十里程也。臣曾
聞我國壬辰被兵時，萬曆皇帝至於避殿云，今令此皇都被圍之說，雖未知其
眞的，而此豈君臣上下晏然之日乎？自上宜避正殿，以示不忘之意。上曰，
然。講罷，上避正殿，御月廊，引見三公曰：奴賊西犯之說，連續入來，而
初不之信，今見狀啓，不勝驚駭，在我國之道，不可晏然，凡事必須預講。
吳永謙曰：椵島則或可聞中原消息，宜先送譯官及解事宣傳官于副總處，探
知的報，且奴賊動兵日久，而尚無歸還之報，必是犯闕相持之故也。宜先差
奔問使，俟的報入送。上曰，然。右相金瑬曰：臣于赴京時見之，大同遼廣
皆有重兵，關以內則更無屯兵處。且中原昇平日久，文物極盛，而武備全
疏，賊若入關，不難長驅矣。上曰：虜若深入，則皇上必南幸，而無以得

閒，誠可悶慮。我國若少有兵力，則往覆虜巢，此正其時，而反送信使於彼中，於事不可，於心不安矣。

二月癸丑，知經筵李貴曰……君臣之義，天地之常經，古今之通誼也。人不知有此義，則君不君，臣不臣，父不父，子不子，我國之於天朝，其義則君臣其恩則父子也。奴兵西犯之說，臣不知其的否，而以君臣父子大義言之，若聞君父被兵之報，則豈可諉以彼虜虛誇之言，而不爲之動心乎？今日我國縮手傍觀，寂無勤王之擧，日後天朝若有問罪之擧，則其將何辭以對？縱天朝憐我而不責，其於君臣分義何哉？且虜如聞抄兵之令，來責我負和，則我答曰，天朝則有父子之義，爾我則有兄弟之約，其輕重殊矣。君父大義，虜亦知之，必不以此深咎我國也。雖抄兵，而無皇帝之命，則可止矣，有皇帝之命，則赴之亦可也，豈拘於虜之喜怒，而忍廢此擧乎？上曰：啓辭甚善，當命廟堂議處。

三月丙午，憲府啓曰：我國之於天朝，義君臣而情父子也。蠢茲凶醜，圍逼皇城，皇上旣親冒矢石，則不計國勢之難易，兵力之強弱，在我之道，惟當生死以之。而今者旣不能出兵赴援，又不能及時奔問，揆以大義，曷勝痛恨。請於進慰之行，代方物以兵器，一以爲臨陣助戰之用，一以示不忘響敵之意。

參仁錄史料，以校本文各節之記事，則是關于「己巳虜變」之眞情實狀，更爲瞭然矣。再觀朴蘭英啓辭中所記金人詰問之言，如：「使臣來何遲也？此必以我國與南朝方戰，故欲觀望勝敗而然矣。」此正是朝鮮當初之本情。其後則以明帝中計，袁督師被繫，滿桂劉之綸等又相繼敗沒，於是朝鮮始不敢「束甲以趨」「往覆虜巢」矣。此種情形，觀李貴所啓「抄兵待命」之說，亦可知也。

當此之時，國王李倧以爲大明之「虜禍」，亦卽本國之「虜禍」也，故於皇都解圍之後，特進表陳慰，並依大臣之啓，「於進慰之行，代方物以兵器，一以爲臨陣助戰之用，一以示不忘讎敵之義。」其表文原件，見於內閣大庫殘餘檔案中。此在明淸史上爲一重要之文獻，不但國內爲罕有之物，卽在朝鮮當年之稿本，亦因「丙子虜禍」（崇禎九年西一九三六）而遭散失矣。奏表全文，據甲編六。一葉照

錄如左；

朝鮮國王臣李倧謹奏，爲兇鋒豕突進犯關內，道路阻絕，吉凶互傳，謹馳一价恭伸問慰之禮事。議政府狀啓：崇禎叁年貳月初捌日，據義州府尹李時榮馳報：該本月初三日，有走囬人仍石告稱：在虜中聽得奴酋於上年拾月初二日，領大勢兵馬直抵長城，穿入關內，拾貳月初二日，先陷薊州等地，進迫皇城，與天兵相持二十餘日，勝負未決，虜中相與誇說。等情。得此。隨據陳副總接伴使李碩達馳報：該譯官金汝恭告稱：聽得上年十月分，奴賊自喜峯口犯入密雲，直向昌平，天朝遊擊迎戰敗沒，賊兵亦多死傷，跪稟副總。則答曰：道路訛言，誤聽誤傳，不可取信，勿爲提起云云。又聽山西客商趙姓人來到本島言說：傳聞上年十月分，西㺚誘引奴賊前向喜峯口，與天兵戰，奴賊大敗。等情。得此。前項說話，或出於走囬之言，或聞於客商之傳，虛的難憑。節次差宣傳官盧悌誠李廷樾等人送椵島，移書副總探問西來消息，則島中亦無的確之報，但言賊兵圍駐皇城之說，雖不可信，入自喜峯口，逼近畿服，似非虛傳，祖總兵領大兵進駐玉田，攔阻賊兵，不敢長驅。等情。得此。隨准陳副總揭帖：奴酋犯我京都，深入重地，幸皇上赫然震怒，甲兵如雲謀士如雨，且神京鞏固，業已挫其鋒而敗北矣。此出於登船報聞，則京報大捷，准在朝夕。等因。三月初五日，又據接伴使李碩達馳啓：聽得天朝滿總兵，督諸將與賊大戰，賊領敗卒退屯於永平城中，十三省兵馬圍駐永平。等因。得此。又於本月內將探討奴兵犯京的報，以便進慰事理，另咨副總陳繼盛。囬咨節該：我兵雖屢奏奇蹟，然中外戒嚴，兼之隔海，邸報難通。等因。准此。島中所稱，互有吉凶，亦未眞的，方深悶鬱間。四月初四日，據進賀使李忔在山海關另差譯官金後覺馳啓：上年十月二十九日，行到山海關，聽得奴賊於本月二十七日夜，毀長城以入，進圍薊州通州，十一月二十日，直迫皇城齊化門外。雖被天兵殺退，賊酋遁還，而餘衆尙復屯據，四出搶掠，兵禍之慘，有似我國丁卯之變，臣等一行，不得前進，要從天津路得達京師。等因。得此。臣等竊詳蠢茲凶醜，敢抗天威，乃至逼犯畿輔，驚勤皇城，凡在食土含血，皆思臠肉寢皮。況我國之於天朝，義則君

臣，恩猶父子，雖重溟路隔，不得爲索賦赴難之計，急馳一价以修奔問之禮，不可少緩。而道路之傳，疑信難詳，舉國憂煎，靡日敢安。卽目我國使臣方在關內，耳聞目見，所報必眞，合無專差使臣前去進慰，仍將本國所造戎器若干，一併進獻，以助軍前之用。另具一本，備奏天聰。相應，等因。具啓。據此。臣竊照凶醜匪如，敢抗大邦，吞噬全遼，假氣自大，桀逆已盈，理必滅亡，豈料蛇豕荐食，一至此極。始聞道傳，驚而復疑，屢差的當陪臣前往椵島，以探的報，而久未得詳。及見李忔在山海關馳啓，然後始聞其槩，雖天威震疊，賊兵挫衂，而尙據腹裏，時肆剽掠，臣與一國臣民，叩心扼腕，不覺西望而血涕也。臣逖守外藩，旣未能西赴國難，捍王于艱，又未能跋涉道路，躬行奔問。惟有專差進慰，是爲自効之地，而等候的報之間，又至後時，主辱臣死，義□如此，臣之罪戾至此而大矣。謹將小邦所造戎器叁種，順付陪臣，另行封進，惟聖明亮察焉。緣係凶鋒豕突進犯關內，道路阻絕，吉凶互傳，謹馳一价恭伸問慰之禮事理。爲此，謹具奏聞。右謹奏聞。自爲字起，至此字止，計字壹□□□□紙一張。崇禎三年四月二十五日朝鮮國王臣李倧

朝鮮於中國，嘗自比「同胞」之列。又稱「兩國一家，休戚是同。」故表文內常斥金人爲奴賊。而其仇視金人之極，至欲以「食肉寢皮」（宣祖實錄卷二八葉二五有剝胡人皮一條）爲快。所不快者，國小力弱，不能卒有所爲。然讀國王「陳慰」表，亦可有辭於天下後世矣。

又按，此陳慰使之遣，據仁錄，尙有一度中止之事：

八年（崇禎三年）六月壬申，禮曹啓曰：陳慰使之行，因島中之變而中止（皮島劉興治之亂），卽今形勢，當不久而定，請遣使臣。從之。（卷二十葉五十）

使臣之差出，同年七月己卯，又一條曰：

進慰使鄭斗源將赴京（卷二十三葉）

至於使臣之到達北京，據崇禎長編三年十月壬戌，有「朝鮮國王遣其吏曹判書鄭斗源賚表陳慰」一節。十一月辛丑，又記優旨云：

帝以朝鮮國王李倧，具疏奏慰，並進戎器，優旨答之。

又仁錄更記使臣之囘云：

> 九年（崇禎四年）六月丙寅，進慰使鄭斗源囘自帝京。（卷二十四葉四十六）

吾人於使臣之行所以縷述如是者，蓋曰崎嶇裝齎，歷時年餘，紆致萬里之道，以伸其問慰之禮，其誠亦至矣。由此可見朝鮮凡可以報大明之德者，摩頂放踵，亦所不辭焉。此一說也，東邦人士至今猶誦之不已，如民國十八年張溥泉先生寓北平大佛寺後大取燈胡同三號時曾接東國俞鎮泰君自朝鮮京城水標町四十二號寄來一信有云：

> 蓋朝鮮四五百年之特傾心明室，溯觀中外前史，壤地時蹙，而服事彊大，勢變形殊，則無所戀依。若朝鮮與明，實出情量之表，……外有服屬之形，內敦昆弟之愛，國有大小之殊，而志忘壤地之暌，愷悌胥會，敗仆而不忍違也。近者遼瀋間，邦人寄耕者浸多，彼此無忤，豈非傳流有自者耶。

俞氏原函，作者於三十六年四月因王獻唐先生介紹，承張先生出以見示，故得借錄於此。同時張先生更有一段最饒意味之談話曰：

> 十八年，奉命赴倭，答倭人參加總理奉安典禮。畢事，取道三韓歸國，淹留漢城平壤數日，弔韓故宮，拜箕子墓，訪樂浪遺跡，時見檻匾碑碣書崇禎紀元，入書肆，得舊籍十餘種，槪題崇禎第幾甲子或崇禎百幾十年。

三百年後之朝鮮，對于故明猶如此念德不忘，則三百年前之朝鮮，所謂「傾心明室，實出情量之表」者，更當然矣。朝鮮自明以來，五百餘年傾心中國，不以強弱易節，史續彪炳如是。卽當日金人亦爲之感動，因金人亦嘗曰：「朝鮮二百年臣事皇朝，極有信義，若與之交好，則可久矣。」（仁錄卷十五葉三十三）又曰：「朝鮮不負天朝，亦是好意思。」（仁錄卷十六葉三）故其後金人代興，朝鮮卽賴此信義自存。今世邦交競尙詐僞，故附著於此，俾世之論外交者，有所取材焉。

天威乃至遍記幾輔驚動
皇城凡在食土舍血皆思嚼肉寢皮況我國之於
天朝義則
君臣

恩猶父子雖重溟路隔不得高索賦赴難之計急馳一价以修奔問之禮不可少緩而道路之傳疑信難
譯樂國憂煎靡日敢安即目我國使臣方在關內耳聞目見所報必真合無專差使臣前
去進

天聽相應等因具啓據此臣竊照兇僭敢抗
天聽
慰仍將本國所造戎器千一併進
獻以助軍前之用另具一本備
奏

天威震疊賊兵挫衄蚓而尚攘臆時肆剝掠臣與一國臣民叩心扼腕不覺西望而血涕也臣遂守外藩
國難捍
王于艱又未能跋涉道路躬行奔問惟有專差進
慰是焉自效之地而等候的報之聞又至後時

大邦吞噬全遼假氣自大策逞監理必滅亡豈料蛇豕荐食一至此極始聞道傳驚而後延屢差
峋宣告臣前往假島以探的報而久未得詳及見李忔在山海關馳啓然後始聞其藥雖

主辱臣死義合如此臣之罪戾至此而大矣謹將小邦所造戎器參種頓付陪臣另行封進惟
聖明諒察爲緣徐覽突遠起關內道路阻絕吉凶互傳謹馳一价恭伸問
聞
右
謹具
慰之禮事理爲此謹具奏
聞

崇禎參年拾伍日朝鮮國王臣李倧

記 明 實 錄

吳 晗

余於明代史事有篤好，七年前於北平圖書館讀明實錄，札記盈數尺，於實錄之掌故原委，尤所究心。三年前流徙南下，舊所手錄，委棄無存。今年夏，鄉居苦寂，復理舊學，丹黃之餘，又事抄割，係明實錄者又得數十百則●因發憤理董，輯爲長編，作記明實錄。不標考者，以求書不易，志闕疑也。實錄價值，言人人殊，記評騭第一。採錄纂修，史官之職，記史官第二●椒園焚稿，史宬尊藏，記儀制第三。高光諸錄，數經改修，記掌故第四。內廷錄副，士夫爭傳，記傳布第五。

一　評騭

明清兩代諸史家中，萬季野最推崇明實錄，錢大昕潛研堂文集二十八萬先生斯同傳記其嘗語方苞曰：

「吾少館某氏，其家有列朝實錄，吾默識暗誦，未敢有一言一事之遺也。長游四方，從故家求遺書，旁及郡志邑乘雜家志傳之文，莫不網羅參互，而要以實錄爲指歸。蓋實錄者直載其事與言而無所增飾者也。因其世以考其事，

矠其言，而平心察之，則其人之本末，十得八九矣。然吾之發或有所由，事之端或有所起，而其流或有所激，則非他書不能具也。凡實錄之難詳者，吾以他書證之，他書之誣且濫者，吾以所得於實錄者裁之。」

季野於明實錄自洪武至天啓，皆能闇誦，其所主修之明史稿，卽以實錄爲指歸。然前於季野之明代史家，則對實錄多所指摘，其著者如王鏊則病其取材但憑吏牘，立傳但紀遷擢，震澤長語記：

> 前代脩史，左史紀言，右史紀動，宮中有起居注，如晉董狐齊南史皆以死守職，司馬遷班固皆世史官，故通知典故，親見在廷君臣言動而書之，後世讀之，如親見當時之事。我朝翰林皆史官，立班雖近螭頭，亦遠在殿下。成化以來，人君不復與臣下接，朝事亦無可紀。凡脩史則取諸司前後奏牘，分爲吏戶禮兵刑工爲十館，事繁者爲二館，分派諸人，以年月編次，雜合成之，副總裁削之，內閣大臣總裁潤色。其三品以上乃得立傳，亦多紀出身官階遷擢而已，間有褒貶，亦未必盡公，後世將何所取信乎？

鄭曉則病其支離瑣碎，輕重失倫。今言一○三：

> 我朝雖設脩撰編脩檢討爲史官，特有其名耳。實錄進呈，焚草液池，一字不傳，況中間類多細事，重大政體，進退人材多不錄。每科京師鄉試考官賜宴皆書。冢宰內閣大臣其先後相繼，竟不可考，他可知矣。

郎瑛則直斥爲虛應名目，爲無史，七脩類稿卷十三：

> 古人左史記言，右史記事，宮中又有起居注，善惡直書，故後世讀之，如親見者也。今史官雖設而不使日錄，一朝宴駕，則取諸司奏牘，而以年月編次，且不全也。復收拾於四方，名目而已。且愛惡竄改於二三大臣，三品以上方得立傳，但紀歷官而已，是可以得其實乎？今日是無史矣。

李建泰則斥其書法，以爲文獻不足徵，其所撰何喬遠名山藏序中有云：

> 實錄所紀，止書美而不書刺，書利而不書弊，書朝而不書野，書顯而不書徵。且也序爵而不復序賢，遲功而巧爲避罪。文獻不足徵久矣！

李清爲刑科給事中時，見書手纂史書，嘆其以去取托命於小吏，三垣筆記上記：

> 予署纂後，見一書手把册而前請用印。予問何册，旁一書手答曰：「此名史

書，蓋彙刑部諸招疏送翰林院爲他日修實錄地也。」予取閱見中有去取，因問把册書手此誰爲政，其人瞪目張口，不知所答。旁一書手曰：「若聾耳」。予不得巳，以口逼耳再三呼，方點額曰：「小人爲政」。予嘆曰：「彼何知，誤收猶可，誤遺奈何！」因命此後抄送皆聽余手酌，未幾，予以言謫，恐又書手爲政矣。

其總論明一代實錄者，則有沈德符，以爲實錄難據，野獲編卷二：

本朝無國史，以歷帝實錄爲史，已屬紕漏。乃太祖錄凡三修，當時開國功臣壯猷偉略，稍不爲靖難歸伏諸公所喜者，俱被刋削。建文帝一朝四年，蕩滅無遺，後人搜括掇拾，千百之一二耳。景帝事雖具英宗錄中，其政令尚可考見，但曲筆爲多。至於興獻帝從藩邸進崇，亦修實錄，何爲者哉！其時總裁費文憲公（宏）等苦無措手，至假借承奉長史等所撰實錄爲張本，審成俱被釀賞，至太監張佐輩濫受世錦衣，可哂亦可嘆矣。今學士大夫有肯於祕閣中借錄其册，一展其書者乎！止與無只字同。

張岱石匱書自序極斥明代史籍之不足徵，其言曰：

有明一代，國史失誣，家史失諛，野史失臆，故以二百八十年，總成一誣妄之世界。（瑯嬛文集卷一）

又於所著徵修明史檄中泛論明歷朝實錄之弊：

宋景濂撰洪武實錄，事皆改竄，罪在重修（晗按景濂所修爲元史，此宗子誤筆），姚廣孝著永樂全書，語欲隱微，恨多曲筆。後焦芳以僉壬秉軸，邱濬以奸險操觚，正德編年，楊廷和以掩非飾過，明倫大典，張孚敬以矯枉持偏。後至黨附多人，以清流而共操月旦，因使力翻三案，以閣豎而自擅纂修。黑白既淆，虎觀石渠，尚難取信。玄黃方起，麟經夏五，不肯闕疑。（同上卷三）

清徐乾學於修明史時上修史條議論明實錄云：

明之實錄，洪武兩朝，最爲牽略。莫詳於弘治，而焦芳之筆，褒貶殊多顚倒。莫疏於萬曆，而顧秉謙之修纂，敍述一無足采。其敍事精明而詳略適中者，嘉靖一朝而已。仁宣英憲勝於文皇，正德隆慶劣於世廟，此歷朝實錄之

大概也。（　王頌蔚明史考證擒逸引　）

夏燮明通鑑義例：

　　野史易辨，而野史之原於正史，正史之本於實錄，明人恩怨糾纏，往往籍代
　　言以修戲筆；如憲宗實錄，邱濬修郄於吳陳（吳與兩陳獻章），孝宗實錄，
　　焦芳修郄於劉謝（劉健謝遷），武宗實錄，董玘修郄於二王（王瓊王守仁，）
　　而正史之受其欺者遂不少。弇州（王世貞）所辨，十之一二也。至於洪武實
　　錄再改，而其失也誣，光宗實錄重修，而其失也穢。

俱對明實錄無恕辭。其較能持平，灼見實錄在史料上之價值者僅王世貞一人。世貞
於明實錄亦一意抨擊，史乘考誤卷一：

　　國史之失職，未有甚於我朝者也。故事有不諱，始命內閣翰林出纂修實錄，
　　六科取故奏，部院咨陳牘而已。其於左右史記言勤闕如也。是故無所考則不
　　得書，國恥衰闕，則有所避而不敢書。而其甚者，當筆之士或有私好惡焉，
　　則有所考無所避而不欲書，即書，故無當也。

然又曰：

　　國史人恣而善蔽眞，其敍章典，述文獻，不可廢也。野史人臆而善失眞，其
　　徵是非，削諱忌，不可廢也。家史人諛而善溢眞，其讚宗閥，表官績，不可
　　廢也。

取國史之章典文獻，參之以野史之是非，徵之以家史之宗閥官績，制度足憑，是非
可信，人物足徵，年月可考，四者具核而史乃可傳，此鳳洲之卓識，亦明實錄在史
料上價值之定評也。至百年後萬季野出，其言乃若合符契。

　　明清易代之際，典章散佚，文獻無徵，錢謙益深致嘆於作史之難。有學集卷十
四啓禎野乘序：

　　史家之取徵者有三：國史也，家史也，野史也。於斯三者，考覈眞僞，鑿鑿
　　如金石然，然後可以據事跡，定褒貶。而今則何如也！自絲綸之簿，左右史
　　之記，起居召對之籍，化爲煨燼，學士大夫各以己意爲記注，憑几之言，可
　　以增損，造膝之語，可以竄易，死君亡父，瞞天謾人而國史僞。自史館之實
　　錄，太常之諡議，琬琰獻徵之記載，委諸草莽，世臣子弟，各以私家爲掌

故，執簡之辭不必登汗青，裂麻之奏不必聞朝著，飛頭借面，欺生誣死而家
史僞。自貞元之朝士，天寶之父老，桑海之遺民，一一皆沈淪竄伏，委巷道
路，各以胸臆爲信史，於是國故亂於朱紫，俗語流爲丹青，循蠕蛄以尋聲，
傭水母以寄目，黨枯仇朽，雜出於市朝，求金索米，公行其剽劫，才華之
士，不自貴重，高文大篇，可以數縑邀取，鴻名偉伐，可以一醉博易，而野
史僞。

此三百年前之情況也。近五十年來野史間出，明人文集之已見著錄者且汗牛充棟，
有明十三朝實錄近復經中央研究院歷史語言研究所以舊抄本數種互勘，行且付之梨
棗，積學之士，人得而畜之。以野史徵實錄，以文集碑誌徵實錄，以實錄訂野史文
集碑誌，然後以所得折衷於明史，勒爲長編，傳信一代，此其時矣。

二　史官上

宋人最重史事，歷朝均憑起居注修日曆或時政記，以爲修實錄張本，更以日曆
時政記實錄爲主，具紀志表傳而成國史，宋史藝文志所著錄有王旦國史一百二十
卷，呂夷簡宋三朝國史一百五十五卷，鄧洵武神宗正史一百二十卷，王珪宋兩朝國
史一百二十卷，王孝迪哲宗正史二百一十卷，李燾洪邁宋四朝國史三百五十卷是
也。日曆如宋高宗日曆逹一千卷，時政記如度宗時政記七十八册是也。他如記載典
章，則每朝各有會要，法制則有歷朝所修之敕令格式，如建隆編敕，嘉祐驛令，開
寶長定格，三司式之類是也。故宋代史料最爲詳備，而所重尤在日曆，明初修元史
時，天台徐一夔曾以史事遺書總裁王褘云：

> 近世論史者莫過於日曆，日曆者史之根抵也。自唐長壽中，史官姚璹奏請撰
> 時政記，元和中韋執誼又奏撰日曆，日曆以事繫日，以日繫月，以月繫時，
> 以時繫年，猶有春秋遺意。至於起居注之說，亦嘗以甲子起例，蓋紀事之
> 法，無踰此也。往宋極重史事，日曆之修，諸司必關白，如詔誥則三省必
> 書，兵機邊務則樞司必報，百官之進退，刑賞之予奪，台諫之論列，給舍之
> 繳駁，經筵之論答，臣僚之轉對，侍從之直前啓事，中外之囊封匭奏，下至
> 錢穀甲兵，獄訟造作，凡有關政體者，無不隨日以錄。猶患其出於吏牘，或

有訛失，故歐陽修奏請宰相監修者，於歲終點檢修撰官日所錄事，有失職者罰之。如此則日曆不至訛失，他時會要之修取於此，實錄之修取於此，百年之後，紀志列傳取於此。此宋氏之史所以爲精確也。

元朝則不然，不置日曆，不置起居注，獨中書置時政科，遣一文學椽掌之；以事付史館，及一帝崩，則國史院據所付修實錄而已，其於史事，固甚疏略。（明史卷二百八十五徐一夔傳）

明承元後，典章亦多承元舊，洪武十三年革中書省，亦并元人所置之時政科而革之。國史翰林，唐宋以來，劃然爲二，國史掌記注修史，翰林則備文學顧問，至明合而爲一，以翰林院之編修修撰檢討爲史官。陸容菽園雜記：

國初循元之舊，翰林有國史院，有編修官，階九品而無定員，多或至五六十人。若翰林學士待制等官兼修史事，則帶兼修國史銜。其後更定官制，罷國史院不復設編修官，而以修撰編修檢討專爲史官，隸翰林。翰林自侍讀侍講以下爲屬官。官名雖異，然皆不分職，史官皆領講讀，講讀官亦領史事，所兼預職事，不以書銜。近年官翰林者尚循國初之制，書兼修國史。甚者編修已升爲七品正員而仍書國史院編修官，亦有書經筵檢討官者，蓋仍襲舊制故也。

明史卷七十三翰林院：

史官修撰（從六品）編修（正七品）檢討（從七品）無定員。學士掌制誥史冊文翰之事，凡經筵日講纂修實錄玉牒史志諸書，編纂六曹章奏，皆奉敕而統承之。史官掌脩國史，凡天文地理宗潢禮樂兵刑諸大政，及詔勅書檄，批答王言，皆藉而記之，以備實錄。國家有纂修著作之書，則分掌考輯撰述之事。凡記注起居編纂六曹章奏膽黃冊封等咸充之。

按宋制起居郎起居舍人掌起居注，以所記注付著作郎修日曆。明自洪武後不設起居注（詳後），翰林史官雖有宋著作郎之職而無所承，凡遇脩史，只憑諸司奏牘，雜合編次（王鏊震澤長語），而諸司奏牘之編次，則又不設專司，但憑書手去取，名爲史書（李清三垣筆記，按映碧雖明末人，其所言當可推及一代。見前）。以是鄭曉謂史官爲虛設，今言一〇三：

我朝雖設修撰編修檢討爲史官，特有其名耳。

張居正亦致歎於史文之闕略，張太岳先生文集卷三十九議處史職疏：

> 國初設起居注官，日侍左右，紀錄言動，實古者左史紀事，右史紀言之制。
> 迨後詳定官制，乃設翰林院修撰編修檢討等官，蓋以紀載事重，故設官加
> 詳，原非有所罷廢。但是職名更定之後，遂失朝夕記注之規，以致累朝以
> 來，史文闕略。……卽如邇者纂修世宗皇考實錄，臣等祇事總裁，凡所編輯
> 不過總集諸司章奏，稍加刪潤，驪括成編，至於仗前柱下之語，章疏所不及
> 者，卽有見聞，無憑增入。與夫稗官野史之書，海內所流傳者，欲事采錄，
> 又恐失眞。是以兩朝（世穆）之大經大法，雖罔敢或遺，而二聖之嘉謨嘉猷，
> 實多所未備，凡此皆由史臣之職，廢而不講之所致也。

據宋史職官志，門下省有起居郎，中書省有起居舍人，均掌侍立修注；凡朝廷命令
赦宥，禮樂法度，損益因革，賞罰勸懲，羣臣進對，文武臣除授，及祭祀宴享，臨
幸引見之事，四方氣候，四方符瑞，戶口增損，州縣廢置，皆書以授著作官。是則
起居郎在名義上雖尚記皇帝個人之起居，而實則內外一切政治勳態之紀錄，均其職
責，以目睹之事實筆之於書，且日侍仗前，其聞見較任何人爲親切，其所紀錄，自
爲第一等史料。明初亦曾設此官，但不久卽廢，明史職官志記：

> 起居注，甲辰年（元至正二十四年，西元一三六四）置，吳元年定秩正五品，
> 洪武四年改正七品，六年升從六品，九年定起居注二人，後革。十四年復
> 置，秩從七品，尋罷。

據明史及孫承澤春明夢餘錄，明初宋濂魏觀（明史詹同傳）王直均曾居此官：

> 明初猶設起居注，如洪武中宋濂爲起居注，劉基答天象之問，命付史館，永
> 樂中王直以右春坊右庶子兼記起居，後不知廢於何時：（夢餘錄卷十三皇史
> 宬）

洪武中且曾修日曆一百卷，明太祖實錄記：

> 洪武六年九月壬寅，翰林學士承旨詹同等言於太祖曰：「自上起兵渡江以
> 來，征討平定之蹟，禮樂治道之詳，雖有紀載而未成書，乞編日曆，藏之金
> 匱，傳於後世。」太祖從之。因命太子贊善宋濂爲總裁官，侍講學士樂韶鳳

爲催纂官，禮部員外郎吳伯宗儒士朱右趙壎朱廉徐一夔孫祉徐尊生等爲纂修官，鄉貢進士黄昶國子生陳孟暘等謄寫。至七年五月丙寅書成，總裁官宋濂爲表以進。命藏於金匱，留其副於祕書監。

據明史詹同傳，同與濂同爲總裁官，書起起兵臨濠至洪武六年。按實錄所言在未修日曆前，洪武六年以前之事蹟已有紀載，此紀載自必爲起居注所記，日曆卽據此而修，蓋明初史職猶循宋制也。起居注之廢雖不能的爲何年，據明史職官志翰林史官之設在洪武十四年，則疑起居注之廢或卽在是年（夢餘錄記王直兼修注，明史王直傳不載）。自後卽不再設此官，直至萬曆元年（西元一五七三）張位始請復設修注官，明史卷二百十九張位傳：

位以前代皆有起居注而本朝獨無。疏言：「臣備員纂修，竊見先朝政事，自非出於詔令，形諸章疏，悉湮沒無考，鴻猷茂烈，鬱而未彰，往使野史流傳，用僞亂眞。今史官充位，無以自效，宜日分數人入直，凡詔旨起居，朝端政務，皆據見聞書之，待內閣裁定，爲他年實錄之助。」

時張居正當國，力主其議，具疏請以日講官兼記注，史官侍直注，張太岳先生文集三十九議處史職疏：

一　議分管責成；看得日講官密邇天顔，見聞眞的，又每從閣臣之後，出入便殿，卽有密勿謀議，非禁祕不可宣露者，閣臣皆得告語之。合令日講官日輪一員專記注起居彙錄聖諭詔勅册文等項，及內閣題稿。其朝廷政事見於諸司章奏者，另選年深文學素優史官六員專管編纂事，分六曹，以吏戶禮兵刑工爲次，每人專管一曹，俱常川在館供事，不許別求差遣，及託故告假等項，致妨職務。

一　議史臣侍直注；按禮儀定式，凡遇常朝，紀事官居文武第一班之後，近上便於觀聽，卽古螭頭載筆之意。洪武二十四年定召見臣下儀，以修撰編修充侍班官，卽古隨使入直紀事之意。今宜遵照祖制，除升殿例用史官侍班外，凡常朝御皇極門，卽輪該日記注起居幷史官共四員列於東班各科給事中之上。午朝御會極門，列於御座西稍南，專一記注言動，凡郊祀耕耤幸學大閱諸典禮，亦令侍班隨從紀錄。至於不時宣召及大臣祕殿獨對者，恐有機

密，不必用史官侍班，但令入對大臣自紀聖諭及奏對始末，封送史館詮次，其經筵日講，則講官卽記注起居，亦不必另用侍班。

一　議纂輯章奏：照得時政所寄，全在各衙門章奏。今除內閣題稿幷所藏聖諭詔勅等項，該閣臣令兩房官錄送史館外，其各衙門章奏，該科奉有旨意發抄到部，卽全抄一通，送閣轉發史館。至於欽天監天文祥異，太常寺祭祀日期，各令按月開報，其抄本不必如題奏揭帖格式，但用常行白紙，密行楷書，不論本數多寡，幷作一封送入。

一　議紀錄體例：照得今次紀錄，祇以備異日考求，俟後人之刪述，所貴詳核，不尚文詞，宜定著體式。凡有宣諭直書天語，聖諭詔勅等項備錄本文。若諸司奏報一應事體，除瑣屑無用，文義難通者，稍加刪削潤色外，其餘事有關係，不妨盡載原本，語涉文移，不必改易他字。至於事由顚末日月先後，務使明白，無致混淆。其間事蹟可垂勸戒者，但據事直書，美惡自見，不得別以己意，及輕信傳聞，妄爲褒貶。

一　議收藏處所：照得國史古稱爲金匱石室之書，蓋欲收藏謹嚴，流傳永久。今宜稍倣此意，月置一小櫃，歲置一大櫃，俱安放東閣左右房內。每月史官編完草稿，裝爲七册，一册爲起居，六册爲六曹事蹟，仍於册面各記年月史官姓名，送內閣驗訖，卽投入小櫃，用文淵閣印封鎖，歲終內閣會同各史官間取各月草稿收入大櫃，用印封鎖如前，永不開視。

萬曆三年二月二十日奉聖旨：「都依擬行，禮部知道！」（陳繼儒眉公見聞錄卷四，萬曆會典卷二百二十一翰林院，春明夢餘錄卷十三皇史宬，所記幷同，不具引）江陵綜核爲治，令出法行，起居之官自此得修其職，夢餘錄卷十三記一事可見新制行後之情形：

一日神宗顧見史官，還宮偶有戲言，慮外聞，自失曰：「莫使起居聞知，聞則書矣。」起居之有益於主德如此。

然至神宗中年以後，深居倦勤，不與臣下接，記注侍直又成宄職，天啓元年三月周宗建上請修實錄疏云：

今當皇上御極之初，首允輔臣之請，纂修皇祖實錄。計輔臣留心掌故，必有

規畫授之史官。而臣乃側聞朝家故事，湮廢者多，史局條章，因循且久。闕

中之私記，僅託筆于執事之人，聖明之舉動，半銷滅於禁庭之祕，起居之職

徒懸，風鼎之傳失實，凡如此類，闕略爲多。（周忠毅公奏議卷一）

明史職官志亦云：

起居注，萬曆間命翰林院兼攝之，已復罷。

是則起居注雖暫設於明初，復置於萬曆，然爲時均甚暫。明一代史官僅翰林院之修

撰編修檢討十數人而已。

太祖時曾修日曆，已見上記。萬曆中且曾修國史，惜未成而輟。明史卷二百十

七陳于陛傳：

于陛少從父以勤習國家故實。爲史官益究經世學。以前代皆修國史，疏言：

「臣考史家之法，紀表志傳謂之正史，宋去我朝近，制尤可考。眞宗祥符間

王旦等撰進太祖太宗兩朝正史，仁宗天聖間，呂夷簡等增入眞宗朝名三朝國

史，此則本朝君臣自修本朝正史之明證也。我朝史籍止有列聖實錄，正史闕

焉未講。伏睹朝野所撰次可備採擇者，無慮數百種，倘不及時網羅，歲月漫

邈，卷帙散脫，耆舊漸凋，事蹟罕據，欲成信史，將不可得。惟陛下立下明

詔，設局編輯，使一代經制典章，犖然可考，鴻謨偉烈，光炳天壤，豈非萬

世不朽盛事哉。」詔從之。二十二年（西元一五九四）三月遂命詞臣分曹類

纂，以于陛及尙書沈一貫少詹事馮琦爲副總裁，而閣臣總裁之。其年夏于陛

兼東閣大學士入參機務。二十四年病卒於位，史亦竟罷。

于陛所規畫務于詳備，朱國楨湧潼小品卷二：

陳文端（于陛）請修正史，分各志二十八，務於詳備，一志多至四五十萬餘

言。未幾文端薨，各志草草了事。丁酉（萬曆二十五年，西元一五九七）擬修

列傳，會三殿災奏停，蓋六月十九日也。時余入史館方三日，又十日病發，

凡三月僅得不死，而館中無復有談及者。

談遷棗林雜俎藝實門記修史事：

南充陳文端相國修正史，列聖本紀，皇后本紀，建文景泰以實錄附載。專紀

有待。郊祀廟祀典禮樂律天文歷法宗藩學校選舉職官經籍賦役貨幣漕運河渠

鹽法軍政兵制馬政刑法郡國九邊凡二十二志。楊徐滁陽三王傳；高祖之十七藩，成祖之二藩，仁宗英宗各四藩，憲宗之三藩，外戚，洪武之功臣諸臣，建文諸臣，永樂之功臣諸臣，洪宣諸臣，正統天順諸臣，景泰諸臣，成化諸臣，弘治諸臣，正德諸臣，嘉靖諸臣，隆慶諸臣。又理學文苑循吏高逸孝節亂逆權倖方伎四夷列傳，類四十六。志初畢，丁酉擬列傳，六月三殿災輟業，又南充前卒，四明沈一貫殊不必爲意，非其始議也。

當時擬徵王穉登約參史事，未上而史局罷，明史王穉登傳：

> 萬曆中詔修國史，大學士趙志皐輩薦穉登及其同邑魏學禮江都陸弼黃岡黃一鳴，有詔徵用，未上而史局罷。

僅焦竑成國史經籍志一種，明史焦竑傳：

> 萬曆二十二年，大學士陳于陛建議修國史，欲竑專領其事，竑遜謝，乃先撰經籍志。其他率無可撰，館亦竟罷。

至設館所集之史料，則以三殿一炬，化爲劫灰，孫承澤春明夢餘錄卷十三：

> 萬曆年間，閣臣陳于陛請修正史，詔從之。於是開館分局，集累世之實錄，采朝野之見聞，紀傳書志，頗有成緒，忽遇天災，化爲煨燼，史事益屬茫然矣。

三　史官下

明制，帝崩卽設館修實錄，視爲大典。以勳臣充監修，王世貞鳳洲雜編四：

> 太祖實錄永樂初命曹國公李景隆監修。再命夏原吉及太子少師姚廣孝監修。太宗仁宗實錄，英國公張輔少師蹇義少保夏原吉監修。宣宗實錄英國公張輔監修。英宗實錄會昌侯孫繼宗監修。憲宗實錄英國公張懋監修。孝宗實錄仍懋監修，武宗實錄則定國公徐光祚監修。

然宣德以前猶文武臣幷用，或一武二文，或文武各二，至修宣宗錄，始用勳臣一人，後爲定制。沈德符野獲編一：

> 實錄監修官累朝俱以勳臣充之。洪武三十五年七月，實建文四年也，文皇新卽位，重修太祖錄，其時監修者爲曹國公李景隆忠誠伯茹瑺，雖文武各一

人，皆勳臣也。永樂九年，又以景隆瑤等心術不正，編輯不精，改命姚廣孝夏原吉爲監修，此國初未定例也。洪熙元年五月修太宗實錄，以英國公張輔吏部尙書蹇義戶部尙書夏原吉爲監修，則武臣一人，文臣二人矣。閏七月又修仁宗實錄，仍以英國公張輔，成山侯王通及蹇夏共四人爲監修，蓋文武各二人。至宣德十年修宣宗實錄，始命以英國公張輔一人充監修官，自此累朝以來，遂爲定例，無復文臣監修事矣。唯嘉靖間修與獻錄，以定國公徐光祚吏部尙書廖紀禮部尙書席書爲監修官，蓋用祖宗初年故事，以重其典。

以閣臣任總裁，今言三四三：

直文淵閣入內閣……凡修實錄史志諸書充總裁官。

明史卷七十二：

殿閣大學士……修實錄史志諸書，則充總裁官。

以翰林院學士等官充副總裁，大明會典二百二十一翰林院：

凡修實錄史志諸書，內閣官充總裁，本院學士等官充副總裁，曾出欽命。

纂修諸官則由內閣於翰林院詹事府春坊司經局諸官內具名題請，謄錄催纂，制勅誥勅房皆預。（同上）其纂修程序，據王鏊言：

凡修史則取諸司前後奏牘，分爲吏戶禮兵刑工爲十館，事繁者爲二館，分派諸人，以年月編次，雜合成之，副總裁削之，內閣大臣總裁潤色。（震澤長語）

談遷棗林雜俎逸典亦記：

纂修實錄，各分詹翰坊局，彙具送閣臣總裁，又分歲月刪定，彙而上之。

筆削之職，則以副總裁爲尤重。張居正纂修事宜疏：

蓋編撰之事，必草創修飾，討論潤色，工夫接續不斷，乃能成書。而其職任緊要，又在於副總裁官。

至實錄之取材，在內則取於諸司部院呈繳之史書（見前），在外則歷朝均特遣官分赴各省采輯先朝事蹟，宣宗卽位後，修仁宗實錄，卽通令中外，采輯事蹟，明宣宗實錄卷五：

洪熙元年（西元一四二五）閏七月乙巳，以纂修仁宗昭皇帝實錄勅禮部曰：

「……自皇考仁宗昭皇帝留守南京，至嗣天位，二十餘年聖德聖政，爾禮部
悉恭依修皇祖太宗文皇帝實錄事例，通行中外采輯，送翰林院編纂實錄。

又命進士陸儼等分往各地采輯，同書又記：

壬子，行在禮部以纂修仁宗昭皇帝實錄，移文南北二京衙門，及遣進士陸儼
等分往各布政司暨郡縣採求史蹟，類編文册，悉送史館以憑登載。

至次年又命禮部移文催促，明宣宗實錄卷十六：

宣德元年(西元一四二六)四月庚辰，上御奉天門，謂行在禮部尙書胡濙曰：

「纂修實錄，國家重事。自古帝王功德，傳之萬世，只憑史書。祖宗以來，
多有德政在天下，皆須紀載。今內外諸司尙有未奏來者，是不體朕心，爾禮
部移文趣之。

修英宗實錄時，何喬新纂刑部史書，何文肅公集外集蔡淸楸丘先生傳：

修英廟實錄，令各部採摭事當紀載者爲書上之。司冠以屬先生。及書上史
館，少保南陽李文達公閱之曰：「紀實而飾以文，視諸司惟膽吏牘者大不侔
矣。」

修孝宗實錄時除差進士外，幷命地方長官領其事，田藝蘅留青日札：

弘治十八年十二月初七日，欽奉勅諭，纂修孝宗敬皇帝實錄，差進士顧可學
張文麟。浙江纂修官右布政使李璲杭州府知府李孟瑛。

修武宗實錄時，蘇州府聘楊循吉主其事。其所纂吳郡纂修實錄志，極爲士林所稱。
何良俊四友齋叢說：

昔年纂修武宗實錄時，蘇州府聘楊儀部循吉主之。楊長於修書，其立例皆有
法。其修有吳郡纂修實錄志一册。

夢餘錄十三亦云：

嘉靖初纂修武宗錄，差進士訪求事實，蘇州府聘楊循吉主之，其所修有吳郡
纂修實錄册，凡例可觀。

此地方自任之探摭也。禮部仍分遣進士莅其事，四友齋叢說：

嘗記得余小時，余年十六歲爲正德辛巳（西元一五二一），武宗升遐。至次
年世宗皇帝改元嘉靖。武宗好巡遊，其政蹟本少。又世宗以藩王入繼統，猶

差進士二員來南直隸纂修，二進士皆徐姓，余猶能記之。

至隆慶初修世宗實錄時，政府惜費，停差進士職官採訪，即行提學官負責纂修，浙江提學委杭學廩生田藝蘅協同整理，藝蘅嘗記當時文移條例於其所著留青日札中，錄之以見原委：

> 纂修實錄事宜；浙江等處提刑按察司提督學校僉事林大椿爲纂修實錄事，案准本司關准，浙江布政使司照會，呈准禮部照會前事，該本部題，祠祭清吏司案呈，案照先奉本部送該，本部奏節該，欽奏勅諭；纂修世宗肅皇帝一應合行事宜，悉照例舉行，欽此云云。爲照先朝纂修實錄，例差辦事進士往各處采取事蹟。近因進士俱已選授，是以擬差職官，今職官又無應差人員役，當另行議處。臣查得各處提學官，職崇文學之司，兼有地方之職，委之探取，事尤易集。合無本部將合行取勘事件，一面移咨都察院轉行南北直隸提學御史，一面照會十三布政司，轉行按察司各提學官，將所屬地方各項事蹟，查照開去款目，俱自正德十六年四月起，至嘉靖四十五年十二月止，換序年月，分別事類，務要考覈精明，收錄公當，編類造册，俱限本年十二月以裏纂完，逕自差官具奏，册送史館，以借采擇。如有稽遲及草率者，聽本部查出參究，庶幾責任有歸，事體簡便，而纂修不致有誤云。隆慶元年（西元一五六七）五月十三日奉旨。
>
> 一　郡縣境內之人，曾授內外文武官職，有功蹟顯者，及丘園之士，曾遇優獎者，今雖亡歿，應有行狀神道碑墓志壙志等文。及曾有所上章奏之類，抄錄類進，以憑去取。不許將庸常之人，徇情虛飾妄報。
>
> 一　凡境內孝子順孫，忠臣烈士，義夫節婦，曾經旌表及奉旨褒諭者，詳悉開報。
>
> 一　各處歷年行過事件，有干係纂修，可爲勸懲者。今開去條件，雖不盡載，皆須逐一點檢見報。
>
> 提學道劄付本學廩生田藝蘅，學有家傳，文長紀事。其諭本學合令前來協同整理，庶幾有裨於大典，當無負厥初心也。右劄付杭州府儒學。

藝蘅對當時所頒采輯條例，甚爲不滿，留青日札云：

因考（弘治十八年十二月所頒實錄條例）一文武官員不問職之大小云云，謹
案今無大小二字，以致卑職下僚，雖有功績，不得入錄，深可惜也。況文非
進士，武非開府，皆不得與，與史漢之例不合。

一　山林德行之士曾經獎諭。較今率旨獎諭者，能幾何哉！抱道丘園，遺名
竹素者多矣。

一　舊無墳志，蓋有墓志，不須重出也。大率子孫不才，遺失志傳，偽作詭
名，假託顯貴，甚可嗤鄙。又或擴入些微功績，附會影響，以求合式，尤欺
罔也。而纂者或節其繁文，且因無銘字之語，乃棄而不錄，又可笑矣。殊不
知古人奇事，多於銘中見之。

一　章奏有傷見在權貴者，亦不敢錄。子孫貧弱，不能自致者，多不得錄。
所著文集皆不進呈，亦不足以備史官採錄，當詳之。

何良俊亦病其率略，四友齋叢說云：

隆慶初政，獨纂修實錄一節，殊為率略，恐後日不能無遺憾也。世宗皇帝在
位最久，又好講求典禮，故四十五年之中，大建置，大興革，何所不有。況
昔年海上如秦璠王艮作耗，近年倭奴犯境，用兵兩次，其有功與死事之人，
以及冒破錢糧，臨陣敗北者，何可枚舉。倘一時軍門奏報不實，或史局傳聞
失真，專賴纂修官博採輿論，奏聞改正，庶為實錄。又如松江府分建青浦
縣，其分建之由，必有所為，初建議者何人？後廢格不行者又何人？當建與
否？博訪民間輿論，一一修入，庶朝廷有所考據持循，何至建而廢，廢而復
建，議論紛紜，漫無畫一哉！是皆纂修率略之故也。楊循吉吳郡纂修實錄志
一冊，舊是刻本，後燬於回祿，版不存矣。予聞世宗賓天，即多方購之，後
得一本，甚喜，以為倘修實錄，其凡例據此為式可也。後問不差纂修官，亦
不聘問郡中文學掌故，但發提學御史，御史行郡縣，郡縣行學，學官令做禮
生秀才扭捏進呈。此是朝廷大典章，便差一纂修官，所費幾何，乃靳惜小
費，而使世宗四十五年大政令，與夫郡縣官師人物，地方大事，不知寫作甚
麼模樣也。

孫承澤則以為此舉使史無所取材，夢餘錄十三：

隆慶以後，改行提學行邑行學，學官令禮生秀才，抄錄一二大臣墓誌塞責，於是史無所取材。

至天啟時修神宗實錄，始再命董其昌往南方採訪，又輯神廟留中奏疏，其所收穫最大，明史卷二百八十八董其昌傳：

> 天啟二年（西元一六二二）修神宗實錄，命其昌往南方採輯先朝章疏遺及事。其昌廣修博徵，錄成三百本。又採留中之疏，切於國本藩封人才風俗河渠食貨吏治邊防者，別爲四十卷，倣史贊之例，每篇繫以筆斷。書成表進，有詔褒美，宣付史館。

崇禎初錢龍錫在內閣，以爲遣使採訪，徒滋煩擾，奏停之，而明亦尋亡矣。明史卷二百五十一錢龍錫傳：

> 故事纂修實錄，分遣國學生採事蹟於四方。龍錫言：「實錄所需在邸報及諸司奏牘。遣使無益，徒滋擾，宜停罷。」從之。

龍錫所謂邸報，在明代史料中最爲重要。凡發抄之紅本塘報，官吏之進退，以及刑賞大政，均見於邸報，崇禎以前僅有寫本，至崇禎十一年（西元一六三八）始有活板印本。蓋當時無報紙，無論外官遠人，即都中人亦僅恃邸報以知國家政事之措施，邊防之緩急也。顧亭林最爲推重，亭林文集四與次耕書：

> 自庚申（明光宗泰昌元年，西元一六二〇）至戊辰（明思宗崇禎元年，西元一六二八）邸報皆曾寓目，與後來刻本紀載之書殊不相同。今之修史，大段當以邸報爲主，兩造異同之論，一切存之，無輕刪抹，而微其論斷之辭，以待後之論定，斯得之矣。割補兩朝從信錄，不過邸報之二三耳。

又與公肅甥書云：

> 昔時邸報至崇禎十一年方有活版。自此以前，並是寫本。

實錄取材於在內各部院司寺之史書，在外各纂修官之採輯，益以留中之奏疏，抄傳之邸報。至於對武臣邊將之勅諭則用白話，修入實錄時却改爲文言，楊士奇三朝聖諭錄云：

> 永樂二年，一日進呈勅邊將稿，上曰：「武臣邊將，不諳文理，只用直言俗說，使之通曉，庶不誤事。他日編入實錄却用文。」

今所傳張紞雲南機務鈔黃王世貞弇山堂別集中所錄之國初對武臣詔諭，均質樸一如口語，猶可考也。

實錄修纂之凡例，見明宣宗實錄卷首，并錄之以存掌故：

一　宣宗皇帝即位後，禮儀及賞賚之類皆書。

二　宣宗皇帝永樂八年留守北京事書，十二年侍從北征事書，十八年冬侍從北京事書，二十二年受册升儲事書，洪熙元年南京謁陵事書。

三　上皇太后尊號，册立皇后皇妃皇太子，及册封郡王王妃公主皆書，其儀注有新定者書，改諸王封國亦書。

四　皇子生書，親王之子生已賜名者書，諸王嫡長孫亦書。

五　祀天地宗廟社稷山川等神，郊祀躋配及遣官祭嶽鎮海瀆帝王陵寢先師孔子皆書。有新增祀典亦書。

六　凡詔書悉錄全文，若勅書及御製文錄其關事體之重者。有特勅褒勉臣下，撫諭遠人及恤刑寬貸之類悉錄。

七　凡寶璽圖書及諸王郡王寶諸將軍印并印符印信皆書。

八　大駕鹵簿及皇太后皇妃東宮親王郡王公主儀仗有新製及增損者書。

九　諸王公主冠婚皆書，其禮儀有新定者書。

十　謁陵巡邊親征留守事宜皆書，所命官亦書。

十一　凡親王之國及郡王受命往某地皆書。

十二　文武大臣以事來朝者書，天下官三年一朝皆審。

十三　文武官制衙門及土官衙門有新設改建革罷及復舊者皆書。

十四　封公侯伯及命其子孫襲爵皆書，并書所受封號勳階。

十五　命駙馬儀賓悉書。

十六　除授三公三少南北二京五府六部都察院太常寺通政司大理寺詹事府光祿寺應天府順天府親軍指揮使司太僕寺鴻臚寺國子監翰林院欽天監太醫院堂上官，及近侍七品以上官，監察御史宗人府經歷并在外中都留守司都指揮使司布政司按察司堂上官，行太僕寺苑馬寺卿監鹽運使皆書。內有承襲者，守令或佐貳以下保留升祿秩者亦書。若中外文武官有功積顯者，及以事特升遷

者，不限職之大小皆書。官大臣之子亦書。

十七　選法及薦舉有新令書。

十八　考課有新例及損益舊制書。

十九　公侯伯并文武大臣老疾致仕，及特恩優閒皆書。後復起用亦書。

二十　文官誥勅常例外有特賜者，或有損益事例亦書。

二十一　每歲戶口總數，每歲所收田土稅糧屯田子粒總數，及漕運總數，採納金銀等件稅課茶課等項，并減免稅糧麥米等項總數，并於歲終書之。

二十二　輓輸漕運之法有新令者書。田賦徭役及農桑勸課有新令亦書。停罷歲辦諸物皆書。

二十三　屯種有新定之例及考較之法書。

二十四　凡親王公主郡王郡主鎮國等將軍駙馬儀賓公侯伯歲祿，官吏俸給，軍士月糧，有新定折支全支條例並書。

二十五　遇歲凶扎賑恤悉書。

二十六　倉庫坑冶有新建革及新令者書。

二十七　凡新開鹽場，新定中納鹽糧及定戶口食鹽則例皆書。鈔法有新令亦書。

二十八　凡禮儀有新制或損益書，新製樂器皆書。

二十九　每歲聖節正旦令至郊覜慶成大宴皆書。遇節賜宴如新春上元之類亦書。有特旨賜節假亦書。

三十　中外文武官有特恩皆書，命婦遇慶節有賜亦書。

三十一　各處學校增設或罷革，并內外學生徒簡退，及在外四十以上取至京考試皆書。公侯伯有年少特旨送監讀書，及四夷遣子入學皆書。

三十二　每科京府鄉試禮部會試廷試皆書，所定各處科舉額數亦書。廷試制策題悉錄全文，進士選讀書及暫放歸，并下第舉人除授官及選讀書皆書。

三十三　喪葬之禮及上尊諡之冊備書，親王郡王王妃公主郡主之喪葬皆書，其禮儀有新定或損益舊儀亦書。凡公侯駙馬伯在京文武官三品以上，及侍臣五品以上，在外都司布政司按察司正官歿皆書卒，及繫其行實善惡，務合公

論。其有贈諡及賜祭賻賜命有司治葬皆書。若文武官有治行，功蹟顯著，不限職之大小皆書。

三十四　文武臣僚有沒於王事者皆書，有得褒贈亦書。

三十五　凡旌表孝子順孫義婦節婦，悉著其鄉里姓名行實。

三十六　欽天監奏天象氣候日月薄蝕五星凌犯皆書，中外奏祥異及軍民之家一產三子以上蒙恩賞者亦書。

三十七　建言有關涉國體者皆錄，詳略隨宜，有所奉聖旨亦載。

三十八　武官子孫優給有新例亦書。

三十九　遣使撫諭四裔及封拜賜賚皆書，四裔來朝貢亦書，及有宴賚亦書。

四十　凡纂修先朝實錄及編輯書籍皆書。

四十一　凡兵政有新令書，命將各處鎮守防邊，及有備禦規畫皆書。

四十二　車駕巡邊討叛皆書，命將征討邊夷亦書。征撫安南，備書始末。

四十三　凡軍民衙門官馬孳生馬邊境茶馬買馬之政悉書，其牧養之地有改遷者亦書，每歲有勅免所欠各項馬匹，悉書總數。

四十四　凡關津巡檄驛傳遞運烽燧有新設及改革者書。

四十五　公侯駙馬伯儀賓有罪削奪，及五府北京行後府六部北京行部都察院太常寺通政司大理寺詹事府光祿寺太僕寺應天府順天府鴻臚寺國子監翰林院欽天監太醫院堂上官，近侍七品以上官，監察御史宗人府經歷，及在外中都留守司都司布政司按察司堂上官，行太僕寺苑馬寺卿鹽運司，有罪繫下獄勘讞誅戮皆書。有特旨罷黜，干係懲勸者，不限職之大小并書。其蒙特恩寬宥亦書。如犯奸惡叛逆之罪，不限官吏軍民悉書。常律之外，別有斷罪條例亦書。

四十六　刑官有平反冤獄，詳書本末。

四十七　風憲官及文武臣僚彈劾大臣之罪皆書，并書所得旨意。其職非大臣而所犯重者亦書。

四十八　修理宮殿幷天地宗廟社稷及一切神祇壇場皆書。

四十九　營建山陵備書，建各王王妃公主墳皆書，其制度有損益亦書，郡主

以下奉勅建者書。

五十　修繕各處城池屯堡及新建革者皆書。

五十一　差官各處提督圩田水利及新開修治河渠圩岸橋道皆書，有奏請修築坡塘等事亦書。

五十二　工匠起取放免皆書。

四　儀制

明制，新帝登極後，卽詔修實錄，敕命監修總裁副總裁纂修諸官，禮部咨中外官署採輯史蹟，遣進士或國學生分赴各布政司郡縣搜訪先朝遺事，劄送史館，幷以布政使司正官及知府爲纂修官。開館前一日於禮部賜宴，張居正太岳文集三十七辭免筵宴疏：

> 先該禮部題本，本月二十六日開館纂修穆宗莊皇帝實錄，查得累朝舊例，先於本部欽賜筵宴，次日入館。

入館後，從皇史宬取前一朝實錄，以爲對勘之用。（顧炎武亭林文集五書吳潘二子事）

實錄纂修完成後，謄錄正副二本，其底稿則於擇日進呈前，史官會同司禮監官於太液池旁椒園焚燬，以示禁密。鄭曉今言三四三：

> 實錄成，焚其草禁中。

又一〇三：

> 實錄進呈，焚草液池，一字不傳。

萬曆會典二百二十一翰林院：

> 其實錄草稿，會同司禮監官，於內府燒燬。

沈德符野獲編補遺一今上史學條：

> 實錄成時，史臣俱會同焚稿於芭蕉園，人間並無底稿。

朱國楨涌潼小品二：

> 實錄成，擇日進呈，焚稿於芭蕉園。園在太液池東，崇台複殿，古木珍石，參錯其間。又有小山曲水，則焚之處也。

劉若愚酌中志十七：

玉河橋東岸，再南曰五雷殿，即椒園也。凡修實錄成，於此焚草。

孫承澤春明夢餘錄六：

有坊二，一曰金鰲，一曰玉蝀，再南曰五雷殿，即椒園也。凡實錄成，焚草
於此。

卷十三：

凡一帝山陵，則開局纂修，告成焚稿椒園。

卷三十二：

史成焚草，中貴傳旨，猶傳大學士為翰林學士。

總裁官則呈進實錄表，照例鋪張先帝之功業，今帝之纘述，末則敍纂修經過。茲舉
邱璿瓊台會稿所載進憲宗實錄表為例：

進呈憲宗純皇帝實錄表 弘治辛亥八月 邱 濬
二十四日上

伏以皇圖有永，天開六葉之君，文化聿成，世享二紀之治，功德之敷遺者
既大，典冊之紀述者宜詳，上廣先猷，下垂後訓，成一人繼述之孝，慰萬姓
愛戴之心。恭維憲宗繼天凝道誠明仁敬崇文肅武宏德聖孝純皇帝，以上聖之
資，居大寶之位，聖心仁孝，天表清明，廣運而文武聖神，剛健而中正純
粹，承千年之大統，纘五聖之洪圖，帝享四十一齡，雖寸陰而必競，君臨二
十四載，無一日而不朝，遵治命而殉葬不以生人，承先志而任用惟其舊輔，
曉朝慈極，無間於暑雨祁寒，日御經筵，不輟於隆寒盛夏，祭神而神如在，
極仁孝誠敬之心，奉天而天不違，有感召交孚之妙，介福於聖母，徽號荐
加，錫類遠臣民，隆恩均布，順而委曲以合禮，儼慈懿於山陵，孝以推廣其
因心，復康定之位號，崇儒重道，稽古好文，輯文華大訓示元良而萬邦以
貞，成綱目續編明正統而百王不易，恢張治具，籌寀英賢，治分理於六卿，
不恃己長而自用，法一循於三尺，靡因私怨以濫加，雖一嚬一笑而必慎所
施，恐匹婦匹夫之不獲其所，民或干紀，尋卽革心，虜敢犯邊，俄聞捷報，
民安吏職，時和歲豐，允為一代極盛之時，象有列聖諸福之物，仁聲廣播，

有血氣者莫不尊親，哀詔遠頒，具衰絰者如喪考妣，不有信史，曷彰聖功，
紀載必有成書，顯揚是爲大孝。恭惟皇帝陛下道協重華，孝思罔極，嚴羲墻
之如見，著存不忘，躬歷數之攸歸，負荷是懼，亟鑒觀於成憲，思遹駿於先
聲，爰詔禮官，俾脩實錄，乃於弘治元年閏正月初三日勅臣懋監修，臣吉等
總裁，臣濬等副總裁，臣敏政等纂修，別開史局，羣集儒臣，發內府精微之
祕藏，采銀台出納之章奏，內而六曹百司之所掌，外而三司列郡之所陳，柄
臣建請之事宜，諫輔論思之忠益，言無微而不錄，事非要則弗書，凡治體之
所關，或風化之攸繫，著爲令甲，播告司存。與夫禮法章程，功勳節義，人
才進退，綱紀弛張，內自宮闈，外極邊鄙，政必究其沿革，事必備其始終，
賢否決於衆論之同，是非公於天定之後，總國計於每歲之杪，述實訓爲後世
之謨，傳其信不傳其疑，過於文寧過於質，一存實事，盡削浮辭，立德立功
立言，三者備矣，繫年繫月繫日，一以貫之，永爲不朽之傳，大著無前之
績。臣某等寅奉綸音，愧無史學，方切抱弓之戚，遽叨載筆之榮，仰體宸
衷，俯殫管見，立典五志，稽衆志以備書，作史三長，念一長之何有，況夫
今制時政無編，不比前規起居有注，懼有孤於委任，幸得見其纂成，計日程
功，閱歲深有慚於尸素，載言紀事，異時不無補於汗青。

惟解縉進太祖實錄表特異，以高皇帝高皇后並列，先述高皇帝功業，繼述高皇后內
助之功，此蓋別有用意，說詳掌故篇甲。

進實錄時，典儀極爲隆重，明代進實錄儀紀載之存留者，有明宣宗實錄卷六十一。
及正德會典，明史禮志諸書。茲舉明史卷五十六禮志十所載永樂元年進太祖實錄儀
及萬曆五年進世宗實錄儀爲例：

進書儀惟實錄最重。皇帝其袞冕，百官朝服，進表稱賀。建文時太祖實錄
成，其進儀無考。永樂元年重修太祖實錄成，設香案於奉天殿丹陛正中，表
案於丹陛之東，設寶輿於奉天門，設鹵簿大樂如儀。史官捧實錄置輿中，帝
御殿如大朝儀，百官詣丹墀左右立，鴻臚官引寶輿至丹陛上，史官舉實錄置
於案，遂入班。鴻臚官奏進實錄，序班舉實錄案，以次由殿中門入，班首由
左門入，帝輿，序班以實錄案置於殿中，班首跪於案前，贊史官皆跪，序班

　　幷內侍官舉實錄案入謹身殿，置於中。帝復座，贊俯伏，班首俯伏興復班，
贊四拜，贊進表，序班舉表案由左門入，置於殿中，贊宣表，贊從官皆跪，
宣訖，俯伏興四拜，進實錄，退於東班。百官入班，鴻臚官奏慶賀，各官四
拜興。贊有制，史官入班，贊跪，宣制云：「太祖高皇帝高皇后功德光華，
纂述詳述，朕心懽慶，與卿等同之。」宣訖，俯伏興三舞蹈又四拜，禮畢。
萬曆五年世祖實錄成，續定進儀。設寶輿香亭表亭於史館前，帝袞冕御中極
殿，百官朝服侍班。監修總裁纂修等官朝服至館前，監修官捧表至表亭中，
纂修官捧實錄置寶輿中，鴻臚官導迎，用鼓樂撒蓋，由會極門下墀至橋南，
由中道行，監修總裁等官隨表亭後由二橋行，至皇極門，實錄輿由中門入，
表亭由左門入，至丹墀案前，監修官捧表置於案，纂修官捧實錄置於案，俱
侍立於石墀東，內殿百官行禮訖，帝出御皇極殿，監修總裁等官入，進實錄
進表俱如永樂儀。次日司禮監官自內殿送實錄下殿，仍置寶輿中，用撒蓋與
監修總裁官同送皇史宬尊藏。

禮成，賜宴於禮部，監修以下官各賜白金彩幣表裏，轉官各有差。

　　實錄有正副二本，副本初藏古今通集庫，明成祖實錄卷二百：

　　　永樂十六年五月庚戌，監修實錄官行在戶部尚書夏原吉，總裁官行在翰林院
　　　學士兼右春坊右庶子楊榮等上表進太祖高皇帝實錄，上具皮弁服，御奉天殿
　　　受之，披閱良久，嘉獎再曰：「庶幾小副朕心。」又顧原吉等曰：「此本朝
　　　文，以資覽閱，仍別錄一本，藏古今通集庫。」

劉若愚酌中志十六：

　　　印綬監掌印太監一員，職掌古今通集庫。

卷十七：

　　　香庫稍北，有庫一連，坐東向西，有石牌曰古今通集庫，係印綬監所掌，古
　　　今君臣畫像符券典簿貯此。

後改貯內閣。彭時彭文憲公筆記：

　　　文淵閣在午門內之東，文華殿南面磚成，凡十間，皆覆以黃瓦。西五間中揭
　　　文淵閣三大字牌扁，扁下置紅櫃，藏三朝實錄副本。

邱濬瓊台會稿一弘治壬子五月十二請訪求遺書奏：

> 今內閣所藏者，太祖高皇帝實錄一部二百五册，寶訓十五册。太宗文皇帝實
> 錄一部一百二十四册，寶訓十五册。仁宗昭皇帝實錄一部二十一册，寶訓六
> 册。宣宗章皇帝實錄一部一百十六册，寶訓十册。英宗睿皇帝實錄一部三百
> 六十一册，寶訓十二册。憲宗純皇帝實錄一部二百九十三册，寶訓十册。與
> 藏在內府，每帝又各有一部而巳，此外別無他本。

鄭曉今言三四三：

> 直文淵閣……凡累朝御文實錄寶訓玉牒之副，古今書，皆藉而藏之。

陳繼儒眉公見聞錄三：

> 累朝纂修實錄事例，凡纂修實錄寶訓已完，正本於皇極殿恭進，次日送皇史
> 宬恭藏，副本留貯內閣。

至庋藏之責則有典籍司之。會典二百二十一翰林院：

> 凡內閣收貯御製文字實錄玉牒副本，古今書籍，及紙劄筆墨等項，典籍等官
> 收掌。

正本則嘉靖以前藏於內府。嘉靖十三年（西元一五三四）建皇史宬，金匱石室，最
爲嚴密。劉若愚酌中志十七：

> 永泰門再南街則皇史宬，珍藏太祖以來御筆實錄要緊典籍，石室金匱之書，
> 此其處也。

孫承澤春明夢餘錄十三：

> 皇史宬在重華殿西。建於嘉靖十三年。門額以史爲吏，以成爲宬。左右小門
> 曰韞歷，以龍爲蠠，皆上自製字而手書也。中貯列朝實錄及寶訓。每一帝山
> 陵，則開局纂修，告成焚稿椒園，正本貯此。實錄中諸可傳誦宣布者曰寶
> 訓。宬中四周上下俱用石甃，中具二十台，永陵定陵各占二台。

又勅命重錄祖宗實錄寶訓，送皇史宬尊藏，明世宗實錄記：

> 嘉靖十三年七月甲戌，上諭內閣；祖宗御像實錄寶訓，宜有尊崇之所。訓錄
> 宜加以堅楷書一編，作石匱藏之。內閣因議於南內建閣尊藏。其重寫訓錄，
> 書帙大小，依通鑑綱目例規，不拘每月一册，異日收藏，每朝自爲一櫃，議

定如纂修例，詔從之。因命武定侯郭勛爲監錄官，大學士李時禮部尙書夏言

詹事顧鼎臣等爲總視經理官。太常寺卿謝丕侍讀學士張璧侍講學士蔡昂等爲

副管錄官。侍讀張袞，侍講江汝璧楊維傑唐順之歐陽衢，贊善張治，諭德姚

淶，修撰王用賓，編修楊瀹陳節之胡經等爲校錄官，率謄錄官生等同錄。至

嘉靖十五年八月乙酉書成。

以司禮監官一員提督之。（酌中志十六）以每年六月六日晒曝實錄，野獲編二十四

風俗：

六月六日本非令節，但內府皇史宬晒曝列聖實錄御製文集諸大函，則每歲故

事也。

酌中志十七：

每年六月初六日奏知曬晾，司禮監第一員監官董其事而稽核之，看守則監工

也。

世宗中年好道，日事齋醮，取宮中舊本安置於西城萬壽宮，後被火災。萬曆十六年

神宗欲取讀實錄，閣臣因請另謄一小型本，以便觀覽。總明代實錄正本貯皇史宬，

自洪武至正德，均嘉靖重錄本。副本藏內閣，宮中又別有洪武至隆慶小型本，書型

較小，卷數亦有併省。詳具傳佈篇。

五　掌故甲

(一)太祖

太祖實錄凡三修，明史藝文志二記：

明太祖實錄二百五十七卷，建文元年（西元一三九九）董倫等修。永樂元年

（西元一四〇三）解縉等重修。九年（西元一四一一）胡廣等復修。起元至

正辛卯（西元一三五一）訖洪武三十一年戊寅（西元一三九八），首尾四十

八年。萬曆時允科臣楊天民請，附建文帝元二三四年事蹟於後。

沈德符野獲編卷一：

洪武三十一年（西元一三九八）八月，建文君新卽位，徵江西處士楊士奇充

實錄纂修官。至建文元年（西元一三九九）正月，始大開局修太祖實錄，時

總裁爲禮部侍郎董倫王景彰，副總裁爲太常卿廖升學士高遜志，纂修官爲國子博士王紳及漢中府教授胡子昭齊府副理審楊士奇崇仁縣訓導羅恢馬龍他郎甸長官司吏目程本立。文皇帝新卽位，以前任知府葉仲惠等修太祖錄，指斥靖難君臣爲逆黨，論死籍沒。本年十二月始命重修，其時監修者爲曹國公李景隆忠誠伯茹瑺。永樂九年又以景隆瑺等心術不正，編輯不精，改命姚廣孝夏原吉爲監修，其纂修則屬之胡廣等，又命楊士奇金幼孜佐之，而總裁則屬祭酒胡儼學士黃淮楊榮。

此以初修本指斥靖難爲叛逆，故命再修，又以再修之監修官李景隆茹瑺心術不正，編輯不精，故命三修。二修時焚初修本，至三修時又毀二修本，萬曆時沈景倩已言前二本俱不可得見，野獲編一又記：

> 本朝太祖實錄修於建文中，王景等爲總裁，後文皇帝靖難，再命曹國公李景隆監修，而總裁則解縉，盡焚舊草。其後永樂九年復以爲未善，更命姚廣孝監修，總裁則楊士奇，今所傳本是也。然前兩書所修，則不及見矣。

顧亭林亦指出二修三修本之不同，主點在靖難一事，並揭出實錄之特殊書法，亭林文集三答湯荊峴書：

> 太祖實錄凡三修，一修於建文之時，則其書已焚，不存於世矣。再修於永樂之初，則昔時大梁宗正西亭曾有其書，而洪水滔天之後，遂不可問。今史成及士大夫之家諱實錄之名而改爲聖政記者，皆三修之本也。然而再修三修所不同者，大抵爲靖難一事，如棄大寧而幷建立之制，及一切邊事書之甚略是也。至於顔宋二公若果弗以令終，則初修必已諱之矣。聞之先人曰：實錄中附傳於卒之下者正也，不係卒而別見者變也。當日史臣之微意也。今觀卒後恩典之有無降敘，則舉一隅而三可反矣。

徐健庵則以爲成祖爲親諱過舉，故三修本極失實，其所上修史條議云：

> 太祖實錄凡三修，一在建文之世，一在永樂之初，今所傳者，永樂十五年重修者也。前二書不可得見，大要據實直書，中多過舉，成祖爲親隱諱，故於重修時盡去之。其實太祖御製文集誥命，未嘗諱也。今觀此書疏漏舛誤，不可校舉，當一一據他書駁正，不得執爲定論。

夏𣈆父最後出，其持論乃最精。𣈆父以爲再修三修之用意，只在證明成祖確爲高皇后所出，故懿文秦晉三兄死後，倫序當立。明通鑑卷首義例：

明成祖於建文所修之太祖實錄，一改再改，其用意在適出一事。蓋懿文太子薨，則其倫序猶在秦晉，若洪武之末，則秦晉二王已薨，自謂倫序當立，藉以文其纂逆之名也。並引周王爲五人同母者，蓋燕周本同母也。明史黃子澄傳曰：「周王，燕王之母弟，剗周是翦燕手足也」。此初修本之僅存者。解縉奉詔再修，盡焚原作，而獨存此數語者，蓋縉等欲取媚成祖，遂謂懿文太子秦晉二王皆諸妃出，推燕周二王同爲高后生，以證立嫡立長禮之所宜。是則縉之所謂同母，乃母高后，與子澄傳中同母之語，詞同而意異矣。縉之得罪在永樂九年，時必有譖之於成祖者，謂懿文庶出之語，駭人聽聞，修實錄者留此罅漏，以滋天下後世口實。於是成祖並疑李景隆茹瑺心術不正（語見沈氏野獲編），乃於九年復命姚廣孝夏原吉等爲三修之役，而楊士奇等主之，因自懿文太子以下五人悉繫之高后所出，遂爲定本。而忘却子澄同母一語，自相矛盾，未及追改，又入之永樂實錄中，而燕周二王之爲庶出反成鐵證，是目論不自見其睫者也。

𣈆父又據永樂實錄，證明太祖實錄三修本，凡於成祖後來帝業有關處，都爲二修三修時所僞撰竄入，以爲成祖之纂奪，乃出高祖之遺意之張本。其言曰：

家藏永樂實錄，係京師所購之鈔本全帙。撰通鑑時詳加校閱。成祖自受封燕王以及防邊之命，靖難之由，無不與所改之太祖實錄，先後同符。永樂實錄中有皇考本欲立朕語，則預改太祖實錄東閣門召諭羣臣，增入「國有長君，吾欲立燕王」，又增入劉三吾對「置秦晉二王於何地」語。以肅清沙漠爲一人之功，則預於太祖實錄中竄入晉王無功及欲構陷成祖之語。三十一年防邊與遼王並命，成祖欲以節制之師，爲易儲之券，則於太祖實錄中增入「五月帝命楊文郭英從遼王備禦開平，俱聽燕王節制」之語（原文楊文聽燕王節制，郭英聽遼王節制。不謂遼王亦同在燕王節制中也。）太祖不豫，遣中使召王，至淮而返，語具永樂實錄。復又於太祖實錄中竄入「敕符召燕王還京師，至淮安，用事者矯詔却還」，及「帝臨崩，猶問燕王來未？」之語。稱

種僞撰，無非欲以太祖實錄爲之張本，此再修三修之由來也。

綜上所述，自沈景倩以下，對於太祖實錄再修三修之用意，各爲一面之闡究。合而論之，蓋重修之故，固一以建文遺臣之指斥，一以欲隱太祖生前之過舉，一以歌頌靖難之舉之爲應天順人。而其最重最要者，實爲適出及僞撰太祖本欲立燕王之故事，以自解於天下後世也。二修實錄之着重適出一事，解縉於進實錄表中明明道出，詳具後文。

太祖實錄之第一次纂修，姜清姜氏祕史卷二記：

> 己卯建文元年春正月，勅修太祖高皇帝實錄。以禮部左侍郎兼翰林院學士董倫右侍郎兼翰林院學士王景彰爲總裁官。太常寺少卿廖昇翰林院侍讀學士高遜志爲副總裁官。翰林院修撰國子監博士王紳陝西漢中府學教授胡子昭齊府審理副楊士奇江西崇仁縣訓導羅恢雲南馬龍他郎甸長官司吏目程本立等爲纂修官。給大官饌，寵眷有加。

據祕史程本立傳，時同纂修者又有禮部郎中夏正善，史官錢塘高讓廬陵吳勤趙友士端孝思，張秉彝唐耕，修撰李貫編修吳溥楊溥楊子榮劉萩侍書劉彥銘等。據明史一四三程通傳，又有葉仲惠，以直書靖難事爲成祖所族誅，傳言：

> 葉仲惠臨海人。有文名。以知縣徵修太祖實錄。遷知南昌府。永樂元年坐直書靖難事族誅。

沈景倩記「文皇帝新卽位，以前任知府葉仲惠等修太祖錄，指斥靖難君臣爲逆黨，論死籍沒。」知永樂元年以初修案被誅籍沒者除葉仲惠外，尚有多人，然以史文缺乏，其姓名已不可考矣。

成祖卽位後，卽詔重修太祖實錄，明成祖實錄十三：

> 洪武三十五年（西元一四〇二）十月己朱，修太祖實錄。勅太子太師曹國公李景隆太子太保兼兵部尚書忠誠伯茹瑺曰：「比者建文所修實錄，遺逸頗多，兼有失實，朕鑒之誠有歉焉。今命儒臣，重加纂修，務在詳備，庶幾聖德昭明，垂裕萬世。爾景隆國之懿戚，自少暨壯，服事皇考，廟謨睿略，多所閒知，今特命爾監修。瑺祇事先帝，多歷年載，信任彌篤，當時聖政，亦所悉焉。其爲之副。當端乃心，悉乃力，用著成一代之盛典，豈不惟仰答先朝寵

遇之厚，亦以副予惓惓之孝。欽哉！

次日又勅諭修實錄官，同書記：

> 三十五年十月庚申，諭修實錄官曰：「自古帝王功德之隆者，必有史官紀
> 載。……比建文中信用方孝孺等纂述實錄，任其私見，或乖詳略之宜，或昧
> 是非之正，致甚美勿彰，神人共憤，蹈于顯戮，咸厥自貽。今已命太子太師
> 曹國公李景隆爲監修，太子少保兼兵部尚書忠誠伯茹瑺爲副監修。爾等皆茂
> 簡才識，俾職纂述，其端乃心，悉乃力，以古良史自期，恪勤纂述，必詳必
> 公，用光昭我皇考創業垂統，武功文治之盛，與乾坤相爲無窮，斯汝爲無忝
> 厥職矣。欽哉！

兩日內諄諄指斥初錄，而勉纂修諸臣以端心悉力，必詳必公，此其意自有在也。至
實錄將成時，又賄以重利，縻以好官，明成祖實錄二十下：

> 永樂元年（西元一四〇三）五月丙申，上以太祖皇帝實錄將成，命禮部預定
> 賞格，賜監修官總裁官纂修官催纂兼謄寫官等白金綵幣有差。

卷二十一：

> 六月辛酉，監修國史太子太師曹國公李景隆等，總裁官翰林侍讀學士解縉等
> 上表進太祖高皇帝實錄。是日照所定賞格賜景隆等八十六人。

復升擢諸纂脩官中外職任：

> 六月丙寅，以實錄成，升纂修官吏部郎中徐旭爲國子祭酒。太常博士錢仲益
> 知縣梁覯梁譖王褒爲翰林修撰。國子助教王達給事中朱紘爲編修。行人蔣驥
> 爲檢討。國子博士金玉鉉爲翰林五經博士。晉府伴讀蘇伯厚爲翰林侍書。教
> 諭解棨劉宗平爲待詔。教授張顯爲國子學正。訓導傅貴清羅師程爲國子學
> 錄。知府劉辰爲江西布政使司左參政。禮部郎中胡遠爲左參議。廣東按察司
> 僉事李煇爲福建布政使司左參議。知縣趙季通例應升而以疾乞教職，授國子
> 博士。僉事葉砥改吏部考功郎中，知縣唐廣雲改監察御史，楚府教授吳勤改
> 開封府學教授。升謄寫官主事陸顒爲禮部員外郎，端孝思爲兵部員外郎。擢
> 監生鍾子成陳彝訓劉謙沈文爲中書舍人。梁逢吉葉蕃沈紹先華嵩喬岳衞浩鄭
> 中余從善陳俊良爲監察御史。生員金寔爲翰林典籍。汪錡等十人爲知縣。

實錄重脩表，解縉撰，見其所著文集，附後：

進實錄表　　　　　　　　　　　　　　解　縉

伏以聖人受命，啟萬世之鴻基，史氏纂書，示百王之大法。是故堯舜之事，載於典謨，文武之政，布在方策，昭明日月，炳燿丹青，俾文獻之足徵，實古今之通義。矧創業垂統，皆在於貽謀，而繼志述事，敢忘於紀載，鼎彝有勒　聖哲相承　鋪張極盛之宏休，揚厲無窮之偉績，歷述前聞之作，允為達孝之規。欽惟太祖聖神文武欽明啟運俊德成功統天大孝高皇帝應千年之景運，集羣聖之大成，天命眷顧之隆，起徒步不階於尺土，人心悅服之固，未三年已定於京都，龍飛雲從而華夏蠻貊罔不率服，日臨月照而山川鬼神莫不依寧，有過化存神之妙，有綏來動和之應，英傑不期而會，遐邇不令而從　盡收當世之賢才，大拯生民於水火，羣臣歸命，不戮一夫，元主遯荒，禮遣其嗣，四方幅員之廣，亘古所無，中國先王之典，悉復其舊，傳聖賢道學之統，守帝王心法之言，龍韜百氏，彌綸六經，範圍化工，曲成萬物，天休滋至而競業貫乎始終，諸福畢臻而謙抑統乎表裏，在位之久，三十餘年，升遐之日，萬方哀悼，比於近古，邈焉罕儔，漢高年不登於中壽，光武運僅紹於中興，唐高祖因隋之資，宋太祖乘周之業，元世祖席累代之威，皆未有若此之盛者也。欽惟孝慈昭憲至仁文德承天順聖高皇后天生聖善，克相肇基，側微德邁於嬪虞，開創功超於胥宇，永協坤元之吉，夙開文定之祥，鳴鳩均乘子之恩，螽斯衍百男之應，保合承天之慶，簡能造化之仁，歷考古之后妃，蓋莫盛乎周室，然摯任誕聖，而無輔運之績，邑姜輔運，而無誕聖之祥　矧皆起於邦君，或克承其世緒，降及近世，皆非等倫。若夫同起布衣，化家為國　贊元翊運，參機贊謀，正位中宮，十有五年，慈訓昭明文德通理，邦家承式，天下歸仁，誕育聖躬，萬世永賴，自古以來，未之有也。欽惟皇帝陛下，體合乾坤，重華日月，上天申命，卓然中興，煥帝堯之文章，續武王之繼述，孝事太祖，有見而知，發蘭台記注之書，而徵以蘭邸之副，抽金縢石室之祕，又考於世家之藏，爰當嗣位之初，首頒修史之詔，

臣縉總裁臣某等纂修，愼選多士，宴錫便蕃，卽開館於禁中，屢繙閱於幾
暇，以百人之衆，歷期年之久，惟務校讐之事，實無黼黻之能，巍巍道冠於
百王，蕩蕩功超於千古，是知禮樂征伐所自，必有訓誥之文，雲霞華卉之
生，何勞繪畫之力，仰靑天而瞻象緯，倘奚罄于名臣，開玉府而見瑤瑛，惟
自慶其希遇，因文序次，莫抽一辭之贊揚，據事直書，永示萬年之大訓。謹
譔述太祖實錄一百八十三卷，繕寫成一百六十五册，謹伏闕上進。臣縉等無
任瞻天仰聖，慚懼屛營之至，謹奉表以聞。（解文毅公集卷一）

此表以高祖高后並列並頌，「誕育聖躬，萬世永賴」云云，特著成祖爲高后所生，
二修之微意在此，解縉之得罪亦以此。明人何孟春於此表亦特加注意，餘冬序錄外
篇：

國朝太祖高皇帝實錄，永樂初命曹國公李景隆曁翰林學士解縉等，後命戶部
倚書夏原吉等，凡經修進二次。解縉表內開一百八十三卷，計一百六十五
册，以元年六月十五日進。夏元吉表內開二百五十七卷，計二百五十册，又
寶訓十五卷，計十五册，以十六年五月一日進。解表今載皇明文衡，夏表刻
其家集可考也。（晗按夏元吉有夏忠靖公遺集，表見集卷一）夏表乃是約解
表語爲之者，其云「頒修史之詔，在嗣位之初，爰纂成書，實由聖斷，謂事
貴直而文貴簡，理必明而義必彰，乃勑命乎儒臣，重編劌於歲月。」所以見
再修者此數語耳。實錄旣出再修，而編皇明文衡之人，乃載其初進之表，殆有
深意。

二修實錄之纂修官中劉辰特可注意，辰爲太祖初起時之幕僚，多知國初事，所著國
初事蹟今有傳本。再修時李景隆卽薦其入史館，史成被殊擢，晚年又賜文幣，蓋辰
於三朝事多親歷，再修多曲筆，非羅致之不足以滅其口也。明成祖實錄卷一百三十
有辰小傳：

永樂十年七月丙午，刑部致仕左侍郞劉辰卒。辰字伯靜，金華人。慷慨負
氣，好辨論。初李文忠鎭浙東，辟辰掌簿書。後以親老辭歸。建文初用湖廣
道監察御史升鎭江府知府。上初卽位，修太祖高皇帝實錄。李景隆言辰涉知
國初事，召至數被顧問。升江西布政司左參政，辰居官勤，未幾坐累免。蹈

年復起爲北京刑部右侍郎，而留南京等三年。至是念其老，賜勅及鈔文綺，
俾致仕。時已疾作，遣醫送歸，出京數日卒，年七十有八。辰志於有爲，然
疏略少實云。

至永樂九年十月，又勅命重修太祖實錄。成祖實錄卷一百二十：

九年十月乙巳，命重修太祖高皇帝實錄。上卽位之初，命曹國公李景隆等監
修，而景隆等心術不正，又成於急促，未及精詳。上巡幸至北京之初，命翰
林學士胡廣等重修。至是命太子少師姚廣孝戶部尙書夏原吉爲監修官，翰林
院學士兼左春坊大學士胡廣國子祭酒兼翰林院侍講胡儼右春坊大學士兼翰林
院侍讀黃淮右春坊右庶子兼翰林院侍講楊榮爲總裁官。左春坊左諭德兼翰林
院侍講學士楊士奇金幼孜等爲纂修官，皆賜勅勉勵。

至十六年五月始成書，以修錄要指皆出成祖授意，夏原吉進實錄表所謂「爰纂成
書，實由聖斷」，故書成後，成祖極爲得意。成祖實錄卷二百：

十六年五月庚戌朔，監修實錄官行在戶部尙書夏原吉總裁官行在翰林院學士
兼右春坊右庶子楊榮等上表進太祖高皇帝實錄。上具皮弁服，御奉天殿受
之，披閱良久，嘉獎再四曰：「庶幾小副朕心！」

時姚廣孝已先卒於本年三月戊寅，故進實錄時不及之。同書又記：

五月辛亥，賜重修實錄監修官戶部尙書夏原吉鈔二百錠，綵幣三表裏，紗衣
一襲。總裁官文淵閣大學士兼左春坊大學士胡廣翰林院學士兼右春坊右庶子
楊榮國子監祭酒兼翰林院侍講胡儼人鈔百六十錠，綵幣二表裏，紗衣一襲。
纂修官金幼孜胡廣曾棨鄒緝王英余鼎羅汝敬李時勉陳敬宗等有差。壬子賜修
實錄監修總裁纂修等官戶部尙書夏原吉等三十八人宴於禮部。

此明太祖實錄三次纂修之本末也。二修時卽已革除建文年號，仍以洪武紀年，於靖
難時紀載尤多不實。尤以記方孝孺死難事，爲明人所抨擊最烈，鄭曉今言六十五：

彭惠安公（韶）哀江南詞，敍述建文死義之臣，至方遜志乃云：「後來奸佞
孺，巧言自粉飾，叩頭乞餘生，無乃非直筆？」蓋指西楊（士奇）輩修實錄，
書方再三叩頭乞生者非實事也

又二一三：

方遜志在翰林寵任時，薦西楊。西楊修實錄，乃謗方叩頭乞餘生。

士奇於太祖實錄之三次纂修，皆預執筆，故後來史家多攻其無史德，明史卷一四八楊士奇傳：

> 建文初集諸儒修太祖實錄，士奇已用薦徵，授教授當行，王叔英復以史才薦，遂召入翰林，充編纂官。

鄭曉今言九：

> 太祖實錄三修，建文君即位初修，王景充總裁，靖難後再修總裁解縉，縉得罪後三修，總裁楊士奇。初修再修時士奇亦秉筆。

沈德符野獲編一：

> 初修再修時楊文貞俱為纂修官，則前後三史，皆曾握管，是非何所取裁，爰是厚顏！

孫承澤春明夢餘錄十三：

> 洪武實錄三修總裁楊士奇。初修再修時士奇皆秉筆，以一人而前後依違者甚多。

清全祖望鮚埼亭集移明史館帖子二：

> 太祖實錄已為楊士奇芟改失實。至纂修書傳會選諸臣姓名，因其中有殉讓帝難者，盡削去之。則後籍之不足憑如此！

至太祖朝事蹟，如國初沈韓林兒，洪武十三年以後之胡惟庸藍玉李善長諸黨案，屠殺至數萬人，破數十萬家，開國功臣，芟夷略盡，文臣如宋濂亦不免謫死。當時曾刊有大誥二誥，大誥三編昭示奸黨錄諸書頒示天下。易代後遂成諱忌，實錄幾全隱而不書。錢謙益曾發其覆，著太祖實錄辨證一書，今刻其所著初學集中，潘檉章則著國史考異，今刻入功順堂叢書，二書均為治明初史事者所必讀之書，文煩不備錄。

六 掌故乙

(二)建文帝

成祖登極後，不為建文帝修實錄，且削其年號，僅附其事蹟於太祖錄中。至明末始有補修建文實錄者，孫承澤春明夢餘錄十三：

明史可議者，如建文嗣位，頗稱賢明，乃以靖難之故，去其年號不存，實錄之未輯。楊文懿守陳曰：「國可滅，史不可滅。靖難後不記建文君事，遂使當時政典，方黃死事諸臣，皆闕落無傳。及今蒐采，猶可補葺也。」此偉議也。崇禎壬午（西元一六四二）都尉鞏永固給事沈胤培俱疏請未行。

明史卷二七八萬元吉傳：

　　福王立，元吉請修建文實錄，復其尊稱，從之。

然明不旋踵亡，此議亦徒成空談而已。

（三）成祖，仁宗

明史藝文志：

　　成祖實錄一百三十卷，寶訓十五卷，楊士奇等修。仁宗實錄十卷，寶訓六卷，蹇義等修。

仁宗實錄：

　　洪熙元年（西元一四二五）五月癸酉，勅行在禮部及翰林院修太宗實錄。命太師英國公張輔，少師兼吏部尚書蹇義，少傅兼戶部尚書夏原吉等爲監修官。少傅兼華蓋殿大學士楊士奇，少保兼武英殿大學士黃淮，少傅兼謹身殿大學士楊榮，少保兼武英殿大學士金幼孜，翰林學士楊溥等爲總裁官。與纂修官曾棨王英王直周述陳循李時勉蔣驥錢習禮蘭從善劉永清邢寬胡穜蔣禮周敍孫曰恭楊敬王雄楊竊許彬周豈際繼張理沈寅陳叔剛鄒循朱詮蕭湘王璵翁選余學夔等同纂修。

宣宗實錄五：

　　洪熙元年閏七月乙巳，以纂修仁宗昭皇帝實錄勅禮部曰：「……自皇考仁宗昭皇帝留守南京，至嗣天位，二十餘年聖德聖政，爾禮部悉恭依皇祖太宗文皇帝實錄事例，通行中外采輯，送翰林院編纂實錄。其以太師英國公張輔太保成山侯王通少師吏部尚書蹇義及夏原吉爲監修官，楊士奇黃淮楊榮金幼孜楊溥爲總裁。

卷十七：

　　宣德元年（西元一四二六）五月己酉，以纂修實錄，勅召武英殿大學士金幼

孜翰林院學士楊溥侍讀錢習禮侍講陳敬宗陳循檢討劉永清等。時幼孜敬宗永
清以憂去，溥習禮循請告省親故也。

卷六十一：

宣德五年正月壬戌進兩朝實錄，太宗百三十卷，仁宗十卷。

楊士奇東里文集卷二十三兩朝實錄成史館上表：

伏聞上有堯舜禹湯文武之君，斯有典謨訓誥誓命之紀，當時所錄，萬世攸
師。自漢以來，暨於唐宋，皆建史官，專職紀述。我國家奉天啓運，聖聖相
承，大經大法明於上，善政善教被於下，萬方一統，海宇清寧。洪武以前，
神功聖德，史氏所紀，具有成書。欽惟太宗體天弘道高明廣運聖武神功純仁
至孝文皇帝，剛健中正，廣大欽明，體天之心，行天之道，勵精爲理，躬儉
愛人，再奠邦家，中興鴻業。文治光昭於日月，武烈弘靖於華夷，大略雄
材，茂功偉績，規模弘遠，卓冠百王。欽惟仁宗敬天體道純誠至德弘文欽武
章聖達孝昭皇帝，孝友英明，寬仁恭儉，敬天法祖，制治保邦，明目達聰，
周詢民隱，時使薄斂，博施濟人，撫盈成上運，廣文明之化，丕新政紀，覃
敷德澤，朞月之內，天下歸仁。二聖升遐，雲車益遠，萬姓哀慕，海宇同
情。恭惟皇帝陛下，文武聖神，聰明睿知，纘登大寶，育母子民，益廣至
仁，繼志述事，歌九功之惟敍，得萬國之懽心，上念祖宗功德之隆，同符天
地覆載之大，宜宣昭於簡冊，垂儀範於帝王。宣德元年五月勅修兩朝實錄，
命臣輔等監修，臣士奇等總裁，臣棨等纂修，發左右史臣之所紀，閱中外官
府之所上，兼考章疏，參之見聞，編載事功，必備著其本末，纂述謨訓，必
致意於精微，關制度者雖細不遺，切機務者雖明必審，於紀述聖神之道德，
如繪畫造化之功能，儗諸形容，誠難彷彿。乃若附錄臣下，必在究明是非。
迄五年正月恭成太宗文皇帝實錄百三十卷，仁宗昭皇帝實錄十卷，合百五十
四冊，謹繕寫上進。伏念臣輔等智識淺陋，學術空疏，曠歲月而久稽，亦討
論之惟謹，方諸良史，深愧乏三長之稱，監於先朝，庶少賁萬機之暇。

宣宗實錄卷六十六：

宣德五年五月乙卯，以兩朝實錄成，升纂修等官。

(四)宣宗

明史藝文志：

宣宗實錄一百十五卷，楊士奇等修。

英宗實錄七，四十一：

宣德十年（西元一四三五）七月丙子，勅禮部修實錄，命太師英國公張輔爲監修官。少傅兼華蓋殿大學士楊士奇，少傅兼謹身殿大學士楊榮，翰林學士楊溥爲總裁，侍講學士王英侍讀學士王直爲副總裁。與纂修官李時勉錢習禮蘭從善苗衷曾鶴齡馬愉高穀胡璉邢寬周敍尹鳳岐孫曰恭智嘉言陳叔剛陳循曹鼐儀銘王一寧杜寧儲懋楊鼎林文鍾復董璘楊壽夫劉球劉鉉洪璵張益等同纂修。

正統三年（西元一四三八）四月乙丑進宣宗皇帝實錄，丙寅賜監修官張輔等綵幣表裏有差，庚午賜張輔等八十五人宴於行在禮部。辛未以宣廟實錄成，升纂修官李時勉等官有差。

(五)英宗

明史藝文志：

英宗實錄三百六十一卷，成化元年（西元一四六五）陳文等修。起宣德十年正月，訖天順八年正月，首尾三十年，附景泰帝事蹟於中，凡八十七卷。

明憲宗實錄：

天順八年（西元一四六四）八月丁酉，勅脩英宗實錄。命會昌侯孫繼宗爲監修官。吏部尚書李賢翰林學士陳文彭時爲總裁官。吏部侍郎李紹春侍講學士劉定之南京國子監祭酒吳節爲副總裁官。與纂修官柯潛萬安，侍講學士李泰江朝宗楊守陳，侍讀學士周洪謨孫賢劉珝丘濬，修撰劉瀚陳鑑劉吉謝一夔彭教，編修徐瓊陳秉中彭華劉健尹直李永通鄭環張元禎汪諧吳鉞羅景，檢討邢讓張頤耿裕周經，諭德黎淳童緣劉宣等同纂修。至成化三年八月丁巳書成，監修官孫繼宗率纂修官等奉表進呈，賜宴於禮部，並賜鈔帛有差。

英宗朝土木之變，于謙功最大，復辟後以非罪死，至脩錄時是非猶未定，邱濬力主謙之有功社稷，衆論遂定。易儲之奏人以爲出江淵，亦以濬言辨正。何喬新何文肅公集三十文莊丘公墓誌銘：

修英廟實錄，或謂少保于謙之死，當著其不軌之蹟。公曰：「乙巳之變，微于公天下不知何如！武臣挾私怨，誣其不軌，是豈可信哉！」衆以爲然，功過皆從實書之。執筆者謂王竑易儲之奏，出前工部尚書江淵，史館多以爲然。公獨曰：「聞當時竑教其兄爲此，覬免死耳。且廣西奏用土產紙，易辨也。」索其奏驗之，果廣西紙，衆乃服。

錄中於土木敗耗至京師，廷臣聚議時，於太監李永昌紀其有內主決策功，於于謙金英則不及只字。王世貞則以爲此乃永昌嗣子泰在史館所杜撰，不可信也。史乘考誤五：

史言「京師戒嚴，羸馬疲卒，不滿十萬，人心洶洶。羣臣衆哭於朝，議戰守。有欲南遷者，尚書胡濙曰：「文皇定陵寢於此，示子孫以不拔之計。」侍郎于謙曰：「欲遷者斬！爲今之計，速召天下勤王兵，以死守之。」學士陳循曰：「于侍郎言是。」衆皆曰「是！」。而禁中尚疑懼，皇太后以問太監李永昌，對曰：「陵寢宮闕在茲，府庫百官萬姓在茲，一或播遷，大事去矣。獨不監南宋乎？」因指陳靖康事，辭甚切。太后悟，由是中外始有固志。」按所謂胡濙于謙陳循之說有之。第考一時劉文安蕢文莊諸公所記，俱言侍講徐珵召入，倡南遷之計，而太監金英斥之使出，學士江淵乃更爲固守之說以對，遂得大用。當是時內微金英，外微謙，幾搖動矣。而史皆不載。所載李永昌對太后語，稗官數十家俱不及也。按修史在成化初，李永昌柄司禮，方貴重用事，而嗣子泰以學士在史館，溢美之談，大抵未足信也。

(六)景帝

英宗南宮復辟後，殺景泰帝。成化時修英宗實錄，僅附其事蹟於英錄中，凡八十七卷。時有主革景泰帝號者，纂修官尹直執不可。明史卷一六八尹直傳：

成化初充經筵講官，與修英宗實錄。總裁欲革去景泰帝號，引漢昌邑更始爲比。直辯曰：「實錄中有初爲大臣，後爲軍民者，方居官時則稱某官，旣罷去而後改稱。如漢府以謀逆降庶人，其未反時書王書叔如故也。豈有逆計其反而卽降後庶人之號者哉！且昌邑旋立旋廢，景泰帝則爲宗廟社稷主七年。更始無所受命，景泰帝則策命於母后，當時立傾危難之中，微帝則京師非國

家有，雖易儲失德，然能不惑於盧忠徐振之言，卒全兩宮，以至今日，其功過相準，不宜去帝號。」時不能難。

夢餘錄十三：

> 景帝已正位號，英宗實錄猶稱郕戾王附。夫景帝與于忠肅再造乾坤，有功宗社，當時戾字之諡，已違公議。後憲宗追稱景帝，乃不爲之稱宗改諡，而實錄仍稱郕戾王附。

（七）憲宗

明史藝文志：

> 憲宗實錄二百九十三卷，劉吉等修。

明孝宗實錄：

> 弘治元年（西元一四八八）閏正月戊辰，詔修憲宗實錄。命英國公張懋爲監修官。吏部尙書劉吉禮部尙書徐溥翰林院學士劉健爲總裁官。禮部尙書邱濬翰林院侍講汪諧吏部侍郎楊守陳爲副總裁官。與纂修官翰林院侍講程敏政，侍讀傅瀚費誾謝遷陸簡曾彥楊守阯劉戩王鏊楊傑梁儲，修撰劉機張芮武衛，編修劉忠鄧焌，及儒臣李東陽吳寬董越黃焯張天瑞劉春余瑞楊士暢李傑楊廷和張瀾李通胡淸等同纂修。至弘治四年八月丁卯書成，監修官張懋率纂修等官同奉表進呈，賜宴於禮部，並賜鈔帛有差。

總裁劉吉與劉珝尹旻不睦，故紀成化時事多曲筆。王世貞史乘考誤六：

> 史謂「尙書項忠具奏草論汪直，令武選郎中姚璧特赴吏部尹旻請署名，旻固辭不得已乃署，卽遣人報韋英曰：「本兵部所爲，旻但以次居首耳。」又數日都御史王越遇劉珝劉吉於朝，極言直賢，語侵內閣，珝默然，吉折之，越遂與吉疏。」按內閣危言攻汪直者，獨商文毅（輅）劉文和（珝）耳，文和特疏言西廠非宜，至詰責之際，侃侃不屈。今言文和默然，又謂尹恭簡（旻）密報韋英。蓋實錄爲劉文穩（吉）所修，故引以歸已，而恭簡文和又素與文穩不睦，似不無飾筆。

於珝致仕時，在錄中力攻其短，醜言肆詈。珝卒於弘治時，孝宗錄爲焦芳所修，珝於芳有恩，則又於孝錄中力贊其美。同是一人，出於仇筆則爲盜跖，出於故舊則又

戎夷惠矣。史乘考誤六：

> 史又謂「二十一年（西元一四八七）大學士劉珝致仕。先是一日召大學士萬安劉吉赴西角門，命中人出御筆，有劉珝嗜酒貪財好色，與太監某認親，繼子姦宿樂府，納王越銀，謀與復爵。朝廷若不去珝，必壞大事。安與吉力解不從，乃請令珝以親老辭，斡旋加恩放歸」。按此則力救珝者萬劉也，然萬劉實合策逐珝者也。夫一劉珝也，憲錄稱其附中人得罪，以至疏辭不肯終養。孝錄稱其進講以定國本，廬親墓，鄉黨化之，號曰仁孝里。蓋憲多劉吉所裁，孝則焦芳改筆，珝於人乃中人耳，吉有隙，芳有恩，故異辭也。

纂修官張元禎則以與陳獻章有學術門戶之見，亦於錄中力詆之。史乘考誤六又記：

> 瑣綴錄（晗按尹直著，今有傳本）謂丘濬修憲廟實錄，以陳獻章作十絕句媚梁芳，自是為世所鄙，而憲章錄（晗按薛應旗著，今有傳本）因之，謂出張元禎筆。按實錄謂「獻章貌謹原，詩文亦有可取者。然于理學未究也。務自矜持以沽名。會試不偶，家居海南，不復仕進，一時好事，妄加推尊，目為道學，自是從而和之，極其贊頌，形諸薦奏，不知其幾。雖其鄉里前輩，以德行文章自負者亦疑之，以為不過如是耳，何標榜者之多也？及授官，稱病不辭朝，而沿途擁騶從，列仗槊，揚揚得志而去。」其詆陳公亦甚矣。第不曾載十絕句媚梁芳事。而所謂鄉里前輩以德行文章自負者，正丘文莊（濬）也。文莊廣人。實錄詆訾之，則非文莊筆矣。元禎庶幾為近。

（八）孝宗

明史藝文志：

> 孝宗實錄二百二十四卷，正德元年（西元一五〇六）劉健謝遷等修，未幾，健遷皆去位，焦芳等續修。

明武宗實錄：

> 正德元年十二月勅修孝宗實錄，命英國公張懋為監修官。大學士劉健李東陽謝遷等為總裁官。吏部侍郎張元禎詹事楊廷和翰林院學士劉忠為副總裁官。未幾，健遷去位，再命大學士李東陽焦芳楊廷和王鏊等為總裁，吏部尚書梁儲副之。翰林院侍講毛紀傅珪豐熙沈燾吳一鵬，侍讀朱希周，編修汪俊李廷

相李時温仁和滕霄何堂董玘崔銳，修撰顧鼎臣呂柟，檢討汪偉王九思湛若水穆孔暉翟鑾徐縉景陽殷昊易舒浩張邦奇焦黄中胡纘宗等爲纂修官同纂修。至正德四年四月二十一日書成表進。

孝宗實錄出於焦芳之手，芳佞臣，諂事劉瑾，好惡任情，是非倒置，明史三〇六，焦芳傳：

> 其總裁孝宗實錄，若何喬新彭韶謝遷皆肆詆諆，自喜曰：「今朝廷之上，誰如我直者。」

夢餘錄十三：

> 朱閣學國禎云：『正德四年，孝宗敬皇帝實錄成，時焦芳操筆，褒貶任意，葉盛何喬新彭韶謝遷天下所稱正人，皆肆詆諆。嘉靖元年御史盧瓊奏，孝宗實錄多焦芳曲筆，乞改正。上曰：「焦芳任情，天下自有公論，不必改修。」』

野獲編補遺一重修國史條：

> 太宗實錄建文一修，永樂兩修，蓋以初本及續纂俱有未允也。然而眞是非愈不可問矣。嗣後直至嘉靖元年御史盧瓊建議；孝宗實錄成於焦芳之手，賢否混淆，是非顚倒，乞乘今纂修武宗實錄，並令儒臣改撰。上曰：「孝宗錄雖焦芳筆削任情，但當時大政大議及人才忠邪，天下自有公論，不必改修。其係一人一事者，令纂修官因事別白之。」蓋大典旣定，恐改述者仍蹈前迹，復任私意，上慮遠矣。

後王世貞於所著史乘考誤中，糾其曲筆，世宗所謂「天下自有公論」也。如錄謂何喬新逼父自裁，世貞糾之云：

> 史於何文肅公喬新卒條下，謂「景泰初易皇儲草詔，大學士陳循起句云，天降下民作之君，時吏部尚書何文淵適在側，卽應聲曰父有天下傳之子。迨天順改易，與謀者多斥罷，喬新時爲刑部主事，因見黄竑徐正處以極刑，恐禍及己，乃貽書勸其父引決，文淵果自盡，士論恥之。」此亦焦泌陽（芳）黮筆也。正德中柄史者力爲辯其誣。然考之天順錄云：「致仕後，上復位，革宮保。文淵自以與議易太子，首發父有天下之言，慮有奇禍。時副都御史陳泰

左遷廣東按察副使，道經廣昌，人有傳來抄提文淵者，懼卽自縊。後爲人所奏，差官啓槨驗之果然。」則勸文淵引決之說誣，而自盡之說實也。野史以爲出江淵，大槩以文勢考之，恐先有父有天下傳之子，而借天降下民作之君以對之耳。又文淵以四月卒，而黃竑徐正以五月誅，大抵未可信。

又誣彭華爲陰險無將，世貞以爲芳與華有私怨，故醜詆之。史乘考誤七：

史謂『彭文思華爲人險詔用數，深機莫測。阿李賢，嗾御史劾李秉，排邢華陳鑑，構尹龍之獄，附李孜省以進，人至今猶謂「三千館閣薦彭華」，大爲恥笑。自成化丙午至弘治丁巳風癱十二年而卒，人以爲陰險無將之報。』蓋出焦芳筆也。焦以尹龍事坐謫桂陽，云出華意，故怨之刻骨，而誘詈甚苦若此。華雖由李孜省薦，生平之與尹直，俱在是非間，不應至此。

又以與同官謝遷不相得，遂於錄中力攻之。史乘考誤六：

弘治元年太監郭鏞請預選女子於宮中，或諸生館讀書習禮，以待服闋之日，册封二妃，廣衍儲嗣。左春坊左庶子兼翰林侍讀謝遷言：「六宮之制，固所當備，而三年之愛，豈容頓忘。今山陵之工未畢，諒闇之痛猶新，奈何遽有此事？」下禮部議止之。焦泌陽執史筆，以爲謝公進此諛詞獻諂，以誤孝廟，繼嗣之不廣，皆此邪謀啓之。又云「古者諸侯尙一娶三姓而備九女以廣繼嗣，孝廟以萬乘天子，獨不得立三宮可乎？小人圖勢利而不爲國謀如此！」泌陽之恣筆，蓋陰刺中宮之擅夕，而譏謝公之從諛也。殊不知上春秋甫十九，中宮僅踰年，何以有擅夕之聲於外？而謝已逆知權之在中宮而從諛之？且謝以山陵未畢，諒闇尙新爲詞，其義甚正，胡可非也。小人哉泌陽！其無忌憚一至此！

程敏政爲李賢壻，芳則李門客，敏政坐累廢，芳遂於錄中力爲敏政掩覆，而詆劉健謝遷傅瀚。史乘考誤七：

史謂「傅瀚欲攘取內閣位，嗾監生江溶奏大學士劉健李東陽，旣而恐事泄，乃嫁禍於程敏政，謂敏政實代瑢草疏，以觸當道之怒，而敏政之禍自此始矣。後瀚果代敏政位，白晝見鬼入室，又數見怪異，因憂悸成疾，踰年死。時劉健當國，旣偏溺於恚怒，莫之能辨。適大學士謝遷諭德王華俱有憾於敏

政，當發其事，而都御史閔珪與遷華皆同鄉，乃囑珪及科道數輩內外併力交攻，羅織成獄，而華杲之甘心鷹犬者，不足道也。顧當時劉健謝遷徒欲殺人滅口以避禍，曾不思虧損國體，淪喪元氣云云。」按傅文穆（瀚）有傾程之意，人亦知之。至於家僮罷題事已彰著，且與劉謝不相關。蓋焦芳李南陽門客，程其壻也，故頗爲掩覆。而劉與傅皆與芳有隙，故肆其醜詆如此。

七　掌故丙

（九）武宗

明史藝文志：

武宗實錄一百九十七卷，費宏等修。

明世宗實錄：

正德十六年（西元一五二一）六月，勅修武宗實錄。命大學士楊廷和蔣冕毛紀費宏等爲總裁官。未幾廷和冕紀三人去位。再命定國公徐光祚爲監修官，大學士費宏石珤賈詠等爲總裁，翰林院學士吳一鵬侍讀學士董玘等爲副總裁。侍講學士徐縉翟鑾許成名，侍讀學士穆孔暉張碧劉橫張潮尹襄，修撰唐皋楊維聰邊憲，編修謝丕劉棟費寀林文俊孫紹蔡昂倫以訓崔桐汪田葉式王三錫陳沂鄭灝余永勳陸釴劉世盛費懋中馬汝驥江暉孫元，檢討金皋張星蕭汝成湯惟學劉夔林時季芳席春等爲纂修官同纂修。至嘉靖四年（西元一五二五）六月庚子書成表進。

武錄中最舛者爲王守仁平宸濠一事，執筆者前爲楊廷和，後爲費宏董玘，廷和與王瓊有隙，而守仁之平叛，則一歸功於兵部，而不及內閣。宏以忤濠得罪，守仁不一申救。同時魏校以講學負重名，忌守仁出其上。守仁又與時相桂蕚相失。玘褊狹小人，受當道指，因於武錄中曲詆之。王世貞史乘考誤八：

史於王文成洪都之功，所以竊抑之者，不遺餘力。謂文成「勘事福建，以宸濠生日將屆，幽道南昌賀之。至豐城，遇知縣顧汝以變告，守仁大駭，棄舟取小艇遁還贛。（伍）文定以卒三百迓於峽江，至吉安留討賊，守仁初不許，既而深然其言，乃下令各郡邑，諭以大義。宸濠既出南昌，守仁乃與文定等

順流而下，文定爲前鋒趨廣潤門，夜已三皷，砲擊，守門者駭散，遂入城。城中民聞守仁將至，皆喜，共登高望之，而守仁等不知，以爲守備堅固，方懼勿克，兵旣環城，閴無人聲，相顧莫敢先登，無何，聞城中介馬呼噪聲，知文定已入，乃競梯絙而上，諸兵皆烏合，素無紀律，而大帽華林諸寨降賊號新民者亦在行，貪功縱殺，居民往往死於床簀，有闔門無噍類者。天曉，諸門洞開，守仁始按轡整隊而入，死者已數萬人，數日間積尸橫路，雞犬不鳴。桀驁等千餘人已就縛，守仁復搜捕逆黨，日僇數百人，軍士因縱掠，郡王將軍儀賓邸第以及富室，無不被害，濠府中畜積甚富，亦多已失。宮人聞兵入，惶懼縱火自焚，或相率盛服而縊，一室中至有數人者，臭達於外，所存惟羸病數十人而已。始南昌苦於宸濠之暴，至是復遭荼毒，皆歸怨於守仁之不能禁戢云。」及敍樵舍之功，第言「鄭巘脫歸告文定賣狀，文定徑前薄其營不利，還至黃家渡，新民劉文永殱其驍將，乘勝邀之，遂捷。次日文定以火攻，復大破之。」而一字不及文成。至其傳劉養正，則云「少有詞藻，詭談性理，以要名譽，士大夫多爲所欺，王守仁尤重之曰此吾道學友也。十年養正赴濠聘，一見許以可爲湯武，又語及陳橋之變，意甚相得。然後自掩飾，有庠生康昭者語中其機，養正密致書於濠左右計殺之。守仁在南贛，尤爲濠所慕，饋遺相及於道。嘗貽書陸完，謂可任江西巡撫者惟守仁與梁宸耳。又嘗遣其門生湖廣舉人季元亨者游說濠，時人莫知其故。是歲濠生日，守仁假公便先期約養正往賀，會於吉安舟次，劇談至夜半，養正先去，遂從逆。濠自出南浦驛迎入府，拜爲軍師。日夜望守仁至，遣人於生來觀候之，而守仁至豐城聞變卽返，濠實不虞守仁之見圖也。養正旣擒後，猶冀守仁活之，守仁畏其口，逼令引決，傳首至京，妻子沒爲奴。比守仁自南昌還，其母喪暴露，使人葬之，且祭以文曰：君臣之義，不得私於其身，朋友之情，尚可申於其母。有儒生上書辨論君臣朋友，本無二理，守仁爲之媿屈。元亨尋爲太監張永捕獲，械至京亦死獄中。」據史所記言之，則王文成不特不當封，而且有大罪三。所謂不當封者，其戰功皆出伍文定。所謂三大罪者：預通逆濠一也，縱殺平人二也，事後猶庇逆黨劉養正三也。然逆濠與養正居平

以文成在上流，擁精兵，建大勛，有才術，以甘言結納或有之，而文成亦據
撫臣往還之常禮爲報耳，使預其謀，何以遽歸吉安？伍公雖進言，起義兵殺
身滅族之事，亦須文成有以自決。前後進兵區畫調度，頃刻百發，豈披堅執
銳者比，而一字不及文成，豈理也夫！進兵攻南昌，不能無小殺掠，而軍令
下則已定矣。其後如徐少師（階）鄭端簡（曉）薛應旂諸公皆履其地，得其詳，
故爲之暴白，而未有摘抉一時握管之心事者。蓋實錄之始爲總裁者楊文忠
（廷和），繼之者費文憲（宏），而以副總裁常任者董文簡（玘）也。楊公與王恭
襄（瓊）郤甚著不解，恭襄雖陰譖，然能識王文成而獨任之，以故於前後平賊
及擒濠之疏，皆歸德於兵部，以爲發蹤指示之力，而一字不及內閣，其爲楊
公輩切齒，非旦夕矣。江彬許泰張忠輩恥大功爲文成所先，必肆加羅織之
語，而忌功之輩從而附和之。文憲在文成撫綏之地，與逆濠忤被訕，中外之
臣皆屢荐而起之，而文成亦未有一疏相及，費當亦不釋然也。董公最名恔
毒，于鄉里如王鑑之輩巧詆不遺餘力，既又內忌文成之功，而外欲以媚楊
費，作此誣史，將誰欺乎？冀元亨非季元亨，其人長者，嘉靖初從昭雪。

沈德符野獲編七桂見山霍渭厓條亦云：

議禮初起，桂尊爲首，而張璁次之。既而張以敏練得上眷，先入相。桂遲二
年始繼入，其信用俱不如張，意不能無望。時魏莊渠校以講學負重名，久滯
外僚，桂引入爲祭酒，每奏對俱託之屬草，上每稱善。張自覺弗如，偵知其
故，乃徙魏太常，罷其經筵入直，而桂始絀矣。始王文成再起兩廣，實張桂
薦之，至是魏與王爭名相軋，王位業已高，譽亦遠出其上，魏深恨忌之。桂
因移怒於王，直至奪其世爵，且令董中峯玘於武廟實錄中譏刺文成縱兵刼
掠，南昌爲之一空，皆戇筆也。

陳繼儒則對林時移書紀迎立誅彬二事，贊爲得體。眉公見聞錄卷一：

汝陽林立山公諱時，在館時閱武廟實錄且成，惟迎立肅廟等二事未決，衆議
紛然。公奏記副總裁中峯董公曰：「昨聞迎立一事，或云由中，或云內閣。
誅賊彬，或云由張永，或云由楊廷和，疑信之間，漫然無據。史萬世是非之
權衡，固不可以偏重。時竊意廷和以忤旨罷歸，永坐罪廢。今上方綜覈名

實，書進，二事必首登乙覽，恐將以永眞有功，廷和眞有罪，不待左右汲引
排擯，而君子小人進退之機決矣。矧夫信以傳信，疑以傳疑，史臣體也。二
者既未嘗親與其事，可信可疑，宜嚴其有關於治忽者，庸詎私一廷和哉！
幸執事裁擇輕重之間，是非之權衡也。」董公以白總裁官鵞湖費公（宏），可
之。書進，天子由是乃傾心任宰輔，而宦寺之權輕矣。前輩猶重史如此。今
信耳信口信手信胸臆，尙安復有信史哉！

（十）睿宗

明史藝文志：

睿宗實錄五十卷，　嘉靖四年大學士費宏言：　獻皇帝嘉言懿行，舊邸必有成
書，宜取付史館纂修，從之。

明世宗實錄：

嘉靖四年二月丙申，大學士費宏賈詠石瑤等以修武宗毅皇帝實錄將成，上疏
言獻皇帝生平嘉言善行，亦當備載，乞命當時藩府內外臣僚，備述獻皇帝之
國以來，一言一事，可爲謨訓者，以類開寫，以便纂錄。詔從之。三月甲戌
敕修獻皇帝實錄，命定國公徐光祚吏部尙書廖紀禮部尙書席書等爲監修官。
謹身殿大學士費宏文淵閣大學士石瑤賈詠等爲總裁官。吏部侍郎溫仁和禮部
侍郎李時等爲副總裁官。侍講學士董玘翟鑾等七人爲纂修官同編纂。至嘉靖
五年六月丙子書成表進。

興王始終爲藩王，其事蹟均與國家無關。大禮諸臣迎合世宗意，請修無事可紀之實
錄，書成後無重視之者。沈德符野獲編二：

興獻帝以藩邸進崇，亦修實錄，何爲者哉？其時總裁費文憲（宏）等苦無措
手，至假借承奉長史等所撰實錄爲張本。今學士大夫，有肯於祕閣中借錄其
冊，一展其書者乎！止與無只字同。

（十一）世宗

明史藝文志：

世宗實錄五百六十六卷，　隆慶中徐階等修未竣，萬曆五年張居正等續修成
之。

明穆宗實錄：

> 隆慶元年（西元一五六七）四月甲申，勅修世宗實錄。命成國公朱希忠爲監
> 修官。吏部尙書建極殿大學士徐階吏部尙書武英殿大學士李春芳郭朴，禮部
> 尙書武英殿大學士高拱禮部尙書文華殿大學士陳以勤吏部侍郎東閣大學士張
> 居正等爲總裁官。禮部侍郎翰林院學士高儀吏部侍郎翰林院學士趙貞吉林樹
> 聲翰林院學士潘晟殷士儋等爲副總裁官。侍讀學士姜金和呂旻，修撰諸大綬
> 馬自強丁士美，編修孫鋌張四維林士章陳棟陶大臨，祭酒林燫，諭德呂調陽
> 等爲纂修官。

書未成，穆宗崩，神宗立，命官續修，明神宗實錄記：

> 命英國公張溶爲監修官。大學士張居正呂調陽張四維等爲總裁官。吏部侍郎
> 汪鏜，詹事王錫爵，禮部尙書馬自強，禮部侍郎申時行等爲副總裁官。贊善
> 陳思育沈鯉，中允戴洵，諭德陳經邦何雒文，修撰趙志皋田一儁徐顯卿韓世
> 能張一桂朱賡李長春王家屏陳于陛沈懋學，編修高啓愚范謙黃鳳翔沈一貫，
> 檢討王弘誨，洗馬許國，侍讀學士張位羅萬化，侍講學士于愼行等爲纂修官
> 同編纂。至萬曆五年（西元一五七七）八月甲戌書成表進。

時穆宗實錄亦開館，二錄同修，總裁官張居正因疏請分任責成，嚴立程限。太岳文
集卷三十七纂修事宜疏：

> 隆慶元年六月初一日開館纂修世宗蕭皇帝實錄，經今六載，尙未脫稿，雖屢
> 廑先帝聖問，迄無成功，任總裁者恐催督之致怨，一向因循，司纂修者，以
> 人衆而相推，竟成廢閣。……揆厥所由，皆以未嘗專任而責成之故也。蓋編
> 撰之事，必草創修飾，討論潤色，工夫接續不斷，乃能成書。而其職任緊
> 要，又在於副總裁官，顧掌部事，則有簿書綜理之繁，直經幃，則有侍從講
> 讀之責，精神不專，職業廢定，未免顧此失彼，悠作忽輟，是以歲月徒悠，
> 而績效鮮著也。今兩朝並纂，二館齊開，若不分定專任，嚴立限程，則因循
> 推捱，其弊愈甚。臣等看得吏部右侍郎兼翰林院侍讀學士諸大綬禮部左侍郎
> 兼翰林院侍讀學士王希烈原係世宗蕭皇帝實錄副總裁官，今查各館草稿，俱
> 已纂完，但未經修飾，二臣雖任部堂，止是佐理，尙有餘功。及左春坊左諭

德兼翰林院侍讀申時行右春坊右諭德掌南京翰林院事今行取王錫爵，職任宮坊，事務尤簡，皆可以專心著作之事。合無責令諸大綬王希烈專管纂修世宗肅皇帝實錄，申時行王錫爵專管纂修穆宗莊皇帝實錄，每日俱在史館供事，仍立爲限程，每月各館纂修官，務要編成一年之事，送副總裁看詳，月終副總裁務要改完一年之事，送臣等刪潤。每年五月間臣等即將纂完稿本，進呈一次，十月間又進呈一次，大約一月之終，可完一年之事，一季之終，可完三年之事，從此漸次累積，然後成功可期。其餘副總裁官陸樹聲等或理部休暇，相與討論，或侍講優閑，令其補湊，不必責以程限，不致兩妨。……再照皇祖歷世四紀，事蹟浩繁，編纂之功，卒難就緒。皇考臨御六年，其功德之實，昭然如日中天，皆諸臣耳目之所睹記，無煩蒐索，不假闕疑，但能依限加功，自可剋日竣事。合無不拘朝代次序，俟穆宗莊皇帝實錄纂成之日，容臣等先次進呈，却令兩館各官，併力俱纂世宗肅皇帝實錄，則兩朝大典可以次第告成矣。

奉旨：「這纂修事理，都依擬行。」江陵綜核爲治，故所纂實錄，亦最稱嚴核。沈德符野獲編二實錄紀事條：

世穆兩朝實錄，皆江陵故相筆也，於諸史中最稱嚴核。其紀新鄭（高拱）將去，爲南北科道及大小臣工所聚劾，以爲皆迎合時情，而參高保徐（階），尤屬諂媚，况上未嘗有意棄徐，紛紛保之何爲？其言可謂至公。

卽纂修諸官亦多能持正不阿，直筆無所忌，王家屏之紀高捷，卽其一例。明史卷二一七王家屏傳：

隆慶二年進士，授編修，預修世宗實錄。高拱兄捷前爲操江都御史，以官帑遺趙文華家，家屏直書之。時拱方柄國，囑稍諱，家屏執不可。

惟紀謝遷事，王世貞譏其舛於予奪，史乘考誤八：

致仕少傅大學士謝遷卒。史稱其學術端正，有大臣風節。而謂正德初年檔奸擅政，遷以顧命大臣，不能艱貞濟難，捐軀殉國。按謝公雖受顧命，其時第三相也。力豈能獨挌八虎之首而擊之。且正以與劉文靖公（健）同心持議，乞身之後，削官籍賜，禍機不測。而責其不能濟難捐軀何也？唯八十再相，屬

時移事改，不克有所建白而歸，略爲蛇足耳。而史却諱之。何以予奪之舛若
此！

紀陸炳事頗得實而未盡，而辨其扈從南幸之誤。史乘考誤八：

> 史於陸武惠炳傳，稱「己亥（西元一五三九，嘉靖十八年）上南幸承天，至
> 衞輝行宮夜火，侍衞倉卒無在者，獨炳身負上出於火，上識其姓名，卽拜都
> 指揮使，累升至今職。及考華亭公（徐階）所撰墓志，於炳事甚詳，却一字不
> 之及，豈公於其時有所諱耶？縱諱之，何不略言從南狩時效勤勞，與遷轉，
> 乃幷扈從以俱略之也。志稱炳以戊戌管衞事，冬轉實授指揮使，加俸及服色
> 一級。甲辰冬署衞印，獲子殺母者升都指揮同知。則己亥之扈從與歸而拜都
> 指揮使，皆誤也。史言「炳任豪惡吏爲爪牙，多任耳目，銖兩之奸悉知之。
> 富民有過者，卽榜掠文致成獄，沒其貲產，所夷滅不可勝道。累貲至巨萬，
> 豪侈自奉，營別宅十餘所皆崇麗，分置姬妾，紈綺寶玩，所在充牣，供張不
> 移而具，時游處其間，東西惟意。又置良田宅於四方，若揚州嘉興南昌承天
> 等處，皆有莊店，聲勢震天下。」可謂實錄。惟其陰操吏兵二部權，每文武
> 大選，岳牧進退，時時與之。而給事御史翰林吏部，多有出其門下者。始與
> 嚴氏石交，晚而移釁，間隙已成，彼此各俟間而發，此皆未之及也。

<h2 style="text-align:center">（十二）穆宗</h2>

明史藝文志：

> 穆宗實錄七十卷，張居正等修。

明神宗實錄：

> 隆慶六年（西元一五七二）十月，勅修穆宗實錄。命成國公朱希忠爲監修官。
> 大學士張居正呂調陽爲總裁官。侍讀學士王希烈丁士美吏部侍郎汪鏜禮部侍
> 郎申時行詹事王錫爵等爲副總裁官。諭德陳經邦何雒文，修撰趙志皋田一儁
> 徐顯卿韓志能張一桂朱賡李長春王家屏陳于陛，編修高啓愚范謙沈一貫，侍
> 讀學士羅萬化范應期，侍講學士于愼行等爲纂修官。尋改命英國公張溶爲監
> 修官。總裁官仍爲張居正呂調陽申時行王錫爵王希烈等，與纂修官羅萬化范
> 應期等七十六人同纂修。至萬曆二年七月丙戌書成表進。

穆宗實錄出王錫爵手，錫爵與王世貞同里至好，世貞於史乘考誤中曾記高拱入相
事，據所親見之邸報，駁錫爵所記實誤，文曰：

> 穆廟錄載：「三年十二月庚申，起少傅兼太子太傅吏部尚書武英殿大學士高
> 拱以原官不妨閣務，兼掌吏部事。」余是時親睹邸報，高拱以原官管吏部
> 事，並無所謂不妨閣務與掌字面，以故不遣行人，不齎勅，而吏部僅以咨
> 移，兵部遣一指揮往，高拱頗不樂。至次年二月到任，朦朧與閣務，而與掌
> 都察院大學士趙貞吉俱免奏事承旨，始眞爲閣臣矣。錄殊不實。蓋王元馭所
> 撰，嘗與余爭以爲實兼，不自知其誤也。

至紀李福達案，則沈德符斥其不載洗雪之詞，譏張居正爲恣橫。野獲編卷十八權臣
黨惡條：

> （李福達案）……至萬曆二年穆廟實錄進呈時，張居正柄國，實錄皆其評定，
> 竟將穆宗洗雪大獄及龐尙鵬疏（爲顏頤壽等洗刷）削去不書，反將高拱疏（主
> 欽明大獄錄獄詞者）全載。蓋張永嘉（孚敬）桂安仁（萼）高新鄭（拱）之
> 嵩愎，皆其所師法，每於世廟錄中褒譽張桂，甚至若新鄭雖其所逐，而在先
> 朝時二人同心，翦除前輩同列，又加協力，交如弟兄，以故去取若此。大獄
> 一案，千古奇寃，乃欲削滅以泯其迹，恣橫如此！

八　掌故丁

（十三）神宗

明史藝文志：

> 神宗實錄五百九十四卷，溫體仁等修。

明熹宗實錄：

> 天啓元年（西元一二六一）三月丁卯，敕修神宗實錄。命英國公張惟賢爲監
> 修官。吏部尚書葉向高戶部尚書劉一燝韓爌禮部尚書史繼階何宗彥沈淮朱國
> 祚等爲總裁官。禮部尚書孫愼行侍讀學士顧秉謙盛以弘周道登鄭以偉李騰芳
> 鎮象坤孟時芳周如磐孫承宗祭酒吳宗達等爲副總裁官。侍讀學士駱從宇等爲
> 纂修官。天啓三年葉向高史繼階等相繼去位，改命中極殿大學士顧秉謙文淵

閣大學士丁紹軾黃立極馮銓等為總裁，翰林院學士孟時芳侍讀學士黃儒炳李思誠略從宇施鳳來丘士毅李康先錢龍錫韓日纘等為副總裁。仍命英國公張惟賢為監修官。天啟五年正月，諭史官限按月送稿，務早修成。

但至熹宗崩時猶未成書，崇禎初始續成。萬曆一朝最為多事，如三王並封，稅璫礦使，朝鮮禦倭，東北奴叛，以及東林黨議，門戶輔張，三案糾紛，清流白馬，神光二帝相繼崩逝，主少國疑，是非莫定。天啟元年（西元一六二一）周宗建上請修實錄疏，極言應博采周咨，期於至當，嚴立程限，期於速成。周忠毅公奏議卷一：

臣考世廟實錄成於萬曆初年，其時參核頗詳，所載事宜，斑斑具在。今當皇上御極之初，首允輔臣之請，纂修皇祖實錄，計輔臣留心掌故，必有規畫，授之史官。而臣乃側聞朝家故事，湮廢者多，史局條章，因循且久，閣中之私記，僅託筆於執事之人，聖明之舉動，半銷滅於禁庭之祕，起居之職徒懸，風影之傳失實，凡如此類，闕略為多。而況四十八年之內，時移局換，議雜羣分，若初政之勵精，中年之獨攬，晚年之幽深，政不一也，若冊立妃封之緩急，妖書楚獄之陰陽，四明（沈一貫）淮上（李三才）之爭執，論不一也。若大相巨閹之威福，稅璫礦使之誅求，罪帥囚臣之禍國，變不一也。若東朝之數有震驚，衆諫之頻干嚴譴，藩封外戚之屢有煩言，疑不一也。至於大警大災大兵大費，若兩宮三殿之災灰，地北江南之水旱，兩支虜落，一救東藩，北受韃王之臣，中更建夷之叛，敗扳競聳，勳書罪狀，凡此數案，更僕難詳。加以二十餘年之靜攝，公車之言，率歸高閣，其所下六垣者不當十中之一，今欲總集諸奏，驪括成書，而廖廖若此，又何所據？矧所下之章，諸吏積偷，苟且抄塞，而西台之草，六尚書之牘，南北諸曹之陳列，往往寂寞無聞，積習若此，又安望其大璧小璣，左言右事，上為捫天揭日之文，而下有金版玉書之頌哉！今閱論者求其備而不得，則有為採訪之說者，臣謂採訪之役，必先擇人，文學少年，一經使命，優游自喜，過家上冢，強半閒銷；求其咨討，正復不易，臣請於中行儀部中擇其博雅端詳者分地而往，務令幽邈之壤，孝子貞女，逸士高流，悉討其實，納之囊中，而又間詢故老，核之名家，悉錄其書，以備閱見，使五紀之內，淒岩欲曖，潛德為光，

亦一快也。則又有爲專官之說者，方今承明，著作之庭，雖稱濟濟多才，而
學有專門，事難兼習，如星曆樂律河渠三項，非藉講求，終難虛課，則有臣
所知者邢雲路之究心天文，李宗延之精研律呂，于仕廉陶朗先之熟習河經，
或就其人訪其故實，或收其書以佐參核，使星躔再整，宮徵重諧，而水脈河
源，按圖可譜，又一快也。則又有言求野之宜公者，臣謂皇祖歷年既久，中
間事變傳聞不一，豈無稗官小乘，自托名山，遷客畸人，私稱不朽，及今不
爲考定，後將滋惑無窮，則請悉收其書，明爲訂辯，務令野之所信，合於朝
之所徵，墓諜無靈，齊諧息響，又一快也。則又有言邸牘之宜查者，嘉靖初
脩武宗實錄，曾取正德中留中章奏，盡付纂脩，臣以爲皇祖末年所留諸疏，
藏在禁中，定無散逸，與其求之腐牘，時有魯魚亥豕之訛，何如請諸封事，
宜付史館，使感時慨論者既得盡見，而任情附會者毋得輕淆，以今日之公是
公非，達皇祖之不聞不見，又一快也。則又有言立傳之有體者，考國制大臣
三品以上乃得立傳，臣謂史以褒貶人倫，豈論顯晦，若令一遵官級，將高門
趦趄亦書，寒退者夷繇並屈，以此垂後，何益勸懲！則請大僚而下，倘有奇
節特行，不妨並爲序次，間有大譎大穢，亦復著其情形，薰蕕並列，袞鉞平
懸，又一快也。 則又有言編次之有期者，間閱史館諸臣，隱心於督催之取
怨，習成於人衆之相推，每致遷延，勳經歲月，白首汗青，幾何不爲劉知幾
所嘆乎！臣考萬曆初年纂修二廟實錄，輔臣請立程限，……一時諸臣，含毫
吮筆，無敢乞私差而圖自便者，今應仍持此格，卽四年之內，神廟實錄，刻
限可成，又一快也。則又有言總裁之宜尚者，……今請略倣萬曆初年責令總
裁分年專任，示以畫一，其纂直諸臣，志在分勞，不妨稍減其袟，俾有餘
閒，總統一專，程期易了，又一快也。

疏上，次年朝廷因命董其昌往南方採輯先朝章疏及遺事，其昌廣修博徵，錄成三百
本。又採留中之疏，切於國本藩封人才風俗河渠食貨吏治邊防者別爲四十卷。書成
表進，宜付史館。時議論猶紛紜，李希孔因上折邪議以定兩朝實錄疏，明史卷二四
六王允成傳附李希孔傳：

天啓三年上疏言：「昔鄭氏（國泰）謀危國本，而左祖之莫彰著於三王並封之

事，今秉筆者不謂非也，且推其功，至與陳平狄仁傑並，此其說不可解也。當時並封未有旨，輔臣王錫爵蓋先有密疏請也，迨旨下禮部，而王如堅朱維京涂一臻王學曾岳元聲顧允成于孔兼等苦口力爭，又共責讓錫爵於朝房，於是錫爵始知大義之不可違，而天下之不我予，隨上疏檢舉而封事停也。假令如堅等不死爭，不責讓，將並封之事遂以定，而子以母貴之說，且徐遂定策國老之勛，而乃飾之曰「旋命旋引咎，事遂以止。」嗟乎！此可爲錫爵諱乎！且聞錫爵語人曰：「王給事遺悔否？」以故事關國本諸臣槁項黃馘，終錫爵世不復起，不知前代之安劉復唐者，誰扼王陵使之不見天日乎？曾翦除張柬之桓彥範等五人而令齎志以沒乎？臣所以折邪議者一也。其次莫彰於張差闖宮之事，而秉筆者猶謂無罪也，且輕其事而列王大臣貫高事爲辭，此其說不可解也？王大臣之徒手而闖至乾清宮也，馮保怨舊輔高拱，置刃其袖，挾使供之，非實事也。張差之梃誰授之而誰使之乎？貫高身無完膚而詞不及張敖，故漢高得釋敖不問，可與張差之事，造謀主使，口招歷歷者比乎？昔寬處之以全倫，今直筆之以存實，以戒後，兩不相妨，而奈之何欲諱之！且諱之以爲君父隱可也，爲亂臣賊輩隱則何爲？此臣之所以折邪議者二也。至封后遺詔，自古未有帝崩立后者，此不過貴妃私人謀假母后之尊，以弭罪狀，故稱遺詔以要必行，奈何猶稱先志，重誣神祖，而陰爲阿附傳封者開一面也？臣所以折邪議者三也。先帝之令德考終，自不宜謂因藥致崩，被不美之名，而當時在內視病者，烏可於積勞積虛之後，投攻尅之劑，羣議洶洶，方蓄疑慮之深，而遽值先帝升遐，又適有下藥之事，安得不痛之恨之，疾首頓足而深望之，乃討奸者憤激而甚其詞，庇奸者借題以佚其罰，君父何人，臣子可以僥倖而嘗試乎？臣所以折邪議者四也。先帝之棄神廟棄羣臣也，兩月之內，鼎湖再號，陛下孑然一身，怙恃無託，宮禁深閟，狐鼠實繁，其於杜漸防微，自不得不倍加嚴慎，即不然，而以新天子儼然避正殿，讓一先朝宮嬪，萬世而下謂如何國體，此楊漣等諸臣所以權衡輕重，而以移宮請也。宮已移矣，漣等之心事畢矣，本未嘗居以爲功，何至反以爲罪，而禁錮之，擯逐之，是誠何心！即選侍久侍先帝，生育公主，諸臣未必不力請於陛下加之

恩禮，今陛下旣安，選侍又未嘗不安，有何寃抑而汲汲皇皇爲無病之沈吟，

臣所以折邪議者五也。抑尤有未盡者，神祖與先帝所以處父子骨肉之際，仁

美孝慈，本無可以置喙，卽當年母愛子抱，外議喧嘩，然雖有城社媒孽之

奸，卒不以易祖訓立長之序，則愈足見神祖之明聖與先帝之大孝，何足諱？

何必諱！又何可諱！若謂言及鄭妃之過，便傷神祖之明，則我朝仁廟監國危

疑，何嘗爲成祖之累！而當時史臣直勒之汗青，未聞有嫌疑之避也！何獨至

今而立此一說，巧爲奸人脫卸，使昔日不能致之罪，今日不容寶之書，何可

訓也？今史局開，公道明，而坐視奸黨陰謀，辨言亂義，將令三綱紊，九法

滅，天下止知有私交而不知有君父。乞特勒纂修諸臣，據事直書，無疑無

隱，則繼述大孝過於武周，而世道人心，攸賴之矣。」詔付史館參酌，然其

後卒不能改也。

(十四)光宗

明史藝文志：

光宗實錄八卷，天啓三年（西元一六二三）葉向高等修成，有熹宗御製序。

旣而霍維華等改修，未及上而熹宗崩，至崇禎元年（西元一六二八）始進呈，

向高原本幷貯皇史宬。

明熹宗實錄：

與神宗顯皇帝實錄同修，仍命英國公張惟賢爲監修官。吏部尙書葉向高戶部

尙書韓爌禮部尙書史繼偕何宗彥朱國祚侍讀學士顧秉謙朱延禧等爲總裁官。

侍讀學士林堯俞鄭以偉周如磐錢象坤等爲副總裁官。與纂修官張鼐周炳謨董

其昌來宗道等同纂修，至天啓三年六月乙亥書成表進。

天啓末，魏忠賢柄國，給事中黃承昊題請改修光宗實錄，於是命霍維華等領其事，

大肆塗抹，未及上而熹宗崩。至崇禎元年二月始將新本進呈，閣臣施鳳來請焚葉向

高所修本，司禮監太監王體乾以前所修本亦係奉旨事理，國朝無焚實錄例，請幷貯

皇史宬中。其後詞臣文震孟許士柔等疏請修改，奉旨不必煩議，原本卒以不焚，得

並行於後。再修本纂修官：

英國公張維賢爲監修官。禮部尙書文淵閣大學士黃立極禮部尙書東閣大學士

施鳳來張瑞圖李國檜等爲總裁官。侍讀學士李康先孟紹虞曾楚卿禮部侍郎楊
景辰等爲副總裁官。修撰余煌，編修朱繼祚陳仁錫吳孔嘉，檢討陳盟張士範
等爲纂修官。崇禎元年二月書成表進。

光錄初修本出於周炳謨張鼐手，而由葉向高裁定。明史卷二五一文震孟傳：

> 初天啓時詔修光宗實錄，禮部侍郎周炳謨載神宗時儲位艱詭，及妖書梃擊諸
> 事直筆無所附。其後忠賢盜柄，御史石三畏劾削炳謨職。

春明夢餘錄十三：

> 明光廟實錄成於初者大約出侍郎張鼐之手，而葉少師向高取裁焉。

葉向高曾自述編纂時之苦心，春明夢餘錄十三：

> 葉文忠向高曰：「光宗在位僅一月，實錄所載多潛邸時事，然其間亦有干礙
> 而難直書，牽連而難盡書，脫稿日余與同官互閱，皆以爲允。而自余歸後，
> 言者閧然，以張差進藥移宮三事爲非是，得旨改正。余思移宮事原未敍及，
> 其敍進藥亦甚平。惟張差事則因王之寀疏侵張太宰（問達），余偕同官往問
> 張曰：「此事之發，生輩皆里居，不及知其詳，公親讞此獄，虛實云何？」
> 張曰：「謀逆事千眞萬眞，之寀所發覺事情，無一不實。某當時讞奏皆與之
> 寀同，何以罪我！」余又問：「當時風癲之說云何？」張曰：「此飾辭也。
> 安有持梃入宮門而可稱瘋癲者。」此余與同官共聞，朝紳議論亦皆如是，故
> 實錄中稍採其說而詞亦委婉。乃當時之言瘋癲者逐耽耽矣。問官如岳駿聲逐
> 上疏力駁，時局已變，無敢出片辭，言官從風而靡，皆附會駿聲，而之寀被
> 重譴矣。余念事關宮闈，似屬曖昧，但罪疑惟輕，施於他事則可，東宮重地
> 而持梃突入，當時賴有中官格之耳，萬一進而不止，則跬步間便成大難，而
> 宗社有不測之憂矣。在禮齒君之路馬有誅，而春秋於許世子趙盾皆書弒君，
> 凡以絕干紀之萌，爲萬世立此大防也。今無論瘋癲之眞假，卽使眞癲，而持
> 梃入宮幾危儲貳，可但以瘋癲蔽罪而逐已乎？況禁中千門萬戶，他處不入而
> 獨闖於東宮乎？當王曰乾告變已云劉成龐保二奄有謀，今張差所供復與之
> 同，似又不出於癲者之口，而神祖斃二奄於禁中，不遣之就理，亦聖意淵微
> 可以默諭者。惟是事體重大，難以深窮，當日聖斷處分，原自妥當，至欲併

此一段情形而盡沒之，竊恐千秋萬世而下，終無以厭人心也。

天啓四年六月楊漣劾魏忠賢二十四大罪，七月殺萬燝，葉向高罷，時局大變，淸流去位，奄黨彈冠，東林黨人率被禁錮。奄黨因請重修實錄，幷作三朝要典，朱國楨大政紀云：

> 光宗在位止一月，實錄先上，以三案改修，蓋羣奸仗魏逆之勢恣行如此。首先建議者黃承昊也，把持塗改者霍維華謝啓光徐紹吉也。

明史卷三〇六霍維華傳：

> 天啓四年冬，維華得刑科，益銳意攻東林，請改光宗實錄，宜其疏史館，忠賢立傳旨，實錄改撰。

春明夢餘錄十三：

> 以黃承昊之言，魏廣微輩復媒魏忠賢令改修。及告成之日，則崇禎改元之歲矣。衆正未登，書仍進呈頒賫，送至皇史宬。閣臣有欲焚舊本者，賴大璫王體乾不可而止。而存宬中。

崇禎六年（西元一六三三）少詹事文震孟疏請再修光錄，明史卷二一六許士柔傳：

> 先是魏忠賢旣輯三朝要典，以光宗實錄所載與要典左，乃言葉向高等所修非實，宜重修，遂恣意改削牴牾要典者。崇禎改元燬要典，而所改光宗實錄如故。六年少詹事文震孟言「皇考實錄爲魏黨曲筆，當改正從原錄」。時溫體仁當國，與王應熊等陰沮之，事遂寢。

卷二五一文震孟傳：

> 忠賢使其黨重修(光宗實錄)，是非倒置。震孟摘其尤謬者數條，疏請改正。帝特御平台，召廷臣面議，爲溫體仁王應熊所沮。

震孟孝思無窮疏，春明夢餘錄曾引全文。疏云：

> 臣猥以菲材，備員史局，頃因纂修熹宗皇帝實錄，從閣中恭請光宗皇帝實錄副本較對，見其間舛誤甚多，而悖謬之大者，如先帝之册立，與梃擊紅丸大事，皆祖三朝要典之邪說而應和之。蓋天啓三年七月十六日實錄進呈，則禮臣周炳謨等史官莊際昌等所纂修，而閣臣葉向高韓爌等所總裁者也。至天啓六年逆黨崔呈秀等謂實錄非實，請旨重修，則崇禎元年二月二十七日所進，

今皇史宬之所藏者也。是時皇上初登大寶，要典未燬，逆案未成，閣臣黃立極等不行奏明，含糊從事，後來諸臣亦無復發金匱之祕，洗石渠之穢者，要典雖焚，邪說未殄，先帝二十年青宮之憂患，與夫一月天子，萬年聖人等事，俱隱而不彰，斯固臣子之所痛心者也。臣念皇上追念先帝，冊封敬妃慎嬪以寄永思，皇衷純孝，孺慕彌殷，薄海臣民，咸爲感動，乃先帝紀載尙未清明，使今日編修將何所據，流傳後世，又安取衷，國是所關，良非細故。若謂已入史宬，不可復出，則逆璫之矯旨，且能行於當年，聖明之獨斷，豈不易於反手，視爲綴圖，置不上聞，亦非臣子之所安也。臣謹摘其甚者，上瀆睿覽；一云：「當命哲之日，詔誥恩賚，儼然負震器之重，儲宮旣定，典制大明，而浮議外滋，無端蔓引，皆好事者之過云云。」臣謹按先帝冊立一事，自萬曆十四年以至二十八年，廷臣羽翼國本，有貶謫者，有削籍者，有遣戍者，有廷杖者，忘身殉國，九死不移，諸臣亦何利於已而爲之，縱皇心有主，未忍言夾日之功，而精忠自盟，豈可沒回天之力，乃謂浮議外滋，無端蔓引，一語抹殺，謂皆好事者之過，此以三朝要典所稱奸黨構釁，希圖定策，與三案諸奸一脈相貫者，同一邪說也，宜改正者一〇一云：「四十三年五月有男子張差持梃入東宮殿簷下，擊傷門者，中官共執之，巡視皇城御史劉廷元閔奏張差話不情實，語無倫次，按其迹若涉瘋魔，稽其貌的是黠猾，而刑部提牢主事王之寀揑謀危東宮之說，詞連二璫，科臣何士晉行人陸天受主事張廷等附和其說，愈加激聒」云云。臣按此卽要典中梃擊一案也，卽據劉廷元疏，亦明言稽其貌的是黠猾，而必欲以瘋癲二字草草結局，不容王之寀奏張差口詞，指爲揑謀何也？且張差有口，舉朝豈應默然，而一有言者，輒曰附和，曰激聒，則必使東宮無一護衛之人而後快乎！正與要典同一邪說，宜改正者二〇一因工科給事中惠世揚疏論劉廷元，遂謂初張差狂闖禁道，闖入宮門，廷元巡視皇城，按狀瘋魔，皇祖是其奏，讞決平允，自王之寀突揭構釁，徒黨因以爲利，借他事誣蠅廷元，未幾果顯攻瘋癲之案，一時邪說世揚實爲之倡云云。臣按王之寀摘發張差之逆，至於察處，至於削奪，後逮死詔獄，莫敢議恤，卽惠世揚身被五毒，體無完膚，所以不卽死者，逆

瓛欲借爲戎首，遍殺天下名流，非宥之也，幸聖明御宇，僅免一死，尚稽啓
事，乃云徒黨因以爲利，斯亦何利之有焉！況瘋癲之案，忠臣義士所共明目
張胆而攻者，何俟世揚爲倡始顯攻之？要典邪說宜改者三。一云：「張差闖
入東宮，言者紛紛，御史劉光復言致斃行刑，一獄吏任，似不必言官詫爲奇
貨，居爲元功，以此二語爲異議者刺骨」云云。臣按劉光復之得罪也，實以
奏對越次，然據其語，但言皇上極慈愛太子極仁孝兩言，亦未見其有功於神
祖及先帝，而奇貨元功之語，不可謂非抹殺忠義矣。大抵闖宮一事，梃及殿
簷，近侍俱踏，亦天下奇變也。必欲視爲平常，不當根究，以爲僅一獄吏之
任，此何心哉！要典邪說宜改正者四。一云：「方上疾大漸，召李可灼，并
趣和藥，悉出聖意，一時臣工所共聞共見，其後有造爲許世子不嘗藥之論，
羣小附和，嚚然鼎沸，汚衊君父，幾成晦冥之世。亡何正論大明，邪說漸
滅。且云李可灼往來思善門，中使以聞，其敷奏姓名，莫可得而問」云云。
臣按此卽要典中紅丸一案也，昔唐憲宗殁，杖殺方士柳泌，泌蓋爲憲宗製長
生藥者，彼豈不願其主之長生，而餌藥不效，則殺之而不爲過，後世亦不以
爲冤。今可灼進藥而先帝賓天，縱謂之誤，庸醫殺人，律有明罪，況誤傷天
子乎！此卽肆諸市朝，亦人情所愜，而乃與顧命大臣同賜金帛，比屢經論
劾，僅准致仕囘籍，此何以解於天下後世！且宮闈之中傳奏姓名，豈遂不可
窮詰，稍欲窮詰，卽曰羣小，曰汚衊，曰晦暝，此皆要典邪說也，宜改正者
五。以上五條，僅摘其尤訐謬者，伏乞聖裁，卽勅史館逐一改正，或取天啓
三年所進遺稿，再加勘定入皇史宬，庶幾千古之是非不悖，一代之袞鉞可
憑，而於皇上之達孝亦有光矣。

震孟譏被沮，諭德許士柔又上帝王世系二疏，力言二修錄之宜改，錢謙益牧齋有學
集二十八石門許公墓誌銘：

甲戌（崇禎七年，西元一六三四）官宮諭，上帝王世系二疏。先是羣賢嗾逆
賢定三案，刊布要典，改修光廟實錄，刪削其與要典牴牾者。會稽（倪元璐）
請焚要典，天下韙之。久之改錄如故，要典猶勿焚也。於是茂苑（文震孟）及
公相繼論改錄之謬，茂苑請刊定改錄所筆者，而公則摘抉改錄所削者。公初

疏曰：「臣備員纂修，恭閱皇考實錄總記，於世系獨略，皇上娠教之年，聖誕之日不書，命名之典，潛邸之號不書，聖母出何氏族，受何封號不書，凡此皆原錄備載而改錄改削者也。原錄之成在皇上潛邸之日，而詳慎如此，改錄之進在皇上御極之初，而草略如彼。此大經大法所在，不可不亟進也。」疏上奉旨謂累朝舊例，不必滋煩。烏程復令中書官捧穆廟總記以誑公，公具揭爭曰：「皇考實錄與列聖條例不同，列聖在位多歷年所，登極後事皆用編年排纂，則總記可以不書。皇考在位一月，登選三后，誕育聖嗣，皆在未登極之先，不書之總記而誰書也。穆廟大婚之禮，皇子之生在嘉靖中，故總記不載。母后之姓氏封號，皇子之出震承乾，寶冊金書，輝映天地，編年未嘗不具載也。皇考一月易代，載冊熹廟儀注，而皇上之冊立闕焉可乎？」烏程怒，攘臂揭參，同官柅之而止。公復抗疏言：「累朝實錄無以不書世系為成例者，臣所以摘抉改錄，政謂與累朝成例不合也。孝端顯皇后皇考之嫡母也，原錄具書保護之功，而改錄削之者何也？分莫尊於正嫡，功莫大於保聖，國本幾危於震兢，天心幸託諸坤寧，當日調護之苦心，真怙孝慈之極則，宗廟賴燕翼之慶，誕發於本支，而史臣抑顧復之勞，抹殺於寸管，此尤天理人心不容終泯者也。」疏上，仍用前旨報閒。

春明夢餘錄引西垣筆記引葉向高原錄四事，一國本，二妖書，三梃擊，四紅丸。文長不具錄。

（十五）熹宗

明史藝文志：

> 熹宗實錄八十四卷，溫體仁等修。

崇禎元年勅修：

> 命成國公朱純臣為監修官。吏部尚書中極殿大學士溫體仁禮部尚書文淵閣大學士張至發孔貞運賀逢聖黃士俊等為總裁官。禮部尚書翰林院學士姜逢元侍讀學士劉宇亮傅冠等為副總裁官，與纂修官等同編纂。

時綱紀廢弛，史官曠職，至崇禎末始成書。談遷棗林雜俎逸典：

> 纂修實錄，各分翰詹坊局，棄具送閣臣總裁，又分歲月刪定，彙而上之。熹

宗御歷七年，論實錄終歲事耳。史官雖分任，乞假牽使，淹期不至，或費譽之周聞，閣臣亦不以爲意，嘉定錢相國（士升）舊總裁二十年有奇，云同官互祕，不肯往覆也。至崇禎十□年始竣。

按明史宰輔年表，士升以崇禎六年九月入閣，至九年四月免，儻木所云總裁二十年有奇誤，然據所記，則當時淹滯之情形可知也。總裁官中有朱繼祚，以舊與修三朝要典，被論求罷去。明史卷二七六朱繼祚傳：

> 崇禎初復官，累遷禮部右侍郎，充實錄總裁。給事中葛樞言：繼祚舊纂修要典，得罪淸議，不可總裁國史。不聽。繼祚旋謝病去。

淸軍入北京後，實錄仍在皇史宬（夏燮明通鑑義例），淸順治二年（西元一六四五）詔修明史，明降臣馮銓任總裁，以其醜行備載於天啓四年實錄，遂私竊去毀滅，朱彝尊曝書亭集書兩朝從信錄後：

> 熹宗實錄成，藏皇史宬。相傳順治初大學士涿州馮銓復入閣，見天啓四年紀事毀已尤甚，遂去其籍無完書。

全祖望鮚埼亭集移明史館帖子二：

> 馮涿州再相，奮筆改熹廟實錄。而劉者愚酌中志，或去其黑頭爱立伎倆一卷，以爲之諱。

楊椿松鄒堂集再上明鑑綱目館總裁書亦云：

> 明史之初修也，在順治二年。時大學士馮銓爲總裁，仿通鑑體僅成數帙，而天啓四年實錄遂爲竊去，後下詔求之，終不可得。

又天啓七年實錄亦缺，東華錄：

> 順治五年（西元一六四八）九月諭內三院：「今纂修明史，闕天啓四年七年實錄及崇禎元年以後事蹟，着在內六部都察院衙門，在外督撫鎮按及都布按三司等衙門將所闕年分內一應上下文移，有關政事者開送禮部，彙送內院，以備纂修。」

至順治八年又下詔搜訪，東華錄：

> 閏二月大學士剛林等奏：「臣等纂修明史，查天啓四年及七年六月實錄並崇禎一朝事蹟俱缺。宜勅內外各官廣示曉諭，重懸賞格，凡鈔有天啓崇禎實

錄，或有彙集邸報者，多方購求，期於必得。或有野史外傳集記等書，皆可

備纂輯。務須博訪，彙送禮部，庶事實有據，信史可成。」下所司知之。

終無所得，天啓實錄至今遂無完本。

<h2 style="text-align:center">（十六）思宗</h2>

北都覆沒後，福王建國南京。輔臣高弘圖請修思宗實錄，禮部右侍郎管紹寧因

上修國史實錄玉牒疏，賜賊堂集卷三：

> 題爲中興有象，文獻無徵，請修正史以存本朝完書事；儀制清吏司案呈該臣
> 部據禮科抄出太子太師吏部尚書文淵閣大學士高宏圖題前事等因，奉聖旨；
> 北轂史宬淪沒，今日開館修史，國之大務，閣中即議纂史官等畢備，務搜羅
> 羣籍，蔚然成一代典册，該衙門知道，欽此！又一本爲請修先帝實錄，以集
> 遺徵事；奉聖旨：先帝十七年苦心仁政，臣民素有見聞，邸報章奏，海內必
> 多流布，實錄自當及時纂修，其間開局設館搜羅等事宜，卿等酌議來行。羅
> 萬象等即令詢訪故實，事竣各付史館，以資採擇，該衙門知道！……

紹寧因具上纂修事理，崇禎十七年九月二十六日奉聖旨；「國史玉牒皆係大典，這
所奏俱依擬行。」時紹寧并舉陳子龍余颺夏允彝張采吳國龍陳震生宋徵璧楊廷樞徐
孚遠張以謙等任史官。談遷棗林雜俎逸典亦記：

> 高相國請修國史實錄，許之，遽去位，未開局。錢尚書謙益多藏書，意任
> 史，竟蘖作。禮部署部事右侍郎管紹寧覆脩史疏，請門下士某任史館，報可
> 准貢。前相國疏薦予中書，予力辭至泣下，乃薦宣城唐祖命歙縣方世鳴等。
> 至是又欲薦予史館，辭之。或問其故，曰：「國初布衣預史館，時略勢分，
> 廣探集。今進賢冠載筆，尙膚崇卑，一措大廁身其間仰鼻息，不過呈翰吮
> 墨，等於門下牛馬走，寧藏身甕牖，同腐草木耳。」

南都逾年傾覆，國史崇禎實錄俱未成。至清初修明史，四明萬言始搜輯遺史，輯爲
崇禎長編，當時頗有傳本。王源居業堂集與吳商志書；

> 實錄止於天啓，并未有崇禎實錄，近修明史，始將十七年朝報搜出，摘輯長
> 編，以備紀傳，唯一二總裁家有副本。

長編今存者有痛史本二卷及中央研究院歷史語言研究所所藏抄本六十六卷，俱殘闕

不完。

南明諸帝實錄今存者有痛史本福王登極實錄弘光實錄抄思文大紀及王夫之船山遺書本永曆實錄，俱出私撰，不具錄。

九　傳布

實錄正本嘉靖十三年（西元一五三四）以前藏內府，十三年始建皇史宬貯之，金匱石室，外人不可得見。惟副本藏內閣，掌於翰林院典籍，每一帝山陵，修實錄時，必取前朝實錄副本爲參校。以故閣臣史官均得私抄，流布於外。如鄭曉王世貞等均家有實錄，卽其著例也。嘉靖十三年至十五年重錄實錄玉牒置皇史宬，前後歷時二年，計抄傳者當難僕數。至萬曆十六年又重錄實錄爲小型本，沈德符野獲編補遺一今上史學條：

> 萬曆十六年閣臣進太祖御扎在內閣者凡七十餘通，上命留內恭藏，因索累朝實錄進覽，閣臣對以實錄成時，史臣俱會同焚稿於芭蕉園，人間並無底稿。惟皇祖世宗特建皇史宬以藏列聖實錄寶訓，但册樣稍廣，宜減爲書册，庶便展覽，容令中書官謄進，陸續上呈。上允之。由是金匱石室之藏，俱登乙覽矣。

陳繼儒紀此役經過更詳盡，眉公見聞錄三：

> 萬曆十六年二月十五日，閣臣申時行等恭進聖祖御筆。奉聖旨；聖祖御筆留覽，還着查取累朝實錄寶訓稿來進，欽此！又該文書官宋坤口傳聖諭；「裝潢寶訓實錄尙冠恭看一遍，請去皇史宬安，如再請來，不尙冠不敢恭看，查有累朝寶訓實錄稿，着進來以便觀覽。」時行等題云：「查得累朝纂修事例，凡纂修寶訓實錄已完，正本於皇極殿恭進，次日送皇史宬恭藏，副本留貯內閣，其原稿則閣臣會同司禮監及纂修各官，於西城隙地內焚燬，蓋崇重祕書，恐防洩漏故也。今奉旨查取原稿，臣等無憑查進。臣等查得嘉靖年間曾將累朝實錄寶訓重錄一遍，見今藏奉皇史宬。其原先舊本，則隆慶年間曾閱先任閣臣云皇考嘗一取視，收藏道心閣，後又送入皇史宬。如皇上留心繼述，時欲覽觀，乞命該管人員查取恭進。至於閣中副本，節年以來，屢因開

館纂修，各官考究緖閱，時有汙損，一時未能整頓。如皇上欲朝夕披閱，除武宗以前，見有皇史宬原先舊本可以取進外，其世宗穆宗兩朝訓錄，或容臣等查取謄錄各官，督令謄寫便覽書册，陸續進呈，以備御覽。臣等未敢擅便，伏乞聖裁，令臣等遵命施行。」三月初一日文書官宋坤又口傳聖諭：「前日說累朝寶訓實錄，皇史宬打點不曾有。恐世宗請去西城萬壽宮被災。今自太祖起及累朝訓錄，都謄寫裝潢進覽，有幾部就進幾部來。」時行等又題云：「查得嘉靖十三年重書寶訓實錄，降勅開館，及用校對謄錄等官生數多，蓋皇祖世宗欲以祖宗謨烈，閟之金櫃玉函，以傳萬世之信，所重在於尊藏。今皇上特命謄寫，是欲以累朝典故，置之法宮祕殿，以備乙夜之觀，所重在於便覽。故臣等竊謂訓錄舊本式樣寬闊，今宜稍歛，改從書册。舊本簡帙繁多，今宜併省，不拘卷數。其謄錄官員，除兩房幷玉牒館見在供事外，不敷之數，相應查取先次會典館謄錄後回原衙門各官，前來供事。合用紙劄，於司禮監陸續關取。筆墨桌凳等項，例於各該衙門支用。校對官於翰林院差委，圖書監生於國子監收管，吏役於吏部各取撥。一應事宜，容臣等查照節年事例題請施行。」夫皇上因御筆欲看寶訓實錄，因寶訓實錄，又云尚冠恭看，不尚冠不看。其法祖式訓之意，誠有不敢怠忘，不敢怠荒者，謹書之以備史缺。

因實錄之重抄，諸校對謄錄官遂乘機傳抄，傳布至廣。朱國楨湧潼小品二：

實錄之名起於唐，國朝平元都，卽輦十三朝實錄至京，修之至再。太祖實錄修於建文，又再修於永樂，幷歷朝所修者藏之金櫃石室，最爲祕密。申文定（時行）當國，命諸學士校讐，始於館中謄出，攜歸私第，轉相鈔錄，遍及台省，若部屬之有力，蓋不啻家藏戶守矣。

顧炎武亭林文集五書潘吳二子事：

先朝之史，皆天子之大臣與侍從之官，承命爲之，而世莫得見。其藏書之所曰皇史宬，每一帝崩修實錄，則請前一朝之書出之，以相對勘，非是莫得見者。人間所傳止有太祖實錄。國初人朴厚，不敢言朝廷事，史學因以廢失，正德以後，始有纂爲一書，附於野史者。大抵草澤之所聞，與事實絕遠，而

反行於世。世之不見實錄者，從而信之。萬曆中天子蕩然無諱，於是實錄稍

稍傳寫流布，以至於光宗，而十六朝之事具全，然其卷帙重大，非士大夫累

數千金之家不能購，是以野史日盛，而悠謬之談，遍於海內。

康熙中又詔明史修成之日，應將明實錄並存，東華錄：

康熙二十六年（西元一六八七）上諭大學士等曰：「史事所關甚重，若不參

看實錄，虛實何由悉知，他書或以文筆見長，獨修史宜直書實事，豈可空言

文飾乎！如明代纂修元史，限期過逼，以致要務多漏，且議論偏詖，殊乖公

正。俟明史修成之日，應將實錄並存，令後世有所考據。

然至今日，數經變亂，皇史宬正本與內閣副本均蕩然不可問。歷史語言研究所藏有

實錄殘帙數十紙，堅楮朱絲，紙色潔白，繕寫工整，行格寬大，斷句用朱圈，係內

閣大庫舊物，或即明實錄副本之僅存者。至海內外公私藏家所庋實錄，現存者約十

數部，大抵多爲傳抄本，魯魚亥豕，脫文斷簡，觸目皆是，歷史語言研究所彙校本

正在整理中，倘國家威靈，海宇敉定，校本能早日傳世，則取嘉靖殱倭之史蹟，與

今日復蕩寇之武功，排比對較，後先輝映，亦一快也。

　　　　　　　　二十九年九月二十六日脫稿於昆明西郊落索坡

毛文龍釀亂東江本末

李 光 濤

目 錄

　　毛文龍明史無傳，僅熊廷弼袁崇煥等列傳及朝鮮傳附記之，又皆略而不詳，是非不能明。明制，非五府官不領兵，而武臣又以總兵官爲極品，文龍始以都司虛銜出海，不數月，實授總兵官，專制一方。挾朝鮮之勢，居東江九年，用牽奴之名，遂專利之實。又厚結內璫，尊之爲父兄，於是無功而爵位益高，至封遼東伯。據天啓實錄，帝不名文龍，而呼爲毛帥，其眷顧可想見已。至茲恃寵而驕，嫚罵一世，順之則生，逆之者死，如登萊巡撫陶朗先、參政譚昌言、御史夏之令，皆嘗劾文龍不法事，或死於獄，或憤懣嘔血死，（陶朗先之死，見天啓實錄五年十月己亥，昌言等之死，詳後）。又天啓六年登撫武之望，因劾文龍爲古之安史，亦劣處以去。自是終天啓朝，東江之事，不惟無人言之，亦無人知之矣。以地理言，東江本朝鮮附近海島，據鴨綠江口，去遼陽不過五百里，而兵科給事中薛國觀疏則云，去奴寨二千餘里，去寧遠亦如之，諸如此類甚多。因之文龍乃得冒功冒餉，益肆欺罔，抑之則「欲爲劉豫」，悅之亦「禽獸無異」。朝廷期以「聯屬國牽奴賊」，而文龍則私通金人，約夾攻中原，且云，朝鮮文弱，可襲而有之，即朝鮮丁卯之禍，亦由文龍而起。明廷歲糜無數金錢，轉餉海外，結果乃如此，真可嘅已。及文龍被誅，未幾，有孔耿之叛，屠山東殆遍。孔耿皆文龍養孫，崇禎六年夏，率叛徒數百艘投金

國，金人致朝鮮國王書稱孔耿有二萬之衆。金國之漢人，則有「毛帥率衆歸來王事將成」之奏。凡此之類，據天聰七年奏疏册，不勝枚舉。所謂金國汗卽因此自大，積極進圖中原，於是屠旅順，降朝鮮，取皮島，以及丙子以後歷次「虜變」，並甲申亡明之役，皆此毛衆協力之功也。文龍死後之流毒又如此，固明帝之所不料也。凡上所舉，據天啓實錄、朝鮮實錄、崇禎長編、明清史料諸書之記載，爲長編以記之，則毛文龍事蹟，始可一覽了然，而世之妄惜袁經略殺之者，可以杜其口矣。

第一章　開鎮東江上

毛文龍開鎮東江，由於先有鎮江之捷，所謂鎮江之捷者，據遼東巡撫王化貞謂有發縱奇功，而經略熊廷弼則責文龍輕擧妄動，亂三方布置之局，至欲殺之而未果，因此經撫不和，致有廣寧之失。欲明斯義，不得不先言熊廷弼三方布置，以及廣寧之失，然後再論毛文龍開鎮東江之事。

（一）三方布置

天啓元年三月乙卯，奴兒哈赤破瀋陽，壬戌，又陷遼陽，經略袁應泰等死之，京師大震。同月庚午，天啓帝起熊廷弼於田間，復任遼東經略。四月丙子，帝因遼東巡按方震儒薦，升寧前道右參政王化貞巡撫廣寧。化貞諸城人，萬曆四十一年進士，由戶部主事歷右參政分守廣寧。六月，廷弼入朝，首建三方布置策，據天啓實錄（以下簡稱啓錄）元年六月辛未朔廷弼疏曰：

> 欲復遼左，須三方布置：廣寧用騎步對壘於河上，以形勢格之，而綴其全力；海上督舟師，乘虛入南衞，以風聲下之，而動其人心；奴必反顧，而亟歸巢穴，則遼陽可復。

疏內海上督舟師之言，卽天津登萊各置舟師，合廣寧綴奴之兵，是爲三方布置之局。南衞卽金復海蓋，據廷弼意，將欲馳舟師入南衞而守，使奴（「奴」字乃明人記載奴兒哈赤之簡稱，下同）必回顧巢穴。巢穴卽老寨，（天聰六年實錄稿改老寨爲興京）奴顧老寨，必不暇守遼陽，故云以風聲下之，如此，則我勢自張，而遼可復。時廷弼嘗戒王化貞勿輕戰示瑕，主廣寧固守，以待舟師大至，一擧復遼。用舟師之說，同年七月壬子禮科都給事中楊道寅奏本亦言之。其言顚要，特摘錄於

後：

> 臣奉使東藩，取道遼西，遍視人情地勢……誠用水步兵三五萬，由登萊海道
> 濟師，達旅順，便可泊舟；或由鐵山破浪，或由蓋套間道而前，先傳諭諸島
> 逃難百姓，如撫南四衞例，則鎮江寬奠等處，可傳檄而定也。鎮江復，則可
> 聯絡朝鮮，協圖進取，卽告糴義州，輸粟中江，以佐軍餉。寬奠復，則時出
> 遊兵，以窺老寨。彼來而我收保，彼退而我虛聲譽之，迭出疲之，俾其狼顧
> 脅息，不得併力遼西，是又牽制奴酋一便也。

道寅所云「如撫南四衞例」，卽熊廷弼前疏乘虛入南衞之議。按崇禎長編元年正月
辛巳兵部尚書閻鳴泰言：「南衞居遼之中，西接關寧，東連鴨綠，萬山盤結，河海
交環，魚鹽礦稻之利，向爲全遼所仰給，此樞紐之區，而腹心之處也。」又蓋套卽
蓋州，據啓錄六年四月壬辰薊遼總督閻鳴泰疏稱：「國初馬雲葉旺殲虜成功，卽在
蓋套之連雲島。」至道寅疏稱「用水步兵三五萬」，觀其將欲以之分布鎮江等處，
並時出遊兵之用，其數決不爲多。因不如此，則得地必不能守，能守，然後始可成
一堂堂正正之著，牽奴制奴，以窺老寨也。又按朝鮮義州之地理，據天啓六年毛文
龍言：「東江距義州百里，義州與鎮江相對，不過三四里，鎮江至遼陽三百六十
里，鐵山路亦如之。」又道寅疏中曾以聯絡朝鮮爲言，與熊廷弼疏請聯合朝鮮之議
亦合：

> 三方建置，須聯合朝鮮，宜得一智略臣前往該國，督發江上之師，就令權住
> 義州，招募逃附，則我兵與麗兵聲勢相倚，與登萊晉息時通，斯於援助有
> 濟。……遼陽東四百里爲鎮江，與朝鮮義州夾鴨綠而居，相去僅數里，於遼
> 陽爲臂，於南衞爲尾，於賊巢爲胲，凡朝鮮治兵防奴，遼人逃難避賊，遼將
> 招兵集義，東山礦徒拒賊，上下皆聚於此，斯東南大扼要處。（啓錄元年八
> 月庚午）

熊廷弼之重視鎮江，因鎮江地勢，爲兵家所必爭：

> 兵部題……九聯故址，新築一城，名曰鎮江，以爲備倭之計。從之。（萬曆
> 實錄二十四年九月庚申）

> 鎮江，堡名。在奉天府鳳凰城東南，與朝鮮分界處。（通鑑輯覽卷一一二）

明人嘗言：「鎮江爲朝鮮入貢必由之路，又爲登萊之咽喉，而金復四衞之門戶也。
鎮江一失，朝鮮必亡，海道必絕。」據此，則鎮江之存亡，得失之數甚大。所以熊
廷弼之三方布置，其意蓋欲於乘虛入南衞之後，卽進據鎮江而守之，以爲復遼之樞
紐也。又按逃難遼人，據朝鮮光海君日記（以下簡稱日記）卷一六五葉八四有云：
「時賊旣得遼陽，遼之軍民不樂從胡者，多至越邊。」又啓錄載：「南四衞官民，
逃命山東等島，約數萬人。」又云：「遼陽一老書生，奮白挺擊殺賊酋，並傷數
賊，父子兄弟，挾數十人結伴來，羣夷瞪目，莫敢動。」此皆遼人遼將也。至於疏
內招兵集義一事，據啓錄元年五月癸丑：

> 奴遣叛將陳堯道爲寬奠參將，同守備郭彥光呂端招降四衞，行至鎮江，有
> 古河屯民陳大等，不受僞命，直前刺殺堯道，併殺郭彥光呂端，聚集三千
> 人，歃血共盟。馬虎山民任九錫頭山民金國用馬頭山民崔天泰卓山民王思紹
> 等，及東山礦徒，不肯降奴，各聚衆以待大兵。其逃入朝鮮者，亦不下二萬
> 人。

此皆集義之衆也。又記事內之東山，據淸朝全史上一葉一五引明倪謙景泰元年東使
朝鮮日記：

> 正月十日，發遼東……自遼東至鴨綠江，計有八站，今廢，故護送官兵，悉
> 齎帳房隨行。經高麗衝，頭館站車嶺，至浪子山，宿於民家。十一日，自浪
> 子山起程，過背陰山盤道嶺，至辛寨宿焉。十二日，宿東山關口，東關者，
> 實華夷之界限也。

此東山關之地位，據淸朝全史著者爲之增注曰：

> 東山關卽今之連山關無疑，東山者，土稱也，今遼東人亦指鴨綠江上流爲東
> 山，倪謙所至，卽其地，明代蓋以此邊關爲中外之界限也。遼陽副總兵題名
> 記有曰：「我成祖建都燕京，遼東遂爲東北之巨鎭，景泰年間，外寇頻至，
> 遂於遼陽依河設邊牆焉。舊止於連山關，今有靉陽諸城，以扼千里之險。」
> 是亦明初邊境止於連山關之明證也。東山關之地，有大麾天嶺起伏之險隘，
> 鴨綠江及遼河之大分水嶺所劃地，是爲境界。

按，明初邊境，是否止於東山關，正未易明，第吾人所欲明瞭者，卽東山在當日，

固亦形勝之地。以此形勝之地，又有鎮江爲樞紐，而集義之衆，又枕戈待援，日望大兵之至，以爲復遼，可指日計功也。大兵之至，據日記卷一六九葉七九，天啓元年九月十五日癸丑，登萊巡撫陶軍門差官張守備騌張哨官汝德等答國王詢問師期之辭曰：

> 大軍師期，當在明春，諸路軍兵，每省發一萬，十三省當發十三萬兵，而道路遠近不一，當於歲前齊到。水兵，山東亦發二萬。

記事內諸路軍兵十三萬，姑置之不論。卽如山東水兵出海者，據同卷葉七九載，已有

> 龍川府使狀啓：當日巳時，王參將兵船十五隻，過彌串，已抵麟山之境。十六隻，又留彌串前洋。（天啓元年八月初八日丁丑）

又同日贊理使狀啓：

> 龍川府使馳報：據王參將兵船七十餘隻，已到鹿島，今明當至彌串。

以上兩條所記水兵，共兵舡百餘隻。按，萬曆壬辰征東之役，援兵由水路至朝鮮者，一舡之載，可三四百人，少不下二三百人，可以多載師，可以多載糧，見萬曆實錄二十五年九月壬辰大學士趙志皋疏。又如後來孔耿叛徒過海，每舡皆數百人，見明清史料甲編（以下簡稱甲編或乙編）葉七五四。以此爲例，則山東兵舡百餘隻，所載水兵，當不下二萬人。此二萬人，皆爲乘虛入南衞之用，亦卽熊廷弼疏內所謂復遼之師。

又日記卷一六五葉一二八，記義州偵探人李能福等言金復等地居民期待援兵之狀：

> 所經金復等地居民，雖㤼於虜勢，拚作獞樣，及見能福輩，擧皆喜悅，爭饋酒食，相謂曰：「朝鮮兵馬，何時渡江？活我濱死之命云。」民心如此，醜虜之平，指日可期。（天啓元年六月初三日癸酉）

拚作獞樣，卽剃頭之難民。此因㤼於敵勢爲之，固非出於本心。此朝鮮犄角之師，須山東水兵大至，乘虛入南衞與據守鎮江之後，始可爲我助。蓋朝鮮文弱，不敢孤兵與奴戰。熊廷弼建議三方布置，卽三方兵力齊集，出奴不意，同時大擧，使奴手足失措，以成復遼之功。所不幸者，毛文龍鎮江一聲，倏發倏覆，致奴兒哈赤遷怒

遼民，殺掠金復極慘。至義民之不肯剃頭者，又皆投鴨水以死，而毛文龍則跳身去朝鮮矣。

（二）鎮江之捷

據啟錄元年八月丙子：

> 初遼撫王化貞，遣都司毛文龍率二百二十餘人，繇海東規取鎮江。至朝鮮彌串堡，偵之僞署遊擊佟養眞抄殺黃嘴商山等處，城中空虛，時右衞生員王一寧往朝鮮借兵適回，文龍延與共計，令千總陳忠乘夜渡江，潛通鎮江中軍陳良策爲內應，夜半襲擒養眞及子松年等賊黨六十餘人，收兵萬人，舊額兵八百人，南衞震動。

此爲王化貞塘報大捷之言，亦卽化貞所謂發縱奇功也。按，化貞爲人騃而愎，素不習兵，輕視大敵，好譖語，文武將吏進諫，悉不入，見明史稿熊廷弼傳。毛文龍字振南，萬曆四年正月十一日生於杭州錢塘之松盛里。年三十，走燕中，不遇，又之遼左，遼帥收之幕下，授海州軍，漸至都閫，復以王化貞薦，假空札數百，得便宜行事，見毛先舒小匡文抄毛太保公傳。一云：文龍錢塘人，世海州衞千戶，旣襲秩，其舅兵部職方郎中沈元祚，遺書同年王化貞，授千總，遣之襲鎮江，見談遷國榷。又有云：將軍少孤，隨其母養舅氏沈光祚家，光祚中萬曆乙未進士，官山東布政司，王化貞與光祚善，將行，就光祚請教，光祚曰：「何敢妄有言，光祚有姊子毛文龍，試與一旅，必能爲國效勞。」化貞許諾。因遣將軍入登萊，潛匿海島，拜練兵遊擊，使便宜行事，見毛奇齡毛總戎墓誌銘。以上所記文龍之履歷，各自不同，姑漫引之而已，以下再專論鎮江之捷。鎮江之捷，日記天啟元年，記載甚詳：

> 六月二十九日庚午，備邊司啟……似聞鎮江孱將，鬚髮已白，精力衰瘁，而門下人役，只四五名云。（卷一六五葉一一七）

> 七月二十二日辛酉，義州府尹狀啟祕密事：龍川府使狀啟，唐將毛都司蘇守備張千總出來。（卷一六七葉五三）

> 二十五日甲子，龍川府使狀啟：蘇守備張千總等，擊斬眞孱五十餘名，生擒遊擊，毛都司聞之，乘船上歸，進駐鎮江。（卷一六七葉五九）

> 二十六日乙丑，義州府尹狀啟：廣寧御史遣遊擊毛文龍招降鎮江，鎮江人相

率內應，殺賊署修養眞父子兄弟守堡官，斬殺內丁七十餘名。（卷一六七葉六一）

贊理使狀啓：毛都司蘇守備張千總等領兵彌串鎮下船事。（同上）

又天啓二年正月初四日庚子：

初遼陽旣陷，遼陽民多走入我境者。天朝遣都司毛文龍浮海，泊龍川，旣至，率 遼民 兵 之 數 爲 百 假獷者數千徑 夜入鎮江，搶殺數十，仍走龍川，乃以捷聞，得陞副總。（卷一七三葉七九）

此中□號，係本來所固有，被塗去之文，由此塗去之文，可以看出毛文龍七月二十五日夜襲鎮江，所率之兵，不止二百二十八。此二百二十八之外，更有假獷數千。假獷卽剃頭漢人，亦卽前面所記之難民，王化貞塘報內所稱收兵萬人，當係指此些難民而言。文龍憑藉此兵民數千之勢，僅僅搶殺數十人，且所殺之獷將，又鬚髮已白，精力衰瘁，此種殺法，直捕殺老弱而已。乃虛張大捷，欺誑朝廷，後卽因此一動，「奴酋」大至，損威召釁，破壞戰事之全局。據啓錄元年九月甲寅兵科給事中李遇知言：

毛弁潛入虎穴，恢復鎮江，圖之此其時矣。而道臣揚帆未早，朝鮮聯絡未成，江淮召募未旋，水兵望洋未渡，千里孤懸，鞭難及腹，不數日，奴大屠鎮江男婦，燒燬房屋幾盡，而文龍逃朝鮮去矣。發之早，不得不應，又不能卒應，損威召釁至此。

同書，更有兩證：

且在鎮江者，兵單將寡，儻倏發倏覆，不惟不足助河西牽制之勢，而徒啓賊人防備南路之謀，致殄四衛歸附之衆。（啓錄元年九月辛丑登萊巡撫陶朗先疏）

奴將各處屯民，盡驅出塞，昨趕耀州等處男婦二十餘萬口北行，男不許挾貲，女不許纏腳，凍餒枕籍。（啓錄元年十二月辛卯）

此皆損威召釁也。熊廷弼謂鎮江之捷爲奇禍，卽此之類。又河南道御史何莘可，則以爲鎮江之捷，如小兒做戲：

今日奴傾巢入寇，非前日鎮江之勝挑動乎？鎮江之勝，如小兒做戲，全不安

排，將疆場輕於一擲，不知化貞何途以捷報？而鶴鳴亦誇爲奇捷也。（天啓

都察院實錄二年四月）

據此，則王化貞之自稱發縱奇功，與同後來毛黨謂文龍爲天下奇才之言，誠爲妄

說。尤可恨者，王化貞更誕稱破奴可必：

鎭江一動，四衞大擾。……奴兵分饟，遼陽遂空，海州止眞夷二千，河上止

遼兵三千，若潛兵襲之破之必矣，奴南防之兵，必狠狽而歸，吾據險以躡其

惰，可大殲也。（啓錄元年八月乙未王揭）

時朝議亦聳然，因鎭江一動，謂恢復有機。天啓元年八月甲子，竟以文龍爲副總

兵，賞銀二百兩。然此鎭江之捷，其結果徒使奴兒哈赤大屠鎭江男婦，燒燬房屋幾

盡，而鎭江仍爲奴有，日記卷一六八葉七一，八月初四日記錄，卽「鎭江賊徒如前

屯聚」也。至初七日丙子又有云：「賊徒次次罷陣，入向鎭江。」至此，南四衞遂

永無恢復之機矣。

<h3 style="text-align:center">（三）經撫不和</h3>

經撫不和，其失在朝議姑息，而不能明是非之公，如毛文龍貪功債事，王化貞

大言誤國，使當時朝廷之上，果有明達事體之人，則如毛如王，皆不應蒙重賞。至

於熊廷弼，守遼而遼存，去遼而遼亡，其功已著，此固人人知之，亦人人能言之。

乃因公道不彰，姑息爲政，於王化貞，則以爲有發縱之奇，信之任之，於毛文龍，

則更比之班定遠，嘉其鎭江一動之功，官之極品，賚以重賞，其不知邊情有如此

者。凡此，皆所以挫熊抑熊也，不折不止。前之熊廷弼，後之袁崇煥，皆因此而

死，於是遼事始不可爲，而明亡決矣。善乎天啓朝都御史王德光之言曰：「奴之

强，總在法行，中國之弱，病在姑息。」姑息之病，卽如稍持正義之首相葉向高，

亦嘗婉轉其辭，以右王化貞與毛文龍，則碌碌者更可知矣。向高凡有兩疏，顏彰明

較著言之，據啓錄元年：

十月庚辰，大學士葉向高，途中再辭黷賞，因言：毛文龍收復鎭江，人情踴

躍，而或恐其寡弱難支，輕舉取敗，此亦老成長慮。但用兵之道，貴在出

奇，班超以三十六人定西域，耿恭以百人守疏勒，皆奇功也。

十二月己卯，大學士葉向高奏……惟毛文龍鎭江之役，撫臣以爲功，經臣以

爲罪，意見大異。臣竊謂國家費數十萬金錢，招十餘萬士卒，未嘗損奴酋分毫，而文龍以二百人搶斬數十人，功雖難言，罪於何有？以爲亂三方布置之局，則此局何時而定？以爲貽遼人殺戮之禍，則前此遼人殺戮，已不勝其慘，豈盡由文龍？故文龍功罪，可勿談也。

以上兩疏，皆姑息之議也。前疏猶以出奇之功許毛文龍，後疏似因鎮江功罪，眞相漸明，且貽遼人殺戮之慘，惟是向高之意，不欲因此彰文龍之罪，形化貞發縱之失，故又舉前此遼人，亦嘗有殺戮之慘。易言之，即遼人之被殺被屠，死其固然，何關於毛文龍之出奇。又按向高「未嘗損奴酋分毫」一言，尤不可信，試就日記卷一六九葉五五所記滿浦僉使鄭忠信使建州記事證之，足知向高之說爲不實。記事曰：

虜中言守城之善，莫如淸河，野戰之壯，莫如黑山。姜總兵見瀋陽圍急，棄本寨而來救，遇於黑山，虜幷攻瀋之兵以迎之，姜以川兵六七千，當虜騎十萬，雖衆寡不敵，終至於盡殲，虜之死傷者亦相當。虜至今膽寒。虜兵進薄淸河，使李永芳招降城主，城主披甲登城，謂曰：「你旣降彼，則無朋友之義，可速去，不然，且放箭。」乃嚴兵固守，矢石如雨，虜兵八進八退，死傷極多，朝而戰見星未巳者累日，及至城陷，城主力戰而死，士卒亦無投降者。開元城中，最多節義之人，兵纔及城，人爭縊死，屋無虛樑，木無空枝，至有一家全節，五六歲小兒，亦有縊死者。

檢萬曆實錄所載，則尙不及此記事之詳：

奴酋攻剋淸河堡，守將鄒儲賢張旆死之。（四十六年七月戊申）

奴酋攻陷開原，援將馬林、于化龍、高貞等，戰歿。（四十七年六月己巳）

至黑山之戰，即渾河橋南川兵「殺虜數千」之事。據啓錄元年三月乙卯記事，但云：「獨此戰殺虜數千人，至今凜凜有生氣，川浙總兵陳策裨將周敦吉石柱士司副總兵秦邦屛及吳文傑雷安民等，死之。」當時亡歸殘卒，有至遼陽以首功獻按臣張銓者，銓命照例給賞，卒哭階前，不願領賞，但願爲主將報讎。凡此，皆眞正血戰殺敵之功，即敵自稱亦有「至今膽寒」之言。乃葉向高徒以右王化貞與毛文龍之故，因之言不由衷，而曰「未嘗損奴酋分毫」。按棗林雜俎智集：

葉相國向高，於萬曆癸未主禮闈，錄王化貞。其撫遼也，沾沾自喜，適禰清再召，馳書勸駕，謂大功指日待，入朝爲封拜地，禰清又夢如之，故入朝專右化貞。

此云專右化貞，其實亦即專右毛文龍也。當時相國猶如此·於是通國之人，皆以右毛文龍爲是。侍郎錢謙益至於播之詩章，以頌毛文龍鎮江之功，據牧齋初學集卷三葉七寄東江毛總戎一首云：

鴨綠江頭建鼓旄，間關百戰壯軍威。青天自許孤忠在，赤手親擒叛將歸。夜靜舉烽連鹿島，月明傳箭過羆磯。紛紛肉食皆臣子，絕域看君臥鐵衣。

明末清議，大率如此，姑附於此，以見當時士大夫之不知邊情，相與誤國。至其時右王右毛最力而又影響最大者，莫如本兵張鶴鳴：

本兵張鶴鳴，與廷弼素不協，謂化貞膽略可任，職方郎中耿如杞主事鹿善繼，皆祖化貞，凡廷弼所言，一切阻格。廷弼度力不能勝，以標下兵盡付化貞，疏曰：化貞有功，臣不敢與分功，若化貞有失，臣願不與同罪云。（國榷天啓元年十二月己卯）

時王化貞見朝堂皆右之，益自詡，誕言願以六萬人進戰，一舉蕩平。於是熊廷弼爲之具疏，請亟如撫臣約，乘冰急渡，免使兵因不戰而怨。並云：「邊吏不和，望有科道，科道佐鬬，望有本兵，本兵黨護，望有閣臣，臣今無望矣。」奉旨，下部會議。部議，請撤廷弼他用，擬專任王化貞，以收毛文龍用命之效。據啓錄二年正月甲辰兵部尙書張鶴鳴言：

經撫既不相欲，勢必專任其一。夫以卑避尊，宜令撫臣退步，議者又謂撫臣一撤，毛文龍必不用命，廣寧之兵必潰，西虜必解體。合無因撫臣之請，特賜尙方，許以便宜，廣寧之事，一以委之。若經臣威望素著，受國殊恩，不以畢其圖報之悃，是在廟堂斟酌推用，非臣部所敢擅擬也。

鶴鳴此議，後人有一公論曰：「張鶴鳴獨言王化貞一去，毛文龍必不爲用，遼人爲民者必潰，是其臆塞難制可知。」又云：「文龍跋扈要挾，原有可斬之理。」見埋憂續集卷二毛文龍傳辨。鶴鳴疏上，帝不從，責吏兵二部再奏。無何，而「奴酋入犯」之報至矣。於是屠西平陷廣寧之報，亦相繼而至。廣寧既陷，本兵張鶴鳴，至

以去年八（七）月二十四日鎮江之捷，竟歸咎熊廷弼，卒失機會。且云，「臣甚恨之」（見啓錄二年六月丁卯），於是廷弼之罪遂無可逭矣。按，經略熊廷弼，責任雖重，事權實輕，不幸與本兵相忤，繫手縛足，展布無由，雖欲圖固守，而不可得。撫臣王化貞，愚而自用，熒惑復多，鎮江一動，浪兵催戰，不幸有本兵爲主，言聽計從，雖欲不言戰，亦不可得。是廣寧之失，經撫之陷於大辟，實本兵張鶴鳴致之也。鶴鳴之致此，則毛文龍鎮江一捷，有以啓之也。後來封疆一案，張鶴鳴且優處以去，毛文龍則佩平遼大將軍印矣，獨熊廷弼以天啓五年八月棄市，傳首九邊，王化貞至崇禎五年始伏誅，其不平如此，邊事安得不壞。又化貞在監之日，曾飛書越海求救毛文龍，見日記天啓二年十月初一日。其後天啓六年二月丙子，文龍復有請釋舊撫王化貞之疏，稱引哥舒翰事，願將海外歷受官階，一一歸還朝廷，以贖王化貞之罪，策令自效。同月壬寅，閹黨薊遼總督王之臣，亦言毛帥原出罪撫王化貞門下，嘗上疏願爲化貞贖罪，不如暫緩化貞一死，出令戴罪監其軍，浮海辦賊。據此，廷弼死後，化貞幾於幸免，則毛文龍之藐視朝廷，以及閹黨之一呼一應，相與亂法，可想見矣。

（四）生釁朝鮮

據王氏東華錄（簡稱王錄）天命六年十一月乙卯：

> 時明將毛文龍，屯兵朝鮮境，上命二貝勒阿敏統兵五千剿之。阿敏渡鎮江，乘夜入朝鮮，斬遊擊劉姓及兵千五百人，文龍僅以身免。

此朝鮮爲毛文龍受兵也。先是，毛文龍自鎮江生事之後，翌日，卽至朝鮮境上彌串鎮下船（見前）。時文龍不練之兵，往來江邊如織，欲因朝鮮之勢，以爲自全自立之計。當時朝鮮國王於此，則曰，「有何所益乎」？又曰，「毛將之來住也，啓我國不測之禍。」金人亦言，「毛將在境上，不能無疑。」於是朝鮮國王日憂奴兒哈赤之東搶，而又不能爲自強之計，唯以目前緩師爲急，因遣滿浦僉使鄭忠信「通和虜營」，並以其意告毛將，毛亦以爲送人偵探不妨。是行，忠信往返月餘，行「二千餘里」，深入建州，以天啓元年九月初十日詳探建州事情而歸。其記建州「查胡」問答之辭有曰：

> 若知剃頭輩所在，則江凍後，渡兵收來，將若之何？所謂剃頭者，指假獞之

來投者也。忠信曰：雖聞所在，只當以書相問，待我回報而進之，若率意擅越，則烏在乎交鄰之意也？渡兵之時，其守邊之卒，亦不知意向所在，必將以干戈從事，兩國之釁，豈不由此而生乎？彥胡曰：非敢謂眞有是事，直道吾心耳。且毛游擊所泊處，去龍川幾許，那海亦凍合否？忠信曰：去海口二程餘，海水本不凍合耳。（日記卷一六九葉四八）

文龍逗留朝鮮境內，朝鮮深以被禍爲憂，日記天啓元年九月十七日己卯備邊司啓曰：

> 毛將將開船二隻，還送廣寧，只留其沙船一隻，誠若此言，其欲過多於我國明矣。所率兵士，不滿數百，其餘皆剃頭歸附之人。……江冰成陸，賊來無礙……使毛將因我立功則幸矣，兵力如彼其單弱，計慮若是其齟齬，在我境終未免被禍，則目前之慘，已不足言。（卷一六九葉九三）

無何，有「眞㺚一萬，出來鎮江」之報。據龍川府使李尙吉於天啓元年十月三十日丁酉馳啓：當日早朝，與接伴官偕進館裏，相見總兵，爲言暫避之狀曰：

> 玆地逼近鎮江，冰合又不遠。此距鐵山甚邈，又有倉舍山城，不比此邑之無城可守，願老爺暫向鐵山。……總兵曰……天朝貴國，自是一家，豈有越視而不救乎？（卷一七〇葉一八六）

此云「願老爺暫向鐵山」，固朝鮮之爲文龍慮，然亦朝鮮自爲避禍計。至王錄所記「文龍僅以身免」，檢日記亦符：

> 賊慌我，索文龍，且以萬餘騎，冰渡鴨綠江，一日夜馳八百里，直入宣川林畔，文龍僅以身脫。（卷一七三葉七九）

> 備邊司啓曰：毛將所爲，不思甚矣。賊衝宣川，不過數百騎，曾不能發一隻箭，騈首就戮，有同羣羊之見猛虎，其無膽勇，據此可想。爲今計，莫若藏踪祕跡，使虜不得窺覘去留。……今乃招集敗亡殘卒，欲住平壤，不出數日，虜必知之，若以鐵騎不意衝突，則毛將難免大禍。……毛將豈不知此虜之極難抵當？要之，倖功之心，未免此等鑄錯耳。（卷一七三葉七二）

> 平安監司朴燁馳啓：頃日賊犯三郡時，漢人男女被殺五百七十八人，屍身皆令收拾埋瘞矣。（卷一七三葉八一）

此所云三郡，當係龍川、宣川、麟山等三郡，龍川宣川俱見前，麟山，見日記天啓
元年九月十二日庚戌有「毛將久留獷山」一條。據朝鮮平安道地理志，獷山即麟
山，三郡皆義州屬。按，賊犯三郡，但云漢人男女被殺，而不言朝鮮人之受害者，
則是金人平日所云，「兵之去來，不敢害一草一木，」又最可信。因奴兒哈赤恆言
「朝鮮即大國」，且又不願與朝鮮結怨，據日記訪建州使者鄭忠信記事：

> 沙乙古城守將鋤車，會之族子也。謂忠信曰：交鄰之事，是吾汗之至願。每
> 諸將以朝鮮爲言，汗大言折之曰：吾與天朝結怨者，不是好玩兵也，只緣天
> 朝種種欺害，不得已背之。至於朝鮮，則素無讎怨，且敵國之多，非我所利
> 也。天下豈有恆勝之國哉？我死之後，汝等必思吾言耳。（卷一六九葉五
> 七）

然又一番結怨者，則因毛文龍之故，日記平安監司朴燁馳啓曰：

> 平壤人朴岩，自虜穴回，言胡人嘗言曰：朝鮮素與我相好，而今與唐人協
> 力，爲我仇讎，在我一番報讎，勢所不已云。（卷一七九葉三三）

此云「與唐人協力」，即指庇護毛文龍之事。日後朝鮮丁卯之禍，即因庇護毛文龍
而起，不可不察也。時奴兒哈赤於「天朝」，既云「不得已背之」，故不欲更樹敵
於朝鮮，但以綁送毛將爲請，日記天啓元年十二月：

> 初三日庚午，備忘記：日昨西報中，李永芳領萬兵來捉毛將事，急速告於毛
> 將可矣。（卷一七二葉一）

> 二十二日己丑，傳于備邊司曰：此賊以不爲綁送毛將，厥終必有不好之事
> 云。則速爲議處，俾無長驅之患。（卷一七二葉四九）

李永芳之來，亦先送一書於邊臣，日記天啓元年十二月初九日丙子，備邊司啓曰：

> 即接鄭遵狀啓：伊賊駐在寬奠，又送一書於邊臣，其意大槪漢人不許容接事
> 也。彼既再度送書，而一向不答，恐激其怒。虜騎方屯近地，而小譯亦嘗往
> 來，速令鄭遵措詞答書，隨便即傳，探試賊情，如是彌縫，得保數月無事，
> 則天塹有足可恃矣。傳曰：依啓，急急下諭。（卷一七二葉一七）

記事內所送之書，見「滿洲老檔」，即太祖諭朝鮮禽獻毛文龍書。似失本來眞相，
故不採。但就記事所云「彼既再度送書，而一向不答」言之，其原因不外日記建州

使者鄭忠信所記奴兒哈赤之辭：

　　且我既累修書問，而不一答，此不過欲書建州衞馬法，則恐見怪，欲書後金
　　國汗，則以爲辱，故以游辭玩我，何其視人如嬰兒乎？（卷一六九葉四五）

據此，則朝鮮國王之視奴兒哈赤爲何如？亦不難知之。不過此時朝鮮，因毛文龍生
釁之故，不得不十分善爲周旋，日記天啓二年五月十三日戊申，傳於備邊司曰：

　　今此賊書，雖十分善答，若不行計，則難遏兇鋒也。卿等不見陳平行計之事
　　乎？雖非陳平，歷代待夷，如此事何限。今若優給某物於彥加里處，使之款
　　兵，如何？且毛將別無動兵之機，我國亦無出兵之事……此實堅守信義也。
　　爾若託稱索毛，先失信義，則我亦相好乎？（卷一七七葉一〇九）

此時之朝鮮國王，因兵微力弱，於奴兒哈赤之要求綁送毛文龍，既不能强硬拒絕，
故惟以送禮款兵爲事。如日記天啓二年八月初八日，因漸近冰合成陸之期，於是又
遣使者往建州致意：

　　備邊司因傳教啓曰：希賢今將入往，賊脅若以無傷爾國草木，而只欲往捉毛
　　將爲問，則當答曰：我國之不得捉給唐將，與其不得捉給爾徒於唐將何異。
　　況唐將艤舡江岸，有急入海，無事下陸，爾雖欲捉，必無其道，勿以此言，
　　輕失和好云。答曰：依啓。毛將今多將移入海島，我國亦勸歸中原，豈敢累
　　年久留乎？（卷一八〇葉七八）

此又不外爲敷衍過冬之計。卽前文所謂得保數月無事，則又天塹可恃矣。至云「毛
將今多將移入海島」，此又朝鮮爲文龍謀也。又按，朝鮮國王嘗稱文龍爲「禍本」，
故於文龍之入島，至有「毛將悔禍而信我」之言。日記天啓二年九月二十四日丁巳
備邊司啓曰：

　　毛將不量事勢，橫挑强胡、嫁禍於我國者累矣。既懲林畔之變，今將入海，
　　是則悔禍之端巳著，而信我之意，亦可見矣。若使天朝將官饑餒於我地，而
　　不能接濟，則於心能得不慊？而亦豈四海九州之人，所期望於我國者哉？義
　　州米太三四十石，鹽五六十石，牛隻等物，請令該道備給。從之。（卷一八
　　一葉一一五）

凡此米鹽牛隻之接濟，以及文希賢入往建州之行，皆所以爲毛文龍也。然文龍則反

以德報怨，欲爲嫁禍之計，日記天啓二年十月初七日己巳備邊司因傳教啓曰：

> 卽接西報，毛將又送軍兵於湯鳳之間，度其希賢出來，欲爲嫁禍。急遣伶俐
> 人於中路，言於希賢，使之轉由昌城之路，免致他虞。（卷一八二葉一三）

此「欲爲嫁禍」一言，或卽爲欲實下條所記讒說之用，日記天啓二年十月初二日甲
子備邊司啓曰：

> 伏覩皇敕，有罔極未安之語。向來讒說，輾轉流入，因以致疑，曷勝驚悚。
> 天朝之所以是非者，一則毛將，二則毛將，得其歡心，斯爲急務。（卷一八
> 二葉三）

此則朝鮮國王所常云「毛將不察我國事情，多有憾恨之意。」及天啓三年，朝鮮內
變，有廢立之事，毛文龍之誣奏前王李琿「私通逆奴」，卽與此憾恨有關。

（五）入據椵島

毛文龍自天啓元年七月二十五日，鎮江一動，至天啓二年十一月十一日，入據
椵島，其間留朝鮮時期，凡一年零四箇月。在此年餘內，據上節所記事觀之，僅賊
衝宣川一役，比較爲血戰。此外，則毫無所聞，亦未見有撓敵之事。卽宣川之戰，
亦係金人夜入朝鮮尋毛文龍，非文龍渡江牽金人也。又況戰事結果，文龍僅以身
免，所率不練之兵，則又駢首就戮。不特此也，金人之夜入朝鮮，使非奴兒哈赤之
不願結怨朝鮮，則朝鮮亦必爲廣寧之續矣。文龍於朝鮮，揖威召釁又如此，則是文
龍爲「奇禍」，爲「禍本」，固又事蹟昭然也。又按，毛文龍好大言欺罔，同於王
化貞，卽其取平遼大將軍印，亦全由大言欺罔得來，而中朝信之不疑，於是文龍之
大言，始猶不過爲嘗試，終則乃成習慣矣。凡此之類，實不勝舉。茲先述文龍未入
據椵島以前，卽徘徊於朝鮮之日，關於中朝期望文龍之記載，天啓二年五月戊戌總
理三部侍郎張經世疏言：

> 今日欲使奴不來，莫若接濟毛文龍，以爲牽制。頃部議，以閩兵三千過海，
> 宜儲之速來，雖兵八千已至登萊，幷買祥所領浙兵三千一百，同閩兵俱當速
> 發，爲文龍用。又多運米豆布疋，以爲軍餉衣裝之資，庶足從彼制奴，不敢
> 窺關，而關上守備，亦易修矣。

又閏月辛丑管兵部事大學士孫承宗題：

頃毛文龍請兵五萬，期搗奴巢，而張經世亦請將淮兵勒期渡海，接應文龍。

又六月戊午：

> 先是，朝鮮國王復遼撫咨，願效忠順，贍我兵民。而毛文龍報，屢獲叛賊，屢有擒斬。經略遼東王在晉得咨報，疏言：有朝鮮為聲援，有文龍以牽其尾，有西虜以接其頭，奴必蟻伏龜縮，保郛殼以自完，臣得乘瑕畢力，以圖整頓。

此真紙上談兵。卽如朝鮮，已因鎮江之屠，廣寧之失，聞風奪氣，而不敢出一兵矣，焉得為聲援？至文龍屢獲叛賊，屢有擒斬之報，則又有朝鮮國王所云「毛大人自林畔之變，厥後亦不敢再勤」之言可為反證（見日記卷一七六葉一三一天啓二年四月二十日乙酉）。林畔之變，卽賊衝宣川之事。又天啓二年七月辛亥孫承宗請安插遼民疏有曰：

> 朝鮮十餘萬，亦當令毛文龍，選其強者為兵，而安集其衆。蓋安遼人，卽所以安天下也。

時文龍自立且難，何以庇民？如啓錄二年十月丙寅遼東南路行監軍道梁之垣題稱：

> 今毛文龍新舊遼兵，雖號四千，多亦身徒手之殘疲……自立且難，何以庇民而鼓其向化。

此亦身徒手之四千，據日記卷一七六葉一三一記事，皆招募之假遼也。又按，同書卷一七○葉一八七記毛文龍密語朝鮮龍川府使李尚吉之言曰：「遼民之於天朝，莫大仇讎也。」於是王化貞，更援遼之稱為平遼，卽以文龍為平遼副總兵。其時熊廷弼爭之曰：「遼人未叛，思漢方殷。」以此，化貞與廷弼尤牴牾。二年六月戊辰，加文龍署都督僉事平遼總兵官。承宗欲以斯人安集遼人，於是遼人自此不得死所矣。如朝鮮仁祖實錄（簡稱仁錄）卷十四葉三七關於「遼民之死，文龍實致之」之記事，以及後來皮島之「白骨如山」，皆此不肯從敵之遼人也。而當時之海外，又有請必應，天啓二年八月乙亥大學士葉向高等題：

> 此外最急者，如毛文龍招募遼兵，須餉三十萬，蒙給帑銀十萬，而前銀已盡，該部又行覆請。

又同月丁丑兵部覆平遼副總兵毛文龍請兵請餉疏言：

文龍滅奴則不足，牽奴則有餘，朝廷何愛三十萬金錢，不以飽海外之義旅，而收其一臂之用？至臣部前疏所題閩兵與招練兵，其渡海有日。獨淮兵屢奉旨過海，而裹足淮揚，藉口剿妖，宜速行催發，幷報開船日期，以無誤軍機。

以上各條，俱載天啓實錄。疏中之言，至以文龍爲「海外義旅」，且又許其「牽奴有餘」，故請兵請餉，無請不應。彼毛文龍之敢爲大言，敢爲欺罔者，皆因此類之期望與信任，有以長之也。於是文龍更以恢復爲口號，且云欲圖恢復，必自各島布置始，啓錄二年八月己巳：

平遼總兵毛文龍陳恢復事宜言：三方布置，昔以廣寧爲正，登津爲奇，今則山海宜守，登津較量，則津兵當以應援山海，而登萊峙聯旅順，密邇鎮鮮、且各島聯絡其中，欲圖恢復，必自各島布置始。查得廟島、鼉磯島、皇城島，爲登萊之門戶，兵將船隻之設，諒登萊撫臣，自有成算，毋庸臣贅。惟是旅順之險，爲奴所據，我舟往來未便。旅順東距三山島三百里，應以遼兵二千，水兵船六十七號，用經略標下練兵都司陳大韶，以旅順南遊營遊擊職銜居之，從島入守旅順，則登，津，朝鮮之水路通矣。三山島東距燕鹿島二百里，以遼兵二千，水兵船五十餘號，用經略標下練兵都司王學易，以旅順北遊營遊擊職銜居之，從島入守金州，仍令陳大韶應援。唐帝城址尚存，可用先臣馬榮葉旺平遼之法守之也。廣鹿島東距長山島五十餘里，應以遼兵二千：水兵船五十號，用經略劄委練兵遊擊宋鵬舉，以復州參將職銜居之，從島入守復州。長山東距石城島二百餘里，應以遼兵二千，水兵船五十號，用經略標下參謀都司劉可紳，以海州參將職銜居之。石城相近小松島，應以遼兵千餘，水兵船二十號，用經略劄委加銜都司林茂春，署蓋州備禦事，入守蓋州，卽令劉可紳爲之應援。石城東距鹿島二百餘里，應以遼兵千人，水兵船二十號，用巡撫劄委守備程政，以岫巖備禦居之，入守岫巖。鹿島東距鮮、鎮、寬、靉二百餘里，卽用經略劄委鎮江練兵遊擊張恩，劄委練兵遊擊署寬奠參將事張繼善，劄委練兵都司署靉陽守備事尤章和，各率所部乘除於鮮、鎮、寬、靉，幷相機直入奴寨。且分且合，以疲其力，且進且退，且戰

且守，以挫其鋒，譬彭越撓楚之法，孫子霸吳之術，虜之逸自勞，合自分，而後臣齊率衆營，各憑山險，直逼遼城，關上更出師薄之。臣前揭陳部院，謂山海出扼其頸，三岔焚截其腰，東南齊附其背，而躡其尾，奴固可滅也。況招練遼兵，既免安家行糧，又省日月擔閣，並習虜情，而我得一人，賊卽失一人。卽過慮者，謂遼民藏奸，宜禁海渡，正不知遼將或多通虜，遼民反深忠憤。且揀其壯丁爲兵，載其家屬過登，安插遠處，何奸之有？乞速給臣餉三十餘萬，差官刻期押送，幷再挑選津登各處遼丁二萬，又募浙江精於火器者萬餘，各給盔甲器械，分駐各島，俾圖戰守，以襄恢復至計。奇正互用‧首尾夾攻，豈特奴酋不敢窺山海，卽河西不敢輕渡矣。疏下部議。

文龍知有所恃，故敢爲大言如此。就其各島布置而言，卽令明廷盡如文龍所請，於三山島、燕窩島、廣鹿島、石城島、小松島、鹿島，分駐遼兵萬人，水兵船三百號，卽能直逼遼城耶？至云「遼將或多通虜遼民反深忠憤」，或係當時實情，然亦非文龍本心之言，例如密語朝鮮李尙吉，則曰「遼人爲仇讐」，而此又曰「忠憤」，凡此，不過借「忠憤」二字，爲其多募遼兵之藉口，以遂冒功冒餉之計。試觀後來兵不成兵，將不成將，可知也。時御史夏之令，言毛文龍孤軍，客寄海外，難於接濟，因上「議當撤回」一疏。天啓帝謂「文龍宣力海外，豈可輕詆。」傳旨，革職爲民。（五年九月壬戌之令又上毛文龍幾誤封疆一疏，命逮之令下詔獄，六年正月己巳之令卒於獄）據此，則文龍之大言足以惑主，此又一證也。毛文龍入據椵島之事，據日記卷一八三葉七五云：

　　鐵山府使馳啓：毛將不意乘船入據　椵　椵島。（天啓二年十一月十一日癸卯）

此云不意，卽言意外也。據朝鮮平安道地理志，椵島屬平壤府三和縣，島在縣南海中。然檢該國正宗實錄卷四十七葉三十一，則椵島在鐵山府南，陸路四十里，水路三十里，島東西相距十五里，南北十里。又依淸朝全史及通鑑輯覽記椵島，則言蟠據鴨綠江口，地廣衍，有險可恃。所以東國肅宗實錄卷五葉十八云：「椵島卽我國要衝」。該島形勝於此可見矣。按，朝鮮國王於毛文龍，嘗有「貽禍我國」之言，故勸歸廣寧，或入深處海島。今文龍忽然入據偪處「要衝」之椵島，不免後來有釁

癰貽患之憂，其害非細矣，啓中不意之言，即此驚訝之辭也。又據啓下小注云：

> 是後遼民，皆捲入海島，接屋甚盛，作一都會，東南商船，來往如織，近海
> 草木，盡於樵蘇。椵島或稱皮島、稷島，至是文龍改以雲從，以叶己名。

此小注記事，乃後來仁祖朝纂修日記時所加也。又據啓中櫨字之改文，則椵島當又
曰櫨島。至小注內雲從之稱，考崇禎元年時朝鮮使者訪毛文龍之記事，或爲身彌島
之誤：

> 自椵島向義州洋中五十餘里，有雞島，西北五十餘里，有獐子島。自椵島向
> 宣川鐵山三十餘里，有加次島，（光濤按，加次島，正宗實錄作「大加次里
> 島」。島在宣川府南，陸路四十里，水路三十五里，島東西相距二里半，南
> 北二里）今改名增福。向東南隔一水，有身彌島，（光濤按，身彌島在宣川
> 府南，陸路四十里，水路二十里，島東西相距二十五里，南北五十里，見正
> 宗實錄）今改名雲從。此島與獐子島，蓋可稱東江鎮左右兩臂。

此東江之稱，即因在鴨江之東得名。身彌島，明實錄作須彌島，天啓五年五月，文
龍營室於此，十月，又徙兵民商賈以實之。於是此海外椵島，遂爲毛文龍釀亂之基
地矣。

第二章　開鎮東江下

（一）牽制虜套

當毛文龍觀望朝鮮境上之日，即嘗倡言請兵恢復，及入據東江後，於天啓二年
十二月辛巳，又疏請川浙兵四萬，以圖恢復。此時文龍之兵力，據二錄卷二葉十
六，元年（天啓三年）六月辛未柳公亮還自毛營面啓國王曰：

> 以其兵力觀之，似無剿胡之勢，張晚去時，結陣以見之，而軍皆疲劣，雖或
> 見小利而動，恐難擧大事耳。………上曰：軍兵器械，比我國如何？公亮對
> 曰：兵器只於杖頭插鐵，不比我國之精利矣。

據啓錄，帝諭文龍，則曰：「立功海外，忠勇可嘉。」督理軍務大學士孫承宗亦
疏稱：「目今文龍，累有捷報，既成牽制之功，再得登鎮與覺華爲備，則其勢更
大。」此皆不能眞知海外之事。於是文龍動爲大言，不曰「搗奴巢」，即曰「覆奴

穴」，據啓錄三年三月辛卯御史劉重慶言：「此可聞一開口耳，再則疑，三則厭，是何爲者？」是文龍之大言，明廷亦厭厭之 ，於是更妄欲有所褒薦 ， 藉以壯己聲勢，如同書同年正月辛丑督餉御史江日彩疏言文龍壞法貽羞之事曰：

> 援遼總兵毛文龍孤忠勢處難危一疏，將東征將士，海委運官，效按臣報命之典，人列四六考語，特疏舉刺。甚至朝鮮君臣，與夫宰執經略督餉部院司道主事登萊巡撫海防各道，以及於臣，無不人列姓名 ， 褒薦無漏 。 臣不勝駭異。舉刺大典，非武帥可操，壞法貽羞，所傷不小，乞垂諭戒。疏下該部知之。

此更不足，於是更爲奇謊，啓錄三年十月辛酉平遼總兵毛文龍塘報：

> 奴欲西犯榆關。遣師渡江，以伐其謀，暗置空營，更易旗號，於是有滿浦昌城之捷，斬獲奴級一百三十八顆，獲奸細四人，及夷器等物。奴耳目亂於梆聲，手足觸於地礮，東西奔命，人馬饑疲，自相踐踏而死者二萬餘人，馬三萬匹。

塘報內渡江之師，據仁錄元年七月乙未則載云：

> 都元帥張晚啓言：近接義州之報，毛將已爲渡江，游騎出沒於鳳凰、湯站之間，日日放礮，以爲聲勢。又聞易承惠等，已自上游渡江，其軍之單弱，臣已目見，其所聲言，必曰：「合朝鮮之兵，而乘虛入遼。」彼虎狼之移怒，斷可知矣。（卷二二葉二三）

據此，則文龍之虛張聲勢，必挾朝鮮以自重。朝鮮則因其軍單弱，深以招聲爲憂，仁錄卷三葉三十，元年閏十月辛亥：

> 上曰：此賊形勢，似不至迫及都城，今日之事，特此而已。……毛將或能相援否？（李）廷龜曰：雖賊兵渡江，都督必無出戰之理。且其所率，皆烏合之卒，豈足爲用？上曰：漢卒皆已奪氣，將自救不贍，安能救我乎？

此云漢卒皆已奪氣，則文龍之敗形可知。塘報內 ， 則又不交一鋒，致敵死二萬餘人，馬三萬匹。登萊巡撫袁可立，謂其「分兵設奇，舉火放礮，使奴東西奔馳，如弄於股掌之上，當優敍以爲用謀者之勸。」帝降勅諭獎勵，賞文龍銀一百兩，蟒衣一襲，又發帑銀三萬兩，勞賞諸將士，幷命所司議處錢糧接濟。翌日壬戌，兵科給

事中方有度疏參文龍，此次捷報，爲千古未有之說。得旨，不必苛求。同年閏十月
戊戌，又有董骨寨大捷之報，斬級二百三十有奇，生擒四人，獲馬九十四匹，器械
二百三十件。所司勘實，上嘉其功，降勅獎勵，錫以金幣，仍發帑銀三萬，充賞功
等費，其糧餉令戶部議處。十二月己酉，登萊巡撫袁可立又報：「毛文龍統兵深入
閻王寨，與奴賊大戰，斬級三百七十一顆，生擒眞夷四名。」因請發賞功銀兩。得
旨：毛文龍並各將吏功次，著卽行勘敍，督撫各官幷敍。以上捷功，俱載啓錄。至
仁錄卷三葉三十，元年閏十月辛亥所記，則適與之相反：

> 慶朝所大忌者，戰也。都督知其意，故審以進剿夾擊等言，聲言於我，而實
> 則本無是意。

又云：

> 今則徒享富貴，無意進取。議者皆憂其不利於中原，而爲我國之深患。

椵島密邇朝鮮，惟朝鮮知之最深，鮮人於彼時卽憂其不利於中原，而明人則無不憤
憤，觀啓錄三年閏十月辛亥工科給事中楊所修疏則以爲：

> 東方自逆奴狂逞以來，惟一毛文龍孤撑海上，日從奴酋肘腋間撩動而牽制
> 之。

並云：

> 奴未出老寨，則不時攻掠，以阻其來，奴離窺關，則乘機搗襲，以斷其後。

又同月二十二日，天啓都察院實錄南京山西道御史張錫命奏：

> 今日事變之最大者在楡關，三翰（韓）敗衄以來，從未以一矢加遺。頃接邸
> 報，毛文龍屢著奇捷，果若所言，何異班定遠之以三十六人，橫行西域。

毛文龍在當時尤得東林之推重，卽吏部尙書趙南星等亦信之，如云：

> 毛文龍時有捷書，此其效可觀矣。（啓錄三年十月己酉）

中朝之人，愈信海外之功，則文龍冒功之事，亦愈出愈奇，國榷天啓四年五月丁
巳：

> 時秀水譚昌言爲登萊參政，毛文龍樂遼人舌，獻浮（俘），昌言嚴（廉）得
> 之，密與解毒湯，旬日，舌清乞命，皆遼人也，言其實，編爲農。

昌言浙江嘉興人，天啓初，擢登萊監軍道，毛文龍鎮東江，請得擧劾文吏，昌言揭

爭非制，文龍憾之，乃造蜚語中司餉同知翟棟，棟被逮，昌言發憤嘔血卒。崇禎元年正月丁卯，贈太僕寺卿，幷給祭葬，見崇禎長編。

毛文龍以此屢得明廷賞賜，國榷天啓四年五月丁巳：「賜毛文龍百金，蟒衣一襲，餘將吏陞賞有差，仍給勅百道，待有功者。」另據仁錄卷五葉三四記載，同年又加文龍太子太傅，見二年（天啓四年）三月壬午關於許中書出來之記事。同書四月丁亥，又載有文龍無功爵益高之言曰：

> 上引見三公備局諸臣三司長官。上曰：都督之巡邊，未知何意歟？領議政李元翼曰：張晚以爲都督以許中書出來之故，欲誇示軍威而已，必無前進之理云。上曰：其意不在於深入奴穴，只欲進勦越邊部落也。都督無功而爵益高，故以此舉措，以爲虛張欺瞞之計耳。（卷五葉三七）

同月己亥，更有兩條，亦可證明其無功：

> 都督毛文龍，使遊擊王輔時可達等，領兵五千，入咸興府。（卷五葉四四）
>
> 備邊司啓曰：今據權盼狀啓：時可達如問胡人部落遠近有無，而使之發兵嚮導，則答之以我邊近地，藩胡皆被奴賊之驅去，殆無遺種，或有若干逃匿者，鼠伏狐疑，不定厥居，乍聞人聲，輒卽駭散，大軍到彼，必不得見一虜，雖或捕斬老弱，豈爲武乎？過此深入，則蹔胡生種，水草爲生，雖以虜酋之兇威，亦不能制服，今遽加無名之師，不但搆怨於我邊，王師之成敗利鈍，亦不可知，決難發兵嚮導，致有後悔。大人不聽我等之言，而必欲送兵，淺入則無功，深入則有害，那時狼狽顛頓，莫謂職等不言也云。而但遠地之事，不可自此料度，問答之際，要在臨機酬應，須與北兵使李箕賓相議善處之意，宜急速馳諭。從之。（卷五葉四五）

咸興府，在朝鮮東北界，屬咸鏡道。據仁錄，北路饑饉方殷，四月又當暑節，勞師遠征，最不勝算。又況五千之兵，遼民居多，兵非素鍊，驅之以入虎口，必無幸免。文龍則利用之，以爲自己立功之計，勝則虛張捷報，敗則掩之不聞，至數十萬避難遼民無辜而當白刃者，其數又不可考，亦無人考之，因海外之事，不能眞知的見也。卽此番深入之師，據玉錄天命九年五月甲寅：

> 明毛文龍令游擊三員，引兵寇輝發，沿鴨綠江，越長白山而至，我守將蘇爾

東安敗之，追擊三日，盡殲其衆。

此盡殲其衆之事，據仁錄卷十二葉三九，三年五月甲寅，亦有同樣盡數覆沒之記錄。大概謂都督過江之兵，利於小勝，再入鞍山城中，不意眞獷圍而攻之，王輔、李良梅、崔天泰、李尙忠、張文登、毛有男等六將戰死，其餘四十將，不知去處。覆沒軍兵，衆一萬八千。再考啓錄六年閏六月辛酉，則毛文龍所報死傷官兵，只四千餘人，且侈擒斬之功，並請獻俘。凡此之類，其事甚多，不必盡舉，亦實不勝舉。（又按，仁錄二年及王錄天命九年，俱明朝天啓四年，今啓錄缺四年一年，及七年六月一月，上面所引數條，可補四年參考之用。）

文龍之無功，旣已證明矣，惟其無功，故爾作僞，例如天啓五年封王（封國王李倧）詔使王敏政胡良輔之至朝鮮時，據仁錄三年，關於文龍作僞之記事，便有三條之多，

> 三月乙亥，義州府尹馳啓曰：督府十將，勾催船隻，若將渡江者然，而終不渡江，還向蛇浦。……大概都督聞天使出來，作此征進之狀，以爲聳動瞻聆之計耳。（卷八葉五二）

> 五月己未，知事李廷龜曰：卽聞遠接使祕密馳啓曰：毛都督欲使我國稱頌其功，虛張軍兵之數云。無理甚矣。……都督不修兵器，不練軍士，少無討勝之意，一不交戰，而謂之十八大捷，僅獲六胡，而謂之六萬級，其所奏聞天朝，無非欺罔之言也。（卷九葉十四）

> 六月辛巳，義州府尹李莞啓：聞都督領兵三百餘名，來自蛇浦，不入本府，設帳幕於五里程外。蓋陳兵出入，若將有爲，欲使詔使聞知云。（卷九葉二三）

據此，則文龍之多術可知。至於「僅獲六胡」，而曰「六萬級」，則是所謂「千古未有之謊」，殆又常常有之。最可異者，卽獻俘之舉，亦兒戲行之，換來換去，如同貿易然。啓錄五年八月己丑戶科給事中楊文岳言：

> 頃者毛文龍，差官解俘七名，至中途，逃去二名，當卽擊獲，其一名情急自死。又云：行至廣鹿島，急差官手傳令箭趕來，口稱前達係六王子管家，今有機密重情，令將帶來活夷，換回六名。臣聞之，不勝驚疑。夫獻俘之舉，

奏之皇上，告之祖宗，用以遠播威德，昭示寵靈，此何等大事，乃忽然解來，忽然解去，前解者，不知何以遽發？後換者，不知何處得來？支吾不一，眞假莫知，以報功則涉混，以對皇上則似欺。乞嚴勅該部，查審眞僞，仍諭毛文龍，以後開報軍情，務從眞實，以副朝廷委任責成之意。

又兵部覆平遼總兵毛文龍解俘疏言：

文龍所解活夷三十一名，內遊擊董武周所解，行至廣鹿島，忽毛帥差官另帶活夷，換回五名，科臣楊文岳有疏參駁，言其忽然解來，忽然換去，人既不同，名姓不一，如此事情，直同兒戲。登萊巡撫疏云：外議嘖嘖，猶有不敢盡言者。恐解官中有別情，疆場大事，不可鹵莽而深計。刑部會議，擬將二十五名，從獻俘之典，而以所換五名，從緩死之條。上不許，著一併獻俘。

觀楊文岳疏中「後換者不知從何處得來」之言，則其中隱情必多，姑以朱國楨之言爲例：

邊將殺平民報功，不必言矣。更有一弊，時有降虜至，健而審譯無他者，留爲家丁，束以帽服。其老弱言語可疑者，另置一處，高牆嚴局之，食以虜法，不改椎結，俟有失事，取斬之，或三五，或十餘顆，報上，驗之，眞虜首也，因而免罪，且加賞，人皆不疑。蓋一參將曾守邊者，爲余言如此。此段可恨，惜無有發之嚴禁者。（湧幢小品卷三十）

此誠可恨也。然毛文龍則猶以此爲未足，殺降民，更殺遼人，如前面之「藥遼人舌」，亦爲獻俘之用，則更可恨也。至獻俘之典，姑亦舉例記之，啓錄五年十月載：

乙卯，遣英國公張惟賢祭告南郊，泰寧侯陳良弼北郊，駙馬侯拱宸太廟，各行禮。

十二月乙亥朔，文龍又差官解送「俘夷」一百三十名，解官口稱行至廣鹿島石城島，二船「夷變」，淹死五名，及至登城內，乘夜逃走二十名，登撫發兵捕緝，拒敵殺傷，僅餘十一人。時「諸夷」半屬遼人，率皆漢語，登撫武之望疏奏云：

查各邊鎮臨陣擒斬，絕無有解獻入京者，即有之，亦其首惡頭目，如寧夏之哱劉，重慶之樊虎，兗州之徐鴻儒等，其餘孽小醜，悉於彼處正法，未有纍

　　　蠶相屬，致之於闕下者。至於斬獲首級，例行巡按御史勘驗而已，亦未有穢
　　　惡髑髏，入都門而塵睿覽者。唯該鎮一解再解，以至踵解不已，不知解一番
　　　功級，費一番資斧，前次汪崇孝之支領，可按籍而數也。至於驛遞應付之夫
　　　馬，沿途護送之鄉兵，動以千百計，則二東疲瘵之鄉，尤有不勝騷然者也。
　　　合無以後凡有斬獲，除眞正頭目，獻一二以表奇功、其餘只以疏聞，而論功
　　　行賞，令撫按酌量題敍。

「俘夷」既半屬遼人，皆漢語，則蠶蠶穢惡髑髏中，有無夷人？此又無從查考矣。
同月乙未，實錄又書，擇日獻俘祭告。六年正月丙寅，勘敍海外俘獲功，升賞官兵
汪崇孝等一百有五人。凡此俘獲之功，記載甚多，今不能一一言之。但舉仁錄六年
（崇禎元年）四月乙未皮島陳中軍繼盛答朝鮮使者金起宗、成俊耉等之言，錄之於
後，以見文龍浪費錢糧，終歸盧套之狀。

　　　當初軍兵奏聞之數，驗其實額，則未滿十分之一，而浪費錢糧，終歸盧套。
　　　冒姓毛人，則厚其廩料，其他將官，則待之太薄。

又七年三月癸未：

　　　特進官李景稷進曰：臣新自島來……毛之軍勢疲甚，其意只欲安坐島中，享
　　　其富貴而已，似無他意矣。且其所爲，少無可觀，虛張軍數，多蓄婦女，每
　　　上僞功，遼民之避亂者，無所歸依，不得不來附，而其心則不服矣。（卷二
　　　十葉十八）

李景稷軍勢疲甚之言，與本節首條柳公亮所云皆疲劣之啓，同一情形。文龍養銳海
外，至是已九年，軍猶疲劣，不足爲用，則是平日之不練兵可知。不特此也，島中
更嘗有謀殺文龍之事，仁錄三年四月戊子：

　　　毛都督票下都司向有學，與各營千把總謀亂，欲先殺陳中軍，事覺，中軍領
　　　兵縛致向有學等二十八推問，則辭連二千餘人，中軍解送有學於都督府。接
　　　伴使馳啓以聞。（卷九葉五）

陳中軍卽前文所記陳繼盛，此言欲先殺陳中軍，據其語氣，則殺陳之後，必當又及
都督矣，島兵之不可用又如此。考其原因，當不外如同書三年正月庚申接伴使尹毅
立所云：

時都督以復遼爲名，召集遼左饑民，遍置於淸川以北，而天朝所賜錢糧，占爲私用，安坐島中，獨享富貴，以此軍兵咸懷怨憤。（卷八葉六）

又辛酉：

天朝參將徐孤臣，率兵五十名，持軍糧百石，入保昌城。孤臣自遼失陷，來附都督，後都督欺蔽天朝，不恤軍卒，多行不義之事，孤臣卽棄去，作士窟於鴨江越邊，曰：「我天朝之人，不欲離我士，只率手下軍五十名，春則作農，冬則偵探，時以偷安責都督。」都督益嫉之。蓋孤臣慷慨節俠之士……終不能有所成，惜哉。（卷八葉六）

此皆島兵衆叛親離之證。島兵旣如此無用，於是牽奴之著，終歸虛套，茲舉例於後：

近者毛文龍駐師海上，逼近虜穴，謂奴有所憚，而不敢動。忽焉出其不意，直縛張盤，再陷旅順，如摧枯拉朽，莫敢爭鋒，中國短長之效，益已見矣。（天啓都察院實錄五年四月初九日巡按直隸洪如鐘題）

啓錄五年六月壬午兵科左給事中陸文獻疏言之更切：

毛文龍孤提一旅，駐劄平島，招撫流民，結連屬國，分屯插營，候來候往，以擾奴界，滿浦諸戰，屢奏斬獲，動輒以百千計，卽韓白之智，劉岳之勇，當不過是。去歲金州被削，旅順失陷，數月以來，絕無後著，豈先後智愚勇怯，爲兩截人歟？其在朝廷，不得不信，其在士論，不得不疑。非疑文龍也，疑執張盤之人，卽文龍平日所信用之人，則爲文龍者亦疏矣。疑草莽有伏戎，舟中有敵國，何處無曾有功，則爲文龍者亦危矣。

前文則言島兵之變，此條又云舟中有敵國，據此，則文龍之自保亦危。故仁錄有「都督縮坐島中，不敢窺賊左足」之言。又有「毛將之得爲依泊，不至狼狽者，實我國是賴」等語。凡此記事，可見文龍之未爲張盤，以及皮島不至如旅順之陷者，實朝鮮是賴。迨丙寅之役，奴兒哈赤傾國圍寧遠，號稱三十萬，視文龍牽制，旁若無人，則所謂寇關卻步者安在？甚至朝鮮丁卯之禍，金人更長驅無忌，文龍則避之雲從島，不敢出一兵，以救屬國之急。由此言之，則明朝用毛文龍之失策，可概見矣。

（二）結交近侍

牽制虛套，既如上述。然毛文龍之敢爲欺罔，而無忌憚者，則因結交魏忠賢，有所恃而然，日記卷一六七葉六一：

> 毛文龍，南方人，遼陽城陷時，逸出，自旅順口浮海東來，寄居龍義之間，以爲牽制之計，始甚單微，其後入據椵島。聲勢日盛，奴賊不能無東顧之憂。既而欺誑中朝，托以接濟遼民二三十萬，歲發帑二十萬，潛結宦官魏忠賢輩，都不發包，入諸內璫，島糧則專責我國。虛張捷報，至作毛大將傳，鋪張戰伐之績，蟄居孤島，徒事張皇，轉贈功賞，官至後軍都督。

然毛先舒小匡文抄毛太保公傳則云：「於權要，絕不肯餽遺，或送白銀千兩，須人蔘八百斤，公但如其銀價報之，故怒之者多，亦以此致禍焉。」毛文龍本以結交權要，坐致富貴，而毛先舒爲之作傳，乃曰不肯餽遺權要，卒以此致禍。野史之言，不可信者如此。歸安朱梅叔埋憂續集毛文龍傳辨，即爲辨毛太保公傳而作。力詆此傳多所依託，如「此傳本欲爲毛文龍洩憤，而不知已流於小說之無稽，」以及「直似小兒學扮村劇然」等語。凡五百餘字，今不能悉錄，大抵毛先舒言而無徵，頗可用此數語概之也。

又文龍結交魏忠賢，信使往來，月且三四番之多，仁錄四年（天啓六年）七月庚寅：

> 毛都督問安使李尙吉啓曰……近來皇上恩眷日以益隆，册封夫人，追封四代，毛帥以此感戴皇恩。又交通宦寺，締結魏忠賢，信使往來，月或三四云。（卷十三葉四五）

因追封四代，於是文龍更於獐子島築四代之家廟，時往奠拜，見清朝全史上二葉二九朝鮮使者訪毛文龍記事。清朝全史著者，則謂文龍實以海外天子自居。並云：

> 彼之巧結朝廷權要，以多得兵餉，爲自立之計無疑也。稱彼爲國家之忠良，寧許彼爲假面之海寇，與橫行閩海之鄭芝龍相似。

然毛之鄉人毛奇齡所作毛總戎墓誌銘則云：

> 家貧，不事生產，其在島中，日市高麗、暹羅、日本諸貨物，以充軍資，月十萬計，盡以給軍，瞻賓客，死之日，室無贏財。

此言只於上述諸罪外，更增一罔利之事，其死之日，室無贏財者，則椵島積貲，必盡爲袁崇煥籍以給軍也。且毛氏師心自用，其言亦不足信，鄞縣全紹衣祖望鮚埼亭集載蕭山毛檢討別傳，謂其所撰西河集，有造爲典故，以欺人者，有造爲師承，以示人有本者，有前人之誤，已經辨正，尚襲其誤而不知者，有信口臆說者，有不考古，而妄言者，有前人之言有出，而妄斥爲無稽者，有因一言之誤，而誣其終身者，有貿然引證，而不知其非者，有改古書以就已者。其謬如此，因葺爲蕭山毛氏糾謬十卷。又梁紹壬兩般秋雨盦隨筆卷七有云：「西河先生，以騰口之辯才，而多師心之議論，嘗與閻百詩辨地理，多穿鑿。百詩太息曰：毛大可貽誤後學不淺。」西河之作毛總戎墓誌銘，亦貽誤不淺矣。

且天啓時，大權旁落，文龍所以能得皇恩眷顧者，無非交結魏閹之故。王士禎池北偶談卷二載，熹宗在宮中，惟以斧斤爲務，一切章奏，皆委之於魏忠賢。因閹權日重，故當時之旨意，亦皆出自魏忠賢。附勢之徒，至稱魏忠賢爲九千歲。故文龍之巧結權要，實際與結交天子無異。其時天子之勅諭，亦卽等於魏忠賢之令旨。凡此令旨，皆文龍締結太監之收穫也。

> 上勅諭平遼總兵官左都督毛文龍：邇登萊撫臣，以爾所報奴情具聞，朕已勅樞輔督撫諸臣，申飭警備。念爾海外孤軍，尤關犄角，數年已來，奴未大創，然亦屢經挫衄，實爾設奇制勝之功，朕甚嘉焉。茲特賜勅諭，爾其益鼓忠義，悉殫方略，廣偵精間，先事伐謀，多方牽制，使奴狼顧，而不敢西向，惟爾是賴。其所需器械，已著該部卽與餉臣酌量接濟。（啓錄五年正月丁丑）

故文龍所受異數，亦逾尋常：

> 諭平遼總兵官左都督毛文龍：朕念遼土未平，逆賊鷙（蟄）伏，尚後策勳，時懷旰食，惟賴文武大帥，殫力竭忠，設奇制勝，期靖夷氛，用雪國恥，匪須厚賞，何酬忠純。爾提孤軍，駐師窮島，偏將時出，奇捷屢聞，使逆酋狼顧，未遂鴟張，已三年矣，惟爾之庸，朕實嘉尚。又思各將士，僇力行間，暴露良苦，朕曩於督師輔臣，有錫賚矣，前遣內監司禮監管文書內官監太監王敏政，忠勇營副提督御馬監太監胡良輔，齎捧詔諭冕服，冊封李倧朝鮮國

王，道經皮島，特錫爾銀一百兩，大紅蟒衣一襲，以示眷酬。其從征將士，

擒斬功多，忠勤可念，朕御前搜括銀四萬兩，各樣蟒衣膝欄叚紵一百二十

疋，畀爾以備賞功之需。倘益矢壯猷，祕籌廟算，結連屬國，獎率三軍，養

我全鋒，制奴死命，封疆克服，卽帶礪可盟，朕不食言，爾其仰體，欽哉。

故諭。（啓錄五年二月丙午）

此欽差册封朝鮮國王之二太監，道經皮島，致此異數亦非偶然，仁錄三年（天啓五

年）二月辛亥：

聞二太監通賄數萬銀於魏忠賢，不憚越海之行，而跋涉萬里，其意有在。

（卷八葉二三）

此二太監內之胡良輔，後來毛文龍，與之歃血定盟，約爲兄弟，彼此之間，關係甚

密。茲再摘錄仁錄三年數條於後，以見明季內外互相欺害屬國之狀：

五月庚午，戶曹以詔使徵索醜狀，已悉於伴臣前後狀啓。見貯銀蔘，必不足

於應付，請將百官品銀，坊民之銀，且令都城富民，預備銀貨以待。（卷九

葉一九）

六月丁丑，詔使到開城府，名以開讀禮，徵索不已，贈銀一萬二千兩，猶有

不滿之意，儐使約以到京添給。（卷九葉二一）

辛巳，戶曹與儐臣相議，優備銀蔘等物，名之曰別禮單，呈於詔使，猶不快

解其怒，相臣以下，朝暮踵門，而托以暑病，終不見面。且其家丁等，徵索

雜物，罔有紀極。詔使每於送禮單之後，督受回謝，必倍本價，有若商賈之

爭利者然，都監策應不給，上下遑遑焉。（卷九葉二三）

壬午，兩詔使怒贈物薄略，將欲發還，上遣都承旨金尙憲請留，副使胡良輔

面責譯官，多發不遜之言。且曰：「俺是內官，當行無知之事，宜以此語回

告國王云。」上使王敏政，在旁無言，副使怒謂上使曰：「公何無徵督之言

耶」上使曰：「吾本口吃，未及發語，公先言之，吾以是默然云。」蓋上使

無一言及於徵求，而受所贈與副使無異，蓋爲人多詐。（卷九葉二四）

癸未，又送別禮單銀子一萬七千兩於詔使，他物稱是，而詔使猶不解怒，促

出牌文。上遣知事金藎國請留，詔使對曰：「多謝國王厚意，但欽限已迫，

不敢遲誤，未得領教云。」詔使處，回禮銀蔘等物，不可勝數。且每日勒捧
銀子一萬兩，人蔘二百斤，而黨至孝所捧，亦亞於兩使，至孝卽家丁之用事
者也。詔使躬董坐支銀子，厥數甚多，五更始就寢云。（卷九葉二四）

戊子，兩使始發行，其所館鋪陳器具，皆取去。（卷九葉二五）

辛卯，詔使到渡水之處，托以無橋，必折銀以捧，名之曰「無橋價」。所經
州縣，一時蕩敗。（卷九葉二六）

詔使在京時，欲以銀子五千兩，換取人蔘五百斤。戶曹判書沈悅，請令開城
府貿給，留守閔聖徵，計無所出，遂逐戶勒收，囚繫滿獄，怨呼徹天。及詔
使至，秤納人蔘五百斤，卽招譯官張禮忠語之曰：「前日在王京時，凡所換
貿之物，皆交還原銀，可見國王敬客之意也。今到此處，無意交還，不還原
銀，則是以天使爲買賣人也，還取原銀。」一府之人，號哭道上曰：豈意中
原，有此大賊云。（卷九葉二六）

詔使又以真珠四百四十餘箇，出給本府，折銀五千六十兩，刻期促納。府中
之人，或有自縊者。（卷九葉二六）

戊戌伴送使金尚容馳啟曰：詔使到黃州，出給真珠二百箇，使之折銀三千
兩。又求生鹿，本道監司言以倉卒難得，則詔使令折銀，厥數甚多，且放其
頭目亂打守令及下人。黃海一境蕭然，若經兵火云。（卷九葉二九）

己亥，黃海監司權盡已馳啟：極陳詔使貪黷無厭之狀。且言本道所用銀子之
數，幾至二萬兩，率多白奪於商賈，請令該曹打算，還償其戶。戶曹從略償
之，商人多怨。（卷九葉二九）

內官輩，本無知之人，故自稱當行無知之事，以此徵索萬狀，亦不自知其醜也。然
毛文龍於此輩無知之人，則又奉承如不及，仁錄三年六月甲辰：

伴送使金尚容啟聞曰：都督每令我國減省接待之事，而其私自承奉，則如恐
不及。今又讚美兩使，欺罔皇朝，其反覆難信之狀，至於此極云。（卷九葉
三一）

文龍讚美兩使之用意，實不難知之，啟錄五年八月辛巳：

平遼總兵毛文龍，疏頌册封朝鮮內使王敏政胡良輔，中稱：「幹國真忠，超

越古今之欽使。」旨優異之。

是年十月，文龍奏請內臣駐劄登萊，督發糧餉。六年十月丙辰，帝嘗有旨：

> 海外事體，與內地不同，內地患破冒於有餘，海外苦仰給於不足。除接濟東
> 鎮，著戶部悉心區處，朕尙念其未足以鼓舞將吏，安插歸民，而無遺累屬國
> 也。

且云：「朕豈愛通侯之爵，以寶勞臣。」七年正月甲申，上諭兵部：

> 奴子蠢動，屢見塘報，爾部卽刻差人諭毛文龍，整搠兵馬，直搗奴巢，以爲
> 關寧後勁。兵部尙書馮嘉會回奏。復諭：毛文龍提兵海外，蓄銳多年，常思
> 滅虜恢遼以報國，今聞奴子蠢動，精銳西向，巢穴必虛，宜秣馬厲兵，長驅
> 直搗，以截斯醜之歸路，以作後勁於關門，度該帥義勇素心，計必出此。你
> 部卽刻差人傳諭，知道了。還著水陸倍道，速達朕旨，功成之日，破格優
> 酬。卿等亦各矢忠歆，預爲制勝之策，以釋朕東顧之慮。

二月乙巳，特命親近內臣胡良輔等四人，駐劄皮島，與毛帥同心協力，計議而行。

據大學士黃立極等題：

> 今早文書官郝隱儒等，恭捧聖諭到閣，臣等仰服宸慮淵深，神謨周至，不啻
> 置海外於几席，而悉心計之也。竊念毛帥，提一旅於烟波蝀嶠間，而遼人趨
> 之如歸，關門倚之犄角，當饑窘交迫之際，多執訊獲醜之功，斯亦錚錚獨著
> 者。然接濟不時，旣苦於兵，供億頻繁，又苦於餉，問之該部，已給其全，
> 問之該鎮，尙缺其半，皇上渙發德音，重以特遣，其於鼓暢軍情，清綜夙
> 弊，協和將士，震慴逆酋，知必能辦此，以副簡命。乃臣猶有慮者，海內有
> 皮盡之憂，司庾無點金之術，則海外之軍貴精，而餉貴實，皮島以部臣爲
> 心，亟實請給，念持籌之困窮，部臣以皮島爲心，及時運輸，念荷戈之勞
> 瘁，此尤交相體恤，以釋宵旰之懷者也。謹擬聖諭一道，呈覽。
> 諭曰：朕惟謀國之誼，中外比之同舟，用兵之形，犄角方於捕鹿。蠢茲逆
> 奴，犯順十載，耻歷三朝，東顧之憂，實勞宵旰，毛帥獨奮孤忠之撑，海外
> 遠提師旅，閱歷多時，乃中朝寶倚爲輔車，而去撫每視爲秦越，疾聲莫應，
> 供億不敷，枕甲荷戈，有枵腹呼庚之困，陪臣屬國，苦齎糧匪屨之供，乃於

百凡艱危之中，尚有累次俘獲之績，似此苦心，朕且嘉且憫。即今逆奴，雖服
天誅，而叛孽尚懷叵測，朕志復祖宗封疆，遠念將士勤苦，其所處皮島一帶
地方，實牽制勦除要著，去冬該鎮曾有請討內臣駐劄之奏，朕慎思詳審，久
未施行。今特命總督登津鎮守海外等處便宜行事太監一員，御馬監太監胡良
輔，提督登津副鎮守海外等處太監一員，御馬監太監茜成，中軍太監二員，
御馬監太監金捷郭尚禮，都著於皮島等處地方駐劄，督催餉運，查覈錢糧，
清汰老弱，選練精強，一應戰守機宜，軍務事體，著與毛帥和衷協力，計議
妥確而行。不得輕易紛更，亦不許膠執故套，更要不時牽掣，相機勦除，期
奏犂庭掃穴之勳，朕何慳錫盟帶礪之典。凡有戰獲捷功，照前一一解報，如
遇偵察機密事情，及島中戰守聲息緩急，即便據實直寫，星馳密奏，以慰朕
懷。念島中合用軍需，皆屬喫緊，茲特發御前節省銀五萬，各色紵絲通袖膝
襴二百疋，五色布四百疋，以備營伍作正供用。又查發得頭號發熕礮三位，
二號發熕礮六位，鐵裏安邊神礮六十位，鐵裏虎蹲神礮六十位，頭號佛郎機
二十位，二號佛郎機二十位，三眼鐵銃五百桿，隨用提礮什物全，盔五百
頂，齊腰甲五百副，長把苗刀二百把，刀一千把，弓一千張，箭三萬枝，單
鈎槍一百桿，大小鉛子三萬箇，火藥五千斤。就著胡良輔等，都隨赴皮島等
處地方軍前應用。朕既特命親近內臣，與毛帥同居海外，風波阻隔，溯汛艱
危，掌握既專，事權宜重，所有合用勅諭關防等項，該部上緊頒給施行。務
使東江一著，不徒疑敵之虛聲，而兩河三岔，確資固圉之實效。擬入，得
旨：覽卿等奏，海外之兵貴精，海外之餉貴實，必交相體恤，慰朕宵旰之
懷，具見卿等為國殫忠，朕心嘉悅。擬來論稿，剴切詳明，已批發了。

內臣胡良輔等之出鎮，亦文龍所疏請，見甲編葉七二○。按，文龍之意，不過利用
太監等之共同作弊，以為日獻偽捷虛張兵數之計。如內臣一出，即允百萬額餉之
請，其確證也。又勅諭內盔五百頂・甲五百付，據仁錄五年五月丁丑，則曰「五萬
部」，如備邊司啓曰：

頃見胡良輔等賷來勅諭，則天朝所送盔甲，多至五萬部，毛營見在軍兵，安
用許多甲冑，想必積置於無用之地？徐觀事勢，或移咨請借，或送價貿易，

　　先令接伴使試探其意，宜當。上從之。（卷十六葉二六）

此啓可供查考東江實在兵數之用。至太監出鎮皮島之事，及其與毛文龍之關係，據
仁錄五年（天啓七年）五月辛未，冬至聖節使金尙憲馳啓曰：

　　聞胡良輔等四人，或以總督鎮守，或以提督分守，將駐劄皮島，二月二十四
　　日，已離皇都云。（卷一六葉二一）

同日又有一條云：

　　張維曰：胡良輔今將出來，毛將亦將出島。……上曰：胡太監又至云。一毛
　　難支，況數三太監乎？中朝之事，亦極寒心。以胡良輔爲監軍，而言官莫之
　　劾耶？吳允謙曰：魏忠賢擅國主斷，鍊兵闕庭，故兵政在於內官云矣。（卷
　　一六葉二三）

此條內「胡太監又至云」，揣其口氣，頗有談虎色變之慨。仁錄中亦有「太監先
聲，舉國色變」，之言。七月壬申，仁錄又載胡軍門接伴使李弘冑馳啓曰：

　　臣往候胡苗軍門，則胡是軍門也，苗乃督察院也。……往見金郭兩太監，則
　　金郭初非胡苗中軍，胡門則殷姓人，苗門則孫姓人爲中軍。張大秋曰：四太
　　監之出來，與毛都督歃血而盟，約爲兄弟云。（卷一六葉五二）

文龍於此四太監，則弟兄相稱，其於魏忠賢，則又稱之爲父，據甲編葉七二〇記毛
文龍結交近侍有云：

　　用其腹爪陳汝明、孟斌、周顯謨等，輦金長安，拜忠賢爲父，繪冕旒像於島
　　中。

按，啓錄七年正月丙戌，有「毛帥標下遊擊陳汝明，公務在京，慣熟海道」等語。
是陳汝明等之至京，當在六年也。八月壬午，太監胡良輔等奏毛文龍斬獲功，得
旨：

　　奴虜猖狂，殘我屬國。該鎮與毛帥協力同心，宣布恩信，賑恤吏民，激勸將
　　士，麗地湯站懶盤等處，屢建奇功，積衰頓起，軍聲大振。具見海外方略，
　　益體廠臣安攘籌畫，克副任使，深慰朕懷，所有俘獲，不妨風帆之變，另行
　　題解。

十月甲辰，錄東江功，太監魏忠賢、王體乾、徐應元等，及胡良輔、金揵、郭尙

禮，各廳錦衣衞同知，<u>茁成</u>指揮僉事，<u>郭尙禮</u>千戶，<u>邊進朝</u>等二十一人，各百戶，

<u>崔呈秀</u>等廳錦衣衞同知，餘賜金幣有差，見國榷。至於<u>毛文龍</u>，據仁錄五年十一月

辛巳，則封<u>遼東伯</u>：

> 毛營回禮官黃屎馳啓曰：臣因票下人，聞都督陞秩，封<u>遼東伯</u>，諸將衙門皆
>
> 致賀，臣於設茶時仍稱賀。（卷一七葉四一）

據上文所記，則<u>毛文龍</u>無功而爵益高者，蓋由結附內臣，諂事魏閹，後文所引<u>袁崇</u>

<u>煥</u>云：「宦官藩鎭，陰氣所乘，<u>文龍</u>與<u>魏忠賢</u>，相因相籍，」更可互證。又按，<u>毛</u>

<u>文龍</u>封爵事，明史與各書皆不載，獨仁錄記之，是否當時誤傳，待考。

（三）接濟東鎭

接濟東鎭，<u>天啓帝</u>嘗特勒戶部悉心區處。同時又有「海外事體，與內地不同，

內地患破冒於有餘，海外苦卬給於不足」之旨。因此海外之事，不設文臣爲監，兵

馬錢糧，亦不受經撫管轄。卽如<u>查繼</u>之遣，帝亦曰「且待徐議」。於是<u>文龍</u>有恃無

忌，恣意報求。以兵額言，初只二百零星不練之兵，後則每稱精兵數十萬，歲餉則

由二十萬，增至一百萬。天啓七年九月甲戌戶部言：「<u>東江</u>餉銀，原止五十七萬八

千餘兩，增至一百萬兩。」至<u>文龍</u>請餉之疏，則必挾以「平奴」之言，啓錄五年十

二月乙亥朔：

> 平遼總兵<u>毛文龍</u>，屢請增餉，戶部具覆，言毛帥之有志於滅奴也久矣，天啓
>
> 三年具呈臣部，云得餉百萬，明年可以滅奴。今又云二年之間，有不平<u>遼</u>滅
>
> 奴，復<u>三韓</u>之舊業，甘治欺君誑上之罪。如此，則取<u>遼</u>不啻反掌，祇爲少餉
>
> 誤耳。夫精兵十七萬，虛實與否，雖未可知？然餉止百萬，數不爲多，可以
>
> 滅奴，功不爲小，定以二年，時不爲遠，夫復何靳，而不□之，以爲一勞永
>
> 逸之計。獨是以今日之民力，當割膚見髓之時，今日之太倉，當罄縣罄恥之
>
> 日，卽<u>關門</u>諸鎭，歲餉六百餘萬，尙不能支，而復欲湊足百萬，誠有不易言
>
> 者。臣竭力區處，仍舊給發四十萬，再勉強於新餉庫內，那借五萬，又臣前
>
> 請汰<u>薊密永</u>三鎭新兵，苟如督臣所議，歲省當不止十萬，俟報到，卽於庫內
>
> 扣撥海外，此則竭臣部之力，從長酌議，以應毛帥之求也。若<u>登津</u>新兵，歲
>
> 餉總三十五萬，撤之，以其餉實<u>東鎭</u>，此係兵部事，應聽□義者也。至巳前

改運一事，原因毛帥餉部及差官極言其便，今接漕撫手書，俱抄送古今海運
行止之實，其害有不可言者，淮揚士紳公揭，言之亦復懇切，則必仍歸津運
爲便。上從之。

因明廷重視東江，不讓寧遠，關於文龍之請，又必盡力應之。據部覆，於薊、密、
永之兵則汰之，於登，津之餉則撤之，奪他人之餉，以餉東江，此卽奪他人之食，
以飽文龍之腹。然據明帝言，則以爲「朕猶念其未足」。又按，津運之事，卽海外
鮮運接濟東江之糧，啓錄六年閏六月壬寅：

天津巡撫黃應泰疏言：海外鮮運，於六月十五日開洋，前後六幇，其裝糧
數，已足十萬，幷附帶津買京發雜色布匹，及軍器蓆片等物，六年鮮運之事
竟矣。

據此事竣一言，並本編後文歲運二十萬石之事，則是十萬之糧，當係第二批，其第
一批十萬石，或已先期出海。海運之外，猶有朝鮮之接濟，如朝鮮所稱「島糧則專
責我國」。以及登萊鎭江之間，沿途十餘島，屯田之利，廣可屯田數萬，狹亦屯田
數千，據啓錄五年五月辛未光祿寺署丞郭自維陳海外情形疏，各島收入，歲可得十
五萬石。其實尙不止此，如天啓六年九月甲戌翰林院編修姜曰廣兵科給事中王夢尹
頒詔朝鮮，便道詳閱海外情形，歸陳八款，其中屯田一款，謂獐子島以西，舊隸遼
東，皮島以東，舊隸朝鮮，其開墾田地，天啓五年一歲，收各色糧二十九萬石有
奇。凡此屯田之利，皆遼兵遼民屯之，結果徒資文龍浪費之用。又丙寅之役，奴兒
哈赤悉衆圍寧遠，是年二月丙子，據明帝旨：「奴酋入犯，文龍全不知覺，牽制安
在？」六月甲戌，文龍回奏，則藉口錢糧不足，如曰：「兵士死於饑餓，猶謂臣不
成牽制乎？」又云：「正月間，奴酋渡河而西，儻糧糧稍足，臣率大軍疾驅遼瀋，
何異入無人之境？無奈啼饑之衆，不能進戰，臣至今以爲恨。」因請餉一百萬兩，
米一百萬石，且曰，斷非百萬不可。又請裁東兗、磁州，眞定諸不急之兵，以其餉
餉海外。又催荆州打造船隻，及見貯天津火藥器械，務於夏月到齊，則餉與軍器俱
足，水陸可以並進、立奏定遼之績。上命戶工二部，作速查發。七年四月乙卯，文
龍疏詆登萊舊撫武之望。以糧遇餉匱，摯於舊撫爲言。並稱頌登撫李嵩總鎭楊國棟
二臣，實相矜憫。李嵩亦閹黨，據天啓都察院實錄，是年五月初五日，李嵩有請建

魏閹生祠一疏。楊國棟山東總兵，崇禎長編元年八月庚戌，國棟陳文龍十大罪，文龍亦具疏攻之。又啓錄七年五月丁丑，上諭戶部，務使一銖一粒，盡到文龍師中。如戶部尙書郭尤厚覆毛文龍接濟島兵疏，得旨：

> 覽奏・海外各新舊餉銀甚悉。本年應發，俱已告竣，具見籌邊苦心，還著劉取該鎭炤數查收，務使一銖一粒，盡到師中。未開洋者，行該撫按嚴驟催發，無令解官且前且卻，有誤接濟。

此一銖一粒，皆當時搜括之銀，亦卽民間賣兒貼婦錢也。八月二十三日，天啓帝崩逝，崇禎卽位。（以下所引不注出處者，俱崇禎長編。）九月戊辰，文龍疏言不平五事，錄其有關者於後：

> 七年苦處，百戰勤勞，有不平者五事。招撫遼民，挑其精壯入伍，老弱屯種，竟成一旅之師，以抗強敵，今使之食不充腹，衣不遮體，空拳赤足，冒死生於鋒鏑之下，較之內地逍遙自在高坐糜餉者，其苦樂□分，不平一也。寧遠月餉，一兩五錢，內丁二兩四錢，加以食米五斗，又叨皇上恩賞，不一而足。乃海外南官，七年以來，未徼半年之俸，數百萬兵民，取給於天津登萊二十萬之米，其中多有漂失而浥爛者。山東二十萬兩之銀，復有侵剋，手臂腹心，雖肥瘠有分，皆是血肉，何獨於關上加厚，而海外膜視乎？不平二也。……

若此之類，舉不勝書，至請月餉則欲比例寧遠，而曰「何獨於關門加厚」。（按，寧遠兩次大捷，殺金人無算，卽奴兒哈赤亦斃命於丙寅之役，則所謂「牽制安在」者？又將何辭自解）。又崇禎元年三月庚寅，文龍言：使朝廷早能信臣，糧餉器械，一如關寧之湊手，遼已早復。奈何疑信相參，忌謗百出，一似嘗試羈縻，而糧餉終吝慨發，是以臣之牽制敵人者而牽制臣，封疆之事，幾何不誤？先是督師袁崇煥，以東江不受節制，故嚴申海禁，不許登州一船出海，因上策畫東江事宜一疏。欲以東江錢糧器用，俱於關門起運，至覺華島登舟，由旅順以至文龍處，而津運糧料，亦由靖海以至覺華島，俱經督師衙門掛號，方許出海。四月甲辰，文龍疏駁其不可，謂是攔喉切彼一刀，極言海上必不可禁。又以兵譁爲言，將有寧遠揭竿之狀，梟示爲首降丁二名，方得稍定。甲編葉七一九載劾遼督師袁崇煥題本，謂文龍

信口焭然，即指駁彼之疏而言。又按，仁錄嘗有「毛將不得志於天朝，則必投於
虜」記事，此與道臣王廷試所報「逼登索餉，便欲肆行刼掠」行為，似無二致。
（見袁崇煥題本）五月壬申，文龍疏講詣闕直剖心跡言：

> 臣勢處孤危，動遭掣肘，功未見其尺寸，怨已深於尋丈，而皇上知之否？中
> 外臣工，於兵家奇正之法，蠢踞山川之形，或未深知，故人持一論，終非煞
> 著。惟臣居遼日久，探討獨到，無奈地隔天寰，筆難代舌，而皇上知之否？
> 屬國殘破之餘，緩急無望，一應接濟，合于夏秋兩季，及時頓給，以便轉
> 運，其間裒益調劑，厥有權宜，而皇上知之否？其他語多傑（驁）驁。

旨云：毛文龍本以義勇，簡任東江，數年苦心，朕所洞鑒，人言何足置辯。報聞。
又按疏中「探討獨到」四字，即甲編葉七一九「惟我知滅奴孔竅……此處誰代得」
之意，皆所謂驁驁之言。六月壬子，專理東江餉務戶部員外郎黃中色，覈東江兵三
萬有奇，具疏。報聞。七月戊辰，文龍言：

> 餉臣黃中色，查簡壯實堪戰兵三萬六千餘名，此止就本島各營所隸步伍之數
> 也。若雲從、鐵山、昌城、滿浦、獐鹿、三山、旅順諸島，并出哨屯種等官
> 兵，并未實核，遂不肯竟查閱之局，將盧無餉而兵譁難制耶？臣業已戒令弗
> 譁矣，將盧各島未必聽查耶？臣業已原（願）同餉臣逐島聽查矣。今止閱皮
> 島兵丁，而各島執不肯往，以一島兵丁之數，謂各島兵丁，統在其中，昧良
> 心甚矣。

旨云：遼民避難，屯聚海島，荷鋤是民，受甲即兵，難與內地僉募額餉相同，文龍
宜乘機奮勇，著有顯效，誰得以糜餉藉口，朕甚望之。乙酉，登萊巡撫孫國楨，疏
報東江兵數二萬八千。旨以海外兵數既定，准運餉八萬石，不得重累東民。十一月
戊寅：

> 戶部覆：道臣王廷試覈東江額兵僅二萬八千，原無十五萬之數，就兵額餉通
> （共）官俸布疋花紅糜餉運價，每歲該銀三十五萬四百六十兩，米十六萬八
> 千石。登餉二十萬，已報六萬六千餘兩，應扣支，皇賞十五萬兩，只應給五
> 萬六千兩，餘銀四萬四千兩，充元年折色。俱如議行。

二年二月戊子，督師尚書袁崇煥疏言：

東江兵二萬八千，此道臣王廷試之言也。約數十萬，此鎮臣毛文龍之言也。臣屢令人察之，無數十萬，然亦未必止二萬八千？今只計應用兵若干，與能能（疑衍）養兵（者）干，亦安得盡遼人而兵之，而養之，則二萬八千之外，例如關外隨便安插，任其自爲屯種可也。帝從之。

按，文龍自入崇禎朝，因廷臣羣以冒餉爲言，多有上本者，於是有汰兵覈餉之舉，精兵數十萬，定二萬八千，歲餉百萬，減爲三十五萬有奇，歲運米則十六萬八千石。當時朝鮮進香使洪靇書狀官姜善餘等中原之行，曾目擊明廷此項議事，據其回還時，仁錄六年九月丙戌記使臣面啓國王之言曰：

> 七月初一日，皇上親行秋享大祭於太廟。……平臺召對時，適毛將遣使獻俘，皇上召兵部尙書問曰：文龍獻俘，似或非實？前者冒餉亦多，該部詳查以聞。於是黃戶部中色王兵部廷試孫軍門國楨皆曰：文龍有軍二萬六千，一年之餉，殆十餘萬，而不能收復遼陽一尺土，國家虛費至此。勅令兵部酌處云。毛帥若不得如前冒餉受糧，則其勢不得不責辦於我，前頭必有難處之患矣。（卷一九葉三二）

此所云難處之患，觀上節內「一毛難支」之言，暨後文所記侵害屬國至於掠取冬至使一行銀蔘，皆難處之患也。又按，朝鮮實錄記中朝之事，往往只述大概，不甚求詳，如記事內有軍二萬六千，及一年之餉殆十餘萬，考前文所記，則不無出入，此皆不甚求詳也。又甲編葉七一五，兵科抄出欽差平遼便宜行事掛征虜前將軍印總兵官左軍都督府左都督毛文龍奏本，爲三軍命若懸絲，孤臣勢如壘卵，亟懇聖明俯賜乾斷，以濟糧餉，以活饑軍事。內容要點，分段論之如次。首段：

> 臣受鉞九年，苦情奴勢，其顚末告之數矣，但責臣冒餉，在朝臣終於未明，而臣心又終於不白焉。夫臣危處東江，與虜爲鄰，其歸鄉人民，每歲不啻萬計，各欲奮臂報洩父兄妻子之讐，圖復土地田宅之思，臣亦忘形跡於將士之分，秉心戮力，以答國恩，以副民望，故兵每稱二十餘萬，豈臣以虛報多數而冒糧餉乎？以兵數定餉而貪金錢耶？不過圖恢復遼土，而疾呼求應，儻得餉具充足，便可乘機掃穴矣。別無他腸，別無他算，此心付之朝廷，質之鬼神，對之天地者也。

按，仁錄元年至七年，關於記毛文龍「欺罔天朝」，及「陰謀詭計」之事，凡數十處，並有「文龍之於天朝，決非純臣」等語。所謂「此心付之朝廷」者　無賴之言也。下又云：

> 孰料廟議紛紜，今日言臣報數之多，明日言臣無厭之求，以致先帝惑聽，一遣科臣王夢尹詞臣姜曰廣詣島點閱，所挨錢糧不敷，減報一十餘萬。第兵數奏之殿陛，糧餉終復如故，使臣東那西借，剜肉醫瘡，凝望朝廷有垂盤之日，而三軍得飽腹撻奴矣。

姜曰廣等閱兵之情形，據仁錄四年閏六月辛亥伴送使金瑬馳啓曰：

> 昨日都督令其差諳譯官來言於臣等曰：聞兩使欲往義州等處點兵云。可於鎮江舊城放礮報變，以獮賊聲息，沮遏其行云。蓋其意曾以手下軍兵，盡爲擺送邊上爲言，故恐兩使見其虛張之形也。（卷一三葉二三）

同葉又記文龍悖語，有「閱不閱在我，不惟閱不閱在我，併他去不去，亦不由他也」等語。據此，則姜曰廣等之點兵，似不能澈底。又三段云：

> 曰望一曰，又以冒餉劾臣，且臣督在平奴，原籍舊居，止存四壁，今據皮島，屯兵安壘，與士同棲，冒餉何爲？冒餉何用也？

此云冒餉何用，據仁錄，多蓄婦女之用，即其一也。毛奏又云：

> 及至登萊道臣王廷試奉旨汰兵，將各島哨守兵士，俱不點閱，只將皮島官兵一看，就餉定兵，而自曰二萬八千，此亦不搖朝廷恢復之計　止狥目前之餉之算耳。孰不知奴酋何等兵馬也？何等器械也？跳梁十餘年，盡鍛鍊之奴也，以臣栲腹之卒二萬八千，而欲取勝強奴數十萬之衆，使天下人聞之，疇不笑臣之不能料敵如此，憂國之誤用微臣如此。如臣委以二萬八千人，可勝強奴，亦不必延之今日，憊之九年也。

文龍既知非二萬八千人可勝強奴，然則其前時何以又言「止用東江二三千人，藏雲隱霧，一把火遂了東夷，」（見同書葉七一九）。毛奏又云：

> 臣謹按兵誌，知己知彼，百戰不殆，如徼倖取勝，則臣之不敢爲，臣之不敢許也。

按，夜襲鎮江，損威招釁，即徼倖取勝也。毛奏又云：

臣一介未弁，孤處天涯，曲直生死，唯命是從，敢曉曉取憎哉？究竟其根，實文臣之誤臣，而非臣之誤國也。昨催登萊海防道臣錢糧，隨執手書云：今歲錢糧，部與布政司俱不肯發，要將往年多領者扣算。然臣以十餘萬之衆，而受四十萬之餉，無衣無食，籲告九重，今反以二萬八千爲額，復將上年領過錢糧，扣作今年糧餉，而呼庚呼癸之衆，速絕氣於今日也。卽據道臣王廷試覆稱：「汰去老弱，止存精兵二萬八千，宜於崇禎元年六月爲始。」而元年六月之前，經汰去者，未必盡老弱也，卽老弱者，皆不費衣食之土偶乎？

按，同書葉七二〇載：文龍總兵來，每歲餉銀數十萬，無分毫給兵，每月止散米三斗五升。其侵盜邊海錢糧如此。奏續云：

語曰：「千里饋糧，士有饑色」況數千里之外，每發餉幾萬兩，米幾百石，是猶久旱之地，偶降霢霂，奚能滲漉土壤乎？是以白骨盈溝，餓莩滿道，欲將往歲之餉，扣作今日之餉，獨不念百孔千瘡之苦，烏得粟陳貫朽（朽）於今日哉？還將食過之軍，剖腹取之乎？可令今日之軍，封口坐斃乎？不知計部之欲殺臣，不知計部之欲陷十萬生靈也？此臣之未解也。

文龍所得歲糧，本不以給軍，於計臣何與？此十萬生靈，實文龍自陷之。奏續云：

再議每兵每月本折，共一兩三錢，較之關門，雖若不足，例之各邊，似爲有餘，臣處東江，原爲關門牽尾，關門接壤神京，每月一兩四錢，米一斛，尚不敷用，況東江懸海，風濤巨測，百物騰貴，而反議每兵銀七錢，米一斛，使各兵肯安心東江耶？夫慕多棄少，人情之嘗，關門東江，兵屬一體，一兵兩價，豈鼓舞軍士之妙算也？此臣之又未解也。

按，東江關門餉銀不同者，據後文記崇禎元年時，椴島米八石，值銀一兩，登州則米八斗，需銀三錢。以此觀之，則島中之富足可知，關於百物騰貴之言，又不可信。毛奏續云：

今臣九年，陸續費過糧餉，亦百萬餘矣，如准臣請，於八年之前，而慨發百萬金錢，臣不敢誇口平奴，亦庶幾挫銳奪氣於十分之五矣。……諸臣獨計除臣，不計除奴，將江山而快私忿，操戈矛於同室，此臣之益未解也。

檢毛文龍前後請餉之疏，動曰「滅奴」「平奴」，以爲需索糧餉之藉口，如天啓二
年八月，則曰朝廷何愛三十萬金錢，不以爲搗巢覆穴之用。其時大學士葉向高，且
爲之代請。天啓三年，則言「得餉百萬，可以滅奴」。後來因百萬譚何容易，於是
又爲「取遼不啻反掌，祇爲少餉」之言，其先後冒餉之漸如此。又考東江糧餉，僅
就餉銀一項而言，前後平均計算，最少年亦四五十萬兩，九年共費，當在數百萬以
上，歲餉之外，又有賞銀無算，而文龍之疏，只曰百餘萬，此種措辭，頗類欺罔。
揣其用心，不過故爲此約略之言，以見其數之絀，以爲一時朦奏之計。毛表續云：

> 臣屢疏直戇，非不知得罪朝臣，以速臣命，但臣心只以封疆爲重，君恩爲
> 重，不得不籲天頻懇也。今臣藁席待罪，宜無言矣？昨執王廷試手書，知糧
> 無應援，豈十餘萬生靈，因臣一人而并斃之，又安能默默爲哉？

文龍何嘗以封疆爲重，朝鮮人謂文龍，大則投虜，其次侵我國也，最得文龍肺腑。
毛奏續云：

> 臣自去年十月守凍，至今七越月矣，草根樹皮，淘洗淨盡，荒山赤土，尪羸
> 流雛，種種顚連，倡臆無訴，以致降夷生變，強卒喧嘩，奴孽浸凌，各島告
> 變，無論臣瑣尾庸流，卽智等良平，勇如賁育，亦無如之何也。

按「強卒喧嘩」，當不外卽仁錄卷一八葉五〇所云「將佐離心，蓄怨已極」，以及
向有學等之欲殺毛文龍，並本篇第四章所記「管下將官，分明言其反形已著」，種
種情事。又奏本末尾有崇禎二年五月十一日奉聖旨：

> 島兵裁定，照額發餉，近已有旨，督師欲面諮籌略，軍中一切事宜，當從長
> 商確，具奏。該部知道。

此奏本，崇禎長編作四月己亥，卽四月十四日，是年閏四月，去六月五日文龍之
死，只八十日耳。據土所述「反形已著」一言觀之，則「浪費錢糧，終歸虛套」，
益信矣。

（四）召商專利

文龍之召商專利如何？據仁錄卷一七葉四一，毛營回禮官黃屎馳啓曰：「臣覩
都督之爲人，揚己之善則喜，受人之財之悅，等是商賈貪利之人。」又卷二〇葉
四，平安監司金起宗面啓國王曰：「毛將據島中，得專通貨，安享富貴，擬於王

者。」又領議政吳允謙曰：「毛之據守島中，本心只在富貴。」啓錄則有三年三月辛卯御史劉重慶言：「毛帥起自行伍，一意牽奴，奈何子女玉帛，積百盈千？」又有六年五月丙寅薊遼總督閻鳴泰疏：「自江東路開，眞假莫辨。」又曰：「師旅之興，何時蔑有，然未有用兵之久，糜餉之多，而成功之難如東事者。病根在事有兩樣人，而人有兩樣心，有一樣欲殺奴之人，卽有一樣不欲殺奴之人，欲殺奴者，惟恐其不滅，以爲國害，不欲殺奴者，惟恐其不生，以爲己利。」又曰：「近有一種走利如鶩之徒，視朝鮮爲奇貨，借文龍爲赤幟，以營其自便之私。」又曰：「徵貴徵賤，虛往實來。」又仁錄卷二〇葉一三載袁崇煥咨，略謂文龍淪才無忌，小器易盈，以海島爲夜郎，曰惟予大，棄國憲若弁髦，曰莫誰何，餉饋之供億若流，牽制之實事安在？十年開鎮，不聞復寸土於遼東，一味欺君，徒見居奇貨於東奴。又虞山錢曾也是園雜記，內有一則，本爲毛文龍洗濯而作，然開有一二，亦不能盡掩，如曰：

> 歲糜金錢無算，販參貂以輸蠶下諸君，獻俘冒賞，張投鞭擊賊之虛聲，而求所謂搗穴奇謀，實鮮有當。

據以上記事，則是毛文龍用「牽奴」之名，逐專利之實，當亦不難明瞭。至於販參貂以輸蠶下諸君，則又不外爲自固之計，以圖永遠專利海外。故毛文龍之召商，每藉口曰，「奉旨召商」。其流弊所至，使海外解官，恆以餉銀，置買貨物，攜至軍中，折算取利（見啓錄五年二月庚子兵科給事中李魯生疏）。厥後解官輩，更有乘機侵沒之事，啓錄五年八月丙戌：

> 上念海外兵士乏餉，發帑金二十萬，遣官曹維信郝國儒等，解赴東鎮，維信等頗有浸沒。平遼總兵毛文龍，以諸臣航海艱苦，不錄其過，疏請下部優擢，爲王事賢勞者勸。上謂此番盜去銀六千兩，如何含糊不明？以後差官，解銀到彼，必驗數實收奏報，有攜帶貨物抵銀者，不許容情濫收，以虛朝廷優卹孤軍至意。

此解官等盜餉至六千兩之多，卽五千軍一月之兵餉也。如以此銀買登州三錢八斗之米，可買米一萬六千石，皮島則銀一兩直米八斗，其數更多，可養活無數枵腹之卒。毛文龍平日請餉之疏，輒以軍士嗷嗷待哺，或三軍命若懸絲等語爲提，急迫之

情如此，若果言出由衷，則此侵沒餉銀之解官，即爲國家之罪人，自應功過分明，據實請旨定奪。且前則造作蜚語，中登萊司餉同知翟棟，致道臣譚昌言發憤嘔血卒，後來又慫登撫言彼爲古之安史，於是彼乃借口餉銀，疏劾登萊解官吳宗武等侵沒，其意蓋在甘心武之望，之望因劣處以去。此皆文龍假餉銀爲言，以除異己之事。獨於此次眞正盜餉之人，乃又容情濫收貨物，含糊不明，有罪之人，而妄稱賢勞，且又爲之疏請下部優擢，無法無君，莫此爲甚。以情理推測，必曹維信等亦有所藉，或因餉銀悉辦貨物，與文龍氣味相投，狼狽爲奸，有以使然。此事雖小，其餘可以類推，不可不言也。

又按，召商之事，據文龍疏奏，大略謂海外兵民數百萬，接濟無術，屢借商貨，易米救濟，請召商輸銀，准抵積欠，即與選官，明註欽恤鮮商，以鼓舞之。啓錄五年十月庚辰：

> 先是，平遼總兵毛文龍請餉，戶部定議，歲給四十萬，內除本色二十萬外，該折色二十萬，於山東新餉支給。後因文龍議通商，多市商貨，價至三十萬，而以兵餉抵還，令諸商到登支領，登撫武之望不與，文龍疑管餉都司毛應時勒賄阻商，具疏參之，且咨登撫，俾代請增餉，武之望上其狀，乞賜酌議，以疏滯困。戶部覆言：給兵給商，在內固均之支給，而兵之冒鋒鏑而需此者，竟付之商手，恐九邊無此事例？況二十萬之內，尙該旅順兵餉四萬餘兩，應登撫扣除，猶未可盡兌爲商貨也。奪兵餉而作商價，事旣窒礙難行，以不及三十萬之兵餉，而抵三十餘萬之商價，數尤懸殊。總之，商可通而貨不可征，登海爲夷夏之秋，往來盤詰，不可不嚴，商價可兌，而數宜有限，兵餉非可居之奇貨，乞令登撫移文毛帥，酌定回文，作何給發，作何通融，不得輕信商言，擅請增餉。得旨：你部還酌議詳確具奏。

以兵餉付商賈，明朝九邊所罕聞也。又且不及二十萬之餉，多市商貨至於三十萬，抵還之法，即以兵餉兌給，察文龍詭計，不外欲因此借欠商價之十餘萬，作爲將來請求增餉之理由，如天啓六年定東鎮兵餉五十七萬有奇，即係加增十餘萬也。於是文龍更逞其故技，以期索餉。啓錄六年九月甲戌戶部議：

> 海商商人，不下五六百人，半在登州，半在海外，約借欠不下五六十萬，子

　　母俱失，非招商接濟之初意。在海外者，宜聽文龍給與，在登者，自應就近
　　取償，但姦商冒支之弊，不可不防。登萊撫臣，須取有文龍商貨實收，然後
　　給發可也。

借欠之數愈大，於是增餉之數亦更大。六年，東江兵餉，原止五十七萬，七年，忽
又增至一百萬。歲增餉，則歲以爲額，歲歲增，則歲歲以爲額，明請不得，則歲借
商價以請帑，請帑不得，則歲以爲欠，歲歲借，則又歲歲以爲欠。是東鎮兵餉，將
永無可清之日。使七年八月內，天啓帝不崩逝，則是明年東鎮兵餉，不知又當增至
若干萬？文龍無厭之求，類多如此。又按「子母俱失」，據陳繼盛言，卽「客商買
賣之際，掊克入己，彼此商買，並皆稱冤。」（仁錄卷一八葉四六）故毛文龍不但
剝軍，且又剝商。卽屬國朝鮮，亦因其影響，至有私商之禁，仁錄二年十一月壬
子：

　　禁椵島私商。時毛文龍久駐椵島，許我國通貨，商買潛相販鬻，蔘價日踊。
　　戶曹啓請下諭於兩西監司管餉使，及龍鐵等官，譏察關津，俾不得潛入，如
　　或抵法，沒入贓物，梟示境上，徇私蔑公，不謹檢飭者，亦爲拿鞫。上從
　　之。（卷七葉二九）

毛文龍本以朝鮮爲外府，私商之禁，只廢話而已。如同月辛未，都督毛文龍移咨，
請勿罷稅弊，以流泉貨，以助軍餉。其略曰：

　　東江賴我懸師，作狂奴勍敵，收攝順民，勦服遼士，共相倚重者，故不慮聚
　　兵滅虜之難，獨慮裕食養衆爲難。本鎮焦勞拮据，權宜設計，互市通商，以
　　期接濟，業奉明旨，開焉市於鐵山境上，蓋欲令漢麗之貨物，以充軍中日用
　　之資，可令芻糧之續繼，交易之頻仍，實便民大著數也。近據部下諸將所
　　稱：麗人不來入市者，只緣各館重抽稅之弊，百般徵斂，以致漢之貨物壅
　　集，麗之米菽阻住，有無不通，均失其望。本鎮聞之，寧不蹐跼。況商民所
　　得不多，誠恐稅弊不除，商買慳其貿易，軍民失其便利，何以襄讎伐而彰天
　　討哉？仰禁戢抽稅，速令麗民照常按期赴市，公平交易云。（卷七葉三八）

咨內奉旨之言，檢甲編葉七二〇載袁崇煥題本，則曰，「皮島自開馬市，私通外
夷」。據此，則鐵山馬市，當亦係文龍自開無疑。其言奉旨者，蓋欲以此恐喝屬國

罷稅也。然文龍於島中，則又有收稅之事，仁錄六年十二月丁亥戶曹啓曰．

> 毛都督於島中，接置客商，一年收稅，不啻累巨萬云。若使都督不盡入己，
> 其補軍餉，豈淺鮮哉？我國則京外商人，雲集椵島，賚持銀蔘，換貿物貨
> 者，不可勝數，而官家未嘗有一箇收稅，豈有此理乎？今若另擇有風力文
> 官，稱以接伴使從事官，設關於津頭要害處，監收商稅，而嚴立科條，著實
> 舉行，則必有裨益。

> 答曰：毛將之請減貢舡，意在專利。而不許減舡之請，又設徵稅之官，使商
> 船不得任意出入，則必被憤恨，觀勢施行。事遂寢。（卷一九葉六七）

於島中客商，則一年收稅，多至累巨萬，於朝鮮之欲設關津，則憤恨而不許，其處
屬國之不平，又如此。且不僅此也。仁錄又載：

三年四月己丑黃海監司權盡已馳啓曰：

> 督府王萬才等，聞臣上任，即時馳到，督以物貨和賣之事，且欲寄屬於臣
> 處，使之換貿。臣答以旣無老爺分付，又無朝廷命令，則布政不敢擅受，況
> 錦繡珍貝，本非民間恆用之物，決難私賣於編戶之民。臣終始堅塞，則至於
> 發怒，此後之事，未知何如云？（卷一九葉六）

同年十二月己亥：

> 督府多率遼民，仰哺於我，今過五載，所食公私米糧，不知幾十萬石？而猶
> 以貨物撥出之故，而誣謂無一粒侵奪。彼所發之貨，非關於我國之用，而一
> 國民天，半歸於遼衆，今年則猶或可支，而明年則必不可繼。此後督府，如
> 或更發貨物，辭以本國連年失稔，前日所發絲段之價，尚未盡償，方爲未
> 安，小邦與老爺，義同一家，豈必受價助糧，計較多少乎？寧使我國所給之
> 糧，浮於督府所發之貨，而勿令督府貨物，過於本國輸糧之數，有若負債者
> 然，而每被責云云。（卷十葉五一）

四年八月辛酉：

> 黃海監司李必榮馳啓：毛將差官等，以物貨貿易，日肆嗔怒，甚爲難處云。
> （卷一四葉一一）

曰「發怒」，曰「被責」，曰「日肆嗔怒」，是均屬國難處之患也。於是備邊司因

國王之意，爲備一咨，以四年十月甲子送於毛鎭曰：

> 乃若物貨，本爲有無相資之計，而本國地瘠民貧，不尙華飾，適增民間之疾
> 苦，蓋非所求而強與者，不可以爲德也。勉強而行，勢且難久，則他日爭鬧
> 之端，未必不由於此。……毋見小利，惟懷永圖，此寡人之願也。（卷一四
> 葉三九）

據此，則屬國之發憤可知。其最不平者，莫如關西之參商，於本國，則反深藏不
市，以索高價，於椒島，則又潛相貿易，趨之如鶩，因朝鮮無稅，商船可以任意出
入也。此外，東鎭又有屯田煮鹽之利，鑄錢通貨，移咨朝鮮，屢求銅鐵。凡此之
類，亦不勝記。專利之實，則皆爲己，而不爲人，據崇禎元年時朝鮮使者訪毛文龍
之記事有曰：

> 島中居民，近萬餘戶，市肆之間，物貨充實，倉廩儲積亦豐足，秋冬之間，
> 米八石值銀一兩，臣所館之守卒，月給米一斛，又有銀兩，逢佳節，外給靑
> 布二匹，棉花二斤，及靴帽。

守館之卒，厚給如此，據前文陳繼盛之言，或即爲冒姓毛人之類，其他軍士，則僵
屍相枕，見下節。記事又云：

> 都督毛文龍，一日進食五六回，其三回食五六十品，有寵姜八九人，皆飾珠
> 翠，侍女甚多，皆遊手飽暖，崇侈如此。（淸朝全史上二葉二九）

又仁錄二年三月己巳載春意一事，因與此條有關，亦附之於後：

> 毛都督送差官毛有俊等，致綾段等物四十種，其中一物，名曰春意，以象牙
> 刻作裸體婦人。承旨權盡己，言其褻慢無禮，乃還送於差官處。（卷五葉一
> 六）

依上文觀之，則「安享富貴，擬於王者」等記事，以及「海外天子自居」之說，無
餘蘊矣。而毛文龍力畋袁崇煥海上必不可禁之疏，至有攔喉切彼一刀之言，其意所
在，亦可想而知。

（五）陰撓移鎭

毛文龍開府海壖，專利東江，遂使牽制之說，全付空談，無數金錢，總歸浪
費，故當時朝廷，亦有一種公論，頗疑東江之事爲不實，於是有移鎭之議。內外諸

臣，羣以爲言，謂毛文龍宜橄居近島，偵奴虛實，官減兵減，餉力自饒者，寧遠參政袁崇煥也。謂毛帥鞭不及腹，急應橄赴近島，厚集舟師，以成犄角之勢者，兵部尚書王永光也。謂莫如令文龍統舟師，屯水寨於蓋套，則餉易運，器械易給，照應易及，音信易通者，薊遼總督閻鳴泰也。謂請旨速撤，酌定近島，移駐旅順，實實爲聯絡策應之計者，臺臣牟志夔也。謂毛文龍宜日近遼，不宜日近鮮，令文龍擇便移居，寧近毋遠，寧速毋遲，皇上第限以日期，不必坐以地方者，則又袁崇煥任遼東巡撫時之言也。凡此諸議，議之數年，議者千百，不及文龍一疏之有力，疏云：

> 兵事首論人心，次論地勢。以人心論，寧遠遼兵少，西兵多，東江則海外孤懸，無所退避，盡用命之人心。以地勢論，寧遠至遼藩，俱係寬平坦道，無險要含藏，難以出奇攻襲，東江則山險可以設疑，出奇可以制勝，接濟雖難，戰守則得，進剿恢復，終是東江事半而功倍也。

得旨：疏說地勢人心極明，不必移駐。此啓錄六年八月甲子記事也。考移鎮勸議，實始於朝鮮國王李倧奏請撤遷遼民，安插中土，仁錄三年六月乙巳：

> 備邊司請於朝天使臣之行，再奏遼民就食中原之事，上許之。蓋自遼左陷沒，督府來在我境，招集遼人，故遼人之投附者，其麗不億，遍滿西土，擾害村閭，督府接待之策，皆倚於我，數年之間，主客俱病，廷議憂之，具奏天朝，請使遼民就食中土，已經題奉欽依，而都督自稱善爲賙賑，不許入送。其意在於托以遼民多集，請餉皇朝，以爲自奉之計也。（卷九葉三一）

所謂請餉皇朝，以爲自奉之計者，卽招商專利也。又所謂自稱善爲賙賑，不許入送者，卽兵民自由行乞，以及朝鮮之盡誠賑救也。自由行乞等事，據仁錄書之如下：

二年四月庚寅：

> 上接見毛都督差官鄭繼武於隆政殿……上曰：許中書何日當還乎？差官曰：當待俺還，以定歸期。中書之初到島中也，遼民啼饑求活。中書謂都督曰：遼民何其多也？都督曰：如許遼民，皆賴朝鮮之盡誠賑救云矣。（卷五葉四十）

又五月辛酉：

遣判敦寧金尙容于毛都督軍門。時遼民之來投椵島者　，　日以益多　，　接濟之
事　，　專責於我　，　朝廷憂之，特遣金尙容諭以老弱入送山東之意。（卷六葉
四）

又戊辰：

貿米于登州。時久旱民饑，而遼民接濟，專辦於我，朝廷憂之，李廷龜啓於
筵中曰：今聞登州，三錢之銀，直米八斗，粟米則倍之，都督貿餉之銀，多
在關西，則可以抹此大無之患，而兼且接活遼民。（卷六葉八）

又十月丁酉：

特進官金藎國曰……遼薊出來之民，連續不絕，糧盡則必四散，而求食矣。
前冬則入島，故賊不敢犯，今冬若知遼民之討食於內地，必有林畔之變矣。
（卷七葉二一）

三年正月辛亥：

備邊司請接伴使尹毅立等，躬造毛營，從容開說，要得靑藍大布等物，貿穀
民間，仍以唐舡載去，以濟遼民。上從之。（卷八葉一）

四年十月丙午：

上問于張晩曰：卿頃往西路，邊上事機如何？晩對曰：臣不能深入，邊上之
事，不能目覩，而然與在此間所聞有異哉？本道有風水災，民憂失稔，而猶
不至於饑死，但漢人遍滿侵害，守土之臣，不能禁止，此可慮也。上曰：遼
民行乞者甚多云，其數幾何？晩曰：流民之行乞於价川等處者，幾三千人，
而以靑布帽子等物，貿得米穀，負戴絡繹於道路云矣。上曰：天朝赤子，如
是饑死，何以爲之？毛將何不入送中原云耶？晩曰：王士善則以爲當入送，
而都督不肯云矣。（卷一四葉三二）

關於不肯入送中原理由，則更言之有名，卽滅賊復遼之稱。仁錄二年五月乙卯：

上幸太平館，接見毛承祿。上曰：百萬遼民，相繼來投，前頭接濟，有何善
處之道乎？承祿曰：目今山東運餉，不日將到，見貨之數，亦可以償之。上
曰：小邦連歲凶歉　，未能稱意周急　，苟有餘力，何敢責償，且督府百萬之
衆，仰給於朝延，而泛海運糧，勢有不給，小邦亦且殘破，未效輸粟之義，

今爲督府計，莫若只留其丁壯，而盡送老弱于山東，以省轉漕之弊。承祿
曰：當俟剪滅此賊，始議捲歸耳。（卷六葉一）

又三年正月庚申：

時都督以復遼爲名，召集遼左饑民，遍置於淸川以北，而天朝所賜銀糧，占
爲私用，安坐島中，獨享富貴，以此軍兵咸懷怨憤。（卷八葉六）

椵島兵民，駢就餓死，其狀之慘，可於下面記載見之。仁錄三年十二月丁亥平安監
司尹暄馳啓：

督府差人韓福，持令牌催趲楡糧曰：今年登州糧餉，運到數少，許多人命，
將駢就餓死，至於相食，懇乞發糧，以賑垂死。且言標下二十將官，各領三
千衆，宣川、郭山、定州、嘉山等處，彌滿閭里，討食於麗民，吾們所見，
亦爲可悶云。（卷十葉四八）

又四年八月丁亥馳啓：

毛兵餓死，僵屍相枕云。（卷一四葉二七）

又甲編葉七二〇載：

文龍拘錮難民，不令一人渡海，日給之米一盌，令往夷地掘參，遭夷屠殺無
算。其畏死不肯往者，聽其餓死島中，皮島白骨如山。

椵島兵民如此，尙安望其復遼？朝鮮爲此，乃有請撤遼民之奏。據仁錄卷二一葉
二，卽盡撤諸島屯兵，移鎭他所也。其時文龍情態，檢同書卷一三葉二一，有「種
種可惡」之言，可惡之狀，先則發領兵上京之牌文，以爲恐喝之計，次則始傳移鎭
之報，令本國上本請留。四年閏六月丁未毛都督接伴使鄭斗源馳啓曰：

都督招譯官秦智男曰……皇朝議論，欲移俺鎭于旅順口，儞國願俺在這裏，
俺當往那邊，儞國王留我與不留事，全啓知國王。（卷一三葉一八）

同月戊申，朝鮮以李尙吉爲毛都督問安使，其面授回答之辭，則不爲決語，第曰：

國王千萬意外，聞老爺移鎭之說，不勝驚駭，莫曉其故。上本天朝，挽止其
行，與老爺終始周旋，上報皇恩，下固疆圍，是誠寡君之願。但念藩臣事
體，儳然陳奏，指揮天朝，進退大將，甚非容易。且老爺實爲移鎭，則天朝
當有移咨本國之事，而寂然無聞，無乃天朝有此議，而實未停當耶？（卷一

三葉一八）

李尙吉之還，察得島中之事機而來，七月癸未備邊司啓曰：

> 伏見李尙吉狀啓，及所送膽書題本三紙，則毛師移鎮之事，業已奉聖旨，而
> 諸臣議論，尙多異同，不無中寢之慮。（卷一三葉四三）

移鎮中寢，據同書四年十月甲子，「此毛師多計變幻之效也。」並又云：「皇上不
准辭本，許發餉銀，至給征虜舊印以寵之。」於是備邊司啓曰：

> 彼旣不爲移鎮……臣等之意，先搆一咨，極陳饑民可矜之狀，且言本國爲遣
> 近臣，略爲賑活，而終非可繼之道。且言來歸遼民，本爲求生之計，而貴鎮
> 旣不能賑救，若不許就食山東，是遼民之死，貴鎮實致之，得無不安於貴鎮
> 之心乎？爲貴鎮計者，莫如留其兵，而送其民，以爲長大之策，貴鎮何不熟
> 思而察之。……答曰：啓辭甚當，依啓爲之。（卷一四葉三七）

朝鮮君臣欲以仁心勸文龍，此眞「對牛彈琴」也。按，遼民奄奄待斃，如赤子投
井，宛轉井中，呼號求救，而方在井上之毛文龍，乃安然若無事，且從而利之，以
爲日獻僞誠種種之用。迨崇禎元年時，移鎮之議再起，崇禎長編正月辛巳載兵部尙
書閻鳴泰疏，復伸前此移駐蓋套之說：

> 臣前欲毛文龍移駐此套，說者輒執守廣寧（金人棄而不守）之議，不知廣寧
> 四面受敵，無險可據。蓋套則據山爲闑，依海爲家，左呼則寧遠應，右呼則
> 東江應，進可以戰，退可以守。惟共此腹心，遂致首尾懸絕，今日不將此中
> 斷一著，緊急粘接，而欲求恢復，必不得之數也。

得旨：「內外大小諸臣，商酌行。」當時商酌之論，據崇禎長編元年載，大概有兩
派，一派主卽撤，且勦其種種罪惡，一派不作決語，但爲分守之言。茲分別舉例如
次：

二月辛亥：

> 工科右給事中潘士聞，疏刻毛文龍，島兵不過二萬，虛稱十五萬，賄通聚餉
> 內盜，諂事忠賢，冒功糜餉，貪淫殺降，僭稱欽旨，請令移鎮要害近地，核
> 其兵數，汰其冗員。下所司議。

又壬子：

尙寶司卿管司丞事董茂忠，請撤文龍歸，俾仍掛平遼將軍印，治兵關寧。報聞。

此派之主張，卽仁錄所書「尙有公論」之類。其爲分守之論者，則有三月乙亥江西道御史袁弘勛疏云：

> 東江移鎭之說，則有不容不詳酌者。皮島駐師，輒長豈及馬腹，而文龍去年，亦原有移駐廣鹿長生之議，廣鹿長生，去蓋稍近，而於高麗不失犄角，最爲便計，以至東江兵號五萬，雖未必盡實，而但令就中挑選若干，統以部下偏帥，進據蓋套，此亦何說之辭。……大抵全遼失後，獨幸沿海一帶膏腴，不能收拾，而留以與我，我之兵，河西守至右屯，河東守至蓋州，則海濱盡爲我有，脈絡貫通，首尾呼應，而毛文龍亦得實現其功效。是用東江牽制之說，亦非守蓋不可，而樞臣之宜一力委任，尙煩再計乎？

按，袁弘勛本魏忠賢遺黨，疏中關於「統以部下偏帥」等語，蓋卽不欲文龍遠離鮮土之意。後來弘勛更附高捷史蘁輩，力攻袁崇煥謀叛，及專戮大帥，以爲文龍報讎。又三月丙戌，河南道御史范復粹上言：

> 諸臣每懷東顧之憂，因有移鎭之請，臣謂兵餉宜核，移鎭宜酌，誠熟計之，毛文龍何難移哉？但數萬生靈，誰非赤子，無處安插，必各據一島，散而爲寇，豈直登萊受禍，卽劫朝鮮而生日本之心，東憂方大也。

又仁錄六年二月癸卯奏聞使權怗馳啓曰：

> 豐城侯李承祚，上疏襃毛將，極言其功鉅賞微，顯有欲遏移鎭之議。皇上以浮談市德爲教，兵科又參其狂躁，皇上明見萬里，於此亦可見也。（卷一八葉二三）

按，李承祚於天啓六年五月甲寅，亦嘗有力遏移鎭之疏，至謂移鎭爲搖動。且云：「鐵山（文龍舊居於此）一移駐，則朝鮮孤弱，爲奴所偪，勢必兼併，奴愈無顧忌矣。況鐵山民，共集七八十萬，安民旣久，一旦議移，恐姦民召亂，禍生不測，安可不長慮乎？旣謂在鐵徒費糧餉，則移之蓋旅，亦豈能空腹戰乎？」此虛張鐵山遼民七八十萬，不外恐嚇朝廷停止移鎭之意，與范復粹所云「數萬生靈，散而爲寇，劫朝鮮而生日本之心」等語，同一詭異之言。蓋此輩之阻撓移鎭，不外卽閻鳴泰所

稱視利如鶩之徒，視朝鮮爲奇貨，假文龍爲赤幟，以營其自便之私也。凡此諸議，其結果據同書同年四月庚戌兵部覆東江移鎮疏言：

> 東江一旅，未可輕撤，但一應錢糧將領，俱應聽登撫統轄，其屯田移駐，還著督師撫鎮會議確當，登撫仍擇風力司道渡海 ， 查兵數以定糧額 。 詔如議行。

據此，則崇禎朝移鎮之議，又復中止，可見毛文龍已成尾大莫掉之勢。仁錄六年三月乙亥南以恭馳啓曰：

> 都督招張大秋傳言曰：貴國若以俺之在此，只貽弊端，毫無所益云，則惟有去而已。如以爲可與有爲，同心協力，期於滅賊，則俺亦仍留，彼此肝膈無阻，然後可辦大事，俺之去留，唯在貴國之誠不誠，未知陪臣之意如何？答以少（小）邦之所恃者，專是天朝拯濟之力，拯濟之責，老爺當之，君臣上下，誰敢願老爺之去也 。 都督曰，然 。 以此意急速啓知云。（卷一八葉四一）

此啓所言，揆之天啓六年文龍令朝鮮上本請留之事，實前後一轍。又按，關於此次移鎮之議，當時島中之傳說，據仁錄六年四月乙未金啓宗等馳啓：

> 往見陳中軍繼盛……中軍曰……四月間，當有結局云。臣曰：所謂結局者，指何事耶？中軍曰：催本屢下，不可不移鎮，而科參繼發，雖欲久留，何可得乎？（卷一八葉四六）

中軍之言，似尚未知朝議中止之事，其實卽不終止，亦必移不成也。如袁崇煥海運改道之議，彼且信口焱依，至以揭竿爲恐喝，又如對姜曰廣等之閱兵，亦嘗陰謀多端，而曰「閱不閱在我」，仁錄於此，有「悖語乃其本性」之評。由是推之，毛文龍對於移鎮之反響，是否亦有「移不移在我」相類之悖語？然據後文所記交通金人之事 ， 似乎又有可能 。 且考上次朝議移鎮之時，山海關軍門差官趙祐，嘗爲移鎮事，奉命越海，文龍聞之，遣人攔阻於石城島，見仁錄卷一三葉一八。其後趙祐之下落，據同書四年八月辛亥憲府啓，有「今此趙祐之死，機關甚重」之言。七年七月丁亥，右參贊張經世亦有曰：「毛將之擅殺趙祐，亦可誅也。」據此，則毛文龍之擁兵島上，抗命海外，牽制雖絕無，釀亂則有餘，與唐之安史，宋之劉豫，又何

異焉 ●

第三章　東國朝鮮

　　毛文龍駐東江九年，其與朝鮮之關係，據光海君及仁祖兩朝實錄所書，則文龍不僅爲中國海外巨害，其於朝鮮，尤爲大累也。光海君時之生釁朝鮮，第一章已附論之，茲不再言，但略述天啓三年三月朝鮮內變事。李倧以姪廢伯，奪位自立，是爲後來之仁祖，假王太妃金氏之命，自稱權署國事，具奏中朝，請賜封誥。同時文龍亦因朝鮮揭請，力爲請封。又以憾恨前王李琿，誣其「通奴」背明，市德新王，以爲後日責報之意。當時中朝處置東方之事，據朝鮮記錄嘗云，「天朝於我國，一惟毛將之言」，亦信亦從，於此可見。天啓五年六月，詔使太監王敏政胡良輔等至朝鮮，完成封王之典，中朝之擅國主斷者，則又大做人情，寄語朝鮮國王李倧，歸功毛帥之力請，封王詔內，亦具載此語，其間用意，不外欲以此東方屬國，亦爲毛鎮用也。於是文龍益有所藉口，矜誇己功，至於進退屬國兵使監司之官，稍拂其意，則動以「國王准封，專是俺功，旣封之後，忘我大德」爲言。後來更讒言罔極，又誣李倧攜貳，中朝亦深信不疑，於是文龍之「牽奴」，又令其制鮮，且曰「制鮮有餘。」因而侵害屬國之事，亦日甚一日，兇悖之言，乖戾之行，檢仁錄卷二一以前各卷（文龍被誅之月止），卷卷皆書之。南原宋匡裕上疏，至於請誅毛文龍，明大義於天下。國王答言，則以爲擊之不難，所難者，擊之以後，無以告上國耳。天啓七年，朝鮮丁卯之禍，金人自稱謂爲文龍而來。至其爲文龍而來之原因，非謂慮及東江之足以成牽制，而爲忠於明朝之用，實因金人了解毛文龍確非明朝之純臣，一面且更多「胡爲」之事。文龍之胡爲，觀本編「交通金人」章，可以詳知之。考文龍胡爲之狀，其致金國書，旣曰「則大事成矣」，又曰「我不分疆土，亦不屬爾管轄」，似乎亦學金人自立自王之行爲。其胡爲如此，自非明朝之利，然如究竟言之，卽在其時之金國，固亦同一不利也。於是金人始興丁卯之師，東向朝鮮以索毛文龍矣。同時金人於朝鮮，以事勢推之，當然亦「見獵心喜」，可取則取，可已則已，此又丁卯之禍之另一原因也。總而言之，金人丁卯之師，無論爲朝鮮，

無論爲文龍，皆可不必細論，要之，其以毛文龍爲藉口，則係事實。丁卯之役，東國幾乎不保，其時金人不知朝鮮虛實，意只在和，又因金汗居守，憚於寧遠之袁崇煥，不然，則金人之併鮮，不待丁丑再度興師矣。所謂「撫高麗，牽奴賊」者，如此。朝鮮因毛文龍所受之害，述之於後。

（一）丁卯之禍

上

據王錄天聰元年正月丙子：

> 遣二貝勒阿敏、濟爾哈朗、阿濟格、杜度、岳託、碩託統兵征朝鮮。上曰……此行，非專伐朝鮮，毛文龍近彼海島，納我叛民，故整旅徂征，爾等兩圖之。

天聰元年，卽明天啓七年，是役，金汗留兵十萬，居守瀋陽，（仁錄卷一六葉一三）阿敏等出發之兵，則三萬餘人，以正月初八日丙子起行，十三日入朝鮮境。其殘破地方，據仁錄卷一六葉一，五年四月丁丑載奏聞于皇朝之文有曰：

> 本年正月十七日，據平安道都巡察使尹暄等諸將官節續馳啓：本月十三日四更時分，奴賊三萬餘騎，卒襲義州，從水口門殺其門將，潛師以入。城中軍門，不覺兵至。本鎮節制使李莞倉卒出禦，與通判崔夢亮及手下將官，搏戰至朝，賊兵多死，而衆寡不敵，力不能支，李莞崔夢亮等抗賊不屈，同被磔殺，大小將官，數萬民兵，屠戮無遺。是日，前鋒已至定州，一枝大隊分向宣川浦口，要搶毛將。毛將自冰合後，駐雲從島，賊兵不得入，將蛇浦所駐遼民，及毛鎮軍兵，盡行斷殺。
>
> 十七日，賊兵乘勝圍郭山凌漢山城，悉攻陷，守城將宣川節制使奇協被殺，定州節制使金搢郭山節制使朴惟健被擄。二十日，賊渡淸川江，急攻安州，節制使南以興防禦使金浚等，嬰城固守，賊用雲梯悉衆蟻附，三戰三退，賊亦死傷頗多，血戰良久，力盡城陷，南以興金浚等將官數十員，積火藥於中營，自燒死，守城兵民數萬口，屠殺殆盡。
>
> 都體察使張晚馳啓：平壤大鎮，守城軍械，始甚嚴備，而自見安州屠戮，軍民褫魄，縋城逃潰，都巡察使尹暄不能禁制，亦自遁避，本城積年舊聚，蕩

然都盡。中和以東，黃州大鎮，及鳳山、瑞興、平山等邑軍民，鳥驚魚駭，
望風先潰。賊又送一枝兵，自義州沿江而上，攻打昌城府，節制使金時若獨
守孤城，力盡無援，城逐陷，時若被執，賊以刀脅之，時若罵賊不屈，與其
二子，俱被殺。

又續據各處將領馳報：龜城府、靑龍山、義州、金剛山屯駐漢人兵民，及昌
城留屯毛鎮標下軍兵，俱被賊兵搶犯。

龍川節制使李希建，自龍骨城潰破之後，收散兵轉鬪，遇賊力戰，射賊甚
多，弓弦忽斷，空拳冒刃，被賊殺死。賊長驅深入，至於平山，分屯三鎮，
放兵四掠。

各城之陷，殺戮之慘，比之辛酉「賊衝宣川」，大不相同。辛酉之役，因毛文龍只
如小兒做戲，自立且難，同時奴兒哈赤，亦向朝鮮示好，是以「未動鄰國一草一
木。」此次行師，則以金汗深憾朝鮮容護毛文龍，於茲已七年，文龍之牽制，雖曰
無關金人之成敗，（楊士聰玉堂薈記）然其於朝鮮，則又「以鄰爲壑」，是故往往
遺禍於東國，而無所愛惜。此並非吾人推測之辭，試檢後面所錄大批之史料，自然
可以證實。凡此史料，其中最當先爲說明者，莫若毛文龍之陰謀詭計，乃竟常常施
之於朝鮮是也。蓋文龍陰謀，除其直接「侵害朝鮮」之外，又嘗使人行間於金國，
以爲傾陷朝鮮之舉。朝鮮於大明，感萬曆復國之德，自稱爲「同胞」之列，同胞之
人亦爲陷害，然則明帝聖旨中所謂「撫高麗牽奴賊」云者，又可不攻自破矣。所可
惜者，即彼明帝之聖旨，不意後來反資文龍自始至終之利用，以致成爲一種最爲動
人之標榜。此一標榜，姑錄文龍奏本爲例：

竊照朝鮮，貼枕奴酋，雖曰中國之外藩，近成夷夏之戰場。如奴欲攻臣，必
假道於鮮，而臣屢伐奴，亦繇路於鮮。蓋奴酋之卻步寇關，所慮臣兵以掣
尾，而奴酋之恨臣掣尾，每轉恨於朝鮮之假地，往往殺戮擄掠，雖臣之援兵
迅至，而奴又聞風回寨矣。（甲編葉七一一〇）

此條史料，大意不外自誇其掣尾之功，因而「奴酋」始轉恨朝鮮之假地於彼，以致
往往被殺戮之慘禍。其實文龍此時，已與金人交通（見本文第四章。）奏本中所云
奴酋之轉恨朝鮮，未必全由文龍，特阿敏兩番出兵，皆由文龍而起，故文龍得以自

誇其擊尾之功。至此兩番出兵結果，則國王勉從金人之意，於三月初二日己巳，焚香告天，定盟立誓。其誓文曰：

> 我兩國已講定和好，今後各遵約誓，各守封疆，毋爭競細故，非理徵求。若我國與金國計仇，違背和好，興兵侵伐，則皇天降禍，血出骨暴。若金國仍起不良之心，違背和好，興兵侵伐，則亦皇天降禍，血出骨暴。兩國各守信心，共享太平，皇天后土，嶽瀆神祇，鑑聽。此誓。（甲編葉四四）

約成之日，阿敏猶縱兵大掠三日。四月辛亥，始班師，歸瀋陽。同時朝鮮差宗室昌原君李玖，（王錄作李覺）假稱王弟，亦隨阿敏入往金國。五月，金人送玖歸國，並攜一書，略謂：「惟我兩國，原無仇恨，而助兵南朝，來侵我境，復容駐逃民，故發兵征之。不意王弟能識天意，隨卽悔過，兵師之中，送禮於我，復遣令弟而來觀，能成和事，是智且仁，今後我兩國，永爲兄弟之好。」此朝鮮丁卯講和經過也。據仁錄，初賊至定州，送書求和，邊臣馳啓以傳，而本國未及回答。賊又於凌漢圍城之時，差人投書，守臣斬使不受，賊益怒，急攻凌漢，殺掠殆盡。至安州，投書於帥臣南以興等，抗辭答之，賊又悉衆攻陷，屠殺尤慘。至平壤，至中和，以後連次送書，「差胡」三至，往復辨詰。以上又皆朝鮮當初拒絕金人求和之眞情也。至於金人所送各城之書，其主要原因，大概不外以窩藏毛文龍爲問罪理由。如送定州書有曰：

> 大金國二王子同衆王子，致書於朝鮮國王：我兩國原無仇恨，今何爲助南朝兵馬？欽（侵）伐我國，此一宗也。我得遼東，旣係鄰國，爾曾無一句好話，及窩隱毛文龍，助他糧草，尙不較正，寫書與爾國，毛文龍等綁來，我兩國和好，爾又不肯，辛酉年我來拿毛文龍，爾國屯民，雞犬不動，爾又不謝，此二宗也。爾還把毛文龍放在爾國，招我逃民，傷我地方，此三宗也。……用此，我方統大兵來，爾國要和好，差官認罪，火速來講。（卷一六葉二）

此書內容，凡四宗，其最後一宗，以不弔先汗之喪爲言，似係湊合之辭，不成理由，從略。又送安州書，大致情節，仍與前書同，但又添七宗惱恨，亦一時湊合之言，故不取。至於國王之答書，則辭甚簡單：

毛將旣是天朝將官，來寄我疆，義不可拒。

朝鮮因始終忠於明朝，其曰「義不可拒」者，卽「不負天朝」之意。此言最可閉執金人之口，因金汗亦嘗曰，「先汗事天朝甚恭。」後來背大明，據奴兒哈赤自稱「不得已背之。」至是，阿敏又動於朝鮮之言，因亦曰：「朝鮮不負天朝，亦是好意思，宜從其意。」所以此次被兵，得順利解決者，其故卽在「不負天朝，亦是好意思。」後來之交涉，但以不許毛兵登陸爲言，仁錄五年八月丁未：

> 接待所啓曰：臣等得見胡書，大槪先之以不許毛兵登陸之意也。臣等曰：毛將非我指揮之人，而乘舡入島，其去其來，吾所不知，而至於入處城中，則自前不許矣。且毛人之殺我人民，汝豈不聞乎云？則阿胡曰：此言誠是。但不許入城，不給糧餉，則可也云。（卷一七葉六）

曰「毛人之殺我人民」，此卽國王所云「毛將負我實多」之事。然東國則因從來自號小中華，「事大以誠」之志不可奪，故曰「毛將非我指揮之人。」據此，則朝鮮容護文龍之意，屹然不移。彼毛文龍得始終安坐島中，不至狠狽者，特此而已。又胡書大槪，據仁錄五年八月乙未，亦錄如下：

> 大金國汗致書於朝鮮國王弟：當日我兩國相好，彼此無事，後因毛賊，致生事端，不意兩國，還有相好之分，故天使重成和事，若彼此謹守，不惟兩國共享無疆之福，而美名遠播於天下矣。儻立心不正，復壞和事者，難逃上天降罪。我兵留住義州，非疑貴國，意謂兩國仇隙，皆因毛賊所致，幸得事成，恐毛將復爲害之，故留兵防守耳。今王弟邊內，不容毛賊上岸，宜速具書，及發住民與護守之兵，到了義州，我兵卽時過江退回，若住民護兵未到，我兵先回，恐毛賊乘空住擾，不便。（卷一七葉七）

此條起首書：「上御崇政殿，招見胡差阿叱月介朴只乃等，受其國書。」據王錄，阿叱月介等，作「大臣阿什達爾漢霸奇蘭。」書中之言，極爲透澈，如曰，「兩國仇隙，皆因毛賊所致」，此可證明朝鮮丁卯之禍，實由文龍而起。又按，毛賊之稱，金人亦有分別，據天聰元年實錄稿，於袁崇煥，則書袁都堂袁老大人，於趙率敎，則書趙總兵，唯於毛文龍，則稱曰「毛賊」，或只曰毛文龍，蓋金人亦知其底細，故卑視之。又檢王錄，撤歸義州留兵，作九月，撤歸條件，朝鮮原說不容毛兵

上岸，此只一時隨宜之言，事實本不如此。仁錄五年九月丁卯：

> 金啓宗申景瑗馳啓曰：胡差到安州，臣等往見於館裏，則胡差言：毛將今後
> 下陸，若耕一畝田，則我國決難終守和約，貴國受兵必矣。（卷一七葉一
> 三）

據金啓宗等之回答，有曰：「旣不能干戈從事，又不能禁其下陸，則或於海邊無人
處，雖耕一畝之地，此是細事，以此渝盟可乎？」又曰：「一畝寸土，莫非我地，
豈欲使漢人冒占。第沿海一帶，已作空虛之地，彼許多漢人，乘時潛耕，則豈我所
盡知乎？他日或不無此弊，故不得不預言。」翌日，「胡差」來見啓宗等曰：「昨
日布政之言，誠是。深思後患，悉陳所懷，有何所妨？吾等之固爭，布政之力辨，
各盡其職分云。」凡此力辨之辭，不過僅爲解釋當時之一種問答而已。後日關於毛
兵之上岸，則金汗往往執以爲言，此於下節再論之。又按，丁卯之役，文龍常時所
居之鐵山，亦爲金人所破：

> 兵部尙書馮嘉會言：督師王之臣報奴兵攻克艾州昌城，又往鐵山，鐵山爲毛
> 帥所居，原以孤軍牽制，今乘其孤而攻之。（啓錄七年二月壬辰）

> 奴酋攻破鐵山，殺遼人無算，文龍逃竄皮島；且掩敗爲功。（甲編葉七二〇
> 督師袁崇煥題本）

是則除前文所記蛇浦、龜城、義州、昌城等處，居住遼民毛兵，盡行斬殺不計外，
又有鐵山遼人，亦被殺無數。鐵山遼民，據李承祚嘗稱「共集七八十萬」，（見前）
此七八十萬之衆，原爲求生而來者，今皆因文龍之一逃，而盡遭屠戮。卽遼瀋之
陷，廣寧之失，合而計之，亦無如此之慘也。至掩敗爲功，其說如下：

> 毛文龍援朝鮮，擊建鹵於義州，敗之。（國榷天啓七年二月甲子）

二月甲子，卽二月二十七日，仁錄則是月三十日丁卯，文龍仍安坐島中，朝鮮至於
遣元鐸入島問安，蓋文龍尙係年前冰合之後，卽已逃竄皮島也。據此，則國榷所記
義州之捷，殆又如仁錄內所書「毛將縮坐島內，日報僞捷」之類。此外更有同書五
年二月壬寅（初五）一條，可以證實。

> 張維曰：毛文龍接濟事，亦可預定。崔鳴吉曰：我國被此兵禍，而渠不出一
> 兵相救，何面目徵求於我乎？上曰：不可預料矣。（卷一五葉二六）

又同年八月己亥，回答官申景琥朴蘭英馳啓關於在瀋陽館中答大海等曰：

> 本國與貴國，曾無嫌怨，今春被兵，全由毛將，及其兵鋒深入之後，彼竄伏
> 海島，終不出救。（卷一七葉三）

袁崇煥題本，則曰「文龍逃竄皮島」，而此又曰「彼竄伏海島。」崔鳴吉面啓國王
則曰「不出一兵相救」，而此又曰「終不出救。」然則毛文龍之精兵十數萬，不知
此時何往？文龍果不喪心，實無顏面以見東國之人，乃彼則又不然，反阻遏朝鮮告
急奏章，不許奏聞。仁錄五年三月乙酉：

> 備局啓曰：毛將阻遏本國使臣，其欲壅蔽行譎之狀，的然可知，則陳奏使之
> 得達亦未可必？聞兵部差官守備蔣卽選父子，及毛營票下李成龍等，逃難來
> 到體臣處，而蔣卽選頗解文字，欲將本國事情，洞陳於天朝云。李成龍等二
> 人，則送於海州，使之目覩各邑慘酷之禍，仍令留箚，以待朝廷處分。（卷
> 一七葉五八）

又癸巳：

> 上下教曰：告急之事，至緊且重，黃珀等受命二朔，始達椵島，因毛將攔
> 阻，不傳而歸，慢蔑國法，莫此爲重，還收加資，拿鞫定罪。（卷一五葉六
> 二）

又五月己卯：

> 備局啓曰：卽見權怗元鐸狀啓，毛將擧措，頗甚乖戾，今觀揭帖及奏稿中事
> 意，決無許往之理，我國本情，無由上徹天朝，日後構陷之患，有不可勝
> 言。奏文中主意，則決不可曲循彼意，而其間彼有所深諱者，如所謂難望出
> 島相援等語，不妨刪改。（卷一六葉二七）

曰「我國本情無由上徹天朝」，則朝鮮自毛文龍開鎭東江以來，其國內眞情實狀，
凡不利於文龍欺罔之事者，恐皆莫由上達明帝也。啓內又言「壅蔽行譎的然可知」，
凡此所言，據啓錄七年三月庚午兵部上毛文龍揭言：

> 麗官麗人，招奴害職，職堅守不拔，所傷不滿千人。奴恨麗人，殺死麗兵六
> 萬，燒糧米百萬餘石，移兵攻麗。等情。得旨：覽奏，奴兵東襲，毛帥銳氣
> 未傷，朕心深慰。麗人導奴入境，固自作孽，然屬國不支，折而入奴，則奴

勢益張，亦非吾利。還速傳諭毛帥，相機應援，勿懷宿嫌，致誤大計。

按：東國被兵，金人已自言之「皆由毛賊所致」，而聖旨內，於朝鮮之受害，既無一言之慰問，反云「固自作孽」，則毛文龍之讒言罔極，固又無所不至，而其攔阻朝鮮本章，卽爲先入讒言之意。繼此之後，則報捷之疏，更連章而至，如啓錄七年三月壬辰，兵部上文龍瑰山之捷，殺死逹賊數百。得旨：奴兵深入東江鮮國，毛帥出奇殺敵，深慰朕懷，聯絡屬國，激發將吏，厰臣饒有成算。四月癸卯，御史安伸奏：毛鎮援麗截奴，三戰三捷，已困賊于艮杏江（山）矣。五月丙子，兵部尙書王之臣上巡撫登萊李嵩塘報：東江之師，屢有斬功，朝鮮恃此一枝兵，得以亡恙。五月戊寅，鎮守遼東太監劉應坤題：毛鎮乘間出奇，因而王京獲守，奴從昌城滿浦遁歸瀋陽。得旨：黠奴撤衆還瀋，屬國獲全，厰臣妙算弘深，克張戎武，朕所鑒知，該鎮馳報情形甚悉，深慰朕懷。五月乙未，登撫李嵩題：奴以十萬之衆，躁躪東江，毛文龍乃能於狂鋒正熾之際，奮敵愾迅掃之威，今解到活夷三名，夷級四百七十七顆，達帽二百九十頂，逐一驗視，歷歷皆眞，毛帥之功，於是乎不可及矣。是役也，厰臣之神謀祕算，赫聲濯靈，實有以奪其氣，而褫其魄。得旨：毛帥孤懸絕島，力遏狂氛，設伏出奇，獲此奇捷，皆賴厰臣沈謀祕算，授計行間，說得是。以上各捷，俱明廷所記。仁錄五年七月乙丑朔，更有斬首級萬餘一大捷：

　　李弘冑馳啓曰：去夜都督牌文曰：逆奴突麗未退，反戈西向，本鎮親統官兵，直抵海州遼瀋地方，一搗巢穴，大展奇功，捉活夷無數，斬首級萬餘，海外孤軍，一朝快捷。獨麗境併鳳凰城一帶，殘賊未除，相機勦殺，勢成破竹，一應將領毛有保等知悉，速將在麗殘賊，用心掩擊，務滅此類無雙騎，共成凱奏，方消宿恨云。（卷一六葉四七）

按，牌文之言，不但又是奇說，卽海州之行，亦無其事。如同月己巳同書又載：

　　奏聞使權怗馳啓曰：臣送譯官於都督軍前，則都督自廣鹿島嚴駕將發，先鋒皆向海蓋，及聞譯官來，促使入見，取咨文覽訖，頗有喜色，因歎曰：中朝之臣，不忠不義，寧遠之和，終爲屬國之口實，尙誰咎哉？且曰：國王誠意至此，使臣久勞海中，俺不可不親往慰送，旋卽傳令先發兵船，悉令回還。深入海蓋，本非其意，欲令回颺，又愧無名，及見咨文，托此爲言，遽卽旋

師，其處事未滿一噱。翌日，臣往見都督，則接遇甚勤，前後所爲，若出二人，進退無常，厚薄不一，究厥所由，實非難知，適得風便，直開登州云。（卷一六葉四九）

覽咨文而有喜色者，或卽疏奏被兵情節之大意，及難望出島相援等語，已徇文龍之意，加以删改也。删改之辭，雖未能知之，然據文龍奏本，固嘗有「臣之援兵迅至，而奴又聞風回寨矣」（見前）。金人之畏彼至此乎哉？今朝鮮旣從其言而爲之，故曰「國王誠意。」至於見咨文而遽卽旋師者，則是初意之做僞可知。而做僞行爲，又心勞日拙，如七月初五日己巳，其身尙在島中，而初一日牌文，乃曰直抵遼瀋，斬首萬餘級，獲活夷無算。按，明季武臣，固多說謊以上僞功，然從未有若斯之甚者。又奏本日期，前文作三月二十六日癸巳，至七月五日，始過皮島，蓋自爲文龍攔阻以來，計共三月餘矣。奏本達京師情形，翌年二月癸卯，權怗有啓曰：

> 臣等前年八月二十日，到京師，二十二日，皇帝崩逝，皇弟信王卽位，二十五日，行成服禮，中外章奏，一切停留。過十四日後，九月初六日，皇上親御皇極門受慰，厥後連值支干忌諱，不得呈奏文，初十日，始入啓，十三日，奉聖旨而來矣。（卷一八葉二三）

此云十三日始奉到聖旨，據崇禎長編，作天啓七年九月十二日乙亥，因批答之日爲十二，奉到之日，則十三日也。聖旨曰：

> 覽奏，深惻朕懷，通問往來，權宜緩急，非王本意。至於君臣大義，皎然日星，王之忠藎，朕所洞鑒。邊情叵測，王其益勵薪膽，嚴加隄備，朕亦申飭毛文龍，俾其悉心牽制，爲王犄角，彼此協心，冀收桑楡，中朝屬國共勉之。先帝已棄羣臣，朕卽嗣皇帝位，以明年爲崇禎元年，另有詔書，頒諭爾國，今先於（予）批答，使王知之。

聖旨內，曰「邊情叵測。」是知明帝所憂者，只在金人，實則文龍於朝鮮，仇視同胞，乘人之危，情形亦叵測。仁錄五年五月辛未，冬至使金尙憲等回自京師至灣上馳啓曰：

> 三月初九日，臣等在燕京，始聞本國被搶。……呈兵部曰：伏聞毛鎭塘報有云，麗人恨遼民擾害，暗爲導奴奸細，欲害毛鎭。噫，此何言也！小邦之失

憚於毛鎮者，不過參貂紙束之微，而常時構陷，亦已甚矣。至於今日，共受兵禍，軍民糜爛，疆域潰裂，而乘人之危，反以爲幸，張皇虛說，加以不測之名。噫，天下寧有仇視同胞，欲害一家，與虜奴謀，引入門廷，肯畔君父，而自甘禍敗之理乎？（卷一六葉二一）

又明陪臣考金尙憲傳（朝鮮鈔本）：

　　金尙憲，字叔度，安東人也。少治文辭，舉丙科，由吏曹佐郎遷至弘文館副提學。天啓六年朝天子，是時遼東當路塞，爲敵所拔，使者不通，乃西浮海，由臨淄北抵京師。禮部尙書李思誠，兵部尙書邵輔忠，見其文章，皆奇之。初左都督毛文龍鎮東江，譖於天子，曰：屬國陰結建州，貳於朝廷。熹宗疑之。尙憲謂思誠曰：始建州拔遼陽，入廣寧，飲馬東海，而屬國未嘗連和，今天子威武震天下，屬國何苦事建州而自貳於朝廷耶？屬國之君，事天子如父母，父母有疑子之心，子不如死。今閣下誠奏天子，明屬國無二心，則屬國之臣雖塡溝壑，卽無所恨，不然，請死北闕下。思誠以其言奏熹宗，熹宗大感，疑遂釋。

金尙憲視文龍爲同胞，謂中國爲一家，以金人爲「別種」，而稱曰「虜奴」，故朝鮮之君臣人民，「不惜舉國殫財，以奉毛鎮」（仁錄卷一六葉二二）者，卽爲欲與之同心一力，建功以報「父母之邦。」乃毛文龍，仇視朝鮮，平日構陷已極，丁卯之役，坐觀東國糜爛，乘人之危，反以爲幸，因朝鮮一二叛臣韓潤韓澤弟兄，在金人軍中，此輩旣爲叛國之人，已非朝鮮所能制，猶後來孔有德耿仲明等之叛國，明帝亦不能制之也。而毛文龍張皇虛說，執麗人導奴害彼爲言，使鐵山遼人被殺無數者，皆麗人不軌之罪，而義州凌漢之被陷，許多將領之義死，又係自作之孽。金尙憲因其加本國不測之名，於同文同種之大義謂何？幸以奉使京師，得呈文兵部，微言辨誣，若如奏本攔阻之狀，則此一紙微言，亦無由上達矣。所謂「朝鮮特此一枝兵，得以亡羌」，及「毛帥在中朝爲牽制之師，在王國則脣齒之形」者，結果乃如此而已。按，金尙憲於毛文龍之構陷本國，雖爲辨誣之言，其於毛之據島，則持無失大體之見。仁錄六年六月己丑，尙憲啓曰：「伏見胡書回答中，毛文龍之在椵島，本非我心所喜云。措語事體，決不當如此，此一款，必當更議。」丁丑，清人

併鮮，尙憲不用年號，不受官爵，淸人徵發舟師，尙憲力爭其不可。庚辰，淸人拘尙憲至瀋陽 ，時年七十餘 ，布衣草鞋，不跪不拜，詰以前事，尙憲答曰：吾守吾志，吾告吾君，而國家不用忠言，此事何與於他國，而必欲問之乎？淸人遽曰：何以謂之他國？曰：彼此兩國 ，各有境界 ，安可不謂之他國乎？淸人相顧無言。癸未，淸人以其老，釋歸。金尙憲之生平，旣如上述，而尙憲奉使明朝時之紀事，有所謂朝天錄者，見池北偶談卷十五：

> 鄒平張尙書華東公延登，刻朝鮮使臣金尙憲叔度朝天錄一卷，詩多佳句。登州夜坐聞擊柝云：擊柝復擊柝，夜長不得息。何人寒無衣，何卒饑不食。豈是親與愛，亦非相知識。自然同袍義，使我心肝惻。

尙憲於同袍饑寒，關切如此。觀此，可見朝鮮之於大明，可謂中心悅而誠服矣。

下

朝鮮當成化時，亦嘗有建州之患，然其時國富兵強，故能一舉而滅李滿住。丁卯之事，則大異曩昔，金人尙武功，騎射爲生 ，國內又無議論之煩 ，號令決於頃刻 ，欲行卽行 ，丁卯之夜入義州，卽突如其來之事。朝鮮則自壬辰之後，積衰積弱，雖曰文化之邦，禮義自繩，而禮義之弊，至視尙武之金人爲「禽獸」，不屑以人理與之爭短長。又上下苟安，大官小官，悠悠泛泛，諸臣之會備局者，詼諧吸南草而已，閫帥之受疆寄者 ，擁妓縱酒肉而已 。以窳器頹城，（明人嘗詠朝鮮詩有曰：「高冠爲武弁，大袖作戎衣。鈍戟薪同腐，堆城肩與齊」見朝鮮宣祖實錄卷三五葉三九。又同書卷一八九葉六有云：我國本無兵之國也，雖有數百之如人形者，自外貌見之，已爲寒心。天將譏之曰：「朝鮮之兵，手持柳杖，望若縞羊」我國之不武甚矣。又同書卷三九葉九：我國之事，事急則倉皇失措，事過則懈弛無爲）狃敵狎敵，平日之自恃，但曰「只在虜之不來。」一旦猝至，勢難抵當，不獲已，應變講款，以爲緩兵之計。敵退之後，亦無自強之策，所恃者，仍在敵之不再至。丁丑之役，淸人決心裁定，卽以此也。是以丁卯之事，奏之明帝，明帝之聖旨，固亦諒之曰：「通問往來，非王本意。」據奏聞使權帖面啓國王亦有曰：「新天子在潛邸時，已知我國事情，此乃明見萬里也。」（仁錄卷一八葉一八）獨毛文龍於此，則又口是心非，其答朝鮮張大秋關於講和之言，固曰「不妨不妨」，又曰：「以天

朝之兵力，尚且難防，況小國乎？」（同書卷一七葉三七）乃文龍雖爲此言，實則
人心難測，成事不足，壞事有餘，卽如通問往來之「胡差」，彼亦遣人伏路要殺，
同書五年六月壬子：

> 鄭忠信馳啓曰 ： 前日翻書持去四人 ， 到車輦地，爲毛兵所殺，一人脫身而
> 來，未能傳書於義州留胡處。兩差大怒曰：我國則王弟歸時，竭力護來，本
> 國人民與毛兵雜處，獨不能傳我翻書乎？今欲由間路以送，而若終不達，則
> 將募人入送乎？義州胡將處，使之送兵護去計料云。（卷一六葉四三）

此卽「擒斬零胡，日獻僞功」之類。又窺望「胡差」記事，則同書六年八月甲辰有
云：

> 金啓宗馳啓曰：漢人百餘騎，持弓矢，潛向龍川義州之路。又於林畔站西五
> 里許，漢人十三，持三穴銃筒，伏路窺望，必是攔阻胡差之計云。（卷一九
> 葉九）

此攔阻「胡差」之計，亦爲朝鮮可慮之事 。 於是同日載 ， 金兵百餘騎，來屯九連
城，而以二十騎到中江越邊呼人，而言辭極兇悖，百般恐喝，且傳「胡書。」其書
曰：

> 金國汗致書朝鮮國王 ， 初要義州不容毛兵上岸 ， 儻毛兵强上岸來，必與交
> 鋒，力不能支 ， 卽來報知矣 。 今留使者，不令回還，是何意也？爾如不能
> 支，將舟借與我，亦攻取皮島，以絕其患。謹白。（卷一九葉十）

按，毛文龍之得志，本因「擒叛賊」（鎮江之捷）而起，及得志以後，更始終利用
此三字，以欺罔朝廷，試觀伏路窺望舉動，卽截獲一二「零胡」，實際亦無損金人
一毛，其於朝鮮，則反貽莫大之憂。至金人之詰問朝鮮，則曰「將舟借與我，攻取
皮島」，此尤可以明瞭此時之朝鮮，已非丁卯以前之比 ， 丁卯以前 ， 尚爲自主國
家，丁卯以後，則行動已漸漸不能自由，而受金人之監視。此檢仁錄及王錄，金使
往來不絕可以測知。丁卯以後之毛文龍，其不得再憑藉屬國之勢，假道朝鮮以伐金
人，其故在此，厥後更汲汲私通於金人，其故亦在此，而所謂搗巢覆穴種種盧說，
亦將自此悉歸於無踪。換言之，卽東江牽制，亦自此「壽終正寢。」於是文龍日伺
釁隙，每發「截殺胡差」之言，仁錄六年十二月丙午：

備局啟曰：今見金啟宗狀啟，則自前金差之往返，都督每發截殺之言，至於抄兵設伏，以示舉事之形，而及其相值，歛鋒還退。今日之大言，亦不過爲前日之浪說，設令此計必行，勢已至此，周旋無及云。在我之道，只令發兵護送，俾得無事出疆，且宜委遣宣傳官，詳探動靜。答曰：勿遣。（卷一九葉六七）

在朝鮮境內，設伏以伺金人，猶一見卽逃，則是前日之所常云「深入奴穴」者，不知遇見金人，又當作何狠狠之狀？卽此，便可證明往日毛文龍所有直搗遼藩，殺賊二萬或六萬，並獲活夷無數種種之報，不外悉爲說謊之言。按，朝鮮安州牧使鄭忠信嘗曰：「臣出入虜穴，備知賊情，非但彼我衆寡不敵，鐵騎衝突，難以野戰爭衡，惟守城，庶可防遏矣。」（卷五葉一五）按，此「難以野戰爭衡」之事，只有袁崇煥之堅壁清野，以及寧遠城上之西洋大礮，足以制之而有餘。其後歷次內犯，每每望城而卻步者，蓋猶懾於寧遠城守之可畏也。見王錄及天聰實錄稿。又關於遇賊卽逃，仁錄五年六月辛亥，金啟宗亦有一啟曰：

義州之賊，移鎮龍川，都督之兵，遇賊二十餘騎，或舍干戈，或赴水中，悉引兵船，還向椵島，義州之事，更無可望云。（卷一六葉四三）

義州之賊，卽留守義州以防毛兵上岸之金人。遇零星之敵亦逃，則毛兵之脆弱，又可由此想像。此外，朝鮮又嘗因金人之請，許其貿米於邊上，據仁錄五年十二月乙卯，回答使朴蘭英以金汗意馳啟曰：

聞毛兵無價責糧，而我則當此饑饉，給價買賣，若不相救，不無憾矣。（卷一七葉五三）

又六年正月庚午接待所啟曰：

今此開市，及三千石發米之意，專爲贖還我人，而外方不知此意，或以爲出於賑救胡人之舉，則聽聞不美。請以此下諭於兩西監司，詳審措語，俾無失傳。上從之。（卷一八葉八）

所謂「外方」者，卽毛文龍也。按，先是五年十一月辛未，南以恭曾以開市之意，婉轉致辭於文龍，如曰：「伊賊驅出被擄男女，許令來贖，父子兄弟相失者，爭欲贖還，至情所在，勢不可遏，恐因此爲他日開市之謗。」當時文龍答曰：「不可不

—431—

佯許，而姑緩兵禍，待天兵集，然後協力共破。但開市之際，不可多聚人，以駭觀瞻，且宜以此事，委諸下民，在上之人，則佯若不知云。」考後來文龍所爲，又大不然，仁錄六年三月辛卯：

> 南以恭、金起宗、成俊耇等馳啓曰：守備金汝綏，卽臣起宗相切者也，密語於臣曰：都督會諸將官，語及米舡事，諸將皆曰：載米餉賊，事甚無謂，幸而獲米舡十餘艘，據此奏聞天朝，仍奪米舡，以補軍需，名正言順，和而唱之者亦多。其餘陳中軍以下諸將皆曰：久住麗地，既有相資之道，又有同舟之勢，豈可行此無名之擧，以失麗民之心乎？都督曰：既與多官議定，似難更改云。（卷一八葉四五）

此意卽雖失麗民之心，亦決計爲之。凡此情形，均朝鮮最爲難處之事。所以金起宗爲此慨然曰：

> 毛將則責我以與虜通和，胡人則執言以容護毛將。

按，朝鮮與金人之間，通問往來，本爲明帝所許，而毛文龍則公然藐視朝廷旨意，故與朝鮮爲難，使「天子」矜憫「屬國」微意，亦化爲烏有。此與本編後文所記關於埋沒朝鮮忠悃，不達於朝廷情節，同一喪心之事。卽以「阻礙胡差」而言，本無所益，而彼竟悍然爲之不已，愈鬧愈甚。於是仁錄六年八月甲辰又載議政府以開路事送書於毛營陳中軍曰：

> 小邦與虜通和，出於不得已，聖天子既已監臨，大老爺亦所洞燭，是以使价往來時，天將略不疑訝，漢人曾無阻礙，夏間以胡差上京之意，先告於大人矣。本月二十四日，胡差下來，將抵林畔，忽有漢人累百・潛伏於草間，突出於路上，皆佩弓劍，若有對陣戰鬬之狀，綁住我國先導軍官數人，在後一行員役，倉皇驚散，此實意慮之所未到也。仍念小邦，自戊申至壬戌，二十年間，極敗極弱，雖逢可爲之時，有不能自振，政如大病之人，氣息奄奄，縱得良醫，回生於將絕之際，其揚眉吐氣，與人相敵，則非數年調攝之所能也。所謂通和之出於不得已者，此也。聖天子大老爺之不以爲罪者，亦此也。今茲作梗，雖若細故，彼虜之執釁，恐自此而始矣。獷子二十餘人，方求鴨綠江岸，詰之以不還差胡，義州官員不得不以實答之，日後之患，有難

　　　　測知，而以常情度之，大小輕重間，必有無事生事之患，此豈細故哉？莫如

　　　　洞開大路，任他安行，如決壅水，如放籠鳥，豈不快哉？大老爺龍驤尙遠，

　　　　霓旌未返，衙門號令，專仰高明，伏乞曲從鄙言，毋致生事。（卷一九葉

　　　　十）

此時文龍，因往登州窺望形勢，以謀不測（見後），故曰龍驤尙遠。又文龍謀陷朝

鮮，據朴蘭英鄭文翼等馳啓，則尙有行間於金人陰謀，仁錄六年九月甲申：

　　　　臣等一行，去八月二十七日，赴瀋陽。……詳問虜中事情，則毛營人詐降，

　　　　謀陷我國，以爲朝鮮與毛同心，圖伐金國，金國知之乎？（卷一九葉三十）

鄭文翼等，以九月十六日，自瀋陽發行，過湯站，露宿，夜二更，假撻六十餘人，

放礮吹角，突入一行會宿之中，不意劫掠，文翼等脫身而走，僅得免。按，假撻卽

毛兵，其害至於劫掠行旅，所以仁錄書曰：「都督所爲，一至於此。」同年十二月

壬子，文龍又因「胡人復來」，發爲恐脅之言，移帖平安監司金起宗曰：

　　　　都督毛文龍回帖於平安監司金起宗曰：胡人復來，不佞深切歎慨，貴國爲皇

　　　　明二百餘年之屬國，不佞與賢君臣一體一心，無彼此爾我者也。不用鄙言，

　　　　以不見信於往時，每爲貴國憐悔於今日，但甑已破矣，顧之何益？然虜性犬

　　　　羊，心腸木石，今日取奉之，明日索應之，貴國有限之精神，何能供此無厭

　　　　之貪慾乎？不佞卽率一旅之衆，將奴一網打盡，隨統精兵，相爲防守，以絕

　　　　其後來之患，想貴國庶猶可保完璧。儻仍不以不佞之言爲然，而畏之如虎，

　　　　竊恐終非勝算，不佞亦惟拭目而視，無謂不佞坐視成敗也。不佞爲賢君臣往

　　　　日之見疑，自戒無言，然相與八年之久，情所不忍言，義又不得不言，故再

　　　　向賢執事喋喋云。（卷一九葉六九）

起宗以回帖上送，備局以爲辭意悖慢，不忍正視。且曰：羈縻之計，實出於不得

巳，本非我國有一毫隱情，旣奏於皇上，具咨於督府，而反有此多少恐脅之言，誠

極痛惋。我國之「通使虜中」，亦猶毛人之相通（見後私通金人謂係奉旨講和）出

入。令金起宗與接伴使趙希逸相議，以爲前後曲折，明白具揭，攻破其悖慢之語，

而文辭之間，亦要嚴整和平，無令益其憤怒之意。於是同日金起宗爲復一書曰：

　　　　小邦自壬辰至於今日，不幸酷被兵火，一敗塗地，剪焉傾覆，一則擧義斥

絕，一則守正不撓，甘心受禍，無所怨悔，此則天地臨鑒，神明可質，而庶有辭於天下後世，小官不須多說，老爺亦已洞悉之矣。戊午渡遼之役，師徒全沒，近年以來，生齒未殖，邊圉俱虛，加以饑饉，情見力屈，虜若搶突，守禦無策，畏之一語，誠如老爺所憂。小邦君臣上下，殫心疲情，夙夜警飭，曷敢少懈。至於息兵弭禍，纍牘不絕，實出於千萬不已之計，而彼雖夷狄，一往一來，禮無不答，古者鋒刃相接，使在其間，兵家事也，老爺於此，非不心諒而默諭者矣。抑且激而礪之，誘而振之，使我益修其所未逮者，小官雖極無識，豈不體老爺之盛意也。老爺養兵畜力，於今八年，英猷已定，平蕩有期，豈惟小邦賴之，天下幸甚。量力可及，惟義之歸，敢或恝視，以孤盛望。至如數十差胡，截殺非武，不足煩師旅之衆，不審高意，以爲何如？

此趙希逸詞也。時毛文龍之兵，大概別無可用之處，故惟以日在鮮境截殺「差胡」爲事。然此不但非武，且實招禍，同書七年二月癸卯：

　　虜兵猝入蛇浦，索任世科。世科時以毛都督別將屯耕，聞變，乘船走避，京
　　師震動，避亂者亦多。（卷二十葉六）

又丙午：

　　虜兵設伏於蛇浦諸處，我人不得偵探，只登高瞭望數千騎，自蛇浦係纍男
　　女，還到鐵山，被擄者，稱我國人，則輒放送，遂撤歸。（卷二十葉七）

據此，檢王錄天聰三年二月庚子則云：

　　以毛文龍部衆駐朝鮮鐵山，遣總兵官冷格里率兵五百往剿，殺三百七十人，
　　生擒百四十人，獲馬二十一。

按，金兵入蛇浦，上年正月戊寅，仁錄即書之，其時鄭忠信申景瑗等馳啓，以爲：

　　蛇浦入搶之賊，只爲蛇浦任將而來，彼旣深入，則自我不可任擅越。聞變
　　後，入送軍官於賊陣，責以今日你等之來，固知爲蛇浦，而無他意，然旣盟
　　之後，彼此疆域截然，假使有意於蛇浦，似當到義州先言出來之意，而無端
　　深入，則此爲渝盟之端，皇天在上，不其畏乎？（卷一八葉一二）

後來金汗關於此類之答書，則詞極強硬：

當初貴國，屢求退兵．言我地給我守，豈容漢人上岸，我必與之交鋒，若勢
不能交，則來告知我國。我遂聽貴國之言，將王京迤北城堡人民已爲我有
者，盡行退還。撤兵後，貴國盡負所言，無乃不可乎？（羅氏史料叢刊首本
國書集一五）

同書葉一六，金汗又有一書，其詞更強：

承惠書，內云：丁卯之事，旣以各守封疆，彼此無得過江爲約，頃者無故與
兵，猝入我疆……等語。不知王之此言，故意欺我耶？抑王自飾己非耶？民
受其禍，皆由王致，我何與焉？

按，朝鮮致書金人，雖每每爲「疆域截然」之言，但因無兵之國，與強者講理，自
無結果可言。金人則自恃兵強，鐵騎可以隨時馳突而至，故其往來書札之言，輒爲
強硬口氣，其對於朝鮮之「疆域截然」，早已不在眼中。於是毛文龍自朝鮮丁卯之
禍以後，不特不能入往金國，掣金人之尾，而金人之兵，反得時時以迅雷不及掩耳
之勢，猝入鮮境，以向文龍矣。

又關於金兵突入鐵山之事，後來金汗另有一書，卽仁錄七年三月乙丑，送差胡
同沙等，傳於義州。其書曰：

昨我兩國講好，恐毛復上岸，及防我國人逃，故留兵守義州。後王屢求退守
兵，言守兵如退，我守我疆，逃人我自查送，毛兵必不容上岸，況先容毛
兵，我國受禍，焉有復容上岸之理？若毛兵強上岸來，必與交鋒，如勢力不
能禦，必來報知，因將守兵退回。後屢拿逃兵，問其動靜，皆言毛兵上岸住
種，及問貴國差官，皆言無有此理。恐毛兵有詐，故遣二百兵馬，去看虛
實，果然都司姓金者，帶兵在鐵山住，已將住兵殺死，活拿都司一員，問
之，言毛文龍差毛有見往朝鮮討取牛馬。以此觀之，王負前言，故容毛兵上
岸住種。及我國逃入投毛者，皆縱容國中過去，兼先所得貴國人有逃回者，
原言送來，迄今不見送還。如此違天背盟，是王之意耶？抑向南朝衆臣宰之
意耶？卽王自度，與誓言相違耶？抑與誓言相符耶？此番欲差人去，因前已
差人，故不復差。謹覆●（卷二十葉一四）

此書所言，亦多不遜，於是同月丁卯，又有一條，記當時君臣疑懼之言曰：

　　吳允謙曰：胡書多有不遜之語，未知其因此開釁？而人心疑懼。……上曰：

　　今番胡書主意，卿等所見如何？允謙曰：胡兵入蛇浦執漢人，有所聞而致疑

　　耶？上曰：似不然矣。初約以各守封疆，而渠兵擅入蛇浦，或慮我國致責，

　　先發此言也。（卷二十葉一五）

同年四月丙申，又載「胡譯」金希參持金汗書入來。其書曰：

　　今言毛兵不許上岸，但勢不能禁，則我兵到彼守住，不令上岸，再使我人，

　　任意游行國中，不知可否？便有厚薄之意也。若此違行，而曰所重者信，所

　　敬者天，何謂也？（卷二十葉二十）

關於此類來書，其時期無論前後，而所爭執者，大抵皆爲毛文龍。凡此來書，在朝
鮮見之，則人心疑懼，在金國之人，則反曰「我們不知惹了多少氣。」（羅氏史料
叢刊奏中葉十）直至丁丑定鮮之役，猶執此時之事爲藉口。

（二）侵害朝鮮

　　朝鮮因毛文龍所受之害，僅據該國實錄一書之記載，即達五六萬字之多，此
外，尚有許多「祕密太甚，詗探無路」之陰謀詭計，則無從稽考。凡此實錄之言，
大略可分爲兩類，如生釁招禍等事，均係毛文龍爲朝鮮釀成外患之原因，前文已記
之。至其對於朝鮮國內之種種侵害，是爲東國之內憂，試舉國王之言爲例：

　　毛兵之侵害我國，日以盆甚，何以支堪耶？

所謂侵害之事，考仁錄所書，則上自國王，下至麗民，君臣上下，無人不被其害。
如中朝之致疑朝鮮，則有海外情形微變，屬國攜貳等語。四年四月丙戌：

　　備邊司啓曰：伏見兵部府院咨文，及朴鼎賢等所送給事薛國觀題本　以情形

　　微變，屬國攜貳爲言。而詳其辭意，頗能照見本國事狀，亦頗致疑於毛將所

　　爲，勤之以或失輔車脣齒之勢爲憂，欲得本國眞的情形，而聖旨又以同心共

　　濟等語，責勵該鎭，其所望於本國者，亦不淺鮮矣。毛將……專任小數，反

　　覆無常，既僞陳擒馘，欺罔皇上，又虛辭恐喝，詐瞞本國，肝肺畢露，明若

　　觀火，殊不知作僞心勞，人終不服，眞可謂小黠大癡者矣。閧者謠言屢煽，

　　邊情疑惑，朝廷略不介意，猶恐其餽餉之不給，歡情之或失，則本國之所以

　　待之者，於斯至矣。今見撫院移揭中語，抑揚掉闔，始焉許之以忠貞，終焉

陷之以攄貳，而屑屑於蔘斤紙卷之多少厚薄，竊竊焉爲市井兒婦之態。至於
賊适之敗，援爲已功，尹義立內應之言，又憪悅無據，莫測其心之所在。……
……今若一一吐實，恐有激變之憂，曲爲阿護，則他日亦必反爲所陷，可謂難
處之甚者。（卷一二葉二七）

按，屑屑於蔘斤等語，據毛營回禮官黃屎馳啓，卽都督要好品人蔘，而曾不出給，
此亦可恨（卷一七葉四一）之事。又按，賊适之敗，據仁錄二年正月二十四日己
卯，卽副元帥李适舉兵反，二月十五日己亥，平之，本與文龍無關。文龍雖有出兵
進勦之說，但爲接伴使尹毅立所阻，以爲賊适將不日就誅，不足煩天兵進討。蓋毅
立之意，毛兵若出陸，則恐更有難處之憂。未幾，毅立獲罪於文龍，因此誣其謀叛
本國，以爲陷害之計。而此類陷害行爲，又不一而足，如又以祕書遺管餉使成俊
耆，指邊臣爲逆黨。仁錄四年十二月丙寅：

時下潛察邊吏匪茹，將有不軌於國王矣。國王封自天朝，而逆黨甘心於彼，
不佞明春，當聞之於天子，則逆黨尙冀有噍類之遺乎？（卷一四葉五三）

書內之逆黨，卽丁卯之禍抗賊而死之李莞南以興等：

都督小紙云：壞邦家之事者，李莞南以興。……本鎭仗義江東，七年肝膽，
不幸遇奸險之輩，以有今日，國王但聽臣下之言，亦致有今日，哭恨哭恨。

（卷一六葉三八）

此小紙日期，仁錄書五年五月乙未，卽天啓七年五月三十日。時南以興李莞等，已
就義數月，而毛文龍猶如此致懟者，蓋一則嘗以文龍兇悖之言，啓聞國王，一則
狀啓中明言文龍有「通虜」之說。於是右議政申欽亦曰：「毛與李永芳通謀之說已
久，（金）尙容在彼時，亦有此言。」（卷十葉六）據此，則文龍之陰謀詭計，自
做浮言可知。是以國王折之曰：「毛將所爲，人人如見其肺肝，有何難知之處？」
文龍於此，亦往往自爲解釋曰：「俺本性躁，頃因心亂，多發不倫之語，到今不覺
覥然。」（卷一三葉二五）然此種不倫之語，又仁錄常書之事，如六年二月接伴使
南以恭問安使李尙吉等馳啓上送都督手帖曰：

夜觀天象，麗國君臣，有大不祥之兆，必須緊防。儻再不聽所言，恐國君有
終滅宗廟之禍。（卷一八葉三二）

此言不知何所據而發？檢甲編葉七一九，則有「朝鮮文弱，可襲而有也」等語，頗
與此記事相似。察其用意，只在恐喝而已。因朝鮮「禦奴」雖不足，擊毛則有餘，
所可慰者，朝鮮不肯擊之耳。因不肯擊之，故又不得不舉國以養之，如曰，「我國
民天，半食於遼衆。」又曰，「賑饑繼餉，專靠於我國。」此外，爲毛兵之故，更
有「毛糧」之稱。凡此，皆朝鮮之所以報上國。然文龍則因別有心腸，而爲恆言
曰，「只飲朝鮮水。」以此上欺朝廷，下誣東國，使朝鮮之竭忠大明，亦無以自
見，此其所以失麗人之心也。總此失人心之事，據仁錄之記載，如「毛兵禍及雞
犬」，如「漢人搶掠，愈久愈甚」，如「文龍差人劫掠」，如「孑遺之民，又爲毛
兵所掠」，如「毛兵掩殺之患」，如「毛兵殘害，一至於此」，如「逃還我人，輒
爲漢人所殺」，如「清野以避毛兵之害」，如「避亂男女萬餘人，又被毛兵擄掠，
投水而生者，只三百人」，如「斷殺麗人，做作真建」，如「斬殺樵採，入送島
中」，如「懇求賊馘，以爲冒功之計」，又如「徵索無厭，劫奪糧餉」，種種不可
殫述，茲表之於後。

年　　　月　　　日	摘　　　　　　　　　　　　　　　　　　　　　　　　　　　要
天啓四年十二月壬戌 仁祖二年	時毛都督軍兵，遍海四路，禍及雞犬。朝廷恐有意外之變，請令伴使李尚吉懇諭 毛將，令除其不合戰用者，入送登州。從之。（卷四葉二）
天啓四年三月癸酉 仁祖二年	遼民散入關西，攘奪居民財産，清川以北，尤受其害，不得安堵。備局請令伴臣 及道臣，善諭督府，聽我國地方官隨現禁斷，或拿送督府，使不得擾害民間。 （卷五葉二四）
天啓四年三月壬午 仁祖二年	管餉使鄭斗源馳啓言：都督差官，要換軍糧於江邊一帶，今二十五日，與許中書 出陸觀兵，所率兵馬，無一升糧，管餉及守令，不肯給糧，則將欲擾害地方云 云。本道些少之穀，調發夫馬，陸運於五百里之外，人心物力，已極潰端，加以 歸順假獞萬千爲羣，搶掠民生，甚至田疇付種之穀，盡掘而食之，以此百姓流 離，一望蕭然云。（卷五葉三四）
天啓四年四月壬午 仁祖二年	義州府尹柳斐馳啓曰：近日歸順假獞，日日渡江，不知其幾，或五十，或百餘， 成羣布野，春耕麥芽，盡採而食之，道遇餓莩，則爭屠而啖之，搶掠閭閻，勒令 炊飯，而有一民貧甚，不能供億，乃持假獞死屍，棄置其家，誣稱其打殺，盡縛 一村之人，奪取家藏而去云。（卷五葉三五）
天啓四年五月戊午 仁祖二年	上又接見毛承祿于隆政殿，贈禮物以送之。承祿累日淹滯，徵索無厭，又以銀子 一千五百兩，要換人參，都民怨苦，度支費用甚多云。（卷六葉二）
天啓四年六月庚寅 仁祖二年	毛文龍差官時可達等………多率軍兵，自北道遷到永興，一行夫馬，多至五百餘 匹。又托稱乏糧，責出郡縣，定平以南，則縱兵作暴，掠奪牛馬，搜括家藏，沿 路一空，民皆號哭。（卷六葉二一）

年　月　日	摘　要
天啓四年七月庚申 仁祖二年	上引見都元帥李弘胄……弘胄曰：近以毛兵之擾害清北，江邊之民，移入內地，如義州重鎭，亦殘敗無形，其他可知。上曰：此則無可奈何？（卷六葉二七）
天啓四年十一月丁丑 仁祖二年	鐵山蛇浦，所留漢人，不知其數，散入清北列邑，侵掠村閭，都元帥李弘胄馳啓以聞。備局請令伴使及道臣，開諭毛將，使之禁斷。（卷七葉四〇）
天啓四年十一月己卯 仁祖二年	朔州留住張遊擊兵，散處民間，擾害萬端，遊擊送差禁斷，而猶不止。遊擊親率兵追往獐項嶺，則千總黃金庫旗下軍兵二千五十餘名，以鎗刺遊擊所送差人，仍走八嶺，不知去處。本府留住曲遊擊，亦率兵馳進。張遊擊所率餘軍，指向龜城。接伴使尹義立，以唐人自中生亂，事情異常，民間被害之狀，不可盡言，馳啓以聞。（卷七葉四一）
天啓四年十二月壬寅 仁祖二年	上曰：都督之侵害我國，日以滋甚，何以支堪耶？體察使張晚曰：毛兵之害滋甚，早晚必作亂於內地，作亂之後，擊之不難。上曰：是何言耶？非以勝負可慮也，旣勝之後，將置國家於何地乎？（卷七葉五二）
天啓五年正月庚申 仁祖三年	接伴使尹毅立，請督運兵糧，以救都督之急。時都督以復遼爲名，召集遼右饑民，遍置於清川以北，而天朝所賜銀糧，占爲私用，安坐島中，獨享富貴，以此軍兵，咸懷怨憤。至是都督送手帖於尹毅立曰：手下軍兵四千餘名，盡到衙門，擊鼓索糧，若過數日，必至餓死，將散遣爾國，任意討食云。毅立以聞。乃命平安道監司李尚吉管餉使南以雄，催運糧船。（卷八葉六）
天啓五年二月辛卯 仁祖三年	平安監司李尚吉馳啓曰：臣來自嘉、定、宣、郭之間，則漢人之充滿閭里者，奪占廬舍，掠取財畜，劫奸婦女，毆傷人民，或將餓莩屍軀，移置村里，謂言麗民殺漢人，徵索賂物，侵害百端。聞臣入來，處處人民，遮路號訴，自言如不得圖止設屯之事，則勢將捲家遠徙云。空虛之患，極爲可慮。（卷八葉二三）
天啓五年二月丙午 仁祖三年	義州府尹李莞，棍打毛營將官朱發時等，蓋憤其侵擾於村閭也。毛營之人，皆盛怒曰：獠子叛了天朝，殺害天朝人，是自然之理，朝鮮則恭事天朝，素稱禮義之邦，麗官不遵法度，打我標下人，禮義安在？是不有天朝與本鎭也，歷聞古事，絕無如此之理。爭言於差備譯官秦智男輩曰：爾說與爾國官，且爲啓聞於國王云。（卷八葉三五） 又有將官陳繼盛等數十人，來訟於毛都督曰：天朝乃父母之邦，朝鮮爲子孫之國，而麗地邊臣，擅打天朝人，是不有天朝，不有老爺也。往在萬曆二十年，征倭之日，天朝軍馬，斃於朝鮮，帑金芻糧耗費者，不知其幾萬？麗臣罔念已往之德恩，以老爺借居一塊之土，蔑視天朝之人，擅打不忌，宜老爺拿至節制使，任意處之。都督卽移文于監司李尚吉，責以是事。尚吉啓聞曰：漢人之近日被困於我邊者，非止義州，或著枷，或牢囚，燒死於碧潼者八人，杖斃於黃州者五人，宜速毛帥之怒，自是之後，督府將士等，亦多憤恚，氣色頗異於前日，臣亦無如之何矣。廟堂之議，或云宜遞李莞職，以慰毛營之心，或云不可以都督一言，輕遞西門重任，於是只削一資。（卷八葉三五）
天啓五年三月乙亥 仁祖三年	義州府尹李莞馳啓曰……都督送票於臣處，借本府米五百餘石，以爲過河食用。故領將毛有恩，責令支放米豆，臣據理論辨，則有恩詬責於臣，極其非理，臣恐有脫巾之患，卽給五百餘石，且以牛酒，慰悅其心。（卷八葉五二）
天啓五年六月丁酉 仁祖三年	贊畫使南以雄馳啓曰：江界等地，閭巷村民，涕泣號訴曰：漢人作䝉，突入村家，責辦口食，攫奪財物，掠殺雞犬，毆打人物，劫辱女人，民皆棄家，隱伏山谷，久廢農事，一帶邊民，將至流散，方移文督府使之禁斷云。（卷九葉二九）

年　　　月　　　日	摘　　　　　　　　　　　　　　　　　　　　　　　　要
天啓六年三月己巳 仁祖四年	備邊司啓曰：近日續見尹暄李莞狀啓，毛將所爲，漸與前日不同，劫奪糧餉，則倒盡邊儲，侵擾居民，則已過淸川，雖支之狀，日甚一日，臣等日夜顚憂，計無所出。蓋毛將領率數十萬男婦，就食我邊，頃來尙有山東繼運之路，到今天朝之力，有所不給，則開口望哺，專在我國，以千里之國，支養數十萬之客兵，決非可繼之道，卽不能繼，彼豈束手待斃乎？（卷一二葉二〇）
天啓六年六月乙未 仁祖四年	上下敎曰：毛將乏糧，則輒示怒形，劫奪邊餉，其漸不可長也。宰臣中擇差一人，稱以間安使，送于毛營，明言不可從之意可也。（卷一三葉一三）
天啓六年閏六月壬子 仁祖四年	上御資政殿月廊，引見大臣備局堂上三司長官……李元翼曰：臣聞近來以毛將之故，西路人民，父子兄弟不相保，衆心憤怒，皆欲一戰，彼若叛而爲敵，則我國之軍，一可當十云矣，叛狀未著，則處之甚難也。（卷一三葉二四）
天啓六年閏六月癸未 仁祖四年	備邊司又啓曰：毛將多術，糧餉乏絕，難於應請，則例以出師爲名，責發所經州縣，以爲討食之計。貨賣已盡，約束已定之後，勢必類爲此擧，以濟其欲，亦不可不預防也。（卷一三葉四三） 備邊司啓曰……毛帥移鎭之事，不無中慮之憂。……朝廷西顧之憂，無時可弛。且彼之討糧，專以貿易爲名，故其恆言曰，只飲朝鮮水。以此上欺天子，下誑本國。今年纔過半矣，所給之數，已至十四萬，而其中七萬餘石，卽是原價之外，此後責出者，又不知其幾萬石，而天朝不以爲過多，本國無以爲辭也，皆以貿易二字，爲彼口實故也。臣等之意，則遣重臣對面停當，定其歲供之數，其不足者，方許貨賣，而不得抑勒，不得頻煩，明定約束，上奏天朝，則在我辭直，而彼無執言之地矣（卷一三葉四三）
天啓六年十月庚戌 仁祖四年	備邊司啓曰……毛營糧餉……以一年五萬石爲限，而約成之後，勿爲一時准給，鱗次接濟，以充元數，庶免數外加索之患。（卷一四葉三三）
天啓六年十一月壬午 仁祖四年	義州府尹李莞馳啓：唐人五十餘名，來到閭家，雞犬糧穀，掠奪殆盡，臣出送牙兵，定將禁戢，唐人射中牙兵，命在頃刻，刃傷者亦五六人，臣緫致干緫以下二十一名，並囚本府，一邊呈報毛將，一送招王參將看驗中箭人云。（卷一四葉四〇）
天啓七年四月甲辰 仁祖五年	備局啓曰：今此刷還剃頭之民，皆是定、郭、宣、鐵之人，賊兵入去之後，若仍留本府，則必有毛兵掩殺之患，渠輩欲移入於內地云。（卷一六葉九）
天啓七年四月辛亥 仁祖五年	金起宗馳啓曰：漢人殺掠日益甚，百爾思量，未得善策，前日毛將爲送牌，而亦不得施。適有漢人二十餘名來到臣所，菜色滿面，臣謂曰：近來遼民藪殺我人，做作眞獲，以爲受賞之地。（卷一六葉一〇）
天啓七年四月癸丑 仁祖五年	備局啓曰：伏見金起宗狀啓，則龍骨胥捷書持來者，爲毛兵所殺，逃還人民數百餘口，亦供被害云。毛兵殘害，一至於此。（卷一六頁一〇）
天啓七年四月乙卯 仁祖五年	金起宗馳啓曰：靑自旗之賊，移向古定州，打取禾穀，輸送于宣川，人民則不加殺害，只奪衣服而去云。安州牧使李紹牒報，以爲毛船五艘，一時卻泊安戎倉，焚掠閭閻，斮殺人民，僵屍遍野，慘不忍見。定州避難男女萬餘人，又被毛兵擄掠，投水而生者僅三百云。以金汝水爲將，領北道兵馬一百，卽日入送，一以示兵威，一以開諭，若一向殺戮，則使以干戈從事云。（卷一六葉一一） 上曰：毛兵糧一結二斗，豈非大段役，而毛兵未撤之前，亦難罷之矣。金藎國曰：毛營所送之米，卽國用三分之一也。（卷一六葉一一）

年　　月　　日	摘　　　　　　　　　　　　　　　　　　　　　　要
天啓七年五月癸酉 仁祖五年	申景瑗馳啓曰：漢人騎步千餘，移鎮于寧邊地鈇里山，出沒查鈔云。（卷一六葉二四）
天啓七年五月戊寅 仁祖五年	金起宗馳啓曰：漢賊跨牛三百餘人，來搶寧邊嘉山等地，殺虜我軍四人云。（卷一六葉二七）
天啓七年五月庚寅 仁祖五年	金完自龍骨回言，獷兵五六百騎，往來於本城近地，而義州則眞撻可數千，蒙古兵亦甚多，看檢農役，無意捲歸，逃還我人，輒爲漢人所害云。（卷一六葉三五）
天啓七年七月丙寅 仁祖五年	平安監司金起宗副元帥鄭忠信馳啓：今因把總李學禮等七人來見，問龍骨城潰散之由，則城中正軍給料，而不及於老弱，以致衆怨。唐差李馬骨，斬殺松探者入送島中，衆皆驚心慘目。且見小爲浦老弱數百人，一時移入大楮島，屬於毛陣中，人民皆曰，吾等亦將不免驅入島中之禍患，遂決潰出之計云云。（卷一六葉三五） 聞軍兵潰出之後，都司李馬骨驍入本城，獷兵不意追至，毛兵盡被殺戮，城中官舍，雖皆焚燒云。（卷一六葉三五）
天啓七年七月丁卯 仁祖五年	金起宗馳啓曰：毛將持兵在島中，不敢窺賊左足，而只以日獻僞捷，厚賂天朝，節制龍骨劍山等處，至以天朝爵命，除拜我國之人，其意有在，義州唕官崔孝立軍兵，又屬其中軍，事極可駭云。（卷一六葉四九）
天啓七年八月己酉 仁祖五年	金起宗馳啓曰：龜城府使李之蕃，率吏民數十餘人，入本府境內，漢人二十餘騎不意突入，吏民等一時潰散，漢人搶掠之患，愈久愈甚。（卷一七葉七） 備局回啓曰：孑遺之民，雖或完聚，旋爲毛兵所掠，守令旣無可以禁制，雖有兵亦無繼餉之路，本司之料理指揮，已無餘蘊，請令本道監司與管餉使相議，拮据繼糧，而以本道見存主客兵，量宜派守。上從之。（卷一七葉七）
天啓七年九月甲戌 仁祖五年	備局啓曰：金差國以爲毛糧，不可逐年收捧，申欽以爲可設屯田，而自今西邊繼糧，百計無策，毛糧則民已知其應行之役，不如依前收捧，以爲需用之地。（卷一七葉一五）
天啓七年十月丁酉 仁祖五年	賫咨官李坰馳啓曰：臣與監司金起宗同入椵島，呈御帖咨文，則都督卽許相接，臣致辭曰：小邦無祿，邊臣失律，賊退之後，孑遺流民，莫不懷土還集，而若干無賴之徒，不遵老爺禁令，出沒沿路各邑，恣行侵掠，無所顧忌。至於被擄逃還之人，自遠潘陸續出來，庶幾歸骨故土，縱入我境，便遭殺越之慘，寡君委遣小官，奉咨陳黿矣。（卷一七葉二三）
崇禎元年正月丙寅 仁祖六年	金起宗馳啓……接張大秋諮書告目：則都督欲大設屯田於昌城鐵山義州等地，爲貿種糧，出送差官云。（卷一八葉六）
崇禎元年二月辛亥 仁祖六年	備局啓曰：逐民饑困出來，衣食於我，而乃反成黨（黨）橫行，或打傷人命，或攘奪財貨，京外之人，不堪其苦。請自今於其所在處，嚴加禁束，不少假借，凡有作拏者，拿致決罪。且以此言於差官，毋使私護，一邊移咨毛營，俾治差官不能禁戢之罪。上從之。（卷一八葉二八）
崇禎元年五月戊寅 仁祖六年	鄭忠信自關西入見……上曰……且四路之事，非但胡也，毛將終必貽禍我國。其他將領不可不預備待之，脫有毛變，則以本道兵力，足以當之乎？對曰：毛兵與我，衆寡不同，何患難敵。（卷一八葉五五）

年　　月　　日	摘　　　　　　　　　　　　　　　　　　要
崇禎元年七月壬午 仁祖六年	時毛都督以姜弘立朴蘭英等所率男婦惟刷事，送差官毛永卿來，永卿肆其氣燄，亂打伺候下人，徵索食物，罔有紀極，率家丁三十餘名，不意突入闕門，拔劍作亂。（卷一九葉四）
崇禎元年九月辛酉 仁祖六年	金起宗馳啓曰：都督自登州還椵島時，奪取營餉及體府巡營貿販三船所載之物，並與譯官等七人，而拿回島中。（卷一九葉七）
崇禎元年九月戊辰 仁祖六年	副體察使金起宗馳啓曰：麟山代將及水口萬戶張超等馳報，以爲漢兵持弓矢，不知其數，猝至圍衛三四重，發射不絕，僉使戰馬一匹，騎馬一匹，代將戰馬一匹，衙藏衣服，及鎭守士兵生產，盡被劫掠，代將及衙僕，僅得脫出。有漢人王姓者，自前往來相好，今適合來到，探問事情，則曰：瀋陽入去使臣回程時，將欲遮絕於中路，奪其輜重，今島中三將官，分領軍兵三百餘人，往屯於鳳凰城云。備局回啓曰：都督處事，一至於此，難以口舌爭之，別請告示禁牌，俾免邊上侵虐之患。從之。（卷一九葉二一）
崇禎元年九月己巳 仁祖六年	尹瑉馳啓曰：唐船二艘，來泊于郭山防築浦，追逐居民十餘戶，奪其家產。近來漢兵之益肆其暴者，以仲男回去時，漢人中流矢致死之事爲祟也。備局回啓曰：漢人不有告示，恣行擾害，雖未得干戈從事，宜更告於都督，依牌文處置，請以此下諭于接伴使及監司。上從之。（卷一九葉二一）
崇禎元年九月丙子 仁祖六年	義州府尹黃緝馳啓曰：本月十一日，漢人乘三板船來泊于海邊屯田處，刺殺守置者一人，唐將毛士光六人又來突入衙舍，要討酒飯，而亂打衙僕，又貴立所騎刷馬，翌日，呼譯官言曰，何不供饋，何不立馬，遂使家丁打下，幾至死域，略無忌憚。蓋自仲男相戰殺害之後，愈甚橫挐，搶掠麟山鎭，不數日，又到村氓，射殺一士人，奪其牛馬。自八月以後，被殺者二人，孑遺餘民，無路得保。欲以此呈交於都督，而任世科所領將官等，皆是渠等所犯，故攔阻不許，尤極痛惋。（卷一九葉二七）
崇禎元年十月辛丑 仁祖六年	金起宗成俊壽馳啓曰：毛有益自麟山到島，翌日，都督發給臣等販賀物貨，而前日進香使員役行橐一半不給者，今並出給，與當初牢拒之意觀之，則若出二人手段，蓋由於禁斷商賈之致云。（卷一九葉四一）
崇禎元年十月甲辰 仁祖六年	吏曹參判趙翼上箚曰：臣竊料義州龍川之地，當鴨綠之路，毛兵哨探遼境，往來必由之地，今以數百殘民，往守其地……實非有關於利害，而徒使餘民，盡被毛兵吞噬，自就殲盡而已，豈不大可憫哉？……江邊列邑，在在孤弱，所以毛兵恣意侵掠，而莫之致抗，亦宜移之內地，聚於一處……毛兵在境之前，如是欽民，以避其害。（卷一九葉四三） 毛文龍麾下劉千總稱號者，率兵二百米泊豐川，放掠閭閻，侵辱婦女。（卷一九葉四三）
崇禎元年十一月己卯 仁祖六年	毛文龍使人要於海中，掠取冬至使宋克訒一行銀蔘而還。（卷一九葉五八）
崇禎元年十一月甲申 仁祖六年	毛文龍差人王學勝，率家丁十五人，到平壤，稱以刷還逃兵，出入郡縣，劫掠閭里，守令亦有被縛遭辱者。（卷一九葉五八）

毛文龍侵害朝鮮，如是之甚。至於「斲殺麗人，做作眞獷」，此與「自戮剃髮漢人，虛報斬級」之事無異。當日明朝乃望「毛師」復遼雪恥眞幻夢也。考建州作叛

之日，卽藉口邊臣種種欺害，爲倡亂理由，後來歷次深入內地，搶掠不已者，亦以邊臣作踐如昆蟲爲言。且又親語流賊曰：「爾等激而成變，我來亦正在此。」（王錄崇德七年十月壬子）金人之叛明，屢以邊臣侵害爲言。然朝鮮之受害，比金人尤甚，其未激而爲變者，則因不欲違上邦也。此事原委，後來蕭宗實錄論之最爲簡明切實，如十三年（淸康熙二十六年）二月壬子奉朝賀宋時烈陳列聖志事有云：

> 其時避亂人毛文龍來據椵島，徵索無厭，且譖本朝於朝廷，而仁廟以爲王人也，待之以誠，終始不替。

雖然，怨毒之於人，卽骨肉猶爲異路，其後朝鮮殺東江漢人比淸人爲甚者，或卽毛文龍怨毒之所致歟？

<h2 align="center">（三）毛文龍碑</h2>

最奇者，莫奇於朝鮮旣有請誅毛文龍，以明大義於天下之疏，（仁錄卷一四葉五三）乃又有爲「毛公」立碑，以頌其功德者。當時傳之中國，詫爲海外盛事，海寧談遷，爲之收入棗林雜俎。及毛奇齡作毛總戎墓誌銘，至摘碑文最後數語，以爲之銘。如曰：

> 將軍死以冤，而其事竟白如旦日。雖然，將軍之志，尙鬱鬱載石，先最其績，竚壽其傳。何尤焉。迄於今，將軍之衣冠，已不可問矣，而猶得志其阡。（東江遺事卷下葉五一）

銘內「鬱鬱載石，先最其績，竚壽其傳」三句，卽碑文中「撫實載石，先最其績，後竚其傳」之變語也。考當初朝鮮立碑之事，亦自有故，仁錄元年閏十月丁未：

> 毛都督接伴使李尙吉馳啓：言都督部下將士，皆獻軸頌都督功德，其意欲使我國人，效而爲之，微言於譯官。又要立石頌功，誇耀於詔使。備邊司請令平安監兵使率諸守令進軸，都督碑文，速爲撰送，俾及勒石於詔使未來之前。上命撰送碑文，而姑停獻軸。（卷三葉二六）

又二年四月戊申：

> 立碑於安州，頌毛文龍之德。文龍以詔使匪久出來，欲誇耀斗目，諷使立碑故也。（卷五葉四九）

碑文之言，據棗林雜俎照錄於後：

平遼總兵官右軍都督同知毛公功德碑。天啓四年七月，朝鮮立。奮忠贊謨立紀明倫靖社功臣輔國榮祿大夫兼議政府左贊成判義禁府知書筵春秋館成均館弘文館大提學藝文館大提學金鎏（塗）撰。通政大夫行（疑脫）曹參議李瀗書。崇政大夫行兵曹判書兼同知成均館事金尚容篆。嘉議大夫平安道觀察使兼兵馬水軍節度使平壤府尹巡察司李尚奇（吉）立石。碑文不載銘曰：噫噫往歲，羯虜造□，聳我清邊。鯨吞豕突，急莫之遏，全遼右壤。壘石無堅，（上二句疑顛倒）獺薶搶攘，厥墟腥羶。公時憤切，忠膽激烈，齗牙張拳。獨立一叫，揭義爲號，趨者爭先。曷投曷倚，俾賊顧忌，以摯以宰（疑牽）。謂我共濟，克協大計，鷁首東偏。獲醜復鎭，軍聲始振，天討行焉。出入遼瀋，形格勢禁，罔或恣睢。恫疑縮頸，不敢西逞，關防賴全。瞻彼椵島，洪濤淼漭，處得其便。洋洋妥貼，履坦不跲，就堯如天。激以忠義，其歸如市，累累連連。曰公父母，開口望哺，餘喘其綿。匪公是任，吾其左袵，長城屹然。得人死力，功章寵錫，褒詔頻宣。神旗豹尾，以隆閫寄，節制其專。大業未了，槪見其效，四海望延。吾言不失，有待史筆，有賁凌烟。撫實載石，先最其績，後竚其傳。

碑文之稱頌，多聳動之辭，當爲文龍所樂聞。然檢本編後文關於國王所云「文龍與禽獸無異」一言，則此碑文之價值，自亦可見，碑文稱頌之外，尚有面見詔使，亦爲稱頌記事，仁錄三年六月庚辰：

上幸南別宮，見兩詔使，設下馬宴。上曰：毛都督自鎭弊境以來，遼民歸順者，不知其數，加以號令嚴明，威風遠及，奴賊不敢近塞，故小邦恃而無恐，天朝亦知此耶？（卷九葉二三）

此稱頌之事，亦文龍所諷使，仁錄三年五月己未：

知事李廷龜曰……毛都督欲我國稱頌其功，以欺詔使。……上曰：無理甚矣。（卷九葉一四）

以稱頌爲無理，然又稱頌者，則因不如此恐有激變之憂。且此類稱頌，據仁錄，凡詔使之至，均照例爲之，即如「進呈皇朝之奏本，亦須稱頌其人有功之狀。」其人即文龍，仁錄嘗載此。蓋人之愈無行者，而愈期望人之稱頌也。

第四章　交通金人

　　自來武臣，畏法則不畏敵，畏敵則不畏法，毛文龍因「皇帝之尊，亦無所畏」，
（仁錄卷一九葉四二）故不畏法而畏敵。畏敵之至，於是有交通金人之事。其交通
金人情節，可分天啓崇禎兩時期言之。其在天啓年，則因太監魏忠賢當國，於□之
欺罔，亦爲有利，故其交通金人之狀，大約觀望不決者凡數年。追崇禎即位，首黜
魏忠賢，於毛文龍影響甚大，是卽仁錄所書「文龍不得志於天朝」之時期，以此又
有「必投於虜」之記事。此種情形，醞釀又年餘，而此年餘內，其致書金國，則約
以同時並舉，金人攻山海，彼則取山東。其間兩次逼登索餉，卽爲窺視登州之形
勢。及奉旨回奏，則又爲朦弊之言，而白「漂風至登」，彼之不法如此。幸袁崇煥
弭患於無形，誅之於雙島，不然，山東之糜爛，比孔耿之叛將更烈。據其自稱，有
「收馬登州，取南京如反掌」（見後）等語。仁錄於此，知之最譜，如六年十月甲
辰特進官李曙曰：

　　　　聞譯官張禮忠之言，毛文龍言胡賊欲以渠爲劉豫，事甚不測。……上曰：文
　　　　龍與禽獸無異。（卷一九葉四二）

以此觀之，則文龍之交通金人，其害實不在小。茲分上下兩節，述之於後。

上

啓錄六年五月甲子，原任巡撫登萊武之望疏言：

　　　　塘報中，捉獲奸細與逃回婦人之言，皆言李永芳等，於臘月初五日，差人往
　　　　三山島，至二十八日始回，毛帥深諱之，千方百計，以圖遮飾。……間諜一
　　　　書，致差兵分屍遊示，且來嫚書之醜，損威辱國，莫此爲甚，猶哆口自矜
　　　　曰：「雖分屍遊示，遂息其大舉之師，豈非一紙之效。」獨不思雖寢南下之
　　　　師，遂堅西向之舉，豈城不可自遺，而可以遺君父耶？此其跋扈之事，與古
　　　　安史何異？

李永芳等之差人，此作天啓五年臘月初五日。按，仁錄是年三月己巳，亦有同樣記
事，如「毛都督以爲賊將李永芳，到鳳凰城求和」。同月壬申，義州府尹李莞馳
啓，則曰「李永芳豈有無故請和之理」。於是備局啓曰：「李永芳云者，其間事

情，莫知端倪，宜急遣宣傳官，詳探邊上消息。」朝鮮之如此注意者，蓋以「求

和」之說爲可疑，且恐文龍別有不測也。凡此所載，當與滿州老檔天命十年二月遣

使劉衛國金盛晉傳與毛文龍招降之書有關。書曰：

> 天命十年二月，遣使劉衛國金盛晉傳與毛文龍書曰：爾所使之奸細，被我哨
>
> 卒拿獲訊問，據云：爾將明帝所使之大員二人斬殺，得罪明帝，由山海來歸
>
> 之人，亦告爾得罪明帝，且明帝已致書朝鮮王，務將爾弋獲。……朝鮮王已
>
> 復書明帝，云毛文龍在此觀望，逍遙軍中，揑報降人數目，冒領錢糧，朦蔽
>
> 皇帝，實禍我朝鮮國之鼠盜也，我欲設法將毛文龍執送，否則勸勉其部下之
>
> 人，將其擒獲等語。爾雖爲主効力，其奈君幼臣昏何？爾縱將所獲朝鮮之八
>
> 部財帛，及爾帝頒發之餉糈，堆疊如山，誰肯甘心，聽爾享用，爾能使都城
>
> 中大小臣工，盡皆稱揚乎？朕之心，以爾攻取朝鮮之義州城，設與我相倚而
>
> 居，則朝鮮豈能侵爾？故爾駐義州後，朝鮮若降，則爲罷論，否則卽假兵於
>
> 我，若與我相倚，使朝鮮歸降，則爾之安享太平，方能永久。爾旣得罪明
>
> 帝，固不能還，今又不容於朝鮮，我豈放爾逃脫，爾將何歸焉？爾之遣使奸
>
> 細，及容留逃亡，意恐被我所見，責備於爾，實則各爲其主，且復有懷恨於
>
> 爾之理乎？爾若降我，豈不可以効力於明帝者効力於我耶？昔韓信棄楚霸王
>
> 而歸漢，胡景德棄劉武周而降唐，因歸降而成偉功，遺美名於後世，人豈謂
>
> 其不忠於君叛歸他主乎？蓋天意如斯，非人力之所能挽回也，爾豈不知之
>
> 乎？

武之望所謂媚書之醜，或與此書招降情節有關。書中首段，關於得罪明帝之說，似

係文龍自做此等浮言，以爲討好於金人之意，因此時之天啓帝，實際卽魏忠賢爲

之，文龍正奉彼爲父，倚之自固，何至致書朝鮮，務將其弋獲？卽朝鮮於彼之朦

蔽，亦決不敢爲吐實之言，奏之於明帝，此等情節，檢前文稱頌記事可知。至斬殺

一二大員，卽或其事確實，亦與擅殺趙祜（見移鎭）相類，誰得而問之耶？至文龍

投虜所以未遽見諸事實者，則因奴亦不能滿足其無魘之求也。

仁錄四年八月辛酉：

> 平安監司尹暄馳啓曰：金時若馳報內，眞獷一名，自馬郞洞出來，盤問賊

情，則奴酋……常言，江南殲盡，則朝鮮有若囊中物。……奴酋則仍居朝鮮地方，而使毛將領遼民還居遼境事，時相論議，故渠得參聽。（卷一四葉一四）

此論議，則奴兒哈赤欲自居朝鮮，而擬毛文龍居遼境，遼爲中國境地，遼人爲中國人民，文龍爲背國，安敢居此。文龍視此，不嘗陷阱，據滿洲老檔載文龍來書曾爲許多廻今思昔不勝慨嘆之言曰：「事未成，且如此，一入陷阱之中，豈能以禮待我乎？」據此，則文龍之前後觀望不決者，卽爲懷疑金人不能滿足其願望之故。又按，老檔載天命十一年五月，更有一書，傳於毛文龍，長約七百言，談遷棗林雜組和集，作天啓丙寅六月，僅一百九十四字，最後四字，書「文龍不報」。今當就滿洲老檔所載者，一言其大概，卽此書主要情節，仍與前書相似，不外勾結文龍，以爲墟明之用。據仁錄四年閏六月載，當時島中士人，至有密揭其叛狀者：

丁未，時毛鎮中有士人倪汝聽者，密告於姜王兩詔使，極言毛將與虜交通，必叛中朝之事狀。且毛帥管下將官，往來宣鐵之間者，亦多怨叛。（卷一三葉一八）

辛亥，倪汝聽密揭略曰：毛帥已於本月初三日，約大小將領，束牲載書，盟天誓地，共發大亂。聽有一帥（師）兄揚祖寧，見任都司，與聽莫逆交也，聽婉轉委曲，探討謀叛的確消息，祖寧卽瀝肝膈以告聽曰：謀叛無他，首因麗人進貢，譖疏毛帥，毛帥怒之。兼以武撫與毛帥仇釁，毛帥惡之，又各處上疏不止，毛帥益大不快。遂使諸將挑兵，先殺附近麗人，探其馬匹弓矢器械，儲糧畜銳，直造王京，斯殺一場，令其降服，然後整頓諸備，攻取山東，到一處，收一處，大事可圖也。（卷一三葉二三）

姜王兩詔使，卽持皇三子誕生詔書至朝鮮之姜曰廣王夢尹（見前）。揭內謀叛之說，與撤兵移鎮頗有牽涉。其後因移鎮中寢，故此不倫之語，亦只「有亂之萌，無亂之形」同時朝鮮之情形，更有使其不敢爲亂之勢。據仁錄四年八月記事，錄其有關者如次：

癸丑，備邊司啓曰：毛將不得志於天朝，則必投於虜，旣投於虜，則必且求選於我，此必然之勢也。……但念易承恩等，或托其妻子，或言其密謀，是

必求助於我國者也。渠等果能交結忠義，先事圖之，則本國可以坐享其利，而渠等義聲播於中土矣。然或奇功未就，事端先露，則禍有不可勝言者，本國但當勉其忠義，戒以謹密，而我則姑勿犯乎其間也。（卷一四葉六）

丙辰，上引見大臣備局堂上兩司長官。上曰：近日毛都督情形，於卿等所見如何？右議政申欽曰：文龍所爲，異常久矣，近日管下將官分明言其反形巳著，在我之道，先爲防備相機以處而已，更無彌縫之路矣。上曰：大概彼之情形盡露，而第未知禍之遲速如何？欽曰：西來狀啓中，或云投虜，或云先犯昌義，而遲速則不可知也。……吏曹判書金堥曰：臣在西路，將吏皆言其必反，中原若有分明文書，則見天朝叛賊，不可不擊。……判中樞府金尙容曰：彼以天朝將官，受命而來，雖有投虜之計，有亂之萌，無亂之形，我若先擧兵從事，則後無以自解於天朝。（卷一四葉七）

戊午，上問於特進官張晚曰：毛將之情形，敗露久矣，而近以西來狀啓、人情尤疑懼，未知卿之所見，則禍遲速當如何？晚曰：臣意彼無速發之理，虜雖強請，毛不速發矣，毛將在此，則享公侯之樂，投奴則爲一俘虜，必不及李永芳矣。奴賊亦必知文龍之軍不可用，豈汲汲於文龍乎？只慮在此，則或爲後患，故毛之投降，想必受之，而必不優待矣。（卷一四葉十）

庚申，備邊司啓曰：毛帥處置之策，議者言之非一。……徐易崔三將，旣皆布盡心腹，在我之道，亦當密交深結，示以誠信，使彼有所倚重，毋沮其背逆向順之心，計無出此者。以此意密諭於平安監司兵使處，宜當。從之。

（卷一四葉一一）

此皆明朝所不知也。而朝鮮則有枕戈待變之勢，如曰：「天朝叛賊，不可不擊」，此當爲毛文龍不敢輕易倡亂最大原因。又按，不敢倡亂原因，似與奴兒哈赤之死，亦有影響，仁錄四年十月丙午：

（張）晚又曰：自胡中來者，皆言奴賊已死，想必死矣。……卽今事勢，與前頓異，都督似無投虜之擧矣。上曰：奴酋雖死，彼欲降虜，則豈無奴酋之子乎？（卷一四葉三二）

曰「彼欲降虜，豈無奴酋之子」，此誠朝鮮國王如見文龍肺肝之言。「奴酋之子」，

據文龍交通之書，稱汗王，又稱臺台，稱足下，天聰實錄稿稱金國汗，又嘗改寫滿洲國皇帝，清實錄稱太宗文皇帝，即太祖第四子皇太極也。而此皇太極之稱，據朝鮮當時所得之消息，則曰，「奴酋死後，第四子黑還勃烈承襲」，見仁錄卷一四葉三六。

再，本節所論，俱天啓年毛文龍交通奴兒哈赤之種種陰謀，其彼此之間，勾結未成者，只因奴兒哈赤不能比明更優待，同時又有朝鮮之監視，未幾，奴兒哈赤又死，以此無結果。及黑還勃烈繼汗位，不一年，天啓帝亦崩逝，中朝之公論，多以東江爲疑，於是文龍頗不自安，關於輸誠金人，更積極爲之，至有「必爲上建立大功」之言。即此，可見其謀叛之亟亟矣，茲別爲下節論之。

下

毛文龍嘗指袁崇煥之講款，爲不忠不義，且更爲此致慨乎朝鮮之從而效之。考袁崇煥當寧遠大捷之日，知金人未可猝滅，於是有講款之議，而其講款用意，則實在款外之著數，如曰：「戰爲正著，守爲旁著，款爲奇著。」且於大捷之後爲之，故又曰：「款可恃乎？從古未有不戰而可款可守者。」是以袁崇煥之講款，其意只在暫爲羈縻，乘間以備戰守。據其恆言有曰：「且戰且守，且屯且築，且築且前。」此皆能說能行之事，非若他人徒爲大言之比。如寧遠第二次大捷，即「且戰且守」之證。又如包塔山大淩河錦州等城功，致惹金汗來書曰：「一面以講和來往，一面前修城池，抑爲寧遠城凍，攻之未墮，故爾慣了，詐稱和好，乘間修包城池，不願太平，而願刀兵？」（內編葉四）即「且築且前」之證。又按，金國汗初次致書袁崇煥，嘗自稱大金，只因袁崇煥有不便奏聞之言，於是再度來書，即自行除去大字，但比蒙古順義王俺答稱汗之例，只稱金國汗。未幾，又因袁崇煥有僞號未去之說，於是彼又不用天聰年號，而僅書干支，如己巳年正月奉書袁老大人，（內編葉九）即係自削僞號之證。至其未用大明年號者，則因款局未成之故。凡此情形，俱袁崇煥能戰能守能款之效，而金人之懇切就款，亦可由此見之。特是可異者，即其時之明朝，責功太急，浮議又多，剛講款之初，便一再下旨：「地方作何退出？叛人作何送還？」並有「須連根拔盡，方能釋憾」之旨。此種處置，自然金人不能就範，所以自此之後，明帝更一成不變，始終持一不和之策，至於特下「片

紙隻字，不准接遞」之旨。又考朝鮮丁卯之事，雖與金人定盟立誓，永爲兄弟之好，然因情有所迫，亦只爲一時緩兵之計，非傾心投降之比，卽如持一不和之崇禎帝，亦且寄其同情之辭曰：「通問往來，非王本意。」凡上所述，袁崇煥之講款，以及朝鮮丁卯之緩兵，吾人細想當日之歷史，兵戰之用譎，恐無以非之。獨毛文龍則不然，以身當其衝之人，且又因畏敵而已有通敵之事，其於上項情形，自應予以同情，方爲自然，蓋如此則安坐島中，冒功冒餉而已矣。乃彼則別有存心，惟恐金人或因講款，而歸於滅亡，於彼海外天子自爲之局勢，必大不利，於是裝腔作勢曰：「中朝之臣，不忠不義，寧遠之和，終爲屬國之口實，尙誰咎哉？」（仁錄卷一六葉四九）然旋卽再行不忠不義之事，其致書金汗曰：

> 緬惟令先君犯遼之舉，皆緣我國當元文武二臣，不本我先帝之命，擅自妄爲，以致令先君一怒，而做出不和之事也。曩者令先君原有牌文至島，說稱偏相金台石，倂侵佔張其哈喇佃子等處，本鎭卽據來文，申奏皇上，卽行查問。如金台石鎗手之助，乃白副使私自做情，如張其哈喇佃子等處，乃韓參將等官，侵疆起釁，後我皇上查明，已將白副使韓參將等拿問正法，則令先君不平之氣，已伸白矣，無容置喙也。近因王總兵至島，說本鎭曾差人赴令先君處，口稱議和，及拆書，又係與石副將私書，視覺反間之計，因而俱殺。本鎭聞之，不勝嚇愕，豈有堂堂大人，乃作區區詭計？後密訪出，乃是鹿島將官，素與石副將有隙，指稱做出此事，本鎭已將該將拿問矣。切思台臺所用漢官，未必不害漢人，其走來之人，備述於各島將官，是故用割付名帖，反間以害者有之。昨歲奉聖旨，頒行海外，有能捉獲佟李二門之人，倂叛官金玉和佟鎭國等，及通事殷廷輅劉與祚石廷柱者，加陞指揮，這是實情。但今兩國相持，終無結局之期，何不一和相約，共圖息肩之策？前有袁撫臺議和之事，緣於衆官議論紛紜，故此處分未妥，若以本鎭便宜海外，議疏甫奏，聖旨卽允，實與別議不同者，定不蹈躭延兩國大事之地也。前有王總兵具文議和，曾差遊擊金首舉同王總兵家人於十一月十三日，從威寧營入境，至今兩月，未見回音，想台臺守邊夷人，利其金帛馬騾等物，隱匿未報耶？今特差人奉照，前文所議允否？希台臺可令的當人來，親至皮島，本鎭

面語心上事宜。自古兩國相爭，何嘗斬一往來耶？乞台臺熟思審處，期建安全之謀，彼此生靈幸甚。況我先帝代逝，令先君亦遊仙矣，爲何不罷兵息戰，議請新封，以享太平之福乎？書去神馳，曷勝翹望。名正束。懺餘。

（甲編葉四二）

此書封面，有「天聰元年初次來，」七字。考滿洲老檔，作天聰二年正月，以原件校之，異同太多，茲亦附錄於後，以明老檔之謬誤。

天聰二年正月，毛文龍來書云：昔先王侵犯遼東之地，皆我國文武官員等，未奉皇帝之言，彼等即任意妄爲，致使先王惱怒，遂啓釁端。先王乃遺書於島，云我國助金台石（原注金台石乃葉赫國主），又奪取哈拉之章嘉地，我奏於皇帝，使柔堡中之人，知係我守道官，私與金台石相助，哈拉之章嘉地，乃我韓參將等奪取，致啓禍端，嗣我皇帝察知，遂以守道及韓參將等，皆置於法，先王之恨亦消，勿庸復議。今王總兵來島告曰：使我仍遣人於上，有欲假使者之口，以修和好之心，展書觀之，所遣者爲石副將，此蓋設計欲圖謀殺所遣之人耳。我聞斯言，驚駭不已，豈有正人行詭計之理乎？後默察之，乃係鹿島之官，素與石副將有隙，故作此事耳，乃執彼等訊問治罪。伏思上所用明國之官員人等，無不傷害逃來之人，故將其傷害情形，盡告於島官，以防計殺。初聞我皇帝有言，西烏里額駙撫順額駙等二族人獲得，叛官金玉和佟正國通事伊廷祿劉興祚石廷柱等，封以指揮之職，俾其巡行海外，係屬誠然。今兩國互相捍禦，迄無終期，何若共謀和好息兵之策，互相和睦。昔袁巡撫欲和之事，因衆官齊相爭議，故事迄未成，後以海外大權授我，我若奏於皇帝，則必納我言而行，我之謀異於他人，斷不以是言誤兩國之大事。先王總兵具書講和，遊擊金秀珠與王總兵之家人，於十一月十三日，遣人入衞寧營之界，逾二月無來信，係貴國守邊之人，掠其財帛及牲畜，隱匿未報。今特遣使探問前使者之信，及講和之言，是否有成？乞擇可使之人，遣於皮島，我當面陳一切。自古以來，兩國相爭，不傷來使，願熟慮乘機，以求安全之計，則民之幸也。況我國皇帝已崩，先王亦作上賓，何不息兵罷戰，以求享太平之福耶？

按，毛文龍致金國汗書原本，見於內閣大庫殘餘檔案者凡六通，載明清史料甲編首本及丙編第一本。檢滿洲老檔，載毛文龍來書共七件，今以檔案中原本校之，彷彿可以辨識者凡五件，上面所錄，即其一也。由此類推，則可知滿洲老檔一書，固已多非本來記載矣。

當袁崇煥之講款，金汗就之如不及，其於毛文龍之私通，則又不信其言，至斬使人而不納。仁錄六年三月壬午：

> 鄭忠信馳啓曰：偵探人來呈小紙，以爲胡差曲虎，言毛帥年前委差漢人言於我國曰：「新天子即位以來，有意於和親云。」而我國不信其言，抑恐毛帥有他謀，斬其人而不納。厥後毛帥又送王姓人，懇陳和好之說，前後相符，少無違端。故汗始回心，使我偕王姓人往椵島，得見毛帥，細悉其言，如其不誣，則定與約和而還云。曲胡率從胡七人，與王姓人，皆向毛營云。（卷一八葉四二）

前奴兒哈赤亦嘗有斬使之事，且分屍遊示，至是又斬其使，凡此被斬之人，以毛文龍願望之殷自無所容心，故雖一斬再斬，而遣使送書如故。

> 華翰云：來官所言，渾然未顯，故此再問。彼係下官，所以然好話難以盡吐答者，不得不渾然也。又云，虛好私通之語。不佞立於天地間，斷不失信於一人，止知其實好，不知其虛好，止知其公道，不知其私通，人而無信，聖人之所深惡也。台臺與不佞，意氣交投，但凡事情，商議而行，或戰或攻，我自有主意，行止得當，萬無一失，保身保家大富巨貴，指日開耳。不佞一點方寸，天地鬼神可表，王總兵亦皆知之。此復。（丙編葉一一）

前面所記之金人曲虎，後文作可可牛鹿，仁錄謂曲虎爲金汗最親信之人。而此書中之王總兵，即曲虎所說之王姓人，滿洲老檔作石城參將王子登，有天命八年七月記錄曰：「王子登因與明帝結怨，效忠我滿洲國。」仁錄亦有王子登記事，且記其入往金國，並攜去禮物數種，六年四月乙巳：

> 成俊者啓曰：都督差官毛永俊帶同胡差，自瀋陽回還後，金汗答書，方圖騰出，而天啓皇帝崩逝哀詔，今月初六日始到，今日舉哀，都督不坐堂，無緣相接。令張大秋探問，都督招大秋密言曰：二月間，虜賊抄精兵三千，往犯

西撻，寧遠主將，預備火器，邀擊於歸路，大破之，生還者三十餘人。且因饑饉，來此乞和，然講和非俺自斷之事，但前來王子登有子之妻，尚在虜中，渠欲買來，俺給三十五匹段子，三十斤砂糖，五十斤大棗，又送差人矣。汝將此意，使陪臣啓聞云矣。（卷一八葉四九）

曰「來此乞和」，此又爲欺罔朝鮮之言。後仁錄則言「毛將與虜相通，爲後日地」。

六年四月甲辰：

鄭忠信馳啓曰：胡差五人及護送唐差五人，將輕貨四五馱，出自蛇島，直向義州之路，問於唐人，則祕不明言。毛將之與虜相通，爲後日地者，果似分明。（卷一八葉四九）

此云輕貨四五馱，則王子登攜去禮物，當不止段子三十五匹，此可不必注意，且言金汗之回禮：

曩者修和之策，爲兩國結局之著，承台臺不棄雅誼，誠兩國納福之大嶔會也。不意先承厚貺遠頒，俾愚父子辭受兩難，謹對怦拜領，感謝感謝。但修和之大主意，盡在去官腹內。且來官云，留質一節，甚非不佞意也。與台臺交誼，當在古人中求之，義氣中講之。況令先君在撫順時，曾與不佞意氣相投，語言皆合，但兩國爭持，不便往答，今接見台臺翰劄，如見顏色，疑念頓釋，焉用官質？惟天可表。今具微物，聊爲初交之贄，更乞台臺實心作事，勿聽謗言，永結膠漆之雅，莫作負心之舉。台臺官兵，所用布帛等物，概不足慮，百事俱在不佞一口擔當耳。不觀孟氏書云：亦有仁義而已矣，何必曰利。請熟籌之，萬萬。名具正幅。左沖。

曰「且來官云留質一節」，考仁錄卷一八葉四五載申景瑗馳啓，卽「大概聞其事情，則曲胡及從胡二人，留在島中，以講定事。」又按書中關於「令先君在撫順時，曾與不佞意氣相投」之言，台之前書所稱「台臺與不佞意氣相投」等語，則毛文龍與金國汗之相投，固又兩代世交矣。彼如此汲汲求通於金人者，投敵尙係其次，因降彼則待之不過只如李永芳，豈若海外自立之得計，故其最大主意，莫急於傾銷物貨一事，蓋島中物貨充斥，除傾銷朝鮮外，仍堆壘如山，故爲一口擔當之言曰：「台臺官兵，所用布帛等物，概不足慮。」其爲此說，實包括金國數十萬衆之

需用，皆由彼全數供給，而無慮缺乏之意。檢清朝全史載丁丑清人取皮島記事，其鹵獲品目中，有「蟒素緞四萬餘匹，銀三萬兩，青布十八萬餘匹，紅毡五萬條，紅衣礮七門，法貢礮二門，西洋礮一門。」此尚爲十年以後之事，其盛猶如此，則十年以前之堆壘如山，亦約略可見。因島貨如山，故毛文龍一面與金人往來講和，一面便私通諸般貨物，然此私通貨物，據金國天聰二年八月未具名奏疏，則以奸細稱之：

> 況奸細貶貨，實便我國，胡不將計就計以爲之。塗近價廉，諸物可致，何必勞人馬涉險阻，而遠交西夷乎？……每見南朝，遣一亡命持貨到此，若得生還，則獲利數倍，若遇提拿，則勾殺數命，今日所捉之奸細，盡我國向日之良民。（甲編葉五〇）

又天聰二年十一月廂紅旗備禦祝世胤奏本：

> 臣奉汗命，跟隨機兒哈貝勒，駐防海州四十餘日，除先拿奸細二次，見有胡迷子榜什大安榜什當子可據，臣俱未領賞。仍又公同冷革格里捕兒基大安等，在城拿獲奸細二十五名，播獲青藍白布三百九十六疋，衣服紙章紬緞等物，連奸細已經解上牧訖。但臣在海州，止憑一矮夾棍，嚴審奸細，各民畏懼，聞風即吐眞情，不敢隱匿，及臣出門搜播，未及一里，拿獲奸細迎馬而來送上，舉一得三，情景如此。臣想金國，以海州爲門戶，門戶嚴謹，則奸細無路而入，則我國之民，從何透引而去，我國虛實，彼國從何而知，奸細紛紛而來，先接男子，後透女人，種種違法，誰肯奏陳皇上？但已往不可究，將來猶可防，地方之人，希圖小利，但不知汗成一統大業，百僚富貴無窮，此等小利，能值幾何？臣隨兄自鎮江投來，蒙皇上錄用，犬馬難報，眼見如此情弊，有關國家大事，臣不得不言。但臣執法審查奸細，惟恐走脫奸細，與毛文龍說知，恨臣，來投反間，臣擔當不起，統望皇上貝勒鑒查。臣爲主寸心，與臣作主，臣益得竭力圖報矣。（甲編葉五一）

以上兩奏本內之奸細，即袁崇煥所云避難之遼民，如曰：「難民不令一人渡海，日給米一盌，令往夷地掘蔘，遭夷屠殺無算。」據此，則遭金人屠殺者，有掘蔘之難民，有持貨之難民，於是乎逃難之遼民，將因毛文龍之故，而無噍類矣。所以奴兒

哈赤嘗致書毛文龍曰：「由朕歸爾之人，爾皆容留，並不養育，各處遭劫，爾之所殺者非理也。」（滿洲老檔）奴兒哈赤且爲此「殺者非理」之言，則毛文龍之仇殺難民，當比奴兒哈赤爲更慘。考毛文龍之惡，所以如此其極者，不外卻仁錄所稱「爲自奉之計」。自奉之計，觀本文第五章楊國棟參毛文龍疏亦可以知之，如曰：「私通粟帛，易敵貂蔘，籍是苞苴，爲安身之窟。」自古小人只知有身，彼何暇知有國有民？毛文龍自與金人數度往返之後，頗欲弄假成眞，於是借名金人求款，以聞於朝。

> 援遼總兵官毛文龍奏：建鹵遣可可孤山馬秀才等五人，至皮島求款。（國榷崇禎元年三月壬申）

此蓋試探明帝之意，如試探成功，則彼之所謂「大富巨貴」，（見前）亦在其中。而此大富巨貴之解釋，自然於其現在極富極貴之狀，當更大更巨。未幾彼又將金人可可孤山等，送至北京。

> 東江總兵毛文龍，送大淸議款使臣可可孤山馬秀才等四人，至京。（崇禎長編元年七月壬子）

此因毛文龍上欺朝廷，試探未能成功，故又以無辜金人，送之於死地，其與人不信又如此。於是又致書金國汗更爲大言曰：

> 都督毛文龍再拜：前四月二十六日，可可牛鹿及馬通事等五名到鎭江，於五月初三日接到皮島。有戶部在島分散糧餉，跟隨戶部人役報知，本部十分起疑，百般解失（釋），說夷人常常往來。連日事忙，留住數日，俱皆做了衣服，於五月十六日，由海上送至鎭江，差舊人三名，隨帶禮物貳駝，回至瀋陽。近日山東登府總兵本道，不時差船到沿海上岸出哨，登州道又到皮島，或有下邊將領，差人接取親友，亦未可知。我自然禁他，決不可聽下人說謊。我與你做此事，決不可失信。忙中草草，此復。（丙編葉一三）

> 都督毛文龍再拜：前差官執書和事，原講是我一一擔承，煩（凡）事都在□□上，彼此罷兵，共享太平，□心甚喜。已差人送可可牛祿回汗王之話，大事已定，誰料後又差來，錯上戶部之船，被督餉戶部竟自擎□□□三名人，一齊解京，不□□□把我大事幾乎壞了。若是我不去救回可可牛祿，有口不

能分辯，汗王已不信我說話了。一點好心，反做不信不義之輩，□□□處訴。我想要與汗王一路上做些大事，又被此一番所疑，莫非天數也。汗王東走西奔，南來北往，何曾做得一件真正大事，皆不知其法，不知其竅也。我與汗王共議國家大事，享□□□福，留名萬古，不知汗王肯信我否？如若聽信我說，可令人來暗暗商議，並無虛言，若是哄誘，豈哄四五名人，做得何事？彼此無疑，英雄心□□□人不同，則大事可成，那時□□□心不盡。沖。南海。（丙編葉一二）

此外更有一書，姑據滿洲老檔，錄之於後：

毛文龍再拜，上書於滿洲國皇帝陛下：吾嘗銘之於心，實之於口，存之於中，無時或忘，不意使臣之言，過於拘迂，卽遣回國。復聞仍命元年所遣之使來，時東王命戶部官在島發糧餉，將船撤回鐵山，上之使臣，未及詳察，悞入戶部之船，乃被將饋送方物之使臣擒縛，解送京師。我卽於夜間，遣人赴京，賄以銀兩，始獲赦死，今請少待月餘，必勉力通融，俾還於上。正在追悔之際，有喀山牛祿滿洲八人逃來，據云「我皇上與諸貝勒，原以一心倚爾行事。」吾聞之，愈覺不安，嗣後遣使往來，必須詳細認明，方保無慮。……請爾取山海關，我取山東，若從兩旁夾攻，則大事成矣。我不分疆土，亦不屬爾管轄，特此奉聞。

由此諸書觀之，則毛文龍勾結金人之用心，更昭然若揭，此真明朝海外之大害也。仁錄亦有數條，茲並彙錄於後。六年十一月丁丑：

都督毛文龍遣使通書於奴賊。（卷一九葉五七）

同年十二月朔丁亥：

是時毛胡兩差，稱以修好，由昌城往來瀋陽者，相望於道。有義兵將智得男，家在劍山下，真猺二人，與毛差偕往其家。得男問其由於毛差，答云：虜中或以為更欲東搶，或以為旣與相好，今與毛將媾和，何必再犯？汗書旣至於毛將，故毛將答以汗旣與朝鮮相好，又復與我媾和，我何必難之？將奏聞皇朝。但今已冬深，待汗軍還巢，遼民各尋舊居，不亦善乎？得男以此告於平安兵使尹璐，璐乃馳啓曰：近觀毛將擧措，未知前頭有何事也云？（卷

一九葉五八）

又同月辛卯：

> 勾管所啓曰……臣等又問（金人）曰：前月初，金人偕毛人，來向島中，未
> 久，毛人又與金人還向瀋陽云，其知之乎？龍胡曰：俺之出來之前，未得聞
> 知矣。（卷一九葉六二）

又同月壬辰：

> 龍骨大招朴璇密語曰：前者三侍郎問及與毛將相通之事，而來時不稟於汗，
> 而卒然問之，我國法令甚嚴，兩差在座，不敢以實對矣。貴國旣以誠信相
> 待，何敢有隱，與毛相通果有之，而非與貴國以信相和，彼欲覘我，我欲覘
> 彼，以相通也。（卷一九葉六三）

按，毛文龍之覘彼，則在覘金國果否有成事之樣，以決定或降或不降之事，若金人
之覘毛，則因「（文龍）太胡爲，不愼於始，後必不易駕馭，」（滿洲老檔）此彼
此互覘之眞相也。毛文龍旣與金人交通，故於朝鮮尤爲猜忌，仁錄六年十月丙辰：

> 備局啓曰：我國與奴賊竊糜，實出於不得已，而毛將於差人之往來，無不知
> 之，故曾將彼中事情，無不吝揭，而到今每以不盡開報爲嚇我之言，殊極可
> 駭。然在我之道，猶當隨事陳說，以示無隱而已。（卷一九葉五一）

此又可以看出毛文龍「賊人膽虛」之事。其以不盡開報恐嚇朝鮮者，蓋自慮彼之做
賊行爲，恐因「胡差」之口，洩於朝鮮，故關於差人之往來，必須次次報之於彼，
俾得藉此留心朝鮮對於彼之謀叛有無反響。又檢毛文龍勾結金人之書，則愈來愈不
測，至有「結局之期，你如何待我」之說。其書曰：

> 都督毛文龍再拜：不佞近與足下通此大事，已今三次，今見來文，甚是的
> 切，又且誠信，不佞暗暗喜躍，以爲我兩家事必成矣。豈知你奸計百出，一
> 面與我講和，一面又來偸搶我人民，似此顚倒反復，良心何在？天理何在？
> 休說負天之盟，卽常言亦不爲，故不待詳審，可知先番背盟之事，罪固不在
> 我也。第大丈夫生於天地間，信字要緊，人而無信，不其雖生猶死乎？況挐
> 去的人，不過是我沙汰下不成才的光棍，沒行影的花子，安插北岸，就柴薪
> 之輩，在得之者有何益？失之者有何損？況我這邊人，原是你那邊走來的，

今你搶去，是你自己搶了自己的去，與我大關係處有何礙窒耶？我自思自
悔，當初原不該與你通遞箇機密，你到底是猺子家做事，只圖目前之小利，
那知日遠之大妙。渺想此事，屢做屢敗，非我與你德不深，誠不至之謂也，
實我與你緣薄分淺，無大福以享受耳。亦天也，命也，奈何奈何？不佞正嗟
嘆間，忽解到不言兒牛祿眞夷一名，名十頭庫，口稱：「我等非搶你人民來
也，聽說劉愛塔弟兄在鐵山，我等星夜來搶拏他來了。」你若是眞要他弟兄
們，待你我事說成之後，我送與你，去不得麼？爲何勤兵來，又起我兩家猜
疑。大事若成，連各島人都是你的，何況他弟兄乎？你既是一國之君，非同
小可，何其氣量偏淺而無容忍之甚也。你漫說我信不如你，不知我原意眞無
妄。你思想了看，我若不是實心拏着這箇大事與你往來，爲著何意？還是哄
你城池來不成？還是哄你王子來不成？把可可事，且當做我哄的罷麼？未有
一遭你受哄，而再遭又受哄乎？設如斯而不揣摸，我終不能剖白矣。儻若翻
然惺悟，頓改昔非，莫若汗王與四大王，對去人含刀暗盟，或令一心腹漢人
來，驗我眞假，或心服西夷亦可，勿令金人復來，外一不測差錯、你又道我
是箇說了。事如依議不謬，再有結局之期，你如何待我？如修李之隆，我不
肯，如西夷之頭頜隆我，我亦不肯，其中主意，不可不思。外一切所以事，
俱不敢明道，先去的劉得庫口內是實。再懇謹之愼之，勿致半途而廢，何
如？差去十頭庫，還叫同我的人回來說話。左冲。謹具：大紅金蟒壹端，天
靑金蟒壹端，大紅鳳緞一端，大綠鳳緞一端，紫紅鳳緞一端，天藍鳳緞一
端，官紫紅鳳緞一端，官綠鳳緞一端，銀紅花緞一端，柳黃花緞一端，玄色
花緞一端，月白花緞一端，水銀肆斤，硼砂二斤，冰片一桶，緞靴二雙，絨
襪肆雙，紅氈肆床，欒帶肆副，香棋一檠，菓品八封，茶葉二封。奉引敬。
都督毛文龍再拜。（甲編葉四三）

此書首尾，關於文龍二字上，各鈐朱文平遼大將軍印一方。書中之劉愛塔，卽後文
之劉興祚，仁錄又作劉海。按，興祚遼人，年十二，舉家陷於敵，愛其才，待如
子，但興祚則心在明朝，寢食不忘，丙寅丁卯，金人兩次犯寧遠，興祚俱遣人先
報，以是關外得爲備，袁崇煥極稱其忠。至是以計得脫，來東江，文龍接見，喜過

望，握手出肺肝相告語，晨夕與共起居，而陰以陣獲報。（崇禎長編作二年四月）
興祚聞之，恚甚。崇禎二年己巳之變，興祚嘗以弱兵數百，殺強敵六百餘人，卒因
衆寡不敵，戰死關上太平寨。而明朝則賞罰不明，卹典不及，三年五月壬戌，皮島
劉興治之亂，即因此而起。七月辛巳，大約由於興治之逞兵要挾，始有旨，贈陣亡
參將劉興祚三級，廕一子，本衞指揮僉事。（崇禎長篇）此等舉措，旣不及時，亦
爲失當。

又按，書中「如何隆我」之言，檢上節，即毛文龍所稱「胡賊欲以渠爲劉豫」之
事。考此時「事局未定」之金國，（甲編葉五〇）存亡且有不可保之勢，而毛文龍
之勾結，竟先爲自己打算，至以「劉豫」爲要挾，此金人所以謂其「不易駕馭」也。
無何，爲袁崇煥所誅，而毛文龍之「劉豫」，亦未做成。茲錄羅氏史料叢刊兩節，
以總括上述之大概：

> 金國汗致書毛大將軍：前者將軍差官執書，言山海官多，和事無敢擔承，我
> 是奉命海外，便宜行事，奏本一上，和事易成。我亦欲罷兵，共享太平，即
> 差人去。不意竟不發回原人，一似勢力所得，復另差人持書，又是別話，何
> 也？若事不成，或攻山海山東等處，攻取我肯令爾知道，人不食言，是乃眞
> 德行，勢力所得，是乃眞英雄，若以虛言誘致差人幾名，有何好處？（諭帖
> 葉一天聰二年十月）

> 天聰二年四月，明總兵官毛文龍，駐札南海皮島誘招遼東人民，使富者皆爲
> 毛姓，若其弟與子孫然。且殺我逃亡首級，詐稱陣獲，欺奏其主，其主臣皆
> 信，陞爲大都督總兵官，凡海島官民賞罰陞降生殺，悉聽之。乃毛文龍復從
> 而與滿洲議和，數遣書來，上命廓廓亦執書報之，同四人往彼，及廓廓等來
> 往已數次，毛文龍忽執廓廓等解送北京。後寧遠都堂袁崇煥，以毛文龍私通
> 滿洲，殺之。（太宗日錄葉四）

總而言之，毛文龍之私通金人，其意在於欲借金人之勢，以爲海外之「劉豫」，而
金人則慮其反覆無常，不易駕馭，又且本土之遼東一隅，亦尚事局未定，故以文龍
之言爲無賴。於是日錄內：特書其罪惡，如欺詐殺降種種記事。然明季野史所載，
則反異於是：

文龍憚上英明，思自立功名，遂與東（原空一字）通誠，願捐金二百萬，易金復二衞地，奏恢復功，邀上賞，已成約矣。袁崇煥以督師出，上召問，漫以五年滅東爲期，及到任，覘知毛有成約，陰遣喇嘛僧通款，啖以厚利，冀解毛議以就袁，東人最重誓約，堅持不可。喇嘛僧曰：今惟有斬文龍，在彼不爲負約，在我可以成功。袁遂以閱武爲名，直造皮島，大閱軍士，毛置酒高會，次日，文龍進謁，亦置酒留宴，酒半，伏甲起，稱有密旨，即座中擒文龍，斬於轅門外。時崇煥布陣嚴整，衆亦不敢犯。毛部下千餘人，散往他處，餘衆悉就撫。事定，然後入告，朝廷亦姑容之。（文秉烈皇小識）

又張怡謏聞續筆卷四，亦有一條，與此說略同。張怡字自怡，應天人，其父登萊副總兵張可大，死孔有德之亂，諡莊節，明史有傳。甲申之變，怡嘗寄居都下金陵會館，是年六月十日，始易裝離北都南下以當時人記當時事猶執此流言以誤人，可見當時此流言之展轉傳播，必甚普徧。然一檢清太宗檔案觀之，自足以明其誣也。

第五章　斬帥始末

袁崇煥斬毛文龍一案，當時浮議多非之，而明季野史，則更爲玄黃之論，或曰文龍不死，則金人不敢內犯，或曰毛文龍之存亡，實成敗之數所關。而當時之毛黨，則指崇煥之殺毛文龍，謂係敵授意，而爲金人剪忌也。國權作者談遷，亦嘗采此說。至於其時之少持正論者，亦多咎崇煥殺文龍爲太驟太疎，且咎崇煥於東江善後，亦漫無區處，乃致島亂屢起（島亂，俱崇煥死後之事，以此咎崇煥，可謂失言），卒陷於敵。又有東江遺事一書，集毛文龍之事，比較爲最多，作於嘉慶丙寅年，首葉滄江漫叟序，滄江漫叟即本書作者海寧吳騫狀。序中大意，猶爲毛文龍抱不平曰：「夫毛文龍之死，天下盡知其冤。……今去勝國且百數十年，一二故老，猶有借文龍抱不白之冤於地下者。爰從各紀傳，輯錄爲一編，曰東江遺事，凡二卷，以竢後人論定。」尤可異者，本書下卷葉一三，有荆溪任安上志曰：「按崇禎時列傳，涉東江事凡數十處，不曰跋扈，即曰冒餉，明史稿乃鄞人萬斯同所撰，何以無一筆爲之洗滌？」此直昧於鄉里之私，而所見如偷父矣（語出全祖望鮚埼亭集）。即如明史袁崇煥傳，記文龍之死，寥寥數百言，亦不能明其是非，至謂崇煥

為妄殺。毛既誅，朝鮮國王李倧聞之曰，「為天下除此巨害」。（仁錄卷二一葉二）
藍其知毛底細有過於明廷者也。茲將袁督師斬毛帥題本，照錄於後：

　　欽命出鎮行邊督師兵部尚書臣袁崇煥，謹題為恭報島帥逆形昭著，機不容
　失，便宜正法，謹席藁待罪，仰聽聖裁事。臣匪材謬叨皇上重寄，矢志平
　夷，已有成畫，如東江掎角，兵法必藉，業經入告，而總兵毛文龍據海自
　恣，種種不法，流傳參劾，明知之，而無可奈何。臣昨年過都下時，九卿諸
　臣，無不以此為慮，臣謂徐圖之。輔臣錢龍錫，為此一事低回，過臣寓私
　商。臣曰：入其軍，斬其帥，如古人作手，臣饒為也。臣自到任，即收拾關寧
　兵馬，未暇及此，每章奏必及之，收其心冀其改也。至關寧之營制定，而此
　事可為矣，於是乎設文臣以監之，其不以道臣而以餉司者，令其將若兵有所
　利而無所疑也。又嚴海禁以窘之，文龍禁絕外人，以張繼善橫絕旅順，不許
　一人入其軍，臣改貢道於寧遠者，欲藉此為間，皆所以圖文龍也。賴皇上天
　縱神武，一一許臣，自去年十二月，臣安排已定，文龍有死無生矣。為文龍
　者，束身歸命於朝廷，一聽臣之節制，其能為今是昨非，則有生無死。無奈
　文龍毒之所積，殃及厥躬，皇上豈不以生物為心，無如彼之自作自受何？蓋
　宦官藩鎮，陰氣所乘，文龍與魏忠賢相因而相藉者也。且自速其死，如毀臣
　之疏，信口熷怴，逼登索餉，便欲肆行劫掠，道臣王廷試報至，而文龍差人
　亦隨之俱至。臣大言於庭曰：文官不肯體恤武官，稍有不合，便思相中，成
　何事體，既乏餉，何不詳來？臣即將運來津糧，撥十船餉之，且手書相慰，
　糧米之外，犒其夷丁千金，豬羊酒麵稱之，臨發舟，仍為其請餉，凡此，皆
　愚之也。文龍果墮彀中，是以來寧相見，臣體皇上生生之意，此時仍未有必
　殺之之心也。文龍館於寧遠，請臣還鎮相會，臣即還，文龍不過修謁見故
　事，一二語而別。儻不受節制，戮諸寧遠，而其下不共聞，且恐有負故窟為
　梗者。於是決意東嚮，深入其地，伺望所見不如所聞，開文龍以有生之路
　也。隨地訪察，逢人質問，而文龍之惡，高積於山，向所傳聞，不及什一
　也。五月二十九日，抵雙島，而文龍至矣，臣詘體待之，杯酒款之，文龍若
　不屑於臣者。臣宣諭皇上神聖，合堯舜湯武為一君，臣子當勉旃疆場，而文

龍若快快不得志，止謂熹宗皇帝恩遇之隆也，臣不覺失色。徐叩其方略，則
謂關寧兵馬俱無用，止用東江二三千人，藏雲隱霧一把火遂了東夷，臣愈訝
之。與之言節制，及更定營伍，為道廳以監臨查核，彼悍然不樂，而咬恨閣
鳴泰武之望二人，其意在臣也。臣見其難制也，不可用也，諷之曰：久勞邊
塞，杭州西湖，儘有樂地。文龍應臣曰：久有此心，但惟我知滅奴孔亟，滅
了東夷，朝鮮文弱，可襲而有也。臣曰：朝廷不勤遠略，當有代君者。文龍
曰：此處誰代得？次日，臣又召其左右人來，婉諭之，而令其親信者，往復
開導文龍。於是毅然願編營伍，受節制，惟道廳必不可用，曰：一用道廳，
必激之為變，島中人，俱夷性，不可狎也。臣以為若定營伍，則有協有將，
從此收其權，亦不難。然求其必為營伍也，曰：營伍定，則年終必行甄別，
祖宗自有法度，不得假也。文龍於是悔其言之失，私對副將汪翥曰：我姑以
此了督師之意，其實營制難，我只包管完東事便了。臣於是悉其狼子野心，
終不可制，欲擒之還朝，待皇上處分，然一擒，則其下必閧然，事將不測，
惟有迅雷不及掩之法，誅之頃刻，則眾無得為文龍死，諸翼惡者，念便斷
矣。遂於六月初五日，臣授計隨行參將謝尚政等，布置已定，於是往辭之，
將帶去銀十萬兩盡盤上岸，促之收銀。仍宣告兵眾曰：米與銀在是，此後接
續來，爾等不憂餉矣。文龍果來謝，臣先設一帳房於山上，坐待之。文龍
至，臣與之坐曰：鎮下各官，何不俱來一見？文龍亦召之俱來。各官既集，
臣始宣言於眾曰：各官兵海上勞苦，皇上深念，惟汝之鎮主毛文龍不良，歷
年所為，俱干國法，如兵戎重任，祖制非五府官不領兵，即專征於外，必請
文臣為監，文龍夜郎自雄，專制一方，九年以來，兵馬錢糧，不受經撫管
核，專恣孰甚，一當斬。人臣罪莫大於欺誑欺君，文龍自開鎮來，一切奏
報，有一事一語核實否？捕零夷，殺降夷，殺難民，全無征戰，卻報首功，
劉興祚忠順奔來，止二十餘人，而曰率數百眾，當陣捉降，欺誑孰甚，二當
斬。人臣不宜犯無將之戒，文龍剛愎撒潑，無人臣禮，前後章疏，具在御
前，近且有牧馬登州，取南京如反掌等語，據登萊道申報，豈堪聽聞，大臣
不道，三當斬。文龍總兵來，每歲餉銀數十萬，無分毫給兵，每月止散米三

斗五升，侵盜邊海錢糧，四當斬。皮島自開馬市，私通外夷，五當斬。命姓
賜氏，卽朝廷不多行，文龍部下官兵，毛其姓者數千人，且以總兵而給副參
遊守之劄，不下千人，其走使輿臺，俱參遊名色，褻朝廷名器，樹自己爪
牙，犯上無等，六當斬。縂寧遠回，卽劫掠商人洪秀方奉等，取其銀九百
兩，沒其貨，奪其舡，仍禁其人，恬不爲怪，積歲所爲，劫贓無算，躬爲盜
賊，七當斬。收部將之女爲妾，凡民間婦女有姿色者，俱設法致之，或收不
復出，或旋入旋出，身爲不法，故官丁效尤，俱以擄掠財貨子女爲常，好色
誨淫，八當斬。人命關天，文龍拘錮難民，不令一人渡海，日給之米一盆，
令往夷地掘蔘，遭夷屠殺無算，其畏死不肯往者，聽其餓死島中，皮島白骨
如山，草菅民命，九當斬。疏請內臣出鎮，用其腹爪陳汝明孟斌周顯謨等鬻
金長安，拜魏忠賢爲父，繪冕旒像於島中，至今陳汝明等一夥仍蟠踞京中，
皇上登極之賞，俱留費都門，是何緣故？交接近侍，十當斬。奴酋攻破鐵
山，殺遼人無算，文龍逃竄皮島，且掩敗爲功，十一當斬。開鎮八年，不能
復遼東寸土，觀望養寇，十二當斬。夫文龍剛愎自用，嫚罵一世，臣歷數其
罪，神頹魄奪，不復能言，卽前跪請死。臣於是朝西叩頭，請旨拿下。召東
江及臣隨行各官前曰：文龍罪狀明否？各官唯唯無說。又召衆兵，問之如
前，亦唯唯無說。惟其門下私人，稱其數年勞苦，臣屬色諭之曰：文龍一匹
夫耳，以海外之故，官至都督，滿門封廕，儘足酬勞，何得藉朝廷之寵靈，
欺騙朝廷，無天無法，夫五年平奴，所憑者祖宗之法耳，法行自貴近始，今
日不斬文龍，何以懲後，皇上賜尚方，正爲此也，衆唯唯，不敢仰視。臣復
朝西叩頭請旨曰：臣今誅文龍，以肅軍政，鎮將中再有如文龍者，亦以是法
誅之，臣五年不能平奴，求皇上亦以誅文龍者誅臣，卽取尚方劍付旗牌官張
國柄，斬文龍於帳前。文龍姓毛之丁，與各夷丁，洶洶於外，然臣軍威嚴
肅，且出其意外，遂不敢犯，若遲之，則文龍不可得而誅矣。臣誅文龍之
意，與當日情勢如此。但文龍大帥，非臣所得擅誅，便宜專殺，臣不覺身蹈
之，然苟利封疆，臣死不避，實萬不得已也。謹據實奏聞，席藁待誅，惟皇
上斧鉞之，天下是非之，臣臨奏可勝戰懼惶悚之至。緣係云云，謹題請旨。

　　崇禎二年六月十八日，奉聖旨：毛文龍懸踞海上，糜餉冒功，朝命頻違，節
制不受，近復提兵進登，索餉要挾，跋扈叵測，且通夷有迹，犄角無資，掣
肘兼礙，卿能周慮猝圖，聲罪正法，事關封疆安危，關外原不中制，不必引
罰，一切處置事宜，遵照勅諭行，仍聽相機行。

此本原係兵科抄出之件，載甲編第八册。題本內關於「欺騙朝廷」一言，其中所有
欺騙之花樣，以上各章所述，已可謂巳應有盡有，然猶有一事，比之前述種種花
樣，尤爲特出者，即其妄謂曾深入遼陽，血戰破創也。此事袁崇煥亦嘗一度爲其所
欺，至於誤信文龍之塘報，爲之具疏入告。此中曲折亦甚多，蓋魏忠賢最忌袁氏之
功名震動全國，是以袁氏當寧遠大捷之時，雖嘗歸功魏忠賢，不敢自居以爲功，然
魏忠賢於此，猶以爲未足也。更因鑒於都下人士，對於袁氏之大敗奴兒哈赤，曾空
巷相慶，於是此專權擅國之魏忠賢，不禁爲之心癢眼熱，以爲奴兒哈赤旣斃，遼事
可以卽平，因而於一日之內，派出太監一批，前往寧遠錦州，稱鎮守太監，繼之東
江方面，亦有太監之特遣。此等擧動之用意，極爲明澈，不外奪撫臣之權，攘撫臣
之功，張太監之聲勢，並特別加重假兒毛文龍之地位也。不幸英才蓋世之袁崇煥，
適當其衝，處於太監把持下之遼東，功高賞薄，不待論矣，更爲太監輩所掣肘。關
於寧遠第一次大捷，旣嘗歸功於毛文龍所拜之假父魏忠賢，其後來，又不得不常推
功於魏忠賢所認之假兒毛文龍也。故袁崇煥之推功於毛文龍，亦卽等於歸功魏忠
賢，彼或明知毛之未至遼陽，特不得不如此以悅魏忠賢耳。崇煥用心，自然非附勢
之比，只望努力平遼，更希魏忠賢予以便宜之機會而已。袁崇煥之爲國，可謂忍辱
負重，其結果依然不容於閹黨，不免罷職以去。於是崇煥平遼之圖，亦歸於泡影，
徒以當時委曲推功之歷史，給吾人以研究之資而已。

　　又按，毛文龍之說誑，非僅吾人爲此說，當時明識之士亦知之，卽如崇禎四年
八月，遼東巡撫丘禾嘉亦有此論：

　　　東島昔年假捏塘報，裝飾俘級，內廷視爲固然。（乙編葉六四）

以此例之，則是關於僞說徑襲遼陽一類之塘報，吾人見之熟矣。總之，袁崇煥斬所
當斬，毛文龍死且有餘辜，蓋後來孔耿之毒，亦其餘孽也。又按，袁崇煥在未上斬
帥題本之前，卽崇禎二年閏四月己巳，先有一疏曰：

復遼有必乘之機，有必由之路，千聞不如一見，久欲親閱東江形勢，而總兵毛文龍，欲於此省（北汛）口，候臣面授方略。夫文龍懸軍海外，不經督撫節制者八年，文龍自負男子，豈不欲建立奇功？或以應手無人，逡巡海上。先是，臣差官徐璉送礮器於文龍，並言所以禁海改貢道餉道之故，因約文龍晤於三岔旅順之間，以揆地度形，規畫進止。而徐璉未到之先，文龍過相猜疑，遂出兵變難弭之疏，至接臣公移與手書，始悔之。諸將領咸勸文龍西來謁臣，以□功名。文龍乃差都司熊萬祥同徐璉來，定期於臣。臣惟督屬相臨之體，則文龍宜就臣署，面稟進止，然餉道之改，外議多以爲疑，臣欲借此親涉北汛，一以觀復遼之形，一以驗海道之難易，且與文龍約，不可爽也。臣得晤文龍，各搜數年之肝膈，出生平之意見，以成東西合進之局。計北汛口離寧遠海面，不過四五百里，風便則一帆可到，往還不過十日。至於軍中事宜，分屬鎮道經理，勅印劍，俱留本衙門，區畫已定，萬無虞也。惟是皇上亟催東江司餉郎中宋獻，先湊發十萬，給東江將卒，則蕩平之功，刻期可奏也。從之。（崇禎長編）

五月庚戌，又一疏曰：

臣於本月十二日，登舟出海，文龍數年欲試之奇，與東江將吏投距之氣，臣將一往收之。臣初以扁舟水上，不必劍印隨行，而臣門下士周錫圭，謂皇上聲靈赫濯，正當令東江將吏重覘威儀，於是奉劍印以行。若地方戰守機宜，悉委之趙率教祖大壽梁廷棟孫元化何可綱矣。疏入，報聞。（崇禎長編）

五月庚戌，即五月二十六日，去毛文龍之死，僅數日，至是始疏云奉劍印以行者，所以防朝中之毛黨也。又殺毛文龍一事，仁錄謂之「大舉措」，而袁崇煥夷然戮之，文龍部下，又鬱不敢動，足徵袁氏之威略矣。又文龍將死之際，至於叩頭乞免，則文龍之爲文龍，抑又可知。文龍既死，崇煥「又遵往事，移一檄於朝鮮，慰勞存恤」。其檄載仁錄卷二一葉一三，書袁經略移咨，經略之稱，蓋仍向日稱熊廷弼爲熊經略之例。其文曰：

聖朝綏懷甚厚，亂帥淬（悖）逆速誅，謹宣佈皇威，共矢平東事。照得本部院奉命東征，日惟平虜之事是討，而我賊未平，何以平夷？惟贊國恭順於我

中朝也，垂二百餘年，己未之役，悉索敝賦以勤，貴國亦嗣有內變，先帝因毛文龍之請，特加封殖，雖舉廢之典則然，亦所以明報也。惟皇明有柔遠之仁，肆荒服勵來王之節，不意文龍淺才無當，小器易盈，以海島爲夜郎，曰惟予大，棄國憲若弁髦，曰莫誰何，餉饋之供億若流，牽制之實事安在？十年開鎮，不聞復寸土於遼東，一味欺君，徒見私多官於毛氏，擄子女，擄金帛，明明饗人國中，殺降夷，殺亂民，日日報功司馬，要挾無已，居奇貨於東奴，誅索非時，設外府於句麗，不特目無朝廷，抑恐戕及屬國，旣成不掉之勢，詎緩無將之誅？本部奉行天討，將已亂是務，而顧乃令匹夫雄行，置不能問，其何以尊朝廷而懾四夷哉？實懼且羞。特請皇命東巡閱海，以問文龍之罪。於本年六月初五日，駐師雙島，集諸將吏，庭數文龍大罪當斬者十二條，詢之於眾，僉曰宜死，遂梟示軍前，不特殲我亂帥，亦以靖貴國之禍也。皮島本非中國地，其東江一師，撥令西徙，以圖進取，毋乃徵索，爲貴國苦，其通諭所司，各安疆域，綏戢軍民，若官兵有仍前越境需擾者，可卽明報，當卽治譬。若貢道航海，實煩使者，本部院深念之，爲議倂一貢，而改道寧遠，兼因一价行李，通我聲耗，且遼東故道，不欲貴國之忘也，皇上神武天縱，留神邊計，必不容邊吏之怠於事，而本部院捐體許國，刻期平奴，亦無能泄緩從事。今士馬業已飽騰，氣之所奮，時亦不遠，貴國其乘此暇日，亟修軍容而備之，以與我會師恢復也。詩不云乎？「豈曰無衣，與子同仇。」文龍與奴，皆貴國腹心之疾，嚮者文龍報貴國隱通於奴，時爲接濟，本部院以貴國素敦義順，必無此事，而皇上明見萬里，不以悍帥爲然。嗚呼，福善禍淫，固天道之不爽，報仇雪恥，亦人事之宜然，我皇上德載旁鬯，不以阪迤而遺之，爾國王忠翼世明，自當享王有後。本部重望於執事。

咨文日期，仁錄作七年七月辛亥，卽崇禎二年。旋崇煥又得兵部咨，以明帝聖諭移於朝鮮。同書同年八月庚申：

兵部咨，奉聖諭：朕以東事付督師袁崇煥，固圉恢疆，控御犄角，一切關外軍機，聽以便宜從事。島帥毛文龍懸軍海上，開鎮有年，動以牽制爲名，察驗全無事實，勦降獻捷，欺誑朝廷，器甲芻糧，蠹耗軍國，屢擲移鎮明旨，

肆慢罔聞，奏進招降僞書，辭旨驕悖，現且剛愎自用，膽勢滋長，彈劾炰烋，節制不受，近乃布署夷漢多兵，汎舟進登，聲言索餉，雄行跋扈，顯著逆形，崇煥目擊危機，躬親正法，據實責數十二罪狀，死當厥辜。大將重辟先聞，自是行軍紀律，此則決策乿變，機事猝圖，原不中制，具疏待罪，已奉明綸，仍著安心任事，一切善後事宜，委任道將料理。仍先大書榜示，曉諭東江各島，元惡旣正典刑，逆節尙未及發，姑從寬議，家屬子弟，在島在籍，悉放寧家，冒姓查照歸宗，併親匿用事諸人，咸從赦宥，將領量才授任，洗滌維新。軍士淸伍給糧，勿致饑困，久囚勞苦，願除名者聽，遼民丁壯，收伍給糧，老弱西歸，量資濟度。朝鮮聲援相聯，亦與移諭。其餘部署兵將區畫營伍未盡事務，悉聽督師相機措置。向聞文龍行賂廣交，中外呼應，傳布流言，疑惑人心，乃今事跡章明，疑機可釋，除在京潛黨，殿遣緝拿外，軍中島中，嚴加禁戢，一體申明。該部便馬上差官傳與督師道將等官，通知告諭。欽此。欽遵外。幷移文朝鮮國，一體欽遵施行。（卷二一葉一七）此諭，崇禎長編二年六月壬申亦記之，但少去一百五十餘字，原文亦偶有更易。

至毛文龍十二罪狀，（計六奇明季北略卷五則以爲：「崇煥揑十二罪矯制殺文龍，與秦檜以十二金牌矯詔殺武穆，古今一轍」計氏無錫人，北略作於淸初，有康熙十年季冬八日自序）據崇禎長編元年八月庚戌，山東總兵楊國棟亦嘗有疏，陳毛文龍十大罪。疏曰：

專閫海外八年，糜費錢糧無算，今日言恢復，明日言搗巢，試問所恢者何地？所搗者誰巢？鳳凰城湯站等處，若有一人守堠，不致鐵山陷失之慘，罪一。設文龍於海外，原爲牽制不敢西向也，數次過河，屢犯寧錦，全不知覺，牽制安存？罪二。東偏接境朝鮮，輔車相依，乃日以採蔘掘金，大肆擾害，鮮實不堪，致生攜二，罪三。鐵山旣失，鮮半入敵，傷殘屬國，失律殞師，罪四。難民來歸，冒充兵數，或任塡溝壑，或仍罹鋒鏑，掩敗爲功，罪五。皮島孤懸海中，非用武之地，去歲與內臣合謀，請餉百萬，竭民膏血，以塡苦海，罪六。零星收降，揑報獻俘，假造讒書，欺誑朝廷，罪七。私通粟帛，易敵蔘貂，藉是苞苴，爲安身之窟，罪八。通商接濟，事出權宜，坑

商貨至百餘萬，怨聲載道，死亡相繼，罪九。島中遼民，總湊應點，不滿三萬，欲冒皇賞，册開十五萬，從前侵剋錢糧，不計其數，罪十。至如奉旨移鎮，竟若罔聞，奉旨回話，絕無應答，煌煌天語，視若弁髦，此等滔天之罪，尚可容於堯舜之世哉？更有異者，文龍近以漂風爲名，突至登州夏家疃上岸，續到多船，見在登萊沿海窺探，不知意欲何爲？大將擅離信地，律有明條，雖地方嚴爲之備，然村野之民，一時鳥驚獸駭，莫知所向矣。

又崇禎長編二年六月戊午，載督師袁崇煥殺毛文龍於皮島一條，所記經過，情節尤詳，亦錄於後：

先是，崇煥於五月二十五日東北風起，自北汛口開洋，歷大王山風轉，船從大洋飄一夜，二十六日，泊中島，二十七日，待風，召諸將飲酒，登州海防遊擊尹繼阿，解到船四十八隻。二十八日，風順揚帆，歷松木島小黑山大黑山豬島蛇島蝦蟆島，泊雙島，去旅順陸路十八里，水路四十里，旅順遊擊毛永義來迎。明日，崇煥登島嶺，謁龍王廟，向諸將言曰：國初中山王開平王，始戰於滁（鄱）陽湖采石磯，繼戰於沙漠北平，水戰勝，馬步戰亦勝，故得成一統基業，今水營止以檣帆自守，終不適用，若復河東，水師亦要用之陸地，諸將勉之。是夕，毛文龍至。明日六月朔，文龍來謁拜，崇煥答拜。文龍呈幣帛酒肴，崇煥受酒肴，茶畢，文龍出。崇煥報謁，坐文龍帳中，因曰：遼東海外，止我兩人之事，必同心共濟，方可成功，歷險至此，欲商進取大計，有一良方，不知患者肯服此藥否？文龍曰：某海外八年，屢立微功，因被讒言，糧餉缺乏，少器械馬匹，不能遂心，若錢糧充足，相助成功，亦非難事。崇煥回舟，免文龍謝。因諭舟中不便張筵，借帳房於島岸，飲文龍，禮甚恭，多密語。文龍喜，二更方辭去。明日，文龍迎崇煥登島，東江將官行禮畢，又降丁叩首乞馬。崇煥各賞銀一兩，米一石，布一匹。入席，文龍健兒，帶刀環侍繞，崇煥叱退。與文龍密語，三更辭去。又明日，文龍張筵，迎崇煥，便服登島，又密語至晚，文龍有傲慢色，意悒悒不樂。是夕，崇煥傳副將汪翥與語，二更方出。又明日，頒東江三千五百七十五員名賞，官每員自三兩至五兩，兵每名一錢，將餉銀十萬兩，發東江，傳徐旐

鼓王副將謝參將與語出。檄文龍，今後旅順東，行文龍印信，西行督師印信，又檄定營制，又檄諭恢復鎮江旅順，毛文龍俱未遵依。又明日，傳各兵登岸較射，給賞，文龍問崇煥何日行？崇煥云：寧遠重地，來日行，今邀貴鎮島山盤桓，觀兵角射。又云：來日不能踵拜，國家海外重寄，合受余一拜。交拜畢，登島山，謝參將暗傳令營兵，四面密布。文龍隨行官百餘員，繞圍內，兵丁截營外，崇煥問東江各官姓名，俱曰姓毛，文龍曰：俱是敝戶小孫。崇煥曰：豈有俱姓毛之理？似爾等如此好漢，人人可用，我寧前官兵，俸糧多於爾等，尚然不能保（飽）暖，爾等海外勞苦，每月領米一斛，且家口分食此米，言之可爲痛心，爾等亦受我一拜，爲國家出力，此後不愁無餉，各官感泣叩首。因問文龍云：余節制四鎮，嚴海禁者，恐天津登萊，受心腹之患，今設東江餉部，錢糧由寧遠運來，亦無不便。昨與貴鎮相商，必欲取道登萊，又議移鎮，定營制，分旅順東西節制，并設道廳，稽兵馬錢糧，俱不見允，豈國家費許多錢糧，終置無用？余披瀝肝膽，講至三日，望爾回頭是岸，誰知爾狼子野心，欺誑到底，目中無我猶可，聖天子英武天縱，國法豈能相容？語畢，向西請命，縛文龍，去冠裳，文龍尚崛強，不就縛。崇煥又云：爾疑我爲書生，不知我乃朝廷一員大將，爾欺君罔上，冒兵剋餉，居變遼民，殘破高麗，擾登萊，害客商，掠民，變人姓名，淫人子女，爾罪豈不應死？今日殺毛文龍，我若不能恢復遼東，願齒尚方以謝爾。又諭東江各官曰：毛文龍如此罪惡，爾等以爲應殺不應殺？若我屈殺文龍，爾等就來殺我，衆官俱相對失色，叩首哀告。文龍語塞，但云文龍應死，叩首乞生。崇煥云：爾不知國法久了，若不殺爾，東江一塊土，非皇上有也。請尚方劍，令水營都司趙不伎何麟圖監斬，令旗牌官張國柄，執尚方劍斬文龍首級於帳前。卽諭將首級，備好棺木安葬。圍外兵丁洶洶，見崇煥兵嚴整，不敢犯。崇煥又諭東江各官云：今日斬毛文龍一人，以安海外兵民，乃殺人安人，爾等照舊供職，復原姓，爲國報効，罪不及爾。又分東江兵二萬八千爲四協，用文龍子承祚管一協，用旗鼓徐敷奏管一協，其二協，東江各官舉遊擊劉興祚副將陳繼盛二員分管。又將帶來餉銀十萬，分給各島官民。

又諭馮旗鼓，往旅順宣撫，又諭將毛文龍印劍，東江事權，令陳繼盛代管。諭畢，離島登舟，發牌曉諭，安撫各島軍民。又檄承祇償所欠各商銀兩，又發四協扎副，又差官查島中寃獄，幷搶來各商船隻，俱卽發商人洪秀等。又明日，具祭禮，詣文龍柩前拜祭，云昨日斬爾，乃朝廷大法，今日祭爾，乃我輩私情，遂下淚，各將官俱下淚感嘆。至初九日，往旅順，官軍迎，宣諭畢，揚帆以歸。

袁崇煥未歸以前，其於島中區處之情形，後來亦有一本云：

竊惟兵法，東西犄角，則海上之師，在所必用，無奈用非其人，如毛文龍者，何嘗有圖敵之心，不過藉牽制之名，恣爲姦利，至姦利之極，不道不臣，無天無法，斯亦古今一奇怪事矣。然臣深惟文龍不過莽匹夫，何遂悖逆至此？則茫茫海外，固易爲亂之地，而以能爲亂之人處之，安得不亂？況此一鎮也，非祖制內之官，厚利淫威，人所欲得，儻更塡一帥，因仍其局，文龍之後，寧保無文龍者？樹敵釀釁，爲禍滋大。且文龍嘗誕言有衆數十萬，道臣王廷試約定二萬八千，臣今至其地，令彼各官自行開列，則合老幼只四萬七千。然人也，而非兵，乃副參遊都守中千已不下千員，卽如旅順參將毛永義所管三千六百員名，臣親自點閱，其實能爲兵者不過千人，以此分數量之，則兵不能二萬矣，何用贅一帥爲？此缺應停除，印已經追出，惟勅劍符驗在皮島，候追齊一倂進繳外，臣行令中軍副總兵陳繼盛暫攝其事。文龍苛禁諸人，與藉沒人妻女爲妾爲婢者，俱行令繼盛酌量開釋。其改他姓爲毛者，不下數千人，俱令改姓歸宗。臣宣揚皇上德意，自文龍伏誅外，俱與維新，不更處一人。臣又遵往事，移一檄於朝鮮，慰勞存恤。於是島上殘人，從此始見天日，齊心內向，此一方人地，乃今得爲朝廷有矣。臣當揚帆徧歷其地，稽其兵馬錢糧，但離鎮已久，强敵耽耽，不宜久居於外，於是以錢糧之查覈，委之登萊道臣，破碎之兵馬，行令臣旗鼓參將徐敷奏與該鎮旗鼓都司馮有時，逐島查刷，精壯者籍之爲兵，老弱者散之歸農，帶來銀米，委署通判劉應鶴，隨地隨人，逐名給散。至東江一應營制區畫，俱俟諸臣回報日，方行奏請定奪。先此報聞，伏乞勅下該部議覆，如果臣言不謬，停推此

帥，省糜費而杜隱憂，所關平奴之舉非小也。（甲編葉七二一）

此本亦科抄，二年六月十八日，奉聖旨：覽奏，區畫東江善後事宜，具見妥確，島兵數既無多，應否置帥？著即與議覆。毛姓兵丁，悉聽歸宗，有才可用的，依舊委用。餘俱遵勅諭行。該部知道。本件，崇禎長編亦載之，作二年六月二十日癸酉。

八月庚午，崇煥又疏言：

> 東江一鎮，乃牽制之必資也。無奈文龍，將不將，兵不兵，餉不餉久矣，臣差參將徐敷奏等逐島挑揀，不日可竣役矣。按遼東原止一鎮，今用兵時，應添設一鎮於河東，但勝任者難之其人，況武臣總鎮為極品，一得則為鮑賂，不若縣此一階，為策功地，今止設兩協，令有功者自取，亦鼓舞之微權也。其將領所用僅三十員，而彼處副參遊守無算，即登戎籍已四百餘員，臣已行取賢否履歷，擇其能者用之，否者汰之，即能而用不及者，如拼揖收回糗用。而兵馬分數，不得不預定餉，時艱兵不能多，而既兩協以資犄角，少不足用，臣擬設馬兵十營，步兵五營，歲用兵餉折色銀四十三萬一千一百八十四兩，草折銀一十萬三千五百九十九兩，米十三萬六千二百石，料十八萬四千一百七十六石，米則減舊額三萬石，銀則加於舊額十八萬五千餘兩，而草折料豆在外也。更定一番，如衣之有領，如綱之可提，再益以盔甲器械，加之訓鍊整齊，驅而用之，步步踏實，化海外之遊魂，為恢復之精銳，臣之所以用東江者如此。雖錢糧不無少增，而裒益通融，合算四鎮，不過四百八十萬，臣前言不敢不踐也。（崇禎長編）

得旨：東江馬步營兵，分協統領，具見調度，兵減糧增，務收實用，本折照數預措，并添設糧廳，悉如議。所司知之。又當時廷臣之同情斬帥者，亦舉例如下：

> 兵科給事中宋鳴梧題本……總兵毛文龍，越居皮島，志懷跋扈，兩覬登州，疏語悖誕。按之則恐激叛，聽之則實養癰，今闖樞機密縱籠，牽之而西，督師袁崇煥奉皇上威靈，立斬此弁，隱憂消矣。（甲編葉七二三）

> 江西道御史毛九華疏言：臣登萊人也，毛文龍兩至登郡，暗窺形勢，登萊將有不測之憂，幸督師譚笑誅之，以絕後患。（崇禎長編二年八月丁巳）

曰「按之則恐激叛」，與仁錄「激之則恐生變」，完全相同。可見文龍未誅之前，

中朝亦有難處之憂。又兩疏內，俱以窺<u>登州</u>爲言，似又與勾結內官有關：

　　　　內官<u>王國興</u>，假旨召島帥<u>毛文龍</u>。<u>登萊</u>巡撫<u>孫國禎</u>以聞，下獄論死。（<u>崇禎</u>
　　　　<u>長編</u>元年五月辛酉）

據此，則<u>毛文龍</u>除外約<u>金</u>人，「爾取<u>山海關</u>，我取<u>山東</u>」之外，固又有勾結太監以
爲內線之事。其證據，竟如是之多。所以<u>清</u>人<u>全祖望</u>對於此期之歷史有曰：「<u>文</u>
<u>龍</u>絕無可以牽制遼事者，而但以鞭長不及自大，跋扈恣睢，歲索餉不貲，國何以
堪？若裁節之，安知不附本朝，以戕故國？」觀此，則是明史<u>袁崇煥</u>傳關於「妄殺
<u>文龍</u>」之言，豈信然哉？

第六章　孔耿之叛

　　<u>毛文龍</u>死後最大之流毒，莫大於<u>孔有德耿仲明</u>之叛，<u>孔耿</u>俱冒姓<u>毛</u>，<u>文龍</u>嘗稱
彼等爲小孫，前文已言之。此輩自<u>文龍</u>誅後，逃散四方，既而聚於<u>登州</u>，貪緣爲
將，隸<u>登萊</u>巡撫<u>孫元化</u>標下。<u>崇禎</u>四年，關外告急，<u>有德</u>以遊擊奉命援<u>遼</u>，驕悍不
法，初無往意，勉強前赴，沿途觀望，至<u>吳橋縣</u>（屬<u>北直隸河間府</u>），遇巡撫所遣
買馬參將<u>李九成</u>，<u>九成</u>亦<u>毛</u>氏廝役。兒很更甚於<u>孔有德</u>，齎銀市馬塞上，空耗其金
歸，適至<u>吳橋</u>，懼<u>元化</u>罪巳，遂與其子<u>應元</u>，帥部卒劫<u>有德</u>，以閏十一月二十八日
同叛於<u>吳橋</u>。還攻<u>山東</u>諸城，十二月十八日，圍<u>萊州</u>，未下，於是分其衆趨<u>登州</u>，
中軍<u>耿仲明</u>爲內應，內外夾攻，<u>崇禎</u>五年正月初三日，遂陷其城。時<u>九成</u>自稱替天
行道都元帥，賊中又呼曰三大王，<u>有德</u>稱副元帥，<u>耿仲明</u>自號都督。無何，旅順口
駐防參將<u>陳有時</u>，<u>廣鹿島</u>副將<u>毛承祿</u>，亦叛而來會。<u>承祿</u>，<u>毛文龍</u>義子之首，當時
官軍，通稱彼等爲賊中五渠，均<u>毛文龍</u>養子養孫也。考平叛記：「<u>登州</u>僻在海隅，
阻山負海，素號荒陬，自<u>毛文龍</u>開鎮<u>東江</u>，以<u>登州</u>爲孔道，歲餉八十萬，皆從登海
往，於是熙攘成聚。往年建恢四衞之策者，欲從登海渡師，始設巡撫，練兵治器，
殆無虛日，天下之談兵說劍者，競託足焉。<u>遼</u>埲既淪，一切蔘貂布帛之利，由島上
轉輸，商旅雲集，<u>登</u>之繁富，遂甲六郡。」<u>毛文龍</u>兩次覘<u>登州</u>形勢，欲謀不測而未
果，是以<u>孔耿</u>輩，欲得而甘心者，固非一朝一夕矣。<u>登州</u>既陷，賊屢遇官兵，輒擊
敗之，<u>山東</u>大亂。八月，<u>關寧</u>援兵大至，大敗賊衆於<u>沙河</u>，叛徒走<u>登州</u>，官軍圍

之。登州城三面距山，一面距海，其北有水城，與大城相接，開水門以通海舶，賊恃此可通外、故不下。十二月初三日，西門外之戰，官兵奮勇，殲李賊於陣，先是七月二十二日，川將牟文綬馳救平度，殺賊魁陳有時，茲九成又死，賊渠失其二，叛徒意氣大減，率衆走旅順。據乙編葉一〇三載崇禎六年三月初九日兵部殘稿，孔有德以十三日（疑二月十三日）遁海，耿仲明等以十六夜遁海。旅順自陳有時叛後，東江大帥黃龍，即移鎮其地，練兵蓄士，爲固守勦叛之計，賊多方招之，不可得，又執龍母妻及子以脅之，龍堅不顧，至是，有德擁衆數萬，竟圍旅順，龍率兵禦之。二月二十六日，圍旅順之賊，結老營於龍王堂，有德自率精銳屯雙島，時副總兵周文郁所將舟師單弱，僅龍武左右兩營，乃僞立內丁二營，火器一營，招練一營，夷丁百人，更番出哨，夜分布各艘，唱夷歌，遼人能夷歌者和之，賊聞之，謂我營中皆夷丁也，是日，遣將焚賊老營，二十八日，舟師遁賊雙島，浮屍蔽海而下，賊知老營燼，乘風遁去，追擊之，獲叛將毛承祿，旅順之圍始解，賊氣益奪，孔耿二賊，竟漏網遁去。毛鬈平叛記，即爲孔耿等而作，平叛記謂崇禎六年四月十七日，孔有德耿仲明走瀋陽北去，並稱自發難至此，凡十有八月而始定。檢崇禎長編，當時地方之受害，他不具論，即如登州之陷，城中居民男女數十萬，殺劫淫汚，備極慘酷。又城中紅夷大礮二十位，西洋礮三百位，其餘火器甲仗，不可勝數，亦盡爲賊有。當叛徒之敗遁北去也，據丙編葉二四載金國汗來書曰：

> 大金國汗致書列公：先曾聞列公屬意於予，予亦未嘗深信，今遊擊張文煥都司楊鎭船一隻，從蓋州地方入境，盡道列公之事，予始知是實。故專人相問，併候不旣。

此書，王錄作天聰七年三月丙辰，楊鎭作楊謹。又天聰七年實錄稿則書「遣人致書毛四」，又書「張文煥來」四字，今以此書原本校之，知書中之列公，即爲實錄稿內之「毛四」等。據此，則孔有德除嘗冒名毛永詩之外，更又有「毛四」之稱。金人寧完我，深悉彼等之爲人，如曰：「竊料孔耿這一夥官兵，多係礦徒無形影之人，胡賭胡吃，不務本等生理，雖在山東搶得些財物，乃溝澮之水，不過一年半載，必是照舊精光，到那時節，這夥人必不肯甘貧受苦，勢必至於爲盜劫路，再甚則逃竄背叛，亦所必至者。」並稱孔耿二人爲「暴戾」，爲「凶徒」。（羅氏史料叢

刊）四月十一日，此輩遣其副將劉承祖曹紹中二人致投降書於金國汗：

　　總提兵大元帥孔有德，總督糧餉總兵官耿仲明，爲直陳衷曲，以圖大業事。

　　照得朱朝至今，主幼臣奸，邊事日壞，非一日矣。兵士鼓噪，觸處皆然，本

　　帥非但如此，昨奉部調西援，錢糧缺之，兼沿途閉門罷市，日不得食，夜不

　　得宿，忍氣吞聲，行至吳橋，又因惡官把持，以致衆兵奮激起義，遂破新

　　城，破登州，隨收服各州縣，去年已有三次書札，全未見復，始知俱被黃龍

　　在旅順所截奪。繼因援兵四集，圍困半載，彼但深溝高壘，不與我交戰，彼

　　兵日多，我兵糧少，只得棄登州而駕舟師，原欲首取旅順爲根本，與汗連合

　　於一處，誰知颶風大作，飄至廣鹿島大連海中，本帥卽乘機收服廣鹿長山石城

　　等島。若論大海，何往不利？要之，終非結局。久仰明汗網羅海內英豪，有

　　堯舜湯武之胸襟，無片甲隻矢者，尙欲投汗以展胸中之偉抱，何況本帥現有

　　甲兵數萬，輕舟百餘，大礮火器俱全，有此武備，更與明汗同心合力，水陸

　　並進，勢如破竹，天下又誰敢與汗爲敵乎？此出於一片眞熱心腸，確實如

　　，汗若聽從，大事立就，朱朝之天下，轉瞬卽爲汗之天下，是時明汗授我

　　　　　封我何地？乃本帥之願也。特差副將劉承祖曹紹中爲先容，汗速乘此

　　機會，成其大事，卽天賜汗之禍，亦本帥之幸也。若汗不信，可差人前看其

　　虛實如何？本帥不往別地，獨向汗者，以汗之高明，他日必成大事，故效古

　　人棄暗投明也，希詳察之。爲此，合用手本，前投明汗駕前，煩爲查照來文

　　事理，速賜裁奪施行。須至手本者。（清朝全史上葉五一）

茲再將此輩前後等待之狀，錄如下，據仁錄卷二八葉一九，十一年四月。

　　丁卯備局啓曰：登賊之東來，是固我國之所常憂者，而今果然矣。賊之停泊

　　於獐子西進岸之地者，似是與奴相通之計。當及與虜未合之前，登時勦滅，

　　除深患於本國，聲大義於天下。

　　壬申，仲明等移船於千家莊前江，指向九連城，有與相通之狀（卷二八葉一

　　九）

至降書情節，姑舉其大概者言之，頗與往日毛文龍私通各書，同出一轍。如稱「明

汗」，稱「本帥」，卽毛文龍所稱之「汗王」，及「本鎮」也。又如關於「大事立

就，是時明汗，授我何職，封我何地」等語，亦卽毛文龍前日所云「事有結局之期如何隆我」之意。其餘如「若汗不信，可差人看其虛實」，此尤爲毛文龍致金汗各書中常有之辭。至於虛張「現有甲兵數萬」，並「若論大海，何往不利，」揆之文龍書中「或戰或攻，我自有主意」亦相類。凡此語氣，無非叛徒輩，說明彼等之來，但在「同心合力，共成大事，」與其他之無兵無力者不同。姑以此測驗金汗心意，看彼如何還價，是否亦效法文龍欲爲「劉豫」。然如此書只以「手本」行之，且曰「煩爲查照」，俱平行事體，與旋卽稱臣之奏本絕異。總之，此書主要一點，不外仍本當日毛文龍之故智。可見叛徒等，初時賣國之野心，固亦不小。惟是測驗結果，竟又爲認彼獨眞之寧完我一語道破，如曰：「彼旣肯來，必是氣力不支。」當時寧完我對於凶徒等之無故投來，有一奏本曰：

> 竊料孔耿二人，攜數萬人口敗入海島，西南無路，朝鮮不親，島中糧少，非常存之地，其勢不久，必我屬也。但念耿千總王子登等，乃自我國逃去者，必懷疑懼心，徘徊苟延，若不到筋絕糧失勢之日，斷不肯翻然投來也。臣愚謂汗宜至誠惻怛，與他二人一箇諭帖，把他將來的局勢，替他打算箇明白，赦他前罪，招他速來。若孔耿諸人率衆肯來，汗當收入我漢兵營中，其伊之大小頭目，照依我漢營一樣，分署部伍，置之將帥，此數千兵丁，不勞編派而得，誠天送汗以成大事者。汗若謂他旣投來，我怎好難爲他？臣以爲若他力足自支，任我甜言美語，舌敝脣乾，彼必不肯輕來，彼旣肯來，必是氣力不支，他但保全性命，已自快足，況復得做官領兵乎？（羅氏史料叢刊天聰七年四月初八日）

所云：「若他力足自支，任我甜言美語，舌敝脣乾，彼必不肯輕來，」此寥寥數語，意味無窮，由此可知昔日之毛文龍不肯輕易投降金國者，卽因「力足自支」之故。至是寧氏對於孔耿之自行投來，一則曰「必是氣力不支」，再則曰「但保全性命，已自快足」其視孔耿輩，已非前日毛文龍「擁兵東江」之比。所以寧完我處置凶徒，亦不顧慮金汗「怎好難爲他」之言，毅然爲「斬釘截鐵」之請，一面收降，一面改編，蓋以應付此輩凶徒，御之不善，亦金國後日之憂。未幾，孔耿兩賊移屯，金兵來迎：

孔耿兩賊移屯，與虜兵相連結陣，天兵退向椵島。（仁錄卷二八葉二一，十

一年四月癸未）

有德等，欲從鎮江登岸，朝鮮又以兵助明，邀擊之，濟爾哈朗阿濟格杜度率

兵迎於江岸，相對立營，明兵朝鮮兵，見我兵勢盛，遂退。於是數百船官兵

家口兵器槍礮等物，盡抵江岸，不遺一物。（王錄天聰七年五月壬子）

當孔耿兩賊等待金人處置之際，金人嘗爲兩賊告饑於朝鮮，仁錄十一年四月甲戌：

虜兵要賒粩以來，畐到中江告饑，帥臣以聞。備局啓曰：胡賊與登賊相通，

我若給糧，則是無異接濟於登賊，不宜許之。上從之。（卷二八葉二〇）

又己丑：

胡差龍骨大靈只入京。勾管所啓曰：臣等入見金差，問其出來之由，則答

曰：我國受天之祐……毛兵投降者，至於數萬，無以接濟，願得糧餉云。臣

等曰：所謂毛兵，無乃孔耿兩賊耶？此是天朝叛將，我國讎賊，方嚴兵待

變，寧有給餉之理？龍胡曰：此輩初爲椵島誑誘，而投入島中也，貴國借地

而接之，給糧而資之，則今歸我之後，何獨稱以逆賊而仇視耶？臣等曰：是

何言也？仲明以爾國先汗所養育之人，反率遼民首倡投島，有德以毛家廝

役，初與劉興治潛圖我國，而事敗之後，旋叛天朝，屠戮登萊之人，此是極

惡大憝，意謂爾國同我仇視，而何反責我耶？今之還爾國者，亦非悔過而慕

義，勢窮力迫，聊爲假息之計，而容受不疑，仍欲貽禍於我國，竊不取也。

且所謂歸順者，剃頭而歸爾國耶？別爲屯住，猶懷反側之謀，非但我國之邊

邑朝夕待變，於爾國終必作卵育之禍矣。答曰：剃頭與否？終當在我之處

置，何必以此而致疑？仍傳納汗書。其書曰：

新附來山東官兵，乃予取遼東時已得者，續背叛入島，彼時貴國給糧周濟，

養成其勢，至今日皇天福庇，渠眾率甲士二萬，船百餘隻，復歸於予，其口

糧周濟，似宜復仰於貴國也。若伊附南朝時，而貴國撫恤之，今附弊邦，而

輒更其事，恐非兄弟友于之道也？幸貴國務敦鄰好，相爲周濟，迺可。其餘

語言，盡在去臣之口云。（卷二八葉二一）

曰「毛兵，」曰「孔耿兩賊，」曰「天朝叛將，」曰「我國讎賊，」曰「方嚴兵待

變」，曰「寧有給餉之理，」凡此，皆「斷然」「決然」之辭。所以數百艘叛徒，無處立足，只有投降金人。自歸金國之後，「金人卽爲安插於遼陽之東京城，據羅氏史料叢刊載天聰七年五月二十二日兵部啓心郎丁文盛等奏本：

> 毛帥來歸我國，給以脚力，安插東京，仍令各丁負糧養活，眞皇上天地之心，懷遠之盛典也。然我國地窄人衆，去年水潦，金漢官員餬口晨難，旣照前程出羊雞鵝米肉，又照前程買馬，分明取舊官之食，以喂新官，恐新人未必肥，而舊人瘠矣。

五月二十四日，孔耿呈謝恩表文於金汗：

> 皇上萬福萬安。德等所部先來官兵，俱已安插，均蒙給糧，恩同於天，總等欲赴都門謝恩，但續到官兵，尙未安插，不敢輕往。事竣之日，聽候皇上鈞旨，赴闕叩首，謹臨稟不勝戰慄之至。（清朝全史上二葉五二）

六月初三日癸亥，孔耿等，至瀋陽，金汗出郊十里迎接，攜手告天，盟以共享富貴。又議欲行抱見禮，其下聞之不懌，於是金汗曰：「昔者張飛尊上而凌下，關羽傲上而愛下，以恩遇之，不亦善乎？」又曰：「元帥總兵，奪取登州，攻城略地，當強盛而納款輸誠，遣使者二，率其兵民航海，衝敵來歸於我，功孰大焉。」卒行抱見禮。初六日，孔耿又奏一本曰：

> 沐恩臣孔有德耿仲明謹奏爲駑劣無能不堪驅策懇祈聖明俯准卸任 以重軍務事。竊維臣等，樗櫟末弁，夙慕皇仁，挈衆航海，叨荷聖明，溥施高厚，普賜車馬，得免跋涉之勞，仍給行糧，衆無饑餒之苦，及至東京，奉命安插，均霑夏屋，遍發米薪，官兵戴德，老幼衘恩，舉手加額，咸慶遭逢，（臣）等何幸，而至此耶？頃赴闕叩首，得覩天顏，臣等踴躍倍常，不啻赤子得遇慈母矣。又蒙皇上，隆以宴賞，復賜裘馬，臣等感激洪恩，無可報答，惟仰天叩祝皇仁，福壽無疆而已，臣等雖猥瑣，敢不殫力，以報皇上知遇於萬一也。臣等又有下情，敢向皇上陳焉，曩者爲衆所推，濫冒斯職，不過仰體皇上好生之德，保全生靈，矧軍旅重務，非謀猷素著者，不能居之，臣等材質庸匪，豈可當此？今將原統官兵印信，一倂開册奏繳，伏乞勅下廷議，另擇賢能總理，容（臣）等入都，備員朝夕，得効犬馬，庶軍務無誤，臣等更沐

　　皇恩於罔極矣。爲此具題請旨，曷勝懇祈待命之至。謹疏。（羅氏史料叢刊）

此請卸軍務奏本，只照例之事，因彼等之稱號，金汗尚未予以新封，故起首但書「沐恩」二字。據王錄六月十三日癸酉，封孔有德爲都元帥，耿仲明爲總兵官，賜勅印。爾時孔耿等，並各呈獻其兵册；

　　孔有德謹奏獻兵册以便查覈事。臣率官兵家眷八千一十四員名口，俱已安插，在在寧家，處處樂利，臣今逐一開報清册一本，伏乞皇上俯准收錄，庶團練得體，責成有歸矣。爲此類造，謹奏。

　　耿仲明謹奏獻兵册以便查覈事。竊臣率官兵家小五千八百六十六員名口，俱已安插，在在寧家，處處樂利，臣今逐一開報清册一本，伏乞皇上俯准收錄，庶團練得體，責成有歸矣。爲此類造，謹奏。

檢丙編第一本載天聰七年五月十八日路上帶來都元帥下東來各官數目單，通共一萬三千一百二十七名，內精壯官兵三千六百四十三員名，其中副參遊等，凡一百零七員，又有管紅夷大礮參將二員盧之能程穩，火藥局參將賈志祥，火器營參將潘學，火器副將吳進盛，後來金人能自造西洋大礮，即自此時始。凡此利益，皆孔耿二賊，無端送與金國，是以其時金人上下，與奮如狂，以金汗言之，則郊迎十里，攜手告天，盟以共享富貴。且又奪舊人之食，以啗此輩。同時金國之章奏，更羣謂天賜，以成大事。據羅氏史料叢刊載天聰七年四五等月奏本：

　　山東官兵，船隻大礮，前來投順，此正上天授皇上，以成大事之機，而寶皇上仁心德政播於天下，有以招來也。（黃旗參將姜新機會可乘奏）

　　今山東兵將，越海歸來，此天賜我汗，宗廟之靈，寶式憑之，□□□強將勇，謀略兼備，所向無敵，惟有水程未通。今獲大船百十餘隻，不爲不少，新獲□□，水陸地利，孰知不勞兵力？助我航海之師，正天時人事，俱知大業，指日可就。（正白旗周一元直陳愚見奏）

　　今得將得兵得船□□□□□□外國聞之喪膽，而旅順總兵見之亡魂，臣願皇上安撫來人之心，加以厚恩，速練□□□□□□旅順，而征旅順，自有方法矣。（正白旗固山下遊擊佟整請亟奪水路奏）

竊惟毛帥，率衆歸來，又得大船百號，此天賜之威力，我皇上之洪福也。乘此機會，當速興師，統兵直取山海，仍以船兵遶出關後，內外夾攻，山海可得。（兵部啓心郎丁文盛趙福星水陸並進奏）

臣舊年爲與漢朝議和，曾奏請稍待天命至日，人心自歸，今年漢朝官兵，果自航海多歸，是人心悅，卽天意得，足見我國天命將至。意者到丙子丁丑年閒，必成大業，可以符應孔明碑記後驗矣。（正白旗備禦劉學成安內攘外奏）

以上各奏本，皆極得意極興奮之言。再檢同書載天聰六年之記事，關於當初之金汗，不但原無遠略之心，卽偏安一方之劉玄德，彼亦不敢望，（見「清太宗與三國演義」）而曰「我願是金人」，是以「無意於京師」，而只欲以遼土一隅自限。此說解釋，如「五六年來，不能擴充先汗之業」，卽一隅自限之證。所以當孔耿未叛明朝以前，其時之金汗，惟專心致力於求款，而求款之懇切，至於願聽明朝之區處。顧自孔耿投來之後，彼金汗「一隅自限」之局勢，乃忽然打破，同時又因金國之許多漢人，羣然以孔耿之來，得將得兵得船，又得許多大礮，謂爲「天賜機會，以成大事」。一面更教金汗學漢高祖淡烈規模，勿因「我原是金人，」「自畏自畫，」而不敢進取。當日之金汗，卽因此輩之鼓勵，於是亦以爲「帝王將相，本來無種，」而曰「力圖進取。」雖求款之心，始終無改，但不似前日只知坐守家內，指望明帝子以自新之路。是以金國章奏中，進陳取明之策者，亦以天聰七年爲最多最急，皆是年四月以後漢人之奏章也。凡此奏章，檢羅氏史料叢刊及天聰七年實錄稿，皆不難知之。可見孔耿之叛，除以許多利益送給金國之外，同時更又以最大之鼓勵，驅策金國之進取，於是屠旅順，併朝鮮，取皮島諸役，均相繼而起。凡此諸役，又皆孔耿爲先驅，卽如旅順之屠，據乙編葉一○八載孔耿二賊勾引達子馬步二萬餘，以七月七日陷之，孔耿在陣指揮，有『旅順的官兵老幼，一箇也不要留他』之言。於是此數萬之衆，皆死於賊手。如同書又載：「旅順兵馬，素稱精壯，而戰守尙未旬日，盡斃於鋒刃，誠可痛哉。」已而孔耿更召都司尙可喜亦叛降於金，其後金人數數深入內地，蹂躪京畿山東殆遍，孔耿諸賊，無役不與，塗毒之慘，愈來愈烈，尤以山東爲甚。如崇禎十一年「戊寅虜變，」據乙編葉二五二，濟南一處便

屠殺百萬。考之王錄崇德四年七月清主致明帝書，亦有「死亡百萬，非朕殺之，實爾君臣自殺之」之語。殺戮之慘，於斯可見。當時明人，總稱孔耿輩爲遼人叛將，而此遼人叛將之記事，今明清史料甲編八九十凡三件，乙編一至六凡六件，皆記之，故當時最爲明朝之害者，莫如孔耿之叛，而明朝之亡國，此輩貢獻最大。及勦伐南明之役，其屠戮之際，又遠在異族清人之上，茲姑舉一例於后：

> 順治庚寅正月，耿繼茂尙可喜兵入廣州，屠戮甚慘。城內居民，幾無噍類，其奔出者，急不得渡，擠溺以死，復不可勝計。浮屠氏眞修，曾受紫衣之賜，號紫衣僧者，乃募役購薪，聚瘞於東門隙地，焚之，累骸成阜，行人於二三里外，望如積雪，卽於其旁，築爲大坎瘞焉，名曰共塚。亂定後，延僧結壇，設伊蒲之祭，番禺王孝廉，有祭共塚文，頗行於世。（鈕琇觚賸卷八）

自清人入關，卽利用此輩以爲前驅，用兵垂二十年，此輩又始終其事，卒滅南明而後已。讀史至此，有餘痛矣。

附論東江遺事。　清人吳兔牀所輯東江遺事一書，羅振玉爲之影印，其目錄如下：

毛將軍碑 談遷棗林雜俎

撥遼功績 明末檔案

熊廷弼傳 明史

袁崇煥傳 明史

錢龍錫傳 明史

朝鮮傳 明史稿

袁崇煥 棗林雜俎

毛文龍 棗林雜俎

毛帥東江 劉愛塔孔有德　亡名氏紀事附本末備遺

錦寧戰守 亡名氏紀事本末備遺

崇禎朝紀略 江陰李遜之廬公

也是園雜記 虞山錢曾

　　　毛太保公傳毛先舒小匡文抄

　　　毛總戎墓誌銘毛奇齡撰

　　　耿靖南傳亡名氏

　　　尚平南傳亡名氏

　　　孔定南傳亡名氏

　　　東華錄蔣良騏

都十八種，共約四萬字，此十八種內容，無庸更加辨正，總因毛文龍之罪惡，莫甚於通敵叛國一事。叛國文件，有「都督毛文龍」當日親自之署名，名字之上，又鈐有「平遼大將軍」朱印一方，真憑實據，無可再辨，亦不容辨。何況死後之流毒，更兼孔耿之叛，爲清人屠殺吾中華民族之先民前後數十年，死者無數，比之洪承疇吳三桂孫可望等，尤爲過之，雖百代而後，亦不能恕也。目錄內之孔定南耿靖南尚平南，清人總稱彼等爲三王，此所謂三王，卽當初毛文龍麾役之毛四毛有傑毛永喜等，此輩殺人之罪惡，今日吾人整理殘餘檔案，猶可以見之，至於其餘之無從得見者，當不知尚有若干倍？所以吾人對於東江遺事一書，實無再爲辨正之必要。只是關於此書中荒唐之記載，亦當舉例於後，以見其誣搆之一斑：

　　　及讀外國（朝鮮）傳，毛帥之寃，乃如鐵案，方知與兩毛公及浴江漫叟，均爲具眼。他不具論，卽如所書：「督師袁崇煥殺平遼將軍左都督毛文龍於雙島」一句。書平遼將軍，紀其功也，書左都督，能其官也，書殺，不應殺也，春秋之意隱然矣。曰督師，明非奉旨，而賣國罪已寓其中，毛帥從此瞑目千秋矣。（荆溪任安上附志）

　　　遇敵敢戰決勝，屢得捷，出奇無窮，而神亦助之，嘗戰於大石門嶺，矢來如雨，再易馬，行甚疾，敵望之，皆辟易退卻，天明，還其軍，軍士皆歡呼，及下馬，則一黑虎，騰跳而去。皆大驚曰：大將軍真天人也。（毛太保公傳）

　　　時六月五日……是夕，見大星墜海中，有光，聲如雷，遲久乃止，各嘆曰：將軍亡矣，天意也。（毛總戎墓誌名）

　　　有德心念舊恩，言及大將軍時事，輒於邑，不自勝，文龍喪停登州北寺，

有德親具舟，從海道遣人迎之，將葬於遼陽，舟至中流，颶風倏起，怒濤山立，有德拜而言曰：公不欲往東耶？因返舟，舟移，而風止。（孔定南傳）

按孔耿之叛，前文所記『都元帥下東來各官數目單，』通共一萬三千餘人，而此書所收孔定南傳，則曰「遂率親兵八百人來歸」。又毛承祿之死，亦因與孔有德等同叛伏法，平叛記作崇禎六年七月，礫之。甲編葉七六八，山東巡撫朱大典副啓亦載「毛承祿及偽副將諸賊俱纍纍就縛。」再檢孔定南傳，乃又荒謬太甚，如曰：

有德……素與文龍從子副總兵毛承祿親厚，歸命後，孫撫令承祿往說之，有德謂之曰：李少卿有言，歸易耳，恐再辱，奈何？今明官皆刀俎，我何能爲魚肉耶？欲留承祿事之，承祿不可，尋歸，以讒見殺。

伏法之叛賊，而曰「以讒見殺」，此與鼓勵孔耿之亂，爲「從龍，」爲「航海歸朝，」（航海歸朝語見林璐歲寒堂存稿）同一顛倒之言。故本篇史料只於此書中取其百餘字，如履歷之類，（卽此亦待考）此外未敢多取，因荒唐之說，旣如彼之多，實亦無可再取也。及檢本書末葉羅振玉跋，則又極稱此書爲罕見，肆爲許多反常之論：

毛氏開府東江，闢草萊，固邊圉，牽制山海，厥功至偉。乃當時清議，非詆之曰冒功，卽詆之曰冒餉，因爲王化貞所識拔，至詆之曰魏黨。卒爲袁崇煥所扼，減兵額，改餉道，已足致文龍於死地，乃猶以爲未足，復矯詔殺之，以自壞長城。文龍以五月被殺，王師遂以十二月長驅無阻，薄都城矣。彼謂牽制無效者，九泉之下，其亦憮然悟乎？文龍沈冤，終明之世，未嘗一日白，得兔牀先生此書，爲之湔雪，可謂千秋定論矣。此書向無刊本，其中所據諸書，亦多罕見之寫本，爰付之手民，以廣其傳。毛帥事，尚有此書未收者，暇日當命長孫繼祖——錄出，爲之補遺，以續先生之書，儻有合乎先生發潛闡幽昭忠雪枉之旨乎？癸酉仲夏，羅振玉。

癸酉，卽民國二十二年，羅氏因從來不用中華民國紀年，所以只書癸酉。九一八事變，日寇成立偽組織，羅氏嘗爲首任十大臣之一，以其衰老之年，猶爲此無恥之事，其以毛文龍之「通敵叛國」爲偉功，以叛徒孔耿等之屠殺同胞爲佐命之勳，亦無足異矣。毛文龍通敵原書，載明清史料，姑勿論羅氏曾否見之，卽如金梁之滿洲

老檔，記毛文龍私通之事，亦大略可見，此書出版較早，羅氏當親見之，矧彼父子等手編史料叢刊，其中亦載有毛文龍種種罪惡，彼皆不肯徵信，獨信此東江遺事一書，且又撫拾由來一貫之浮言，妄論文龍有功之狀，其為「賊賊相護」有意淆亂是非之心理顯然可知矣。又按跋中有「毛帥事，尚有此書未收者，暇日當命長孫繼祖一一錄出，為之補遺」等語：此補遺之事，吾人今已先為之，不必等待繼祖錄出，計本篇各章，凡十萬言，皆此東江遺事一書所未收者，此外，尚有許多「詗探無路」（見前）之種種陰謀，暇日當更留心搜集，以續本篇之後，必使毛文龍釀亂之罪惡，「發潛闡幽」，——無遺而後已。庶羅氏「昭忠雪枉」之妄說，亦可與此「極惡大憝」之毛文龍，並傳於世也。

毛文龍與金國汗書

（二）

後古

筆翰云來官府言詳無未踐故此無間蒹保下官所以聽好語
難以盡吐咎者不尋不渾然也又天庭好私道之語不依主於天
地間斷不失信於一人止知其貴對不知其庭好土知其公道
不知其私通人而無信聖人之所深慮也
台臺與不依意氣交議但元事情尚議而行我我我自有
主意行武薄書萬無一失保身保家大富巨貴指日得具奈
一點吞寸天地思神可表土總兵亦當知之此後、

（五）

（四）

（六）

出自第十九本（一九四八年十月）

董文驥與明史紀事本末

王 崇 武

谷應泰撰明史紀事本末實延明遺民張岱等代爲之，所輯典章事實，詳審豐贍，在紀事本末體中允推佳著。其書約刊於順治十五年頃，較明史成書早七十餘年，時無欽定之正史爲準則，故在記事方面可不受拘束，然則前人詆其取材冗濫、沿襲野史者（見四庫提要及清史列傳等），就另一觀點言之，或卽其所長歟？惟谷書初出，有控其譏訕當代者，徐世昌淸畿輔先哲傳拾玖應泰傳記：

> 是書（明史紀事本末）初出，有以其語涉譏訕者，上（世祖）調取閱之，知其書無他，不之禁也。

檢光緒武進陽湖合志，知彈劾之人爲董文驥，合志貳陸文學傳：

> 董文驥字玉虬，幼穎敏，讀書過目成誦，順治己丑進士，授行人，遷御史，……以史事劾浙江學使谷應泰，世祖章皇帝在南苑召對，慰勞甚至。會日將暮，南海子去都城十里，盧迷失道，命侍衞導之歸，舉朝傳爲盛事。

案董氏微泉閣文集捌伯父聖臣公神道碑（卽董承詔，天啓時浙江布政使）：

> 子受知世祖皇帝，南苑賜茶，敕送夜歸。

又詩集捌庚子除夕：

> 積薪十載老孤槎，遇巷今年傍翠華，中使朝宣收諫草，羽林夕送賜宮茶。
>
> （原注：「是月二十四日，驥彈學臣谷應泰疏入，上敕中使宣至南苑賜茶，暮令二騎送歸。」）

同書叁除夕行：

> 順治末年官蘭臺，白筆斜簪希汲直，乾淸宮前朝諫草，晾鷹臺畔宵傳敕，貂璫銀椀發茶香，虎士玉鞭歸月黑，天廚鳳餅充虛枵，寶炬金蓮照迷惑。（原注：「庚子十二月疏彈學臣，召至南海子，內臣宣旨賜茶云，恐汝宿此無帳房，回去走迷了道。著兩馬送歸。」）

拾叁宮詞其八：

才於帳殿進彈文，旋召詞臣論夜分，一自宮車無復駕，晾臒臺畔鎖愁雲。

（原注：「庚子十二月二十二夜──上注作二十四日進彈章──宣臣至海子行在，進所糾谷應泰私史，召偵審王某示之，越四日，上入幸，辛丑正月八日晏駕。」）

庚子爲順治十七年，是谷書刊刻不久即遭糾舉，世祖之漢文程度如何，本成疑問，（世祖不諳漢語漢書，請參看中央研究院明清史料丙編三七○葉高桂輿本。）即使粗略通習，而帝少年好弄，明事未必措意。故時召示之偵審王某頗關重要，王疑即禮部偵審王崇簡，氏以明季高科，爲新朝佐命，前代史事，自所審知，世祖雖嘉御史敢言，而不坐應泰之罪，意告有不便宣示之隱也。

董集不載彈劾原文，不知所謂語涉譏訕者何所指，惟於從姪元愷所作序中載：

當公在南臺時，不數月，章數上。……其最著者，參浙江學臣谷應泰，摘其明史紀事本末，謂本朝仗義討賊，轉戰千里，雪前代之恥，應泰猥云賊臣何騰蛟禽之羅公山下，而我師不與焉，遂使我皇上爲明季君臣討賊之大義不白於天下後世。世祖擊節嘉嘆，召對南苑行殿，賜茶，會日暮，撤御前金蓮燭，遣衛士二騎送歸，曰：「勿令董御史迷失道。」

據此，彈章指陳之點，在以闖王李自成之誅不歸功於清朝，而委之於明臣何騰蛟，致使清人所造之「仗義討賊」口號，無所附麗，然則谷書所記之眞實性如何，固亟待討論者矣。

諸書記李自成之死者，言人人殊，茲綜合各家所載者，約得三說：（一）以爲清人所斃者，如東華錄順治二年閏六月甲申，靖遠大將軍英親王阿濟格等奏：

流賊李自成率西安府馬步賊兵十三萬，並湖廣襄陽承天荊州德安四府所屬各州縣原設守禦賊兵七萬，共計二十萬，聲言欲取南京，水陸並進，我兵亦分水陸兩路躡其後，追及於鄧州承天德安武昌富池口桑家口九江等七處，降者撫之，拒者誅之，窮追至賊老營，大敗賊兵八次，賊兵盡力窮，竄入九宮山，隨於山中編索自成不得，又四出搜緝，有降卒及被擒賊兵俱言自成竄走時，攜隨身步卒僅二十人，爲村民所困，不能脫，遂自縊死，因遣素識自成者往認其屍，屍朽莫辨，或存或亡，俟就彼再行察訪。伊自成兩叔僞趙侯，僞襄南侯，並自成妻妾二口，獲金印一顆。又獲僞汝侯劉宗閔並一妻二媳，

自成養子僞義侯姜耐妻，僞齊侯顧英妻，僞總兵左光先並一妻三子，及術士僞軍師宗矮子。……計我兵追蹑自成及分翼出師敗賊凡十有三戰，獲駝三十一，馬驘六千四百五十，船三千一百八艘。

案此爲清朝官書方面之記載，據此，自成先爲清兵所敗，繼爲鄉民所困，以致自縊，而清軍復俘其餘黨，則誅闖之功自應屬於清朝，明史稿明史流寇傳、清史列傳清朝耆獻類徵清史稿等書阿濟哥傳大都祖述此意，（此僅就遺人攘功一點言，文中細節有彼此歧異者。）此一說也。

（二）當時人記載亦有以自成爲鄉人擊斃，不歸功於清朝或明朝者，如文秉烈皇小識捌：

逆成屢敗之後，每行軍，大隊在前，己率數十騎在後，一夕大風沙，對面不相視，逆成同二十八騎趨通山，登九宮山，鄉兵遇之，亂刃交加，遂剚逆成於馬下：

又黃宗羲行朝錄壹隆武二年四月：

闖賊李自成爲九宮山民擊死。

此外如吳偉業綏寇紀略馮甦見聞隨筆及李瑤南彊繹史撫遺等書均約略同此，此又一說也。（錢澄明季遺聞計六奇明季北略等書謂自成病死，就不歸功於明清兩方言，本可與此並論，以其無稽，故不舉。）

（三）明方記載則完全反是，烈皇小識附有何騰蛟逆闖伏誅疏，茲摘錄如下：

總督湖廣川貴廣東廣西五省軍務兵部尚書何騰蛟奏：闖死確有實據，闖級未敢扶同，謹具實囘奏事，痛自闖逆肆亂，逼我先帝，陷我神京，罪通於天，一旦被戮九宮山，差紓神人之憤，奉旨何騰蛟著吏部先行議叙速叙，仍著將殲賊情形，闖賊首級眞否，該撫察奏解，若果的眞，照格敘賞，以昭大信，欽此。……臣自遭左變，投身江濤，遇救得生。臣揣闖逆知左兵南遁，勢必窺楚，卽飛檄道臣傅上瑞章曠推官趙廷璧姚繼舜成寧知縣陳鶴齡等聯絡鄉勇以待。闖果爲清所逼，自豫秦奔楚，霪雨連旬，闖逆困於馬上者踰月，此固天亡之也。闖逆居鄂兩日，忽狂風驟起，對面不見，闖心驚疑，權清之蹑其後也，卽拔賊營而上，然其意尙欲迫臣，盤踞湖南耳。天意亡闖，以二十八

騎登九宮山，爲窺伺計，不意伏兵四起，截殺於亂刃之下，相隨僞參將張雙
喜係闖逆義男，僅得馳馬先逸，而闖逆之劉伴當飛騎追呼曰：「李萬歲爺被
鄉兵殺死馬下，二十八騎無一存者。」一時賊黨聞之，滿營聚哭。及臣撫劉
體仁郝搖旗於湘陰，撫袁宗第藺養臣於長沙，撫王進才牛有勇於新牆，無不
衆口同辭，營內有臣晉豫舊治之子矜氓隷，亦無不衆口同辭也。張參將久駐
湘陰，郝搖旗現在臣標，時時道臣逆闖之死狀，嗣後大行剿撫，道阻音絕，
無復得其首級報驗。今日逆首已殞死於鄉兵，而鄉兵初不知也，使鄉兵知其
爲闖，氣反不壯，未必遂能翦滅，而致弩刃之交加，爲千古大快也。今而後
逼君破都之氣餒，遂成烏喙獸樹之肉餅，亦可以謝先帝矣。……隆武元年月
日奏。

是以自成爲民兵所殺，而民兵在清師未到之前，應受明朝節制，亦卽應歸功於何
騰蛟，錢澄之所知錄吳偉業鹿樵紀聞及邵廷采西南紀事等書均有鄉民獻功騰蛟之記
事，（村民獻闖首事不可信。惟直接或間接報殺闖之功，當是事實。）與此可視爲同一系統，此又
一說也。

　　今案比較以上三說，當以何疏所述者最近情理，蓋自成自秦而豫而鄂，雖受清
兵壓迫，追渡江而南，則爲騰蛟所轄地，明史李自成傳記其流亡之經過云：

　　順治二年，我兵攻潼關，僞伯馬世耀以六十萬衆迎戰敗死，潼關破，自成遂
　　棄西安，由龍駒寨走武岡，入襄陽，復走武昌，我兵兩道追躡，連蹙之鄧州
　　承天德安武昌，窮追至賊老營，大破之者八。當是時，左良玉東下，武昌虛
　　無人，自成屯五十餘日，賊衆尙五十餘萬，改江夏曰瑞符縣，尋爲我兵所
　　追，部衆多降或逃散，自成走延寧蒲圻，至通城，竄於九宮山。

又何騰蛟傳記騰蛟時正撫治兩湖：

　　（崇禎）十六年冬，拜右僉都御史，代王聚奎巡撫湖廣，時湖北地盡失，止
　　存武昌，屯左良玉大軍，軍橫甚，騰蛟與良玉交歡，得相安。明年春，遣將惠
　　登相毛憲文復德安隨州。……八月，福王命加騰蛟兵部右侍郎，兼撫湖南，
　　代李乾德。尋以故官總督湖廣四川雲南貴州廣西軍務，召總督楊鶚還。明年
　　（弘光元年）三月，南京有北來太子事，中外以爲眞，朝臣皆曰僞。……無何，

良玉舉兵反，邀騰蛟偕行。·……騰蛟急解印付家人，令速走，將自到，爲良玉部將擁去，良玉欲與同舟，不從，乃置之別舟，以副將四人守之，舟次漢陽門，乘間躍入江水，四人懼誅亦赴水，騰蛟漂十餘里，漁舟救之起，則漢前將軍關壯繆侯廟前也。家人懷印者亦至，相視大驚，覓漁舟忽不見，遠近謂騰蛟忠誠得神佑，益歸心焉。騰蛟乃從寧州轉瀏陽，抵長沙，集諸屬吏堵允錫傅上瑞嚴起恆章曠周大啓吳晉錫等痛哭盟誓，分士馬舟艦糗糧各任其一，令允錫攝湖北巡撫，上瑞攝湖南巡撫，曠爲總督監軍，大啓提督學政。

何氏初爲湖廣巡撫，繼晉湖廣等處總督，則凡湖廣未經淪陷區域，自應受其統轄，如上舉自成所經之延寧蒲圻通山等地是也。（時長江以南大部未淪陷，又九宮山在通山，明史誤爲通城。）考左良玉誓師東下在弘光元年三月底（弘光實錄謂在三月二十八日辛亥，瀋陽記事載　貴繼成密報左兵之叛在三月二十三日。），明史等書記左兵東行以後，自成入據武昌，又五十餘日，始向東逃走，是自成九宮山被狙，約在五月中旬以後，時去騰蛟之漢陽門投水已五十餘日，以日程計算，騰蛟本可繞道寧州瀏陽以抵長沙，布置設防矣。惟此種記載證以瀋陽記事及何騰蛟疏，知有乖誤，故不取，茲據瀋陽記事所載者。記事謂四月二十七日阿濟格已追抵九江，自成之死在其前，是至遲不得超踰四月二十六。何疏云：「臣自遭左變，投身江濤，遇救得生。臣揣闖逆知左兵南遁，勢必窺楚。……闖果爲清所逼，自豫秦奔楚，霪雨連旬，闖逆困於馬上者踰月，此固天亡之也。闖逆居鄂兩日，忽狂風驟起，對面不見，闖心驚疑，懼清之躡其後也，即拔賊營而上。」然則良玉東下靖難之日，正自成顚沛於赴鄂途次之時，及抵達兩日（並非五十餘日，諸書記自成在武昌之政治設施，恐不實。），又倉皇出走，總計前後所歷，旣已「踰月」，則其路過九宮山，當在四月底，去二十六日之大限必不遠也。照此日程推算，騰蛟亦可抵達長沙（汪有典史外謂騰蛟至長沙爲「乙酉四月某日」），從事準備，時自成欲竄據湖南，故何疏載飛檄「道臣傅上瑞章曠推官趙廷璧姚繼舜咸寧知縣陳鶴齡等聯絡鄉勇以待」，蓋於尙未淪陷之地，籌設防禦。九宮山在通山東南，地去咸寧不遠，咸寧知縣旣已「聯絡鄉勇」，截殺流賊，九宮山之有同樣組織，亦意中事，以後清兵追蹤而來，雖有斬獲，但自成則早爲騰蛟所屬之鄉兵「截殺於亂刃下」

矣。（西南紀事南天痕諸書記自成死在前，騰蛟到長沙在後，證以何疏，當誤。）

退一步言，擊斃自成者爲一尋常百姓，非何氏民兵，然據東華錄，自成之死既在阿濟格進兵九宮山以前，時鄂南皆屬南明，自應上報明朝總督，如何疏所記者，清亦不應攘人之功爲己有。然則清官書不以自成之死爲鄉民所狙，而委爲困迫自縊者，有深意焉。

谷氏紀事本末柒捌「李自成之亂」記自成之死：

> 李自成南奔辰州，將合張獻忠，獻忠已入蜀，遂留屯黔陽，部城亡大半，然尚擁衆十餘萬，乏食，遣賊將四出抄掠，黔陽四境，雞犬皆盡，川湖何騰蛟進攻之，自成營於羅公山，倚險築壘爲久屯計，勢彌蹙，食盡，逃者益衆，自成自將輕騎抄掠，何騰蛟伏兵邀之，大敗，殺傷幾盡，自成以數十騎突走村落中求食，村民皆築堡自守，合圍伐鼓共擊之，自成麾左右格鬪，皆陷於淖，衆擊之，人馬俱斃，村民不知爲自成也，截其首，獻騰蛟驗之，左頤傷鏃，始知爲自成。

案此文所記時地各節皆極謬，惟以自成爲築堡自固之村民所殺，又報功於騰蛟（獻首疑爲報功之訛傳），則尚近情理，董氏糾舉此事，謂使清朝爲明季君臣討賊之大義，不白於天下後世，不知與事實正相符會也。

清修明史，於此蓋再三訂正，流寇傳初爲毛奇齡所創草，毛氏入館在康熙十八年，著有後鑒錄，當卽纂修傳稿之長編，其記自成之死云：

> 會川湖總督何騰蛟屯兵辰州，攻自成，自成退營羅公山，大飢，令李過守營，而自將輕騎掠食，村民方築堡守，見零騎來，合圍伐鼓共擊之，自成馳射，麾左右格鬪，積雨，人馬陷泥淖中，村民揮鉏碎其顱，翻腦漿於地，血肉漫濩，不知爲何賊也。抽尸剝甲裳，見龍衣金印，眇左目，驚爲自成，截而獻騰蛟，騰蛟曰：「吾聞李錦亦眇一目，得非錦耶？」驗之左頤傷於鏃，曰：「是矣。」俎其頭祭烈皇帝，飛書奏捷於福建唐王，唐王頒捷焉。

此文所記亦有誤，惟就歸功明朝一事言，與紀事本末同，尚是史事之眞相，此康熙間第一次草稿也。

時總裁修史者爲張玉書及葉方靄，玉書文貞公集柒紀滅闖獻二賊事：

自成走九江，大將軍令譚泰率大師乘舟追之，距九江四十里許，遇賊軍，陣斬賊將四十餘人，截獲賊艦三百有奇，復自焚其艦二百餘遁去，自是賊無戰艦矣。譚泰乃令諸將分道偵賊，時賊勢大潰，我兵無不以一當百，峨內巴圖魯諾一坤將親丁十餘人，敗賊後隊約數百人，塔思虎力充固巴圖魯將騎兵百餘人，遮擊賊軍約三千人，賊軍師宋獻策亦以是日就擒，固山額真覺羅巴哈納等追及谷口，會賊方環山而陣，旋以精騎突入，疾趨賊寢，自成擁殘卒跟跆登山，我兵亦躡之而登，賊各鳥獸駭散，自成復遁去，翌日，巴哈納將左翼，縈拜巴圖魯將右翼，甲喇章京顧祿將中路，分道合擊之，賊奔潰九公山，大師薄山下，直擣中堅，入賊壘，賊兵俯首就殲，生擒自成妻妾及賊侯某，獨索自成不得，有降卒言，自成敗時，領步兵纔二十八，路為鄉民所困，自縊而死，遣人往視其屍，朽不可辨，自成生死終未有實據云。（原注：「後傳聞遁走江西，有驗讓英親王。」）

此文所記更多誤，所可注意者，不以自成之死歸功明人，且作存亡莫卜語氣，與東華錄所述者相近（東華錄順治二年七月己巳有讓阿濟格諭），與毛稿所記者絕殊，是西河之歸功明朝，卽史館總裁已有異議，故後來王鴻緒明史稿自成傳則改為：

自成走延寧蒲圻，至通城，竄於九宮山，秋九月，自成留李過守寨，而自牽二十騎略食山中，為村民所困，不能脫，自縊死。或曰：村民方築堡，見賊少，爭前擊之，人馬俱陷泥淖中，自成腦中錋死，剝其衣，得龍衣金印，眇一目，村民乃大驚，疑為自成也。時我師遣識自成者驗其屍朽莫辨。獲自成兩從父偽趙侯。偽襄南侯及自成妻妾二人，金印一，又獲偽汝侯劉宗敏，偽總兵左光先，偽軍師宋獻策。……自成之死，礪王已降，其所置總督何騰蛟飛章上礪建，告捷於唐王。

王氏於前此錯訛已多矯正，惟因懼蹈誹訕之罪，故不以擊闖之功歸騰蛟，以其因襲之稿為毛錄，故又有騰蛟飛章告捷語，數句於上下文意殊不聯屬，蓋因刪除舊文未盡故也。王氏先於康熙五十三年進呈列傳部分二百零八卷，卽其所刊之明史列傳稿，後又增訂本紀志表合為三百一十卷，於雍正元年進呈，卽後所刊之明史稿，後劉間有增改，惟就流寇傳言，尚無大差，是此稿之成當在康熙五十三年前，此第二

次稿也。

明史流寇傳本因襲史稿，而刪去騰蛟獻捷數句，文意自視王稿聯貫，惟於何騰蛟傳猶沿用史稿舊文載：

自成亂天下二十年，陷帝都，覆廟社，其衆數十萬悉歸騰蛟，而騰蛟上疏但言元兇已除，稍洩神人憤，宜告謝郊廟，卒不言己功。（後修通鑑輯覽廣朝殉節諸臣錄等書則盡刪此意。）

則又透露原來消息，此乾隆間旣定之稿也。

自成之死爲淸初一大公案，其與阿濟格無涉，當時人多知之，故世祖召示王某之後，雖嘉文驤敢言，不坐應泰之罪；後來聖祖卽位，反以董參爲多事，切責之，微泉閣詩集拾壹壬戌元旦：

焚餘諫草風霜字，雨露雷霆乍一身。（原注：「庚子十二月上疏，世廟召至南海子，復敕送歸。辛丑正月鼎成，二月奉旨切責，疏久不存篋中，昨始得之，門人錢生抄。」）

時帝方在冲齡，明事亦非所習，其間必有大臣操持，惜已無考。是文驤上疏不久，卽遭斥責，其於此雖頻自稱道，而文集終擯彈疏不載者，儻以此歟？

又谷書記山海關之戰以迄於追賊至保定正定山西等，皆歸功於吳三桂，其例正與此同，故淸高宗力闢其非，勒令依開國方略改正，（見東華錄乾隆五十一年七月壬戌）而董氏彈文所以遺此不並舉者，蓋因三桂正宣力南疆，不便議及。然則文驤之糾參乃爲阿媚取悅計，並無一定之標準。夫剿闖功過，史實昭然，壺漿欲掩，其迹反露，故乾隆之妄作聰明，殊不若順康之默不一語，徐氏謂世祖取閱谷書，知其無他者，猶嫌未達一間也。

淸人入關，原以爲明帝復仇相號召（見多爾袞致史可法書），而無恥貳臣亦多以此自解，此事影響於淸初之政治措施者甚大，明史流寇傳之改寫，紀事本末之更正，其一端也。

又谷書以成於官修正史之前，不敢僭用「明史」二字，原刊本書口書名，首二字皆剜去，以是有疑其初名明朝、明鑑、通鑑或明紀事本末者，今案作明史紀事本末者是，董元愷序撰於康熙二十五年丙寅，正作此名，又陸隴其致應泰書：「老師靜觀世變，閉戶著書，必有超出時賢之上者，不特明史本末一編足式訓千秋。」隴

其爲谷在浙江所取士，亦作明史本末，皆其證。剜改原版，本因尸正史之名，否則何嫌何疑乎？附誌於此，以質讀谷氏書者。

民國三十一年十月二十六日脫稿，時客南溪李莊板栗坳。

出自第二十本上（一九四八年六月）